2002 云南统计年鉴
YUNNAN STATISTICAL YEARBOOK

U0901376

优质烟田	 生产车间	 制丝生产线

昆明市旅游局

昆明市旅游局党组书记、局长：王光华

2001年，昆明市旅游工作在市委、市政府的直接领导下，以江总书记“三个代表”和邓小平的旅游经济思想为指导，以中央实施西部大开发战略和我国加入WTO为契机，全面落实和贯彻全国、全省旅游产业发展工作会议精神，以培育壮大旅游支柱产业，建设昆明国际旅游城市的发展战略为目标，大力发展假日旅游、乡村民居旅游，拉动和刺激旅游消费。全市接待海外旅游者59.08万人次，与上年同比增长13.6%，占全省的53.71%；旅游外汇收入1.58亿美元，同比增长15.4%，占全省的41.89%；接待国内旅游者1896.51万人次，同比增长71.5%，占全省的41.49%；国内旅游收入128.04亿元人民币，同比增长41.5%，占全省的56.64%；旅游业总收入141.22亿元人民币，同比增长38.6%，占全省的54.82%。五项主要经济指标与上年同期相比，增幅均达到两位数，创历史最好水平。旅游支柱产业的地位和作用得到了充分的展示，昆明已经成为云南旅游的重要目的地、聚散地和云南建设旅游大省的“排头兵”。

2001年9·27世界旅游日

2001年昆明市旅游业能够取得这样好的成绩，一是世博会的后续效应以及2000年开始在中央电视台等媒体和各种宣传促销活动效果明显，"昆明天天是春天"等宣传促销口号产生了积极的反响，海内外游客持续增长 二是以"农家乐"为主的休闲度假旅游产品热销，昆明近郊农村成为昆明市民双休日出游的首选地；三是"昆明人游昆明、云南人游昆明"旅游大套餐的推出，受到了工薪层旅游者的欢迎；四是以昆明国际旅游节和假日旅游"黄金周"为重点的促销形式和方法逐渐成熟，节庆会展活动在旅游经济中发挥了重要的促进作用；五是"创优"活动的深入发展，推动了旅游环境的进一步优化，为市民和旅游者休闲度假提供了更加广阔的活动空间；六是暑期旅游火爆，旅游高峰期提前和延长，推动了全年旅游经济指标继续攀升。

昆明市旅游行业庆祝建党八十年周年文艺 汇演

上海吉尼斯总部为最大石磨颁发证书

昆明市旅游局召开旅游宣传促销策划会

中国石化集团滇黔桂石油勘探局

局长　雷文举

滇黔桂石油勘探局隶属于中国石油化工集团公司，是国有大型企业，所属二级单位驻地分布于云南、贵州、广西三省四方（区），总部设在四季如春的云南昆明。所在区域与缅甸、越南、老挝接壤，南昆铁路纵贯三省（区），广西南部为南中国海北部湾出海口，具有良好的经济区位优势。根据国务院关于国有大中型企业深化改革的部署，中国石油化工股份有限公司于2000年重组改制后在境外成功上市，重组后的勘探局总资产14.75亿元，主营业务包括石油工程专业技术服务、液化气销售、房地产经营和社会化服务等多元开发产业，形成了以石油工程技术服务、液化石油气销售为龙头，房地产经营、旅游疗养、油田化工、地热开发、钢结构件加工安装为发展重点的产业格局。同时，滇黔桂三省（区）局所属各单位建立并完善了电子信息及通信网络，以现代化的科技手段增强了对市场信息的收集、处理和反馈。

局党委书记　吴绍安

滇黔桂地区是中国石化集团公司石油和天然气勘探开发的战略后备基地之一，地域辽阔，资源丰富。目前，正值国家实施西部大开发战略的时机，云南、广西、贵州省（区）具有良好投资环境和优惠的投资政策，这为企业改革和发展带来了良好的发展机遇，我局正深入开展公司制改组改造，按现代企业制度规范运作，力争以优质的产品和热情的服务塑造良好的企业形象，服务社会、造福大众。

局长雷文举、局党委书记吴绍安及全局3000多名员工热忱欢迎国内外各界朋友、有识之士前来洽谈合作，共谋发展大计。

中国石化集团·滇黔桂石油勘探局
电话：（0871）3172562
传真：（0871）3127188
地址：中国·云南·昆明市·青年路143号
邮政编码：650021
E－mail：dqgjb@163.com
jb@dqg.sinopec.com.cn

钻井工人进行钻探工作

昆明2500方液化气库

云南省电信公司

云南省电信公司党组书记、总经理　吴永权

2001年云南省电信公司，面对激烈的市场竞争带来的巨大压力，面对电信业深化改革和加入WTO带来的新课题，在集团公司的正确领导下，在省委、省政府的支持下，以吴永权总经理为首的公司领导班子带领全体员工，面对复杂的内外形势，紧紧围绕集团公司的战略目标，进一步解放思想，转变观念，把精力集中到通信发展上来，妥善处理竞争与合作、顺境与逆境的关系。认真贯彻江总书记“三个代表”的重要思想，积极应对各种困难和考验，统一认识，团结拼搏，锐意进取，调整思路，突出重点，加快了人力资源“五项机制创新”改革的步伐，稳步推进“五项集中管理”。正确处理了改革、发展、稳定的关系，既保持了通信业务持续、健康发展，又促进了改革的深化。全体员工面对压力，顾全大局，以国家、企业利益为重，坚守岗位，敬业勤奋，表现了良好的精神风貌。

2001年，云南省电信公司完成通信业务收入38.3亿元，比上年增长6.05%。本地网电话用户新增67.91万户，云南省电信公司固定电话数达到356.81万户；宽窄带数据多媒体业务快速增长，达到70余万户，宽带多媒体用户达到1.58万户。“用户至上、用心服务”理念得到全面贯彻和实践，服务水平明显提高。与此同时，加强和改善企业管理，转换企业经营机制。以本地网为中心的财务、投资和设备采购、网络维护、计费帐务、网络资源等实现了集中管理。以薪酬激励、绩效考核、竞争上岗、职业发展、教育培训等五项机制创新为主要内容的改革与创新工作取得积极进展，主辅、主附分离改革工作进一步深化，实业公司走上发展的正轨。大力推进企业文化及职工队伍建设，企业两个文明建设取得新的成就，为今后的发展夯实了基础。

近年来，中国电信经历了寻呼剥离、邮电分营、移动重组、政企分开等一系列改革，全体员工在困难与挑战面前体现出强大的凝聚力和向心力，体现出良好的敬业精神和识大体、顾大局的精神，有力推动了电信业改革的深化。

一是紧紧围绕改革、发展和稳定的大局，全体员工深入学习贯彻江总书记“七一”讲话和党的十五届六中全会《关于加强和改进党的作风建设的决定》精神，结合企业实际，认真开展领导班子“三讲”教育。通过学习和实践，全体员工，进一步解放了思想，增强了按照“三个代表”要求做好企业工作的紧迫感、责任感。二是切实加强各级领导班子建设。基本建设起一支知识化、年轻化、专业化的各级领导班子队伍，领导班子的组织建设、思想建设、作风建设得到进一步加强。三是切实加强党风廉政建设。进一步落实党风廉政建设和反腐败斗争的领导体制和工作机制，加大了从源头治理腐败的力度和责任追究的力度。四是围绕企业中心工作，加强企业文化建设。从抓实事、重成效入手，积极探索新形势下现代企业文化建设和思想政治工作的新形式、新举措，为企业中心工作的开展提供了坚实的基础。五是加大学习培训力度，多层次、多渠道、多形式开展员工教育培训。一年多时间，公司先后聘请了十多位知名专家、学者开办讲座、与中国人民大学合作举办工商管理研修班，省公司部门领导和地州市分公司主要领导基本上都接受了培训。各分公司也都在教育培训方面作了大量富有成效的工作。通过学习教育，有力地推动了广大员工思想观念的转变、知识的更新，提高了员工的素质。六是坚持全心全意依靠员工办企业。重视发挥工会、共青团组织的作用，完善职工民主代表大会制度，推进企务公开工作，充分发挥广大员工在民主决策、民主管理、民主监督中的作用。

云南省电信公司综合部
联系人：余俊　　　　传　真：0871-3536462
电　话：0871-3536090　　E-mail:yujun@mail.yn.cninfo.net

Yunnan Statistical Yearbook

EDITORIAL BOARD AND STAFF

编 者 说 明

一、《云南统计年鉴一2002》是一部全面反映云南省国民经济和社会发展情况的资料性年刊。本书汇集了全省各地、州、市2001年经济和社会发展各方面的统计数据，以及全省历年主要统计数据。

二、全书内容分为20个部分，即：1．行政区划和自然资源；2．综合；3．民族自治地方情况；4．人口；5．从业人员和职工工资；6．固定资产投资；7．财政、金融和保险；8．物价9．人民生活；10．农业；11．工业；12．能源原材料生产和消费；13．运输和邮电；14．建筑业；15．国内贸易；16．对外经济贸易和旅游；17．城市概况；18．教育、科技、文化、体育、卫生和其他；19．基本单位和企业监测、企业集团情况；20．各县市主要指标。有关部分附有主要统计指标解释，对主要统汁指标的含义、统计范围和统计方法作了简要说明。

三、本年鉴的资料来源，大部分来自年度统计报表，少部分来自抽样调查。由于条块统计分工关系，部分指标各地、州、市、县数字相加不等于全省总计，在使用中请注意。由于统计制度仍处于改革过程中，因此，一些统计指标的统计口径范围有所变化，本年鉴对有关数据作了相应的调整，并在有关统计表下作了解释。

四、度量衡单位均采用国家颁布的国际统一标准计量单位。

五、本年鉴中的符号使用说明：

“…”表示数据不足本表最小单位数；

“空格”表示无该项统计指标数据；

“ # ”表示其中的主要项。

六、2002年起本年鉴增加了英文对照，在指标设置上有所增减，更趋于合理并对部分版面进行了改版，更加方便读者。

七、本年鉴在编辑过程中，由于时间和水平关系，如有差错之处，热忱希望读者批评指正。为使本年鉴不断改进和完善，更好地满足社会各界的需要，希望广大读者提出宝贵的意见。

PREFACE

I. *Yunnan Statistical Yearbook 2002* is an annual statistics publication fully reflecting the national economy and social development in Yunnan province. The present yearbook covers very comprehensive data in each city, county and prefecture in 2001 as well. as some selected data series in historically important years for the whole province.

II. The book contains the following twenty parts: 1. Division of Administrative Areas and Natural Resources; 2. General Survey; 3. Nationality Autonomous Regions; 4. Population; 5. Employment and Wages; 6. Investment in Fixed Assets; 7. Finance, Banking and Insurance; 8. Prices; 9. People's Livelihood; 10. Agriculture; 11. Industry; 12. Production and Consumption of Energy and Raw Materials; 13. Transport, Post and Telecommunication Services; 14. Construction; 15. Domestic Trade; 16. Foreign Trade and Economic Cooperation; 17. Survey of Cities; 18. Education, Science and Technology, Culture, Sports, Public Health and Others; 19. Basic Units, Enterprise Monitoring and Enterprise Groups; 20. Main Indexes of Each County and City. The Explanatory Notes on Main Statistical Indicators are provided at the end of each part to briefly describe the content of main statistical indicators, and the scope and method of statistics.

III. The major data sources of this publication are obtained from annual statistical reports and a small part from sample surveys. It is advisable to note in the reference that some digital additions from each city, county and prefecture are not in agreement with the total of the whole province due to vertical and horizontal statistical division. Since the statistical system is still under reform and the statistical requirements and scope are somewhat changed, the relevant data are adjusted and explained accordingly in the present yearbook.

IV. The units of measurement used in this book are internationally standard measurement units issued by the state.

V. Notations used in this yearbook:

"…" indicates that the figure is not large enough to be measured with the smallest unit in the table;

"(blank)" indicates that the data are not available;

"#" indicates the major items of the total.

VI. Starting from 2002 English version is added, some indexes are either supplemented or reduced and some layouts are modified in the present yearbook as to meet the convenience of the readers.

VII. Readers are welcome to correct our mistakes made during the compiling due to our limited time and level. In order to perfect the yearbook and better meet the requirements of all the social circles, comments from various readers are highly appreciated.

目　　录

CONTENTS

一、行政区划和自然资源

Divisions of Administrative Areas and Natural Resources

二、综合

General Survey

三、民族自治地方情况
General Survey of Minority Nationality Autonomous Areas

四、人口

Population

五、从业人员和职工工资
Employment & Wage

六、固定资产投资
Investment in Fixed Assets

七、财政、金融和保险
Finance,Banking and Insurance

八、物价
Price

九、人民生活
People's Livelihood

十、农业
Agricultuer

十一、工业
Industry

十二、能源原材料生产和消费
Engergy Material Production and Consumption

十三、运输和邮电

Transportation Postal and Telecommunications Services

十四、建筑业
Construction

十五、国内贸易
Domestic Trade

十六、对外经济贸易和旅游
Foreign Economy Trade and Tourism

十七、城市概况
General Survey of Cities

十八、教育、科技、文化、体育、卫生和其他
Education, Science and Technology, Cultuer, Sports, Public Health and Others

十九、基本单位和企业监测、企业集团情况
Basic Units,Monitoring of Enterprises and Enterprise Groups

二十、各县市主要指标
Major Social Economic Indicators of EachCounty

云南省统计局

2002年2月1日，为认真贯彻“三个代表”重要思想、党的十五届六中全会、省第七次党代会和全国统计局长会议精神，落实省政府领导同志对统计工作的重要指示精神，总结2001年统计工作，安排部署2002年全省统计工作任务，为改革、发展、稳定提供优质统计服务，为实施云南省“十五”计划和西部大开发战略目标做出新贡献，云南省统计局在昆召开全省统计工作会议。省政府副省长李汉柏出席会议并作重要讲话，充分肯定云南统计工作在统计数据质量、统计方法制度改革力度、统计优质服务水平、统计法制建设、两项重大国情国力调查和统计信息化建设与应用等方面取得的优异成绩，提出了继续深化改革、突出统计工作重点的要求：一是要把提高统计服务水平作为首要任务，切实做好本职工作；二是要以提高统计数据质量为中心，加强统计制度方法改革和加大统计执法力度；三是要加快统计自信化建设步伐；四是要进一步认真做好第二次全国基本单位普查工作；五是要依照《中华人民共和国统计法》和《云南省统计管理条例》的有关规定，进一步稳定县级统计机构和统计队伍；六是要进一步加强部门和行业统计工作。省统计局局长赵钟岳、副局长王子元、徐力、杨雯出席会议并讲话。赵钟岳局长作了《与时俱进　开拓创新　努力提高统计工作服务水平》的主题报告。

2001年12月22日，为使第二次全国基本单位普查宣传月高潮不断，云南省和昆明市基本单位普查办公室在昆明东风广场举行了声势浩大的基本单位普查宣传活动。省、市有关部门领导和昆明市五华、盘龙、西山、官渡四区政府有关部门及部分社区领导纷纷走上街头，积极向各有关单位，社会各界和广大市民宣传基本单位普查，将此项宣传推向了高潮。

2002年7月22日—25日，为深入贯彻全国和全省统计工作会议精神，总结2000年7月“文山会议”以来云南农村基层基础建设工作的成功经验，安排部署新形势下云南农村统计基层基础工作任务，云南省统计局在曲靖召开了有全省各地、州、市统计局分管领导和农业统计负责人及部分县、市、区统计局局长共80人参加的全省农村基层统计信息网络建设现场会议，并现场参观学习曲靖市农产品信息网络和该市所辖麒麟区和沾益县的部分乡（镇）、村统计信息站。云南省统计局局长赵钟岳、副局长徐力、曲靖市政府副市长张爱民、张登亮等领导出席会议并讲了话。

抓住机遇　开拓前进

努力开创云南计划工作的新纪元

云南省发展计划委员会　　庞锡钧

2001年是“十五”计划的开局之年，也是实施西部大开发战略进入实质性阶段的一年。云南省计委认真贯彻中央的一系列方针、政策和省委、省政府的各项工作部署，抓住机遇，开拓进取，较好地完成了年初确定的国民经济和社会发展计划，为云南经济社会发展做出了应有的贡献。

省计委党组书记、主任庞锡钧在全省计划会议上作计划报告

积极争取中央的支持，千方百计增加基础设施建设的资金投入。1998～2001年，我省共争取到国债资金156.14亿元，国债项目总投资820.52亿元。仅2001年争取到国债资金62.5亿元，为历年之最，彻底扭转了2000年以来投资增速持续下滑的局面，有效地促进了全省固定资产投资的增长。

国家计委常务副主任王春正（左二）到云南视察工作。

省计委领导班子研究工作，图左为党组书记、主任庞锡钧，右为党组副书记、常务副主任李映德。

强化农业的基础地位，积极推进产业结构调整。坚持把农业放在经济工作的首位，积极向国家争取项目和资金，加强农业、水利、生态和林业等涉农基础设施，五里冲水利枢纽工程三期等一批大中型水利工程建成投产，生态环境建设、退耕还林，天然林保护等建设工程取得了可喜的成果。

为促进经济结构调整，重点组织实施了兰坪有色公司20万吨电锌等一批重大项目的可研论证工作，争取国家批准建设；一批围绕培育和发展五大支柱产业的重点项目取得实质性进展，这些重大项目的实施，将有力地推进产业结构的调整和优化升级。

切实加强项目前期工作，建立重大项目储备库。加大了基本建设项目前期工作经费投入力度，组织起草并报请省政府同意下发了一系列关于项目前期工作的文件，以指导全省项目前期工作。云南省项目前期工作开始走上了制度化、规范化的轨道，初步建立了省级项目前期工作库，一批重大项目前期工作进展良好。

李汉柏副省长出席全省重点行业、重点项目投资完成责任制签字仪式。图左为李汉柏副省长，右为省计委庞锡钧主任。

强化重点建设和国债项目管理，加大组织协调和稽察力度。省计委以改善重点建设环境，狠抓建设进度为工作重点，切实加强重点建设项目的组织、协调和管理，为项目建设创造了良好的外部环境，圆满完成了全年计划目标。

认真履行职责，加大了对重点建设项目和国债项目的稽察力度。认真查处项目建设中存在的工程质量、工程进度和资金使用安全等方面的违纪违规行为，督促落实工程质量责任制和资金管理制度，促进了国债项目按期建成投产。

认真实施科教兴滇战略，努力促进社会事业全面发展。2001年有9个项目被国家计委批准为国家高技术产业化项目，“中国西南野生生物种质资源库”项目，作为国家重大科学工程进行立项建设，国家表 彰的100项国家高技术产业化示范工程项目中，云南省有7个项目，被国家计委授予“国家高技术产业化示范工程”牌匾，获表彰数目居全国第一。

全面启动实施了千里边疆文化长廊建设二期、“一省一校”高等教育工程、贫困县职业教育示范工程、中小学危房改造工程、中心血站建设工程以及卫生三项建设工程等一批社会事业项目。促进了社会发展与经济建设的良性互动。

“以清费治乱减负”为重点，着力整顿和规范市场价格和收费秩序。按照整顿和规范市场经济秩序的总体要求，省计委开展了全省公安收费、药品及医疗服务价格、涉农价格和收费、假日旅游市场价格等专项检查工作，进一步规范了云南省旅游收费、农村中小学收费、公安收费行为，查处了一批乱收费和价格违法案件，保护了消费者的权益，为启动消费，扩大内需创造了良好的价格收费环境，全省居民消费价格总水平比2000年下降0.5%，降幅逐步缩小。

省计委举办副处级以上干部理论研讨会。

为确保国债项目按中央要求在年内收尾，省计委与各项目单位签订责任书。

在改革中不断发展的云南民政事业

云南省民政厅

省政府李汉柏副省长亲自为我省第一批社区老年福利服务"星光计划"完工项目揭牌

1994年第10次全国民政会议以来，在省委、省政府的领导下，我省各级民政部门根据社会主义市场经济发展的要求，紧紧围绕改革、发展、稳定大局，从党政领导最为关心、社会各界最为关注、人民群众迫切要求解决的重点、难点和热点问题入手，解放思想，与时俱进，抓住机遇，大胆改革民政工作管理体制，积极探索切实可行的民政工作运行机制，不断拓展民政工作发展的领域，认真抓好各项工作的落实，取得了显著成效。建立城市居民最低生活保障制度，健全完善救灾分级负责制度，切实保障了城市困难群体和灾区群众的基本生活。在全省建立并不断完善了城市居民最低生活保障制度，按照中央和省委、省政府的要求，我省已于2002年6月底把符合条件的55万城市困难居民全部纳入了最低生活保障范围；同时，进一步健全完善了救灾工作分级负责、救灾经费分级负担、专户管理制度，完善了经常性社会捐助制度，强化了抗灾救灾的综合协调，加强了救灾仓储设施的建设和防灾救灾信息化建设，增强了抗灾救灾快速反应能力。

大力推进城市社区建设工作。在五华、盘龙、麒麟、个旧、祥云5个县市区顺利完成社区建设实验区工作的基础上，2002年3月召开了省社区建设工作会议，全省社区建设工作全面启动。

改革村级管理体制，实行村民自治，推进农村基层民主政治建设。通过撤销村公所（办事处），建立村委会，实行村民自治工作。

深入开展优抚安置工作，全面落实优抚安置政策。广泛深入地开展了创建双拥模范城（县）活动和"爱心献功臣"行动；按照建立社会主义市场经济体制的要求，对安置工作进行了改革，初步探索出了一条多渠道、多形式安置退役士兵的新路子。每年投入上亿元资金支持部队建设，促进了拥军优属工作和优抚安置政策的全面落实，增进了军政军民团结。

国家民政部杨衍银副部长亲赴我省丽江地区宁蒗县看望贫困群众

完善民间组织管理体制，将民间组织发展纳入法制轨道。认真落实培育发展和监督管理并重的方针，完善民间组织管理体制，积极培育发展行业性社团，开展社团清理整顿工作和民办非企业单位的归口登记管理工作，民间组织管理初步走上了法制化轨道。

积极发展社会福利服务设施是社会福利社会化的基本要求。图为云南省虹山老年公寓正式成立

建立新的老龄工作机制，促进老龄事业的发展。成立了云南省老龄工作委员会，16个地州市也设立了老龄工作机构，在全国率先理顺了老龄工作机制。制订了云南省老龄事业发展“十五”计划纲要，初步形成了以居家养老为基础、社区为依托、全社会关心老年人、支持老龄工作的新局面。

顺利完成勘界工作任务，不断加强行政区划管理。全面勘定省界4条、县界324条、基本完成了2842条的乡镇界线勘定任务。八年来设置建制镇178个，并开展了适度撤并乡镇工作，为经济社会的发展做出了积极的贡献。

加快社会福利事业发展，推进社会福利社会化进程。坚持社会福利社会化的方向，对社会福利事业单位和福利企业进行了一系列改革，有力地推进了社会福利事业的健康发展。

加强法规建设，建立健全民政工作的配套法规体系。八年来，我省先后制定出台了9件地方性民政配套法规和政府规章，出台了一批规范性文件，初步建立了民政工作的配套法规政策体系，为今后一个时期民政工作的发展奠定了法制基础。

双拥工作是民政服务军队和国防现代化建设的重要方面。图为省民政厅高祖兴厅长参加慰问边防武警官兵

与时俱进 真抓实干
新世纪全省建设工作开局良好

云南省建设厅

程政宁厅长在全省城镇工作会议上发言

2001年，按照党中央、国务院和省委、省政府的部署和要求，全省建设行业解放思想、与时俱进、转变作风、真抓实干，依靠法制建设和科技进步，推动建设事业不断向前发展。

突出城镇特色，继续推进城镇化进程。《云南省建设事业“十五”计划》编制完成；孟连县城等7城镇经省政府批准跨入云南省历史文化名城、名镇行列；城镇化水平进一步提高，2001年底，玉溪市的城市人口达到21.2万人，跨入中等城市行列。

深化住房制度改革，市、县开放住房二级市场工作顺利推进，到2001年底，全省累计有50余个市、县开放了住房二级市场；住宅示范小区建设向前发展，昆明、临沧、丽江三个地市的4个住宅小区获省级住宅示范小区称号，昆明阳光花园的8幢商品房通过国家3A级性能认定。2001年，房地产投资达到88亿元左右，同比增长6%；设市城市和县城居民人均住房建筑面积达到23.4平方米，完成“十五”计划年度任务。

程政宁厅长在官房集团贵阳欣歆康居小区示范工程调研市场开拓情况。

整顿规范建设市场，确保工程质量和安全生产，推动建筑业健康发展。整顿和规范建筑市场秩序工作取得明显进展《云南省建筑工程履约担保试行办法》施行，对遏制新的工程拖欠款的发生产生了积极的作用；有形建筑市场专家库、信息化等建设基本完成，对公开、公正、公平地进行招投标产生了积极的推动作用。创新机制，勘察设计工作取得进展。同时，深化造价管理改革，工程建设标准化进程稳步推进。

春城夜晚更迷人

宣威崛起气象新

加强市政基础设施建设和管理，全年共有65年城市供水项目，38个城市污水处理项目、10个城市垃圾处理项目、2个城市燃气项目通过审批，总投资额125亿元；2001年，国家下达我省的城建国债项目35个，项目及投资65.46亿元，国债资金为7.26亿元。10个城市供水工程基本完成，48个严重缺水城市供水工程全面启动；城市绿化工作向前推进，昆明、安宁、开远、河口，元阳被省政府命名为首批省级园林城市；申请世界自然遗产工作进展顺利，中国联合国教科文组织全委会已将"三江并流"世界自然遗产申报文本送联合国教科文组织；红河哈尼梯田已被列入我国申报世界遗产预备清单。

突出中心镇建设，小城镇建设不断加快。2001年，全省建制镇数量达544个，比上年提高5.45个百分点。全年省级共安排了7301万元资金，补助小城镇规划、道路、市场及供水设施建设和中心小城镇建设。引导和培育小城镇产业支撑工作取得进展，涌现了玉溪的大营街、大理的喜洲、呈贡的斗南等一批各具特色的小城镇。我省小城镇建设的探索、实践和取得的成绩得到了全国人大、全国政协、省政协领导的肯定。增强责任意识，抗震减灾、抗震恢复建设取得成效。2001年内，全省先后发生9次5级以上破坏性地震，按照地震应急预案要求，组织专家组进行工程震害调查、危房鉴定和恢复重建工作的指导，并派员参与其后发生的泥石流、滑坡等次生灾害情调查；新建、改建、扩建工程的抗震设防专项审查工作在全省逐步开展，全年共对全省28个项目进行抗震加固，加固面积30371平方米，完成投资262万元，取得了较好的经济效益和社会效益。

依法治建工作不断加强，法制建设向前发展。做好人大代表建议、政协委员提案办理工作。2001年，人大代表建议、政协委员提案办理满意率分别达到100%和96%。建设法制取得新进展，2001年，省人大出台了《云南省城市绿化办法》，《云南省工程建设造价管理条例》已经省政府常务会议审议通过报省人大审议。

党风廉政建设不断加强，精神文明建设成效明显。在资质、资格审查，规划、设计审批，评优、评奖审定、工程承发包和房地产市场交易行为以及市政公用服务等重点环节，建立并完善相应工作制度，加强防范；对工程承发包市场和房地产交易市场，加强监督。认真执行党风廉政建设责任制的规定，增强建设系统从源头上遏制腐败的拒腐防变能力。各级建设部门较好地完成了城市规划、供水、监察三个行业的民主评议行风整改跟踪检查工作，机关作风建设有较大转变。

农村农贸市场更宽敞

云南省农业厅

覆膜栽培

云南农业

2001年，在省委、省政府的正确领导下，在上级农业部门的大力支持和指导下，全省各地认真贯彻落实中央和省委农村工作会议精神，紧紧围绕农民增收，坚持“稳粮调结构，提质增效益”的方针，积极推进农业结构调整，采取有效措施，抗灾夺丰收，全省农业和农村经济运行平稳，保持了持续、协调发展的势头。

全省农业和农村经济平稳发展。粮食产量稳定增长，实现了连续九年增产。畜牧业、渔业快速发展，成为农民增收的亮点。农机化事业快速发展。农村经济稳定发展。对全省GDP的贡献为0.9个百分点。

农业结构调整取得明显成效。粮食生产结构有了重大调整。全省粮食在种植面积调减的情况下仍然获得丰收。经济作物保持较快增长，出现了质量提高、总产增加、产值增长的好势头。畜牧业在农业和农村经济中的地位和作用日益突出，畜牧业内部结构不断优化，牛羊肉在肉类总产中的比重不断上升。无公害和绿色食品的开发成为结构调整的新亮点，无公害和绿色食品的产值已达9亿元。

甘蔗基地

农民收入稳定增长。全省农民人均纯收入为1501元，比上年增收55元，考虑物价因素实际增长4.4%，增速略高于上年。今年5月起我省雨水充足，林副产品产量增加，也为农民增收做出了贡献。

2002年工作思路

（一）指导思想：高举邓小平理论伟大旗帜，以江泽民同志“三个代表”重要思想为指导，根据与时俱进的要求，大力开拓创新，抓住西部大开发和加入WTO的重大历史机遇，把增加农民收入作为根本出发点，稳定党在农村的基本政策，不断深化农村改革，调动和保护农民的生产积极性，继续按照“围绕增收调结构，突出特色闯市场，依靠科技增效益”的方针，大力推进农业和农村经济结构调整，全面提高农业整体素质，加强农业基础地位，不断增加农业投入，加强农业基础设施和生态环境建设，提高农业综合生产能力，确保农业增效，农民增收，农村稳定。

（二）主要发展目标。力争实现农业总产值770亿元，农业增加值460亿元，农民人均纯收入1600元，粮食总产量1500万吨，烤烟产量60万吨，甘蔗产量1550万吨，肉类总产量235万吨，水产品产量20万吨，农机总动力1390万千瓦。

发放农业宣传资料

（三）重点工作措施。一是继续调整优化农业生产结构。二是继续加强农业基础设施建设，努力提高农业生产条件。三是继续推进农业科技进步，不断创新农业技术推广机制。四是加强农村社会化服务体系建设。五是积极扶持龙头企业，大力推进农业产业化经营。六是切实落实各项农业和农村政策，不断深化农村改革。七、顺应入世新形势，认真研究、贯彻和落实各项应对政策和措施。

畜牧业

活畜交易

2001年是“十五”计划的第一年，我省畜牧业在省委、省政府的正确领导下，全省各地认真贯彻中央和省农业和农村工作的方针政策，紧紧围绕确保畜产品供应和农民增收两个目标，继续推进畜牧业内部结构调整，大力发展产业化经营，努力克服各种灾害对畜牧业造成的不利影响，制订落实各项工作措施，确保畜牧业生产的持续稳定发展，为增加农民收入作出了贡献。

近两年来，各地坚持对内对外开放的方针，积极推进对外合作与交流，成效明显，出现畜产品批量调出省外（主要是沿海城市）的可喜局面。畜禽外销出现较好的势头，楚雄州对个体运销户和畜牧部门参与流通（运销）实行奖励的政策，活畜外销量达91.3万头（只）。文山州发挥毗邻广西，外销区位好的优势，全年外销家禽340万只，猪牛羊93.9万头只。红河州畜牧部门积极引导和扶持畜产品流通，并组织人员到省外找市场，活畜外销昆明及两广势头很好，仅蒙自县销往沿海的仔猪就有5万多头。大理州外调仔猪35.4万头，肉猪44. 2万头，山羊42.4万只，肉牛11.4万头（70%销往广东、海南）。初步分析，全省外销猪、牛、羊200多万头。各地对外合作步伐加快。针对近年我省水黄牛大量外销泰国等东南亚国家的情况，省厅组织对泰国、缅甸等周边国家的畜牧业发展和畜产品市场进行了考察，并就扩大合作事宜进行了洽谈，在省西部开发促进会的协调下，泰方企业从云南进口活牛、活羊计划开始运作。昆明雪兰牛奶公司、邓川蝶泉乳品公司从国外引进先进设备和技术进行了技术改造，增加产品花色品种，提升了产品档次；蝶泉公司与雀巢集团就合作事宜达成了初步协议；宜良县与加拿大世纪资源集团也就奶业合作项目达成初步意向；我省实施的中国一欧盟水牛项目取得较大进展，项目区完成水牛冻改3000头，产杂交犊牛600头；科技合作方面，省畜牧兽医科研所与中国农大在我省合作开展波尔山羊胚胎移植进展快、效果好。省肉牛和牧草研究中心与国际畜牧所合作进行雨养农业的试验研究开局顺利。

2002年发展思路及工作重点

当前，我省畜牧业发展面临新的机遇。党中央、国务院高度重视畜牧业，在去年召开的中央经济工作会议上，江泽民总书记指出：要“尽快把畜牧业发展成为一个大产业”，朱总理、温家宝副总理等中央领导多次就发展畜牧业作重要指示或批示，国务院办公厅转发农业部《关于加快畜牧业发展的意见》，明确了畜牧业的产业地位和发展重点。

2002年我省畜牧工作的思路是：深入贯彻中央经济工作会议、全国农村工作会议、省委七届党代会、全省农村工作暨扶贫开发工作会议、国务院办公厅转发农业部《关于加局面畜牧业发展意见的通知》等一系列会议和文件精神，紧紧围绕农民增收，坚持“看市场、调结构、靠科反、兴加工、活流通、抓管理、强管理、求效益”的思路，采取可持续发展的战略，加快我省畜牧业发展，不断提高农民收入和畜牧业的经济效益，实现速度、结构、质量和效益的统一。

今年，我省畜牧业发展要在继续实施去年文山会议上确定的“1388”行动计划的基础上，紧紧围绕农民增收，突出抓好结构调整、产业化经营和西部大开发三项重点工作。争取实现肉类总产量235万吨、禽蛋产量13万吨、奶类产量20万吨、畜牧业产值225亿元，分别比2001年增长6%、9%、12%和6%，为农民增收作出新贡献。

继续突出抓好三项重点工作：

一是突出结构调整。要紧紧围绕结构调整这个重点，强化畜禽良种工程，狠抓仔猪、奶牛、特禽生产，大力发展牛羊（鹅）等草食畜禽、特色优质畜产品和禽蛋奶生产。不断提高畜牧业在农业总产值中的比重；在稳定生猪生产的基础上，不断提高草食畜在畜牧业总产值中的比重；抓好优质和特色产品的开发，提高优质产品在畜产品中的比重。

二是突出产业化经营，要坚持“政府引导，企业运作，农民参与，滚动发展”的思路，在对现有基地和重点项目进行巩固、完善、提高的基础上，引进和扶持龙头企业，带动广大农户推进产业化经营。畜牧业比较发达的地区要积极培育具有较强市场竞争力的加工龙头企业，提高畜牧业的集约化程度，实行产、加、销一体化；边远山区则要把重点放在发展专业运销大户和中介组织上，提高畜产品生产和流通的组织化程度；畜产品较集中的地区应加快畜产品产地批发市场的建设，提高畜产品流通的市场化程度。

三是抓好西部大开发重点项目，集中力量抓好中央安排我省的生态及草原恢复与利用、兽医防疫体系和良种繁育体系建设等重点项目。要认真落实项目资金，落实人员，落实技术措施，建立责任制，切实加强项目管理，高标准高质量完成建设任务。同时要加强对这些重大项目的督促检查，发挥其示范带动作用。抓好在建项目的同时，要积极抓住西部大开发的机遇，认真做好项目的前期准备和申报等工作，争取中央更多的扶持。

刀爱民主任在第八届全国人大会议上与李鹏委员长在一起。

云南省计划生育委员会

云南省计划生育委员会是省政府主管全省人口与计划生育工作的职能部门。2001年云南省人口与计划生育工作，在省委、省政府的领导下，以认真贯彻落实《中共中央、国务院关于加强人口与计划生育工作稳定低生育水平的决定》、《中共云南省委、云南省人民政府关于加强人口与计划生育工作进一步降低生育水平的决定》和中央人口资源环境工作座谈会、全省人口资源环境工作座谈会及全省人口与计划生育工作会议精神，加快计划生育工作思路和工作方法的转变，开展以下工作并取得了较好的成绩。实施了计划生育重点帮扶和农村独生子女夫妇和双女结扎夫妇一次性养老保险奖励试点；逐步加强了基层基础工作，为县级服务站增配了31辆计划生育服务车，服务站、所的“三配套”水平进一步提高；增加了省级计划生育事业投入，宣传员待遇得到提高；普遍开展了“三结合”活动，建立以国际项目带动国内项目以国内项目推动自办项目的机制，省级投入基金达300多万元，受益计生家庭5798户，各级自筹资金7784万多元，扶持22万多计生户发展经济，增加收入，受益群众96万人；广泛开展了婚育新风进万家等活动，涌现出112个先进集体、77名先进个人，1名十佳宣传标兵，受到中宣部和国家计生委的联合表彰；全面启动了计划生育优质服务工作，积极宣传和贯彻国务院《计划生育技术服务管理条例》；依法加强了人口与计划生育管理，落实有关政策法规；扩大了国际交流和合作，与联合国人口基金会和国际计生联的合作项目成效明显；启动了昆明、玉溪、曲靖三个市的计划生育综合改革；责任目标管理制得到较好落实，圆满完成了人口控制指标，全省人口出生率为18.51%，自然增长率降为10.94‰，计划生育率提高到88.11%，综合节育率达82.73%，为云南省人口与经济、社会、资源、环境的协调发展作出了积极的贡献。

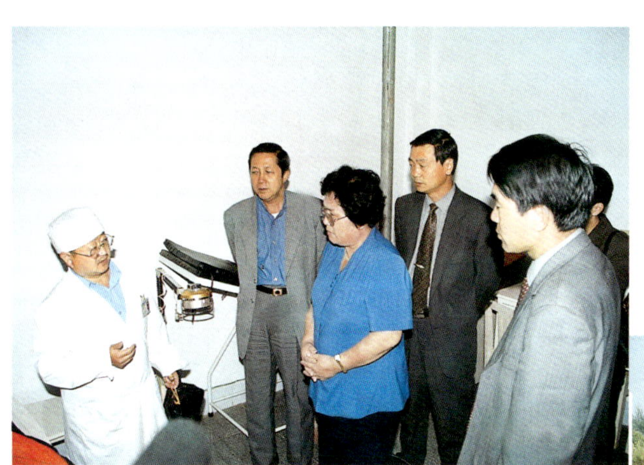

国家计生委副主任张玉芹（左三）在云南省计生委主任刀爱民（左二）的陪同下，考察师宗县计划生育服务站。

刀爱民主任深入基层调查研究。

云南省地方税务局

云南省地方税务局党组书记、局长冯登坤同志

云南省地方税务局成立于1994年7月28日，是主管全省地方税收工作的省政府直属机构，业务上接受国家税务总局的指导。

2001年，云南省地方税务局在省委、省政府和国家税务总局的领导下，以及社会各有关部门的支持、理解和广大纳税人的积极配合下，以"三个代表"重要思想为指导，高举邓小平理论伟大旗帜，与时俱进，开拓创新，紧紧围绕组织收入这个中心，深入贯彻"加强征管、堵塞漏洞、惩治腐败、清缴欠税"十六字方针，积极做好"依法治税"、"从严治队"和"科技加管理"三篇文章，圆满完成了各项工作任务，成效显著。一是地方税收收入持续、稳定增长，全年共计组织收入134.87亿元，完成计划的103.75%，比上年增长5.25%。其中：工商税收完成112.99亿元，完成计划的103.66%；农业税收完成21.87亿元，完成计划的103.9%。同时征收企业职工基本养老保险费34.9亿元，医疗保险费2.93亿元，工商、生育保险费1698万元。二是按照完善和稳定税制的要求，积极落实各项税收政策的调整实施，严格执行新《税收征管法》及其实施细则，认真做好新老征管法衔接工作，加快推行税收执法责任制。三是进一步强化税收征管，继续整顿和规范税收秩序，加强税收专项整治工作，加大税务稽查力度，全年共查处各类涉税违法违纪案件29200件，查补税款、滞纳金和罚款共计4.4亿元。四是不断提高地税干部队伍的综合素质，采取多种形式开展教育培训工作，改进工作作风，增强大局意识，克服形式主义、官僚主义和不正之风，把制度建设作为根本，使作风建设逐渐走向制度化、规范化，有效地预防和制止了各种不良作风的发生。五是坚持两个文明一起抓。在圆满完成收入任务的同时，精神文明建设成绩喜人，全年共有4个单位、1名个人被人事部、国家税务总局评为全国税务系统先进单位和个人；1个单位被中宣部、司法部评为"三五"普法先进集体；5个单位被团省委与我局联合授予"青年文明号"，35个单位、20名个人被省人事厅与我局联合评为先进集体和个人。

回首过去，放眼未来，云南省地方税务局将继续在"三个代表"重要思想的指引下，认真贯彻中央经济工作会议、省第七次党代会和全国税务工作会议精神，不断解放思想，开拓进取，充分发挥税收的职能作用，积极推进信息化建设步伐，不断加大征管力度，切实加强队伍建设和作风建设，大力组织税收收入，为促进云南经济的发展作出更大的贡献。

程映萱副省长视察云南省地方税务局信息化建设情况

云南省地方税务局中心组学习江总书记"七一"讲话

开展形式多样的文体活动

由云南省地方税务局承办的全国营业税业务培训会议在昆明召开

云南省环境保护局

陈勋儒副省长视察洱海湖滨带建设

2001年，全省环境保护工作认真贯彻落实党的十五届六中全会和人口资源环境工作座谈会精神，认真学习江总书记“七一”讲话，努力实践“三个代表”，按照“十五”环保计划目标，完成了国家环保总局和省委、省政府提出的各项环境保护任务。以滇池为重点的九大高原湖泊治理和保护取得新进展，工业污染防治力度加大，城市环境综合整治全面推进，自然生态环境保护取得成效，建设项目环境管理制度和环保目标责任制进一步落实，环境法制建设得到加强、全民环保法制意识得到提高，环保对外合作与交流、环境科研、监测、宣传、信息、信访等工作得到加强。为全省经济社会的可持续发展做出了应有的贡献。

2002年，全省环境保护工作要进一步落实国家环境保护“十五”计划，坚持可持续发展战略和经济建设与环境保护“双赢”的原则，以提高环境管理水平为中心，“九湖”水污染防治、控制排污总量、加强生态保护与建设为重点，强化环境法制和环保宣传，扩大对外合作与交流，促进环境科研和环保产业发展，深化环境规划和增加环保投入，与时俱进，开拓创新，大力推进环境保护工作。

2002 年全省环境保护工作电视电话会议

全省人口资源环境工作座谈会

2002 年全省环保局长会议

中国富营养化湖泊及其流域治理国际研讨会

省环保局局长吴晓青一行到工厂里视察工作

充分发挥职能作用大力整顿和规范市场经济秩序

云南省工商行政管理局

整顿和规范市场经济秩序是2001年全省工商行政管理系统的中心工作。一年来，全系统认真按照国务院、省政府的统一部署，结合云南实际，从认识、组织、措施和经费投入方面努力做到“四个到位”，充分发挥工商行政管理机关市场监管和行政执法的职能作用，大力整顿和规范市场经济秩序。全年全系统共查处各类经济违法违章案件40960件，其中立案查处6783件，捣毁各类制假贩假窝点397个。全年查处案件总案值1.4亿元，罚没款2585万元。整顿和规范市场经济秩序工作取得了阶段性成果，为云南社会经济健康发展做出了积极贡献。

云南省工商局党组书记、局长何远灿同志作“整顿和规范市场经济秩序工作”动员

以企业年检和个体工商户验照为契机，严把市场准入关，严厉打击无照经营。重点整治涉及人民群众生命财产安全的烟花爆竹等易燃易爆物品生产企业，重新审核登记7858户，取缔无证经营和证照不齐的519户；在工商所建立企业“经济户口”，推行登记机关与工商所上下联动的监管模式，加强市场巡查，实行动态管理；企业年检加强实地查验，查处虚假出资、抽逃出资等行为；查处“三无”企业，取缔无照经营，全省共查处无照经营2416起，取缔“三无”企业801户。

工商行政管理执法人员巡查市场

以打击制售假冒伪劣商品、欺诈等违法活动为重点，大力整顿和规范市场交易行为。继续深入抓好对重点地区、重点商品、重点市场的专项整治，对15个重点市场进行了专项治理，共查处违法经营活动11317起；严厉打击传销、变相传销和其它欺诈违法经营活动，共查处此类案件163起，控制了传销蔓延的势头；继续加大对虚假违法广告和商标侵权假冒行为的惩治力度，全省共查商标违法案件1543起，共查处广告违法案件1498起；加强对粮食、蚕茧、棉花、成品油、汽车等重点产品交易活动的监督管理，检查各类市场7405个次，取缔无照经营966户；严厉打击非法拼装汽车行为，全系统检查汽车配件门市、修理及废旧物品收购点1994户，取缔136户，收缴非法拆解、报废车辆626辆，暂扣报废汽车477辆，总价值7770万元；进一步强化消费者权益保护工作，开展“春耕护农行动”，严厉打击制售假种籽、假化肥、假兽药及伪劣农机、农具配件等违法活动，检查经营门店、企业2461户，查处伪劣种子76491公斤、化肥531吨、农药37吨。

3.15咨询服务现场

以打破地区封锁和部门行业垄断为重点，大力整顿和规范市场竞争行为。做好法律法规宣传，打破地区封锁和地方保护主义，创造公平竞争的市场环境，促进我省对内、对外开放和西部大开发战略的实施。各级工商行政管理机关在各类报刊、电台、电视台共发布宣传报道1866篇。严厉查处各种不正当竞争行为。重点是查处仿冒知名商品特有的名称、包装、企业名称以及仿冒、伪造产地和产品质量标志的行为，查处利用节日促销、巨奖销售等方式，对商品进行虚假宣传的误导行为，全省共查处此类案件1778起。查处建筑工程、旅游、房地产等市场的商业贿赂案件125起。加大《反不正当竞争法》的执法力度，认真开展垄断性行业限制竞争行为的专项整顿，加强对供水、供电、供热、供气、电信等公用事业经营者滥用支配地位、强制交易等限制竞争行为的监管。全省共查处此类案件118起，在社会上引起强烈反响。

工商行政管理执法人员检查食品超市

云南省宗教事务局

宗教界人士向徐荣凯省长敬献哈达

徐荣凯省长视察迪庆时，与宗教界人士合影

晋铎神父

宗教工作是党和国家工作中的重要组成部份，在党和国家事业发展的大局中有着重要的地位。做好宗教工作，关系到加强党同人民群众的血肉联系，关系推进两个文明建设，关系到加强民族团结、保持社会稳定、维护国家安全和祖国统一，关系到我国的对外关系和国际形象。

我省是一个多民族多宗教的边疆省份，宗教问题的长期性、群众性、民族性、国际性、复杂性较为突出。宗教工作任务重、战线长，是全国宗教工作的重点省份之一。

我省宗教工作在省委、省政府的正确领导下，各级党委、政府把宗教工作列入议事日程，全省各地州市和大部份县设立了宗教工作机构，配备了干部，为宗教工作提供了组织保证。党的宗教信仰自由政策得到贯彻；正常的宗教活动和宗教团体的合法权益得到保障；对宗教事务的管理逐步走上规范化、法制化轨道；涉及宗教因素的问题得到妥善处理；打着宗教旗号进行的分裂活动和违法犯罪活动受到严厉打击；引导宗教与社会主义社会相适应工作取得新的进步；同宗教界的爱国统一战线日益巩固和发展；宗教界人士和广大信教群众爱国爱教、团结进步，积极投身社会主义现代化建设，开展反对“法轮功”邪教组织的斗争；坚持独立自主自办原则，开展对外交往，坚决抵御境外利用宗教进行的渗透活动。全省各民族宗教界人士和广大信教群众心情舒畅，衷心拥护党的领导和社会主义制度。保持了我省宗教领域的稳定，多次受到中央有关部委和领导的肯定。

局长：熊胜祥

局办：4145067　　4145189

李汉柏副省长出席2002年宗教界迎春茶话会

实践“三个代表”重要思想
加快云南公路事业的现代化建设

省公路局局党委书记、局长：杨家福

2001年在省委省政府领导下，全局广大干部职工以江总书记“三个代表”重要思想为指导，深化改革，加强管理，团结拼搏，艰苦奋斗，各项工作取得了较好的成绩，公路建设养护完成投资43.2亿元，其中公路修建完成37.5亿元，再创历史最好水平。公路养护在资金紧自然灾害严重、油路老化、行车量猛增的情况下，克服各种困难，加大公路修复和GBM工程建设，加强全面养护，全省公路累计平均好路率达64.97%，省管公路平均好路率达70.09%，分别较上年提高1.28和1.26个百分点，实现了公路的“通平美绿”提高了公路路网的整体服务水平，促进了云南经济持续快速发展。

2002年我省重点公路建设投资不少于100亿元，公路养护和通县油路建设任务艰巨，全局将重点抓好几项工作。

一是深化改革，调整结构，创新体制适应市场经济的需要，加强施工企业结构调整，以资本技术为纽带，组建跨地区跨行业跨所有制的具备科研、设计、施工、监理和融资功能为一体的交通建设集团公司，把企业做大做强，增强市场竞争优势。同时组建一批独立的“小而精”的专业子公司，形成以集团为龙头，众多专业化子公司为依托的管理体系和产业格局。公路养护管理在1998年全面实行公司化管理的基础上，今年全面实行事业单位市场化改革、事企分开，管养分离，组建新的管理和生产经营机构，推进公路养护市场化进程。

二是以维护通行为重点，提升经济干线和县乡公路的整体服务能力。我省县乡公路里程多，等级低，通行状况差，确保公路畅通任务重，必须坚持“建养并重以养为主”的方针，以“三提高”为重点，积极支持经济开发、扶贫公路的建设，逐步完善县乡公路配套设施建设，提升经济干线县乡公路的服务能力，为贫困地区脱贫致富和地方经济发展创造条件。

三是加强工程质量和安全生产管理，实现优质、安全、文明生产，树立专业施工养护队伍形象。要按照“质量责任重于泰山”创造交通精品工程的要求，进一步抓好ISO9002质量体系的贯彻落实，强化质量意识，落实各级质量责任制，抓死薄弱环节，强化现场管理，严格施工规范操作，把好转序，试验和材料关，实现质量管理的法制化、科学化、规范化。安全生产要着重抓好安全教育，树立全员“安全第一”的思想；层层落实安全责任制，一级抓一级，层层抓落实，确保万无一失；严格安全责任追究制度，加强安全检查，及时消除隐患，加强特殊工种的技能培训，强化安全保障措施，把安全事故减少到最低限度。

四是以作风建设为突破口，切实加强队伍建设和精神文明建设。要完成今年的各项任务和面对入世的新形势，关键要转变作风，扎实工作，建设一支高素质作风过硬的职工队伍。今年党建工作重点要抓好领导班子和干部队伍的作风建设，坚持从严治党。开展深入持久的反腐败斗争，加强精神文明建设，开展创文明单位、文明窗口，文明公路运输线活动，青年文明号活动，为公路建设养护管理创造一个良好的环境，确保全面完成各项任务，加强云南公路的现代化建设，以优异成绩迎接党的十六大胜利召开。

芒瑞文明公路

路桥总公司铺筑油路

昆嵩高速公路

玉元高速公路

庄以群　摄

云南对内开放

云南省人民政府经济技术协作办公室

云南对内开放是指云南对各省区市的开放和省内地区间的相互开放，具体表现为推进省际间和省内地区间的经济社会合作与交流。

扩大对内开放的重要意义

对内开放是邓小平理论和党的开放政策的重要组成部分。小平同志曾明确指出:“开放是两个内容，一个对内开放，一个对外开放。”“一个对外经济开放，一个对内经济搞活。改革就是搞活，对内搞活就是对内开放，实际上都叫开放政策。”党的十四大提出:“开放包括对外对内的全面开放”，并把这一重要论断写入了党纲，党的十五大又再次作了重申。由此可见，只有既重对外开放又重对内开放，坚持对内对外开放并举并重，才是全面的开放。

在经济全球化的时代，任何一个国家和地区要取得大的发展，就必须扩大开放，积极参与国际国内分工与协作，充分利用两种资源，开拓两个市场。这就要求在扩大对外开放的同时进一步扩大对内开放。江泽民同志曾明确指出:“发展社会主义市场经济，需要省际之间、地区之间发展‘你中有我、我中有你’的矩阵式的联合与协作。……实践证明，凡是经济发展比较快的地区，都比较注意联合协作，而那种搞独立大队的做法都限制了经济的发展”。在社会主义市场经济条件下，离开了对内开放，就不能打破地区间、部门间的条块分割，就不能培育和发展全国统一开放的市场体系，就不能发挥市场机制在资源配置中的基础性作用，生产要素就难以自由流动和优化配置，从而也就难以实现整体经济运行质量的提高。

国家实施西部大开发战略，给我省提供了扩大对内开放、吸引多方力量参与云南建设的前所未有的发展机遇。中央曾明确指出，国家要逐步加大对西部地区的投入，并通过政策引导，吸引更多的国内外资金、技术和人才。从实际情况看，国家和我省的投入是有限的，我省直接从境外引进大量的生产要素有一定的难度，但从国内尤其是东部地区引进更多生产要素的潜力和可能性都很大。因此，进一步扩大对内开放，借助国内力量提高我省的开发和建设能力，就显得十分重要和迫切。

“九五”以来云南对内开放工作取得的显著成效

“九五”是云南对内开放发展迅速、成效显著的5年，全省共签订国内合作项目5240项，项目协议总投资655亿元，引进省外到位资金130多亿元，交流干部和培训人才3万多人次。

2001年，全省对内开放工作继续深入发展，投资软环境进一步改善，区域经济合作继续在巩固中发展，滇沪合作进入全面推进新阶段，滇粤和滇浙合作发展迅速，与其他省区市的合作进一步拓展，省内合作继续扩大，昆交会国内招商引资再创佳绩，实施“走出去”开放战略取得较好成效，经济社会合作成果再创历史新高，全年共签订国内合作项目1063项，项目协议总投资253.75亿元；实施国内合作项目1173项，项目协议总投资243.91亿元，年内到位资金80.55亿元，其中：省内到位资金39.94亿元，引进省外到位资金40.61亿元；交流干部和培训人才4349人次，输出劳务19594人次，如期完成了“主要指标比2000年增长10%以上”的目标任务，实现了对内开放在新世纪的良好开局。对内开放在促进思想观念更新、基础设施建设、产业结构调整、国有资产重组、个体私营经济发展、扶贫攻坚和农民致富、提高劳动者素质、增加地方财政收入、提高经济外向度等方面，发挥了更加积极的作用。

“十五”云南对内开放的发展思路

坚持和不断完善“三个一、三个二、三个三”的发展思路。

【实现一个目标】到2005年，项目总投资、引进省外到位资金等主要指标力争在2000年的基础上增长50%

以上，省外在滇企业实现的增加值和地方税收分别占当年全省国内生产总值和地方税收的8%左右，建成一批产值超亿元的省外在滇独资企业和合资合作企业；云南产品国内市场占有率和劳务输出较“九五”有较大增长，科技、社会合作全面发展，全方位、多层次、宽领域的对内开放格局全面形成。

【深化一个认识】不断深化对对内开放内在规律的认识，以邓小平理论和党的开放政策为指导，深入研究新情况，解决新问题，探索新的途径和方式，不断推动对内开放工作的新发展。

【优化一个环境】全面优化投资软环境，通过建立和完善法律法规体系、服务体系、政策体系和监督保障体系，努力把云南建设成为西部投资环境、生活环境最好的省份之一。

【围绕两条主线】围绕西部大开发和实施“十五”计划这两条主线，广泛、深入地开展省内外经济社会合作与交流，努力提高对内开放对全省经济社会发展的贡献率。

【突出两个重点】突出引资引智和市场开拓两个重点，大力实施双向开放战略，既要广泛吸纳国内生产要素参与我省的开发和建设，又要组织更多的省内企业和产品走出省门，开拓国内市场。

【推进两个合作】全面推进省际合作和省内合作，努力形成和不断完善省内省外合作相互促进、协调发展的互动机制。

【坚持三个结合】坚持经济合作与社会合作相结合、政府协作与民间合作相结合、引进来与走出去相结合，全方位、多层次、宽领域推进对内开放工作，切实提高开放水平和成效。

【发挥三大优势】充分发挥资源、气候、区位三大比较优势，积极开展优势合作、强强合作，努力实现合作效益的最大化。

【力争三个突破】力争参与西部大开发有突破，促进我省更多的西部大开发项目启动实施 力争推动结构调整有突破，促进我省产业结构、所有制结构和城乡结构的调整和优化；力争开拓国内市场有突破，促进我省外向型经济的发展。

二OO二年云南对内开放工作的指导思想和发展目标

【指导思想】以邓小平理论和江泽民“三个代表”重要思想为指导，深入贯彻落实省第七次党代会和省九届人大五次会议精神，围绕实现“三大目标”、实施“四大战略”和建设“五大支柱产业”，坚持以优化投资软环境为基础、经济结构调整为主线、企业为主体，“请进来”与“走出去”并举，国有经济和民营经济合作并重，与时俱进，开拓创新，全面推进省内外经济社会合作与交流，进一步完善全方位、多层次、宽领域的对内开放格局，以招商引资和开拓市场的新成效促进云南经济社会的新发展。

【发展目标】努力实现主要指标比2001年增长10%以上，引进省外到位资金45亿元以上，力争达到50亿元，推动云南对内开放工作再创新业绩。

二OO二年云南对内开放工作的主要任务和措施

【主要任务】着力抓好8项重点工作，力争6个方面的新突破。即着力抓好打好环境招商牌，进一步营造吸引国内生产要素来滇发展的良好环境；进一步拓展与东部地区的合作，更多地从东部地区吸纳生产要素参与我省的开发和建设；进一步推进区域经济合作，联手促进西南地区的开放和开发；积极推进与中西部地区的合作和省内地区间、企业间的合作，进一步拓展省内外合作的内涵和外延；切实抓好县级对内开放工作，进一步促进县域经济和全省对内开放工作的协调发展；大力实施“双向开放”战略，进一步提高全省的对内开放水平；切实采取有效措施，进一步提高招商引资成效；充分发挥政府办事处和省外在滇商会的作用，进一步推动省际合作不断向纵深发展等8项重点工作，力争在与东部地区合作、引进民间资本、中中外合作、内联外引、促进支柱产业发展和“走出去”开放等6个方面取得新的突破。

【主要措施】抓好思想落实，确保认识到位；抓好组织落实，加强队伍建设；抓好政策落实，创造良好环境；抓好建章立制、落实责任到位；抓好项目跟踪推进，提高合作成效；抓好作风转变，提高工作效率。

云南省总工会

徐荣凯省长到省总工会调研工作（左：省委常委、省总工会主席罗正富　中：省委副书记、省人民政府省长徐荣凯　右：省总工会党组书记、常务副主席梁福祥）

省总工会党组书记、常务副主席梁福祥同志（左一）慰问困难职工。

2001年，云南省总工会及全省基层工会坚持以邓小平理论为指导，努力实践江总记“三个代表”重要思想，突出重点，狠抓落实，各项工作取得了可喜的进展。一是团结和动员全省各族职工为实现全省经济社会发展目标建功立业。围绕西部大开发和企业深化改革，实施了群众性经济技术创新工程等活动，调动和发挥了职工群众的积极性、创造性。二是新建企业工会组建工作取得了突破性进展。全省1597个乡镇（街道办事处）建立了工会联合会；12610户外商、私营和乡镇企业建立了工会组织，新发展工会会员51.7万人，分别完成全国总工会下达任务的80.8%和97.5%；促进了外商、私营和乡镇企业的稳定和发展。三是发挥工会维护职工合法权益的基本职能，努力为职工特别是困难职工群体办实事。积极协助政府做好“最低生活保障”工作，深入实施送温暖工程，开展“寒窗助学”活动，参与处理职工群体性突发事件，努力维护职工队伍和社会政治稳定。四是以推进厂务公开为重点，职工民主管理工作取得新进展。国有、集体企业的厂务公开不断向生产经营管理领域延伸，向车间、班组延伸；事业单位和乡镇企业实行厂务公开的建制面不断扩大；非公有制企业民主管理工作开始启动；厂务公开、民主管理不断向制度化、规范化方向发展。五是抓住学习宣传贯彻修改后的《工会法》的契机，推进工会工作法制化建设。全省掀起了学习宣传贯彻《工会法》的热潮，广大工会干部和社会有关方面围绕工会工作的热点、难点深入调查研究，形成了一批有创见的调研成果；省九届人大常委会审议通过了《云南省集体合同条例》，为我省规范集体合同行为提供了法律保障。六是加强了工会自身改革和建设，工会工作水平进一步提高。通过认真学习江总书记“七一”重要讲话和党的十五届六中全会精神，抓好工会干部选配和教育培训，加强制度建设，切实转变作风，提高了各级工会的管理水平和工作水平，工会整体工作得到较大推进，取得了显著的成绩。

省总工会与有关部门共同组织的星级饭店服务技能大赛

嵩明县小街镇工会联合会挂牌

为非公有制经济发展献计出力

云南省工商业联合会

云南省工商业联合会是云南省工商业界组织的民间商会，是中国人民政治协商会议云南省委员会的组成单位之一。现有县级以上基层组织144个，会员3.6万多个。

近年来，省工商联紧紧围绕省委、省政府的中心工作，积极参政议政，发挥政治协商、民主监督的职能，积极参与经济活动，取得显著的成绩。如参与澜沧江－－湄公河次区域经济合作与开发，组建了中（云南）、老、缅、泰经济四角商会联合委员会，作为首任轮值方主席成功地于2001年10月在西双版纳举办了第一次年会，为加强四国间的商会合作，推动民营企业参与次区域开发起到积极的作用。成立了“云南省个体私营经济服务中心”，为社会上广大的中小企业提供全方位的服务。在地、县级工商联中建立了44个贷款担保机构，累计贷款1039笔，金额14328万元；组织民营企业家赴境外进行商贸考察，到“金三角”地区搞毒品替代种植开发。引导和组织民营企业家积极参与光彩事业，到贫困地区投资搞扶贫式开发、捐资助教、扶危济困等社会公益事业，共实施光彩项目168个，到位资金7.49亿元，累计就业人数43310人，脱贫91811人；捐赠项目269个，金额达3260.78万元；帮助少数民族贫困地区提高教育质量，选送了两批42名中小学教师免费到上海进行培训。

中（云南）、老、缅、泰经济四角商会联合委员会首次年会在西双版纳举行。这是“经四联”全体委员合影。

举办各类培训班，培养工商联干部和非公有制经济代表人士“两支队伍”。

积极推动扶贫光彩事业，与上海光促会合作，在云南开展资助贫困生、培养少数民族师资等多项支教助学工作。

面向新世纪的昭通

昭通市人民政府

昭通街景——月牙路街心花园

昭通古称“朱提”、“乌蒙”，自秦开“五尺道”、汉筑“南夷道”后，便成为中原文化传入云南的重要通道，是早期云南文化的三大发祥地之一，为我国著名“陆上南方丝绸之路”的要冲和云、贵、川三省经济、文化交汇重地。

昭通历史悠久，资源丰富。改革开放以来，昭通的经济社会发展取得了巨大成就，实力明显增强。2001年，全市国内生产总值达108.1亿元，人均国内生产总值达到2165元，农业获得丰收，农业总产值由“八五”末期的32.6亿元增加到2001年的46.2亿元，粮食总产量达130.4万吨，工业总产值由42.7亿元增加到43.1亿元，地方财政一般预算收入由4.1亿元增加到[illegible]亿元，社会消费品零售总额由15.8亿元增加到25.1亿元，农民人均纯收入由612元增加到945元，“九五”期间，累计完成固定资产投资133.9亿元，比“八五”净增102.4亿元，增长30.8%。2001年，经国务院批准，昭通撤地设市，标志着昭通在走向工业化、城市化、现代化的进程中迈出了重要一步。

天堑变通途

在新世纪加快发展的征程中，昭通又迎来了新的机遇。内昆铁路的建成通车，将有力促进昭通经济的发展，溪洛渡、向家坝两座巨型水电站即将开工建设，为昭通经济社会发展注入了强大的动力。“十五”期间，昭通500万各族干部群众将高举邓小平理论伟大旗帜，以江泽民同志“三个代表”的重要思想为指导，坚持党的基本路线，解放思想，实事求是，开拓创新，以发展为主题，经济结构调整为主线，改革开放和科技进步为动力，提高人民生活水平为根本出发点，抓住一个机遇（西部大开发），推进两个根本性转变（经济体制、经济增长方式），突出三个重点（基础设施、生态建设、扶贫开发），实施四大战略（区域化、城镇化、科教兴昭、可持续发展），培育六大支柱产业（畜牧、建筑建材、绿色食品、天然药物、旅游、人力资源开发），突破六大制约（经济结构性矛盾突出、财政收支矛盾尖锐、基础设施滞后、科技教育水平低、人口增长过快、生态恶化），促进经济持续、快速、健康发展和社会全面进步，为实现把昭通建成长江上游生态恢复的示范区，以绿色食品和天然药物保健品为主的新兴绿色经济带，云南对内开放的大通道，国家西电东送的能源基地，集自然景观和历史人文景观为一体的民族文化观光旅游长廊的“五个一”奋斗目标奠定坚实基础。

西部大峡谷温泉

渔洞水库大坝

乌蒙明珠　渔洞水库

中共昭通市委副书记、市长王建华(左2)深入灌区指导工程建设。

副市长熊启怀（左1），管理局常委书记、局长王明荣(左2)、副局长贺德刚(左3）等领导商讨库区环境治理工作。

横跨昭鲁大河的渔洞水库北干渠葡萄井引水渡槽。

莽莽乌蒙的群山深处，昭通人用半个世纪的执着成功地打造了云南水利建设史上一颗耀眼的明珠，她就是有滇字一号水利工程之称的—云南昭通渔洞水库。

渔洞水库是云南省“八五”、“九五”重点工程。工程生态效益、社会效益、经济效益显著，由水库枢纽工程和灌区引水工程两大部份组成。水库对促进昭通经济的发展有着非常重要的作用。渔洞水库年蓄水3.64亿立方米，以保证“昭鲁”灌区农业灌溉和满足供给昭阳区近20万人的城镇生活用水，兼顾供给开发褐煤，建坑口火电站循环用水，提供城市工业用水及供给下游电站调枯用水，另外，水库还具有防洪、发电等功效，是集多种功能於一身的国家大（Ⅱ）型水库。

建设渔洞水库，是党中央、国务院亲切关怀的结果。水库枢纽1992年开工，2000年建成，2001年交付管理单位使用。渔洞水库工程被水利部表彰为全国水利系统文明建设工地，中共云南省委、省人民政府命名渔洞水库为爱国主义教育基地。目前，水库效益已初步显现，水库开始向昭阳区供给城市生活用水，电站1.26万千瓦的装机容量输入了昭通电网新的活力，南干渠已将水送进了昭阳区，送到了鲁甸县。北干渠建设已进入冲刺阶段。管理局党委书记、局长王明荣号召全局职工要继续发扬“艰苦奋斗、无私奉献、 精益求精、只争朝夕”的渔洞精神，要以认真负责的工作态度积极投入灌区工程建设，在建设中努力实践江总书记的“三个代表”，确保2002年实现灌区引水工程南、北干渠全线通水，用实际行动献给党的十六大渔洞建设者一份真诚的礼物。

横锁居乐河高88米的渔洞水库枢纽大坝。

中国工商银行昭通市分行

中国工商银行云南省分行党委书记、行长王秀山到昭通市工商银行检查，指导工作。

党委书记、行长：闻玉璧

省工行王秀山行长到云南侨通包装印刷有限公司调研。

中国工商银行昭通市分行自1985年分设以来，在上级和地方党委、政府的正确领导下，认真贯彻执行党和国家的金融方针政策，积极为支持地方经济建设服务。经过10多年的努力，在大力发展传统业务的同时，积极拓展新兴业务领域，加快业务、科技管理和机制创新步伐，以诚信、高效、优质的金融服务不断赢得广大客户的信赖和支持，壮大了经营实力，增强了竞争力，全行经营管理水平不断提高，成为昭通市金融系统综合实力较强的国有商业银行。

截止到2001年末，全行各项存款230,058万元，各项贷款余额165,889万元，存贷比例为72.11%，不良资产占比为6.99%，实现帐面利润1430万元。在省分行对全省各二级分行行长综合目标考核排序上列第2位，进入全省工行系统经营管理先进行列，全行改革发展取得较好成绩。在积极支持和服务经济建设中，昭通市分行按照依法合规、安全经营的原则，以质量和效益为中心，努力筹措各项存款，重点为国有大中型企业提供资金保障，稳妥开办个人住房贷款、消费贷款业务，扩大中间业务服务领域，积极推广个人理财服务、代理业务和网上银行的发展，更好地为广大客户提供高效、优质、快捷的金融服务，力争办成一个科技领先、功能齐全、管理一流、效益较好的现代商业银行。

中国工商银行昭通市分行：
行长：闻玉璧
副行长：王兴惠、黄河静、张荣、陈超
纪委书记：杨长安
总稽核：梁绍福

业务技术比赛现场

中国农业银行昭通市分行

2001年农行昭通市分行在省分行和地方党委政府的领导下，牢固树立发展才是硬道理的思想，强化商业化经营理念，坚定扭亏为盈目标，狠抓经营机制和发展方式的转变，以拓展优良客户为重点，积极开拓市场，实现了常规业务扭亏为盈。

求真务实、团结战斗的领导班子。党委书记、行长马玉平（右二），党委委员、副行长刘国姬（左二），党委委员、副行长陈大强（右一），党委委员、纪委书记晏友玲（左一）。

一是始终将存款作为第一业务来抓。加大综合考核力度，完善服务体系，规范服务行为，拓展中间业务空间，加大科技投入，有效地推动了存款业务的发展。2001年末，各项存款余额达到239557万元，比上年末增加30602万元，市场占比为32.02%，比上年末增加4.26个百分点，居同业之首。

二是找准信贷营销突破口。坚持以市场为导向，以调整结构为核心，在继续支持传统优势产业的同时，集中资金大力支持小集镇、电信、电网改造、能源、环保、教育科技、医疗卫生等基础设施建设。以个人住房贷款批发为重点，带动消费信贷业务的全面发展，2001年末各项贷款余额24.9亿，占全市金融机构全部贷款的42.44%。其中，个人住房消费袋款余额中达27167万元，占全市金融机构个人住房消费贷款市场份额的50%以上。

马玉平行长(中)接受地委、行署颁发“文明单位”牌匾。

三是建立全新的不良贷款清收盘活模式。实行行领导重点挂钩、分片包干清收责任制，组建了风险资产经营管理部门，专司不良贷款的清收盘活。到年末，清收、盘活常规不良贷款本息16661万元，超计划完成省分行下达的清收盘活任务。

四是创建良好的内部经营机制。始终坚持效益优先的原则，资源配置向效益好的行倾斜，到年底，全行11个营业单位有10个单位常规业务扭亏为盈。

五是精神文明建设取得显著成效。到2001年上半年，全市农行系统12个单位全部被授予县级以上“文明单位”称号（其中：省级3个，地市级6个，县级3个），下半年全系统实现“文明行业”目标。

陈大强副行长（右）深入企业调研。

刘国姬副行长(左)向业务经营先进单位颁发奖状。

神奇美丽的小草坝自然风光

彝良县人民政府

环河飞瀑

小草坝森林景区距彝良县城35公里。1998年境内的朝天马景区被列为省自然保护区。1999年县委、政府将小草坝景区列为全县旅游业资源开发中心。

小草坝，因盛产天麻而驰名中外，境内青山叠翠，怪石嶙峋，溪水环流，古树参天，鸟语花香，其中朝天马自然保护区幅员面积6293公顷，不仅植被类型多样，各类生物种类齐备，有珙桐、水青树、十齿花、鹅掌楸、领春木、峨眉含笑、香果树、大四照花、岩匙、红豆杉等国家珍贵树种数十种，黑熊、猕猴、大灵猫、白鹇、红腹角雉、白腹锦鸡等国家重点保护野生动物10余种。被地植物学专家誉为"小巧玲珑的保护区"。

小草坝生态旅游开发前景诱人，以森林景观为主体，春天百花争艳，杜鹃如霞；盛夏莺飞蝶舞，山花烂漫；金秋林海斑斓，红叶尽朵；隆冬山舞银蛇，玉洁冰清。瀑布叠水30余处，或挂于高天，或从天倾泻而下，或满天喷洒，气势雄伟磅礴，蔚为壮观。最吸引人的景点有"天门鸽树"、"石岗紫鹃"、"渴驼饮泉"、"陡口燕洞"、"高山叠瀑"、"河坎水帘"、"万佛奇洞"等处，各具特色，集山、水、林、石、瀑布群，溶洞、古树、奇花异草为一体，让人目不暇接，四季游人观景不绝，是一方生命与大自然最和谐的净土。

渴驼饮泉

高峡平湖

雄伟、壮观的小草坝风光

富甲天下的彝良小草坝天麻

天麻是世界驰名的名贵药材，又是绿色保健珍品，天麻以治疗眩晕头痛、惊厥抽搐，四肢麻木、风湿、体痛、语言不遂、血脉不通、痰痈气阻等症见长。现代药理研究表明，天麻主要有四大治疗作用：对心血管系统的强心作用；有耐缺氧作用和增强免疫功能的作用。

彝良县小草坝以其独特的地理、气候、土壤等自然条件，蕴育了堪称世界一流的天麻。小草坝天麻个大、体圆、肉质肥厚、质地坚硬且

带泥而出的小草坝天麻

未加工的小草坝生天麻

荣获金奖的天麻蜂蜜

呈半透明状，被尊为“明天麻”。内在质量好，含天麻素，益脑祛风成分为一般天麻的2倍以上，早在明、清时期，小草坝天麻作为珍稀贡品敬献皇帝，乾隆皇帝曾封之为“天财地宝”，1978年的广州交易会上，小草坝天麻被冠为“中国小草坝天麻”，十一届亚运会期间小草坝天麻被指定为运动员的补品。小草坝天麻成为昭通天麻以至云南天麻的代表，名扬世界。近年来，省内外相关制药企业以小草坝天麻为原料，生产出了“全天麻胶囊”、“复方天麻颗粒”、“天麻丸”、“天麻口服液”和“天麻蜂蜜”、“天麻酒”等药品和保健品。部分天麻产品曾获国家有关部门的金奖、银奖。

彝良县已将天麻作为“十五”期间全县重点培植的三大支柱产业之一进行规划建设，3000亩天麻规范化种植已被列入《国家中药材现代化科技产业云南昭通天麻基地建设》的重点县。截止现在，全县已种植天麻1万余亩，生产鲜天麻100万公斤，产值达4000万元，天麻产业对县域经济的重要作用已经初步显现出来。

荣获金奖的小草坝盒装干天麻

镇雄县人民政府

镇雄县供销社开发研制并申请注册的“赤水源”牌苦丁茶。

葱翠油绿的苦丁茶园基地一角。

“赤水源”牌苦丁茶2001年12月荣获第七届中国国际食品博览会金奖。

苦丁茶产业开发

作为全县苦丁茶产业开发项目实施单位的镇雄县供销社联合社，所属25个独立核算企业，其中由所属企业入股新组建的苦丁茶专业公司一个。全系统有干部职工1483人，经营网点432个，资产总额7824.6万元。

1998年，县委、政府决定将苦丁茶纳入全县农业产业结构调整重点开发项目实施以来，完成了全县野生资源分布，产业化开发最佳适宜区的地理气候类型、土壤水质条件、苦丁茶饮用、保健、药理功效及中长期目标市场定位的调研，初步进行全县苦丁茶产业发展的规划布局。对野生资源的开发利用、人工育苗、栽培、采摘、加工、储存等积累了一整套可行的技术。完成了生产许可证、卫生许可证的报批及“赤水源”牌苦丁茶商标的申请注册。

镇雄“赤水源”牌苦丁茶以其鲜活碧绿的汤色，甘苦清凉的口感，独特的保健药理功效深受消费者青睐，二〇〇一年获第七届中国国际食品博览会金奖。历届昆交会上成为中外客商的抢手货，远销昆明、四川、贵州、湖南、湖北，安徽、广东、广西等大中城市，产品供不应求，开发潜力巨大。

目前，镇雄苦丁茶正处资源培植阶段，现有资源面积2万亩，苗木扦插1200万余株，鲜叶产量25吨，农业及加工业产值400万元，发展势头强劲。

镇雄有得天独厚的自然条件和资源优势，有丰富的劳动力资源，可开发面积10余万亩。市场潜力巨大，开发条件优越，五年内计划实现资源面积5万亩。全县上下正以高昂的士气，饱满的热情，高效的服务，互利共享的合作宗旨共谋发展，共创美好的未来。

煤炭资源

镇雄位于滇川黔三省结合部，既是云南省第一人口大县，总人口122.68万人，又是国家西部开发扶持县，还是云南省煤炭资源大县，经过原云南地质八队和第一地质大队对全县煤炭资源的普查，全县含煤面积1619.60km^2，占全县总面积的43.67%，原煤远景储量74亿吨。占云南省原煤总储量（264亿吨）的28.03%，剔除埋深大于1000m的难采部分，可采储量约45.1729亿吨。

原云南地质八队1972年进入镇雄后，除开展钾盐和石油天然气的普查外，抽调精干的三个分队选择以塘房为中心的镇雄煤田北部井田东段和西段，南部井田中段进行详细勘控和初步勘控，三段共获储量8.3059亿吨，其中A+B+C级储量6.2632亿吨。已勘控三个井田均为大型井田，可供建设开采规模分别为：150万吨／年至210万吨／年的三个大型煤矿之用。此三个井田若能开发利用，设计原煤年开采量为510万吨，可供国家计划在云南建设100万吨／年煤变油厂使用130-150年。

开拓前进的

昆明市总工会

市委副书记叶建成（中）、市人大副主任、市总工会主席杨丽（右一）慰问困难职工。

2002年五.一前夕，昆明市召开大会，表彰昆明市特等劳模60名、昆明市劳动模范200名。

昆明市召开贯彻实施《劳动法》、《工会法》工作会，深入推行集体合同、劳动合同制度，维护职工合法权益。

昆明市总工会是中共昆明市委和云南省总工会领导下的，联系百万职工，拥有四十多万会员的云南省会城市工会组织。

几年来，昆明市总工会逐步探索总结出“1、2、3、4、5、X”的工作思路，即. 1、明确一个指导思想；2、坚持旗帜鲜明地支持和参与改革，旗帜鲜明地维护职工合法权益；3、最大限度地把广大职工组织到工会中来，最大限度地维护广大职工的合法权益，最大限度地保护、调动和发挥广大职工的积极性、创造性；4、突出和履行维护职能要把握好四个要点 坚持两个维护的统一和宏观维护与微观维护的结合，把维护困难职工群体合法权益作为维权工作的重点，把平等协商、集体合同制度和职工代表大会制度作为维权的主要手段，建立健全监督制约和保证机制；5、坚持构建五项工程：一手抓“依靠”，一手抓“当好”，构建“依靠工程”；一手抓源头，一手抓典型，构建“维权工程”；一手抓送温暖，一手抓促进再就业，构建“温暖工程”；一手抓观念转变，一手抓素质提高，构建“教育工程”；一手抓外塑形象，一手抓自身建设，构建“形象工程”。6、切实抓好“X”项重点工作。共筹集送温暖资金1600多万元，动用基金利息和本金1300多万元，慰问困难职工7.1万人（次）；开展“包户帮困”活动共包下困难职工家庭2108户，经过帮扶已有570户走出了困境；“寒窗助学”活动共帮助1002名困难职工子女就读大学、中专。促进下岗职工实现再就业，免费培训4048名下岗职工，推荐6953名职工重新上岗；在新建企业组建工会组织，促进企业健康发展；深入贯彻《劳动法》维护职工合法权益，1208家企业建立了平等协商、集体合同制度，有1773个企业推行了厂务公开，90%以上的公有制企业进一步完善了职工民主管理和民主监督，国有独资、国有控股公司基本建立职工董事和职工监事制度 在开展劳动竞赛、合理化建议，组织职工开展文艺体育活动等方面均取得较好的成绩。市委对市总工会的工作的评价是“讲政治，敢创新，有活力”。

在新的征途中，我们将更高地举起邓小平理论伟大旗帜，更加紧密地团结在以江泽民同志为核心的党中央周围，以“三个代表”重要思想为指导，进一步团结动员全市职工，以优异的成绩迎接党的十六大胜利召开。

白州今朝织锦绣　大理明天更美好

中共大理州委书记　刘　平
大理州人民政府州长　赵立雄

位于大理省级旅游度假区中心的大理崇圣寺三塔

大理是我国唯一的以白族为自治民族的少数民族自治州，又是一个历史悠久、民风淳厚、风光秀丽、资源丰富的古老神奇之地。早在新石器时代，就有白、彝等民族的先民繁衍生息于此，西汉王朝曾在大理设郡置县，尤其是唐宋时期先后出现并延续500多年的"南诏国"和"大理国"，使大理成为当时云南政治、经济、文化的中心。

大理人杰地灵，素有"文献名邦"之称，境内除拥有大理、巍山两座国务院公布的全国历史文化名城外，还具有四季如春的宜人气候、景色如画的自然风光和浓郁淳朴的民族风情，是国内外宾客选择休闲度假、旅游观光的理想之地。境内近80处列级旅游资源分布全州各县市，包括由苍山洱海风景区、鸡足山风景区、石宝山风景区、巍宝山风景区和茈碧湖风景区所构成的国家级重点风景名胜区1个（大理风景名胜区），省级风景名胜区4个，国家级重点文物保护单位6个，省级重点文物保护单位33个，国家级森林公园4个，国家级自然保护区2个和省级自然保护区4个，现已成为云南省三大旅游热线—滇西北旅游线的枢纽。2001年，全州共接待海内外旅游者550万人次，其中海外游客近14万人；旅游社会总收入约26亿元，比上年增长18%；旅游创汇收入2465万美元，比上年增长23%。

大理地处金沙江、澜沧江和怒江三江流域，其多样性的地形地貌和立体的气候类型，决定了辖区范围内的生物资源十分丰富，是我国较为典型的生物多样性地区，实施现代生物资源产业开发创新的条件得天独厚。全州初步查明拥有的高等植物种类达182科927属共3000余种，约占云南属量的38%；中草药材有2000多种，约占云南中草药种类的60%；食用菌资源200多种，且产量大，是云南野生食用菌生长较为富集的地区之一；观赏类生物仅野生驯化栽培的花卉就达690余种，云南八大名花在大理均有分布，并有"杜鹃花故乡"、"兰花之乡"和"大理茶花甲云南"的称誉。全州境内生长的哺乳动物有100多种，占云南生长种类的30%以上；州内出产的经济作物及林果产品丰富，经济林果基地达200多万亩，有中国核桃之乡—漾濞、梅果之乡—洱源、大蒜之乡—弥渡、木瓜之乡—永平、茶叶之乡—南涧、橘果之乡—宾川、红花及油菜之乡—弥渡和巍山。

大理区位优越、交通便捷，是古往今来祖国内地连接边疆兄弟民族地区和周边国家的通衢，中国连接东南亚、南亚国际大通道的滇西枢纽。早于西汉南方丝绸之路的"蜀身毒道"纵贯其间，尤其是现代修筑的广（通）大（理）铁路、大理机场、楚（雄）大（理）高速公路和大（理）保（山）高速公路等交通基础设施，使大理初步形成了铁路、公路、航空、水运结合，城乡连通，辐射周边的现代立体交通网络，成为名副其实的滇西交通枢纽和物资集散地，北可进川、藏和印度，南可通边达海，中国连接东南亚、南亚国际大通道滇西枢纽的功能已逐步显现出来。其优越的区位优势和便捷的交通条件，加之通过解放思想和观念更新所带来的经济环境的不断优化，使居住环境一流的大理成为中外客商投资开发、经商办厂、兴业发财的最佳选择之地。

大理经济发展、民族团结、社会稳定，现已步入全国30个少数民族自治州经济社会发展的前列。大理是一个多民族集居的边疆少数民族自治州，境内居住的民族成分达27种，其中世居民族有13种，全州少数民族人口约占总人口数的50%。1956年自治州成立以来，特别是改革开放20余年来，在党的民族政策的光辉照耀下，在党中央、国务院和省委、省政府的正确领导和关怀扶持下，全州各族人民集中精力搞建设、专心致志求发展，取得了民族团结进步、经济持续增长、社会事业蓬勃发展和人民生活逐年改善的辉煌业绩。"八五"、"九五"时期，全州立足于自身优越的地理环境与区位优势，按照建立社会主义市场经济体制的总体要求，坚定发展才是硬道理的思想，一心一意扭住经济建设中心不动摇，坚持改革开放，抓机遇、打基础、调结构、建支柱、促发展，不仅农业基础设施、市镇基础设施和能源、交通运输、邮电通信、旅游基础等条件有了根本性的改善，而且在深入调查研究、深化州情认识的基础上，与时俱进，开拓创新，将烟草、旅游、生物资源开发创新、建筑建材和矿电结合的冶金工业等产业作为全州经济发展的支柱加以精心培植，从而使全州经济在物价持续低迷和社会有效需求不足的困难条件下仍呈现出强劲发展的态势。2000年与1990年相比，现价国内生产总值增长3.67倍、财政收入增长2.4倍。进入21世纪的2001年，全州经济社会发展又达到了"十五"计划开好局、起好步的目标，以国内生产总值同比增长8%和财政总收入增长10%的速度持续稳健发展。经济总量的增加和"两区"（大理省级经济开发区和大理省级旅游度假区）开发对外吸引力的增强，标志着大理州的综合经济实力和发展水平已经步入全国30个少数民族自治州之前列。2001年全州实现现价国内生产总值1451439万元，居全国30个少数民族自治州第4位；财政总收入221043万元，居全国30个少数民族自治州第6位，而综合性大学—大理学院的获准建立、大理省级高新技术开发区尤其是生物药园区建设的强劲发展，亦标志着"文献名邦"大理又朝着科教兴州战略目标的实现迈出了坚实的一步。

展望未来，大理的明天更美好。面对新时期国家实施西部大开发和云南省实施"一强两大"战略及其中国已经正式加入世界贸易组织的机遇与挑战，大理州将以马列主义、毛泽东思想、邓小平理论和江泽民同志"三个代表"重要思想及"5.31"重要讲话精神为指导，进一步深化对基础州情的认识，不断解放思想、更新观念，科学确立和完善加快发展的新思路，在省委、省人民政府的领导下，开拓进取、团结干事，紧扣"把大理建设成为滇西经济中心、中国通往东南亚南亚国际大通道的滇西枢纽、中国一流世界知名的旅游胜地、全国两个文明建设搞得最好的民族自治州之一"和"当好滇西经济社会发展的排头兵"的发展目标，继续打好基础，改善生态，调整结构，建立支柱，改革创新，扩大开放，依靠科技，加快发展。通过建设交通、市场、信息三大网络，培植烟草、旅游、生物资源开发、建筑建材四大支柱产业，实施基础建设、农业二次创业、工业化和城镇化、民族文化大州建设、以提高民族素质为中心的人才培养等五大工程，在提高经济增长质量和效益的基础上，力争经济持续保持较快的增长速度，使大理在"十五"期间成为省内外投资环境和生活环境最好的地区，创造大理更加美好的明天！

州委书记刘平（前排左二）、州长赵立雄（前排左三）等州委州政府领导深入基层调查指导

2001年10月29日，云南省人民政府副省长梁公卿和大理州委书记刘平共同为新组建的综合性本科院校—大理学院揭牌

现代化的民族工业骨干—大啤集团

座落在大理省级经济开发区的大理高原明珠

现代化的民族工业—红塔集团大理卷烟厂

茶乡临沧展新容

临沧地区行政公署专员　李国伟

中共临沧地委副书记
行署专员　李国伟

“茶乡”—临沧，因濒临澜沧江而得名，是中国西南边陲的一块宝地，北回归线横贯南部。东南与思茅相连，西北与保山、大理接壤，西南与缅甸交界。临沧地区是1952年至1956年间，由大理、保山、思茅三地州划出的边远县组建而成的。全区辖临沧、凤庆、云县、永德、镇康县和双江拉祜族佤族布朗族傣族自治县、耿马傣族佤族自治县、沧源佤族自治县。地区所在地临沧县距省会昆明598公里。全区国土面积2.4万平方公里。总人口227万人，主要居住着彝、佤、傣、布朗、德昂、拉祜等23种少数民族，少数民族人口占全区总人口的38%。临沧属亚热带低纬山地季风气候，四季温差不大，干湿季分明，垂直变化突出，年均气温在16.5—19.5℃之间,年均相对湿度为69—81%，是典型的“四季如春”之地。

一、独具特色的区位形象

临沧是世界著名的“滇红”之乡。临沧有500余年的种茶制茶历史。1938年，“滇红”在凤庆试制成功至今一直享誉海内外，成为中国的出口名茶，年出口量占全省出口的40%以上，创汇占全省茶叶出口创汇的50%以上。云南凤庆滇红（集团）股份有限公司是云南省目前最大的茶叶生产企业，2001年末，全区茶叶面积达66.3万亩，产量达2万多吨，面积和产量均为全省第一。

临沧是亚洲独具特色的水电基地。澜沧江在境内流程232公里，有着丰富的水能资源。国家和省规划已建成和在建的三座百万千瓦级电站——漫湾（装机容量150万千瓦）、大朝山（135万千瓦）、小湾（420万千瓦）均在临沧境内。一个地区境内建设三座百万千瓦级大电站，目前在全国乃至亚洲尚属独有。

临沧是中国佤族文化的荟萃之地。全区现有佤族人口21.8万人，占全国佤族人口的60%，占全区少数民族人口的26.5%。其中，沧源佤族自治县是佤族最集中的地区。神奇美丽的阿佤山有距今3000多年的崖画，是中国八大古崖画之一；有与缅甸山水相连的南滚河国家级自然保护区；有建于清代道光年间，集建筑、雕刻、绘画为一体的云南民族地区南传上座部佛教的代表建筑广允缅寺；有震惊中外的班洪抗英保土遗址；有保留较完整的翁丁佤族原始群居村落；有丰富的佤族民间文学艺术和独特的饮食文化，其中木鼓舞、甩发舞享誉中外。

临沧是云南重要的蔗糖生产基地。临沧有280多年的种蔗制糖历史。全区甘蔗种植面积达80多万亩，年产量达330多万吨，有机制糖厂15座，日处理甘蔗能力3万吨，年产糖30余万吨。耿马糖厂日处理甘蔗能力已达5000吨，是我国西南地区最大的制糖企业之一。

临沧是昆明通往缅甸首都仰光的陆上捷径。临沧是沿边开放的窗口，是通往东南亚、南亚的内陆口岸，耿马、沧源、镇康三个县与缅甸接壤，国境线长290.79公里，边境有孟定、南伞、沧源3个省级口岸和17个通商要道，有5条公路与缅甸相连。昆明经临沧出境至缅甸仰光公路里程仅1892公里。孟定口岸是昆明至缅甸腊戌、曼德勒最近的一条通道，发展对缅贸易潜力巨大。

徐荣凯省长视

临沧

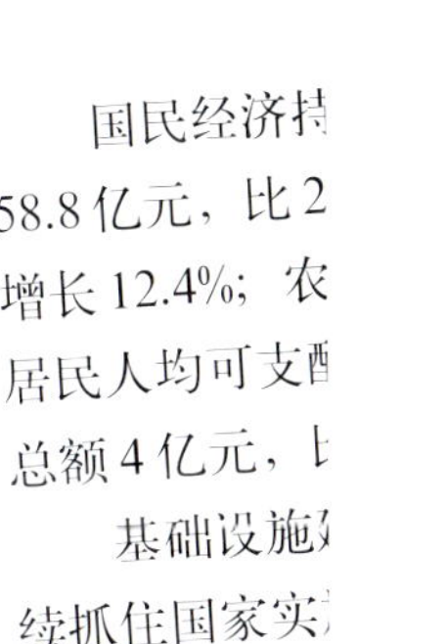

国民经济持
58.8亿元，比2
增长12.4%；农
居民人均可支配
总额4亿元，比
基础设施
续抓住国家实
重点，调动有
讯为重点的基
境。全区89个
通航；全长2
段开工建设；
弹石路346.7
公路已正式通
沧港正在抓紧
以及220千
电力供应十
各地，国际
息沟通十分
岸城镇市政
傣族、佤族
改善了投资

滇红之父—冯绍裘

茶饮系列

腾丰公司1号咖啡基地

临沧勐撒高优茶园

二、丰富的自然资源和民族文化

在临沧这块民族众多、历史悠久、文化灿烂、山川秀丽、江河纵横、美丽富饶的土地上，有着丰富的水力、森林、矿产、畜牧、药材资源和热区资源以及风光绮丽的自然景观和厚重历史文化的人文景观，民族风情浓郁，民族文化独具特色。临沧象一块绿色的碧玉，镶嵌在澜沧江和怒江之间，是一块极富开发价值的边陲宝地。

临沧自然资源丰富，开发前景广阔。全区热区面积占总面积的33.3%，是云南省主要热作基地之一；澜沧江水能资源已列入国家和云南省重点开发项目，漫湾、大朝山和小湾三个百万千瓦的梯级电站在境内相继建设，为临沧带来千载难逢的发展机遇；临沧成矿条件优越，全区有金、银、铜、铁、锡、铅、锑等10多种有色金属和褐煤、大理石、高岭土等10多种非金属矿；有出露温泉70多处；全区有森林面积934.5万亩，有大量珍稀树种和珍稀动物，植物种类繁多，中药品种达3000多种；临沧有发展茶叶、蔗糖、橡胶、紫胶、水果、咖啡、畜牧业等优越条件。目前全区尚有1000多万亩热区待开发。

永德县永康勐底坚果园

耿马糖厂成品车间

凤庆滇红集团成品车间

蓬勃发展的临沧统计事业

临沧行署统计局党组书记、局长：查天云（左一）

行署统计局副局长　字浩荣

自一九五三年一月八日，中央人民政府政务院发出《关于充实统计机构加强统计工作的决定》，二月九日云南省人民政府发出成立“云南省统计局”并要求“专、市、县统计机构，必须迅速配备干部，统限本年三月底正式成立”。据此，临沧组建了统计机构，配备了两名统计干部，从此，统计工作者象一头拓荒的牛，披荆斩棘，义无反顾地拉着耕耘的犁铧，在统计这块热土上播撒希望，收获辉煌，促进了临沧统计事业欣欣向荣，蓬勃发展。特别是党的十一届三中全会以来，随着改革开放的不断深入，社会主义市场经济体制的建立，统计为适应社会经济发展的需要，也加快了统计改革步伐，统计事业得到了空前发展。

一分耕耘一分收获。改革开放二十多年来，全区统计工作者高举邓小平理论的伟大旗帜，解放思想，大胆改革创新，不断改革统计与经济社会发展不相适应的矛盾，有效地发挥了统计信息、咨询、监督整体功能，提高了统计服务水平，近年来，为地委、行署领导决策提供了大量优质的统计分析资料、信息。统计走近了决策者的办公室，真正成了决策者的好参谋；统计步入了社会，成了厂长、经理、企业家的好帮手，进一步密切了决策者与统计的关系。

一分耕耘一分收获。改革开放二十多年来，全区统计工作者认真贯彻落实国家、省统计局制定的统计改革方案，初步建立了周期性普查和经常性抽样调查制度，加强了统计法制建设和统计信息自动化建设，统计数据质量明显提高，有效地维护了统计数据的权威。在有关部门的配合下，为各级党政领导了解区情区力提供了大量详实科学的统计资料，为制定临沧发展战略，促进临沧经济社会发展作出了积极贡献。

全区统计系统开展各类普查共获国家级先级集体20个、先进个人100多人次，获省级先进集体45个、先进个人250多人次；开展各类抽样调查、专项调查获国家级先进集体2个、先进个人19人次，获省级先进集体7个、先进个人430人次；经常性统计报表工作共18次获先进集体奖，各专业统计曾获得省局120多次奖。统计工作受到了上级的好评，得到了社会的公认。

统计队伍逐年壮大，统计队伍整体素质明显提高，工作条件有了很大改善。在各级党委、政府的领导下，在上级部门的精心指导和社会各界的关心支持下，全区广大统计工作者发扬艰苦奋斗、无私奉献的精神，不断加快统计改革步伐，拓展统计服务领域，为推动地方经济的繁荣昌盛做出了积极贡献，临沧广大统计工作者将以更优异的成绩迎接党的十六大召开。

办公自动化建设取得了长足发展

临沧县经济社会迅速发展

临沧县委书记　张中义

临沧县县长　李华松

临沧县委书记　张中义　　临沧县县长　李华松

临沧县位于祖国西南部，因频临澜沧江而得名，是澜沧江畔一块多彩的热土，自古以来是西南地区南出印度洋和通往缅甸等东南亚各国的重要通道上的边陲重镇。距云南省会昆明市600多公里，县境东与思茅地区景东、景谷、镇沅三县相邻，南与双江县接壤，西边耿马县，北接云县，总面积2652平方公里，为全区政治、经济、文化、信息中心。2001年末，总人口27.4万人，境内居住有拉祜、彝族、傣族等23种少数民族，全县总耕地面积32.8万亩。森林覆盖率达44.6%，农作物以水稻、玉米、小麦为主，是全国茶叶生产基地之一，也是云南省油菜籽的主要产地。县境内有着璀灿的多元文化，浓郁的民族风情，有着丰富的自然资源和矿产资源。

建国五十多年来，特别是党的十一届三中全会以来，中共临沧县委、县人民政府团结带领全县各族人民坚持改革开放，坚持党的基本路线，以经济建设为中心，以"三个有利于"作为衡量各项工作得失的标准，不断破除左思想的束缚和克服封闭保守、僵化的陈旧观念，自力更生，艰苦奋斗，大胆改革，勇于开拓，锐意进取，使全县经济社会发生了深刻的变化，取得取巨大的成就，临沧县进入了发展最快最好的时期，并日益展示出广阔的前景。

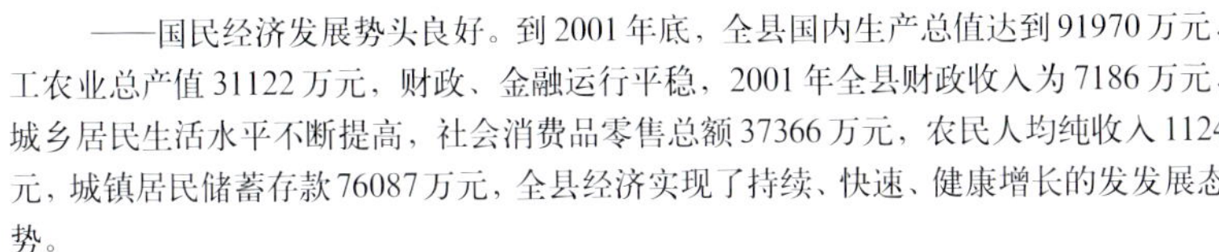

——国民经济发展势头良好。到2001年底，全县国内生产总值达到91970万元，工农业总产值31122万元，财政、金融运行平稳，2001年全县财政收入为7186万元，城乡居民生活水平不断提高，社会消费品零售总额37366万元，农民人均纯收入1124元，城镇居民储蓄存款76087万元，全县经济实现了持续、快速、健康增长的发发展态势。

临沧县城市建设初具规模

——扶贫攻坚扎实有效，温饱问题基本解决。临沧县有省级扶贫攻坚乡4个，地级扶贫攻坚乡4个。1999年，临沧县成为全区贫困县中第一个解决温饱的县，贫困人口从1994年的11.2万人减少到6295人，实现了以县为单位解决温饱的目标。到2001年，全县人均占有粮食360公斤，农民人均经济纯收入1124元，人民生活水平进一步提高。

——地方工业体系形成，产业龙头作用开始发挥。以年产三万吨各类品种生产规模的林纸集团为龙头的林纸产业，以日处理甘蔗1500吨规模的临沧糖厂为龙头的蔗糖产业，以年产1万吨精矿规模的博大高岭土公司为龙头的采矿产业，以年产10000担CTC红碎茶规模的银尚茶叶公司为龙头的油菜产量等一批龙头项目，相继建成和完善，到2001年，全县工业总产值实现16083万元。

云南临沧银尚茶叶制品有限公司，是由省茶叶进出口公司、港商，临沧县生态茶叶有限责任公司合资建立的企业；资本500万元，固定资产615万元。

——城市建设力度大，效果好。城市建设步伐加快，临沧城正朝着建设"北回归线上具有亚热带风光和边缘文化特色的园林化城市"目标迈进，城市基础设施建设逐步配套，中心城市辐射功能不断增强。一个"开放、文明、整洁、有序"的新临沧形象呈现出全方位、多层次、宽领域的对外开放的新格局。

——对外开放格局逐步形成。临沧机场通航、中国临沧佤族文化旅游节成功举办、澜沧江—湄公河次区域旅游开发与合作规划论证会、全省县乡公路工作会议等相继在临沧召开，有力地促进了我县与邻地州及国内外的友好往来。

——教育事业蓬勃发展。至2001年，全县有各类学校462所，其中幼儿园5所、小学435所、中学20所、职业高级中学1所、教师进修学校1所，有在校学生42234人，教职工3077人。1999年全县"普九"任务圆满完成。

——医疗卫生事业有新的发展。到2001年，全县共建有医疗机构16个，医院14所，卫生人员554人，病床3230张，疾病得到了有效控制，人民健康有了保障。

临沧县是一块充满希望和活力的边陲宝地，有自然资源丰富的魅力、有灿烂民族文化的浓郁。在改革和现代化实践中，临沧县全县各族人民抓住西部大开发的历史性机遇，围绕"十五"的奋斗目标，以邓小平理论和江泽民同志"三个代表"的重要思想为指导，以加快发展为主题，经济结构调整为主线，改革开放和科技进步为动力，提高人民生活水平为根本出发点，为把临沧建设成为产业结构合理、主导产业兴旺、生态环境优美、人民生活基本实现小康的"生态经济优势县"和"边缘文化特色县"而努力奋斗。

集市贸易繁荣

团结拼搏　扎实有效的"十五"开局之年

中共凤庆县委书记　代　猛
凤庆县人民政府县长　龚国富

中共凤庆县委书记　代猛

凤庆县县长　龚国富

凤庆滇红茶展

凤庆县茶厂加工车间

凤庆县核桃产业开发居全区之首

2001年是实施"十五"计划的第一年，也是凤庆县在经济建设和发展中抓住诸多发展机遇，不断前进的一年。面对经济结构深层次矛盾进一步显现，各项改革发展任务十分繁重等困难，全县各族人民高举邓小平理论伟大旗帜，认真学习和实践江泽民同志"三个代表"重要思想，抓住国家实施西部大开发和小湾电站建设的历史性机遇，团结奋斗、艰苦努力，搞改革、突重点，做项目，推全局，较好地完成了预定的各项经济发展目标，取得了社会稳定，经济发展，农民增收，企业解困，各项社会事业全面进步的良好局面。

一、综合经济实力不断增强。全县国内生产总值累计完成7.95亿元，按可价计算比上年增长7.4%，其中，第一产业增长2.2%；第二产业增长24%；第三产为增长9.5%，第二产业增速高于全省水平。

二、产业结构调整取得成效。农业基础进一步巩固，粮食总产保产略增，总产量达14.8万吨。农产品基地建设步伐进一步加快，茶叶、烤烟、甘蔗、泡核桃、蚕桑、水果、蔬菜等经济作物的种植面积和产量有所增加。以每户建设一套沼气设施，一间卫生畜禽厩（舍），一块科技园地，一个小水池（窖）为模式的"四位一体"生态家园富民工程在部份地区铺开，全年共建成生态家园富民工程209户，为推动农村经济发展和生活方式转变找到了一条路子，农村面貌有了改善，乡镇企业保持较好的发展势头，效益同步增加，以加工、流通、服务为重点的第三产业继续发挥重要作用，收入增长15%，国有企业布局进一步优化、多种所有制经济共同发展的格局初步形成，注册个体工商户达10608户，同比增14%。

三、基础设施建设取得突破。加强在建项目的管理和项目可行性研究及储备工作。交通建设进展较快、城镇建设突破性启动。其他重点工程项目全面推进、全年完成固定资产投资1.55亿元，同比增36.2%。

四、各项改革稳步推进。以建立"产权明晰、权责明确、政企分开、管理科学"的现代企业制度为目标，全力深化企业改革，巩固和扩大了企业脱困的成果。建立现代企业制度以及债转股工作取得新成绩。滇红集团、糖业集团、鹏程公司、习谦水泥公司和糖业烟酒公司等13户企业完成改制并有序、稳健运行。以建立公共财政框架为重点的财政体制改革取得新进展，社会保障制度改革迈出新步伐，社会保险事业不断巩固和完善，医疗保险制度改革、卫生体制改革、药品流通体制改革、供销体制改革以及粮食流通体制改革等同时有了新的进展和突破。

五、对内对外开放环境进一步优化。服务小湾电站建设、环境优良，机制有效。实行了"一条龙"现场办公服务，做到特事特办，为电站建设者和投资商提供优质服务。基础设施建设不断完善、集贸市场投入运营，场区水、电、路、通信通畅，农副产品供应充足。水库淹设实物指标已经复查认定。库区移民安置选点规划已通过审查。全县生态环境保护和建设工作强劲、保护和合理开发水、土地、矿产、森林、人文和旅游等资源工作不断强化。以展示茶文化风采，树茶文化形象，弘扬茶文化艺术、丰富茶文化内涵为核心，踊跃参加昆明国际旅游交易会、临沧佤文化节术节、昆交会等大型活动、成功举办了凤庆第11届春茶暨物资交易会、茶乡知名度有所提高。

六、财政金融运行平稳。在小湾电站建设机遇，糖业市场回升的拉动下，全县财政总收入首次突破7000万元（含基金收入）大关，增幅达14.4%。

七、人民生活水平继续提高。"九五"扶贫成果得到巩固、扶贫开发工作稳步推进、解决了9357人的温饱。农民生产生活条件进一步改善，农民人均纯收入达748元、实际增长6.6%。民政救济和社会保障体系得到加强，城镇居民生活费收入4565元，增6.9%。

八、各项社会事业取得了新的成就。各级各类教育全面发展，科技进步不断推进，文体、卫生、计生等社会事业进一步发展，民主法制建设不断加强，依法治县进程不断加快，计划、劳动、人事、民政、工商、物价等各项社会事业均取得了新的工作成绩。

2001年，我县各项工作呈现出人气旺、人心齐、干劲足的良好态势。总结我们的工作，其主要有四点：一是认清发展大势，遵循"十五"思路，抓住机遇，与时俱进，开拓创新，努力拼搏是做好各项工作的前提。二是突出项目建设，以项目建设作为思想解放的突破口，以项目建设鼓舞士气，以项目建设凝聚人心，以项目建设锻炼队伍，以项目建设组织和发动群众是实现跨越式发展的基本途径。三是抓住重点，合力攻坚，共创精品，推动全局的工作方式，是我县组织各项建设的有效方法。四是树立廉洁、勤政、务实、高效的政风，代表最广大人民群众的根本利益，努力促进凤庆经济社会发展，始终是我们工作的出发点和归宿。

发展中的云县

中共云县县委书记　吴正昌

中共云县县委书记　吴正昌

云县地处云南省西南部，临沧地区东北部，东与思茅地区景东县相望，南与临沧、耿马县接壤，西与凤庆、永德县毗邻，北与澜沧江为界与大理的南涧县为邻。总面积3760平方公里，境内有大小河流38条，分属于澜沧江水系和怒江水系，总径流面积33768平方米。有大型水电站两座，即装机容量150万千瓦的漫湾电站和装机容量135万千瓦的大朝山电站。

全县辖3镇11乡，下设195个村（居）民委员会。年末总人口402044人，人口密度107人／平方公里。

2001年全县国内生产总值（GDP）完成149265万元，比上年增长5.1%。一、二、三产业增加值占国内生产总值的比例为36.4∶43.9∶19.7。非公有制经济在国民经济中的地位逐步提高，发展迅速，2001年非公有制经济创造的增加值占国内生产总值的比重达21.06%。

农业基础地位进一步加强，生产条件进一步改善，品种结构进一步优化，蔗糖、茶叶、畜牧支柱产业得到巩固和进一步提升，经济林果、农副产品加工等新兴产业得到培育和发展。2001年全县粮食总产量达138998吨，肉类产量14352吨，猪肉产量11713吨，禽蛋产量达5924百公斤，农村农民人均拥有住房面积22.56平方米，电视机拥有量37551台。农业农村结构调整初见成效。

2001年完成全部工业总产值107239万元，实现工业销售产值85387万元，实现工业增加值54351万元，完成全社会固定资产投资18987万元，比上年增长12.2%，全县完成社会消费品零售总额25623万元，上年增长13.17%，全县集市贸易成交额9700万元，全县公路里程1885.32公里，完成货运量58.7万吨，比上年增长12.24%，完成客运量41.9万人，比上年增长7.55%。

全县邮政电信快速发展。2001年，邮政局（所）总数14个，旅游业迅速发展，逐步成为新兴产业之一，旅游总收入达1928万元，比上年增长25.6%。人民生活水平不断提高，2001年，农民人均可支配收入达1134元，比上年增长3.09%。

坚持“两基”、“两全”并举并重的方针，以提高民族素质和创新能力为重点，进一步深化教育体制改革，全面推进素质教育，实施科技兴县发展战略，促进教育事业全面发展。全县电视覆盖率达93.85%；广播覆盖率90.5%。医疗卫生事业健康发展。

云县城市建设

云县河道治理开发初见成效

立足县情求发展 艰苦创业展宏图

中共永德县委书记 张 涛
永德县人民政府县长 张廷忠

永德县委书记 张涛

永德县人民政府县长
张廷忠

跨入二十一世纪，永德各族人民在中国共产党的领导下，以崭新的面貌和饱满的热情，立足县情，团结拼搏，艰苦创业，真抓实干，勇于创新，讲求实效的精神，紧紧抓住西部大开发的历史发展机遇，根据中央、省、地的总体部署和战略发展思路，面对新的形势和任务，迎接新的机遇和挑战。县委、政府从县情出发，制定出永德“十五”发展思路，即：强化一个基础（农业），主攻三个重点（交通、城建、水利），提升四个支柱产业（蔗糖、茶叶、畜牧、林果），培育五个后续产业（水电、建筑建材、烤烟、矿产、药材），建设三个绿色经济带（永康河流域绿色经济带、南汀河流域绿色经济带、赛米河流域绿色经济带），充分展现三大特色（国家级糖料基地、云南芒果之乡、省级畜牧基地），努力增强全县综合实力，提高人民物质文化生活水平。”

经过全县上下广大干部群众的共同努力，全县基础设施进一步改善，国民经济持续健康向前发展，社会进步，边疆稳定，各族人民安居乐业，在全县改革开放和社会主义建设史上谱写出光辉的一页。

国民经济持续发展。2001年，全县完成国内生产总值33174万元，人均国内生产总值1716元，完成财政总收入4253万元，完成工农业总产值61805万元，农村经济总收入30857万元，同比增2.13%，农民人均纯收入664元。

农业基础设施建设得到进一步加强。综合生产能力得到有效提高，确保农业和农村经济稳步发展。全县农田水利建设投资完成1601万元，完成农田水利2625件，使农业水利化程度达到26.5%，完成二级公路路基工程，全面启动县乡弹石路建设，启动农村电网改造工程实现农户通电率达93,3%，程控电话达1.1万部，邮政业务总量157.7万元，全县村村基本实现“三通”。加快小城镇建设步伐，投资1600万元，完善以县城德党和永康镇为中心的小城镇设施建设，充分发挥中心城镇的辐射聚集效应，拉动全县乡镇发展。

调整优化农村经济结构。全县甘蔗种植面积18.72万亩，烤烟种植4813亩。现有茶叶种植面积10万亩，水果面积7.12万亩，完成澳洲坚果种植930亩，核桃44898亩。全县大牲畜出栏1932万头，生猪出栏158966头，肉类总产量13332吨，年内完成绿化造林3.52万亩，全县森林覆盖率达34.2%，年内投入扶贫资金902万元，使1.9万人口摆脱了贫困。

工商企业产值稳中有进。全县完成工业产值1.9508亿元，2000/2001年榨季糖厂入榨甘蔗31.5万吨，产糖37729.6万吨，酒精3032吨，饮料1399吨，水泥3.29万吨，发电量4290万度，原煤0.88万吨，精制茶241吨，复合肥7670吨。

财政收入有所增长。全年完成财政收入4253万元，比上年增232万元，增长10.07%。一般预算支出完成13451万元。全县累计完成社会消费品零售总额1.66亿元，比上年增长1.18%。

对外开放继续扩大，非公有制经济发展迅速，加强市场经济秩序整顿，为全县经济发展营造了宽松的投资环境。全年协议引资1500万元，实际引资达1040万元；全年个体私营企业总收入达10561万元，全年集市贸易在交额达10048.45万元。

实施科教兴县战略，提高劳动者素质。巩固“两基”成果，“普九”工作取得新进展。广播、电视转播的质量明显提高，广播覆盖率逐步提高到86%，电视覆盖率逐步提高到87%。

社会主义精神文明建设进一步加强。广泛深入地开展了“三个代表”重要思想学习教育活动，切实加强了社会主义精神文明建设和满足了人民群众日益增长的多方面精神文化需要。

在新世纪的征程上，我们坚定不移地高举邓小平理论伟大旗帜，以“三个代表”重要思想为指导，与时俱进，开拓创新，我们就一定能够实现富民强县的宏伟目标，全县各族人民就会在自己肥沃的土地上，昂首阔步地创造出新世纪的辉煌！

永德荔枝

永德芒果

永德忙海水库

镇康明天更美好

中共镇康县县委书记　鲁维星
人民政府镇康县县长　张　华

镇康县县委书记　鲁维星

镇康县县长　张华

进入新世纪，镇康立足现实，继续大力弘扬“团结拼搏，负重图强，勇于创新，讲求实效”的镇康精神，紧紧抓住西部大开发这一历史机遇，按照上级党委、政府部署的战略和总体思路，进一步深化县情认识，结合实际，集全县广大干部群众智慧，县委、政府确定了新世纪镇康“十五”发展规划，即“发挥一个优势（即与缅甸接壤的沿边口岸优势）；主攻一个重点（即实施县城搬迁）；打牢三个基础（即农业、交通、水利）；巩固提升三大产业（即蔗糖、茶叶、畜牧）；培育五个后续产业（即以橡胶、咖啡为主的绿色经济林果业，以边贸旅游为支撑的第三产业，面向国内外两个市场的建筑建材业，以铅锌为主的矿产业，以地方电力为基础的水电业），着力培育边缘文化新特色，创建边境口岸新优势，重构边际经济新格局，实现镇康经济社会追赶型、跨越式的发展目标。”

2001年，在省、地各级党委、政府的正确领导下，全县各级党委、政府和各族人民认真学习和深入实践“三个代表”重要思想，围绕县委、政府提出的“十五”发展思路，抓住机遇，真抓实干，克服了社会有效需求不足、建设资金短缺，自然灾害频繁等困难，保持了经济发展、社会进步、民族团结、边防巩固、政通人和、难中求进的良好开局。

国民经济持续稳定发展

2001年，全县国内生产总值实现37459万元，其中第一产业实现18598万元，第二产业实现6693万元，第三产业实现12168万元，人均国内生产总值2311元。

基础设施进一步改善，重点工程建设取得新进展，全县完成固定资产投资5373万元，完成凤尾到南伞柏油路以及凤尾至帮海村弹石路工程建设，农村电网改造工程全面实施。县城搬迁、四楞坝建设两项重点工程前期工作成效显著。这两个项目的实施，必将对加强镇康经济社会发展起到重大的促进作用。

全方位、多层次、宽领域的对外开放格局进一步形成。充分利用与缅甸掸邦第一特区接壤优势，发挥好国家二级口岸——南伞口岸这一对外开放前沿重镇，进一步扩大开放，与境外经济协作进一步加强，合作领域进一步扩大，繁荣边贸，保持进出口稳定增长。

精神文明建设取得新成就，各项社会事业全面发展

始终坚持“两手抓，两手都要硬”的方针，进一步加强社会主义精神文明建设，文明单位、文明村寨、“十星级”文明户不断涌现。崇尚科学，反对迷信的社会风气日益浓厚。

积极推进实施“科技兴县”战略，紧紧围绕产业调整，抓好科学技术的培训、推广和应用，培养了一批科技带头人，全民科技意识和劳动者素质有了明显提高。

文化体育，广播电视，卫生，计生，民政等各项社会事业健康发展，以着力培育镇康边境文化新特色为工作重点。全县广播电视覆盖率分别达到86.9%和90.1%，社会保障事业得到较好发展，重视残疾人事业，基本实现人人享有初级卫生保健目标，农村卫生“三项”建设不断加强，计划生育工作取得新突破，年末全县总人口162167人，人口自然增长率14.13‰，同比下降0.37‰，同时，努力改善生态环境，年内完成绿化造林4.7万亩，全县森林覆盖率达23.1%。促进全县人口、资源、环境协调发展。

咖啡基地

澳洲坚果

南伞白岩甘蔗基地

发展中的边陲明珠—沧源

沧源县委书记　余炳武
沧源县县长　洪　斌

沧源佤族自治县—县城夜景

沧源县委书记　余炳武

沧源佤族自治县是全国仅有的两个佤族自治县之一，地处云南省西南部，全县总面积2445平方公里，国境线长147.083公里，是中国往东南亚各国的主要通道之一，是历史上南方古丝绸之路的重要支道。一九九六年 被批准为国家二类口岸，二00一年全县辖8个乡、3个镇和一个国营勐省农场，总人口165923人，少数民族149902人，占全县总人口的90.3%，其中佤族135682人，占全县总人口的81.7%。沧源是一块神奇美丽的绿色宝地，独特的地理位置和浓郁民族风情，决定了其具有十分丰富的旅游资源—国家级南滚河自然保护区。三千年的古崖画、国家级文物保护单位广允缅寺及典型佤族风格的民族风情，被世人称之为"植物王国"、"动物王国"和"神话之乡"，现已被列为省级风景名胜区。

沧源茶园

沧源县县长　洪斌

解放五十多年，特别是党的十一届三中全会以来，在党的民族政策指引下，在国家的大力扶持下，随着改革开放的不断深入与扩大，历届县委、政府团结带领县广大干部职工和各族人民发扬"自力更生、艰苦拼搏、团结协作、自强不息"的佤山精神，团结一心，努力工作，促进了全县以经济和各项社会事业的持续、健康、协调发展，各族人民的物质和文化生活水平得到了显著提高，使边疆呈现出政治稳定、社会进步、经济发展、民族团结的新局面。二00一年全县国内生产总值39711万元（按可比价计算），工农业总产值45191万元，农民人均口粮332公斤，农民人均纯收入530元。财政收入3421万元。

新开发的旅游景区—藏龙洞

多年来县委、县人民政府一直把农业增产和农民增收放在经济工作的首位。二00一年全县共有耕地面积479542万亩，粮食播种面积380878亩，粮食总产量达53765吨。除了大力发展旱谷、水稻、玉米等粮食作物外，茶叶、甘蔗、橡胶、林业也成为沧源县的骨干产业。甘蔗面积98460亩，产量达285057吨；茶叶面积65218亩，产量1549吨；还种植咖啡12000亩，澳洲坚果3700亩，这些经济果木已民逐步发挥出经济效益。森林面积108549公顷，森林覆盖率为24.4%；畜牧业得到进一步的发展。二00一年全县大牲畜年末存栏49426头，生猪年末存栏84239头；水利事业有了较大的发展，到二00一年全县共有大小库塘61座，蓄水总量2645.4万立方米，水田有效灌溉面积5.67万公顷，水利化程度达17.45%。有效地改善了农业生产条件，增强了农业发展后劲，确保了农业生产的持续发展；电力建设取得很大成绩。二00一年电力总装机容量达17275千瓦，全县11个乡镇93个村委会已全部通电。能源上做到了工业用电充足，生活照明用电保障。

改革开放以来，县委、县人民政府在抓好粮食生产的基础上，立足于资源优势，大力发展地方民族工业企业，先后建起了煤矿、水泥厂、红砖厂、茶厂、糖厂等一批骨企业，初步形成有一定规模门类较为齐全的民族工业体系。实现总收入9381万元，社会商品零售总额达11674万元。边境贸易日益兴旺。边境贸易进出口总额达9128万元。

佤族甩发舞

基础设施建设不断得到加强，二00一年全县通车里程1150公里，村村通公路，村村通电话。固定资产投资增长较快。二00一年完成固定资产投资9503万元，建设完成一批重点项目工程。

全县文化事业坚持文艺为人民服务。现全县共有文化事业单位6个，农村文化站39个，农村业余文化艺队52支，民间群众体育活动活跃，全民健康运动方兴未艾。广播、电视覆盖率分别达到86%和89%。

科教卫生事业在改革开放中有了较快发展。全县有各类专业科技机构134个，专业科技人员667人；共有各类学校295所，在校生26439名，学龄儿童入学率达97.62%。各乡镇共开办成人教育学校11所，通过努力，全县文盲率已降至1.9%。全县共有医疗卫生单位17个，卫生工作人员361人。93个村委会设有卫生室，乡村医生147人。

县委、政府确定的"十五"发展思路是：确立一个长期奋斗目标，实施两大战略，做好三个结合，实现四个突破，"一个长期的奋斗目标"，即：通过一段时期的努力，把沧源建成一个以绿色经济为代表，以佤文化为品牌，以边贸和旅游为龙头，第三产业和个私经济较为发展，各项社会事业较为进步的中等发达县。"两大战略"即：沿边战略和沿线战略，重点规划、建设、开发公路沿线的乡镇，重点规划、开发实施边疆乡镇建设。"三个结合"即山坝结合、内外结合、长短结合。"四个突破"即：交通建设、城市建设、边贸发展和旅游业发展服务方面取得质的突破。通过5年的努力，到"十五"末国内生产总值（GDP）达5.9亿元，年递增9%；粮食总产量达6.2万吨，农民人均口粮保持在360公斤以上，农民人均纯收入达800元，增长53.8%；财政收入达5000万元，年均递增9.9%，财政支出年均增长4.8%；工农业总产值年均增7.8%；人口自然增长率控制在12‰以内；边贸进出口总额达1.5亿元，年均递增11.5‰。

实现沧源"十五"计划的任务既光荣又艰巨，16万沧源各族人民有信心和决心，进一步解放思想，实事求是，按照"三个代表"重要思想的要求，坚持以经济建设为中心，以实干、快干、大干为动力，通过全县各族人民的的不懈努力，定能把全县宏伟建设的蓝图早日变成现实。

云南省建水县人民政府

发展中的建水县北部新区一角

建水县位于云南省南部，红河北岸，是国家级历史文化名城和国家重点风景名胜区。全县土地面积3789平方公里，辖10镇7乡，141个村民委员会，10个居民委员会，1571个村民小组。总人口51.3万人，其中少数民族人口占全县总人口的36.6%。县城海拔1313米，年均气温18.5℃。

2001年全县实现国内生产总值155213万元，同比增长1.3%，人均国内生产总值3163元。其中第一产业50942万元，占32.8%，第二产业55602万元，占35.8%，第三产业48669万元，占31.4%，县城工农业总产值127314.7万元，其中工业总产值85407.9万元，占67.1%，农业总产值41906.8万元，占32.9%。农村经济总收入172849万元，增长7.0%；农民人均纯收入1568元，增长1.4%。乡镇企业总收入168632万元，增长17.9%。财政总收入16060万元，增长7.3%。社会商品零售总额52375万元，社会商品零售价格指数99.6。

建水是滇东南主要的交通枢纽，区位条件优越，交通便利，县城距省会昆明168公里，距州府个旧65公里，距国家一级口岸河口230公里。国道323线、滇越铁路横贯县境，县城至各乡镇均修通了水泥或柏油路面。随着鸡石、通建两条一级公路以及红河民用机场的建成，建水将形成全方位、高层次的立体交通网络。

围绕把建水建设成为绿色经济强县、文化旅游大县、滇东南农副产品加工区和民营经济密集区的发展思路，建水县在投资方式、产业导向、税收政策、土地使用政策优惠、提供优质服务、简化办事程序等方面进一步转变职能，改善环境，提供服务，为外来投资和技术参与创造了一个优惠、宽松的环境。随着县城北部发展区5.4平方公里的规划发展建设，该区将在建水的政治、经济、社会生活中显露其突出的区位优势，不断为旅游带动战略的实施夯实基础，有力推进城市化建设的进程。

省委书记白恩培（右一）、州委书记杨光成（右二）在建水调研时与白书记、王县长亲切交谈。

王守愚县长听取县文化局领导对建设建水县体育文化中心的工作汇报。

绿色兴邦，产业报国。

——投产的云南万格建材有限公司

五万亩酸甜石榴园一隅

（建水县委宣传部卢维前　摄）

云南省元阳县

中共元阳县委书记李相如

元阳县人民政府县长张卫东

元阳县位于云南南部，红河南岸，是红河哈尼族彝族自治州一个自然景观别具一格，人文景观丰富多样的边疆县，素有“梯田甲天下，云海美名扬”的美称。

全县辖13个乡2个镇，135个村委会（居委会），967个自然村，世居着哈尼族、彝族、汉族、傣族、苗族、瑶族、壮族等7个民族，总人口36.2万人，国土面积2190平方公里。境内山势险峻，沟壑纵横，无一平川，最低海拔144米，最高海拔2939.6米，有雄伟壮观、独具风韵的梯田20余万亩，时逢冬末春初，夏耕秋收时节，在绚丽多彩的高原云海哈尼族蘑菇房的点缀下，美妙绝伦，堪称天下一绝。还有内涵丰富的哈尼族“昂玛突节”和“十月节”，彝族的“火把节”，傣族的“泼水节”，苗族的“采花山”等民族传统节日，独具特色，异彩纷呈。

元阳蕴藏着丰富的自然资源，已探明的矿产资源有金、银、铜、铁、铅、石墨、石膏、水晶石、大理石、红宝石、绿宝石、海蓝宝石等，植物资源有名贵的香樟、柏、红椿等，热区有土地60余万亩尚未开发，适宜种植的有荔枝、香蕉、芒果、龙眼、菠萝、甜酸角、甘蔗等经济作物，热带水果年产9569吨。具有年生产能力1万吨蔬菜和水果罐头的云南王国食品公司，生产的王国牌产品驰名海内外。

2001年，在中共元阳县委、县政府的领导下，元阳各民族人民团结拼搏，艰苦奋斗，与时俱进，全县呈现出政治稳定，经济繁荣，民族团结，社会进步的大好局面，实现国内生产总值57881万元，财政收入2219万元，社会消费品零售总额16721万元，全社会固定资产投资完成10123万元。

元阳交通四通八达，公路与建水、河口、绿春、红河县贯通。个冷公路修通后，距州府个旧仅有47公里，是通往内地的咽喉要道。近年来，各项基础设施建设力度加大，内外投资环境日趋完善。

哈尼族“长龙宴”

如今，这块神奇美丽的土地，正吸引着无数国内外旅游者、名人、摄影家、作家到此观光。壮观的元阳梯田和独具特色的民族风情，使接踵而来的人们留连忘返。热情好客的元阳各族人民，竭诚欢迎海内外各界人士前来观光、旅游、投资开发各种资源，毋庸置疑，在元阳的投资者必将得到更加满意的回报。

元阳县城区全貌

元阳梯田

元阳荔枝

官渡区龙泉镇

龙泉镇人民政府办公大楼座落于金星立交桥旁边

龙泉镇位于昆明市北市区开发的黄金地带。南北长13.1公里，东西宽11.8公里，总面积87平方公里，辖四个社区居委会和五个村委会。总人口156069人，其中常住人口64010人，流动人口94059人，驻镇单位120个。

龙泉镇具有得天独厚的区位优势和良好的投资环境，是昆明市经济基础较好，并具有较大开发潜力和发展后劲的乡镇之一。随着昆明市四大标志性建筑物的建设，将使龙泉镇成为昆明市重点发展的区域，加快了龙泉地区经济社会的发展和城市化进程的步伐。

江东花园

改革开放以来，特别是近几年来，镇党委、人大、政府始终坚持把党的路线、方针、政策同实际相结合，充分发挥和利用得天独厚的区位、资源、交通等优势，采取外引内联充分调动各方面的积极性，走以农业为基础，乡镇企业为支柱，以市场为导向，大力发展第三产业，依托城市建设，调结构，促发展，形成了以房地产开发为龙头，建筑、建材、商贸、仓储等多行业并举的格局。把一个传统的农业城郊型乡镇建设成为以二、三产业为主体，城乡兼容具有多功能的新型城镇。到2001年底，企业总数达4315个，乡镇企业营业总收入达到325564万元，总体财政收入达到5018.4万元，人均纯收入达到6786元。全镇农村经济总收入332204万元。

在抓好物质文明建设的同时，重视发展社会各项事业，教育、卫生、文化等设施建设不断完善，精神文明建设全面推进，2001年创省、市、区文明单位共12家（其中省级4家，市级3家，区级5家）。荣获云南省科技先进乡镇、国家级计划生育先进乡镇协会等称号。

进入新世纪，全镇人民团结一心，继续依托北市区开发，共同建设、管理我们的家园。与此同时龙泉经济社会发展离不开社会各界人士的关心、支持，我们将坚持改革开放，发挥优势，以更加完善的基础设施和更好的投资环境，真诚地欢迎国内外有志之士前来投资开发，共创龙泉的美好明天。

四通八达的交通网络

生机勃勃的花卉基地

整齐划一的农民新居

河口瑶族自治县

河口瑶族自治县位于云南省南端，地处红河哈尼族彝族自治州的东南部，距省府昆明469公里，距越南首都河内296公里，是中国西南地区通向东南亚的重要进出口通道。

河口与越南老街省山水相连，国境线长193公里，是国家一类口岸和沿边开放地区。全县面积1332平方公里，辖4乡2镇及4个国营橡胶农场，总人口7.6万人，其中少数民族人口4.8万人，占总人口的63%。

河口属热带季风雨林湿热型气候，雨量充沛，年平均降雨量1770毫米，最高气温40.9℃，最低气温1.9℃，平均气温22.6℃，相对湿度85%，最高海拔2354.1米，最低海拔76.4米。

边城新姿

河口具有独特的地缘和便捷的交通优势，有丰富的热区资源、生物资源和旅游资源。1992年河口被国务院批准为国家级一类口岸，建立了4.02平方公里的边境经济合作区，充分利用中央给予的开放政策和特区优惠政策，加大开放力度，全县国民经济和各项事业有了长足的进步。2001年，全县实现国内生产总值42285万元，其中第一产业9278万元，第二产业5853万元，第三产业27154万元，分别占22%、14%、64%，人均国内生产总值5527元；完成地方财政收入3671万元，乡镇企业营业收入15950万元，社会商品零售总额7120万元，金融机构存款余额58395万元，贷款余额25265万元，边贸进出口总额125497万元，边民互市成交额58182万元，旅游营业收入1612万元。

县城滨河路一角

口岸新貌

国门大通道

河口县委、县政府将长期坚持党的“一个中心，两个基本点”的基本路线，高举邓小平理论伟大旗帜，以“三个代表”重要思想为指导，以发展为主题，以改革开放和科技进步为动力，以提高人民生活水平为根本出发点，充分发挥河口在全省对外开放中的特殊地位，加快河口边境贸易区的建设和运行步伐，进一步完善口岸服务功能，大力推进“边贸强县、旅游热县、生态特色县”的建设进程。促进经济发展和社会全面进步，努力把河口建设成为商贸、旅游、购物、娱乐为一体的精品城市，红河州对外开放的龙头和云南省对外开放的试验区和示范区。

改革开放的河口前程似锦，河口将以更加开放的姿态，更加宽广的胸怀，更加优美的环境，更加优惠的政策，热忱欢迎海内外各界人士、商家和各方朋友到河口投资发展、观光旅游。

（摄影：白志强）

一、行政区划和自然资源

DIVISIONS OF ADMINISTRATIVE AREAS AND NATURAL RESOURCES

1-1 全省行政区划(2001年末)
Divisions of Administrative Areas in Yunnan (End of 2001)

地、州、市 Prefectures, Autonomous Prefectures and Municipalities	市、县、区 Cities at County Level, Counties and Districts under the Jurisdiction of Cities	县级市、县、区数 Number of Cities at County Level, Counties and Districts under the Jurisdiction of Cities
昆明市	盘龙区 五华区 官渡区 西山区 东川区 呈贡县 晋宁县 富民县 石林县 嵩明县 禄劝县 寻甸县 安宁市	5个辖区、1个市、8个县
Kunming	Panlong,Wuhua,Guandu,Xishan,Dongchuan,Chengong,Jinning,Fumin,Shilin,Songming, Luqian,Xundian,Anning	5 municipal jurisdiction districts, 1 city and 8 counties
曲靖市	麒麟区 马龙县 陆良县 师宗县 罗平县 富源县 会泽县 沾益县 宣威市	1个市辖区、1个市、7个县
Qujing	Qilin District, Malong, Luliang, Shizong, Luoping, Fuyuan, Huize, Zhanyi, Xuanwei City	1 municipal jurisdiction district, 1 city and 7 counties
玉溪市	红塔区 江川县 澄江县 通海县 华宁县 易门县 峨山县 新平县 元江县	1个市辖区、8个县
Yuxi	Hongta District, Jiangchuan, Chengjiang, Tonghai, Huaning, Yimen, Eshan, Xinping, Yuanjiang	1 municipal jurisdiction district and 8 counties
昭通市	昭阳区 鲁甸县 巧家县 盐津县 大关县 永善县 绥江县 镇雄县 彝良县 威信县 水富县	1个辖区、10个县
Zhaotong	Zhaoyang District, Ludian, Qiaojia, Yanjin, Daguan, Yongshan, Suijiang, Zhenxiong, Yiliang, Weixin, Shuifu	1 municipal jurisdiction district and 10 counties
楚雄州	楚雄市 双柏县 牟定县 南华县 姚安县 大姚县 永仁县 元谋县 武定县 禄丰县	1个市、9个县
Chuxiong	Chuxiong City, Shuangbo, Mouding, Nanhua, Yao'an, Dayao, Yongren, Yuanmou, Wuding, Lufeng	1 city and 9 counties
红河州	个旧市 开远市 蒙自县 屏边县 建水县 石屏县 弥勒县 泸西县 元阳县 红河县 金平县 绿春县 河口县	2个市、11个县
Honghe	Gejiu City, Kaiyuan City, Mengzi, Pingbian, Jianshui, Shiping, Mile, Luxi, Yuanyang, Honghe, Jinping, Luchun, Hekou	2 cities and 11 counties
文山州	文山县 砚山县 西畴县 麻栗坡县 马关县 丘北县 广南县 富宁县	8个县
Wenshan	Wenshan, Yanshan, Xichou, Malipo, Maguan, Qiubei, Guangnan, Funing	8 counties
思茅地区	思茅市 普洱县 墨江县 景东县 景谷县 镇沅县 江城县 孟连县 澜沧县 西盟县	1个市、9个县
Simao	Simao City, Pu'er, Mojiang, Jingdong, Jinggu, Zhenyuan, Jiangcheng, Menglian, Lancang, Ximeng	1 city and 9 counties
西双版纳州	景洪市 勐海县 勐腊县	1个市、2个县
Xishuangbanna	Jinghong City, Menghai, Mengla	1 city and 2 counties
大理州	大理市 漾濞县 祥云县 宾川县 弥渡县 南涧县 巍山县 永平县 云龙县 洱源县 剑川县 鹤庆县	1个市、11个县
Dali	Dali City, Yangbi, Xiangyun, Binchuan, Midu, Nanjian, Weishan, Yongping, Yunlong, Eryuan, Jianchuan, Heqing	1 city and 11 counties
保山市	隆阳区 施甸县 腾冲县 龙陵县 昌宁县	1个辖区、4个县
Baoshan	Longyang District, Shidian, Tengchong, Longling, Changning	1 city district and 4 counties
德宏州	瑞丽市 潞西市 梁河县 盈江县 陇川县	2个市、3个县
Dehong	Ruili City, Luxi, Lianghe, Yingjiang, Longchuan	2 cities and 3 counties
丽江地区	丽江县 永胜县 华坪县 宁蒗县	4个县
Lijiang	Lijiang, Yongsheng, Huaping, Ninglang	4counties
怒江州	泸水县 福贡县 贡山县 兰坪县	4个县
Nujiang	Lushui,Fugong,Gongshan,Nanping	4 counties
迪庆州	中甸县 德钦县 维西县	3个县
Diqing	Zhongdian, Deqin, Weixi	3 counties
临沧地区	临沧县 凤庆县 云县 永德县 镇康县 双江县 耿马县 沧源县	8个县
Lincang	Lincang, Fengqing, Yunxian, Yongde, Zhenkang, Shuangjiang, Gengma, Cangyuan	8 counties
合计	5个省辖市、3个地区、8个自治州、10个地州辖市、80个县、29个自治县、9个市辖区	
Total	5 provincial jurisdiction cities, 3 prefectures, 8 autonomous prefectures, 10 prefecture jurisdiction cities, 80 counties, 29 autonomous counties and 9 municipal jurisdiction districts	

1-2 历届省人民代表大会的代表人数

Number of Deputies to All the Previous Provincial People's Congresses

单位：人 (person)

项　目	Item	一 届 1954年 8月 First Congress Aug.1954	二 届 1958年 11月 Second Congress Nov.1958	三 届 1963年 12月 Third Congress Dec.1963	五 届 1977年 12月 Fifth Congress Dec.1977	六 届 1983年 4月 Sixth Congress Apr.1983	七 届 1988年 4月 Seventh Congress Apr.1988	八 届 1993年 5月 Eighth Congress May,1993	九 届 1998年 1月 Ninth Congress Jan.1998
代表总数	**Total Number of Deputies**	**392**	**395**	**495**	**1 016**	**885**	**588**	**629**	**619**
在代表总数中	Of Which :								
女代表	Female Deputies	59	55	92	213	212	134	134	147
占代表总数%	As Percentage to Total	15.1	13.9	18.6	20.9	23.9	22.8	22.8	23.7
在代表总数中	Of Which :								
少数民族代表	Deputies from Minorities	160	165	197	359	360	259	259	286
占代表总数%	As Percentage to Total	40.8	41.8	39.8	35.3	40.6	44.0	44.0	46.2

注：第四届省人代会没有召开代表大会，1968年8月省革委会成立。

Note: The Fourth Session of the People's Congress of Yunnan Province was not held. The Revolutionary Committee of Yunnan Province was established in August, 1969.

1-3 历届省政治协商会议的委员人数

Number of Deputies to All the Previous Provincial People's Political Consultative Conferences

单位：人 (person)

项　目	Item	一 届 1955年 2月 First Confer - ence Feb.1955	二 届 1959年 7月 Second Conference July.1959	三 届 1963年 12月 Third Conference Dec.1963	四 届 1977年 12月 Fourth Conference Dec.1977	五 届 1983年 4月 Fifth Conference Apr.1983	六 届 1988年 4月 Sixth Conference Apr.1988	七 届 1993年 4月 Seventh Conference Apr.1993	八 届 1998年 1月 Eighth Conference Jan.1998
委员总数	**Total Number of Members**	**157**	**390**	**387**	**419**	**526**	**561**	**589**	**612**
在委员总数中	Of Which :								
中共委员	Members of the CPC	33	111	134	158	196	204	228	228
占总数%	As Percentage to Total	21.00	28.50	34.60	37.70	37.30	36.40	38.70	37.25
在委员总数中	Of Which :								
少数民族委员	Members from Minorities	44	119	106	96	137	160	172	183
占总数%	As Percentage to Total	28.00	30.50	27.40	22.90	26.00	28.50	29.20	29.90

1-4 人口和自然资源
Provincial Population and Natural Resources

指　　标	Item	2001年
全省年底人口总数（万人）	Total Population (year-end)(10 000 persons)	4 287.40
人口密度（人/平方公里）	Population Density (person/sq .km)	109
全省土地面积（万平方公里）	Total Area (10 000 sq .km)	39.40
民族自治地方土地面积（万平方公里）	Autonomous Area of Nationalities (10 000 sq.km)	27.67
全省荒山荒地面积（万公顷）	Undeveloped Area (10 000 hectares)	1 290.40
#宜农荒地（万公顷）	Useable for Agricultural Production (10 000 hectares)	286.70
全省森林面积（万公顷）	Forest Area (10 000 hectares)	1 287.32
全省活立木总蓄积量（亿立方米）	Standing Stock Volume (100 million cu.m)	14.24
全省水面面积（万公顷）	Water Area (10 000 hectares)	27.90
全省水力资源蕴藏量（亿千瓦）	Hydropower Resources (100 million kw)	1.04
全省铁矿保有资源储量（亿吨）	Ensured Reserves of Iron Ore (100 million tons)	35.82
全省煤矿保有资源储量（亿吨）	Ensured Reserves of Coal (100 million tons)	246.93
全省磷矿石保有资源储量（亿吨）	Ensured Reserves of Phosphate Ore (100 million tons)	39.59

注：森林资源有关数据系1997年全省森林资源连续清查第三次复查统计数。

Note: The figure on forest area was the statistic data of the third review of the provincial forest resources continuously censused in 1997.

1-5 主要湖泊情况
Major Lakes

名　称	Lakes	所属水系 Rivers the lakes belong to	湖面面积（平方公里） Lake Area (sq · km)	最大水深 Maximum Depth (m)	平均水深（米） Average Depth (m)	平均水位（米） Average Water Level (m)	总容水量（亿立方米） Water Volume (100 million cu.m)
滇　池	Dianchi Lake	金沙江 Jinsha River	306.3	8	5	1 885.0	15.7
洱　海	Erhai Lake	澜沧江 Lancang River	250	23	10.5	1 974.0	30
抚仙湖	Fuxian Lake	南盘江 Nanpan River	212	151.5	87	1 720.0	185
阳宗海	Yangzonghai Lake	南盘江 Nanpan River	31	30	20	1 770.0	6.02
星云湖	Xingyun Lake	南盘江 Nanpan River	39	12	9	1 723.0	2.3
程　海	Chenghai Lake	金沙江 Jinsha River	78.8	36.9	15	1 503.0	27
泸沽湖	Lugu Lake	金沙江 Jinsha River	51.8	73.2	40	2 685.0	20.72

1-6 土 地 状 况
Land Characteristics

项 目	Item	面 积 Area	占总面积(%) Percentage to Total Area
1. 按地形分类：（万平方公里）	By Topographic Feature (10 000 sq.km)		
山 地	Mountains	约 33.1	84
高 原	Plateaus	约 3.9	10
盆 地	Basins	约 2.4	6
2. 按特征分类：（万公顷）	By Land Use (10 000 hectares)		
森 林	Forest	1 287	32.7
疏林地、灌木林	Thin Forest and Bush	660	16.8
荒山草坡地	Undeveloped Land	718	18.2
水面面积	Water Area	28	0.7
其 他	Others	953	24.2

1-7 主 要 山 峰 高 程
Height of Main Mountain Peak

名 称	Mountain Range	标 高（米） Height of Mountain Peak (m)	所属地、州、市	Region
高黎贡山	Gaoligong Mountains	3 374	保 山	Baoshan
碧罗雪山	Biluo Snow Mountains	4 141	怒 江	Nujiang
梅里雪山(卡格博峰)	Meili Snow Mountains (Kagebo Peak)	6 740	迪 庆	Diqing
玉龙雪山(扇子陡峰)	Yulong Snow Mountains (Shanzi Peak)	5 596	丽 江	Lijiang
点苍山(马龙峰)	Diancang Mountains (Malong Peak)	4 122	大 理	Dali
大雪山	Daxue Mountains	3 504	临 沧	Lincang
无量山	Wuliang Mountains	3 291	大理、思茅	Dali, Simao
哀牢山	Ailao Mountains	2 940	思茅、玉溪、红河	Simao,Yuxi, Honghe
五莲峰	Wulian Mountains	2 561	昭 通	Zhaotong
拱王山	Gongwang Mountains	3 677	昆 明	Kunming
梁王山	Liangwang Mountains	2 833	曲 靖	Qujing

注：全省最低点为河口县境内的南溪河与元江汇合处，海拔76.4米。

Note:The minimum height is that of 76.4 meters of the confluence of the Nanxi River and the Yuanjiang River in Hekou county.

1-8 主 要 河 流 情 况
Major Rivers

名 称	River	境内河长（公里） Inland Length (km)	集水面积（平方公里） Catchments Area of Water (sq.km)
大盈江	Daying River	186	5 723
陇川江	Longchuan River	332	9 187
怒 江	Nujiang River	547	33 484
澜沧江	Lancang River	1 170	88 655
金沙江	Jinsha River	1 560	109 026
元 江	Yuanjiang River	692	37 297
南盘江	Nanpan River	677	43 311

1-9 各县市土地、气温、降水量（2001年）

Land Characteristics, Temperature and Precipitation of Cities and Counties (2001)

地　区	Region	土地面积（平方公里） Land Area (sq.km)	荒山荒地和草地面积（万公顷） Area of Undeveloped Land and Grass Land (10 000 hectares)	年平均气温（℃） Annual Average Temperature (℃)	年平均降水量（毫米） Annual Average Precipitation (mm)
全省合计	**Total**	**394 139**			
昆明市	**Kunming**	**21 582**			
五华区	Wuhua				
盘龙区	Panlong	} 2 190		} 14.7	} 1 094.1
官渡区	Guandu				
西山区	Xishan				
东川区	Dongchuan	1 674	3.76	20.2	688.9
呈贡县	Chenggong	541	1.29	14.6	790.9
晋宁县	Jinning	1 391	3.61	14.6	913.0
富民县	Fuming	1 030	2.54	15.8	841.6
宜良县	Yiliang	1 880	3.16	16.3	920.9
石林县	Shilin	1 777	4.48	15.6	924.5
嵩明县	Songming	1 442	3.10	14.0	994.7
禄劝县	Luquan	4 378	10.21	15.6	964.9
寻甸县	Xundian	3 966	8.16	14.4	1 030.8
安宁市	Anning	1 313	2.23	14.7	889.4
曲靖市	**Qujing**	**29 855**	**71.96**		
麒麟区	Qulin	1 442	2.73	14.5	1 00 2.2
马龙县	Malong	1 751	1.35	13.5	1 021.0
陆良县	Luliang	2 096	5.03	14.6	971.7
师宗县	Shizong	2 858	6.99	13.7	1 260.8
罗平县	Luoping	3 116	8.24	15.1	1 723.8
富源县	Fuyuan	3 348	6.74	13.7	1 075.5
会泽县	Huize	6 077	24.21	12.7	821.0
沾益县	Zhanyi	2 910	3.44	14.5	1 000.0
宣威市	Xuanwei	6 257	5.06	13.3	997.7
玉溪市	**Yuxi**	**15 285**	**47.80**		
红塔区	Hongta	1 004	1.75	15.9	888.0
江川县	Jiangchuan	850	3.34	15.6	897.6
澄江县	Chengjiang	773	2.79	15.5	942.4
通海县	Tonghai	721	2.80	15.6	885.2
华宁县	Huaning	1 313	5.71	15.6	948.3
易门县	Yimen	1 571	4.00	15.9	829.0
峨山县	Eshan	1 972	5.98	15.9	981.3
新平县	Xinping	4 223	12.82	17.3	970.7
元江县	Yuanjiang	2 858	8.61	23.7	804.8

注：土地资源为以前清查数，气候资料为多年平均值。

Note: The figures on land are obtained from the previous surveys, while the climate data refer to the average figures in the previous years.

1-9 续表1 continued

地 区	Region	土地面积（平方公里）Land Area (sq.km)	荒山荒地和草地面积（万公顷）Area of Undeveloped Land and Grass Land (10 000 hectares)	年平均气温（℃）Annual Average Temperature (℃)	年平均降水量（毫米）Annual Average Precipitation (mm)
保 山 市	**Baoshan**	**19 637**	**56.20**		
隆阳区	Longyang	5 011	20.93	15.5	962.6
施甸县	Shidian	2 009	6.84	17.1	947.0
腾冲县	Tengchong	5 845	17.37	14.8	1 465.3
龙陵县	Longling	2 884	5.39	14.9	2 097.5
昌宁县	Changning	3 888	5.67	14.9	1 259.1
昭 通 市	**Zhaotong**	**23 021**	**61.14**		
昭阳区	Zhaoyang	2 240	5.83	11.6	736.5
鲁甸县	Ludian County	1 519	3.99	12.2	917.6
巧家县	Qiaojia County	3 245	13.67	21.1	798.1
盐津县	Yanjin County	2 096	7.06	17.0	1 011.7
大关县	Daguan County	1 802	5.43	15.0	1 006.7
永善县	Yongshan	2 833	10.01	16.4	667.7
绥江县	Suijiang	882	1.10	17.8	983.2
镇雄县	Zhenxiong	3 785	5.48	11.3	923.2
彝良县	Yiliang	2 884	6.94	17.0	782.6
威信县	Weixin	1 416	1.65	13.3	1 050.0
水富县	Shuifu	319			
楚 雄 州	**Chuxiong Prefecture**	**29 258**	**101.05**		
楚雄市	Chuxiong City	4 482	9.18	15.6	831 .6
双柏县	Shuangbo	4 045	10.90	14.9	945.7
牟定县	Mouding	1 494	7.98	15.6	845.7
南华县	Nanhua	2 343	6.94	14.8	845.9
姚安县	Yao'an	1 803	8.13	15.2	776.7
大姚县	Dayao	4 146	14.80	15.6	796.3
永仁县	Yongren	2 189	8.85	17.8	840.0
元谋县	Yuanmou	1 803	11.94	21.9	611.3
武定县	Wuding	3 322	9.25	15.1	1 001.2
禄丰县	Lufeng	3 631	13.08	16.2	929.1
红 河 州	**Honghe Prefecture**	**32 931**	**125.53**		
个旧市	Gejiu	1 597	4.77	15.8	1 106.3
开远市	Kaiyuan	2 009	8.52	19.7	815.9
蒙自县	Mengzi	2 228	10.67	18.5	832.3
屏边县	Pingbian	1 906	8.01	16.4	1 650.2
建水县	Jianshui	3 940	12.43	18.4	830.4
石屏县	Shiping	3 090	6.42	18.4	955.5
弥勒县	Mile	4 004	14.59	17.3	985.9
泸西县	Luxi	1 674	3.26	15.1	971.6
元阳县	Yuanyang	2 292	9.21	16.4	1 421.4
红河县	Honghe	2 034	9.59	20.2	906.0
金平县	Jinping	3 677	18.16	17.7	2 963.0
绿春县	Luchun	3 167	14.55	16.5	2 042.3
河口县	Hekou	1 313	5.35	22.6	1 802.5

1-9 续表2 continued

地　区	Region	土地面积（平方公里）Land Area (sq.km)	荒山荒地和草地面积（万公顷）Areas of Undeveloped Land and Grass land (10 000 hectares)	年平均气温（℃）Annual Average Temperature (℃)	年平均降水量（毫米）Annual Average Precipitation (mm)
文山州	**Wenshan Prefecture**	**32 239**	**97.18**		
文山县	Wenshan	3 064	5.36	17.8	999.8
砚山县	Yangshan	3 888	8.32	16.0	1 005.9
西畴县	Xichou	1 545	3.94	15.8	1 294.0
麻栗坡县	Malipo	2 395	9.01	17.6	1 051.3
马关县	Maguang	2 755	6.83	16.8	1 341.2
丘北县	Qiubei	5 150	11.56	16.2	1 203.3
广南县	Guangnan	7 983	28.37	16.6	1 071.7
富宁县	Funing	5 459	23.79	19.3	1 198.8
思茅地区	**Simao Prefecture**	**45 385**	**111.19**		
思茅市	Simao	4 093	14.58	18.1	1 406.4
普洱县	Pu'er	3 670			
墨江县	Mojiang	5 459	16.03	17.8	1 364.6
景东县	Jingdong	4 532	5.05	18.3	1 094.1
景谷县	Jinggu	7 777	9.28	20.2	1 245.0
镇沅县	Zhenyuan	4 223	7.34	18.5	1 301.7
江城县	Jiangcheng	3 476	19.88	18.1	2 258.5
孟连县	Menglian	1 957	7.11	19.6	1 373.2
澜沧县	Lancang	8 807	26.21	18.9	1 643.4
西盟县	Ximeng	1 391	5.71	15.2	2 772.3
西双版纳州	**Xishuangbanna Prefecture**	**19 700**	**53.77**		
景洪市	Jinghong	7 133	18.64	21.7	1 211.1
勐海县	Menghai	5 511	18.57	18.1	1 933.1
勐腊县	Mengla	7 056	16.56	20.9	1 550.8
大理州	**Dali Prefecture**	**29 459**	**101.11**		
大理市	Dali	1 468	6.73	15.2	1 071.9
漾濞县	yanbi	1 957	6.21	16.1	1 083.3
祥云县	Xuangyun	2 498	5.83	14.7	822.5
宾川县	Binchuang	2 627	10.57	17.8	580.7
弥渡县	Midu	1 571	7.34	16.2	742.5
南涧县	Nanjian	1 802	5.7	18.9	717.3
巍山县	Weishan	2 266	9.85	15.5	805.8
永平县	Yongping	2 884	11.36	15.8	1 040.6
云龙县	Yunlong	4 712	13.17	13.5	861.7
洱源县	Eryuan	2 961	11.01	13.8	763.4
剑川县	Jianchuan	2 318	6.31	12.2	743.8
鹤庆县	Heqing	2 395	7.03	13.5	963.8

1-9 续表3 continued

地　区	Region	土地面积（平方公里） Land Area (sq.km)	荒山荒地和草地面积（万公顷） Area of Undeveloped Land and Grass Land (10 000 hectares)	年平均气温（℃） Annual Average Temperature (℃)	年平均降水量（毫米） Annual Average Precipitation (mm)
德宏州	**Dehong**	**11 526**	**32.78**		
瑞丽市	Ruili	1 020	2.61	20.0	1 389.5
潞西市	Luxi	2 987	10.96	19.5	1 443.8
梁河县	Lianghe	1 159	3.57	18.3	1 363.1
盈江县	Yingjiang	4 429	11.57	19.3	1 482.1
陇川县	Longchuan	1 931	3.54	18.9	1 676.0
丽江地区	**Lijiang**	**21 219**	**58.16**		
丽江县	Lijiang	[illegible]	10.7[illegible]	12.6	947.0
永胜县	Yongsheng	5 099	17.35	13.4	925.1
华坪县	Huaping	2 266	9.59	19.8	1 043.8
宁蒗县	Ninglang	6 206	17.47	12.7	910.8
怒江州	**Nujiang**	**14 703**	**27.13**		
泸水县	Lushui	2 938	3.81	15.0	1 16 1.1
福贡县	Fugong	2 804	4.66	17.0	1 360.1
贡山县	Gongshan	4 506	6.95	14.8	1 637.9
兰坪县	Lanping	4 455	11.71	11.3	1 010.1
迪庆州	**Diqing**	**23 870**	**45.67**		
中甸县	Zhongdian	11 613			619.9
德钦县	Deqing	7 596	16.84	4.7	663.7
维西县	Weixi	4 661		11.3	954.1
临沧地区	**Lincang**	**24 469**	**84.66**		
临沧县	Lincang	2 652	8.93	17.2	1 16 1.8
凤庆县	Fengqing	3 451	10.47	16.5	1 322.3
云　县	Yuanxian	3 760	10.85	19.4	912.0
永德县	Yongde	3 296	9.71	17.4	1 292.6
镇康县	Zhenkang	2 642	10.66	18.9	1 622.6
双江县	Shuangjiang	2 292	6.4	19.4	1 015.3
耿马县	Gengma	3 837	15.42	18.8	1 321.1
沧源县	Cangyuan	2 539	12.22	17.4	1 748.8

主要统计指标解释

森林面积　指生长着乔木和竹林，郁闭度在 0.3 以上(不包括 0.3)的林地面积，即有林地面积。它是反映森林资源总面积的重要指标。森林面积包括天然林面积和人工林面积。但不包括灌木林地和疏林地面积。

森林覆盖率　通常是指森林面积占土地总面积之比，一般用百分数表示。但国家规定在计算森林覆盖率时，森林面积还包括灌木林面积，农田林网树占地面积以及四旁树木的覆盖面积。森林覆盖率，是反映一个国家或地区森林资源和绿化水平的重要指标。

活立木总蓄积量　指全部土地上树木蓄积的总量。包括森林蓄积、疏林蓄积、散生木蓄积和四旁树蓄积。**林木蓄积量**　指森林面积上生长着的林木树干材积总量。它反映一个国家或地区森林资源总规模和水平的重要指标。

淡水总面积　指江、河、湖泊、塘堰、水库等各种流水或蓄水的占地面积。

矿产保有储量　指探明的矿产储量（包括工业储量和远景储量）扣除已开采部分和地下损失量后的年底实有储量。它反映国家矿产资源的现状。

Explanatory Notes on Main Statistical Indicators

Forest Area refers to the area of forest land where trees and bamboo grow with canopy density above 0.3, including land of natural woods and planted woods, but excluding bush land and thin forest land. It reflects the total areas of afforestation.

Forest Coverage Rate refers to the ratio of area of forest land to total land area, which is usually expressed in percentage. But the state stipulates that upon calculating forest coverage rate, the area of forest land should include the area of shrubby trees, the area of forest land inside farm land and the area of trees planted by the side of farm houses and along the roads, rivers and fields. It is a very important indicator that reflects the forest resources and afforesting level in a country or a region.

Total Standing Stock Volume refers to the total stock volume of trees growing in land, including trees in forest, trees in sparse forest, scattered trees and trees planted by the side of farm houses and along the roads, rivers and fields.

Stock Volume of Forest refers to total stock volume of wood growing in forest area, which shows the total size and level of forest resources of a country or a region. It is also an important indicator illustrating the richness of forest resources and the status of forest ecological environment.

Inland Water Area refers to water area of rivers, lakes, ponds, reservoirs, etc.

Ensured Mineral Reserves refer to the actual mineral reserves, which is equal to the proven mineral reserves (including industrial reserves and prospective reserves) minus extracted parts and underground losses. It reflects the status of mineral resources of a country.

二、综 合

GENERAL SURVEY

2-1 按经济成份划分的主要社会经济指标(2001)
Main Indicators on Social Economy by Economic Sector(2001)

指　　标	Item	绝对数 Absolute Figure	比重（%） As Percentage to Total (%) (total=100)
一、从业人员总数(万人)	**Total Employment(10 000 persons)**	**2 322.53**	**100**
国有经济单位职工	State-owned Units	207.31	8.9
城镇集体经济单位职工	Urban Collective-owned Units	20.03	0.9
其它各种经济单位职工	Other Types of Ownership	34.27	1.5
乡村从业人员	Rural Units	1 971.02	84.8
城镇个体从业人员及其它	Self-employed Individuals and Other Units	89.90	3.9
二、农业总产值(亿元)	**Gross Output Value of Agriculture (100 million yuan)**	**703.53**	
三、工业总产值(亿元)	**Gross Output Value of Industry (100 million yuan)**	**1 675.11**	**100**
国有经济	State-owned Enterprises	668.14	39.9
集体经济	Collective-owned Enterprises	201.46	12.0
个　　体	Sel-employed Individuals	269.02	16.1
其它各种经济	Other Types of Ownership	536.49	32.0
四、固定资产投资总额(亿元)	**Total Investment in Fixed Assets (100 million yuan)**	**734.81**	**100**
国有经济	State-owned Enterprises	490.41	66.7
集体经济	Collective-owned Enterprises	42.44	5.8
个体投资	Self-employed Individuals	128.16	17.4
其它各种经济	Other Types of Ownership	73.80	10.1
五、社会消费品零售总额(亿元)	**Total Retail Sales of Consumer Goods (100 million yuan)**	**640.8**	**100**
国有及国有控股	State-owned and Share-holding Corporations Ltd.	155.01	24.2
集体及股份合作	Collective-owned and Cooperative Enterprises	73.44	11.5
私有经济	Private Enterprises	296.14	46.2
其中：个体	Self-employed Individuals	251.76	39.3
其它各种经济	Other kinds of Ownership	116.21	18.1
六、普通中学和小学教师总人数(万人)	**Total Teachers of Regular Secondary and Primary Shools (10 000 persons)**	**32.73**	**100**
教育部门和集体办	Shools Run by Educational Departments	31.66	96.7
社会力量办	Shools Run by Social Forces	0.18	0.6
其他部门办	Shools Run by Other Departments	0.89	2.7
七、文化事业机构(个)	**Cultural Institutions**	**2 856**	**100**
国有经济	State-owned Units	2 370	83.0
集体经济及其它	Collective-owned Units and Others	486	17.0
八、文化事业单位从业人员数(人)	**Total Persons of Cultural Institutions (person)**	**14 726**	**100**
国有经济	Stats-owned Units	13 805	93.7
集体经济及其它	Collective-owned Units and Others	921	6.3

注：1.农业总产值、工业总产值按当年价格计算。

2.本表文化事业机构数和从业人员数的统计范围为文化部门直属机构。

Note:a.The gross output values of agriculture and industry are calculated at the prices of previous years,and the gross value of industry includes the industrial output values of village-Owned units and the units under the village level .

b.The statistics on the number of cultural Institutions and persons in the table include that of all the cultural departments.

2-2 主要年份国民经济主要指标

指　标		Item	1952年
一、人口		**Population**	
年末总人口数	（万　人）	Total Population at Year-end (10 000 persons)	**1 695**
二、年末从业人员数	（万　人）	**Total Employment at Year-end (10 000 persons)**	**761**
#职工人数	（万　人）	Staff and Workers (10 000 persons)	26
三、工农业总产值	（亿　元）	**Gross Output Value of Industry and Agriculture(100 million yuan)**	**13.41**
四、国内生产总值(当年价)	（亿　元）	**Gross Domestic Product(at Prices of Previous Years) (100 Million yuan)**	**11.78**
五、农业生产		**Agriculture Production**	
1. 农林牧渔业总产值(当年价)	（亿　元）	Gross Output Value of Agriculture(at prices of previous years)(100 million yuan)	9.60
2. 主要农产品产量		Output of Major Agriculture Products	
粮　食	（万　吨）	Grain (10 000 tons)	451
油　料	（万　吨）	Oil-bearing Crops(10 000 tons)	3.37
甘　蔗	（万　吨）	Sugarcane(10 000 tons)	30.13
烤　烟	（万　吨）	Flue-cured Tobacco (10 000 tons)	0.57
水　果	（万　吨）	Fruits (10 000 tons)	
茶　叶	（万　吨）	Tea (10 000 tons)	0.36
猪、牛、羊肉	（万　吨）	Pork,Beef and Mutton (10 000 tons)	8.36
水产品	（万　吨）	Aquatic Product	0.14
六、工业生产		**Industrial Production**	
1. 工业总产值(当年价)	（亿　元）	Gross Output Value of Industry(at prices of previous years)(100 million yuan)	3.81
轻工业产值	（亿　元）	Total Output Value of light Industry (100 million yuan)	2.3
重工业产值	（亿　元）	Total Output Value of Heavy Industry (100 million yuan)	1.51
2. 主要工业产品产量		Output of Majar Industrial Products	
布	（万　米）	Cloth (10 000 m)	3 641
机制纸及纸板	（万　吨）	Machine-made Paper and Paper Boards (10 000 tons)	0.08
糖	（万　吨）	Sugar (10 000 tons)	2
卷　烟	（万　箱）	Cigarettes (10 000 cases)	2
钢	（万　吨）	Steel (10 000 tons)	0.25
成品钢材	（万　吨）	Steel Products (10 000 tons)	0.13

注：工业总产值及轻重工业产值从1996年开始按新规定的计算方法统计，1995年括号内的数字系按新规定方法统计的。

Major Indicators on National Economy in Main Years

1978年	1990年	1995年	2000年	2001年
3 091	**3 731**	**3 990**	**4 240.80**	**4 287.40**
1 313	**1 923**	**2 149**	**2 268.50**	**2 322.53**
216	292	312	273.40	261.61
95.45	**556.98**	**1 704.47**	**2 270.22**	**2 378.64**
69.05	**451.67**	**1 206.68**	**1 955.09**	**2 074.71**
40.02	211.72	474.46	680.86	703.53
864	1 061	1 189	1 467.80	1 486.30
5.51	13.31	19.58	26.98	27.66
160.01	661.88	1 055.92	1 420.29	1481.10
12.26	43.60	76.07	64.61	60.08
11.62	31.97	55.71	76.95	98.43
1.78	4.48	6.40	7.94	8.07
29.23	74.74	120.45	191.51	203.84
1.12	4.60	8.44	16.62	18.02
55.43	345.26	1 230.01 (1 079.46)	1 589.36	1 675.11
23.84	181.14	656.60 (584.60)	802.70	863.76
31.60	164.12	573.41 (494.86)	786.66	811.35
10 507	17 974	13 964	5 855	4 896
5.12	15.43	30.41	22.32	22.81
14	51	94	152.25	125.49
63	448	680	612.77	599.49
35.12	80.15	140.5	189.41	222.02
25.59	68.97	144.34	183.71	186.20

Nota:The gross output values of light and heavy industries had been calculated with a new statistical approach since 1996,but the values in brackets in 1995 were done also with the new approach.

2-2 续表1

指 标		Item	1952年
原 煤	(万 吨)	Coal (10 000 tons)	28
发电量	(亿千瓦小时)	Electricity (100 million kwh)	0.52
水 泥	(万 吨)	Cement (10 000tons)	1
木 材	(万立方米)	Timber (10 000 cu.m)	5
七、运输邮电		**Transport,Post and Communication Services**	
1. 货运周转量	(亿吨公里)	Freight Traffic(100 million ton-km)	1.54
#铁 路	(亿吨公里)	Railways	0.64
公 路	(亿吨公里)	Highways	0.87
水 运	(亿吨公里)	Waterways	0.03
2. 旅客周转量	(亿人公里)	Passenger Traffic(100 million passenger-km)	1.32
#铁 路	(亿人公里)	Railways	0.73
公 路	(亿人公里)	Highways	0.59
水 运	(亿人公里)	Waterways	
3. 邮电业务总量	(万 元)	Total Telecommunication Services(10 000 yuan)	264
函 件	(万 件)	Number of Letters Delivered (10 000 pieces)	666
报刊发行累计数	(万 件)	Number of Newspapers and Magazines Distributed (10 000 copies)	2 417
八、固定资产投资	(亿 元)	**Investment in Fixed Assets(100 million yuan)**	
1. 全社会固定资产投资		Total Investment in Fixed Assets	0.59
2. 国有经济固定资产投资		Investment in Fixed Assets of State-owned Units	0.59
#基本建设投资总额		Total Investment in Capital Construction	0.58
基本建设新增固定资产		Newly Added Investment in Fixed Assets in Capital Construction	0.5
3. 集体经济固定资产投资		Investment in Fixed Assets of Collective-owned Enterprises	
城 镇		Urban	
农 村		Rural	
4. 个体私营经济固定资产投资		Investment in Fixed Assets of Self-employed Individuals	
城 镇		Urban	
农 村		Rural	
5. 其它经济固定资产投资		Investment in Fixed Assets of other Economic Enterprises	
九、国内商业	(亿 元)	**Domestic Trade(100 million yuan)**	
社会消费品零售总额		Total Retail Sales of Consumer Goods	4.87

注：报刊发行累计数包括报纸和杂志发行累计数。

continued

1978年	1990年	1995年	2000年	2001年
1 483	2 227	2 803	2 216	2 394
52.51	125.78	228.42	317.46	359.53
131	471	997	1643	1 641
212	245	391	127.16	152.32
62.34	260.67	307. 71	479.52	517.31
43.52	93.91	114.24	180.76	196.58
18.57	166.10	192.10	296.65	318.49
0.24	0.59	1.06	0.98	0.99
24.25	87.67	137.93	237.94	304.20
9.92	17.22	23.03	31.35	31.79
13.89	65.77	93.10	171.24	232.76
0.12	0.46	0.35	0.78	0.82
3 016	12 737	139 729	990 739	1 009 580
5 572	8 958	16 024	10 001	8 876
31 539	38 769	50 377	38 408	37 024
15.04	75.74	380.57	697.94	734.81
13.44	51.22	262.84	466.20	490.41
11.77	28.01	133.32	342.12	348.80
9.78	25.90	98.54	205.34	293.40
1.15	12.57	38.55	47.44	42.44
0.2	5.28	9.92	10.38	8.00
0.95	7.29	28.63	37.06	34.44
0.46	11.96	39.52	110.02	128.16
	0.91	3.57	60.27	72.30
0.46	11.05	35.95	49.75	55.86
		39.66	74.28	73.80
28.38	145.59	369.55	583.17	640.80

Note: The figures include the accumulated figures of the newspapers and magazines issued.

2-2 续表2

指　　　　标		Item	1952年
十、对外贸易	(万美元)	**Foreign Trade (USD 10 000)**	
进出口总额		Total Exports and Imports	32
出口额		Exports	5
进口额		Imports	27
十一、财　政	(亿 元)	**Government Finance (100 million yuan)**	
财政收入		Government Revenue	1.87
财政支出		Government Expenditures	0.99
十二、物价指数　(以1952年价格为100)		**Price Indices (%) (prices in 1952 = 100)**	
农副产品收购价格总指数	(%)	Aggregate Index of Purchase Prices of Farm and Sideline Products (%)	100
零售物价总指数	(%)	Aggregate Index of Retail Prices (%)	100
城镇居民消费价格指数	(%)	Consumption Price Index in Urban and Rural Areas (%)	100
十三、职工工资		**Wages of Staff and Workers**	
职工工资总额	(亿 元)	Total Wages of Staff and Wokers (100 million yuan)	
#国有单位职工工资总额	(亿 元)	Total Wages of Staff and Wokers of State-owned Units(100 million yuan)	0.73
职工年平均货币工资	(元)	Annual Average Wages of Staff and Workers (yuan)	
#国有单位职工年平均工资	(元)	Annual Average Wages of Staff and Workers of State-owned Units (yuan)	371
十四、教育文化		**Education and Culture**	
高等学校数	(所)	Number of Regular Institutions of Higher Education	2
高等学校在校学生数	(人)	Student Enrollment of Regular Institutions of Higher Education (person)	3 287
中等专业学校在校学生数	(人)	Student Enrollment of Specialized Secondary Schools(person)	6 661
普通中学在校学生数	(万 人)	Student Enrollment of Regular Secondary Schools (10 000 persons)	4.73
小学在校学生数	(万 人)	Student Enrollment of Primary Schools (10 000 persons)	114.85
艺术表演团体	(个)	Number of Art Performance Groups (unit)	
报纸出版数量	(亿 份)	Number of Newspapers Issued (100 million pieces)	
各类杂志出版数量	(万 册)	Number of Magazines Issued (10 000 copies)	
图书出版数量	(亿 册)	Number of Books Published (100 million copies)	
十五、卫　生		**Health Care**	
卫生机构数	(个)	Number of Health Institutions (unit)	350
床位数	(万 张)	Number of Hospital Beds (10 000)	0.43
#医院病床数	(万 张)	Hospital Beds Occupied by Patients (10 000)	0.36
专业卫生技术人员	(万 人)	Number of Medical Technical Persons (10 000 persons)	0.38
#医　生	(万 人)	Doctors (10 000 persons)	0.07

注：1. 进出口总额包括边境贸易，1998年以前为外贸业务数，1999年以后为海关进出口统计数。
2. 财政收入为总收入，包括上划中央的"两税"收入。
3. 从1996年开始卫生机构数包括主要卫生机构、诊所、卫生保健所、医务室等。

continued

1978年	1990年	1995年	2000年	2001年
10 420	75 114	212 102	181 283	198 906
6 948	56 241	133 097	117 516	124 412
3 472	18 873	79 005	63 767	74 494
11.76	77.43	285.26	432.95	432.60
18.28	90.76	235.1	414.11	496.43
192.1	547.2	992.2	842.6	857.8
106.8	214.1	388.8	403.5	397.0
112.7	237.6	456.3	509.9	500.2
12.68	60.66	158.96	254.46	275.98
11.42	53.56	137.81	209.5	225.33
608	2 130	5 149	9 231	10 537
629	2 200	5 286	9 422	10 880
15	26	26	24	28
15 900	43 525	51 427	90 409	119 039
26 641	73 779	102 646	119 199	128 645
128.93	123.95	127.25	185.97	200.46
436.03	446.86	462.41	472.06	460.50
149	137	134	129	128
	2.23	2.59	3.60	3.68
17	954	1 604	2 877	3 186
0.45	1.23	1.19	1.34	1.35
5 529	6 671	6 400	13 356	12 552
5.97	8.45	9.56	9.75	9.98
5.41	7.61	8.39	6.61	6.60
6.55	10.16	11.25	12.41	12.30
3.11	5.39	5.95	6.26	6.23

Note: a.The total of imports and exports includes frontier trade value, which had been included in foreign trade before 1998,and since 1999 it has been included in the statistical data of imports and exports of the customs .

b.The government revenue is a total including the two taxes turned over to the central government.

c.The number of health institutions have included main health institutions, clinics, care centers and so forth since 1996.

2-3 主要年份国民经济主要指标增长速度

Grouth Rate of Major Indicators on National Economy in Main Years

单位：倍数（或%） (times %)

指　标	Item	2001年比各年增长% Growth Times of 2001 Compared with the Following Years（times）					平均每年增长% Average Annual Growth Rate(%)	
		1952年	1978年	1990年	1995年	2000年	1953-2001年	1979-2001年
一、人　口	**Population**	**1.5倍**	**38.7**	**14.9**	**7.5**	**1.1**	**1.9**	**1.4**
二、从业人员数	**Employment**	**2.1倍**	**76.9**	**20.8**	**8.1**	**2.4**	**2.3**	**2.5**
#职工人数	Number of Staff and Workers	9.1倍	21.1	-10.4	-16.2	-4.3	4.8	0.8
三、工农业总产值	**Gross Output Value of Industry and Agriculture**	**43.3倍**	**6.7倍**	**1.8倍**	**57.5**	**6.1**	**8.0**	**9.3**
四、国内生产总值	**Gross Domestic Product**	**35.3倍**	**6.9倍**	**1.6倍**	**59.5**	**6.5**	**7.6**	**9.4**
五、农业生产	**Agriculture Production**							
1.农林牧渔业总产值	Gross Output Value of Agriculture	7.3倍	2.3倍	75.5	40.8	3.6	4.4	5.4
2.主要农产品产量	Output of Major Agriculture Products							
粮　食	Grain	2.3倍	72.0	40.1	25.0	1.3	2.5	2.4
油　料	Oil-bearing Crops	7.2倍	4.0倍	1.1倍	41.3	2.5	4.4	7.3
甘　蔗	Sugarcane	48.2倍	8.3倍	1.2倍	40.3	4.3	8.3	10.2
烤　烟	Flue-cured Tobacco	104.4倍	3.9倍	37.8	-21.0	-7.0	10.0	7.2
水　果	Fruits		7.5倍	2.1倍	76.7	27.9		9.7
茶　叶	Tea	21.4倍	3.5倍	80.1	26.1	1.6	6.6	6.8
猪、牛、羊肉	Pork ,Beef and Mutton	23.4倍	6.0倍	1.7倍	69.2	6.4	6.7	8.8
水产品	Aquatic Products	127.7倍	15.1倍	2.9倍	1.1倍	8.4	10.4	12.8
六、工业生产	**Industrial Production**							
1.工业总产值	Gross Output Value of Industry	189.0倍	10.9倍	2.4倍	64.0	7.0	11.3	11.4
轻工业产值	Total Output Value of Light Industry	145.2倍	12.2倍	2.0倍	43.0	2.9	10.7	11.9
重工业产值	Total Output Value of Heavy Industry	243.1倍	9.8倍	2.9倍	85.6	10.6	11.9	10.9
2.主要工业产品产量	Output of Major Industrial Products							
布	Cloth	34.5	-53.4	-72.8	-64.9	-16.4	0.6	-3.3
机制纸及纸板	Machine-made Paper and Paper Boards	284倍	3.5倍	47.8	-25.0	2.2	12.2	6.7
糖	Sugar	51.5倍	8.3倍	1.5倍	33.2	-17.6	8.4	10.2
卷　烟	Cigarettes	249倍	8.5倍	33.7	-11.9	-2.2	11.9	10.3
钢	Steel	887倍	5.3倍	1.8倍	58.0	17.2	14.9	8.3

2-3 续表 continued

单位：倍数（或%） (times %)

指 标	Item	2001年比各年增长% Growth Times of 2001 Compared with the Following Years（times）					平均每年增长% Average Annual Growth Rate(%)	
		1952年	1978年	1990年	1995年	2000年	1953-2001年	1979-2001年
成品钢材	Steel Products	1 431倍	6.3倍	1.7倍	29.0	1.4	16.0	9.0
原 煤	Coal	84.5倍	61.4	7.5	-14.6	8.0	9.5	2.1
发电量	Electricity	690倍	5.8倍	1.9倍	57.4	13.3	14.3	8.7
水 泥	Cement	2 130倍	11.5倍	2.5倍	64.6	-0.1	16.9	11.6
木 材	Timber	29.5倍	-28.2	-37.8	-61.0	19.8	7.2	-1.4
七、运 输	**Transportation**							
货运周转量	Freigh Traffic	334.9倍	7.3倍	98.5	68.1	7.9	12.6	9.6
旅客周转量	Passenger Traffic	229.5倍	11.5倍	2.5倍	1.2倍	27.8	11.7	11.6
八、国有单位固定资产投资总额	**Total Investment in Fixed Assets of State-owned Units**	**830.2倍**	**35.5倍**	**8.6倍**	**86.6**	**5.2**	**14.8**	**17.9**
#基本建设投资总额	Total Investment in Capital Construction	600.4倍	28.6倍	11.5倍	1.6倍	2.0	13.7	15.7
九、社会消费品零售总额	**Total Retail Sales of Consumer Goods**	**130.6倍**	**21.6倍**	**3.4倍**	**73.4**	**9.9**	**10.5**	**14.5**
十、进出口总额	**Total Export and Imports**					**9.7**		
出口额	Exports					5.9		
进口额	Imports					16.8		
十一、财 政	**Government Finance**							
财政收入	Government Revenue	230.3倍	35.8倍	4.6倍	51.7	-0.1	11.8	17.0
财政支出	Government Expenditures	500.4倍	26.2倍	4.5倍	1.1倍	19.9	13.5	15.4
十二、零售物价总指数	**Retail Price Total Index**	**3.0倍**	**2.7倍**	**85.4**	**2.1**	**-1.6**	**2.9**	**5.9**
十三、国有单位职工平均工资	**Average Wages of Staff and Workers of State-owned Units**	**28.3倍**	**16.3倍**	**3.9倍**	**1.1倍**	**15.5**	**7.1**	**13.2**
十四、高等学校在校学生数	**Student Enrollment of Regular Institutions of Higher Education**	**35.2倍**	**6.5倍**	**1.7倍**	**1.3倍**	**31.7**	**7.6**	**9.1**
中等专业学校在校学生数	Student Enrollment of Specialized Secondary Schools	18.3倍	3.8倍	74.4	25.3	7.9	6.2	7.1
普通中学在校学生数	Student Enrollment of Regular Secondary Schools	41.4倍	55.5	61.7	57.5	7.8	7.9	1.9
小学在校学生数	Student Enrollment of Primary Schools	3.0倍	5.6	3.1	-0.4	-2.4	2.9	0.2
十五、医院病床数	Number of Hospital Beds					**-0.2**		
专业卫生技术人员	Number of Medical Technical Persons	31.4	87.8	21.1	9.3	-0.9	7.4	2.8
#医 生	Number of Doctors	88.0	1.0倍	15.6	4.7	-0.5	9.6	3.1

注：2001年进出口总额因口径与1995年以前不一致，故不可比。

Note: The total imports and exports in 2000 can not be compared with those before 1995 because of the accountng approach different.

2-4 主要年份国民经济主要比例关系

Main Proportional Relations of National Economy in Major Years

单位：%　　　　(%)

指　　标	Item	1978年	1980年	1990年	1995年	2000年	2001年
一、人口中的城乡比例	**Proportion of Population in Urban and Rural Areas**						
城镇	Urban					23.4	24.9
乡村	Rural					76.6	75.1
二、国内生产总值中三次产业比例	**Proportion of the 3 Typps of Industry in GDP**						
第一产业	Primary Industry	42.7	42.6	37.2	25.3	22.3	21.7
第二产业	Secondary Industry	39.9	40.3	34.9	44.5	43.1	42.5
第三产业	Tertiary Industry	17.4	17.1	27.9	30.2	34.6	35.8
三、全社会固定资产投资的资金来源比例	**Sources Proportion of Funds in Total Investment in Fixed Assets**						
国家预算内投资	State Budgetary Appropriation			13.2	4.9	8.2	9.9
国内贷款	Domestic Loans			20.8	21.0	21.8	19.9
利用外资	Foreign Investment			1.8	5.7	1.1	1.8
自筹和其它投资	Self-raised and Other Funds			64.2	68.2	68.6	68.4
股票及债券	Stocks and Bonds				0.2	0.3	
四、基建投资中农轻重投资比例	**Proportion of the Following Industries in the Investment in Capital Constructure**						
农　业	Agriculture	14.2	15.8	7.9	2.4	6.1	6.1
轻工业	Light Industry	6.0	7.6	5.2	5.3	4.1	4.3
重工业	Heavy Industry	55.8	32.4	42.1	36.0	17.0	17.9
五、基建投资中能源交通投资比例	**Proportion of Energy and Transport in the Investment in Capital Construction**						
能源工业	Energy Industry	20.1	11.7	28.3	20.1	14.8	15.2
运输邮电业	Tansport,Post and Telecommunication Services	8.2	13.2	13.2	20.7	43.6	40.9
六、财政总收入占国内生产总值的比例	**Proportion of Government Revenue to GDP**	**17.0**	**13.8**	**19. 6**	**23.6**	**22.1**	**20.9**
七、基建拨款占财政支出的比例	**Proportion of Capital Construction Appropriation to Government**	**39.6**	**26.3**	**10.0**	**14.1**	**14.6**	**16.7**
八、文教卫生科学事业费占财政支出的比例	**Proportion of Expenditures for Culture,Education and Health Care to Government Expenditures**	**14.9**	**21.9**	**23.5**	**23.0**	**23.8**	**23.5**
九、能源使用比例	**Proportion of Energy Utilization**						
物质部门消费	Material Units Consumption			79.8	81.8	79.4	79.9
非物质部门消费	Unmaterial Units Consumption			1.2	1.6	3.4	3.0
生活消费	Livelihood Consumption			19.0	16.6	17.2	17.1
十、工农业总产值中农轻重比例	**Proportion of Agriculture,Light and Heavy Industries to the Gross Output Value of Industry and Agriculture**						
农　业	Agriculture	41.9	42.4	38.0	27.8	30.0	29.6
轻工业	Light Industry	25.0	26.0	32.5	38.5	35.4	36.3
重工业	Heavy Industry	33.1	31.6	29.5	33.7	34.6	34.1
十一、工业总产值中轻重工业比例	**Proportion of Light and Heavy Industries to Gross Output Value of Industry**						
轻工业	Light Industry	43.0	45.2	52. 5	53.4	50.5	51.6
重工业	Heavy Industry	57.0	54.8	47.5	46.6	49.5	48.4
十二、农业总产值中农林牧副渔比例	**Proportion of Agriculture, Forestry,Animal Husbandry ,Fishery and Sideline to the Gross Output Value of Agriculture**						
农　业	Agriculture	71.4	68.5	56.5	63.1	61.1	61.3
林　业	Forestry	6.2	6.1	8.6	8.5	7.3	6.7
牧　业	Animal Husbandry	17.7	21.2	25.5	26.8	29.6	29.9
副　业	Sideline	4.5	3.8	8.7			
渔　业	Fishery	0.2	0.4	0.9	1.6	2.0	2.1

注：本表按当年价格计算。

Note:The figures in the table are calculated at prices of the previous years .

2-5 云南的每一天
Every Day in Yunnan

项　目		Item	1995年	2000年	2001年
一、全省每天创造的财富		**Total Wealth Daily Created**			
工农业总产值	(万 元)	Gross Output Value of Industry and Agriculture (10 000 yuan)	42 575	62 198	65 168
#农业总产值	(万 元)	Gross Output Value of Agriculture (10 000 yuan)	12 999	18 654	19 275
工业总产值	(万 元)	Gross Output Value of Industry (10 000 yuan)	29 576	43 544	45 893
国内生产总值(按当年价计算)	(万 元)	Gross Domestic Product (at prices of previous years) (10 000 yuan)	33 060	53 564	56 841
地方财政收入	(万 元)	Local Government Revenue (10 000 yuan)	2 691	4 952	5 241
布	(万 米)	Cloth (10 000 m)	38	16	13
机制纸及纸板	(吨)	Machine-made Paper and Paperboards (10 000 tons)	833	612	625
原　煤	(万 吨)	Coal (10 000 tons)	7.68	6.07	6.56
发电量	(万千瓦小时)	Electricity (10 000 kwh)	6 258	8 698	9 850
钢	(吨)	Steel (ton)	3 849	5 189	6 083
成品钢材	(吨)	Steel Products (ton)	3 955	5 033	5 101
二、全省城乡居民每天消费总额	(万 元)	**Total Daily Consumption of Provincial Residents (10 000 yuan)**	**16 118**	**29 227**	**25 605**
平均每人每天消费额	(元)	Per Capita Daily Consumption (yuan)	4.1	6.9	6.0
三、全省每天其它经济活动		**Other Daily Economic Activities**			
城镇新建住宅面积	(万平方米)	Residential Buildings Newly Completed in Urban Aears (10 000 sq.m)	2.03	2.98	2.70
农民个人新建住宅面积	(万平方米)	Private Residential Buildings of Peasants(10 000 sq.m)	4.13	3.62	3.97
出版图书	(万 册)	Books Published (10 000 copies)	33	37	37
出版杂志	(万 册)	Magazines Issued (10 000 copies)	4.39	7.88	8.73
出版报纸	(万 份)	Newspapers Issued (10 000 pieces)	71	99	101
邮寄函件	(万 件)	Number of Letters Delivered (10 000 pieces)	44	27	24
四、全省每天人口变动和婚姻		**Daily Changes of Population and Marriages**			
出　生	(人)	Births (person)	2 255	2 200	2 162
死　亡	(人)	Deaths (person)	871	874	885
结　婚	(对)	Marriages (couples)	886	854	776
离　婚	(对)	Divorces (couples)	31	100	102

注：城镇新建住宅面积包括国有单位、其它单位、城镇集体单位、城镇个人及城镇房地产开发新建住宅面积。

Note: Floor space of residential buildings newly completed in urban and rural areas includes that of of state-owned units,urban and rural collective-owned units, individuals and other units.

2-6 全省社会经济主要指标每人年平均水平

Per Capita Annual level in the Main Indicators on Provincial Economy

指　　标		Item	1990年	1995年	2000年	2001年
一、工农业总产值(当年价格)	(元)	**Gross Output Value of Industry and Agriculture(at constant prices)(yuan)**	**1 510**	**4 299**	**5 384**	**5 578**
农业总产值	(元)	Gross Output Value of Agriculture	574	1 197	1 615	1 650
工业总产值（含村及村以下工业）	(元)	Gross Output Value of Industry, Including the Values of Village-owned Units and the Units Under Village Level	936	3 103	3 769	3 928
二、国内生产总值(当年价格)	(元)	**Gross Domestic Product(at prices of previous years) (yuan)**	**9 54**	**3 044**	**4 637**	**4 866**
三、地方财政收入	(元)	**Local Government Revenue (yuan)**	**210**	**248**	**429**	**449**
四、森林面积	(公 顷)	**Forest Area (hectare)**		**0.24**	**0.31**	**0.30**
五、主要工农业产品产量		**Output of Major Industrial and Farm Products**				
纱	(千 克)	Yarn (kg)	1.1	0.9	0.5	0.5
布	(米)	Cloth (m)	4.9	3.5	1.4	1.1
化学纤维	(千 克)	Chemical Fiber (kg)	0.1	0.2	0.3	
糖	(千 克)	Sugar (kg)	13.8	23.8	36.1	29.4
卷　烟	(箱)	Cigarettes (case)	0.1	0.2	0.1	0.1
钢	(千 克)	Steel (kg)	21.7	35.4	44.9	52.1
成品钢材	(千 克)	Steel Products (kg)	18.7	36.4	43.6	43.7
原　煤	(千 克)	Coal (kg)	604	707	525	561
发电量	(千瓦小时)	Electricity (kwh)	341	576	753	843
粮　食	(千 克)	Grain (kg)	288	300	348	349
油　料	(千 克)	Oil-bearing Crops (kg)	3.6	4.9	6.4	6.5
甘　蔗	(千 克)	Sugarcane (kg)	179	266	337	347
烤　烟	(千 克)	Flue-cured Tobacco (kg)	11.8	19.2	15.3	14.1
水　果	(千 克)	Fruits (kg)		14.1	18.2	23.1
猪牛羊肉	(千 克)	Pork , Beef and Mutton (kg)	20.3	30.4	45.4	47.8
牛　奶	(千 克)	Milk (kg)	2	2.4	3.1	3.7
水产品	(千 克)	Aquatic Products (kg)	1.2	2.1	3.9	4.2
六、交通、邮电(每万人拥有)		**Transport,Post and Telecommunition Services(owned per 10 000 persons)**				
铁路营业里程	(公 里)	Operation Length of Railways(km)	0.5	0.4	0.5	0.5
公路通车里程	(公 里)	Operation Length of Highways (km)	15.2	17.1	38.6	38.2
民用航空航线里程	(公 里)	Length of Civil Aviation Routes (km)		13	28.2	31.5
邮电局(所)	(个)	Number of Post and Telecommunication Offices	0.5	0.5	0.5	0.5
电话机	(部)	Number of Telephones	47.6	211.7	710.9	827.5
七、社会消费品零售总额	(元)	**Total Retail Sales of Consumer Goods (yuan)**	**448**	**932**	**1 383**	**1 503**
八、城乡储蓄存款余额	(元)	**Outstanding Balance of Savings Deposits in Urban and Rural Areas (yuan)**	**316**	**1 254**	**2 684**	**3 029**

2-7 云南省国民经济占全国的比重

Percentage of Yunnan Province to the National Economy

指　　标	Item	全　国 National Total		云　南 Yuannan Total		云南占全国的比重(%) Percentage of Yunnan to National Total(%)	
		2001年	2000年	2001年	2000年	2001年	2000年
年末总人口（万人）	**Total Population at Year-end(10 000 persons)**	**127 627**	**126 743**	**4 287**	**4 241**	**3.4**	**3.3**
国内生产总值（亿元）	**Gross Domestic Product (100 million yuan)**	**95 933**	**89 404**	**2 074.71**	**1 955.09**	**2.2**	**2.2**
第一产业	Primary Industry	14 610	14 212	450.54	436.26	3.1	3.1
第二产业	Secondary Industry	49 069	45 488	881.49	843.24	1.8	1.9
第三产业	Tertiary Industry	32 254	29 704	742.68	675.59	2.3	2.3
全社会固定资产投资（亿元）	**Total Investment in Fixed Assets (100 million yuan)**	**36 898**	**32 918**	**734.81**	**697.94**	**2.0**	**2.1**
#基本建设	Capital Construction	14 567	13 427	363.17	361.84	2.5	2.7
更新改造	Innovation	5 889	5 108	102.58	81.12	1.7	1.6
社会商品零售总额（亿元）	**Total Retail Sales of Commodities(100 million yuan)**	**37 595**	**34 153**	**640.80**	**583.17**	**1.7**	**1.7**
对外贸易进出口总额（亿美元）	**Total Exports and Imports of Foreign Trada(USD 100 million)**	**5 098**	**4 743**	**19.89**	**18.13**	**0.4**	**0.4**
#出口总额	Total Exports	2 662	2 492	12.44	11.75	0.5	0.5
实际利用外资（亿美元）	**Amount of Foreign Capital Actually Utilized (USD 100 million)**	**496.8**	**593.6**	**2.07**	**2.21**	**0.4**	**0.5**
普通高等学校在校学生数（万人）	**Student Enrollment in Institutions of Higher Education(10 000 persons)**	**719.1**	**556.1**	**11.90**	**9.04**	**1.7**	**1.8**
医院、卫生院病床数（万张）	**Number of Hospitals Beds (10 000)**	**297.6**	**294.8**	**9.08**	**8.9**	**3.1**	**3.0**
卫生技术人员（万人）	**Medical Technical Persons(10 000 persons)**	**450.8**	**449.1**	**12.30**	**12.41**	**2.7**	**2.8**
#医生	Doctors	210.0	207.6	6.23	6.26	3.0	3.0
全部职工平均工资（元）	**Average Wages of All Staff and Workers (yuan)**	**10 870**	**9 371**	**10 537**	**9 231**		
农民人均纯收入（元）	**Per Capita Net Income of Peasants(yuan)**	**2 366**	**2 253**	**1 533.76**	**1 478.60**		
城镇居民年平均可支配收入（元）	**Annual Average Disposable Income of Urban Households(yuan)**	**6 860**	**6 280**	**6 797.71**	**6 324.64**		
城乡居民储蓄存款余额（亿元）	**Outstanding Balance of Savings Deposits of Urban and Rural**	**73 762**	**64 332**	**1 298.53**	**1 138.22**	**1.8**	**1.8**
工农业主要产品产量	**Output of Major Industrial and Farm Products**						
粮　食（万吨）	Grain (10 000 tons)	45 264	46 218	1 486	1 468	3.3	3.2
烤　烟（万吨）	Flue-cured Tobacco (10 000 tons)	204.5	223.8	60.08	64.61	29.4	28.9
油　料（万吨）	Oil-bearing Crops (10 000 tons)	2 864.8	2 954.8	27.66	26.98	1.0	0.9
猪、牛、羊肉（万吨）	Pork , Beef and Mutton (10 000 tons)	5 026.1	4 838.2	203.84	191.51	4.1	4.0
钢　（万吨）	Steel (10 000 tons)	15 266	12 850	222.02	189.41	1.5	1.5
成品钢材（万吨）	Steel Products (10 000 tons)	15 745	13 146	186.20	183.71	1.2	1.4
原　煤（亿吨）	Coal (100 million tons)	11.1	10	0.24	0.22	2.2	2.2
发电量（亿千瓦小时）	Electricity (100 million kwh)	14 780	13 556	359.53	317.46	2.4	2.3
水　泥（万吨）	Cement (10 000 tons)	64 000	59 700	1 641	1 642.80	2.6	2.8
农用化肥（折100%）（万吨）	Chemical Fertilizer (10 000 tons)	3 396.5	3 186	208.66	197.22	6.1	6.2
化学纤维（万吨）	Chemical Fiber (10 000 tons)	828.3	694		1.39		0.2
布　（亿米）	Cloth (100 million m)	290.6	277	0.49	0.59	0.2	0.2
机制纸及纸板（万吨）	Machine-made Paper and Paperboards (10 000 tons)	2 840	2 487	22.81	22.32	0.8	0.9
糖　（万吨）	Sugar (10 000 tons)	619	700	125.49	152.25	20.3	21.8
卷　烟（万箱）	Cigarettes (10 000 cases)	3 402	3 397	599.49	612.77	17.6	18.0

2-8 历年国内生产总值和指数

Historic Gross Domestic Product and Indices

年 份 year	国内生产总值(亿元) Gross Domestic Product (100 million yuan)				国内生产总值指数(%) Indices of Gross Domestic Product(%)			
	国内生产总值 Gross Domestic Product	第一产业 Primary Industry	第二产业 Secondary Industry	第三产业 Tertiary Industry	国内生产总值 Gross Domestic Product	第一产业 Primary Industry	第二产业 Secondary Industry	第三产业 Tertiary Industry
1952	11.78	7.27	1.82	2.69	100	100	100	100
1957	22.53	12.47	5.43	4.63	177.3	151.1	308.1	159.6
1962	24.50	13.64	6.55	4.31	167.5	138.1	350.8	127.3
1965	33.62	17.31	11.01	5.30	233.1	174.1	600.5	159.9
1966	36.39	18.37	12.18	5.84	255.8	184.8	684.9	177.2
1967	34.18	18.49	10.17	5.52	235.7	186.0	555.1	165.5
1968	26.51	17.36	4.74	4.41	179.1	174.7	258.9	130.9
1969	34.34	18.63	10.01	5.70	236.8	187.4	546.5	171.3
1970	38.52	18.87	13.38	6.27	271.4	186.9	765.9	190.0
1971	43.47	21.99	14.57	6.91	292.5	197.6	837.3	211.3
1972	49.50	24.84	16.89	7.77	329.6	218.6	973.5	235.2
1973	54.57	27.23	18.85	8.49	363.1	238.9	1 088.6	257.1
1974	51.78	24.29	18.98	8.51	349.5	219.0	1 095.7	257.9
1975	54.29	26.34	19.12	8.83	367.5	239.3	1 102.2	269.2
1976	49.27	25.70	14.96	8.61	332.8	233.6	856.8	266.2
1977	55.84	24.36	21.45	10.03	377.9	220.5	1 240.0	304.3
1978	69.05	29.46	27.58	12.01	459.8	250.8	1 629.2	362.7
1979	76.83	32.38	30.50	13.95	474.1	233.2	1 753.5	416.4
1980	84.27	35.89	33.98	14.40	514.5	256.1	1 930.8	426.8
1981	94.13	41.23	35.80	17.10	554.8	279.9	1 975.1	500.2
1982	110.12	47.04	42.39	20.69	640.8	315.6	2 292.4	602.7
1983	120.07	49.33	47.28	23.46	694.6	328.8	2 534.1	682.9
1984	139.58	57.33	54.38	27.87	795.0	373.9	2 865.4	812.0
1985	164.96	66.07	65.41	33.48	898.6	399.5	3 316.8	971.2
1986	182.28	71.32	70.83	40.13	937.5	390.3	3 603.8	1 045.0
1987	229.03	84.06	84.30	60.67	1 052.8	420.2	4 033.9	1 255.0
1988	301.09	103.47	112.40	85.22	1 221.6	453.0	4 876.4	1 493.5
1989	363.05	119.01	138.06	105.98	1 292.4	467.5	5 098.2	1 662.3
1990	451.67	168.13	157.80	125.74	1 404.9	507.4	5 600.0	1 780.3
1991	517.41	169.48	179.56	168.37	1 497.1	513.0	6 100.3	1 976.1
1992	618.69	186.80	219.03	212.86	1 660.3	528.4	7 125.2	2 240.9
1993	779.21	191.71	327.06	260.44	1 836.3	542.1	8 136.9	2 570.3
1994	973.97	237.51	429.66	306.80	2 049.3	558.4	9 536.4	2 904.4
1995	1 206.68	305.27	536.63	364.78	2 278.8	586.9	10 833.4	3 293.6
1996	1 491.62	364.27	672.82	454.53	2 515.8	618.0	12 090.1	3 721.8
1997	1 644.23	391.48	750.01	502.74	2 752.3	647.0	13 395.8	4 142.4
1998	1 793.90	408.43	828.37	557.10	2 972.5	666.4	14 668.4	4 540.1
1999	1855.74	412.17	825.12	618.45	3 186.5	697.1	15 709.9	4 948.7
2000	1 955.09	436.26	843.24	675.59	3 412.7	736.8	16 605.4	5 428.7
2001	2 074.71	450.54	881.49	742.68	3 634.5	765.5	17 319.4	6 020.4

注：1. 国内生产总值按当年价格计算。

2. 国内生产总值指数按可比价格计算，以1952年为100。

Note: a.The gross domestic product is calculated at prices of previous years in the table.

b. The indices of gross domestic product are calculated at comparable prices taking the figures in 1952 as 100.

2-9 各 地 区 国 内 生 产 总 值（2001年）
Gross Domestic Product in Regions （2001）

地 区	Region	国内生产总值（万元）Gross Domestic Product (10 000 yuan)	第一产业 Primary Industry	第二产业 Secondary Industry	工 业 Industry	建筑业 Construction	第三产业 Tertiary Industry
全省合计	**Total**	**20 747 100**	**4 505 400**	**8 814 900**	**7 239 800**	**1 575 100**	**7 426 800**
昆 明	Kunming	6 730 627	539 697	3 127 071	2 523 212	603 859	3 063 859
曲 靖	Qujing	2 318 489	544 683	1 022 152	895 943	126 209	751 654
玉 溪	Yuxi	2 713 850	281 183	1 816 872	1 705 572	111 300	615 795
保 山	Baoshan	758 640	305 200	150 200	87 400	62 800	303 240
昭 通	Zhaotong	1 080 796	325 628	324 987	233 077	91 910	430 181
楚 雄	Chuxiong	1 145 461	335 053	461 017	388 319	72 698	349 391
红 河	Honghe	1 616 897	379 101	763 485	667 399	96 086	474 311
文 山	Wenshan	782 322	279 615	202 613	154 991	47 622	300 094
思 茅	Simao	596 325	201 975	173 401	105 472	67 929	220 949
西双版纳	Xishuangbanna	485 855	171 621	79 751	31 547	48 204	234 483
大 理	Dali	1 454 692	483 503	421 732	332 976	88 756	549 457
德 宏	Dehong	382 197	118 744	92 196	65 597	26 599	171 257
丽 江	Lijiang	334 024	97 620	83 663	47 586	36 077	152 741
怒 江	Nujiang	118 090	32 897	39 074	27 214	11 860	46 119
迪 庆	Diqing	106 017	34 575	26 274	18 062	8 212	45 168
临 沧	Lincang	587 527	257 056	151 007	115 453	35 554	179 464

2-9 续表 continued

地 区	Region	运输邮电业 Transport,Post and Telecommunication Services	商 业 Commerce	人均国内生产总值（元）Per Capita Gross Domestic Product (yuan)	构成 Percentage(%) 第一产业 Primary Industry	第二产业 Secondary Industry	第三产业 Tertiary Industry
全省合计	**Total**	**1 390 100**	**2 022 200**	**4 866**	**21.7**	**42.5**	**35.8**
昆 明	Kunming	705 567	1 023 578	13 900	8.0	46.5	45.5
曲 靖	Qujing	123 063	297 006	4 231	23.5	44.1	32.4
玉 溪	Yuxi	114 906	251 916	13 399	10.4	66.9	22.7
保 山	Baoshan	51 290	68 450	3 225	40.2	19.8	40.0
昭 通	Zhaotong	87 131	146 177	2 165	30.1	30.1	39.8
楚 雄	Chuxiong	68 530	98 898	4 552	29.3	40.2	30.5
红 河	Honghe	93 117	129 866	4 096	23.5	47.2	29.3
文 山	Wenshan	37 998	76 003	2 404	35.7	25.9	38.4
思 茅	Simao	42 099	50 187	2 395	33.9	29.1	37.0
西双版纳	Xishuangbanna	66 369	52 774	5 673	35.3	16.4	48.3
大 理	Dali	74 194	173 287	4 411	33.2	29.0	37.8
德 宏	Dehong	32 027	41 253	3 735	31.1	24.1	44.8
丽 江	Lijiang	27 560	36 000	3 026	29.2	25.1	45.7
怒 江	Nujiang	7 203	8 385	2 541	27.9	33.1	39.0
迪 庆	Diqing	2 366	5 664	3 033	32.6	24.8	42.6
临 沧	Lincang	28 406	33 224	2 608	43.8	25.7	30.5

注：由于各地(州)市分别计算，各地(州)市数相加不等于全省数。

Note:The sum of the figures of above prefectures and cities is not equal to the provincial total because of the figures calculated respectively.

2-10 国 内 支 出 总 额
Total Domestic Expenditures

年份 year	国内支出总额(亿元) Gross Domestic Expenditure (100 million yuan)	最终消费 Final Consumption Expenditure	资本形成 Gross Capital Formation	净出口 Net Export	最终消费率(%) Final Consumption Rate(%)	资本形成率(%) Capital Formation Rate(%)
1978	69.05	52.03	26.96	-9.94	75.4	39.0
1980	84.27	63.35	30.30	-9.38	75.2	36.0
1985	164.96	119.86	56.76	-11.66	72.7	34.4
1990	451.67	298.97	132.16	20.54	66.2	29.3
1995	1 206.68	689.39	492.77	24.52	57.1	40.8
1996	1 491.62	858.69	613.55	19.38	57.6	41.1
1997	1 644.23	983.77	703.39	-42.93	59.8	42.8
1998	1 793.90	1 089.92	770.13	-66.15	60.8	42.9
1999	1 855.74	1 256.46	744.31	-145.03	67.7	40.1
2000	1 955.09	1 481.81	724.70	-251.42	75.8	37.1
2001	2 074.71	1430.44	929.73	-285.46	68.9	44.8

2-11 国 内 支 出 总 额 结 构
Structure of Total Domestic Expenditures

年份 year	资本形成总额 Gross Capital Formation				最终消费 Final Consumption Expenditure					
	绝对数(亿元) Absolute Figure (100 million yuan)		比重(总投资=100) Percentage (total investment=100)		绝对数(亿元) Absolute Figure (100 million yuan)				比重(总消费为100) Percentage (total consumption=100)	
	固定资产 Fixed Assets	存货 Inventory	固定资产 Fixes Assets	存货 Inventory	居民消费 Residents Consumption	农民 Peasants	非农业居民 Non-agricul-tural Residents	社会消费 Social Consump-tion	居民消费 Residents Consumption	社会消费 Social Consump-tion
1978	20.55	6.41	76.2	23.8	47.80	33.76	14.04	4.23	91.9	8.1
1980	28.70	1.60	94.7	5.3	58.87	39.13	19.74	4.48	92.9	7.1
1985	50.07	6.69	88.2	11.8	110.69	76.46	34.23	9.17	92.3	7.7
1990	89.25	42.91	67.5	32.5	269.68	191.16	78.52	29.29	90.2	9.8
1991	150.37	35.51	80.9	19.1	325.36	231.62	93.74	36.37	89.9	10.1
1992	208.41	45.77	82.0	18.0	365.98	247.25	118.73	47.50	88.5	11.5
1993	287.57	83.67	77.5	22.5	415.18	263.39	151.79	56.08	88.1	11.9
1994	334.00	99.59	77.0	23.0	493.41	312.18	181.23	77.04	86.5	13.5
1995	395.03	97.74	80.2	19.8	588.14	360.48	227.66	101.25	85.3	14.7
1996	465.05	148.50	75.8	24.2	722.78	442.49	280.29	135.91	84.2	15.8
1997	549.42	153.97	78.1	21.9	806.33	514.51	291.82	177.44	82.0	18.0
1998	689.35	80.78	89.5	10.5	847.89	547.60	300.29	242.03	77.8	22.2
1999	720.87	23.44	96.9	3.1	975.26	668.66	306.60	281.20	77.6	22.4
2000	701.43	23.27	96.8	3.2	1066.77	717.29	349.48	415.04	72.0	28.0
2001	747.86	181.87	80.4	19.6	934.60	591.99	342.61	495.84	65.3	34.7

注：资本形成总额即总投资，最终消费即总消费，固定资本形成总额即固定资产。

Note:Total capital formation refers to total investment,final consumption refers to total consumption, and fixed assets formation refers to fixed assets.

2-12 各地区国内支出总额（2001年）

Total Domestic Expenditures in Regions(2001)

地区	Region	国内支出总额(万元) Gross Domestic Expenditure (100 million yuan)	最终消费 Final Consumption Expenditure	资本形成总额 Gross Capital Formation	最终消费率(%) Final Consumption Ratio(%)	资本形成率(%) Capital Formation Ratio(%)
全省合计	**Total**	**20 747 100**	**14 304 400**	**9 297 300**	**68.9**	**44.8**
昆明	Kunming	6 730 627	3 127 727	2 683 082	46.5	39.9
曲靖	Qujing	2 318 489	1 215 061	959 053	52.4	41.4
玉溪	Yuxi	2 713 850	881 820	668 132	32.5	24.6
保山	Baoshan	758 640	563 679	203 890	74.3	26.9
昭通	Zhaotong	1 080 796	803 983	351 927	74.4	32.6
楚雄	Chuxiong	1 145 461	630 512	502 384	55.0	43.9
红河	Honghe	1 616 897	1 012 824	615 183	62.6	38.0
文山	Wenshan	782 322	552 708	282 669	70.6	36.1
思茅	Simao	596 325	470 975	250 756	79.0	42.1
西双版纳	Xishuangbanna	485 855	313 070	166 024	64.4	34.2
大理	Dali	1 454 692	1 044 821	419 057	71.8	28.8
德宏	Dehong	382 197	279 868	95 447	73.2	25.0
丽江	Lijiang	334 024	235 883	146 965	70.6	44.0
怒江	Nujiang	118 090	99 529	45 337	84.3	38.4
迪庆	Diqing	106 017	77 789	39 907	73.4	37.6
临沧	Lincang	587 527	394 700	159 689	67.2	27.2

注：1. 由于受净出口及计算误差影响，最终消费加资本形成总额不等于国内支出总额。
2. 由于各地（州）市分别计算，各地（州）市数相加不等于全省数。

Note:a.The sum of final consumption expenditure added to gross capital formation is not equal to the gross domestic expenditure because of the influence of net exports and calculation errors .
b.The sum of figures of various prefectures and cities is not equal to the provincial total because of the figures calculated respectively.

2-13 各地区资本形成总额及构成（2001年）

Gross Capital Formation and Composition in Regions(2001)

地区	Region	资本形成总额(万元) Gross Capital Formation (10 000 yuan)	固定资本形成总额 Gross Fixed Capital Formation	存货 Inventory	（资本形成总额为100） Proportion (gross capital formation = 100) 固定资本形成总额 Gross Fixed Capital Formation	存货 Inventory
全省合计	**Total**	**9 297 300**	**7 478 600**	**1 818 700**	**80.4**	**19.6**
昆明	Kunming	2 683 082	2 585 392	97 690	96.4	3.6
曲靖	Qujing	959 053	732 787	226 266	76.4	23.6
玉溪	Yuxi	668 132	558 900	109 232	83.7	16.3
保山	Baoshan	203 890	170 350	33 540	83.5	16.5
昭通	Zhaotong	351 927	271 957	79 970	77.3	22.7
楚雄	Chuxiong	502 384	341 621	160 763	68.0	32.0
红河	Honghe	615 183	458 848	156 335	74.6	25.4
文山	Wenshan	282 669	201 969	80 700	71.5	28.5
思茅	Simao	250 756	259 947	- 9 191	103.7	-3.7
西双版纳	Xishuangbanna	166 024	143 119	22 905	86.2	13.8
大理	Dali	419 057	349 729	69 328	83.5	16.5
德宏	Dehong	95 447	104 895	- 9 448	109.9	-9.9
丽江	Lijiang	146 965	133 221	13 744	90.6	9.4
怒江	Nujiang	45 337	39 556	5 781	87.2	12.8
迪庆	Diqing	39 907	36 776	3 131	92.2	7.8
临沧	Lincang	159 689	136 507	23 182	85.5	14.5

注：由于各地（州）市分别计算，各地（州）市数相加不等于全省数。

Note:The sum of figures of various prefectures and cities is not equal to the provincial total because of the figures calculated respectively.

2-14 各地区最终消费及构成（2001年）
Final Consumption Expenditures and Composition in Regions（2001)

地区 Region	最终消费(万元) Final Consumption Expenditure	居民消费 Residents Consumption Expenditure	农民 Peasants Consumption Expenditure	非农业居民 Non-agricultural Residents Consumption Expenditure	社会消费 Social Consumption Expenditure	(最终消费=100) (final consumption expenditure=100) 居民消费 Residents Consumption Expenditure	社会消费 Social Consumption Expenditure
全省合计 Total	**14 304 400**	**9 346 000**	**5 919 900**	**3 426 100**	**4 958 400**	**65.3**	**34.7**
昆明 Kunming	3 127 727	2 084 111	687 147	1 396 964	1 043 616	66.6	33.4
曲靖 Qujing	1 215 061	1 018 065	690 472	327 593	196 996	83.8	16.2
玉溪 Yuxi	881 820	558 047	353 190	204 857	323 773	63.3	36.7
保山 Baoshan	563 679	461 918	347 572	114 346	101 761	81.9	18.1
昭通 Zhaotong	803 983	629 762	433 188	196 574	174 221	78.3	21.7
楚雄 Chuxiong	630 512	539 618	375 239	164 379	90 894	85.6	14.4
红河 Honghe	1 012 824	821 054	420 176	400 878	191 770	81.1	18.9
文山 Wenshan	552 708	459 106	299 355	159 751	93 602	83.1	16.9
思茅 Simao	470 975	405 379	247 697	157 682	65 596	86.1	13.9
西双版纳 Xishuangbanna	313 070	212 690	94 283	118 407	100 380	67.9	32.1
大理 Dali	1 044 821	831 522	630 646	200 876	213 299	79.6	20.4
德宏 Dehong	279 868	200 370	96 705	103 665	79 498	71.6	28.4
丽江 Lijiang	235 883	214 262	159 715	54 547	21 621	90.8	9.2
怒江 Nujiang	99 529	58 271	36 035	22 236	41 258	58.5	41.5
迪庆 Diqing	77 789	58 651	30 405	28 246	19 138	75.4	24.6
临沧 Lincang	394 700	325 348	230 382	94 966	69 352	82.4	17.6

注：由于各地(州)市分别计算，各地(州)市数相加不等于全省数。
Note:The sum of figures of various prefectures and cities is not equal to the provincial total because of the figures Calculated respectively.

2-15 各地区国内生产总值结构项目（2001年）
Structure of Gross Domestic Product by Region（2001)

地区 Region	国内生产总值(万元) Gross Domestic Product (10 000yuan)	劳动者报酬 Wages of Employees	固定资产折旧 Depreciation of Fixed Assets	生产税净额 Net Taxes on Production	营业盈余 Operating Surplus
全省合计 Total	**20 747 100**	**9 703 100**	**3 193 400**	**4 532 500**	**3 318 100**
昆明 Kunming	6 730 627	2 673 605	956 650	1 550 932	1 549 440
曲靖 Qujing	2 318 489	1 149 789	323 699	498 917	346 084
玉溪 Yuxi	2 713 850	744 477	245 280	1 240 810	483 283
保山 Baoshan	758 640	508 373	118 173	69 235	62 859
昭通 Zhaotong	1 080 796	668 940	101 692	113 249	196 915
楚雄 Chuxiong	1 145 461	636 155	147 767	206 170	155 369
红河 Honghe	1 616 897	779 149	248 587	277 816	311 345
文山 Wenshan	782 322	537 156	89 451	57 254	98 461
思茅 Simao	596 325	370 996	95 908	65 839	63 582
西双版纳 Xishuangbanna	485 855	308 847	85 381	41 324	50 303
大理 Dali	1 454 692	821 917	194 146	193 955	244 674
德宏 Dehong	382 197	271 671	57 675	39 661	13 190
丽江 Lijiang	334 024	225 023	60 550	28 930	19 521
怒江 Nujiang	118 090	83 469	15 735	7 069	11 817
迪庆 Diqing	106 017	77 826	14 744	8 120	5 327
临沧 Lincang	587 527	387 033	83 231	54 007	63 256

注：由于各地(州)市分别计算，各地(州)市数相加不等于全省数。
Note:The sum of figures of various prefectures and cities is not equal to the provincial total because of the figures calculated respectively.

2-16 历年全省工农业总产值

Historic Gross Output Values of Provincial Industry and Agriculture

（按当年价格计算）

(Data below are calculated at prices of the previous years)

单位：万元 (10 000 yuan)

年份 Year	工农业总产值 Gross Output Value of Industry and Agriculture	农业总产值 Gross Output Value of Agriculture	工业总产值 Gross Output Value of Industry		
				轻工业总产值 Gross Output Value of Light Industry	重工业总产值 Gross Output Value of Heavy Industry
1949	102 500	83 000	19 500	12 480	7 020
1952	134 127	96 000	38 127	22 991	15 136
1957	277 533	165 600	111 933	63 578	48 355
1960	411 006	133 274	277 732	95 818	181 914
1962	332 928	188 280	144 648	63 934	80 714
1965	431 402	228 306	203 096	89 768	113 328
1970	557 125	248 918	308 207	102 325	205 882
1971	615 612	288 135	327 477	127 716	199 761
1972	697 536	328 105	369 431	146 295	223 136
1973	768 814	355 521	413 293	166 144	247 149
1974	745 037	329 113	415 924	182 591	233 333
1975	777 341	354 034	423 307	186 255	237 052
1976	665 206	339 163	326 043	165 630	160 413
1977	796 903	334 745	462 158	216 752	245 406
1978	954 547	400 225	554 322	238 358	315 964
1979	1 070 921	447 083	623 838	262 636	361 202
1980	1 135 544	482 029	653 515	295 389	358 126
1981	1 277 445	552 010	725 435	351 836	373 599
1982	1 454 407	618 381	836 026	412 997	423 029
1983	1 607 918	656 790	951 128	473 662	477 466
1984	1 896 300	773 552	1 122 748	551 269	571 479
1985	2 251 410	888 826	1 362 584	659 277	703 307
1986	2 430 325	960 149	1 470 176	677 101	793 075
1987	2 930 947	1 112 497	1 818 450	855 253	963 197
1988	3 800 173	1 353 906	2 446 267	1 216 368	1 229 899
1989	4 575 929	1 526 820	3 049 109	1 546 107	1 503 002
1990	5 569 820	2 117 233	3 452 587	1 811 436	1 641 151
1991	6 165 571	2 229 305	3 936 266	2 038 510	1 897 756
1992	7 274 242	2 503 535	4 770 707	2 408 461	2 362 246
1993	9 712 867	2 812 100	6 900 767	3 332 846	3 567 921
1994	13 054 849	3 567 761	9 487 088	5 146 859	4 340 229
1995	17 044 717	4 744 641	12 300 076	6 565 984	5 734 092
1996	18 588 947	5 675 149	12 913 798	6 955 577	5 958 221
1997	20 521 244	6 120 148	14 401 096	7 511 543	6 889 553
1998	21 232 596	6 200 248	15 032 348	7 747 162	7 285 186
1999	22 035 572	6 424 748	15 610 824	7 938 783	7 672 041
2000	22 702 182	6 808 567	15 893 615	8 027 044	7 866 571
2001	23 786 392	7 035 331	16 751 061	8 637 582	8 113 479

注：村及村以下办工业产值包括在工业总产值中。

Note:The industrial output values of village enterprises and units under village level are included in the gross output value of industry.

2-17 历年工农业总产值指数

Indices of Historic Gross Output Values of Industry and Agriculture

（按可比价格计算，以1949年为100）

(Data below are calculated at prices of the previous years ,1949=100)

年　份 Year	工农业总产值 Gross Output Value of Industry and Agriculture	农业总产值 Gross Output Value of Agriculture	工业总产值 Gross Output Value of Industry	轻工业总产值 Gross Output Value of Light Industry	重工业总产值 Gross Output Value of Heavy Industry
1949	100	100	100	100	100
1952	129.1	115.7	195.4	184.2	215.4
1957	246.9	175.8	601.0	556.8	679.5
1960	366.8	138.8	1 512.0	851.5	2 591.9
1962	252.3	159.6	715.9	515.4	1 046.9
1965	332.3	192.2	1 033.8	744.3	1 511.8
1970	454.0	206.1	1 697.5	918.6	2 969.9
1971	480.6	219.3	1 791.7	1 057.9	2 992.8
1972	530.1	244.4	2 021.1	1 211.6	3 343.2
1973	594.0	264.2	2 261.8	1 376.2	3 704.4
1974	583.2	251.3	2 276.5	1 512.2	3 498.8
1975	610.0	272.4	2 315.7	1 544.6	3 547.5
1976	521.0	261.0	1 782.5	1 371.8	2 400.1
1977	625.4	256.7	2 528.9	1 797.4	3 674.4
1978	743.8	288.4	3 123.7	2 033.0	4 876.8
1979	764.8	272.2	3 378.6	2 153.3	5 357.0
1980	795.2	290.8	3 459.9	2 366.3	5 194.7
1981	859.9	316.7	3 725.9	2 782.1	5 171.4
1982	958.5	350.6	4 175.0	3 171.4	5 699.9
1983	1 049.4	370.0	4 691.4	3 596.9	6 346.6
1984	1 211.1	426.3	5 420.4	4 097.6	7 435.1
1985	1 354.1	453.6	6 261.4	4 819.9	8 436.9
1986	1 409.5	442.9	6 789.1	5 347.3	8 963.4
1987	1 588.5	470.0	7 921.6	6 368.8	10 261.3
1988	1 810.1	501.0	9 347.9	7 669.9	11 873.5
1989	1 909.3	515.4	9 981.1	8 140.1	12 752.8
1990	2 064.7	549.1	10 869.9	9 093.4	13 540.5
1991	2 234.3	579.8	11 937.7	9 780.0	15 169.0
1992	2 502.3	605.6	13 904.3	11 407.0	17 644.9
1993	2 785.9	623.7	16 097.9	13 154.8	20 503.4
1994	3 166.4	642.9	19 101.2	15 955.5	23 828.9
1995	3 635.9	684.4	22 624.4	18 827.5	28 332.6
1996	4 073.1	735.3	25 747.2	21 029.5	32 843.1
1997	4 447.2	795.6	28 204.6	22 178.0	37 276.1
1998	4 658.8	831.7	29 568.7	23 086.3	39 327.4
1999	5 011.7	872.9	32 082.0	24 803.2	43 056.1
2000	5 396.9	930.0	34 680.6	26 167.4	47 533.9
2001	5 725.2	963.4	37 118.0	26 925.7	52 577.3

注：1. 村及村以下办工业产值包括在工业总产值中。

2. 用本表指数可以直接计算年度或时期的增长速度。

Note:a.The gross output value of industry includes the industrial output values of village enterprises and units under village level.

b.A year growth rate or a period growth rate can be directly calculated with the indices in the table.

2-18 历年工农业总产值构成

Percentage of Historic Gorss Output Values of Industry and Agriculture

(按当年价格计算)

(Data below are calculated at prices of the previous years ,1949=100)

单位:%　　　　　　　　　　　　　　　　　　　　　　　　　　　　　　　　　　　　(%)

年 份 Year	以工农业总产值为100 Gross Output Value of Industry and Agriculture =100				以工业总产值为100 Gross Output Value of Industry =100	
	农业总产值 Gross Output Value of Agriculture	工业总产值 Gross Output Value of Industry	轻工业总产值 Gross Output Value of Light Industry	重工业总产值 Gross Output Value of Heavy Industry	轻工业总产值 Gross Output Value of Light Industry	重工业总产值 Gross Output Value of Heavy Industry
1949	81.0	19.0	12.2	6.8	64.0	36.0
1952	71.6	28.4	17.1	11.3	60.3	39.7
1957	59.7	40.3	22.9	17.4	56.8	43.2
1960	32.4	67.6	23.3	44.3	34.5	65.5
1962	56.6	43.4	19.2	24.2	44.2	55.8
1965	52.9	47.1	20.8	26.3	44.2	55.8
1970	44.7	55.3	18.4	36.9	33.2	66.8
1971	46.8	53.2	20.7	32.5	39.0	61.0
1972	47.0	53.0	21.0	32.0	39.6	60.4
1973	46.2	53.8	21.6	32.2	40.2	59.8
1974	44.2	55.8	24.5	31.3	43.9	56.1
1975	45.5	54.5	24.0	30.5	44.0	56.0
1976	51.0	49.0	24.9	24.1	50.8	49.2
1977	42.0	58.0	27.2	30.8	46.9	53.1
1978	41.9	58.1	25.0	33.1	43.0	57.0
1979	41.7	58.3	24.5	33.8	42.1	57.9
1980	42.4	57.6	26.0	31.6	45.2	54.8
1981	43.2	56.8	27.5	29.3	48.5	51.5
1982	42.5	57.5	28.4	29.1	49.4	50.6
1983	40.8	59.2	29.5	29.7	49.8	50.2
1984	40.8	59.2	29.1	30.1	49.1	50.9
1985	39.5	60.5	29.3	31.2	48.4	51.6
1986	39.5	60.5	27.9	32.6	46.1	53.9
1987	38.0	62.0	29.2	32.8	47.0	53.0
1988	35.6	64.4	32.0	32.4	49.7	50.3
1989	33.4	66.6	33.8	32.8	50.7	49.3
1990	38.0	62.0	32.5	29.5	52.5	47.5
1991	36.2	63.8	33.0	30.8	51.8	48.2
1992	34.4	65.6	33.1	32.5	50.5	49.5
1993	29.0	71.0	34.3	36.7	48.3	51.7
1994	27.3	72.7	39.4	33.3	54.3	45.7
1995	27.8	72.2	38.5	33.7	53.4	46.6
1996	30.5	69.5	37.4	32.1	53.9	46.1
1997	29.8	70.2	36.6	33.6	52.2	47.8
1998	29.2	70.8	36.5	34.3	51.5	48.5
1999	29.2	70.8	36.0	34.8	50.9	49.1
2000	30.0	70.0	35.4	34.6	50.5	49.5
2001	29.6	70.4	36.3	34.1	51.6	48.4

注：村及村以下办工业产值包括在工业总产值中。

Note:The industrial output values of village enterprises and units under village level are included in the gross output value of Industry.

2-19 各地区工农业总产值（2001年）

Gorss Output Value of Industry and Agriculture in Regions (2001)

单位：万元　　　　(10 000 yuan)

地　　区	Region	工农业总产值 Gross Output Value of Industry and Agriculture	农业总产值 Gross Output Value of Agriculture	工业总产值 Gross Output Value of Industry	轻工业总产值 Gross Output Value of Light Industry	重工业总产值 Gross Output Value of Heavy Industry
全省合计	**Total**	**23 786 392**	**7 035 331**	**16 751 061**	**8 637 581**	**8 113 480**
昆　明	Kunming	7 585 246	858 558	6 726 688	3 078 166	3 648 522
曲　靖	Qujing	2 975 612	944 457	2 031 155	766 294	1 264 861
玉　溪	Yuxi	3 384 069	453 158	2 930 911	2 240 500	690 411
保　山	Baoshan	728 461	462 072	266 389	184 466	81 923
昭　通	Zhaotong	885 654	462 028	423 626	226 516	197 110
楚　雄	Chuxiong	1 426 420	522 164	904 256	519 124	385 132
红　河	Honghe	2 307 400	607 978	1 699 422	760 833	938 589
文　山	Wenshan	851 718	426 620	425 098	153 137	271 961
思　茅	Simao	566 910	303 464	263 446	110 882	152 564
西双版纳	Xishuangbanna	328 620	245 785	82 835	56 735	26 099
大　理	Dali	1 590 467	803 399	787 068	448 141	338 927
德　宏	Dehong	382 771	182 949	199 822	121 435	78 387
丽　江	Lijiang	265 435	160 572	104 863	35 736	69 127
怒　江	Nujiang	118 158	52 417	65 741	12 389	53 352
迪　庆	Diqing	81 702	48 351	33 351	13 254	20 097
临　沧	Lincang	641 918	365 589	276 329	163 776	112 553

注：本表按当年价格计算，工业总产值按工业普查的新规定统计。

Note: The figures above are calculated at prices of the years listed in the table,and the gross output values are calculated with a new industrial check approach.

2-20 各地区工农业总产值构成(2001年)

Gorss Output Values of Industry and Agriculture and Compositon in Regions(2001)

单位:%　　　　(%)

地　　区	Region	以工农业总产值为100 Gross Output Value of Industry and Agriculture =100				以工业总产值为100 Gross Output Value of Industry =100	
		农业总产值 Gross Output Value of Agriculture	工业总产值 Gross Output Value of Industry	轻工业总产值 Gross Output Value of Light Industry	重工业总产值 Gross Output Value of Heavy Industry	轻工业总产值 Gross Output Value of Light Industry	重工业总产值 Gross Output Value of Heavy Industry
全省合计	**Total**	**29.6**	**70.4**	**36.3**	**34.1**	**51.6**	**48.4**
昆　明	Kunming	11.3	88.7	40.6	48.1	45.8	54.2
曲　靖	Qujing	35.7	68.3	25.8	42.5	37.7	62.3
玉　溪	Yuxi	13.4	86.6	66.2	20.4	76.4	23.6
保　山	Baoshan	63.4	36.6	25.3	11.2	69.2	30.8
昭　通	Zhaotong	52.2	47.8	25.6	22.3	53.5	46.5
楚　雄	Chuxiong	36.6	63.4	36.4	27.0	57.4	42.6
红　河	Honghe	26.3	73.7	33.0	40.7	44.8	55.2
文　山	Wenshan	50.1	49.9	18.0	31.9	36.0	64.0
思　茅	Simao	53.5	46.5	19.6	26.9	42.1	57.9
西双版纳	Xishuangbanna	74.8	25.2	17.3	7.9	68.5	31.5
大　理	Dali	50.5	49.5	28.2	21.3	56.9	43.1
德　宏	Dehong	47.8	52.2	31.7	20.5	60.8	39.2
丽　江	Lijiang	60.5	39.5	13.5	26.0	34.1	65.9
怒　江	Nujiang	44.4	55.6	10.5	45.2	18.8	81.2
迪　庆	Diqing	59.2	40.8	16.2	24.6	39.7	60.3
临　沧	Lincang	57.0	43.0	25.5	17.5	59.3	40.7

注：本表按当年价格计算。

Note: The figures are calculated at prices of the previous years in the table.

主要统计指标解释

国民生产总值　是国（地区）内生产总值和国(地区)外净要素收入之和。

国内生产总值是指一个国家(地区)领土范围内，本国居民和外国居民在一定时期内所生产的最终产品和提供的劳务总量的货币表现。从生产角度来说，他是国民经济各部门的增加值之和；从分配角度来说，是这些部门的劳动者个人收入、税金、利润和固定资产折旧等项目之和；从使用的角度来说,它是最终使用于消费、固定资产投资、增加库存及净出口的产品和劳务。

国（地区）外净要素收入是指本国居民对国外从事投资和提供劳务所得的要素收入，与外国居民对本国从事投资和提供劳务所得的要素收入的差额。

国民生产总值同社会总产值、国民收入的区别,从核算范围看，社会总产值和国民收入都是只计算物质生产部门的劳动成果，而国民生产总值除计算五大物质生产部门的劳动成果之外，还计算各种服务业、公用事业、文化教育卫生、科学研究以及金融保险等非物质生产部门的劳动成果。从这三个产值指标的价值构成来看，社会总产值计算了社会产品的全部价值，而国民生产总值则只计算在生产产品和提供劳务过程中增加的价值即增加值，不计算消耗的原材料、燃料、动力等中间产品和支付其他部门的劳务费用等所谓中间投入的价值。国民收入除了不计算原材料、燃料、动力等中间产品之外，还不包括固定资产折旧费,即只计算净产值。非生产性积累由社会产品中的消耗资料组成，包括新增加的各种非生产用固定资产（扣除磨损）以及生产消费品工业企业的产成品库存和商业部门消费品库存的增加额。

积累和消费在国民收入使用额中所占比重分别叫做积累率和消费率。

当年价格　指报告期的实际价格，如工厂的出厂价格，农产品的收购价格，商业的零售价格等。按当年价格计算，是指一些以货币表现的物量指标，如社会总产值、工农业总产值、国民收入、国民生产总值等，按照当年的实际价格来计算总量。使用当年价格计算的数字，是为了使国民经济各项指标互相衔接，便于考察当年社会经济效益，便于对生产和流通、生产和分配、生产和消费进行经济核算和综合平衡。

按当年价格计算的价值指标，在不同年份之间进行对比时，因为包含有各年间价格变动的因素，不能确切地反映实物量的增减变动。必须消除价格变动因素后，才能真实反映经济发展动态。因此，在计算增长速度时都使用按可比价格计算的数字。

可比价格　指在不同时期的价值指标对比时,扣除了价格变动的因素，以确切反映物量的变化。按可比价格计算有两种方法：一种是直接按产品产量乘其不变价格计算；一种是用价格指数换算。

不变价格　用某一时期的同类产品的平均价格作为固定价格，来计算各个时期的产品价值。新中国成立后，随着工农业产品价格水平的变化，国家统计局先后五次制定了全国统一的工业产品不变价格和农业产品不变价格，从 1949 年到 1957 年使用 1952 年工（农）业产品不变价格，从 1957 年到 1971 年使用 1957 不变价格，从 1971 年到 1981 年使用 1970 年不变价格，从 1981 年到 1990 年使用 1980 年不变价格，从 1990 年开始使用 1990 年不变价格。

本《年鉴》所列“社会总产值指数”、“工农业总产值指数”、“国民收入指数”等都是按可比价格计算的。如计算有关年份产值增长情况，可用指数直接进行对比。

平均每年增长速度　在我国计算平均增长速度有两种方法，一种是习惯上经常使用的“水平法”，又称几何平均法，是以间隔期最后一年的水平同基期水平对比来计算平均每年增长（或下降）速度。另一种是“累计法”，又称代数平均法或方程法，是以间隔期内各年水平的总和同基期水平对比来计算平均每年增长（或下降）速度。（具体计算方法，可参阅中国财政经济出版社出版的《平均增长速度查对表》。）

在一般正常情况下，两种方法计算的平均每年增长速度比较接近，但在经济发展不平衡，出现大起大落时，两种方法计算的结果差别较大。

本《年鉴》内所列的平均每年增长速度，一般都是用“水平法”计算的。从某年到某年平均增长速度的年份，均不包括基期年在内。如建国三十六年的平均增长速度是以 1949 年为基期计算的，则写为 1950—1985 年平均增长速度，余类推。固定资产投资则是用“累计法”计算的。

各个计划时期 表内所用各个“时期”代表的年份如下：恢复时期为1950年到1952年；第一个五年计划时期（简称“一五”时期）为1953年到1957年；第二个五年计划时期（简称“二五”时期）为1958年到1962年；第三个五年计划时期（简称“三五”时期）为1966年到1970年；第四个五年计划时期（简称“四五”时期）为1971年到1975年；第五个五年计划时期（简称“五五”时期）为1976年到1980年；第六个五年计划时期（简称“六五”时期）为1981年到1985年；第七个五年计划时期（简称“七五”时期）为1986年到1990年；第八个五年计划时期（简称“八五”时期）为1991年到1995年；第九个五年计划时期（（简称“九五”时期）为1996年2000年；从2001年开始为第十个五年计划时期。

国有经济单位 指生产资料归全民所有的企业、事业单位，以及各级国家机关、人民团体等单位。

集体经济单位 指生产资料归劳动者集体所有的各种企事业单位。包括农村各种经济组织经营的农、林、牧、渔业，乡（社）村（队）经营的企业、事业单位；城市、县、镇以及街道举办的集体所有制的企业、事业单位。

三次产业 根据社会生产活动历史发展的顺序对产业结构的划分，产品直接取自自然界的部门称为第一产业，对初级产品进行再加工的部门称为第二产业，为生产和消费提供各种服务的部门为第三产业。它是世界上通用的产业结构分类，但各国的划分不尽一致。我国的三次产业划分是：

第一产业：农业（包括种植业、林业、牧业、渔业）。

第二产业：工业（包括采掘工业、制造业、自来水、电力、蒸气、热水、煤气）和建筑业。

第三产业：除第一、第二产业以外的其他各业。由于第三产业包括的行业多、范围广，根据我国的实际情况，第三产业可分为两大部门：一是流通部门，二是服务部门，具体又可分为四个层次。

第一层次：流通部门，包括交通运输业、邮电通讯业、商业、饮食业、物资供销和仓储业。

第二层次：为生产和生活服务的部门，包括金融、保险业，地质普查业，房地产、公用事业，居民服务业，咨询服务业和综合技术服务业，农、林、牧、渔、水利服务业和水利业，公路、内河（湖）航道养护业等。

第三层次：为提高科学文化水平和居民素质服务的部门，包括教育、文化、广播电视、科学研究、卫生、体育和社会福利事业等。

第四层次：为社会公共需要服务的部门，包括国家机关、政党机关、社会团体，以及军队和警察等。

Explanatory Notes on Main Statistical Indicators

Gross National Product (GNP) refers to the sum of total domestic (region) production value and foreign (region) net factor income.

Gross national product is the monetary expression of the final products and the total services produced and provided by domestic residents and foreign residents during a certain period of time within the territory of a country or a region. From a view of production, it is the sum of value added by each department of national economy; from a view of distribution, it is the sum of income, tax, profit, fixed assets depreciation, etc. of labors in these departments; from a view of use, they are the products and labor services finally used in consumption, fixed assets investment, inventory increment and net export.

Foreign (region) net factor income refers to the difference of the factor income earned by the domestic residents investing or providing labor services abroad minus the factor income earned by the foreign residents investing or providing labor services within the country.

For the differences between gross national product and total social product and national product, from a view of accounting scope, total social product and national product are both based only on the calculation of the fruit of labor by material production departments, while the calculation of gross national product is based on the fruit of labor by non-material production departments in various services, public utilities, culture, education, health, scientific research, finance, insurance and so on apart from the fruit of labor by five big material production departments. From the value composition of the three output indexes, the calculation of total social product includes the total value of social products, while the calculation of gross national product only covers the value added in the process of product production and labor supply rather than the value of the intermediate products such as raw materials, fuels and power consumed and of the so-called intermediate input like service charge paid for other departments. The calculation of national product includes neither the intermediate products like raw materials, fuels and power nor the depreciation of fixed assets, and it only covers the net output value.

Non-productive accumulation is composed of the expendable materials in social products. It includes various newly added non-productive fixed assets (minus wear and tear), the inventory of finished products by consumer goods production enterprises and the inventory of consumer goods added by commercial departments.

The proportions of accumulation and consumption in the use of national product are called the rate of accumulation and the rate of consumption, respectively.

Current Prices refer to the actual prices in the reference period, such as ex-factory prices, purchasing prices of agricultural product, mercantile retail prices, etc. To calculate at current prices means the volume indexes in terms of money for aggregate social product, gross output value of industry and agriculture, national product, gross domestic product, etc. are calculated at the actual prices in the year. The figures calculated at current prices are purposefully used to dovetail each index of national economy as to conveniently inspect the socioeconomic benefits and to conduct economic accounting and comprehensive balance in production and circulation, production and distribution, and production and consumption.

Because of the factors of price variation each year, the value indexes calculated at current prices can not accurately reflect the increase-decrease variation of physical output when compared with the figures in different years. Only the factors of price variation are removed can the trend of economic development be truly reflected. Therefore, the figures calculated at comparable prices are usually used to calculate economic increment speed.

Comparable Prices refer to prices that are used to remove the factors of price change in calculating economic aggregates, so as to facilitate comparison of aggregates over time. Two methods are used for calculating economic aggregates at comparable prices: 1. Multiplying the output of products by their constant prices of certain year; 2. Deflation of data at current prices by relevant price index.

Constant Price refers to the average price of a given product in certain year, which is used for comparison of output value over time. As the output value at constant prices removes the factor of price changes, it reflects the trend of production development over time. Since 1949, with the changes in general price level, National Bureau of Statistics has issued nationally unified constant price five times: the 1952 constant prices for 1949-1957; the 1957 constant prices for 1957-1971; the 1970 constant prices for 1971-1981; the 1980 constant prices for 1981-1990; and the 1990 constant prices have been used since 1991.

Average Annual Growth Rate Two methods for calculating average annual growth rate are applied in China, one is often called "level approach", or the method of calculating geometric average, which is derived by comparing the level of the last year of the interval with that of the beginning year; it is called "accumulative approach" or algebraic average or equation method, which is derived by the summation of the actual figure of each year in the interval divided by the figure in the base year.

Usually the results calculated by the two methods are fairly close, but they differed sharply when uneven economic development occurred with striking fluctuations in growth.

The average annual growth rates listed in this statistical yearbook are calculated by "level approach" except for the growth rate of investment in fixed assets. The base years are not listed when the years are listed for average annual growth rates. For instance, the average annual growth rate of 43 years since 1949 is listed as average annual growth rate of 1950-1992 without listing the base year 1949. And the analogy of this is also the same for the rest of the years.

Each planning period The years of each "period" in the table are as follows: the recovering period was from 1950 to 1952; the First Five-Year Plan was from 1953 to 1957; the Second Five-Year Plan was from 1958 to 1962; the Third Five-Year Plan was from 1966 to 1970; the Fourth Five-Year Plan was from 1971 to 1975; the Fifth Five-Year Plan was from 1976 to 1980; the Sixth Five-Year Plan was from 1981 to 1985; the Seventh Five-Year Plan was from 1986 to 1990; the Eighth Five-Year Plan was from 1991 to 1995; the Ninth Five-Year Plan was from 1996.

State-owned economic units refer to the various enterprises and institutions whose means of production belong to the labor collectives including enterprises and institutions of agriculture, forestry, animal husbandry and fishery run by various rural economic entities and township or village brigades; collective-owned enterprises and institutions run by city, county, town or street communities.

Collective-owned economic units refer to the enterprises, public institutions, state agencies, people's organizations, etc. whose means of production belong to the entire nation.

Three Industries Industry structure has been classified according to the historical sequence of development. Primary industry refers to extraction of natural resources; secondary industry involves processing of primary products; and tertiary industry provides services of various kinds for production and consumption. The above classification is universal although it varies to some extent from country to country. Industry in China comprises:

Primary industry: agriculture (including farming, forestry, animal husbandry and fishery).

Secondary industry: Industry (including mining and quarrying, manufacturing, production and supply of electricity, water and gas) and construction.

Tertiary industry: all other industries not included in primary or secondary industry. Due to the fact that tertiary industry involves in a large variety of industries in China, it is divided into two sectors: circulation sector and service sector and further into four levels:

The first level: circulation sector, including transportation, storage, postal and telecommunications, wholesale and retail trade, and catering trade.

The second level: service sector providing services for production and consumption including banking, insurance, geological survey, water conservancy management, real estate, service for residents, service for agriculture, forestry, animal husbandry, fishery, subsidiary services for transportation and communications, comprehensive technical services, etc.

The third level: service sector for upgrading scientific, educational and cultural level of the people, including education, culture and arts, broadcasting, movies, television, public health, sports, social welfare and scientific research, etc.

The fourth level: sector providing services for public needs, including government agencies, political parties, social organizations, military and police services.

三、民族自治地方情况

GENERAL SURVEY OF MINORITY NATIONALITY AUTONOMOUS AREAS

3-1 民族自治地方行政区划（2001年底）

Administrative Division of Minority Autonomous Araes (End of 2001)

单位:个 (unit)

地 级	Autonomous Prefecture	县级市 Number of Cities at County Level	县 Number of Conties	自治县 Number of Autonomous Counties
全省合计	**Total**	**7**	**42**	**29**
一、8个自治州	**8 Autonomous Prefectures**	**7**	**42**	**9**
楚雄彝族自治州	Chuxiong Yi Nationality	1	9	
红河哈尼族彝族自治州	Honghe Hani , Yi Nationality	2	8	3
文山壮族苗族自治州	Wenshan Zhuang , Miao Nationality		8	
西双版纳傣族自治州	Xishuangbanna Dai Nationality	1	2	
大理白族自治州	Dali Bai Nationality	1	8	3
德宏傣族景颇族自治州	Dehong Dai , Jingpo Nationality	2	3	
怒江傈僳族自治州	Nujiang Lisu Nationality		2	2
迪庆藏族自治州	Diqing Tibetan Nationality		2	1
二.其它5个地、市辖	**Other 5 Prefectures and Cities under the Juridiction of Provincial Government**			**20**

3-2 少数民族自治县分布情况（2001年底）

Geographical Distribution of Minority Autonomous Counties (End of 2001)

地 区	Region	自治县数 （个） Number of Autonomous Counties	自治县名称 Autonomous County Names
全省合计	**Total**	**29**	
昆明市	Kunming	3	禄劝彝族苗族自治县、石林彝族自治县、寻甸回族彝族自治县 Luquan Yi , Miao Nationality Shilin Yi Nationality Xundian Hui , Yi Nationality
玉溪市	Yuxi	3	峨山彝族自治县、新平彝族傣族自治县、元江哈尼族彝族傣族自治县 Ershan Yi Nationality Xinping Yi , Dai Nationality Yuanjiang Hani , Yi , Dai Nationality
红河州	Honghei	3	金平苗族瑶族傣族自治县、屏边苗族自治县、河口瑶族自治县 Jinping Miao , Yao , Dai Nationality Pingbian Miao Nationality
思茅地区	Simao	9	普洱哈尼族彝族自治县、景东彝族自治县、景谷傣族彝族自治县、墨江哈尼族自治县、孟连傣族拉祜族佤族自治县、澜沧拉祜族自治县、西盟佤族自治县、江城哈尼族彝族自治县、镇沅彝族哈尼族拉祜族自治县 Puer Hani , Yi Nationality Jingdong Yi Nationality Jinggu Dai , Yi Nationality Mojiang Hani Nationality Menglian Dai Lahu Nationality Ximeng Wa Nationality Jiangcheng Hani , Yi Nationality Zhenyuan Yi , Hani Lahu Nationality
大理州	Dali	3	漾濞彝族自治县、南涧彝族自治县、巍山彝族回族自治县 Yangbi Yi Nationality Nanjian Yi Nationality Weishan Yi , Hui Nationality
丽江地区	Lijiang	2	丽江纳西族自治县、宁蒗彝族自治县 Lijiang Naxi Nationality Ninglang Yi Nationality
怒江州	Nujiang	2	贡山独龙族怒族自治县、兰坪白族普米族自治县 Gongshan Dulong ,Nu Nationality Lanping Bai , Pumi Nationality
迪庆州	Diqing	1	维西傈僳族自治县 Weixi Lisu Nationality
临沧地区	Lincang	3	双江拉祜族佤族布朗族傣族自治县、耿马傣族佤族自治县、沧源佤族自治县 Shuangjiang Lahu , Wa , Bulang , Dai Nationality Gengma Dai , Wa Nationality Changyuan Wa Nationality

3-3 少数民族分布的主要地区
Main Geograghic Distribution of Minority Nationalities

民　族	Nationality	分布的主要地区	Main Geographic Distribution
彝　族	Yi	楚雄州、红河州、玉溪市、大理州、思茅地区、昆明市	Chuxiong , Honghe ,Yuxi , Dali , Simao , Kunming
白　族	Bai	大理州	Dali
哈尼族	Hani	红河州、西双版纳州、思茅地区、玉溪市	Honghe , Xishuangbanna , Simao , Yuxi
壮　族	Zhuang	文山州、红河州、曲靖市	Wenshan , Honghe , Qujing
傣　族	Dai	西双版纳州、德宏州、思茅地区、临沧地区	Xishuangbanna , Dehong , Simao , Lincang
苗　族	Miao	文山州、红河州、昭通市	Wenshan , Honghe , Zhaotong
傈僳族	Lisu	怒江州、迪庆州、丽江地区、大理州	Nujiang , Diqing , Qujing , Dali
回　族	Hui	昆明市、大理州、曲靖市、楚雄州、红河州、玉溪市	Kunming , Dali , Qujing , Chuxiong , Honghe , Yuxi
拉祜族	Lahu	思茅地区、临沧地区、西双版纳州	Simao , Lincang , Xishuangbanna
佤　族	Wa	临沧地区、思茅地区	Lincang , Simao
纳西族	Naxi	丽江地区、迪庆州	Lijiang , Honghe
瑶　族	Yao	文山州、红河州	Wenshan , Honghe
藏　族	Tibetan	迪庆州	Diqing
景颇族	Jingpo	德宏州	Dehong
布朗族	Bulang	西双版纳州、思茅地区、临沧地区	Xishuangbanna , Simao , Lincang
普米族	Pumi	丽江地区、怒江州、迪庆州	Lijiang , Nujiang , Diqing
怒　族	Nu	怒江州	Nujiang
阿昌族	Achang	德宏州、保山市	Dehong , Baoshan
基诺族	Jino	西双版纳州	Xishuangbanna
德昂族	Deang	德宏州、临沧地区	Dehong , Lincang
蒙古族	Mongolian	玉溪市	Yuxi
布依族	Buyi	曲靖市	Qujing
独龙族	Dulong	怒江州	Nujiang
水　族	Shui	曲靖市	Qujing

3-4 少数民族自治地方主要社会经济指标占全省的比重（2001年）

Percentage of Principal Indicators on National Economy in Minority Autonomous Areas to Provincial Total (2001)

指　标	Item	民族自治地方 Minority Autono-mous Areas	全　省 Provin-cial Total	民族自治地方占全省的比重(%) Percentage of Minority Autonomous Areas to Provincial Total(%)
一、市县数(个)	**Number of Cities and Counties**	**79**	**128**	**61.7**
二、年底总人口(万人)	**Total Population at Year-end(10 000 persons)**	**2 081.2**	**4 287.4**	**48.5**
＃少数民族人口(万人)	Minority Population (10 000 persons)	1 131.3	1 432.8	79.0
三、工农业总产值（1990年不变价）(亿元)	**Gross Output Value of Industry and Agriculture(at constant prices in 1990) (100 million yuan)**	**529.99**	**1 491.11**	**35.5**
农业总产值(亿元)	Gross Output Value of Agriculture (100 million yuan)	218.47	392.12	55.7
工业总产值(亿元)	Gross Output Value of Industry (100 million yuan)	311.52	1 098.99	28.3
四、土地面积(平方公里)	**Land Area (sq.km)**	**276 674**	**394 193**	**70.2**
五、主要农产品产量	**Output of Major Farm Products**			
粮食总产量(万吨)	Grain (10 000 tons)	740	1 486.3	49.8
甘蔗总产量(万吨)	Sugarcane (10 000 tons)	1 104.26	1 481.1	74.6
烤烟产量(万吨)	Flue-cured Tobacco (10 000 tons)	25.73	60.08	42.8
大牲畜年末数(万头)	Large Domestic Animals at Year-end (10 000 head)	641	973.21	65.9
六、国有经济固定资产投资(亿元)	**Investment in Fixed Assets of State-owned Units (100 million yuan)**	**113.03**	**490.40**	**23.0**
七、社会消费品零售总额(亿元)	**Retail Sales of Social Consumer Goods (100 million yuan)**	**224.44**	**640.80**	**35.0**
八、财政	**Government Finance**			
财政收入(亿元)	Government Revenue(100 million yuan)	52.60	191.28	27.5
财政支出(亿元)	Government Expenditures(100 million yuan)	171.51	496.43	34.5
九、教育文化	**Number of Educational and Cultural Institutions**			
广播电台(个)	Radio Stations	7	15	46.7
电视台(个)	Television Stations	6	14	42.9
公共图书馆(个)	Public Libraries	86	147	58.5
高等院校数(所)	Regular Institutions of Higher Education	4	28	14.3
普通中学学校数(所)	Regular Secondary Schools	1 261	2 362	53.4
小学学校数(所)	Primary Schools	12 268	21 315	57.6
十、卫生	**Health Care**			
卫生机构(个)	Health Care Institutions	1 604	12 552	12.8
＃医院(个)	Hospitals	288	590	48.8
卫生机构床位数(万张)	Number of Beds of Health Care Institutions	4.79	9.98	48.0
＃医院病床数(万张)	Number of Beds Occupied by Patients	2.99	6.60	45.3
专业卫生技术人员(万人)	Number of Medical Technical Persons(10 000person)	4.87	12.30	39.6

注：财政收入为地方财政收入。

Note:The government revenue refers to local government revenue.

3-5 少数民族自治地方基本情况（2001年底）

地　区	Region
总　计	**Total**
一、自治州小计	**Autonomous Prefectures**
楚雄彝族自治州	Chuxiong Yi Nationality
红河哈尼族彝族自治州	Honghe Hani , Yi Nationality
文山壮族苗族自治州	Wenshan Zhuang , Miao Nationality
西双版纳傣族自治州	Xishuangbanna Dai Nationality
大理白族自治州	Dali Bai Nationality
德宏傣族景颇族自治州	Dehong Dai , Jingpo Nationality
怒江傈僳族自治州	Nujiang Lisu Nationality
迪庆藏族自治州	Diqing Tibetan Nationality
二、自治州以外的自治县小计	**Autonomous Counties Other Than the Above Prefectures**
石林彝族自治县	Shilin Yi Nationality
禄劝彝族苗族自治县	Luquan Yi , Miao Nationality
寻甸回族彝族自治县	Xundian Hui , Yi Nationality
峨山彝族自治县	Ershan Yi Nationality
新平彝族傣族自治县	Xinping Yi , Dai Nationality
元江哈尼族彝族傣族自治县	Yuanjiang Hani , Yi , Dai Nationality
普洱哈尼族彝族自治县	Puer Hani , Yi Nationality
墨江哈尼族自治县	Mojiang Hani Nationality
景东彝族自治县	Jingdong Yi Nationality
景谷傣族彝族自治县	Jinggu Dai , Yi Nationality
镇沅彝族哈尼族拉祜族自治县	Zhenyuan Yi , Hani , Lahu Nationality
江城哈尼族彝族自治县	Jiangcheng Hani , Yi Nationality
孟连傣族拉祜族佤族自治县	Menglian Dai , Lahu , Wa Nationality
澜沧拉祜族自治县	Lanchang Lahu Nationality
西盟佤族自治县	Ximeng Wa Nationality
丽江纳西族自治县	Lijiang Naxi Nationality
宁蒗彝族自治县	Ninglang Yi Nationality
双江拉祜族佤族布朗族傣族自治县	Shuangjiang Lahu , Wa , Bulang , Dai Nationality
耿马傣族佤族自治县	Gengma Dai , Wa Nationality
沧源佤族自治县	Changyuan Wa Nationality

Basic Conditions of Minority Autonomous Areas (End of 2001)

建立时间 Foundation Time	含乡镇数(个) Number of Villages and Towns	乡镇数占全省的比重(%) As Percentage of Number of Villages and Towns to Total (%)
	729乡219镇 729 Villages and 219 Towns	**60.7**
	516乡168镇 516 Villages and 168 Towns	**43.8**
1958年4月15日 April 25,1958	92乡36镇 92 Villages and 36 Towns	8.2
1957年11月18日 Nov.18,1957	112乡38镇 112 Villages and 38 Towns	9.6
1958年4月1日 April 5,1958	85乡30镇 85 Villages and 30 Towns	7.4
1953年1月24日 Jan.24,1953	25乡15镇 23 Villages and 15 Towns	2.6
1956年11月22日 Jan.22,1956	108乡20镇 108 Villages and 20 Towns	8.2
1953年7月24日 July 24,1953	48乡17镇 48 Villages and 17 Towns	4.2
1954年8月23日 Aug.23,1954	21乡8镇 21 Villages and 8 Towns	1.9
1957年9月13日 Sept.13,1957	25乡4镇 25 Villages and 4 Towns	1.9
	213乡51镇 213 Villages and 51 Towns	**16.9**
1956年12月13日 Des.13,1956	8乡2镇 8 Villages and 2 Towns	0.6
1985年11月25日 Nov.25,1985	15乡3镇 15 Villages and 3 Towns	1.1
1979年12月20日 Dec.20,1979	11乡6镇 11 Villages and 6 Towns	1.1
1951年5月12日 May 12,1951	8乡4镇 8 Villages and 4 Towns	0.8
1980年11月25日 Nov.25,1980	10乡2镇 10 Villages and 2 Towns	0.8
1980年11月22日 Nov.22,1980	8乡3镇 8 Villages and 3 Towns	0.7
1985年12月15日 Dec.15,1985	9乡2镇 9 Villages and 2 Towns	0.7
1979年11月28日 Nov.28,1979	17乡2镇 17 Villages and 2 Towns	1.2
1985年12月20日 Dec.20,1985	13乡3镇 13 Villages and 3 Towns	1.0
1985年12月25日 Dec.25,1985	10乡2镇 10 Villages and 2 Towns	0.8
1990年5月15日 May 15,1990	9乡2镇 9 Villages and 2 Towns	0.7
1954年5月18日 May 18,1954	6乡2镇 6 Villages and 2 Towns	0.5
1954年6月16日 June 16,1954	5乡2镇 5 Villages and 2 Towns	0.4
1953年4月7日 Apr.7,1953	21乡2镇 21 Villages and 2 Towns	1.5
1965年3月5日 March 5,1965	7乡1镇 7 Villages and 1 Town	0.5
1961年4月10日 April 10,1961	21乡3镇 21 Villages and 3 Towns	1.5
1956年9月20日 Sept.20,1956	15乡1镇 15 Villages and 1 Town	1.0
1985年12月30日 Dec.30,1985	5乡2镇 5 Villages and 2 Towns	0.4
1955年10月16日 Oct.16,1955	7乡4镇 7 Villagess and 4 Towns	0.7
1964年2月28日 Feb.28,1964	8乡3镇 8 Villages and 3 Towns	0.7

3-5 续表1 continued

地　区	Region	土地面积 Land Area 绝对数（平方公里） Absolute Figures (sq.km)	占全省% As Percentage to Total (%)	年末总人口 Total Population (year-end) 绝对数（万人） Absolute Figures (10 000 persons)	占全省% As Percentage to Total (%)
总　计	**Total**	**276 674**	**70.2**	**2 081.2**	**50.7**
一、自治州小计	**Autonomous Prefectures**	**193 686**	**49.1**	**1 575.7**	**38.4**
楚雄彝族自治州	Chuxiong Yi Nationality	29 258	7.4	252.4	6.1
红河哈尼族彝族自治州	Honghe Hani , Yi Nationality	32 931	8.4	396.0	9.6
文山壮族苗族自治州	Wenshan Zhuang , Miao Nationality	32 239	8.2	327.6	8.0
西双版纳傣族自治州	Xishuangbanna Dai Nationality	19 700	5.0	86.0	2.1
大理白族自治州	Dali Bai Nationality	29 459	7.5	331.0	8.1
德宏傣族景颇族自治州	Dehong Dai , Jingpo Nationality	11 526	2.9	102.8	2.5
怒江傈僳族自治州	Nujiang Lisu Nationality	14 703	3.7	46.6	1.1
迪庆藏族自治州	Diqing Tibetan Nationality	23 870	6.1	33.3	0.8
二、自治州以外的自治县小计	**Autonomous Counties Other Than the Above Prefectures**	**82 988**	**21.1**	**505.5**	**12.3**
石林彝族自治县	Shilin Yi Nationality	1 777	0.5	22.5	0.5
禄劝彝族苗族自治县	Luquan Yi , Miao Nationality	4 378	1.1	45.1	1.1
寻甸回族彝族自治县	Xundian Hui , Yi Nationality	3 966	1.0	49.6	1.2
峨山彝族自治县	Ershan Yi Nationality	1 972	0.5	14.8	0.4
新平彝族傣族自治县	Xinping Yi , Dai Nationality	4 223	1.1	26.5	0.6
元江哈尼族彝族傣族自治县	Yuanjiang Hani , Yi , Dai Nationality	2 858	0.7	19.4	0.5
普洱哈尼族彝族自治县	Puer Hani , Yi Nationality	3 670	0.9	18.4	0.4
墨江哈尼族自治县	Mojiang Hani Nationality	5 459	1.4	35.0	0.9
景东彝族自治县	Jingdong Yi Nationality	4 532	1.1	35.1	0.9
景谷傣族彝族自治县	Jinggu Dai , Yi Nationality	7 777	2.0	28.7	0.7
镇沅彝族哈尼族拉祜族自治县	Zhenyuan Yi , Hani , Lahu Nationality	4 223	1.1	20.2	0.5
江城哈尼族彝族自治县	Jiangcheng Hani , Yi Nationality	3 476	0.9	9.2	0.2
孟连傣族拉祜族佤族自治县	Menglian Dai , Lahu , Wa Nationality	1 957	0.5	11.1	0.3
澜沧拉祜族自治县	Lanchang Lahu Nationality	8 807	2.2	46.6	1.1
西盟佤族自治县	Ximeng Wa Nationality	1 391	0.4	8.1	0.2
丽江纳西族自治县	Lijiang Naxi Nationality	7 648	1.9	34.9	0.8
宁蒗彝族自治县	Ninglang Yi Nationality	6 206	1.6	23.0	0.6
双江拉祜族佤族布朗族傣族自治县	Shuangjiang Lahu , Wa , Bulang , Dai Nationality	2 292	0.6	16.3	0.4
耿马傣族佤族自治县	Gengma Dai , Wa Nationality	3 837	1.1	25.1	0.6
沧源佤族自治县	Changyuan Wa Nationality	2 539	0.6	15.9	0.4

3-5 续表2 continued

地 区	Rgion	少数民族人口 Minority Population 绝对数（万人） Absolute Figures (10 000 persons)	占本地区总人口的% Percentage to That of Local Areas (%)	总人口按农业、非农业分 By Agricultural and Non-agricultural Population 农业人口（万人） Agricultrural Population (10 000 persons)	非农业人口（万人） Non-agricultural Population (10 000 persons)
总 计	**Total**	**1 131.3**	**54.4**	**1 798.4**	**282.8**
一、自治州小计	**Autonomous Prefectures**	**838.1**	**53.2**	**1347.2**	**228.5**
楚雄彝族自治州	Chuxiong Yi Nationality	79.4	31.5	218.0	34.4
红河哈尼族彝族自治州	Honghe Hani , Yi Nationality	220.6	55.7	325.5	70.5
文山壮族苗族自治州	Wenshan Zhuang , Miao Nationality	185.9	56.7	300.0	27.6
西双版纳傣族自治州	Xishuangbanna Dai Nationality	64.3	74.8	59.5	26.5
大理白族自治州	Dali Bai Nationality	163.2	49.3	292.1	38.9
德宏傣族景颇族自治州	Dehong Dai , Jingpo Nationality	53.2	51.8	83.3	19.5
怒江傈僳族自治州	Nujiang Lisu Nationality	43.0	92.3	39.7	6.9
迪庆藏族自治州	Diqing Tibetan Nationality	28.5	85.6	29.1	4.2
二、自治州以外的自治县小计	**Autonomous Counties Other Than the Above Prefectures**	**293.2**	**58.0**	**451.2**	**54.3**
石林彝族自治县	Shilin Yi Nationality	7.7	34.2	20.2	2.3
禄劝彝族苗族自治县	Luquan Yi , Miao Nationality	13.7	30.4	42.8	2.3
寻甸回族彝族自治县	Xundian Hui , Yi Nationality	10.8	21.8	46.6	3.0
峨山彝族自治县	Ershan Yi Nationality	9.5	64.2	11.8	3.0
新平彝族傣族自治县	Xinping Yi , Dai Nationality	18.4	69.4	23.1	3.4
元江哈尼族彝族傣族自治县	Yuanjiang Hani , Yi , Dai Nationality	15.4	79.4	16.9	2.5
普洱哈尼族彝族自治县	Puer Hani , Yi Nationality	9.1	49.5	15.0	3.4
墨江哈尼族自治县	Mojiang Hani Nationality	25.8	73.7	32.3	2.7
景东彝族自治县	Jingdong Yi Nationality	16.2	46.2	32.5	2.6
景谷傣族彝族自治县	Jinggu Dai , Yi Nationality	13.2	46.0	25.7	3.0
镇沅彝族哈尼族拉祜族自治县	Zhenyuan Yi , Hani , Lahu Nationality	10.5	52.0	18.2	2.0
江城哈尼族彝族自治县	Jiangcheng Hani , Yi Nationality	7.5	81.5	7.4	1.8
孟连傣族拉祜族佤族自治县	Menglian Dai , Lahu , Wa Nationality	9.6	86.5	9.6	1.5
澜沧拉祜族自治县	Lanchang Lahu Nationality	35.9	77.0	43.0	3.6
西盟佤族自治县	Ximeng Wa Nationality	7.7	95.1	7.2	0.9
丽江纳西族自治县	Lijiang Naxi Nationality	29.0	83.1	28.0	6.9
宁蒗彝族自治县	Ninglang Yi Nationality	18.2	79.1	20.9	2.1
双江拉祜族佤族布朗族傣族自治县	Shuangjiang Lahu , Wa , Bulang , Dai Nationality	7.3	44.8	14.8	1.5
耿马傣族佤族自治县	Gengma Dai , Wa Nationality	12.9	51.4	21.3	3.8
沧源佤族自治县	Changyuan Wa Nationality	14.8	93.1	13.9	2.0

3-5 续表3 continued

地　　区	Region	乡村户数（户）Number of Rural Households (household)	乡村人口数（人）Rural Population (person)	乡村从业人员（人）Rural Employed Persons (person)	#农林牧渔业从业人员 Employed Persons in Farming, Forestry, Animal Husbandry and Fishery Units
总　计	**Total**	4 217 226	17 996 001	10 375 620	9 160 611
一、自治州小计	**Autonomous Prefectures**	3 161 689	13 536 968	7 874 416	6 923 199
楚雄彝族自治州	Chuxiong Yi Nationality	542 581	2 174 059	1 336 709	1 170 416
红河哈尼族彝族自治州	Honghe Hani , Yi Nationality	775 574	3 280 768	1 957 048	1 740 980
文山壮族苗族自治州	Wenshan Zhuang , Miao Nationality	662 268	3 022 195	1 719 874	1 574 332
西双版纳傣族自治州	Xishuangbanna Dai Nationality	122 769	581 598	321 147	302 986
大理白族自治州	Dali Bai Nationality	723 714	[illegible]	1 676 450	1 352 716
德宏傣族景颇族自治州	Dehong Dai , Jingpo Nationality	179 464	847 059	472 928	419 909
怒江傈僳族自治州	Nujiang Lisu Nationality	93 017	400 023	229 313	212 983
迪庆藏族自治州	Diqing Tibetan Nationality	62 302	290 971	160 947	148 877
二、自治州以外的自治县小计	**Autonomous Counties Other Than the Above Prefectures**	1 055 537	4 459 033	2 501 204	2 237 412
石林彝族自治县	Shilin Yi Nationality	53 145	196 870	119 328	104 893
禄劝彝族苗族自治县	Luquan Yi , Miao Nationality	104 045	428 367	246 894	225 287
寻甸回族彝族自治县	Xundian Hui , Yi Nationality	115 495	466 170	271 129	237 382
峨山彝族自治县	Eshan Yi Nationality	32 384	119 341	73 439	62 718
新平彝族傣族自治县	Xinping Yi , Dai Nationality	56 400	236 662	140 194	119 369
元江哈尼族彝族傣族自治县	Yuanjiang Hani , Yi , Dai Nationality	37 863	158 506	88 660	79 592
普洱哈尼族彝族自治县	Pu'er Hani , Yi Nationality	34 985	149 645	86 797	72 613
墨江哈尼族自治县	Mojiang Hani Nationality	63 853	306 535	170 287	154 885
景东彝族自治县	Jingdong Yi Nationality	78 829	325 380	184 749	161 684
景谷傣族彝族自治县	Jinggu Dai , Yi Nationality	58 499	258 373	160 950	140 849
镇沅彝族哈尼族拉祜族自治县	Zhenyuan Yi , Hani , Lahu Nationality	42 904	179 757	99 022	89 626
江城哈尼族彝族自治县	Jiangcheng Hani , Yi Nationality	20 044	86 238	43 809	39 905
孟连傣族拉祜族佤族自治县	Menglian Dai , Lahu , Wa Nationality	24 669	98 510	52 832	49 829
澜沧拉祜族自治县	Lancang Lahu Nationality	93 775	402 330	216 741	207 035
西盟佤族自治县	Ximeng Wa Nationality	17 588	70 384	35 050	34 282
丽江纳西族自治县	Lijiang Naxi Nationality	66 802	277 172	165 200	136 253
宁蒗彝族自治县	Ninglang Yi Nationality	49 074	213 663	115 215	106 714
双江拉祜族佤族布朗族傣族自治县	Shuangjiang Lahu , Wa , Bulang , Dai Nationality	31 618	144 462	64 160	58 455
耿马傣族佤族自治县	Gengma Dai , Wa Nationality	43 434	205 771	105 771	98 025
沧源佤族自治县	Cangyuan Wa Nationality	30 131	134 897	60 977	58 016

3-6 少数民族自治地方工农业总产值

Gross Output Values of Industry and Agriculture in Minority Autonomous Areas

单位:万元 (10 000 yuan)

地区	Region	工农业总产值 Gross Output Values of Industry and Agriculture		工业总产值 Gross Output Value of Industry		农业总产值 Gross Output Value of Agriculture	
		2000年	2001年	2000年	2001年	2000年	2001年
总计	**Total**	**7 927 736**	**8 540 639**	**4 269 147**	**4 816 211**	**3 658 589**	**3 724 428**
一、自治州小计	**Autonomous Prefectures**	**6 406 277**	**7 087 256**	**3 593 247**	**4 197 593**	**2 813 030**	**2 889 663**
楚雄彝族自治州	Chuxiong Yi Nationality	1 236 863	1 426 420	726 891	904 256	509 972	522 164
红河哈尼族彝族自治州	Honghe Hani, Yi Nationality	1 989 195	2 307 400	1 401 258	1 699 422	587 937	607 978
文山壮族苗族自治州	Wenshan Zhuang, Miao Nationality	782 941	851 718	382 527	425 098	400 414	426 620
西双版纳傣族自治州	Xishuangbanna Dai Nationality	328 104	328 620	69 949	82 835	258 155	245 785
大理白族自治州	Dali Bai Nationality	1 481 557	1 590 467	708 564	787 068	772 993	803 399
德宏傣族景颇族自治州	Dehong Dai, Jingpo Nationality	391 793	382 771	204 456	199 822	187 337	182 949
怒江傈僳族自治州	Nujiang Lisu Nationality	121 421	118 158	71 600	65 741	49 821	52 417
迪庆藏族自治州	Diqing Tibetan Nationality	74 403	81 702	28 002	33 351	46 401	48 351
二、自治州以外的自治县小计	**Autonomous Counties Other Than the Above Prefectures**	**1 521 459**	**1 453 383**	**675 900**	**618 618**	**845 559**	**834 765**
石林彝族自治县	Shilin Yi Nationality	188 814	142 547	124 504	76 534	64 310	66 013
禄劝彝族苗族自治县	Luquan Yi, Miao Nationality	150 554	113 285	36 067	26 640	78 013	86 645
寻甸回族彝族自治县	Xundian Hui, Yi Nationality	108 407	101 647	39 790	29 429	68 617	72 218
峨山彝族自治县	Ershan Yi Nationality	89 646	92 748	58 764	61 587	30 882	31 161
新平彝族傣族自治县	Xinping Yi, Dai Nationality	104 414	107 427	52 245	57 164	52 169	50 263
元江哈尼族彝族傣族自治县	Yuanjiang Hani, Yi, Dai Nationality	101 154	92 390	53 573	42 708	47 581	49 682
普洱哈尼族彝族傣族自治县	Puer Hani, Yi Nationality	55 098	57 936	28 521	29 849	26 577	28 087
墨江哈尼族自治县	Mojiang Hani Nationality	48 472	50 768	17 171	19 058	31 301	31 710
景东彝族自治县	Jingdong Yi Nationality	82 425	82 786	23 947	24 395	58 478	58 391
景谷傣族彝族自治县	Jinggu Dai, Yi Nationality	94 185	105 789	55 910	66 327	38 275	39 462
镇沅彝族哈尼族拉祜族自治县	Zhenyuan Yi, Hani, Lahu Nationality	38 286	37 751	13 888	13 104	24 398	24 647
江城哈尼族彝族自治县	Jiangcheng Hani, Yi Nationality	27 969	28 086	9 126	7 296	18 843	20 790
孟连傣族拉祜族佤族自治县	Menglian Dai, Lahu, Wa Nationality	27 894	27 795	12 337	12 063	15 557	15 732
澜沧拉祜族自治县	Lanchang Lahu Nationality	86 024	88 121	36 043	37 894	49 981	50 227
西盟佤族自治县	Ximeng Wa Nationality	10 321	9 274	3 862	2 646	6 459	6 628
丽江纳西族自治县	Lijiang Naxi Nationality	88 348	88 070	31 079	28 278	57 269	59 792
宁蒗彝族自治县	Ninglang Yi Nationality	25 113	26 554	5 169	6 158	19 944	20 396
双江拉祜族佤族布朗族傣族自治县	Shuangjiang Lahu, Wa, Bulang, Dai Nationality	38 328	42 714	12 511	16 672	25 817	26 042
耿马傣族佤族自治县	Gengma Dai, Wa Nationality	107 949	112 504	43 153	45 918	64 796	66 586
沧源佤族自治县	Changyuan Wa Nationality	48 058	45 191	18 240	14 898	29 818	30 293

注：本表按当年价格计算。

Note:The figures in the table are calculated at prices of the previous years listed in the table.

3-7 少数民族自治地方国内生产总值（2001年）

Gross Domestic Product of Minority Autonomous Areas(2001)

单位：万元 (10 000 yuan)

地　区	Region	国内生产总值 Gross Domestic Product	第一产业 Primary Industry	第二产业 Secondary Industry	第三产业 Tertiary Industry
总　计	**Total**	**7 480 813**	**2 358 388**	**2 444 503**	**2 677 922**
一、自治州小计	**Autonomous Prefectures**	**6 091 531**	**1 835 109**	**2 086 142**	**2 170 280**
楚雄彝族自治州	Chuxiong Yi Nationality	1 145 461	335 053	461 017	349 391
红河哈尼族彝族自治州	Honghe Hani , Yi Nationality	1 616 897	379 101	763 485	474 311
文山壮族苗族自治州	Wenshan Zhuang , Miao Nationality	782 322	279 615	202 613	300 094
西双版纳傣族自治州	Xishuangbanna Dai Nationality	485 855	171 621	79 751	234 483
大理白族自治州	Dali Bai Nationality	1 454 692	483 503	421 732	549 457
德宏傣族景颇族自治州	Dehong Dai , Jingpo Nationality	382 197	118 744	92 196	171 257
怒江傈僳族自治州	Nujiang Lisu Nationality	118 090	32 897	39 074	46 119
迪庆藏族自治州	Diqing Tibetan Nationality	106 017	34 575	26 274	45 168
二、自治州以外的自治县小计	**Autonomous Counties Other Than the Above Prefectures**	**1 389 282**	**523 279**	**358 361**	**507 642**
石林彝族自治县	Shilin Yi Nationality	109 657	35 078	36 034	38 545
禄劝彝族苗族自治县	Luquan Yi , Miao Nationality	99 287	47 307	15 872	36 108
寻甸回族彝族自治县	Xundian Hui , Yi Nationality	101 956	43 361	14 686	43 909
峨山彝族自治县	Ershan Yi Nationality	80 769	20 640	26 219	33 910
新平彝族傣族自治县	Xinping Yi , Dai Nationality	74 158	29 923	22 334	21 901
元江哈尼族彝族傣族自治县	Yuanjiang Hani , Yi , Dai Nationality	83 859	31 695	21 286	30 878
普洱哈尼族彝族自治县	Puer Hani , Yi Nationality	66 268	19 529	21 957	24 782
墨江哈尼族自治县	Mojiang Hani Nationality	76 112	21 489	32 973	21 650
景东彝族自治县	Jingdong Yi Nationality	88 072	43 348	18 507	26 217
景谷傣族彝族自治县	Jinggu Dai , Yi Nationality	92 912	25 748	37 712	29 452
镇沅彝族哈尼族拉祜族自治县	Zhenyuan Yi , Hani , Lahu Nationality	36 748	17 066	6 121	13 561
江城哈尼族彝族自治县	Jiangcheng Hani , Yi Nationality	28 298	13 959	5 011	9 328
孟连傣族拉祜族自治县	Menglian Dai , Lahu , Wa Nationality	24 375	9 386	6 587	8 402
澜沧拉祜族自治县	Lanchang Lahu Nationality	62 183	29 596	9 212	23 375
西盟佤族自治县	Ximeng Wa Nationality	10 288	3 041	1 266	5 981
丽江纳西族自治县	Lijiang Naxi Nationality	151 526	34 532	37 219	79 775
宁蒗彝族自治县	Ninglang Yi Nationality	36 565	16 650	8 520	11 395
双江拉祜族佤族布朗族傣族自治县	Shuangjiang Lahu , Wa , Bulang , Dai Nationality	33 980	18 948	4 540	10 492
耿马傣族佤族自治县	Gengma Dai , Wa Nationality	92 828	43 281	25 214	24 333
沧源佤族自治县	Changyuan Wa Nationality	39 441	18 702	7 091	13 648

注：本表按当年价格计算。

Note:The data above are calculated at prices of the previous years.

3-8 少数民族自治地方农林牧渔业总产值(2001年)

Gross Output Value of Farming, Forestry, Animal Husbandry and Fishery in Minority Autonomous Areas (2001)

单位：万元 (10 000 yuan)

地　区	Region	农林牧渔业总产值 Total	农业总产值 Farming	林业产值 Forestry	牧业产值 Animal Husbandry	渔业产值 Fishery
总　计	**Total**	2 184 705	1 281 397	293 346	572 982	36 980
一、自治州小计	**Autonomous Prefectures**	1 661 402	968 352	223 646	439 545	29 859
楚雄彝族自治州	Chuxiong Yi Nationality	258 318	159 572	14 483	81 267	2 996
红河哈尼族彝族自治州	Honghe Hani , Yi Nationality	345 714	215 016	33 732	89 828	7 138
文山壮族苗族自治州	Wenshan Zhuang , Miao Nationality	269 282	163 917	15 816	87 786	1 763
西双版纳傣族自治州	Xishuangbanna Dai Nationality	195 206	65 554	113 380	12 913	3 359
大理白族自治州	Dali Bai Nationality	396 789	235 405	22 045	129 469	9 870
德宏傣族景颇族自治州	Dehong Dai , Jingpo Nationality	124 051	89 525	11 394	18 507	4 625
怒江傈僳族自治州	Nujiang Lisu Nationality	38 445	22 573	5 491	10 328	53
迪庆藏族自治州	Diqing Tibetan Nationality	33 597	16 790	7 305	9 447	55
二、自治州以外的自治县小计	**Autonomous Counties Other Than the Above Prefectures**	523 303	313 045	69 700	133 437	7 121
石林彝族自治县	Shilin Yi Nationality	27 933	17 822	756	9 102	253
禄劝彝族苗族自治县	Luquan Yi , Miao Nationality	41 541	21 457	4 302	15 623	159
寻甸回族彝族自治县	Xundian Hui , Yi Nationality	39 484	20 186	2 146	16 758	394
峨山彝族自治县	Eshan Yi Nationality	17 378	9 482	1 212	6 093	591
新平彝族傣族自治县	Xinping Yi , Dai Nationality	31 687	20 714	1 305	9 416	252
元江哈尼族彝族傣族自治县	Yuanjiang Hani , Yi , Dai Nationality	30 831	24 098	839	5 543	351
普洱哈尼族彝族自治县	Pu'er Hani , Yi Nationality	17 818	7 887	4 191	5 245	495
墨江哈尼族自治县	Mojiang Hani Nationality	22 162	12 985	3 077	6 086	14
景东彝族自治县	Jingdong Yi Nationality	36 516	21 075	7 236	7 963	242
景谷傣族彝族自治县	Jinggu Dai , Yi Nationality	35 444	18 504	9 007	7 241	692
镇沅彝族哈尼族拉祜族自治县	Zhenyuan Yi , Hani , Lahu Nationality	18 646	10 319	3 162	4 882	283
江城哈尼族彝族自治县	Jiangcheng Hani , Yi Nationality	12 722	8 545	1 707	2 388	82
孟连傣族拉祜族佤族自治县	Menglian Dai , Lahu , Wa Nationality	16 595	8 738	6 477	1 270	110
澜沧拉祜族自治县	Lancang Lahu Nationality	35 212	23 174	5 312	6 336	390
西盟佤族自治县	Ximeng Wa Nationality	5 234	3 472	1 147	608	7
丽江纳西族自治县	Lijiang Naxi Nationality	32 624	17 168	1 990	12 041	1 425
宁蒗彝族自治县	Ninglang Yi Nationality	16 708	8 223	2 962	5 236	287
双江拉祜族佤族布朗族傣族自治县	Shuangjiang Lahu , Wa , Bulang , Dai Nationality	17 372	12 514	1 127	3 415	316
耿马傣族佤族自治县	Gengma Dai , Wa Nationality	50 537	35 108	9 593	5 208	628
沧源佤族自治县	Cangyuan Wa Nationality	16 859	11 574	2 152	2 983	150

注：本表按1990年不变价格计算。

Note: The data above are calculated at the constant prices in 1990.

3-9 主要年份全省少数民族自治地方主要指标

指标	Item	1952年
一、总人口(年末数) (万 人)	**Total Population (year-end) (10 000 persons)**	**866**
#少数民族人口 (万 人)	Minority Population (10 000 persons)	478
二、工农业总产值 (万 元)	**Gross Output Value of Industry and Agriculture (10 000 yuan)**	**130 671**
农业总产值 (万 元)	Gross Output Value of Agriculture (10 000 yuan)	115 239
工业总产值 (万 元)	Gross Output Value of Industry (10 000 yuan)	15 432
三、农 业	**Agriculture**	
主要农业产品产量	Yields of Major Agricultural Products	
粮食总产量 (万 吨)	Grain (10 000 tons)	234.70
甘蔗产量 (万 吨)	Sugarcane (10 000 tons)	17.40
烤烟产量 (万 吨)	Flue-cured Tobacco(10 000 tons)	0.14
大牲畜年末头数 (万 头)	Large Domestic Animals at Year-end (10 000 head)	227
羊年末只数 (万 只)	Goats and Sheep at Year-end (10 000 head)	122
生猪年末头数 (万 头)	Hogs at Year-end (10 000 head)	204
四、工 业	**Industry**	
主要工业产品产量	Output of Major Industrial Products	
钢 (万 吨)	Steel (10 000 tons)	
生铁 (万 吨)	Pig Iron (10 000 tons)	0.14
原煤 (万 吨)	Coal (10 000 tous)	6
发电量 (万千瓦小时)	Electricity (10 000 kwh)	1 143
木材 (万立方米)	Timber (10 000 cu.m)	1
布 (万 米)	Cloth (10 000 m)	155
糖 (万 吨)	Sugar (10 000 tons)	0.80
卷烟 (万 箱)	Cigarettes (10 000 cases)	
五、运输、邮电	**Transport,Post and Telecommunication Services**	
铁路通车里程 (公 里)	Length of Railways in Operation (km)	545
公路通车里程 (公 里)	Length of Highways in Operation (km)	2 328
邮电局(所)数 (个)	Number of Post and Telecommunication Offices	464
六、财 政	**Government Finance**	
财政收入 (万 元)	Government Revenue (10 000 yuan)	6 288
财政支出 (万 元)	Government Expenditures (10 000 yuan)	2 834
七、卫 生	**Health Care**	
卫生事业机构数 (个)	Number of Health Institutions	182
#医院个数 (个)	Number of Hospitals	92
床位数 (张)	Number of Beds	1 428
#医院病床数 (张)	Number of Hospital Beds Occupied by Patients	1 359
专业卫生技术人员(人)	Number of Medical Technical Persons	1 715

注：1、1990年以前没有包括镇沅县。
2、工农业总产值1990年以前按1980年不变价格计算，1990年及以后按1990年不变价计算。
3、公路通车里程含乡村简易公路。

Principal Indicators on Minority Autonomous Areas in Major Years

1957年	1965年	1978年	1980年	1985年
955	**1 118**	**1 597**	**1 638**	**1 752**
	537	801	828	909
201 717	**225 735**	**471 721**	**471 222**	**754 953**
160 884	167 861	276 017	268 367	413 042
40 833	57 874	195 704	202 855	341 911
310.40	327	456	436	476
43	73	116.50	123.10	339.60
1.10	1.30	3.40	3.40	16.20
316	338	405	414	547
238	358	378	398	431
363	528	717	703	897
	0.10	0.49	0.54	0.84
0.86		4.40	4.10	5.60
65	66	420	445	690
4 722	5 789	180 500	222 621	359 261
21	75	130	176	224
264	165	439	641	2 660
1.60	4.70	8	11	20.90
		1.30	4.90	27.50
545	545	913	913	913
6 200	12 481	28 233	32 500	43 200
652	732	1 026	1 000	1 000
11 753	19 836	30 215	30 234	77 875
7 689	13 398	50 410	56 774	130 300
982	1 703	2 681	3 114	3 157
99	171	1 045	1 067	1 044
4 902	13 481	29 819	33 262	37 299
3 558	8 864	26 957	30 297	34 210
8 462	17 557	30 073	33 222	39 548

Note:a.The figures excluded the data of Zhenyuan county before 1990 .

b.In the table the gross output values of industry and agriculture before 1990 are calculated at constant prices in 1980,and after 1990 they are calculated at the constant prices in 1990.

c.The length of highways includes the simple highways between villages.

3-9 续表

指　　标	Item	1990年
一、总人口(年末数)（万 人）	**Total Population (year-end) (10 000 Persons)**	**1 914**
#少数民族人口　（万 人）	Minority Population (10 000 persons)	1 019
二、工农业总产值(1990年不变价)（万 元）	**Gross Output Value of Industry and Agriculture (10 000 yuan)**	**2 122 135**
农业总产值　（万 元）	Gross Output Value of Agriculture(10 000 yuan)	1 158 481
工业总产值　（万 元）	Gross Output Value of Industry (10 000 yuan)	963 654
三、农　业	**Agriculture**	
主要农业产品产量	Yields of Major Agricultural Products	
粮食总产量　（万 吨）	Grain (10 000 tons)	564.60
甘蔗产量　（万 吨）	Sugarcane(10 000 tons)	488.80
烤烟产量　（万 吨）	Flue-cured Tobacco (10 000 tons)	15.20
大牲畜年末头数(万 头)	Large Domestic Animals at Year-end (10 000 head)	587
羊年末只数　（万 只）	Goats and Sheep at Year-end (10 000 head)	425
生猪年末头数　（万 头）	Hogs at Year-end (10 000 head)	1 109
四、工　业	**Industry**	
主要工业产品产量	Output of Major Industrial Products	
钢产量　（万 吨）	Steel (10 000 tons)	0.54
生铁产量　（万 吨）	Pig Iron (10 000 tons)	15.76
原煤产量　(万 吨)	Coal (10 000 tous)	888
发电量　(万千瓦小时)	Electricity (10 000 kwh)	615 361
木材产量　（万立方米）	Timber (10 000 cu.m)	153
布产量　（万 米）	Cloth (10 000 m)	4 776
糖产量　（万 吨）	Sugar (10 000 tons)	34.60
卷烟产量　（万 箱）	Cigarettes (10 000 cases)	87.80
五、运输、邮电	**Transportation,Post and Telecommunication Services**	
铁路通车里程　（公 里）	Length of Railways in Operation(km)	913
公路通车里程　（公 里）	Length of Highways in Operation (km)	52 776
邮电局(所)数　（个）	Number of Post and Telecommunication Offices	1 006
六、财　政	**Government Finance**	
财政收入　（万 元）	Government Revenue (10 000 yuan)	195 508
财政支出　（万 元）	Government Expenditures (10 000 yuan)	326 535
七、卫　生	**Health Care**	
卫生事业机构数　（个）	Number of Health Institutions	3 380
#医院个数　（个）	Number of Hospitals	1 076
床位数　（张）	Number of Beds	39 453
#医院病床数　（张）	Number of Beds Occuoied by Patients	35 497
专业卫生技术人员(人)	Number of Medical Technical Personnel (person)	46 607

注：1. 卫生机构、人员、床位数1994年报表制度作了调整，与以前年份不可比。
2. 1994年以后财政收入不包括中央税收入。

continued

1995年	1999年	2000年	2001年
1 990	**2 050**	**2 070**	**2 081**
1 071	1 118	1 121	1 131
3 622 293	**5 131 161**	**5 188 349**	**5 299 907**
1 588 096	2 038 015	2 137 561	2 184 705
2 034 197	3 093 146	3 050 788	3 115 202
643.83	740	751	740
790.20	1 158.61	1 075.44	1 104.26
32.20	25.05	25.81	25.73
613	642	666.62	669
443	515	548.72	551
1 240	1 302	1 380.53	1 363
1	1.78	1.01	8.56
17.80	0.07	22.60	54.81
1 154	1 107.82	886.64	1 042
832 641	1 000 319	1 162 066	1 301 537
279	97	57.26	71.39
5 046	2 752	2 233	2 055
68.07	121.78	114.37	88.59
142.86	143.81	142.14	158.87
913	970	970	970
71 000	92 055	94 633	100 199
1 023	1 208	1 208	1 156
281 815	445 634	464 155	526 020
713 377	1 172 933	1 292 331	1 715 074
3 380	1 634	1 612	1 604
1 076	296	303	288
39 453	45 298	47 281	47 929
35 497	28 468	30 039	29 859
47 000		48 645	48 716

Note:a.The number of health institutions,personnel and beds can not be compared with those of the earlier years because of the tabling regulation changed in 1994.

b.The government revenue after 1994 in the table does not include the taxes turned over to the central government.

3-10 少数民族自治地方主要农作物产量(2001年)

Yield of Major Farm Crops of Minority Autonomous Areas (2001)

单位：吨 (ton)

地区	Region	粮食 Grain	#稻谷 Rice	#小麦 Wheat	#玉米 Corn
总计	**Total**	7 400 310	3 477 172	644 651	2 162 763
一、自治州小计	**Autonomous Prefectures**	5 589 205	2 675 289	484 128	1 615 684
楚雄彝族自治州	Chuxiong Yi Nationality	1 020 844	495 166	113 663	224 535
红河哈尼族彝族自治州	Honghe Hani , Yi Nationality	1 230 434	632 041	115 377	352 439
文山壮族苗族自治州	Wenshan Zhuang , Miao Nationality	1 026 409	402 636	66 401	435 492
西双版纳傣族自治州	Xishuangbanna Dai Nationality	339 108	286 368	601	45 670
大理白族自治州	Dali Bai Nationality	1 296 938	522 605	122 085	377 029
德宏傣族景颇族自治州	Dehong Dai , Jingpo Nationality	371 083	282 621	19 748	45 886
怒江傈僳族自治州	Nujiang Lisu Nationality	165 930	38 816	16 069	78 849
迪庆藏族自治州	Diqing Tibetan Nationality	138 459	15 036	30 184	55 782
二、自治州以外的自治县小计	**Autonomous Counties Other Than the Above Prefectures**	1 811 105	801 883	160 523	547 079
石林彝族自治县	Shilin Yi Nationality	112 482	35 138	12 651	39 745
禄劝彝族苗族自治县	Luquan Yi , Miao Nationality	171 560	39 597	15 109	69 764
寻甸回族彝族自治县	Xundian Hui , Yi Nationality	178 583	48 280	15 342	41 063
峨山彝族自治县	Eshan Yi Nationality	47 937	26 130	3 527	15 108
新平彝族傣族自治县	Xinping Yi , Dai Nationality	80 100	40 418	6 052	27 330
元江哈尼族彝族傣族自治县	Yuanjiang Hani , Yi , Dai Nationality	54 469	25 952	5 506	19 089
普洱哈尼族彝族自治县	Pu'er Hani , Yi Nationality	70 787	36 417	6 574	17 969
墨江哈尼族自治县	Mojiang Hani Nationality	110 276	45 199	4 553	48 835
景东彝族自治县	Jingdong Yi Nationality	134 072	52 901	17 055	51 499
景谷傣族彝族自治县	Jinggu Dai , Yi Nationality	114 350	72 058	4 082	28 103
镇沅彝族哈尼族拉祜族自治县	Zhenyuan Yi , Hani , Lahu Nationality	74 872	38 815	7 479	22 473
江城哈尼族彝族自治县	Jiangcheng Hani , Yi Nationality	33 395	23 450	875	8 240
孟连傣族拉祜族佤族自治县	Menglian Dai , Lahu , Wa Nationality	46 732	38 337	112	7 151
澜沧拉祜族自治县	Lancang Lahu Nationality	153 511	110 285	2 693	31 030
西盟佤族自治县	Ximeng Wa Nationality	30 568	23 419	476	3 760
丽江纳西族自治县	Lijiang Naxi Nationality	140 328	16 329	40 761	53 178
宁蒗彝族自治县	Ninglang Yi Nationality	60 408	10 523	3 478	15 386
双江拉祜族佤族布朗族傣族自治县	Shuangjiang Lahu , Wa , Bulang , Dai Nationality	58 684	35 970	5 586	11 904
耿马傣族佤族自治县	Gengma Dai , Wa Nationality	84 226	47 203	7 712	22 357
沧源佤族自治县	Cangyuan Wa Nationality	53 765	35 462	900	13 095

3-10 续表 continued

单位：吨 (ton)

地区	Region	豆类 Beans	油料 Oil-bearing Crops	甘蔗 Sugarcane	烤烟 Flue-cured Tobacco	薯类 Tubers
总计	**Total**	**474 579**	**147 331**	**11 042 642**	**257 324**	**316 313**
一、自治州小计	**Autonomous Prefectures**	**375 347**	**118 464**	**6 276 586**	**187 140**	**197 976**
楚雄彝族自治州	Chuxiong Yi Nationality	111 664	26 357	23 288	55 724	31 620
红河哈尼族彝族自治州	Honghe Hani , Yi Nationality	54 360	18 059	1 415 485	59 170	46 850
文山壮族苗族自治州	Wenshan Zhuang , Miao Nationality	53 962	23 497	267 378	19 722	48 776
西双版纳傣族自治州	Xishuangbanna Dai Nationality	2 696	1 510	1 270 097	0	3 302
大理白族自治州	Dali Bai Nationality	125 026	31 986	266 025	52 429	33 181
德宏傣族景颇族自治州	Dehong Dai , Jingpo Nationality	8 268	14 870	2 998 078	0	14 069
怒江傈僳族自治州	Nujiang Lisu Nationality	12 259	885	36 235	15	9 864
迪庆藏族自治州	Diqing Tibetan Nationality	7 112	1301	0	81	10 314
二、自治州以外的自治县小计	**Autonomous Counties Other Than the Above Prefectures**	**99 232**	**28 868**	**4 766 057**	**70 183**	**118 337**
石林彝族自治县	Shilin Yi Nationality	9 576	1 102	0	15 115	9 498
禄劝彝族苗族自治县	Luquan Yi , Miao Nationality	11 359	690	4 008	10 124	20 448
寻甸回族彝族自治县	Xundian Hui , Yi Nationality	11 933	2 565	2	14 058	38 757
峨山彝族自治县	Eshan Yi Nationality	1 725	5 116	28 234	7 967	1 174
新平彝族傣族自治县	Xinping Yi , Dai Nationality	1 961	432	571 895	7 704	3 624
元江哈尼族彝族傣族自治县	Yuanjiang Hani , Yi , Dai Nationality	1 457	1 116	576 954	3 573	1 638
普洱哈尼族彝族自治县	Pu'er Hani , Yi Nationality	2 417	1 337	331	84	5 600
墨江哈尼族自治县	Mojiang Hani Nationality	6 211	2 837	76 502	1 203	1 427
景东彝族自治县	Jingdong Yi Nationality	9 243	542	298 328	1 509	1 737
景谷傣族彝族自治县	Jinggu Dai , Yi Nationality	3 375	1 849	378 439	153	5 187
镇沅彝族哈尼族拉祜族自治县	Zhenyuan Yi , Hani , Lahu Nationality	4 433	1 110	36 317	1 875	957
江城哈尼族彝族自治县	Jiangcheng Hani , Yi Nationality	600	221	137 326	0	230
孟连傣族拉祜族佤族自治县	Menglian Dai , Lahu , Wa Nationality	404	866	286 489	0	315
澜沧拉祜族自治县	Lancang Lahu Nationality	3 494	1 214	465 718	0	1 345
西盟佤族自治县	Ximeng Wa Nationality	488	170	41 466	0	311
丽江纳西族自治县	Lijiang Naxi Nationality	16 104	4 729	67	5 932	7 914
宁蒗彝族自治县	Ninglang Yi Nationality	7 470	466	0	879	13 821
双江拉祜族佤族布朗族傣族自治县	Shuangjiang Lahu , Wa , Bulang , Dai Nationality	1 470	1 003	328 637	0	1 755
耿马傣族佤族自治县	Gengma Dai , Wa Nationality	4 113	1 018	1 250 220	0	1 648
沧源佤族自治县	Cangyuan Wa Nationality	1 399	485	285 124	9	951

3-11 少数民族自治地方全部工业企业单位数及总产值（2001年）

单位:个、万元

地　区	Region	工业企业单位数 Total Number of Industrial Enterprises
总　计	**Total**	**96 051**
一、自治州小计	**Autonomous Prefectures**	**81 099**
楚雄彝族自治州	Chuxiong Yi Nationality	14 677
红河哈尼族彝族自治州	Honghe Hani , Yi Nationality	12 035
文山壮族苗族自治州	Wenshan Zhuang , Miao Nationality	25 145
西双版纳傣族自治州	Xishuangbanna Dai Nationality	1 469
大理白族自治州	Dali Bai Nationality	20 702
德宏傣族景颇族自治州	Dehong Dai , Jingpo Nationality	4 146
怒江傈僳族自治州	Nujiang Lisu Nationality	2 289
迪庆藏族自治州	Diqing Tibetan Nationality	636
二、自治州以外的自治县小计	**Autonomous Counties Other Than the Above Prefectures**	**14 952**
石林彝族自治县	Shilin Yi Nationality	685
禄劝彝族苗族自治县	Luquan Yi , Miao Nationality	1 312
寻甸回族彝族自治县	Xundian Hui , Yi Nationality	543
峨山彝族自治县	Eshan Yi Nationality	632
新平彝族傣族自治县	Xinping Yi , Dai Nationality	635
元江哈尼族彝族傣族自治县	Yuanjiang Hani , Yi , Dai Nationality	402
普洱哈尼族彝族自治县	Pu'er Hani , Yi Nationality	394
墨江哈尼族自治县	Mojiang Hani Nationality	398
景东彝族自治县	Jingdong Yi Nationality	1 738
景谷傣族彝族自治县	Jinggu Dai , Yi Nationality	812
镇沅彝族哈尼族拉祜族佤族自治县	Zhenyuan Yi , Hani , Lahu Nationality	262
江城哈尼族彝族自治县	Jiangcheng Hani , Yi Nationality	520
孟连傣族拉祜族佤族自治县	Menglian Dai , Lahu , Wa Nationality	253
澜沧拉祜族自治县	Lancang Lahu Nationality	3 072
西盟佤族自治县	Ximeng Wa Nationality	211
丽江纳西族自治县	Lijiang Naxi Nationality	1 136
宁蒗彝族自治县	Ninglang Yi Nationality	831
双江拉祜族佤族布朗族傣族自治县	Shuangjiang Lahu , Wa , Bulang , Dai Nationality	407
耿马傣族佤族自治县	Gengma Dai , Wa Nationality	420
沧源佤族自治县	Cangyuan Wa Nationality	289

注：国有企业中含国有联营，国有独资公司。工业总产值系按当年价格计算。

Total Number of State-owned Industrial Enterprises and Their Gross Output Values of Minority Autonomous Areas (2001)

(unit ,10 000 yuan)

	工业企业单位数中 The Total Number Includes that of the Following		工业总产值		工业总产值中 The Gross Output Value Includes that of the Following	
国有 State-owned Enterprises	轻工业 Light Industry	重工业 Heavy Industry	Gross Output Value of Industry	#国有 State-owned Enterprises	轻工业 Light Industry	重工业 Heavy Industry
468	**61 849**	**34 202**	**4 816 208**	**1 881 176**	**2 381 639**	**2 434 569**
335	**52 230**	**28 869**	**4 197 591**	**1 723 852**	**2 085 047**	**2 112 544**
60	9 611	5 066	904 256	326 260	519 124	385 132
74	8 706	3 329	1 699 422	952 104	760 833	938 588
37	15 786	9 359	425 098	78 308	153 137	271 961
37	842	627	82 835	25 451	56 735	26 099
18	13 332	7 370	787 068	249 131	448 141	338 927
80	2 318	1 828	199 822	76 545	121 434	78 387
16	1 124	1 165	65 741	8 441	12 389	53 353
13	511	125	33 351	7 613	13 253	20 097
133	**9 619**	**5 333**	**618 618**	**157 324**	**296 592**	**322 025**
8	382	303	76 534	2 012	52 787	23 747
2	786	526	26 640	5 681	8 141	18 499
10	240	303	29 429	14 022	838	28 592
6	400	232	61 587	12 589	10 564	51 023
3	486	149	57 164	909	33 601	23 563
8	203	199	42 708	15 032	17 371	25 336
11	168	226	29 849	7 529	7 862	21 987
11	304	94	19 058	12 569	6 159	12 899
9	1 152	586	24 395	16 097	11 862	12 533
6	556	256	66 327	27 427	32 020	34 307
11	153	109	13 104	5 901	3 089	10 015
5	463	57	7 296	1 814	3 986	3 311
3	177	76	12 063	1 129	10 223	1 840
12	1 916	1 156	37 894	24 707	19 630	18 264
5	127	84	2 646	1 670	775	1 871
11	708	428	28 278	7 060	13 027	15 250
3	606	225	6 158	356	2 273	3 886
4	254	153	16 672	662	14 086	2 587
2	270	150	45 918	53	37 240	8 678
3	268	21	14 898	107	11 060	3 838

Note: The state-owned enterprises include state joint ownership enterprises and sole state-funded corporations. The gross product value of industry is calculated at the prices of previous years.

3-12 少数民族自治地方主要工业产品产量 （2001年）

地 区	Region	钢(吨) Steel (ton)
总 计	**Total**	**85 638**
一、自治州小计	**Autonomous Prefectures**	**82 128**
楚雄彝族自治州	Chuxiong Yi Nationality	74 740
红河哈尼族彝族自治州	Honghe Hani , Yi Nationality	7 388
文山壮族苗族自治州	Wenshan Zhuang , Miao Nationality	
西双版纳傣族自治州	Xishuangbanna Dai Nationality	
大理白族自治州	Dali Bai Nationality	
德宏傣族景颇族自治州	Dehong Dai , Jingpo Nationality	
怒江傈僳族自治州	Nujiang Lisu Nationality	
迪庆藏族自治州	Diqing Tibetan Nationality	
二、自治州以外的自治县小计	**Autonomous Counties Other Than the Above Prefectures**	**3 510**
石林彝族自治县	Shilin Yi Nationality	
禄劝彝族苗族自治县	Luquan Yi , Miao Nationality	
寻甸回族彝族自治县	Xundian Hui , Yi Nationality	
峨山彝族自治县	Eshan Yi Nationality	3 510
新平彝族傣族自治县	Xinping Yi , Dai Nationality	
元江哈尼族彝族傣族自治县	Yuanjiang Hani , Yi , Dai Nationality	
普洱哈尼族彝族自治县	Pu'er Hani , Yi Nationality	
墨江哈尼族自治县	Mojiang Hani Nationality	
景东彝族自治县	Jingdong Yi Nationality	
景谷傣族彝族自治县	Jinggu Dai , Yi Nationality	
镇沅彝族哈尼族拉祜族自治县	Zhenyuan Yi , Hani , Lahu Nationality	
江城哈尼族彝族自治县	Jiangcheng Hani , Yi Nationality	
孟连傣族拉祜族佤族自治县	Menglian Dai , Lahu , Wa Nationality	
澜沧拉祜族自治县	Lancang Lahu Nationality	
西盟佤族自治县	Ximeng Wa Nationality	
丽江纳西族自治县	Lijiang Naxi Nationality	
宁蒗彝族自治县	Ninglang Yi Nationality	
双江拉祜族佤族布朗族傣族自治县	Shuangjiang Lahu , Wa , Bulang , Dai Nationality	
耿马傣族佤族自治县	Gengma Dai , Wa Nationality	
沧源佤族自治县	Cangyuan Wa Nationality	

Output of Major Industrial Products of Minority Autonomous Areas（2001）

生铁(吨) Pig Iron (ton)	原煤(万吨) Coal (10 000 ton)	发电(万千瓦时) Electricity (10 000 kwh)	糖(吨) Sugar (ton)	卷烟(万箱) Cigarettes (10 000 cases)
548 142	**1 042**	**1 301 537**	**885 890**	**158.87**
327 677	**855.15**	**1 147 452**	**486 123**	**158.87**
327 677	99.79	44 292	630	46.06
	626.23	573 224	92 248	72.64
	41.50	145 945	11 113	
	2.97	40 616	129 650	
	76.57	200 256	13 143	40.17
	7.60	68 862	239 339	
	0.49	12 881		
		61 376		
220 465	**186.85**	**154 085**	**399 767**	
	9.00	1 794		
		7 653		
	79.10	2 330		
95 359	38.74	868	3 450	
125 106	0.48	14 999	63 271	
	0.34	31 738	35 885	
	9.61	5 039		
		4 721	7 698	
	2.43	2 263	23 258	
	3.51	22 368	29 277	
	5.84	716	3 332	
	0.16	2 304	9 706	
	2.11	6 055	28 638	
	19.13	5 560	42 796	
		1 224	2 164	
	4.22	23 943		
	4.50	8 338		
	0.94	3 589	32 837	
	2.85	5 035	90 078	
	3.89	3 548	27 377	

3-13 少数民族自治地方全部国有及年产品销售收入500 万元以上非国有独立核算工业企业主要财务指标(2001年)

单位:万元

地　区	Region	现价总产值 Gross Output Value (at current prices)
总　计	**Total**	**3 074 685**
一、自治州小计	**Autonomous Prefectures**	**2 665 175**
楚雄彝族自治州	Chuxiong Yi Nationality	487 626
红河哈尼族彝族自治州	Honghe Hani , Yi Nationality	1 295 037
文山壮族苗族自治州	Wenshan Zhuang , Miao Nationality	156 276
西双版纳傣族自治州	Xishuangbanna Dai Nationality	63 750
大理白族自治州	Dali Bai Nationality	450 309
德宏傣族景颇族自治州	Dehong Dai , Jingpo Nationality	151 162
怒江傈僳族自治州	Nujiang Lisu Nationality	41 647
迪庆藏族自治州	Diqing Tibetan Nationality	19 369
二、自治州以外的自治县小计	**Autonomous Counties Other Than the Above Prefectures**	**409 510**
石林彝族自治县	Shilin Yi Nationality	49 967
禄劝彝族苗族自治县	Luquan Yi , Miao Nationality	5 681
寻甸回族彝族自治县	Xundian Hui , Yi Nationality	18 917
峨山彝族自治县	Eshan Yi Nationality	26 948
新平彝族傣族自治县	Xinping Yi , Dai Nationality	37 495
元江哈尼族彝族傣族自治县	Yuanjiang Hani , Yi , Dai Nationality	32 534
普洱哈尼族彝族自治县	Pu'er Hani , Yi Nationality	19 677
墨江哈尼族自治县	Mojiang Hani Nationality	16 156
景东彝族自治县	Jingdong Yi Nationality	17 500
景谷傣族彝族自治县	Jinggu Dai , Yi Nationality	53 319
镇沅彝族哈尼族拉祜族自治县	Zhenyuan Yi , Hani , Lahu Nationality	9 827
江城哈尼族彝族自治县	Jiangcheng Hani , Yi Nationality	4 686
孟连傣族拉祜族佤族自治县	Menglian Dai , Lahu , Wa Nationality	9 803
澜沧拉祜族自治县	Lancang Lahu Nationality	28 676
西盟佤族自治县	Ximeng Wa Nationality	2 077
丽江纳西族自治县	Lijiang Naxi Nationality	15 001
宁蒗彝族自治县	Ninglang Yi Nationality	2 088
双江拉祜族佤族布朗族傣族自治县	Shuangjiang Lahu , Wa , Bulang , Dai Nationality	11 665
耿马傣族佤族自治县	Gengma Dai , Wa Nationality	35 903
沧源佤族自治县	Cangyuan Wa Nationality	11 589

Main Finance Indicators on All State-owned and Non-state-owned Industrial Enterprises with Independent Accounting Systems and Total Annual Sales above 5 Million Yuan in Minority Autonomous Areas (2001)

(10 000 yuan)

产品销售收入 Product Sales	固定资产原值 Original Value of Fixed Assets	固定资产净值 Net Value of Fixed Assets	利 税 总 额 Total Profits	亏损企业的亏损总额 Total Loss of Loss-making Enterprises
3 239 921	**4 799 299**	**3 309 066**	**806 237**	**62 712**
2 827 154	**3 962 846**	**2 691 492**	**746 575**	**50 362**
438 445	616 995	434 581	147 909	7 900
1 463 926	1 895 153	1 241 196	403 473	24 468
170 735	210 810	150 124	27 015	2 404
64 551	153 303	107 534	11 670	3 893
483 710	689 349	452 506	128 522	5 088
151 645	289 990	218 960	18 270	4 750
38 054	50 789	38 277	7 469	1 028
16 088	56 458	48 316	2 248	830
412 767	**836 453**	**617 573**	**59 661**	**12 350**
48 095	42 290	32 162	4 669	1 180
8 691	14 109	10 956	1 502	
24 717	33 030	22 440	728	1 228
27 319	47 855	33 089	1 303	1 710
40 612	66 258	44 452	6 663	105
35 008	72 842	43 228	4 886	925
19 292	39 509	25 911	2 090	425
15 149	24 297	15 165	2 951	375
18 602	26 110	18 698	3 151	115
46 103	187 507	169 055	8 392	2 254
9 487	22 509	12 438	232	949
4 920	12 357	8 492	999	17
9 803	12 117	7 744	3 061	38
28 537	47 281	29 868	5 371	588
2 028	13 124	10 930	- 580	876
15 688	65 505	51 758	3 373	705
1 096	10 287	7 216	- 116	236
11 591	15 396	11 747	3 275	36
35 551	64 965	49 499	7 330	147
10 480	19 107	12 725	381	441

3-14 少数民族自治地方商品购、销、存（2001年）

Purchases,Sales and Inventory of Commodities in Minority Autonomous Areas（2001）

单位：万元 (10 000 yuan)

地 区	Region	社会消费品零售总额 Total Retail Sales of Consumer Goods	限额以上批发零售贸易业 Wholesale and Retail Trade of Enterprises above Designated Size		
			商品购进总额 Total Purchases	商品销售总额 Total Sales	商品库存总额 Total Inventory
总 计	**Total**	**2 244 381**	**1 670 921**	**1 981 276**	**257 032**
一、自治州小计	**Autonomous Prefectures**	**1 811 080**	**1 448 229**	**1 686 796**	**229 607**
楚雄彝族自治州	Chuxiong Yi Nationality	300 807	467 414	559 789	123 041
红河哈尼族彝族自治州	Honghe Hani , Yi Nationality	414 850	242 880	314 889	23 984
文山壮族苗族自治州	Wenshan Zhuang , Miao Nationality	303 885	162 462	130 545	13 661
西双版纳傣族自治州	Xishuangbanna Dai Nationality	141 997	49 292	59 738	10 630
大理白族自治州	Dali Bai Nationality	398 732	452 851	541 514	39 453
德宏傣族景颇族自治州	Dehong Dai , Jingpo Nationality	171 390	36 690	38 634	14 779
怒江傈僳族自治州	Nujiang Lisu Nationality	46 017	23 207	27 038	3 261
迪庆藏族自治州	Diqing Tibetan Nationality	33 402	13 433	14 649	798
二、自治州以外的自治县小计	**Autonomous Counties Other Than the Above Prefectures**	**433 301**	**222 692**	**294 480**	**27 425**
石林彝族自治县	Shilin Yi Nationality	37 618	44 318	58 999	2 922
禄劝彝族苗族自治县	Luquan Yi , Miao Nationality	16 375	22 698	29 358	1 522
寻甸回族彝族自治县	Xundian Hui , Yi Nationality	31 533	20 135	34 966	5 079
峨山彝族自治县	Ershan Yi Nationality	22 231	14 812	21 897	1 328
新平彝族傣族自治县	Xinping Yi , Dai Nationality	27 755	12 664	19 683	1 363
元江哈尼族彝族傣族自治县	Yuanjiang Hani , Yi , Dai Nationality	32 389	8 010	10 872	489
普洱哈尼族彝族自治县	Puer Hani , Yi Nationality	22 018	5 670	6 671	1 025
墨江哈尼族自治县	Mojiang Hani Nationality	23 760	9 679	16 210	1 222
景东彝族自治县	Jingdong Yi Nationality	28 203	6 238	7 655	1 186
景谷傣族彝族自治县	Jinggu Dai , Yi Nationality	26 034	3 317	3 882	465
镇沅彝族哈尼族拉祜族自治县	Zhenyuan Yi , Hani , Lahu Nationality	13 746	3 367	4 023	529
江城哈尼族彝族自治县	Jiangcheng Hani , Yi Nationality	9 261	1 742	1 769	306
孟连傣族拉祜族佤族自治县	Menglian Dai , Lahu , Wa Nationality	8 570	1 922	1 883	554
澜沧拉祜族自治县	Lanchang Lahu Nationality	19 060	8 974	10 867	1 429
西盟佤族自治县	Ximeng Wa Nationality	4 127			
丽江纳西族自治县	Lijiang Naxi Nationality	55 527	47 906	54 400	6 608
宁蒗彝族自治县	Ninglang Yi Nationality	9 476	4 111	3 670	577
双江拉祜族佤族布朗族傣族自治县	Shuangjiang Lahu , Wa , Bulang , Dai Nationality	10 794			
耿马傣族佤族自治县	Gengma Dai , Wa Nationality	20 419	5 171	5 267	662
沧源佤族自治县	Changyuan Wa Nationality	14 405	1 958	2 408	159

注：由于小数点四舍五入，横、纵向相加与总计数略有出入。

Note:The sum of the figures of lines and columns is not equal to the total because of the rounding off algorithm for adding decimal numbers.

3-15 少数民族自治地方职工人数（2001年）

Number of Staff and Workers of Minority Autonomous Areas（2001）

单位：人　　(preson)

地　区	Region	职工人数 Number of Staff and Workers			
		合　计 Total	国有单位 State-owned Units	城镇集体单位 Collective-owned Units	其它单位 Others
总　计	**Total**	**1 127 720**	**947 491**	**80 068**	**98 661**
一、自治州小计	**Autonomous Prefectures**	**894 334**	**750 523**	**64 316**	**79 795**
楚雄彝族自治州	Chuxiong Yi Nationality	130 021	107 860	10 395	11 766
红河哈尼族彝族自治州	Honghe Hani , Yi Nationality	256 370	205 558	24 623	26 489
文山壮族苗族自治州	Wenshan Zhuang , Miao Nationality	112 600	97 893	6 192	8 515
西双版纳傣族自治州	Xishuangbanna Dai Nationality	106 333	89 148	7 472	9 713
大理白族自治州	Dali Bai Nationality	158 047	135 335	9 966	12 746
德宏傣族景颇族自治州	Dehong Dai , Jingpo Nationality	82 010	70 316	4 458	7 236
怒江傈僳族自治州	Nujiang Lisu Nationality	28 862	25 221	479	3 162
迪庆藏族自治州	Diqing Tibetan Nationality	20 091	19 192	731	168
二、自治州以外的自治县小计	**Autonomous Counties Other Than the Above Prefectures**	**233 386**	**196 968**	**15 752**	**18 866**
石林彝族自治县	Shilin Yi Nationality	12 944	10 517	854	1 573
禄劝彝族苗族自治县	Luquan Yi , Miao Nationality	13 124	12 169	955	
寻甸回族彝族自治县	Xundian Hui , Yi Nationality	15 339	14 372	745	222
峨山彝族自治县	Ershan Yi Nationality	11 844	10 777	1 067	
新平彝族傣族自治县	Xinping Yi , Dai Nationality	14 445	10 777	759	2 909
元江哈尼族彝族傣族自治县	Yuanjiang Hani , Yi , Dai Nationality	16 034	13 603	507	1 924
普洱哈尼族彝族自治县	Puer Hani , Yi Nationality	13 280	10 212	470	2 598
墨江哈尼族自治县	Mojiang Hani Nationality	11 394	9 471	1 173	750
景东彝族自治县	Jingdong Yi Nationality	12 901	11 538	924	439
景谷傣族彝族自治县	Jinggu Dai , Yi Nationality	14 426	10 809	757	2 860
镇沅彝族哈尼族拉祜族自治县	Zhenyuan Yi , Hani , Lahu Nationality	8 865	7 920	945	
江城哈尼族彝族自治县	Jiangcheng Hani , Yi Nationality	6 679	5 312	1 069	298
孟连傣族拉祜族自治县	Menglian Dai , Lahu , Wa Nationality	5 821	4 880	304	637
澜沧拉祜族自治县	Lanchang Lahu Nationality	14 403	12 963	1 364	76
西盟佤族自治县	Ximeng Wa Nationality	5 526	3 489	168	69
丽江纳西族自治县	Lijiang Naxi Nationality	16 300	13 867	1 861	572
宁蒗彝族自治县	Ninglang Yi Nationality	10 499	9 643	553	303
双江拉祜族佤族布朗族傣族自治县	Shuangjiang Lahu , Wa , Bulang , Dai Nationality	7 451	7 033	385	33
耿马傣族佤族自治县	Gengma Dai , Wa Nationality	12 600	9 963	383	2 254
沧源佤族自治县	Changyuan Wa Nationality	9 511	7 653	509	1 349

3-16 少数民族自治地方职工工资总额（2001年）

Total Wages of Staff and Workers in Minority Autonomous Areas（2001）

单位：千元 (1 000 yuan)

地　区	Region	职工工资总额 Total Wages of Staff and Workers			
		合　计 Total	国有单位 State-owned Units	城镇集体单位 Collective-owned Units	其它单位 Others
总　计	**Total**	**11 047 647**	**9 650 570**	**559 545**	**837 532**
一、自治州小计	**Autonomous Prefectures**	**8 811 792**	**7 707 469**	**456 435**	**647 888**
楚雄彝族自治州	Chuxiong Yi Nationality	1 344 776	1 184 062	71 937	88 777
红河哈尼族彝族自治州	Honghe Hani , Yi Nationality	2 384 361	2 020 887	166 108	197 366
文山壮族苗族自治州	Wenshan Zhuang , Miao Nationality	1 083 755	971 788	41 533	70 434
西双版纳傣族自治州	Xishuangbanna Dai Nationality	901 636	778 563	55 430	67 613
大理白族自治州	Dali Bai Nationality	1 704 442	1 515 899	78 511	110 062
德宏傣族景颇族自治州	Dehong Dai , Jingpo Nationality	755 994	658 787	32 931	64 276
怒江傈僳族自治州	Nujiang Lisu Nationality	349 653	298 142	3 423	48 088
迪庆藏族自治州	Diqing Tibetan Nationality	287 175	279 341	6 562	1 272
二、自治州以外的自治县小计	**Autonomous Counties Other Than the Above Prefectures**	**2 235 855**	**1 943 101**	**103 110**	**189 644**
石林彝族自治县	Shilin Yi Nationality	123 624	101 322	6 479	15 823
禄劝彝族苗族自治县	Luquan Yi , Miao Nationality	120 833	115 716	5 117	
寻甸回族彝族自治县	Xundian Hui , Yi Nationality	127 333	117 695	4 819	4 819
峨山彝族自治县	Ershan Yi Nationality	131 441	125 461	5 980	
新平彝族傣族自治县	Xinping Yi , Dai Nationality	163 367	122 551	7 064	33 752
元江哈尼族彝族傣族自治县	Yuanjiang Hani , Yi , Dai Nationality	155 558	132 760	3 745	19 053
普洱哈尼族彝族自治县	Puer Hani , Yi Nationality	118 963	93 713	3 512	21 738
墨江哈尼族自治县	Mojiang Hani Nationality	112 306	99 003	7 257	6 046
景东彝族自治县	Jingdong Yi Nationality	122 285	112 134	7 236	2 915
景谷傣族彝族自治县	Jinggu Dai , Yi Nationality	136 298	102 018	5 529	28 751
镇沅彝族哈尼族拉祜族自治县	Zhenyuan Yi , Hani , Lahu Nationality	80 033	75 793	4 240	
江城哈尼族彝族自治县	Jiangcheng Hani , Yi Nationality	60 328	54 150	5 273	905
孟连傣族拉祜族佤族自治县	Menglian Dai , Lahu , Wa Nationality	54 661	46 080	1 834	6 747
澜沧拉祜族自治县	Lanchang Lahu Nationality	144 426	135 758	8 125	543
西盟佤族自治县	Ximeng Wa Nationality	43 175	39 170	3 437	568
丽江纳西族自治县	Lijiang Naxi Nationality	175 613	158 089	12 667	4 857
宁蒗彝族自治县	Ninglang Yi Nationality	89 234	83 498	2 976	2 760
双江拉祜族佤族布朗族傣族自治县	Shuangjiang Lahu , Wa , Bulang , Dai Nationality	70 430	67 970	2 230	230
耿马傣族佤族自治县	Gengma Dai , Wa Nationality	116 710	90 860	2 920	22 930
沧源佤族自治县	Changyuan Wa Nationality	84 120	69 360	2 670	12 090

3-17 少数民族自治地方在岗职工平均工资（2001年）

Average Wages of Staff and Workers in Minority Autonomous Areas（2001）

单位：元 / 人 (yuan / person)

地 区	Region	职工平均工资 Average Wages of Staff and Workers			
		合 计 Total	国有单位 State-owned Units	集体单位 Collective-owned Units	其它单位 Others
总 计	**Total**	**9 766**	**10 200**	**6 801**	**8 438**
一、自治州小计	**Autonomous Prefectures**	**9 854**	**10 272**	**7 078**	**8 160**
楚雄彝族自治州	Chuxiong Yi Nationality	10 291	10 935	7 046	7 282
红河哈尼族彝族自治州	Honghe Hani , Yi Nationality	9 286	9 858	6 571	7 451
文山壮族苗族自治州	Wenshan Zhuang , Miao Nationality	9 705	9 997	6 541	8 688
西双版纳傣族自治州	Xishuangbanna Dai Nationality	8 421	8 660	7 698	6 787
大理白族自治州	Dali Bai Nationality	10 777	11 130	8 046	9 059
德宏傣族景颇族自治州	Dehong Dai , Jingpo Nationality	9 241	9 389	7 356	8 962
怒江傈僳族自治州	Nujiang Lisu Nationality	12 395	12 140	7 131	15 170
迪庆藏族自治州	Diqing Tibetan Nationality	14 429	14 687	9 001	8 260
二、自治州以外的自治县小计	**Autonomous Counties Other Than the Above Prefectures**	**9 436**	**9 923**	**5 795**	**9 581**
石林彝族自治县	Shilin Yi Nationality	9 432	9 538	7 490	9 773
禄劝彝族苗族自治县	Luquan Yi , Miao Nationality	9 119	9 407	5 392	
寻甸回族彝族自治县	Xundian Hui , Yi Nationality	8 312	8 255	6 477	18 081
峨山彝族自治县	Ershan Yi Nationality	10 789	11 303	5 522	
新平彝族傣族自治县	Xinping Yi , Dai Nationality	11 234	11 743	7 343	10 735
元江哈尼族彝族傣族自治县	Yuanjiang Hani , Yi , Dai Nationality	9 781	9 691	6 748	11 547
普洱哈尼族彝族自治县	Puer Hani , Yi Nationality	9 069	9 229	6 589	8 942
墨江哈尼族自治县	Mojiang Hani Nationality	9 814	10 486	5 939	7 741
景东彝族自治县	Jingdong Yi Nationality	9 387	9 752	6 620	6 701
景谷傣族彝族自治县	Jinggu Dai , Yi Nationality	9 321	9 322	6 784	10 042
镇沅彝族哈尼族拉祜族自治县	Zhenyuan Yi , Hani , Lahu Nationality	9 024	9 617	4 291	
江城哈尼族彝族自治县	Jiangcheng Hani , Yi Nationality	8 846	9 960	4 993	2 768
孟连傣族拉祜族佤族自治县	Menglian Dai , Lahu , Wa Nationality	9 403	9 668	6 073	9 056
澜沧拉祜族自治县	Lanchang Lahu Nationality	10 093	10 356	7 222	7 145
西盟佤族自治县	Ximeng Wa Nationality	8 043	11 460	1 840	6 927
丽江纳西族自治县	Lijiang Naxi Nationality	10 856	11 561	6 615	8 260
宁蒗彝族自治县	Ninglang Yi Nationality	8 713	8 814	6 359	9 200
双江拉祜族佤族布朗族傣族自治县	Shuangjiang Lahu , Wa , Bulang , Dai Nationality	6 432	9 628	6 000	6 514
耿马傣族佤族自治县	Gengma Dai , Wa Nationality	9 242	9 238	8 249	9 403
沧源佤族自治县	Changyuan Wa Nationality	9 663	10 347	5 095	8 183

3-18 少数民族自治地方财政收入和支出

Total Revenue and Expenditures of Minority Aautonomous Areas

单位：万元 (10 000 yuan)

地　区	Region	财政收入 Total Revenue		财政支出 Total Expenditures	
		2000年	2001年	2000年	2001年
总　计	**Total**	**464 155**	**526 020**	**1 292 331**	**1 715 074**
一、自治州小计	**Autonomous Prefectures**	**372 792**	**424 022**	**1 010 220**	**1 353 450**
楚雄彝族自治州	Chuxiong Yi Nationality	72 299	75 044	189 202	240 634
红河哈尼族彝族自治州	Honghe Hani , Yi Nationality	104 071	123 092	236 622	296 274
文山壮族苗族自治州	Wenshan Zhuang , Miao Nationality	36 666	44 966	142 601	193 994
西双版纳傣族自治州	Xishuangbanna Dai Nationality	30 852	33 616	63 148	85 423
大理白族自治州	Dali Bai Nationality	91 294	104 131	207 071	276 307
德宏傣族景颇族自治州	Dehong Dai , Jingpo Nationality	22 086	25 318	71 826	100 258
怒江傈僳族自治州	Nujiang Lisu Nationality	9 669	10 868	49 498	73 343
迪庆藏族自治州	Diqing Tibetan Nationality	5 855	6 987	50 252	87 217
二、自治州以外的自治县小计	**Autonomous Counties Other Than the Above Prefectures**	**91 363**	**101 998**	**28 2 111**	**361 624**
石林彝族自治县	Shilin Yi Nationality	8 510	10 538	1 5 244	16 801
禄劝彝族苗族自治县	Luquan Yi , Miao Nationality	5 046	5 328	19 335	21 850
寻甸回族彝族自治县	Xundian Hui , Yi Nationality	6 984	6 749	21 254	24 988
峨山彝族自治县	Ershan Yi Nationality	5 599	5 753	16 098	22 166
新平彝族傣族自治县	Xinping Yi , Dai Nationality	6 611	7 263	19 944	24 506
元江哈尼族彝族傣族自治县	Yuanjiang Hani , Yi , Dai Nationality	5 849	5 894	17 651	20 370
普洱哈尼族彝族自治县	Puer Hani , Yi Nationality	4 178	4 580	11 266	13 462
墨江哈尼族自治县	Mojiang Hani Nationality	4 369	5 189	14 468	18 173
景东彝族自治县	Jingdong Yi Nationality	5 681	6 620	15 668	19 943
景谷傣族彝族自治县	Jinggu Dai , Yi Nationality	8 575	9 587	14 121	21 470
镇沅彝族哈尼族拉祜族自治县	Zhenyuan Yi , Hani , Lahu Nationality	3 034	3 059	10 811	15 387
江城哈尼族彝族自治县	Jiangcheng Hani , Yi Nationality	1 075	1 259	7 832	9 210
孟连傣族拉祜族自治县	Menglian Dai , Lahu , Wa Nationality	2 157	2 856	7 440	10 747
澜沧拉祜族自治县	Lanchang Lahu Nationality	3 267	3 871	18 807	23 843
西盟佤族自治县	Ximeng Wa Nationality	623	716	6 670	8 826
丽江纳西族自治县	Lijiang Naxi Nationality	8 872	10 550	21 587	30 004
宁蒗彝族自治县	Ninglang Yi Nationality	1 236	1 020	14 872	19 171
双江拉祜族佤族布朗族傣族自治县	Shuangjiang Lahu , Wa , Bulang , Dai Nationality	2 000	2 326	8 340	11 275
耿马傣族佤族自治县	Gengma Dai , Wa Nationality	5 650	6 506	11 544	16 036
沧源佤族自治县	Changyuan Wa Nationality	2 047	2 334	9 159	13 396

四、人 口

POPULATION

4-1 历年全省年末人口数

Historical Provincial Population(year-end)

单位:万人 (10 000 persons)

年份 Year	总人口 Total Population	按性别分 By Sex		按城乡分 By Residence		按农业、非农业分 Agricultural and Non-Agricultural	
		男 Male	女 Female	市镇人口 Urban	乡村人口 Rural	农业人口 Agricultural Population	非农业人口 Non-Agricultural Population
1949	1 595.0						0
1952	1 695.1			82.3	1 612.8		0
1957	1 896.8	941.9	954.8	237.1	1 659.7	1 717.0	179.8
1958	1 914.5	959.9	954.6	349.7	1 564.8	1 647.4	267.1
1960	1 894.6	937.8	956.7	305.2	1 589.4	1 615.9	278.7
1962	1 963.7	966.2	997.5	275.0	1 688.7	1 776.5	187.2
1965	2 160.4	1 075.3	1 085.1	261.4	1 899.0	1 925.5	234.9
1970	2 503.3	1 246.4	1 256.9	271.2	2 232.1	2 256.0	247.3
1971	2 592.7	1 291.4	1 301.3	297.4	2 295.3	2 331.7	261.0
1972	2 663.1	1 327.5	1 335.6	312.2	2 350.9	2 381.9	281.2
1973	2 746.9	1 369.7	1 377.2	323.9	2 423.0	2 461.7	285.2
1974	2 819.0	1 408.0	1 411.0	326.1	2 492.9	2 524.7	294.3
1975	2 884.3	1 441.8	1 442.5	335.9	2 548.4	2 585.9	298.4
1976	2 951.7	1 477.1	1 474.6	343.3	2 608.4	2 646.7	305.0
1977	3 024.6	1 515.0	1 509.6	351.7	2 672.9	2 712.4	312.2
1978	3 091.5	1 548.7	1 542.8	375.7	2 715.8	2 767.5	324.0
1979	3 134.8	1 569.1	1 565.6	388.3	2 746.5	2 798.2	336.6
1980	3 173.4	1 590.0	1 583.4	395.4	2 778.0	2 828.8	344.6
1981	3 222.8	1 622.2	1 600.6	416.5	2 806.3	2 873.0	349.8
1982	3 283.1	1 657.5	1 625.6	433.0	2 850.1	2 924.8	358.3
1983	3 330.8	1 683.1	1 647.7	472.0	2 858.8	2 963.1	367.7
1984	3 372.1	1 707.3	1 664.8	698.7	2 673.4	2 994.8	377.3
1985	3 418.1	1 733.7	1 684.4	904.6	2 513.5	3 021.9	396.2
1986	3 480.0	1 766.8	1 713.2	1 007.5	2 472.5	3 071.8	408.2
1987	3 534.0	1 797.7	1 736.3	996.2	2 537.8	3 112.0	422.0
1988	3 594.0	1 829.0	1 765.0	1 426.1	2 167.9	3 159.5	434.5
1989	3 648.0	1 861.2	1 786.8	1 524.5	2 123.5	3 204.8	443.2
1990	3 730.6	1 910.8	1 819.8	1 510.1	2 220.5	3 271.7	458.9
1991	3 782.1	1 939.1	1 843.0	1 555.2	2 226.9	3 312.0	470.1
1992	3 831.6	1 967.1	1 864.5	1 608.1	2 223.5	3 346.9	484.7
1993	3 885.2	1 997.0	1 888.2	1 664.0	2 221.2	3 380.5	504.7
1994	3 939.2	2 027.1	1 912.1	1 782.1	2 157.1	3 414.5	524.7
1995	3 989.6	2 055.2	1 934.4	1 821.3	2 168.3	3 445.5	544.1
1996	4 041.5	2 084.8	1 956.7	1 857.4	2 184.1	3 477.2	564.3
1997	4 094.0	2 112.9	1 981.1	1 937.3	2 156.7	3 506.1	587.9
1998	4 143.8	2 139.0	2 004.8	1 951.7	2 192.1	3 538.0	605.8
1999	4 192.4	2 165.8	2 026.6	1 991.3	2 201.1	3 554.8	637.6
2000	4 240.8	2 192.0	2 048.8	990.6	3 250.2	3 584.3	656.5
2001	4 287.4	2 217.4	2 070.0	1 066.0	3 221.4	3 609.9	677.5

注：本表从1983年起总人口为抽样调查推断数，其分组指标按人口统计年报比例推算。

Note:In the Table the total population from 1983 is estimated on the basis of population sample serveys ,and the division indicators are estimated on the basis of ratio of annual population statistics reports.

4-2 各地区户数、人口数及构成（2001年）

Composition of Household and Population by Region (2001)

地　区	Region	总户数 Family Households (10000Households)	总人口（万人） Total Population (10000 Persons)	按性别分（万人） By Sex (10000 Persons) 男 Male	女 Female	按城乡分（万人） By Residence (10000 Persons) 市镇人口 Urban	乡村人口 Rural	按农业、非农业分（万人） By Agricultural And Non-Agricultural (10000 Persons) 农业人口 Agricultural Population	非农业人口 Non-Agricultural Population	人口密度（人/平方公里） Population Density (Persons/sq.km)
全省合计	**Total**	**1 046.7**	**4 287.4**	**2 217.3**	**2 070.1**	**1 066**	**3 221.4**	**3 609.9**	**677.5**	**108.78**
昆　明	Kunming	141.1	487.5	251.9	235.6	308.0	179.5	292.7	194.8	225.88
曲　靖	Qujing	142.0	550.9	290.1	260.8	126.8	424.1	484.0	66.9	184.53
玉　溪	Yuxi	56.1	203.4	102.9	100.5	75.9	127.5	168.5	34.9	133.07
保　山	Baoshan	57.4	235.9	120.8	115.1	44.0	191.9	212.4	23.5	120.13
昭　通	Zhaotong	121.5	496.2	258.1	238.1	58.3	437.9	460.1	36.1	215.54
楚　雄	Chuxiong	63.9	252.4	130.4	122.0	56.0	196.4	218.0	34.4	86.27
红　河	Honghe	102.3	396.0	203.9	192.1	105.1	290.9	325.5	70.5	120.25
文　山	Wenshan	74.1	327.6	170.2	157.4	55.6	272.1	300.0	27.6	101.62
思　茅	Simao	57.3	231.4	121.7	109.7	45.2	186.2	202.0	29.4	50.99
西双版纳	Xishuangbanna	22.7	85.9	43.8	42.1	21.9	64.0	59.4	26.5	43.60
大　理	Dali	86.3	330.9	168.4	162.5	69.4	261.6	292.0	38.9	112.33
德　宏	Dehong	23.9	102.8	51.9	50.9	26.9	76.0	83.3	19.5	89.19
丽　江	Lijiang	28.2	110.8	56.7	54.1	20.5	90.4	97.1	13.7	52.22
怒　江	Nujiang	11.4	46.6	24.0	22.6	6.9	39.7	39.7	6.9	31.69
迪　庆	Diqing	7.8	33.3	17.0	16.3	6.0	27.3	29.1	4.2	13.95
临　沧	Lincang	50.8	214.9	111.9	103.0	39.8	175.1	193.9	21.0	87.83

注：全省合计系人口抽样调查推断数据，分地区数系公安人口年报数。城镇人口系统计、公安、建设最新统计。

Note: The provincial total is estimated on the basis of population sample survey. The figure by region is from the annual population report from public security departments. The urban population is the latest sum from statistics and public security.

4-3 全省分民族人口数（2001年）

Provincial Population by Nationality (2001)

民　族	Nationality	人口数（万人） Population	比重（%） Proportion	民　族	Nationality	人口数（万人） Population	比重（%） Proportion
总　计	**Total**	**4 287.4**	**100.00**	藏　族	Tibetan	12.38	0.30
汉　族	Han Nationality	2 734.27	66.58	景颇族	Jingpo Nationality	13.06	0.32
彝　族	Yi Nationality	451.77	11.00	布朗族	Bulang Nationality	9.14	0.22
白　族	Bai Nationality	148.56	3.62	普米族	Pumi Nationality	3.30	0.08
哈尼族	Hani Nationality	135.99	3.31	怒　族	Nu Nationality	2.68	0.07
壮　族	Zhuang Nationality	113.43	2.76	阿昌族	Achang Nationality	3.24	0.08
傣　族	Dai Nationality	113.99	2.78	基诺族	Jinuo Nationality	1.95	0.05
苗　族	Miao Nationality	98.44	2.40	德昂族	Deang Nationality	1.76	0.04
傈僳族	Lisu Nationality	60.59	1.48	蒙古族	Mongolian	1.55	0.04
回　族	Hui Nationality	62.89	1.53	独龙族	Dulong Nationality	0.60	0.01
拉祜族	Lahu Nationality	43.00	1.05	满　族	Manchu Nationality	0.86	0.02
佤　族	Wa Nationality	37.24	0.91	水　族	Shui Nationality	0.97	0.02
纳西族	Naxi Nationality	28.04	0.68	布依族	Buyi Nationality	4.27	0.10
瑶　族	Yao Nationality	18.92	0.46	其他族	Other Nationalities	3.78	0.09

注：全省总计系人口抽样调查推断数据，分民族数系公安人口年报数。

Note: The provincial total is estimated on the basis of population sample survey. The figure by nationality is from the annual population report from public security departments.

4-4 主要年份全省人口出生率、死亡率、自然增长率

Birth Rate,Death Rate and Natural Growth Rate of Provincial Population in Main Years

年份 Year	年平均人口(万人) Annual Average Population (10 000 persons)	出生 Birth		死亡 Death		自然增长 Natural Growth	
		人数(万人) Population (10 000 persons)	出生率(‰) Birth Rate	人数(万人) Population (10 000 persons)	死亡率(‰) Death Rate	人数(万人) Population (10 000 persons)	自然增长率(‰) Natural Growth Rate
1952	1 677.70	56.5	33.69	27.1	16.16	29.4	17.50
1957	1 869.20	67.8	36.27	30.5	16.29	37.3	19.90
1962	1 931.80	76.7	39.71	21.0	10.85	55.7	28.90
1965	2 124.40	93.5	44.01	27.6	12.99	65.9	31.00
1970	2 548.00	97.1	38.11	20.4	8.02	76.7	30.10
1973	2 705.00	98.4	36.38	23.3	8.60	75.2	27.80
1974	2 782.90	95.6	34.36	24.9	8.49	70.8	25.40
1975	2 851.60	90.5	31.72	24.7	8.68	65.7	23.00
1976	2 918.00	92.9	31.83	22.9	7.84	70.0	24.00
1977	2 988.20	92.6	31.01	22.8	7.65	69.8	23.36
1978	3 058.00	86.8	28.37	21.2	6.93	65.6	21.44
1979	3 113.10	75.0	24.08	25.3	8.13	49.7	15.95
1980	3 154.10	65.9	20.91	23.2	7.36	42.7	13.54
1981	3 198.10	81.1	25.36	27.5	8.60	53.6	16.76
1982	3 252.90	77.4	23.80	32.1	9.88	45.3	13.92
1983	3 307.00	77.8	23.57	30.3	9.19	47.5	14.38
1984	3 351.50	67.8	20.29	26.5	7.92	41.3	12.37
1985	3 395.10	72.9	21.55	27.2	8.03	45.8	13.52
1986	3 449.50	89.1	26.03	27.0	7.87	62.1	18.16
1987	3 457.00	83.5	23.97	29.3	8.40	54.2	15.57
1988	3 564.00	84.9	24.00	25.2	7.13	59.7	16.87
1989	3 621.00	83.0	23.07	29.0	8.05	54.0	15.02
1990	3 689.30	87.0	23.60	29.0	7.92	58.0	15.68
1991	3 756.40	81.9	21.80	30.4	8.10	51.5	13.70
1992	3 806.90	79.9	21.00	30.5	8.00	49.5	13.00
1993	3 858.40	84.9	22.00	31.3	8.10	53.6	13.90
1994	3 912.20	85.3	21.80	31.3	8.00	54.0	13.80
1995	3 964.40	82.3	20.75	31.8	8.03	50.5	12.73
1996	4 015.60	83.8	20.87	31.9	7.94	51.9	12.93
1997	4 067.80	84.7	20.82	32.2	7.91	52.5	12.91
1998	4 118.90	82.4	20.01	32.6	7.91	49.8	12.10
1999	4 168.10	81.2	19.48	32.6	7.82	48.6	11.66
2000	4 216.60	80.3	19.05	31.9	7.57	48.4	11.48
2001	4 264.10	78.9	18.51	32.3	7.57	46.6	10.94

注：本表从1983年起的数字系抽样调查推断数。其余年份数字均为人口年报数。

Note:In the table data from 1983 are estimated on the basis of population sample serveys,and the others are obtained from annual population reports.

4-5 各地区人口出生率、死亡率、自然增长率（2001年）
Birth Rate,Death Rate and Natural Growth Rate of Population by Region(2001)

单位：万人、‰ (10 000 persons, ‰)

地　区	Region	出　生 Birth		死　亡 Death		自然增长 Natural Growth	
		人　数 Population	出生率 Birth Rate	人　数 Population	死亡率 Death Rate	人　数 Population	自然增长率 Natural Growth Rate
全省合计	**Total**	**78.9**	**18.51**	**32.3**	**7.57**	**46.6**	**10.94**
昆　明	Kunming	7.7	15.84	3.7	7.72	3.9	8.12
曲　靖	Qujin	9.8	17.82	3.8	7.00	5.9	10.82
玉　溪	Yuxi	3.4	16.93	1.6	7.91	1.8	9.02
昭　通	Zhaotong	10.3	20.87	3.9	7.97	6.4	12.90
楚　雄	Chuxiaong	4.3	17.19	1.9	7.60	2.4	9.59
红　河	Honghei	7.4	18.83	3.0	7.53	4.5	11.30
文　山	Wenshan	6.4	19.56	2.6	8.02	3.8	11.54
思　茅	Simao	4.1	17.59	1.8	7.59	2.3	10.00
西双版纳	Xishuangbanna	1.6	18.51	0.6	7.41	1.0	11.10
大　理	Dali	5.6	17.03	2.6	7.80	3.0	9.23
保　山	Baoshan	4.1	17.52	1.8	7.90	2.3	9.62
德　宏	Dehong	2.0	19.15	0.8	7.98	1.1	11.17
丽　江	Lijiang	2.1	18.92	0.9	8.00	1.2	10.92
怒　江	Nujiang	0.9	20.10	0.4	8.73	0.5	11.37
迪　庆	Diqing	0.6	19.39	0.3	8.26	0.4	11.13
临　沧	Linchang	4.3	19.87	1.8	8.52	2.4	11.35

注：全省总计系人口抽样调查推断数，分地区数系计划生育人口年报数。

Note:The provincial population total is estimated on the basis of population sample serveys ,and the regional data are taken from the annual reports on birth control of population .

4-6 全省户数、平均人口及人口密度
Number of Provincial Households，Average Population and Population Density

年　份 Year	户　数（万户） Number of Households (10 000 households)	平均每户人数（人／户） Average Households Size (person/household)	年平均人口（万人） Annual Average Population (10 000 persons)	农业人口 Agricultural Population	非农业人口 Non-Agricultural Population	人口密度面（人/平方公里） Population Density (person/sq.km)
1957	395.01	4.8	1 869.20	1 717.0	179.8	45.6
1965	446.3	4.8	2 124.40	1 903.9	220.6	54.8
1970	481.4	5.2	2 548.00	2 217.3	245.8	63.5
1975	538.3	5.4	2 851.60	2 555.3	296.4	73.2
1978	571.8	5.4	3 058.00	2 740.0	318.1	78.5
1980	590.9	5.4	3 154.10	2 813.5	340.6	80.5
1985	667.4	5.1	3 395.10	3 008.4	386.8	86.8
1990	812	4.5	3 689.30	3 238.3	451.1	94.7
1995	925.9	4.3	3 964.40	3 430.0	534.4	101.3
1996	946.1	4.3	4 015.60	3 461.4	554.2	102.6
1997	965.4	4.2	4 067.80	3 491.7	576.1	103.9
1998	991.3	4.2	4 118.90	3 522.1	596.9	105.2
1999	1 012.0	4.2	4 168.10	3 554.8	637.6	106.4
2000	1 030.6	4.1	4 216.60	3 584.3	656.5	107.6
2001	1 046.7	4.1	4 264.10	3 609.9	677.5	108.8

主要统计指标解释

人口数 指一定时点,一定地区范围内的有生命的自然人的总和。年度统计的年末人口数是指每年 12 月 31 日 24 时的人口数。

市镇人口和乡村人口 1999 年以前一般是按常住人口划分的。

市镇人口 指市辖区、县级市和镇辖行政区内的全部人口。

乡村人口 指县(不含镇)的全部人口。

2000 年的城镇人口是第五次人口普查快速汇总数据,城镇人口是按国家统计局 1999 年发布的《关于统计上划分城乡的规定(试行)》计算的。

市 由国务院批准设立。

镇 由省、市、自治区、直辖市人民政府批准设立。1963 年以前为常住人口在 2,000 人以上,非农业人口占 50%以上的,1964 年起改为常住人口在 3,000 人,非农业人口占 85%以上的。1984 年后又调整为,凡县级地方国家机关所在地;或总人口在 20,000 人以下的乡,乡政府驻地非农业人口超过 2,000 人的;或总人口在 20,000 人以上的乡、乡政府驻地非农业人口占全乡人口 10%以上;或少数民族地区、人口稀少的边远地区、山区和小型工矿区、小港口、风景旅游、边境口岸等地,非农业人口不足 2,000 人,确有必要,都可建镇。

人口密度 指一定时点一定地区的人口数与该地区的面积数之比,即一定时点的单位土地面积上的人口数通常以每平方公里的居民人数来表示:

人口密度=该地区的人口数/该地区的土地面积

出生率(又称粗出生率) 指一定时期内(通常为一年内)平均每千人所出生的人数的比例,一般用千分率表示。计算公式:

出生率=年出生人数/年平均人数×1000‰

出生人数是指活产婴儿,即胎儿脱离母体时(不管怀孕月数)有过呼吸或其他生命现象。

年平均人数是年初、年末人口数的平均数,也可用年中人口数代替。

死亡率 指在一定时期内(通常为一年内)一定地区的死亡人数与同期平均人数(或期中人数)之比,一般用千分率表示。计算公式:

死亡率=年死亡人数/年平均人数 ×1000‰

人口自然增长率 在一定时期内(通常为一年内)人口自然增加数(出生人数减死亡人数)与平均人数(或期中人数)之比,一般用千分表示。计算公式:

人口自然增长率=本年出生人口数-本年死亡人口数/年平均人数×1000%

人口自然增长率=人口出生率-人口死亡率

性别比 反映两性人口比例的指标,指在总人口中或各年龄组人口中,男性人数与女性人数之比。通常以每 100 个女性人口相对应的男性人口数。计算公式:

性别比=男性人口/女性人口×100%

Explanatory Notes on Main Statistical Indicators

Total Population refers to the number of people alive at a certain point of time within a given area. The annual statistics on total population is taken at midnight, the 31st of December.

Urban Population and Rural Population It was divided by the permanent residence before 1999.

Urban Population refers to total population under the jurisdiction of city and the population of towns under the jurisdiction of counties.

Rural Population refers to total population of townships under the jurisdiction of counties.

(The data of urban population and rural population in 2000 are obtained from the advance tabulation of the 5th national population census. Urban population and rural population are classified according to *the regulation of Statistics Classification on Urban and Rural Population (Draft)*, formulated by the National Bureau of Statistics in 1999).

City refers to the municipalities or cities established with the approval of the State Council.

Town refers to the towns established with the approval of the people's governments of province, municipality, autonomous region and municipality directly under the Central Government. Before 1963 it meant the town with permanent population over 2,000 and non-agricultural population over 50%; in 1964 it was modified to mean the town with permanent population over 3,000 and non-agricultural population over 85%; after 1984 it was adjusted to mean the town where county-level local state agencies are located; or the town where township government is located with total population below 20,000 and non-agricultural population over 2,000; or the town where township government is located with total population over 20,000 and non-agricultural population over 10%; or the area where minority nationalities live, the remote area or mountainous area with less population, small-scale mining area, small harbor area, scenic spot or border port areas, etc. where non-agricultural population is less than 2,000, but a town can be established if necessary.

Population Density refers to the ratio of population to the area at a certain point of time within a given area, i.e., the population of unit land area at a certain point of time, which is often expressed as number of inhabitants per square kilometer:

Population density = number of population in the region/land area in the region

Birth Rate or (crude Birth Rate) refers to the ratio of the number of births to the average population during a certain period of time (usually a year) which is often expressed in ‰. The following formula is used:

Birth Rate = Number of Births/Annual Average Number of Population × 1000‰.

Number of births refers to live births, i.e., the births when babies had showed any vital phenomena regardless of the length of pregnancy.

Annual Average Number of Population is the average of the number of population at the beginning of the year and that at the end of the year. Sometimes it is substituted for with the mid year population.

Death Rate (or Crude Death Rate) refers to the ratio of the number of deaths to the average population (or mid-period population) during a certain period of time (usually a year) which is often expressed in ‰. The following formula is used:

Death Rate = Number of Deaths/Annual Average Number of Population × 1000‰.

Natural Growth Rate of Population refers to the ratio of natural increase in population (number of births minus number of deaths) in a certain period of time (usually a year) to the average population (or mid-period population)of the same period which is often expressed in ‰. The following formulas are applied:

Natural Growth of Population = (Number of Birth－Number of Deaths)/Average Number of Population × 1000‰.

Natural Growth Rate of Population = Birth Rate—Death Rate

Sex Ratio reflects the indicator of male population and female population, which refers to the ratio of male population to female population in total population or population by age group. It usually means relevant male population per 100 female population with the following formula:

Sex ratio = male population/female population ×100%.

五、从业人员和职工工资

EMPLOYMENT & WAGE

5-1 就业基本情况
Employment

项目	Item	1995年	1998年	1999年	2000年	2001年
从业人员(万人)	**Total Number of Employed Persons (10 000 persons)**	**2 149.0**	**2 240.5**	**2 244.0**	**2 295.4**	**2 322.5**
第一产业	Primary Industry	1656.1	1687.5	1720.4	1 695.9	1710.4
第二产业	Secondary Industry	216.6	232.0	197.5	210.4	207.9
第三产业	Tertiary Industry	276.3	321.0	326.1	389.2	404.2
从业人员构成(合计=100)	**Composition of Employed Persons (total=100)**					
第一产业	Primary Industry	77.1	75.3	76.7	73.9	73.6
第二产业	Secondary Industry	10.1	10.4	8.8	9.2	9.0
第三产业	Tertiary Industry	12.9	14.3	14.5	17.0	17.4
按城乡分从业人员(万人)	**Number of Employed Persons by Urban and Rural Areas (10 000 persons)**					
城镇从业人员(万人)	Urban Employed Persons (10 000 persons)	350.8	361.7	361.9	346.1	351.1
#国有单位	State-owned Units	269.3	250.6	236.6	224.6	212.0
城镇集体单位	Urban Collective-owned Units	44.0	33.5	28.8	26.0	22.4
股份合作单位	Cooperative Units	2.2	3.1	3.4	3.9	4.4
联营单位	Joint Ownership Units	0.7	0.3	0.2	0.3	0.3
有限责任公司	Limited Liability Corporations		5.1	10.6	12.7	16.8
股份有限公司	Share-holding Corporations Ltd.		7.9	9.3	9.2	10.4
私营企业	Private Enterprises	4.4	16.5	21.0	22.9	32.4
港澳台商投资单位	Units with Funds from Hong Kong, Macao & Taiwan	1.4	1.8	2.0	1.7	1.7
外商投资单位	Foreign Funded Units	1.0	1.3	1.2	1.3	1.3
个体	Self-employed Individuals	27.9	41.5	48.9	43.5	49.4
乡村从业人员(万人)	Rural Employed Persons (10 000 persons)	1798.0	1878.8	1881.8	1 948.9	1971.0
#乡镇企业	Township and Village Enterprises	277.0	395.3	413.9	267.8	287.7
乡镇私营企业	Private Enterprisess	8.8	2.7	28.7	35.5	44.9
乡镇个体企业	Self-employed Individuals	161.6	261.9	308.3	160.1	182.2
城镇单位在岗职工人数(万人)	**Number of Staff and Workers (10 000 persons)**	**311.5**	**295.1**	**284.5**	**273.4**	**261.6**
#国有单位	State-owned Units	262.9	245.2	231.3	220.6	207.3
#企业	Enterprises	153.6	127.1	112.5	102.5	90.1
#地方企业	Local Enterprises	120.0	97.5	85.3	79.0	69.8
事业	Institutions	73.8	79.0	80.7	81.8	81.1
机关	Agencies & Organizations	35.5	39.1	38.2	36.3	36.2
城镇集体单位	Urban Collective-owned Units	43.3	30.5	26.7	23.7	20.0
其他单位	Units of Other Types of Ownership	5.4	19.4	26.5	29.1	34.3
城镇单位女性从业人员(万人)	Number of Female Employment in Urban Units (10 000 persons)	112.7	108.8	107.8	102.8	99.5
城镇登记失业人数(万人)	Number of Registered Unemployed persons in Urban Areas (10 000 persons)	8.1	6.0	6.2	6.8	8.0
城镇登记失业率(%)	Registered Unemployment Rate in Urban Areas (%)	2.3	2.2	2.5	2.6	3.3

注：1.乡镇企业及乡镇私营、个体企业从业人员人数由于规范统计口径，2000年及以后的数据与1999年及以前的数据不可比。

2.2000年及以后从业人员人数，按一、二、三产业划分的从业人员人数计算方法有调整，详见本篇末指标解释。

Note: a.The figures of township enterprises, township private units and individual enterprises recorded after 2000 can not be compared with those of 1999 due to the standardized statistics.

b.Starting from 2000, the statistical method for employed persons in primary, secondary and tertiary industries is adjusted. The detail is explained in the explanatory notes.

5-2 主要年份按城乡分的年底从业人员数
Number of Employed Persons in Major Years

单位：万人 (10 000 persons)

年份 Year	从业人员 Total	城镇单位从业人员 Urban Employed Persons 职工人数 Number of Staff and Workers	国有单位 Stats-owned Economic Units	集体单位 Collective-owned Economic Units	其他单位 Other Types of Ownership	其他从业人员 Others	城镇个体和私营从业人员 Urban and Rural Self-employed Individuals and Private Enterprises	乡村从业人员 Rural Employed Persons
1978	1 313.39	216.04	190.66	25.38			0.24	1 097.11
1980	1 404.03	229.82	200.67	29.15			0.83	1 173.38
1985	1 672.34	263.00	222.41	40.16	0.43		11.66	1 397.68
1990	1 922.65	291.87	249.26	41.94	0.67		13.75	1 617.03
1991	1 989.54	303.07	257.31	45.00	0.76		15.37	1 671.10
1992	2 032.54	308.11	260.36	47.09	0.66		15.03	1 709.40
1993	2 071.53	310.35	261.50	46.73	2.12		18.48	1 742.70
1994	2 108.70	311.37	262.26	44.90	4.21	7.90	25.6	1 763.83
1995	2 149.00	311.50	262.86	43.28	5.36	7.23	32.3	1 797.97
1996	2 186.20	315.40	267.00	41.30	7.10	9.00	33.3	1 828.50
1997	2 223.50	313.70	265.10	39.10	9.50	8.00	41.2	1 860.60
1998	2 240.50	295.10	245.20	30.50	19.40	9.10	57.5	1 878.80
1999	2 244.00	284.50	231.30	26.70	26.50	7.80	69.9	1 881.80
2000	2 295.40	273.40	220.60	23.70	29.10	6.80	66.4	1 948.91
2001	2 322.53	261.61	207.31	20.03	34.27	8.07	81.83	1 971.02

5-3 各地区按城乡分的年底从业人员数（2001年）
Numer of Employed Persons by region (2001)

单位：万人 (10 000 persons)

地区	Region	从业人员 Total	城镇单位从业人员 Urban Employed Persons 职工人数 Number of Staff and Workers	国有单位 Stats-owned Economic Units	集体单位 Collective-owned Economic Units	其他单位 Other Types of Ownership	其他从业人员 Others	城镇个体和私营 Urban and Rural Self-employed Individuals and Private Enterprises	乡村从业人员 Rural Employed Persons
全省合计	**Total**	**2 322.53**	**261.61**	**207.31**	**20.03**	**34.27**	**8.07**	**81.83**	**1 971.02**
昆明	Kunming	288.82	77.72	54.27	6.00	17.46	3.28	27.70	180.12
曲靖	Qujing	307.93	25.71	23.05	1.91	0.75	0.47	5.02	276.73
玉溪	Yuxi	124.85	14.77	11.54	1.43	1.79	0.27	5.65	104.16
保山	Baoshan	246.25	9.89	7.37	0.75	1.78	0.04	4.59	231.74
昭通	Zhaotong	154.33	15.48	13.61	1.65	0.22	0.09	5.09	133.67
楚雄	Chuxiong	218.25	13.00	10.79	1.04	1.18	0.44	9.09	195.70
红河	Honghe	202.03	25.64	20.56	2.43	2.65	0.76	3.64	171.99
文山	Wenshan	126.56	11.26	9.79	0.62	0.85	0.11	3.76	111.43
思茅	Simao	48.00	13.50	9.88	1.04	2.58	0.74	1.65	32.11
西双版纳	Xishuangbanna	183.43	10.63	8.91	0.75	0.97	0.32	4.84	167.65
大理	Dali	140.99	15.80	13.53	1.00	1.27	0.32	2.22	122.65
德宏	Dehong	57.94	8.20	7.03	0.45	0.72	0.16	2.29	47.29
丽江	Lijiang	63.75	5.68	4.73	0.38	0.57	0.22	1.46	56.39
怒江	Nujiang	26.88	2.89	2.52	0.05	0.32	0.12	0.95	22.93
迪庆	Diqing	18.98	2.01	1.92	0.07	0.02	0.07	0.81	16.09
临沧	Lincang	112.99	8.90	7.29	0.47	1.15	0.65	3.06	100.38

5-4 主要年份按三次产业分的年底从业人员数

Number of Employed Persons by Types of Industry(year-end)

单位：万人 (10 000 persons)

年 份 Year	合 计 Total	从业人员人数 第一产业 Primary Industry	第二产业 Secondary Industry	第三产业 Tertiary Industry	构成 Percentage (%) (total=100) 第一产业 Primary Industry	第二产业 Secondary Industry	第三产业 Tertiary Industry
1980	1 404.0	1 194.0	113.1	96.9	85.04	8.06	6.90
1985	1 672.3	1 329.2	172.0	171.1	79.48	10.29	10.23
1986	1 729.0	1 365.4	177.4	186.2	78.97	10.26	10.77
1987	1 777.5	1 411.1	182.9	183.5	79.39	10.29	10.32
1988	1 826.9	1 454.4	183.3	189.2	79.61	10.03	10.36
1989	1 880.7	1 503.2	183.9	193.6	79.93	9.78	10.29
1990	1 922.7	1 537.8	184.8	200.1	79.98	9.61	10.41
1991	1 989.5	1 588.8	191.7	209.0	79.86	9.64	10.5
1992	2 032.6	1 612.9	198.0	221.7	79.35	9.92	10.73
1993	2 071.5	1 630.9	203.6	237.0	78.73	9.88	11.44
1994	2 108.7	1 642.1	215.8	250.8	77.87	10.23	11.9
1995	2 149.0	1 656.1	216.6	276.3	77.06	10.08	12.86
1996	2 186.2	1 596.9	242.7	346.6	73.04	11.10	15.86
1997	2 223.5	1 653.2	236.0	334.3	74.35	10.61	15.04
1998	2 240.5	1 687.5	232.0	321.0	75.32	10.35	14.33
1999	2 244.0	1 720.4	197.5	326.1	76.67	8.80	14.53
2000	2 295.4	1 695.9	210.4	389.2	73.88	9.17	16.95
2001	2 322.5	1 710.5	207.9	404.2	73.65	8.95	17.40

注：2000年及以后从业人员人数，按一、二、三产业划分的从业人员人数计算方法有调整，详见本篇末指标解释。

Note: Starting from 2000, the statistical method for employed persons in primary, secondary and tertiary industries is adjusted. The detail is explained in the explanatory notes.

5-5 各地区按三次产业分的年底从业人员数（2001年）

Number of Employed Persons by Types of Industry(2001)

单位：万人 (10 000 persons)

地 区	Region	从业人员人数 合 计 Total	第一产业 Primary Industry	第二产业 Secondary Industry	第三产业 Tertiary Industry	构成 Percentage (%) (total=100) 第一产业 Primary Industry	第二产业 Secondary Industry	第三产业 Tertiary Industry
全省合计	**Total**	**2 322.53**	**1710.49**	**207.90**	**404.20**	**73.65**	**8.95**	**17.40**
昆 明	Kunming	288.82	144.10	50.65	94.07	49.87	17.54	32.58
曲 靖	Qujing	307.95	230.56	33.45	43.94	74.87	10.86	14.27
玉 溪	Yuxi	124.87	82.80	16.92	25.15	66.31	13.55	20.14
昭 通	Zhaotong	246.23	198.76	13.14	34.33	80.72	5.33	13.94
楚 雄	Chuxiong	154.34	117.84	9.91	26.59	76.35	6.42	17.23
红 河	Honghe	218.29	174.78	14.99	28.53	80.07	6.87	13.07
文 山	Wenshan	202.00	159.77	14.36	27.86	79.10	7.11	13.79
思 茅	Simao	126.58	101.78	4.26	20.53	80.41	3.37	16.22
西双版纳	Xishuangbanna	47.99	31.90	5.06	11.04	66.46	10.54	23.01
大 理	Dali	183.42	140.94	17.38	25.10	76.84	9.48	13.68
保 山	Baoshan	141.00	105.69	12.82	22.49	74.96	9.09	15.95
德 宏	Dehong	57.92	43.73	3.52	10.67	75.51	6.07	18.42
丽 江	Lijiang	63.76	48.80	4.78	10.18	76.54	7.49	15.96
怒 江	Nujiang	26.89	21.43	1.24	4.23	79.68	4.60	15.72
迪 庆	Diqing	19.44	15.12	0.43	3.90	77.73	2.23	20.04
临 沧	Lincang	112.98	92.50	4.97	15.50	81.88	4.40	13.72

5-6 主要年份分行业年底从业人员数
Number of Employed Persons by Sector(year-end)

单位：万人　　　　(10 000 persons)

行　业	Sector	1995年	1998年	1999年	2000年	2001年
合　计	**Total**	**2 149.0**	**2 240.5**	**2 244.0**	**2 295.4**	**2 322.5**
按行业分	**By Sector**					
1. 农、林、牧、渔业	Farming,Forestry,Animal Husbandry and Fishery	1 656.1	1 687.5	1 720.4	1 695.9	1 710.5
2. 采掘业	Mining and Quarrying	25.4	28.9	24.6	10.8	9.3
3. 制造业	Manufacturing	121.1	123.3	107.3	118.1	116.4
4. 电力、煤气及水的生产和供应业	Production and Supply of Electricity,Gas and Water	6.9	7.7	7.7	6.8	6.8
5. 建筑业	Construction	63.2	72.1	57.9	74.8	75.4
6. 地质勘查业、水利管理业	Geological Prospecting and Water Conservancy	3.4	2.9	2.8	2.8	2.5
7. 交通运输、仓储及邮电通讯业	Transport,Storage,Post and Telecommunication Services	48	51.3	56.3	55.8	55.6
8. 批发和零售贸易、餐饮业	Wholesale and Retail Trade and Catering Services	77.9	122	118	99.4	106.5
9. 金融、保险业	Finance and Insurance	7.1	7.5	7.6	7.5	7.5
10. 房地产业	Real Estate Trade	0.9	1.1	1.1	1.4	1.6
11. 社会服务业	Social Services	11.6	25.5	31.6	19.7	22.6
12. 卫生、体育和社会福利业	Health Care,Sports and Social Welfare	11.1	12.5	12.6	12.8	12.8
13. 教育、文化艺术和广播 电影电视业	Education,Culture ,Arts,Radio,Film and Television	45.2	48.2	48.7	49.7	50.2
14. 科学研究和综合技术服务业	Scientific Research and Polytechnic Services	4.2	6.1	5.3	5.3	5.2
15. 国家机关、政党机关和社会团体	Government Agencies,Party Agencies and Social Organizations	35.5	38.4	38.5	36.1	36.1
16. 其他行业	Others	31.4	3.7	3.6	98.8	103.5

注：2000年及以后分行业从业人员人数计算方法有调整，详见本篇末指标解释。
Note: Starting from 2000, the statistical method for employed persons is adjusted. The detail is explained in the explanatory notes.

5-7 主要年份分行业年底职工人数

Number of Staff and Workers by Sector(year-end)

单位：万人 (10 000 persons)

行　业	Sector	1995年	1998年	1999年	2000年	2001年
合　计	**Total**	**312**	**304**	**284.5**	**273.4**	**261.61**
按行业分	**By Sector**					
1. 农、林、牧、渔业	Farming,Forestry,Animal Husbandry and Fishery	23	22	20.5	20	18.77
2. 采掘业	Mining and Quarrying	15	12	10.8	10.1	8.52
3. 制造业	Manufacturing	79	65	58.7	54.7	51.03
4. 电力、煤气及水的生产和供应业	Production and Supply of Electricity,Gas and Water	6	7	7	6.7	6.78
5. 建筑业	Construction	24	23	20.7	18.5	16.98
6. 地质勘查业、水利管理业	Geological Prospecting and Water Conservancy	3	3	2.8	2.8	2.50
7. 交通运输、仓储及邮电通讯业	Transport,Storage,Post and Telecommunication Services	19	17	17.5	17	16.79
8. 批发和零售贸易、餐饮业	Wholesale and Retail Trade and Catering Services	35	30	26.4	24.3	20.96
9. 金融、保险业	Finance and Insurance	7	8	7.4	7.3	7.28
10. 房地产业	Real Estate Trade	1	1	1.1	1.3	1.48
11. 社会服务业	Social Services	7	9	9.4	9.4	9.40
12. 卫生、体育和社会福利业	Health Care,Sports and Social Welfare	11	13	12.3	12.6	12.54
13. 教育、文化艺术和广播电影电视业	Education,Culture,Arts,Radio,Film and Television	42	48	47.1	48.5	48.81
14. 科学研究和综合技术服务业	Scientific Research and Polytechnic Services	4	6	3.6	3.5	3.13
15. 国家机关、政党机关和社会团体	Government Agencies,Party Agencies and Social Organizations	35	39	37.7	35.5	35.49
16. 其他行业	Others	1	1	1.5	1.2	1.16

5-8 各地区分行业年底从业人员数（2001年）

Number of Staff and Workers in State-owned Units by Sector and Region(2001)

单位：万人 (10 000 persons)

地区	Region	合计 Total	农、林、牧渔业 Farming,Forestry, Animal Husbandry and Fishery	采掘业 Mining and Quarrying	制造业 Manufacturing	电力、煤气及水的生产和供应业 Production and Supply of Electtricity,Gas and Water	建筑业 Construction
全省合计	**Total**	**2 322.53**	**1 710.49**	**9.28**	**116.40**	**6.84**	**75.43**
昆　明	Kunming	288.82	144.10	1.28	29.64	1.36	18.43
曲　靖	Qujing	307.95	230.56	1.34	20.14	1.01	10.96
玉　溪	Yuxi	124.87	82.80	0.94	8.65	0.41	6.92
保　山	Baoshan	141.00	105.69	0.37	4.97	0.50	6.98
昭　通	Zhaotong	246.23	198.76	0.14	6.01	0.22	6.76
楚　雄	Chuxiong	154.34	117.84	0.28	5.34	0.43	3.86
红　河	Honghe	218.29	174.78	1.36	8.70	0.34	4.59
文　山	Wenshan	202.00	159.77	1.45	10.49	0.79	1.63
思　茅	Simao	126.58	101.78	0.38	2.14	0.41	1.34
西双版纳	Xishuangbanna	47.99	31.90	0.86	3.33	0.33	0.54
大　理	Dali	183.42	140.94	0.20	8.33	0.12	8.74
德　宏	Dehong	57.92	43.73	0.11	2.51	0.26	0.63
丽　江	Lijiang	63.76	48.80	0.22	2.40	0.22	1.94
怒　江	Nujiang	26.89	21.43	0.25	0.62	0.07	0.31
迪　庆	Diqing	19.44	15.12	0.00	0.27	0.07	0.10
临　沧	Lincang	112.98	92.50	0.10	2.87	0.30	1.71

注：分行业从业人员人数计算方法见本篇末指标解释。

Note:The statistical method for employed persons is adjusted. The detail is explained in the explanatory notes.

5-8 续表1 continued

单位：万人 (10 000 persons)

地区	Region	地质勘查业、水利管理业 Geological Prospecting and Water Conservancy	交通运输、仓储及邮电通讯业 Transport,Storage, Post and Telecommunication Services	批发和零售贸易、餐饮业 Wholesale and Retail Trade & Catering Services	金融、保险业 Finance and Insurance	房地产业 Real Estate Trade
全省合计	**Total**	**2.52**	**55.60**	**106.46**	**7.54**	**1.57**
昆　明	Kunming	0.56	15.42	30.05	2.06	1.05
曲　靖	Qujing	0.32	5.99	10.38	0.67	0.09
玉　溪	Yuxi	0.17	4.20	8.17	0.54	0.04
保　山	Baoshan	0.22	3.43	4.91	0.53	0.05
昭　通	Zhaotong	0.11	2.76	6.78	0.33	0.03
楚　雄	Chuxiong	0.11	3.15	7.20	0.45	0.02
红　河	Honghe	0.25	3.64	8.82	0.53	0.05
文　山	Wenshan	0.30	2.58	5.78	0.63	0.10
思　茅	Simao	0.10	1.89	4.14	0.33	0.03
西双版纳	Xishuangbanna	0.15	0.99	2.28	0.37	0.01
大　理	Dali	0.06	5.00	7.72	0.17	0.04
德　宏	Dehong	0.03	1.57	2.72	0.25	0.02
丽　江	Lijiang	0.04	1.56	2.61	0.22	0.02
怒　江	Nujiang	0.01	0.46	0.91	0.10	0.00
迪　庆	Diqing	0.01	0.53	0.74	0.09	0.00
临　沧	Lincang	0.08	2.43	3.24	0.27	0.02

5-8 续表2 continued

单位：万人 (10 000 persons)

地区	Region	社会服务业 Social Services	卫生、体育和社会福利业 Health Care, Sports and Social Welfare	教育、文化艺术和广播电影电视业 Education, Culture and Aarts,Radio,Film and Television	科学研究和综合技术服务业 Scientific Research and Polytechnic Services	国家机关、政党机关和社会团体 Government Agencies,Party Agencies and Social Organizations	其他 Others
全省合计	**Total**	**22.59**	**12.82**	**50.18**	**5.22**	**36.07**	**103.52**
昆明	Kunming	9.91	3.40	8.35	4.09	6.60	12.57
曲靖	Qujing	1.22	0.97	5.97	0.11	3.19	15.04
玉溪	Yuxi	1.15	0.82	2.70	0.10	2.09	5.17
保山	Baoshan	0.84	1.04	3.64	0.10	2.71	5.02
昭通	Zhaotong	1.00	0.55	2.51	0.05	1.69	18.50
楚雄	Chuxiong	0.90	0.70	5.03	0.07	3.16	5.80
红河	Honghe	1.62	0.77	2.99	0.05	2.32	7.49
文山	Wenshan	1.19	1.16	4.53	0.16	3.06	8.39
思茅	Simao	0.77	0.74	3.83	0.06	2.17	6.47
西双版纳	Xishuangbanna	0.52	0.70	2.97	0.08	2.02	0.95
大理	Dali	1.38	0.34	1.09	0.20	0.85	8.25
德宏	Dehong	0.61	0.39	1.43	0.06	1.66	1.92
丽江	Lijiang	0.57	0.39	1.43	0.04	1.13	2.17
怒江	Nujiang	0.15	0.22	0.75	0.02	0.90	0.71
迪庆	Diqing	0.24	0.16	0.52	0.02	0.59	0.99
临沧	Lincang	0.51	0.47	2.44	0.03	1.92	4.09

5-9 各地区城镇单位分行业年底职工人数（2001年）

Number of Staff and Workers in State-owned Units by Sector and Region (2001)

单位：万人 (10 000 persons)

地区	Region	合计 Total	农、林、牧渔业 Farming,Forestry, Animal Husbandry and Fishery	采掘业 Mining and Quarrying	制造业 Manufacturing	电力、煤气及水的生产和供应业 Production and Supply of Electtricity,Gas and Water	建筑业 Construction
全省合计	**Total**	**261.61**	**18.77**	**8.52**	**51.03**	**6.78**	**16.98**
昆明	Kunming	77.72	1.39	1.19	20.20	1.34	9.95
曲靖	Qujing	25.71	0.63	1.32	6.77	1.01	1.02
玉溪	Yuxi	14.77	0.93	0.92	2.99	0.40	0.22
保山	Baoshan	9.89	0.57	0.09	1.62	0.22	0.48
昭通	Zhaotong	15.48	0.70	0.25	1.38	0.42	0.86
楚雄	Chuxiong	13.00	0.55	1.18	1.58	0.33	0.65
红河	Honghe	25.64	2.26	1.40	7.36	0.78	0.89
文山	Wenshan	11.26	0.86	0.32	0.61	0.41	0.15
思茅	Simao	13.50	1.30	0.84	2.99	0.33	0.43
西双版纳	Xishuangbanna	10.63	5.41	0.09	0.54	0.12	0.28
大理	Dali	15.80	0.71	0.32	1.84	0.50	1.63
德宏	Dehong	8.20	1.71	0.11	1.29	0.26	0.07
丽江	Lijiang	5.68	0.47	0.19	0.57	0.22	0.06
怒江	Nujiang	2.89	0.09	0.22	0.05	0.07	0.15
迪庆	Diqing	2.01	0.18	0.00	0.05	0.06	0.00
临沧	Lincang	8.90	1.00	0.07	1.13	0.30	0.13

5-9 续表1 contitnued

单位：万人 (10 000 persons)

地 区	Region	地质勘查业、水利管理业 Geological Prospecting and Water Conservancy	交通运输、仓储及邮电通讯业 Transport,Storage, Post and Telecommunication Services	批发和零售贸易、餐饮业 Wholesale and Retail Trade & Catering Services	金融、保险业 Finance and Insurance	房地产业 Real Estate Trade
全省合计	**Total**	**2.50**	**16.79**	**20.96**	**7.28**	**1.48**
昆 明	Kunming	0.55	8.62	6.03	2.04	0.98
曲 靖	Qujing	0.32	0.88	2.48	0.64	0.08
玉 溪	Yuxi	0.17	0.53	2.01	0.49	0.04
保 山	Baoshan	0.11	0.45	0.98	0.32	0.03
昭 通	Zhaotong	0.11	0.61	1.57	0.45	0.02
楚 雄	Chuxiong	0.24	0.66	1.05	0.49	0.05
红 河	Honghe	0.30	1.20	1.68	0.58	0.10
文 山	Wenshan	0.10	0.65	0.81	0.32	0.03
思 茅	Simao	0.15	0.59	0.89	0.36	0.01
西双版纳	Xishuangbanna	0.06	0.37	0.44	0.17	0.04
大 理	Dali	0.22	0.86	1.24	0.50	0.05
德 宏	Dehong	0.03	0.32	0.44	0.24	0.01
丽 江	Lijiang	0.04	0.29	0.46	0.21	0.01
怒 江	Nujiang	0.01	0.16	0.21	0.10	0.00
迪 庆	Diqing	0.01	0.15	0.12	0.09	0.00
临 沧	Lincang	0.07	0.44	0.54	0.27	0.02

5-9 续表2 continued

单位：万人 (10 000 persons)

地 区	Region	社会服务业 Social Services	卫生、体育和社会福利业 Health Care, Sports and Social Welfare	教育、文化艺术和广播电影电视业 Education,Culture and Aarts,Radio, Film and Television	科学研究和综合技术服务业 Scientific Research and Polytechnic Services	国家机关、政党机关和社会团体 Government Agencies, Party Agencies and Social Organizations	其 他 Others
全省合计	**Total**	**9.40**	**12.54**	**48.81**	**3.13**	**35.49**	**1.16**
昆 明	Kunming	4.84	3.35	8.25	2.00	6.51	0.47
曲 靖	Qujing	0.51	0.96	5.79	0.11	3.18	0.01
玉 溪	Yuxi	0.46	0.81	2.63	0.09	2.05	0.03
保 山	Baoshan	0.18	0.55	2.51	0.05	1.69	0.00
昭 通	Zhaotong	0.21	0.69	4.98	0.07	3.15	0.01
楚 雄	Chuxiong	0.26	0.76	2.92	0.05	2.23	0.05
红 河	Honghe	0.59	1.11	4.16	0.16	3.01	0.02
文 山	Wenshan	0.21	0.73	3.82	0.06	2.16	0.04
思 茅	Simao	0.21	0.66	2.64	0.08	1.96	0.03
西双版纳	Xishuangbanna	0.66	0.34	1.07	0.20	0.83	0.01
大 理	Dali	0.52	1.03	3.58	0.09	2.69	0.02
德 宏	Dehong	0.26	0.38	1.43	0.06	1.57	0.00
丽 江	Lijiang	0.26	0.35	1.39	0.04	1.12	0.00
怒 江	Nujiang	0.04	0.20	0.71	0.02	0.86	0.01
迪 庆	Diqing	0.06	0.15	0.52	0.02	0.59	0.46
临 沧	Lincang	0.15	0.45	2.42	0.03	1.87	0.00

5-10 各地区国有单位分行业年底职工人数（2001年）
Number of Staff and Wokers in State-owned Units at the year-end by Sector and Region (2001)

单位：万人 (10 000 persons)

地区	Region	合计 Total	农、林、牧渔业 Farming, Forestry,Animal Husbandry and Fishery	采掘业 Mining and Quarrying	制造业 Manufacturing	电力、煤气及水的生产和供应业 Production and Supply of Electtricity,Gas and Water	建筑业 Construction
全省合计	**Total**	**207.31**	**18.18**	**6.95**	**27.76**	**4.60**	**9.93**
昆明	Kunming	54.27	1.24	0.83	10.49	0.85	6.15
曲靖	Qujing	23.05	0.63	1.30	5.80	0.83	0.76
玉溪	Yuxi	11.54	0.93	0.79	1.20	0.32	0.19
保山	Baoshan	7.37	0.57	0.05	0.52	0.02	0.01
昭通	Zhaotong	13.61	0.70	0.15	0.98	0.39	0.24
楚雄	Chuxiong	10.79	0.55	1.08	0.73	0.24	0.37
红河	Honghe	20.56	2.21	1.04	4.69	0.66	0.43
文山	Wenshan	9.79	0.86	0.25	0.24	0.14	0.04
思茅	Simao	9.88	1.07	0.83	0.69	0.23	0.31
西双版纳	Xishuangbanna	8.91	5.27	0.06	0.14	0.11	0.09
大理	Dali	13.53	0.71	0.25	1.08	0.36	1.15
德宏	Dehong	7.03	1.70	0.09	0.70	0.11	0.01
丽江	Lijiang	4.73	0.46	0.16	0.19	0.02	0.03
怒江	Nujiang	2.52	0.09	0.06	0.02	0.02	0.15
迪庆	Diqing	1.92	0.18	0.00	0.03	0.06	0.00
临沧	Lincang	7.29	0.99	0.02	0.18	0.22	0.01

5-10 续表1 contitnued

单位：万人 (10 000 persons)

地区	Region	地质勘查业、水利管理业 Geological Prospecting and Water Conservancy	交通运输、仓储及邮电通讯业 Transport, Sorage, Post and Telecommunication Services	批发和零售贸易、餐饮业 Wholesale and Retail Trade & Catering Services	金融、保险业 Finance and Insurance	房地产业 Real Estate Trade
全省合计	**Total**	**2.45**	**14.79**	**10.90**	**5.16**	**0.68**
昆明	Kunming	0.51	7.64	2.37	1.35	0.30
曲靖	Qujing	0.32	0.84	1.67	0.42	0.08
玉溪	Yuxi	0.17	0.48	1.15	0.36	0.04
保山	Baoshan	0.11	0.40	0.50	0.23	0.02
昭通	Zhaotong	0.11	0.55	1.12	0.30	0.02
楚雄	Chuxiong	0.24	0.59	0.48	0.35	0.04
红河	Honghe	0.30	1.08	0.73	0.45	0.07
文山	Wenshan	0.10	0.48	0.52	0.22	0.02
思茅	Simao	0.15	0.40	0.40	0.26	0.01
西双版纳	Xishuangbanna	0.06	0.24	0.10	0.13	0.02
大理	Dali	0.22	0.83	0.76	0.37	0.02
德宏	Dehong	0.03	0.30	0.27	0.19	0.01
丽江	Lijiang	0.04	0.28	0.31	0.18	0.01
怒江	Nujiang	0.01	0.12	0.16	0.08	0.00
迪庆	Diqing	0.01	0.15	0.07	0.07	0.00
临沧	Lincang	0.07	0.42	0.29	0.20	0.01

5-10 续表2 continued

单位：万人 (10 000 persons)

地　区	Region	社　会服务业 Social Services	卫生、体育和社会福利业 Health Care, Sports and Social Welfare	教育、文化艺术和广播电影电视业 Education, Culture and Aarts,Radio,Film and Television	科学研究和综合技术服务业 Scientific Research and Polytechnic Services	国家机关、政党机关和社会团体 Government Agencies,Party Agencies and Social Organizations	其　他 Others
全省合计	**Total**	**5.89**	**12.34**	**48.62**	**2.89**	**35.33**	**0.83**
昆　明	Kunming	2.71	3.23	8.11	1.78	6.49	0.24
曲　靖	Qujing	0.38	0.96	5.79	0.11	3.16	0.01
玉　溪	Yuxi	0.32	0.81	2.62	0.09	2.05	0.02
保　山	Baoshan	0.14	0.53	2.50	0.05	1.68	0.00
昭　通	Zhaotong	0.20	0.69	4.97	0.06	3.13	0.00
楚　雄	Chuxiong	0.17	0.75	2.92	0.05	2.22	0.02
红　河	Honghe	0.48	1.08	4.16	0.15	3.00	0.01
文　山	Wenshan	0.17	0.73	3.82	0.06	2.12	0.03
思　茅	Simao	0.17	0.66	2.64	0.08	1.95	0.02
西双版纳	Xishuangbanna	0.77	0.31	1.06	0.10	[illegible]	0.01
大　理	Dali	0.39	1.02	3.58	0.09	2.69	0.00
德　宏	Dehong	0.16	0.38	1.43	0.06	1.57	0.00
丽　江	Lijiang	0.16	0.35	1.38	0.04	1.11	0.01
怒　江	Nujiang	0.04	0.20	0.71	0.02	0.85	0.46
迪　庆	Diqing	0.05	0.15	0.52	0.02	0.59	0.00
临　沧	Lincang	0.09	0.45	2.42	0.03	1.87	0.00

5-11 各地区城镇集体单位分行业年底职工人数（2001年）

Number of Staff and Wokers in Urban Collective-owned Units at the year-end by Sector and Region (2001)

单位：万人 (10 000 persons)

地　区	Region	合　计 Total	农、林、牧渔　业 Farming, Forestry,Animal Husbandry and Fishery	采掘业 Mining and Quarrying	制造业 Manufacturing	电力、煤气及水的生产和供应业 Production and Supply of Electtricity,Gas and Water	建筑业 Construction
全省合计	**Total**	**20.03**	**0.28**	**0.43**	**6.35**	**0.14**	**3.31**
昆　明	Kunming	6.00	0.01	0.06	2.23	0.01	0.97
曲　靖	Qujing	1.91	0.00	0.02	0.41	0.08	0.25
玉　溪	Yuxi	1.43	0.00	0.00	0.47		0.02
保　山	Baoshan	0.75		0.01	0.26		0.07
昭　通	Zhaotong	1.65		0.07	0.32	0.03	0.55
楚　雄	Chuxiong	1.04		0.07	0.21	0.01	0.24
红　河	Honghe	2.43	0.02	0.19	1.14	0.00	0.29
文　山	Wenshan	0.62		0.01	0.09	0.01	0.12
思　茅	Simao	1.04	0.21	0.00	0.30	0.00	0.11
西双版纳	Xishuangbanna	0.75	0.04	0.01	0.19		0.14
大　理	Dali	1.00	0.01		0.20	0.00	0.43
德　宏	Dehong	0.45		0.00	0.17		0.04
丽　江	Lijiang	0.38			0.21	0.00	0.02
怒　江	Nujiang	0.05			0.01		0.00
迪　庆	Diqing	0.07			0.00		0.07
临　沧	Lincang	0.47			0.13		0.00

5-11 续表1 continued

单位：万人 (10 000 persons)

地区	Region	地质勘查业、水利管理业 Geological Prospecting and Water Conservancy	交通运输、仓储及邮电通讯业 Transport,Storage, Post and Telecommunication Services	批发和零售贸易、餐饮业 Wholesale and Retail Trade & Catering Services	金融、保险业 Finance and Insurance	房地产业 Real Estate Trade
全省合计	**Total**	**0.02**	**0.63**	**5.59**	**1.62**	**0.11**
昆　明	Kunming	0.01	0.47	1.28	0.24	0.10
曲　靖	Qujing		0.03	0.78	0.21	
玉　溪	Yuxi		0.00	0.74	0.12	
保　山	Baoshan		0.05	0.28	0.09	
昭　通	Zhaotong	0.00	0.01	0.43	0.15	
楚　雄	Chuxiong	0.01	0.06	0.29	0.14	
红　河	Honghe		0.00	0.47	0.12	0.01
文　山	Wenshan			0.25	0.10	
思　茅	Simao			0.28	0.10	
西双版纳	Xishuangbanna	0.00	0.01	0.15	0.03	
大　理	Dali		0.00	0.17	0.13	
德　宏	Dehong		0.00	0.13	0.04	
丽　江	Lijiang		0.00	0.09	0.04	
怒　江	Nujiang		0.00	0.01	0.02	
迪　庆	Diqing			0.05	0.02	
临　沧	Lincang			0.18	0.07	

5-11 续表2 continued

单位：万人 (10 000 persons)

地区	Region	社会服务业 Social Services	卫生、体育和社会福利业 Health Care, Sports and Social Welfare	教育、文化艺术和广播电影电视业 Education, Culture and Aarts,Radio,Film and Television	科学研究和综合技术服务业 Scientific Research and Polytechnic Services	国家机关、政党机关和社会团体 Government Agencies,Party Agencies and Social Organizations	其他 Others
全省合计	**Total**	**1.03**	**0.08**	**0.05**	**0.01**	**0.16**	**0.12**
昆　明	Kunming	0.44	0.01	0.02	0.01	0.02	0.05
曲　靖	Qujing	0.11	0.00	0.00		0.02	0.00
玉　溪	Yuxi	0.06	0.00	0.01		0.01	0.00
保　山	Baoshan	0.01	0.01	0.00		0.01	0.00
昭　通	Zhaotong	0.01	0.01	0.00		0.02	0.00
楚　雄	Chuxiong	0.04	0.03	0.00		0.01	0.03
红　河	Honghe	0.07	0.00	0.00		0.01	0.00
文　山	Wenshan	0.01	0.00	0.00		0.04	0.01
思　茅	Simao	0.02	0.00	0.00		0.01	0.01
西双版纳	Xishuangbanna	0.17	0.01	0.00		0.00	0.00
大　理	Dali	0.03	0.00			0.01	0.00
德　宏	Dehong	0.06	0.01				0.00
丽　江	Lijiang	0.01				0.00	0.00
怒　江	Nujiang	0.00				0.01	0.00
迪　庆	Diqing	0.01					0.00
临　沧	Lincang	0.00				0.00	0.00

5-12 各地区其他单位分行业年底职工人数（2001年）

Number of Staff and Workers in Units of Other Types of Ownership at the Year-end by Sector and Region（2001）

单位：万人 (10 000 persons)

地区	Region	合计 Total	农、林、牧渔业 Farming,Forestry, Animal Husbandry and Fishery	采掘业 Mining and Quarrying	制造业 Manufacturing	电力、煤气及水的生产和供应业 Production and Supply of Electtricity,Gas and Water	建筑业 Construction
全省合计	**Total**	**34.27**	**0.31**	**1.14**	**16.92**	**2.03**	**3.74**
昆明	Kunming	17.46	0.14	0.29	7.48	0.49	2.84
曲靖	Qujing	0.75		0.01	0.56	0.10	0.01
玉溪	Yuxi	1.79		0.13	1.32	0.08	0.01
保山	Baoshan	1.78		0.04	0.84	0.20	0.40
昭通	Zhaotong	0.22		0.04	0.07	0.08	0.07
楚雄	Chuxiong	1.18		0.03	0.63	0.12	0.03
红河	Honghe	2.65	0.03	0.17	1.53	0.26	0.17
文山	Wenshan	0.85		0.06	0.28	0.10	0.01
思茅	Simao	2.58	0.03	0.01	2.01	0.00	0.05
西双版纳	Xishuangbanna	0.97	0.10	0.02	0.21	0.13	0.06
大理	Dali	1.27		0.07	0.56	0.15	0.03
德宏	Dehong	0.72	0.00	0.01	0.42	0.20	0.00
丽江	Lijiang	0.57	0.01	0.04	0.16	0.04	0.05
怒江	Nujiang	0.32		0.16	0.03	0.07	0.00
迪庆	Diqing	0.02			0.01		0.00
临沧	Lincang	1.15	0.00	0.05	0.81	0.00	0.00

5-12 续表1 continued

单位：万人 (10 000 persons)

地区	Region	地质勘查业、水利管理业 Geological Prospecting and Water Conservancy	交通运输、仓储及邮电通讯业 Transport,Storage, Post and Telecommunication Services	批发和零售贸易、餐饮业 Wholesale and Retail Trade & Catering Services	金融、保险业 Finance and Insurance	房地产业 Real Estate Trade	社会服务业 Social Services
全省合计	**Total**	**0.04**	**1.37**	**4.47**	**0.50**	**0.69**	**2.47**
昆明	Kunming	0.04	0.52	2.38	0.45	0.58	1.70
曲靖	Qujing		0.01	0.03	0.02		0.02
玉溪	Yuxi		0.05	0.11	0.01	0.01	0.08
保山	Baoshan		0.05	0.20		0.01	0.04
昭通	Zhaotong		0.01	0.02	0.00		0.04
楚雄	Chuxiong		0.07	0.28	0.01	0.00	0.04
红河	Honghe		0.06	0.48	0.01	0.02	0.03
文山	Wenshan		0.17	0.05		0.00	0.02
思茅	Simao		0.20	0.21			0.23
西双版纳	Xishuangbanna		0.13	0.19	0.00	0.02	0.10
大理	Dali		0.02	0.30		0.03	0.04
德宏	Dehong		0.02	0.04	0.01		0.09
丽江	Lijiang		0.00	0.07			
怒江	Nujiang		0.04	0.04			
迪庆	Diqing		0.01	0.00			
临沧	Lincang		0.00	0.07		0.02	0.06

5-12 续表2 continued

单位：万人 (10 000 persons)

地　区	Region	卫生、体育和社会福利业 Health Care,Sports and Social Welfare	教育、文化艺术和广播电影电视业 Education, Culture and Aarts,Radio,Film and Television	科学研究和综合技术服务业 Scientific Research and Polytech-nic Services	其　他 Others
全省合计	**Total**	**0.12**	**0.13**	**0.14**	**0.21**
昆　明	Kunming	0.12	0.12	0.13	0.19
曲　靖	Qujing				
玉　溪	Yuxi				
保　山	Baoshan		0.00		
昭　通	Zhaotong				
楚　雄	Chuxiong				
红　河	Honghe		0.00		
文　山	Wenshan				
思　茅	Simao				
西双版纳	Xishuangbanna				
大　理	Dali				
德　宏	Dehong				
丽　江	Lijiang		0.00		0.01
怒　江	Nujiang				
迪　庆	Diqing				
临　沧	Lincang				

5-13 各地区城镇单位分登记注册类型年底从业人员数（2001年）

Number of Employed Persons in Urban Units by Type of Registry at Year-end in Regions (2001)

单位：人 (person)

行　业	Sector	从业人员合计 Number of Staff and Workers	国有单位 State-owned Economic	城镇集体单位 Urban Collective -owned Units	其他单位 Economic of Other Types of Ownership
全省合计	**Total**	**2 696 779**	**2 120 122**	**223 825**	**352 832**
昆　明	Kunming	810 023	547 909	79 891	182 223
曲　靖	Qujing	261 796	234 442	19 829	7 525
玉　溪	Yuxi	150 426	117 869	14 447	18 110
保　山	Baoshan	99 316	73 991	7 501	17 824
昭　通	Zhaotong	155 663	136 877	16 631	2 155
楚　雄	Chuxiong	134 459	111 458	11 025	11 976
红　河	Honghe	263 996	211 534	25 540	26 922
文　山	Wenshan	113 722	98 738	6 226	8 758
思　茅	Simao	142 340	106 029	10 445	25 866
西双版纳	Xishuangbanna	109 520	92 089	7 514	9 917
大　理	Dali	161 215	137 703	10 322	13 190
德　宏	Dehong	83 587	71 707	4 486	7 394
丽　江	Lijiang	59 029	48 919	4 065	6 045
怒　江	Nujiang	30 068	26 412	488	3 168
迪　庆	Diqing	20 833	19 884	731	218
临　沧	Lincang	95 495	79 270	4 684	11 541

注：不含城镇私营个体从业人员。

Note: The number of employed persons in urban private units is excluded.

5-14 城镇单位分登记注册类型和细行业全部从业人员人数（2001年）

Number of Staff and Workers by Sector (2001)

单位：人 (person)

行业	Sector	从业人员合计 Number of Staff and Workers	国有单位 State-owned Economy	城镇集体单位 Urban Collective-owned Units	其他单位 Economy of Other Types of Ownership
全省合计	**Total**	**2 696 779**	**2 120 122**	**223 825**	**352 832**
一、按企业、事业、机关分组	Grouped by Enterprises Institutions and Agencies				
1. 企业	Enterprises	1 492 076	921 038	218 566	352 472
2. 事业	Institutions	835 648	831 916	3 372	360
3. 机关	Agencies & Organizations	369 055	367 168	1 887	
二、按国民经济行业分组	Grouped by Sector				
(一) 农、林、牧、渔业	Farming,Forestry,Animal Husbandry and Fishery	199 441	193 478	2 809	3 154
1. 农业	Farming	63 402	61 690	713	999
2. 林业	Forestry	67 283	64 231	1 985	1 067
3. 畜牧业	Animal Husbandry	3 391	2 365	18	1 008
4. 渔业	Fishery	242	162		80
5. 农、林、牧、渔服务业	Services	65 123	65 030	93	
(二) 采掘业	Mining and Quarrying	86 996	70 245	4 330	12 421
1. 煤炭采选业	Coal Mining and Dressing	31 902	28 521	811	2 570
2. 石油和天然气开采业	Petroleum and Natural Gas Extraction	110	69		41
3. 黑色金属矿采选业	Mining and Dressing of Ferrous Metals	4 372	3 008	35	1 329
4. 有色金属矿采选业	Mining and Dressing of Nonferrous Metals	29 307	18 542	3 084	7 681
5. 非金属矿采选业	Mining and Dressing of Nonmetal	11 483	10 713	400	370
6. 其他矿采选业	Mining and Dressing of Other Minerals	45	45		
7. 木材及竹材采运业	Logging and Transport of Timber and Bamboo	9 777	9 347		430
(三) 制造业	Manufacturing	515 627	278 729	65 445	171 453
1. 食品加工业	Food Processing	40 255	17 922	4 050	18 283
2. 食品制造业	Food Manufacturing	7 838	3 494	1 337	3 007
3. 饮料制造业	Beverages	20 237	4 480	1 057	14 700
4. 烟草加工业	Tobacco Processing	33 906	30 773	1 540	1 593
5. 纺织业	Textile Industry	20 879	12 003	1 719	7 157
6. 服装及其他纤维制品制造业	Garments and Other Fiber Products	4 454	955	2 641	858
7. 皮革、毛皮、羽绒及其制品业	Leather,Furs,Down and Related Products	1 597	89	1 007	501
8. 木材加工及竹、藤、棕、草制品	Timber Processing,Bamboo,Cane,Palm Fiber and Straw Products	10 382	3 593	937	5 852
9. 家具制造业	Furniture Manufacturing	2 519	90	1 299	1 130
10. 造纸及纸制品业	Papermaking and Paper Products	10 104	2 514	2 675	4 915
11. 印刷业、记录媒介的复制	Printing and Record Medium Reproduction	16 040	5 127	3 536	7 377
12. 文教体育用品制造业	Cultural,Educational and Sports Goods	359	52	307	
13. 石油加工及炼焦业	Petroleum Processing and Coking	1 729	1 047		682
14. 化学原料及化学制品制造业	Raw Chemical Materials and Chemical Products	79 744	57 960	5 179	16 605
15. 医药制造业	Medical and Pharmaceutical Products	12 094	2 510	683	8 901
16. 化学纤维制造业	Chemical Fiber	552	125	71	356
17. 橡胶制品业	Rubber Products	5 388	2 859	1 138	1 391
18. 塑料制品业	Plastic Products	6 327	986	2 873	2 468
19. 非金属矿物制品业	Nonmetal Mineral Products	46 227	17 549	8 605	20 073

注：不含城镇私营个体从业人员。

Note: The number of employed persons in urban private units is excluded.

5-14 续表1 continued

单位：人 (person)

行业	Sector	从业人员合计 Number of Staff and Workers	国有单位 State-owned Economy	城镇集体单位 Urban Collective-owned Units	其他单位 Economy of Other Types of Ownership
21. 有色金属冶炼及压延加工业	Smelting and Pressing of Nonferrous Metals	51 107	37 947	1 007	12 153
22. 金属制品业	Metal Products	8 666	1 848	4 500	2 318
23. 普通机械制造业	Ordinary Machinery	22 724	11 776	2 776	8 172
24. 专用设备制造业	Special Purposes Equipment	24 828	11 208	1 740	11 880
25. 交通运输设备制造业	Transport Equipment	14 079	10 027	1 670	2 382
26. 武器弹药制造业	Weapon and Ammunition	3 286	3 286		
27. 电气机械及器材制造业	Electric Equipment and Machinery	14 205	2 844	2 406	8 955
28. 电子及通信设备制造业	Electronic and Telecommunication Equipment	3 227	1 015	24	2 188
29. 仪器仪表及文化、办公用机械	Instruments,Meters,Cultural and Office Machinery	6 445	65	576	5 804
30. 其他制造业	Other Manufacturing	7 659	92	6 302	1 265
(四)电力、煤气及水的生产和供应	Production & Supply of Electric Power,Gas and Water	68 359	46 469	1 443	20 447
1. 电力、蒸汽、热水的生产和供应	Production & Supply of Electric Power,Steam and Hot Water	57 686	36 423	1 322	19 941
2. 煤气生产和供应业	Production and Supply of Gas	3 074	3 022		52
3. 自来水的生产和供应业	Production and Supply of Tap Water	7 599	7 024	121	454
(五)建筑业	Construction	172 433	99 733	34 569	38 131
1. 土木工程建筑业	Civil Engineering	160 450	98 327	31 504	30 619
2. 线路、管道和设备安装业	Circuit,Pipelines and Decoration	8 996	1 166	2 503	5 327
3. 建筑物的装修装饰业	Buildings Fitting up and Decoration	2 987	240	562	2 185
(六)地质勘查业、水利管理业	Geological Prospecting and Water Conservancy	25 248	24 682	193	373
1. 地质勘查业	Geological Prospecting	12 562	12 100	95	367
2. 水利管理业	Water Conservancy	12 686	12 582	98	6
(七)交通运输、仓储及邮电通信业	Transport,Storage,Post and Telecommunication Services	171 080	150 833	6 372	13 875
1. 铁路运输业	Railway Transport	52 452	50 544	1 269	639
2. 公路运输业	Highway Transport	40 718	32 020	1 569	7 129
4. 水上运输业	Water Way Transport	769	611	47	111
5. 航空运输业	Air Transport	5 497	5 421	20	56
6. 交通运输辅助业	Transport Supporting and Auxiliary Services	31 369	29 874	505	990
7. 其他交通运输业	Other Transport	2 040	397	1 621	22
8. 仓储业	Storage	3 951	2 991	471	489
9. 邮电通信业	Post and Telecommunication Services	34 284	28 975	870	4 439
(八)批发和零售贸易、餐饮业	Wholesale and Retail Trade &Catering Services	214 846	112 209	56 853	45 784
1. 食品、饮料、烟草和家庭用品批发	Wholesale Trade of food,Beverages, Tobacco and Household Goods	69 021	53 150	6 832	9 039
2. 能源、材料和机械电子设备批发	Wholesale Trade of Energy,Materials and Electronic Equipment	24 378	15 627	2 643	6 108
3. 其他批发业	Other Wholesale Trade	13 128	3 170	7 647	2 311

5-14 续表2 continued

单位：人 (person)

行业	Sector	从业人员合计 Number of Staff and Workers	国有单位 State-owned Economy	城镇集体单位 Urban Collective-owned Units	其他单位 Economy of Other Types of Ownership
4. 零售业	Retail Trade	97 841	35 614	38 473	23 754
5. 商业经纪与代理业	Commercial Brokerage and Agencies	618	357		261
6. 餐饮业	Catering Services	9 860	4 291	1 258	4 311
(九)金融、保险业	Finance and Insurance	75 404	53 768	16 352	5 284
1. 金融业	Finance and Insurance	68 285	48 057	16 352	3 876
2. 保险业	Insurance	7 119	5 711		1 408
(十)房地产业	Real Estate Trade	15 720	7 050	1 209	7 461
1. 房地产开发与经营业	Real Estate Development and Operation	8 632	4 111	709	3 812
2. 房地产管理业	Real Estate Management	6 417	2 573	489	3 355
3. 房地产代理与经纪业	Real Estate Brokerage and Agencies	671	366	11	294
(十一)社会服务业	Social Services	96 862	60 191	10 677	25 994
1. 公共服务业	Public Facilities Services	36 620	31 886	1 783	2 951
2. 居民服务业	Resident Services	3 383	1 620	676	1 087
3. 旅馆业	Hotels	39 878	19 646	4 961	15 271
4. 租赁服务业	Leasing Services	566	199	40	327
5. 旅游业	Tourism	5 070	2 463	465	2 142
6. 娱乐服务业	Recreational Services	1 739	207	609	923
7. 信息、咨询服务业	Information and Consultative Services	2 651	979	527	1 145
8. 计算机应用服务业	Computer Application Services	1 692	227	77	1 388
9. 其他社会服务业	Other Social Services	5 263	2 904	1 609	750
(十二)卫生、体育和社会福利业	Health Care,Sports and Social Welfare	128 200	126 049	890	1 261
1. 卫生	Health	120 703	119 843	751	109
2. 体育	Sports	3 122	1 974	15	1 133
3. 社会福利保障业	Social Welfare	4 375	4 232	124	19
(十三)教育、文化艺术及广播电影	Education,Culture and Aarts,Radio,Film and Television	501 764	499 728	526	1 510
1. 教育	Education	472 610	471 814	413	383
其中:(1)普通高等教育	Regular Institution of Higher Education	22 080	21 952		128
(2)普通中学	Regular Secondary Schools	136 735	136 735		
(3)小学校	Primary Schools	262 995	262 995		
2. 文化艺术业	Culture and Arts	17 000	16 173	54	773
3. 广播电影电视业	Radio,Film and Television	12 154	11 741	59	354
(十四)科学研究和综合技术服务业	Scientific Research and Polytechnic Services	52 232	29 439	19 267	3 526
1. 科学研究业	Scientific Research	12 375	12 015	114	246
(1)自然科学研究	Natural Science Research	10 176	9 816	114	246
(2)社会科学研究	Social Science Research	933	933		
(3)其他科学研究	Other Science Research	1 266	1 266		
2. 综合技术服务业	Polytechnic Services	39 857	17 424	19 153	3 280
(1)气象	Meteorology	1 835	1 835		
(2)地震	Seismology	1 198	1 198		
(3)测绘	Survey and Mapping	936	921		15
(4)技术监督	Technological Supervision	2 808	1 926	333	549
(5)环境保护	Environmental Protection	2 212	2 091	102	19
(6)技术推广和科技交流服务业	Technology Application & Dissemination,Science and Technology Exchange Services	701	609	21	71
(7)工程设计业	Engineering Design	7 294	6 390	266	638
(8)其他综合技术服务业	Other Polytechnic Services	22 868	2 449	18 431	1 988
(十五)国家机关、政党机关和社会	Government Agencies,Party Agencies and Social Organizations	360 734	359 093	1 641	
其中:国家机关	Government Agencies	333 431	331 845	1 586	
政党机关	Party Agencies	22 741	22 738	3	
(十六)其他行业	Others	11 833	8 426	1 249	2 158
其中:企业管理机构	Enterprise Management Organizations	5 626	2 798	1 201	1 627

5-15 城镇单位分登记注册类型和细行业女性从业人员人数（2001年）

Number of Female Employed by Sector (2001)

单位：人 (person)

行业	Sector	女性从业人员合计 Number of Staff and Workers	国有单位 State-owned Economy	城镇集体单位 Urban Collective-owned Units	其他单位 Economy of Other Types of Ownership
全省合计	**Total**	**994 672**	**781 056**	**82 659**	**130 957**
一、按企业、事业、机关分组	Grouped by Enterprises Institutions and Agencies				
1. 企业	Enterprises	546 683	335 479	80 352	130 852
2. 事业	Institutions	353 286	351 378	1 803	105
3. 机关	Agencies & Organizations	94 703	94 199	504	
二、按国民经济行业分组	Grouped by Sector				
(一)农、林、牧、渔业	Farming,Forestry,Animal Husbandry and Fishery	78 126	75 694	1 202	1 230
1. 农业	Farming	28 661	27 978	298	385
2. 林业	Forestry	29 843	28 568	866	409
3. 畜牧业	Animal Husbandry	1 321	901	8	412
4. 渔业	Fishery	66	42		24
5. 农、林、牧、渔服务业	Services	18 235	18 205	30	
(二)采掘业	Mining and Quarrying	25 312	21 169	1 376	2 767
1. 煤炭采选业	Coal Mining and Dressing	8 914	8 194	160	560
2. 石油和天然气开采业	Petroleum and Natural Gas Extraction	36	25		11
3. 黑色金属矿采选业	Mining and Dressing of Ferrous Metals	1 157	800	17	340
4. 有色金属矿采选业	Mining and Dressing of Nonferrous Metals	8 130	5 342	1 120	1 668
5. 非金属矿采选业	Mining and Dressing of Nonmetal Minerals	3 850	3 655	79	116
6. 其他矿采选业	Mining and Dressing of Other Minerals	16	16		
7. 木材及竹材采运业	Logging and Transport of Timber and Bamboo	3 209	3 137		72
(三)制造业	Manufacturing	201 625	106 936	29 045	65 644
1. 食品加工业	Food Processing	14 833	6 816	1 475	6 542
2. 食品制造业	Food Manufacturing	3 986	1 788	747	1 451
3. 饮料制造业	Beverages	8 399	1 840	545	6 014
4. 烟草加工业	Tobacco Processing	14 549	13 184	572	793
5. 纺织业	Textile Industry	13 783	8 068	1 155	4 560
6. 服装及其他纤维制品制造业	Garments and Other Fiber Products	3 363	747	1 914	702
7. 皮革、毛皮、羽绒及其制品业	Leather,Furs,Down and Related Products	923	38	612	273
8. 木材加工及竹、藤、棕、草制品	Timber Processing,Bamboo,Cane,Palm Fiber and Straw Products	3 914	1 439	299	2 176
9. 家具制造业	Furniture Manufacturing	686	29	379	278
10. 造纸及纸制品业	Papermaking and Paper Products	4 075	864	1 265	1 946
11. 印刷业、记录媒介的复制	Printing and Record Medium Reproduction	8 147	2 546	2 020	3 581
12. 文教体育用品制造业	Cultural,Educational and Sports Goods	189	24	165	
13. 石油加工及炼焦业	Petroleum Processing and Coking	556	367		189
14. 化学原料及化学制品制造业	Raw Chemical Materials and Chemical Products	29 201	21 771	1 910	5 520
15. 医药制造业	Medical and Pharmaceutical Products	5 978	1 239	351	4 388
16. 化学纤维制造业	Chemical Fiber	140	44	29	67
17. 橡胶制品业	Rubber Products	2 337	1 238	451	648
18. 塑料制品业	Plastic Products	3 155	443	1 477	1 235
19. 非金属矿物制品业	Nonmetal Mineral Products	15 654	6 243	3 059	6 352
20. 黑色金属冶炼及压延加工业	Smelting and Pressing of Nonferrous Metals	12 617	10 841	1 654	122
21. 有色金属冶炼及压延加工业	Smelting and Pressing of Nonferrous Metals	16 508	12 807	299	3 402

5-15 续表1 continued

单位：人 (person)

行　业	Sector	女性从业人员合计 Number of Staff and Workers	国　有单　位 State-owned Economy	城镇集体单　位 Urban Collective-owned Units	其　他单　位 Economy of Other Types of Ownership
22. 金属制品业	Metallic Products	2 938	678	1 656	604
23. 普通机械制造业	Ordinary Machinery	7 304	3 821	941	2 542
24. 专用设备制造业	Special Equipment	8 306	3 680	666	3 960
25. 交通运输设备制造业	Transport Equipment	4 707	3 421	465	821
26. 武器弹药制造业	Weapon and Ammunition	1 417	1 417		
27. 电气机械及器材制造业	Electrical Machinery and Equipment	5 403	1 117	1 039	3 247
28. 电子及通信设备制造业	Electronic and Telecommunication	1 091	376	5	710
29. 仪器仪表及文化、办公用机械	Meters, Cultural and Office Machinery	3 242	21	324	2 897
30. 其他制造业	Others	4 224	29	3 571	624
(四) 电力、煤气及水的生产和供应业	Production and Supply of Electricity, Gas and Water	24 465	16 896	447	7 122
1. 电力、蒸汽、热水的生产和供应业	Production and Supply of Electric Power, Steam and Hot Water	20 211	12 869	397	6 945
2. 煤气生产和供应业	Production and Supply of Gas	1 100	1 083		17
3. 自来水的生产和供应业	Production and Supply of Tap Water	3 154	2 944	50	160
(五) 建筑业	Construction	29 806	18 532	5 921	5 353
1. 土木工程建筑业	Civil Engineering	27 139	18 136	5 119	3 884
2. 线路、管道和设备安装业	Circuit,Pipelines and Decoration	2 250	353	708	1 189
3. 建筑物的装修装饰业	Buildings Fitting up and Decoration	417	43	94	280
(六) 地质勘查业、水利管理业	Geological Prospecting and Water Conservancy	5 998	5 873	49	76
1. 地质勘查业	Geological Prospecting	3 049	2 943	31	75
2. 水利管理业	Water Conservancy	2 949	2 930	18	1
(七) 交通运输、仓储及邮电通信业	Transport,Storage,Post and Telecommunication Services	51 506	45 266	1 709	4 531
1. 铁路运输业	Railway Transport	12 534	11 951	451	132
2. 公路运输业	Highway Transport	12 831	10 301	287	2 243
3. 水上运输业	Water Way Transport	222	184	3	35
4. 航空运输业	Air Transport	1 856	1 804	16	36
5. 交通运输辅助业	Transport Supporting and Auxiliary Services	9 551	9 245	151	155
6. 其他交通运输业	Other Transport	139	62	66	11
7. 仓储业	Storage	1 442	1 115	202	125
8. 邮电通信业	Post and Telecommunication Services	12 931	10 604	533	1 794
(八) 批发和零售贸易、餐饮业	Wholesale and Retail Trade &Catering Services	97 646	46 952	27 006	23 688
1. 食品、饮料、烟草和家庭用品批	Wholesale Trade of Food,Beverages,Tobacco and Household Goods	27 664	19 882	3 109	4 673
2. 能源、材料和机械电子设备批发	Wholesale Trade of Energy,Materials and Electronic Equipment	9 510	6 017	1 020	2 473
3. 其他批发业	Other Wholesale Trade	5 873	1 270	3 645	958
4. 零售业	Retail Trade	48 462	17 064	18 372	13 026

5-15 续表2 continued

单位：人 (person)

行业	Sector	女性从业人员合计 Number of Staff and Workers	国有单位 State-owned Economy	城镇集体单位 Urban Collective-owned Units	其他单位 Economy of Other Types of Ownership
5.商业经纪与代理业	Commercial Brokerage and Agencies	223	129		94
6.餐饮业	Catering Services	5 914	2 590	860	2 464
(九)金融、保险业	Finance and Insurance	30 328	22 953	4 860	2 515
1.金融业	Finance and Insurance	27 182	20 534	4 860	1 788
2.保险业	Insurance	3 146	2 419		727
(十)房地产业	Real Estate Trade	5 639	2 680	408	2 551
1.房地产开发与经营业	Real Estate Development and Operation	2 880	1 400	213	1 267
2.房地产管理业	Real Estate Management	2 492	1 115	190	1 187
3.房地产代理与经纪业	Real Estate Brokerage and Agencies	267	165	5	97
(十一)社会服务业	Social Services	48 751	30 780	5 402	12 569
1.公共服务业	Public Facilities Services	17 483	15 551	1 016	916
2.居民服务业	Resident Services	1 601	682	361	558
3.旅馆业	Hotels	22 893	11 831	2 924	8 138
4.租赁服务业	Leasing Services	223	96	22	105
5.旅游业	Tourism	2 789	1 262	283	1 244
6.娱乐服务业	Recreational Services	902	125	279	498
7.信息、咨询服务业	Information and Consultative Services	959	359	171	429
8.计算机应用服务业	Computer Application Services	486	83	16	387
9.其他社会服务业	Other Social Services	1 415	791	330	294
(十二)卫生、体育和社会福利业	Health Care,Sports and Social Welfare	79 199	77 946	542	711
1.卫生	Health	75 880	75 317	495	68
2.体育	Sports	1 432	791	3	638
3.社会福利保障业	Social Welfare	1 887	1 838	44	5
(十三)教育、文化艺术及广播电影	Education,Culture and Aarts,Radio,Film and Television	204 981	204 105	335	541
1.教育	Education	193 243	192 807	279	157
其中:(1)普通高等教育	Regular Institution of Higher Education	9 442	9 391		51
(2)普通中学	Regular Secondary Schools	53 014	53 014		
(3)小学校	Primary Schools	104 984	104 984		
2.文化艺术业	Culture and Arts	7 617	7 288	35	294
3.广播电影电视业	Radio,Film and Television	4 121	4 010	21	90
(十四)科学研究和综合技术服务业	Scientific Research and Polytechnic Services	14 594	10 174	3 473	947
1.科学研究业	Scientific Research	4 538	4 433	38	67
(1)自然科学研究	Natural Science Research	3 781	3 676	38	67
(2)社会科学研究	Social Science Research	326	326		
(3)其他科学研究	Other Science Research	431	431		
2.综合技术服务业	Polytechnic Services	10 056	5 741	3 435	880
(1)气象	Meteorology	663	663		
(2)地震	Seismology	344	344		
(3)测绘	Survey and Mapping	273	264		9
(4)技术监督	Technological Supervision	759	603	58	98
(6)环境保护	Environmental Protection	904	874	25	5
(7)技术推广和科技交流服务业	Technology Application & Dissemination,	231	201	7	23
(8)工程设计业	Engineering Desing	2 266	1 998	69	199
(9)其他综合技术服务业	Other Polytechnic Services	4 615	793	3 276	546
(十五)国家机关、政党机关和社会	Government Agencies,Party Agencies and Social Organizations	90 963	90 543	420	
其中:国家机关	Government Agencies	83 810	83 412	398	
政党机关	Party Agencies	5 474	5 473	1	
(十六)其他行业	Others	5 733	4 557	464	712
其中:企业管理机构	Enterprise Management Organizations	1 987	1 005	445	537

5-16 城镇单位职工分工登记注册类型和细行业专业技术人员人数(2001年)

Number of Professional Personnel by Status of registration and Sector in Detail (2001)

单位：人 (person)

行业	Sector	专业技术人员合计 Number of Staff and Workers	国有单位 State-owned Economy	城镇集体单位 Urban Collective-owned Units	其他单位 Economy of Other Types of Ownership
全省合计	**Total**	**880 627**	**783 957**	**34 479**	**62 191**
一、按企业、事业、机关分组	Grouped by Enterprises Institutions and Agencies				
1. 企业	Enterprises	294 669	199 509	33 069	62 091
2. 事业	Institutions	560 805	559 623	1 082	100
3. 机关	Agencies & Organizations	25 153	24 825	328	
二、按国民经济行业分组	Grouped by Sector				
(一)农、林、牧、渔业	Farming,Forestry,Animal Husbandry and Fishery	53 540	53 002	128	410
1. 农业	Farming	4 101	3 886	75	140
2. 林业	Forestry	10 031	9 931	12	88
3. 畜牧业	Animal Husbandry	783	610		173
4. 渔业	Fishery	55	46		9
5. 农、林、牧、渔服务业	Services	38 570	38 529	41	
(二)采掘业	Mining and Quarrying	14 974	12 544	596	1 834
1. 煤炭采选业	Coal Mining and Dressing	4 992	4 708	32	252
2. 石油和天然气开采业	Petroleum and Natural Gas Extraction	85	55		30
3. 黑色金属矿采选业	Mining and Dressing of Ferrous Metals	558	328	17	213
4. 有色金属矿采选业	Mining and Dressing of Nonferrous Metals	4 954	3 324	491	1 139
5. 非金属矿采选业	Mining and Dressing of Nonmetal Minerals	2 463	2 342	56	65
6. 其他矿采选业	Mining and Dressing of Other Minerals	21	21		
7. 木材及竹材采运业	Logging and Transport of Timber and Bamboo	1 901	1 766		135
(三)制造业	Manufacturing	87 996	52 443	7 984	27 569
1. 食品加工业	Food Processing	5 621	2 430	581	2 610
2. 食品制造业	Food Manufacturing	1 073	401	163	509
3. 饮料制造业	Beverages	1 944	759	139	1 046
4. 烟草加工业	Tobacco Processing	7 684	7 113	436	135
5. 纺织业	Textile Industry	2 347	1 355	179	813
6. 服装及其他纤维制品制造业	Garments and Other Fiber Products	419	71	242	106
7. 皮革、毛皮、羽绒及其制品业	Leather,Furs,Down and Related Products	202	23	124	55
8. 木材加工及竹、藤、棕、草制品	Timber Processing,Bamboo,Cane,Palm Fiber and Straw Products	1 513	673	128	712
9. 家具制造业	Furniture Manufacturing	403	17	282	104
10. 造纸及纸制品业	Papermaking and Paper Products	1 724	943	162	619
11. 印刷业、记录媒介的复制	Printing and Record Medium Reproduction	2 081	657	376	1 048
12. 文教体育用品制造业	Cultural,Educational and Sports Goods	41	6	35	
13. 石油加工及炼焦业	Petroleum Processing and Coking	134	109		25
14. 化学原料及化学制品制造业	Raw Chemical Materials and Chemical Products	16 662	13 573	655	2 434
15. 医药制造业	Medical and Pharmaceutical Products	3 265	391	114	2 760
16. 化学纤维制造业	Chemical Fiber	37	13	2	22
17. 橡胶制品业	Rubber Products	810	600	109	101
18. 塑料制品业	Plastic Products	918	184	485	249
19. 非金属矿物制品业	Nonmetal Mineral Products	7 423	2 921	991	3 511
20. 黑色金属冶炼及压延加工业	Smelting and Pressing of Nonferrous Metals	2 727	2 245	434	48
21. 有色金属冶炼及压延加工业	Smelting and Pressing of Nonferrous Metals	10 546	8 966	117	1 463

5-16 续表1 continued

单位：人 (person)

行业	Sector	专业技术人员合计 Number of Staff and Workers	国有单位 State-owned Economy	城镇集体单位 Urban Collective-owned Units	其他单位 Economy of Other Types of Ownership
22. 金属制品业	Metal Products	1 195	246	502	447
23. 普通机械制造业	Ordinary Machinery	4 455	2 673	306	1 476
24. 专用设备制造业	Special Purposes Equipment	6 002	2 294	237	3 471
25. 交通运输设备制造业	Transport Equipment	2 610	1 756	284	570
26. 武器弹药制造业	Weapon and Ammunition	1 002	1 002		
27. 电气机械及器材制造业	Electric Equipment and Machinery	3 013	640	405	1 968
28. 电子及通信设备制造业	Electronic and Telecommunication Equipment	964	353	10	601
29. 仪器仪表及文化、办公用机械	Instruments,Meters,Cultural and Office Machinery	685	8	86	591
30. 其他制造业	Other Manufacturing	496	21	400	75
(四)电力、煤气及水的生产和供应	Production and Supply of Electtricity,Gas and Water	16 868	11 316	302	5 250
1. 电力、蒸汽、热水的生产和供应	Production & Supply of Electric Power,Steam and Hot Water	14 717	9 289	290	5 138
2. 煤气生产和供应业	Production and Supply of Gas	551	537		14
3. 自来水的生产和供应业	Production and Supply of Tap Water	1 600	1 490	12	98
(五)建筑业	Construction	32 722	20 775	6 089	5 858
1. 土木工程建筑业	Civil Engineering	29 993	20 396	5 385	4 212
2. 线路、管道和设备安装业	Circuit,Pipelines and Decoration	1 971	299	536	1 136
3. 建筑物的装修装饰业	Buildings Fitting up and Decoration	758	80	168	510
(六)地质勘查业、水利管理业	Geological Prospecting and Water Conservancy	10 875	10 632	87	156
1. 地质勘查业	Geological Prospecting	5 777	5 563	58	156
2. 水利管理业	Water Conservancy	5 098	5 069	29	
(七)交通运输、仓储及邮电通信业	Transport,Storage,Post and Telecommunication Services	31 415	28 401	326	2 688
1. 铁路运输业	Railway Transport	8 553	8 449	10	94
2. 公路运输业	Highway Transport	6 765	5 706	78	981
3. 水上运输业	Water Way Transport	173	87	21	65
4. 航空运输业	Air Transport	1 572	1 568		4
5. 交通运输辅助业	Transport Supporting and Auxiliary Services	4 505	4 411	24	70
6. 其他交通运输业	Other Transport	30	6	24	
7. 仓储业	Storage	1 094	888	104	102
8. 邮电通信业	Post and Telecommunication Services	8 723	7 286	65	1 372
(八)批发和零售贸易、餐饮业	Wholesale and Retail Trade &Catering Services	36 913	23 261	6 074	7 578
1. 食品、饮料、烟草和家庭用品批发	Wholesale Trade of Food,Beverages,Tobacco and Household Goods	15 602	12 712	1 081	1 809
2. 能源、材料和机械电子设备批发	Wholesale Trade of Energy,Materials and Electronic Equipment	5 679	3 688	398	1 593
3. 其他批发业	Other Wholesale Trade	2 169	975	844	350
4. 零售业	Retail Trade	12 139	5 211	3 630	3 298

5-16 续表2 continued

单位：人　　　　(person)

行业	Sector	专业技术人员合计 Number of Staff and Workers	国有单位 State-owned Economy	城镇集体单位 Urban Collective-owned Units	其他单位 Economy of Other Types of Ownership
5. 商业经纪与代理业	Commercial Brokerage and Agencies	339	300		39
6. 餐饮业	Catering Services	985	375	121	489
(九)金融、保险业	Finance and Insurance	51 028	38 333	9 955	2 740
1. 金融业	Finance and Insurance	47 977	36 000	9 955	2 022
2. 保险业	Insurance	3 051	2 333		718
(十)房地产业	Real Estate Trade	4 752	2 743	256	1 753
1. 房地产开发与经营业	Real Estate Development and Operation	3 069	1 809	105	1 155
2. 房地产管理业	Real Estate Management	1 428	814	144	470
3. 房地产代理与经纪业	Real Estate Brokerage and Agencies	255	120	7	128
(十一)社会服务业	Social Services	11 879	6 763	896	4 220
1. 公共服务业	Public Facilities Services	4 276	3 525	140	611
2. 居民服务业	Resident Services	455	283	53	119
3. 旅馆业	Hotels	3 464	1 550	257	1 657
4. 租赁服务业	Leasing Services	106	20		86
5. 旅游业	Tourism	513	333	22	138
6. 娱乐服务业	Recreational Services	200	[illegible]	[illegible]	97
7. 信息、咨询服务业	Information and Consultative Services	1 105	455	227	423
8. 计算机应用服务业	Computer Application Services	1 017	123	65	829
9. 其他社会服务业	Other Social Services	743	438	65	240
(十二)卫生、体育和社会福利业	Health Care,Sports and Social Welfare	94 729	94 046	538	145
1. 卫生	Health	93 490	92 941	514	35
2. 体育	Sports	564	458	1	105
3. 社会福利保障业	Social Welfare	675	647	23	5
(十三)教育、文化艺术及广播电影	Education,Culture and Aarts,Radio,Film and Television	386 414	385 823	270	321
1. 教育	Education	370 513	370 100	230	183
其中：(1)普通高等教育	Regular Institution of Higher Education	15 315	15 296		19
(2)普通中学	Regular Secondary Schools	108 502	108 502		
(3)小学校	Primary Schools	212 285	212 285		
2. 文化艺术业	Culture and Arts	9 822	9 752	35	35
3. 广播电影电视业	Radio,Film and Television	6 079	5 971	5	103
(十四)科学研究和综合技术服务业	Scientific Research and Polytechnic Services	20 418	19 158	424	836
1. 科学研究业	Scientific Research	7 618	7 367	75	176
(1)自然科学研究	Natural Science Research	6 047	5 796	75	176
(2)社会科学研究	Social Science Research	648	648		
(3)其他科学研究	Other Science Research	923	923		
2. 综合技术服务业	Polytechnic Services	12 800	11 791	349	660
(1)气象	Meteorology	1 477	1 477		
(2)地震	Seismology	821	821		
(3)测绘	Surver and Mapping	687	684		3
(4)技术监督	Technological Supervision	1 317	1 076	57	184
(6)环境保护	Environmental Protection	1 158	1 100	45	13
(7)技术推广和科技交流服务业	Technology Application & Dissemination, Science and Technology Exchange Services	434	394	10	30
(8)工程设计业	Engineering Desing	5 223	4 752	112	359
(9)其他综合技术服务业	Other Polytechnic Services	1 683	1 487	125	71
(十五)国家机关、政党机关和社会	Government Agencies,Party Agencies and Social Organizations	23 211	22 973	238	
其中：国家机关	Government Agencies	22 436	22 198	238	
政党机关	Party Agencies	495	495		
(十六)其他行业	Others	2 893	1 744	316	833
其中：企业管理机构	Enterprise Management Organizations	1 898	989	294	615

5-17 各地区私营企业年底从业人员人数（2001年）

Number of Employed Persons in Private Enterprises by Region(2001)

单位：户、万人 (enterprises,10 000 persons)

地区	Region	合计 Total		城镇 Urban Areas		乡村 Rural Areas	
		户数 Number of enterprises	从业人数 Number of Employed Persons	户数 Number of enterprises	从业人数 Number of Employed Persons	户数 Number of enterprises	从业人数 Number of Employed Persons
全省合计	**Total**	**28 737**	**45.83**	**23 404**	**32.41**	**5 333**	**13.42**
昆明	Kunming	17 461	20.51	15 907	17.50	1 554	3.01
曲靖	Qujing	1 027	3.22	533	0.97	494	2.25
玉溪	Yuxi	2 595	5.42	1 626	2.91	969	2.51
昭通	Zhaotong	352	1.30	254	0.94	98	0.35
楚雄	Chuxiong	1 071	2.91	728	1.86	343	1.05
红河	Honghe	1 444	3.94	1 172	2.97	272	0.97
文山	Wenshan	557	1.04	416	0.64	141	0.40
思茅	Simao	413	1.06	349	0.83	64	0.23
西双版纳	Xishuangbanna	238	0.56	183	0.35	55	0.21
大理	Dali	1 408	2.50	847	1.30	561	1.20
保山	Baoshan	515	0.87	281	0.40	234	0.47
德宏	Dehong	674	0.60	500	0.51	174	0.08
丽江	Lijiang	401	0.49	175	0.17	226	0.32
怒江	Nujiang	193	0.51	123	0.34	70	0.17
迪庆	Diqing	90	0.20	74	0.13	16	0.06
临沧	Lincang	298	0.72	236	0.56	62	0.16

注：昆明市私营企业从业人员人数包括省工商局直属部分。

Note: The number of employed persons in private and individual units includes that of the units directly under the Provincial Administrative Bureau for Industry and Commerce.

5-18 各地区年底个体从业人员人数（2001年）

Number of Self-employed Individuals by Region (2001)

单位：户、万人 (enterprises,10 000 persons)

地区	Region	合计 Total		城镇 Urban Areas		乡村 Rural Areas	
		户数 Number of enterprises	从业人数 Number of Employed Persons	户数 Number of enterprises	从业人数 Number of Employed Persons	户数 Number of enterprises	从业人数 Number of Employed Persons
全省合计	**Total**	**691 324**	**104.29**	**323 512**	**49.42**	**367 812**	**54.87**
昆明	Kunming	130 582	19.62	67 154	10.20	63 428	9.42
曲靖	Qujing	52 792	8.37	27 234	4.05	25 558	4.32
玉溪	Yuxi	54 163	7.37	18 406	2.74	35 757	4.62
昭通	Zhaotong	46 345	9.65	22 219	3.64	24 126	6.01
楚雄	Chuxiong	54 150	7.77	22 126	3.23	32 024	4.54
红河	Honghe	70 671	12.20	30 345	6.13	40 326	6.07
文山	Wenshan	37 422	5.36	20 056	3.00	17 366	2.36
思茅	Simao	31 486	4.91	18 764	2.92	12 722	1.98
西双版纳	Xishuangbanna	16 606	2.43	7 998	1.30	8 608	1.13
大理	Dali	75 851	9.46	26 195	3.53	49 656	5.92
保山	Baoshan	32 889	4.88	12 634	1.82	20 255	3.06
德宏	Dehong	22 491	3.51	11 734	1.77	10 757	1.74
丽江	Lijiang	18 811	2.13	11 379	1.29	7 432	0.84
怒江	Nujiang	6 479	1.09	3 997	0.60	2 482	0.48
迪庆	Diqing	7 586	1.14	4 451	0.67	3 135	0.47
临沧	Lincang	33 000	4.41	18 820	2.49	14 180	1.92

注：昆明市个体从业人员人数包括省工商局直属部分。

Note: The number of employed persons in private and individual units includes that of the units directly under the Provincial Administrative Bureau for Industry and Commerce.

5-19 主要年份城镇私营企业年底分行业从业人数
Mumber of Private Enterprises in Urban Areas

单位：万人　　　　(10 000 persons)

行　　业	Sector	1995年	1999年	2000年	2001年
合　计	**Total**	**4.4**	**21**	**22.9**	**32.41**
1. 农、林、牧、渔业	Farming,Forestry,Animal Husbandry and Fishery	0.1	0.7	0.7	0.99
2. 采掘业	Mining and Quarrying	0.3	0.6	0.5	0.47
3. 制造业	Manufacturing	1.8	5.4	5.8	6.63
4. 电力、煤气及水的生产和供应业	Production and Supply of Electtricity,Gas and Water				
5. 建筑业	Construction	0.3	2.4	2.6	3.76
6. 地质勘查业、水利管理业	Geological Prospecting and Water Conservancy				
7. 交通运输、仓储及邮电通讯业	Transport,Storage,Post and Telecommunication Services	0.1	0.4	0.6	0.45
8. 批发和零售贸易、餐饮业	Wholesale and Retail Trade &Catering Services	1.3	7.7	8.7	13.62
9. 金融、保险业	Finance and Insurance				
10. 房地产业	Real Estate Trade				
11. 社会服务业	Social Services	0.4	3.3	3.4	5.13
12. 卫生、体育和社会福利业	Health Care,Sports and Social Welfare				
13. 教育、文化艺术和广播电影电视业	Education,Culture and Aarts,Radio,Film and Television				
14. 科学研究和综合技术服务业	Scientific Research and Polytechnic Services				
15. 国家机关、政党机关和社会团体	Government Agencies,Party Agencies and Social Organizations				
16. 其他行业	Others	0.1	0.5	0.6	1.37

5-20 主要年份城镇个体从业人员年底分行业从业人数
Number of Self-Employed Workers by Sector in the Cities and Towns

单位：万人　　　　(10 000 persons)

行　　业	Sector	1995年	1999年	2000年	2001年
合　计	**Total**	**27.9**	**48.9**	**43.5**	**49.42**
1. 农、林、牧、渔业	Farming,Forestry,Animal Husbandry and Fishery	0	0.1	0.1	0.12
2. 采掘业	Mining and Quarrying	0.1	0.1	0.1	0.11
3. 制造业	Manufacturing	2.8	4.9	5	5.67
4. 电力、煤气及水的生产和供应业	Production and Supply of Electtricity,Gas and Water				
5. 建筑业	Construction	0.1	0.2	0.2	0.26
6. 地质勘查业、水利管理业	Geological Prospecting and Water Conservancy				
7. 交通运输、仓储及邮电通讯业	Transport,Storage,Post and Telecommunication Services	1.2	2.7	2.1	2.28
8. 批发和零售贸易、餐饮业	Wholesale and Retail Trade &Catering Services	19.5	32.9	29.2	32.8
9. 金融、保险业	Finance and Insurance				
10. 房地产业	Real Estate Trade				
11. 社会服务业	Social Services	4	7.6	6.5	7.77
12. 卫生、体育和社会福利业	Health Care,Sports and Social Welfare				
13. 教育、文化艺术和广播电影电视业	Education,Culture and Aarts,Radio,Film and Television				
14. 科学研究和综合技术服务业	Scientific Research and Polytechnic Services				
15. 国家机关、政党机关和社会团体	Government Agencies,Party Agencies and Social Organizations				
16. 其他行业	Others	0.2	0.4	0.3	0.42

5-21 主要年份城镇新安置就业人数

Number of Newly Employed Persons in Urban Areas

单位：万人 (10 000 persons)

年份 Year	合计 Total	国有单位 State-owned Units	城镇集体所有制单位 Urban Collective-owned Units	个体劳动者 Self-employed Individuals	其他 Others
1979	13.47	7.05	4.42		2.00
1980	9.64	4.19	3.32	0.68	1.45
1985	8.41	2.13	2.45	2.82	1.01
1990	9.51	3.42	2.90	0.87	2.32
1991	9.53	3.47	2.87	0.82	2.37
1992	9.66	3.15	2.78	1.24	2.44
1993	8.92	2.61	2.46	1.03	2.82
1994	9.14	2.10	2.33	1.19	3.52
1995	8.70	2.39	1.78	0.85	3.68
1996	8.99	3.00	2.05	1.14	2.80
1997	7.93	2.56	1.55	1.01	2.81
1998	7.13	1.60	1.02	1.52	2.99
1999	6.80	1.50	0.90	2.10	2.30
2000	7.40	1.19	0.75	2.34	3.12
2001	8.64	1.83	0.84	3.44	2.53

5-22 主要年份城镇登记失业人数和登记失业率

Number of Registered Urban Unemployed Persons and Unemployment Rate

单位:万人 (10 000 persons)

年份 Year	城镇登记失业人数（万人） Urban Unemployed Persons (10 000 persons)	#女性 Female	#长期失业者人数 Permanent Unemployed Persons	城镇登记失业率 % Urban Unemployment Rate (%)
1978	6.40			2.70
1980	6.00			2.30
1985	4.21			2.50
1990	7.76			2.50
1991	7.63			2.30
1992	7.53			2.30
1993	7.34			2.30
1994	7.14			2.23
1995	8.10			2.26
1996	8.01			2.80
1997	7.84			2.70
1998	6.01	3.02		2.20
1999	6.20	3.10	3.10	2.50
2000	6.77	3.28	3.42	2.60
2001	8.00	3.89	3.64	3.30

5-23 主要年份全部职工工资总额和指数

Total Wages of Staff and Workers and Related Index in Major Years

单位：万元，%　　　　(10 000 yuan, %)

年份 Year	职工工资总额(万元) Total Wages (10 000 yuan) 合计 Total	 国有单位 State-owned Units	 城镇集体单位 Urban Collective-owned Units	 其他单位 Other Ownership	工资总额指数 Indices of Total Wages (%) 合计 Total	 国有单位 State-owned Units	 城镇集体单位 Urban Collective-owned Units	 其他单位 Other Ownership
1978	126 803	114 225	12 578		115.3	117.4	99.6	
1980	171 550	154 601	16 949		120.3	120.4	119.6	
1985	301 329	262 970	37 902	457	118.5	118.3	119.4	
1990	606 598	535 607	69 695	1 296	115.3	116.3	108.6	
1991	686 627	602 671	82 289	1 667	113.2	112.5	118.1	128.6
1992	814 347	712 593	99 500	2 254	118.6	118.2	120.9	135.2
1993	970 155	841 224	124 990	3 941	119.1	118.1	125.6	174.8
1994	1 389 418	1 213 488	155 660	20 270	143.2	144.3	124.5	514.3
1995	1 589 569	1 378 077	182 208	29 284	114.4	113.6	116.7	144.5
1996	1 940 633	1 690 [illegible]	[illegible]	[illegible]	122.1	122.7	111.3	161.5
1997	2 190 837	1 907 523	210 466	72 849	112.9	112.8	103.8	134.0
1998	2 260 931	1 931 463	187 028	142 440	103.2	101.3	88.9	195.5
1999	2 359 332	1 959 697	175 717	223 918	104.4	101.5	94.0	157.2
2000	2 544 580	2 095 029	167 795	281 756	107.9	106.9	95.5	125.8
2001	2 759 817	2 253 345	143 717	362 755	108.5	107.6	85.7	128.7

5-24 各地区全部职工工资总额和平均工资（2001年）

Total Wages and Annual Average Wages of Staff and Workers by Region(2001)

单位：万元，元/人　　　　(10 000 yuan, yuan/person)

地区	Region	职工工资总额(万元) Total Wages (10 000 yuan) 合计 Total	 国有单位 State-owned Units	 城镇集体单位 Urban Collective-owned Units	 其他单位 Other Ownership	职工平均工资(元/人) Average Wages(yuan/person) 全省平均 Provincial Average	 国有单位 State-owned Units	 城镇集体单位 Urban Collective-owned Units	 其他单位 Other Ownership
全省合计	**Total**	**2 759 817**	**2 253 345**	**143 717**	**362 755**	**10 537**	**10 880**	**7 203**	**10 407**
昆明	Kunming	913 842	638 704	49 588	225 549	11 652	11 746	8 224	12 516
曲靖	Qujing	281 505	259 815	15 098	6 593	10 932	11 262	7 835	8 751
玉溪	Yuxi	181 944	153 297	8 640	20 007	12 538	13 371	6 872	11 180
保山	Baoshan	91 211	72 386	4 647	14 179	9 137	9 787	5 871	7 899
昭通	Zhaotong	141 494	130 026	9 457	2 011	9 289	9 714	5 795	9 370
楚雄	Chuxiong	134 478	118 406	7 194	8 878	10 291	10 935	7 046	7 285
红河	Honghe	238 436	202 089	16 611	19 737	9 286	9 858	6 571	7 451
文山	Wenshan	108 376	97 179	4 153	7 043	9 705	9 997	6 541	8 688
思茅	Simao	118 500	99 382	5 576	13 543	8 755	10 006	5 358	5 285
西双版纳	Xishuangbanna	90 164	77 856	5 543	6 764	8 421	8 660	7 698	6 787
大理	Dali	170 733	151 590	7 851	11 292	10 777	11 130	8 046	9 059
德宏	Dehong	75 599	65 879	3 293	6 428	9 241	9 389	7 356	8 962
丽江	Lijiang	57 435	48 867	2 399	6 170	10 181	10 400	6 322	10 953
怒江	Nujiang	34 965	29 814	342	4 809	12 395	12 140	7 131	15 170
迪庆	Diqing	28 718	27 934	656	127	14 429	14 687	9 001	8 260
临沧	lincang	88 199	75 903	2 670	9 627	9 894	10 421	5 989	8 124

5-25 主要年份全部职工平均工资及指数
Average Wages of Staff and Workers and Related Indices

单位：元/人，% (yuan/person,%)

年份 Year	职工平均工资(元/人) Average Wages(yuan/person) 合计 Total	国有单位 State-owned Units	城镇集体单位 Urban Collective-owned Units	其他单位 Other Ownership	平均工资指数（上年=100，%） Indices of Average Wages (preceding year = 100 ,%) 货币工资 Money Wages 合计 Total	国有单位 State-owned Units	城镇集体单位 Urban Collective-owned Units	实际工资 Real Wages 合计 Total	国有单位 State-owned Units	城镇集体单位 Urban Collective-owned Units
1978	608	629	496		112.0	108.5	128.8			
1980	760	782	604		115.2	115.2	114.2			
1985	1 171	1 207	970	1 100	115.5	115.1	117.9			
1990	2 130	2 200	1 713	2 037	113.3	113.6	109.9	111.5	111.8	108.2
1991	2 328	2 398	1 919	2 393	109.3	109	112	105.3	105.0	107.9
1992	2 686	2 775	2 184	2 993	115.4	115.7	113.8	104.5	104.0	103.7
1993	3 170	3 253	2 690	3 898	118.0	117.2	123.2			
1994	4 514	4 673	3 518	5 201	142.4	143.7	130.8	121.4	122.5	111.5
1995	5 149	5 286	4 237	5 802	114.1	113.1	120.4	94.8	94.0	100.1
1996	6 231	6 419	4 926	6 863	121.0	121.4	116.3	111.3	111.7	107.0
1997	7 037	7 237	5 473	7 852	112.9	112.7	111.1	107.9	107.7	106.2
1998	7 667	7 882	6 029	7 564	109.0	108.9	110.2	106.4	106.4	107.6
1999	8 276	8 449	6 505	8 566	107.9	107.2	107.9	109.2	108.5	109.2
2000	9 231	9 422	7 033	9 566	111.5	111.5	108.1	114.3	114.3	110.8
2001	10 537	10 880	7 203	10 407	114.1	115.5	102.4	116.4	117.7	104.4

5-26 各地区城镇单位分行业职工平均工资(2001年)
Average Wages of Staff and Workers in Regions by Sector(2001)

单位：元/人 (yuan/person)

地区	Region	合计 Total	农、林、牧渔业 Farming, Forestry, Animal Husbandry and Fishery	采掘业 Mining and Quarrying	制造业 Manufacturing	电力、煤气及水的生产和供应业 Production and Supply of Electricity, Gas and Water	建筑业 Construction
全省合计	**Total**	**10 537**	**7 135**	**8 901**	**10 867**	**14 179**	**9 100**
昆明	Kunming	11 652	8 998	8 068	12 425	16 780	9 787
曲靖	Qujing	10 932	9 563	6 689	12 463	16 394	9 875
玉溪	Yuxi	12 538	8 001	10 155	14 290	13 391	8 059
保山	Baoshan	9 137	7 248	8 055	7 531	11 543	7 449
昭通	Zhaotong	9 289	8 935	7 064	10 845	10 910	6 128
楚雄	Chuxiong	10 291	9 863	9 995	11 026	12 228	7 427
红河	Honghe	9 286	6 475	10 271	8 234	14 825	6 733
文山	Wenshan	9 705	8 450	8 578	8 424	10 404	6 715
思茅	Simao	8 755	6 329	8 336	5 516	11 927	9 402
西双版纳	Xishuangbanna	8 421	6 329	6 835	8 987	13 508	4 322
大理	Dali	10 777	9 625	7 235	10 796	15 337	9 798
德宏	Dehong	9 241	4 312	7 306	8 086	10 887	7 293
丽江	Lijiang	10 181	8 668	10 238	7 114	14 744	7 226
怒江	Nujiang	12 395	12 303	16 747	7 816	13 779	6 689
迪庆	Diqing	14 429	14 965	9 571	6 006	10 368	6 500
临沧	Lincang	9 894	5 724	6 812	8 089	12 244	5 498

5-26 续表1 continued

单位：元/人 (yuan/person)

地　区	Region	地质勘查业、水利管理业 Geological Prospecting and Water Conservancy	交通运输、仓储及邮电通讯业 Transport,Storage, Post and Telecommunication Services	批发和零售贸易、餐饮业 Wholesale and Retail Trade &Catering Services	金融、保险业 Finance and Insurance	房地产业 Real Estate Trade
全省合计	**Total**	**10 231**	**12 225**	**9 184**	**11 941**	**10 988**
昆　明	Kunming	11 563	14 435	10 622	13 096	11 411
曲　靖	Qujing	10 380	9 692	9 032	10 608	10 024
玉　溪	Yuxi	10 649	10 735	12 944	12 238	15 877
保　山	Baoshan	9 943	8 745	7 231	11 723	8 108
昭　通	Zhaotong	10 003	8 738	7 942	11 492	11 358
楚　雄	Chuxiong	9 104	9 627	9 042	11 738	10 698
红　河	Honghe	8 536	7 950	6 981	9 713	9 541
文　山	Wenshan	10 687	10 680	7 130	10 971	10 490
思　茅	Simao	9 206	8 652	6 702	10 765	8 101
西双版纳	Xishuangbanna	9 833	11 926	6 707	12 774	8 757
大　理	Dali	10 084	9 814	9 650	12 197	9 740
德　宏	Dehong	11 881	14 817	7 851	12 736	9 393
丽　江	Lijiang	9 700	9 360	8 911	12 016	10 163
怒　江	Nujiang	13 697	14 974	8 902	11 586	4 111
迪　庆	Diqing	15 015	14 318	8 106	14 471	14 875
临　沧	Lincang	10 172	10 123	5 994	12 362	7 939

5-26 续表2 continued

单位：元/人 (yuan/person)

地　区	Region	社会服务业 Social Services	卫生、体育和社会福利业 Health Care, Sports and Social Welfare	教育、文化艺术和广播电影电视业 Education, Culture and Aarts,Radio, Film and Television	科学研究和综合技术服务业 Scientific Research and Polytechnic Services	国家机关、政党机关和社会团体 Government Agencies,Party Agencies and Social Organizations	其　他 Others
全省合计	**Total**	**8 951**	**11 804**	**11 005**	**12 806**	**11 089**	**13 055**
昆　明	Kunming	10 076	11 076	11 170	13 196	10 432	17 859
曲　靖	Qujing	7 623	11 375	10 892	11 735	10 953	
玉　溪	Yuxi	7 527	13 378	13 630	16 839	12 744	13 815
保　山	Baoshan	9 515	11 116	9 848	11 038	10 586	10 741
昭　通	Zhaotong	5 767	12 972	9 278	9 133	9 297	5 200
楚　雄	Chuxiong	7 949	11 994	10 360	12 174	10 756	13 800
红　河	Honghe	7 574	11 566	11 521	11 642	10 990	9 422
文　山	Wenshan	6 855	10 721	9 827	11 641	10 972	11 875
思　茅	Simao	7 282	11 621	11 219	11 649	11 249	10 182
西双版纳	Xishuangbanna	7 335	13 180	13 006	11 045	13 723	10 276
大　理	Dali	8 992	11 981	11 023	13 057	11 428	11 179
德　宏	Dehong	6 792	12 191	11 662	11 813	11 678	11 597
丽　江	Lijiang	9 164	10 654	11 048	12 162	10 986	11 129
怒　江	Nujiang	8 867	13 598	13 162	13 503	11 942	12 200
迪　庆	Diqing	8 739	17 345	15 323	16 477	15 684	
临　沧	Lincang	7 751	13 057	11 201	11 495	11 780	11 099

5-27 分细行业职工平均工资(2001年)

Average Wages of Staff and Workers by Detail Sector(2001)

单位：元/人 (yuan/person)

行业	Sector	全部职工 Total Staff and Workers	国有单位 State-owned Units	城镇集体单位 Urban Collective-owned Units	其他单位 Other Ownership
全省合计	**Total**	**10 537**	**10 880**	**7 203**	**10 407**
按企业、事业、机关分组	Grouped by Enterprises Institutions and Agencies				
1. 企业	Enterprises	10 191	10 759	7 149	10 405
2. 事业	Institutions	10 932	10 940	8 783	12 490
3. 机关	Agencies & Organizations	11 044	11 049	10 099	
按国民经济行业分组	Grouped by Sector				
(一)农、林、牧、渔业	Farming,Forestry,Animal Husbandry and Fishery	7 135	7 208	2 819	6 612
1. 农业	Farming	4 652	4 651	3 862	5 298
2. 林业	Forestry	6 322	6 475	2 055	4 890
3. 畜牧业	Animal Husbandry	8 795	8 384	6 737	9 784
4. 渔业	Fishery	8 606	9 556		5 191
5. 农、林、牧、渔服务业	Services	10 230	10 232	9 301	
(二)采掘业	Mining and Quarrying	8 901	9 082	6 264	8 849
1. 煤炭采选业	Coal Mining and Dressing	8 288	8 281	7 495	8 616
2. 石油和天然气开采业	Petroleum and Natural Gas Extraction	8 891	10 217		6 659
3. 黑色金属矿采选业	Mining and Dressing of Ferrous Metals	9 994	10 416	5 886	9 168
4. 有色金属矿采选业	Mining and Dressing of Nonferrous Metals	9 577	10 566	5 732	8 946
5. 非金属矿采选业	Mining and Dressing of Nonmetal Minerals	9 045	9 125	8 408	7 439
6. 其他矿采选业	Mining and Dressing of Other Minerals	8 405	8 405		
7. 木材及竹材采运业	Logging and Transport of Timber and Bamboo	8 081	8 066		8 541
(三)制造业	Manufacturing	10 867	12 048	7 292	10 282
1. 食品加工业	Food Processing	9 228	8 863	9 975	9 440
2. 食品制造业	Food Manufacturing	6 712	6 392	5 442	7 684
3. 饮料制造业	Beverages	5 383	9 368	5 850	4 146
4. 烟草加工业	Tobacco Processing	33 577	35 764	22 103	8 590
5. 纺织业	Textile Industry	6 910	6 095	5 133	8 719
6. 服装及其他纤维制品制造业	Garments and Other Fiber Products	5 346	6 408	4 526	6 740
7. 皮革、毛皮、羽绒及其制品业	Leather,Furs,Down and Related Products	4 736	4 958	4 898	4 304
8. 木材加工及竹、藤、棕、草制品	Timber Processing,Bamboo,Cane,Palm Fiber and Straw Products	7 369	6 968	5 641	7 880
9. 家具制造业	Furniture Manufacturing	7 396	5 100	6 204	8 818
10. 造纸及纸制品业	Papermaking and Paper Products	6 994	6 331	6 817	7 505
11. 印刷业、记录媒介的复制	Printing and Record Medium Reproduction	11 174	9 378	6 623	14 552
12. 文教体育用品制造业	Cultural,Educational and Sports Goods	7 387	6 151	7 601	
13. 石油加工及炼焦业	Petroleum Processing and Coking	8 201	8 202		8 198
14. 化学原料及化学制品制造业	Raw Chemical Materials and Chemical Products	9 120	9 218	9 677	8 618
15. 医药制造业	Medical and Pharmaceutical Products	16 655	10 548	7 288	19 244
16. 化学纤维制造业	Chemical Fiber	18 955	5 440	7 324	25 980
17. 橡胶制品业	Rubber Products	6 091	5 095	6 932	9 473
18. 塑料制品业	Plastic Products	8 579	7 212	7 960	9 844
19. 非金属矿物制品业	Nonmetal Mineral Products	8 205	7 266	6 141	9 925
20. 黑色金属冶炼及压延加工业	Smelting and Pressing of Nonferrous Metals	14 512	15 165	9 462	7 100
21. 有色金属冶炼及压延加工业	Smelting and Pressing of Nonferrous Metals	10 495	9 429	6 100	14 378

5-27 续表1 continued

单位：元/人 (yuan/person)

行　业	Sector	全部职工 Total Staff and Workers	国有单位 State-owned Units	城镇集体单位 Urban Collective-owned Units	其他单位 Other Ownership
22. 金属制品业	Metal Products	6 896	6 459	6 492	8 140
23. 普通机械制造业	Ordinary Machinery	9 211	8 580	5 759	11 248
24. 专用设备制造业	Special Purposes Equipment	10 459	9 960	4 557	11 748
25. 交通运输设备制造业	Transport Equipment	10 329	11 096	6 237	9 783
26. 武器弹药制造业	Weapon and Ammunition	7 332	7 332		
27. 电气机械及器材制造业	Electric Equipment and Machinery	9 654	8 187	8 137	10 520
28. 电子及通信设备制造业	Electronic and Telecommunication Equipment	21 016	11 045	7 333	25 585
29. 仪器仪表及文化、办公用机械	Instruments,Meters,Cultural and Office Machinery	7 751	7 237	6 065	7 918
30. 其他制造业	Other Manufacturing	6 616	9 021	6 172	8 658
(四)电力、煤气及水的生产和供应业	Production and Supply of Electricity,Gas and Water	14 179	14 180	12 818	14 274
1. 电力、蒸汽、热水的生产和供应业	Production & Supply of Electric Power,Steam and Hot Water	14 511	14 620	13 325	14 391
2. 煤气生产和供应业	Production and Supply of Gas	13 762	13 885		6 654
3. 自来水的生产和供应业	Production and Supply of Tap Water	11 846	12 036	7 405	10 107
(五)建筑业	Construction	9 100	9 313	7 258	10 011
1. 土木工程建筑业	Civil Engineering	8 922	9 313	7 037	9 418
2. 线路、管道和设备安装业	Circuit,Pipelines and Decoration	11 871	9 610	9 622	13 128
3. 建筑物的装修装饰业	Buildings Fitting up and Decoration	8 844	7 784	8 234	9 068
(六)地质勘查业、水利管理业	Geological Prospecting and Water Conservancy	10 231	10 120	8 096	16 077
1. 地质勘查业	Geological Prospecting	10 151	9 906	9 012	16 077
2. 水利管理业	Water Conservancy	10 314	10 335	7 169	
(七)交通运输、仓储及邮电通信业	Transport,Storage,Post and Telecommunication Services	12 225	12 419	8 753	11 715
1. 铁路运输业	Railway Transport	14 153	14 266	9 774	13 834
2. 公路运输业	Highway Transport	7 156	7 098	7 298	7 398
3. 水上运输业	Water Way Transport	6 588	7 238	6 000	3 600
4. 航空运输业	Air Transport	22 400	22 463	9 300	21 192
5. 交通运输辅助业	Transport Supporting and Auxiliary Services	10 260	10 324	5 564	10 766
6. 其他交通运输业	Other Transport	10 154	6 495	10 938	18 130
7. 仓储业	Storage	11 852	12 041	10 211	12 176
8. 邮电通信业	Post and Telecommunication Services	16 051	15 920	7 217	19 064
(八)批发和零售贸易、餐饮业	Wholesale and Retail Trade &Catering Services	9 184	10 780	6 001	9 113
1. 食品、饮料、烟草和家庭用品批发业	Wholesale Trade of Food,Beverages,Tobacco and Household Goods	12 646	13 868	6 249	10 185
2. 能源、材料和机械电子设备批发业	Wholesale Trade of Energy,Materials and Electronic Equipment	9 913	10 136	7 814	10 268

5-27 续表2 continued

单位：元/人 (yuan/person)

行业	Sector	全部职工 Total Staff and Workers	国有单位 State-owned Units	城镇集体单位 Urban Collective-owned Units	其他单位 Other Ownership
3. 其他批发业	Other Wholesale Trade	8 819	9 891	6 588	14 262
4. 零售业	Retail Trade	6 681	6 709	5 712	8 177
5. 商业经纪与代理业	Commercial Brokerage and Agencies	10 993	10 232		12 184
6. 餐饮业	Catering Services	6 765	6 541	5 699	7 269
(九)金融、保险业	Finance and Insurance	11 941	12 454	10 076	12 718
1. 金融业	Finance and Insurance	11 943	12 468	10 076	13 404
2. 保险业	Insurance	11 926	12 311		10 344
(十)房地产业	Real Estate Trade	10 988	11 360	8 702	11 006
1. 房地产开发与经营业	Real Estate Development and Operation	11 884	11 867	7 554	12 748
2. 房地产管理业	Real Estate Management	10 014	10 724	10 623	9 357
3. 房地产代理与经纪业	Real Estate Brokerage and Agencies	9 394	10 860	9 571	7 413
(十一)社会服务业	Social Services	8 951	8 873	7 179	9 868
1. 公共服务业	Public Facilities Services	9 310	9 247	8 441	10 722
2. 居民服务业	Resident Services	9 078	10 328	7 162	8 240
3. 旅馆业	Hotels	8 283	8 023	6 592	9 165
4. 租赁服务业	Leasing Services	8 519	6 611	9 806	9 588
5. 旅游业	Tourism	8 443	10 349	6 981	6 548
6. 娱乐服务业	Recreational Services	8 610	8 935	8 097	8 847
7. 信息、咨询服务业	Information and Consultative Services	10 445	10 820	8 198	11 222
8. 计算机应用服务业	Computer Application Services	16 729	12 752	6 727	18 188
9. 其他社会服务业	Other Social Services	9 507	7 961	7 067	18 388
(十二)卫生、体育和社会福利业	Health Care,Sports and Social Welfare	11 804	11 849	8 733	9 226
1. 卫生	Health	11 906	11 927	8 935	6 760
2. 体育	Sports	9 527	10 140	10 688	8 385
3. 社会福利保障业	Social Welfare	10 608	10 450	7 331	76 313
(十三)教育、文化艺术及广播电影	Education,Culture and Aarts,Radio,Film and	11 005	10 995	8 807	15 565
1. 教育	Education	10 986	10 979	9 121	24 385
其中:(1)普通高等教育	Regular Institution of Higher Education	12 018	12 024		9 471
(2)普通中学	Regular Secondary Schools	11 498	11 498		
(3)小学校	Primary Schools	10 388	10 388		
2. 文化艺术业	Culture and Arts	11 703	11 611	7 286	14 060
3. 广播电影电视业	Radio,Film and Television	10 836	10 829	7 421	11 413
(十四)科学研究和综合技术服务业	Scientific Research and Polytechnic Services	12 806	12 817	9 196	15 139
1. 科学研究业	Scientific Research	12 924	12 936	10 280	13 440
(1)自然科学研究	Natural Science Research	12 541	12 540	10 280	13 440
(2)社会科学研究	Social Science Research	12 734	12 734		
(3)其他科学研究	Other Science Research	15 902	15 902		
2. 综合技术服务业	Polytechnic Services	12 730	12 736	9 065	15 564
(1)气象	Meteorology	12 654	12 654		
(2)地震	Seismology	11 789	11 789		
(3)测绘	Survey and Mapping	15 625	15 728		8 857
(4)技术监督	Technological Supervision	12 400	11 974	17 046	12 351
(5)环境保护	Environmental Protection	11 552	11 761	8 050	7 556
(6)技术推广和科技交流服务业	Technology Application & Dissemination, Science and Technology Exchange Services	10 976	10 916	8 571	12 870
(7)工程设计业	Engineering Desing	13 040	12 567	11 343	18 752
(8)其他综合技术服务业	Other Polytechnic Services	12 998	14 460	4 914	11 519
(十五)国家机关、政党机关和社会	Government Agencies,Party Agencies and Social Organizations	11 089	11 095	9 904	
其中:国家机关	Government Agencies	11 018	11 023	9 924	
政党机关	Party Agencies	12 231	12 231	7 667	
(十六)其他行业	Others	13 055	11 926	9 475	19 592
其中:企业管理机构	Enterprise Management Organizations	15 671	15 960	9 423	19 903

5-28 各地区城镇单位分行业年底从业人员劳动报酬（2001年）

Earnings of Employed Persons in Urban Units in Regions by Sector(2001)

单位：千元 (1 000 yuan)

地　区	Region	合　计 Total	农、林、牧渔　业 Farming,Forestry, Animal Husbandry and Fishery	采掘业 Mining and Quarrying	制造业 Manufacturing	电力、煤气及水的生产和供应业 Production and Supply of Electricity,Gas and Water	建筑业 Construction
全省合计	**Total**	**27 963 712**	**1 394 049**	**799 111**	**5 639 126**	**953 919**	**1 543 760**
昆　明	Kunming	9 322 684	126 445	114 126	2 563 832	228 511	992 967
曲　靖	Qujing	2 829 408	61 003	94 968	846 685	161 665	85 542
玉　溪	Yuxi	1 832 175	76 279	96 898	436 469	53 879	11 597
保　山	Baoshan	914 227	42 402	7 329	129 588	22 140	35 616
昭　通	Zhaotong	1 417 950	63 135	18 126	150 877	47 941	47 724
楚　雄	Chuxiong	1 361 408	54 608	117 106	180 538	39 828	47 633
红　河	Honghe	2 406 350	146 852	149 554	607 333	115 509	61 874
文　山	Wenshan	1 002 573	74 396	29 068	53 655	41 732	9 803
思　茅	Simao	1 202 853	88 566	70 715	166 509	39 004	44 455
西双版纳	Xishuangbanna	922 590	366 199	6 026	46 388	15 626	11 765
大　理	Dali	1 725 067	70 358	24 976	201 725	75 684	172 688
德　宏	Dehong	766 277	74 907	7 650	106 473	27 752	4 662
丽　江	Lijiang	583 782	39 851	20 055	41 710	32 289	4 210
怒　江	Nujiang	352 727	11 324	37 517	4 894	8 911	7 372
迪　庆	Diqing	289 413	28 306	134	3 038	6 343	130
临　沧	Lincang	896 716	69 418	4 863	95 286	37 105	5 722

5-28 续表1 continued

单位：千元 (1 000 yuan)

地　区	Region	地质勘查业、水利管理业 Geological Prospecting and Water Conservancy	交通运输、仓储及邮电通讯业 Transport,Storage, Post and Telecommunication Services	批发和零售贸易、餐饮业 Wholesale and Retail Trade & Catering Services	金融、保险业 Finance and Insurance	房地产业 Real Estate Trade	社会服务业 Social Services
全省合计	**Total**	**263 765**	**2 063 500**	**2 024 460**	**880 824**	**162 390**	**866 219**
昆　明	Kunming	69 111	1 250 948	701 795	267 457	111 268	506 702
曲　靖	Qujing	34 254	87 847	245 832	69 785	7 967	39 051
玉　溪	Yuxi	18 932	56 212	223 255	59 517	7 231	35 313
保　山	Baoshan	11 307	40 343	73 260	38 682	2 640	16 793
昭　通	Zhaotong	10 803	53 130	126 933	50 849	1 874	11 676
楚　雄	Chuxiong	22 886	67 242	108 600	59 948	4 613	20 858
红　河	Honghe	26 230	97 237	122 944	59 409	9 508	45 701
文　山	Wenshan	10 306	66 571	60 945	35 322	2 616	14 034
思　茅	Simao	14 046	51 867	62 803	38 807	1 045	15 099
西双版纳	Xishuangbanna	5 568	43 263	31 152	21 564	3 699	50 457
大　理	Dali	22 114	84 142	124 337	62 600	4 426	48 241
德　宏	Dehong	3 701	48 316	35 688	32 418	1 386	18 149
丽　江	Lijiang	3 938	27 548	44 436	26 274	1 486	24 140
怒　江	Nujiang	904	23 355	19 221	11 466	37	3 220
迪　庆	Diqing	2 027	21 705	10 055	13 016	714	5 054
临　沧	Lincang	7 638	43 774	33 204	33 710	1 880	11 731

5-28 续表2 continued

单位：千元 (1000 yuan)

地　区	Region	卫生、体育和社会福利业 Health Care, Sports and Social Welfare	教育、文化艺术和广播电影电视业 Education,Culture, Arts,Radio,Film and Television	科学研究和综合技术服务业 Scientific Research and Polytechnic Services	国家机关、政党机关和社会团体 Government Agencies,Party Agencies and Social Organizations	其　他 Others
全省合计	**Total**	**1 479 335**	**5 329 023**	**475 325**	**3 930 820**	**158 086**
昆　明	Kunming	370 769	915 839	338 957	677 452	86 505
曲　靖	Qujing	109 052	627 927	12 462	345 368	1 875
玉　溪	Yuxi	113 305	354 996	16 615	269 802	3 206
保　山	Baoshan	60 820	245 527	5 555	179 019	104
昭　通	Zhaotong	89 933	447 165	6 457	291 223	634
楚　雄	Chuxiong	90 789	300 290	5 587	240 248	4 863
红　河	Honghe	127 612	484 069	18 159	329 496	1 903
文　山	Wenshan	77 679	369 927	6 978	234 638	3 994
思　茅	Simao	76 779	299 214	8 963	220 967	3 573
西双版纳	Xishuangbanna	45 164	135 263	21 998	114 885	1 498
大　理	Dali	123 801	389 744	12 439	306 294	2 331
德　宏	Dehong	46 465	163 342	7 441	185 596	345
丽　江	Lijiang	37 690	153 667	4 694	121 449	61
怒　江	Nujiang	27 289	91 859	2 363	102 934	788
迪　庆	Diqing	24 190	79 486	3 207	92 008	
临　沧	Lincang	57 998	270 708	3 450	219 441	

5-29 各地区国有单位分行业职工平均工资（2001年）
Average Wages of Staff and Workers of State-owned Units in Regions by Sector(2001)

单位：元／人 (yuan/person)

地　区	Regoin	合　计 Total	农、林、牧渔　业 Farming,Forestry, Animal Husbandry and Fishery	采掘业 Mining and Quarrying	制造业 Manufacturing	电力、煤气及水的生产和供应业 Production and Supply of Electricity,Gas and Water
全省合计	**Total**	**10 880**	**7 208**	**9 082**	**12 048**	**14 180**
昆　明	Kunming	11 746	8 986	8 801	12 620	14 201
曲　靖	Qujing	11 262	9 557	6 646	13 391	16 460
玉　溪	Yuxi	13 371	8 000	10 280	20 788	13 640
保　山	Baoshan	9 787	7 248	7 884	8 279	14 123
昭　通	Zhaotong	9 714	8 935	7 614	12 264	11 185
楚　雄	Chuxiong	10 935	9 863	10 268	16 743	12 179
红　河	Honghe	9 858	6 493	11 981	8 676	15 660
文　山	Wenshan	9 997	8 450	8 489	9 137	11 072
思　茅	Simao	10 006	7 211	8 366	6 928	13 110
西双版纳	Xishuangbanna	8 660	6 392	6 761	7 105	13 540
大　理	Dali	11 130	9 632	7 173	12 017	16 239
德　宏	Dehong	9 389	4 310	6 837	8 240	11 186
丽　江	Lijiang	10 400	8 704	10 127	7 112	10 598
怒　江	Nujiang	12 140	12 303	10 003	7 479	10 712
迪　庆	Diqing	14 687	14 965	9 571	5 730	10 368
临　沧	Lincang	10 421	5 701	7 418	8 836	12 954

5-29 续表1 continued

单位：元/人 (yuan/person)

地　区	Region	建筑业 Construction	地质勘查业、水利管理业 Geological Prospecting and Water Conservancy	交通运输、仓储和邮电通信业 Transport,Storage, Post and Telecommunication Services	批发和零售贸易餐饮业 Wholesale and Retail Trade & Catering Services	金融保险业 Finance and Insurance	房地产业 Real Estate Trade
全省合计	**Total**	**9 313**	**10 120**	**12 419**	**10 780**	**12 454**	**11 360**
昆　明	Kunming	9 510	11 146	14 545	11 947	13 744	12 022
曲　靖	Qujing	9 198	10 380	9 622	10 445	10 635	10 024
玉　溪	Yuxi	8 614	10 649	9 994	16 506	13 058	16 865
保　山	Baoshan	4 450	9 943	8 745	9 560	12 416	8 858
昭　通	Zhaotong	5 489	10 090	9 216	9 509	12 332	11 358
楚　雄	Chuxiong	7 974	9 139	9 803	11 216	12 912	10 801
红　河	Honghe	7 774	8 536	8 034	8 340	9 644	9 999
文　山	Wenshan	7 178	10 687	11 783	8 108	11 383	10 074
思　茅	Simao	10 819	9 206	10 243	7 454	11 621	8 101
西双版纳	Xishuangbanna	4 711	9 830	14 296	6 736	13 231	11 370
大　理	Dali	10 176	10 084	9 939	11 381	12 726	12 933
德　宏	Dehong	8 179	11 881	14 491	8 762	12 877	8 906
丽　江	Lijiang	8 211	9 700	9 383	10 529	12 398	9 705
怒　江	Nujiang	6 806	13 697	17 626	8 467	11 870	4 111
迪　庆	Diqing	6 500	15 015	14 318	8 632	14 400	14 875
临　沧	Lincang	10 941	10 172	10 075	6 506	12 715	7 519

5-29 续表2 continued

单位：元/人 (yuan/person)

地　区	Region	社会服务业 Social Services	卫生、体育和社会福利业 Health Care,Sports and Social Welfare	教育、文化艺术和广播电影电视业 Education,Culture, Arts,Radio,Film and Television	科学研究和综合技术服务业 Scientific Research and Polytechnic Services	国家机关、政党机关和社会团体 Government Agencies,Party Agencies and Social Organizations	其　他 Others
全省合计	**Total**	**8 873**	**11 849**	**10 995**	**12 817**	**11 095**	**11 926**
昆　明	Kunming	9 980	11 155	11 094	13 246	10 431	17 716
曲　靖	Qujing	7 749	11 376	10 891	11 735	10 951	
玉　溪	Yuxi	7 972	13 380	13 645	16 839	12 745	12 147
保　山	Baoshan	9 247	11 203	9 856	11 038	10 589	10 930
昭　通	Zhaotong	5 737	12 972	9 281	9 075	9 293	11 000
楚　雄	Chuxiong	7 881	12 016	10 362	12 174	10 753	10 435
红　河	Honghe	7 840	11 622	11 526	11 598	10 991	10 663
文　山	Wenshan	6 957	10 729	9 827	11 660	11 026	12 879
思　茅	Simao	7 508	11 640	11 220	11 649	11 251	10 135
西双版纳	Xishuangbanna	7 558	13 256	13 019	11 074	13 725	10 207
大　理	Dali	9 365	11 998	11 024	13 116	11 431	11 377
德　宏	Dehong	6 871	12 207	11 662	11 813	11 678	11 919
丽　江	Lijiang	8 773	10 677	11 074	12 162	10 988	9 923
怒　江	Nujiang	8 867	13 598	13 162	13 503	12 001	11 585
迪　庆	Diqing	8 493	17 345	15 323	16 477	15 684	
临　沧	Lincang	9 143	13 057	11 201	11 495	11 779	8 956

5-30 各地区城镇集体单位分行业职工平均工资（2001年）

Average Wages of Staff and Workers in Urban Collective-owned Units in Regions by Sector(2001)

单位：元/人 (yuan/person)

地　区	Region	合　计 Total	农、林、牧渔　业 Farming,Forestry, Animal Husbandry and Fishery	采掘业 Mining and Quarrying	制造业 Manufacturing	电力、煤气及水的生产和供应业 Production and Supply of Electricity,Gas and Water	建筑业 Construction
全省合计	**Total**	**7 203**	**2 819**	**6 264**	**7 292**	**12 818**	**7 258**
昆　明	Kunming	8 224	7 250	7 140	8 530	14 295	8 037
曲　靖	Qujing	7 835	12 067	7 513	6 202	16 664	11 732
玉　溪	Yuxi	6 872	10 333	10 000	6 562		5 102
保　山	Baoshan	5 871		5 933	6 115		4 875
昭　通	Zhaotong	5 795		6 793	5 465	7 352	6 136
楚　雄	Chuxiong	7 046		7 321	5 392	8 138	6 925
红　河	Honghe	6 571	4 823	5 302	6 903	8 324	5 073
文　山	Wenshan	6 541		5 055	5 462	6 889	6 556
思　茅	Simao	5 358	1 599	3 893	6 620	7 906	5 206
西双版纳	Xishuangbanna	7 698	5 437	10 792	13 286		3 663
大　理	Dali	8 046	9 105		6 362	10 565	9 007
德　宏	Dehong	7 356		12 269	7 177		8 352
丽　江	Lijiang	6 322			6 155	7 250	5 888
怒　江	Nujiang	7 131			6 472		2 645
迪　庆	Diqing	9 001			5 550		
临　沧	Lincang	5 989			4 718		5 118

5-30 续表1 continued

单位：元/人 (yuan/person)

地　区	Region	地质勘查业、水利管理业 Geological Prospecting and Water Conservancy	交通运输、仓储及邮电通讯业 Transport, Storage, Post and Telecommunication Services	批发和零售贸易、餐饮业 Wholesale and Retail Trade & Catering Services	金融、保险业 Finance and Insurance	房地产业 Real Estate Trade
全省合计	**Total**	**8 096**	**8 753**	**6 001**	**10 076**	**8 702**
昆　明	Kunming	9 000	9 426	7 276	9 549	8 704
曲　靖	Qujing		9 266	5 991	10 650	
玉　溪	Yuxi			6 299	10 096	
保　山	Baoshan			4 455	10 066	4 846
昭　通	Zhaotong	4 188	7 294	3 654	9 864	
楚　雄	Chuxiong	7 887	5 263	6 735	8 860	
红　河	Honghe		11 333	6 356	10 061	9 302
文　山	Wenshan		5 658	5 341	10 095	
思　茅	Simao			5 211	8 540	
西双版纳	Xishuangbanna	10 250	9 300	5 230	11 220	9 067
大　理	Dali		8 235	5 776	10 691	
德　宏	Dehong		6 800	6 068	12 174	
丽　江	Lijiang		6 000	4 710	10 137	
怒　江	Nujiang		6 250	5 721	10 192	
迪　庆	Diqing			7 238	14 800	
临　沧	Lincang			5 135	11 224	

5-30 续表2 continued

单位：元/人 (yuan/person)

地 区	Region	社会服务业 Social Services	卫生、体育和社会福利业 Health Care, Sports and Social Welfare	教育、文化艺术和广播电影电视业 Education,Culture, Arts,Radio,Film and Television	科学研究和综合技术服务业 Scientific Research and Polytechnic Services	国家机关、政党机关和社会团体 Government Agencies,Party Agencies and Social Organizations	其 他 Others
全省合计	**Total**	**7 179**	**8 733**	**8 807**	**9 196**	**9 904**	**9 475**
昆 明	Kunming	7 419	6 629	10 291	9 153	10 630	8 351
曲 靖	Qujing	7 295	8 000	13 588		11 184	
玉 溪	Yuxi	6 342	11 111	9 189		12 727	20 808
保 山	Baoshan	4 803	7 258	4 667		9 772	9 955
昭 通	Zhaotong	6 396		5 308	9 730	9 934	3 750
楚 雄	Chuxiong	9 359	10 286	8 381		11 392	17 318
红 河	Honghe	5 495	9 464	5 870		10 667	8 737
文 山	Wenshan	8 720	7 389		10 000	7 896	9 227
思 茅	Simao	6 750	6 417	8 600		10 795	10 306
西双版纳	Xishuangbanna	7 192	7 256	6 150		12 733	12 109
大 理	Dali	6 683	10 068			[illegible]	10 050
德 宏	Dehong	6 244	8 000				10 830
丽 江	Lijiang	6 808	9 507	6 586		10 429	12 000
怒 江	Nujiang					5 055	12 200
迪 庆	Diqing	14 400					
临 沧	Lincang	5 862		10 333		12 409	9 667

5-31 各地区其他单位分行业职工平均工资（2001年）

Average Wages of Staff and Workers in Units of Other Types of Ownership in Regions by Sector(2001)

单位：元 / 人 (yuan/person)

地 区	Regoin	合 计 Total	农、林、牧渔 业 Farming,Forestry, Animal Husbandry and Fishery	采掘业 Mining and Quarrying	制造业 Manufacturing	电力、煤气及水的生产和供应业 Production and Supply of Electricity,Gas and Water	建筑业 Construction
全省合计	**Total**	**10 407**	**6 612**	**8 849**	**10 282**	**14 274**	**10 011**
昆 明	Kunming	12 516	9 170	6 897	13 322	21 152	10 833
曲 靖	Qujing	8 751		13 206	7 447	15 643	9 404
玉 溪	Yuxi	11 180		9 316	11 498	12 371	6 444
保 山	Baoshan	7 899		8 552	7 501	11 183	7 968
昭 通	Zhaotong	9 370		5 599	15 028		7 605
楚 雄	Chuxiong	7 285		6 233	6 659	12 836	2 975
红 河	Honghe	7 451	6 011	6 780	7 904	10 472	7 054
文 山	Wenshan	8 688		9 289	8 712	10 132	
思 茅	Simao	5 285	5 437	7 091	4 834	9 243	6 062
西双版纳	Xishuangbanna	6 787	3 425	6 237	6 993	11 353	5 295
大 理	Dali	9 059		7 432	9 926	12 835	6 241
德 宏	Dehong	8 962	9 167	9 259	8 201	10 675	6 036
丽 江	Lijiang	10 953	5 191	10 701	8 341	15 244	4 826
怒 江	Nujiang	15 170		19 284	8 299	15 309	
迪 庆	Diqing	8 260			7 099		
临 沧	Lincang	8 124	10 674	6 605	8 436	10 226	4 350

5-31 续表1 continued

单位：元/人 (yuan/person)

地区	Region	地质勘查业、水利管理业 Geological Prospecting and Water Conservancy	交通运输、仓储及邮电通讯业 Transport,Storage, Post and Telecommunication Services	批发和零售贸易、餐饮业 Wholesale and Retail Trade & Catering Services	金融、保险业 Finance and Insurance	房地产业 Real Estate Trade
全省合计	**Total**	**16 077**	**11 715**	**9 113**	**12 718**	**11 006**
昆　明	Kunming	16 077	17 623	11 005	13 064	11 595
曲　靖	Qujing		15 038	7 136	9 404	
玉　溪	Yuxi		21 596	9 203	10 719	10 362
保　山	Baoshan		8 828	5 724	9 634	7 177
昭　通	Zhaotong		2 702	7 051		
楚　雄	Chuxiong		7 677	7 649	9 600	8 714
红　河	Honghe		8 383	5 598	8 420	8 088
文　山	Wenshan		6 815	6 868		15 833
思　茅	Simao		5 378	7 410		
西双版纳	Xishuangbanna		7 809	7 822	5 556	6 864
大　理	Dali		5 685	7 347		7 656
德　宏	Dehong		20 916	7 535	12 382	13 059
丽　江	Lijiang		7 364	7 003		12 167
怒　江	Nujiang		7 041	11 658		
迪　庆	Diqing			13 688		
临　沧	Lincang		11 596	6 198		8 151

5-31 续表2 continued

单位：元/人 (yuan/person)

地区	Region	社会服务业 Social Services	卫生、体育和社会福利业 Health Care, Sports and Social Welfare	教育、文化艺术和广播电影电视业 Education,Culture, Arts,Radio,Film and Television	科学研究和综合技术服务业 Scientific Research and Polytechnic Services	国家机关、政党机关和社会团体 Government Agencies,Party Agencies and Social Organizations	其他 Others
全省合计	**Total**	**9 868**	**9 226**	**15 565**	**15 139**		**19 592**
昆　明	Kunming	10 905	9 249	16 227	15 296		20 537
曲　靖	Qujing	6 783					
玉　溪	Yuxi	6 645					
保　山	Baoshan	11 074		1 188			10 400
昭　通	Zhaotong						
楚　雄	Chuxiong	6 788					
红　河	Honghe	8 233	4 833	12 917	15 529		6 696
文　山	Wenshan	5 887					
思　茅	Simao	5 797					
西双版纳	Xishuangbanna	6 961			8 200		6 840
大　理	Dali	8 290		7 333	8 091		
德　宏	Dehong	7 249					11 803
丽　江	Lijiang	10 222		6 255			
怒　江	Nujiang						
迪　庆	Diqing	9 081					
临　沧	Lincang	5 942					

5-32 2001年离休、退休、退职人员人数及保险福利费用构成情况（2001年）

单位：人、千元

行　业	Sector	离休、退休、退职人员年末人数(人) Number of Retirees at Year-end (person)				
		合计 Total	#女　性 Female	离休人员 Retired Veterans	退休人员 Retired Persons	领取定期生活费的退职人员 Resigned Persons
总　计	**Total**	**941 241**	**369 218**	**34 919**	**894 860**	**11 462**
一、企业	**Enterprises**	**638 913**	**275 297**	**14 454**	**615 832**	**8 627**
其中：地方	In Which: Local	535 041	236 304	11 250	516 110	7 681
(一)内资企业	Domestic-funded Enterprises	638 197	274 822	14 441	615 129	8 627
1. 国有企业	State-owned Enterprises	510 746	208 023	12 366	491 689	6 691
2. 集体企业	Collective-owned Enterprises	75 769	40 880	715	74 156	898
3. 其他企业	Other Enterprises	51 682	25 919	1 360	49 284	1 038
(二）港、澳、台投资企业	Enterprises with Funds from Hong Kong,Macao and Taiwan	424	283	6	418	0
(三)外商投资企业	Foreign Funded Enterprises	292	192	7	285	0
二、事业	**Institutions**	**201 925**	**68 334**	**8 787**	**191 136**	**2 002**
其中：地方	In Which:Local	182 209	61 990	8 026	172 264	1 919
三、机关	**Agencies**	**100 403**	**25 587**	**11 678**	**87 892**	**833**
其中：地方	In Which: Local	77 902	18 315	9 879	67 271	752

Number of Provincial Retirees and Composition of Their Insurance and Welfare Funds(2001)

(person、1000 yuan)

保险福利费用构成（千元） Composition of Insurance and Welfare Funds					
合计 Total	离休金 Fund for Retired Veterans	退休金 Fund for Retired Persons	退职生活费 Resignation Allowances for Living Expenses	医疗卫生费 Fund for Medical Care	其　他 Others
9 874 074	**611 444**	**7 458 305**	**43 963**	**1 185 627**	**574 735**
5 298 181	**218 452**	**3 955 000**	**28 325**	**693 336**	**403 068**
4 115 577	167 901	3 079 592	23 723	514 862	329 499
5 291 924	218 268	3 950 102	28 321	692 316	402 917
4 464 340	186 517	3 301 403	22 041	578 155	376 224
450 932	10 394	373 649	3 745	4 9919	13 225
376 652	21 357	275 050	2 535	64 242	13 468
3 335	85	2 944	4	281	21
2 922	99	1 954	0	739	130
2 712 679	**155 022**	**2 142 452**	**12 425**	**288 478**	**114 302**
2 443 289	142 555	1 912 810	12 001	267 849	108 074
1 863 214	**237 970**	**1 360 853**	**3 213**	**203 813**	**57 365**
1 557 602	209 770	1 109 077	2 812	181 388	54 555

主要统计指标解释

从业人员 指从事一定社会劳动并取得报酬或经营收入的人员，这一指标反映了一定时期内全部劳动力资源的实际利用情况，是研究我省基本省情省力的重要指标。它包括全部职工、城镇私营企业从业人员、城镇个体从业人员、农村从业人员、其他从业人员(包括再就业的离、退休人员；民办教师；以及在各单位中工作的外方人员和港澳台方人员、兼职人员、借用的外单位人员和第二职业者等)。以后的数据均按此口径直接相加计算得到。

三次产业 根据社会生产活动历史发展的顺序对产业结构的划分，产品直接取自自然界的部门称为第一产业，对初级产品进行再加工的部门称为第二产业，为生产和消费提供各种服务的部门为第三产业。我国的三次产业划分是：

第一产业：农业（包括种植业、林业、牧业、渔业）；

第二产业：工业（包括采掘业、制造业、电力、煤气及水的生产和供应业）和建筑业；

第三产业：除第一、二产业以外的其他各行业。

2000 年以后分行业从业人员的数据均按各类从业人员的行业分布直接相加计算得到。

职工 指在国有经济、城镇集体经济、联营经济、股份制经济、外商和港、澳、台经济、其他经济单位及其附属机构中工作,并由其支付工资的各类人员。不包括返聘的离、退休人员，民办教师，在国有经济单位工作的外方人员和港、澳、台人员（1998 年以后的数据均为在岗职工数据，其他相关指标如职工工资总额、职工平均工资等指标也从 1998 年按此口径进行了相应调整）。

在岗职工 指在本单位工作并由其支付工资的人员，以及有工作岗位，但由于学习、病伤产假等原因暂未工作，仍由单位支付工资的人员。

国有单位职工 指在各级国有经济单位工作,并由其支付工资的各类人员。

城镇集体单位职工 指在城镇集体经济企业、事业及其管理部门中工作,并由其支付工资的各种人员。

其他单位职工 指在联营经济(国有与集体联营企业,国有与私人联营企业,集体与私人联营企业,国有、集体与私人联营企业),股份制经济(股份有限公司、有限责任公司),外商投资经济(中外合资经营企业,中外合作经营企业,外资企业),港、澳、台投资经济(与大陆合资经营企业,与大陆合作经营企业,港、澳、台独资企业),其他经济等单位中工作,并由其支付工资的人员。

城镇登记失业人员 指有非农业户口,在一定的劳动年龄内,有劳动能 力,无 业而要求就业,并在当地就业服务机构进行求职登记的人员。

城镇登记失业率 指反映城镇劳动者就业程度的指标,它的计算公式：

城镇登记失业率=城镇登记失业人数/（城镇登记从业人数+城镇登记失业人数）×100%

职工工资总额 指各单位在一定时期内直接支付给单位全部职工的劳动报酬总额。工资总额的计算原则上应以直接支付给职工的全部劳动报酬为根据。各单位支付给职工的劳动报酬以及其他根据有关规定支付的工资，不论是计入成本的还是不计入成本的，不论是按国家规定列入计征奖金税项目的，还是未列入计征奖金税项目的，不论是以货币形式支付的还是以实物形式支付的，均包括在工资总额内。

奖金 指支付给职工的超额劳动报酬和增收节支的劳动报酬。

津贴和补贴 指为了补偿职工特殊或额外的劳动消耗和因其他特殊原因支付给职工的津贴，以及为了保证职工工资水平不受物价影响支付给职工的物价补贴。

职工平均工资 指企业、事业、机关单位的职工在一定时期内平均每人所得的货币工资额。它表明一定时期职工工资收入的高低程度，是反映职工工资水平的主要指标。计算公式为：

职工平均工资=报告期实际支付的全部职工工资总额/报告期全部职工平均人数

职工平均工资指数 指报告期职工平均工资与基期职工平均的比率，是反映不同时期职工货币工资水平变动情况的相对数。计算公式为：

职工平均工资=报告期职工平均工资/基期职工平均工资

职工平均实际工资指数　职工平均实际工资指扣除物价变动因素后的职工平均工资。职工平均实际工资指数是反映实际工资变动情况的相对数。计算公式为：

职工平均实际工资指数=报告期职工平均工资指数/报告期城镇居民消费价格指数 x100%

Explanatory Notes on Main Statistical Indicators

Employed Persons refer to the persons who are engaged in social working and receive remuneration payment or earn business income. This index, which reflects the actual utilization of the total labor force resources in a certain period of time, is an important index for the research on the basic situation and power of our province. It includes total staff and workers, employees in private enterprises in cities and in towns, self-employed persons in cities and in towns, employed persons in rural areas, other employed persons (including re-employed retirees; teachers in the schools run by the local people; persons who participate in labor activities in various units such as foreigners, persons from Hong Kong, Macao and Taiwan, part-time workers, borrowed workers from outside units, second job holders, etc.). (The data after the year 2000 are obtained by directly calculating in this way).

Three Industries According to the order of historical development and the division of industrial structure in social production activities, the sector which directly produces products from nature is called Primary Industry, the sector which further processes primary products is called Secondary Industry and the sector which provides services for production and consumption is called Tertiary Industry. The division of the three industries in China is:

Primary industry: agriculture (including plantation, forestry, animal husbandry and fishery);

Secondary industry: Industry (including mining and quarrying, manufacturing, production and supply of electric power, coal gas and water) and construction;

Tertiary industry: all other industries not included in primary or secondary industry.

The data of the persons employed by trade after 2000 are directly added or calculated from the figures of the persons employed in various sectors.

Staff and Workers refer to the persons who work in (and receive payment there from) enterprises and institutions of state ownership, collective ownership, joint ownership, share holding, foreign ownership, and ownership by entrepreneurs from Hong Kong, Macao, and Taiwan, and other types of ownership and their affiliated units. It does not refer to re-employed retirees; teachers in the schools run by the local people; persons from Hong Kong, Macao and Taiwan who work in state-owned economic entities (the data after the year 1998 all refer to fully employed staff and workers and the other relevant indexes such as the total wage and average wage of staff and workers are also adjusted accordingly in this way since 1998).

Fully Employed Staff and Workers refer to persons who work in, and receive wages from their working units, as well as persons who have their work posts, but are temporarily absent from work for reasons of study or on sick, injury or maternal leave and still receive wages from their working units.

Staff and Workers in State-owned Economic Units refer to the persons who work in the state-owned economic units or their attached units and are listed in their payrolls.

Staff and Workers of Collective-owned Units in Urban Areas refer to the persons who work in collective-owned units in urban areas and their administration departments and receive payment there from.

Staff and Workers in Units of Other types of Ownership refer to those who work in (and receive payment there from) enterprises and institutions of joint ownership (state and collective jointly-run enterprise, state and private jointly-run enterprise, collective and private jointly-run enterprise, state and collective and private jointly-run enterprise), share holding (stock limited company, liability limited company), foreign ownership (Chinese and foreign joint venture, Chinese and foreign jointly-run enterprise, foreign funded enterprise), ownership by entrepreneurs from Hong Kong, Macao, and Taiwan (including enterprises jointly funded or jointly run with the mainland) and other ownership.

Registered Urban Unemployed Persons refer to the persons who are registered as permanent residents in the urban areas engaged in non-agricultural activities, aged within the range of working age, capable to labour, unemployed but desirous to be employed and have been registered at the local employment service agencies to apply for a job.

Registered Urban Unemployment Rate reflects the indicator of urban people's employment. The formula is as follows:

Registered urban unemployed rate = number of registered urban unemployed persons ÷ (number of urban employed persons + number of registered urban unemployed persons) × 100%.

Total Wages of Staff and Workers refers to the total remuneration for work that each unit directly pays to all the staff and workers in a certain period of time. The calculation of total wages is based on the total remuneration payment to the staff and workers. Therefore, all the wages and salaries and other payments to staff and workers are included in the total wages regardless of their sources, category, and forms in kind or cash.

Bonuses refer to the incentives paid to staff and workers for their above-norm labor and greater contributions in production or cost saving.

Allowances and Subsidies refer to the labor reward paid to staff and workers in form of allowance as to compensate their extra or special labor or to keep their wages from adverse influence.

Average Wage of Staff and Workers refers to the average wage in money terms per person during a certain period of time for staff and workers in enterprises, institutions, and government agencies, which reflects the general level of wage income during a certain period of time and is calculated as follows:

Average Wage of Staff and Workers = Total Wages of Staff and Workers in Reference Period/Average Number of Staff and Workers in Reference Period.

Index of Average Wage of Staff and Workers refers to the ratio of the average wage of staff and workers in reporting period and the average wage of staff and workers in base period, which is a relative figure reflecting the variation level of the wages of staff and workers in terms of money. It is calculated as follows:

Average Wage of Staff and Workers = Average Wage of Staff and Workers in Reporting Period/Average Wage of Staff and Workers in Base Period.

Index of Average Real Wage of Staff and Workers refers to the average real wage of staff and workers after removing the effects of price changes, which is a relative figure reflecting the variation level of the real wages of staff and workers. It is calculated as follows:

Index of Average Real Wage of Staff and Workers = Index of Average Wage of Staff and Workers in Reporting Period/ Urban Residents' Consumer Price Index ×100%.

六、固定资产投资

INVESTMENT IN FIXED ASSETS

6-1 全社会固定资产投资
Total Investment in Fixed Assets

单位：万元 (10 000 yuan)

指　标	Item	1990年	1995年	2000年	2001年
投资总额	**Total Investment**	**757 446**	**3 805 688**	**6 979 424**	**7 348 133**
一、按经济类型分	**Grouped by Ownership**				
1. 国有经济	State-owned Units	512 178	2 628 381	4 661973	4 904 053
基本建设	Capital Construction	280 045	1 333 185	3 421 166	3 488 040
更新改造	Innovation	175 721	964 528	719 188	881 879
其它单位投资	Others	35 775	49 920	96 501	84 965
房地产投资	Real Estate	20 637	280 748	335 118	339 169
2. 集体经济	Collective-owned Units	125 713	385 520	474 362	424 396
城镇集体	Urban Collective-owned Units	52 850	91 502	82 036	66 179
房地产投资	Real Estate		7 725	21 800	13 806
农村集体	Rural Collective-owned Units	72 863	286 293	370 526	344 411
3. 个体私营经济	Individuals Economy	119 555	395 210	1 100 266	1 281 564
城镇私人建房	Building Construction of Urban Individuals	9 060	35 678	107 569	138 581
农村私人建房	Building Construction of Rural Individuals	110 495	359 532	497 534	558 613
个体私营企业投资	Individuals Economy			495 163	584 370
4. 其它经济	Other Economy		396 577	742 823	738 120
房地产投资	Real Estate		77 845	336 168	364 803
二、按资金来源分	**Grouped by Source of Funds**				
1. 国家预算内资金	State Budgetary Appropriation	99 709	185 693	571 601	726 391
2. 国内贷款	Domestic Loans	157 374	797 980	1 524 937	1 460 202
3. 债　券	Bonds		7 817	19 965	
4. 利用外资	Foreign Investment	13 841	216 555	78 666	131 517
5. 自筹和其它	Fundraising and Others	486 522	2 597 643	4 694 255	4 920 023
三、按构成分	**Grouped by Use of Funds**				
建筑安装工程	Construction and Installation	519 620	2 386 799	4 749 711	4 684 985
设备购置	Purchase of Equipment	165 587	992 654	1 363 513	1 715 494
其它费用	Others	72 239	426 235	776 200	837 654
四、按用途分	**Grouped by Purpose**				
生产性建设	Productive Construction	477 397	2 293 334	3 441 471	3 730 602
非生产性建设	Non-productive Construction	280 049	1 512 354	1 892 520	2 006 064
住宅	Residential Buildings	180 785	898 372	1 555 433	1 501 467

注：1. 其它经济投资指上述三项未包括的投资。

2. 个体私营企业投资为 1999年年报新纳入统计范围的投资。

Note: a. Other economy investment refers to the investment which is not included in the three types of economy .

b. The Investment of individuals economy refers to the investment which was brought into Statistics of the year reports in 1999 .

6-2 全社会固定资产投资各种分组情况

指　标	Item	1990年 合计 Total	1990年 #地方 Region
一、投资总额(万元)	**Total Investment (10 000 yuan)**	**757 446**	**592 999**
1.按资金来源分	Grouped by Source of Funds		
国家预算内资金	State Budgetary Appropriation	99 709	53 920
国内贷款	Domestic Loans	157 374	115 733
债券	Bonds		
利用外资	Foreign Investment	13 841	5 317
自筹资金	Fundraising	486 522	418 029
其它资金	Others		
2.按构成分	Grouped by Use of Funds		
建筑安装工程	Construction and Installation Engineering	519 620	429 991
设备、工具、器具购置	Purchase of Equipment and Instruments	165 587	119 937
其它费用	Others	72 239	43 071
3.按建设性质分	Grouped by Types of Construction		
新　建	New Construction	185 501	124 488
扩　建	Expansion	194 825	146 865
改　建	Reconstruction	130 779	89 405
4.按生产用途分	Grouped by Purpose		
生产性建设	Productive Construction		
非生产性建设	Non-productive Construction		
住　宅	Residential Buildings		
5.按国民经济行业分	Grouped by Economic Sector		
#农　业	Agriculture	48 855	41 750
工　业	Industry	328 344	213 705
能源工业	Energy Industry	100 840	31 431
运输邮电	Transport, Postal and Telecommunication Services	78 646	52 202
教　育	Education		
二、新增固定资产(万元)	**Newly Increased Fixed Assets (10 000 yuan)**	**525 679**	**345 504**
三、施工项目个数(个)	**Number of Projects**		
本年新开工项目	Number of Projects Started This Year		
四、本年投产项目个数	**Number of Projects Put into Production**		
五、施工房屋面积(万平方米)	**Floor Space of Buildings under Construction (10 000 sq.m)**	**3 045.4**	**2 839.0**
住宅	Residential Buildings	2 037.2	
六、竣工房屋面积	**Floor Space of Buildings Completed**	**2 485.5**	**2 373.5**
住　宅	Residential Buildings	1 789.2	1 735.2

注：1. 1993年以前按“建设性质分"和“新增固定资产"不包括农村集体投资和城乡私人投资；按“国民经济行业分”不包括城乡私人投资。

2. 按国民经济行业分中的农业投资含水利服务业投资（水利建设投资）。

Various Groups of Total Investment in Fixed Assets

2000年		2001年	
合计 Total	#地方 Region	合计 Total	#地方 Region
6 979 424	**5 433 968**	**7 348 133**	**5 815 536**
571 601	448 757	726 391	519 564
1 524 937	903 569	1 460 202	951 279
19 965	6 501		
78 666	70 630	131 517	108 294
2 712 775	2 020 713	2 825 805	2 108 496
1 981 480	1 893 798	2 094 218	2 017 903
4 749 711	3 888 029	4 684 985	4 054 982
1 363 513	785 846	1 715 494	944 979
776 200	670 093	837 654	705 575
2 426 474	1 701 443	2 227 305	1 659 495
1 226 191	805 364	1 345 380	889 360
800 527	484 960	963 562	688 368
3 441 471	2 098 558	3 730 602	2 415 062
1 892 520	1 816 937	2 006 064	1 830 055
1 555 433	1 428 473	1 501 467	1 460 419
411 201	386 191	411 359	386 972
1 332 645	683 417	1 524 994	1 038 603
597 706	125 909	610 929	211 266
1 880 301	1 112 460	1 993 782	1 146 764
145 387	143 997	161 351	161 131
4 991 474	**3 869 041**	**6 119 406**	**4 691 325**
16 571	**15 910**	**16 480**	**15 799**
13 405	13 042	13 548	13 133
13 471	**13 102**	**13 579**	**13 129**
5 071.5	**4 719.8**	**5 181.1**	**4 929**
3 219.4	3 061.9	3 301.5	3 213.3
3 552.0	**3 359.8**	**3 622.5**	**3 472.1**
2 464.2	2 360.3	2 495.2	2 435.9

Note: a. The two items, 'newly increased fixed assets' and 'grouped by types of construction', do not include the investment of rural collective units and urban individuals economy before 1993, and 'grouped by economic sector' does not include the investment of urban individuals economy

b.The agricultural investment by trade includes the investment in water conservancy service (construction).

6-3 全社会固定资产投资(按经济类型分）（2001年）

单位：万元

指 标	Item	本年完成投资 Investment Made This Year
合 计	**Total**	**7 348 133**
一、按资金来源分	**Grouped by Source of Funds**	
1. 国家预算内资金	State Budgetary Appropriation	726 391
2. 国内贷款	Domestic Loans	1 460 202
3. 债券	Bonds	
4. 利用外资	Foreign Investment	131 517
5. 自筹资金	Fundraising	2 825 805
6. 其它资金	Others	2 094 218
二、按构成分	**Grouped by Use of Funds**	
建筑安装工程	Construction and Installation Engineering	4 684 985
设备、工具、器具购置	Purchase of Equipment and Instruments	1 715 494
其它费用	Others	837 654
三、施工房屋面积(平方米)	**Floor Space of Buildings under Construction (sq.m)**	**51 810 537**
四、竣工房屋面积(平方米)	**Floor Space of Buildings Completed (sq.m)**	**36 225 310**
住宅	Residential Buildings	24 932 170
五、按工程用途分	**Grouped by Purpose**	
1. 农林牧渔业	Agriculture, Forestry, Animal Husbandry and Fishery	275 725
2. 工业、建筑业	Industry and Construction	1 347 475
3. 商业、运输邮电业	Commerce and Transport, Postal and Telecommunication Services	2 107 402
4. 住宅	Residential Buildings	1 501 467
5. 其它	Others	2 006 064
六、新增固定资产	**Newly Increased Fixed Assets (10 000 yuan)**	**6 119 406**
七、按管理类别分	**Grouped by Types of Management**	
基本建设	Capital Construction	3 631 726
更新改造	Innovation	1 025 757
其它投资	Others	1 700 807
房地产投资	Real Estate	879 843
八、按建设地区分	**Grouped by Region**	
昆 明	Kunming	2 086 648
曲 靖	Qujing	521 065
玉 溪	Yuxi	467 467
保 山	Baoshan	175 439
昭 通	Zhaotong	212 549
楚 雄	Chuxiong	257 091
红 河	Honghe	438 099
文 山	Wenshan	213 654
思 茅	Simao	147 393
西双版纳	Xishuangbanna	122 978
大 理	Dali	353 120
德 宏	Dehong	89 991
丽 江	Lijiang	129 556
怒 江	Nujiang	44 469
迪 庆	Diqing	52 776
临 沧	Lincang	201 661
不分地区	Not Grouped by Region	1 724 177

注：1.1998年起全省全社会固定资产投资总额及国有投资、地方投资、第三产业投资合计数中包括了基本建设、更新改造、其他投资的50万元以下项目投资。1998年为51780万元，1999年为61598万元，2000年为90000万元，2001年为110000万元。其他各种分组均不包括。

2.其它投资包括其它单位投资、个体私营企业、农村集体、城乡私人建房的投资(下同)。

Total Investment in Fixed Assets by Ownership (2001)

(10 000 yuan)

国有经济 State-owned Units	集体经济 Collective-owned Units	#农村 Rural Units	个体私营经济 Individuals Economy	#农村 Rural Units
4 904 053	**424 396**	**344 411**	**1 281 564**	**558 613**
625 325	95 049	95 049	360	
1 222 499	46 114	34 747	37 533	
113 955	1 374	1 357	1 230	
2 209 775	193 502	147 062	129 714	
622 499	88 357	66 196	1 112 727	558 613
3 136 266	307 832	245 373	763 824	467 823
1 074 850	51 205	38 717	456 116	90 790
582 937	65 359	60 321	61 624	
18 968 467	**3 093 775**	**2 168 121**	**22 675 296**	**17 476 662**
10 079 737	**2 465 123**	**1 926 539**	**21 294 742**	**17 476 662**
5 262 323	860 300	608 171	17 403 102	14 488 003
191 624	80 015	78 548	704	
934 722	94 442	72 196	67 426	
1 967 832	76 852	62 727	10 403	
525 778	50 081	27 976	632 193	408 249
1 174 097	123 006	102 964	570 838	150 364
3 899 845	**408 008**	**334 767**	**1 228 443**	**558 613**
3 488 040				
881 879				
84 965	410 590	344 411	1 119 499	558 613
339 169	13 806		162 065	
1 342 399	99 681	78 518	250 219	111 991
313 464	61 327	57 469	119 559	93 444
276 707	54 039	47 731	103 249	63 591
90 536	17 338	14 136	43 381	31 615
143 690	18 011	15 817	34 271	20 710
139 168	32 322	27 062	50 640	35 717
290 736	43 410	27 884	67 537	45 142
128 160	21 666	19 637	32 368	20 831
80 134	17 420	12 490	26 046	18 631
84 250	6 394	3 862	25 304	19 140
155 351	27 349	23 206	101 500	55 013
55 466	2 546	1 057	18 724	8 142
64 381	8 090	4 039	39 789	9 763
29 578	732	732	12 956	4 385
40 829	1 532	1 452	7 540	3 225
161 112	12 539	9 319	24 396	17 273
1 398 092			324 085	

Note: a. Since 1998 the total investment in fixed assets and the total investment from state-owned economy, regional economy and tertiary industry have included the investment of capital construction, innovation and other investment below 500 000 yuan. The total investment in 1998, 1999 and 2000 are 517.8 million yuan, 615.98 million yuan and 900.million yuan respectively. And other groups do not include.

b. Other investment refers to the investment in other units, individuals economy, rural collective-owned units and private building construction in urban areas. It's the same as in the following tables.

6-3 续表 continued

指　标	Item	联营经济 Joint Ownership Economic Units	股份制经济 Share Holding Economic Units	外商投资经济 Foreign Funded Economic Units	港澳台投资经济 Economic Units with Funds From Hong Kong, Macao and Taiwan	其它经济 Other Types of Ownership
合　计	**Total**	**3 853**	**240 923**	**37 586**	**70724**	**385 034**
一、按资金来源分	**Grouped by Source of Funds**					
1. 国家预算内资金	State Budgetary Appropriation		2 217	2 304		1 136
2. 国内贷款	Domestic Loans	1 938	71 877	1 543	6 471	72 227
3. 债券	Bond					
4. 利用外资	Foreign Investment			11 068	3 890	
5. 自筹资金	Fundraising	1 145	110 846	12 509	8 972	159 342
6. 其它资金	Others	770	55 983	10 162	51 391	152 329
二、按构成分	**Grouped by Use of Funds**					
建筑安装工程	Construction and Installation	3 067	140 619	22 222	55 352	255 803
设备、工具、器具购置	Purchase of Equipment and Instruments	409	70 072	11 336	6 177	45 329
其它费用	Other	377	30 232	4 028	9 195	[illegible]
三、施工房屋面积(平方米)	**Floor Space of Buildings (sq.m)**	**83 181**	**1 909 903**	**266 187**	**1 052 784**	**3 760 944**
四、竣工房屋面积(平方米)	**Floor Space Completed (sq.m)**	**44 218**	**825 068**	**81 859**	**72 901**	**1 361 662**
住宅	Residential Buildings	35 057	426 905	14 305	57 308	892 870
五、按工程用途分	**Grouped by Main Sector**					
1. 农林牧渔业	Agriculture, Forestry, Animal Husbandry and Fishery	91	726			2 565
2. 工业、建筑业	Industry and Construction	556	135 807	14 001	3 166	97 355
3. 商业、运输邮电业	Commerce and Transport, Postal and Telecommunication Services	1 008	18 079	6 695		26 533
4. 住宅	Residential Buildings	1 410	54 847	10 582	40 175	186 401
5. 其它	Other	788	31 464	6 308	27 383	72 180
六、新增固定资产	**Newly Increased Fixed Assets (10 000 yuan)**	**5 424**	**245 017**	**45 948**	**41 707**	**245 014**
七、按管理类别分	**Grouped by Channel of Management**					
基本建设	Capital Construction	1 404	65 003	11 637	664	64 978
更新改造	Innovation	556	84 839	2 894	1 706	53 883
其它投资	Others	62	29 296	8 290	3 740	44 365
房地产投资	Real Estate investment	1 831	61 785	14 765	64 614	221 808
八、按建设地区分	**Grouped by Region**					
昆　明	Kunming	10	92 273	16 145	65 843	220 078
曲　靖	Qujing		4 410	1 656		20 649
玉　溪	Yuxi		10 849	3 841	1 683	17 099
保　山	Baoshan	223	13 906		50	10 005
昭　通	Zhaotong	230	5 642	620	670	9 415
楚　雄	Chuxiong	1 940	4 811	450	314	27 446
红　河	Honghe		11 570	2 894		21 952
文　山	Wenshan		14 864		600	15 996
思　茅	Simao	131	12 605	6 595		4 462
西双版纳	Xishuangbanna	52	4 005	1 692		1 281
大　理	Dali		39 229	1 493	169	28 029
德　宏	Dehong	269	10 639	200		2 147
丽　江	Lijiang	98	12 940		520	3 738
怒　江	Nujiang					1 203
迪　庆	Diqing			2 000	875	
临　沧	Lincang	900	1 180			1 534
不分地区	Not Classified by Region		2 000			

6-4 全社会固定资产投资(按来源、构成、地区分)（2001年）

Total Investment in Fixed Assets by Source of Funds and Use of Funds and Region（2001）

单位：万元 (10 000 yuan)

指 标	Item	合 计 Total	#地 方 Regional	基本建设 Capital Construction	#地 方 Regional	更新改造 Innovation	#地 方 Region
投 资 总 额	**Total Investment (10 000 yuan)**	**7 348 133**	**5 815 536**	**3 631 726**	**2 592 716**	**1 025 757**	**541 230**
一、按资金来源分	**Grouped by Source of Funds**						
1. 国家预算内资金	State Budgetary Appropriation	726 391	519 564	515 320	310 554	106 009	103 948
2. 国内贷款	Domestic Loans	1 460 202	951 279	1 104 322	645 962	128 981	79 061
3. 债券	Bonds						
4. 利用外资	Foreign Investment	131 517	108 294	121 282	98 059	584	584
统借统还	Unified Borrowing and Return	21 604		21 604			
5. 自筹资金	Fundraising	2 825 805	2 108 496	1 529 526	1 251 310	752 427	321 751
中央各部门自筹	Fundraising of Central Departments	116 255	65 296	82 005	63 658	32 575	
省自筹	Fundraising of Province	519 881	453 664	486 618	434 121	25 256	12 156
地(市)自筹	Fundraising of Prefectures and Cities	239 582	233 373	212 846	207 592	19 797	19 189
县自筹	Fundraising of Counties		235 417	197 651	195 297	26 827	25 526
企事业单位自有资金	Funds Possessed by Enterprises and Institutions	1 950 087	1 120 746	550 406	350 642	647 972	264 880
发行股票	Issuing Stocks	44 828	44 828			44 828	44 828
6. 其它资金来源	Other Source	2 094 218	2 017 903	361 276	286 831	37 756	35 886
集 资	Raising Funds	240 779	220 118	149 140	129 812	11 720	10 387
二、按构成分	**Grouped by Use of Funds**						
建筑安装工程	Construction and Installation Engineering	4 684 985	4 054 982	2 626 632	2 100 656	354 083	255 948
设备、工具、器具购置	Purchase of Equipment and Instruments	1 715 494	944 979	563 938	176 931	604 180	223 535
其它费用	Others	837 654	705 575	441 156	315 129	67 494	61 747
三、按工程用途分	**Grouped by Purpose**						
农林牧渔业用	Agriculture, Forestry, Animal Husbandry and Fishery	275 725	251 406	182 057	157 738	5 360	5 360
工业、建筑业用	Industry and Construction	1 347 475	896 232	662 389	265 093	465 017	416 950
商业、运输邮电业用	Commerce and Transport, Postal and Telecommunication Services	2 107 402	1 267 424	1 511 522	1 097 411	460 496	37 349
住 宅	Residential Buildings	1 501 467	1 460 419	264 680	225 629	10 371	8 534
其 它	Others	2 006 064	1 830 055	1 011 078	846 845	84 513	73 037
四、本年新增固定资产	**Newly Increased Fixed Assets This Year**	**6 119 406**	**4 691 325**	**3 128 786**	**1 944 188**	**806 352**	**572 852**
五、房屋建筑面积(平方米)	**Floor Space of Building Construction (sq.m)**						
施工面积	Floor Space of Buildings under Construction	51 810 537	49 290 022	14 519 228	12 349 891	1 900 252	1 561 366
住 宅	Residential Buildings	33 014 654	32 133 357	6 115 182	5 284 928	333 605	284 140
竣工面积	Floor Space of Buildings Completed	36 225 310	34 720 685	8 085 347	6 767 834	1 141 107	959 287
住 宅	Residential Buildings	24 952 170	24 358 577	3 864 631	3 287 081	224 149	209 684

6-4 续表1

单位：万元

指 标	Item	其它投资 Others	#地 方 Region
投 资 总 额	**Total Investment (10 000 yuan)**	**1 700 807**	**1 691 747**
一、按资金来源分	**Grouped by Source of Funds**		
1. 国家预算内资金	State Budgetary Appropriation	103 742	103 742
2. 国内贷款	Domestic Loans	84 525	83 882
3. 债券	Bonds		
4. 利用外资	Foreign Investment	7 081	7 081
统借统还	Unified Borrowing and Return		
5. 自筹资金	Fundraising	352 848	344 431
中央各部门自筹	Fundraising of Central Departments	1 675	1 638
省自筹	Fundraising of Province	8 007	7 387
地(市)自筹	Fundraising of Prefectures and Cities	6 940	6 593
县自筹	Fundraising of Counties	14 594	14 594
企事业单位自有资金	Funds Possessed by Enterprises and Institutions	321 632	314 219
发行股票	Issuing Stock		
6. 其它资金来源	Other Source of Funds	1 152 611	1 152 611
集 资	Raise Fund	58 075	58 075
二、按构成分	**Grouped by Use of Funds**		
建筑安装工程	Construction and Installation Engineering	1 064 054	1 058 162
设备、工具、器具购置	Purchase of Equipment and Instruments	533 780	530 917
其它费用	Others	102 973	102 668
三、按工程用途分	**Grouped by Purpose**		
农林牧渔业用	Agriculture, Forestry, Animal Husbandry and Fishery	88 308	88 308
工业、建筑业用	Industry and Construction	220 069	214 189
商业、运输邮电业用	Commerce, Transport, Postal and Telecommunication Services	135 384	132 664
住 宅	Residential Buildings	579 785	579 625
其 它	Others	677 261	676 961
四、本年新增固定资产	**Newly Increased Fixed Assets This Year**	**1 674 150**	**1 664 167**
五、房屋建筑面积(平方米)	**Floor Space of Building Construction (sq.m)**		
施工面积	Floor Space of Buildings under Construction	24 586 964	24 574 672
住 宅	Residential Buildings	18 098 658	18 097 080
竣工面积	Floor Space of Buildings Completed	23 338 648	23 333 356
住 宅	Residential Buildings	17 726 830	17 725 252

continued

(10 000 yuan)

房地产开发 Real Estate Development		在其它投资中： Others			
		农村集体 Rural Collective-owned Economy		个体私营 Individuals Economy	
	#地 方 Region		#地 方 Region		#地 方 Region
879 843	**879 843**	**344 411**	**344 411**	**1 119 499**	**1 119 499**
1 320	1 320	95 049	95 049	360	360
142 374	142 374	34 747	34 747	16 306	16 306
2 570	2 570	1 357	1 357	1 230	1 230
191 005	191 005	147 062	147 062	63 987	63 987
191 005	191 005	147 062	147 062	63 987	63 987
542 574	542 574	66 196	66 196	1 037 616	1 037 616
21 845	21 845	31 818	31 818		
640 216	640 216	245 373	245 373	651 924	651 924
13 596	13 596	38 717	38 717	453 792	453 792
226 031	226 031	60 321	60 321	13 783	13 783
		78 548	78 548	704	704
		72 196	72 196	67 426	67 426
		62 727	62 727	10 403	10 403
646 631	646 631	27 976	27 976	523 891	523 891
233 212	233 212	102 964	102 964	517 075	517 075
510 118	**510 118**	**334 767**	**334 767**	**1 099 905**	**1 099 905**
10 804 093	10 804 093	2 168 121	2 168 121	20 618 507	20 618 507
8 467 209	8 467 209	683 436	683 436	16 792 922	16 792 922
3 660 208	3 660 208	1 926 539	1 926 539	20 474 829	20 474 829
3 136 560	3 136 560	608 171	608 171	16 767 102	16 767 102

6-4. 续表2

单位: 万元

指　标	Item
投 资 总 额	**Total Investment**
一、按经济类型分	**Grouped by Ownership**
国有经济	State-owned Units
集体经济	Collective-owned Units
农村	Rural
个体私营经济	Individuals Economy
农村	Rural
联营经济	Joint Ownership Economic Units
股份制经济	Share Holding Economic Units
外商投资经济	Foreign-funded Economic Units
港澳台投资经济	Economic Units with Funds From Hong Kong, Macao and Taiwan
其它经济	Other Ownership
二、按地区分	**Grouped by Region**
昆　明	Kunming
曲　靖	Qujing
玉　溪	Yuxi
保　山	Baoshan
昭　通	Zhaotong
楚　雄	Chuxiong
红　河	Honghe
文　山	Wenshan
思　茅	Simao
西双版纳	Xishuangbanna
大　理	Dali
德　宏	Dehong
丽　江	Lijiang
怒　江	Nujiang
迪　庆	Diqing
临　沧	Lincang
不分地区	Not Grouped by Region

continued

(10 000 yuan)

本年完成投资 Investment Finished This Year	#地 方 Regional	基本建设 Capital Construction	#地 方 Regional	更新改造 Innovation	#地 方 Regional
7 348 133	**5 815 536**	**3 631 726**	**2 592 716**	**1 025 757**	**541 230**
4 904 053	3 387 998	3 488 040	2 460 261	881 879	402 058
424 396	424 396				
344 411	344 411				
1 281 564	1 281 564				
558 613	558 613				
3 853	3 853	1 404	1 404	556	556
240 923	229 322	65 003	53 832	84 839	84 409
37 586	37 586	11 637	11 637	2 894	2 894
70 724	70 724	664	664	1 706	1 706
385 034	380 093	64 978	64 918	53 883	49 607
2 086 648	1 877 781	751 496	622 907	403 539	323 261
521 065	416 920	232 889	153 420	76 564	51 888
467 467	387 264	185 360	149 299	48 977	107
175 439	169 228	92 886	88 195	13 060	12 748
212 549	192 213	132 179	120 555	26 048	17 336
257 091	231 666	110 121	102 673	39 587	22 785
438 099	407 346	219 396	200 848	53 045	41 440
213 654	204 070	123 129	117 497	17 809	13 857
147 393	138 851	91 398	84 576	6 151	4 431
122 978	101 678	81 950	67 436	8 701	1 915
353 120	321 585	154 502	135 141	42 176	30 002
89 991	87 233	59 915	57 157	2 261	2 261
129 556	117 774	49 136	45 920	10 285	1 916
44 469	40 489	19 237	17 257	2 000	
52 776	48 171	38 755	37 464	4 949	1 635
201 661	114 055	151 901	67 244	7 989	5 040
1 724 177	849 212	1 137 476	525 127	262 616	

6-4 续表3

单位：万元

指　标	Item	其它投资 Others	#地 方 Region
投 资 总 额	**Total Investment**	**1 700 807**	**1 691 747**
一、按经济类型分	**Grouped by Ownership**		
国有经济	State-owned Units	84 965	76 510
集体经济	Collective-owned Units	410 590	410 590
农村	Rural	344 411	344 411
个体私营经济	Individuals Economy	1 119 499	1 119 499
农村	Rural	558 613	558 613
联营经济	Joint Ownership Economic Units	[illegible]	[illegible]
股份制经济	Share Holding Economic Units	29 296	29 296
外商投资经济	Foreign-funded Economic Units	8 290	8 290
港澳台投资经济	Economic Units with Funds From Hong Kong, Macao and Taiwan	3 740	3 740
其它经济	Other Ownership	44 365	43 760
二、按地区分	**Grouped by Region**		
昆　明	Kunming	270 147	270 147
曲　靖	Qujing	181 134	181 134
玉　溪	Yuxi	191 002	185 122
保　山	Baoshan	61 280	60 072
昭　通	Zhaotong	52 462	52 462
楚　雄	Chuxiong	92 930	91 755
红　河	Honghe	127 460	126 860
文　山	Wenshan	67 263	67 263
思　茅	Simao	44 728	44 728
西双版纳	Xishuangbanna	28 811	28 811
大　理	Dali	118 367	118 367
德　宏	Dehong	27 465	27 465
丽　江	Lijiang	43 887	43 690
怒　江	Nujiang	23 232	23 232
迪　庆	Diqing	9 072	9 072
临　沧	Lincang	37 482	37 482
不分地区	Not Grouped by Region	324 085	324 085

continued

(10 000 yuan)

房地产开发 Real Estate Development	#地 方 Region	在其它投资中: Others 农村集体 Rural Collective-owned Units	#地 方 Region	个体私营 Individuals Economy	#地 方 Region
879 843	**879 843**	**344 411**	**344 411**	**1 119 499**	**1 119 499**
339 169	339 169				
13 806	13 806	344 411	344 411		
		344 411	344 411		
162 065	162 065			1 119 499	1 119 499
				558 613	558 613
1 831	1 831				
61 785	61 785				
14 765	14 765				
64 614	64 614				
221 808	221 808				
661 466	661 466	78 518	78 518	139 863	139 863
30 478	30 478	57 469	57 469	115 023	115 023
42 128	42 128	47 731	47 731	103 249	103 249
8 213	8 213	14 136	14 136	42 848	42 848
1 860	1 860	15 817	15 817	33 571	33 571
14 453	14 453	27 062	27 062	49 910	49 910
38 198	38 198	27 884	27 884	59 194	59 194
5 453	5 453	19 637	19 637	31 116	31 116
5 116	5 116	12 490	12 490	26 046	26 046
3 516	3 516	3 862	3 862	22 304	22 304
38 075	38 075	23 206	23 206	82 922	82 922
350	350	1 057	1 057	18 724	18 724
26 248	26 248	4 039	4 039	25 752	25 752
		732	732	12 956	12 956
		1 452	1 452	7 540	7 540
4 289	4 289	9 319	9 319	24 396	24 396
				324 085	324 085

6-5 全社会固定资产投资主要指标（2001年）

单位：万元

指　标	Item	合 计 Total
一、项目个数(个)	**Number of Projects (unit)**	
本年施工项目	Number of Projects Under Construction This Year	16 480
本年新开工项目	Number of Projects Started This Year	13 548
本年投产项目	Number of Projects Put into Use This Year	13 579
二、投资额和新增固定资产	**Total Investment and Newly Increased Fixed Assets**	
计划总投资	Total Planned Investment	25 487 149
实际需要的总投资	Total Investment Actually Needed	26 273 146
自开始建设累计完成投资	Investment Accumulated from Starting Construction	15 890 177
自开始建设累计新增固定资产	Newly Increased Fixed Assets Accumulated from Starting Construction	8 247 591
本年底未完成工程累计投资	Investment Accumulated for the Projects Not Completed at the End of This Year	7 171 654
本年计划投资	Planned Investment in This Year	7 000 409
本年完成投资	Investment Made in This Year	7 348 133
按构成分:	**Grouped by Use of Funds**	
1. 建筑工程	Construction Engineering	4 367 534
2. 安装工程	Installation Engineering	317 451
3. 设备、工具、器具购置	Purchase of Equipment and Instruments	1 715 494
购置旧设备	Purchase of Old Equipment	2 006
4. 其它费用	Others	837 654
旧建筑物购置	Purchase of Old Buildings	14 852
按工程用途分:	**Grouped by Purpose**	
1. 农林牧渔业用	Agriculture, Forestry, Animal Husbandry and Fishery	275 725
2. 工业、建筑业用	Industry and Construction	1 347 475
3. 商业、运输邮电业用	Commerce, Transport, Postal and Telecommunication Services	2 107 402
4. 住宅	Residential Buildings	1 501 467
5. 其它	Others	2 006 064
本年新增固定资产	Newly Increased Fixed Assets This Year	6 119 406
三、资金来源(财务拨款)	**Source of Funds (financial appropriation)**	
(一)本年资金来源合计	**Total Source of Funds in This Year**	7 395 976
1. 上年末结余资金	Surplus Funds Last year	421 639
2. 本年资金来源	Source of Funds This Year	6 974 337
(1)国家预算内资金	State Budgetary Appropriation	721 395
(2)国内贷款	Domestic Loans	1 386 465
(3)债券	Bonds	
(4)利用外资	Foreign Investment	122 287
统借统还	Unified Borrowing and Return	21 604
(5)自筹资金	Fundraising	2 737 684
中央各部门自筹	Fundraising of Central Departments	109 971
省自筹	Fundraising of Province	474 942
地(市)自筹	Fundraising of Prefectures and Cities	207 647
县自筹	Fundraising of Counties	213 984
企事业单位自有资金	Funds Possessed by Enterprises and Institutions	1 476 845
发行股票	Issuing Stocks	39 652
(6)其它资金	Other Funds	2 006 698
集　资	Raising Funds	234 634
(二)各项应付款合计	**Total of Payments**	812 756
工程款	Projects	556 602
设备、器材款	Equipment and Instruments and Materials	85 897

Main Indicators on Total Investment in Fixed Assets（2001）

(10 000 yuan)

基本建设 Capital Construction	#大中型项目 Large and Medium-scale Projects	更新改造 Innovation	#限额以上项目 Projects above Designated Size	其它投资 Others	房地产开发 Real Estate Development
4 113	29	1 181	29	11 186	
2 330	3	708	3	10 510	
2 378	6	727	9	10 474	
17 746 165	6 891 707	2 187 012	714 693	2 420 312	3 133 660
18 348 752	6 936 377	2 210 254	711 549	2 438 058	3 276 082
10 160 866	2 697 491	1 651 064	481 295	2 064 052	2 014 195
4 747 106	1 062 025	871 290	279 557	1 807 714	821 451
5 067 344	1 618 332	695 224	170 420	238 734	1 170 352
3 324 611	594 621	1 010 086	240 037	1 803 133	862 579
3 631 726	580 284	1 025 757	222 791	1 700 807	879 843
2 502 624	307 865	234 664	37 655	1 033 416	596 830
124 008	38 536	119 419	33 602	30 638	43 386
563 938	120 197	604 180	123 162	533 780	13 596
297	53	857	389	848	4
441 156	113 686	67 494	28 372	102 973	226 031
10 851		1 412		1 362	1 227
182 057	9 233	5 360		88 308	
662 389	374 819	465 017	222 368	220 069	
1 511 522	128 112	460 496		135 384	
264 680	960	10 371	205	579 785	646 631
1 011 078	67 160	84 513	218	677 261	233 212
3 128 786	567 224	806 352	277 242	1 674 150	510 118
3 515 669	559 775	1 078 827	232 828	1 682 689	1 118 791
175 121	16 497	55 056	20 730	5 098	186 364
3 340 548	543 278	1 023 771	212 098	1 677 591	932 427
503 555	105 470	112 718	91 579	102 614	2 508
1 008 582	228 043	134 702	25 770	80 507	162 674
111 042	31 378	257	257	8 972	2 016
21 604	21 604				
1 443 202	136 746	747 787	92 821	338 789	207 906
75 598		32 732		1 641	
441 648	48 534	25 656	225	7 638	
184 142	6 900	17 207		6 298	
175 922		26 907		11 155	
565 892	81 312	645 285	92 596	166 153	99 515
		39 652	10 406		
274 167	41 641	28 307	1 671	1 146 901	557 323
144 335		12 832		57 835	19 632
494 377	16 234	43 627	6 891	34 482	240 270
373 634	13 392	22 326	2 323	22 209	138 433
64 190	350	14 667	3 468	3 952	3 088

6-6 全社会地方固定资产投资主要指标（2001年）

单位：万元

指　标	Item	合 计 Total
一、项目个数(个)	**Number of Projects**	
本年施工项目	Number of Projects Under Construction This Year	15 799
本年新开工项目	Number of Projects Started This Year	13 133
本年投产项目	Number of Projects Put into Use This Year	13 129
二、投资额和新增固定资产	**Total Investment and Newly Increased Fixed Assets**	
计划总投资	Total Planned Investment	20 499 355
实际需要的总投资	Total Investment Actually Needed	21 236 490
自开始建设累计完成投资	Investment Accumulated from Starting Construction	12 242 035
自开始建设累计新增固定资产	Newly Increased Fixed Assets Accumulated from Starting Construction	6 346 267
本年底未完成工程累计投资	Investment Accumulated for the Projects Not Completed at the End of This Year	5 445 088
本年计划投资	Planned Investment in This Year	5 536 617
本年完成投资	Investment Made in This Year	5 815 536
按构成分：	**Grouped by Composition**	
1. 建筑工程	Construction Engineering	3 852 448
2. 安装工程	Installation Engineering	202 534
3. 设备、工具、器具购置	Purchase of Equipment and Instruments	944 979
购置旧设备	Purchase of Old Equipment	2 006
4. 其它费用	Others	705 575
旧建筑物购置	Purchase of Old Buildings	14 242
按工程用途分：	**Grouped by Purpose**	
1. 农林牧渔业用	Agriculture, Forestry, Animal Husbandry and Fishery	251 406
2. 工业、建筑业用	Industry and Construction	896 232
3. 商业、运输邮电业用	Commerce, Transport, Postal and Telecommunication Services	1 267 424
4. 住　宅	Residential Buildings	1 460 419
5. 其　它	Others	1 830 055
本年新增固定资产	Newly Increased Fixed Assets This Year	4 691 325
三、资金来源(财务拨款)	**Source of Funds (financial appropriation)**	
(一)本年资金来源合计	**Total Source of Funds in This Year**	**5 923 314**
1. 上年末结余资金	Surplus Funds Last year	380 275
2. 本年资金来源	Source of Funds This Year	5 543 039
(1)国家预算内资金	State Budgetary Appropriation	527 277
(2)国内贷款	Domestic Loans	962 260
(3)债　券	Bonds	
(4)利用外资	Foreign Investment	97 981
统借统还	Unified Borrowing and Return	
(5)自筹资金	Fundraising	2 006 579
中央各部门自筹	Fundraising of Central Departments	58 968
省自筹	Fundraising of Province	418 156
地(市)自筹	Fundraising of Prefectures and Cities	199 744
县自筹	Fundraising of Counties	210 623
企事业单位自有资金	Funds Possessed by Enterprises and Institutions	864 793
发行股票	Issuing Stocks	39 652
(6)其它资金	Other Funds	1 949 134
集资	Raising Funds	214 052
(二)各项应付款合计	**Total of Payments**	**719 377**
工程款	Projects	514 194
设备、器材款	Equipment and Instruments and Materials	36 858

Main Indicators on Total Investment in Fixed Assets in Regions（2001）

(10 000 yuan)

基本建设 Capital Construction	#大中型项目 Large and Medium-scale Projects	更新改造 Innovation	#限额以上项目 Projects above Designated Size	其它投资 Other Investment	房地产开发 Real Estate Development
3 741	15	886	28	11 172	
2 142	3	490	2	10 501	
2 160	4	507	8	10 462	
13 366 618	4 305 872	1 590 489	710 740	2 408 588	3 133 660
13 938 239	4 325 492	1 595 872	707 596	2 426 297	3 276 082
7 060 036	802 119	1 114 340	477 342	2 053 464	2 014 195
3 103 262	398 646	623 793	275 604	1 797 761	821 451
3 628 478	386 936	407 524	170 420	238 734	1 170 352
2 326 242	215 325	552 541	236 084	1 795 255	862 579
2 592 716	188 853	541 230	218 838	1 691 747	879 843
2 040 520	102 892	186 693	37 655	1 028 405	596 830
60 136	5 718	69 255	33 602	29 757	43 386
176 931	28 334	223 535	119 209	530 917	13 596
297	53	857	389	848	4
315 129	51 909	61 747	28 372	102 668	226 031
10 241		1 412		1 362	1 227
157 738	9 233	5 360		88 308	
265 093	114 441	416 950	218 415	214 189	
1 097 411	7 782	37 349		132 664	
225 629	156	8 534	205	579 625	646 631
846 845	57 241	73 037	218	676 961	233 212
1 944 188	62 290	572 852	273 289	1 664 167	510 118
2 547 609	**205 255**	**583 418**	**228 875**	**1 673 496**	**1 118 791**
135 318	15 421	53 495	20 730	5 098	186 364
2 412 291	189 834	529 923	208 145	1 668 398	932 427
312 324	34 550	109 831	91 579	102 614	2 508
637 941	23 617	81 781	25 770	79 864	162 674
86 736	9 774	257	257	8 972	2 016
1 157 252	100 252	311 182	88 868	330 239	207 906
57 364				1 604	
398 659	31 379	12 479	225	7 018	
177 194	6 900	16 599		5 951	
173 862		25 606		11 155	
350 173	61 973	256 498	88 643	158 607	99 515
		39 652	10 406		
218 038	21 641	26 872	1 671	1 146 901	557 323
125 153		11 432		57 835	19 632
403 923	**13 258**	**40 702**	**6 891**	**34 482**	**240 270**
331 236	10 416	22 316	2 323	22 209	138 433
16 938	350	12 880	3 468	3 952	3 088

6-7 全社会施工投产项目(按国民经济行业分)(2001年)

单位：个

行业名称	Sector	施工 合计 Total
合　计	**Total**	**16 480**
按行业类别分	**Grouped by Sector**	
1. 农、林、牧、渔业	Farming, Forestry, Animal Husbandry and Fishery	4 391
2. 采掘业	Mining and Quarrying	414
3. 制造业	Manufacturing	1 1[illegible]
4. 电力、煤气及水的生产和供应业	Production and Supply of Electric Power, Gas and Water	1 105
5. 建筑业	Construction	167
6. 地质勘查业、水利管理业	Geological Prospecting and Water Conservancy	1 025
7. 交通运输、仓储及邮电通信业	Transport, Storage, Postal and Telecommunication Services	1 947
8. 批发和零售贸易餐饮业	Wholesale & Retail Trade and Catering Services	666
9. 金融、保险业	Finance and Insurance	151
10. 房地产业	Real Estate	43
11. 社会服务业	Social Services	939
12. 卫生、体育和社会福利业	Health Care, Sports and Social Welfare	351
13. 教育、文化艺术及广播电影电视业	Education, Culture, Arts, Radio, Film and Television	1 680
14. 科学研究和综合技术服务业	Scientific Research and Polytechnic Services	126
15. 国家机关、政党机关和社会团体	Government Agencies, Party Agencies and Social Organizations	1 554
16. 其它行业	Others	783

Total Projects under Construction and Put into Use by Sector（2001）

(unit)

项　目 Number of Projects under Construction			投　产　项　目 Number of Projects Put into Use			
#地　方 Region	#国　有 State-owned	#地　方 Region	合　计 Total	#地　方 Region	#国　有 State-owned	#地　方 Region
15 799	**5 089**	**4 420**	**13 579**	**13 129**	**3 057**	**2 613**
4 384	269	262	4 107	4 105	173	171
404	147	137	308	298	95	85
1 059	436	361	737	682	237	183
1 079	236	211	927	915	105	94
166	24	23	129	129	13	13
1 024	226	225	896	895	113	112
1 611	801	466	1 547	1 320	469	242
622	225	186	498	471	134	111
55	119	23	110	46	82	18
43	23	23	26	26	12	12
934	598	594	645	641	350	346
351	198	198	263	263	119	119
1 677	681	678	1 419	1 417	460	458
113	104	91	89	84	81	76
1 494	963	903	1 155	1 114	590	549
783	39	39	723	723	24	24

6-8 全社会固定资产投资额与新增固定资产
(按行业分)(2001年)

单位：万元

行业名称	Sector	投 合计 Total
合　计	**Total**	**7 348 133**
一、按三次产业分	**Grouped by Types of Industry**	
第一产业	Primary Industry	288 195
第二产业	Secondary Industry	1 552 686
第三产业	Tertiary Industry	5 507 252
二、按行业类别分	**Grouped by Sector**	
1. 农、林、牧、渔业	Farming, Forestry, Animal Husbandry and Fishery	288 195
农业	Farming	120 770
种植业	Planting	25 342
其他农业	Other Farming	95 428
林业	Forestry	47 021
畜牧业	Animal Husbandry	1 565
牲畜饲养放牧业	Raising and Grazing of Domestic Animals	559
家禽饲养业	Raising of Poultry	737
其他畜牧业	Others	269
渔业	Fishery	552
淡水渔业	Fresh Water Fishery	552
农、林、牧、渔服务业	Agriculture, Forestry, Animal Husbandry and Fishery Services	35 404
农业服务业	Farming Services	17 484
林业服务业	Forestry Services	3 872
畜牧兽医服务业	Animal Husbandry Services	3 692
渔业服务业	Fishery Services	760
其他农、林、牧、渔服务业	Others	9 596
2. 采掘业	Mining and Quarrying	116 535
煤炭采选业	Coal Mining and Dressing	36 949
煤炭开采业	Coal Mining	20 278
煤炭洗选业	Coal Dressing	266
石油和天然气开采业	Petroleum and Natural Gas Extraction	2
天然气开采业	Natural Gas Extraction	2
黑色金属矿采选业	Mining and Dressing of Ferrous Metals	5 365
铁矿采选业	Mining and Dressing of Iron Ores	1 643
其他黑色金属矿采选业	Mining and Dressing of Other Ferrous Metals	1 409
有色金属矿采选业	Mining and Dressing of Nonferrous Metals	65 392
重有色金属矿采选业	Mining and Dressing of Heavy Nonferrous Metals	64 447
贵金属矿采选业	Mining and Dressing of Noble Metals	762
非金属矿采选业	Mining and Dressing of Nonmetal Minerals	5 571
土沙石开采业	Sand and Stone Mining	848
化学矿采选业	Mining and Dressing of Chemical Minerals	372
采盐业	Salt Mining	209
其他非金属矿采选业	Mining and Dressing of Other Nonmetal Minerals	1 767

注：分行业农村私人投资中的购买生产性固定资产投资划入农业中，建房投资划入其它行业(门类)中；城镇私人建房投资划入其它行业中。

Total Investment in Fixed Assets and Newly Increased Fixed Assets by Sector (2001)

(10 000 yuan)

资 额 Investment			按管理类别分其中 Grouped by Types of Management			新增固定资产 Newly Increased Fixed Assets
#地 方 Region	# 国 有 State-owned	#地 方 Region	基本建设 Capital Construction	更新改造 Innovation	其他投资 Others	
5 815 536	**4 904 053**	**3 387 998**	**3 631 726**	**1 025 757**	**1 700 807**	**6 119 406**
263 808	105 779	81 392	103 057	892	184 246	251 817
1 066 285	1 102 051	630 068	822 695	480 378	249 613	1 568 302
4 485 443	3 696 223	2 566 538	2 705 974	544 487	1 266 948	4 299 287
263 808	105 779	81 392	103 057	892	184 246	251 817
120 190	25 577	24 997	23 691	105	96 974	114 092
25 147	21 237	21 042	20 897	105	4 340	19 142
95 043	4 340	3 955	2 794		92 634	94 950
23 553	43 913	20 445	44 503	702	1 816	24 538
1 565	1 305	1 305	1 245		320	1 831
559	299	299	239		320	497
737	737	737	737			1 164
269	269	269	269			170
552					**552**	
552					552	
35 065	34 984	34 645	33 618	85	1 701	31 883
17 484	17 064	17 064	16 043	85	1 356	16 772
3 533	3 872	3 533	3 872			2 931
3 692	3 692	3 692	3 692			3 706
760	760	760	760			280
9 596	9 596	9 596	9 251		345	8 194
110 320	81 818	75 603	38 295	28 750	49 490	76 833
36 949	20 150	20 150	9 152	10 874	16 923	33 604
20 278	19 884	19 884	9 152	10 874	252	16 921
266	266	266			266	266
2	2	2	2			302
2	2	2	2			302
5 365	1 727	1 727	1 775	1 277	2 313	4 841
1 643	318	318	1 325	318		2 643
1 409	1 409	1 409	450	959		688
59 177	56 604	50 389	24 427	15 812	25 153	29 621
58 232	56 014	49 799	24 427	15 222	24 798	29 468
762	590	590		590	172	
5 571	1 052	1 052	1 088	787	3 696	4 718
848	265	265	288		560	913
372	372	372		372		293
209	209	209		209		209
1 767	206	206	800	206	761	1 100

Note: Grouped by sector, the productive investment in fixed assets of rural individuals is included in agriculture sector, their investment in building construction is included in other sectors and the investment in building construction of urban individuals is also included in other sectors .

6-8 续表1

单位：万元

行业名称	Sector	投
		合计 Total
其他矿采选业	Mining and Dressing of Other Minerals	973
木材及竹材采运业	Logging and Transport of Timber and Bamboo	2 283
木材采运业	Logging and Transport of Timber	2 283
3.制造业	Manufacturing	731 996
食品加工业	Food Processing	23 311
粮食及饲料加工业	Food and Feed Processing	2 152
植物油加工业	Vegetable Oil Processing	1 966
制糖业	Sugar Refining	12 577
屠宰及肉类蛋类加工业	Animals Slaughter, Meat and Eggs Processing	416
水产品加工业	Aquatic Product Processing	554
其他食品加工业	Other Food Processing	1 040
食品制造业	Food Processing	13 122
糕点、糖果制造业	Cakes and Sweets	[illegible]
乳制品制造业	Dairy	2 400
罐头食品制造业	Can Food Processing	96
发酵制品业	Ferment Products	200
调味品制造业	Flavoring	1 917
其他食品制造业	Other Food	2 164
饮料制造业	Beverages	13 004
酒精及饮料酒制造业	Alcohol and Wine	7 048
软饮料制造业	Soft Beverages	1 451
制茶业	Tea	1 833
其他饮料制造业	Other Beverages	254
烟草加工业	Tobacco Processing	70 913
烟叶复烤业	Tobacco Leaf Curing	13 623
卷烟制造业	Cigarettes	57 230
其他烟草加工业	Other Tobacco Processing	60
纺织业	Textile Industry	7 367
棉纺织业	Cotton	770
毛纺织业	Woolens	1 687
丝绢纺织业	Silk	639
针织品业	Knitting	4 271
服装及其他纤维制品制造业	Garments and Other Fiber Products	1 031
服装制造业	Garments	781
皮革、毛皮、羽绒及其制品业	Leather, Furs, Down and Related Products	631
木材加工及竹、藤、棕、草制品业	Timber Processing, Bamboo, Cane, Palm Fiber and Straw Products	14 387
锯材、木片加工业	Wood Sawing and Chips Processing	8 997
人造板制造业	Artificial Boards	1 422
木制品业	Wood Products	3 104
竹、藤、棕、草制品业	Bamboo, Cane, Palm Fiber and Straw Products	20
家具制造业	Furniture Manufacturing	1 300
木制家具制造业	Wood Furniture Manufacturing	384
竹、藤家具制造业	Bamboo and Cane Furniture Manufacturing	10
其他家具制造业	Other Furniture Manufacturing	876
造纸及纸制品业	Papermaking and Paper Products	8 580
纸浆制造业	Pulp-making	230
造纸业	Papermaking	5 527
纸制品业	Paper Products	1 464

continued

(10 000 yuan)

资　　额 Investment			按管理类别分其中 Grouped by Types of Management			新增固定资产 Newly Increased Fixed Assets
#地方 Resion	#国有 State-owned	#地方 Resion	基本建设 Capital Construction	更新改造 Innovation	其他投资 Others	
973					973	973
2 283	2 283	2 283	1 851		432	2 774
2 283	2 283	2 283	1 851		432	2 774
651 483	398 347	322 350	133 764	436 421	161 811	669 455
23 311	9 919	9 919	7 355	6 450	9 506	21 868
2 152	1 708	1 708	1 708	107	337	2 650
1 966	102	102	1 276	565	125	2 375
12 577	7 850	7 850	3 855	5 758	2 964	10 486
416	209	209	316	20	80	686
554					554	
1 040	50	50	200		840	770
13 122	3 047	3 047	4 707		8 415	7 233
5 464	212	212	212		5 252	2 307
2 400	2 400	2 400	2 400			2 400
96			60		36	60
200					200	200
1 917	188	188	1 788		129	188
2 164	247	247	247		1 917	1 367
13 004	1 783	1 783	1 478	2 290	9 236	13 524
7 048	1 089	1 089	300	1 389	5 359	9 107
1 451	150	150	150	901	400	428
1 833	320	320	774		1 059	1 479
254	224	224	254			92
1 082	70 853	1 082	30 010	40 903		53 673
273	13 623	273	11 823	1 800		21 127
809	57 230	809	18 127	39 103		32 546
			60			
7 367	6 493	6 493	1 062	6 025	280	3 973
770	547	547	537	233		592
1 687	1 687	1 687	166	1 521		166
639	359	359	359		280	639
4 271	3 900	3 900		4 271		2 576
1 031	781	781	40	741	250	1 121
781	781	781	40	741		871
631					631	631
14 387	8 344	8 344	1 813	8 031	4 543	12 751
8 997	7 040	7 040	1 540	7 000	457	8 892
1 422	1 111	1 111	80	1 031	311	461
3 104	193	193	193		2 911	2 423
20					20	131
1 300				1 260	40	214
384				384		184
10					10	
876				876		
8 580	654	654	113	4 416	4 051	32 099
230				230		230
5 527	654	654	113	4 186	1 228	29 046
1 464					1 464	1 464

6-8 续表2

单位：万元

行业名称	Sector	投 合计 Total
印刷业、记录媒介的复制	Printing and Record Medium Reproduction	12 213
印刷业	Printing	10 206
文教体育用品制造业	Culture, Education and Sports Goods Manufacture	1 268
乐器及其他文娱用品制造业	Musical Instruments and Other Recreation Goods Manufacture	1 268
石油加工及炼焦业	Petroleum Processing Coke-making	5 558
石油制品业	Petroleum Product Manufacture	356
炼焦业	Coke-making	5 017
化学原料及化学制品制造业	Raw Chemical Materials and Chemical Products	115 748
基本化学原料制造业	Raw Chemical Material Products	27 718
化学肥料制造业	Chemical Fertilizer Products	62 572
化学农药制造业	Chemical Pesticide Products	3 120
有机化学产品制造业	Organic Chemical Products	8 551
合成材料制造业	Synthetic Material Products	8 277
专用化学产品制造业	Special Chemical Products	1 859
日用化学产品制造业	Daily Use Chemical Products	1 819
医药制造业	Pharmaceutical Products	26 512
化学药品原药制造业	Raw Chemical Pharmaceuticals	5 558
化学药品制剂制造业	Chemical Dosage	6 100
中药材及中成药加工业	Chinese Medical Materials and Traditional Medicine Processing	7 671
动物药品制造业	Animal Pharmaceuticals	282
生物制品业	Biological Products	6 901
橡胶制品业	Rubber Products	280
橡胶板、管、带制造业	Tires and Inner Tubes	40
其他橡胶制品业	Other Rubber Products	240
塑料制品业	Plastic Products	5 697
塑料薄膜制造业	Plastic Film Products	2 877
塑料板、管、棒材制造业	Plastic Boards, Tubes and Bars	1 153
塑料丝、绳及编织品制造业	Plastic Silks, Ropes and Knitting	1 035
塑料鞋制造业	Plastic Shoes	50
日用塑料杂品制造业	Daily-use Plastic Miscellaneous	90
非金属矿物制品业	Non-metallic Mineral Products	83 384
水泥制造业	Cement Products	62 369
水泥制品和石棉水泥制品业	Cement and Asbestos Mixed with Cement Products	10 321
砖瓦、石灰和轻质建筑材料制造业	Brick, Lime and Light Building Materials	6 963
玻璃及玻璃制品业	Glass and Glass Products	400
陶瓷制品业	Ceramics	116
耐火材料制品业	Refractory Products	90
石墨及碳素制品业	Graphite and Carbon Products	602
矿物纤维及其制品业	Mineral Fibre	77
其他类未包括的非金属矿物制品业	Other Non-metallic Products	210
黑色金属冶炼及压延加工业	Smelting and Pressing of Ferrous Metals	157 744
炼铁业	Iron-making	17 938
炼钢业	Steel-making	5 055
钢压延加工业	Steel Pressing	131 611
铁合金冶炼业	Ferroalloy Smelting	1 400
有色金属冶炼及压延加工业	Smelting and Pressing of Nonferrous Metals	100 388
重有色金属冶炼业	Smelting of Heavy Nonferrous Metals	83 480
轻有色金属冶炼业	Smelting of Light Nonferrous Metals	11 243
稀有稀土金属冶炼业	Smelting of Rare-earth Metals	400
有色金属压延加工业	Pressing of Nonferrous Metals	145
金属制品业	Metal Products	16 281
金属结构制造业	Metal Structures	13 718
工具制造业	Tools	25
建筑用金属制品业	Metallic Products for Construction	114
金属制品业	Metallic Products	733
其他金属制品业	Other Metallic Products	548

continued

(10 000 yuan)

资额 Investment			按管理类别分其中 Grouped by Types of Management			新增固定资产 Newly Increased Fixed Assets
#地方 Region	#国有 State-owned	#地方 Region	基本建设 Capital Construction	更新改造 Innovation	其他投资 Others	
12 213	942	942	1 495	2 365	8 353	25 962
10 206	942	942	1 495	2 365	6 346	23 967
1 268					1 268	1 268
1 268					1 268	1 268
5 558	356	356	4 543		1 015	1 377
356	356	356	356			356
5 017			4 187		830	836
112 900	86 092	83 244	21 820	79 788	14 140	117 115
27 718	6 611	6 611	4 145	15 369	8 204	14 371
62 572	61 325	61 325	4 032	57 933	607	81 834
3 120				140	2 980	564
8 551	8 551	8 551	8 551			
5 829	8 167	5 719	3 096	5 181		12 338
1 859	50	50	628	1 041	190	1 518
1 419	1 388	988	1 368	124	327	4 658
24 792	11 198	10 763	8 823	10 001	7 688	12 261
5 558	1 712	1 712	2 370	1 712	1 476	2 200
6 100	1 406	1 406		4 669	1 431	2 617
7 236	3 114	2 679	1 487	2 335	3 849	3 889
282					282	
5 616	4 966	4 966	4 966	1 285	650	3 555
280	240	240			280	240
40					40	
240	240	240			240	240
5 697	736	736		1 236	4 461	3 815
2 877	736	736		736	2 141	1 177
1 153					1 153	1 293
1 035				500	535	1 035
50					50	68
90					90	
83 384	20 120	20 120	18 816	44 153	20 415	40 565
62 369	8 622	8 622	7 033	42 887	12 449	21 754
10 321	9 988	9 988	9 823	189	309	10 471
6 963	1 420	1 420	1 420	987	4 556	5 479
400					400	400
116					116	76
90	90	90		90		90
602			540		62	62
77					77	77
210					210	
157 744	133 180	133 180	12 188	137 656	7 900	52 072
17 938	1 899	1 899	2 164	15 314	160	19 608
5 055			55		5 000	55
131 611	130 811	130 811	8 469	122 342	800	31 139
1 400	470	470	1 200		200	730
100 388	23 339	23 339	4 529	62 875	32 984	198 075
83 480	12 901	12 901	3 684	52 437	27 359	39 718
11 243	10 438	10 438	445	10 438	360	152 492
400			400			400
145					145	145
16 281	660	660	660	39	15 582	21 665
13 718	660	660	660		13 058	17 039
25					25	50
114				39	75	
733					733	2 963
548					548	470

6-8 续表3

单位：万元

行业名称	Sector	投 合计 Total
普通机械制造业	Ordinary Machinery	22 790
锅炉及原动机制造业	Boilers and Motive Power Machines	9 857
金属加工机械制造业	Metal Machining	5 903
通用设备制造业	Common Equipment	5 684
轴承、阀门制造业	Bearings and Valves	75
其他通用零部件制造业	Other Common Parts	151
铸锻件制造业	Casting and Forging	233
普通机械修理业	Normal Machinery Manufacturing	192
其他普通机械制造业	Others	671
专用设备制造业	Special Purposes Equipment	7 824
冶金，矿山，机电工业专用设备制造业	Metallurgy, Mine, Machinery and Electronic Industries	435
石化及其他工业专用设备制造业	Petroleum, Chemical and Other Industries	470
轻纺工业专用设备制造业	Textile Industry	3 607
农、林、牧、渔、水利机械制造业	Machinery for Farming, Forestry ,Animal Husbandry and Fishery and Water Conservancy	1 177
医疗器械制造业	Medical Instruments and Appliances	380
其他专用设备制造业	Other Special Purposes Equipment	689
交通运输设备制造业	Transport Equipment	4 736
汽车制造业	Car Manufacturing	1 325
摩托车制造业	Motor Vehicles	250
交通运输设备修理业	Transport Equipment Repairing	2 292
电气机械及器材制造业	Electric Equipment and Machinery	6 468
电机制造业	Electric Machinery	1 923
输配电及控制设备制造业	Electricity Distribution and Control Equipment	1 516
电工器材制造业	Electric Appliances	2 259
其他电气机械制造业	Other Electrical Manufacturing	80
电子及通信设备制造业	Electronic and Telecommunication Equipment	1 154
通信设备制造业	Telecommunication Equipment	654
电子器件制造业	Electronic Devices	450
电子元件制造业	Electronic Elements	50
仪器仪表及文化、办公用机械制造业	Instruments, Meters, Cultural and Office Machinery	231
通用仪器仪表制造业	Common Instruments and Meters	231
其他制造业	Other Manufacturing	6 807
日用杂品制造业	Daily Use Articles	310
其他生产、生活用品制造业	Others Productive and Daily Use Products	2 695
4. 电力、煤气及水的生产和供应业	Production & Supply of Electric Power, Gas and Water	676 463
电力、蒸汽、热水生产和供应业	Production & Supply of Electric Power, Steam and Hot Water	567 213
电力生产业	Production of Electric Power	264 677
电力供应业	Supply of Electric Power	294 126
煤气生产和供应业	Production and Supply of Gas	1 207
煤气生产业	Production of Gas	544
煤气供应业	Supply of Gas	643
自来水生产和供应业	Production and Supply of Tap Water	108 043
自来水生产业	Production of Tap Water	22 640
自来水供应业	Supply of Tap Water	79 691
5. 建筑业	Construction	27 692
土木工程建筑业	Civil Engineering Construction	20 766
房屋建筑业	Buildings	9 882
矿山建筑业	Mine Constructing	75
铁路、公路、遂道、桥梁建筑业	Railways, Highways, Tunnels and Bridges	10 779

continued

(10 000 yuan)

资额 Investment			按管理类别分 Grouped by Types of Management			新增固定资产 Newly Increased Fixed Assets
#地方 Region	#国有 State-owned	#地方 Region	基本建设 Capital Construction	更新改造 Innovation	其他投资 Others	
22 790	7 009	7 009	7 411	13 907	1 472	14 320
9 857	814	814	932	8 904	21	7 038
5 903	3 723	3 723	276	4 447	1 180	914
5 684	1 364	1 364	5 300	300	84	4 642
75	75	75		75		75
151	100	100		151		51
233	70	70	50	20	163	752
192	192	192	192			192
671	671	671	661	10		632
4 833	2 654	2 654	2 044	4 681	1 099	8 733
435	435	435	30	405		549
470	250	250		250	220	271
616	616	616		3 607		3 576
2 157	1 343	1 343	1 325	359	473	4 171
380	10	10		60	320	80
689			689			
3 868	1 506	818	692	1 186	2 858	4 846
457	1 024	336	312	954	59	2 245
250	250	250	250			
2 292	232	232	130	232	1 930	1 732
6 468	1 745	1 745	486	5 100	882	12 095
1 923	1 219	1 219		1 923		6 644
1 516	20	20	324	1 080	112	2 918
2 259	506	506	162	2 097		1 763
80					80	80
1 154	1 154	1 154		1 154		1 125
654	654	654		654		545
450	450	450		450		10
50	50	50		50		570
231	20	20	20	211		211
231	20	20	20	211		211
4 552	2 255		2 345		4 462	4 522
310					310	80
440	2 255		2 345		350	640
276 800	606 962	217 201	635 287	14 876	26 300	751 624
167 550	504 341	114 580	536 397	10 882	19 934	709 141
109 007	226 233	80 465	251 436	2 684	10 557	423 276
50 133	278 108	34 115	284 961	8 198	967	278 569
1 207	1 127	1 127	298	889	20	1 408
544	544	544	238	306		1 328
643	583	583	60	583		60
108 043	101 494	101 494	98 592	3 105	6 346	41 075
22 640	22 640	22 640	20 297	2 253	90	21 690
79 691	78 854	78 854	78 295	852	544	13 557
27 682	14 924	14 914	15 349	331	12 012	70 390
20 756	14 553	14 543	15 194	10	5 562	64 177
9 872	3 749	3 739	4 395	10	5 477	9 035
75	75	75			75	
10 779	10 699	10 699	10 769		10	54 862

6-8 续表4

单位：万元

行业名称	Sector	投 合计 Total
堤坝、电站、码头建筑业	Dykes ,Dams, Electric Stations and Docks	30
线路、管道和设备安装业	Installation of Circuits, Pipelines and Equipment	426
线路、管道安装业	Circuits and Pipelines	105
设备安装业	Equipment	321
装修装饰业	Fitting and Decoration	50
6. 地质勘查业、水利管理业	Geological Prospecting and Water Conservancy	142 205
地质勘查业	Geological Prospecting	3 538
区域地质勘查业	Geological Prospecting of Regions	770
矿产地质勘查业	Geological Prospecting of Minerals	2 256
工程地质勘查设计业	Geological Prospecting for Engineering	124
地质工程技术及其他技术服务业	Geological Engineering Technology and Other Services	388
水利管理业	Water Conservancy	123 164
7. 交通运输、仓储及邮电通信业	Transport, Storage, Postal and Telecommunication Services	[illegible]
铁路运输业	Railway Transport	186 101
公路运输业	Highway Transport	1 086 875
水上运输业	Waterway Transport	4 844
航空运输业	Air Transport	73 832
交通运输辅助业	Transport Subsidiary Services	9 409
仓储业	Storage	9 578
邮电通信业	Postal and Telecommunication Services	598 255
邮政业	Post	29 976
电信业	Telecommunication	563 958
邮电业	Postal and Telecommunication	4 321
8. 批发和零售贸易餐饮业	Wholesale & Retail Trade and Catering Services	162 686
食品、饮料、烟草和家庭用品批发业	Wholesale Trade of Food, Beverage, Tobacco and Household Articles	46 210
能源、材料和机械电子设备批发业	Wholesale Trade of Energy, Materials, Machinery and Electronic Equipment	7 134
其他批发业	Other Wholesale Trade	15 566
零售业	Retail Trade	60 543
商业经纪与代理业	Commercial Brokerage and Agencies	1 800
餐饮业	Catering Trade	1 895
9. 金融、保险业	Finance and Insurance	72 858
金融业	Finance	66 269
中央银行	Central Banks	6 735
商业银行	Commercial Banks	54 602
其他银行	Other Banks	2 314
信用合作社	Credit Cooperatives	1 951
信托投资业	Trust Investment	667
保险业	Insurance	5 629
10. 房地产业	Real Estate	902 170
房地产开发与经营业	Real Estate Development and Operation	892 681
房地产管理业	Real Estate Management	5 676
房地产代理与经纪业	Real Estate Brokerage and Agencies	55
11. 社会服务业	Social Services	403 727
公共设施服务业	Public Facilities Services	267 301
市内公共交通业	Public Transport in Cities	15 785

continued

(10 000 yuan)

资　　额 Investment			按管理类别分 Grouped by Types of Management			新增固定资产 Newly Increased Fixed Assets
#地方 Region	#国有 State-owned	#地方 Region	基本建设 Capital Construction	更新改造 Innovation	其他投资 Others	
30	30	30	30			280
426	321	321	105	321		381
105			105			60
321	321	321		321		321
50	50	50	50			
141 205	126 352	125 352	120 574	4 425	17 206	108 469
2 538	3 538	2 538	3 538			5 742
770	770	770	770			
1 256	2 256	1 256	2 256			5 114
124	124	124	124			151
388	388	388	388			477
123 164	122 814	122 814	117 036	4 425	1 703	89 114
1 152 770	1 956 769	1 106 339	1 488 336	448 552	66 472	1 334 038
2 000	184 101		135 997	50 104		106 932
1 085 796	1 077 400	1 076 321	1 038 485	19 872	28 518	694 802
4 844	4 704	4 704	4 704		140	7 327
10 249	73 832	10 249	72 736	1 096		127 805
9 409	9 328	9 328	6 664	1 941	804	9 194
6 006	9 309	5 737	4 496	4 813	269	10 332
	598 095		225 254	370 726	2 275	344 454
	29 976		9 729	19 780	467	29 168
	563 798		211 882	350 268	1 808	310 134
	4 321		3 643	678		5 152
137 648	73 905	49 347	78 219	11 689	72 778	198 705
22 390	43 791	19 971	36 437	6 972	2 801	38 975
7 104	1 251	1 251	2 214	629	4 291	9 757
15 566	4 527	4 527	5 732	1 081	8 753	40 215
59 355	23 528	22 790	32 775	2 959	24 809	75 870
1 800			301		1 499	2 581
1 895	808	808	760	48	1 087	2 093
10 082	67 603	5 706	69 140	646	3 072	70 767
7 814	62 217	4 398	63 511	646	2 112	64 103
	6 735		6 735			5 859
4 338	52 362	2 734	53 656	646	300	53 326
858	2 314	858	2 314			2 724
1 951	139	139	139		1 812	2 194
667	667	667	667			
1 308	5 386	1 308	5 629			5 704
902 170	353 170	353 170	14 534	2 111	5 682	526 643
892 681	347 677	347 677	10 894	20	1 924	517 309
5 676	5 438	5 438	3 585	2 091		8 043
55	55	55	55			240
402 352	334 421	333 651	292 403	51 627	59 697	340 290
267 091	262 922	262 712	220 153	38 866	8 282	181 158
15 785	14 245	14 245	14 930	515	340	11 731

6-8 续表5

单位：万元

行业名称	Sector	投 合计 Total
园林绿化业	Environment Greening	9 707
自然保护区管理业	Management of Natural Protective Regions	2 302
环境卫生业	Environmental Sanitation	21 078
市政工程管理管理业	Municipal Engineering Administration	210 252
风景名胜区管理业	Scenic Spots Management	4 396
其他公共服务业	Other Public Services	3 781
居民服务业	Resident Services	3 168
摄影及扩印业	Photography and Film Development and Printing	688
殡葬业	Funeral and Interment Services	975
其他居民服务业	Others	1 505
旅馆业	Hotels	54 752
租赁服务业	Leasing Services	
旅游业	Tourism	43 086
娱乐服务业	Recreational Services	8 841
其他社会服务业	Other Social Services	8 250
市场管理服务业	Market Management Services	6 387
其他类未包括的社会服务业	Others	1 863
12. 卫生、体育和社会福利业	Health Care, Sports and Social Welfare	87 319
卫生	Health Care	62 126
医院	Hospitals	52 554
疗养院	Sanatoriums	6 260
专科防治所（站）	Specialized Prevention & Treatment Station	98
卫生防疫站	Sanitation and Antiepidemic Agencies	2 263
妇幼保健所(站)	Maternity and Child Care Stations	630
药品检验所(室)	Medicines and Chemical Reagent Test Labs	176
其他卫生	Other Health Institutions	145
体育	Sports	20 024
社会福利保障业	Social Welfare and Insurance	1 975
社会福利业	Social Welfare	1 639
社会保险和救济业	Social Insurance and Relief	156
其他类未包括的社会福利保障业	Others	180
13. 教育、文化艺术及广播电影电视业	Education, Culture, Arts, Radio, Film and Television	222 766
教育	Education	161 351
高等教育	Higher Education	70 124
中等教育	Secondary Education	63 569
初等教育	Primary Education	15 614
学前教育	Kindergartens Education	5 778
特殊教育	Special Education	837
其他教育	Other Education	5 429
文化艺术业	Culture and Arts	18 110
艺术	Arts	1 740

continued

(10 000 yuan)

资　　额 Investment			按管理类别分其中 Grouped by Types of Management			新增固定资产 Newly Increased Fixed Assets
#地方 Region	#国有 State-owned	#地方 Region	基本建设 Capital Construction	更新改造 Innovation	其他投资 Others	
9 707	8 307	8 307	9 009		698	9 698
2 302	2 164	2 164	2 302			420
21 078	21 078	21 078	20 696	312	70	7 322
210 252	209 255	209 255	168 795	34 587	6 870	142 963
4 396	4 396	4 396	2 986	1 410		5 545
3 571	3 477	3 267	1 435	2 042	304	3 479
3 168	1 672	1 672	1 927	151	1 090	871
688					688	
975	169	169	575		400	545
1 505	1 503	1 503	1 352	151	2	326
53 660	39 545	39 058	32 236	10 927	11 589	62 581
43 086	23 764	23 764	29 522	1 600	11 964	50 930
8 841	2 344	2 344	4 352		4 489	3 433
8 177	4 174	4 101	4 213	83	3 954	15 682
6 387	3 581	3 581	3 693		2 694	6 287
1 790	593	520	520	83	1 260	9 395
87 319	82 213	82 213	80 581	1 422	5 316	127 355
62 126	60 974	60 974	59 413	1 351	1 362	67 719
52 554	51 692	51 692	49 921	1 271	1 362	54 244
6 260	6 260	6 260	6 260			9 260
98	98	98	98			98
2 263	1 973	1 973	2 263			2 924
630	630	630	630			596
176	176	176	176			452
145	145	145	65	80		145
20 024	19 724	19 724	19 653	71	300	54 204
1 975	1 515	1 515	1 515		460	2 362
1 639	1 179	1 179	1 179		460	2 005
156	156	156	156			177
180	180	180	180			180
222 196	186 071	185 501	179 450	4 813	38 503	179 555
161 131	153 315	153 095	149 547	2 303	9 501	135 990
70 124	69 308	69 308	69 920	160	44	53 976
63 569	62 585	62 585	58 269	1 735	3 565	56 622
15 614	14 586	14 586	14 860	70	684	17 226
5 778	4 556	4 556	4 506	50	1 222	5 858
837	837	837	807	30		1 042
5 209	1 443	1 223	1 185	258	3 986	1 266
17 760	16 347	15 997	14 607	1 473	2 030	6 408
1 740	140	140	140		1 600	

6-8 续表6

单位：万元

行 业 名 称	Sector	投 合 计 Total
出版	Publication	2 181
文物保护	Historical Relics Preservation	2 878
图书馆	Public Libraries	4 087
档案馆	Archives	127
群众文化	Mass Culture	4 329
新闻	News	1 037
其他文化艺术业	Others	1 731
广播电影电视业	Radio, Film and Television	16 771
广播	Broadcasting	5 854
电影	Film	1 867
电视	Television	9 050
14. 科学研究和综合技术服务业	Scientific Research and Polytechnic Services	45 438
科学研究业	Scientific Research	7 803
自然科学研究	Natural Science	4 939
社会科学研究	Social Science	607
其他科学研究	Others	2 257
综合技术服务业	Polytechnic Services	37 558
气象	Meteorology	938
地震	Seismology	882
技术监督	Technological Supervision	3 075
环境保护	Environmental Protection	27 498
技术推广和科技交流服务业	Popularization and Exchange of Technology and Science	2 940
工程设计业	Engineering Design	1 639
其他综合技术服务业	Others	586
15. 国家机关、政党机关和社会团体	Government Agencies, Party Agencies and Social Organizations	379 639
国家机关	Government Agencies	345 676
政党机关	Party Agencies	4 945
社会团体	Social Organizations	5 533
基层群众自治组织	Basic Mass Autonomous Organizations	3 949
居民委员会	Residents Committees	869
村民委员会	Villagers Committees	3 080
16. 其他行业	Other Sectors	975 084
其他行业	Others	8 998
企业管理机构	Enterprises Management	1 642
其他类未包括的行业	Others	7 356

continued

(10 000 yuan)

资 额 Investment			按管理类别分其中 Grouped by Types of Management			新 增 固定资产 Newly Increased Fixed Assets
#地 方 Region	# 国 有 State-owned	#地 方 Region	基本建设 Capital Construction	更新改造 Innovation	其他投资 Others	
2 181	2 181	2 181	2 181			
2 878	2 715	2 715	1 697	871	310	1 919
4 087	4 087	4 087	3 987	100		579
127	127	127	127			
3 979	4 329	3 979	3 707	502	120	3 546
1 037	1 037	1 037	1 037			217
1 731	1 731	1 731	1 731			147
16 771	16 409	16 409	15 296	1 037	438	10 435
5 854	5 854	5 854	5 854			2 770
1 867	1 505	1 505	1 505		362	289
9 050	9 050	9 050	7 937	1 037	76	7 376
39 182	43 114	36 858	30 737	13 311	1 390	65 102
3 199	7 346	2 742	5 332	2 068	403	8 573
1 805	4 536	1 402	4 472	64	403	4 714
487	607	487	607			1 000
907	2 203	853	253	2 004		2 859
35 906	35 768	34 116	25 405	11 243	910	56 456
863	938	863	938			274
240	882	240	882			984
3 075	3 075	3 075	2 976	99		1 293
27 398	27 048	26 948	16 414	10 634	450	44 587
2 805	1 840	1 705	2 720		220	380
1 139	1 639	1 139	1 129	510		8 212
386	346	146	346		240	726
305 435	355 567	281 363	344 962	5 891	28 786	376 778
271 472	344 816	270 612	334 225	5 787	5 664	339 657
4 945	4 945	4 945	4 841	104		3 591
5 533	5 415	5 415	5 415		118	9 329
3 949	391	391	481		3 468	5 235
869					869	1 315
3 080	391	391	481		2 599	3 920
975 084	7 038	7 038	7 038		968 046	971 585
8 998	7 038	7 038	7 038		1 960	8 508
1 642	756	756	756		886	1 322
7 356	6 282	6 282	6 282		1 074	7 186

6-9 全社会固定资产投资项目(2001年)

Total Number of Projects Invested in Fixed Assets (2001)

单位：个 (unit)

地区	Region	施工项目 Number of Projects Under Construction This Year	#地方 Region	新开工项目 Number of Projects Started This Year	#地方 Region	投产项目 Number of Projects Put into Use	#地方 Region
全省合计	**Total**	**16 480**	**15 799**	**13 548**	**13 133**	**13 579**	**13 129**
昆明	Kunming	2 770	2 653	2 138	2 077	2 163	2 092
曲靖	Qujing	2 193	2 113	1 888	1 830	1 966	1 915
玉溪	Yuxi	1 655	1 560	1 501	1 421	1 467	1 388
保山	Baoshan	689	665	560	546	548	538
昭通	Zhaotong	617	586	432	414	445	426
楚雄	Chuxiong	1 272	1 225	1 143	1 107	1 129	1 091
红河	Honghe	1 459	1 393	1 098	1 068	1 101	1 058
文山	Wenshan	1 741	1 723	1 594	1 579	1 578	1 566
思茅	Simao	792	769	623	613	623	605
西双版纳	Xishuangbanna	[illegible]	514	418	408	423	411
大理	Dali	1 205	1 165	1 034	1 013	1 010	978
德宏	Dehong	365	344	232	223	264	252
丽江	Lijiang	276	260	176	169	206	191
怒江	Nujiang	175	166	137	131	140	133
迪庆	Diqing	78	72	66	62	53	48
临沧	Lincang	598	581	480	469	441	435
不分地区	Not Grouped by Region	63	10	28	1	22	2

6-10 全社会各种房屋竣工面积及价值（2001年）

Floor Space of Completed Buildings and Their Values (2001)

（按用途分） （by use）

指标	Item	本年施工房屋面积（平方米） Floor Space of Buildings under Construction (sq.m)	#本年新开工面积 Floor Space of Buildings Started This Year	本年竣工房屋面积（平方米） Floor Space of Buildings Completed This Year (sq.m)	本年竣工房屋价值（万元） Value of Buildings Completed (10 000 yuan)	竣工房屋造价（元/平方米） Cost of Buildings Completed (yuan/sq.m)
合计	**Total**	**51 810 537**	**34 395 114**	**36 225 310**	**2 117 276**	**584.47**
1.住宅	Residential Buildings	33 014 654	24 421 972	24 952 170	1 275 310	511.10
城镇住宅	Urban	17 843 215	9 250 533	9 855 996	840 292	852.57
2.厂房	Factory Buildings	1 421 213	521 430	755 359	89 635	1 186.65
3.仓库	Store Houses	620 621	163 150	366 034	35 342	965.54
4.商业营业	Houses for Business	2 526 383	888 900	1 142 652	122 629	1 073.20
5.服务业用	Houses for Services	558 022	200 256	333 059	50 886	1 527.84
6.办公楼	Office Buildings	558 022	1 015 411	1 188 050	142 295	1 197.72
7.教育用房	Houses for Education	1 358 668	673 639	809 675	64 755	799.77
8.文化体育	Houses for Culture and	366 776	110 815	157 909	31 269	1 980.19
9.医疗用房	Houses for Medical Treatment	548 991	239 432	250 596	34 420	1 373.53
10.科学实验研究用房	Houses for Scientific Research	90 739	29 701	45 474	6 036	1 327.35
11.其它	For Others	7 722 012	6 130 408	6 054 141	249 670	412.40
#业务用房	For Vocational Work	520 024	180 196	230 943	26 909	1 165.18

6-11 全社会房屋建筑施工面积和竣工面积
Floor Space of All Buildings Completed and Under Construction

单位：万平方米 (10 000 sq.m)

指　标	Item	1990年		2000年		2001年	
		合计 Total	#住 宅 Residential Buildings	合计 Total	#住 宅 Residential Buildings	合计 Total	#住 宅 Residential Buildings
一、施工房屋建筑面积	**Floor Space of Buildings under Construction**	**3 045.36**	**2 037.15**	**5 071.51**	**3 219.38**	**5 181.05**	**3 301.47**
1. 国有经济	State-owned Units	1 081.69	521.70	2 122.32	1 211.64	1 896.85	947.58
基本建设	Capital Construction	586.75	273.25	1 503.68	795.26	1 341.03	582.50
更新改造	Innovation	335.51	125.94	175.88	49.80	146.45	28.89
其它单位投资	Other Investment	37.38	13.74	22.11	12.08	22.59	15.56
房地产开发	Real Estate Development	122.05	108.77	420.65	354.51	386.78	320.62
2. 集体经济	Collective-owned Units	264.79	108.14	328.85	114.52	309.38	115.28
城镇集体	Urban Collective-owned	112.76	33.74	89.74	38.00	76.69	34.57
房地产开发	Real Estate Development			20.07	16.07	15.87	12.36
农村集体	Rural Collective-owned	152.03	74.40	219.04	60.46	216.81	68.34
3. 个体私营经济	Individual Private Economy	1 698.88	1 407.31	2 044.05	1 607.80	2 267.53	1 825.78
城镇居民建房	Buildings Construction of Urban Residents	49.93	44.32	210.16	177.32	272.47	222.69
农民建房	Buildings Construction of Peasants	1 648.95	1 362.99	1 649.16	1 320.91	1 747.67	1 448.80
个体私营经济	Buildings Construction of Individuals Economy			184.73	109.57	247.40	154.29
4. 其它经济	Other Economy			576.29	285.42	707.30	412.83
房地产开发	Real Estate Development			364.65	235.62	472.08	367.25
二、竣工房屋建筑面积	**Floor Space of Buildings Completed**	**2 485.45**	**1 789.24**	**3 552.02**	**2 464.30**	**3 622.53**	**2 495.22**
1. 国有经济	State-owned Units	564.48	287.48	1 157.91	731.47	1 007.97	526.23
基本建设	Capital Construction	313.24	153.28	810.35	477.42	756.70	367.25
更新改造	Innovation	171.99	75.03	78.74	29.90	86.16	18.45
其它单位投资	Other Investment	20.74	6.96	16.43	11.13	11.71	5.17
房地产开发	Real Estate Development	58.51	51.21	252.39	213.03	153.41	135.37
2. 集体经济	Collective-owned Units	222.09	94.45	265.76	87.55	246.51	86.03
城镇集体	Urban Collective-owned	70.06	20.05	58.14	23.89	48.77	20.47
房地产开发	Real Estate Development			10.08	9.19	5.09	4.74
农村集体	Rural Collective-owned	152.03	74.40	197.54	54.47	192.65	60.82
3. 个体私营经济	Individuals Economy	1 698.88	1 407.31	1 942.24	1 555.05	2 129.47	1 740.31
城镇居民建房	Buildings Construction of Urban Residents	49.93	44.32	210.16	177.32	272.47	222.69
农民建房	Buildings Construction of Peasants	1 648.95	1 362.99	1 649.16	1 320.91	1 747.67	1 448.80
个体私营经济	Buildings Construction of Individuals Economy			82.92	56.82	109.34	68.82
4. 其它经济	Other Economy			186.11	90.23	238.57	142.64
房地产开发	Real Estate Development			93.51	64.94	125.53	109.94

6-12 全社会主要年份竣工房屋面积
Floor Space of Total Completed Buildings in Major Years

单位：万平方米 (10 000 sq.m)

指　标	Item	1978年	1980年	1990年	1995年	2000年	2001年
一、全省竣工房屋面积	**Floor Space of All Completed Buildings**	**621.90**	**2 495.58**	**2 485.45**	**3 442.00**	**3 552.02**	**3 622.53**
1. 国有经济	State-owned Units	283.49	490.26	564.48	1 047.65	1 157.91	1 007.97
基本建设	Capital Construction	254.61	459.07	313.24	568.39	810.35	756.70
更新改造	Innovation	28.88	31.19	171.99	253.07	78.74	86.16
其它单位投资	Other Investment			20.74	18.63	16.43	11.71
房地产开发	Real Estate Development			58.51	207.56	252.39	153.41
2. 集体经济	Collective-owned Units	88.41	105.32	222.09	287.23	265.76	246.51
城镇集体	Urban Collective-owned	8.39	16.88	70.06	52.32	58.14	48.77
房地产开发	Real Estate Development				6.16	10.08	5.09
农村集体	Rural Collective-owned	80.02	88.44	152.03	228.75	197.54	192.65
3. 个体私营经济	Individual Private Economy	250.00	1 900.00	734.88	2 015.70	1 942.24	2 129.47
城镇居民建房	Buildings Construction of Urban Residents			49.93	100.92	210.16	272.47
农村居民建房	Buildings Construction of Rural Residents	250.00	1 900.00	1 648.95	1 914.78	1 649.16	1 747.67
个体私营经济	Buildings Constructed of Individuals Economy					82.92	109.34
4. 其它经济	Other Economy				91.42	186.11	238.57
房地产开发	Real Estate Development				52.13	93.51	125.53
二、全省竣工住宅面积	**Floor Space of Total Completed Residential Buildings**	**376.74**	**2 011.62**	**1 789.24**	**2 291.19**	**2 464.30**	**2 495.22**
1. 国有经济	State-owned Units	103.54	245.39	287.48	585.25	731.47	526.23
基本建设	Capital Construction	92.48	231.47	153.28	310.71	477.42	367.25
更新改造	Innovation	11.06	13.92	75.03	93.03	29.90	18.45
其它单位投资	Other Investment			6.96	4.48	11.13	5.17
房地产开发	Real Estate Development			52.21	177.04	213.03	135.37
2. 集体经济	Collective-owned Units	48.17	56.23	94.45	68.01	87.55	86.03
城镇集体	Urban Collective-owned	2.07	5.23	20.05	19.82	23.89	20.47
房地产开发	Real Estate Development				5.87	9.19	4.74
农村集体	Rural Collective-owned	46.10	51.00	74.40	42.32	54.47	60.82
3. 个体私营经济	Individual Private Economy	225.03	1 710.00	1 407.31	1 587.71	1 555.05	1 740.31
城镇居民建房	Buildings Construction of Urban Residents			44.32	79.28	177.32	222.69
农村居民建房	Buildings Construction of Rural Residents	225.03	1 710.00	1 362.99	1 508.43	1 320.91	1 448.80
个体私营经济	Buildings Completion of Individuals Economy					56.82	68.82
4. 其它经济	Other Economy				50.21	90.23	142.64
房地产开发	Real Estate Development				41.52	64.94	109.94

6-13 各地区全社会固定资产投资（2001年）

Total Investment in Fixed Assets in Regions (2001)

（按用途分） (by use)

单位：万元 (10 000 yuan)

地 区	Region	本年完成投资 Investment Made This Year	1. 农林牧渔业 Farming, Forestry, Animal Husbandry and Fishery	2. 工业、建筑业 Industry and Construction	3. 商业、运输邮电业 Commerce, Transport, Postal and Telecommunication Services	4. 住宅 Residential Buildings	5. 其它 Others
全省合计	**Total**	**7 348 133**	**275 725**	**1 347 475**	**2 107 402**	**1 501 467**	**2 006 064**
昆 明	Kunming	2 086 648	43 560	315 402	342 130	738 914	646 642
曲 靖	Qujing	521 065	24 234	152 955	103 417	127 692	112 767
玉 溪	Yuxi	467 467	17 764	99 049	114 027	116 704	119 923
保 山	Baoshan	175 439	10 459	19 427	44 421	41 966	59 166
昭 通	Zhaotong	212 549	30 999	28 088	49 102	48 780	55 580
楚 雄	Chuxiong	257 091	18 588	49 605	51 307	60 312	77 279
红 河	Honghe	438 099	17 837	97 299	104 542	97 999	120 422
文 山	Wenshan	213 654	8 288	27 498	31 248	36 685	109 935
思 茅	Simao	147 393	14 086	18 546	34 473	39 493	40 795
西双版纳	Xishuangbanna	122 978	12 091	12 873	44 818	26 236	26 960
大 理	Dali	353 120	16 819	76 394	67 916	80 508	111 483
德 宏	Dehong	89 991	8 548	17 367	20 070	12 872	31 134
丽 江	Lijiang	129 556	6 471	19 957	32 918	29 840	40 370
怒 江	Nujiang	44 469	1 953	16 341	6 837	6 430	12 908
迪 庆	Diqing	52 776	888	3 464	20 241	9 459	18 724
临 沧	Lincang	201 661	20 757	90 988	27 305	27 277	35 334
不分地区	Not Grouped by Region	1 724 177	22 383	302 222	1 012 630	300	386 642

6-14 各地区国有经济固定资产投资（2001年）

Investment in Fixed Assets of State-owned Units in Regions （2001）

（按用途分） (by use)

单位：万元 (10 000 yuan)

地 区	Region	本年完成投资 Investment Made This Year	1. 农林牧渔业 Farming, Forestry, Animal Husbandry and Fishery	2. 工业、建筑业 Industry and Construction	3. 商业、运输邮电业 Commerce, Transport, Postal and Telecommunication Services	4. 住宅 Residential Buildings	5. 其它 Others
全省合计	**Total**	**4 904 053**	**191 624**	**934 722**	**1 967 832**	**525 778**	**1 174 097**
昆 明	Kunming	1 342 399	32 040	222 335	316 907	288 906	482 211
曲 靖	Qujing	313 464	8 195	111 712	87 649	33 580	72 328
玉 溪	Yuxi	276 707	9 047	40 700	97 588	41 287	88 085
保 山	Baoshan	90 536	7 353	5 173	39 733	8 506	29 771
昭 通	Zhaotong	143 690	22 874	15 382	45 468	22 744	37 222
楚 雄	Chuxiong	139 168	12 987	16 439	44 777	13 620	51 345
红 河	Honghe	290 736	13 820	64 199	92 988	42 365	77 364
文 山	Wenshan	128 160	3 953	8 995	18 446	8 386	88 380
思 茅	Simao	80 134	9 689	5 177	21 778	17 682	25 808
西双版纳	Xishuangbanna	84 250	10 095	9 464	40 063	12 606	12 022
大 理	Dali	155 351	7 992	21 650	54 427	12 032	59 250
德 宏	Dehong	55 466	8 317	7 775	14 789	3 134	21 451
丽 江	Lijiang	64 381	5 026	7 530	30 969	6 055	14 801
怒 江	Nujiang	29 578	1 820	7 233	6 692	3 172	10 661
迪 庆	Diqing	40 829		3 360	20 198	2 850	14 421
临 沧	Lincang	161 112	16 033	85 376	24 730	8 553	26 420
不分地区	Not Grouped by Region	1 398 092	22 383	302 222	1 010 630	300	62 557

6-15 全社会新增主要产品生产能力（2001年）

Newly Increased Production Capacity or Benefits (2001)

能力名称	Item	本年新增合计 Total Newly Increased This Year	基本建设 Capital Construction	更新改造 Innovation	其它投资 Others
原煤开采 (万吨/年)	Coal Mining (10 000 tons /year)	24.00	21.00	3.00	
洗煤 (万吨/年)	Coal Washing (10 000 tons /year)	15.00		15.00	
焦炭 (万吨/年)	Coke (10 000 tons/year)	17.50			17.50
天然气开采 (亿立方米/年)	Natural Gas Exploration (100 million cu.m/year)	0.05	0.05		
人造富铁矿 (万吨/年)	Man-made Concentrated Iron Ore (10 000 tons /year)	21.00	21.00		
其中:烧结铁矿 (万吨/年)	Of which: Sintered Iron Ore (10 000 tons /year)	21.00	21.00		
炼铁 (万吨/年)	Iron-making (10 000 tons /year)	11.96	11.96		
连铸 (万吨/年)	Continuous Casting (10 000 tons /year)	40.00		40.00	
方坯连铸（含矩形坯）(万吨/年)	Square Billet Continuous Casting (including Rectangular Billet)	40.00		40.00	
铁合金 (万吨/年)	Ferroalloys (10 000 tons/year)	0.90			
粗铜 (万吨/年)	Rough Copper (ton/year)	4 000.00			4000.00
铜选矿:处理原矿 (万吨/年)	Copper Ore Dressing: Crude Ore Processing (10 000 tons/year)	50.00	50.00		
铅锌采矿(原矿)(万吨/年)	Lead and Zinc Ore Mining (10 000 tons/year)	0.10			0.10
铅锌选矿:(1)处理原矿 (万吨/日)	Lead and Zinc Dressing: Crude Ore Processing (10 000 tons/day)	0.30			0.30
铅冶炼 (吨/年)	Lead Smelting (ton/year)	200.00	200.00		
锌冶炼 (吨/年)	Zinc Smelting (ton/year)	41 200.00	1 200.00	8 000.00	32000.00
电解锌 (吨/年)	Zinc Electrolyzing (ton/year)	40 200.00	1 200.00	7 000.00	32000.00
水力发电 (万千瓦)	Hydro Power (10 000 kwh)	37.46	33.73	1.28	2.45
火力发电 (万千瓦)	Thermal Power (10 000 kwh)	60.70	60.00	0.70	
输电线路长度 (11万伏及以上)(公里)	Length of Electricity Transmission Lines (110 kv and above) (km)	878.88	718.88	160.00	
变电设备能力 (11万伏及以上)(万千伏安)	Electric Transformer Capacity (110 kv and above) (10 000 kva)	200.88	200.25	0.63	
水泥 (万吨/年)	Cement (10 000 tons/year)	64.00	35.00	20.00	9.00
平板玻璃 (万重量箱/年)	Plate Glass (10 000 weight boxes/year)	25.00			25.00

6-15 续1 continued

能力名称	Item	本年新增合计 Total Newly Increased This Year	基本建设 Capital Construction	更新改造 Innovation	其它投资 Others
耐火材料制品 (吨/年)	Refractory Materials (ton/year)	5 000.00		5 000.00	
胶合板 (万立方米/年)	Plywood (10 000 cu. m/year)	0.27	0.15		0.12
纤维板 (万立方米/年)	Fiber Boards (10 000 cu. m/year)	0.50		0.50	
人造板装饰加工板 (万立方米/年)	Man-made Decoration Boards (10 000 cu. m/year)	0.11			0.11
硫酸 (吨/年)	Sulfuric Acid (ton/year)	387 400.00		314 400.00	73000.00
浓硝酸 (吨/年)	Thick Hydrogen Nitrate (ton/year)	90 000.00		90 000.00	
氮肥 (吨/年)	Nitrogenous Fertilizer (ton/year)	135 950.00		135 950.00	
电石 (吨/年)	Calcium Carbide (ton/year)	1 500.00			1500.00
磷肥 (吨/年)	Phosphate Fertilizer (ton/year)	410 000.00	350 000.00	60 000.00	
合成纤维聚合物 (吨/年)	Synthetic Fiber Polymer (ton/year)	10 000.00		10 000.00	
化学原料药 (吨/年)	Chemical Raw Medical Material (ton/year)	20.00	20.00		
输液 (万瓶/年)	Transfusion (10 000 bottles/year)	3 600.00		3 600.00	
医药中间体 (吨/年)	Medical Intermediate (ton/year)	5.00			5.00
中成药 (吨/年)	Prepared Chinese Medicine (ton/year)	10.00	10.00		
交流电动机制造 (万千瓦/年)	AC Motors (10 000 kw/year)	18.00		18.00	
柴油机制造 (台/年)	Manufacturing of Diesel Engines (set/year)	20 000.00		20 000.00	
(万千瓦/年)	(10 000 kw/y)	2.00		2.00	
棉布织机 (台)	Cotton Cloth Looms (set)	4.00		4.00	
机制糖 (日处理原料:吨)	Sugar Refining (daily processing of raw materials: ton)	800.00		300.00	500.00
(日处理原料:吨)	(annual production of sugar: ton)	9 302.00		3 488.00	5814.00
糖果 (吨/年)	Sweets (ton/year)	300.00			300.00
啤酒 (万吨/年)	Beer (10 000 tons/year)	4.50			4.50
白酒 (万吨/年)	Liquor (10 000 tons/year)	2.00		0.20	1.80
其它酒 (万吨/年)	Other Wine (10 000 tons/year)	0.76		0.75	0.01
冷冻饮品 (吨/年)	Freezing Beverage (ton/year)	1 825.00	1 825.00		
软饮料 (吨/年)	Soft Beverage (ton/year)	5 000.00			5 000.00
其中：瓶装（或罐装）饮用水 (吨/年)	Of which: Bottled (or Canned) Drinking Water (ton/year)	5 000.00			5 000.00

6-15 续2 continued

能力名称	Item	本年新增合计 Total Newly Increased This Year	基本建设 Capital Construction	更新改造 Innovation	其他投资 Others
机制纸 (万吨/年)	Machine-made Paper (10 000 tons/year)	1.10		1.00	0.10
塑料制品 (万吨/年)	Plastic Products (10 000 tons/year)	0.22		0.22	
移动通信基站设备 (个/年)	Basic Station Equipment of Mobile Telecommunication (unit/year)	2 045.00	825.00	1 220.00	
程控交换机 (万线/年)	Program Controlled Exchanges (10 000 lines/year)	114.36	76.00	38.36	
电气化铁路主线正线交付运营里程(公里)	Length of Trunk Lines in Operation of Main Lines of Newly Built Electric Railways (km)	92.60	92.60		
新建公路 (公里)	Length of Newly-built Highways (km)	835.39	698.19	117.00	20.20
二级公路 (公里)	Highways of Grade II (km)	35.70	24.50		11.20
改建公路 (公里)	Length of Reconstructed Highways (km)	2 088.78	1 300.19	589.31	199.28
一级公路 (公里)	Highways of Grade I (km)	9.00	0.00		9.00
二级公路 (公里)	Highways of Grade II (km)	148.09	124.09	24.00	
新建独立公路桥梁 (延长米)	Extended Length of Newly Constructed Independent Highway and Bridges (m)	758.00	258.00	500.00	
(座)	(unit)	9.00	4.00	5.00	
新(扩)建港口码头 (年吞吐量:万吨)	Newly (extended) Harbors (annual handling capacity: 10 000 tons)	10.00	10.00		
(泊位:个)	(berth: unit)	4.00	4.00		
船舶购置 (艘)	Ships Purchased (unit)	3.00	3.00		
(载重量:吨位)	(loading capacity: ton)	200.00	200.00		
新(扩)建客、货运站 (个)	Newly Constructed and Expanded Passenger and Freight Stations (unit)	3.00		3.00	
(平方米)	(sq.m)	37 813.00		37 813.00	
民航机场跑道 (条)	Civil Aviation Runaways (unit)	1.00	1.00		
(米)	(m)	2 400.00	2 400.00		
飞机购置 (架)	Planes Purchased (unit)	3.00	3.00		
长途电缆 (延长公里)	Extended Length of Long Distance Telephone Cable (km)	1 440.80	458.80	982.00	
耕地面积 (万亩)	Cultivated Areas (10 000 mu)	0.04	0.04		
造林面积 (万亩)	Forestation Areas (10 000 mu)	156.43	156.33		0.10
水库容量(总库容) (亿立方米)	Total Capacity of Reservoirs (100 million cu.m)	1.84	1.84		
有效灌溉面积 (万亩)	Effective Irrigation Areas (10 000 mu)	19.89	19.89		
商业石油库 (万立方米)	Commercial Petroleum Depots (10 000 cu.m)	0.11	0.02	0.07	0.02
粮食仓库 (万公斤)	Grain Storehouses (10 000 kg)	8 985.00	5 845.00	3 140.00	
(平方米)	(sq.m)	20 777.00	17 141.00	3 636.00	

6-15 续3 continued

能力名称	Item	本年新增合计 Total Increased This Year	基本建设 Capital Construction	更新改造 Innovation	其他投资 Others
高等院校:学生席位 （个）	Students Capacity of Universities and Colleges	6 845.00	6 845.00		
建筑面积（平方米）	Construction Areas (sq.m)	93 821.00	93 821.00		
中等学校:学生席位 （个）	Students Capacity of Secondary Schools	71 532.00	69 477.00		2 055.00
建筑面积（平方米）	Construction Areas (sq.m)	379 544.00	356 205.00	215.00	23 124.00
小学校:学生席位 （个）	Students Capacity of Primary Schools	61 187.00	60 713.00		474.00
建筑面积 （平方米）	Construction Areas (sq.m)	187 275.00	186 099.00		1 176.00
其他院校:学生席位 （个）	Students Capacity of Other Schools	18 208.00	17 378.00	830.00	
建筑面积（平方米）	Construction Areas (sq.m)	107 072.00	100 429.00	6 643.00	
公共图书馆:藏书量（万册/件）	Public Libraries : Total Collection of Books (10 000 copies)	10.80	10.80		
阅览室座席 （个）	Seats Capacity of Reading Rooms	960.00	960.00		
建筑面积 （平方米）	Construction Areas (sq.m)	9 424.00	9 424.00		
影剧院:座席（个）	Seat Capacity of Cinemas and Theaters	1 041.00	841.00		200.00
（平方米）	(sq. m)	2 048.00	1 000.00		1 048.00
文化馆 （平方米）	Cultural Centers (sq. m)	3 047.00	3 047.00		
医院病床 （张）	Number of Hospital Beds	2 385.00	2 185.00	100.00	100.00
宾馆、旅馆、招待所客房（间）	Number of Rooms of Hotels, Reception Houses and Inns	1 599.00	1 212.00	10.00	377.00
（平方米）	(Sq.m)	98 397.00	74 175.00	240.00	23 982.00
城市自来水供水能力（万吨/日）	Supply Capacity of Tap Water (10 000 tons/day)	38.41	37.41	0.50	0.50
城市自来水管道长度 （公里）	Length of Water Supply Pipelines (km)	239.78	226.18	1.50	12.10
城市公共交通车辆购置 （辆）	Purchase of Public Motor Vehicles	305.00	220.00	70.00	15.00
城市道路扩建长度 （公里）	Extended Length of Roads in Cities (10 000 km)	118.71	109.96	7.25	1.50
城市道路扩建面积（万平方米）	Expanded Areas of Roads in Cities (10 000 sq.m)	234.49	208.77	24.42	1.30
城市排水管道铺设长度（公里）	Length of Urban Sewers Paved in Cities (km)	16.39	7.70	8.69	
城市污水处理能力 （万吨/日）	Capacity to Treat Urban Sewage in Cities (10 000tons/day)	2.70	1.70		1.00
城市永久性桥梁 （座）	Urban Permanent Bridges	1.00	1.00		
城市防洪堤长度 （公里）	Length of Flood Dykes in Cities (km)	0.60	0.60		

6-16 全省国有经济固定资产投资主要指标(2001年)

单位：万元

指 标	Item	合 计 Total
一、项目个数	**Number of Projects**	
本年施工项目	Number of Projects Under Construction This Year	5 089
新开工项目	Number of Projects Started This Year	2 943
本年投产项目	Number of Projects Put into Use This Year	3 057
二、投资额和新增固定资产	**Total Investment and Newly Increased Fixed Assets**	
计划总投资	Total Planned Investment	19 919 622
实际需要的总投资	Total Investment Actually Needed	20 525 131
自开始建设累计完成投资	Investment Accumulated from Starting Construction	11 973 855
自开始建设累计新增固定资产	Newly Increased Fixed Assets Accumulated from Starting Construction	5 516 372
本年底未完成工程累计投资	Investment Accumulated for the Projects Not Completed at the End of This Year	6 031 929
本年计划投资	Planned Investment in This Year	4 500 525
本年完成投资	Investment Made in This Year	4 904 053
按构成分:	Grouped by Use of Funds	
1. 建筑工程	Construction Engineering	2 913 017
2. 安装工程	Installation Engineering	223 249
3. 设备、工具、器具购置	Purchase of Equipment, Instruments and Appliances	1 074 850
购置旧设备	Purchase of Old Equipment	1 007
4. 其它费用	Others	582 937
旧建筑物购置	Purchase of Old Buildings	12 088
按工程用途分:	Grouped by purpose	
1. 农林牧渔业	Agriculture, Forestry, Animal Husbandry and Fishery	191 624
2. 工业、建筑业	Industry and Construction	934 722
3. 商业、运输邮电业	Commerce, Transport, Postal and Telecommunication Services	1 967 832
4. 住 宅	Residential Buildings	525 778
5. 其 它	Others	1 174 097
本年新增固定资产	Newly Increased Fixed Assets (10 000 yuan)	3 899 845
三、资金来源(财务拨款)	**Source of Funds(financial appropriation)**	
(一)本年资金来源合计	Total Source of Funds This Year	4 761 783
1. 上年末结余资金	Surplus Funds Last Year	269 638
2. 本年资金来源小计	Source of Funds This Year	4 492 145
(1)国家预算内资金	State Budgetary Appropriation	620 791
(2)国内贷款	Domestic Loans	1 133 318
(3)债券	Bonds	
(4)利用外资	Foreign Investment	104 667
(5)自筹资金	Fundraising	2 127 927
(6)其它资金	Others	505 442
(二)各项应付款合计	Total of Payments	614 970
工程款	Projects	440 945
设备、器材款	Equipment, Instruments and Materials	74 661
四、房屋建筑面积（万平方米）	**Floor Space of Buildings Construction (sq.m)**	
施工面积	Floor Space of Buildings under Construction	1 896.85
住 宅	Residential Buildings	947.58
竣工面积	Floor Space of Buildings Completed	1 007.97
住 宅	Residential Buildings	526.23

Main Indicators on Investment in Fixed Assets of Provincial State-owned Units (2001)

(10 000 yuan)

基本建设 Capital Construction	#大中型项目 Large and Medium Sized	更新改造 Innovation	#限额以上项目 Projects above Designated Size	其它投资 Others	房地产开发 Real Estate Development
3 907	23	975	19	207	
2 202		596	3	145	
2 268	5	636	5	153	
16 535 872	6 047 991	1 847 795	602 116	220 269	1 315 686
17 110 074	6 096 676	1 857 263	597 358	229 617	1 328 177
9 611 436	2 393 131	1 376 643	382 588	154 403	831 373
4 315 904	775 584	714 449	219 973	107 078	378 941
4 961 651	1 601 460	593 624	131 297	41 476	438 178
3 205 017	582 551	859 757	189 468	79 636	356 115
3 488 040	551 140	881 879	175 910	84 965	339 169
2 419 129	292 130	197 646	25 022	58 253	237 989
110 740	34 093	95 622	29 328	2 715	14 172
533 245	114 664	529 872	96 194	10 801	932
197	53	810	389		
424 926	110 253	58 739	25 366	13 196	86 076
10 849		1 185		54	
179 810	9 233	5 360		6 454	
588 981	351 283	326 176	175 692	19 565	
1 484 939	126 112	458 602		24 291	
252 237	754	7 925		7 344	258 272
982 073	63 758	83 816	218	27 311	80 897
2 933 974	507 528	672 558	217 812	93 327	199 986
3 357 045	529 519	921 819	185 883	79 314	403 605
170 038	15 434	31 875	13 462	572	67 153
3 187 007	514 085	889 944	172 421	78 742	336 452
499 543	105 470	112 253	91 579	6 887	2 108
956 198	215 817	92 995	19 155	5 978	78 147
104 410	31 378	257	257		
1 372 391	128 339	659 735	61 430	46 182	49 619
254 465	33 081	24 704		19 695	206 578
482 776	12 770	37 685	4 304	8 505	86 004
367 201	9 928	19 709	1 204	7 853	46 182
62 878	350	11 505	2 000	12	266
1 341.03	23.71	146.45	18.67	22.59	386.78
582.50	1.83	28.89	0.00	15.56	320.62
756.70	15.43	86.16	14.56	11.71	153.41
367.25	0.97	18.45	0.00	5.17	135.37

6-17 地方国有经济固定资产投资主要指标(2001年)

单位：万元

指　标	Item	合 计 Total
一、项目个数	**Number of Projects**	
本年施工项目	Number of Projects Under Construction This Year	4 420
新开工项目	Number of Projects Started This Year	2 534
本年投产项目	Number of Projects Put into Use This Year	2 613
二、投资额和新增固定资产	**Total Investment and Newly Increased Fixed Assets**	
计划总投资	Total Planned Investment	15 005 611
实际需要的总投资	Total Investment Actually Needed	15 558 778
自开始建设累计完成投资	Investment Accumulated from Starting Construction	8 392 877
自开始建设累计新增固定资产	Newly Increased Fixed Assets Accumulated from Starting Construction	3 679 153
本年底未完成工程累计投资	Investment Accumulated for the Projects Not Completed at the End of This Year	4 310 220
本年计划投资	Planned Investment in This Year	3 044 063
本年完成投资	Investment Made in This Year	3 387 998
按构成分:	Grouped by Use of Funds	
1. 建筑工程	Construction Engineering	2 404 816
2. 安装工程	Installation Engineering	112 866
3. 设备、工具、器具购置	Purchase of Equipment, Instruments and Appliances	308 472
购置旧设备	Purchase of Old Equipment	1 007
4. 其它费用	Others	451 844
旧建筑物购置	Purchase of Land	11 478
按工程用途分:	Grouped by Purpose	
1. 农林牧渔业	Agriculture, Forestry, Animal Husbandry and Fishery	167 305
2. 工业、建筑业	Industry and Construction	494 445
3. 商业、运输邮电业	Commerce, Transport, Postal and Telecommunication Services	1 128 869
4. 住 宅	Residential Buildings	484 830
5. 其 它	Others	1 002 549
本年新增固定资产	Newly Increased Fixed Assets This Year (10 000 yuan)	2 535 174
三、资金来源(财务拨款)	**Source of Funds(financial appropriation)**	
(一)本年资金来源合计	Total Source of Funds This Year	3 304 741
1. 上年末结余资金	Surplus Funds Last Year	230 125
2. 本年资金来源小计	Source of Funds This Year	3 074 616
(1)国家预算内资金	State Budgetary Appropriation	426 673
(2)国内贷款	Domestic Loans	717 358
(3)债券	Bonds	
(4)利用外资	Foreign Investment	80 361
(5)自筹资金	Fundraising	1 402 311
(6)其它资金	Others	447 913
(二)各项应付款合计	Total Accounts Payable	524 774
工程款	Projects	401 513
设备、器材款	Equipment, Instruments and Materials	25 829
四、房屋建筑面积（万平方米）	**Floor Space of Buildings Construction (sq.m)**	
施工面积	Floor Space of Buildings under Construction	1 648.67
住 宅	Residential Buildings	859.97
竣工面积	Floor Space of Buildings Completed	859.81
住 宅	Residential Buildings	467.39

Main Indicators on Investment in Fixed Assets of Regional State-owned Units (2001)

(10 000 yuan)

基本建设 Capital Construction	#大中型项目 Large and Medium Sized	更新改造 Innovation	#限额以上项目 Projects above Designated Size	其它投资 Others	房地产开发 Real Estate Development
3 539	10	687	18	194	
2 016		381	2	137	
2 052	4	420	4	141	
12 221 767	3 525 089	1 258 063	598 163	210 095	1 315 686
12 761 488	3 544 709	1 249 707	593 405	219 406	1 328 177
6 571 924	556 677	845 160	378 635	144 420	831 373
2 731 490	170 526	471 627	216 020	97 095	378 941
3 524 076	370 064	306 490	131 297	41 476	438 178
2 207 687	203 255	408 003	185 515	72 258	356 115
2 460 261	169 611	402 058	171 957	76 510	339 169
1 961 725	91 581	151 325	25 022	53 777	237 989
51 125	5 518	45 735	29 328	1 834	14 172
147 905	23 559	151 697	92 241	7 938	932
197	53	810	389		
299 506	48 953	53 301	25 366	12 961	86 076
10 239		1185		54	
155 491	9 233	5 360		6 454	
198 375	97 305	282 385	171 739	13 685	
1 070 988	5 782	35 705		22 176	
213 286	50	6 088		7 184	258 272
822 121	57 241	72 520	218	27 011	80 897
1 808 261	60 370	443 583	213 859	83 344	199 986
2 398 477	183 086	431 800	181 930	70 859	403 605
131 289	15 412	31 111	13 462	572	67 153
2 267 188	167 674	400 689	168 468	70 287	336 452
308 312	34 550	109 366	91 579	6 887	2 108
590 783	16 617	43 093	19 155	5 335	78 147
80 104	9 774	257	257		
1 089 653	93 652	224 669	57 477	38 370	49 619
198 336	13 081	23 304		19 695	206 578
395 298	12 770	34 967	4304	8 505	86 004
327 779	9 928	19 699	1204	7 853	46 182
15 626	350	9 925	2000	12	266
1 125.81	6.07	114.03	18.67	22.06	386.78
500.00	0.64	114.03		15.40	320.62
625.79	4.99	69.44	14.56	11.18	153.41
310.01	0.11	17.00		5.01	135.37

6-18 国有经济固定资产投资(2001年)

(按行业分和农轻重分)

单位：万元

行　业	Sector	本年完成投资 Investment Made in This Year
全省合计	**Total**	**4 904 053**
一、按国民经济行业分	**Grouped by Sector**	
1. 农、林、牧、渔业	Farming, Forestry, Animal Husbandry and Fishery	105 779
2. 采掘业	Mining and Quarrying	81 818
3. 制造业	Manufacturing	398 347
4. 电力、煤气及水的生产和供应业	Production and Supply of Electric Power, Gas and Water	606 962
5. 建筑业	Construction	14 924
6. 地质勘查业、水利管理业	Geological Prospecting and Water Conservancy	126 352
7. 交通运输、仓储及邮电通信业	Transport, Storage, Postal and Telecommunication Services	1 956 769
8. 批发和零售贸易餐饮业	Wholesale & Retail Trade and Catering Services	73 905
9. 金融、保险业	Finance and Insurance	67 603
10. 房地产业	Real Estate	353 170
11. 社会服务业	Social Services	334 421
12. 卫生、体育和社会福利业	Health Care, Sports and Social Welfare	82 213
13. 教育、文化艺术及广播电影电视业	Education, Culture, Arts, Radio, Film and Television	186 071
14. 科学研究和综合技术服务业	Scientific Research and Polytechnic Services	43 114
15. 国家机关、政党机关和社会团体	Government Agencies, Party Agencies and Social Organizations	355 567
16. 其它行业	Others	7 038
二、按农、轻、重分	**Grouped by Agriculture, Light and Heavy Industries**	
农业	Agriculture	228 593
轻工业	Light Industry	212 221
以农产品为原料的工业	In Which: Using Agricultural Products as Materials	97 932
以非农产品为原料的工业	In Which: Using Non-agricultural Products as Materials	114 289
重工业	Heavy Industry	874 906
采掘工业	Mining and Quarrying	81 609
原材料工业	Raw Materials	693 944
制造工业	Manufacturing	99 353

Investment in Fixed Assets of State-owned Units (2001)

(by sector and trade)

(10 000 yuan)

#地　方 Region	基本建设 Capital Construction	#地　方 Region	更新改造 Innovation	#地　方 Region	其它单位投资 Others	#地　方 Region
3 387 998	**3 488 040**	**2 460 261**	**881 879**	**402 058**	**84 965**	**76 510**
81 392	98 763	74 376	892	892	6 124	6 124
75 603	31 338	31 338	26 992	26 657	23 488	17 608
322 350	98 986	63 931	297 861	256 919	1 500	1 500
217 201	592 049	208 732	14 355	7 911	558	558
14 914	13 914	13 914	331	321	679	679
125 352	120 574	119 574	4 425	4 425	1 353	1 353
1 106 339	1 484 023	1 060 362	447 971	23 477	24 775	22 500
49 347	61 468	41 877	10 170	5 203	2 267	2 267
5 706	66 657	5 706	646		300	
353 170	11 406	11 406	2 111	2 111	484	484
333 651	268 940	268 453	50 742	50 459	14 739	14 739
82 213	80 291	80 291	1 422	1 422	500	500
185 501	178 084	177 864	4 813	4 463	3 174	3 174
36 858	29 637	24 731	13 257	11 907	220	220
281 363	344 872	270 668	5 891	5 891	4 804	4 804
7 038	7 038	7 038				
204 206	215 799	191 412	5 317	5 317	7 477	7 477
141 615	147 188	116 836	64 569	24 315	464	464
28 161	41 784	12 267	56 068	15 814	80	80
113 454	105 404	104 569	8 501	8 501	384	384
473 539	575 185	187 165	274 639	267 172	25 082	19 202
75 394	31 338	31 338	26 783	26 448	23 488	17 608
301 735	512 457	126 692	181 313	174 869	174	174
96 410	31 390	29 135	66 543	65 855	1 420	1 420

6-19 国有经济农业、轻工业、重工业固定资产投资及构成

行业	Sector	投资额 Investment	
		2000年	2001年
一、农、轻、重合计(万元)	**Total Investment (10 000 yuan)**	**1 236 136**	**1 315 720**
农业	Agriculture	231 467	228 593
轻工业	Light Industry	259 333	212 221
以农产品为原料的工业	In Which: Using Agricultural Products as Materials	176 347	97 932
以非农产品为原料的工业	In Which: Using Non-agricultural Products as Materials	82 986	114 289
重工业	Heavy Industry	745 336	874 906
采掘工业	Mining and Quarrying	60 039	81 609
原料工业	Raw Materials Industry	586 807	693 944
加工工业	Processing Industry	98 490	99 353
二、构成(以农轻重合计为100%)	**Proportion (the total investment=100) (%)**		
农业	Agriculture	18.7	17.4
轻工业	Light Industry	21.0	16.1
以农产品为原料的工业	In Which: Using Agricultural Products as Materials	14.3	[illegible]
以非农产品为原料的工业	In Which: Using Non-agricultural Products as Materials	6.7	8.7
重工业	Heavy Industry	60.3	66.5
采掘工业	Mining and Quarrying	4.8	6.2
原料工业	Raw Materials Industry	47.5	52.7
加工工业	Processing Industry	8.0	7.6

6-20 各个时期能源工业和运输邮电业基本建设投资

年份时期	Period	绝对数(万元) Absolute Data (10 000 yuan)
		能源工业 Energy Industry
恢复时期	Recovery Period	278
“一五”时期	The First 5-year Plan Period	12 452
“二五”时期	The 2nd 5-year Plan Period	57 790
1963－1965年	1963-1965	21 051
“三五”时期	The 3rd 5-year Plan Period	53 051
“四五”时期	The 4th 5-year Plan Period	63 422
“五五”时期	The 5th 5-year Plan Period	86 125
“六五”时期	The 6th 5-year Plan Period	135 501
“七五”时期	The 7th 5-year Plan Period	331 779
“八五”时期	The 8th 5-year Plan Period	964 984
“九五”时期	The 9th 5-year Plan Period	2 266 060
1995年	1995	311 244
1996年	1996	364 792
1997年	1997	435 309
1998年	1998	424 608
1999年	1999	506 021
2000年	2000	535 330
2001年	2001	550392

注：1997年以前为国有经济的基本建设投资。

Investment in Fixed Assets of State-owned Agricultural, Light and Heavy Industries

基本建设 Capital Construction		更新改造 Innovation		其它单位投资 Others	
2000年	2001年	2000年	2001年	2000年	2001年
893 582	**938 172**	**311 124**	**344 525**	**31430**	**33 023**
217 250	215 799	8 614	5 317	5603	7 477
141 698	147 188	116 417	64 569	1218	464
70 340	41 784	105 887	56 068	120	80
71 358	105 404	10 530	8 501	1098	384
534 634	575 185	186 093	274 639	24609	25 082
17 246	31 338	19 630	26 783	23163	23 488
490 662	512 457	95 017	181 313	1128	174
26 726	31 390	71 446	66 543	318	1 420
24.3	23.0	2.8	1.5	**17.8**	22.6
15.9	15.7	37.4	18.7	3.9	1.4
7.9	4.5	34.0	16.3	0.4	0.2
8.0	11.2	3.4	2.5	3.5	1.2
59.8	61.3	59.8	79.7	78.3	76.0
1.9	3.3	6.3	7.8	73.7	71.1
54.9	54.6	30.5	52.6	3.6	0.5
3.0	3.4	23.0	19.3	1.0	4.3

Investment in Capital Construction of Energy Industry and Transport, Postal and Telecommunication Services by Period

绝对数(万元) Absolute Data (10 000 yuan)	比重(以投资额为100) Ratio (investment =100) (%)	
运输邮电业 Transport and Postal and Telecommunication Services	能源工业 Energy Industry	运输邮电业 Transport and Postal and Telecommunication Services
4 372	3.2	49.9
21 805	12.2	21.4
61 241	17.4	18.4
48 082	14.4	32.8
145 776	13.6	37.3
53 043	13.7	11.5
52 781	15.6	9.6
52 450	19.6	7.6
123 925	29.5	11.0
1 142 753	19.9	23.5
6 002 361	7.5	19.8
321 277	20.1	20.7
543 763	19.5	29.0
799 530	17.3	31.8
1 474 328	12.5	43.6
1 608 570	13.5	43.0
1 576 170	14.7	43.5
1483840	15.2	40.9

Note: Before 1997 the above Investment had been an investment in Capital Construction of State-owned Economy .

6-21 基本建设投资主要指标

指　　标	Item	1990年合计 Total of 1990
一、投资总额(万元)	**Total Investment (10 000 yuan)**	**280 045**
1. 按资金来源分	Grouped by Source of Funds	
国家预算内资金	State Budgetary Appropriation	70 208
国内贷款	Domestic Loans	49 904
股票和债券	Stocks and Bonds	
利用外资	Foreign Investment	10 662
自筹资金	Fundraising	116 514
其它资金	Others	32 757
2. 按构成分	Grouped by Use of Funds	
建筑安装工程	Construction and Installation Engineering	189 703
设备、工具、器具购置	Purchase of Equipment	39 727
其它费用	Others	50 615
3. 按建设性质分	By Type of Construction	
新　建	New Construction	130 107
扩　建	Expansion	90 776
改　建	Reconstruction	25 723
4. 按大中小型分	Grouped by Scale	
大中型项目	Large and Medium Scale	118 981
小型项目	Small Scale	161 064
5. 按国民经济行业分	By Sector	
农 业	Agriculture	22 261
工 业	Industry	132 485
轻工业	Light Industry	14 459
重工业	Heavy Industry	118 026
能源工业	Energy Industry	79 170
运输邮电业	Transport, Postal and Telecommunication Services	37 089
教育科研	Education and Scientific Research	36 446
二、新增固定资产(万元)	**Newly Increased Fixed Assets (10 000 yuan)**	**258 962**
大中型项目	Large and Medium Sized Projects	134 243
三、建设项目(个)	**Number of Construction Projects**	
施工项目	Projects Under Construction	3 406
新开工项目	Projects Started This Year	1 960
大中型项目	Large and Medium Sized Projects	28
全部建成投产项目	Projects Put into Use	1 791
大中型项目	Large and Medium Sized Projects	6
四、房屋建筑面积(万平方米)	**Floor Space of Buildings Construction (sq.m)**	
施工面积	Floor Space of Buildings under Construction	568.75
住 宅	Residential Buildings	273.25
竣工面积	Floor Space of Buildings Completed	313.24
住 宅	Residential Buildings	153.28

Main Indicators on Investment in Capital Construction

	2000年合计		2001年合计	
#地　方 Region	Total of 2000	#地　方 Region	Total of 2001	#地　方 Region
170 917	**3 618 373**	**2 387 787**	**3 631 726**	**2 592 716**
25 656	447 962	325 118	515 320	310 554
26 171	1 098 205	519 791	1 104 322	645 962
	19 965	6 501		
2 871	35 553	27 518	121 282	98 059
106 042	1 625 786	1 204 585	1 529 526	1 251 310
10 177	390 902	304 274	361 276	286 831
127 176	2 738 378	1 970 198	2 626 632	2 100 656
19 068	449 354	86 740	563 938	176 931
24 673	430 641	330 849	441 156	315 129
69 409	2 168 411	1 477 385	2 048 573	1 481 971
59 143	774 314	535 013	667 110	531 044
16 417	426 080	201 107	587 683	405 505
35 730	644 847	94 370	580 284	188 853
135 187	2 973 526	2 293 417	3 051 442	2 403 863
15 156	221 580	196 570	220 093	195 706
57 633	761 852	218 259	807 346	379 012
13 914	147 055	85 181	156 550	126 138
43 719	614 797	133 078	650 796	252 874
16 441	535 330	65 780	550 392	157 173
19 766	1 576 170	1 001 551	1 483 840	1 061 023
32 768	156 122	146 519	154 879	151 405
121 439	**2 234 981**	**1 418 739**	**3 128 786**	**1 944 188**
18 764	285 163	179 482	567 224	62 290
3 070	4 368	3 949	4 113	3 741
1 808	2 697	2 469	2 330	2 142
16	29	14	29	15
1 677	2 488	2 253	2 378	2 160
3	5	3	6	4
485.07	1 620.67	1 329.37	1 451.92	1 234.99
221.60	834.19	687.13	611.52	528.49
258.12	876.37	713.68	808.53	676.78
124.04	498.31	402.30	386.46	328.71

6-22 基本建设投资额与新增固定资产（2001年）

(按国民经济行业分)

单位：万元

行业	Sector	合计 Total
全省合计	**Total**	**3 631 726**
按三次产业分	Grouped by Types of Industry	
第一产业	Primary Industry	103 057
第二产业	Secondary Industry	822 695
第三产业	Tertiary Industry	2 705 974
按行业类别分	**Grouped by Sector**	
1.农、林、牧、渔业	Farming, Forestry, Animal Husbandry and Fishery	103 057
2.采掘业	Mining and Quarrying	38 295
3.制造业	Manufacturing	133 764
4.电力、煤气及水的生产和供应业	Production and Supply of Electric Power, Gas and Water	635 287
5.建筑业	Construction	15 349
6.地质勘查业、水利管理业	Geological Prospecting and Water Conservancy	120 574
7.交通运输、仓储及邮电通信业	Transport, Storage, Postal and Telecommunication Services	1 488 336
8.批发和零售贸易餐饮业	Wholesale & Retail Trade and Catering Services	78 219
9.金融、保险业	Finance and Insurance	69 140
10.房地产业	Real Estate	14 534
11.社会服务业	Social Services	292 403
12.卫生、体育和社会福利业	Health Care, Sports and Social Welfare	80 581
13.教育、文化艺术及广播电影电视业	Education, Culture, Arts, Radio, Film and Television	179 450
14.科学研究和综合技术服务业	Scientific Research and Polytechnic Services	30 737
15.国家机关、政党机关和社会团体	Government Agencies, Party Agencies and Social Organizations	344 962
16.其它行业	Others	7 038

Investment in Capital Construction and Newly Increased Fixed Assets (2001)

(by sector)

(10 000 yuan)

投资额 Investment			新增固定资产 Newly Increased Fixed Assets			
#地　　方 Region	#国有经济 State-owned	#地　　方 Region	合　　计 Total	#地　　方 Region	#国有经济 State-owned	#地　　方 Region
2 592 716	**3 488 040**	**2 460 261**	**3 128 786**	**1 944 188**	**2 933 974**	**1 808 261**
78 670	98 763	74 376	70 336	57 192	66 936	53 792
394 361	736 287	317 915	919 249	252 997	814 731	206 255
2 119 685	2 652 990	2 067 970	2 139 201	1 633 999	2 052 307	1 548 214
78 670	98 763	74 376	70 336	57 192	66 936	53 792
38 295	31 338	31 338	23 755	23 755	16 734	16 734
98 649	98 986	63 931	113 966	82 226	95 311	63 571
242 068	592 049	208 732	721 564	87 052	644 276	67 540
15 349	13 914	13 914	59 964	59 964	58 410	58 410
119 574	120 574	119 574	87 846	84 746	87 846	84 746
1 064 515	1 484 023	1 060 362	1 007 107	663 132	1 006 550	662 575
58 398	61 468	41 877	103 969	87 978	55 328	39 567
7 310	66 657	5 706	66 806	7 141	64 323	5 537
14 534	11 406	11 406	9 791	9 791	9 578	9 578
291 916	268 940	268 453	219 943	219 156	186 961	186 174
80 581	80 291	80 291	103 244	103 244	102 954	102 954
179 230	178 084	177 864	143 154	142 934	141 538	141 318
25 831	29 637	24 731	49 036	39 608	49 036	39 608
270 758	344 872	270 668	341 662	269 626	341 550	269 514
7 038	7 038	7 038	6 643	6 643	6 643	6 643

6-23 基本建设施工、投产项目（2001年）

(按国民经济行业分)
单位：个

行　业	Sector	合　计 Total
全省合计	**Total**	**4 113**
1. 农、林、牧、渔业	Farming, Forestry, Animal Husbandry and Fishery	251
2. 采掘业	Mining and Quarrying	45
3. 制造业	Manufacturing	180
4. 电力、煤气及水的生产和供应业	Production and Supply of Electric Power, Gas and Water	243
5. 建筑业	Construction	24
6. 地质勘查业、水利管理业	Geological Prospecting and Water Conservancy	209
7. 交通运输、仓储及邮电通信业	Transport, Storage, Postal and Telecommunication Services	480
8. 批发和零售贸易餐饮业	Wholesale & Retail Trade and Catering Services	207
9. 金融、保险业	Finance and Insurance	115
10. 房地产业	Real Estate	17
11. 社会服务业	Social Services	472
12. 卫生、体育和社会福利业	Health Care, Sports and Social Welfare	191
13. 教育、文化艺术及广播电影电视业	Education, Culture, Arts, Radio, Film and Television	643
14. 科学研究和综合技术服务业	Scientific Research and Polytechnic Services	61
15. 国家机关、政党机关和社会团体	Government Agencies, Party Agencies and Social Organizations	936
16. 其它行业	Others	39

Projects of Capital Construction under Construction and Put into Use (2001)

(by sector)

(unit)

施工项目 Number of Projects under Construction			投产项目 Number of Projects Put into Use			
#地方 Region	#国有经济 State-owned	#地方 Region	合计 Total	#地方 Region	#国有经济 State-owned	#地方 Region
3 741	**3 907**	**3 539**	**2 378**	**2 160**	**2 268**	**2 052**
244	241	234	155	153	151	149
45	34	34	21	21	16	16
169	125	115	111	107	78	74
2	196	180	97	92	76	72
24	16	16	15	15	10	10
208	209	208	101	100	101	100
343	474	338	251	171	248	168
176	172	142	126	110	105	90
23	115	23	78	18	78	18
17	11	11	6	6	4	4
470	449	447	244	242	232	230
191	190	190	112	112	111	111
641	641	639	431	429	429	427
49	60	48	38	33	38	33
876	935	875	568	527	567	526
39	39	39	24	24	24	24

6-24 各地区基本建设投资(2001年)

(按国民经济行业分)

单位：万元

地 区	Region	基本建设投资额 Investment in Capital Construction	农、林、牧、渔业 Farming, Forestry, Animal Husbandry and Fishery	采掘业 Mining and Quarrying
全省合计	**Total**	**3 631 726**	**103 057**	**38 295**
昆　明	Kunming	751 496	15 996	1 380
曲　靖	Qujing	232 889	3 985	2 314
玉　溪	Yuxi	185 360	1 811	19 998
保　山	Baoshan	92 886	3 105	2
昭　通	Zhaotong	132 179	9 202	
楚　雄	Chuxiong	110 121	9 648	986
红　河	Honghe	219 396	3 107	8 255
文　山	Wenshan	123 129	1 979	1 030
思　茅	Simao	91 398	7 669	101
西双版纳	[illegible]	81 950	9 151	58
大　理	Dali	154 502	[illegible]	[illegible]
德　宏	Dehong	59 915	880	
丽　江	Lijiang	49 136	3 209	263
怒　江	Nujiang	19 237	80	1 656
迪　庆	Diqing	38 755		
临　沧	Lincang	151 901	5 392	1 380
不分地区	Not Grouped by Region	1 137 476	22 383	

6-24 续表

单位：万元

地 区	Region	批发和零售贸易餐饮业 Wholesale & Retail Trade and Catering Services	金融保险业 Finance and Insurance	房 地 产 业 Real Estate
全省合计	**Total**	**78 219**	**69 140**	**14 534**
昆　明	Kunming	13 268	37 153	11 397
曲　靖	Qujing	9 375	3 252	
玉　溪	Yuxi	5 275	3 406	
保　山	Baoshan	3 059	1 401	
昭　通	Zhaotong	3 066	4 963	
楚　雄	Chuxiong	2 524	2 518	278
红　河	Honghe	14 589	1 989	606
文　山	Wenshan	1 376	3 097	
思　茅	Simao	9 810	3 417	
西双版纳	Xishuangbanna	3 137	1 070	435
大　理	Dali	4 747	2 904	1 568
德　宏	Dehong	3 431	647	
丽　江	Lijiang	935	1 132	250
怒　江	Nujiang	567	740	
迪　庆	Diqing		750	
临　沧	Lincang	3 060	701	
不分地区	Not Grouped by Region			

Investment in Capital Construction in Regions (2001)

(by sector)

(10 000 yuan)

制造业 Manufacturing	电力、煤气及水的生产和供应业 Production and Supply of Electric Power, Gas and Water	建筑业 Construction	地质勘查业、水利管理业 Geological Prospecting and Water Conservancy	交通运输、仓储及邮电通信业 Transport, Storage, Postal and Telecommunication Services
133 764	**635 287**	**15 349**	**120 574**	**1 488 336**
41 013	63 952	12 509	21 364	231 858
5 583	81 747	255	5 661	64 521
30 250	3 023		8 895	43 998
2 336	10 739	130	3 930	27 900
4 044	7 518	812	14 940	34 718
2 518	3 503	230	5 036	50 241
11 491	11 423	420	10 178	68 483
1 382	12 992		4 335	55 154
10 412	3 140	188	13 221	14 679
1 859	6 754	615	3 622	28 458
17 237	14 704		4 151	41 297
2 481	12 050		7 831	11 765
350	8 954		4 123	16 568
	6 514		1 250	1 455
792	2 390		800	17 942
2 016	83 608	190	11 237	19 569
	302 276			759 730

continued

(10 000 yuan)

社会服务业 Social Services	卫生、体育和社会福利业 Health Care, Sports and Social Welfare	教育、文化艺术和广播电影电视业 Education, Culture, Arts, Radio, Film and Television	科学研究综合技术服务业 Scientific Research and Polytechnic Services	国家机关、政党机关和社会团体 Government Agencies, Party Agencies and Social Organizations	其它行业 Others
292 403	**80 581**	**179 450**	**30 737**	**344 962**	**7 038**
62 650	30 623	82 986	22 453	102 556	338
26 616	1 818	6 769	636	20 222	135
23 038	7 219	16 531	3 693	18 223	
18 453	3 320	9 766	388	8 113	244
19 737	2 921	7 041		22 987	230
10 256	3 792	5 286	357	12 245	703
34 354	10 505	12 326	701	30 207	762
18 967	4 419	7 190	146	10 592	470
11 238	3 123	5 798	203	8 364	35
8 304	2 005	3 575	1 318	10 901	688
24 903	6 761	9 762	190	18 989	957
8 775	1 917	2 793		6 651	694
6 002	740	2 260	337	3 713	300
2 809	284	1 000	30	2 587	265
6 631	65	1 265		7 391	729
9 670	1 069	5 102	285	8 134	488
				53 087	

6-25 各地区基本建设投资(2001年)

(按用途分)
单位：万元

地　　区	Region	基本建设投资额 Investment in Capital Construction
全省合计	**Total**	**3 631 726**
昆　明	Kunming	751 496
曲　靖	Qujing	232 889
玉　溪	Yuxi	185 360
保　山	Baoshan	92 886
昭　通	Zhaotong	132 179
楚　雄	Chuxiong	110 121
红　河	Honghe	219 396
文　山	Wenshan	123 129
思　茅	Simao	91 398
[illegible]	Xishuangbanna	81 950
大　理	Dali	154 502
德　宏	Dehong	59 915
丽　江	Lijiang	49 136
怒　江	Nujiang	19 237
迪　庆	Diqing	38 755
临　沧	Lincang	151 901
不分地区	Not Classified by Region	1 137 476

6-26 各地区基本建设投资(2001年)

(按性质分)

地　　区	Region	新　建 New Construction
全省合计	**Total**	**2 048 573**
昆　明	Kunming	265 487
曲　靖	Qujing	81 182
玉　溪	Yuxi	112 898
保　山	Baoshan	55 571
昭　通	Zhaotong	81 819
楚　雄	Chuxiong	28 342
红　河	Honghe	77 380
文　山	Wenshan	85 258
思　茅	Simao	35 744
西双版纳	Xishuangbanna	35 377
大　理	Dali	107 831
德　宏	Dehong	13 645
丽　江	Lijiang	11 074
怒　江	Nujiang	6 697
迪　庆	Diqing	32 800
临　沧	Lincang	116 520
不分地区	Not Grouped by Region	900 948

Investment in Capital Construction in Regions (2001)

(by use)
(10 000 yuan)

农林牧渔业 Farming, Forestry, Animal Husbandry and Fishery	工业、建筑业 Industry and Construction	商业、运输邮电业 Commerce, Transport, Postal and Telecommunication Services	住宅 Residential Buildings	其它 Others
182 057	**662 389**	**1 511 522**	**264 680**	**1 011 078**
29 820	34 925	233 441	90 183	363 127
8 195	73 161	71 254	18 222	62 057
9 047	23 776	64 388	12 975	75 174
7 569	10 764	37 361	8 415	28 777
22 480	6 470	38 622	22 261	42 346
12 692	7 035	29 683	11 728	48 983
10 037	26 596	86 713	26 259	69 791
3 953	10 539	14 967	8 208	85 462
10 860	9 967	27 323	17 855	25 393
9 829	10 208	35 920	14 088	11 905
7 210	30 652	45 531	13 162	57 947
8 317	12 392	15 214	3 214	20 778
4 652	7 477	18 566	4 119	14 322
	8 436	2 026	3 172	5 603
	2 600	16 884	2 850	16 421
15 013	85 169	20 662	7 669	23 388
22 383	302 222	752 967	300	59 604

Investment in Capital Construction in Regions (2001)

(by type of construction)

投资额(万元) Investment (10 000 yuan)		比重(以投资总额为100%) Ratio (total investment=100)(%)		
扩建 Expansion	改建 Reconstruction	新建 New Construction	扩建 Expansion	改建 Reconstruction
667 110	**587 683**	**56.41**	**18.37**	**16.18**
176 825	168 822	35.33	23.53	22.46
136 180	9 686	34.86	58.47	4.16
34 885	16 250	60.91	18.82	8.77
12 777	17 923	59.83	13.76	19.30
28 717	9 906	61.90	21.73	7.49
25 366	47 422	25.74	23.03	43.06
59 489	59 262	35.27	27.11	27.01
29 608	4 513	69.24	24.05	3.67
31 563	6 932	39.11	34.53	7.58
30 873	4 547	43.17	37.67	5.55
21 172	18 636	69.79	13.70	12.06
23 904	17 943	22.77	39.90	29.95
21 229	13 733	22.54	43.20	27.95
9 793	450	34.81	50.91	2.34
3 750	390	84.63	9.68	1.01
16 448	12 358	76.71	10.83	8.14
4 531	178 910	79.21	0.40	15.73

6-27 各地区基本建设项目、投资额及新增固定资产(2001年)

地　区	Region	施工项目（个）Number of Projects under Construction	#大中型 Large and Medium Sized Projects
全省合计	**Total**	**4 113**	**29**
昆　明	Kunming	445	4
曲　靖	Qujing	269	3
玉　溪	Yuxi	213	1
保　山	Baoshan	234	
昭　通	Zhaotong	280	2
楚　雄	Chuxiong	268	
红　河	Honghe	479	2
文　山	Wenshan	251	
思　茅	Simao	289	1
[illegible]	Xishuangbanna	229	
大　理	Dali	358	[illegible]
德　宏	Dehong	233	
丽　江	Lijiang	160	
怒　江	Nujiang	77	
迪　庆	Diqing	60	
临　沧	Lincang	241	2
不分地区	Not Grouped by Region	27	11

6-28 各地区基本建设施工、竣工房屋建筑面积（2001年）

单位：平方米

地　区	Region	施工面积 Floor Space of Buildings under Construction	#住　宅 Residential Buildings
全省合计	**Total**	**14 519 228**	**6 115 182**
昆　明	Kunming	4 167 720	1 919 845
曲　靖	Qujing	1 041 061	404 794
玉　溪	Yuxi	914 994	264 519
保　山	Baoshan	657 212	315 229
昭　通	Zhaotong	954 305	477 921
楚　雄	Chuxiong	651 555	253 677
红　河	Honghe	1 423 954	655 710
文　山	Wenshan	799 320	226 622
思　茅	Simao	887 738	446 983
西双版纳	Xishuangbanna	563 900	263 989
大　理	Dali	918 464	275 307
德　宏	Dehong	433 554	155 315
丽　江	Lijiang	199 434	73 317
怒　江	Nujiang	134 935	61 937
迪　庆	Diqing	98 780	22 027
临　沧	Lincang	601 463	294 207
不分地区	Not Grouped by Region	70 839	3 783

Projects of Capital Construction and Investment and Newly Increased Fixed Assets in Regions (2001)

全投项目（个） Number of Projects Put into Use	#大中型 Large and Medium Sized Projects	投资额（万元） Investment (10 000 yuan)	#大中型 Large and Medium Sized Projects	新增固定资产（万元） Newly Increased Fixed Assets (10 000 yuan)	#大中型 Large and Medium Sized Projects
2 378	**6**	**3 631 726**	**580 284**	**3 128 786**	**567 224**
229	2	751 496	67 191	628 309	11 427
161		232 889	71 298	262 621	186 150
123		185 360	16 040	475 669	55
157		92 886		78 713	
166		132 179	6 336	74 026	
176		110 121		69 953	
224		219 396	4 605	139 631	1 015
155		123 129		65 628	
161		91 398	6 600	133 951	1 800
133		81 950		64 430	
215	2	154 502	20 539	193 134	67 575
146		59 915		53 683	
113		49 136		56 797	
52		19 237		27 551	
35		38 755		23 872	
129	1	151 901	84 984	252 339	178 194
3	1	1 137 476	302 691	528 479	121 008

Floor Space of Completed Buildings and Under Construction of Capital Construction in Regions（2001）

(sq.m)

竣工面积 Floor Space of Buildings Completed	#住宅 Residential Buildings	竣工率(%) Completion Ratio(%)	#住宅 Residential Buildings
8 085 347	**3 864 631**	**55.69**	**63.20**
2 241 683	1 370 495	53.79	71.39
626 657	297 022	60.19	73.38
492 944	160 829	53.87	60.80
300 894	116 355	45.78	36.91
549 102	284 927	57.54	59.62
321 430	130 620	49.33	51.49
869 372	450 203	61.05	68.66
438 350	116 382	54.84	51.36
531 680	221 437	59.89	49.54
279 211	156 749	49.51	59.38
455 173	159 801	49.56	58.04
310 778	136 030	71.68	87.58
147 285	53 908	73.85	73.53
90 988	40 791	67.43	65.86
91 680	18 527	92.81	84.11
291 680	146 772	48.50	49.89
46 440	3 783	65.56	100.00

6-29 基本建设大中型项目一览表（2001年）

项目名称	Item	开工年月 Start Time
云南昆阳磷肥厂20万吨无熟化粒状过钙(改建)	200 000-ton Clinker-free Granular Calcium of Yunnan Kunyang Phosphate Fertilizer Plant (extension)	2000 01
昆明柴石滩水库工程建设管理局柴石滩水库工程(新建)	Chaishitan Reservoir Project (new)	1995 03
昆明市自来水总公司世行贷款项目(新建)	World Bank Loan Project by Kunming Tap Water Co. (new)	1998 05
昆明市掌鸠河供水工程建设管理局掌鸠河引水供水(新建)	Zhangjiuhe River Water Division Project in Kunming (new)	1999 12
曲靖发电有限责任公司曲靖电厂二期工程(扩建)	Phase II Project of Qujing Power Plant (extension)	2001 11
北盘江水利水电开发有限责任公司建水电站(新建)	Jianshui Power Plant (new)	1994 03
易门矿务局云南大红山铜矿(扩建)	Extension of Dahongshan Copper Mine by Yimen Mine Bureau	2000 01
昭通地区渔洞工程管理局渔洞水库(新建)	Yudong Reservoir Project in Zhaotong (new)	[illegible]
昭通高桥电站有限公司高桥电站(新建)	Gaoqiao Power Station in Zhaotong (new)	1997 12
云南大唐红河发电有限责任公司建开远电厂(新建)	Kaiyuan Power Plant (new)	2001 09
小龙潭煤矿四期工程扩建(扩建)	Phase IV Project of Xiaolongtan Coal Mine (extension)	1992 12
思茅建峰水泥有限公司20万吨水泥建设工程(新建)	200 000-ton Cement Production Project in Simao (new)	2001 01
滇西水泥厂三期工程(扩建)	Phase III Project of Dianxi Cement Plant (extension)	2000 05
大理华能水电有限公司徐村电站(新建)	Xucun Power Plant in Dali (new)	1997 01
国家粮食储备库国家粮食储备库(新建)	State Grain Storehouse (new)	1998 10
临沧机场指挥部民用机场(新建)	Lincang Civil Aviation Airport (new)	1998 10
云南省电力集团有限公司成昆电铁工程(收尾)	Chengdu-Kunming Electrified Railway Project (final)	2000 03
云南省电力集团有限公司内昆电铁工程(新建)	Neijiang-Kunming Electrified Railway Project (final)	2000 12
云南省电力集团有限公司宝峰至罗平500千伏送变电(新建)	Baofeng-Luoping 500 kv Transmission and Transform (new)	2000 11
云南省电力工业局11万千伏电网工程(新建)	110 000 kv Power Grid Project by Yunnan Power Bureau (new)	1991 03
云南大朝山水电有限责任公司大朝山水电站(新建)	Dachaoshan Hydroelectric Power Station (new)	1997 08
云南省电力集团有限公司大朝山电站送出工程(新建)	Dachaoshan Hydroelectric Power Station's Transmission (new)	1997 03
宣威发电厂宣威发电厂五期扩建工程(扩建)	Phase V Project of Xuanwei Power Plant (extension)	2000 09
云南省电力工业局宣威电厂五期送出工程(新建)	Transmission of Phase V of Xuanwei Power Plant (new)	1998 06
云南省电力集团有限公司阳宗海发电厂二期送出工程(新建)	Phase II Transmission of Yangzonghai Power Plant (new)	1998 06
云南小湾电站工程建设前期筹备处小湾水电站(新建)	Xiaowan Hydroelectric Power Station (new)	
昆明铁路局广通--大理铁路(收尾)	Guangtong-Dali Railway (final)	1992 07
昆明铁路局成昆电气化(云南段)(改建)	Chengdu-Kunming Railway Electrification (Yunnan section) (final)	1993 06
昆明铁路局盘西线电气化工程(改建)	Pang-Xi Railway Electrification (extension)	2000 01
内昆铁路指挥部内昆铁路(云南段)(新建)	Neijiang-Kunming Railway Project (Yunnan section) (final)	1998 06

注：2000年投产的大中型项目为：昆西国家粮食储备库；昆南粮食储备库；陆良协联 火电厂；云南文山斗南20万吨/年锰矿采、选、烧工程；云南思茅纸厂。

List of Large and Medium Sized Projects of Capital Construction (2001)

计划总投资(万元) Total Planned Investment (10 000 yuan)	累计完成投资 Accumulated Investment	本年完成投资 Investment Made This Year	累计新增固定资产 Newly Increased Fixed Assets Accumulated
3 636	1 992	621	1 992
39 600	57 404	7 469	
26 383	20 899	3 511	19 320
394 100	108 000	55 590	
192 202	5 500	5 500	
42 912	41 691	798	
36 973	19 242	16 040	200
60 491	58 984	1 764	36 084
44 981	4 572	4 572	
270 000	570	570	120
92 015	84 286	4 035	58 171
8 600	6 600	6 600	1 800
16 911	16 805	9 799	16 565
62 933	58 918	9 902	58 321
7 464	7 000	838	
38 868	38 194	4 984	38 194
16 585	17 840	2 370	17 840
15 000	6 500	5 000	
62 885	14 500	14 000	
64 975	64 975	750	64 975
887 400	512 507	80 000	140 000
234 952	148 154	81 104	95 223
251 536	206 833	65 000	186 150
36 724	35 100	3 600	30 378
17 784	19 812	2 612	19 812
2 773 200	109 180	65 000	
265 000	228 200	2 000	226 200
179 965	143 271	24 655	50 000
63 354	61 000	30 000	680
684 278	598 962	71 600	

Note :The large and medium-sized projects put into operation in 2000 include West Kunming State Grain Storehouse, South Kunming Grain Storehouse, Luliang Xielian Thermal Power Plant, Wenshan Dounan Project of manganese ore mining, dressing and smelting with output of 200 000 tons per year, and Yunnan Simao Paper Mill.

6-30 基本建设大中型项目建设规模及新增生产能力（2001年）
Scale and Newly Increased Productivity of Large and Medium Size Capital Construction Projects (2001)

项目名称 Item	能力名称 Capacity	建设规模 Construction Scales	本年新增生产能力 Productive Capacity Newly Increased This Year
云南昆阳磷肥厂20万吨无熟化粒状过钙(改建) 200 000-ton Clinker-free Granular Calcium of Yunnan Kunyang Phosphate Fertilizer Plant (extension)	磷肥（吨/年） Phosphate Fertilizer（ton/year）	200000.00	200000.00
昆明柴石滩水库工程建设管理局柴石滩水库工程(新建) Chaishitan Reservoir Project (new)	水力发电（万千瓦） Hydroelectric Generation（10 000 kW）	6.00	
	水库容量(总库容)（亿立方米） Reservoir Capacity（100 million cu. M）	4.37	
	有效灌溉面积（万亩） Effective Irrigation Area（10 000 mu）	19.60	
昆明市自来水总公司世行贷款项目(新建) World Bank Loan Project by Kunming Tap Water Co. (new)	城市自来水供水能力（万吨/日） Urban Water Supply Capacity（10 000 t/d）	17.00	17.00
	城市自来水管道长度（公里） Urban Tap Water Pipe Length（km）	14.70	
昆明市掌鸠河供水工程建设管理局掌鸠河引水供水(新建) Zhangjiuhe River Water Division Project in Kunming (new)	城市自来水管道长度（公里） Urban Tap Water Pipe Length（km）	130.00	
曲靖发电有限责任公司曲靖电厂二期工程(扩建) Phase II Project of Qujing Power Plant (extension)	火力发电（万千瓦） Thermal Power（10 000 kW）	60.00	
北盘江水利水电开发有限责任公司建水电站(新建) Jianshui Power Plant (new)	水力发电（万千瓦） Thermal Power（10 000 kW）	11.00	
易门矿务局云南大红山铜矿(扩建) Extension of Dahongshan Copper Mine	铁矿石成品矿（万吨/年） Finished Iron Ore（10 000 t/y）	13.90	
	铜采矿(原矿)（万吨/年） Copper Ore Mining (crude ore)（10 000 t/y）	79.20	
	铜选矿：(1)处理原矿（万吨/年） Copper Ore Dressing: (1) Crude Ore（10 000 t/y）	79.20	
	(2)铜含量 Content of Copper	8000.00	
昭通地区渔洞工程管理局渔洞水库(新建) Yudong Reservoir Project in Zhaotong (new)	水库容量(总库容)（亿立方米） Reservoir Capacity（100 million cu. M）	3.64	
	有效灌溉面积（万亩） Effective Irrigation Area（10 000 mu）	32.00	0.00

6-30　续表1 continued

项目名称　Item	能力名称　Capacity	建设规模 Construction Scales	本年新增生产能力 Productive Capacity Newly Increased This Year
昭通高桥电站有限公司高桥电站(新建) Gaoqiao Power Station in Zhaotong (new)	水力发电（万千瓦） Hydroelectric Generation（10 000 kW）	9.00	
云南大唐红河发电有限责任公司建开远电厂(新建) Kaiyuan Power Plant (new)	火力发电（万千瓦） Thermal Power （10 000 kW）	60.00	
小龙潭煤矿四期工程扩建(扩建) Phase IV Project of Xiaolongtan Coal Mine (extension)	原煤开采（万吨/年） Coal Mining（10 000 t/y）	240.00	
思茅建峰水泥有限公司20万吨水泥建设工程(新建) 200 000-ton Cement Production Project in Simao (new)	水泥（万吨/年） Cement（10 000 t/y）	20.00	
滇西水泥厂三期工程(扩建) Phase III Project of Dianxi Cement Plant (extension)	水泥（万吨/年） Cement（10 000 t/y）	35.00	35.00
大理华能水电有限公司徐村电站(新建) Xucun Power Plant in Dali (new)	水力发电（万千瓦） Hydroelectric Generation（10 000 kW）	7.80	7.80
国家粮食储备库国家粮食储备库(新建) State Grain Storehouse (new)	粮食仓库（万公斤） Grain Storehouse（10 000 kg）	8800.00	
临沧机场指挥部民用机场(新建) Lincang Civil Aviation Airport (new)	民航机场跑道 (平方米 (sq. m)	22748.00	0.00
	Airport Runway (条 (unit)	1.00	1.00
	(米 (m)	2400.00	2400.00
云南省电力集团有限公司成昆电铁工程(收尾) Chengdu-Kunming Electrified Railway Project (final)	输电线路长度(11万伏及以上)(公里) Transmitting Length (equal to or above 110 000 V)(km)	402.26	
	变电设备能力(11万伏及以上)(万千伏安) Transforming Capacity (equal to or above 110 000 V)(10 000 KVA)	15.00	
	输电线路长度(11万伏及以上)(公里) Transmitting Length (equal to or above 110 000 V)(km)	409.00	
云南省电力集团有限公司内昆电铁工程(新建) Neijiang-Kunming Electrified Railway Project (new)	变电设备能力(11万伏及以上)(万千伏安) Transforming Capacity (equal to or above 110 000 V)(10 000 KVA)	12.00	
云南省电力集团有限公司宝峰至罗平500千伏送变电(新建) Baofeng-Luoping 500 kv Transmission and Transform (new)	输电线路长度(11万伏及以上)(公里) Transmitting Length (equal to or above 110 000 V)(km)	2.05	
	变电设备能力(11万伏及以上)(万千伏安) Transforming Capacity (equal to or above 110 000 V)(10 000 KVA)	150.00	
云南省电力工业局11万千伏电网工程(新建) 110 000 kv Power Grid by Yunnan Power Bureau (new)	输电线路长度(11万伏及以上)(公里) Transmitting Length (equal to or above 110 000 V)(km)	846.72	28.17
	变电设备能力(11万伏及以上)(万千伏安) Transforming Capacity (equal to or above 110 000 V)(10 000 KVA)	122.95	

6-30 续表2 continued

项 目 名 称 Item	能力名称 Capacity	建设规模 Construction Scales	本年新增生产能力 Productive Capacity Newly Increased This Year
云南大朝山水电有限责任公司大朝山水电站(新建)	水力发电(万千瓦)	135.00	22.50
Dachaoshan Hydroelectric Power Station (new)	Hydroelectric Generation(10 000 KW)		
云南省电力集团有限公司大朝山电站送出工程(新建)	输电线路长度(11万伏及以上)(公里)	895.94	343.34
Dachaoshan Hydroelectric Station's Transmission (new)	Transmitting Length (equal to or above 110 000 V)(km)		
	变电设备能力(11万伏及以上)(万千伏安)	402.00	93.00
	Transforming Capacity (equal to or above 110 000 V)(10 000 KVA)		
宣威发电厂宣威发电厂五期扩建工程(扩 建)	火力发电(万千瓦)	60.00	60.00
Phase V Project of Xuanwei Power Plant (extension)	Thermal Generation(10 000 KW)		
云南省电力工业局宣威电厂五期送出工程(新建)	输电线路长度(11万伏及以上)(公里)	306.33	29.46
Transmission of Phase V of Xuanwei Power Plant (new)	Transmitting Length (equal to or above 110 000 V)(km)		
	变电设备能力(11万伏及以上)(万千伏安)	75.00	15.00
	Transforming Capacity (equal to or above 110 000 V)(10 000 KVA)		
云南省电力集团有限公司阳宗海发电厂二期送出工程(新建)	输电线路长度(11万伏及以上)(公里)	177.65	
Phase II Transmission of Yangzonghai Power Plant (new)	Transmitting Length (equal to or above 110 000 V)(km)		
	变电设备能力(11万伏及以上)(万千伏安)	45.00	18.00
	Transforming Capacity (equal to or above 110 000 V)(10 000 KVA)		
云南小湾电站工程建设前期筹备处小湾水电站(新建)	水力发电(万千瓦)	420.00	
Xiaowan Hydroelectric Power Station (new)	Hydroelectric Generation(10 000 KW)		
昆明铁路局广通--大理铁路(收尾)	新建铁路主线正线交付运营里程(公里)	204.30	
Guangtong-Dali Railway (final)	New Trunk Line in Operation (km)		
昆明铁路局成昆电气化(云南段)(改建)	电气化铁路主线正线交付运营里程(公里)	347.00	
Chengdu-Kunming Railway Electrification (Yunnan section)(extension)	New Trunk Line in Operation (km)		
昆明铁路局盘西线电气化工程(改建)	电气化铁路主线正线交付运营里程(公里)	136.00	92.60
Pang-Xi Railway Electrification (extension)	New Trunk Line in Operation (km)		
内昆铁路指挥部内昆铁路(云南段)(新建)	新建铁路主线正线交付运营里程(公里)	200.00	
Neijiang-Kunming Railway Project (Yunnan section) (new)	New Trunk Line in Operation(km)		

6-31 历年国有经济固定资产投资
Historic Investment in Fixed Assets of State-owned Units

单位：万元 (10 000 yuan)

年份 Year	投资总额 Total Investment	基本建设投资 Investment in Capital Construction	#国家预算内投资 State Budgetary Appropriation	更新改造投资 Innovation	其它单位投资 Others	房地产开发投资 Real Estate Development
1952	5 910	5 823	5 262	87		
1957	29 015	28 224	19 594	791		
1962	18 542	16 620	16 137	1 922		
1965	87 957	82 282	77 216	5 675		
1966	114 216	108 770	105 798	5 446		
1967	86 281	79 624	79 624	6 657		
1968	42 489	37 098	37 098	5 391		
1969	76 813	70 360	67 484	6 453		
1970	103 112	95 338	80 551	7 774		
1971	103 076	92 371	75 964	10 705		
1972	102 871	90 996	71 629	11 875		
1973	106 863	92 861	72 142	14 002		
1974	107 554	91 387	69 729	16 167		
1975	110 861	94 197	70 515	16 664		
1976	100 185	85 126	67 313	15 059		
1977	97 204	82 599	56 898	14 605		
1978	134 351	117 738	82 190	16 613		
1979	144 513	127 081	82 872	17 432		
1980	159 530	140 120	55 355	19 410		
1981	137 433	90 548	32 745	46 885		
1982	198 120	129 732	34 490	49 613		
1983	185 436	120 109	45 878	57 995	7 332	
1984	221 059	137 255	57 041	77 424	6 380	
1985	319 945	214 707	63 383	97 786	7 452	
1986	339 113	199 004	64 212	128 970	11 139	
1987	360 852	200 059	65 315	151 218	9 575	
1988	456 149	212 967	63 302	230 737	12 445	
1989	417 209	231 674	60 282	156 466	29 069	
1990	512 178	280 045	70 208	175 721	35 775	20 637
1991	711 943	384 655	62 699	258 330	35 415	33 543
1992	1 039 297	638 355	53 031	322 149	33 701	45 092
1993	1 813 763	1 079 029	103 988	542 075	45 731	146 928
1994	2 211 139	1 199 059	115 110	740 801	44 071	227 208
1995	2 628 381	1 333 185	133 171	964 528	49 920	280 748
1996	2 986 736	1 641 163	163 078	1 043 131	52 871	249 571
1997	3 670 414	2 118 608	329 895	1 158 096	116 318	277 392
1998	4 838 979	3 153 524	329 242	1 180 468	117 619	335 588
1999	4 983 534	3 550 222	455 369	826 547	110 413	434 754
2000	4 661 973	3 421 166	448 885	719 188	96 501	335 118
2001	4 904 053	3 488 040	546 728	881 879	84 965	339 169

6-32 更新改造投资和新增固定资产（2001年）

指 标	Item	1999年	#地 方 Region
一、投资总额(万元)	**Total Investment (10 000 yuan)**	**897 657**	**531 749**
限额以上项目	Projects above Designated Size	205 238	170 393
1. 按资金来源分	Grouped by Source of Funds		
国家预算内资金	State Budgetary Appropriation	10 541	9 365
国内贷款	Domestic Loans	114 237	99 818
股票和债券	Bonds	1 032	1 032
利用外资	Foreign Investment	791	791
自筹资金	Fundraising	687 791	338 138
其它资金	Others	83 265	82 605
2. 按构成分	Grouped by Use of Funds		
建筑工程	Construction Engineering	322 315	262 356
安装工程	Installation Engineering	102 824	45 396
设备购置	Purchase of Equipment and Instruments	396 422	157 358
其它费用	Others	76 096	66 639
3. 按建设性质分	By Types of Construction		
新 建	New Construction	31 537	24 445
扩 建	Expansion	461 493	186 312
改 建	Reconstruction	372 634	290 248
4. 按用途分	Grouped by Purpose		
增 产	Increasing Yield	183 091	148 655
节约能源	Saving Energy	11 790	11 397
其它节约	Other Savings	8 413	799
增加品种	Increasing Varieties of Products	59 158	58 701
提高产品质量	Improving Product Quality	24 805	6 213
三废治理	Treatment of Waste Water, Waste Gas and Solid Wastes	7 296	7 078
其 它	Others	603 104	298 906
5. 按国民经济性质分	By Sector		
农 业	Agriculture	2 707	2 707
工 业	Industry	378 511	305 858
轻工业	Light Industry	134 046	66 236
重工业	Heavy Industry	244 465	239 622
能源工业	Energy Industry	43 380	41 507
运输邮电业	Transport, Postal and Telecommunication Services	311 696	37 983
教育科研	Education and Scientific Research	5 393	5 393
二、新增固定资产(万元)	**Newly Increased Fixed Assets**	**866 725**	**562 149**
限额以上项目	Projects above Designated Size	280 784	22 7 869
三、建设项目(个)	**Construction Projects**		
施工项目	Projects Under Construction	1 488	1 047
新开工项目	Projects Started This Year	651	505
限额以上项目	Projects above Designated Size	50	42
全部建成投产项目	Projects Put into Use	769	627
限额以上项目	Projects above Designated Size	19	18
四、房屋建筑面积（万平方米）	**Floor Space of Buildings Construction (sq.m)**		
施工面积	Floor Space of Buildings under Construction	337.30	231.30
住宅	Residential Buildings	146.70	98.50
竣工面积	Floor Space of Buildings Completed	181.90	140.00
住宅	Residential Buildings	92.50	68.80

Investment in Innovation and Newly Increased Fixed Assets（2001）

2000年	#地　方 Region	2001年	#地　方 Region
811 207	**505 125**	**1025757**	**541230**
168 986	151 674	222791	218838
19 052	19 052	106009	103948
132 400	89 509	128981	79061
		0	0
4 025	4 025	584	584
603 707	341 392	752427	321751
52 023	51 147	37756	35886
242 634	192 852	234664	186693
80 294	44 104	119419	69255
421 218	207 109	604180	223535
67 061	61 060	67494	61747
57 380	24 121	13558	13558
386 741	205 439	594807	275821
310 649	227 443	317353	230217
163 032	141 544	194365	151657
12 601	11 672	13919	10938
6 386	1 447	2181	1565
42 089	41 919	143556	141506
46 209	17 343	35206	19418
59 891	58 559	38472	38342
480 999	232 641	598058	177804
8 614	8 614	5317	5317
385 740	288 154	480047	427870
150 641	59 118	80381	38842
235 099	229 036	399666	389028
28 421	26 174	22645	16201
222 312	29 235	443739	21813
3 956	3 956	4371	3021
663 734	**366 499**	**806352**	**572852**
78 653	41 134	277242	273289
1 142	928	1181	886
698	573	708	490
34	31	29	28
649	528	727	507
7	5	9	8
208.54	150.55	190.03	156.14
52.96	43.03	33.36	28.41
92.65	65.11	114.11	95.93
31.10	23.28	22.41	20.97

6-33 更新改造施工投产项目（2001年）

（按国民经济行业分）
单位：个

行业名称	Sector	施　工
		合　计 Total
全省合计	**Total**	**1 181**
1. 农、林、牧、渔业	Farming, Forestry, Animal Husbandry and Fishery	11
2. 采掘业	Mining and Quarrying	52
3. 制造业	Manufacturing	464
4. 电力、煤气及水的生产和供应业	Production and Supply of Electric Power, Gas and Water	39
5. 建筑业	Construction	2
6. 地质勘查业、水利管理业	Geological Prospecting and Water Conservancy	14
7. 交通运输、仓储及邮电通信业	Transport, Storage, Postal and Telecommunication Services	279
8. 批发和零售贸易餐饮业	Wholesale & Retail Trade and Catering Services	64
9. 金融、保险业	Finance and Insurance	2
10. 房地产业	Real Estate	11
11. 社会服务业	Social Services	129
12. 卫生、体育和社会福利业	Health Care, Sports and Social Welfare	8
13. 教育、文化艺术及广播电影电视业	Education, Culture, Arts, Radio, Film and Television	32
14. 科学研究和综合技术服务业	Scientific Research and Polytechnic Services	52
15. 国家机关、政党机关和社会团体	Government Agencies, Party Agencies and Social Organizations	22
16. 其它行业	Others	

Innovation Projects under Construction and Put int Operation (2001)

(by sector)

(unit)

项 目 Number of Projects under Construction			投 产 项 目 Number of Projects Put into Operation			
#地 方 Region	国有经济 State-owned	#地 方 Region	合 计 Total	#地 方 Region	国有经济 State owned	#地 方 Region
886	**975**	**687**	**727**	**507**	**636**	**420**
11	11	11	9	9	9	9
49	41	38	17	14	17	14
396	308	243	232	181	157	107
30	35	26	26	19	25	18
1	2	1	1	1	1	1
14	14	14	10	10	10	10
84	275	80	191	47	188	44
51	44	35	34	23	24	16
	2		2		2	
11	11	11	8	8	8	8
127	127	125	105	103	103	101
8	8	8	8	8	8	8
31	32	31	24	24	24	24
51	43	42	42	42	42	42
22	22	22	18	18	18	18

6-34 更新改造投资额与新增固定资产（2001年）

(按国民经济行业分)
单位：万元

行业名称	Sector	投 合计 Total
全省合计	**Total**	**1 025 757**
按三次产业分	Grouped by Types of Industry	
第一产业	Primary Industry	892
第二产业	Secondary Industry	480 378
第三产业	Tertiary Industry	544 487
按行业类别分	Grouped by Sector	
1. 农、林、牧、渔业	Farming, Forestry, Animal Husbandry and Fishery	892
2. 采掘业	Mining and Quarrying	28 750
3. 制造业	Manufacturing	436 421
4. 电力、煤气及水的生产和供应业	Production and Supply of Electric Power, Gas and Water	14 876
5. 建筑业	Construction	331
6. 地质勘查业、水利管理业	Geological Prospecting and Water Conservancy	4 425
7. 交通运输、仓储及邮电通信业	Transport, Storage, Postal and Telecommunication Services	448 552
8. 批发和零售贸易餐饮业	Wholesale & Retail Trade and Catering Services	11 689
9. 金融、保险业	Finance and Insurance	646
10. 房地产业	Real Estate	2 111
11. 社会服务业	Social Services	51 627
12. 卫生、体育和社会福利业	Health Care, Sports and Social Welfare	1 422
13. 教育、文化艺术及广播电影电视业	Education, Culture, Arts, Radio, Film and Television	4 813
14. 科学研究和综合技术服务业	Scientific Research and Polytechnic Services	13 311
15. 国家机关、政党机关和社会团体	Government Agencies, Party Agencies and Social Organizations	5 891
16. 其它行业	Others	

Investment in Innovation and Newly Increased Fixed Assets (2001)

(by sector)

(10 000 yuan)

资额 Investment			新增固定资产 Newly Increased Fixed Assets			
#地方 Region	#国有经济 State-owned	#地方 Region	合计 Total	#地方 Region	#国有经济 State-owned	#地方 Region
541 230	**881 879**	**402 058**	**806 352**	**572 852**	**672 558**	**443 583**
892	892	892	1 217	1 217	1 217	1 217
428 191	339 539	291 808	453 532	420 919	333 326	304 988
112 147	541 448	109 358	351 603	150 716	338 015	137 378
892	892	892	1 217	1 217	1 217	1 217
28 415	26 992	26 657	10 676	10 341	7 470	7 135
391 023	297 861	256 919	434 371	404 587	317 722	292 213
8 432	14 355	7 911	7 732	5 670	7 381	5 319
321	331	321	753	321	753	321
4 425	4 425	4 425	4 157	4 157	4 157	4 157
24 058	447 971	23 477	244 411	49 670	243 295	48 554
6 472	10 170	5 203	15 093	9 876	12 641	7 674
	646		646		646	
2 111	2 111	2 111	3 789	3 789	3 789	3 789
51 344	50 742	50 459	56 216	55 933	46 286	46 003
1 422	1 422	1 422	3 111	3 111	3 111	3 111
4 463	4 813	4 463	3 156	3 156	3 156	3 156
11 961	13 257	11 907	15 193	15 193	15 103	15 103
5 891	5 891	5 891	5 831	5 831	5 831	5 831

6-35 各地区更新改造施工、投产项目个数、投资额及新增固定资产（2001年）

地　区	Region	施工项目(个) Number of Projects under Construction	#限额以上项目 Projects above Designated Size
全省合计	**Total**	**1 181**	**29**
昆　明	Kunming	579	9
曲　靖	Qujing	139	3
玉　溪	Yuxi	93	
保　山	Baoshan	52	
昭　通	Zhaotong	23	3
楚　雄	Chuxiong	51	1
红　河	Honghe	81	8
文　山	Wenshan	16	1
思　茅	Simao	12	
西双版纳	Xishuangbanna	10	
大　理	Dali	49	2
德　宏	Dehong	15	
丽　江	Lijiang	6	1
怒　江	Nujiang	1	
迪　庆	Diqing	4	
临　沧	Lincang	14	1
不分地区	Not Grouped by Region	36	

6-36 各地区更新改造投资（2001年）

(按国民经济行业分)
单位：万元

地　区	Region	投资额 Investment	农、林、牧、渔业 Farming, Forestry, Animal Husbandry and Fishery
全省合计	**Total**	**1 025 757**	**892**
昆　明	Kunming	403 539	240
曲　靖	Qujing	76 564	
玉　溪	Yuxi	48 977	
保　山	Baoshan	13 060	
昭　通	Zhaotong	26 048	
楚　雄	Chuxiong	39 587	
红　河	Honghe	53 045	129
文　山	Wenshan	17 809	
思　茅	Simao	6 151	45
西双版纳	Xishuangbanna	8 701	478
大　理	Dali	42 176	
德　宏	Dehong	2 261	
丽　江	Lijiang	10 285	
怒　江	Nujiang	2 000	
迪　庆	Diqing	4 949	
临　沧	Lincang	7 989	
不分地区	Not Grouped by Region	262 616	

Number of Innovation Projects under Construction and Put Into Use and Investment and Newly Increased Fixed Assets in Regions (2001)

全投项目（个） Number of Projects Put into Use	#限额以上项目 Projects above Designated Size	投资额（万元） Investment (10 000 yuan)	#限额以上项目 Projects above Designated Size	新增固定资产（万元） Newly Increased Fixed Assets (10 000 yuan)	#限额以上项目 Projects above Designated Size
727	**9**	**1 025 757**	**222 791**	**806 352**	**277 242**
343	1	403 539	131 373	380 865	155 669
84	1	76 564	12 935	105 644	24 549
76		48 977		43 114	
26		13 060		10 916	
16	3	26 048	12 883	43 597	40 956
37	1	39 587	14 914	36 283	15 988
50	3	53 045	25 695	58 250	37 100
8		17 809	11 064	6 226	380
6		6 151		3 937	
8		8 701		7 809	
30		42 176	13 295	28 170	2 600
11		23		2 358	
3		10 285	2	9 552	
		2 000		2 000	
4		4 949		4 949	
6		7 989	630	10 212	
19		262 616		52 470	

Investment in Innovation in Regions（2001）

(by sector)
(10 000 yuan)

采掘业 Mining and Quarrying	制造业 Manufacturing	电力、煤气及水的生产和供应业 Production and Supply of Electric Power, Gas and Water	建筑业 Construction	地质勘查、水利管理业 Geological Prospecting and Water Conservancy	交通运输、仓储及邮电通信业 Transport, Storage, Postal and Telecommunication Services
28 750	**436 421**	**14 876**	**331**	**4 425**	**448 552**
1 956	259 613	2 263	331	1 422	66 821
5 958	45 720	2 195			18 598
1 156	18 598	3 170			25 171
	6 136	65		116	2 936
25	14 982	718		134	9 641
4 003	17 057	2 273		295	15 096
15 011	29 686			624	5 781
	12 322	1 085			3 529
641	3 718				1 720
	244	945			7 034
	23 958	1 192		232	11 089
	1 851				100
	1 456				8 369
					2 000
		760			3 314
	1 080	210		1 602	4 737
					262 616

6-36 续表 continued

单位：万元 (10 000 yuan)

地 区 Region	批发和零售贸易餐饮业 Wholesale & Retail Trade and Catering Services	金融保险业 Finance and Insurance	房地产业 Real Estate	社会服务业 Social Services	卫生、体育和社会福利业 Health Care, Sports and Social Welfare	教育、文化艺术和广播电影电视业 Education, Culture, Arts, Radio, Film and Television	科学研究综合技术服务业 Scientific Research and Polytechnic Services	国家机关、政党机关和社会团体 Government Agencies, Party Agencies and Social Organizations	其它行业 Others
全省合计 Total	**11 689**	**646**	**2 111**	**51 627**	**1 422**	**4 813**	**13 311**	**5 891**	
昆　明 Kunming	8 025		2 111	38 892	750	3 059	13 311	4 745	
曲　靖 Qujing	610			3 483					
玉　溪 Yuxi	250			632					
保　山 Baoshan	175	100		2 475	80	449		528	
昭　通 Zhaotong	424				45			79	
楚　雄 Chuxiong	422			181		100		160	
红　河 Honghe	200			1 046	76	276		216	
文　山 Wenshan				553		320			
思　茅 Simao						27			
西双版纳 Xishuangbanna									
大　理 Dali	1 063	546		3 490	471	92		43	
德　宏 Dehong						190		120	
丽　江 Lijiang	460								
怒　江 Nujiang									
迪　庆 Diqing				875					
临　沧 Lincang	60					300			
不分地区 Not Grouped by Region									

6-37 各地区更新改造施工、竣工房屋建筑面积（2001年）

Floor Space of Innovated Buildings Completed and under Construction in Regions (2001)

单位：平方米 (sq.m)

地区	Region	施工面积 Floor Space of Buildings under Construction	#住宅 Residential Buildings	竣工面积 Floor Space of Buildings Completed	#住宅 Residential Buildings	竣工率(%) Completion Ratio (%)	#住宅 Residential Buildings
全省合计	**Total**	**1 900 252**	**333 605**	**1 141 107**	**224 149**	**60.05**	**67.19**
昆明	Kunming	1 124 842	201 862	707 465	153 139	62.89	75.86
曲靖	Qujing	223 760	66 140	107 772	35 665	48.16	53.92
玉溪	Yuxi	95 832	26 993	40 482	0	42.24	0.00
保山	Baoshan	30 815	4 516	29 423	4 516	95.48	100.00
昭通	Zhaotong	12 872	0	10 372	0	80.58	0.00
楚雄	Chuxiong	72 241	2 752	58 253	2 752	80.64	100.00
红河	Honghe	167 984	6 207	73 161	2 942	43.55	47.40
文山	Wenshan	9 471	0	9 471	0	100.00	0.00
思茅	Simao	3 020	0	3 020	0	100.00	0.00
西双版纳	Xishuangbanna	2 200	0	0	0	0.00	0.00
大理	Dali	91 132	11 795	60 956	11 795	66.89	100.00
德宏	Dehong	5 714	0	2 370	0	41.48	0.00
丽江	Lijiang	9 682	0	900	0	9.30	0.00
怒江	Nujiang	0	0	0	0	0.00	0.00
迪庆	Diqing	13 340	13 340	13 340	13 340	100.00	100.00
临沧	Lincang	11 850	0	2 550	0	21.52	0.00
不分地区	Not Grouped by Region	25 497	0	21 572	0	84.61	0.00

6-38 更新改造限额以上项目一览表（2001年）

项 目 名 称	Item	开工年月 Start Time
云南铝业股份有限公司环境污染治理节能技术改造工程	Innovation of Environmental Pollution Control and Energy Saving by Yunnan Aluminum Co., Ltd.	1995 12
云南磷肥厂18万吨/年湿法磷酸国产化	Nationalization of 180 000-t/y Wet phosphate Production by Yunnan Phosphate Fertilizer Plant	2000 06
云南昆阳磷肥厂污水综合治理	Sewage Comprehensive Treatment of Kunyang phosphate Fertilizer Plant	1998 08
昆明机床股份有限公司“九五”技改	Technical Innovation in the Ninth Five-Year Plan by Kunming Machine Tool Co., Ltd.	1996 03
云南变压器有限责任公司第二期双加工程	Phase II Double Increase Project by Yunnan Transformer Co., Ltd.	1996 12
昆明钢铁集团有限责任公司板带工程	Steel Strip Project of Kunming Iron and Steel Group	2000 12
昆明钢铁集团有限责任公司4#焦炉改扩建	Extension of 4# Coke Oven of Kunming Iron and Steel Group Co., Ltd	2000 12
昆明钢铁集团有限责任公司1*15MW抽汽供热机组	1*15MW Steam Extraction Heating Units of Kunming Iron and Steel Group Co., Ltd	2000 09
昆明钢铁集团有限责任公司五高炉改造	Innovation of 5# Blast Furnace of Kunming Iron and Steel Group Co., Ltd	2000 11
云南云峰化学工业公司挖潜改造工程	Tapping Modification Project of Yunfeng Chemical Industrial Co.	2000 11
云南云峰化学工业公司11万吨硝铵改造	Innovation of 110 000-ton Ammonium Nitrate by Yunfeng Chemical Industrial Co.	1997 02
云南云峰化学工业公司20万吨硫磺制酸	200 000-ton Acid Making with Sulfur by Yunfeng Chemical Industrial Co.	2000 09
云天化集团有限责任公司大颗粒工程	Coarse Granular Project of Yuntianhua Group Co., Ltd.	2000 05
云天化集团有限责任公司聚甲醛工程	Polyformaldehyde Project of Yuntianhua Group Co., Ltd.	1998 12
昭通侨通包装印刷有限公司引进设备	Equipment Import of Zhaotong Qiaotong Packing and Printing Co., Ltd.	2000 04
四川德胜集团楚雄钢铁有限公司炼钢工程	Steel Making Project of Chuxiong Desheng Group	2000 12
云南锡业集团有限公司澳斯麦特工程	Aosimaite Project of Yunnan Tin Industry Group Co., Ltd.	1999 11
驻昆解放军化肥厂硝酸装置	Nitric Acid Device of PLA Kunming Based Plant	2000 04
红磷化工有限公司三万吨\年合成氨技改	Technical Innovation of 30 000 t/y Synthetic Ammonia by Honglin Chemical Industry Co., Ltd,	2000 10
驻昆解放军化肥厂20万吨/年硝酸造粒	200 000 t/y Nitric Acid Granularization of PLA Kunming Based Plant	2001 09
建水县新型建材有限责任公司年产3万立方米石膏刨花板	30 000 cu. m/y Gypsum Chipboard Production by Jianshui New Building Material Co., Ltd.	2000 02
云南红塔蓝鹰纸业有限公司1#纸机技术改造	Technical Innovation of 1# Paper Mill by Yunnan Hongta Lanying Paper Industry Co., Ltd,	1999 05
红河雄风印业有限责任公司建厂房购置机器设备	Workshop Construction and Machinery Purchasing of Honghe Xiongfeng Printing Co., Ltd.	2000 03
红河卷烟厂从春城烟厂调入卷包设备	Rolling and Packing Device Purchased from Chuncheng Tobacco Factory by Honghe Tobacco Factory	2001 01
云南壮山实业股份有限公司技改工程	Technical Innovation Project of Yunnan Zhuangshan Industrial Co., Ltd.	2000 04
大理红山水泥公司30万吨立改旋	30 000-ton Alternation to Rotation by Dali Hongshan Cement Plant	2000 12
祥云县建材集团公司技改	Technical Innovation of Xiangyun Building Group	2000 07
华坪县化肥厂合成氨填平补齐年产6万吨尿素	60 00-t/y Carbamide Synthetic Ammonia Production of Huaping Chemical Fertilizer Plant	1994 08
习谦水泥厂技改扩建	Innovation and Extension of Xiqian Cement Plant	2001 09

List of Innovation Projects above Designated Size (2001)

竣工年月 Completion Time	计划总投资（万元） Planned Investment Total(10 000 yuan)	累计完成投资 Accumulated Investment	本年完成投资 Investment Made This Year	累计新增固定资产 Newly Increased Fixed Assets Accumulated
2001 11	169 509	151 947	10 278	151 729
	18 023	10 138	8 075	
	13 000	5 307	1 038	
	6 600	2 480	2 180	
	6 500	6 026	126	
	215 000	88 369	88 369	
	15 000	11 867	11 867	
	4 497	4 590	3 940	4 590
	5 500	7 400	5 500	
	19 541	1 981	1 981	
2001 12	19 853	24 549	8 754	24 549
	7 174	2 574	2 200	
2001 12	6 655	4 903	3 392	4 903
2001 12	39 944	30 249	8 821	30 249
2001 12	7 315	7 315	670	7 315
2001 09	15 988	15 988	14 914	15 988
	16 789	14 318	9 384	
	4 844	4 779	2 462	
	7 000	5 000	5 000	
	4 161	264	264	
	6 450	3 340	852	
2001 12	25 476	25 476	2 894	25 476
2001 07	8 500	7 671	886	7 671
2001 03	3 953	3 953	3 953	3 953
	14 500	13 139	11 064	451
	7 462	5 902	5 602	
	13 786	11 370	7 693	2 683
	15 053	9 770	2	
	16 620	630	630	

6-39 更新改造限额以上项目建设规模及新增生产能力（2001年）

Construction Scales of Innovation Projects above Designated Size and Newly Increased Production Capacity (2001)

项 目 名 称 Item	能力名称 Capacity	建设规模 Construction Scales	本年新增生产能力 Newly Increased Production Capacity This Year
云南铝业股份有限公司环境污染治理节能技术改造工程 Innovation of Environmental Pollution Control and Energy Saving by Yunnan Aluminum Co., Ltd.	电解铝（吨/年） Electrolysis Aluminum (ton/year)	80 000	
	石墨及炭素制品（吨/年） Graphite and Carbon Products (ton/year)	56 605	
云南磷肥厂18万吨/年湿法磷酸国产化 Nationalization of 180 000-t/y Wet phosphate Production by Yunnan Phosphate Fertilizer Plant	硫酸 (吨/年) Sulfuric Acid (ton/year)	180 000	
云南昆阳磷肥厂污水综合治理 Sewage Comprehensive Treatment of Kunyang phosphate Fertilizer Plant	硫酸 (吨/年) Sulfuric Acid (ton/year)	60 000	
	磷肥 (吨/年) Phosphate Fertilizer (ton/year)	70 000	
昆明钢铁集团有限责任公司板带工程 Steel Strip Project of Kunming Iron and Steel Group	热轧钢材（万吨/年） Hot Rolled Steel (10 000 tons/year)	60	
	冷加工钢材（万吨/年） Cold-finished Steel (10 000 tons/year)	40	
	中厚钢板（万吨/年） Medium Steel Plate (10 000tons/year)	60	
	冷轧薄钢板（卷）（万吨/年） Cold Rolled Steel Sheet (10 000 tons/year)	40	
云南云峰化学工业公司挖潜改造工程 Tapping Modification Project of Yunfeng Chemical Industrial Co.	磷肥 (吨/年) Phosphate Fertilizer (ton/year)	75 000	
云南云峰化学工业公司11万吨硝铵改造 Innovation of 110 000-ton Ammonium Nitrate by Yunfeng Chemical Industrial Co.	浓硝酸 (吨/年) Thick Hydrogen Nitrate (ton/year)	90 000	90 000
	氮肥 (吨/年) Nitrogenous Fertilizer (ton/year)	37 950	37 950

6-39 续表 continued

项 目 名 称 Item	能力名称 Capacity	建设规模 Construction Scales	本年新增生产能力 Newly Increased Production Capacity This Year
云南云峰化学工业公司20万吨硫磺制酸 200 000-ton Acid Making with Sulfur by Yunfeng Chemical Industrial Co.	硫酸（吨/年） Sulfuric Acid (ton/year)	200 000	
四川德胜集团楚雄钢铁有限公司炼钢工程 Steel Making Project of Chuxiong Desheng Group	连铸（万吨/年） Continuous Casting (10 000 tons /year)	40	40
	方坯连铸（含矩形坯）(万吨/年) Square Billet Continuous Casting (including Rectangular Billet)	40	40
云南锡业集团有限公司澳斯麦特工程 Aosimaite Project of Yunnan Tin Industry Group Co., Ltd.	锡冶炼（吨/年） Tin Smelting (ton/year)	25 000	
驻昆解放军化肥厂硝酸装置 Nitric Acid Device of PLA Kunming Based Plant	浓硝酸（吨/年） Thick Hydrogen Nitrate (ton/year)	90 000	
红磷化工有限公司三万吨\年合成氨技改 Technical Innovation of 30 000 t/y Synthetic Ammonia by Honglin Chemical Industry Co., Ltd,	合成氨（吨/年） Synthetic Ammonia (ton/year)	50 000	
驻昆解放军化肥厂20万吨/年硝酸造粒 200 000 t/y Nitric Acid Granularization of PLA Kunming Based Plant	氮肥（吨/年） Nitrogenous Fertilizer (ton/year)	68 000	
建水县新型建材有限责任公司年产3万立方米石膏刨花板 30 000 cu. m/y Gypsum Chipboard Production by Jianshui New Building Material Co., Ltd.	刨花板（万立方米/年） Chipboad （10 000cu.m/year)	3	
云南红塔蓝鹰纸业有限公司1#纸机技术改造 Technical Innovation of 1# Paper Mill by Yunnan Hongta Lanying Paper Industry Co., Ltd,	机制纸（万吨/年） Machine-made Paper (10 000 tons/year)	1	1
云南壮山实业股份有限公司技改工程 Technical Innovation Project of Yunnan Zhuangshan Industrial Co., Ltd.	水泥（万吨/年） Cement (10 000 tons/year)	30	
大理红山水泥公司30万吨立改旋 30 000-ton Alternation to Rotation by Dali Hongshan Cement Plant	水泥（万吨/年） Cement (10 000 tons/year)	30	
祥云县建材集团公司技改 Technical Innovation of Xiangyun Building Group	水泥（万吨/年） Cement (10 000 tons/year)	30	
华坪县化肥厂合成氨填平补齐年产6万吨尿素 60 00-t/y Carbamide Synthetic Ammonia Production of Huaping Chemical Fertilizer Plant	合成氨（吨/年） Synthetic Ammonia (ton/year)	40 000	
习谦水泥厂技改扩建 Innovation and Extension of Xiqian Cement Plant	水泥（万吨/年） Cement (10 000 tons/year)	30	

6-40 各地区其它单位投资（2001年）

（按国民经济行业分）

单位：万元

地　　区	Region	投资额 Investment	农、林、牧、渔业 Farming, Forestry, Animal Husbandry and Fishery
全省合计	**Total**	**236 897**	**9 319**
昆　明	Kunming	51 766	495
曲　靖	Qujing	8 642	
玉　溪	Yuxi	40 022	694
保　山	Baoshan	4 296	
昭　通	Zhaotong	3 074	260
楚　雄	Chuxiong	15 958	418
红　河	Honghe	40 382	3 713
文　山	Wenshan	16 510	
思　茅	Simao	6 192	593
西双版纳	[illegible]	2 645	
大　理	Dali	12 239	[illegible]
德　宏	Dehong	7 684	
丽　江	Lijiang	14 096	374
怒　江	Nujiang	9 544	1 128
迪　庆	Diqing	80	
临　沧	Lincang	3 767	240
不分地区	Not Grouped by Region		

6-40 续表

单位：万元

地　　区	Region	批发和零售贸易餐饮业 Wholesale & Retail Trade and Catering Services	金融保险业 Finance and Insurance
全省合计	**Total**	**36 692**	**2 112**
昆　明	Kunming	10 407	0
曲　靖	Qujing	1 226	310
玉　溪	Yuxi	2 740	642
保　山	Baoshan	401	
昭　通	Zhaotong	447	
楚　雄	Chuxiong	3 037	403
红　河	Honghe	4 114	
文　山	Wenshan	4 638	335
思　茅	Simao	1 400	4
西双版纳	Xishuangbanna	290	202
大　理	Dali	2 877	
德　宏	Dehong	4 116	216
丽　江	Lijiang	616	
怒　江	Nujiang	50	
迪　庆	Diqing		
临　沧	Lincang	333	
不分地区	Not Grouped by Region		

Investment of Other Units in Regions （2001）

(by sector)

(10 000 yuan)

采掘业 Mining and Quarrying	制造业 Manufacturing	电力、煤气及水的生产和供应业 Production and Supply of Electric Power, Gas and Water	建筑业 Construction	地质勘查、水利管理业 Geological Prospecting and Water Conservancy	交通运输、仓储及邮电通信业 Transport, Storage, Postal and Telecommunication Services
26 011	**63 652**	**8 390**	**3 335**	**1 703**	**31 521**
688	9 843	696	973		5 011
50	5 507	80	144		
5 880	16 991	215	48	90	8 059
28	1 664		60		1 218
	1 720		147	350	
2 622	6 043	263	135		1 327
15 327	6 168	5 000	602		635
150	1 865	483	1 000		6 007
172	2 474		106		390
13	1 338				198
265	4 846	720	120		30
95	1 013	362			184
	1 935	571			4 975
260				1 263	2 919
	80				
461	2 165				568

continued

(10 000 yuan)

房地产业 Real Estate	社会服务业 Social Services	卫生、体育和社会福利业 Health Care, Sports and Social Welfare	教育、文化艺术和广播电影电视业 Education, Culture, Arts, Radio, Film and Television	科学研究和综合技术服务业 Scientific Research and Polytechnic Services	国家机关、政党机关和社会团体 Government Agencies, Party Agencies and Social Organizations	其它行业 Others
514	**30 224**	**1 662**	**9 239**	**1 313**	**9 250**	**1 960**
484	14 752		4 594	643	3 170	10
	260				189	876
	4 587				76	
	62		163	450	114	136
	150					
30	755	32	143			750
	1 787	500	193		2 155	188
	820				1 212	
	1 053					
	78		28		498	
	1 147	830				
	1 166		532			
	3 550	300	1 289	220	266	
	57		2 297		1 570	

6-41 其它单位固定资产施工、投产项目（2001年）

（按国民经济行业分）
单位：个

行业名称	Sector	施工
		合计 Total
全省合计	**Total**	**616**
1. 农、林、牧、渔业	Farming, Forestry, Animal Husbandry and Fishery	33
2. 采掘业	Mining and Quarrying	93
3. 制造业	Manufacturing	141
4. 电力、煤气及水的生产和供应业	Production and Supply of Electric Power, Gas and Water	17
5. 建筑业	Construction	19
6. 地质勘查业、水利管理业	Geological Prospecting and Water Conservancy	4
7. 交通运输、仓储及邮电通信业	Transport, Storage, Postal and Telecommunication Services	58
8. 批发和零售贸易餐饮业	Wholesale & Retail Trade and Catering Services	121
9. 金融、保险业	Finance and Insurance	18
10. 房地产业	Real Estate	[illegible]
11. 社会服务业	Social Services	52
12. 卫生、体育和社会福利业	Health Care, Sports and Social Welfare	3
13. 教育、文化艺术及广播电影电视业	Education, Culture, Arts, Radio, Film and Television	16
14. 科学研究和综合技术服务业	Scientific Research and Polytechnic Services	5
15. 国家机关、政党机关和社会团体	Government Agencies, Party Agencies and Social Organizations	27
16. 其它行业	Others	7

6-42 其它单位投资和新增固定资产（2001年）

（按国民经济行业分）
单位：万元

行业名称	Sector	投
		合计 Total
全省合计	**Total**	**236 897**
1. 农、林、牧、渔业	Farming, Forestry, Animal Husbandry and Fishery	9 319
2. 采掘业	Mining and Quarrying	26 011
3. 制造业	Manufacturing	63 652
4. 电力、煤气及水的生产和供应业	Production and Supply of Electric Power, Gas and Water	8 390
5. 建筑业	Construction	3 335
6. 地质勘查业、水利管理业	Geological Prospecting and Water Conservancy	1 703
7. 交通运输、仓储及邮电通信业	Transport, Storage, Postal and Telecommunication Services	31 521
8. 批发和零售贸易餐饮业	Wholesale & Retail Trade and Catering Services	36 692
9. 金融、保险业	Finance and Insurance	2 112
10. 房地产业	Real Estate	514
11. 社会服务业	Social Services	30 224
12. 卫生、体育和社会福利业	Health Care, Sports and Social Welfare	1 662
13. 教育、文化艺术及广播电影电视业	Education, Culture, Arts, Radio, Film and Television	9 239
14. 科学研究和综合技术服务业	Scientific Research and Polytechnic Services	1 313
15. 国家机关、政党机关和社会团体	Governments Agencies, Party agencies and Social Organizations	9 250
16. 其它行业	Others	1960

Number of Projects under Construction and Completed of Fixed Assets of Other Units(2001)

(by sector)
(unit)

项 目 Number of Projects under Construction			投产项目 Number of Projects Put into Use			
#地 方 Region	#国有经济 State-owned	#地 方 Region	合 计 Total	#地 方 Region	#国有经济 State-owned	#地 方 Region
602	**207**	**194**	**392**	**380**	**153**	**141**
33	17	17	21	21	13	13
86	72	65	69	62	62	55
141	3	3	78	78	2	2
17	5	5	12	12	4	4
19	6	6	8	8	2	2
4	3	3	3	3	2	2
54	52	48	35	32	33	30
121	9	9	83	83	5	5
16	2		14	12	2	
2	1	1				
51	22	22	28	28	15	15
3			2	2		
16	8	8	11	11	7	7
5	1	1	2	2	1	1
27	6	6	21	21	5	5
7			5	5		

Investment of Other Units and Newly Increased Fixed Assets（2001）

(by sector)
(10 000 yuan)

资 额 Investment			新增固定资产 Newly Increased Fixed Assets			
#地 方 Region	#国有经济 State-owned	#地 方 Region	合 计 Total	#地 方 Region	#国有经济 State-owned	#地 方 Region
227 837	**84 965**	**76 510**	**239 478**	**229 495**	**93 327**	**83 344**
9 319	6 124	6 124	9 135	9 135	5 618	5 618
20 131	23 488	17 608	20 276	13 228	18 244	11 196
63 652	1 500	1 500	39 805	39 805	320	320
8 390	558	558	7 974	7 974	534	534
3 335	679	679	1 942	1 942	594	594
1 703	1 353	1 353	2 853	2 853	1 353	1 353
29 246	24 775	22 500	49 214	46 579	43 120	40 485
36 692	2 267	2 267	46 856	46 856	2 437	2 437
1 812	300		2 355	2 055	300	
514	484	484	484	484	484	484
29 619	14 739	14 739	23 122	23 122	11 336	11 336
1 662	500	500	17 085	17 085	500	500
9 239	3 174	3 174	5 393	5 393	3 189	3 189
1 313	220	220	800	800	220	220
9 250	4 804	4 804	10 319	10 319	5 078	5 078
1960			1865	1865		

6-43 其它单位固定资产投资主要指标
Main Indicators on Investment in Fixed Assets of Other Units

指　标	Item	1990年	1995年	1999年	2000年	2001年
一、本年完成投资(万元)	**Investment Made This Year (10 000 yuan)**	**52 850**	**218 908**	**288 379**	**295 966**	**236 897**
1. 按资金来源分	Grouped by Source of Funds					
国家预算内资金	State Budgetary Appropriation	311	460	4 956	6 490	8 333
国内贷款	Domestic Loans	23 406	53 325	77 954	51 596	33 473
股票和债券	Stocks and Bonds	181				
利用外资	Foreign Investment	1 335	26 676	6 459	17 316	4 494
自筹和其它	Fundraising and Others	27 798	138 428	198 829	220 564	190 597
2. 按构成分	Grouped by Use of Funds					
建筑安装工程	Construction and Installation Engineering	30 983	127 751	222 042	221 149	166 757
设备购置	Purchase of Equipment	17 352	67 142	38 676	42 663	41 271
其它费用	Others	4 515	24 015	[illegible]	[illegible]	[illegible]
3. 按建设性质分	By Types of Construction					
新　建	New Construction			157 149	157 853	114 501
扩　建	Expansion			52 976	57 689	43 514
改　建	Reconstruction			46 764	59 385	52 772
4. 按工程用途分	Grouped by Purpose					
农林牧渔业	Agriculture, Forestry, Animal Husbandry and Fishery		965	4 757	8 664	9 056
工业、建筑业	Industry and Construction		55 549	72 904	85 240	80 447
商业、运输邮电业	Commerce, Transport, Postal and Telecommunication Services		12 052	79 726	84 284	62 254
住　宅	Residential Buildings		13 386	46 694	28 131	27 918
5. 按国民经济行业分	Grouped by Sector					
农　业	Agriculture	1 452	5 179	11 818	9 687	11 022
工　业	Industry	141 661	163 058	120 358	100 882	98 053
轻工业	Light Industry	38 267	59 606	44 995	40 372	33 379
重工业	Heavy Industry	103 394	103 452	75 363	60 510	64 674
能源工业	Energy Industry	12 482	32 749	8 422	5 795	9 104
运输　邮电	Transport, Postal and Telecommunication Services	6 348	56 756	56 101	46 291	31 486
教育　科研	Education and Scientific Research		1 742	8 972	8 362	8 774
二、项目个数（个）	**Number of Projects**					
施工项目	Projects Under Construction	638	396	709	660	616
新开工项目	Projects Started This Year	393	270	452	467	407
全部建成投产项目	Projects Put into Use	406	259	507	416	392
三、新增固定资产(万元)	**Newly Increased Fixed Assets**	**60 062**	**69 828**	**325 423**	**192 858**	**239 478**
四、房屋建筑面积(万平方米)	**Floor Space of Building Construction (sq.m)**					
1. 施工面积	Floor Space of Buildings under Construction	112.76	80.48	226.11	173.84	180.03
住　宅	Residential Buildings	33.74	27.52	76.34	57.78	62.23
2. 竣工面积	Floor Space of Buildings Completed	70.06	52.32	157.28	87.24	93.73
住　宅	Residential Buildings	20.05	19.81	52.41	38.22	35.16

6-44 各地区其它单位投资施工、竣工房屋建筑面积(2001年)

Floor Space of Buildings Completed and under Construction Invested by Other Units in Regions (2001)

单位：平方米 (sq.m)

地 区	Region	施工面积 Floor Space of Buildings under Construction	#住 宅 Residential Buildings	竣工面积 Floor Space of Buildings Completed	#住 宅 Residential Buildings	竣工率(%) Completion Ratio(%)	#住 宅 Residential Buildings
全省合计	**Total**	**1 800 336**	**622 300**	**937 280**	**351 557**	**52.06**	**56.49**
昆 明	Kunming	520 850	152 777	179 233	68 135	34.41	44.60
曲 靖	Qujing	69 797	21 006	60 585	18 366	86.80	87.43
玉 溪	Yuxi	104 915	47 418	68 443	37 595	65.24	79.28
保 山	Baoshan	30 172	13 828	19 741	11 728	65.43	84.81
昭 通	Zhaotong	29 050	15 017	13 790	7 536	47.47	50.18
楚 雄	Chuxiong	107 267	36 637	66 419	22 926	61.92	62.58
红 河	Honghe	294 020	178 631	166 820	90 718	56.74	50.79
文 山	Wenshan	281 812	78 584	170 652	66 084	60.56	84.09
思 茅	Simao	63 187	21 098	45 433	10 040	71.90	47.59
西双版纳	Xishuangbanna	32 506	18 933	14 701	8 516	45.23	44.98
大 理	Dali	71 718	5 333	40 444	4 333	56.39	81.25
德 宏	Dehong	137 882	18 896	52 716	2 138	38.23	11.31
丽 江	Lijiang	43 193	12 646	28 593	1 946	66.20	15.39
怒 江	Nujiang	2 800		1 800		64.29	
迪 庆	Diqing	1 200		1 200		100.00	
临 沧	Lincang	9 967	1 496	6 710	1496	67.32	100.00

6-45 全省房地产业生产经营情况

Provincial Real Estate Production and Operation

指 标	Item	1995年	2000年	2001年	2001年比2000年增长 Growth of 2001 over 2000 (%)
1. 本年完成投资(万元)	Investment Made This Year (10 000 yuan)	366 318	832 253	879 843	5.72
住 宅	Residential Buildings	253 432	566 317	646 631	14.18
经济适用房屋	Economical Houses	29 459	159 968	138 207	-13.06
土地开发	Land Development	45 247	140 874	123 906	-12.04
2. 施工面积(万平方米)	Floor Space of Buildings under Construction (10 000 sq.m)	541.31	959.02	1 080.41	12.66
本年新开工	Floor Space of Buildings Started This Year	232.42	351.37	479.07	36.34
3. 商品房竣工价值(万元)	Value of Commercial Houses Completed (10 000 yuan)	248 909	556 914	409 684	-26.44
4. 商品房竣工面积(万平方米)	Floor Space of Commercial Houses Completed (10 000 sq.m)	265.85	426.05	366.02	-14.09
5. 土地开发面积(公顷)	Areas of Land Development (hectare)	430	375	329	-12.27
6. 商品房销售额(万元)	Sales of Commercial Houses (10 000 yuan)	227 948	596 712	610 771	2.36
住宅	Residential Buildings	202 910	512 009	527 346	2.99
7. 商品房销售面积(万平方米)	Floor Space of Commercial Houses Sold (10 000 sq.m)	172.03	343.16	314.91	-8.23
住宅	Residential Buildings	157.83	311.03	285.43	-8.23
8. 房地产业经营总收入(万元)	Total Revenue of Real Estate Operation (10 000 yuan)	243 595	525 512	589 820	12.24
9. 营业利润(万元)	Operation Benefits (10 000 yuan)	12 050	6 493	20 678	218.47
10. 职工平均工资(元)	Annual Average Wages of Employed Persons (yuan)	6 478	10 368	11 847	14.27

6-46 各地区房地产开发投资和新增固定资产（2001年）

Investment in Real Estate Development and Newly Increased Fixed Assets in Regions (2001)

单位：万元 (10 000 yuan)

地区	Region	投资额 Investment	#国有经济 State-owned	本年新增固定资产 Newly Increased Fixed Assets	#国有经济 State-owned	商品房建设投资额 Investment in Commercial Houses Construction	#国有经济 State-owned	土地开发投资额 Investment in Land Development	#国有经济 State-owned
全省合计	**Total**	**879 843**	**339 169**	**510 118**	**199 986**	**728 655**	**279 066**	**123 906**	**49 049**
昆明	Kunming	661 466	252 915	344 151	131 719	558 730	214 761	87 707	35 148
曲靖	Qujing	30 478	19 136	29 535	21 879	21 453	12 661	5 447	3 077
玉溪	Yuxi	42 128	33 695	33 861	18 163	34 821	26 628	4 045	3 805
保山	Baoshan	8 213	646	5 786	423	4 881	646	1 799	
昭通	Zhaotong	1 860	1 160	2 510	1 160	1 860	1 160		
楚雄	Chuxiong	14 453	3 990	12 883	1 314	12 504	2 720	1 638	1 167
红河	Honghe	38 198	16 890	27 959	15 734	33 762	16 491	2 900	245
文山	Wenshan	5 453	3 049	2 070	610	1 663	298	3 425	2 751
思茅	Simao	5 116	1 129	961	830	2 773	903	2 117	
西双版纳	Xishuangbanna	3 516		4 673		2 290		826	
大理	Dali	38 075	400	23 260	400	29 592	380	8 441	
德宏	Dehong	350	94	60	10	76	10	274	84
丽江	Lijiang	26 248	1 776	14 889	916	23 618	1 776	2 515	
怒江	Nujiang								
迪庆	Diqing								
临沧	Lincang	4 289	4 289	6 920	6 920	632	632	2 772	2 772

6-47 各地区房地产开发投资（2001年）

Investment in Real Estate Development in Regions (2001)

（按用途分） (by use)

单位：万元 (10 000 yuan)

地区	Region	本年完成投资 Investment Made This Year	住宅 Residential Buildings	办公楼 Office Buildings	商业营业用房 Houses for Business Use	其它 Others
全省合计	**Total**	**879 843**	**646 631**	**50 827**	**89 893**	**92 492**
昆明	Kunming	661 466	504 703	43 147	49 508	64 108
曲靖	Qujing	30 478	22 715		5 780	1 983
玉溪	Yuxi	42 128	36 011	5 326	635	156
保山	Baoshan	8 213	5 626		562	2 025
昭通	Zhaotong	1 860	1 840		20	
楚雄	Chuxiong	14 453	10 264		2 049	2 140
红河	Honghe	38 198	24 401	507	7 791	5 499
文山	Wenshan	5 453	1 089	105	653	3 606
思茅	Simao	5 116	2 569		465	2 082
西双版纳	Xishuangbanna	3 516	874	189	1 453	1 000
大理	Dali	38 075	19 061	1 393	11 201	6 420
德宏	Dehong	350	60		6	284
丽江	Lijiang	26 248	15 803	160	7 785	2 500
怒江	Nujiang					
迪庆	Diqing					
临沧	Lincang	4 289	1 615		1 985	689

6-48 各地区房地产开发施工房屋面积（2001年）
Floor Space of Buildings under Construction of Real Estate Development in Regions（2001）

单位：平方米 (sq.m)

地 区	Region	施工房屋面积 Floor Space of Buildings under Construction	#国有单位 State-owned	施工住宅面积 Floor Space of Residential Buildings under Construction	#国有单位 State-owned
全省合计	**Total**	**10 804 093**	**3 867 802**	**8 467 209**	**3 206 211**
昆 明	Kunming	7 079 497	2 239 492	5 489 665	1 852 071
曲 靖	Qujing	502 592	345 427	436 433	294 817
玉 溪	Yuxi	685 483	524 801	626 375	465 693
保 山	Baoshan	144 585	13 932	121 240	10 777
昭 通	Zhaotong	26 000	12 000	20 000	12 000
楚 雄	Chuxiong	281 355	87 105	197 105	41 163
红 河	Honghe	1 033 875	450 778	785 736	357 241
文 山	Wenshan	25 952	1 294	13 254	654
思 茅	Simao	123 396	18 486	92 564	17 159
西双版纳	Xishuangbanna	51116		37 582	
大 理	Dali	538636	4 500	390 091	4 000
德 宏	Dehong	3262	262	2 233	133
丽 江	Lijiang	185916	47 297	151 725	47 297
怒 江	Nujiang				
迪 庆	Diqing				
临 沧	Lincang	122428	122 428	103 206	103 206

6-48 续表 continued

单位：平方米 (sq.m)

地 区	Region	竣工房屋面积 Floor Space of Buildings Completed	#国有单位 State-owned	竣工住宅面积 Floor Space of Residential Buildings Completed	#国有单位 State-owned
全省合计	**Total**	**3 660 208**	**1 534 071**	**3 136 560**	**1 353 719**
昆 明	Kunming	2 065 977	880 748	1 783 620	768 912
曲 靖	Qujing	269 595	186 000	258 279	177 390
玉 溪	Yuxi	296 595	159 196	287 713	150 314
保 山	Baoshan	42 969	8 589	35 904	5 434
昭 通	Zhaotong	26 000	12 000	20 000	12 000
楚 雄	Chuxiong	146 304	14 522	129 540	13 119
红 河	Honghe	314 788	164 561	258 184	129 013
文 山	Wenshan	16 614	1 294	10 204	654
思 茅	Simao	12 038	10 023	11 899	9 884
西双版纳	Xishuangbanna	36 714		23 180	
大 理	Dali	232 267	4 500	152 914	4 000
德 宏	Dehong	2 562	262	1 833	133
丽 江	Lijiang	118 409	13 000	93 424	13 000
怒 江	Nujiang				
迪 庆	Diqing				
临 沧	Lincang	79 376	79 376	69 866	69 866

6-49 各地区房地产开发企业情况（2001年）
Real Estate Development Enterprises in Regions (2001)

地 区	Region	开发公司个数（个） Number of Enterprises	年平均职工人数（人） Annual Average Number of Employed Persons (person)	实际需要总投资（万元） Total Investment Actually Needed (10 000 yuan)
全省合计	**Total**	**361**	**10 447**	**3 276 082**
昆 明	Kunming	167	5 443	2 471 699
曲 靖	Qujing	14	587	134 722
玉 溪	Yuxi	15	491	158 016
保 山	Baoshan	10	265	18 548
昭 通	Zhaotong	2	326	2 510
楚 雄	Chuxiong	19	331	68 513
红 河	Honghe	57	1 110	136 138
文 山	Wenshan	5	86	12 920
思 茅	Simao	7	123	23 642
西双版纳	Xishuangbanna	6	135	8 235
大 理	Dali	34	853	135 002
德 宏	Dehong	12	133	2 956
丽 江	Lijiang	9	417	42 711
怒 江	Nujiang			
迪 庆	Diqing			
临 沧	Lincang	4	147	60 470

6-49 续表 continued

地 区	Region	自开始建设至本年底累计完成投资（万元） Investment Accumulated from Starting of Construction to the End of This Year (10 000 yuan)	#本年完成 Investment Made This Year	全部建成尚需投资（万元） Further Investment Needed for Completing Construction (10 000 yuan)
全省合计	**Total**	**2 014 195**	**879 843**	**1 261 887**
昆 明	Kunming	1 553 809	661 466	917 890
曲 靖	Qujing	51 848	30 478	82 874
玉 溪	Yuxi	98 614	42 128	59 402
保 山	Baoshan	12 493	8 213	6 055
昭 通	Zhaotong	2 510	1 860	
楚 雄	Chuxiong	42 909	14 453	25 604
红 河	Honghe	71 519	38 198	64 619
文 山	Wenshan	12 191	5 453	729
思 茅	Simao	22 350	5 116	1 292
西双版纳	Xishuangbanna	6 231	3 516	2 004
大 理	Dali	75 839	38 075	59 163
德 宏	Dehong	500	350	2 456
丽 江	Lijiang	36 678	26 248	6 033
怒 江	Nujiang			
迪 庆	Diqing			
临 沧	Lincang	26 704	4 289	33 766

6-50 各地区房地产开发经营情况（2001年）

Operation of Real Estate Development in Regions（2001）

单位：万元　　　　(10 000 yuan)

地　区	Region	经营总收入 Total Revenue of Operation	土地转让收　入 Land Transfer	商品房屋销售收入 Sales of Commercial Houses	房屋出租收　入 Lease of Houses	其它收入 Others	本年缴纳税　费 Taxes Paid This Year	本年实现利　润 Benefits Obtained This Year
全省合计	**Total**	715 321	23 928	667 485	6 309	17 599	45 147	21 363
昆　明	Kunming	554 517	10 386	529 281	5 633	9 217	37 224	26 626
曲　靖	Qujing	25 548	821	22 913	9	1 805	1 484	684
玉　溪	Yuxi	19 552	718	18 364	19	451	1 055	-796
保　山	Baoshan	3 902	1 886	1 767	28	221	120	-428
昭　通	Zhaotong	2 000		2 000			33	-13
楚　雄	Chuxiong	15 740	2 096	12 223	36	1 385	797	9
红　河	Honghe	28 507	613	24 378	323	3 193	1 326	-5 238
文　山	Wenshan	2 683	1 280	1 185	23	195	136	341
思　茅	Simao	5 993	2 174	3 670	32	117	141	974
西双版纳	Xishuangbanna	1 456		1 413	32	11	72	-166
大　理	Dali	36 394	1 270	34 874	32	218	1 841	188
德　宏	Dehong	677	151	134	117	275	38	-16
丽　江	Lijiang	13 192	2 533	10 306	25	328	607	71
怒　江	Nujiang							
迪　庆	Diqing							
临　沧	Lincang	5 160		4 977		183	273	-873

6-51 各地区商品房屋平均销售价格（2001年）

Average Price of Commodity Houses in Each Region (2001)

(按用途分)　　　　(by use)

单位：元/平方米　　　　(yuan/sq.m)

地　区	Region	房屋销售价　格 Average Selling Price of Houses	住　宅 Residential Buildings	别墅、高档公寓 Villas and good Apartments	经济适用房　屋 Economical Houses	办公楼 Office Buildings	商业营业用房 Houses for Business Use	其　他 Others
全省合计	**Total**	**1 939.51**	**1 847.54**	**3 160.68**	**1 279.11**	**2 162.19**	**3 305.11**	**1 992.51**
昆　明	Kunming	2 379.37	2 333.37	3 365.22	1 802.80	2 232.31	3 546.00	2 008.92
曲　靖	Qujing	907.31	873.46	1 247.79	846.73		2 659.22	921.79
玉　溪	Yuxi	1 080.77	1 070.07	1 328.02	1 039.18		2 592.27	1 768.29
保　山	Baoshan	1 008.68	960.97				1 109.07	
昭　通	Zhaotong	1 088.73	832.75		950.57	1 041.67	2 111.11	
楚　雄	Chuxiong	1 321.49	1 209.46		880.55	1 565.71	2 668.86	2 046.67
红　河	Honghe	1 179.46	1 008.05	2 721.09	970.53	1 741.59	3 466.50	1 754.10
文　山	Wenshan	1 767.69	939.16				2 989.41	
思　茅	Simao	1 053.79	1 012.47		1 022.31		2 201.37	
西双版纳	Xishuangbanna	1 296.87	1 116.48		892.95		3 678.62	
大　理	Dali	1 732.74	1 210.10		922.38	1 774.62	7 217.24	
德　宏	Dehong	513.02	513.02		1 203.01			
丽　江	Lijiang	1 205.44	1 224.29		1 291.17		1 142.70	
怒　江	Nujiang							
迪　庆	Diqing							
临　沧	Lincang	1 171.79	906.59		906.59		2 249.57	1 979.46

6-52 各地区商品房屋销售情况（2001年）

Sales of Commercial Houses in Regions （2001）

（按用途分） (by use)

地区	Region	销售面积（平方米） Floor Space Sold (sq.m)	#个人 Individuals	住宅（平方米） Residential Buildings (sq.m)	别墅 Villas	经济适用房屋 Economical Houses	个人 Individuals
全省合计	**Total**	**3 149 100**	**2 265 693**	**2 854 317**	**299 818**	**1 084 630**	**2 080 687**
昆明	Kunming	1 963 912	1 336 641	1 775 955	269 715	400 428	1 272 969
曲靖	Qujing	255 680	143 391	250 486	15 283	233 498	79 524
玉溪	Yuxi	183 267	148 701	181 801	13 938	157 970	147 235
保山	Baoshan	16 933	16 933	11 478			11 478
昭通	Zhaotong	18 370	17 687	14 290		7 890	14 290
楚雄	Chuxiong	101 605	71 348	90 520		1 306	71 348
红河	Honghe	220 143	183 573	202 262	882	158 996	168 194
文山	Wenshan	18 923	18 923	11 276			11 276
思茅	Simao	16 863	10 423	16 277		[illegible]	9 837
西双版纳	Xishuangbanna	10 695	8 995	9 942		3 774	8 242
大理	Dali	187 085	187 085	169 787		9 443	167 751
德宏	Dehong	2 612	2 612	2 612		133	912
丽江	Lijiang	115 676	90 691	88 941		67 125	88 941
怒江	Nujiang						
迪庆	Diqing						
临沧	Lincang	37 336	28 690	28 690		28 690	28 690

6-52 续表 continued

地区	Region	办公楼（平方米） Office Buildings (sq.m)	商业营业用房（平方米） Houses for Business Use (sq.m)	其它（平方米） Others (sq.m)	销售额（万元） Total Sales (10 000 yuan)	个人 Individuals
全省合计	**Total**	**69 795**	**179 071**	**45 917**	**610 771**	**450 859**
昆明	Kunming	61 685	89 481	36 791	467 287	336 057
曲靖	Qujing		4 836	358	23 198	13 117
玉溪	Yuxi		1 138	328	19 807	15 752
保山	Baoshan		5 455		1 708	1 708
昭通	Zhaotong	480	3 600		2 000	1 768
楚雄	Chuxiong	3 500	6 085	1 500	13 427	9 094
红河	Honghe	3 003	14 268	610	25 965	21 267
文山	Wenshan		7 647		3 345	3 345
思茅	Simao		586		1 777	1 101
西双版纳	Xishuangbanna		753		1 387	1 173
大理	Dali	1 127	16 171		32 417	32 417
德宏	Dehong				134	134
丽江	Lijiang		26 735		13 944	11 325
怒江	Nujiang					
迪庆	Diqing					
临沧	Lincang		2 316	6 330	4 375	2 601

6-53 全省商品房屋销售出租情况(2001年)
Sales and Lease of All Provincial Commercial Houses （2001）

指　标	Item	实际销售面积(平方米) Floor Space Actually Sold (sq.m)	预售面积(平方米) Floor Space on Sale (sq.m)	出租面积(平方米) Floor Space of Houses Leased (sq.m)	实际销售额(万元) Real Sales (10 000 yuan)
全省合计	**Total**	**3 149 100**	**1 347 166**	**195 471**	**610 771**
外销(租)	Floor Space of Houses Sold or Leased	374	1 324	1 360	42
个人	Individuals	2 265 693	415 552	67 235	450 859
1.住宅	Residential Buildings	2 854 317	1 198 485	35 303	527 346
#别墅、高档公寓	Villas and Good Apartments	299 818	123 939	569	94 763
经济适用房屋	Economical Houses	1 084 630	566 433	7 454	138 736
#个人	Individuals	2 080 687	325 850	10 374	398 736
2.办公楼	Office Buildings	69 795	31 920	20 950	15 091
3.商业营业用房	Houses for Business Use	179 071	112 784	123 120	59 185
4.其它	Others	45 917	3 977	16 098	9 149

6-54 城镇集体单位固定资产投资主要指标
Main Indicators on Investment in Fixed Assets of Urban Collective-owned Units

指　标	Item	1990年	1995年	1999年	2000年	2001年
一、本年完成投资(万元)	**Investment Made This Year (10 000 yuan)**	**52 850**	**91 502**	**100 542**	**82 036**	**66 179**
1.按资金来源分	Grouped by Source of Funds					
国家预算内资金	Grouped by Source of Funds	311	142	1 669	854	
国内贷款	Domestic Loans	23 406	34 268	21 855	20 258	10 068
股票和债券	Stocks and Bonds					
利用外资	Foreign Investment	1 335	1 369			17
自筹和其它	Fundraising and Others	27 798	55 723	76 682	60 924	56 094
2.按构成分	Grouped by Use of Funds					
建安工程	Construction	30 983	55 083	77 147	58 921	48 983
设备购置	Purchase of Equipment	17 352	28 146	13 342	14 187	12 488
其它费用	Others	4 515	8 273	10 053	8 928	4 708
3.按工程用途分	Grouped by Purpose					
农林牧渔业	Agriculture, Forestry, Animal Husbandry and Fishery		965	1 685	2 522	1 467
工业、建筑业	Industry and Construction		55 549	29 758	30 178	22 246
商业、运输邮电业	Commerce, Transport, Postal and Telecommunication Services		12 052	17 734	15 585	14 125
住　宅	Residential Buildings		13 386	28 991	18 323	13 720
二、项目个数（个）	**Number of Projects**					
施工项目	Number of Projects Under Construction	638	396	378	326	278
新开工项目	Projects Started This Year	393	270	206	229	175
全部建成投产项目	Number of Projects Put into Use	406	259	261	216	184
三、新增固定资产(万元)	**Newly Increased Fixed Assets (10 000 yuan)**	**60 062**	**69 828**	**135 120**	**81 974**	**69 186**
四、房屋建筑面积（万平方	**Floor Space of Building Construction (10 000 sq.m)**					
1.施工面积	Floor Space of Buildings under Construction	112.76	80.48	139.20	89.74	76.69
住　宅	Residential Buildings	33.74	27.52	56.40	38.00	34.57
2.竣工面积	Floor Space of Buildings Completed	70.06	52.32	98.00	58.14	48.77
住　宅	Residential Buildings	20.05	19.81	36.10	23.89	20.47

6-55 各地区城镇集体投资（2001年）

(按国民经济行业分)

单位：万元

地　区	Region	投资额 Investment	农、林、牧、渔业 Farming, Forestry, Animal Husbandry and Fishery
全省合计	**Total**	**66 179**	**2 020**
昆　明	Kunming	11 194	
曲　靖	Qujing	3 858	
玉　溪	Yuxi	6 308	544
保　山	Baoshan	2 789	
昭　通	Zhaotong	2 194	
楚　雄	Chuxiong	5 260	168
红　河	Honghe	14 730	318
文　山	Wenshan	2 029	
思　茅	Simao	4 930	593
西双版纳	Xishuangbanna	2 247	
大　理	Dali	1 800	[illegible]
德　宏	Dehong	1 489	
丽　江	Lijiang	4 051	
怒　江	Nujiang		
迪　庆	Diqing	80	
临　沧	Lincang	3 220	232

6-55 续表

单位：万元

地　区	Region	批发和零售贸易餐饮业 Wholesale & Retail Trade and Catering Services	金融保险业 Finance and Insurance
全省合计	**Total**	**13 738**	**1 812**
昆　明	Kunming	3 172	
曲　靖	Qujing	1 226	310
玉　溪	Yuxi	1 300	642
保　山	Baoshan	401	
昭　通	Zhaotong	447	
楚　雄	Chuxiong	1 887	103
红　河	Honghe	1 813	
文　山	Wenshan	57	335
思　茅	Simao	1 400	4
西双版纳	Xishuangbanna	238	202
大　理	Dali	882	
德　宏	Dehong	210	216
丽　江	Lijiang	430	
怒　江	Nujiang		
迪　庆	Diqing		
临　沧	Lincang	275	

Investment of Urban Collective-owned Units in Regions (2001)

(by sector)

(10 000 yuan)

采掘业 Mining and Quarrying	制造业 Manufacturing	电力、煤气及水的生产和供应业 Production and Supply of Electric Power, Gas and Water	建筑业 Construction	地质勘查业、水利管理业 Geological Prospecting and Water Conservancy	交通运输、仓储及邮电通信业 Transport,Storage, Postal and Telecommunication Services
1 398	**25 001**	**6 242**	**1 656**	**350**	**739**
	4 310	696	513		
50	1 797	80			
	1 174		48		
28	1 664		60		10
	1 100		147	350	
	2 527		60		467
796	2 956	5 000	602		35
	895				
	1 974		106		
13	1 338				140
	443	120	120		
50	1 013				
	1 565	346			
	80				
461	2 165				87

continued

(10 000 yuan)

房地产业 Real Estate	社会服务业 Social Services	卫生、体育和社会福利业 Health Care, Sports and Social Welfare	教育、文化艺术和广播电影电视业 Education, Culture, Arts, Radio, Film and Television	科学研究和综合技术服务业 Scientific Research and Polytechnic Services	国家机关、政党机关和社会团体 Government Agencies, Party Agencies and Social Organizations	其它行业 Others
	7 341	**32**	**1 066**	**690**	**3 896**	**198**
	1 603			240	650	10
	260				135	
	2 600					
	62			450	114	
	150					
		32	16			
	897				2 125	188
	80				662	
	853					
	78		28		210	
	70					
	688		1 022			

6-56 各地区农村集体投资（2001年）

（按国民经济行业分）

单位：万元

地　区	Region	投资额 Investment	农、林、牧、渔业 Farming, Forestry, Animal Husbandry and Fishery
全省合计	**Total**	**344 411**	**82 883**
昆　明	Kunming	78 518	11 746
曲　靖	Qujing	57 469	17 005
玉　溪	Yuxi	47 731	8 053
保　山	Baoshan	14 136	2 612
昭　通	Zhaotong	15 817	8 556
楚　雄	Chuxiong	27 062	5 581
红　河	Honghe	27 884	3 525
文　山	Wenshan	19 637	4 335
思　茅	Simao	12 490	3 699
西双版纳	Xishuangbanna	3 862	1 996
大　理	Dali	23 200	[illegible]
德　宏	Dehong	1 057	231
丽　江	Lijiang	4 039	1 245
怒　江	Nujiang	732	133
迪　庆	Diqing	1 452	1 305
临　沧	Lincang	9 319	4 346

6-56 续表

单位：万元

地　区	Region	批发和零售贸易餐饮业 Wholesale & Retail Trade and Catering Services	金融保险业 Finance and Insurance
全省合计	**Total**	**29 538**	**960**
昆　明	Kunming	10 415	
曲　靖	Qujing	4 153	
玉　溪	Yuxi	4 681	237
保　山	Baoshan	35	18
昭　通	Zhaotong	374	410
楚　雄	Chuxiong	18	50
红　河	Honghe	4 515	
文　山	Wenshan		230
思　茅	Simao	122	15
西双版纳	Xishuangbanna	677	
大　理	Dali	4 037	
德　宏	Dehong		
丽　江	Lijiang	219	
怒　江	Nujiang		
迪　庆	Diqing		
临　沧	Lincang	292	

Investment of Rural Collective-owned Units in Regions (2001)

(by sector)

(10 000 yuan)

采 掘 业 Mining and Quarrying	制 造 业 Manufacturing	电力、煤气及水的生产和供应业 Production and Supply of Electric Power, Gas and Water	建 筑 业 Construction	地质勘查业、水利管理业 Geological Prospecting and Water Conservancy	交通运输、仓储及邮电通信业 Transport,Storage, Postal and Telecommu-nication Services
22 199	**31 245**	**14 142**	**6 450**	**15 503**	**34 466**
1 275	6 664	1 460	604	4 060	5 552
15 652	385	1 707	116	725	4 533
3 095	8 644	378	1 750	1 356	8 699
	50	470		1 266	1 328
		1 209	1 158	1 898	321
943	6 782	2 486	1 864	437	1 413
128	4 327	2 156	777	1 870	2 464
	640	849		2 235	3 823
	108	1 723		75	1 341
		334		152	513
183	1 742	703		833	3 145
		140	10	28	206
612	645	180			292
29			36		145
		104			43
282	1 258	243	135	568	648

continued

(10 000 yuan)

房 地 产 业 Real Estate	社 会 服务业 Social Services	卫生、体育和社会福利业 Health Care, Sports and Social Welfare	教育、文化艺术和广播电影电 视 业 Education, Culture, Arts, Radio, Film and Television	科学研究综合技术服务业 Scientific Research and Polytechnic Services	国家机关、政党机关和社会团体 Government Agencies, Party Agencies and Social Organizations	其 它 行 业 Others
3 758	**18 329**	**3 194**	**26 534**	**77**	**19 536**	**35 597**
2 916	6 436	1 448	6 903		5 990	13 049
	186	138	4 124		3 554	5 191
	2 802	371	3 981		1 478	2 206
	2 223	350	1 907		580	3 297
	1 520		84		38	249
300	616	349	1 985	40	2 047	2 151
542	1 211	287	2 367		1 307	2 408
	35	43	2 701	5	597	4 144
	1 527	124	1 059		2 048	649
		13	76			101
	675	43	522		1 299	1 509
		14	10	32	165	221
	439		38		50	319
			351		38	
	659	14	426		345	103

6-57 各地区农村集体固定资产投资（2001年）

Investment of Fixed Assets of Rural Collective-owned Units（2001）

地 区	Region	投资额（万元） Investment (10 000 yuan)	本年施工项目个数（个） Number of Projects under Construction	本年新开工项目个数（个） Number of Projects Started This Year	本年投产项目个数（个） Number of Projects Put into Use	计划总投资（万元） Planned Investment Total (10 000 yuan)
全省合计	**Total**	**344 411**	**10 281**	**9 832**	**9 851**	**441 020**
昆 明	Kunming	78 518	1 630	1 536	1 529	99 076
曲 靖	Qujing	57 469	1 705	1 593	1 654	88 147
玉 溪	Yuxi	47 731	1 164	1 112	1 107	58 843
保 山	Baoshan	14 136	373	366	352	17 357
昭 通	Zhaotong	15 817	295	238	251	20 104
楚 雄	Chuxiong	27 062	891	880	877	37 432
红 河	Honghe	27 884	768	720	732	34 604
文 山	Wenshan	19 637	1 451	1 429	1 400	20 878
思 茅	Simao	12 490	454	444	433	13 044
西双版纳	Xishuangbanna	3 862	266	250	265	4 293
大 理	Dali	[illegible]	[illegible]	727	725	[illegible]
德 宏	Dehong	1 057	83	83	[illegible]	[illegible]
丽 江	Lijiang	4 039	63	55	60	6 713
怒 江	Nujiang	732	73	73	73	732
迪 庆	Diqing	1 452	13	13	13	1 451
临 沧	Lincang	9 319	318	313	297	11 355

6-57 续表 continued

地 区	Region	本年新增固定资产（万元） Newly Increased Fixed Assets This Year (10 000yuan)	房屋建筑面积(平方米) Floor Space of Buildings Construction (sq.m)			
			施工面积 Floor Space of Buildings under Construction	#住 宅 Residential Buildings	竣工面积 Floor Space of Buildings Completed	#住 宅 Residential Buildings
全省合计	**Total**	**334 767**	**2 168 121**	**683 436**	**1 926 539**	**608 171**
昆 明	Kunming	76 504	673 025	198 948	554 310	157 241
曲 靖	Qujing	56 662	250 515	94 455	229 308	82 385
玉 溪	Yuxi	46 167	226 050	40 805	202 258	39 555
保 山	Baoshan	13 986	110 365	14 094	106 334	13 024
昭 通	Zhaotong	13 622	65 721	38 546	61 721	36 046
楚 雄	Chuxiong	26 603	168 921	53 790	167 176	53 590
红 河	Honghe	26 990	186 058	42 910	157 715	36 040
文 山	Wenshan	18 817	81 409	25 107	81 409	25 107
思 茅	Simao	12 329	184 576	132 213	172 907	123 235
西双版纳	Xishuangbanna	3 332	30 998	402	13 654	402
大 理	Dali	22 843	109 640	11 571	107 723	11 571
德 宏	Dehong	1 057	9 121	391	9 121	391
丽 江	Lijiang	5 675	15 745	3 978	14 745	3 678
怒 江	Nujiang	732	12 597	8 485	12 597	8 485
迪 庆	Diqing	1 452	10 425	10 425	10 425	10 425
临 沧	Lincang	7 996	32 955	7 316	25 136	6 996

6-58 各地区城镇和工矿区私人建房（2001年）
Private Buildings of Individuals in Urban and Industrial and Mining Areas in Regions（2001）

地区	Region	城镇工矿区个数(个) Number of Cities, Towns, Industrial and Mining Areas	建房户数(户) Number of Households of Building Construction	竣工房屋建筑面积(平方米) Floor Space of Buildings Completed (sq.m)	#住宅 Residential Buildings	竣工房屋价值(万元) Value of Buildings Completed (10 000 yuan)	#住宅 Residential Buildings
全省合计	**Total**	**322**	**11 895**	**2 724 682**	**2 226 933**	**138 581**	**110 528**
昆明	Kunming	36	3 201	620 388	604 026	27 042	26 171
曲靖	Qujing	42	302	149 779	48 135	9 111	2 254
玉溪	Yuxi	18	1 002	228 577	218 451	11 394	10 976
保山	Baoshan	5	859	159 093	154 974	9 808	8 861
昭通	Zhaotong	37	1 128	337 361	281 978	10 567	8 785
楚雄	Chuxiong	19	519	176 882	131 822	13 405	10 285
红河	Honghe	14	602	136 154	126 402	6 481	6 085
文山	Wenshan	8	1 014	179 601	151 023	8 375	7 513
思茅	Simao	21	263	76 201	58 019	5 132	3 595
西双版纳	Xishuangbanna	3	167	40 365	24 755	2 880	1 868
大理	Dali	65	1 020	222 318	136 563	14 029	8 544
德宏	Dehong	12	489	102 817	84 970	5 597	4 493
丽江	Lijiang	13	348	62 731	42 876	3 267	2 542
怒江	Nujiang	13	55	6 735	3 550	441	361
迪庆	Diqing	5	403	104 705	57 344	4 315	3 278
临沧	Lincang	11	523	120 975	102 045	6 737	4 917

6-59 各地区城镇集体施工、竣工房屋建筑面积（2001年）

Floor Space of Buildings Completed and under Construction of Urban Collective-owned Units in Regions（2001）

单位：平方米 (sq.m)

地　区	Region	施工面积 Floor Space of Buildings under Construction	#住　宅 Residential Buildings	竣工面积 Floor Space of Buildings Completed	#住　宅 Residential Buildings	竣工率(%) Completion Rate (%)	#住　宅 Residential Buildings
全省合计	**Total**	**766 934**	**345 739**	**487 663**	**204 706**	**63.59**	**59.21**
昆　明	Kunming	174 907	106 142	103 791	46 607	59.34	43.91
曲　靖	Qujing	51 074	18 606	43 062	15 966	84.31	85.81
玉　溪	Yuxi	49 429	28 522	37 071	18 699	75.00	65.56
保　山	Baoshan	28 376	13 828	17 945	11 728	63.24	84.81
昭　通	Zhaotong	27 450	14 621	12 190	7 140	44.41	48.83
楚　雄	Chuxiong	63 444	24 373	37 726	16 492	59.46	67.67
红　河	Honghe	133 147	72 335	109 218	61 794	82.03	85.43
文　山	Wenshan	42 690	8 300	29 190	2 300	68.38	27.71
思　茅	Simao	63 187	21 098	45 433	10 040	71.90	47.59
西双版纳	Xishuangbanna	31 062	18 933	13 257	8 516	42.68	44.98
大　理	Dali	39 693	2 722	9 619	1 722	24.23	63.26
德　宏	Dehong	20 872	3 695	5 415	1 838	25.94	49.74
丽　江	Lijiang	30 436	11 068	15 836	368	52.03	3.32
怒　江	Nujiang						
迪　庆	Diqing	1 200		1 200		100.00	
临　沧	Lincang	9 967	1 496	6 710	1 496	67.32	100.00

6-60 各地区农村个人固定资产投资（2001年）

Investment in Fixed Assets of Rural Individuals in Regions (2001)

单位：万元 (10 000 yuan)

地区	Region	投资额 Investment	竣工房屋价值 Value of Buildings Completed (10 000 yuan)	#住宅 Residential Buildings	购置生产性固定资产投资 Investment in Productive Fixed Assets
全省合计	**Total**	**558 613**	**467 823**	**408 249**	**90 790**
昆明	Kunming	111 991	98 613	94 140	13 378
曲靖	Qujing	93 444	83 524	77 392	9 920
玉溪	Yuxi	63 591	54 916	50 630	8 675
保山	Baoshan	31 615	26 590	17 666	5 025
昭通	Zhaotong	20 710	17 280	14 271	3 430
楚雄	Chuxiong	35 717	29 323	23 944	6 394
红河	Honghe	45 142	36 322	31 658	8 820
文山	Wenshan	20 831	16 097	13 265	4 734
思茅	Simao	18 631	14 340	11 340	4 291
西双版纳	Xishuangbanna	19 140	12 833	8 670	6 307
大理	Dali	55 013	43 669	37 380	11 344
德宏	Dehong	8 142	6 527	4 506	1 615
丽江	Lijiang	9 763	8 246	6 161	1 517
怒江	Nujiang	4 385	2 827	2 472	1 558
迪庆	Diqing	3 225	2 311	2 039	914
临沧	Lincang	17 273	14 405	12 715	2 868

6-61 各地区农村个人建房（2001年）

Private Buildings of Rural Individuals in Regions (2001)

地区	Region	建房户数（户） Number of Households of Building Construction	施工房屋建筑面积（平方米） Floor Space of Buildings under Construction (sq.m)	竣工房屋建筑面积（平方米） Floor Space of Buildings Completed (sq.m)	#住宅 Residential Buildings	竣工房屋造价（元/平方米） Cost of Buildings Completed (yuan/sq.m)	#住宅 Residential Buildings
全省合计	**Total**	**186 310**	**17 476 662**	**17 476 662**	**14 488 003**	**267.68**	**281.78**
昆明	Kunming	19 641	2 375 943	2 375 943	2 234 650	415.05	421.27
曲靖	Qujing	25 580	2 717 221	2 717 221	2 360 925	307.39	327.80
玉溪	Yuxi	11 828	1 576 064	1 576 064	1 391 923	348.44	363.74
保山	Baoshan	10 523	926 295	926 295	670 084	287.06	263.64
昭通	Zhaotong	23 263	1 174 701	1 174 701	957 571	147.10	149.03
楚雄	Chuxiong	17 990	1 399 318	1 399 318	1 016 597	209.55	235.53
红河	Honghe	14 772	1 240 817	1 240 817	1 123 909	292.73	281.68
文山	Wenshan	8 212	1 099 227	1 099 227	880 529	146.44	150.65
思茅	Simao	13 438	1 016 700	1 016 700	831 072	141.04	136.45
西双版纳	Xishuangbanna	6 754	670 451	670 451	455 863	191.41	190.19
大理	Dali	12 924	1 372 743	1 372 743	1 143 717	318.11	326.83
德宏	Dehong	3 792	313 640	313 640	210 891	208.10	213.66
丽江	Lijiang	5 335	472 946	472 946	344 890	174.35	178.64
怒江	Nujiang	3 621	213 002	213 002	179 485	132.72	137.73
迪庆	Diqing	1 471	166 425	166 425	136 599	138.86	149.27
临沧	Lincang	7 166	741 169	741 169	549 298	194.36	231.48

主 要 说 明 和 统 计 指 标

一. 说　明

1.1994 年前基本建设、更新改造、房地产开发和其他投资均为国有经济投资，1994 年包括纳入这些计划的其他经济类型的投资

2.自 1997 年起除房地产开发投资、农村集体投资、个人投资外，基本建设、更新改造和其他投资的统计起点由 5 万元提高到 50 万元。为了便于比较，准确地反映全社会固定资产投资，在本年年鉴中对 1997 年以后的数据做了同口径的调整，把 50 万元以下的投资额（推算数），放在其他投资中的其他行业。

从 1999 年起全省全社会固定资产投资总额及国有投资、地方投资、第三产业投资合计数中包括了基本建设、更新改造、其他投资的 50 万元以下项目投资。其他各种分组均不包括。

3.房地产开发投资统计，从 1995 年年报起改为按房产开发企业统计。

4.个体私营经济投资从 1999 年纳入统计。

二. 主要指标解释

全社会固定资产投资　固定资产投资是社会固定资产再生产的主要手段。通过建造和购置固定资产活动,国民经济不断采用先进技术装备,建立新兴部门,进一步调整经济结构和生产力的地区分布,增强经济实力,为改善人民物质文化生活创造物质条件,这对我国社会主义现代化建设具有重要意义。

固定资产投资额是以货币表现的建造和购置固定资产活动的工作量,它是反映固定资产投资规模、速度、比例关系和使用方向的综合性指标。全社会固定资产投资包括国有经济单位投资、城乡集体经济单位投资、各种经济类型的单位投资和城乡居民个人投资。按照我国现行管理渠道,国有经济单位固定资产投资总额分为基本建设、更新改造、房地产开发投资(1994 年后,基本建设、更新改造和房地产开发投资纳入这些计划的其他经济类型的投资)和其他固定资产投资四个部分；集体经济单位投资包括城镇集体所有制单位投资和农村集体所有制投资；各种经济类型的单位投资包括联营经济、股份制经济、个体私营经济、外商投资经济、港澳台商投资经济的单位投资。城乡居民个人投资包括城市、县城、镇、工矿区所辖范围的个人建房和农村个人建房及购买生产性固定资产的投资。

基本建设投资　基本建设是指企业、事业单位以扩大生产能力或工程效益为主要目的的新建、扩建工程及有关工作量。包括工厂、矿山、铁路、桥梁、港口 、农田水利、商店、住宅、学校、医院等工程的建造和机器设备、车辆、船舶、飞机等的购置。

基本建设投资额是以货币表现的基本建设完成的工作量,是反映一定时期内基本建设规模和建设进度的综合性指标。它是根据工程的实际进度按预算价格(预算价格是编制施工图预算时所用的价格)计算的工作量。没有形成工程实体的建筑材料和没有开始安装的设备,都不计算投资完成额。

更新改造投资　更新改造是指企业、事业单位对原有设施进行固定资产更新和技术改造,以及相应配套的工程和有关工作量(不包括大修理和维护工程)。更新改造 投资是以货币表现的更新改造完成的工作量。根据我国现行统计制度,基本建设和更新改造的划分是：

(1)列入基本建设计划的项目作为基本建设投资,列入更新改造计划的项目作为更新改造投资；

(2)更新改造计划与基本建设计划结合安排的项目及未列入计划的项目,根据工程性质分别作为基本建设投资或更新改造投资。属于对企业、事业单位原有设施进行技术改造或更新的项目和新建主要生产车间、分厂等,其新增生产能力或效益未达到大中型标准的项目,以及由于城市环境保护和安全生产的需要而进行的迁建工程,作为更新改造投资。

其他单位固定资产投资　是指按照国家规定不纳入基本建设和更新改造计划管理,其总投资在 5 万元以上的固定资产投资。具体包括：国有经济单位用油田维护费和石油开发基金进行的油田维护和开发工程；煤炭、铁矿、森林工业等采掘采伐业用维简费进行的开拓延伸工程；交通部门用公路养路费对原有公路、桥梁进行改建的工程；商业部门用简易建筑费建造的仓库工程。1994 年后其他投资还包括未纳入基本建设、更新改造计划的其他经济类型(不包含城乡私人和农村集体)的投资。

房地产开发投资 是以货币形式表现的房地产开发企业(单位)在一定时期内进行房屋建造及土地开发完成工作量及相关费用总称。

固定资产投资的资金来源 根据固定资产投资的资金来源不同,分为上年末结余资金和本年资金来源。其中本年资金来源又分为六种:

(1)国家预算内资金 指国家预算、地方财政、主要部门和国家专业投资公司拨给或委托银行贷给建设单位的基本建设拨款和中央基本建设基金，拨给企业单位的更新改造拨款，以及中央财政安排的专项拨款中用于基本建设的资金。

(2)国内贷款 指报告期企、事业单位向银行及非银行金融机构借入的用于固定资产投资的各种国内借款。国内贷款包括：银行利用自有资金及吸收的存款发放的贷款、上级主管部门拨入的国内贷款、国家专项贷款(包括煤代油贷款、劳改煤矿专项贷款等)，地方财政专项资金安排的贷款、国内储备贷款、周转贷款等。

(3)债券 是企业(公司)或金融机构通过发行各种债券筹集到的用于固定资产投资的资金。包括由银行代理国家专业投资公司发行的重点企业债券和重点建设债券。

(4)利用外资 指报告期收到的用于固定资产投资的国外资金,包括统借统还、自借自还的国外贷款,中外合资项目中的外资,以及无偿捐赠等。其中,国家统借统还的外资,是指由我国政府出面同外国政府、团体或金融组织签订贷款协议,并负责偿还本息的国外贷款。

(5)自筹资金 指建设单位报告期收到的,用于进行固定资产投资的上级主管部门、地方和本单位自筹资金。

(6)其他资金来源 指报告期收到的除以上各种拨款、借款、自筹资金之外,其他用于固定资产投资的资金。

固定资产投资按国民经济行业分 建设项目归哪个行业，按其建成投产后的主要产品或主要用途及社会经济活动性质来确定。基本建设按建设项目划分国民经济行业，更新改造、国有经济单位其他固定资产投资及城镇集体投资根据整个行业来划分。一般情况下，一个建设项目或一个企业、事业单位只能属于国民经济一种行业，为了更准确地反映国民经济各行业之间的比例关系，联合企业（总厂）所属分厂属于不同行业的，原则上按分厂划分行业。

固定资产投资按建设性质分 建设项目的性质一般分为新建、扩建、改建、迁建、恢复。基本建设按建设项目分建设性质，更新改造、国有经济单位其他固定资产投资及城镇集体投资按整个行业、事业单位的建设情况确定建设性质。目前基本建设和更新改造是根据我国现行管理渠道区分的，所以基本建设和更新改造都可以分别按新建、扩建和改建等划分。

(1)新建 一般是指从无到有，“平地起家”新开始建设的单位。有的单位原有的基础很小，经过建设后其新增加的固定资产价值超过原有固定资产价值（原值）三倍以上的也算新建。

(2)扩建 一般是指为扩大原有的生产能力，在厂内或其他地点增建主要生产车间（或主要工程）、独立的生产线或总厂之下的分厂的企业；事业单位和行政单位在原单位增建业务用房（如学校增建教学用房、医院增建门诊部或病床用房、行政机关增建办公楼）也作为扩建。

(3)改建 一般是指现有企业、事业单位为了技术进步，提高产品质量，增加花色品种，促进产品升级换代，降低消耗和成本，加强资源综合利用和三废治理，劳保安全等，采用新技术、新工艺、新设备、新材料等对现有设施、工艺条件进行技术改造或更新（包括相应配套的辅助性生产、生活福利设施），有的企业为充分发挥现有生产能力，进行填平补齐而增建不增加本单位主要产品生产能力的车间等，也属于改建。

固定资产投资按用途分 固定资产投资按用途分为用于第一产业、第二产业、第三产业和住宅四部分的投资，是研究不同用途的固定资产投资之间比例关系的重要指标。基本建设投资、国有经济单位其他固定资产投资及城镇集体投资的用途按单项工程确定，现有企业、事业单位更新改造投资的用途按更新改造项目确定。

固定资产投资按构成分 固定资产投资活动按其工作内容和实现方式分为建筑安装工程、设备、工具、器具购置和其他费用三个部分。

(1)建筑安装工程（建筑工作量） 指各种房屋、建筑物的建造工程和各种设备、装置和安装工程。包括各种房屋建造工程，各种用途设备基础和各种工业窖炉的砌筑工程；为施工而进行的各种准备工作和临时工程及完工后的清理工作等；铁路、道路的铺设，矿井的开凿及石油管道的架设等；水利工程；防空地下建筑等特殊工程；以及各种机械设备的安装工程；为测定安装工程质量，对设备进行试行工作。在安装工程中，不包括被安装设备本身的价值。

(2)设备、 工具、器具购置 指购置或自制达到固定资产标准的设备、工具、器具的价值，固定资产的标准由财务部门规定。新建单位、扩建的新建车间按照设计和计划要求购置或自制的全部设备、工具、器具，不论是否达到固定资产标准均计入“设备、工具、器具购置”中。

(3)其他费用 指除建筑安装和设备、工具、器具购置以外的投资完成额。它包括两种性质的费用，一种是属于增加固定资产的费用，主要有：建设单位管理费，土地、青苗等补偿费用和安置补助费、勘察设计费、研究试验费、农林单位牲畜购置费、各种经济林木的营造费、办公和生活家具、器具购置费、引进技术和进口设备项目的其他费用、联合试运转费等；另一种是属于不增加固定资产的费用，主要有：施工机械转移费、生产职工培训费、农业开荒费用及报废工程损失费等。

基本建设项目按大中型划分 基本建设划分大中小型项目原则上应按照上级批准的设计任务书初步设计所确定的总规模或总投资划分，没有正式批准设计任务书或初步设计的，按国家或省、自治区、直辖市年度基本建设投资计划中所列的总投资划分。上述两条均不具备的，按本年计划施工工程的建设总规模或总投资划分。生产单一产品的工业项目，按产品的设计能力划分；生产多种产品的工业项目，按其主要产品的设计能力划分；品种繁多，难以按生产能力划分的，按全部计划投资额划分。划分标准以国家颁发的《大中小型建设项目划分标准》为依据。国家曾在 1958 年、1962 年、1977 年 1979 年先后五次修订《大中小型建设项目划分标准》。因此各历史时期的大中小型项目数不完全可比。

施工项目 指报告期内曾进行建筑或安装施工活动的建设项目。包括报告期内新开工项目、报告期以前开工跨入报告期继续施工的项目,以及报告期施工并在报告期内全部建成投产或停缓建的项目。

全部建成投产项目 工业项目是设计文件规定形成生产能力的主体工程及其相应配套的辅助设施全部建成,已负荷试运转,证明具备生产设计规定合格产品的条件,并经过验收鉴定合格或达到竣工验收标准,与生产性工程配套的生活福利设施可以满足近期正常生产的需要,正式移交生产的建设项目；非工业项目是指设计文件规定的主体工程和相应的配套工程全部建成,能够发挥设计规定的全部效益,经验收鉴定合格或达到竣工验收标准,应正式移交使用的建设项目。

新增生产能力 指通过固定资产投资活动而增加的设计能力或工程效益,它是用实物形态表示的固定资产投资的成果。新增生产能力的计算,是以能独立发挥生产能力或效益的单项工程(或项目)为对象。当单项工程(或项目)建成,经有关部门鉴定合格,正式移交投入生产,即可计算新增生产能力。

新增生产能力或工程效益有以下几种表现形式：

(1) 以建设项目或单位工程建成后的年产能力表示。如煤炭开采、石油开采等。

(2) 以建设项目或单项工程建成后处理原料的能力表示。如选矿工程的年处理矿石能力、洗煤厂年洗煤能力等。

(3) 以新增的主要设备数量或容量表示。如棉纺锭锭数、发电机组容量等。

(4) 以建筑物容积、容量、面积或长度表示。如水库容量、铁路、公路里程等。

新增生产能力的数量一般按设计能力计算。设计能力是指设计文件中规定的在正常情况下能够达到的生产能力,而不论投产后的实际产量如何。以设备数量、建筑物容积、面积、长度等表示的新增生产能力(或效益),则按建成的实际数量计算。

施工和竣工房屋建筑面积 房屋建筑面积是从房屋外墙线算起的各层平面面积的总和。包括房屋结构(如柱、墙)占用的面积和地下室面积。多层建筑按各自然层面积总和计算,包括房屋内的楼隔层,突出墙面的眺望间、门斗、有柱雨罩的面积。不包括突出墙面的构件、艺术装饰等所占的面积,如台阶等。凹阳台、挑阳台按其水平投影面积一半计算建筑面积。

竣工面积 指在报告期内房屋建筑按照设计要求已全部完工,达到入住和使用条件,经验收鉴定合格,正式移交使用单位的建筑面积。

房屋建筑面积竣工率 指一定时期内房屋竣工面积占同期房屋施工面积的比率。它是从房屋建筑施工速度的角度反映投资效果和建筑业经济效益的指标。

新增固定资产 指通过投资活动所形成的新的固定资产价值。包括已经建成投入生产或交付使用的工程价值和达到固定资产标准的设备、工具、器具的价值及有关应摊入的费用。它是以价值形式表示的固定资产投资成果的综合性指标,可以综合反映不同时期、不同部门、不同地区的固定资产投资效果。

建设项目投产率 指一定时期内全部建成投入生产的项目个数占同期正式施工项目个数的比率。它是从项目建设速度的角度反映投资效果的指标。

固定资产交付使用率 指一定时期新增固定资产与同期完成投资额的比率。它是反映各个时期固定资产动用速度,衡量建设过程中投资效果的一个综合性指标。

未完工程占有率 指年末未完工程累计完成投资额占全年实际完成投资额的比率。它反映未完工程的相对规模，并可从资金占用的角度反映固定资产投资效果。由于未完工程是指已开工，但尚未建成交付使用的工程，有个跨年度问题，因此未完工程占用率会出现大于100%的情况。

Explanatory Notes on Main Statistical Indicators

I. Description

1. The capital construction, renovation, real estate development and other investment made before 1994 all belong to state-owned economic investment. The investment made after 1994 covers other types of economic investment incorporated in these plans.

2. Since 1997 the starting statistical point is raised from 50,000 yuan to 500,000 yuan for real estate development, rural collective investment, individual's investment, capital construction, renovation and other investment. For the convenience and accuracy, the data of total investment in fixed assets in the whole country after 1997 in the present yearbook are adjusted uniformly and the amount of investment below 500,000 yuan (calculated) is put on the other trades in the other investment.

Starting from 1999 the aggregate investment of total investment in fixed assets in the whole province, state-owned investment, local investment and investment of tertiary industry covers the investment of capital construction, renovation and project investment below 500,000 yuan in other investment. Other types of group are not included.

3. The investment statistics of real estate development is changed [illegible] statistics since 1995.

4. Individual private economic investment is incorporated in statistics since 1999.

II. Explanatory Notes on Main Indicators

Total Investment in Fixed Assets in the Whole Country Investment in fixed assets is the essential means for social reproduction of fixed assets. By means of construction and purchase of fixed assets, more advanced technologies and equipment are adopted in the national economy, and new sectors are established, which promote the adjustment of economic structure and the regional distribution of productive forces and enhance the economic strengths so as to provide the material conditions for improving people's livelihood. This is significant for speeding up the drive of socialist modernization in China.

Amount of investment in fixed assets refers to the volume of activities in construction and purchases of fixed assets in monetary terms. It is a comprehensive indicator which shows the size, pace, proportional relations and use orientation of the investment in fixed assets. Total investment in fixed assets in the whole country includes the investment by state-owned units, collective units, various economic units and urban and rural individuals. According to China's current management system, the investment in fixed assets in the whole country is classified into the following four parts: investment in capital construction, investment in renovation, investment in real estate development and other investment in fixed assets. The investment of collective economic units includes the investment by urban collective-owned units and rural collective-owned units; the investment of various economic units includes the investment by joint ownership units, share-holding units, individual private economic units as well as investment by businessmen from foreign countries and from Hong Kong, Macao and Taiwan. The investment of urban and rural individual includes the house construction and purchases of productive fixed assets by individuals in cities, county cities, towns, mining areas and countryside.

Investment in Capital Construction Capital construction refers to the new construction projects or extension projects and the related work of the enterprises, institutions or administrative units mainly for the purpose of expanding production capacity or improving project efficiency. It includes the project construction of factories, mines, railways, bridges, harbors, field water conservancy, shops, housing, schools, hospitals, etc. and the purchases of machinery, vehicles, ships, planes, etc.

Capital construction refers to the volume of activities completed in monetary terms. It is a comprehensive indicator which shows the size and pace of capital construction in a certain period of time. Its volume of activities is calculated according to the physical progress and at budgetary prices (which are the prices used for preparing construction drawing budgetary). The unused building materials and unassembled equipment are not calculated into the amount of investment completed.

Investment in Innovation Innovation refers to the renewal of fixed assets and technological innovation of the original facilities by the enterprises and institutions as well as the corresponding supplementary projects and the related work (excluding major overhaul and maintenance projects). The investment in innovation refers to the volume of activities in renovation completed in monetary terms. According to China's current statistical system, the division of capital construction and innovation is:

(1)The projects listed in the capital construction plan are of investment in capital construction, while the projects listed in the innovation plan are of investment in innovation;

(2) The combined projects of technological innovation and capital construction including those not listed in the innovation plan are classified either into capital construction investment or into innovation investment according to the property of project. The following projects are considered as investment in innovation: the technological innovation and renewal of the original facilities by the enterprises and institutions, the extension projects (main workshops or a branch of the factory) with the newly increased production capacity (or project efficiency) not up to the standard of a large and medium-sized project and the projects of moving the whole factory to a new site so as to meet the requirements of urban environmental protection or safe production.

Other Investment in Fixed Assets refers to the fixed assets not listed in the investment in capital construction or in innovation with a total investment above 50,000 yuan according to the state regulation. It specifically includes: the projects of oil fields maintenance and exploitation with the oil fields maintenance funds and petroleum development funds by state-owned economic units; the opening and extending projects with the maintenance funds in coal, ore and mining enterprises and logging enterprises; the projects of reconstruction of the original highways and bridges with the highway maintenance funds in the department of communications; the projects of construction of warehouses with the funds of simple construction in the commercial department. After 1994 the other investment also includes the investment by other economic units (excluding urban and rural private and rural collective units) not listed in the capital construction and innovation plans.

Investment in Real Estate Development refers to the volume of activities and relevant expenses completed by real estate enterprises (institutions) in house building and land development in a certain period of time in monetary terms.

Sources of Funds for Investment in Fixed Assets come from the surplus funds in preceding fiscal year and the funds in the year according to different sources. The sources of the funds in the current year are classified into six parts:

(1) *State budgetary appropriation* refers to the appropriation in the budget of the central and local governments earmarked for capital construction and for innovation projects, and the special appropriation from the budget of the central government for capital construction and for the transfer fund to banks to be issued as loans for capital construction projects.

(2) *Domestic loans* refer to the various funds borrowed by enterprises and institutions from banks and non-bank financial institutions during the reference period for the purpose of investment in fixed assets, including loans issued by banks from their self-owned funds and deposit, loans appropriated by higher responsible authorities, special loans by government (including loans for replacing petroleum with coal, special loans for reform-through-labour coal mines), loans arranged by local government from special funds, domestic reserve loans, and working loans, etc.

(3) *Bonds* refer to the funds raised by enterprises (companies) or financial institutions through issuing various bonds for investment in fixed assets. They include key enterprise bonds and key project bonds issued by

banks on behalf of state specialized investment companies.

(4) *Foreign Investment* refers to foreign funds received during the reference period for the purpose of investment in fixed assets, including foreign funds borrowed and managed by the government, by individual units, foreign fund in joint venture program, and issue of bonds and stocks at the international financial markets. The foreign funds borrowed and managed by the government refer to foreign loans borrowed by the government from foreign governments, organizations, or financial institutions under official agreements signed by both parties, under which government is responsible for the repayment of both the principal and interests of the foreign loans.

(5) *Self-raised funds* refer to the funds received by construction enterprises from their higher responsible authorities, local governments, or raised by enterprises or institutions themselves for the purpose of investment in fixed assets during the reference period.

(6) *Others* refer to the funds received during the reference period which are not included in the above-mentioned sources.

Investment in Fixed Assets by Sector The classification of construction projects by sector is determined by the major products or the purpose of the projects when they are put into production or use, and by the nature of their social economic activities. The investment in capital construction is classified by construction projects. The investment in innovation and other investment by state owned units and urban collective units are classified according to the sector which the whole enterprise or institution belongs to. In general, one project or one enterprise or institution can only belong to one sector. In order to reflect more accurately the proportions among various sectors, the branch factories of integrated complex are classified into different sectors according to their economic activities.

Investment in Fixed Assets by Type of Construction The construction projects in general can be classified by the type of construction into new construction, expansion, reconstruction and moving away. In capital construction, the type of construction is determined by the condition of the project. In investment in innovation, in other investment by state-owned units and investment by collective-owned units, the type of construction is determined by the condition of the whole enterprise or institution. Capital construction and innovation are classified according to China's current management system, so they can be both determined by new construction, extension and reconstruction.

(1) *New construction* in general refers to newly constructed units. In the case in which the value of the original fixed assets is quite small, and the value of newly added fixed assets exceeds the original ones by three times, the expansion construction is considered as new construction.

(2) *Expansion* refers to the construction of new major production workshop or independent production line within a factory or in other locations, or construction of a branch factory so as to increase the production capacity of the original products. Newly constructed business houses in institutions and administrative organizations (such as the newly constructed teaching buildings in schools, clinics or sickbeds in hospitals, and office buildings in administrative agencies, etc.) are also classified as expansion.

(3) *Reconstruction* refers to the technical innovation and transformation of the existing equipment and technical conditions undertaken by enterprises and institutions for the purposes of technological advancement, improvement in product quality, enlarging variety of products, promoting new generation of products, reducing production consumption and cost, promoting comprehensive utilization of resources, strengthening treatment of waste gas, waste water and solid wastes, and safety in production, etc. through application of new technologies and techniques, use of new equipment and new materials (including accessory facilities for production or for living and purposes). Construction of new workshops for improving existing production capacity rather than increasing production capacity is also considered as reconstruction.

Investment in Fixed Assets by Use can be divided into the four parts of investment: primary industry, secondary industry, tertiary industry and housing, which is an important indicator to study the proportion in fixed assets investment for different purposes. The purposes of investment in capital construction and other investment in fixed assets by state-owned units and investment by urban collective-owned units are determined by the individual project. The purposes of investment in innovation by existing enterprises and institutions are determined by the innovation project.

Investment in Fixed Assets by Structure refers to the three major investment activities, i.e., construction and installation, purchase of equipment and instrument, and other expenses.

(1) *Construction and installation (work volume of construction and installation)* refers to the construction of various houses and buildings and installation of various kinds of equipment and instruments, including construction of various houses, equipment foundations and industrial kilns and stoves, preparation works for project construction, and clearing up works of post project construction, pavement of railways and roads, drilling of mines and putting up of oil pipes, construction of projects of water conservancy, construction of underground air-raid shelters and construction of other special projects, installation of various machinery equipment, testing operation for pre-testing the quality of installation projects. The value of equipment installed is not included in the value of installation projects.

(2) *Purchase of equipment and instruments* refers to the total value of equipment, tools, and vessels purchased or self-produced which come up to standards for fixed assets, equipment, tools and vessels purchased or self-produced for new workshops by newly established or expanded units are categorized as "purchase of equipment and instruments" no matter whether they come up to the standards for fixed assets or not.

(3) *Other expenses* refer to the expenses occurring during the construction or purchase of fixed assets other than construction, installation or purchase of equipment and instruments. They include two kinds of expenses and one belongs to a sort that can increase fixed assets which covers: overhead of constructor, compensation and settlement allowance for land and young crop, cost of prospecting and design, expenses of research and experiment, expenses for purchasing livestock by agricultural or forestry unit, various expenses for planting economic trees including purchasing fees for office work, furniture, equipment and technology importation, other expenses of import equipment, fees of joint test run, etc.; another one belongs to a sort that can not increase fixed assets which covers: transfer fees of construction machinery, expenses for training production staff and workers, cost of wasteland reclaiming, loss of rejected project, etc.

Capital Construction Projects by Size The classification of size of capital construction projects should be determined according to the total scale or total investment set in the approved construction plan by higher responsible authorities or in the tentative design, otherwise according to the total scale or total investment set in the current capital construction plan of the state, provinces, autonomous regions, and municipalities directly under the Central Government. If the above two can not be applied, the classification should be determined according to the total scale or total investment set in the current construction plan. Industrial projects which produce unitary products are classified according to the design capacity of products; projects which produce multi-products are classified by the design capacity of the major product or by the total planned investment; if the resulted products are too various to be classified by the design capacity, they can be classified by the total planned investment. Standards for the Classification of Construction Projects into large, medium-sized and small ones issued by the government are the base for size division of construction projects, which was revised five times in 1958,1962,1972,1977,and 1979 respectively and therefore, data on projects by size are not entirely comparable from year to year.

Projects under Construction refer to the projects having construction and installation activities undertaken in the reference period, including projects started in the reference period, or continued from the previous period, or completed and put into production or suspended in the reference period.

Projects Completed and Put into Use Industrial projects refer to the major projects and accessory facilities completed which result in forming production capacity and have been checked and accepted while the living and welfare facilities have been completed and can ensure normal production and formally put into production. Non-industrial projects refer to the major projects and accessory facilities completed which possess the designed capacity and have been checked, accepted and formally put into production.

Newly Increased Production Capacity refers to the increase of designed capacity and project efficiency through investment in fixed assets, which reflects the accomplishment of investment in fixed assets in kind. The calculation of newly increased production capacity is based on an individual project which operates independently and efficiently. When an individual project is completed and checked and accepted and put into production, it is counted as newly increased production capacity.

The newly increased production capacity or project efficiency is usually expressed in one of the following forms:

(1) Annual production capacity, such as extraction of coal and petroleum;

(2) Raw material processing capacity, such as annual ore dressing capacity of ore dressing project and dressing capacity of coal washery;

(3) Number or capacity of major equipment increased, such as the number of cotton spindles increased and capacity of generating sets increased;

(4) Physical measures of construction, such as volume, capacity, area and length, for instance, the capacity of reservoirs and the length of railways.

Newly increased production capacity in terms of quantity is calculated in designed capacity in general, which refers to the production capacity of a project under normal conditions designed in construction documents regardless of actual output. Newly increased production capacity (or efficiency) in terms of number of equipment, volume, area and length of buildings, etc. is calculated according to the actual quantity.

Floor Space of Buildings under Construction and Completed refers to the total floor space in each story of buildings calculated from the outside line of building walls, including the space occupied by constructions like pillars or walls and the floor space of basement. The floor space of multi-story buildings includes the total floor space of each story, including the floor space of interlayer, projecting room, top of the lintel of a door, pillared raincap but excluding the floor space occupied by projecting components, artistic decoration and so on like stage, etc. The floor space of concave balcony and projecting balcony is calculated by half on the basis of its horizontal shadowy area.

Floor Space of Buildings Completed refers to the floor space of building completed in the reference period, which has come up to the designed standards and has been put into use.

Completion Rate of Floor Space of Buildings refers to the ratio of the floor space of building completed in certain period of time to the floor space of buildings under construction in the same period, which reflects the investment result and economic efficiency of the construction industry from the angel of the speed of project construction.

Newly Increased Fixed Assets refer to the newly increased value of fixed assets through investment, including the value of projects completed and put into production, the value of equipment, tools, and vessels considered as fixed assets, as well as the relevant expenses as investment in fixed assets. This is a comprehensive indicator of investment in fixed assets, reflecting the achievements of investment in fixed assets in different periods, different sectors, and different regions.

Rate of Construction Projects Completed and Put Into Use refers to the ratio of the number of construction projects completed and put into use in certain period of time to the number of projects under construction in the same period. This reflects the investment efficiency from the angle of the speed of projects construction.

Rate of Projects of Fixed Assets Completed and Put into Operation refers to the ratio of the newly increased fixed assets to the total investment made in the same period. This is a comprehensive indicator, reflecting the speed of the employment of fixed assets and the investment efficiency.

Occupation Rate of Project Uncompleted refers to the ratio of the accumulated investment of project uncompleted at year-end to the actual investment completed in the whole year. It reflects the relevant scale of project uncompleted as well as the investment efficiency of fixed assets from the angle of the possession of funds. Since an uncompleted project refers to the project which is commenced but not completed and put into use and is to be carried on in the next year, the occupation rate of project uncompleted will be greater than 100% sometimes.

七、财政、金融和保险

FINANCE, BANKING AND INSURANCE

7-1 财 政 收 入
Government Revenue

单位：万元 (10 000 yuan)

年 份 Year	地方财政收入 Local Government Revenue	国有资产经营收益 Profit Gained by State Funds	税收收入 Tax Revenue	国有企业计划亏损补贴 Planned Subsidies to Loss-making State-owned Enterprises	其它收入 Other Revenue
1978	117 606	18 441	92 233		6 932
1980	116 407	13 162	98 052		5 793
1985	274 321	4 644	253 725		15 952
1990	774 346	12 527	772 501	-78 676	67 994
1991	997 814	10 519	874 467	-74 861	187 689
1992	1 093 214	10 670	943 325	-93 928	233 147
1993	2 049 436	9 805	1 436 527	-81 877	684 981
1994	676 018	4 993	710 383	-69 095	29 737
1995	983 491	9 420	905 902	-75 138	143 307
1996	1 300 129	11 494	1 178 209	-78 216	188 642
1997	1 504 181	7 565	1 345 394	-64 931	216 153
1998	1 682 347	11 987	1 392 892	-32 289	309 757
1999	1 726 690	7 434	1 440 829	-31 299	309 726
2000	1 807 450	9 014	1 531 141	-27 211	294 506
2001	1 912 799	5 632	1 635 198	- 28 677	300 646

7-2 各 项 税 收
Government Tax Revenue

单位：万元 (10 000 yuan)

年 份 Year	各项税收合计 Total Tax Revenue	工商税收 Taxes on Industry and Commerce	农牧和耕地占用税 Taxes on Agriculture,Animal Husbandry and Occupied Cultivated Land	企业所得税 Taxes on Enterprises Income
1978	92 233	81 220	9 282	
1980	98 052	89 687	7 075	
1985	253 795	243 588	10 207	59 845
1990	772 501	680 172	26 071	72 086
1991	874 467	784 069	28 003	80 890
1992	943 325	863 265	33 245	51 663
1993	1 436 527	1 359 550	37 921	49 906
1994	710 383	515 030	129 311	
1995	905 902	587 648	240 008	68 000
1996	1 178 209	738 729	351 684	106 647
1997	1 345 394	849 048	405 940	96 969
1998	1 392 892	1 006 759	248 957	144 691
1999	1 440 829	1 086 634	215 895	149 479
2000	1 531 141	1 055 279	204 659	201 689
2001	1 635 198	1 065 849	197 741	262 891

7-3 历年全省财政分项目支出

Historic Government Expenditures by Item

单位：万元　　(10 000 yuan)

年份 Year	财政支出 Total Government Expenditures	基本建设拨款 For Appropriation for Capital Construction	流动资金 For Circulating Funds	企业挖潜改造资金 For Innovation of Enterprises	城市维护费 For Maintaining Cities	地质勘探费 For Geological Prospecting	工、交、商部门事业费 Administrative Expenses of Industrial, Traffic and Commercial Department
1978	182 840	72 327	7 155	6 938	1 291	7 077	2877
1980	173 210	45 562	4 176	7 792	2 692	5	2857
1985	366 986	61 208	1 385	25 835	12 486	10	9696
1990	907 586	90 556	2 084	64 930	33 588	33	20926
1991	1 108 165	108 773	3 827	81 400	41 406	322	27192
1992	1 215 908	131 795	4 352	70 630	46 801	350	53180
1993	2 006 172	288 398	6 565	351 545	67 024	281	63990
1994	2 037 309	305 975	1 256	167 005	87 083	1 060	55011
1995	2 350 993	330 791	891	172 434	103 340	964	64038
1996	2 703 945	354 440	1 240	152 214	96 744	2 736	67511
1997	3 132 012	442 387	1 147	142 545	110 414	2 059	68128
1998	3 280 023	422 513	888	134 465	128 154	1 685	52083
1999	3 780 468	634 850	158	124 658	158 519	739	71174
2000	4 141 074	604 507	1 329	158 680	146 200	13 783	92550
2001	4 964 302	830 696	40	123 494	158 702	27 287	81 816

7-3 续表 continued

单位：万元　　(10 000 yuan)

年份 Year	支援农业支出 For Supporting Agriculture Production Funds	文教、科学、卫生事业费 For Culture, Education, Science and Public Health Funds	抚恤和社会救济费 For Pensions and Social Relief Funds	行政管理费 For Administrative Management Funds	科技三项费用 For Science and Technology Promotion Funds	其它支出 Other Expenditures
1978	22 616	27 322	3 516	16 067	1 495	14 159
1980	26 447	37 941	4 108	20 510	986	20 134
1985	41 767	93 818	11 419	49 158	2 919	57 285
1990	132 048	213 211	37 033	88 814	3 678	220 685
1991	159 073	240 835	40 702	105 614	5 461	293 560
1992	185 262	287 561	37 019	138 573	4 907	255 478
1993	238 180	373 626	33 776	167 296	5 540	409 951
1994	250 572	489 124	36 114	214 043	6 380	422 696
1995	282 832	540 638	59 238	244 747	8 154	542 926
1996	325 054	690 417	92 600	302 168	14 085	604 736
1997	338 153	750 078	95 484	305 799	18 468	857 350
1998	346 635	805 044	86 461	320 730	22 028	959 337
1999	365 858	898 645	75 827	334 725	26 481	1 088 834
2000	392 018	987 030	88 609	372 394	32 685	1 251 289
2001	452 593	1 167 030	102 327	447 596	40 526	1 532 195

7-4 全省主要年份文教、科学、卫生事业费分项目数

Provincial Government Expenditures for Culture,Education, Science and Health Care in Main Years

单位：万元 (10 000 yuan)

年份 Year	合计 Total Expenditures	文化事业费 For Culture	计划生育事业费 For Birth Control of Population	教育事业费 For Education	卫生事业费 For Health Care	公费医疗经费 For Free Medical Service	体育事业费 For Sports	科学事业费 For Scientific Research
1952	1 264	26		834	378		3	
1957	5 315	175		3 883	764	363	50	7
1962	6 557	229		4 286	1 329	515	94	58
1965	8 632	337	38	5 450	1 883	511	179	158
1970	9 981	558		5 764	2 914		107	37
1975	20 121	982	326	11 944	4 267	1 065	480	349
1980	37 941	1 681	759	23 032	7 790	1 919	882	536
1985	93 818	3 534	1 936	57 177	16 447	4 846	2 174	2 428
1990	213 211	7 247	6 228	122 831	28 831	19 483	4 990	7 832
1995	540 638	15 663	15 720	317 416	69 350	51 008	11 797	22 700
1996	690 417	19 681	19 990	412 850	90 516	63 336	13 403	29 123
1997	750 078	20 349	21 511	440 181	97 384	76 349	13 041	33 122
1998	805 044	20 157	19 695	499 317	99 222	74 546	14 587	32 027
1999	898 645	26 744	21 786	559 911	102 604	91 079	11 520	34 194
2000	987 030	26 617	24 067	623 109	110 200	104 260	14 462	33 796
2001	1 167 030	28 666	28 207	762 797	128 113	109 951	16 303	34 435

7-5 全省主要年份财政支援农业的资金

Provincial Expenditures for Supporting Agriculture in Major Years

单位：万元 (10 000 yuan)

年份 Year	支援农业支出合计 Total Expenditures for Supporting Agriculture	支援农村生产支出 For Supporting Agricultural Production	农林水气象等部门事业费 For Farming,Forestry,Water Conservancy and Meteorologic Institutions Operaton	农业基本建设支出 For the Capital Construction of Agriculture	科技三项费用 For Science and Technology Promotion
1978	22 616			13 558	7
1980	26 448	26 448		8 356	399
1985	41 767	21 077	20 690	6 090	499
1990	132 048	93 355	38 693	15 297	710
1995	282 832	190 180	92 652	37 313	3 486
1996	325 054	204 910	120 144	44 048	4 433
1997	338 153	206 819	131 334	55 706	4 782
1998	346 635	187 607	134 758	56 332	4 222
1999	365 858	170 307	168 257	96 717	6 537
2000	392 018	163 951	199 080	133 608	7 387
2001	452 593	165 281	255 464	220 201	9 845

7-6 财政政策性补贴
Government Expenditures for Price Subsidies

年份 Year	合计 Total	粮棉油价格补贴 Subsidies on Price Increases in Grain,Cotton and Edible Oil	平抑物价等补贴 Subsidies on Curbing Price Increase	肉食价格补贴 Subsidies on Increase in Meat Price	其它 Other Price Subsidies
1985	17 617	9 518		8 099	
1990	92 157	68 171	2 395	11 657	9 934
1991	96 501	71 691	2 016	12 533	10 261
1992	81 134	52 085	1 872	12 819	14 358
1993	84 350	29 319	7 706	12 726	34 599
1994	79 088	23 757	3 555	12 709	39 067
1995	156 356	81 872	3 870	13 506	57 108
1996	98 882	28 127	3 615	13 714	53 426
1997	142 281	39 290	3 578	12 955	86 458
1998	98 103	10 301	3 165	13 055	71 582
1999	63 997	5 742	2 022	10 055	46 178
2000	57 764	3 321	[illegible]	7 091	44 384
2001	58 005	2 370	556	144	54 935

7-7 云南省金融机构信贷资金平衡表(资金运用)
Credit Funds Balance Sheet of Provincial Financial Institutions by Use

单位：万元 (10 000 yuan)

项目	Item	1990年	1995年	2000年	2001年
贷款合计	**Loans Total**	**2 753 240**	**9 246 652**	**19 878 301**	**22 808 590**
一、流动资金贷款	**Circulating Funds Loans**	**1 995 537**	**7 133 201**	**13 803 463**	**12 714 610**
1. 工业贷款	Industrial Loans	813 119	2 315 234	3 399 585	3 958 147
2. 商业贷款	Commercial Loans	1 008 009	3 236 407	4 336 597	3 707 721
3. 建筑业贷款	Construction Loans	49 528	105 541	305 866	383 158
4. 农业贷款	Agricultural Loans	296 428	459 441	1 185 182	1 408 783
5. 乡镇企业贷款	Loans to Township Enterprises	119 487	438 863	815 616	781 408
6. 三资企业贷款	Loans to Sino-foreign Joint Ventures and Cooperative Enterprises and Foreign-funded Enterprises		91 096	171 471	181 936
7. 私营企业及个体贷款	Loans to Private Enterprises and Self-employed Individuals	5 394	21 717	185 058	218 320
8. 其他短期贷款	Other Short-term Loans		464 902	3 404 088	2 075 137
二、固定资产贷款	**Fixed Assert Loans**	**373 406**	**1 626 134**	**5 490 099**	**7 410 951**
1. 基本建设贷款	Capital Construction Loans	146 970	555 893	2 681 225	3 359 591
2. 技术改造贷款	Technical Innovation Loans	139 937	544 648	1 104 064	899 982
3. 其它中长期贷款	Other Medium-term & Long-term Loans	86 499	134 053	1 704 8 10	3 151 379
三、信托贷款	**Trust Loans**	**23 467**	**336 920**	**21 551**	**118 081**
四、其它贷款	**Other Loans**	**360 830**	**150 397**	**563 188**	**2 564 948**

注：1998年后的流动资金贷款包括中期流动资金贷款。

Note:Since 1998 the circulating funds loans have included medium-term circulating funds loans.

7-8 云南省金融机构信贷资金平衡表(资金来源)

Credit Funds Balance Sheet of Provincial Financial Institutions by Sources of Funds

(年末余额)　　(balance of year-end)

单位：万元　　(10 000 yuan)

项　目	Item	1990年	1995年	2000年	2001年
存款合计	**Deposit Total**	**2 921 911**	**11 872 364**	**24 656 844**	**27 797 088**
一、企业存款	Enterprises Deposits	1 058 128	4 788 949	10 384 035	10 825 159
二、财政存款	Treasury Deposits	208 809	743 959	538 962	763 367
三、储蓄存款	Savings Deposits	1 178 898	5 001 334	11 382 215	12 985 261
四、农业存款	Agricultural Deposits	119 090	396 509	830 666	933 743
五、信托存款	Trusted Deposits	39 140	663 008	243 582	174 151
六、其它存款	Other Deposits	317 846	278 605	1 277 384	1 314 889

7-9 云南省银行机构信贷资金平衡表(资金来源)

Credit Funds Balance Sheet of Provincial Bank Institutions by Sources of Funds

(年末余额)　　(balance of year-end)

单位：万元　　(10 000 yuan)

项　目	Item	1985年	1990年	1995年	2000年	2001年
各项存款:	**Deposits :**	**929 580**	**2 656 124**	**9 629 362**	**21 266 912**	**24 207 289**
一、企业存款	Enterprises Deposits	409 284	998 197	4 60 010	10 064 664	10 509 710
二、财政性存款	Treasury Deposits	77 195	208 809	418 229	465 813	674 746
三、机关团体存款	Deposits of Government Agencies and Organizations	74 989	162 315	325 730	725 705	890 174
四、储蓄存款	Savings Deposits	231 158	938 207	3 956 444	9 283 860	10 686 902
五、农业存款	Agricultural Deposits	71 804	194 619	95 782	124 297	156 598
六、信托存款	Trusted Deposits	28 907	31 760	-233 068	3 245	
七、其它存款	Other Deposits	36 243	122 217		599 328	1 289 160

7-10 云南省银行机构信贷资金平衡表(资金运用)

Credit Funds Balance Sheet of Provincial Bank Institutions by Use of Funds

(年末余额)　　(balance of year-end)

单位：万元　　(10 000 yuan)

项　目	Item	1985年	1990年	1995年	2000年	2001年
各项贷款:	**Loans:**	**968 798**	**2 505 422**	**8 106 570**	**17 616 394**	**19 256 519**
一、工业贷款	Industrial Loans	194 937	770 052	226 627	3 385 700	3 946 246
二、商业贷款	Commercial Loans	449 578	995 760	3 162 090	4 321 975	3 680 595
三、建筑业贷款	Construction Loans	15 516	49 528	105 541	305 521	380 604
四、农业贷款	Agricultural Loans	116 058	178 543	161 838	243 277	245 564
五、乡镇企业贷款	Loans to Township Enterprises		80 266	139 164	225 871	207 546
六、三资企业贷款	Loans to Sino-foreign Joint Ventures and Cooperative Enterprises and Foreign-funded Enterprises			91 096	171 471	181 936
七、私营企业及个体贷款	Loans to Private Enterprises and Self-employed Individuals	3 786	3 305	8 750	150 502	190 969
八、固定资产贷款	Fixed Assets Loans	156 300	371 548	1 624 637	5 336 701	7 190 525
九、信托贷款	Trusted Loans	29 065	7 057	173 476	0	
十、其它贷款	Other Loans	3 558	49 363	464 867	3 475 376	3 232 534

7-11 历年云南省金融机构现金收支情况

Historic Cash Revenue and Expenditures of Provincial Financial Institutions

单位：万元 (10 000 yuan)

年 份 Year	现金收入 Cash Revenue	#商品销售收入 Revenue from Sales of Commodities	现金支出 Cash Expenditures	#工资性支出 Expenditures on Wages	#产品采购支出 Expenditures on Purchase of Products	投 放 Currency Issuance
1978	299 657	216 218	306 099	144 400	30 478	6 442
1980	428 907	298 595	454 839	213 332	51 746	25 932
1985	1 204 862	681 745	1 261 591	440 951	218 240	56 729
1990	3 095 363	1 347 624	3 134 779	960 650	455 596	39 377
1995	14 033 672	3 865 337	14 509 164	2 913 771	1 309 018	475 492
2000	50 477 852	6 541 556	50 602 544	3 998 215	2 947 615	124 692
2001	57 462 998	6 849 326	57 424 550	4 046 578	2 980 193	- 38 448

7-12 全省保险业务经济技术指标

Economic and Technical Indicators on Provincial Insurance Companies

项 目		Item	1995年	2000年	2001年
一、保费收入	(万元)	Premium Income (10 000 yuan)	139 797	403 494	426 668
1. 财产险	(万元)	Property Insurance (10 000 yuan)	82 580	190 573	205 113
#农业险	(万元)	Agriculture Insurance (10 000 yuan)	4 298	5 866	
2. 人身险	(万元)	Unforeseen Human Injury Insurance (10 000 yuan)	46 732	212 921	221 555
#短期人身险	(万元)	Unforeseen Human Injury Insurance for Short Term (10 000 yuan)	7 475	20 249	40 258
3. 其它险	(万元)	Other Insurance (10 000 yuan)	6 188		
二、储金期末余额	(万元)	Outstanding Balance of Amount Insured	20 323	20 087	25 866
1. 财产险	(万元)	Property Insurance (10 000 yuan)	13 681	19 287	15 905
#农业险	(万元)	Agriculture Insurance (10 000 yuan)			
2. 人身险	(万元)	Unforeseen Human Injury Insurance (10 000 yuan)	6 642	806	9 961
#短期人身险	(万元)	Unforeseen Human Injury Insurance for Short Term(10 000 yuan)			
3. 其它险	(万元)	Other Insurance (10 000 yuan)			
三、保险金额	(亿元)	Amount Insured (100 million yuan)	2 514	8 521	8 685
1. 财产险	(亿元)	Property Insurance (100 million yuan)	1 309	2 373	2 926
#农业险	(亿元)	Agriculture Insurance (100 million yuan)	9	10	13
2. 人身险	(亿元)	Unforeseen Human Injury Insurance (100 million yuan)	1 196	6 148	5 759
#短期人身险	(亿元)	Unforeseen Human Injury Insurance for Short Term (100 million yuan)	1 098	3 226	5 492
3. 其它险	(亿元)	Other Insurance (100 million yuan)	677		
四、已决案件数	件(人)	Number of Insurance Cases Settled(person)	210 883	584 630	624 504
五、已决案赔款金额	(万元)	Settled Claim and Payment (10 000 yuan)	50 508	120 389	149 742
1. 财产险	(万元)	Property Insurance (10 000 yuan)	41 256	98 920	108 601
#农业险	(万元)	Agriculture Insurance (10 000 yuan)	2 528	6 335	5 225
2. 人身险	(万元)	Unforeseen Human Injury Insurance (10 000 yuan)	5 823	30 732	41 141
#短期人身险	(万元)	Unforeseen Human Injury Insurance for Short Term(10 000 yuan)	4 166	6 588	32 665
3. 其它险	(万元)	Other Insurance (10 000 yuan)	902		

主要统计指标解释

财政收入

1.企业收入 包括各部门所属国有企业、事业单位上交国家的利润。

2.各项税收 包括营业税、增值税、资源税、企业所得税、盐税、关税、农牧业税、固定资产投资方向调节税、屠宰税、房产税、城市维护建设税以及有关罚款补税收入。

财政支出

1.基本建设支出 是指国家预算内的基本建设拨款，不包括国家预算外自筹的各种基本建设基金。为加强基本建设投资规模的控制，提高资金使用效益，国家从1985年起，对预算内基本建设拨款实行拨款改贷款的新的管理办法。即由原来直接无偿的拨给建设单位，改为拨给建设银行视同信贷基金管理，建设银行根据国家预算安排的基建项目，给予有偿贷款，用投产后新增利润还本付息。因改革之中情况不一，目前仍有一些基建项目未实现拨改贷办法。

2.流动资金 是指国家预算增拨各部门所属国有企业的流动资金和增拨银行的信贷资金。

3.文教科学卫生事业费,包括科学、文化、教育、卫生、公费医疗、体育、通讯和广播、地震、海洋、文物、计划生育等方面的事业费

存款 企业、机关、团体或居民根据可以收回的原则,把货币资金存入银行或其他信用机构保管并取得一定利息的一种信用活动形式。根据存款对象的不同可划分为企业存款、财政存款、机关团体存款、对外贸易存款、城镇居民储蓄存款、农村存款等科目。

贷款 银行或其他信用机构根据必须归还的原则,按一定利率,为企业、个人等提供资金的一种信用活动形式。我国银行贷款,分流动资金贷款、中短期设备贷款以及农户贷款等科目。

承保额 又叫保险金额。它是保险人对被保险人负担损失补偿或约定给付的金额。它是保险合同上的最高责任额,也是计算保费的依据。

保费 被保险人按其得到保险利益的保障程度(保险金额)的一定比率向保险人缴付的费用。

赔款 保险人对财产保险的保险事故给予的经济补偿或对人身保险的保险事故给付的保险金。分为已决赔款和未决赔款。

Explanatory Notes on Main Statistical Indicators

Financial Revenue

1. *Income of enterprise* includes the profits handed over to the state by state-owned enterprises and institutions attached to each department.

2. *General taxes* include the revenue of business tax, value added tax, resources tax, enterprise income tax, salt tax, tariff, agricultural and animal husbandry tax, fixed assets investment orientation regulatory tax, animal slaughter tax, real estate tax, urban maintenance and development tax, tax penalties, etc.

Financial Expenditure

1. *Expenditure of capital construction* refers to the State budgetary appropriation for capital construction rather than various self-raised funds for capital construction which are excluded in the state budget. In order to strengthen the control of the investment scale of capital construction and increase the rate of fund utilization, a new managerial method of changing the state budgetary appropriation into loan has been practiced since 1985. That is, the past unpaid appropriation to a constructor is changed to paid loan, during which the state allocates the funds to the construction bank as a way of credit fund management and the construction bank gives the loan according to the state budgetary arrangement for capital construction project and the principal and interest of loan is paid with the newly increased profits upon the completion of project. Because of different situations, currently some capital construction projects are not carried in this way.

2. *Circulating funds* refer to the state budgetary increased allocations for circulating funds to enterprises attached to each departments and additional allocations of credit funds to the banks.

3. *Operation funds for culture, education, science and health* refer to the funds for public undertakings in science, culture, education, health, free medical care, sports, telecommunication and broadcasting, earthquake, marine, cultural and historical relics, family planning, etc.

Deposit is a form of credit by which enterprises, institutions, organizations or households can put money into banks and other credit institutions for safekeeping and interest earning under the principle of free withdrawal. According to different depositors, deposits are divided into enterprise deposits, treasury deposits, deposits of government agencies and organizations, foreign trade deposits, urban savings deposits, rural deposits and other deposits.

Loan is a form of credit by which banks and other credit institutions provide funds at certain interest rate to enterprises and individuals in the light of the principle of unconditional repayment. Loans from Chinese banks include circulating capital loans, fixed assets loans, loans to urban and rural individuals engaged in industrial and commercial business and agricultural loans.

Amount Insured refers to the amount that the insurant will get for the claim of the case insured. It is the maximum liability amount in the insurance contract and the base for calculating the premium.

Premium is the fee paid by the insurant to the insurer to obtain the obligation of compensation from the insurance within the agreed terms.

Settled Claim is the compensation paid by the insurer to the insurant in accordance with the insurance contract. It is divided into settled claim and outstanding claim.

八、物 价

PRICE

8-1 主要年份各种物价总指数

General Price Indices In Major Years

（2001年以各年价格为100） (2001 is on the basis of preceding year=100)

年 份 Year	全省居民消费价格总指数 Provincial General Consumer Price Index	全省商品零售价格总指数 Provincial General Retail Price Index	城镇居民消费价格总指数 General Urban Consumer Price Index	农副产品收购价格总指数 General Purchasing Price Index of Farm and Sideline Products	农村居民消费价格总指数 General Rural Consumer Price Index	集市贸易价格总指数 General Market Trade Price Index
1950		346.3	512.6	834.4		
1952		397.0	500.3	857.8		
1965		376.6	452.2	486.4		
1978	443.6	371.9	444.2	446.3	445.7	317.9
1980	437.8	349.2	406.9	361.1	424.4	387.8
1985	394.3	302.3	344.0	244.0	380.2	285.1
1990	225.9	185.6	210.4	156.9	229.1	162.2
1991	219.8	178.9	202.9	161.3	223.2	164.2
1992	213.2	166.1	183.9	153.6	204.9	153.0
1993	195.7	139.7	154.6	134.8	166.3	131.4
1994	161.3	120.6	131.9	108.6	138.8	111.9
1995	135.4	102.1	109.7	86.4	113.9	79.5
1996	111.6	95.8	101.3	77.2	104.6	76.9
1997	102.7	93.7	96.9	83.4	100.8	78.6
1998	98.4	94.4	94.6	91.1	99.7	84.2
1999	96.7	96.0	95.7	95.3	98.9	89.8
2000	99.1	98.4	98.1	101.8	100.6	

8-1 续表 continued

（各年以上年价格为100） (The basis of preceding year=100)

年 份 Year	全省居民消费价格总指数 Provincial General Consumer Price Index	全省商品零售价格总指数 Provincial General Retail Price Index	城镇居民消费价格总指数 General Urban Consumer Price Index	农副产品收购价格总指数 General Purchasing Price Index of Farm and Sideline Products	农村居民消费价格总指数 General Rural Consumer Price Index	集市贸易价格总指数 General Market Trade Price Index
1952		95.3		98.8		
1957		101.3		107.1		
1965		99.3	100.1	101.3		
1978	100.2	100.1	100.0	101.2	100.3	103.0
1980	104.7	105.7	108.1	106.0	103.7	89.9
1985	108.2	108.0	111.9	116.7	105.7	120.1
1990	102.8	102.1	101.6	105.3	103.4	93.3
1991	103.1	103.7	103.8	97.2	102.7	98.7
1992	108.9	107.7	110.4	105.0	108.8	107.3
1993	121.3	118.9	118.8	113.9	123.3	116.5
1994	119.2	115.8	117.3	124.2	119.9	117.4
1995	121.3	118.1	120.3	125.6	121.8	140.8
1996	108.7	106.6	108.2	112.0	108.8	103.3
1997	104.3	102.3	104.6	92.6	103.9	97.9
1998	101.7	99.2	102.4	91.5	101.1	93.3
1999	99.7	98.3	98.8	95.6	100.7	93.8
2000	97.9	97.6	97.6	93.6	98.4	89.8
2001	99.1	98.4	98.1	101.8	100.6	

8-2 商品零售价格和居民消费价格指数

Retail Price and Residents' Consumer Price Indices

(以上年价格为100)　　　　(preceding year=100)

项　目	Item	全　省 Province		城　镇 Urban		农　村 Rural Areas	
		2000年	2001年	2000年	2001年	2000年	2001年
商品零售价格总指数	**General Retail Price Indices**	**97.6**	**98.4**	**97.0**	**98.0**	**98.4**	**98.7**
1. 食　品　类	Food	94.3	98.6	92.8	98.9	95.8	98.2
2. 饮料、烟酒类	Beverages, Tobacco and Liquor	95.3	99.5	93.5	99.3	97.6	99.8
3. 服装、鞋帽类	Garments, Shoes and Hats	102.0	99.1	102.8	99.1	101.1	99.1
4. 纺织品类	Textiles	96.3	99.4	94.0	99.7	98.6	99.1
5. 中西药品类	Traditional Chinese and Western Medicines	99.9	97.5	99.2	98.1	100.7	96.5
6. 化妆品类	Cosmetics	103.2	100.1	103.2	100.5	103.0	99.4
7. 书报杂志类	Newspapers and Magazines	109.1	113.1	109.4	111.1	100.1	115.4
8. 文化体育用品类	Cultural and Sports Goods	98.0	99.3	96.5	99.2	99.4	99.3
9. 日用品类	Articles for Daily Use	97.5	99.8	96.3	100.3	98.8	99.4
10. 家用电器类	Household Appliances	95.5	93.5	96.7	92.5	94.0	96.0
11. 首饰类	Jewelry	104.6	92.2	106.7	90.2	99.2	96.8
12. 燃料类	Fuels	123.1	98.0	127.0	96.8	118.7	99.3
13. 建筑装璜材料类	Building and Decoration Materials	96.0	97.8	92.8	97.1	98.4	98.4
14. 机电产品类	Mechanical and Electrical Products	94.3	93.7	94.4	91.9	94.2	96.4
农业生产资料零售价格指数	**Retail Price Indices of Agricultural Means of Production**	**98.9**	**96.6**			**98.9**	**96.6**
#小农具	Small Farm Tools	103.6	98.2			103.6	98.2
半机械化农具	Semi-Mechanization Farm Tools	101.0	99.8			101.0	99.8
机械化农具	Mechanization Farm Machinery	98.1	98.2			98.1	98.2
化学肥料	Chemical Fertilizer	97.3	94.8			97.3	94.8
农药及农药械	Pesticide & Its Appliances	97.9	99.1			97.9	99.1
服务项目价格指数	**Price Indices of Service Items**	**103.8**	**105.4**	**102.0**	**103.5**	**106.0**	**108.4**
居民消费价格总指数	**Consumer Price Indices**	**97.9**	**99.1**	**97.6**	**98.1**	**98.4**	**100.6**
1. 食品类	Food	94.6	98.3	93.8	97.5	95.5	99.4
2. 烟酒及用品类	Tobacco, Liquor and Necessities		98.9		98.0		99.6
3. 衣着类	Clothing	101.3	96.3	102.2	96.5	100.3	95.8
4. 家庭设备用品及维修服务类	Household Facilities and Repairing Services		98.5		98.1		99.6
5. 医疗保健和个人用品类	Medical and Health and Individual-use Articles		106.2		101.9		110.0
6. 交通和通讯类	Transport and Communication		92.5		89.8		99.5
7. 娱乐教育文化用品及服务类	Recreation, Education, Cultural Goods and Services		98.6		98.6		98.7
8. 居住类	Dwelling		101.6		103.8		99.7

8-3 各市居民消费价格分类指数

Consumer and Retail Price Indices in Cities by Category

(2001年以上年价格为100)　　(preceding year=100)

项　目	Item	全省平均 Provincial Average	昆明市 Kunming City	个旧市 Gejiu City	大理市 Dali City	东川区 Dongchuan District
一、居民消费价格指数	**General Consumer Price Indices**	**99.1**	**100.6**	**98.8**	**97.1**	**101.2**
1. 食品类	Food	98.3	97.3	98.6	95.7	100.2
(1)粮 食	Grain	103.6	103.4	92.4	104.5	105.2
(2)油脂类	Oil or Fat	94.3	95.5	98.7	85.4	91.3
(3)肉禽及其制品	Meat and Poultry and their Products	94.6	92.2	97.5	95.5	100.4
(4)鲜 蛋	Fresh Eggs	103.0	104.0	101.2	103.0	122.6
(5)鲜 菜	Fresh Vegetable	95.5	92.5	103.3	87.3	96.9
二、烟酒及用品类	**Beverages, Tobacco and Liquor**	**98.9**	**97.7**	**100.1**	**101.4**	**101.9**
三、衣着类	**Garments, Shoes and Hats**	**96.3**	**96.8**	**100.1**	**92.1**	**105.7**
#服 装	Garments	95.1	96.3	100.5	89.3	104.9
四、家庭设备用品及维修服务类	**Household Facilities and Maintaining**	**98.5**	**95.8**	**95.8**	**96.6**	**95.7**
耐用消费品	Durable Consuming Goods	95.5	91.4	92.1	92.6	93.5
五、医疗保健和个人用品类	**Medical and Health and Individual Articles**	**106.2**	**114.0**	**101.9**	**100.7**	**113.0**
1. 医疗保健	Medical Health	109.5	122.7	104.0	100.5	119.9
2. 个人用品及服务	Individual Articles and Services	99.3	97.2	96.5	101.4	94.7
六、交通和通讯类	**Transport and Communication**	**92.5**	**96.4**	**94.5**	**95.5**	**101.4**
1. 交 通	Transport	96.6	95.6	94.6	99.5	106.8
2. 通 信	Communication	87.2	96.9	94.4	92.2	97.8
七、娱乐教育文化用品及服务类	**Recreation, Education, Cultural and Sports Goods and Services**	**98.6**	**102.4**	**99.9**	**100.6**	**97.4**
文娱耐用消费品及服务	Entertainment Durable Consuming Goods and Services	90.0	89.3	91.7	87.5	90.0
八、居住类	**Dwelling**	**101.6**	**108.1**	**99.6**	**99.3**	**99.8**
水、电、燃料	Electricity, Water and Fuels	100.3	100.1	99.9	99.2	101.9

8-4 各市商品零售价格分类指数

Retail Price Indices in Cities

(2001年以上年价格为100)　　(preceding year=100)

项　目	Item	全省平均 Provincial Average	昆明市 Kunming City	个旧市 Gejiu City	大理市 Dali City	东川区 Dongchuan District
一、零售物价指数	**Retail Price Indices**	**98.4**	**98.1**	**99.2**	**96.1**	**100.1**
1．食品类	Food	98.6	98.8	100.4	99.3	100.6
(1)粮 食	Grain	102.3	105.9	95.6	106.6	105.6
(2)油脂类	Oil or Fat	87.8	85.7	97.9	91.6	90.2
(3)肉禽蛋	Meal,Poultry and Eggs	94.8	93.2	99.7	96.6	99.4
(4)水产品	Aquatic Products	94.5	94.8	90.0	101.6	89.6
(5)鲜 菜	Fresh Vegetables	103.0	101.[illegible]	110.7	95.7	104.2
(6)干 菜	Dried Vegetables	98.2	103.7	93.4	97.2	103.6
(7)鲜 果	Fresh Fruits	102.9	106.5	104.9	100.0	100.8
(8)干 果	DriedFruits	95.6	89.6	95.0	98.3	95.4
(9)其它食品	Other Food	101.4	102.3	100.7	99.0	100.5
2．饮料、烟酒类	Beverages,Tobacco and Liquor	99.5	99.3	100.2	98.5	98.5
(1)饮 料	Beverages	99.9	100.2	100.4	97.9	99.4
(2)烟 酒	Tobacco and Liquor	99.4	98.9	100.1	98.7	98.4
3．服装、鞋帽类	Garments,Shoes and Hats	99.1	99.2	97.4	95.0	108.0
#服 装	Garments	100.1	101.7	90.3	88.3	110.6
4．纺织品类	Textiles	99.4	100.0	99.5	95.9	106.4
5．中、西药品类	Traditional Chinese and Western Medicines	97.5	99.3	85.7	84.5	105.5
6．化妆品类	Cosmetics	100.1	100.6	97.1	101.7	86.2
7．书报杂志类	Newspapers and Magazines	113.1	111.0	123.2	107.1	115.6
8．文化体育用品类	Cultural and Sports Goods	99.3	99.1	101.6	101.5	84.3
9．日用品类	Articles for Daily Use	99.8	100.9	100.3	95.9	92.4
10．家用电器类	Household Appliances	93.5	92.7	96.7	88.9	93.4
11．首饰类	Jewelry	92.2	89.9	88.3	92.5	86.6
12．燃料类	Fules	98.0	97.0	98.1	94.5	97.1
13．建筑装璜材料类	Building Decoration Materials	97.8	97.0	99.0	97.6	100.3
14．机电产品类	Mechanical and Eiectrical Products	93.7	91.1	101.1	95.1	89.6

8-5 农村零售价格分类指数

Retal Price Indices by Category of Rural

(2001年以上年价格为100) (preceding year=100)

地区	Region	零售价格指数 Retail Price Indices	一、食品类 Food	1.粮食 Grain	2.油脂类 Oil or Fat	3.肉禽蛋 Meal, Poultry and Eggs	4.水产品 Aquatic Products	5.鲜菜 Fresh Vegetables	6.干菜 Dried Vegetables
全省农村	**Rural**	**98.7**	**98.2**	**99.7**	**88.0**	**95.7**	**92.8**	**105.0**	**96.2**
玉溪	Yuxi	98.5	96.7	99.3	92.1	94.0	90.6	96.6	97.7
保山	Baoshan	99.9	102.5	103.0	88.6	99.8	109.8	120.6	111.7
大姚	Dayao	101.2	102.1	110.5	85.8	98.2	88.4	118.3	97.5
宣威	Xuanwei	97.3	99.3	105.3	86.5	93.9	91.9	100.7	91.7
丽江	Lijiang	99.1	99.2	99.2	85.8	102.1	94.8	99.8	94.4
普洱	Puer	100.9	98.6	96.7	93.6	94.0	86.4	112.9	91.0
文山	Wenshan	99.0	96.8	96.7	85.7	97.1	80.7	101.3	85.6
临沧	Lincang	98.7	96.9	98.2	94.3	88.7	94.6	95.9	100.2
潞西	Luxi	98.0	96.5	90.7	82.1	95.9	98.9	112.7	97.0
景洪	Jinghong	99.5	98.4	99.0	90.7	96.1	95.3	96.7	99.6
昭通	Zhaotong	98.6	97.7	99.5	85.4	96.9	90.4	99.7	96.6

8-5 续表1 continued

(2001年以上年价格为100) (preceding year=100)

地区	Region	7.鲜果 Fresh Fruits	8.干果 Dried Fruits	9.其它食品 Other Food	二、饮料烟酒类 Beverages, Tobacco and Liquor	1.饮料 Beverages	2.烟酒 Tobacco and Liquor	三、服装鞋帽类 Garments and Shoes and Hats	四、纺织品类 Textiles	五、中西药品类 Traditional Chinese and Western Medicines
全省农村	**Rural**	**99.6**	**98.5**	**101.0**	**99.8**	**99.7**	**99.9**	**99.1**	**99.1**	**96.5**
玉溪	Yuxi	101.1	103.4	101.4	98.9	101.7	98.4	98.0	97.3	101.7
保山	Baoshan	94.4	103.5	101.1	92.8	111.4	90.7	95.0	99.8	91.1
大姚	Dayao	103.8	92.9	104.0	104.5	98.6	106.9	101.0	94.6	98.0
宣威	Xuanwei	94.0	99.1	110.9	93.8	98.6	92.9	94.7	95.6	89.1
丽江	Lijiang	107.6	107.3	98.7	98.9	100.0	98.4	98.8	98.6	97.6
普洱	Puer	102.9	95.6	99.7	106.9	97.8	107.8	100.0	99.6	97.6
文山	Wenshan	85.8	95.9	103.6	97.7	99.8	97.5	100.6	101.4	90.1
临沧	Lincang	108.0	101.6	99.4	101.4	98.9	102.3	101.7	99.6	97.5
潞西	Luxi	98.7	94.1	96.8	103.0	103.4	102.7	97.7	97.9	102.4
景洪	Jinghong	102.9	99.9	101.5	101.6	99.3	102.3	101.2	98.3	99.9
昭通	Zhaotong	96.1	101.0	97.3	98.1	91.5	99.0	101.7	106.0	97.4

8-5 续表2 continued

(2001年以上年价格为100) (preceding year=100)

地区 Region	六、化妆品类 Cosmetics	七、书报杂志类 Newspapers and Magazines	八、文化体育用品类 Cultural and Sports Goods	九、日用品类 Articles for Daily Use	十、家用电器类 Household Appliances	十一、首饰类 Jewelry	十二、燃料类 Fuel	十三、建筑装璜材料类 Building Decoration Materials	十四、机电产品类 Mechanical and Electrical Products
全省农村 Rural	**99.4**	**115.4**	**99.3**	**99.4**	**96.0**	**96.8**	**99.3**	**98.4**	**96.4**
玉　溪 Yuxi	101.4	111.2	99.6	98.9	99.7	96.2	98.2	99.5	96.1
保　山 Baoshan	100.0	117.2	100.0	103.4	95.7	93.5	97.8	99.8	96.6
大　姚 Dayao	104.2	100.0	98.6	97.9	96.4	96.8	112.6	104.7	99.0
宣　威 Xuanwei	89.4	122.2	99.7	98.6	97.9	95.5	92.6	96.4	100.6
丽　江 Lijiang	107.1	100.0	99.6	99.7	91.1	100.0	100.2	100.0	99.6
普　洱 Puer	99.6	131.7	98.9	[illegible]	92.8	98.1	97.8	101.2	100.8
文　山 Wenshan	100.0	128.0	100.0	99.5	95.0	95.3	101.7	100.1	97.4
临　沧 Lincang	100.0	100.0	100.4	100.1	99.0	98.5	102.6	94.7	99.0
潞　西 Luxi	94.1	104.5	99.8	98.8	95.7	93.1	101.0	96.7	92.6
景　洪 Jinghong	104.9	103.1	100.4	101.4	95.1	99.2	100.6	100.5	100.0
昭　通 Zhaotong	92.5	128.0	97.5	97.4	97.7	101.6	100.6	92.6	89.2

8-5 续表3 continued

(2001年以上年价格为100) (preceding year=100)

地区 Region	农业生产资料 Agricultural Means of Production	(一)小农具 Small Farm Tools	(二)半机械化农具 Semi-Mechanized Farm Tools	(三)机械化农具 Mechanized Farm Machinery	(四)化学肥料 Chemical Fertilizer	(五)农药及农药械 Pesticide & Its Appliances	(六)农用机油 Farm Engine Oil	(七)其它 Others
全省农村 Rural	**96.6**	**98.2**	**99.8**	**98.2**	**94.8**	**99.1**	**94.9**	**98.1**
玉　溪 Yuxi	98.3	100.0	100.0	100.8	96.8	100.8	94.4	99.8
保　山 Baoshan	98.6	103.1	100.0	99.1	98.5	98.5	86.8	98.9
大　姚 Dayao	98.9	88.2	100.2	98.4	98.0	103.3	103.4	95.4
宣　威 Xuanwei	92.5	96.4	99.0	98.1	87.9	94.9	85.7	96.6
丽　江 Lijiang	98.5	100.0	105.6	97.1	96.5	97.2	101.3	100.0
普　洱 Puer	95.4	100.9	94.3	98.6	93.8	104.1	94.1	98.2
文　山 Wenshan	97.9	99.8	99.7	98.8	96.5	98.8	90.5	100.8
临　沧 Lincang	96.1	93.8	95.3	93.8	94.8	97.8	101.9	99.9
潞　西 Luxi	95.4	98.7	100.0	98.3	96.1	100.3	96.5	92.8
景　洪 Jinghong	98.3	100.3	100.1	99.2	96.2	95.5	88.8	101.7
昭　通 Zhaotong	94.9	100.0	99.7	98.2	94.0	101.6	106.3	99.9

8-6 农村居民消费价格分类指数

Rural Consumer Price Indices by Category

(2001年以上年价格为100) (2001 is at 100 of previous year)

地 区 Region	农村居民消费价格指数 Rural Consumer Price Index	一、食品类 Food	二、烟酒及用品类 Tobacco and Liquor	三、衣着类 Clothing	四、家庭设备用品及维修服务类 Household facilities and Articles	五、医疗保健和个人用品类 Medicine and Medical	六、交通和通讯类 Means of Transportation and Communication	七、娱乐教育文化用品及服务类 Recreation, Education and Culture Articles	八、居住类 Residence
全省农村 Rural	**100.6**	**99.4**	**99.6**	**95.8**	**99.6**	**110.0**	**99.5**	**98.7**	**99.7**
玉 溪 Yuxi	99.8	99.4	97.4	88.6	101.8	107.1	98.7	102.1	101.2
保 山 Baoshan	100.7	100.9	100.3	98.2	100.4	103.5	102.8	102.2	98.2
大 姚 Dayao	99.9	102.1	104.8	98.1	97.6	90.0	97.1	99.3	108.2
宣 威 Xuanwei	100.0	100.6	96.0	97.2	98.9	106.5	101.6	99.5	98.8
丽 江 Lijiang	101.0	99.1	97.0	99.9	99.5	114.7	99.3	99.7	101.1
普 洱 Puer	100.0	97.6	104.4	100.1	96.4	107.2	96.0	100.3	100.1
文 山 Wenshan	102.1	105.0	101.1	100.9	100.3	97.6	99.1	99.9	101.2
临 沧 Lincang	100.7	99.0	99.9	99.4	99.9	107.5	99.1	107.1	100.6
潞 西 Luxi	97.5	94.0	100.5	98.3	98.8	109.9	97.5	99.4	97.8
景 洪 Jinghong	99.1	99.2	98.5	96.2	96.9	101.4	100.5	99.2	102.1
昭 通 Zhaotong	100.2	98.2	99.4	100.6	101.1	100.1	101.7	105.5	99.1

8-7 主要年份农副产品收购价格分类指数
Provincial Market Trade Price Indices in Cities by Category

（各年以上年价格为100）　　(preceding year=100)

项　目	Item	1978年	1980年	1985年	1990年	1995年	1999年	2001年
总 指 数	**General Index**	**101.2**	**106.0**	**116.7**	**105.3**	**125.6**	**95.6**	**101.8**
一、粮 食 类	Grain	101.0	100.0	127.9	96.8	90.9	80.7	104.9
二、经济作物类	Industrial Crops	100.1	99.9	102.9	117.1	131.9	101.1	108.4
1. 食用植物油及油料	Edible Vegetable Oil and Oil Bearil Crops	100.5	100.1	118.1	99.4	101.5	97.9	90.9
2. 棉　花	Cotton	100.0	105.0	112.0	79.0	104.3		
3. 麻　类	Jute and Ambary Hemp	100.9	[illegible]	[illegible]	[illegible]			
4. 烟　叶	Tobacco	100.0	100.0	100.0	133.7	141.0	111.9	106.2
5. 糖　料	Sugarcane and Beetroots	100.0	100.0	105.1	102.6	138.4	90.0	125.0
6. 茶　叶	Tea	100.0	100.0	109.0	87.9	108.0	81.6	98.3
三、竹木材类	Bamboo and Timber	100.0	103.2	195.5	98.9	110.1	96.3	92.4
四、工业用油漆类	Oil and Lacquer for Industrial use	105.6	104.0	101.3	94.6	109.4	115.4	82.3
五、禽畜产品类	Livestock Products,Poultry and Eggs	100.0	107.1	146.7	91.8	132.7	87.6	96.4
1. 肉　畜	Livestock for Slaughtering	100.0	106.3	147.4	93.1	140.2	87.2	94.3
2. 禽　蛋	Poultry Eggs	100.0	106.1	118.9	98.7	113.1	93.4	94.7
3. 皮　张	Hides and Skins	100.0	125.9	159.7	71.0	105.6	79.2	95.2
4. 鬃　毛	Bristles	100.4	101.1	178.7	76.0	85.7	102.0	132.9
六、蚕茧蚕丝类	Silkworm Cocoons and Silk	100.0	100.0	104.7	77.8	96.7	102.9	92.0
七、干鲜果类	Dried and Fresh Fruits	99.8	104.7	131.3	96.3	106.2	95.1	99.4
八、干鲜菜及调味品类	Dried and Fresh Vegetabies and Condiments	106.6	104.6	135.4	100.2	114.7	98.2	101.5
鲜　菜	Fresh Vegetables	99.4	107.1	165.7	109.7	146.3	99.0	103.2
九、药材类	Crude Drugs	100.2	96.2	111.6	148.7	100.0	85.9	93.3
十、土副产品类	Local Products	105.6	95.8	105.5	105.9	139.2	97.7	104.9
十一、水产品类	Aquatic Products	100.0	149.0	123.2	69.0		96.2	97.0

8-8 全省工业品出厂价格分类指数

Ex-Factory Price Indices of Industrial Products by Sector

(各年以上年价格为100) (preceding year=100)

类　别	Item	1991年	1995年	1997年	1998年	1999年	2000年	2001年
全省总指数	**Provincial General Index**	**106.3**	**110.2**	**100.7**	**97.2**	**98.2**	**101.2**	**99.9**
轻工业	Light Industry	104.0	105.2	100.0	99.1	98.5	100.5	101.3
以农副产品为原料	Using Farm Products as Raw Materials	103.9	104.7	100.0	99.2	98.8	100.9	101.6
以非农产品为原料	Using Non- Farm Products as Raw Materials	107.1	113.6	100.1	97.3	97.0	97.5	97.9
重工业	Heavy Industry	108.2	117.1	101.6	94.4	97.8	101.8	98.6
采　掘	Mining & Quarrying	104.7	123.1	100.5	95.2	100.1	107.6	98.6
原　料	Raw Materials	113.5	114.7	103.6	95.0	97.2	102.4	99.3
加　工	Manufacturing	99.8	118.8	98.3	93.1	97.7	98.7	97.5
生产资料	Means of Production	108.2	117.5	101.0	94.9	97.7	101.5	98.5
采　掘	Mining & Quarrying	104.7	123.1	100.5	95.2	100.1	107.5	98.8
原　料	Raw Materials	113.5	115.6	102.8	95.2	97.2	102.2	99.3
加　工	Manufacturing	99.9	118.8	97.9	94.1	97.4	98.7	97.5
生活资料	Consumer Goods	103.9	104.6	100.4	98.9	98.9	100.8	101.9
食　品	Food	102.8	102.7	100.3	99.1	99.3	101.4	102.4
衣　着	Clothing	120.9	125.7	99.4	95.7	90.8	97.6	97.3
一般日用品	Arrticles for DailyUse	105.7	112.9	102.5	98.5	99.4	98.6	98.8
耐用消费品	Durable Consumer Goods	109.1	104.5	98.7	93.3	95.8	96.2	97.8

8-9 全省主要原材料、燃料、动力购进价格分类指数

Purchasing Price Indices of Major Raw Materials, Fuels and Power by Sector in the Province

(各年以上年价格为100) (preceding year=100)

类　别	Item	1991年	1995年	1997年	1998年	1999年	2000年	2001年
全省总指数	**Provincial General Index**	**108.2**	**113.2**	**103.1**	**100.7**	**98.8**	**101.5**	**99.4**
(一)燃料、动力类	Fuels and Power	104.4	107.1	118.3	100.8	100.2	106.5	100.9
(二)黑色金属材料类	Ferrous Materials	117.2	91.0	101.1	96.1	94.0	99.3	100.2
(三)有色金属材料和电线类	Nonferrous Materials & Wire	103.9	140.4	90.0	86.6	96.1	107.0	100.5
(四)化工材料类	Chemical Materials	117.5	126.1	93.4	95.1	95.0	100.2	97.8
(五)木材及纸浆类	Timber &Pulp	95.9	106.6	102.9	94.3	102.7	103.6	103.0
(六)建筑材料类	Building Materials	106.3	98.6	97.8	101.0	97.6	98.1	98.6
(七)非金属矿类	Nonmetal Materials	110.3	108.7	99.2	91.7	99.7	102.3	100.2
(八)农副产品类	Farm&Sideline Products	109.3	132.7	100.1	116.8	104.5	96.8	97.5
(九)纺织原料类	Textile Raw Materials	120.6	155.3	97.0	96.5	89.4	95.8	96.0

主要统计指标解释

物价指数　物价指数也称“商品价格指数”是反映两个时期商品价格变化和平均升降程度的相对数,通常用百分比表示。例如 1988 年全省零售物价总指数为 119.6%,它说明零售物价总水平 1988 年比 1987 年平均上升 19.6%。其中既包括了涨价的商品,也包括降价和价格不变的商品,是 1988 年的商品价格和 1987 年的商品价格综合比较的结果。

零售物价指数　采用加权算术平均公式计算,全省共有十五个市(县)物价点,每个调查点抽选 400 个左右的商品进行价格调查登记,根据商品流转统计中商品销售构成资料(即权数)按加权算术平均公式进行计算。

居民消费价格指数　是反映城乡居民购买消费品和服务项目价格水平变动情况的相对数，它是进行经济分析和决策、价格总水监测和调控及国民经济核算的重要指标。目前世界各国都将消费价格指数作为衡量通货膨胀或紧缩的主要指标。从 2001 年起，居民消费价格指数改革为以 2000 年为基期的定基价格指数，其计算公式为：

Lt=∑[Wt-1(Pt÷Pt-1)]×Lt-1

农副产品收购价格指数　农副产品收购价格指数分十一个大类,二十五个小类,包括了全省各种主要农副产品在内,采用加权倒数平均公式(即按报告期实际收购金额加权综合法)计算。

集市贸易价格指数　是反映城乡集市贸易商品价格变动趋势和程度的相对数。集市贸易价格指数分消费品和农业生产资料两个大部分，采用报告期集市贸易成交额作为权数，采用加权倒数平均公式进行计算。现行制度只编制城市农贸市场农产品成交价格指数。

Explanatory Notes on Main Statistical Indicators

Price Index (also called "commodity price index") reflects the trend and degree of changes in commodity price between two different periods, which is usually expressed by percentage. For instance, the general index of retail price in 1988 in Yunnan province was 119.6%, which said that the general index of retail price in 1988 was increased by 19.6% than that in 1987 on the average. It covered the commodity with price going up and the commodity with price going down or unchanging and it was the result of comprehensive comparison of the commodity prices between 1988 and 1987.

Retail Price Index is calculated with a weighted arithmetic average formula. There are totally 15 city (county) price points in the whole province and about 400 sorts of commodities are sampled for price survey and registry at each point. The calculation is carried with a weighted arithmetic average formula on the basis of commodity sales composed data (i.e., weighted data) from commodity circulation statistics.

Consumer Price Index reflects the degree of changes in price for urban and rural residents to buy consumer goods and services. It is an important indicator in economic analysis and decision-making, monitor and regulation of general price level, and national economic accounting. Currently, every country in the world takes consumer price index as a main indicator to measure inflation and deflation. From 2001 consumer price index is changed to fixed base price index with the year 2000 as base period, for which the calculation formula is as follows:

$$L_t = \Sigma[W_{t-1}(Pt \div P_{t-1})] \times L_{t-1}$$

Index of Purchasing Prices of Farm and Sideline Products is divided into 11 categories and 25 sub-categories covering various main farm and sideline products in the whole province. It is calculated with a weighted reciprocal average formula (i.e., according to the actual purchasing amount weighted comprehensive method in the reference period).

Fair Trade Price Index reflects the trend and degree of changes in urban and rural fair trade commodity price. Fair trade price index is divided into two big parts: consumer goods and agricultural means of production. It is calculated with a weighted reciprocal average formula and with fair trade transaction amount as weighted data in the reference period. According to the existing system only the transaction price index of agricultural products in urban farm market can be compiled.

九、人民生活

PEOPLE'S LIVELIHOOD

9-1 主要年份居民消费水平及其指数

Annual Average Living Expenditures of Residents and Indices in Main Years

(指数以1952年为100) (ratio 1952=100)

年份 Year	消费水平(元) Expenditures for Consumption(yuan)				指数(%) Ratio (%)		
	全省居民 Provincial Residents	农民 Rural Residents	非农业居民 Urban Residents	农与非农对比 Ratio of Rural to Urban	全省居民 Provicial Residents	农民 Rural Residents	非农业居民 Urban Residents
1952	54	47	123	2.6	100	100	100
1978	156	124	406	3.3	284.3	270.6	346.5
1980	187	141	530	3.8	342.0	306.7	530.6
1985	327	258	814	3.2	564.4	527.5	733.9
1990	731	601	1 548	2.6	1 096.5	1 050.5	1 375.3
1995	1 484	1 064	3 958	3.7	1 867.9	1 725.5	2 180.4
1996	1 800	1 287	4 849	3.8	1 914.6	1 753.1	2 282.9
1997	1 982	1 477	5 002	3.4	1 983.5	1 814.5	2 376.5
1998	2 059	1 555	5 032	3.2	2 019.2	1 849.0	2 400.3
1999	2 340	1 885	4 933	2.6	2 340.3	2 281.7	2 393.1
2000	2 530	2 007	5 444	2.7	2 550.9	2 455.1	2 651.6
2001	2 192	1 646	5 137	3.1	2 188.7	1 991.1	2 479.2

注：绝对数按当年价格计算。农与非农消费水平对比没有剔除城乡价格不可比的因素，以农民为1。

Note:The absolute figures are calculated at the prices of that years.Computing the ratio of agricultural residents' expenditures to that of non-agricultural residents does not consider the incomparable factors of price differences between rural and urban areas,here taking peasants' expenditure as 100 .

9-2 主要年份全省城乡储蓄存款余额

Provincial Balance of Savings Deposits in Main Years

单位：万元 (10 000 yuan)

年份 Year	总计 Total	城镇储蓄合计 Total Urban Deposits	#定期储蓄 Fixed Deposits	农户储蓄 Rural Deposits
1978	42010	32 353	26 572	9 649
1980	67 803	54 305	43 161	13 498
1985	298 259	231 158	222 759	67 101
1990	1 178 897	948 827	784 846	230 070
1991	1 522 838	1 221 682	1 008 686	301 156
1992	1 958 154	1 564 095	1 245 073	394 059
1993	2 512 327	1 995 352	1 556 572	516 975
1994	3 514 008	2 808 076	2 204 069	705 932
1995	5 001 334	4 047 009	3 216 902	954 325
1996	6 712 022	5 469 939	4 302 375	1 242 083
1997	8 059 887	6 567 800	5 030 542	1 492 087
1998	9 128 919	7 514 500	5 522 222	1 614 419
1999	10 289 259	8 517 513	5 982 205	1 771 746
2000	11 382 215	9 374 993	6 050 216	2 007 222
2001	12 985 261	10 748 286	6 718 548	2 236 975

9-3 主要年份人民物质文化生活水平

项　目		Item	1978年
一、城乡居民收入		**Income of Rural and Urban Residents**	
农村居民家庭人均纯收入(抽样调查)	(元)	Per Capita Annual Net Income of Rural Residents(yuan)(from sample servey)	130.6
城市居民家庭人均可支配收入(抽样调查)	(元)	Per Capita Annual Disposable Income of Urban Residents(yuan)(from sample servey)	327.7
全部职工年平均工资	(元)	Annual Average Wages of All Staff and Workers(yuan)	608
二、生活消费		**Living Expenditure**	
居民每人每年平均消费水平	(元)	Per Capita Annual Expenditure of Residents(yuan)	156
居民每人每年社会消费品零售额	(元)	Per Capita Annual Expenditures on Retailed Consumer Goods of Residents(yuan)	92.81
三、居住面积		**Per Capita Floor Space of Residential Buildings(sq.m)**	
城镇居民平均每人居住	(平方米)	Urban Residents	
农村居民平均每人居住(抽样调查)	(平方米)	Rural Residents (from sample servey)	7.69
四、交　通		**Traffic**	
城镇每百户拥有自行车	(辆)	Number of Bicycles per 100 Urban Households	
城市每万人拥有公共车辆（城市年报）	(辆)	Number of Buses per 10 000 Persons in Cities (from city year reports)	
五、邮电、通讯		**Postal and Telecommunication Services**	
每万人拥有电话机	(部)	Number of Telephones per 10 000 Persons	29.47
每人每年函件交寄	(件)	Per Capita Annual Number of Letters Mailed(piece)	1.82
六、储　蓄		**Savings**	
城乡居民储蓄存款余额	(亿元)	Annual Outstanding Balance of Savings Deposits of Rural and Urban Residents(100 million yuan)	4.2
平均每人储蓄存款余额	(元)	Per Capita Annual Outstanding Balance of Savings Deposits(yuan)	13.59
七、文　化		**Culture**	
城镇每百户拥有彩色电视机	(台)	Number of Color TV Sets per 100 Households in Urbann Areas	
农村每百户拥有电视机	(台)	Number of TV Sets per 100 Households in Rural Areas	
每百人每天拥有报纸	(份)	Daily Number of Newspapers per 100 Persons(piece)	2.73
每人每年拥有图书、杂志	(册)	Per Capita Annual Number of Books and Magazines (copy)	1.48
广播人口覆盖率	(%)	Broadcast Covering Rate of Population(%)	68
电视人口覆盖率	(%)	TV Covering Rate of Population(%)	65
八、教　育		**Education**	
学龄儿童入学率	(%)	Enrollment Ratio of School-age Children(%)	88.6
每万人口中在校大学生数	(人)	Number of University Students per 10 000 Persons(person)	4.92
九、卫　生		**Public Health**	
每万人拥有医院病床数	(张)	Number of Hospital Beds per 10 000 Persons	17.5
每万人拥有医生数	(人)	Number of Doctors per 10 000 Persons(person)	10.08
十、就　业		**Employment**	
城镇每一就业者负担人数(包括就业者本人)	(人)	Number of Dependents per Urban Employee(including the employee himself or herself)(person)	2.07

注：1.1990年农民人均纯收入农民自用部分按新价计算，故与历年不可比。
2.“每人每年拥有图书杂志”系我省出版数。

People's Material,Cultural and Living Level in Main Years

1990年	1995年	2000年	2001年
540.21	1 010.97	1 478.60	1 533.76
1 514.81	4 064.93	6 324.64	6 797.71
2 130	5 149	9 231	10 537
731	1 484	2 530	2 192
394.64	932.18	1 383 .03	1 502.77
7.2	8.6	12	11.7
16.96	19.78	22.18	22.42
170	190	139	131
1.4	2.57	8.10	8.51
47.64	211.66	710.86	827.48
2.43	4.04	2.75	2.08
117.89	500.13	1 138.22	1 298.53
316	1 253.60	2 683.97	3 028.7
62	90	116	118
21	56	71	75.17
2.64	3.23	2.28	2.19
3.6	3.4	3.86	3.91
74	81.66	87.45	88.98
79	84.84	89.00	90.54
94.64	97.4	99.00	99.37
11.67	12.89	21.32	27.76
20.41	21.03	15.59	15.39
14.44	14.91	14.76	14.53
1.85	1.73	1.76	1.60

Note:a.The per capita net income of peasants in 1990 can not be compared with that of historic recods, because a part of the net income which was spent by themselves is caculated at current prices.

b.The per capita annual number of books and magazies is the number issued in Yunnan.

9-4 历年城镇居民家庭生活基本情况
Historical Statistics on Livelihood of Urban Households

年份 Year	平均每户家庭人口（人） Average Household Size (person)	平均每户就业人口（人） Average Number of Employees per Household (person)	平均每户就业面（%） Percentage of Employed Persons per Household (%)	负担人数（人） Number of Dependents of Each Employee (person)	人均年可支配收入（元） Per Capita Annual Disposable Income (yuan)	人均年消费性支出（元） Per Capita Annual Living Expenditures (yuan)	#食品 For Food
1957	4.45	1.48	33.3	3	201.6	189.9	102.55
1960	4.32	1.62	37.6	2.67	252.82	238.33	143.00
1965	4.19	1.62	38.6	2.59	261.95	240.69	143.32
1966	4.66	1.78	38.2	2.62	259.39	234.43	140.43
1967	4.69	1.79	38.1	2.62	260.55	228.33	136.62
1968	4.68	1.78	38	2.63	277.69	260.98	161.33
1969	4.66	1.77	38	2.63	281.47	263.12	167.04
1970	4.65	1.79	38.1	2.6	298.93	266.46	165.76
1971	4.63	1.78	38.5	2.6	291.02	268.77	167.02
1972	4.6	1.77	38.5	2.6	294.77	272.25	169.01
1973	4.58	1.77	38.6	2.59	297.08	275.98	171.14
1974	4.55	1.76	38.6	2.59	297.81	277.68	172.01
1975	4.53	1.75	38.7	2.59	300.29	282.53	174.62
1976	4.5	1.76	39.1	2.56	298.01	284.39	175.59
1977	4.48	1.8	40.1	2.49	296.28	283.89	175.10
1978	4.45	2.15	48.3	2.07	327.7	303.12	190.94
1979	4.39	2.16	49.3	2.03	362.4	342.6	214.56
1980	4.34	2.14	49.4	2.03	420.45	380.64	236.66
1981	4.28	2.2	51.4	1.95	446.41	411.57	247.19
1982	4.24	2.27	53.5	1.87	492.51	455.92	273.26
1983	4.21	2.29	54.4	1.83	532.54	480.13	285.94
1984	4.13	2.27	55	1.82	608.23	527.27	311.02
1985	3.85	2.03	52.7	1.89	752.29	703.56	360.39
1986	3.8	2.03	53.4	1.88	871.75	813.92	423.93
1987	3.77	2.01	53.3	1.88	989.37	883.52	481.85
1988	3.69	1.92	52	1.93	1 156.49	1 143.29	553.70
1989	3.67	1.92	52.3	1.91	1 305.15	1 140.71	621.33
1990	3.57	1.93	54.1	1.85	1 514.81	1 272.09	679.18
1991	3.48	1.91	54.9	1.82	1 703.16	1 428.28	763.42
1992	3.37	1.91	56.7	1.76	2 061.74	1 704.15	861.6
1993	3.3	1.87	56.7	1.76	2 639.07	2 186.29	1 066.99
1994	3.2	1.83	57.1	1.75	3 433.97	2 843.69	1 441.93
1995	3.17	1.84	57.8	1.73	4 064.93	3 448.27	1 808.71
1996	3.13	1.86	59.4	1.68	4 977.95	4 007.48	1 971.54
1997	3.12	1.88	60.3	1.66	5 558.29	4 537.08	2 109.53
1998	3.05	1.83	60	1.67	6 042.78	5 032.67	2 222.58
1999	3.05	1.8	59	1.69	6 178.68	4 941.26	2 194.25
2000	3.12	1.77	56.7	1.76	6 324.64	5 185.31	2 091.70
2001	3.04	1.6	52.6	1.9	6 797.71	5 252.6	2 105.66

9-5 主要年份城镇居民家庭基本情况
Basic Statistics on Urban Households in Main Years

项　目	Item	1985年	1990年	1995年	2000年	2001年
一、调查户数　（户）	Number of Households Surveyed	650	950	950	1 250	1 250
二、平均每户家庭人口数　（人）	Average Household Size (person)	3.85	3.57	3.17	3.12	3.04
三、平均每户就业人口数　（人）	Average Number of Employees per Household(person)	2.03	1.93	1.84	1.77	1.6
四、平均每户就业面　（%）	Percentage of Employed Persons per Household(%)	52.73	54.06	58	56.70	52.6
五、平均每一就业者负担人数（人）（包括就业者本人）	Number of Dependents of Each Employee(including the employee himself or herself)(person)	1.89	1.85	1.73	1.76	1.9
六、平均每人全年全部收入　（元）	Per Capita Annual Income(yuan)	761.95	1 528.28	4 113.24	6 369.58	6 849.73
#可支配收入（元）	Disposable Income(yuan)	752.29	1 514.81	4 064.93	6 324.64	6 797.71
按每人每月可支配收入分组户数占总户数的比重：(%)	Proportion of the Number of Households Grouped with per Capita Monthly Disposable Income to Total Number of Households(%):	100	100	100	100	100
100元以下　(%)	100 yuan and below(%)	100	47.09	1.15	0.34	0.15
100-200元　(%)	100-200 yuan(%)		52.91	13	2.96	2.4
200-300元　(%)	200-300 yuan(%)			35.61	9.42	6.89
300-400元　(%)	300-400 yuan(%)			32.17	16.87	14.59
400-500元　(%)	400-500 yuan(%)			10.74	18.84	16.01
500-600元　(%)	500-600 yuan(%)		47.09	4	17.94	19.13
600-700元　(%)	600-700 yuan(%)			1.37	12.92	14.77
700-800元　(%)	700-800 yuan(%)			1.18	6.78	7.76
800-900元　(%)	800-900 yuan(%)			0.78	4.63	6.69
900-1000元 (%)	900-1000 yuan(%)				3.89	3.78
1000元以上 (%)	1000 yuan and over (%)				5.41	7.83
七、平均每人全年消费性支出（元）	Per Capita Annual Living Expenditures(yuan)	703.56	1 272.09	3 448.27	5 185.31	5 252.6

9-6 城镇居民家庭生活基本情况（2001年）

项　目	Item	全 省 Provincial Total	按城市规模分 (Grouped by Size 特大城市 Especially Large Cities	中等城市 Medium-sized Cities	小 城 市 Small Cities
调查户数（户）	Number of Households Surveyed	1 250	300	100	400
比　重　（%）	Proportion(%)	100.0	24.0	8	32
平均每户家庭人口数（人）	Average Household Size (person)	3.04	2.87	2.82	3
平均每户就业人口数（人）	Average Number of Employees per Household (person)	1.6	1.44	1.59	1.71
平均每户就业面（%）	Percentage of Employed Persons per Household(%)	52.6	50.2	56.4	57
平均每一就业者负担人数（人）（包括就业者本人）	Number of Dependents of Each Employee(including the employee himself or herself)(person)	1.9	1.99	1.77	1.75
平均每人全年全部收入　（元）	Per Capita Annual Income(yuan)	6 849.73	7 463.11	6 378.83	7 332.38
平均每人全年可支配收入（元）	Per Capita Annual Disposable Income(yuan)	6 797.71	7 405.19	6 347.97	7291.5
平均每人全年消费性支出（元）	Per Capita Annual Living Expenditures(yuan)	5 252.6	5 974.32	5 364.42	5 737.48

9-7 各市县城镇居民家庭基本情况（2001年）

项　目	Item	全省平均 Provincial Average	市合计 City Total
调查户数（户）	Number of Households Surveyed	1 250	800
比　重　（%）	Proportion(%)	100	64
平均每户家庭人口数（人）	Average Household Size (person)	3.04	2.93
平均每户就业人口数（人）	Average Number of Employees per Household (person)	1.6	1.59
平均每户就业面（%）	Percentage of Employed Persons per Household(%)	52.6	54.3
平均每一就业者负担人数（人）(包括就业者本人)	Number of Dependents of Each Employee(including the employee himself or herself)(person)	1.9	1.84
平均每人全年全部收入　（元）	Per Capita Annual Income(yuan)	6 849.73	7 265.62
平均每人全年可支配收入（元）	Per Capita Annual Disposable Income(yuan)	6 797.71	7 219.68
平均每人全年消费性支出（元）	Per Capita Annual Living Expenditures(yuan)	5 252.60	5 779.62

9-7 续表1

项　目	Item	宣威市 Xunwei City	普洱县 Puer County
调查户数（户）	Number of Households Surveyed	50	50
比　重　（%）	Proportion(%)	4	4
平均每户家庭人口数（人）	Average Household Size (person)	2.96	2.82
平均每户就业人口数（人）	Average Number of Employees per Household (person)	1.73	1.4
平均每户就业面（%）	Percentage of Employed Persons per Household(%)	58.4	49.6
平均每一就业者负担人数（人）(包括就业者本人)	Number of Dependents of Each Employee(including the employee himself or herself)(person)	1.71	2.01
平均每人全年全部收入　（元）	Per Capita Annual Income(yuan)	6 776.69	7 068.14
平均每人全年可支配收入（元）	Per Capita Annual Disposable Income(yuan)	6 667.45	7 013.49
平均每人全年消费性支出（元）	Per Capita Annual Living Expenditures(yuan)	4 983.59	5 347.60

Basic Statistics on Livelihood of Urban Households (2001)

of Cities)	按收入等级分			(Grouped by Percentile of Households)					
县 城 County Towns	总平均 Total Average	最 低 收入户 Lowest Income Households (fist decile)	#困难户 Poor Households (fist five percent)	低 收 入 户 Low Income Households (second decile)	中 等 偏下户 Lower Middle Income Households (second quintile)	中 等 收入户 Middle Income Households (third quintile)	中 等 偏上户 Upper Middle Income Households (fourth quintile)	高 收 入 户 High Income Households (ninth decile)	最 高 收入户 Highest Income Households (tenth decile)
450	1 250	125	69	125	250	250	250	125	125
36	100	10	5.52	10	20	20	20	10	10
3.14	3.04	3.53	3.59	3.19	3.18	3.04	2.96	2.95	2.37
1.61	1.6	1.34	1.2	1.55	1.57	1.65	1.73	1.79	1.43
51.3	52.6	37.96	33.43	48.59	49.37	54.28	58.45	60.68	60.34
1.95	1.9	2.63	2.99	2.06	2.03	1.84	1.71	1.65	1.66
6 487.36	6 849.73	2 931.20	2 585.27	4 177.53	5 343.33	6 732.88	8 247.73	9 971.06	13 258.50
6 430.04	6 797.71	2 890.58	2 547.37	4 127.32	5 297.47	6 682.14	8 200.21	9 914.36	13 161.77
4 793.41	5 252.60	2 535.06	2 347.07	3 351.23	4 422.03	5 273.06	6 632.19	6 908.56	9 309.03

Basic Statistics on Urban Households in Cities and County Towns(2001)

昆明市 Kunmig City	个旧市 Gejiu City	大理市 Dali City	东川区 Dongchuan District	保山市 Baoshang City	红塔区 Hongta District	县城合计 County Towns Total
300	100	100	100	100	100	450
24	8	8	8	8	8	36
2.87	2.82	3.18	2.71	3.08	3	3.14
1.44	1.59	1.86	1.25	1.88	1.92	1.61
50.2	56.4	58.5	46.1	61	64	51.3
1.99	1.77	1.71	2.17	1.64	1.56	1.95
7 463.11	6 378.83	7 568.11	6 195.77	6 518.40	8 119.87	6 487.36
7 405.19	6 347.97	7 519.51	6 154.27	6 502.58	8 094.62	6 430.04
5 974.32	5 364.42	5 703.03	4 815.96	4 947.94	6 512.91	4 793.41

continued

丽江县 Lijiang County	腾冲县 Tengchong County	临沧县 Lingcang County	武定县 Wuding County	会泽县 Huize County	盐津县 Yanjin County	文山县 Wenshan County
50	50	50	50	50	50	50
4	4	4	4	4	4	4
3.46	2.97	3.2	3.14	3.1	3.64	2.98
1.49	1.58	1.79	1.64	1.31	1.78	1.76
43.1	53.2	55.9	52.2	42.3	48.9	59.1
2.32	1.88	1.79	1.91	2.37	2.04	1.69
6 390.99	5 990.59	6 716.89	6 102.75	6 961.00	5 961.48	6 592.29
6 368.03	5 971.38	6 637.18	6 010.04	6 887.76	5 922.46	6 561.47
5 135.22	4 087.91	5 582.73	4 881.87	4 903.97	3 140.63	5 354.75

9-8 城镇居民家庭不同收入水平基本情况（2001年）

(按人均月可支配收入分组)

项　目	Item	全省合计 Provincial Total	100元以下 100 yuan and below
调查户数（户）	Number of Households Surveyed	1 250	1.02
比　重　(%)	Proportion(%)	100	0.08
平均每户家庭人口数（人）	Average Household Size (person)	3.04	3.03
平均每户就业人口数（人）	Average Number of Employees per Household (person)	1.6	1.01
平均每户就业面（%）	Percentage of Employed Persons per Household(%)	52.6	33.33
平均每一就业者负担人数（人）(包括就业者本人)	Number of Dependents of Each Employee(including the employee himself or herself)(person)	1.9	3
平均每人全年全部收入　（元）	Per Capita Annual Income(yuan)	6 849.73	904.42
平均每人全年可支配收入（元）	Per Capita Annual Disposable Income(yuan)	6 797.71	884.4
平均每人全年消费性支出（元）	Per Capita Annual Living Expenditures(yuan)	5 252.6	952.61

9-8 续表1

(按人均月可支配收入分组)

项　目	Item	800-900元 800-900 yuan
调查户数（户）	Number of Households Surveyed	83.59
比　重　(%)	Proportion (%)	6.69
平均每户家庭人口数（人）	Average Household Size(person)	2.81
平均每户就业人口数（人）	Average Number of Employed Persons per Household(person)	1.72
平均每户就业面（%）	Percentage of Employment per Household (%)	61.21
平均每一就业者负担人数（人）(包括就业者本人)	Number of Persons Supported by Each Employee(including the employee himself or herself) (person)	1.63
平均每人全年全部收入　（元）	Per Capita Income (yuan)	10 152.73
平均每人全年可支配收入（元）	Per Capita Disposable Income(yuan)	10 101.97
平均每人全年消费性支出（元）	Per Capita Living Expenditures (yuan)	7 144.82

Basic Statistics on Urban Households of Different Income Levels (2001)

(grouped with per capita monthly disposable income)

100—200 元 100-200 yuan	200—300 元 200-300 yuan	300—400 元 300-400 yuan	400—500 元 400-500 yuan	500—600 元 500-600 yuan	600—700 元 600-700 yuan	700-800 元 700-800 yuan
30.84	86.09	182.43	200.13	239.12	184.63	97.01
2.47	6.89	14.59	16.01	19.13	14.77	7.76
3.72	3.45	3.29	3.24	2.98	3.07	2.82
1.13	1.25	1.66	1.57	1.66	1.76	1.68
30.38	36.23	50.46	48.46	55.7	57.33	59.57
3.29	2.76	1.98	2.06	1.8	1.74	1.68
2 139.91	2 982.19	4 270.4	5 467.47	6 701.34	7 835.6	9 049.4
2 100.33	2 941.12	4 217.14	5 422.78	6 651.05	7 787.67	8 985.38
1 911.01	2 629.43	3 384.08	4 357.7	5 284.15	5 875.28	7 183.95

continued

(grouped with per capita monthly disposable income)

900-1000 元 900-1000 yuan	1000—1100 元 100-1100 yuan	1100—1200 元 1100-1200 yuan	1200—1300 元 1200-1300 yuan	1300—1400 元 1300-1400 yuan	1400—1500 元 1400-1500 yuan	1500元以上 1500 yuan and over
47.29	37.22	23.05	13.52	12.97	5.53	5.56
3.78	2.98	1.84	1.08	1.04	0.44	0.45
2.74	2.26	2.36	2.39	2.17	2.16	2.07
1.85	1.15	1.36	1.25	1.49	0.95	1.58
67.52	50.88	57.63	52.3	68.66	43.98	76.33
1.48	1.97	1.74	1.91	1.46	2.27	1.31
11 465.28	12 606.53	13 994.51	14 999.54	16 316.4	17 444.41	19 102.03
11 401.25	12 554.43	13 822.72	14 896.94	16 174.61	17 235.95	18 983.12
8 111.98	8 074.64	10 286.69	10 570.9	11 636.67	12 480.12	11 821.49

9-9 城镇居民家庭按收入水平分组的平均每人全年消费性支出和构成（2001年）

项　目	Item	总平均 Total Average	最低收入户 Lowest Income Households (first decile)	#困难户 Poor Households (first five percent)
消费性支出(元)	**Total Living Expenditures (yuan)**	**5 252.60**	**2 535.06**	**2 347.07**
(一)食　品	Food	2 105.66	1 295.26	1 210.19
(二)衣　着	Clothing	535.41	170.41	153.00
(三)家庭设备、用品及服务	Hhouseholds Facilities,Articles and Services	306.73	63.86	60.60
(四)医疗保健	Medicines and Medical Services	369.63	175.53	145.14
(五)交通和通讯	Transport, Post and Telecommunication Services	467.60	156.92	170.16
(六)娱乐、教育、文化服务	Recreation, Education and Cultural Services	595.92	282.16	253.22
(七)居　住	Residence	508.82	303.23	296.18
(八)杂项商品和服务	Miscellaneous Commodities and Services	362.84	87.69	58.58
消费性支出构成(%)	**Proportion of Living Expenditures (%)**	**100**	**100**	**100**
(一)食　品	Food	40.09	51.09	51.56
(二)衣　着	Clothing	10.19	6.72	6.52
(三)家庭设备、用品及服务	Household Facilities,Articles and Services	5.84	2.52	2.58
(四)医疗保健	Medicines and Medical Services	7.04	6.92	6.18
(五)交通和通讯	Transport,Post and Telecommunication Services	8.9	6.19	7.25
(六)娱乐、教育、文化服务	Recreation, Education and Cultural Services	11.35	11.13	10.79
(七)居　住	Residence	9.69	11.96	12.62
(八)杂项商品和服务	Miscellaneous Commodities and Services	6.9	3.47	2.5

Per Capita Annual Living Expenditures and Composition of Urban Households by Income Level (2001)

低 收 入 户 Low Income Households (second decile)	中 等 偏下户 Lower Middle Income Households (second quintile)	中 等 收入户 Middle Income Households (third quintile)	中 等 偏上户 Upper Middle Income Households (fourth quintile)	高 收 入 户 High Income Households (ninth decile)	最 高 收入户 Highest Income Households (tenth decile)
3 351.23	**4 422.03**	**5 273.06**	**6 322.19**	**6 908.56**	**9 309.03**
1 700.79	1 951.02	2 088.90	2 420.23	2 547.27	2 981.09
295.45	421.17	545.35	686.85	789.65	989.09
123.79	215.89	382.21	353.24	427.75	698.52
195.69	365.22	314.29	422.44	560.21	677.89
204.96	338.69	504.63	660.62	654.21	821.09
265.60	432.88	593.20	749.43	1 000.89	1 065.96
394.41	476.07	517.45	513.57	503.43	1 030.09
170.54	221.09	327.03	515.81	425.15	1 045.30
100	**100**	**100**	**100**	**100**	**100**
50.75	44.12	39.62	38.28	36.87	32.02
8.82	9.51	10.34	10.86	11.43	10.63
3.69	4.89	7.25	5.59	6.19	7.5
5.84	8.26	5.96	6.68	8.11	7.28
6.12	7.66	9.57	10.45	9.47	8.82
7.93	9.79	11.25	11.85	14.49	11.45
11.77	10.77	9.81	8.13	7.29	11.07
5.08	5.00	6.2	8.16	6.15	11.23

9-10 城镇居民家庭平均每人全年消费性支出及构成（2001年）

Per Capita Annual Living Expenditures and Proportion of Urban Households (2001)

指　标	Item	金额（元）Amount (yuan)	构成（%）Proportion (%)
消费性支出	**Total Living Expenditures**	**5 252.6**	**100**
(一)食　品	Food	2 105.66	40.09
1.粮　食	Grain	205.42	3.91
2.油　脂	Oil and Fat	45.46	0.87
#植物油	Vegetable Oil	29.77	0.57
3.肉禽及其制品	Meat,Poultry and Related Products	437.26	8.32
#活 鸡	Chickens	79.05	1.50
4.蛋　类	Eggs	52.22	0.99
5.水 产 品	Aquatic Products	72.76	1.39
#鱼	Fish	61.44	1.17
6.菜　类	Vegetables	239.8	4.57
#鲜 菜	Fresh Vegetables	228.55	4.35
7.食　糖	Sugar	8.78	0.17
8.烟　草	Tobacco	234.4	4.46
#卷 烟	Cigarettes	234.25	4.46
9.酒和饮料	Liquor and Beverages	73.05	1.39
10.干鲜瓜果	Dried and Fresh Melons and Fruits	140.47	2.67
11.奶及奶制品	Milk and Dairy Products	46.54	0.89
(二)衣　着	Clothing	535.41	10.19
1.服　装	Garments	396.87	7.56
#男士服装	Men's Clothing	133.69	2.55
女士服装	Women's Clothing	209.46	3.99
童　装	Children's Clothing	53.72	1.02
2.衣着材料	Clothing Materials	12.71	0.24
(三)家庭设备、用品及服务	Household Facilities,Articles and Services	306.73	5.84
#耐用消费品	Durable Consumer Goods	171.94	3.27
(四)医疗保健	Medicines and Medical Services	369.63	7.04
#医药费	Expenses on Medicines and Treatment Services	324.44	6.18
(五)交通和通讯	Transport, Post and Telecommunication Services	467.60	8.90
1.交通费	Transport	63.53	1.21
2.电讯费	Telecommunication	231.18	4.40
3.邮　费	Post	1.95	0.04
(六)娱乐、教育、文化服务	Recreation, Education and Cultural Services	595.92	11.35
1.文娱用耐用消费品	Durable Consumer Goods for Recreation	168.03	3.20
2.教 育	Education	333.59	6.35
#学 杂 费	Tuition and Incidental Expenses	212.72	4.05
3.文化娱乐	Recreation	94.29	1.80
#书报杂志	Books,Newspapers and Magazines	24.18	0.46
(七)居 住	Residence	508.82	9.69
1.建筑材料	Construction Materials	54.76	1.04
2.房 租	Rent	175.12	3.33
(八)杂项商品和服务	Miscellaneous Commodities and Services	362.84	6.90
1.个人用品	Personal Goods	294.39	6.91
#金银珠宝首饰	Golden,Silver and Jewel Ornaments	16.71	0.32
2.理发美容用品	Articles for Haircut and Beautificaton	49.46	0.94
#美容化妆品	Beautification Cosmetics	35.17	0.67
3.旅 游	Tourism	152.75	2.91
#火车费	Train Fare	8.60	0.16
其他交通费	Other Transport Charges	46.81	0.89

9-11 主要年份城镇居民家庭平均每人全年购买主要商品数量

Per Capita Annual Purchases of Major Commodities of Urban Households in Major Years

品　名	Item	1985年	1990年	1995年	2000年	2001年
粮　食（千克）	Grain (kg)	135.54	140.23	89.6	80.5	83.4
鲜　菜（千克）	Fresh Vegetables(kg)	133.18	148.43	127.3	122.0	132.8
油　脂（千克）	Oil and Fat(kg)	3.75	3.74	7.1	6.0	5.8
猪　肉（千克）	Pork(kg)	15.86	20.09	21.9	22.9	22.5
牛羊肉（千克）	Beef and Mutton(kg)	3.8	3.1	1.9	2.4	2.4
家　禽（千克）	Poultry (kg)	2.7	2.74	5.2	6.9	6.6
鲜　蛋（千克）	Eggs (kg)	3.1	3.56	5.6	7.0	7.1
水产品（千克）	Fish (kg)	3.02	3.68	4.5	5.6	6.7
食　糖（千克）	Sugar (kg)	3.19	2.18	0.3	1.9	2
卷　烟（盒）	Cigarettes (case)	45.31	59.8	48.9	49.5	51.7
白　酒（千克）	Liquor (kg)	3.33	4.02	3.1	3.1	3
服　装（件）	Garments (piece)	2.4	2.3	5.4	6.0	6
#男式服装（件）	Men's Clothing (piece)			1.7	1.7	1.6
女式服装（件）	Women's Clothing (piece)			2.3	2.8	2.8
儿童服装（件）	Children's Clothing (piece)			1.4	1.5	1.5
皮　鞋（双）	Leather Shoes (pair)	0.66	0.88	0.9	0.9	0.9
肥　皂（块）	Soap (piece)	8.21	5.64	3.6	1.1	1.1
煤　炭（千克）	Coal(kg)	142.55	89.74	24.8	55.2	62.7

9-12 主要年份城镇居民家庭平均每百户年底主要耐用消费品拥有量

Number of Durable Consumer Goods Owned Per 100 Urban Households at Year-end in Major Years

品　名	Item	1985年	1990年	1995年	2000年	2001年
自行车（辆）	Bicycle	105	170	190	139	131
缝纫机（架）	Sewing Machine	66	69	60	47	46
电风扇（台）	Electric Fan	4	25	35	42	41
洗衣机（台）	Washing Machine	59	84	92	92	94
电冰箱（台）	Refrigerator	1	23	56	70	69
大衣柜（个）	Wardrobe	96	88	79	91	98
沙　发（个）	Sofa	168	209	358	343	352
写字台（张）	Writing Desk	116	95	108	97	98
组合音响（套）	Hi-Fi Stereo Composite System		8	11	32	32
影碟机（台）	Video Disc Player				60	62
彩色电视机（台）	Color TV Set	18	62	90	116	118
收录机（台）	Radio Cassette Player	44	76	79	51	47
照相机（架）	Camera	8	20	38	48	46
家用电脑（台）	Computer				8	10
摄像机（台）	Pickup Camera				1	1
微波炉（台）	Oven				17	21

9-13 城镇居民家庭平均每人全年购买主要商品数量（2001年）

Per Capita Annual Purchases of Major Commodities of Urban Households (2001)

商品名称	Item	总平均 Total Average	最低收入户 Lowest Income Households (first decile)	#困难户 Poor Households (first five percent)	低收入户 Low Income Households (second decile)	中等偏下户 Lower Middle Income Households (second quintile)	中等收入户 Middle Income Households (third quintile)	中等偏上户 Upper Middle Income Households (fourth quintile)	高收入户 High Income Households (ninth decile)	最高收入户 Highest Income Households (tenth decile)
粮　食（千克）	Grain (kg)	83.4	81.9	84.7	77.3	86.9	79.3	84.1	[illegible]	[illegible]
鲜　菜（千克）	Fresh Vegetables (kg)	132.8	110.3	108	126.4	133.7	128.3	135.3	140.7	168.1
油　脂（千克）	Oil and Fat (kg)	5.8	5.8	5.8	5.5	5.5	5.4	6	7.0	6.5
猪　肉（千克）	Pork(kg)	22.5	18.3	17.6	23.2	21.2	22.1	24.1	24.8	25.6
牛羊肉（千克）	Beef and Mutton (kg)	2.4	1.1	1	1.5	2.2	2.7	3	2.7	3
禽及制品（千克）	Poultry and Related Products (kg)	7.3	3.9	3.4	6.4	6.8	7.3	8.3	9.2	10.7
蛋　类（千克）	Eggs (kg)	7.1	5.4	5.2	6.8	7	7.1	7.4	7.2	9.5
水产品（千克）	Aquatic Products (kg)	6.7	4.4	4.3	5.5	6.9	6.5	7.7	7.2	9.4
酒和饮料（千克）	Liquor and Beverages (kg)	6.2	4.7	3.8	6.6	5.5	5.9	6.4	7.2	8.2
卷　烟（盒）	Cigarettes (case)	51.7	41	43.1	48.9	51.4	52.9	54.4	58.4	54.2
干鲜瓜果（千克）	Dried and Fresh Melons and Fruits (kg)	48.7	29.1	27.6	41.5	45.2	49.9	55.8	57.2	65.9
服　装（件）	Garments (piece)	5.9	2.7	2.5	4.0	5	6	7.1	7.8	9.4
1. 男士服装（件）	Men's Clothing (piece)	1.6	0.8	0.8	1.1	1.3	1.6	1.9	2.1	2.7
2. 女士服装（件）	Women's Clothing (piece)	2.8	1	0.9	2	2.4	2.8	3.3	4	4.8
3. 各式童装（件）	Children's Clothing(piece)	1.5	0.8	0.7	1	1.2	1.7	1.8	1.7	1.9
旅游鞋（双）	Tourist Shoes (pair)	0.1				0.1	0.1	0.1	0.1	0.1
皮　鞋（双）	Leather Shoes(pair)	0.9	0.5	0.5	0.5	0.7	0.9	1	1.1	1.2
百户购买耐用品	Durable Consumer Goods Bought per 100 Households									
组合家具（套）	Composite Furniture	0.2				0.2		0.2	1.1	0
洗衣机（台）	Washing Machine	3.6	1.1	0	0.8	2.5	4.8	2.7	5.3	9
电冰箱（台）	Refrigerator	2.3	0	0	1.1	2.4	2.6	3.1	1.1	4.4
彩色电视机（台）	Color TV Set	6.1	3.4	2	3.4	4.2	7.5	5.6	11.4	8

9-14 城镇居民家庭平均每百户年底主要消费品拥有量（2001年）

Number of Major Consumer Goods Owned per 100 Urban Households at Year-end (2001)

商品名称	Item	总平均 Total Average	最低收入户 Lowest Income Households (first decile)	#困难户 Poor Households (first five percent)	低收入户 Low Income Households (second decile)	中等偏下户 Lower Middle Income Households (second quintile)	中等收入户 Middle Income Households (third quintile)	中等偏上户 Upper Middle Income Households (fourth quintile)	高收入户 High Income Households (ninth decile)	最高收入户 Highest Income Households (tenth decile)
呢大衣（件）	Woolen Coat (piece)	117	71	58	79	109	109	129	156	165
毛毯（条）	Woolen Blanket	188	142	141	154	173	188	207	222	225
大衣柜（个）	Wardrobe	98	83	76	85	96	104	94	114	110
沙发（个）	Sofa	352	300	299	311	331	349	390	351	422
写字台（张）	Writing Desk	98	76	73	80	97	98	99	116	117
组合家具（套）	Composite Furniture	52	34	27	44	48	56	60	59	59
沙发床（个）	Sofa Bed	58	47	41	45	53	62	61	60	75
自行车（辆）	Bicycle	131	121	109	124	131	128	141	140	123
缝纫机（架）	Sewing Machine	46	39	36	37	52	44	46	50	52
摩托车（辆）	Motorcycle	21	9	7	10	17	27	31	17	18
家用汽车（辆）	Automobile	1			0.8	0.4	1.5	0.4	3	1.6
电风扇（台）	Electric Fan	41	31	28	39	46	42	43	39	41
洗衣机（台）	Washing Machine	94	83	81	91	91	96	96	94	102
电冰箱（台）	Refrigerator	69	44	42	51	60	75	78	83	84
彩色电视机（台）	Color TV Set	118	101	97	112	113	116	125	133	129
影碟机（台）	Video Disc Player	62	41	30	48	60	70	68	64	75
录音机（台）	Tape Recorder	47	41	37	40	44	53	49	49	48
摄像机（台）	Pickup Camera	1	0.3	0.6	0.7	2	0.4	0.8	2	1
照相机（台）	Camera	46	26	21	31	37	43	56	61	66
淋浴热水器（台）	Shower	39	23	17	36	37	36	46	41	50

9-15 主要年份农民家庭生活基本情况
Basic Statistics on Rural Household Livelihood in Major Years

年　份 Year	平均每户常住人口（人） Number of Permanent Residents per Household (person)	平均每户整半劳动力（人） Number of Able-bodied and Semi-able-bodied Laborers per Household (person)	平均每个劳动力负担人口（人） Average Number of Dependents of Each Laborer (person)	平均每人全年纯收入（元） Per Capita Annual Net Income (yuan)	平均每人全年生活消费支出（元） Per Capita Annual Living Expenditures (yuan)	#食　品 For Food	平均每人年末居住面积（平方米） Per Capita Living Space at Year-end (sq.m)
1962	4.76	2.36	2.01	92.12	84.20	55.30	8.50
1965	4.88	2.51	2.00	101.00	90.70	64.40	7.71
1975	6.13	2.87	2.18	110.14	105.00	71.60	8.35
1978	6.28	3.03	2.10	130.60	113.40	84.00	7.69
1980	5.98	2.90	2.06	147.70	122.63	86.21	8.96
1985	5.83	3.31	1.76	325.74	267.01	177.91	14.92
1986	5.76	3.22	1.79	338.14	304.99	205.19	15.45
1987	5.68	3.20	1.77	364.57	325.65	217.26	15.86
1988	5.58	3.19	1.75	427.72	389.20	240.49	16.31
1989	5.50	3.20	1.72	477.89	436.18	269.18	16.56
1990	5.42	3.16	1.72	489.75	453.03	274.73	16.96
1991	5.20	3.02	1.72	572.58	501.36	315.10	18.02
1992	5.18	3.05	1.70	617.98	536.06	324.96	18.07
1993	5.10	3.11	1.64	674.79	625.19	382.60	20.12
1994	5.01	3.07	1.62	802.95	764.91	458.43	18.68
1995	4.94	3.12	1.59	1 010.97	981.10	602.92	19.78
1996	4.90	3.15	1.56	1 229.28	1 209.16	743.33	19.80
1997	4.82	3.10	1.55	1 375.50	1 318.07	818.51	20.42
1998	4.68	3.05	1.53	1 387.25	1 312.31	801.99	20.64
1999	4.59	2.96	1.55	1 437.63	1 269.33	815.67	21.37
2000	4.56	2.85	1.60	1 478.60	1 270.83	749.22	22.18
2001	4.49	2.83	1.59	1 533.76	1 422.85	811.71	22.42

9-16 主要年份农民家庭基本情况
Basic Statistics on Rural Household Livelihood in Major Years

项　目	Item	1980年	1985年	1990年	1995年	2000年	2001年
调查户数 （户）	Number of House Surveyed (household)	610	2 400	2 400	2 400	2 400	2 400
调查户常住人口（人）	Number of Permanent Residents of Households Surveyed (person)	3 646	13 981	13 001	11 862	10 940	10 786
平均每户常住人口（人）	Average Number of Permanent Residents per Household (person)	6.00	5.83	5.42	4.94	4.56	4.49
平均每户整、半劳动力（人）	Average Number of Able-bodied and Semi-able-bodied Laborers per Household (person)	2.90	3.31	3.16	3.12	2.85	2.83
平均每个劳动力负担人口（人）	Average Number of Dependents of Each Laborer (person)	2.10	1.76	1.72	1.59	1.60	1.59
平均每人居住面积（平方米）	Per Capita Living Space (sq.m)	8.96	14.92	16.96	19.78	22.18	22.42

9-17 主要年份农民家庭按平均每人纯收入水平分组的户数构成
Percentage of Rural Households Grouped by per Capita Annual Net Income in Major Years

单位：% (%)

分　组	Group	2000年	2001年
2001元以上的户	2001 yuan and over	23.30	24.90
1501-2000元的户	1501-2000 yuan	16.80	16.30
1201--1500元的户	1201-1500 yuan	13.50	13.70
1001-1200元的户	1001-1200 yuan	11.00	10.30
851-1000元的户	851-1000 yuan	10.40	9.30
651-850元的户	651-850 yuan	10.70	11.10
501-650元的户	501-650 yuan	7.50	7.20
301-500元的户	301-500 yuan	5.30	5.40
300元以下的户	300 yuan and below	1.50	1.80

9-18 农民家庭每人平均总收支及纯收入情况

Per Capita Annual Total Income & Expenditures and Net Income of Rural Households

单位：元 (yuan)

项　目	Item	2000年	2001年
全 年 总 收 入	**Annual Income Total**	**2 246.95**	**2 330.96**
一、工资性收入	**Wage Income**	**263.58**	**283.36**
二、家庭经营收入	**Income from Household Business**	**1 844.73**	**1 894.27**
1. 农业收入	Farming	1 048.66	1 099.53
2. 林业收入	Forestry	42.24	40.87
3. 牧业收入	Animal Husbandry	488.68	516.68
4. 渔业收入	Fishery	5.41	6.17
5. 工业收入	Industry	65.17	45.66
6. 建筑业收入	Construction	11.16	10.67
7. 交通、运输、邮电业收入	Transportation	43.98	55.13
8. 批发和零售贸易、餐饮业收入	Wholesale and Retail Trade and Catering Services	37.93	32.00
9. 社会服务业收入	Social Services	5.88	7.56
10。文教卫生业收入	Culture, Education and Health Care Others	1.40	2.33
11. 其他家庭经营收入	Other Business of Households	94.22	77.67
三、转移性收入	**Transfer Income**	**90.70**	**93.96**
四、财产性收入	**Property Income**	**47.94**	**59.37**
每人平均全年纯收入	Per Capita Annual Net Income	1 478.60	1 533.76

9-18 续表 continued

单位：元 (yuan)

项　目	Item	2000年	2001年
全 年 总 支 出	**Annual Expenditure Total**	**2 066.36**	**2 264.62**
一、家庭经营费用支出	**Expenditures on Household Business**	**625.70**	**646.77**
1. 农业生产支出	Planting	268.09	269.04
2. 林业生产支出	Forestry	4.84	6.08
3. 牧业生产支出	Animal Husbandry	253.83	297.57
4. 渔业生产支出	Fishery	0.96	1.70
5. 工业生产支出	Industry	34.39	15.79
6. 建筑业支出	Construction	2.23	1.70
7. 交通、运输和邮电业支出	Transportation	20.68	27.86
8. 批发和零售贸易、餐饮业支出	Wholesale and Retail Trade and Catering Services	14.90	10.09
9. 社会服务业支出	Social Services	1.69	2.61
10。文教卫生业支出	Culture, Education and Health Care Others	0.58	0.73
11. 其他经营支出	Other Business of Households	23.51	13.60
二、购置生产用固定资产支出	**Purchase of Productive Fixed Assets**	**50.53**	**70.11**
三、税费支出	**Expenditure for Tax**	**35.47**	**37.82**
四、生活消费支出	**Living Expenditures**	**1 270.83**	**1 422.85**
五、财产性支出	**Expenditure for Property**	**10.82**	**7.74**
六、转移性支出	**Expenditure for Transfer**	**73.01**	**79.33**

9-19 农村住户现金收支情况

Basic Statistics on Cash Income and Expenditures of Rural Households

单位：元 (yuan)

项　目	Item	2000年	2001年
全年现金收入合计	**Annual Cash Income Total**	**1 430.02**	**1 473.05**
一、工资性收入	**Wages Income**	**263.18**	**282.28**
二、家庭经营现金收入	**Income from Household Business**	**1 038.20**	**1 043.41**
1. 出售产品的现金收入	From Selling the Products of the Following:	796.31	815.74
(1)出售农业产品的现金收入	Planting	455.31	471.09
(2)出售林业产品的现金收入	Forestry	29.13	26.22
(3)出售牧业产品的现金收入	Animal Husbandry	290.57	304.78
(4)出售渔业产品的现金收入	Fishery	2.26	2.37
(5)出售工业产品的现金收入	Industry	5.36	4.57
(6)出售其它产品的收入	Others	13.68	6.71
2. 工业加工费的现金收入	Industry Processing	59.81	41.09
3. 建筑业的现金收入	Construction	11.16	10.67
4. 交通运输业的现金收入	Transportation	43.98	55.13
5. 批发和零售贸易、餐饮业的现金收入	Commerce	37.93	32.00
6. 社会服务业的现金收入	Services Trade	5.88	7.56
7. 文教卫生业的现金收入	Culture, Education and Health Care Others	1.40	2.33
8. 其他家庭经营的现金收入	Others	81.73	78.89
三、转移性收入	**Transfer Income**	**86.98**	**88.07**
四、财产性收入	**Property Income**	**41.66**	**59.29**

9-19 续表 continued

单位：元 (yuan)

项　目	Item	2000年	2001年
全年现金支出合计	**Annual Cash Expenditure Total**	**1 360.59**	**1 506.69**
一、生产费 用支出的现金	**Cash Expenditure on Production**	**451.85**	**461.54**
( )家庭经营费用支出的现金	Expenditure for Household Business	401.32	391.43
1. 农业生产支出	Planting	201 .74	197.05
2. 林业生产支出	Forestry	2.67	2.47
3. 牧业生产支出	Animal Husbandry	106.49	120.06
4. 渔业生产支出	Fishery	0.79	1.37
5. 工业生产支出	Industry	34.39	15.79
6. 建筑业生产支出	Construction	2.23	1.69
7. 交通运输业生产支出	Transportation	20.59	27.86
8. 批发和零售贸易、餐饮业的现金支出	Commerce	14.66	9.20
9. 社会服务业支出	Service Trade	1.49	2.61
10. 文教卫生业支出	Culture, Education and Health Care Others	0.57	0.73
11. 其他现金支出	Others	15.70	12.6
(二)购置生产用固定资产支出	Purchase of Productive Fixed Assets	50. 53	70.11
二、税费支出	**Taxes Paid**	**22.10**	**25.05**
三、生活消费支出的现金	**Living Expenditures**	**808.34**	**935.58**
四、财产性支出	**Expenditure for Property**	**6.94**	**7.73**
五、转移性支出	**Expenditure for Transfer**	**71.36**	**76.79**

9-20 农民家庭平均每人生活消费支出和构成
Per Capita Living Expenditures and Proportion of Rural Households

项 目	Item	绝对数(元) Absolute Amount (yuan)			构 成(%) Proportion (%)		
		1995年	2000年	2001年	1995年	2000年	2001年
生活消费支出合计	**Living Expenditures Total**	**981.1**	**1 270.83**	**1 422.85**	**100**	**100**	**100**
1. 食品支出	Food	602.92	749.22	811.71	61.4	59.0	57.0
#主食支出	Staple Food	214.89	259.55	261.45	21.9	20.4	18.4
#副食支出	Non-staple Food	286.98	351.09	410.4	29.3	27.6	28.8
2. 衣着支出	Clothing	60.77	55.35	54.52	6.2	4.4	3.9
3. 居 住	Residence	133.94	177.14	209.24	13.7	13.9	14.7
4. 家庭设备、用品及服务	Household Facilities, Articles and Services	54.29	47.[illegible]	49.76	5.5	3.7	3.5
5. 医疗保健	Medicines and Medical Services	32.04	64.31	111.96	3.3	5.1	7.9
6. 交通和通讯	Transport, Post and Communication Services	21.49	31.96	41.48	2.2	2.5	2.9
7. 文化教育娱乐用品及服务	Cultural, Educational and Recreational Articles and Services	58.07	106.14	101.1	5.9	8.3	7.1
8. 其它商品	Other Commodities	17.58	39.18	43.07	1.8	3.1	3

9-21 农民家庭每人平均商品性和自给性生活消费支出及构成
Per Capita Living Expenditures on Commercial and Self-supplied Goods of Rural Households and Proportion

项 目	Item	合 计 Total		食 品 Food		衣 着 Clothing		居 住 Residence	
		2000年	2001年	2000年	2001年	2000年	2001年	2000年	2001年
一、生活消费支出(元)	**Living Expenditures**								
合 计	Total	1 270.83	1 422.85	749.22	811.71	55.35	54.52	177.14	209.24
商 品 性	Commercial	808.34	935.57	305.83	349.12	55.31	54.51	158.09	184.57
自 给 性	Self-supplied	462.49	487.28	443.39	462.59	0.04	0.01	19.05	24.67
二、构成(%)	**Proportion (%)**								
合 计	Total	100	100	100	100	100	100	100	100
商 品 性	Commercial	63.61	65.75	40.82	43.01	99.93	99.98	89.25	88.21
自 给 性	Self-supplied	36.39	34.25	59.18	56.99	0.07	0.02	10.75	11.79

9-22 主要年份农民家庭平均每人主要消费品消费量
Basic Statistics on per Capita Major Consumer Goods of Rural Households in Major Years

品　名	Item	1980年	1985年	1990年	1995年	2000年	2001年
粮　食(原粮)　(千克)	Grain (unprocessed) (kg)	222	228	232	248.22	238.25	233.13
蔬　菜　(千克)	Vegetables (kg)	124	155	145	126.82	104.07	99.08
食　油　(千克)	Edible Oil (kg)	1.7	2.9	4	4.45	4.63	5.22
肉　类　(千克)	Meat (kg)	8.9	14.7	16.4	21.42	25.25	27.32
蛋　类　(千克)	Eggs (kg)	0.6	1.1	1.4	1.66	1.78	1.72
鱼　虾　(千克)	Fish and Shrimp (kg)	0.2	0.5	0.5	0.82	0.98	1.15
食　糖　(千克)	Sugar (kg)	1.4	1.6	1.8	1.75	1.18	1.33
酒　(千克)	Liquor (kg)	1.8	3.7	4.5	5.24	5.93	6.66

9-23 主要年份农民家庭平均每百户耐用消费品年底拥有量
Number of Durable Consumer Goods Owned per 100 Rural Households at Year-end in Major Years

品　名	Item	2000年	2001年
自行车　(辆)	Bicycle	49	47.92
洗衣机　(台)	Washing Machine	19.67	19.54
计算机　(台)	Computer	0.13	0.63
电冰箱　(台)	Refrigerator	3.67	3.38
电话机　(台)	Telephone	11.71	12.5
其中：移动电话　(台)	Mobile Telephone	2.08	4.58
电视机　(台)	TV Set	71	75.17
家用汽车　(辆)	Automobile	0.33	0.29
摩托车　(辆)	Motorcycle	5.04	5.5

主要统计指标解释

城镇居民家庭就业人口 指从事社会劳动并取得劳动报酬或经营收入的人口。我国的就业方针是："在国家统筹规划和指导下,实行劳动部门介绍就业,自愿组织起来就业和自谋职业相结合"的方针。因此通过这三种方式就业的,不论在国有、集体经济单位工作或从事个体劳动,不论有固定性职业或临时性职业都是就业人口。城镇就业人口包括"国有经济单位职工"、"集体经济单位职工"、"其他所有制职工"、"个体经营者"、"个体被雇人员"、"离退休再就业人员"、"其他就业人员"七项。

城镇居民家庭实际收入 指调查户的全部实际的现金收入,包括经常或固定得到的收入和一次性收入。不包括周转性的收入,如提取银行存款、向亲友代借入款、收回借出款以及其他各种暂收款。

城镇居民家庭可支配收入 指居民家庭在支付个人所得税,家庭副业生产支出和记帐补贴之后所余下的实际收入。

城镇居民家庭消费性支出 指调查户用于日常生活的全部支出,包括食品、衣着、家庭设备用品及服务、医疗保健、交通和通讯、娱乐教育文化服务、居住、杂项商品和服务等八大类支出。

农民全年总收入 指农村住户年内从各种来源得到的全部实际收入(包括现金收入和实物收入)。由基本收入,转移性收入和财产性收入等三部分组成。

农民全年纯收入 指总收入扣除相应的各项费用性支出后,归农民所有的收入。它是可用于生产和非生产投资,改善物质和文化生产以及用于再分配的支出和结余的收入,是用来观察农民实际收入水平,以及农民扩大再生产和改善生活能力的指标。

全年纯收入=总收入－家庭经营费用支出－生产用固定资产折旧－税收－上交集体承包任务－集体提留和摊派－调查补贴－赠送农村内部亲友的支出

农民全年总支出 指农村住户全年用于生产、生活和再分配等方面的全部实际支出，包括家庭经营费用支出、购置生产性固定资产支出、缴纳税款、上交集体承包任务、集体提留和各种滩派、生活消费支出和其他非借贷性支出。但借贷性支出不包括在内。

城乡居民储蓄存款余额 包括城镇居民储蓄和农民个人储蓄两部分的余额。不包括工矿企业、部队、机关团体等集团存款。

城镇居民储蓄存款余额是指各专业银行的城市居民储蓄、华侨储蓄之和。农民个人储蓄是指信用社社员储蓄。

Explanatory Notes on Main Statistical Indicators

Employed Population of Urban Households refers to the persons who are engaged in social labor activities and gain labor remuneration or business income. China's employment policy: "Under the overall planning and guidance of the state, a combined employment policy is practiced of labor department introduction, self-organization and self-employment." Therefore, whether they work in state-owned or collective-owned economic units or involve in individual labor or have permanent occupations or temporary positions, those persons who are employed in the above three ways are considered employed population. Urban employed population covers 7 aspects: staff and workers of state-owned economic units, staff and workers of collective-owned economic units, staff and workers of other ownership, individually-owned business persons, self-employed persons, re-employed retirees and other employees.

Total Income of Urban Households refers to the total actual income of the sample households, including regular or fixed income and occasional income. The income of a circulating nature such as withdrawal from bank deposits, loans borrowed from relatives or friends, repayment of loans received and various temporary collection of money is excluded.

Disposable Income of Urban Households refers to the actual income of the sample households which can be used for daily expenses, i.e., total income minus personal income tax, sample households subsidy and expenditure on household sideline production.

Expenditure for Consumption of Urban Households refers to the total expenditure of the sample households for consumption in daily life, including eight big categories of expenditure for food, clothing, household appliances and services, medicare, transport and telecommunication, services of entertainment, education and culture, living, miscellaneous goods and services.

Gross Annual Income of Farmers refers to the actual income from all sources by rural households during a year (including monetary income and income in kind). It is composed of basic income, transfer income and property income.

Net Annual Income of Rural Households refers to the total income of the permanent residents of rural households during a year after the deduction of the relevant expenses. It is the expenditure and surplus income which can be used for investment of production and non-production, for improving material and cultural production, and for redistribution. It is also an indicator used to observe the actual income level, enlarging reproduction and life improving ability of farmers.

Net annual income = total income – operation cost of household – depreciation of productive fixed assets – taxes – payment for collective units for their contracted tasks – collective reservation and apportion charges – survey subsidies – expenses given to internal relatives as present.

Total Annual Expenditure of Rural Households for Consumption refers to the total actual expenses of rural households during a year on production, daily life, redistribution, etc., which includes expenses on operation cost of household, expenses of purchasing productive fixed assets, payment for taxes, payment for collective units for their contracted tasks, collective reservation and apportion charges, expenses on daily life and other non-borrowed and non-loaned expenditure, but borrowed and loaned expenditure is not included.

Savings Deposits of Urban and Rural Residents refer to the savings deposit of urban residents and the savings deposit of rural residents, but the group deposits of industrial and mining enterprises, army units, institutions, etc. are not included.

The savings deposit of urban residents refers to the total deposits of urban residents saved in various professional banks. The savings deposit of rural residents refers to the total deposits of members of credit cooperatives.

开拓进取的

云南省计量测试研究院

云南省计量测试研究院是集计量研究开发、量值传递、检定测试服务于一身的省级计量技术科研结构。主要承担云南全省各等级计量标准的量值传递，为全省贯彻实施计量法律、法规提供技术保证，为全省经济建设服务。

云南省计量测试研究院具有一支国内高水平、高素质的计量、科研、开发、测试队伍。全院设有长度、温度、力学、电学、电子、化学、光学、流量加油机、出租车计价器、计算机与自动化、科研等13个专业实验室和检测站，建有各等级社会公用计量标准97项，云南省最高计量标准36项（其中国家工作基准3项）。

在坚持以量传为主，科研开发并重的专业发展中，曾承担国家及省部级重大科研项目15项，获国家及省部级科技进步奖12项。特别是90年代以来，电能计量标准表及校验装置的研制开发工作取得了丰硕成果，达到国际先进水平，其中0.01级单相标准功率电能表及0.02级三相标准功率电能表已被中国计量科学研究院、中国测试技术研究院、若干省级计量测试研究院（所）和电力科研院（所）采用，我院生产的电能表校验装置已有10多年历史，并广为云南省内电力企业和大中型厂矿计量室用为标准设备。

作为云南省最高法定计量技术机构和省级计量测试研究单位，我院围绕国家对法定计量检定机构的具体要求，结合我院实际，于2001年8月，制定颁发了第一版比较系统完整的《质量手册》和《程序文件》，确立了我院的质量方针和质量目标，有效地规范了检定工作秩序，促进了管理。

强制检定和量值传递是我院的基础工作。多年来，我院始终以强化强检为重点，以巩固量传基础，紧紧围绕我省经济建设需要。在广度上求开拓，深度上求发展，使国家规定的强检计量器具，特别是与老百姓生活密切相关的，如出租车计价器、加油机、医疗设备等计量器具的强检率保持在98%以上，有效地保障了消费者的利益。

伴随着我国加入WTO的现实，在激烈的竞争挑战和创新发展机遇中，我们将进一步转变观念，扎扎实实地推进改革、加强管理，走出一条符合社会主义市场经济发展规律、符合质量技术监督工作需要的新路子，为云南经济、科技进步和社会发展作出应有的贡献。

优质服务承诺：无论送检，业务联系，信息咨询同样热情接待；按规定的时间内让用户及时取件；积极开展上门检测服务；严格按规定收费标准收费；热情提供信息咨询，耐心解决用户提问；用户的需要就是我们的职责，尽力为用户提供方便。

院长：李建华　　电话：（0871）3133210（办公室）　3197367（业务室）

地址：昆明市东风东路唐家营69号　　传真：（0871）3133210　3194844

邮编：650041　　E-mail: JLC817@public.km.yn.cn

云南省粮食局

2001年，全省广大粮食干部职工解放思想，转变作风，认真贯彻执行国家粮食方针政策，保护农民利益，调动农民种粮积极性，促进粮食生产发展，为稳定市场粮价，保障军需民食供应作出了积极的贡献，取得了较好的成绩。

（一）继续认真贯彻落实“三项政策”，做好粮食购销工作。一是认真执行按保护价敞开收购农民余粮政策，做好粮食收购工作。2001年粮食年度（粮食年度从当年4月至第二年的3月）全省纯收购粮食10.4亿公斤（贸易粮，下同），比上半年少收购2.3亿公斤，减幅为18.1%。二是认真执行粮食顺价销售政策。2001年粮食年度全省纯销售粮食11.7亿公斤，比上半年少销3.8亿公斤，减幅为24.5%。三是全省粮食库存总量略有下降。到2001年粮食年度末，全省国有粮食企业库存总量为20.1亿公斤，比上年同期减少0.1亿公斤，减幅为0.5%。四是有效地遏制了粮食企业亏损大幅上升的势头。2001年，全省粮食企业累计发生亏损4.26亿元，比上年同期减亏2.25亿元，减幅为35%。五是较好地落实了粮食收购资金封闭运行政策。2001年，全省发放粮油收购贷款由于粮油新收购（含调入）价值比为100%，粮食销售货款回笼率为99.73%，粮油贷款收回率为105.3%，粮油贷款收息率为95.23%，粮油其他不合理占用贷款下降率为14.54%。六是认真做好退耕还林还草粮食供应工作。到2001年年底，全省两年试点累计供应退耕还林还草补助粮食（原粮）6672万公斤。同时，加强了监督、检查力度，对发现的一起违规违纪事件，已做了处理并通报了全省。七是组织落实省级储备粮收储工作，圆满完成了中央划转地方原中央储备粮的销售任务。在规定的时间内，完成了省政府下达的2001年省级储备粮收储任务。完成了划转地方原中央储备粮2.07亿公斤的销售任务，并使有销售任务的储粮企业都略有盈余。八是加强安全储粮和粮油质量管理。全省各级粮食部门在大部份库存粮食超期储存、陈化严重的情况下，全年没有发生大的储粮安全事故，确保了库存粮油的安全。

（二）各级粮食部门积极参与农业结构调整，为政府当好参谋。针对我省粮食出现阶段性、结构性供过于求的状况，省粮食局及时向省政府提出优质米产业化开发，大力推广和发展优质稻的建议，省政府采纳了省粮食局的意见，把优质米产业化开发写入了省政府的有关文件，作为省政府领导2001年要抓的重点工作、重点项目和省直有关部门2001年的重点工作任务之一，引起了各级政府的重视。各地州市县粮食行政管理部门也积极参与农村产业结构的调整工作，为政府当参谋，献技献策。全省2001年粮食经作物种植比例调整为

67.2: 32.8，优质稻的播种面积达到520万亩，比上年增加100万亩，增幅达23.8%。

（三）圆满完成了粮食清仓查库工作。根据国务院的统一部署，我省粮食清查工作从4月1日开始，截止6月中旬，历时两个半月，保质保量地全面完成了清仓查库任务。全省共清查2900个库点，清查面达100%。全省抽调3400人次参加清查工作。清查结果，库存粮食：统计帐面数为26.75亿公斤，清查实际数为26.61亿公斤，误差率为0.52%，在国家规定的3%范围以内。通过质检部门检验确认的陈化粮食有10.15亿公斤。

（四）粮食基础设施建设又得到进一步加强。2001年国家又批准了我省思茅、丽江、昭通、红河4个国家储备粮库的建设项目，仓容2亿斤，总投资概算6673万元，4个库已先后于2001年12月和2002年2月初开工建设。完成了1998年500亿公斤中央直属粮库安排在我省8个粮库建设项目的扫尾和验收工作（其中大理库正在进行新库装新粮压仓实验，预计2002年6月底以前进行正式验收）。2000年200亿斤国家储备粮库安排我省的玉溪、文山2个项目的工程建设已基本完成，目前2个库已通过了初步验收。到2001年底止，全省共建有粮库仓容达到47亿公斤，其中完好仓容达34亿公斤。配合省级有关部门落实了6500万元简易建仓贷款及其贴息。

（五）深化国有粮食企业自身改革。全省各级粮食部门认真贯彻落实粮改政策，针对冗员过多，企业负担重的实际，实行下岗分流，减员增效。1998年以来，全省国有粮食企业分流富余人员1.13万人，减员增效工作迈出较大步伐。政企不分的状况初步得到改变，国有粮食购销企业主、附营业务实现了合理分离。到2001年12月末，全省粮食系统改制企业144个，占企业总数的17.04%，其中，股份制企业72个，兼并破产企业4个，承包租赁企业24个，出售企业6个，其他38个。

（六）狠抓下岗分流、减员增效，妥善安置职工。1998年以来，全省国有粮食企业分流富余人员1.13万人，减员增效工作迈出较大步伐，各级粮食行政管理部门在粮食企业十分困难的情况下，积极开拓市场，拓宽经营，提高经济效益，妥善解决好富余职工的安置问题，使全系统的绝大数职工能够得到基本的生活保障，保持了粮食职工队伍的稳定。如2001年省粮油机械厂和省粮油储运总公司在省劳动和社会保障厅及省局的大力支持下，又办理下岗分流人员128人，从一定程度上缓解了企业困难。并千方百计筹集资金，按政策给解除劳动合同职工以经济补偿。2001年，根据省政府关于加大事业单位改革力度的要求，还进行了省粮油设计所由自收自支事业单位整体转为企业的工作。

金平苗族瑶族傣族自治县

金平县是一个多民族的家园，是红河州唯一多民族自治的民族县。全县少数民族比例达86%，世居民族有苗族（7.9万，占全县人口的25.5%）、瑶族（3.8万，占12.3%），傣族（1.7万，占5.5%）、哈尼族（8万，占26%）、汉族（4.5万，占14.5%），彝族（3.7万，占11.9%）、拉祜族（0.63万，占2%）、壮族(0.5万，占1.6%）等八个民族和至今尚未确定族属的莽人（602人，占0.2%）。金平县与越南社会主义民主共和国莱州、老街两省的封土、清河、勐德、坝洒四县以及越南北部历史文化名城奠边府山连山、水连水。边境线长达502公里，边境线长度在全省26个边境县中位居第二（仅次于西双版纳州勐腊县），与越南接壤边境线长度在全州位居第一，占全省4060公里边境线的12.4%，占红河州848公里的59.2%；全县51.8%的人口分布在边境一线7个乡（镇）。

金平地处云岭山脉南下分支哀牢山脉和无量山脉向东南逐渐倾斜，哀牢山脉的河流如梳向背，东向注入红河；无量山脉水系如扇聚柄，东南向注入藤条江，地质属中生代红河结晶片岩带。境内耸立着红河州的最高峰——西隆山。海拔3074米；最低海拔为龙脖河与红河交汇点105米，海拔高差2969米，有“一山分四季，十里不同天”，“东山下雨，西山日出”之说。山区面积占99.7%，高于全省5个百分点，大于25°坡地面积占总面积的68.3%，高于全省平均坡度28个百分点，海拔1500米以下的半山区及河谷地区终年无冬，海拔2000米以上的山区常年无夏，立体气候特点十分突出，境内群山争立，雄浑粗犷，云蒸雾拥，霞光填于沟壑；梯田层层叠叠，有入云霄之势；登高远望，豁然开朗，心旷神怡。

与立体气候相适应，植被属于典型的热带山地垂直系列植被。海拔500米以下属于热带季雨林和热带河谷季雨林，面积99万亩，占全县生态覆盖总面积的18%，为热作区；海拔800至1500米为热带山地湿性常绿阔叶混交林，面积342万亩，占全县生态覆盖总面积的64%；海拔1500米以上为中热带山地苔鲜雨林，气温较低，多云雾，湿度大，雨量多，面积97万亩，占全县生态覆盖总面积18%。县境内有浓郁茂密的林冠，海拔2100米以上的分水岭，已被列入国家级自然保护区，区内有147个科424个属700余种植物种类，有距今200万年至650万年前新生代、第三、第四纪热带、亚热带的残余树种和特有树种：蕨类的河口观音连座、双扁蕨、伊桐、鸡尾松、福建柏、木莲等20余种古老稀有树种；有起源于3亿2千万年前古生代泥盆纪被称为活化石的树蕨，“团花”在1972年第七届世界林业会议上被誉为“奇迹树”。保护区内有国家级一类保护动物叶猴、长臂猿、金丝猴、斑犀鸟；二类保护动物毛寇鹿、熊猴、懒猴、穿山甲、角雉、原鸡；三类保护动物白鹇、山鸡等。还有马鹿、黑熊、岩羊、黄鹿、水獭、旱獭、狸、画眉、相思鸟、太阳鸟、小椒鸟等、自然保护区内十分丰富的生物资源被誉为“物种基因库”。

在“农业立县，林业富县”的发展思路中，金平县委、政府作出了“二五五五”可持续发展绿色产业规划布局，从2000年到2005年要培植起20万亩珍贵用材林（杉木10万亩，秃杉5万亩，柚木3万亩，西南桦2万亩），50万亩笋、材两用竹林，50万亩经济果木林（20万亩香蕉、10万亩龙眼、荔枝、10万亩橡胶、5万亩甜角、3万亩核桃、2万亩腰果），50万亩封山育林。

按照区域化、规模化、产业化、专业化和商品化的要求，结合线路经济、流域经济和各小区气候特点，香蕉、龙眼、荔枝、橡胶布局在交通方便的地块；柚木布局在交通方便、土层深厚、坡度大于36°以上的地块；甜角、腰果布局在干热河谷和高海拔地区；竹子布局在公路沿线；封山育林布局在水源头附近或偏僻地区的退耕还林、采伐迹地、荒山等具有天然更新能力和人工促进天然更新能力的地块。

通过全县各级干部职工和各族人民的努力，“二五五五”可持续绿色产业发展呈现出强劲的势头。在水果生产方面现已拥有香蕉面积15万亩，龙眼11.7万亩，荔枝13.6万亩，腰果4553亩；经济林木方面现已拥有橡胶8.9万亩，柚木1371亩，秃杉427亩，核桃8134亩，西南桦3462亩；封山育林33.1万亩。另外印度楝、梨、八角、柚子、板栗等经济林果在小区域内也有布局，各乡（镇）还计划了一些庭院经济和村落经济林果，一个绿色产业大县，正在一步步崛起。

永昌街道办事处

昆明市五华区永昌街道办事处，位于昆明市区西南城郊结合部，辖区面积1.82平方公里，机关驻永昌小区益康路48号。承担着各种社会工作116项。办事处下属有9个社区居委会。辖区内有国家、省、市级党政机关和企事业单位88个，基本单位700余个，常住居民29600余户计67200人，暂住人口25000人；有滇池路、环南路、海埂路、官南路、永昌路、彩莲路，华昌路、云兴路等主要道路，有9路公共汽车在辖区内运行，交通便捷；有五华区体训基地和五华区文化中心及欧式“永昌公园”，昆明市最大的环球保龄球馆以及高等级的五华游泳馆、标准专业网球馆、宝丽金娱乐中心、永昌文体娱乐中心、阿波罗文体娱乐中心，文化体育娱乐业发达；有云南省行政学院财经管理学校1所、省工商银行管理学校1所、市会计学校1所、五华区党校1所、五华区行政学院1所、中学2所、小学4所、幼儿园9所、计算机培训学校2所，适龄儿童入托、上学、和成年人进修、深造方便；有星级宾馆5个，食宿便利；有投资数十亿元建成的“螺狮湾批发市场”，目前已成为拥有服装、鞋帽、布料、日用品、建材、文化体育、通讯、科技信息等数万个品种，29000余个专业门市的享誉全国和东南亚的商品集散和贸易中心，市场日人流量达15-20万人次，其规模宏伟、管理严密、发展前景无限；有人民银行、中国银行、工商行、农行、交通行、广发银行储蓄所（处）13个，国税、地税分局3个，工商管理所3个，金融、税务、工商服务管理机构健全配套；有5个公安派出所，社会治安秩序良好；永昌地区已逐步营造了中外商家奋发作为及人居的良好环境。

2001年，办事处在省、市、区的正确领导下，全体干部与辖区人民一道奋发图强，与时俱进，开拓进取，使辖区“两个文明”建设得到了同步快速发展：取得了年创财政税收3947万元（其中地方财政收入1748万元）；先后被评为“全国健身先进社区”、“全国青年文明社区”，中共永昌街道党工委被云南省委评为优秀基层党组织；被省评为“三五普法”、“二五依法治理”先进办事处、“社会治安综合治理先进单位”；被昆明市评为“精神文明建设先进街道办事处”；被市、区评为“昆明市社区建设试验先进单位”、“昆明市社区建设先进单位”。全年共获得国家、省、市、区表彰43项。

永昌地区是最早开发的小区之一，经多年的建设，经济发达，社会文明，有着良好的生活环境、治安环境及投资经营环境。永昌地区九万余热情好客的各族人民欢迎中外友人到永昌这块热土做客和发展。

盘龙区珠玑街道办事处

珠玑街道党工委书记：刘少军
珠玑街道办事处主任：吴　涛

昆明市盘龙区珠玑街道办事处位于珠玑街71号，办事处管辖范围自北京路园通高架桥南端至震庄宾馆，人民东路昆明市工艺美术服务部至昆明水电设计研究院，白塔路昆明水电设计研究院至昆明饭店，东风东路昆明饭店至青年路昆明市科技大楼，青年路昆明市科技大楼至园通高架桥南端，整个辖区占地面积约1平方公里，地处盘龙区政治、经济、文化、教育中心。辖区内高楼林立，街市繁荣，人口稠密，驻有中央、省、市、区属机关，企事业单位1661个，约有近400多个门、店，有五个社区居民委员会。辖区内住户总数11273户，人口为38594人。

2001年，珠玑街道党委和珠玑街道办事处始终坚持以邓小平理论和党的十五大精神为指导，团结带领辖区人民群众，认真学习实践“三个代表”的重要思想，以国家实施西部大开发战略为契机，以经济建设为中心，以城市管理为重点，加强党的建设，加强社会主义精神文明和民主法制建设，牢牢把握“抓住机遇、深化改革、扩大开放、促进发展、确保稳定”的工作方针，圆满地完成了上级下达的各项工作任务，使珠玑街道的经济和各项社会事业取得了新的成绩。2001年完成工业总产值3357万元，完成年计划的102.7%；完成商业服务销售收入9957.7万元，完成年计划的101.7%；完成财政总收入1850万元，其中：地方财政收入1365万元。

2001年，珠玑办事处通过积极努力地工作，在城市管理、社区建设和社区服务等方面取得较好地成绩，多次受到上级的表彰，受到辖区人民的好评，使辖区街道平坦、清洁、绿树成荫，盘龙江沿岸绿草如茵、鸟语花香、社会治安稳定，人民安居乐业，出现了一派国泰民安的繁荣景象。

在风景如画的盘龙江畔，曾有人吟唱到“生逢盛世精神爽，迈开大步奔小康，感谢党的好领导，幸福生活万年长”。这是全辖区乃至全国人民共同的心声！

十、农 业

AGRICULTURE

10-1 主要年份全省农业生产基本情况
Basic Conditions of Agricultural Production

指　　标	Item	1980年	1985年	1990年	1995年	2000年	2001年
户数、人口、从业人员	**Number of Households, Population and Employed Persons**						
乡村总户数　（万户）	Total of Rural Households (10 000)	523	573	590	769	830	836
乡村总人口　（万人）	Total Rural Population (10 000 persons)	2 798	2 996	3 226	3 335	3 450	3 464
乡村从业人员　（万人）	Rural Employed Persons (10 000 persons)	1 199	1 420	1 647	1 835	1 949	1 971
#农林牧渔业　（万人）	Farming, Forestry, Animal Husbandry and Fishery (10 000 persons)	1 166	1 297	1 503	1 632	1 674	1 689
工　业　（万人）	Industry (10 000 persons)	11	31	36	48	52	53
建筑业　（万人）	Construction (10 000 persons)		27	28	39	53	54
运输邮电业　（万人）	Transport, Postal and Telecommunication Services (10 000 persons)		11	16	27	36	36
商业、饮食业　（万人）	Commercial and Catering Services (10 000 persons)		10	12	22	37	39

10-2 农村基本情况
Basic Conditions of Rural Areas

指　　标	Item	1990年	1995年	1996年	2000年	2001年
一、农村基层组织情况	**I. Rural Grassroots Units**					
1. 乡镇个数（个）	Number of Townships and Town Governments (unit)	1 576	1 574	1 575	1 564	1 433
#镇个数　（个）	Number of Town Governments (unit)	358	370	379	462	405
2. 村委会个数（个）	Number of Villagers' Committees (unit)	13 365	13 415	13 419	13 433	13 419
二、乡村户数、人口、从业人员	**Number of Rural Households and Employed Persons and Population**					
乡村户数　（万户）	Number of Rural Households (10 000)	590	769	783	830	836
乡村人口数　（万人）	Rural Population (10 000 persons)	3 226	3 335	3 352	3 450	3 464
乡村从业人员　（万人）	Number of Rural Employees (10 000 persons)	1 647	1 835	1 856	1 949	1 971
1. 按性别分	Grouped by Sex					
男从业人员　（万人）	Male (10 000 persons)	849	943	956	1 009	1 022
女从业人员　（万人）	Female (10 000 persons)	798	892	900	940	949
2. 按行业分	Grouped by Sector					
农、林、牧、渔从业人员（万人）	Farming, Forestry, Animal Husbandry and Fishery (10 000 persons)	1 503	1 632	1 642	1 674	1 689
工业从业人员　（万人）	Industry (10 000 persons)	36	48	48	52	53
建筑业从业人员（万人）	Construction (10 000 persons)	28	39	41	53	54
交通运输和邮电通讯业从业人员　（万人）	Transport, Postal and Telecommunication Services (10 000 persons)	16	27	29	36	36
批发、零售、餐饮业、金融、保险从业人员（万人）	Wholesale and Retail Trade, Catering Services, Banking and Insurance (10 000 persons)	12	22	24	37	39
其他从业人员　（万人）	Others (10 000 persons)	57	67	72	97	100

注：乡村总人口是按1984年前的老口径统计，故本表的数字大于人口篇乡村总人口。从2001年起，乡镇个数中不包括城关镇。

Note: The rural population total is calculated on the base of an old regulation adapted before 1984, so the figures in the table are greater than the rural population total in Chapter on Population. From 2001 the figures of village and town do not include those of urban towns.

10-3 全省水库库容量

Capacities of Provincial Reservoirs

指 标	Item	水库(座) Number of Reservoirs		水库库容量(亿立方米) Reservoir Capacity (100 milliohm cu.m)		2001年比2000年±% 2001 as Compared with 2000	
		2000年	2001年	2000年	2001年	水库 Number of Reservoirs	水库库容量 Capacity of Reservoir
合 计	**Total**	**5 179**	**5 232**	**86.79**	**88.50**	**1**	**2**
大型水库	Large Reservoirs	4	4	12.42	12.42		
中型水库	Medium Reservoirs	145	150	42.45	43.66	3.40	2.90
小型水库	Small Reservoirs	5 030	5 078	31.92	32.43	1	1.60

10-4 主要年份全省主要农业机械拥有量

Ownership of Provincial Major Agricultural Machinery In Main Years

年 份 Year	农用大中型拖拉机(混合台) Large and Medium Agricultural Tractors	农用小型及手扶拖拉机(台) Small and Walking Agricultural Tractors	大中型拖拉机机引农具(部) Farm Tools Towed by Large and Medium Tractors	联合收割机(台) Combine Harvesters	农用载重汽车(辆) Trucks for Agricultural Use
1978	14 361	25 215	22 270	215	1 853
1980	17 234	33 431	21 097	184	3 464
1985	17 741	73 783	12 813	53	10 542
1989	16 751	128 064	9 747	124	16 575
1990	16 247	141 277	9 362	120	17 528
1991	15 545	159 914	9 002	154	20 022
1992	13 937	172 167	8 572	125	21 523
1995	9 568	216 192	6 568	134	30 083
1996	8 425	260 296	3 520	101	19 146
1997	8 488	291 619	3 438	171	20 471
1998	10 092	314 089	3 633	257	21 811
1999	15 557	304 434	8 187	360	39 564
2000	38 331	300 694	8 138	450	38 819
2001	52 600	304 826	8 805	484	39 754

注：1996—1998年数字为农业普查衔接数。

Note: The figures from 1996 to 1998 refer to the link data of agricultural census.

10-5 全省农业机械和农产品加工机械拥有量(年末数)
Ownership of Provincial Agricultural Machinery and Machinery for Processing Farm Products at Year-end

机械名称	Item	1999年	2000年	2001年
农用大中型拖拉机(台/万瓦特)	Lager and Medium Agricultural Tractors	15 557/49 860	38 331/101 623	52 600/137 465
小型及手扶拖拉机(台/万瓦特)	Mini and Walking Tractors	304 434/298 310	300 694 /299 355	304 826/299 849
大中型拖拉机机引农具 (部)	Number of Large and Medium Tractor Towing Farm Machinery	8 187	8 138	8 805
小型手扶拖拉机机引农具(部)	Number of Mini-Tractor Towing Farm Machinery	138 073	150 317	157 866
农用水泵 (台)	Pumps	78 781	88 845	90 256
联合收割机 (台)	Machinery for Combine Harvesters	360	450	484
机动脱粒机 (台)	Mechanical Sheller	92 391	111 029	115 710
农用载重汽车 (辆/万瓦特)	Trucks for Agricultural Use	39 564/346 920	38 819/337 101	39 754/338 250

10-6 各地区农村基本情况及农业生产条件（2001年）
Basic Rural Conditions and Agricultural Production in Regions (2001)

地区	Region	乡镇个数(个) Number of Township and Town Governments	镇个数(个) Number of Town Governments	村委会个数(个) Number of Villagers' Committees	自来水受益村数(个) Villages Tap Water Benefited	通汽车村数(个) Villages Car Available	通电话村数(个) Villages Telephone Available	农村用电量(万千瓦小时) Rural Consumption of Electricity (10 000 kwh)	乡村办电站/装机容量(个/万瓦特) Number of Electric Stations and their Capacity Owned by Villages (10 000 w)
全省合计	**Total**	**1433**	405	**13419**	**10797**	**12800**	**12291**	**325606**	**1470/25778**
昆明	Kunming	131	39	1364	1232	1346	1294	69563	43/2327
曲靖	Qujing	113	42	1557	1171	1540	1395	34611	27/1121
玉溪	Yuxi	69	38	654	588	653	636	64813	24/675
保山	Baoshan	77	18	902	802	890	895	13927	78/2275
昭通	Zhaotong	159	25	1211	738	1044	966	17498	332/4954
楚雄	Chuxiong	118	30	1123	1028	1115	1092	13769	55/292
红河	Honghe	138	52	1189	823	1136	1133	30671	201/3378
文山	Wenshan	107	32	934	606	912	768	15648	340/1427
思茅	Simao	111	15	992	952	846	817	8099	161/741
西双版纳	Xishuangbanna	37	12	258	237	258	200	3451	7/190
大理	Dali	116	56	1099	842	1093	1094	28959	62/1844
德宏	Dehong	60	17	337	307	336	315	3143	12/338
丽江	Lijiang	65	8	437	268	420	391	7884	49/2750
怒江	Nujiang	25	4	260	221	167	243	2626	12/704
迪庆	Diqing	26	1	183	119	144	156	3224	43/2131
临沧	Lincang	81	16	919	863	900	896	7720	24/633

10-7 各地区农用化肥施用量（2001年）

Consumption of Chemical Fertilizers in Regions (2001)

单位：吨 (ton)

地　区	Region	化肥施用量合计（按折纯计算）Consumption of Chemical Fertilizer	氮　肥 Nitrogenous Fertilizer	磷　肥 Phosphate Fertilizer	钾　肥 Potash Fertilizer	复合肥 Compound Fertilizer
全省合计	**Total**	**1 200 436**	**700 905**	**199 375**	**96 700**	**202 090**
昆　明	Kunming	131 227	67 711	29 862	11 485	22 166
曲　靖	Qujing	201 065	110 795	29 236	14 148	45 802
玉　溪	Yuxi	81 363	54 969	10 974	12 697	2 723
保　山	Baoshan	73 548	42 426	12 544	9 162	9 415
昭　通	Zhaotong	95 065	60 416	15 202	8 493	10 676
楚　雄	Chuxiong	99 238	60 993	13 742	3 049	21 454
红　河	Honghe	121 442	68 060	27 100	8 085	18 197
文　山	Wenshan	86 984	58 679	13 700	6 166	8 439
思　茅	Simao	33 886	24 697	3 964	2 548	2 677
西双版纳	Xishuangbanna	16 505	11 323	1 338	2 208	1 636
大　理	Dali	105 166	47 369	16 259	12 328	29 210
德　宏	Dehong	39 952	27 375	4 609	1 410	6 558
丽　江	Lijiang	45 704	26 008	12 061	2 373	5 262
怒　江	Nujiang	3 886	3 123	343	20	400
迪　庆	Diqing	6 050	3 837	1 431	115	667
临　沧	Lincang	59 355	33 124	7 010	2 413	16 808

10-8 各地区水利情况（2001年）

Basic Conditions of Water Conservancy in Regions(2001)

单位：千公顷 (1 000 hectares)

地　区	Region	水库座数（座）Number of Reservoirs	水库总库容（万立方米）Capacity of Reservoirs (10 000 cu.m)	农田水利情况 Irrigation and Water Conservancy		
				有效灌溉面积 Irrigated Area	旱涝保收面积 Area With Stable Yields Despite Drought or Waterlogging	机电排灌面积 Electrical Irrigation and Drainage Area
全省合计	**Total**	**5 232**	**884 982**	**1424.27**	**846.60**	**198.65**
昆　明	Kunming	759	165 583	139.82	87.95	48.60
曲　靖	Qujing	617	156 838	162.06	102.00	33.76
玉　溪	Yuxi	542	65 051	84.38	57.00	18.32
保　山	Baoshan	268	37 642	101.94	72.68	6.89
昭　通	Zhaotong	150	51 932	86.29	42.35	5.06
楚　雄	Chuxiong	1 024	99 138	112.35	76.13	10.19
红　河	Honghe	404	81 256	154.85	80.22	29.68
文　山	Wenshan	217	30 089	86.45	50.56	5.18
思　茅	Simao	256	35 898	95.05	54.17	0.72
西双版纳	Xishuangbanna	170	24 153	41.96	24.24	0.50
大　理	Dali	427	67 757	139.46	75.55	28.13
德　宏	Dehong	69	20 176	57.64	25.97	1.21
丽　江	Lijiang	128	24 985	61.65	34.54	7.24
怒　江	Nujiang	2	80	12.87	10.68	
迪　庆	Diqing	1	13	13.83	8.91	1.71
临　沧	Lincang	198	24 392	73.67	43.65	1.46

10-9 历年农业总产值

Historical Total Output Value of Agriculture

(按当年价格计算) (at current prices)

单位：亿元 (100 million yuan)

年份 Year	农业总产值 Total Agriculture Output Value	农业 Farming	林业 Forestry	牧业 Animal Husbandry	副业 Sideline	渔业 Fishing
1952	9.60	6.72	0.01	1.27	1.60	
1957	16.56	10.52	0.35	2.58	3.11	
1960	13.33	9.89	0.46	1.55	1.40	0.03
1961	15.21	11.24	0.23	1.61	2.10	0.03
1962	18.83	12.99	0.30	2.81	2.69	0.04
1963	20.03	13.12	0.46	3.53	2.88	0.04
1964	22.52	14.75	0.68	4.12	2.93	0.04
1965	22.83	14.63	0.73	4.57	2.85	0.05
1966	24.04	15.72	0.75	4.49	3.03	0.05
1967	24.25	15.93	0.75	4.49	3.03	0.05
1968	23.17	14.83	0.76	4.52	3.01	0.05
1969	24.64	16.26	0.77	4.53	3.03	0.05
1970	24.89	18.32	0.77	4.65	1.10	0.05
1971	28.81	22.30	0.92	3.89	1.67	0.03
1972	32.81	23.76	1.31	6.17	1.54	0.03
1973	35.55	25.70	1.46	6.75	1.60	0.04
1974	32.91	23.37	1.45	6.45	1.58	0.06
1975	35.40	25.81	1.73	6.16	1.63	0.07
1976	33.92	24.72	1.36	6.14	1.63	0.07
1977	33.47	23.60	1.84	6.26	1.71	0.07
1978	40.02	28.58	2.48	7.08	1.80	0.08
1979	44.71	31.03	3.17	8.27	2.15	0.09
1980	48.20	33.02	2.94	10.22	1.83	0.19
1981	55.20	38.32	3.77	10.74	2.17	0.20
1982	61.84	41.90	3.87	12.79	3.07	0.21
1983	65.68	42.30	4.73	13.84	4.57	0.24
1984	77.36	48.78	5.97	15.79	6.55	0.27
1985	88.88	52.02	7.90	20.33	8.23	0.40
1986	96.01	51.80	7.40	26.14	9.96	0.71
1987	111.25	61.75	8.85	29.42	10.28	0.95
1988	135.39	76.11	10.05	37.01	10.66	1.56
1989	152.68	84.30	12.97	41.68	11.80	1.93
1990	211.72	119.63	18.27	54.01	18.42	1.39
1991	222.93	130.67	18.69	55.68	16.52	1.37
1992	250.35	146.70	22.84	61.54	17.25	2.02
1993	281.21	179.39	25.39	72.89	-	3.54
1994	356.78	228.99	30.41	92.13	-	5.25
1995	474.46	299.48	40.53	127.19	-	7.26
1996	567.51	369.36	43.21	146.03	-	8.91
1997	612.01	397.09	40.40	163.93	-	10.59
1998	620.02	381.26	41.77	184.83	-	12.16
1999	642.48	394.96	45.60	188.82	-	13.10
2000	680.86	416.36	49.75	201.49	-	13.26
2001	703.53	431.31	47.21	210.63		14.38

注：1993年起副业产值已划归农业产值和牧业产值。

Note: Since 1993 the output value of sideline products has been divided into that of farming and animal husbandry .

10-10 历年农业总产值
Historical Total Output Value of Agriculture

(按不变价格计算)　　　　(at constant prices)
单位：亿元　　　　(100 million yuan)

年 份 Year	农业总产值 Total Agriculture Output Value	农 业 Farming	林 业 Forestry	牧 业 Animal Husbandry	副 业 Sideline	渔 业 Fishing
			(按1952年不变价计算)		(At 1952 Constant Prices)	
1952	10.71	7.49	0.01	1.42	1.79	
1957	16.27	10.33	0.34	2.54	3.06	0.01
			(按1957年不变价计算)		(At 1957 Constant Prices)	
1957	16.56	10.51	0.34	2.59	3.11	0.01
1965	18.11	11.61	0.58	3.62	2.26	0.04
1966	19.07	12.46	0.60	3.56	2.40	0.05
1967	19.24	12.64	0.60	3.56	2.40	0.04
1968	18.38	11.76	0.60	3.58	2.40	0.04
1969	19.55	12.90	0.61	3.60	2.40	0.04
1970	19.42	14.30	0.60	3.63	0.85	0.04
1971	20.66	14.64	0.72	3.42	1.86	0.03
			(按1970年不变价计算)		(At 1970 Constant Prices)	
1971	28.26	21.88	0.89	3.80	1.65	0.04
1972	31.49	22.80	1.25	5.92	1.48	0.04
1973	34.04	24.60	1.40	6.47	1.53	0.04
1974	32.38	22.98	1.42	6.34	1.57	0.07
1975	35.10	25.58	1.73	6.11	1.60	0.08
1976	33.63	24.52	1.34	6.08	1.63	0.06
1977	33.08	23.33	1.80	6.20	1.69	0.06
1978	37.17	26.56	2.29	6.57	1.68	0.07
1979	35.08	24.34	2.49	6.48	1.69	0.08
1980	37.47	26.37	2.61	6.70	1.70	0.09
1981	40.82	29.14	2.81	7.05	1.72	1.10
			(按1980年不变价计算)		(At 1980 Constant Prices)	
1981	55.35	37.79	4.55	10.69	2.12	0.20
1982	61.26	40.51	4.76	12.76	3.02	0.21
1983	64.66	40.62	5.54	13.81	4.46	0.23
1984	74.50	44.89	7.20	15.69	6.46	0.26
1985	79.26	45.55	8.25	17.01	8.13	0.32
1986	77.40	42.57	7.18	17.44	9.83	0.38
1987	82.13	46.67	6.89	17.96	10.15	0.46
1988	87.56	50.21	7.32	19.00	10.53	0.50
1989	90.08	51.20	7.72	19.97	10.65	0.54
1990	95.97	54.11	8.46	21.46	11.38	0.56
			(按1990年不变价计算)		(At 1990 Constant Prices)	
1990	223.58	122.00	21.28	57.08	21.56	1.66
1991	236.08	132.83	21.82	60.09	19.56	1.78
1992	246.56	138.83	24.04	62.59	19.17	1.93
1993	253.92	140.69	28.57	64.10	18.23	2.33
		(158.90)		(64.12)		
1994	261.74	160.49	30.47	67.89	0.00	2.89
1995	278.63	172.04	31.17	71.93	0.00	3.49
1996	299.36	184.80	33.15	77.28	0.00	4.13
1997	323.91	199.58	35.44	84.29	0.00	4.60
1998	338.63	200.73	37.26	94.93	0.00	5.71
1999	355.41	209.16	38.28	101.63	0.00	6.34
2000	378.51	221.85	39.85	110.29		6.52
2001	392.11	230.27	38.43	116.44		6.97

注：括号内数字为副业产值划归农业产值和牧业产值后的数字。

Note: The figures in brackets refer to the data of sideline products which have been divided into those of farming and animal husbandry.

10-11 历年农业总产值指数

Indices of Historic Gross Output Value of Agriculture

（以1952年为100） (1952=100)

年 份 Year	农业总产值 Total Agriculture Output Value	农 业 Farming	林 业 Forestry	牧 业 Animal Husbandry	副 业 Sideline	渔 业 Fishing
1952	100.00	100.00	100.00	100.00	100.00	100.00
1957	151.90	137.80	2 428.80	179.60	171.10	225.60
1961	124.60	131.80	1 469.40	98.70	103.40	702.00
1962	137.80	136.00	1 642.50	155.60	118.30	819.80
1963	145.10	135.80	2 570.10	192.50	125.80	915.10
1964	164.00	153.80	3 823.30	226.30	127.60	897.50
1965	166.10	152.30	4 105.90	250.80	124.40	920.10
1966	174.90	163.50	4 238.70	246.90	132.00	1 163.30
1967	176.50	165.80	4 238.70	246.90	132.00	930.10
1968	168.60	154.30	4 238.70	248.10	132.00	930.10
1969	179.30	169.30	4 309.30	249.30	132.00	1 045.50
1970	178.10	187.60	4 263.40	251.20	46.80	1 002.80
1971	189.50	191.90	5 097.00	237.40	101.70	749.60
1972	211.10	200.00	7 168.20	369.60	91.30	806.70
1973	228.20	215.80	8 026.20	404.10	94.00	720.10
1975	235.30	224.40	9 917.40	381.20	98.70	1 627.1
1976	225.50	215.10	7 708.30	379.80	100.10	1 099.90
1977	221.70	204.60	10 327.50	386.90	104.00	1 139.20
1978	249.20	233.00	13 119.80	410.20	103.50	1 296.60
1979	235.20	213.50	14 288.80	404.30	103.90	1 619.30
1980	251.20	231.30	14 938.30	418.30	104.90	1 759.00
1981	273.60	255.70	16 118.20	439.90	105.70	1 886.90
1982	302.90	274.10	16 885.30	525.00	150.00	1 946.70
1983	319.70	274.80	19 622.10	568.20	222.20	2 225.70
1984	368.30	303.70	25 504.00	645.60	321.50	2 500.90
1985	391.80	308.20	29 241.50	700.00	404.40	3 058.10
1986	382.60	288.00	25 449.10	717.40	489.30	3 599.10
1987	406.00	315.80	24 428.50	738.90	504.90	4 402.00
1988	432.80	339.70	25 935.50	781.70	524.10	5 771.30
1989	445.30	346.40	27 366.20	821.80	530.00	5 091.10
1990	474.50	366.10	29 995.20	882.90	566.60	5 318.00
1991	501.10	398.60	30 756.40	929.50	514.00	5 702.40
1992	523.00	416.50	33 893.60	968.50	503.70	6 181.40
1993	538.80	422.10	40 280.40	991.90	479.00	7 462.50
1994	555.40	426.30	42 959.20	1 050.20	0.00	9 256.10
1995	591.20	457.00	43 946.10	1 112.70	0.00	11 177.80
1996	634.90	490.80	46 714.70	1 195.00	0.00	13 223.30
1997	686.90	530.10	49 941.70	1 303.40	0.00	14 728.10
1998	718.10	533.20	52 506.40	1 467.90	0.00	18 282.10
1999	753.70	555.60	53 943.50	1 571.60	0.00	20 274.70
2000	802.70	589.30	56 155.90	1 705.50		20 850.30
2001	831.50	611.67	54154.90	1800.60		22 289.40

注：本表按可比价格计算。

Note : The figures in the table are calculated at comparable prices.

10-12 全省农林牧渔业总产值

Gross Output Value of Provincial Farming, Forestry, Animal Husbandry and Fishery

单位：亿元 (100 million yuan)

项　目	Item	按1990年不变价格计算 At Constant Prices in 1990			按当年价格 At Separate Prices of the Years		
		1999年	2000年	2001年	1999年	2000年	2001年
农林牧渔业总产值总计	**Gross Output Value of Farming, Forestry, Animal Husbandry and Fishery**	**355.41**	**378.51**	**392.11**	**642.48**	**680 .86**	**703.53**
一、农业产值合计	**Gross Output of Farming**	**209.16**	**221.85**	**230.27**	**394.96**	**416.36**	**431.31**
1. 种植业产值	Planting	179.25	189.61	197.39	351.75	368.09	385.09
(1) 主产品产值	Output Value of Main Products	168.53	178.95	187.23	335.31	351.26	368.51
#粮食	Grain Crops	75.74	79.31	82.58	167.41	170.12	175.35
豆类	Beans	8.02	7.84	9.89	13.53	12.91	16.65
油料	Oil-bearing Crops	2.93	3.82	3.88	5.63	6.60	6.52
糖类	Sugar Crops	21.79	20.57	21.56	22.92	21.59	23.33
烟叶	Tobacco	19.46	20.50	19.34	54.69	57.74	57.83
(2) 副产品产值	Output Value of Subsidiary Products	10.72	10.66	10.16	16.44	16.83	16.58
#粮食	Grain Crops	7.88	8.35	7.72	13.32	14.25	13.80
2. 其他农业产值	Other Farming	29.91	32.24	32.88	43.21	48.27	46.22
(1) 采集野生植物	Collecting Wild Plants	13.37	13.54	12.50	22.14	24.04	20.75
(2) 农民家庭兼营商品性工业	Family Concurrently Operated Commercial Industry	16.54	18.70	20.38	21.07	24.23	25.47
二、林业产值合计	**Gross Output Value of Animal Husbandry**	**38.28**	**39.85**	**38.43**	**45.60**	**49.75**	**47.21**
1. 营林产值	Forestry Management	6.41	7.22	6.26	9.93	11.80	10.89
2. 林产品产值	Forestry Production	19.52	20.21	21.00	23.75	25.74	24.98
3. 村及村以下竹木采伐产值	Bamboo and Timber Lumbering at Village Level and Below	12.36	12.42	11.17	11.92	12.21	11.34
三、牧业产值合计	**Gross Output Value of Animal Husbandry**	**101.63**	**110.29**	**116.44**	**188.82**	**201.49**	**210.63**
1. 生猪产值	Hogs	76.36	82.58	86.82	144.13	151.88	156.66
2. 大牲畜产值	Big Animals	9.11	9.42	9.64	11.93	12.62	13.69
3. 羊产值	Sheep and Goats	1.94	2.04	2.16	5.49	6.30	6.91
4. 家禽产值	Poultry Breeding	7.00	7.77	8.72	15.24	16.78	18.29
5. 活的畜禽产品产值	Live Livestock and Poultry Products	5.42	6.60	6.98	9.26	11.07	11.74
6. 其他动物饲养产值	Other Animal Feeding	1.73	1.86	2.08	2.66	2.81	3.29
7. 捕猎产值	Hunting	0.05	0.02	0.04	0.10	0.03	0.05
四、渔业产值	**Gross Output Value of Fishery**	**6.34**	**6.52**	**6.97**	**13.10**	**13.26**	**14.38**

10-13 各地区农林牧渔业总产值(2001年)
Gross Output Value of Farming, Forestry, Animal Husbandry and Fishery in Regions (2001)

(按当年价格计算) (at current prices)
单位：万元 (10 000 yuan)

地 区	Region	农林牧渔业总产值 Gross Output Value of Farming, Forestry, Animal Husbandry and Fishery	农业产值 Farming	林业产值 Forestry	牧业产值 Animal Husbandry	渔业产值 Fishing
全省合计	**Total**	**7 035 331**	**4 313 130**	**472 131**	**2 106 261**	**143 809**
昆　明	Kunming	858 558	523 477	32 131	273 058	29 892
曲　靖	Qujing	944 457	546 754	16 521	367 310	13 872
玉　溪	Yuxi	453 158	292 407	13 807	135 025	11 919
保　山	Baoshan	462 072	297 999	36 092	118 813	9 168
昭　通	Zhaotong	462 028	275 783	19 990	165 167	1 088
楚　雄	Chuxiong	522 164	327 963	30 487	156 474	7 240
红　河	Honghe	607 978	384 849	39 510	168 979	14 640
文　山	Wenshan	426 620	251 823	21 464	149 821	3 512
思　茅	Simao	303 464	179 721	42 507	75 733	5 503
西双版纳	Xishuangbanna	245 785	105 041	105 729	29 102	5 913
大　理	Dali	803 399	485 014	42 361	256 440	19 584
德　宏	Dehong	182 949	125 391	17 191	32 473	7 894
丽　江	Lijiang	160 572	84 202	11 372	56 606	8 392
怒　江	Nujiang	52 417	31 402	4 438	16 390	187
迪　庆	Diqing	48 351	28 220	5 300	14 699	132
临　沧	Lincang	365 589	237 314	33 231	90 171	4 873

10-14 各地区农林牧渔业总产值指数(2001年)
Indices of Gross Output Value of Farming, Forestry, Animal Husbandry and Fishery in Regions(2001)

(以上年为100) (preceding year = 100)
单位：% (%)

地 区	Region	农林牧渔业总产值 Gross Output Value of Farming, Forestry, Animal Husbandry and Fishery	农业产值 Farming	林业产值 Forestry	牧业产值 Animal Husbandry	渔业产值 Fishing
全省合计	**Total**	**103.6**	**103.8**	**96.4**	**105.6**	**106.9**
昆　明	Kunming	103.2	102.0	99.1	105.7	103.5
曲　靖	Qujing	101.5	97.8	95.3	106.6	105.2
玉　溪	Yuxi	103.5	100.4	101.5	110.4	99.1
保　山	Baoshan	102.7	103.9	96.5	102.8	100.2
昭　通	Zhaotong	102.0	101.7	92.8	104.0	112.5
楚　雄	Chuxiong	102.1	103.0	83.9	103.8	122.3
红　河	Honghe	103.4	101.1	109.1	106.6	106.9
文　山	Wenshan	108.5	108.2	108.9	109.2	104.1
思　茅	Simao	101.3	99.6	99.4	107.2	117.9
西双版纳	Xishuangbanna	98.1	97.1	98.9	98.0	91.4
大　理	Dali	103.5	104.9	86.5	103.7	114.7
德　宏	Dehong	98.3	97.2	99.4	101.5	107.8
丽　江	Lijiang	102.5	108.5	73.7	100.0	123.5
怒　江	Nujiang	103.2	107.6	81.7	108.5	115.2
迪　庆	Diqing	102.0	107.1	85.0	109.9	73.3
临　沧	Lincang	102.6	103.7	91.6	106.2	94.7

注：本表按可比价格计算。
Note : The figures in the table are calculated at comparable prices.

10-15 各地区农林牧渔业总产值构成(2001年)
Percentage of Gross Output Value of Farming, Forestry, Animal Husbandry and Fishery in Regions (2001)

(按当年价格计算) (at current prices)
单位：% (%)

地 区	Region	农林牧渔业总产值 Gross Output Value of Farming, Forestry, Animal Husbandry and Fishery	农业产值 Farming	林业产值 Forestry	牧业产值 Animal Husbandry	渔业产值 Output of Fishery
全省合计	**Total**	**100**	**61.3**	**6.7**	**29.9**	**2.1**
昆 明	Kunming	100	61.0	3.7	31.8	3.5
曲 靖	Qujing	100	57.9	1.7	38.9	1.5
玉 溪	Yuxi	100	64.5	3.1	29.8	2.6
保 山	Baoshan	100	64.5	7.8	25.7	2.0
昭 通	Zhaotong	100	59.7	4.3	35.8	0.2
楚 雄	Chuxiong	100	62.8	5.8	30.0	1.4
红 河	Honghe	100	63.3	6.5	27.8	2.4
文 山	Wenshan	100	59.1	5.0	35.1	0.8
思 茅	Simao	100	59.2	14.0	25.0	1.8
西双版纳	Xishuangbanna	100	42.8	43.0	11.8	2.4
大 理	Dali	100	60.4	5.3	31.9	2.4
德 宏	Dehong	100	68.5	9.4	17.8	4.3
丽 江	Lijiang	100	52.4	7.1	35.3	5.2
怒 江	Nujiang	100	59.9	8.5	31.3	0.3
迪 庆	Diqing	100	58.3	11.0	30.4	0.3
临 沧	Lincang	100	64.9	9.1	24.7	1.3

10-16 各地区农林牧渔业增加值(2001年)
Value-added of Farming, Forestry, Animal Husbandry and Fishery in Regions(2001)

(按当年价格计算) (at current prices)
单位：万元 (10 000 yuan)

地 区	Region	合 计 Total	农 业 Farming	林 业 Forestry	牧 业 Animal Husbandry	渔 业 Output of Fishery
全省合计	**Total**	**4 505 350**	**2 865 532**	**353 233**	**1 189 565**	**97 020**
昆 明	Kunming	539 689	336 793	23 881	158 677	20 338
曲 靖	Qujing	551 991	337 658	11 609	194 824	7 900
玉 溪	Yuxi	281 183	203 395	9 974	59 280	8 534
保 山	Baoshan	307 025	201 910	26 809	70 744	7 562
昭 通	Zhaotong	325 628	205 518	16 399	102 876	835
楚 雄	Chuxiong	335 053	224 620	23 685	82 346	4 402
红 河	Honghe	379 101	245 170	30 283	93 607	10 041
文 山	Wenshan	290 459	175 148	17 599	95 110	2 602
思 茅	Simao	200 215	124 166	30 899	41 702	3 448
西双版纳	Xishuangbanna	168 874	69 494	78 108	17 102	4 170
大 理	Dali	483 502	302 076	31 006	137 500	12 920
德 宏	Dehong	118 744	82 201	15 065	16 019	5 459
丽 江	Lijiang	96 597	54 294	7 396	29 143	5 764
怒 江	Nujiang	32 897	19 664	3 457	9 661	115
迪 庆	Diqing	33 566	20 563	5 076	7 819	108
临 沧	Lincang	257 056	167 092	26 987	59 155	3 822

10-17 各地区农林牧渔业中间消耗(2001年)
Intermediate Consumption of Farming, Forestry, Animal Husbandry and Fishery in Regions (2001)

(按当年价格计算) (at current prices)
单位：万元 (10 000 yuan)

地 区	Region	合 计 Total	农 业 Farming	林 业 Forestry	牧 业 Animal Husbandry	渔 业 Fishery
全省合计	**Total**	**2 529 981**	**1 447 598**	**118 898**	**916 696**	**46 789**
昆 明	Kunming	318 869	186 684	8 250	114 381	9 554
曲 靖	Qujing	392 466	209 096	4 912	172 486	5 972
玉 溪	Yuxi	171 975	89 012	3 833	75 745	3 385
保 山	Baoshan	155 047	96 089	9 283	48 069	1 606
昭 通	Zhaotong	136 400	70 265	3 591	62 291	253
楚 雄	Chuxiong	187 111	103 343	6 802	74 128	2 838
红 河	Honghe	228 877	139 679	9 227	75 372	4 599
文 山	Wenshan	136 161	76 675	3 865	54 711	910
思 茅	Simao	103 249	55 555	11 608	34 031	2 055
西双版纳	Xishuangbanna	76 911	35 547	27 621	12 000	1 743
大 理	Dali	319 897	182 938	11 355	118 940	6 664
德 宏	Dehong	64 205	43 190	2 126	16 454	2 435
丽 江	Lijiang	63 975	29 908	3 976	27 463	2 628
怒 江	Nujiang	19 520	11 738	981	6 729	72
迪 庆	Diqing	14 785	7 657	224	6 880	24
临 沧	Lincang	108 533	70 222	6 244	31 016	1 051

10-18 各地区农林牧渔业中间消耗、增加值占总产值比重(2001年)
Percentage of Intermediate Consumption and Value-added of Farming, Forestry, Animal Husbandry and Fishery to Gross Output Value (2001)

(按当年价格计算) (at current prices)
单位：万元 (10 000 yuan)

地 区	Region	农林牧渔业总产值 Gross Output Value of Farming, Forestry, Animal Husbandry and Fishery	农林牧渔业中间消耗 Material Consumption	农林牧渔业增加值 Value-added of Farming, Forestry, Animal Husbandry and Fishery	占农林牧渔业总产值比重(%) Percentage to Gross Output Value (%)	
					中间消耗 Material Consumption	增加值 Added Value
全省合计	**Total**	**7 035 331**	**2 529 981**	**4 505 350**	**36.00**	**64.00**
昆 明	Kunming	858 558	318 869	539 689	37.14	62.86
曲 靖	Qujing	944 457	392 466	551 991	41.55	58.45
玉 溪	Yuxi	453 158	171 975	281 183	37.95	62.05
保 山	Baoshan	462 072	155 047	307 025	33.55	66.45
昭 通	Zhaotong	462 028	136 400	325 628	29.52	70.48
楚 雄	Chuxiong	522 164	187 111	335 053	35.83	64.17
红 河	Honghe	607 978	228 877	379 101	37.65	62.35
文 山	Wenshan	426 620	136 161	290 459	31.92	68.08
思 茅	Simao	303 464	103 249	200 215	34.02	65.98
西双版纳	Xishuangbanna	245 785	76 911	168 874	31.29	68.71
大 理	Dali	803 399	319 897	483 502	39.82	60.18
德 宏	Dehong	182 949	64 205	118 744	35.09	64.91
丽 江	Lijiang	160 572	63 975	96 597	39.84	60.16
怒 江	Nujiang	52 417	19 520	32 897	37.24	62.76
迪 庆	Diqing	48 351	14 785	33 566	30.58	69.42
临 沧	Lincang	365 589	108 533	257 056	29.69	70.31

10-19 各地区主要农作物播种面积(2001年)

Total Sown Areas of Main Farm Crops in Regions (2001)

单位：公顷 (hectare)

地区	Region	总播种面积 Total Sown Area	粮食播种面积 Sown Area of Grain Crops	#稻谷 Rice	#小麦 Wheat	#玉米 Corn	#豆类 Soybeans	#薯类 Tubers
全省合计	**Total**	**5 929 650**	**4 339 030**	**1 100 290**	**640 710**	**1 138 110**	**608 800**	**552 740**
昆明	Kunming	390 530	263 306	56 641	47 730	53 819	43 271	27 960
曲靖	Qujing	758 402	470 843	59 438	57 147	137 454	50 644	90 286
玉溪	Yuxi	208 893	108 638	29 592	36 321	24 423	10 476	5 210
保山	Baoshan	323 081	225 755	62 099	43 139	57 285	28 684	16 294
昭通	Zhaotong	622 967	475 335	30 682	68 486	189 491	34 912	127 948
楚雄	Chuxiong	297 273	226 891	66 532	41 558	38 840	55 141	8 017
红河	Honghe	459 118	322 451	98 185	59 382	90 675	39 703	16 334
文山	Wenshan	524 584	382 131	69 417	54 940	127 381	75 185	36 115
思茅	Simao	384 729	300 249	113 011	21 539	91 890	37 587	10 823
西双版纳	Xishuangbanna	122 919	82 574	58 842	317	18 680	2 723	1 636
大理	Dali	365 320	275 819	70 420	40 585	66 661	47 799	10 127
德宏	Dehong	172 109	90 361	49 835	8 518	16 317	8 286	6 871
丽江	Lijiang	160 348	135 670	21 646	24 137	32 903	29 103	14 610
怒江	Nujiang	83 977	73 299	7 092	10 471	26 754	14 014	6 081
迪庆	Diqing	57 355	50 523	2 993	12 182	15 767	5 176	3 707
临沧	Lincang	385 227	286 290	76 506	50 890	94 726	36 995	12 455

10-19 续表 continued

单位：公顷 (hectare)

地区	Region	油料播种面积 Oil-bearing Crops	#花生 Peanuts	#油菜籽 Rapeseeds	甘蔗 Sugarcane	烤烟播种面积 Flue-cured Tobacco	蔬菜瓜类播种面积 Vegetables and Melon	其它作物 Other Farm Crops
全省合计	**Total**	**199 737**	**40 603**	**126 974**	**269 003**	**325 884**	**407 667**	**354 585**
昆明	Kunming	8 499	685	7 126	214	43 920	46 626	27 356
曲靖	Qujing	41 456	679	26 383	141	87 267	38 316	118 152
玉溪	Yuxi	9 151	615	8 066	18 992	38 187	30 240	3 609
保山	Baoshan	16 818	670	15 992	35 954	17 629	18 224	5 845
昭通	Zhaotong	13 264	4 119	8 363	2 345	29 652	43 982	54 711
楚雄	Chuxiong	12 822	1 525	9 768	643	27 938	21 839	6 410
红河	Honghe	13 219	8 426	4 313	22 828	29 330	39 515	30 237
文山	Wenshan	29 926	10 221	9 767	6 826	12 181	42 861	44 809
思茅	Simao	10 597	8 179	2 326	38 311	3 061	15 987	16 018
西双版纳	Xishuangbanna	1 744	1 615		20 894		15 913	1 348
大理	Dali	14 949	987	12 401	2 606	28 657	30 846	7 946
德宏	Dehong	13 496	514	12 938	52 116		11 832	2 625
丽江	Lijiang	4 804	689	3 296	1 269	5 479	5 860	6 051
怒江	Nujiang	1 219	88	668	626	17	5 989	1 598
迪庆	Diqing	764		733		68	909	4 404
临沧	Lincang	7 009	1 591	4 834	65 238	2 498	15 644	8 062

注：2001年起全省粮食播种面积用抽样调查数。

Note: From 2001 the data from sample survey are used for the total sown areas of grain crops in the whole province.

10-20 主要年份全省主要农产品产量
Yields of Provincial Main Farm Crops in Major Years

单位：万吨 (10 000 tons)

年 份 Year	粮 食 Grain	#稻 谷 Rice	#小 麦 Wheat	油 料 Oil-bearing	#花 生 Peanuts	#油菜籽 Rapeseeds	烤 烟 Flue-cured Tobacco
1949	393.00	229.50	19.15	2.35	0.58	1.77	0.22
1952	450.70	255.75	19.60	3.37	0.82	2.10	0.57
1957	583.20	325.50	29.60	8.01	2.46	4.07	2.82
1962	534.50	273.55	27.10	3.53	1.07	2.05	2.33
1965	586.95	304.75	31.85	8.75	2.75	5.75	4.65
1970	698.45	396.65	36.65	4.77	2.01	2.68	3.25
1975	798.90	400.00	60.32	6.97	1.80	5.08	9.72
1978	864.05	411.60	85.95	5.51	2.05	3.18	12.26
1980	865.55	387.60	78.55	6.48	1.83	4.18	10.32
1985	935.00	482.95	61.90	11.81	3.60	7.17	41.00
1990	1 061.21	509.44	106.79	13.31	2.93	9.65	43.60
1993	1 085.24	479.31	135.58	13.37	3.37	9.04	87.44
1994	1 146.47	510.23	124.07	13.95	4.11	9.06	59.23
1995	1 188.91	515.77	138.50	19.58	4.33	14.29	76.07
1996	1 246.30	535.15	145.39	18.81	4.32	13.61	88.39
1997	1 271.90	533.77	166.14	17.43	3.82	12.80	109.28
1998	1 319.50	540.86	152.22	17.46	4.55	11.95	56.37
1999	1 399.25	534.34	153.47	20.62	4.78	14.54	60.95
2000	1 467.80	536.29	151.19	26.98	5.35	19.11	64.61
2001	1486.30	595.87	137.88	27.66	5.40	20.42	60.08

10-20 续表 continued

单位：万吨 (10 000 tons)

年 份 Year	糖 料 Sugar	#甘 蔗 Sugar cane	茶 叶 Tea	水 果 Fruits	猪牛羊肉 Output of Pork, Beef and Mutton	禽 蛋 Poultry Eggs	水产品 Aquatic Products
1949	27.55	27.55					
1952	30.13	30.13	0.36				
1957	66.60	66.60	0.84	6.07			0.50
1962	42.25	42.25	0.63				0.75
1965	107.35	107.35	0.89		24.58		0.80
1970	88.32	88.32	1.05	8.78			0.92
1975	133.31	133.31	1.64	12.93	28.56		1.40
1978	160.04	160.01	1.78	11.62	29.23		1.12
1980	184.59	184.45	1.78	11.63	30.91		1.52
1985	480.13	479.77	3.11	21.18	56.82	3.90	2.65
1990	662.32	661.88	4.48	31.97	74.74	4.90	4.60
1993	900.03	899.92	6.10	47.72	96.16	5.17	5.83
1994	928.46	928.00	6.38	50.14	107.68	6.42	6.85
1995	1 056.31	1 055.92	6.40	55.71	120.45	6.85	8.44
1996	1 143.36	1 143.08	6.82	59.01	133.37	7.41	10.20
1997	1 435.18	1 434.92	7.08	66.02	148.95	8.51	11.89
1998	1 598.09	1 597.71	7.75	68.07	166.21	8.70	13.84
1999	1 526.89	1 526.53	7.51	73.83	180.35	9.83	15.53
2000	1 420.61	1 420.29	7.94	76.95	191.51	10.63	16.62
2001	1 481.49	1 481.10	8.07	98.43	203.84	11.80	18.02

注： 1. 1991年起粮食产量为抽样推算数，分品种、分地区为全面统计数。
2. 猪牛羊肉产量1996-1998年为农业普查衔接数。
3. 2001年起水果产量包括果用瓜。粮食分品种为抽样调查数。

Note: a. The yields of grain crops from 1991 are estimated from sample surveys. The figures of detail kinds of crops and regions are obtained from statistical data .
b. The output of pork, beef and mutton from 1996 to 1998 are the link data of agricultural census.
c. The output of fruit from 2001 includes the output of melon fruit and the grain variety is based on sample survey.

10-21 各地区主要农作物产量(2001年)

Yield of Main Farm Products in Regions (2001)

单位：吨 (ton)

地区	Region	粮食总产量 Crain Crops	谷物产量 Cereals	#稻谷 Rice	#小麦 Wheat	#玉米 Corn	豆类产量 Soybeans	#蚕豆 Broadbeans
全省合计	**Total**	**14 863 000**	**12 466 800**	**5 958 700**	**1 378 800**	**4 773 000**	**906 600**	**432 382**
昆明	Kunming	1 206 324	983 508	437 684	115 885	353 492	106 900	81 399
曲靖	Qujing	1 963 278	1 463 093	414 524	97 040	809 496	137 694	82 709
玉溪	Yuxi	566 054	518 898	248 219	101 320	161 893	20 438	11 189
保山	Baoshan	900 607	828 781	415 373	106 437	267 686	29 893	9 368
昭通	Zhaotong	1 303 456	936 715	160 793	87 474	662 207	45 167	5 865
楚雄	Chuxiong	1 020 844	877 560	495 166	113 663	224 535	111 664	78 965
红河	Honghe	1 230 434	1 129 224	632 041	115 377	352 439	54 360	19 355
文山	Wenshan	1 026 409	923 671	402 636	66 401	435 492	53 962	7 039
思茅	Simao	819 235	769 374	466 838	17 255	237 002	31 793	7 015
西双版纳	Xishuangbanna	339 108	333 110	286 368	601	45 672	2 696	315
大理	Dali	1 296 938	1 138 731	522 605	122 085	377 029	125 026	92 158
德宏	Dehong	371 083	348 746	282 621	19 748	45 886	8 268	1 286
丽江	Lijiang	409 152	332 412	134 844	66 366	112 787	46 805	23 142
怒江	Nujiang	165 930	143 807	38 816	16 069	78 849	12 259	0
迪庆	Diqing	138 459	121 033	15 036	30 184	55 782	7 112	992
临沧	Lincang	747 955	693 675	334 239	72 769	273 841	29 794	11 585

10-21 续表 continued

单位：吨 (ton)

地区	Region	薯类产量 Tubers	油料产量 Oil-bearing Crops	#花生 Peanuts	#油菜籽 Rapeseeds	甘蔗 Sugarcane	烤烟产量 Flue-cured Tobacco
全省合计	**Total**	**1 489 600**	**276 613**	**53 974**	**204 184**	**14 810 996**	**600 806**
昆明	Kunming	115 916	12 061	953	9 665	7 082	77 813
曲靖	Qujing	362 491	54 711	1 030	49 231	2 887	156 809
玉溪	Yuxi	26 718	21 716	1 073	20 017	1 207 351	83 298
保山	Baoshan	41 933	25 821	1 145	24 357	1 997 467	27 636
昭通	Zhaotong	321 574	11 363	4 773	6 236	178 209	49 574
楚雄	Chuxiong	31 620	26 357	3 595	21 026	23 288	55 724
红河	Honghe	46 850	18 059	11 226	6 043	1 415 485	59 170
文山	Wenshan	48 776	23 497	13 714	5 880	267 378	19 722
思茅	Simao	18 068	11 295	8 693	2 469	1 723 675	5 098
西双版纳	Xishuangbanna	3 302	1 510	1 393	0	1 270 097	0
大理	Dali	33 181	31 986	2 064	27 808	266 025	52 429
德宏	Dehong	14 069	14 870	638	14 174	2 998 078	0
丽江	Lijiang	29 935	7 941	1 349	5 367	107 113	10 301
怒江	Nujiang	9 864	885	79	407	36 235	15
迪庆	Diqing	10 314	1 301	0	982	0	81
临沧	Lincang	24 486	13 242	2 249	10 525	3 310 626	3 137

10-22 历年全省大小春粮食面积和产量

Historic Sown Areas and Yields of Grain Harvested in Early and Late Spring

年份 Year	粮食总计（万吨） Grain (10 000 tons)	小春 Late Spring		大春 Early Spring	
		面积（万亩） Area (10 000 mu)	粮食产量（万吨） Grain Yield (10 000 tons)	面积（万亩） Area (10 000 mu)	粮食产量（万吨） Grain Yield (10 000 tons)
1952	450.70	853.69	52.32	3 240.02	398.38
1957	583.20	1 186.22	71.35	3 859.32	511.85
1960	489.35	1 263.93	56.55	3 883.33	432.80
1961	500.05	1 363.53	50.65	3 792.53	449.40
1962	534.50	1 141.59	70.46	3 799.59	464.04
1963	537.15	1 096.68	58.57	3 861.50	478.58
1964	606.70	1 169.03	73.90	3 907.26	532.80
1965	586.95	1 162.83	76.88	3 894.48	510.07
1966	628.60	1 227.65	73.85	3 874.02	554.75
1967	634.20	1 349.81	84.09	3 805.81	550.11
1968	587.05	1 269.68	85.95	3 742.02	501.10
1969	650.50	1 194.97	62.19	3 808.99	584.31
1970	698.45	1 354.15	84.41	3 838.69	614.04
1971	671.05	1 544.48	104.01	3 665.85	567.04
1972	735.05	1 518.91	110.10	3 692.10	624.95
1973	798.80	1 459.01	107.49	3 702.35	691.31
1974	680.35	1 406.28	88.52	3 739.64	591.83
1975	798.90	1 427.81	111.13	3 767.41	687.77
1976	761.30	1 443.83	122.76	3 734.60	638.54
1977	730.20	1 441.53	115.90	3 845.15	614.30
1978	864.05	1 578.92	134.79	3 937.87	729.26
1979	792.90	1 557.12	107.27	3 973.99	685.63
1980	865.55	1 409.80	126.64	3 979.23	738.91
1981	917.10	1 323.67	124.01	3 986.30	793.09
1982	945.90	1 240.77	111.59	3 970.09	834.31
1983	954.35	1 272.87	140.28	3 933.34	814.07
1984	1 005.00	1 281.50	135.28	3 880.56	869.72
1985	935.00	1 268.20	109.23	3 709.57	825.77
1986	870.00	1 266.33	75.48	3 733.04	794.52
1987	934.84	1 288.10	133.89	3 758.63	800.95
1988	940.72	1 392.94	138.49	3 733.81	802.23
1989	998.41	1 467.68	132.19	3 822.92	866.22
1990	1 061.21	1 543.05	170.02	3 890.39	891.19
1991	1 093.00	1 566.19	184.25	3 862.21	908.75
1992	1 070.40	1 584.30	196.00	3 788.70	874.40
1993	1 085.24	1 598.05	211.24	3 692.51	874.00
1994	1 146.47	1 704.37	201.36	3 798.90	945.11
1995	1 188.91	1 690.28	228.18	3 773.79	960.73
1996	1 246.30		234.30		1 012.00
1997	1 271.90		254.70		1 017.20
1998	1 319.50		240.15		1 079.35
1999	1 399.25	1 951.28	234.49	4 111.83	1 164.76
2000	1 467.80	1 897.13	241.00	4 090.38	1 226.80
2001	1 486.30	1 995.02	233.86	4 513.53	1 252.44

10-23 全省主要农作物产量

Output of Provincial Main Crops

单位：吨 (ton)

指　标	Item	1995年	1999年	2000年	2001年	2001年比2000年±% 2001 as Compared with 2000
一、粮食	**Grain**	**11 889 100**	**13 992 500**	**14 678 000**	**14 863 000**	**1.3**
#稻谷	Rice	5 157 703	5 343 435	5 362 945	5 958 700	11.1
小麦	Wheat	1 384 963	1 534 639	1 511 892	1 378 800	-8.8
玉米	Corn	3 418 326	4 450 756	4 460 276	4 773 000	7.0
大豆	Soybean	131 278	134 309	139 913	159 700	14.1
薯类	Tubers	794 800	952 121	1 037 419	1 489 600	43.6
二、油料	**Oil-bearing Crops**	**195 847**	**206 212**	**269 831**	**276 613**	**2.5**
油菜籽	Rapeseeds	142 891	145 434	191 081	204 184	6.9
三、棉花	**Cotton**	**703**	**640**	**541**	**471**	**-12.9**
四、麻类	**Fiber Crops**	**2 173**	**2 085**	**1 902**	**4 900**	**157.6**
五、糖类	**Sugar Crops**	**10 563 133**	**15 268 899**	**14 206 105**	**14 814 886**	**4.3**
#甘蔗	Sugarcane	10 559 183	15 265 345	14 202 944	14 810 995	4.3
六、烟叶	**Tobacco**	**768 335**	**626 573**	**655 656**	**614 681**	**-6.2**
#烤烟	Flue-cured Tobacco	760 675	609 533	646 073	600 806	-7.0

10-24 全省茶叶、水果生产情况

Area and Output of Provincial Tea and Fruits

单位：公顷、吨 (hectare, ton)

指　标	Item	1995年		2000年		2001年	
		面　积 Area	产　量 Yield	面　积 Area	产　量 Yield	面　积 Area	产　量 Yield
茶 叶	Tea	164 459	68 169	167 383	79 396	173 728	80 724
#红毛茶	Red Tea		15 383		13 736		11 285
绿毛茶	Green Tea		51 530		63 517		67 002
水 果	Fruits	185 078	590 057	229 324	769 537	219 853	984 346
#香 蕉	Bananas	13 774	86 673	18 449	109 728	17 804	124 075
苹 果	Apples	47 151	65 763	50 280	101 105	42 283	103 496
柑 桔	Citrus	15 688	62 433	19 544	91 640	21 578	102 289
梨	Pears	28 955	136 243	45 609	158 112	40 889	157 491
葡 萄	Grapes	1 553	9 008	3 761	17 746	6 251	25 414
菠 萝	Pineapples	4 444	30 117	6 295	32 097	4 615	33 242

10-25 全省主要农产品产量与历史最高年比较

Comparison of Output of Main Farm Products with the Highest in History

项　目	Item	历史最高年 The Highest Output in History		2001年产量	2001年比历史最高年增减 of 2001 as Compared with the Highest in History	
		年 份 Year	产 量 Output	Output in 2001	绝对数 Absolute Figure	% Percentage (%)
一、主要农产品产量	**Yield of Major Farm Crops**					
(一)粮食总产量（万吨）	Crain Crops (10 000 tons)	2000	1 467.80	1 486.30	18.50	1.3
1. 小春粮食产量（万吨）	Late Spring Harvest (10 000 tons)	1997	254.70	233.86	-20.84	-8.2
2. 大春粮食产量（万吨）	Early Spring Harvest (10 000 tons)	2000	1 226.80	1 252.44	25.64	2.1
(二)主要经济作物	Main Economic Crops (10 000 tons)					
1. 花 生（万吨）	Peanuts (10 000 tons)	2000	5.35	5.40	0.05	0.9
2. 油菜籽（万吨）	Rapeseeds (10 000 tons)	2000	19.11	20.42	1.31	6.9
3. 甘 蔗（万吨）	Sugarcane (10 000 tons)	1998	1 597.71	1 481.10	-116.61	-7.3
4. 烤 烟（万吨）	Flue-cured Tobacco (10 000 tons)	1997	109.28	60.08	-49.20	-45.0
5. 茶 叶（万吨）	Tea (10 000 tons)	2000	7.94	8.07	0.13	1.6
二、主要林产品产量	**Output of Major Forest Products**					
1. 橡胶（万吨）	Rubber (10 000 tons)	2000	17.17	17.31	0.14	0.8
2. 松脂（万吨）	Pine Resin (10 000 tons)	1997	5.94	6.30	0.36	6.0
3. 核桃（万吨）	Walnuts (10 000 tons)	2000	6.88	6.86	-0.02	0.3
4. 板栗（万吨）	Chestnuts (10 000 tons)	2000	1.46	1.36	-0.10	-6.8
三、主要畜产品产量	**Output of Major Livestock Products**					
1. 肉猪出栏头数（万头）	Slaughtered Fattened Hogs(10 000 heads)	2000	2 033.26	2 135.87	102.61	5.0
2. 猪牛羊肉总产量（万吨）	Output of Pork, Beef and Mutton (10 000 tons)	2000	191.51	203.84	12.33	6.4
#猪肉产量（万吨）	Pork (10 000 tons)	2000	172.94	183.69	10.75	6.2
3. 牛奶产量	Milk (10 000 tons)	2000	12.97	15.59	2.62	20.2
四、水产品产量	**Output of Aquatic Products**	**2000**	**16.62**	**18.02**	**1.40**	**8.4**

10-26 热带、亚热带作物面积和产量

Area and Output of Tropical and Subtropical Crops

单位：公顷/吨　　(hectare, ton)

指　标	Item	年末实有面积 Real Area at Year-end (hectare)		收获面积 Harvest Area (hectare)		总 产 量 Total Output (ton)	
		2000年	2001年	2000年	2001年	2000年	2001年
橡　胶	Rubber	210 247	215 959	109 045	113 776	171 650	173 142
咖　啡	Coffee	22 936	23 627	8 992	14 218	11 149	16 814
香料作物(折香料油)	Perfume (perfume oil)	11 279	10 776	5 945	5 618	555	606
胡　椒	Pepper	236	380	104	89	94	174
砂　仁	Fructus Amomis	7 771	8 616	4 963	5 918	982	1 122

10-27 各地区营林生产情况(2001年)

Forestry Production in Regions (2001)

单位：千公顷 (1000 hectares)

地 区	Region	造林面积 Forestation Area	#飞播造林 Plane-foresting Area	迹地更新面积 Area of Reforesting Slash	幼林抚育面积 Area of Planting Young Growth	成林抚育面积 Area of Growing Mature Fores	零星(四旁)植树(万株) Area of Planting Trees Around (10 000 units)	育苗面积(公顷) Area of Growing Seedlings (hectares)
全省合计	**Total**	**335.04**	**55.22**	**8.44**	**115.92**	**67.67**	**13 151**	**2 642**
昆 明	Kunming	26.83		0.29	16.85	8.51	1 248	129
曲 靖	Qujing	19.41			7.43	6.81	2 434	159
玉 溪	Yuxi	12.23		0.36	3.39	6.49	349	61
保 山	Baoshan	15.81		0.79	6.37	4.56	768	108
昭 通	Zhaotong	22.31			22.89	9.28	1 622	972
楚 雄	Chuxiong	45.24	20.83	0.10	3.01	1.13	1 404	96
红 河	Honghe	33.35		0.53	12.31	4.80	1 254	312
文 山	Wenshan	20.05		0.44	20.64	4.52	864	186
思 茅	Simao	26.60		3.96	8.28	8.83	486	134
西双版纳	Xishuangbanna	5.21		0.25	1.86	1.47	182	46
大 理	Dali	45.41	17.13	1.28	6.88	7.00	1 023	143
德 宏	Dehong	7.07		0.13	3.72	2.08	177	44
丽 江	Lijiang	24.30	17.26		0.75	0.33	218	91
怒 江	Nujiang	7.55					158	24
迪 庆	Diqing	4.72				1.40	61	15
临 沧	Lincang	18.95		0.31	1.54	0.47	903	122

10-28 各地区主要林产品产量(2001年)

Output of Main Forestry Products in Regions (2001)

单位：百公斤 (100 kg)

地 区	Region	橡 胶 Rubber	松 脂 Pine Resin	油桐籽 Tung-oil Seeds	油茶籽 Tea-oil Seeds	核 桃 Walnuts	板 栗 Chestnuts	紫 胶 Shellacs
全省合计	**Total**	**1 731 419**	**630 225**	**183 354**	**51 527**	**685 682**	**136 308**	**7 932**
昆 明	Kunming		850	780	140	14 630	51 180	90
曲 靖	Qujing		150	7 050	2 607	27 767	12 827	0
玉 溪	Yuxi		22 844	41	103	9 068	6 349	15
保 山	Baoshan		312	1 826	294	51 578	3 660	872
昭 通	Zhaotong		0	26 081	64	40 829	5 386	17
楚 雄	Chuxiong		12 334	1 670	406	95 575	27 759	0
红 河	Honghe	121 107	138	1 215	28	12 100	5 210	930
文 山	Wenshan	6 162	389	118 144	46 979	9 843	6 708	0
思 茅	Simao	93 209	568 858	1 981	0	17 833	1 591	2 603
西双版纳	Xishuangbanna	1 362 063	6 600	0	0	0	0	203
大 理	Dali		1 224	6 314	16	154 383	7 084	216
德 宏	Dehong	48 792	7 092	1 391	50	3 603	695	143
丽 江	Lijiang		10	2 808	0	45 774	2 612	0
怒 江	Nujiang		13	12 239	61	37 857	1 270	0
迪 庆	Diqing		19	0	0	61 018	2 527	0
临 沧	Lincang	100 086	9 392	1 814	779	103 824	1 450	2 843

10-29 主要年份全省大牲畜年末数
Number of Provincial Large Animals at Year-end in Major Years

单位：万头　　(10 000 heads)

年 份 Year	大牲畜 Lange Animals	黄 牛 Oxes	水 牛 Buffaloes	马 Horses	驴 Donkeys	骡 Mules
1978	656.29	365.97	187.44	68.07	12.43	22.38
1980	678.9	373.83	196.61	71.4	14.31	22.75
1985	874.12	484.66	247.46	90.26	20.88	30.87
1990	929.75	495.47	272.06	94.24	26.32	41.66
1991	931.91	490.27	276.74	93.92	26.99	43.99
1992	931.2	485.67	277.63	93.42	27.88	46.6
1993	938.52	485.79	280.08	93.5	29.69	49.46
1994	946.09	488.57	280.76	94.14	30.4	52.22
1995	966.37	501.21	284.79	94.14	31.44	54.69
1996	928.28	453.72	286.97	88.04	32.64	55.17
1997	940.58	462.79	291.56	86.3	32.75	57.06
1998	951.01	472.51	295.12	86.35	33.08	58.4
1999	1 000.37	511.76	292.61	87.87	32.34	61.46
2000	1 036.32	534.85	309.53	86.28	32.1	63.12
2001	973.21	495.68	287.16	83.66	31.87	64.29

注：2000年畜牧业主要产品数据为抽样调查数。

Note: The figures of main animal husbandry products in 2000 are obtained from a sample survey

10-30 主要年份全省猪、羊年末数及肉猪出栏数
Number of Provincial Hogs, Sheep and Goats at Year-end and Slaughtered Fattened Hogs

单位：万头、万只　　(10 000 heads)

年 份 Year	猪年末数 Hogs(year-end)	当年生猪出栏头数 Number of Slaughtered Hogs in the Year	出栏率(%) Slaughter Ratio (%)	羊 Goats and Sheep	山 羊 Goats	绵 羊 Sheep
1978	1 297.93	514.76	41.9	707.75	528.54	179.21
1980	1 312.98	523.96	40	746.77	561.28	185.49
1985	1 703.30	740.73	43.5	723.94	558.83	165.11
1990	2 064.91	897.37	44.8	722.38	568.65	153.73
1991	2 096.34	963.92	46.7	685.67	543.89	141.78
1992	2 112.24	1 019.47	48.6	631.21	507.04	124.17
1993	2 168.20	1 112.04	52.6	627.19	508.17	119.02
1994	2 215.29	1 234.86	57	666.29	547.15	119.14
1995	2 295.07	1 368.07	61.8	718.66	597.79	120.87
1996	2 432.44	1 602.98	69.8	734.44	637.9	96.54
1997	2 461.63	1 764.88	72.6	767.83	672.35	95.48
1998	2 507.91	1 926.01	78.2	802.01	705.03	96.98
1999	2 459.40	1 944.88	79.1	836.38	717.41	118.97
2000	2 587.14	2 033.26	82.7	892.92	770.83	122.09
2001	2 518.63	2 135.87	82.6	838.31	731.62	106.70

注：2000年畜牧业主要产品数据为抽样调查数。

Note : The figures of animal husbandry products in 2000 are obtained from a sample survey .

10-31 全省畜牧业生产情况

Basic Conditions of Provincial Animal Husbandry Production

指　　标	Item	1990年	1991年	1995年	2000年	2001年
一、牲畜年末头数	Head of Livestock (year-end)					
(一)大牲畜（万头）	Large Animals (10 000 heads)	929.70	931.90	966.40	1 036.32	973.21
1.牛　（万头）	Cattle and Buffaloes (10 000 heads)	767.50	767.00	786.10	854.82	793.39
2.马　（万头）	Horses (10 000 heads)	94.20	93.90	94.10	86.28	83.66
3.驴　（万头）	Donkeys (10 000 heads)	26.30	27.00	31.40	32.1	31.87
4.骡　（万头）	Mules (10 000 heads)	41.70	44.00	54.70	63.12	64.29
(二)猪　（万头）	Hogs (10 000 heads)	2 064.90	2 096.30	2 295.10	2587.14	2518.63
(三)羊　（万只）	Goats and Sheep (10 000 heads)	722.40	685.70	718.70	892.92	838.31
二、畜禽产品产量	Production of Livestock and Poultry					
(一)肉类总产量（万吨）	Total Output of Meat (10 000 tons)	78.60	85.50	128.20	205.17	219.54
#1.猪 肉　（万吨）	Pork (10 000 tons)	71.00	76.90	111.60	172.94	183.69
2.牛 肉　（万吨）	Beef (10 000 tons)	2.50	2.80	6.30	12.77	13.82
3.羊 肉　（万吨）	Mutton (10 000 tons)	1.20	1.60	2.60	5.8	6.34
(二)其它畜禽产品产量	Output of Other Livestock and Poultry					
1.牛 奶　（万吨）	Milk (10 000 tons)	7.30	8.20	9.50	12.97	15.59
2.山羊毛　（吨）	Coat Wool (ton)	61.00	77.20	102.00	118	90.00
3.绵羊毛　（吨）	Sheep Wool (ton)	1 854.00	1 797.00	1 838.00	1 690.00	1660.00
4.禽 蛋　（万吨）	Poultry Eggs (10 000 tons)	4.90	5.10	6.90	10.63	11.80
5.蚕 茧　（吨）	Silkworm Cocoons (ton)	2 482.40	3 035.00	7 828.00	9 496.00	9 284.37

注：2000年畜牧业主要产品数据为抽样调查数。

Note : The figures of animal husbandry products in 2000 are obtained from a sample survey .

10-32 各地区牲畜饲养情况（2001年）

Basic Conditions of Livestock in Regions (2001)

单位：头、只　　(head)

地　区	Regin	大牲畜年末头数 Lager Animals (year-end)	#役畜 Labour Livestock	牛 Cattle and Bufffaloes	#乳牛 Dairy Cattle	马 Horses	驴 Donkeys	猪年末头数 Hogs (year-end)	羊年末只数 Sheep and Goats (year-end)
全省合计	**Total**	**9 732 065**	**5 759 305**	**7 933 892**	**105 532**	**836 569**	**318 721**	**25 186 258**	**8 383 105**
昆　明	Kunming	667 951	409 243	459 430	19 630	133 521	16 234	1 939 540	948 265
曲　靖	Qujing	989 794	774 503	745 652	4 779	169 216	9 717	3 595 819	1 106 456
玉　溪	Yuxi	302 985	167 459	260 384	377	14 999	14 785	1 149 684	302 433
保　山	Baoshan	618 808	379 057	504 758	1 216	22 359	13 635	1 902 236	286 406
昭　通	Zhaotong	648 600	429 585	474 619	973	160 940	3 543	2 213 668	511 230
楚　雄	Chuxiong	900 534	563 182	699 386	575	46 548	68 590	1 670 242	1 117 598
红　河	Honghe	883 685	559 171	748 772	2 297	45 586	9 738	2 154 631	405 567
文　山	Wenshan	1 117 444	817 753	990 491	72	83 145	250	2 101 206	286 210
思　茅	Simao	788 814	360 784	771 603	365	724	10 945	1 931 790	269 796
西双版纳	Xishuangbanna	156 090	37 560	155 119	21	209	575	444 709	7 359
大　理	Dali	946 173	422 167	704 393	67 386	60 936	67 772	2 179 105	1 138 056
德　宏	Dehong	180 857	94 899	162 181	476	4 334	1 847	503 014	64 767
丽　江	Lijiang	431 974	199 685	301 317	1 534	57 334	38 073	814 928	953 020
怒　江	Nujiang	173 999	103 343	142 952	1 464	11 630	7 315	413 404	382 467
迪　庆	Diqing	272 408	97 740	227 795	73	24 818	7 128	352 880	227 143
临　沧	Lincang	651 949	343 174	585 040	4 294	270	48 574	1 819 402	376 332

注：各地州市数据为抽样调查衔接数。

Note : The figures of the prefectures and cities are obtained from a sample survey.

10-33 各地区畜产品产量（2001年）

Yield of Livestock Products in Regions (2001)

单位：吨 (ton)

地区		猪牛羊肉产量 Yield of Pork, Beef and Mutton	#猪肉 Pork	#牛肉 Beef	#羊肉 Mutton	奶类 Milk	#牛奶 Cow Milk	绵羊毛 Sheep's Wool	禽蛋 Eggs	蜂蜜 Honey
全省合计	**Total**	**2 038 442**	**1 836 850**	**138 199**	**63 393**	**170 644.25**	**155 890**	**1 660**	**118 038**	**6 331.39**
昆明	Kunming	223 877	204 081	12 600	7 196	71 094	64 388	229	32 583	232
曲靖	Qujing	133 643	414 303	12 697	6 643	6 310	811	279	11 854	1 443
玉溪	Yuxi	114 901	101 986	9 171	3 744	703	522	5	11 971	82
保山	Baoshan	120 581	110 252	7 944	2 385	1 208	1 208	22	5 822	354
昭通	Zhaotong	186 549	174 321	9 080	3 148	1 635	1 635	616	12 653	217
楚雄	Chuxiong	163 830	136 081	17 047	10 702	1 697	1 697	31	3 668	832
红河	Honghe	157 414	147 073	7 602	2 739	6 765	6 642	16	7 194	815
文山	Wenshan	143 545	127 083	13 649	2 813	188	188		5 404	161
思茅	Simao	66 411	59 019	5 924	1 468	500	500	3	4 318	542
西双版纳	Xishuangbanna	19 757	16 921	2 775	61	22	22		1 033	66
大理	Dali	226 232	190 729	22 495	13 008	65 007	62 581	179	14 380	710
德宏	Dehong	28 217	25 773	1 997	447	695	695	1	1 413	69
丽江	Lijiang	57 849	48 945	4 468	4 436	1 496	1 483	172	2 444	255
怒江	Nujiang	19 222	15 962	1 372	1 888	41	35	38	566	152
迪庆	Diqing	11 940	8 881	2 054	1 005	12 881	12 881	41	532	87
临沧	Lincang	64 474	55 439	7 324	1 711	402	402	27	2 203	315

注：各地州市数据为抽样调查衔接数。

Note: The figures of the prefectures and cities are obtained from a sample survey.

10-34 各地区水产品产量及养殖面积（2001年）

Output of Aquatic Products and Culture Areas(2001)

单位：吨/公顷 (ton/hectare)

地区	Region	水产品产量 Output of Aquatic Products (ton)	养殖产量 Artificially Cultured	捕捞产量 Naturally Grown	鱼类 Fish	虾蟹类 Shrimps, Prawns and Crabs	贝类 Shell-fish	其它 Others	水产养殖面积 Culture Area (hectare)
全省合计	**Total**	**180 181**	**158 359**	**21 822**	**172 563**	**6 201**	**1 265**	**152**	**83 220**
昆明	Kunming	33 024	26 869	6 155	29 364	3 595	54	11	10 765
曲靖	Qujing	22 638	21 243	1 395	22 601	17		20	10 339
玉溪	Yuxi	10 427	8 554	1 873	10 290	71		66	10 859
保山	Baoshan	10 772	10 423	349	10 768	4			2 965
昭通	Zhaotong	4 300	4 000	300	4 300				2 567
楚雄	Chuxiong	6 925	6 750	175	6 914	11			8 238
红河	Honghe	16 976	16 300	676	16 882	90	4		10 797
文山	Wenshan	8 315	7 664	651	7 893	190	219	13	4 743
思茅	Simao	10 832	10 273	559	10 709	34	88	1	3 897
西双版纳	Xishuangbanna	12 517	12 000	517	12 444	45	28		3 649
大理	Dali	20 388	13 947	6 441	17 582	2 127	678	1	7 415
德宏	Dehong	10 213	10 022	191	10 164	16		33	2 355
丽江	Lijiang	6 361	4 425	1 936	6 356			5	2 403
怒江	Nujiang	301	290	11	298	1		2	44
迪庆	Diqing	570	460	110	570				207
临沧	Lincang	5 622	5 139	483	5 428		194		1 977

10-35 各地区主要蔬菜产品产量（2001年）

Yield of Main vegetable products in Regions (2001)

单位：吨 (ton)

地 区	Region	蔬菜产量 Yield of Vegetable	叶菜类 Foliage Vegetables	瓜菜类 Melon Vegetables	块根块茎类 Root Tuber and Stem Vegetables	茄果菜类 Eggplant Vegetables	葱蒜类 Onion and Garlic
全省合计	**Total**	**6 532 019**	**2 955 370**	**487 278**	**974 918**	**542 382**	**595 161**
昆 明	Kunming	1 335 193	575205	51 780	192 662	88 953	144 940
曲 靖	Qujing	599 123	343 084	31 717	90 038	34 433	22 409
玉 溪	Yuxi	728 289	318 214	28 660	119 800	30 923	118 208
保 山	Baoshan	298 668	111 917	26 193	61 860	33 079	10 750
昭 通	Zhaotong	619 594	368 176	46 089	137 949	27 155	12 147
楚 雄	Chuxiong	542 121	289 570	28 322	103 017	62 434	11 177
红 河	Honghe	597 170	245 047	79 147	64 937	46 902	41 403
文 山	Wenshan	375 079	174 292	59 343	39 471	39 785	9 230
思 茅	Simao	201 416	93 470	29 528	32 723	10 629	9 963
西双版纳	Xishuangbanna	80 632	30 079	6 047	4 294	34 668	1 762
大 理	Dali	699 252	172 497	39 130	68 194	106 903	196 762
德 宏	Dehong	82 794	45 637	11 904	7 342	4 456	3 546
丽 江	Lijiang	99 723	60 685	5 101	6 315	8 865	5 163
怒 江	Nujiang	68 236	17 730	15 447	24 667	1 032	1 294
迪 庆	Diqing	7 351	5 912	207	572	213	162
临 沧	Lincang	197 378	103 855	28 663	21 077	11 952	6 245

10-36 各地区特种作物生产情况(2001年)

Special Kind of Farm crop production in Regions(2001)

地 区	Region	鲜切花（万枝） Fresh Cut Flowers (10 000 pieces)	盆栽观赏植物（盆） Pot Ornamental Plants (pot)	药 材（百公斤） Medicine (100 kg)	食用菌（百公斤） Edible Fungus (100 kg)
全省合计	**Total**	**145 671**	**5 623 340**	**480 090**	**126 529**
昆 明	Kunming	131 942	3 170 172	314 669	5 300
曲 靖	Qujing	29	177 093	2 966	23 481
玉 溪	Yuxi	6 013	1 375 126	1 424	16 301
保 山	Baoshan	286	85 680	7 787	6 906
昭 通	Zhaotong	4 724	151 487	8 689	12 529
楚 雄	Chuxiong	1 513	19 866	27 011	3 159
红 河	Honghe	40	45 991	4 956	4 527
文 山	Wenshan	20	79 188	16 562	3 096
思 茅	Simao	141	15 734	1 902	5 216
西双版纳	Xishuangbanna	305	14 500	8 428	8 743
大 理	Dali	386	100 544	30 839	21 138
德 宏	Dehong	11	87 894	11 318	1 622
丽 江	Lijiang		42 934	31 981	8 886
怒 江	Nujiang		77 268	1 498	445
迪 庆	Diqing	200	71 030	9 690	1 783
临 沧	Lincang	61	108 833	370	3 397

10-37 农村劳动力转移情况

Transference of Labor Force in Rural Areas

单位:人 (person)

指标	Item	数量 Quantity 2000年	数量 Quantity 2001年	占整半劳动力比重(%) Percentage to Able-bodied and Semi-able-bodied Laborers(%) 2000年	占整半劳动力比重(%) Percentage to Able-bodied and Semi-able-bodied Laborers(%) 2001年
一、调查户劳动力基本情况	**Numner of Households Surveyed**	**6 763**	**6 807**	**100**	**100**
(一)劳动力素质情况	Quality of the Transferred Laborers				
1. 男女劳动力情况	Male and Female Laborers				
(1)男劳动力	Male Laborers	3 545	3 553	52.42	52.2
其中:整劳动力	In Which: Able -bodied Laborers	2 927	2 924	43.28	42.96
(2)女劳动力	Female Laborers	3 218	3 254	47.58	47.8
其中:整劳动力	In Which: Able -bodied Laborers	2 382	2 365	35.22	34.74
2. 劳动力文化素质情况	Cultural Quality				
(1)文盲或半文盲	Illiterate or Semiliterate	1 165	1 175	17.23	17.27
(2)小学程度	Primary School	3 136	3 027	46.37	44.47
(3)初中程度	Junior High School	2 098	2 196	31.02	32.26
(4)高中程度	Secondary School	295	339	4.36	4.98
(5)中专程度	Specialized Secondary School	62	67	0.92	0.98
(6)大专及以上程度	College and Higher Education	7	3	0.1	0.04
3. 接受过专业培训情况	Skill Training				
(1)接受过专业培训	Trained	523	411	7.73	6.04
(2)未接受过专业培训	Not Trained	6 240	6 396	92.27	93.96
(二)行业分布情况	Grouped by Sector	6 763	6 807	100	100
1. 农业	Agriculture	6 237	6 115	92.24	89.84
2. 采掘业	Mining and Quarrying	43	35	0.64	0.51
3. 制造业	Manufacturing	44	94	0.65	1.38
4. 电力煤气及水的生产和供应	Production and Supply of Electric Power,Gas		1		0.01
5. 建筑业	Construction	78	78	1.15	1.15
6. 地质勘探业水利管理业	Geological Prospecting and Water Conservancy		2		0.03
7. 仓储及邮电通信业	Storage,Postal and Telecommunication Services	42	53	0.62	0.78
8. 批发零售贸易餐饮业	Wholesale & Retail Trade and Catering Services	72	116	1.06	1.7
9. 金融保险业	Finance and Insurance		1		0.01
10. 房地产业	Real Estate				
11. 社会服务业	Social Services	78	62	1.15	0.91
12. 卫生体育社会福利事业	Health Care,Sports and Social Welfare	16	9	0.23	0.13
13. 教育艺术及广播电影电视业	Education,Culture and Arts,Radio,Film and Television	16	16	0.23	0.24
14. 科学研究和综合技术服务业	Scientific Research and Polytechnic Services		1		0.01
15. 国家机关政党机关社会团体	Governments Agencies,Party agencies and Social Organizations		24		0.35
16. 其它行业	Others	137	200	2.03	2.95
二、调查户劳动力转移人数(含往年)	Number of Transferred Laborers of Households Surveyed(person)	**535**	**679**	**7.91**	**9.98**
(一)转移劳动力素质情况	Quality of the Transferred Laborers				
1. 男女劳动力情况	Male and Female Laborers				
(1)男劳动力	Male Laborers	375	450	5.54	6.62
其中:整劳动力	In Which: Able -bodied Laborers	346	404	5.12	5.94
(2)女劳动力	Female Laborers	160	229	2.37	3.36
其中:整劳动力	In Which: Able -bodied Laborers	133	186	1.97	2.73
2. 文化素质情况	Cultural Quality				
(1)文盲或半文盲	Illiterate or Semiliterate	13	32	0.19	0.47
(2)小学程度	Primary School	132	203	1.95	2.99

10-37 续表1 continued

单位：人，元 (person,yuan)

指　　标		数　量 Quantity		占整半劳动力比重(%) Percentage to Able-bodied and Semi-able-bodied Laborers(%)	
		2000年	2001年	2000年	2001年
(3)初中程度	Junior High School	283	344	4.18	5.06
(4)高中程度	Secondary School	70	69	1.04	1.01
(5)中专程度	Specialized Secondary School	31	30	0.46	0.44
(6)大专及以上程度	College and Higher Education	6	1	0.09	0.01
3. 接受过专业培训情况	Skill Training				
(1)接受过专业培训	Trained	145	110	2.14	1.62
(2)未接受过专业培训	Not Trained	390	569	5.77	8.36
(二)转移劳动力行业分布情况	Sectors of Transferred Laborers				
1. 农业	Agriculture	14	9	0.21	0.13
2. 采掘业	Mining and Quarrying	43	27	0.64	0.4
3. 制造业	Manufacturing	43	108	0.64	1.6
4. 电力煤气及水的生产和供应	Production and Supply of Electric Power,Gas and Water				
5. 建筑业	Construction	77	72	1.14	1.06
6. 地质勘探业水利管理业	Geological Prospecting and Water Conservancy		2		0.03
7. 仓储及邮电通信业	Storage,Postal and Telecommunication Services	42	50	0.62	0.73
8. 批发零售贸易餐饮业	Wholesale & Retail Trade and Catering Services	71	114	1.05	1.67
9. 金融保险业	Finance and Insurance		1		0.01
10. 房地产业	Real Estate				
11. 社会服务业	Social Services	78	59	1.15	0.87
12. 卫生体育社会福利事业	Health Care,Sports and Social Welfare	16	9	0.23	0.13
13. 教育艺术及广播电影电视业	Education,Culture and Arts,Radio, Film and Television	16	15	0.23	0.22
14. 科学研究和综合技术服务业	Scientific Research and Polytechnic Services		1		0.01
15. 国家机关政党机关社会团体	Governments Agencies,Party agencies and Social Organizations		22		0.32
16. 其它行业	Others	135	190	2	2.8
(三)转移劳动力地域分布情况	Geograghical Distribution of Transferred				
1. 本省内转移	In the Province	510	648	7.55	9.52
(1)省会城市	Capital City of the Province	62	59	0.92	0.87
(2)地级市	Cities at Prefecture Level	18	33	0.27	0.48
(3)县级市	Cities at County Level	66	61	0.98	0.9
(4)建制镇	Towns	84	43	1.24	0.63
(5)其它	Others	280	452	4.14	6.64
2. 转向外省	Outside the Province	24	31	0.35	0.46
(1)省会城市	Capital City	6	8	0.09	0.12
(2)地级市	Cities at Prefecture Level	5	12	0.07	0.18
(3)县级市	Cities at County Level	1	9	0.01	0.13
(4)建制镇	Towns	1		0.01	
(5)其他	Others	11	2	0.17	0.03
3. 转向国外	Outside the Country	1		0.01	
(四)转移劳动力寄回和带回现金(元)	Posted and Brought Cash from the Transferred Laborers（yuan)				
1. 不同行业寄回和带回现金	By Various Sectors	1 890 969	453 243	100	100
(1)农业	Agriculture	15 686	8 360	0.83	1.84
(2)采掘业	Mining and Quarrying	199 135	10 570	10.53	2.33
(3)制造业	Manufacturing	199 135	76 765	10.53	16.94
(4)电力煤气及水的生产和供应	Production and Supply of Electric				
(5)建筑业	Construction	143 047	79 450	7.56	17.53

10-37 续表2 continued

单位：人，元 (person,yuan)

指　标	Item	数　量 Quantity		占整半劳动力比重(%) Percentage to Able-bodies and Semi-able-bodies Laborers (%)	
		2000年	2001年	2000年	2001年
6．地质勘探业水利管理业	Geological Prospecting and Water Conservancy				
7．仓储及邮电通信业	Storage,Postal and Telecommunication Services	150 830	38 080	7.98	8.4
8．批发零售贸易餐饮业	Wholesale & Retail Trade and Catering Services	265 520	67 505	14.04	14.89
9．金融保险业	Finance and Insurance				
10．房地产业	Real Estate				
11．社会服务业	Social Services	270 600	39 391	14.31	8.69
12．卫生体育社会福利事业	Health Care,Sports and Social Welfare	47 883		2.53	
13．教育艺术及广播电影电视业	Education,Culture and Arts,Radio, Film and Television	47 883	8 000	2.53	1.77
14．科学研究和综合技术服务业	Scientific Research and Polytechnic Services				
15．国家机关政党机关社会团体	Governments Agencies,Party agencies and Social Organizations		13 770		3.04
16．其它行业	Others	551 250	111 352	29.16	24.57
2．不同地域寄回和带回现金	Cash Posted or Brought from Different Places(yuan)				
(1)本省内	In the Province	1 856 679	414 483	98.19	91.45
(2)省外	Outside the Province	33 100	38 760	1.75	8.55
(3)国外	Outside the Country	1 190		0.06	
三、调查户劳动力当年转移人数(人)	**Number of Transferred Laborers of Households Surveyed(person)**	**203**	**137**	**100**	**100**
(一)当年转移劳动力素质情况	Quality of the Transferred Laborers				
1．男女劳动力情况	Male and Female Laborers				
(1)男劳动力	Male Laborers	142	77	69.96	56.2
其中:整劳动力	In Which: Able -bodied Laborers	134	72	66.01	52.55
(2)女劳动力	Female Laborers	61	60	30.04	43.8
其中:整劳动力	In Which: Able -bodied Laborers	54	49	26.6	35.77
2．文化素质情况	Cultural Quality				
(1)文盲或半文盲	Illiterate or Semiliterate	5	13	2.46	9.49
(2)小学程度	Primary School	66	54	32.51	39.42
(3)初中程度	Junior High School	107	61	52.71	44.53
(4)高中程度	Secondary School	18	8	8.87	5.84
(5)中专程度	Specialized Secondary School	7	1	3.45	0.72
(6)大专及以上程度	College and Higher Education				
3．接受过专业培训情况	Skill Training				
(1)接受过专业培训	Trained	48	11	23.65	8.03
(2)未接受过专业培训	Not Trained	155	126	76.35	91.97
(二)当年转移劳动力行业分布	Sectors of Transferred Laborers(person)				
1．农业	Agriculture	11	9	5.42	6.57
2．采掘业	Mining and Quarrying	19	9	9.36	6.57
3．制造业	Manufacturing	19	26	9.36	18.98
4.电力煤气及水的生产和供应	Production and Supply of Electric Power,Gas and Water				
5．建筑业	Construction	40	18	19.7	13.14
6．地质勘探业水利管理业	Geological Prospecting and Water Conservancy				
7．仓储及邮电通信业	Storage,Postal and Telecommunication Services	9	3	4.43	2.19
8．批发零售贸易餐饮业	Wholesale & Retail Trade and Catering Services	19	24	9.36	17.52
9．金融保险业	Finance and Insurance				
10．房地产业	Real Estate				
11．社会服务业	Social Services	26	11	12.81	8.03
12．卫生体育社会福利事业	Health Care,Sports and Social Welfare	3		1.48	

10-37 续表3 continued

单位：人，元 (person,yuan)

指 标	Item	数 量 Quantity		占整半劳动力比重(%) Percentage to Able-bodies and Semi-able-bodies Laborers (%)	
		2000年	2001年	2000年	2001年
13. 教育艺术及广播电影电视业	Education,Culture and Arts,Radio,Film and Television	3	1	1.48	0.73
14. 科学研究和综合技术服务业	Scientific Research and Polytechnic Services				
15. 国家机关政党机关社会团体	Governments Agencies,Party agencies and Social Organizations		3		2.19
16. 其它行业	Others	54	33	26.6	24.08
(三)当年转移劳动力地域分布(人)	Geographic Distribution of the Laborers（person)				
1. 本省内转移	In the Province	185	123	91.14	89.78
(1)省会城市	Capital City of the Province	35	17	17.24	12.41
(2)地级市	Cities at Prefectural Level	9	9	4.43	6.57
(3)县级市	Cities at County Level	39	19	19.21	13.87
(4)建制镇	Towns	27	5	13.3	3.65
(5)其他	Others	75	73	36.96	53.28
2. 转向外省	Outside the Province(person)	17	14	8.37	10.22
(1)省会城市	Capital Cities of Provinces	6	4	2.95	2.92
(2)地级市	Cities at Prefecture Level	3	4	1.48	2.92
(3)县级市	Cities at County Level	1	4	0.49	2.92
(4)建制镇	Towns				
(5)其他	Others	7	2	3.45	1.46
3. 转向外省区域分布情况	Transferring to Another Province (person)	17	14	8.37	10.22
(1)由西部转向东部	From the West to the East of Another Province	13	6	6.4	4.38
(2)由西部转向中部	From the West to the Middle of Another Province	1	2	0.49	1.46
(3)由西部转向西部	From the West to the West of Another Province	3	6	1.48	4.38
4. 转向国外	To Another Country(person)	1		0.49	
(四)当年转移劳动力寄回和带回现金(元)	Cash Posted and Brought from the Transferred Laborers (yuan)				
1. 不同行业寄回和带回现金	By Different Sectors	359 688	92 881	100	100
(1)农业	Agriculture	10 186	8 360	2.83	9
(2)采掘业	Mining and Quarrying	43 562	7 150	12.11	7.7
(3)制造业	Manufacturing	43 561	15 000	12.11	16.15
(4)电力煤气及水的生产和供应	Production and Supply of Electric Power, Gas and Water				
(5)建筑业	Construction	71 289	13 300	19.82	14.32
(6)地质勘探业水利管理业	Geological Prospecting and Water Conservancy				
(7)仓储及邮电通信业	Storage,Postal and Telecommunication Services	26 180		7.28	
(8)批发零售贸易餐饮业	Wholesale & Retail Trade and Catering Services	25 360	15 631	7.05	16.83
(9)金融保险业	Finance and Insurance				
(10)房地产业	Real Estate				
(11)社会服务业	Social Services	31 950	10 100	8.88	10.87
(12)卫生体育社会福利事业	Health Care,Sports and Social Welfare	6 175		1.71	
(13)教育艺术及广播电影电视业	Education,Culture and Arts,Radio,Film and Television	6 175		1.71	
(14)科学研究和综合技术服务业	Scientific Research and Polytechnic Services				
(15)国家机关政党机关社会团体	Governments Agencies,Party agencies and Social Organizations				
(16)其它行业	Others	95 250	23 340	26.5	25.13
2. 不同地域寄回和带回	By Different Places				
(1)本省内	In the Province	338 348	81 961	94.07	88.24
(2)省外	Outside the Province	20 150	10 920	5.6	11.76
(3)国外	Outside the Country	1 190		0.33	

10-38 乡村全社会人均固定资产投资及建设情况（平均数）
Per Capita Total Investment in Fixed Assets and Constructon in Townships and Villages

单位：元，平方米 (yuan,sq.m)

指　标	Item	乡级所有 Possessed by Townships		村及村以下所有 Possessed by Villages and Units under Village Level		农户所有 Possessed by Rural Households	
		2000年	2001年	2000年	2001年	2000年	2001年
一、本年新增固定资产原值	Original Value of Fixed Assets Newly Increased in the Year	71.84	73.03	51.22	63.82	191.47	202.43
二、本年固定资产投资完成额	Investment in Fixed Assets completed in the Year	89.26	89.46	61.22	71.47	205.67	240.07
(一)按投资来源来分	By Source of Investment						
1. 国内贷款	Domestic Appropriation	10.94		6.55		7.97	19.22
2. 国家资金	Mass Fundraising	40.66	42.17	20.39	14.11		
3. 利用外资	State Budgetary Appropriation	0.04					
4. 自筹资金	Foreign Investment	30.07	30.52	28.11	51.74		181.92
5. 其他资金	Fundraising	7.55	16.77	6.17	5.62	197.7	38.93
(二)按投资构成分	By Use of Funds						
1. 建筑工程	Construction Engineering	66.31	62.2	45.06	54.29	117.88	153.62
其中：农田水利	In Which:Irrigation and Water Conservancy	17.23	17.78	9.29	6.78	1.43	
房屋	Residential Buildings	32.88	25.67	26.74	32.09	112.52	152.6
2. 安装工程	Installation Engineering	1.38	1.81	0.99	1.84	1.13	
3. 设备工器具购置	Purchase of Equipment and Instruments	12.89	12.99	7.72	10.77	22.76	44.58
其中：生产设备	In Which: Productive Equipment	10.11	9.77	6.67	8.08	12.03	33.08
4. 其它	Others	8.68	12.46	7.45	4.57	63.9	41.87
(三)按投资方向分	By Purpose						
1. 农业	Agriculture	18.29	20.83	10.81	11.07	29.24	30.51
2. 采掘业	Mining and Quarrying	0.75	0.9	3.59	3.84	0.66	1.99
3. 制造业	Manufacturing	11.48	12.25	4.46	4.93	0.32	0.94
4. 电力煤气及水的生产和供应业	Production and Supply of Electric Power,Gas and Tap Water	1.73	5.25	0.1	1.61		0.04
5. 建筑业	Construction	3.25	1.91	1.42	1.91	12.55	18.93
6. 地质勘探业水利管理业	Geological Prospecting and Water Conservancy						
7. 仓储及邮电通信业	Storage,Postal and Telecommunication Services	1.7	5.64	0.28	1.18	5.71	24.54
8. 批发零售贸易餐饮业	Wholesale & Retail Trade and Catering Services	2.61	6.76	3.4	10.1		
9. 金融保险业	Finance and Insurance		0.21				1.22
10. 房地产业	Real Estate		2.62		3.71		
11. 社会服务业	Social Services	8.97	6.77	15.16	10.28		
12. 卫生体育社会福利事业	Health Care,Sports and Social Welfare	4.4	3.23	0.59	2.76		
13. 教育文化艺术及广播电影电视业	Education,Culture and Arts,Radio,Film and Television	14.35	7.86	3.78	6.19		0.41
14. 科学研究和综合技术服务业	Scientific Research and Polytechnic Services		0.16				
15. 国家机关政党机关社会团体	Governments Agencies,Party agencies and Social Organizations		7.88		9.5		
16. 其它行业	Others	21.73	7.19	17.63	4.39	157.19	161.49
(四)按具体投资项目分	By Detail Projects						
1. 住宅	Residential Buildings	17.2	25.66	2.58	32.08	106.12	152.59
2. 道路	Highways	10.4	12.99	6.82	8.25		
3. 桥梁	Bridges	0.21	0.19	1.28	0.24		44.58
4. 设备	Equipment	12.89	12.99	7.72	10.77	22.76	
5. 水利	Water Conservancy	17.23	17.78	9.29	6.78	1.43	42.9
6. 其它	Others	31.33	19.85	33.53	13.35	75.36	
三、本年施工房屋面积	Floor Space of Buildings under Construction in the Year(sq.m)	0.08	0.07	0.08	0.08	0.72	0.88
其中：住宅	In Which :Residential Buildings	0.05	0.02	0.01	0.01	0.57	0.77
其中：当年新开工	In Which :Buildings Started in the Year	0.07	0.04	0.07	0.06	0.62	0.78
四、本年竣工房屋面积	Floor Space of Buildings Completed in the Year	0.08	0.07	0.07	0.07	0.62	0.84
其中：住宅	In Which : Residential Buildings	0.04	0.02	0.01	0.01	0.5	0.73
五、本年竣工房屋投资完成额	Investment in Buildings Completed in the Year	29.54	21.18	26.3	31.35	110.62	148.03
其中：住宅	In Which : Residential Buildings	14.93	7.13	2.52	3.42	97.39	136.04

10-39 全省镇基本情况指标（2001年）
Basic Conditions of Towns in the Whole Province (2001)

指　　标		Item	2001年
一、基本情况		**Basic Conditions**	
居民委员会个数	（个）	Number of Residents' Committees	425
村民委员会个数	（个）	Number of Villagers' Committees	5 023
乡镇总户数	（户）	Total Households of Villages and Towns	4 782 335
乡镇总人口	（人）	Total Population of Villages and Towns	18 603 230
乡镇从业人员数	（人）	Number of Employed Persons in Villages and Towns	9 898 510
第一产业	（人）	Primary Industry	7 131 810
第二产业	（人）	Secondary Industry	1 115 322
第三产业	（人）	Tertiary Industry	1 651 378
乡镇行政区域面积	（公顷）	Administrative Area of Villages and Towns (hectare)	12 189 916
年末耕地面积	（公顷）	Cultivated Area at Year-end (hectare)	1 124 468
农作物总播种面积	（公顷）	Total Sown Area of Farm Crops (hectare)	2 131 342
其中:粮食播种面积	（公顷）	In which: Sown Area of Grain (hectare)	1 454 672
农业机械总动力	（千瓦）	Total Power of Agricultural Machinery (kW)	378 323 355
有效灌溉面积	（公顷）	Irrigated Area (hectare)	504 910
农业科技与服务单位个数	（个）	Number of Agricultural Science and Servicing Units	2 981
中高级农业技术人员	（人）	Numbers of Middle and Senior Agricultural Technicians	3 315
二、经济指标		**Economic Indexes**	
经济总收入	（万元）	Total Economic Revenue (10 000 yuan)	14 933 252
其中:出售产品收入	（万元）	In which: Income from Product Sale (10 000 yuan)	4 114 147
农民人均纯收入	（元）	Per Capita Net Income of Farmers (yuan)	1 666
粮食总产量	（吨）	Total Yield of Grain (ton)	5 763 455
油料总产量	（吨）	Total Yield of Oil-bearing Crops (ton)	129 376
糖料总产量	（吨）	Total Yield of sugar-bearing Crops (ton)	6 126 841
肉类总产量	（吨）	Total Output of Meat (ton)	1 025 949
其中:猪肉产量	（吨）	In which: Output of Pork (ton)	860 587
水产品产量	（吨）	Output of Aquatic Products (ton)	81 088
水果产量	（吨）	Output of Fruits (ton)	476 472
财政收入	（万元）	Financial Revenue (10 000 yuan)	441 951
其中:预算内收入	（万元）	In which: Budgetary Revenue (10 000 yuan)	331 037
财政支出	（万元）	Financial Expenditure (10 000 yuan)	459 721
其中:农业支出	（万元）	In which: Agricultural Expenditure (10 000 yuan)	36 445
年末各项存款余额	（万元）	Outstanding Amount of Various Savings at Year-end (10 000 yuan)	7 633 159
其中:居民储蓄存款余额	（万元）	In which: Residents' Savings Deposits at Year-end (10 000 yuan)	4 137 605
年末各项贷款余额	（万元）	Outstanding Amount of Various Loans at Year-end (10 000 yuan)	4 268 437
其中:农业贷款	（万元）	In which: Agricultural Loans at Year-end (10 000 yuan)	1 043 933

10-39 续表1 continued

指　　标		Item	2001年
三、社区环境		**Community Conditions**	
通电的村	（个）	Number of Villages with Electricity Available	4 972
通邮的村	（个）	Number of Villages with Postage Service	4 971
通电话的村	（个）	Number of Villages with Telephone Service	4 869
通公路的村	（个）	Number of Villages with Roads Available	4 940
通自来水的村	（个）	Number of Villages with Tap Water Available	3 951
汽车站	（个）	Number of Bus Stations	388
供水站	（个）	Number of Water Supply Stations	462
垃圾处理站	（个）	Number of Garbage Treatment Stations	162
银行、信用社	（个）	Number of Banks and Credit Cooperatives	1 718
电话装机数量	（个）	Number of Telephones Installed	1 596 165
本镇公路里程	（公里）	Road Mileage of Towns (km)	53 991
集贸市场个数	（个）	Number of Fair Trade markets	1 394
1.综合市场	（个）	Number of Comprehensive Markets	1 060
2.专业市场	（个）	Number of Specialized Markets	334
学校总数	（个）	Total Number of Schools	10 631
在校学生总数	（人）	Total Number of Students Enrollment	2 940 113
教师总数	（人）	Total Number of Teachers	173 351
幼儿园、托儿所	（个）	Number of Kindergartens	1 881
图书馆、文化站	（个）	Number of Libraries and Cultural Stations	685
体育场馆	（个）	Number of Stadiums and Gymnasiums	208
医院、卫生院	（个）	Number of Hospitals and Township Hospitals	1 924
医生数	（人）	Number of Doctors(person)	36 373
病床数	（张）	Number of Sickbeds	44 682
敬老院	（个）	Homes for the Aged	347

注：全省532个镇，包括123个城关镇。

Note: There are 532 towns including 123 city-surrounding towns in the whole province.

主要统计指标解释

农林牧渔业总产值　指以货币为表现的农林渔业全部产品总量,它用价值量形式综合说明了一定时期(通常指一年)农林牧渔业生产的总成果和总规模。

农、林、牧、渔业总产值的统计范围是：

一、农业产值　包括种植业和其他农业的主产品和副产品产值。

1. **种植业产值** 指从事农作物栽培取得的产品的产值。包括谷物、豆类、薯类、油料、棉花、麻类、糖类、烟叶、药材、蔬菜、瓜果和其他农作物的种植,以及茶园、桑园、果园的生产经营。

2. **其他农业产值**　包括采集野生植物和农民家庭兼营的商品性工业产值。

二、林业产值　包括林木的栽培(不包括茶园、桑园、果园的栽培、管理和收获等活动),林产品的采集和村及村以下竹木采伐的产值。

三、牧业产值　包括除渔业养殖以外的一切动物饲养、放牧及捕猎野禽的产值。

四、渔业产值　包括水生动物和海藻类植物的养殖和捕捞产值。从所有制看,包括全民所有制和各种专业农(林、牧、渔)场和农业试验场、所,集体所有制的农村各种经济组织经营的农林牧渔业；农民自营的农作物栽培、动物饲养及农民家庭兼营商品性工业等。

农林牧渔业总产值的计算方法通常是以农林牧渔业产品及其副产品的产量乘以该项目产品的单位价格而得该产品的产值,少数生产周期较长,当年没有产品产量不易统计的则采用间接法匡算产值。四业产品产值之和即为农林牧渔业总产值。

1957 年以前的农业总产值包括了厩肥和农民自给性手工业(如农民自制衣服、鞋、袜,自己从事粮食初步加工等)。1958 年及以后的农业总产值,林业中增加了村及村以下竹木采伐产值；牧业中取消了厩肥产值；副业中取消了农民自给性手工业产值,增加了村及村以下的工业产值；渔业中增加了机械化捕渔产值。1980 年及以后农业总产值,在副业中增加了农民商品性家庭手工业的产值。从 1984 年起村及村以下办工业产值划归工业。1993 年取消副业产值,农业总产值改为农林牧渔业总产值。原副业产值的采集野生植物和农民家庭兼营商品性工业划归农业产值；捕猎野兽野禽划归牧业产值。

农林牧渔业中间消耗　指各种经济类型的农业生产单位和农户在农业生产经营过程中投入(或消耗)的各种物质产品和劳务价值的总和。包括中间物质消耗和中间劳务消耗两个部份。计入中间消耗必须具备以下两个条件：一是与总产出相对应的生产过程中消耗的物质产品和劳务活动；二是本期投入并一次性消耗的不属于固定资产的非耐用品。

农林牧渔业增加值　指各种经济类型的农业生产单位和农户从事农业生产经营活动所提供的社会最终产品的货币表现。增加值的计算方法有两种,一是生产法：农林牧渔业增加值=农林牧渔业总产出-农林牧渔业中间消耗；二是分配法：农林牧渔业增加值=固定资产折旧+劳动者报酬+生产税净额(生产税-生产补贴)+营业盈余。

自来水受益村数　包括取水、净水、输配水三部分组成的自来水供给的,或由取水和输配水两部分的符合饮用卫生标准的简易自来水年末实际受益的村委会个数。

通汽车村数　指拥有乡级以上公路通过,并通达客运或货运汽车的村委会个数。

粮食产量　指全社会的产量。包括国营农场等全民所有制经营的、集体统一经营的和农民家庭经营的粮食产量,还包括工矿企业家属办的农场和其他生产单位的产量。粮食除包括稻谷、小麦、玉米、高粱、谷子及其他杂粮外,还包括薯类和大豆。其产量计算方法,豆类按去豆荚后的干豆计算；薯类(包括甘薯和马铃薯,不包括芋头和木薯)1963 年以前按每 4 公斤鲜薯折 1 公斤粮食计算,从 1964 年以后按 5 公斤鲜薯折 1 公斤粮食计算。其他粮食一律按脱粒后的原粮计算。

谷物　指稻谷、小麦、玉米、谷子、高粱和其他谷物,不包括薯类和大豆。其他谷物指除稻谷、小麦、玉谷、高粱以外的一些子实主要用作粮食的作物,包括大麦、元麦(青稞)、莜麦、荞麦、糜子等。

水产品产量　指人工养殖的水产品的天然生长的水产品的捕捞量。包括海水的鱼类、虾蟹类、贝类和藻类以及淡水的鱼类、虾蟹类、贝类,不包括淡水水生植物。

猪、牛、羊产量 指当年的猪、牛、羊的肉产量。即屠宰后除去头蹄下水后带骨肉(即胴体重)的重量。

灌溉面积 指有效灌溉面积，即具有一定的水源，地块比较平整，灌溉工程或设备已经配套，在一般年景下当年能够正常灌溉的耕地面积。

Explanatory Notes on Main Statistical Indicators

Gross Output Value of Farming, Forestry, Animal Husbandry and Fishery refers to the total value of products of farming, forestry, animal husbandry and fishery, which reflects the total scale and result of agricultural production during a given period.

I. Agricultural Output Value: includes the output value of main plantation and other agricultural products and sideline products.

1. **Output value of Plantation:** refers to the output value of the products achieved by cultivating agricultural crops. It includes the plantation of cereals, beans, tubers, oil-bearing crops, cotton, fiber crops, sugar crops, tobacco, crude drugs, vegetable, melons and fruits, and other farm crops as well as the production operation of tea garden, mulberry field and orchard.

2. **Other Agricultural Output Value:** includes the collection of wild plants and commercial industry concurrently run by farmers' families.

II. Forest Output Value: includes the output value of forest tree cultivation (not including the cultivation, management and collection of tea garden, mulberry field and orchard), collection of forest products and felling of trees and bamboos by village or below.

III. Livestock Output Value: includes all the output value of animal raising, herding and hunting except fishery feeding.

IV. Fishery Output Value: includes all the output value of raising and catching aquatic animals and marine alga plants.

From the view of ownership, there are various special agricultural (forestry, animal husbandry and fishery) yards and experimental sites owned by the whole people and various agricultural (forestry, animal husbandry and fishery) industries run by different rural economic organizations owned by collective; cultivation of agricultural crops and animal raising by farmers themselves and commercial industry concurrently run by farmers' families, etc.

The method to calculate the total output value of farming, forestry, animal husbandry and fishery is to multiply the output of agricultural (forestry, animal husbandry and fishery) and sideline products with the unit price of the product. For those with long production cycle, without product and output, and uneasy to statisticalize in the year, an indirect method is adopted to estimate the output value. The sum of product and output value of the four industries is the total output value of farming, forestry, animal husbandry and fishery.

The total agricultural output value before 1957 included barnyard manure and farmers' self-supporting handicraft industry (e.g., self-made clothing, shoes, socks, grain initial processing, etc.). For the total agricultural output value in 1958 and after, output value of felling trees and bamboos by village or below was added into forestry; output value of barnyard manure was cancelled out from animal husbandry; farmers' self-supporting handicraft was cancelled out from sideline and industrial output value by village and below was added; output value of mechanical fish catching was added into fishery. For the total agricultural output value after 1980, output value of farmers' commercial household handicraft industry was added into sideline. From 1984 industrial output value by village or below was classified into industry. In 1993 output value of sideline was cancelled and total agricultural output value was changed to total output value of farming, forestry, animal husbandry and fishery. The original output value of wild plant collection and commercial industry concurrently run by farmers' families was channeled to agricultural output value; output value of animal and bird hunting was classified into output value of animal husbandry.

Intermediate Consumption of Farming, Forestry, Animal Husbandry and Fishery refers to the total various material products and labor value input (or consumed) by different agricultural production units and farm households in agricultural production and operation activities. It is composed of intermediate material consumption and intermediate labor consumption. Two conditions are needed to calculate them into intermediate consumption: one is material products and labor activities consumed in the process of production against total output; another one is non-durable goods that do not belong to fixed assets but input and consumed up one time in the present phase.

Added Value of Farming, Forestry, Animal Husbandry and Fishery refers to the social end products in monetary terms provided by different agricultural production units and farm households in agricultural production and operation activities. There are two methods to calculate value added: one is a method of production: added value of farming, forestry, animal husbandry and fishery = total output of farming, forestry, animal husbandry and fishery — intermediate consumption of farming, forestry, animal husbandry and fishery; second one is a distribution method: added value of farming, forestry, animal husbandry and fishery = depreciation of fixed assets — remuneration of laborers + net production tax (production tax — production subsidy) + business surplus.

Number of Villages Enjoying Tap Water includes the number of villages practically enjoying tap water composed of fetching water, purified water and supplying water or up-to-standard health water composed of fetching water and supplying water by the end of year.

Number of Car Accessible Villages refers to the number of villages with town-level road passing through and passenger car or freight car accessible.

Grain Yield refers to the yield in the whole country including grains produced by state farms, collective units, industrial enterprises and mines. Grain includes rice, wheat, corn, sorghum, millet and other miscellaneous grains as well as tubers and beans. Output of beans refers to dry beans without pods. The output of tubers (sweet potatoes and potatoes, not including taros and cassava) was converted into that of grain at the ratio 4:1, i.e. 4 kilograms of fresh tubers was equivalent to 1 kilogram of grain up to 1963. Since 1964 the ratio for conversion has been 5:1. Tubers supplied as vegetables (such as potatoes) in cities and suburbs are calculated as fresh vegetables and their output is not included in the output of grain. Output of all other grains refers to husked grain.

Cereal refers to rice, wheat, corn, sorghum and other grains but tubers and beans are not included. Other grains refer to some crops whose seeds are mainly used as grains such as barley, highland barley, naked oats, buckwheat, broom corn millet, etc.

Output of Aquatic Products refers to catches of both artificially cultured and naturally grown aquatic products, including fish, shrimps, crabs and shellfish in sea and inland water as well as seaweed. Freshwater plants are not included.

Output of Pork, Beef, and Mutton refers to the meat of slaughtered hogs, cattle, sheep and goats with head, feet, and offal taken away.

Irrigated Area refers to areas that are effectively irrigated, i.e., level land which has water source and complete sets of irrigation facilities to lift and move adequate water for irrigation purpose under normal conditions.

十一、工 业

INDUSTRY

11-1 全部工业分经济类型工业产值和比重(2001年)
Gross Output Value and Proportion of All Industries by Sector (2001)

指　标	Item	全部单位数（个） Total Number of Enterprises	
		绝对数 Absolute Figure	比重（%） Proportion
总　计	**Total**	**166 680**	**100**
在总计中:国有企业	In Total :State-owned Enterprises	964	0.58
集体企业	Collective-owned Enterprises	5 183	3.11
股份合作企业	Cooperative Enterprises	497	0.3
联营企业	Joint Ownership Enterprises	613	0.37
有限责任公司	Limited Liability Corporations	299	0.18
股份有限公司	Share Holding Enterprises	89	0.05
私营企业	Private Enterprises	8 050	4.83
其他企业	Other Enterprises	718	0.43
外商及港澳台投资	Enterprises with Funds from Foreigners, Hong Kong, Macao and Taiwan	218	0.13
个体经营	Self-employed Individuals	150 049	90.02
在总计中：农村工业	In Total : Rural Industry	138 268	82.95
在总计中：轻工业	In Total : Light Industry	107 887	64.73
重工业	Heavy Industry	58 793	35.27

11-1 续表 continued

指　标	Item	工业总产值（万元） Gross Output Value of Industry (10 000 yuan)	
		绝对数 Absolute Figure	比重（%） Proportion
总　计	**Total**	**16 751 061**	**100**
在总计中:国有企业	In Total: State-owned Enterprises	6 182 697	36.91
集体企业	Collective-owned Enterprises	1 752 967	10.46
股份合作企业	Cooperative Enterprises	261 621	1.56
联营企业	Joint Ownership Enterprises	55 995	0.33
有限责任公司	Limited Liability Corporations	1 888 423	11.27
股份有限公司	Share Holding Enterprises	1 406 637	8.4
私营企业	Private Enterprises	1 659 565	9.91
其他企业	Other Enterprises	132 860	0.79
外商及港澳台投资	Enterprises with Funds from Foreigners, Hong Kong, Macao and Taiwan	720 088	4.3
个体经营	Self-employed Individuals	2 690 207	16.06
在总计中：农村工业	In Total: Rural Industry	5 350 847	31.94
在总计中：轻工业	In Total: Light Industry	8 637 581	51.56
重工业	Heavy Industry	8 113 479	48.44

11-2 历年工业总产值及指数

Historic Gross Output Values and Indices of Industry

年份 Years	工业总产值（当年价）（亿元） Gross Output Value of Industry (at prices of the previous years) (100 million yuan)	国有工业 State-owned Industry	集体工业 Collective-owned Industry	个体工业 Self-employed Individuals Industry	其他经济类型工业 Others	工业总产值指数（%） Indices of Gross Output Values of Industry (%)	国有工业 State-owned Industry	集体工业 Collective-owned Industry	个体工业 Self-employed individuals Industry	其他经济类型工业 Others
1978	55.43	46.97	8.46	_	_	123.53	126.51	112.61		
1979	62.38	53.45	8.93	_	_	108.14	109.40	103.15		
1980	[illegible]	55.36	9.98	0.01	_	102.42	100.81	109.00		
1981	72.54	61.88	10.45	0.03	0.17	107.69	[illegible]	[illegible]	270.00	466.67
1982	83.60	71.31	12.01	0.04	0.24	112.05	112.52	107.04	239.29	141.18
1983	95.11	80.80	13.87	0.12	0.32	112.37	111.41	111.53	220.90	133.33
1984	112.27	89.42	22.25	0.29	0.31	115.54	114.17	126.58	66.89	96.88
1985	136.26	109.12	24.29	2.23	0.62	115.51	113.08	119.32	225.25	187.10
1986	147.02	114.28	28.98	3.19	0.57	108.43	105.71	115.48	143.05	103.45
1987	181.85	140.25	36.45	4.35	0.80	116.68	115.63	118.84	128.53	120.00
1988	244.63	185.55	51.64	6.10	1.34	118.01	114.40	126.92	133.90	169.44
1989	304.91	232.34	63.26	7.36	1.95	106.77	106.03	107.35	113.84	131.97
1990	345.26	264.87	69.05	9.41	1.93	108.91	108.50	108.06	127.52	94.41
1991	393.63	300.45	80.68	10.41	2.09	109.82	108.95	113.85	102.58	114.69
1992	477.07	363.35	98.74	13.13	1.85	116.47	116.23	117.79	117.48	91.74
1993	690.08	516.22	144.02	19.89	9.95	115.78	110.76	123.03	139.05	380.63
1994	948.71	696.63	189.12	40.47	22.49	118.66	111.30	124.10	179.67	209.23
1995	1 079.46	736.79	231.41	62.54	48.72	118.45	111.04	120.63	164.65	209.44
1996	1 291.38	802.07	300.74	120.13	68.43	113.80	102.11	123.58	171.19	152.66
1997	1 440.11	784.69	344.35	192.20	118.86	109.54	95.74	109.49	151.35	174.06
1998	1 503.23	712.93	309.00	233.02	248.28	104.84	86.89	90.84	152.12	168.95
1999	1 561.08	678.30	248.74	253.76	380.28	108.52	94.06	85.31	94.05	187.67
2000	1 589.36	679.38	217.84	290.86	401.28	108.08	98.32	97.23	118.11	122.94
2001	1 675.11	668.14	201.46	269.02	536.49	107.03	89.05	87.07	105.12	141.25

注：1. 本表工业总产值按当年价计算，指数按可比价格、以上年为100计算；1995年及以后工业总产值按新规定计算。

2. 本表国有工业中含国有联营工业、国有独资公司；集体工业中含股份合作制工业。

Note: a. The gross output values of industry are calculated at prices of previous years and the indices are calculated at comparable prices taking the preceding year as 100.

b. The state-owned industry includes state joint ownership industry and sole state-funded corporations.

11-3 全部国有及年产品销售收入500万元以上非国有独立核算工业企业从业人员平均人数（2001年）

Average Number of Employed Persons of All State-Owned and Non-state-owned Industrial Enterprises above Designated Size and with Independent Accounting Systems and Annual Product Sales above 5 Million yuan (2001).

单位：人 (person)

行业	Sector	全部独立核算工业从业人员年平均人数 Annual Average Number of Employed persons of All Enterprises with Independent Accounting Systems	#国有企业 State-owned Enterprises	#集体企业 Collective-owned Enterprises	#"三资"企业 Sino-foreign Joint and Cooperative and Foreign-funded Enterprises
总计	**Total**	**709 589**	**365 200**	**68 813**	**25 926**
按轻重工业分:	**By Light & Heavy Industries**				
轻工业	Light Industry	198 217	90 377	19 905	15 315
重工业	Heavy Industry	511 372	274 823	48 908	6 111
按工业行业分:	**By Industrial Sector**				
煤炭采选业	Coal Mining and Processing	38 428	28 151	3 394	
石油和天然气开采业	Petroleum and Natural Gas Extraction	69	69		
黑色金属矿采选业	Ferrous Metals Mining and Dressing	5 134	1 919	1 086	
有色金属矿采选业	Nonferrous Metals Mining and Dressing	38 254	13 503	11 388	70
非金属矿采选业	Nonmetal Minerals Mining and Dressing	13 123	10 639	1 307	
木材及竹材采运业	Logging and Transport of Timber and	3 968	3 968		
食品加工业	Food Processing	41 728	15 600	3 493	670
食品制造业	Food Manufacturing	6 428	3 185	708	568
饮料制造业	Beverage Manufacturing	10 693	3 406	400	678
烟草加工业	Tobacco Processing	29 306	25 342	2 317	344
纺织业	Textile Industry	22 739	12 787	244	
服装及其他纤维制品制造业	Garments and Other Fiber Products	2 964	1 103	764	495
皮革、毛皮、羽绒及其制品业	Leather, Furs, Down and Related Products	2 067	77	307	230
木材加工及竹、藤、棕、草制品业	Timber Processing, Bamboo, Cane, Palm Fiber and Straw Products	11 188	6 177	683	1 804
家具制造业	Furniture Manufacturing	1 062	55	572	350
造纸及纸制品业	Papermaking and Paper Products	13 215	2 760	3 409	1 592
印刷业、记录媒介的复制	Printing and Record Medium Reproduction	14 763	4 697	693	4 086
文教体育用品制造业	Cultural, Educational and Sports Goods	87	87		
石油加工及炼焦业	Petroleum Refining and Coking	1 831	1 048	125	
化学原料及化学制品制造业	Raw Chemical Materials and Chemical	84 563	46 499	3 896	2 073
医药制造业	Medical and Pharmaceutical Products	17 476	3 276	489	3 718
橡胶制品业	Rubber Products	6 956	2 177	108	185
塑料制品业	Plastic Products	6 180	1 421	1 979	1 392
非金属矿物制品业	Nonmetal Mineral Products	61 167	14 012	14 467	509
黑色金属冶炼及压延加工业	Smelting and Pressing of Ferrous Metals	43 609	34 680	4 788	
有色金属冶炼及压延加工业	Smelting and Pressing of Nonferrous Metals	59 016	27 816	3 993	1 118

注：国有企业中含国有联营企业、国有独资公司。

Note: The state-owned enterprises include state joint ownership enterprises and sole state-funded enterprises.

11-3 续表 continued

行 业	Sector	全部独立核算工业从业人员年平均人数 Annual Average Number of Employed Presons of All Industrial Enterprises with Independent Accountiong Systems	#国有企业 State-owned Enterprises	#集体企业 Collective-owned Enterprises	#“三资”企业 Sino-foreign Joint and Cooperative and Foreign-funded Enterprises
金属制品业	Metal Products	7 271	2 620	2 893	631
普通机械制造业	Ordinary Machinery	19 505	10 229	1 566	2 601
专用设备制造业	Special Purposes Equipment	24 116	11 067	376	324
交通运输设备制造业	Transport Equipment	17 964	10 765	298	683
电气机械及器材制造业	Electric Equipment and Machinery	13 519	2 489	1 352	98
电子及通信设备制造业	Electronic and Telecommunication Equipment	2 362	832	74	
仪器仪表及文化、办公用机械制造业	Instruments, Meters, Cultural and Clerical Machinery	6 923	497	525	938
电力、蒸汽、热水的生产和供应业	Production and Supply of Power, Steam and Hot water	67 958	48 466	1 029	769
煤气生产和供应业	Production and Supply of Gas	2 985	2 985		
自来水的生产和供应业	Production and Supply of Tap Water	6 720	6 634		
按地州市分:	**By Region**				
昆明市	Kunming	258 520	133 158	23 255	15 471
曲靖市	Qujing	109 151	60 800	11 644	1 584
玉溪市	Yuxi	61 258	22 590	9 720	3 454
保山市	Baoshan	15 054	3 059	1 414	430
昭通市	Zhaotong	18 690	12 031	2 041	586
楚雄州	Chuxiong	29 113	17 147	1 438	1 032
红河州	Honghe	94 919	61 561	10 036	2 541
文山州	Wenshan	13 828	5 949	376	
思茅地区	Simao	29 144	19 898	1 607	154
西双版纳州	Xishuangbanna	5 807	3 508	1 283	
大理州	Dali	26 016	6 678	1 726	229
德宏州	Dehong	15 827	9 203	883	118
丽江地区	Lijiang	10 128	3 629	936	
怒江州	Nujiang	5 263	1 141	2 054	203
迪庆州	Diqing	1 276	934		
临沧地区	Lincang	15 066	3 385	400	124
其他	Others	529	529		

11-4 全部国有及年产品销售收入500万元以上非国有独立核算工业企业单位数及总产值(2001年)

Number of All State-owned and Non-state-owned Industrial Enterprises with Independent Accounting Systems and Annual Product Sales above 5 Million yuan and Their Gross Output Values (2001)

单位：万元 (10 000 yuan)

行业	Sector	企业单位数(个) Number of Enterprises (unit)	#亏损企业 Loss-making Enterprises	工业总产值(当年价) Gross Output Value of Industry (at current prices)	工业销售产值(当年价) Product Sales of Industry (at current prices)	工业增加值(当年价) Value-added of Industry (at current prices)
总计	**Total**	**2 031**	**853**	**11 573 977**	**11 413 110**	**5 821 380**
按登记注册类型分:	**Grouped by Types of Registration**					
内资企业	Domestic Funded Enterprises	1 911	815	10 878 115	10 738 907	5 597 997
国有经济	State-owned Enterprises	964	508	6 182 697	6 139 956	4 063 938
集体企业	Collective-owned Enterprises	277	100	701 249	677 765	218 938
股份合作企业	Cooperative Enterprises	93	28	176 526	174 201	62 774
联营企业	Joint Ownership Enterprises	22	9	40 845	41 076	14 270
有限责任公司	Limited Liability Corporations	299	85	1 888 423	1 863 615	714 804
股份有限公司	Share Holding Enterprises	89	22	1 406 637	1 380 953	398 930
私营企业	Private Enterprises	167	63	481 738	461 341	124 342
港、澳、台商投资企业	Enterprises with Funds from Hong Kong, Macao and Taiwan	72	23	343 195	329 364	95 447
外商投资企业	Foreign Funded Enterprises	48	15	352 667	344 839	127 936
按轻重工业分:	**Grouped by Light & Heavy Industry**					
轻工业	Light Industry	852	363	6 096 409	6 042 075	3 862 415
以农产品为原料	Using Farm Products as Raw Materials	599	262	5 686 925	5 651 465	3 706 771
以非农产品为原料	Using Non-farm Products as Raw Materials	253	101	409 484	390 610	155 644
重工业	Heavy Industry	1 179	490	5 477 568	5 371 035	1 958 965
采掘工业	Mining and Quarrying	172	58	442 664	425 959	184 722
原料工业	Raw Materials Industry	597	241	3 408 836	3 367 773	1 337 791
加工工业	Manufacturing Industry	410	191	1 626 068	1 577 303	436 452
按企业规模分:	**Grouped by Scales of Enterprises**					
大型企业	Large-scale Enterprises	137	46	7 074 305	6 984 429	4 105 750
中型企业	Medium-scale Enterprises	383	137	2 077 515	2 028 031	790 632
小型企业	Small-scale Enterprises	1 511	670	2 422 157	2 400 650	924 998
按工业行业分:	**Grouped by Sector**					
煤炭采选业	Coal Mining and Processing	63	29	134 454	134 388	72 117
石油和天然气开采业	Petroleum and Natural Gas Extraction	1	1	356	499	97
黑色金属矿采选业	Ferrous Metals Mining and Dressing	9	2	38 465	34 230	13 563
有色金属矿采选业	Nonferrous Metals Mining and Dressing	50	14	224 785	215 117	89 899
非金属矿采选业	Nonmetal Minerals Mining and Dressing	29	9	55 940	53 980	17 468
化学矿采选业	Chemical Ore Mining and Dressing	14	4	34 905	32 325	5 355
采盐业	Salt Mining	7	4	16 720	17 416	10 945
木材及竹材采运业	Logging and Transport of Timber and Bamboo	27	7	5 385	5 162	2 525
食品加工业	Food Processing	176	83	582 843	583 152	196 268
制糖业	Sugar Refining	73	12	433 213	438 274	177 485

11－4 续表1 continued

单位：万元 (10 000 yuan)

行　业	Sector	企业单位数（个） Number of Enterprises	亏损企业 Loss-making Enterprises	工业总产值（当年价） Gross Output Value of Industry (at current prices)	工　业 销售产值（当年价） Product Sales of Industry (at current prices)	工　业 增加值（当年价） Value-added of Industry (at current prices)
食品制造业	Food Manufacturing	63	32	47 571	44 914	16 109
饮料制造业	Beverage Manufacturing	77	44	112 152	106 178	39 430
制茶业	Tea	28	15	24 186	22 366	8 253
烟草加工业	Tobacco Processing	25	3	4 166 455	4 161 845	3 177 504
卷烟制造业	Cigarettes	13		3 930 418	3 869 165	3 007 713
纺织业	Textile Industry	23	13	61 875	56 422	17 891
服装及其他纤维制品制造业	Garments and Other Fiber Products	14	5	12 240	11 782	3 176
皮革、毛皮、羽绒及其制品业	Leather, Furs, Down and Related Products	5	2	11 625	9 734	3 647
木材加工及竹、藤、棕、草制品业	Timber Processing, Bamboo, Cane, Palm Fiber and Straw Products	45	24	86 990	79 656	24 853
家具制造业	Furniture Manufacturing	6	2	7 270	6 840	1 393
造纸及纸制品业	Papermaking and Paper Products	53	17	189 247	192 540	70 375
印刷业、记录媒介的复制	Printing and Record Medium Reproduction	94	40	309 115	304 554	113 326
文教体育用品制造业	Cultural, Educational and Sports Goods	2	1	239	248	129
石油加工及炼焦业	Petroleum Refining and Coking	10	3	17 106	16 538	7 069
化学原料及化学制品制造业	Raw Chemical Materials and Chemical Products	194	82	1 030 792	1 018 080	257 961
基本化学原料制造业	Raw Chemical Materials Products	58	28	234 932	232 604	45 172
化学肥料制造业	Chemical Fertilizer Products	65	31	555 546	560 555	130 502
日用化学产品制造业	Daily Use Chemical Products	21	6	68 406	63 993	16 395
医药制造业	Medical and Pharmaceutical Products	73	17	298 828	283 844	121 843
橡胶制品业	Rubber Products	10	6	29 832	28 948	9 766
塑料制品业	Plastic Products	54	17	104 450	101 320	27 689
非金属矿物制品业	Nonmetal Mineral Products	228	116	407 452	393 075	150 722
水泥制造业	Cement Products	170	87	320 598	310 274	119 799
黑色金属冶炼及压延加工业	Smelting and Pressing of Ferrous Metals	46	21	583 860	582 871	227 873
有色金属冶炼及压延加工业	Smelting and Pressing of Nonferrous Metals	78	35	1 036 965	1 025 838	252 471
金属制品业	Metal Products	45	17	85 605	74 608	24 445
日用金属制品业	Daily Use Metal Products	7	3	3 967	3 778	1 129
普通机械制造业	Ordinary Machinery	52	27	150 891	136 915	48 302
专用设备制造业	Special Purposes Equipment	65	36	140 535	135 536	41 151
交通运输设备制造业	Transport Equipment	57	29	223 867	225 444	46 251
汽车制造业	Motor Vehicles	25	15	147 619	144 546	19 138

11－4 续表2 continued

单位：万元 (10 000 yuan)

行　业	Sector	企业单位数（个） Number of Enterprises	亏损企业 Loss-making Enterprises	工业总产值（当年价） Gross Output Value of Industry (at current prices)	工业销售产值（当年价） Product Sales of Industry (at current prices)	工业增加值（当年价） Value-added of Industry (at current prices)
电气机械及器材制造业	Electric Equipment and Machinery	42	17	164 747	156 516	39 350
电子及通信设备制造业	Electronic and Telecommunication Equipment	7	2	73 226	67 459	17 923
仪器仪表及文化、办公用机械制造业	Instruments, Meters, Cultural and Clerical Machinery	15	6	48 805	46 784	15 921
电力、蒸汽、热水的生产和供应业	Production and Supply of Power, Steam and Hot water	179	40	1 012 531	1 001 093	622 668
煤气生产和供应业	Production and Supply of Gas	3	3	42 578	42 343	8 253
自来水的生产和供应业	Production and Supply of Tap Water	105	49	49 992	49 551	27 806
按地州市分:	**Grouped by Region**					
昆明市	Kunming	661	277	4 099 678	4 153 520	1 586 796
曲靖市	Qujing	198	105	1 519 846	1 497 145	812 516
玉溪市	Yuxi	214	84	2 376 505	2 199 141	637 249
昭通市	Zhaotong	61	17	159 887	157 644	63 088
楚雄州	Chuxiong	72	31	289 233	292 934	156 597
红河州	Honghe	102	44	487 626	483 536	255 562
文山州	Wenshan	150	50	1 295 037	1 284 794	690 092
思茅地区	Simao	67	28	156 276	166 914	66 953
西双版纳州	Xishuangbanna	116	54	201 685	198 664	94 781
大理州	Dali	46	25	63 750	62 582	24 802
保山市	Baoshan	86	19	450 309	451 196	239 680
德宏州	Dehong	103	54	151 162	148 914	52 745
丽江地区	Lijiang	45	22	50 691	50 105	21 450
怒江州	Nujiang	25	11	41 647	38 264	18 222
迪庆州	Diqing	15	6	19 369	16 804	11 957
临沧地区	Lincang	69	25	211 214	210 838	88 863
其他	Others	1	1	64	115	27

11-5 独立核算国有工业企业单位数及总产值(2001年)

Number of State-owned Industrial Enterprises with Independent Accounting Systems and Their Gross Product Value (2001)

单位：万元 (10 000 yuan)

行　业	Sector	企业单位数(个) Number of Enterprises	亏损企业 Loss-making Enterprises	工业总产值(当年价) Gross Output Value of Industry (at current prices)	工业销售产值(当年价) Product Sales of Industry (at current prices)	工业增加值(当年价) Value-added of Industry (at current prices)
总　计	**Total**	**990**	**519**	**6 681 390**	**6 636 778**	**4 287 153**
按轻重工业分：	**Grouped by Light & Heavy Industries**					
轻工业	Light Industry	456	253	4 405 882	4 387 211	3 269 741
以农产品为原料	Using Farm Products as Raw Materials	300	171	4 285 406	4 268 822	3 214 485
以非农产品为原料	Using Non-farm Products as Raw Materials	156	82	120 476	118 389	55 256
重工业	Heavy Industry	534	266	2 275 508	2 249 567	1 017 412
采掘工业	Mining and Quarrying	98	40	228 565	220 473	106 246
原料工业	Raw Material Industry	235	95	1 549 152	1 539 426	783 437
加工工业	Processing Industry	201	131	497 792	489 668	127 729
按企业规模分：	**Grouped by Scales of Enterprises**					
大型企业	Large-scale Enterprises	60	29	5 131 564	5 063 661	3 535 230
中型企业	Medium-scale Enterprises	153	68	795 025	770 564	336 734
小型企业	Small-scale Enterprises	777	422	754 801	802 554	415 190
按工业行业分：	**Grouped by Sector**					
煤炭采选业	Coal Mining and Dressing	43	21	101 315	101 480	60 045
石油和天然气开采业	Petroleum and Natural Gas Extraction	1	1	356	499	97
黑色金属矿采选业	Ferrous Metals Mining and Dressing	2	2	13 635	13 204	4 538
有色金属矿采选业	Nonferrous Metals Mining and Dressing	17	5	90 529	84 009	37 198
非金属矿采选业	Nonmetal Minerals Mining and Dressing	14	8	33 428	32 555	12 553
化学矿采选业	Chemical Minerals Mining and Dressing	6	3	17 059	15 853	1 683
采盐业	Salt Mining	6	4	6 084	16 436	10 710
木材及竹材采运业	Logging and Transport of Timber and Bamboo	27	7	5 385	5 162	2 525
食品加工业	Food Processing	88	55	169 743	166 932	61 687
制糖业	Sugar Refining	24	4	134 481	132 801	54 949
食品制造业	Food Manufacturing	43	24	15 978	14 978	6 827

11-5 续表1 continued

单位：万元 (10 000yuan)

行 业	Sector	企业单位数（个） Number of Enterprises	亏损企业 Loss-making Enterprises	工业总产值（当年价） Gross Output Value of Industry (at current prices)	工业销售产值（当年价） Product Sales of Industry (at current prices)	工业增加值（当年价） Value-added of Industry (at current prices)
饮料制造业	Beverage Manufacturing	47	29	15 991	15 309	5 844
制茶业	Tea	19	12	5 255	5 428	1 328
烟草加工业	Tobacco Processing	17	3	3 975 089	3 968 205	3 095 896
卷烟制造业	Cigarettes	8	0	3 792 241	3 728 793	2 942 309
纺织业	Textile Industry	11	11	30 744	27 723	8 837
服装及其他纤维制品制造业	Garments and Other Fiber Products	8	2	3 635	3 674	947
皮革、毛皮、羽绒及其制品业	Leather, Furs, Down and Related Products	2	1	150	150	32
木材加工及竹、藤、棕、草制品业	Timber Processing, Bamboo, Cane, Palm Fiber and Straw Products	21	13	26 451	23 723	7 295
家具制造业	Furniture Manufacturing	1	1	9	10	0
造纸及纸制品业	Papermaking and Paper Products	10	6	29 172	29 134	9 933
印刷业、记录媒介的复制	Printing and Record Medium Reproduction	51	30	24 612	24 611	15 523
文教体育用品制造业	Cultural, Educational and Sports Goods	2	1	239	248	129
石油加工及炼焦业	Petroleum Refining and Coking	4	2	7 331	7 132	3 027
化学原料及化学制品制造业	Raw Chemical Materials and Chemical Products	73	42	397 682	396 339	79 721
基本化学原料制造业	Raw Chemical Materials Products	19	11	89 529	88 772	6 376
化学肥料制造业	Chemical Fertilizer Products	32	22	234 831	234 503	47 597
日用化学产品制造业	Daily Use Chemical Products	2	1	5 029	4 973	294
医药制造业	Medical and Pharmaceutical Products	26	10	34 354	30 714	14 159
橡胶制品业	Rubber Products	5	5	11 244	11 213	3 054
塑料制品业	Plastic Products	12	6	10 032	9 898	1 865
非金属矿物制品业	Nonmetal Mineral Products	61	37	61 248	57 817	23 963
水泥制造业	Cement Products	34	19	49 892	46 471	19 741

注：本表国有企业含国有联营企业、国有独资公司。

Note: The state-owned enterprises include state joint ownership enterprises and sole state-funded enterprises .

11－5 续表2 continued

单位：万元 (10 000 yuan)

行　业	Sector	企业单位数（个） Number of Enterprises	亏损企业 Loss-making Enterprises	工业总产值（当年价） Gross Output Value of Industry (at current prices)	工业销售产值（当年价） Product Sales of Industry (at current prices)	工业增加值（当年价） Value Added of Industry (at current prices)
黑色金属冶炼及压延加工业	Smelting and Pressing of Ferrous Metals	15	7	443 638	442 495	192 697
有色金属冶炼及压延加工业	Smelting and Pressing of Nonferrous Metals	14	7	163 172	164 182	68 088
金属制品业	Metal Products	17	13	20 948	15 605	6 529
日用金属制品业	Daily Use Metal Products	3	3	882	846	129
普通机械制造业	Ordinary Machinery	30	20	41 110	37 483	12 808
专用设备制造业	Special Purposes Equipment	39	29	28 589	29 073	8 485
交通运输设备制造业	Transport Equipment	38	23	96 173	100 151	21 066
汽车制造业	Motor Vehicles	15	11	38 010	37 684	-737
电气机械及器材制造业	Electric Equipment and Machinery	11	9	18 608	16 215	4 798
电子及通信设备制造业	Electronic and Telecommunication Equipment	3	1	5 976	5 062	2 820
仪器仪表及文化、办公用机械制造业	Instruments, Meters, Cultural and Clerical Machinery	4	2	3 501	3 244	780
电力、蒸汽、热水的生产和供应业	Production and Supply of Power, Steam and Hot Water	121	32	685 964	683 466	464 104
煤气生产和供应业	Production and Supply of Gas	3	3	42 578	42 343	8 253
自来水的生产和供应业	Production and Supply of Tap Water	104	49	49 595	49 154	27 700
按地州市分:	**Grouped by Region**					
昆明市	Kunming	274	156	1 856 326	1 986 512	998 073
曲靖市	Qujing	108	63	939 172	922 882	607 582
玉溪市	Yuxi	53	27	1 768 403	1 609 063	1 448 776
保山市	Baoshan	20	8	30 816	29 752	12 360
昭通市	Zhaotong	52	26	154 353	150 167	102 806
楚雄州	Chuxiong	60	27	326 260	323 274	210 312
红河州	Honghe	74	33	952 104	949 928	570 864
文山州	Wenshan	37	17	78 308	90 722	31 938
思茅地区	Simao	89	48	113 860	111 579	53 304
西双版纳州	Xishuangbanna	37	20	25 451	24 767	10 787
大理州	Dali	18	6	249 131	254 157	161 943
德宏州	Dehong	80	45	76 545	75 444	29 097
丽江地区	Lijiang	22	15	11 662	11 535	4 236
怒江州	Nujiang	16	7	8 441	8 252	4 439
迪庆州	Diqing	13	5	7 613	6 053	3 879
临沧地区	Lincang	36	15	82 883	82 576	36 731
其他	Others	1	1	64	115	27

11-6 年产品销售收入500万元以上的独立核算"三资"工业企业单位数及总产值(2001年)

Number of Sino-foreign Joint and Cooperative and Foreign-funded Industrial Enterprises with Independent Accounting Systems and Annual Product Sales above 5 Million yuan and Their Gross Product Value (2001)

单位：万元 (10 000 yuan)

行业	Sector	企业单位数(个) Number of Enterprises	亏损企业 Loss-making Enterprises	工业总产值(当年价) Gross Output Value of Industry (at current prices)	工业销售产值(当年价) Product Sales of Industry (at current prices)	工业增加值(当年价) Value-added of Industry (at current prices)
总计	**Total**	**120**	**38**	**695 862**	**674 203**	**223 383**
按轻重工业分:	**Grouped by Light & Heavy Industries**					
轻工业	Light Industry	66	22	479 092	466 208	157 064
以农产品为原料	Using Farm Products as Raw Materials	49	17	378 760	371 561	120 372
以非农产品为原料	Using Non-farm Products as Raw Materials	17	5	100 332	94 647	36 692
重工业	Heavy Industry	54	16	216 770	207 995	66 319
采掘工业	Mining and Quarrying	1	0	1 752	1 752	964
原料工业	Raw Material Industry	26	11	99 099	95 608	31 412
加工工业	Processing Industry	27	5	115 919	110 635	33 943
按企业规模分:	**Grouped by Scales of Enterprises**					
大型企业	Large-scale Industry Enterprises	23	8	288 200	285 930	103 410
中型企业	Medium-scale Industry Enterprises	25	8	154 793	149 135	51 812
小型企业	Small-scale Industry Enterprises	72	22	252 868	239 139	68 160
按工业行业分:	**Grouped by Sector**					
有色金属矿采选业	Nonferrous Metals Mining and Dressing	1	0	1 752	1 752	964
食品加工业	Food Processing	5	3	35 586	33 562	3 996
食品制造业	Food Manufacturing	4	2	9 346	8 427	2 765
饮料制造业	Beverage Manufacturing	4	3	24 523	23 889	2 247
服装及其他纤维制品制造业	Garments and Other Fiber Products	2	1	1 799	1 799	756
皮革、毛皮、羽绒及其制品业	Leather, Furs, Down and Related Products	1	0	879	1 301	404
木材加工及竹、藤、棕、草制品业	Timber Processing, Bamboo, Cane, Palm Fiber and Straw Products	9	7	36 094	31 803	9 494
家具制造业	Furniture Manufacturing	1	0	2 557	2 382	125
造纸及纸制品业	Papermaking and Paper Products	5	0	71 670	72 403	34 340
印刷业、记录媒介的复制	Printing and Record Medium Reproduction	18	4	172 375	171 029	56 129
化学原料及化学制品制造业	Raw Chemical Materials and Chemical Products	17	3	82 283	78 624	20 772
基本化学原料制造业	Raw Chemical Materials Products	8	2	19 850	21 293	5 576
化学肥料制造业	Chemical Fertilizer Products	3	0	22 065	21 488	4 103
日用化学产品制造业	Daily Use Chemical Products	3	0	30 577	26 993	9 616
医药制造业	Medical and Pharmaceutical Products	9	2	58 323	58 153	24 690

11－6 续表 continued

单位：万元 (10 000 yuan)

行 业	Sector	企业单位数(个) Number of Enterprises	亏损企业 Loss-making Enterprises	工业总产值(当年价) Gross Output Value of Industry (at current prices)	工 业 销售产值(当年价) Product Sales of Industry (at current prices)	工业增加值(当年价) Value-added of Industry (at current prices)
橡胶制品业	Rubber Products	1	0	3 176	3 138	- 404
塑料制品业	Plastic Products	12	5	47 529	46 658	15 990
非金属矿物制品业	Nonmetal Mineral Products	3	2	4 664	4 642	1 328
水泥制造业	Cement Products	3	2	4 664	4 642	1 328
有色金属冶炼及压延加工业	Smelting and Pressing of Nonferrous Metals	4	3	27 446	24 269	4 540
金属制品业	Metal Products	3	1	9 689	6 870	2 806
普通机械制造业	Ordinary Machinery	2	0	17 487	13 408	[illegible]
专用设备制造业	Special Purposes Equipment	4	0	6 391	6 182	1 851
交通运输设备制造业	Transport Equipment	5	2	6 999	6 913	333
汽车制造业	Motor Vehicles	1	1	3 299	3 233	- 326
电气机械及器材制造业	Electric Equipment and Machinery	2	0	7 133	6 667	2 702
仪器仪表及文化、办公用机械制造业	Instruments, Meters, Cultural and Clerical Machinery	3	0	11 255	10 771	3 594
电力、蒸汽、热水的生产和供应业	Production and Supply of Power, Steam and Hot water	4	0	16 303	16 130	10 322
按地州市分:	**Grouped by Region:**					
昆明市	Kunming	67	22	372 211	355 358	99 255
曲靖市	Qujing	7	1	24 921	25 714	11 855
玉溪市	Yuxi	24	7	141 757	140 624	48 833
保山市	Baoshan	3	3	6 811	6 057	2 538
昭通市	Zhaotong	1	0	35 589	36 761	11 417
楚雄州	Chuxiong	5	2	25 012	25 402	7 195
红河州	Honghe	7	1	63 196	58 317	29 806
思茅地区	Simao	1	0	11 019	10 587	6 524
大理州	Dali	2	0	9 487	10 184	4 626
德宏州	Dehong	1	0	3 511	3 379	768
怒江州	Nujiang	1	1	1 663	1 079	467
临沧地区	Lincang	1	1	684	740	101

11-7 各地区按轻重工业分的工业企业单位数及总产值

Number of Industrial Enterprises in Regions and Their Gross Output Value by Light and Heavy Industries

单位:个、万元 (unit, 10 000 yuan)

地区	Region	轻工业 Light Industry				重工业 Heavy Industry			
		单位数 Number of Enterprises		总产值 Gross Output Value		单位数 Number of Enterprises		总产值 Gross Output Value	
		2000年	2001年	2000年	2001年	2000年	2001年	2000年	2001年
全省合计	**Total**	**896**	**852**	**5 566 281**	**6 096 409**	**1228**	**1179**	**5 067 279**	**5 477 568**
昆明	Kunming	306	289	1 488 369	1 590 621	392	372	2 346 099	2 509 056
曲靖	Qujing	63	59	458 671	620 576	141	139	772 061	899 271
玉溪	Yuxi	79	86	2 014 446	1 946 198	136	128	407 424	430 307
保山	Baoshan	36	34	83 198	103 314	21	27	51 149	56 573
昭通	Zhaotong	32	27	190 775	169 054	48	43	127 825	120 179
楚雄	Chuxiong	50	38	221 172	304 873	66	64	139 295	182 753
红河	Honghe	62	54	421 462	633 887	94	96	635 914	661 151
文山	Wenshan	26	22	65 948	62 777	43	45	78 607	93 499
思茅	Simao	45	50	77 777	82 051	65	66	109 521	119 634
西双版纳	Xishuangbanna	29	30	44 403	51 330	19	16	12 552	12 420
大理	Dali	30	34	270 862	289 886	52	52	146 112	160 424
德宏	Dehong	59	57	104 826	96 681	48	46	49 622	54 481
丽江	Lijiang	20	19	13 593	14 770	31	26	39 297	35 922
怒江	Nujiang	7	5	648	605	30	20	44 976	41 041
迪庆	Diqing	9	8	5 675	9 023	7	7	6 977	10 345
临沧	Lincang	43	40	104 455	120 764	34	29	99 790	90 449
其他	Others	0	0	0	0	1	1	60	64

11-8 各地区按企业规模分的工业单位数及总产值（2001年）

Number of Industrial Enterprises and Their Gross Product Values in Regions by Scales (2001)

单位：个、万元 (unit, 10 000 yuan)

地区	Region	大型企业 Large Enterprises		中型企业 Medium-sized Enterprises		小型企业 Small Enterprises	
		单位数 Number of Enterprises	总产值 Gross Output Value	单位数 Number of Enterprises	总产值 Gross Output Value	单位数 Number of Enterprises	总产值 Gross Output Value
全省合计	**Total**	**137**	**7 074 305**	**383**	**2 077 515**	**1 511**	**2 422 157**
昆明	Kunming	71	2 521 958	138	625 701	452	952 018
曲靖	Qujing	15	978 447	42	301 708	141	239 691
玉溪	Yuxi	15	1 835 172	38	181 870	161	359 463
保山	Baoshan	1	3 570	11	78 414	49	77 903
昭通	Zhaotong	3	226 964	7	18 616	62	43 654
楚雄	Chuxiong	6	294 311	20	111 280	76	82 035
红河	Honghe	14	851 256	47	255 583	89	188 199
文山	Wenshan	0	0	9	60 430	58	95 846
思茅	Simao	3	47 450	15	90 644	98	63 592
西双版纳	Xishuangbanna	0	0	8	42 837	38	20 913
大理	Dali	7	249 503	12	71 092	67	129 714
德宏	Dehong	0	0	12	95 046	91	56 115
丽江	Lijiang	0	0	6	8 951	39	41 741
怒江	Nujiang	0	0	1	21 726	24	19 921
迪庆	Diqing	0	0	2	9 090	13	10 279
临沧	Lincang	1	65 610	15	104 530	53	41 074
其他	Others	1	64	0	0	0	0

注：1. 本表为全部国有及年产品销售收入500万元以上非国有工业数据；
2. 工业总产值按当年计算。

Note: The data above are obtained from all state-owned industrial enterprises and non-state-owned industrial enterprises of annual product sales above 5 million yuan. The gross output values are calculated at current prices.

11-9 各地区主要行业工业企业单位数及总产值(2001年)

Number of Industrial Enterprises of Major Sectors and Their Gross Output Value in Regions Region (2001)

单位:个、万元 (unit, 10 000 yuan)

地 区	Region	1. 煤炭采选业 Coal Mining and Dressing		3. 黑色金属矿采选业 Ferrous Metals Mining and Dressing		4. 有色金属矿采选业 Nonferrous Metals Mining and Dressing		5. 非金属矿采选业 Nonmetal Minerals Mining and Dressing	
		单位数 Number of Enterprises	总产值 Gross Output Value	单位数 Number of Enterprises	总产值 Gross Output Value	单位数 Number of Enterprises	总产值 Gross Output Value	单位数 Number of Enterprises	总产值 Gross Output Value
全省合计	**Total**	**63**	**134 454**	**9**	**38 465**	**50**	**224 785**	**29**	**55 940**
昆 明	Kunming	4	10 145	1	1 300	2	29 319	18	43 002
曲 靖	Qujing	19	52 576	0	0	4	10 687	0	0
玉 溪	Yuxi	2	4 587	1	10 496	2	31 969	0	0
保 山	Baoshan	0	0	1	2 123	0	0	0	0
昭 通	Zhaotong	3	949	0	0	3	6 357	1	458
楚 雄	Chuxiong	2	11 507	2	5 282	2	17 782	1	6 494
红 河	Honghe	3	40 620	2	8 124	10	41 504	2	286
文 山	Wenshan	3	2 182	1	[illegible]	4	17 707	1	346
思 茅	Simao	8	1 908	0	0	6	[illegible]	[illegible]	[illegible]
西双版纳	Xishuangbanna	1	130	0	0	2	114	0	0
大 理	Dali	1	386	1	4 381	3	8 739	1	1 109
德 宏	Dehong	3	454	0	0	2	2 863	0	0
丽 江	Lijiang	9	8 865	0	0	0	0	0	0
怒 江	Nujiang	1	40	0	0	9	33 406	1	232
迪 庆	Diqing	0	0	0	0	0	0	0	0
临 沧	Lincang	4	106	0	0	1	4 685	1	568
其 他	other	0	0	0	0	0	0	0	0

注：本表为全部国有及年产品销售收入500万元以上非国有独立核算工业数据，工业总产值按当年价计算。

Note: The data above are obtained from all state-owned industrial enterprises and non-state-owned industrial enterprises of annual product sales above million yuan. The gross output values are calculated at current prices.

11-9 续表1 continued

单位:个、万元 (unit, 10 000 yuan)

地 区	Region	7. 木材及竹材采选业 Logging and Transport of Timber and Bamboo		8. 食品加工业 Food Processing		9. 食品制造业 Food Manufacturing		10. 饮料制造业 Beverage Manufacturing	
		单位数 Number of Enterprises	总产值 Gross Output Value	单位数 Number of Enterprises	总产值 Gross Output Value	单位数 Number of Enterprises	总产值 Gross Output Value	单位数 Number of Enterprises	总产值 Gross Output Value
全省合计	**Total**	**27**	**5 385**	**176**	**582 843**	**63**	**47 571**	**77**	**112 152**
昆 明	Kunming	0	0	38	113 665	27	27 815	19	23 979
曲 靖	Qujing	1	13	8	4 072	10	3 898	3	563
玉 溪	Yuxi	0	0	18	50 300	6	1 625	3	2 031
保 山	Baoshan	4	2 554	16	73 563	0	0	3	9 920
昭 通	Zhaotong	0	0	5	4 252	3	560	1	426
楚 雄	Chuxiong	9	454	5	242	4	33	1	2 644
红 河	Honghe	1	546	10	36 188	3	2 535	4	18 295
文 山	Wenshan	1	0	4	3 960	0	0	2	72
思 茅	Simao	5	731	20	51 323	1	78	10	9 320
西双版纳	Xishuangbanna	0	0	9	42 685	2	309	6	4 114
大 理	Dali	1	482	4	10 827	2	9 652	2	19 810
德 宏	Dehong	1	575	17	84 981	1	26	10	751
丽 江	Lijiang	2	30	4	2 724	2	1 018	1	203
怒 江	Nujiang	1	0	0	0	0	0	1	70
迪 庆	Diqing	0	0	1	515	0	0	2	8 198
临 沧	Lincang	1	0	17	103 547	2	22	9	11 756
其 他	Others	0	0	0	0	0	0	0	0

11-9 续表2 continued

单位:个、万元 (unit, 10 000 yuan)

地 区 Region	11. 烟草加工业 Tobacco Processing		12. 纺织业 Textile Industry		13. 服装、其他纤维制品业 Garments and Other Fiber Products		14. 皮革、毛皮、羽绒及其制品业 Leather, Furs, Down and Related Products	
	单位数 Number of Enterprises	总产值 Gross Output Value	单位数 Number of Enterprises	总产值 Gross Output Value	单位数 Number of Enterprises	总产值 Gross Output Value	单位数 Number of Enterprises	总产值 Gross Output Value
全省合计 Total	**25**	**4 166 455**	**23**	**61 875**	**14**	**12 240**	**5**	**11 625**
昆 明 Kunming	5	872 605	10	29 969	9	9 952	1	150
曲 靖 Qujing	4	554 070	4	17 711	2	135	0	0
玉 溪 Yuxi	3	1 654 567	2	800	0	0	2	10 731
保 山 Baoshan	1	5 984	0	0	0	0	0	0
昭 通 Zhaotong	1	121 230	0	0	0	0	1	0
楚 雄 Chuxiong	1	242 616	2	2 056	0	0	0	0
红 河 Honghe	2	472 117	1	0	3	2 153	0	0
文 山 Wenshan	1	35 691	0	0	0	0	0	0
思 茅 Simao	1	0	0	0	0	0	0	0
西双版纳 Xishuangbanna	0	0	0	0	0	0	0	0
大 理 Dali	4	206 987	3	10 745	0	0	0	0
德 宏 Dehong	0	0	0	0	0	0	0	0
丽 江 Lijiang	2	589	1	595	0	0	1	744
怒 江 Nujiang	0	0	0	0	0	0	0	0
迪 庆 Diqing	0	0	0	0	0	0	0	0
临 沧 Lincang	0	0	0	0	0	0	0	0
其 他 other	0	0	0	0	0	0	0	0

11-9 续表3 continued

单位:个、万元 (unit, 10 000 yuan)

地 区 Region	15. 木材加工及竹藤棕草制品业 Timber Processing, Bamboo, Cane, Palm Fiber and Straw Products		16. 家具制造业 Furniture Manufacturing		17. 造纸及纸制品业 Paper-making and paper products		18. 印刷业、记录媒介的复制 Printing and Record Medium Reproduction	
	单位数 Number of Enterprises	总产值 Gross Output Value	单位数 Number of Enterprises	总产值 Gross Output Value	单位数 Number of Enterprises	总产值 Gross Output Value	单位数 Number of Enterprises	总产值 Gross Output Value
全省合计 Total	**45**	**86 990**	**6**	**7 270**	**53**	**189 247**	**94**	**309 115**
昆 明 Kunming	12	25 031	5	7 261	11	21 916	39	120 188
曲 靖 Qujing	0	0	0	0	3	12 148	7	10 135
玉 溪 Yuxi	3	12 319	0	0	15	70 572	12	94 762
保 山 Baoshan	5	5 635	0	0	1	812	2	974
昭 通 Zhaotong	0	0	0	0	2	1 772	3	35 767
楚 雄 Chuxiong	4	6 433	1	9	2	4 128	6	12 119
红 河 Honghe	3	4 391	0	0	5	44 842	3	22 225
文 山 Wenshan	0	0	0	0	1	881	3	234
思 茅 Simao	8	28 829	0	0	1	16 104	4	320
西双版纳 Xishuangbanna	1	765	0	0	0	0	1	146
大 理 Dali	1	144	0	0	6	11 683	5	11 659
德 宏 Dehong	6	1 716	0	0	3	1 533	4	178
丽 江 Lijiang	0	0	0	0	0	0	1	253
怒 江 Nujiang	1	1 663	0	0	0	0	1	91
迪 庆 Diqing	0	0	0	0	0	0	2	55
临 沧 Lincang	0	0	0	0	3	2 857	1	10
其 他 Others	1	64	0	0	0	0	0	0

11-9 续表4 continued

单位:个、万元 (unit, 10 000 yuan)

地区	Region	21. 化学原料及化学制品制造业 Raw Chemical Materials and Chemical Products		22. 医药制造业 Medical and Pharmaceutical Products		24. 橡胶制造业 Rubber Products		25. 塑料制品业 Plastic Products	
		单位数 Number of Enterprises	总产值 Gross Output Value	单位数 Number of Enterprises	总产值 Gross Output Value	单位数 Number of Enterprises	总产值 Gross Output Value	单位数 Number of Enterprises	总产值 Gross Output Value
全省合计	**Total**	**194**	**1 030 792**	**73**	**298 828**	**10**	**29 832**	**54**	**104 450**
昆明	Kunming	76	346 369	40	198 606	8	21 015	31	57 878
曲靖	Qujing	26	225 219	3	4 081	1	658	5	11 817
玉溪	Yuxi	36	154 884	5	10 395	0	0	3	18 648
保山	Baoshan	4	3 154	2	5 041	0	0	0	0
昭通	Zhaotong	7	74 734	0	0	0	0	2	3 962
楚雄	Chuxiong	9	24 476	2	30 400	0	0	3	3 875
红河	Honghe	17	162 716	4	11 896	1	8 159	1	1 604
文山	Wenshan	3	5 833	4	20 519	0	0	1	633
思茅	Simao	11	30 375	0	0	0	0	0	0
西双版纳	Xishuangbanna	0	0	3	1 989	0	0	0	0
大理	Dali	1	1 008	3	4 287	0	0	2	3 000
德宏	Dehong	1	0	4	4 784	0	0	4	1 664
丽江	Lijiang	1	1 812	2	6 712	0	0	0	0
怒江	Nujiang	0	0	0	0	0	0	0	0
迪庆	Diqing	0	0	0	0	0	0	0	0
临沧	Lincang	2	212	1	118	0	0	2	1 370
其他	Others	0	0	0	0	0	0	0	0

11-9 续表5 continued

单位:个、万元 (unit, 10 000 yuan)

地区	Region	26. 非金属矿物制品业 Nonmetal Mineral Products		27. 黑色金属冶炼及压延加工业 Smelting and Pressing of Ferrous Metals		28. 有色金属冶炼及压延加工业 Smelting and Pressing of Nonferrous Metals		29. 金属制品业 Metal Products	
		单位数 Number of Enterprises	总产值 Gross Output Value	单位数 Number of Enterprises	总产值 Gross Output Value	单位数 Number of Enterprises	总产值 Gross Output Value	单位数 Number of Enterprises	总产值 Gross Output Value
全省合计	**Total**	228	407 452	46	583 860	78	1 036 965	45	85 605
昆明	Kunming	48	115 578	18	486 439	21	551 506	26	52 406
曲靖	Qujing	26	46 251	5	29 079	11	141 887	3	1 619
玉溪	Yuxi	38	56 152	10	28 245	4	32 690	9	30 192
保山	Baoshan	9	16 142	1	1 546	5	13 079	0	0
昭通	Zhaotong	11	15 243	0	0	2	1 338	0	0
楚雄	Chuxiong	6	9 624	1	28 676	7	27 354	1	41
红河	Honghe	14	36 813	1	1 289	12	218 693	1	796
文山	Wenshan	10	12 598	5	5 456	4	10 036	0	0
思茅	Simao	12	16 663	3	2 132	0	0	1	112
西双版纳	Xishuangbanna	4	4 389	1	999	0	0	1	382
大理	Dali	17	47 502	0	0	6	26 455	0	0
德宏	Dehong	14	11 780	1	0	5	13 185	0	0
丽江	Lijiang	8	8 687	0	0	1	742	0	0
怒江	Nujiang	2	486	0	0	0	0	2	52
迪庆	Diqing	2	410	0	0	0	0	1	5
临沧	Lincang	7	9 137	0	0	0	0	0	0
其他	Others	0	0	0	0	0	0	0	0

11-9 续表6 continued

单位:个、万元 (unit, 10 000 yuan)

地区	Region	30. 普通机械制造业 Ordinary Machinery		31. 专用设备制造业 Special Purposes Equipment		32. 交通运输设备制造业 Transport Equipment	
		单位数 Number of Enterprises	总产值 Gross Output Value	单位数 Number of Enterprises	总产值 Gross Output Value	单位数 Number of Enterprises	总产值 Gross Output Value
全省合计	**Total**	**52**	**150 891**	**65**	**140 535**	**57**	**223 867**
昆明	Kunming	33	135 958	39	120 776	34	116 678
曲靖	Qujing	2	1 115	8	7 059	7	99 157
玉溪	Yuxi	5	7 131	3	1 125	4	2 178
保山	Baoshan			1	189		
昭通	Zhaotong	3	406				
楚雄	Chuxiong	1	165	4	6 201	2	2 663
红河	Honghe	1	923	3	2 930	3	1 807
文山	Wenshan	2	1 359			1	351
思茅	Simao			2	1 238		
西双版纳	Xishuangbanna						
大理	Dali	2	2 677			1	475
德宏	Dehong			4	976	4	216
丽江	Lijiang	1	1 140			1	343
怒江	Nujiang						
迪庆	Diqing						
临沧	Lincang	2	17	1	42		
其他	Others						

11-9 续表7 continued

单位:个、万元 (unit, 10 000 yuan)

地区	Region	38. 电力、蒸汽、热水的生产和供应业 Production and Supply of Electric Power, Steam and Hot water		39. 煤气生产和供应业 Production and supply of Coal gas		40. 自来水生产及供应业 Production and Supply of Tap Water	
		单位数 Number of Enterprises	总产值 Gross Output Value	单位数 Number of Enterprises	总产值 Gross Output Value	单位数 Number of Enterprises	总产值 Gross Output Value
全省合计	**Total**	**179**	**1 012 531**	**3**	**42 578**	**105**	**49 992**
昆明	Kunming	21	246 011	2	42 507	12	24 133
曲靖	Qujing	17	257 740	0	0	8	3 643
玉溪	Yuxi	18	65 106	0	0	5	2 697
保山	Baoshan	1	17 077	0	0	4	1 258
昭通	Zhaotong	15	20 024	0	0	9	1 757
楚雄	Chuxiong	13	29 646	0	0	9	2 324
红河	Honghe	19	129 038	1	70	13	4 140
文山	Wenshan	9	30 240	0	0	6	1 338
思茅	Simao	11	17 786	0	0	9	1 668
西双版纳	Xishuangbanna	7	6 406	0	0	7	1 322
大理	Dali	16	65 107	0	0	2	1 640
德宏	Dehong	10	22 714	0	0	8	1 348
丽江	Lijiang	4	14 628	0	0	3	1 174
怒江	Nujiang	4	5 394	0	0	2	212
迪庆	Diqing	4	9 931	0	0	3	255
临沧	Lincang	10	75 682	0	0	5	1 085
其他	Others	0	0	0	0	0	0

11-10 历年主要工业产品产量

Historical Output of Major Industrial Products

年 份 Year	纱（万吨） Yarn (10 000 tons)	布（亿米） Cloth (100 million m)	机制纸及纸板（万吨） Machine-made Paper and Paperboard (10 000 tons)	原盐（万吨） Salt (10 000 tons)	糖（万吨） Sugar (10 000 tons)	卷烟（万箱） Cigarettes (10 000 cases)	合成洗涤剂（万吨） Synthetic Detergents (10 000 tons)	原煤（万吨） Coal (10 000 tons)	发电量（亿千瓦小时） Electricity (100 million kwh)
1978	2.20	1.05	5.12	27.30	13.49	63.30	0.62	1 483	52.51
1980	2.92	1.32	6.46	23.90	16.87	89.00	0.80	1 174	56.20
1985	3.57	1.52	10.16	29.15	32.83	206.30	1.92	1 638.00	75.45
1988	4.22	1.78	14.49	34.90	55.52	354.90	4.55	2 054	102.26
1989	4.05	1.79	15.22	38.32	46.39	407.40	4.53	2 181	114.12
1990	4.03	1.80	15.43	32.45	51.01	448.25	4.96	2 227	125.78
1991	4.17	1.73	17.46	28.01	60.02	437.49	4.88	2 194	140.85
1992	4.33	[illegible]	[illegible]	[illegible]	83.66	466.17	5.41	2 379	155.75
1993	3.89	1.72	21.82	41.40	89.98	532.02	[illegible]	[illegible]	177.07
1994	3.54	1.33	32.03	40.71	80.85	611.09	8.22	2 597	203.43
1995	3.57	1.40	30.41	42.98	94.21	680.45	7.10	2 803	228.42
1996	3.16	1.28	39.42	44.03	83.65	656.38	8.37	3 072	253.65
1997	2.67	1.12	38.51	46.59	112.12	624.80	9.06	3 296.67	253.14
1998	1.99	0.73	28.51	47.44	125.59	632.99	7.54	3 090.67	264.62
1999	2.13	0.61	23.90	42.13	162.52	603.97	3.97	2 663.63	298.20
2000	2.27	0.59	22.32	49.43	152.25	612.77	3.30	2 215.61	317.46
2001	1.95	0.49	22.81	49.83	125.49	599.49	4.93	2 394.12	359.53

11-10 续表 continued

年 份 Year	生铁（万吨） Pig Iron (10 000 tons)	钢（万吨） Steel (10 000 tons)	成品钢材（万吨） Steel Products (10 000 tons)	十种有色金属（万吨） Ten Nonferrous Metals (10 000 ton)	水泥（万吨） Cement (10 000 tons)	平板玻璃（万重量箱） Plate Glass (10 000 weight cases)	农用化肥（万吨） Chemical Fertilizer (10 000 tons)	小型拖拉机（万辆） Small Tractors (10 000 units)	汽车（辆） Motor Vehicles (unit)
1978	48.94	35.12	25.59	7.48	131.23	46.08	42.05	0.79	1 084
1980	50.03	46.33	29.46	9.92	163.00	26.29	46.40	0.27	1 313
1985	69.28	56.16	45.96	14.98	307.76	87.42	60.20	1.16	5 455
1988	99.53	68.26	57.33	18.21	443.05	106.29	72.61	1.85	13 555
1989	106.91	72.22	61.85	20.00	452.42	138.44	81.12	1.73	9 906
1990	119.81	80.15	68.97	21.73	470.73	120.17	90.32	1.85	6 131
1991	123.98	93.62	83.77	24.69	565.19	128.32	95.72	2.23	9 582
1992	126.82	103.02	97.18	27.78	663.87	157.00	96.79	2.34	16 431
1993	166.89	116.63	113.07	29.13	732.25	131.57	94.06	2.28	25 115
1994	172.41	134.89	139.35	34.20	865.26	166.85	105.09	1.83	25 942
1995	180.75	140.50	144.34	40.67	996.93	165.88	121.46	2.47	19 009
1996	181.17	161.83	171.71	44.45	1 152.28	155.65	133.93	3.05	11 867
1997	213.57	184.00	185.78	47.48	1 341.26	110.50	144.31	3.35	11 432
1998	205.33	176.22	184.12	51.36	1 558.66	259.97	163.39	1.81	10 940
1999	234.90	178.72	182.01	64.51	1 622.77	302.56	177.78	1.51	10 931
2000	309.42	189.41	183.71	74.85	1 642.80	289.84	197.22	1.48	22 110
2001	337.95	222.02	186.20	83.58	1 640.86	293.48	208.66	1.14	26 949

11-11 主要年份全省主要工业产品产量

Output of Provincial Major Industrial Products in Major Years

产品名称		Item	1990年	1995年	1999年	2000年	2001年
原煤	（万吨）	Coal (10 000 tons)	2 227.17	2 803	2 663.63	2 215.61	2 394.12
洗精煤	（万吨）	Washed Coal (10 000 tons)	122.91	178.48	208.29	207.71	212.72
铁矿石成品矿	（万吨）	Final Iron Ores Products (10 000 tons)	314.41	246.37	463.45	282.35	314.45
铜金属含量	（吨）	Copper Content (ton)	47 113	66 672	82 010	92 001	98 110
铅金属含量	（吨）	Lead Content (ton)	56 273	36 511	112 524	138 647	100 905
锌金属含量	（吨）	Zinc Content (ton)	146 257	101 012	141 166	220 357	256 131
锡金属含量	（吨）	Tin Content (ton)	25 429	31 059	43 881	43 052	31 144
硫铁矿生产量	（万吨）	Sulphur Iron Ores Mining (10 000 tons)	11.41	21.31	11.87	14.5	9.73
磷矿生产量	（万吨）	Phosphate Ores Mining (10 000 tons)	485.73	665.98	982.88	921.11	934.16
原盐	（吨）	Salt (ton)	324 467	429 757	421 255	494 338	498 310
工业木材	（万立方米）	Industry Timber (10 000 cu.m)	107.74	162.7	133.4	89.15	92.61
发电量总计	（万千瓦小时）	Electricity Total (10 000 kwh)	1 257 762	2 284 217	2 981 982	3 174 567	3 595 254
水力发电	（万千瓦小时）	Hydro Power (10 000 kwh)	754 594	1 620 469	1 849 118	2 160 783	2 164 774
火力发电	（万千瓦小时）	Thermal Power (10 000 kwh)	503 168	663 748	1 132 864	1 013 784	1 430 480
自来水(生产量)	（万吨）	Tap Water (production output)(10 000 tons)	23 194	30 423	53 047	49 887	50 143
糖	（吨）	Sugar (ton)	510 143	942 053	1 625 179	1 522 548	1 254 934
糖果	（吨）	Sweets (ton)	18 191	14 909	4 804	1 865	1 360
糕点	（吨）	Cakes Food (ton)	52 646	47 368	41 543	41 368	49 030
罐头	（吨）	Canned Food (ton)	10 653	13 337	6 616	7 667	7 505
饮料酒(混合量)	（吨）	Wine (mixed output) (ton)	170 060	264 628	383 221	385 297	395 467
白酒(商品量)	（吨）	Liquor (commercial output) (ton)	103 586	158 570	216 697	216 821	205 734
啤酒	（吨）	Beer (ton)	39 125	92 434	159 479	158 675	179 213
精制茶	（万吨）	Refined Tea (10 000 tons)	3.59	4.96	2.92	2.82	3.28
卷烟	（万箱）	Cigarettes (10 000 cases)	448.25	680.45	603.9	612.77	599.49
复烤烟叶	（万吨）	Flue-cured Tobacco (10 000 tons)	34.88	56.19	52.37	22.26	34.67
纱总计	（吨）	Yarn Total (ton)	40 268	35 682	21 263	22 722	19 503
布总计	（万米）	Cloth Total (10 000 m)	17 974	13 964	6 143	5 855	4 896
棉布	（万米）	Cotton Cloth (10 000 m)	8 547.76	5 203	1 720	2 454	2 654
毛线	（吨）	Knitting Wool (ton)	827	595	136.5	297	138
呢绒总计	（万米）	Woolen Fabric Total (10 000 m)	52.17	5	7.8	6.2	4.1
服装	（万件）	Garments (10 000)	2 197.36	3 022	1 648	1 452	1 465
皮鞋	（万双）	Shoes (10 000 pairs)	363.2	564	384.69	235.4	111.78
锯材	（万立方米）	Sawn Wood (10 000 cu.m)	37.06	72.21	30.76	17.85	18.52
人造板	（立方米）	Artificial Board (cu.m)	55 668	197 008	392 640	448 020	457 439
胶合板	（立方米）	Plywood (cu.m)	26 838	84 949	73 719	53 693	38 399
家具	（万件）	Furniture (10 000 pieces)	171.56	485.72	613.2	482.93	555.10
木制家具	（万件）	Wooden Furniture (10 000 pieces)	150.89	383.84	516.77	412.67	497.82
机制纸及纸板	（吨）	Machine-made Paper and Paperboards (ton)	154 331	304 050	239 005	223 206	228 050
焦炭	（万吨）	Coke (10 000 tons)	250.44	370.27	387.76	359.87	444.02

11-11 续表1 continued

产品名称		Item	1990年	1995年	1999年	2000年	2001年
硫酸	（吨）	Sulfuric Acid (ton)	419 287	989 326	1 811 298	2 055 179	2 464 912
烧碱(氢氧化钠)	（吨）	Caustic Soda (ton)	25 217	35 733	25 489	30 533	38 417
合成氨	（吨）	Synthetic Ammonia (ton)	707 457	926 439	1 275 552	1 294 528	1 376 637
农用化学肥料总计(折纯)	（吨）	Chemical Fertilizers Total (ton)	903 167	1 214 612	1 777 794	1 972 192	2 086 624
氮肥	（吨）	Nitrogen Fertilizers (ton)	514 718	637 777	915 090	966 949	1 001 175
磷肥	（吨）	Phosphate Fertilizers (ton)	388 447	575 932	862 049	1 004 547	1 083 809
三聚磷酸钠	（吨）	Trimer Sodium Phosphate (ton)	61 225	108 362	64 128	42 209	66 801
酒精(商品量)	（吨）	Alcohol (ton)	35 204	71 998	148 014	152 743	115 121
火柴	（万件）	Match (10 000 cases)	85.01	105.12	47.44	33.2	30.23
合成洗涤剂	（吨）	Synthetic Detergents (ton)	49 609	70 981	39 671	33 049	49 264
肥皂	（吨）	Soap (ton)	13 657	10 480	5 861	5 856	4 009
[illegible]	（吨）	Traditional Chinese Medicine (ton)	2 414	3 852	4 484	5 175	6 266
轮胎外胎	（条）	Tires	503 897	[illegible]	[illegible]	[illegible]	242 396
力车胎外胎	（条）	Cart Tires	1 737 360	3 440 866	5 287 200	6 658 200	7 520 800
塑料制品	（吨）	Plastic Products (ton)	43 699	111 746	102 731	104 470	108 260
水泥	（万吨）	Cement (10 000 tons)	470.73	996.93	1 622.77	1 642.80	1640.86
砖	（万块）	Bricks (10 000)	419 496	865 487	1 132 204	878 851	891 598
瓦	（万片）	Tiles(10 000)	129 786	226 205	294 713	185 294	188 814
平板玻璃	（万重量箱）	Plate Glass (10 000 weight cases)	120.17	165.88	302.56	289.84	293.48
日用玻璃制品	（吨）	Daily Use Glass Products (ton)	24 461	36 546	37 434	33 788	29 256
日用陶瓷器	（万件）	Household Ceramics (10 000)	9 972.30	18 527	16 794	15 888	17 779
钢	（万吨）	Steel (10 000 tons)	80.15	140.50	178.72	189.41	222.02
生铁	（万吨）	Pig Iron (10 000 tons)	119.81	180.75	234.9	309.42	337.95
成品钢材	（万吨）	Steel Products (10 000 tons)	68.97	144.34	182.01	183.71	186.20
十种有色金属	（吨）	Ten Nonferrous Metals (ton)	217 313	406 679	645 073	748 452	835 792
铜	（吨）	Copper (ton)	71 350	96 601	131 221	160 558	188 491
铅	（吨）	Lead (ton)	56 145	81 283	152 185	162 369	163 524
锌	（吨）	Zinc (ton)	48 559	139 707	201 002	234 962	263 522
锡	（吨）	Tin (ton)	22 725	33 142	42 663	47 287	55 473
铝	（吨）	Aluminum (ton)	13 631	47 871	112 910	138 317	156 980
内燃机生产量总计	（万千瓦）	Internal Combustion Engines Total (10 000 kw)	75.06	351	308.33	401.28	603.49
金属切削机床	（台）	Metal-cutting Machine Tools	4 511	6 149	5 327	7 333	5 938
泵	（台）	Pumps	5 272	11 674	8 481	6 816	7 569
小型拖拉机	（台）	Small Tractors	18 484	24 432	15 145	14 759	11 446
汽车	（辆）	Motor Vehicles	6 131	19 009	10 931	22 110	26 949
载货汽车	（辆）	Trucks	3 762	15 091	9 031	21 172	26 240
变压器	（万千伏安）	Transformer (10 000 kva)	128.72	300.31	354.55	369.85	461.21
发电设备(500千瓦及以上)	（千瓦）	Power Generating Equipment(5000 and over) (kw)	15 000	105 073	195 002	1 54 181	101 067
交流电动机	（千瓦）	Alternator (kw)	502 501	719 281	765 218	975 414	1 147 035
电子元件	（万只）	Electronic Elements (10 000)	44	315	94	73.93	82.30

11-12 各地区主要工业产品产量(2001年)

Output of Major Industrial Products in Regions (2001)

地　区	Region	原　煤（万吨）Coal (10 000 tons)	工业木材产量（万立方米）Industrial Timber (10 000 cu.m)	发电量（万千瓦时）Electricity (10 000 kwh)	水　电（万千瓦时）Hydro Power (10 000 kwh)	自来水（万吨）Tap Water (10 000 tons)	糖（吨）Sugar (ton)	糕　点（吨）Cakes Food (ton)
全省合计	**Total**	**2 394.12**	**92.61**	**3 595 254**	**2 164 774**	**50 143**	**1 254 934**	**49 030**
昆　明	Kunming	170.41	0.00	402 653	62 619	23 544	34	10 828
曲　靖	Qujing	1 063.45	0.27	1 132 356	525 511	3 701	0	1 510
玉　溪	Yuxi	57.23	0.19	103 952	98 918	2 874	107 040	9 737
保　山	Baoshan	16.27	11.33	73 291	68 805	1 329	204 629	3 849
昭　通	Zhaotong	117.13	0.09	87 607	80 918	1 585	12 401	2 150
楚　雄	Chuxiong	99.79	1.73	44 292	36 314	2 050	630	5 526
红　河	Honghe	626.23	4.63	573 224	143 908	4 652	92 248	6 990
文　山	Wenshan	41.50	3.00	145 945	145 945	1 229	11 113	4 744
思　茅	Simao	42.79	62.91	56 148	47 168	1 285	146 869	1 642
西双版纳	Xishuangbanna	2.97	0.00	40 616	36 765	1 410	129 650	17
大　理	Dali	76.58	2.21	200 256	199 850	3 058	13 143	802
德　宏	Dehong	7.60	4.87	68 862	61 547	1 201	239 339	174
丽　江	Lijiang	57.95	0.00	54 635	54 459	666	6 077	738
怒　江	Nujiang	0.49	0.00	12 881	12 881	249	0	0
迪　庆	Diqing	0.00	0.23	61 376	61 376	254	0	50
临　沧	Lincang	13.72	1.14	537 159	527 790	1 057	291 761	273

11-12 续表1 continued

地　区	Region	白　酒（吨）Liquor (ton)	啤　酒（吨）Beer (ton)	精制茶（吨）Refined Tea (10 000 tons)	卷　烟（万箱）Cigarettes (10 000 cases)	布（万米）Cloth (10 000 m)	服　装（万件）Garments (10 000)	皮　鞋（万双）Leather Shoes (10 000 pairs)
全省合计	**Total**	**205 734**	**179 213**	**32 759**	**599.49**	**4 896**	**1 464.61**	**254.81**
昆　明	Kunming	42 283	20 113	857	129.36	1 795	489.55	65.12
曲　靖	Qujing	16 408	1 603	0	99.51	954	65.37	29.20
玉　溪	Yuxi	6 733	0	2 905	171.73	64	33.67	33.57
保　山	Baoshan	5 965	29 553	3 485	0.00	1	34.71	23.58
昭　通	Zhaotong	15 316	0	26	40.01	0	255.87	19.41
楚　雄	Chuxiong	19 634	6 723	310	46.06	66	50.18	22.00
红　河	Honghe	32 285	26 628	853	72.64	45	79.74	5.14
文　山	Wenshan	34 009	0	8	0.00	0	281.22	10.32
思　茅	Simao	4 828	3 307	2 369	0.00	27	8.55	6.66
西双版纳	Xishuangbanna	326	0	4 667	0.00	0	4.43	0.00
大　理	Dali	15 324	73 725	4 905	40.17	1 899	115.25	29.14
德　宏	Dehong	851	0	2 195	0.00	0	24.51	0.00
丽　江	Lijiang	3 441	0	0	0.00	44	6.27	9.41
怒　江	Nujiang	234	0	0	0.00	0	2.20	0.00
迪　庆	Diqing	2 119	0	0	0.00	0	2.10	0.00
临　沧	Lincang	5 977	17 561	10 179	0.00	0	10.99	1.26

11-12 续表2 continued

地 区	Region	锯材（立方米） Sawn Wood (cu.m)	人造板（立方米） Artificial Boards (cu.m)	机制纸及纸板（吨） Machine-made Paper and Paperboards (ton)	农用化肥（吨） Chemical Fertilizers (ton)	中成药（吨） Traditional Chinese Medicine (ton)	塑料制品（吨） Plastic Products (ton)	水 泥（万吨） Cement (10 000 tons)
全省合计	**Total**	**185 220**	**457 439**	**228 050**	**2 086 624**	**6 266**	**108 260**	**1 640.86**
昆 明	Kunming	3 771	46 121	64 235	713 977	2 942	49 568	341.09
曲 靖	Qujing	834	0	15 000	436 134	9	15 796	230.91
玉 溪	Yuxi	601	84 685	60 607	74 550	509	20 767	329.71
保 山	Baoshan	927	14 520	5 940	3 661	1 212	1 114	41.64
昭 通	Zhaotong	1 346	0	2 911	311 622	0	3 770	81.08
楚 雄	Chuxiong	6 076	47 335	6 835	32 500	361	4 975	43.27
红 河	Honghe	26 478	69 004	33 145	488 564	272	3 721	160.55
文 山	Wenshan	34 310	0	2 156	17 621	184	733	57.30
思 茅	Simao	85 418	175 849	0	108	185	382	59.67
西双版纳	Xishuangbanna	5 263	1 775	0	0	128	357	13.46
大 理	Dali	3 939	0	22 702	0	329	3 047	[illegible]
德 宏	Dehong	8 751	18 150	4 186	0	81	2 115	41.55
丽 江	Lijiang	0	0	4 504	7 587	38	279	28.32
怒 江	Nujiang	6 518	0	0	0	0	0	1.54
迪 庆	Diqing	0	0	0	0	0	0	1.47
临 沧	Lincang	226	0	5 829	0	15	1 335	37.38

11-12 续表3 continued

地 区	Region	生 铁（吨） Pig Iron (ton)	钢（吨） Steel (ton)	成品钢材（吨） Steel Products (ton)	铁合金（吨） Ferroalloy (ton)	十种有色金属（吨） Ten Nonferrous Metals (ton)	#铜（吨） Copper (ton)	#锌（吨） Zinc (ton)
全省合计	**Total**	**3 379 452**	**2 220 237**	**1 861 982**	**267 524**	**835 792**	**188 491**	**263 522**
昆 明	Kunming	2 228 854	2 113 599	1 793 084	61 891	402 441	176 354	25 932
曲 靖	Qujing	298 319	0	24 342	16 535	135 133	0	127 131
玉 溪	Yuxi	519 632	24 510	27 654	18 458	588	588	0
保 山	Baoshan	0	0	0	0	8 632	0	8 632
昭 通	Zhaotong	4 970	0	0	3 496	4 387	0	4 387
楚 雄	Chuxiong	327 677	74 740	14 390	6 590	22 296	10 101	5 223
红 河	Honghe	0	7 388	1 249	53 438	157 408	656	13 937
文 山	Wenshan	0	0	0	84 318	9 169	210	3 273
思 茅	Simao	0	0	0	9 326	13 962	0	0
西双版纳	Xishuangbanna	0	0	0	5 551	0	0	0
大 理	Dali	0	0	0	4 519	64 644	0	64 320
德 宏	Dehong	0	0	1 263	0	5 863	0	0
丽 江	Lijiang	0	0	0	0	582	582	0
怒 江	Nujiang	0	0	0	0	10 688	0	10 688
迪 庆	Diqing	0	0	0	3 402	0	0	0
临 沧	Lincang	0	0	0	0	0	0	0

11-13 全省主要工业产品生产、销售、库存量(2001年)

Output, Sales and Inventory of Provincial Major Industrial Products (2001)

产品名称	Item	年初库存量 Inventory in Early Year	本年生产量 Output of This Year	本年销售量 Sales of This Year	年末库存量 Inventory at Year-end
原煤（吨）	Coal (ton)	172 274	11 118 265	9 150 903	80 592
洗煤（吨）	Washed Coal (ton)	235 614	2 808 301	2 792 253	192 866
铁矿石成品矿（吨）	Final Iron Ores Products (ton)	85 494	1 110 501	653 891	102 163
硫铁矿（折含S 35%）（吨）	Sulphur Iron Ores (35% of S) (ton)	0	90 686	88 314	69
磷矿石（折含P205 30%）（吨）	Phosphate Ores (30% of P205) (ton)	397 249	3 911 536	3 170 399	294 979
原盐（吨）	Salt (ton)	85 076	482 296	493 426	72 962
木材(立方米)	Timber (cu.m)	106 587	514 141	407 750	128 840
机制糖（吨）	Sugar (ton)	27 026	1 229 078	1 249 030	5 842
配混合饲料（吨）	Mixed Feed (ton)	7 517	398 133	383 696	6 391
乳制品（吨）	Dairy Products (ton)	334	5 633	5 580	234
罐头（吨）	Canned Food (ton)	1 023	5 295	5 358	898
白酒（吨）	Liquor (ton)	5 683	10 864	9 256	6 216
啤酒（吨）	Beer (ton)	22 376	179 213	172 305	27 060
软饮料（吨）	Soft Beverages (ton)	5 280	46 501	44 868	6 673
卷烟(箱)	Cigarettes (case)	30 832	5 994 883	5 966 526	59 189
化学纤维（吨）	Chemical Fiber (ton)				
纱（吨）	Yarn (ton)	2 437	18 972	10 220	4 961
布(万米)	Cloth (10 000 m)	2 241	4 191	4 921	1 357
棉布(万米)	Cotton Cloth (10 000 m)	1 181	2 029	2 514	622
混纺交织布(万米)	Blend Cloth (10 000 m)	1 018	1 895	2 211	667
纯化纤布(万米)	Chemical Fiber Cloth (10 000 m)	42	267	196	68
绒线（毛线）(吨)	Knitting Wool (ton)	115	138	186	67
呢绒(万米)	Woolen Fabric (10 000 m)	2	4	4	2
丝(吨)	Silk (ton)	52	609	523	81
丝织品(万米)	Silk Cloth (10 000 m)	52	55	50	58
服装（万件）	Garments (10 000)	343	458	499	281
锯材（立方米）	Sawn Wood (cu.m)	4 833	24 818	20 183	8 223
人造板（立方米）	Artificial Boards (cu.m)	57 909	440 616	418 524	75 719

注：本表为全部国有及年销售收入500万元以上非国有独立核算工业数据。

Note: The data in the table cover all the state-owned and non-state-owned independent accounting industrial data with annual sales income over 5 million Yuan.

11-13 续表1 continued

产品名称	Item	年初库存量 Inventory in Early Year	本年生产量 Output of This Year	本年销售量 Sales of This Year	年末库存量 Inventory at the Year-end
机制纸（吨）	Machine-made Paper (ton)	22 276	67 016	73 909	11 702
新闻纸（吨）	Newsprint (ton)	360	200	560	0
机制纸板（吨）	Machine-made Paperboards (ton)	14 462	68 220	62 154	11 452
润滑油(吨)	Lubricant (ton)	822	4 549	3 753	999
焦炭(吨)	Coke (ton)	38 844	2 609 343	1 487 560	45 791
硫酸（折100%）(吨)	Sulfuric Acid (100%)(ton)	46 274	2 431 545	633 533	54 538
氢氧化钠（烧碱）（折100%）(吨)	Caustic Soda(100%)(ton)	1 599	38 417	36 743	477
碳酸钠（纯碱）(吨)	Soda Ash (ton)	284	85 312	85 183	166
红矾钠(吨)	Red Vitriol(ton)	29	2 963	2 544	34
碳化钙（电石）（折 300升／千克）(吨)	Calcium Carbide(300 liters/kg) (ton)	2501	89545	23474	6780
合成氨 (吨)	Synthetic Ammonia (ton)	18 783	1 376 637	202 052	4 834
农用氮、磷、钾化学肥料总计（折纯）(吨)	Chemical Fertilizers (ton)	233 683	1 948 027	2 003 912	120 877
氮肥（折含N 100%）(吨)	Nitrogen Fertilizers(100% of Na) (ton)	136 926	1 001 175	1 074 240	42 692
尿素（吨）	Urea (ton)	78 668	583 829	653 588	8 861
磷肥（折合P_2O_5 100%）（吨）	Phosphate Fertilizers (100% of P_2O_5) (ton)	96 757	945 212	928 943	77 274
钾肥（折含K_2O 100%）(吨)	Potassium Fertilizers(100% of K_2O)(ton)	0	1 640	729	911
化学农药 (吨)	Chemical Pesticide (ton)	323	971	662	255
纯苯 (吨)	Pure Benzene (ton)	158	8 545	8 330	373
油漆 (吨)	Varnish (ton)	1 702	6 343	6 563	1 482
塑料树脂及共聚物 (吨)	Plastics Resin and Polymer (ton)	548	16 732	15 284	1 996
合成纤维聚合物 (吨)	Synthetic Fibre Polymer (ton)	1 103	23 779	23 416	1 466
合成洗涤剂 (吨)	Synthetic Detergent (ton)	5 289	48 932	49 910	4 196
化学原料药 (吨)	Chemical Medicine (ton)	43	211	156	62
轮胎外胎 (条)	Tires	429 141	235 654	238 793	426 002
塑料制品 (吨)	Plastic Products (ton)	12 803	86 010	81 125	15 246
农用薄膜 (吨)	Farming Films (ton)	5 725	31 787	30 236	7 283
水泥 (万吨)	Cement (10 000 tons)	98	1 527	1 511	109
平板玻璃(重量箱) (吨)	Plate Glass (weight case)	432 938	2 930 643	2 748 494	562 606
生铁 (吨)	Pig Iron (ton)	43 400	3 185 722	981 301	28 322
钢 (吨)	Steel (ton)	46 568	2 195 640	415 873	115 979

11-13 续表2 continued

产品名称	Item	年初库存量 Inventory in Early Year	本年生产量 Output of This Year	本年销售量 Sales of This Year	年末库存量 Inventory at Year-end
成品钢材（吨）	Steel Products (ton)	18 118	1 809 784	1 793 303	33 199
普通小型钢材（吨）	Ordinary Rolled Steel, Small (ton)	6 307	762 160	753 144	15 323
线材（吨）	Wire Rod (ton)	4 530	694 977	694 216	5 290
中厚钢板（吨）	Medium Steel Plate (ton)	671	161 206	158 535	3 340
薄钢板（吨）	Steel Sheet (ton)	0	55 833	54 833	999
钢带（吨）	Steel Strips (ton)	63	49 645	49 645	63
无缝钢管（吨）	Seamless Steel Tubes (ton)	1 172	6 541	6 651	1 158
焊接钢管（吨）	Seamed Steel Tubes (ton)	4 727	77 158	74 881	6 784
铁合金（吨）	Ferroalloy (ton)	9 964	140 010	113 312	13 390
十种有色金属（吨）	Ten Nonferrous Metals (ton)	24 467	748 005	625 346	21 141
铜（吨）	Copper (ton)	1 876	185 613	105 522	918
铅（吨）	Lead (ton)	2 955	129 581	109 222	2 924
锌（吨）	Zinc (ton)	9 763	225 143	223 046	11 488
锡（吨）	Tin (ton)	3 234	43 029	41 250	1 804
铝（吨）	Aluminum (ton)	5 540	156 980	138 770	2 785
铜加工材（吨）	Rolled Copper (ton)	1 315	9 135	9 288	1 130
铝材（吨）	Rolled Aluminum (ton)	4 169	40 401	38 917	5 295
日用精铝制品(吨)	Daily Use Aluminum Products (ton)	79	29	42	66
工业锅炉(蒸发量吨)	Industrial Boilers (steam ton)	4	127	128	3
内燃机（万千瓦）	Internal Combustion Engines (10 000 kw)	55.65	603.31	544.98	112.72
金属切削机床（台）	Metal-cutting Machine Tools	2 211	5 938	5 743	2 418
高精度机床(台)	High-precision Machine Tools	13	0	7	6
数控机床（台）	Numerically Controlled Machine Tools	157	254	125	298
大型机床(台)	Large Machine Tools	48	216	185	78
小型拖拉机（台）	Small Tractors	4 247	11 446	12 425	3 237
汽车（辆）	Motor Vehicles	3 049	26 949	25 810	4 192
载货汽车（辆）	Trucks	2 838	26 240	24 998	4 080
公路客车（辆）	Buses	20	14	24	10
发电设备（千瓦）	Power Generating Equipment (kw)	24 732	101 067	91 501	51 598
交流电动机（千瓦）	Alternator (kw)	118 567	1 147 035	1 102 408	163 205

11-14 全省国有及年产品销售收入500万元以上非国有独立核算工业企业主要财务指标(一)(2001年)

单位:万元

行业	Sector	流动资产合计 Total of Circulating Funds
总计	**Total**	10 356 127
按轻重工业分:	**By Light & Heavy Industries**	
轻工业	Light Industry	5 325 089
重工业	Heavy Industry	5 031 039
按工业行业分:	**By Sector**	
煤炭采选业	Coal Mining and Dressing	145 546
石油和天然气开采业	Petroleum and Natural Gas Extraction	179
黑色金属矿采选业	Ferrous Metals Mining and Dressing	32 723
有色金属矿采选业	Nonferrous Metals Mining and Dressing	151 406
非金属矿采选业	Nonmetal Minerals Mining and Dressing	66 767
化学矿采选业	Chemical Minerals Mining and Dressing	46 512
采盐业	Salt Mining	17 990
木材及竹材采运业	Logging and Transport of Timber and Bamboo	11 834
食品加工业	Food Processing	303 733
制糖业	Sugar Refining	239 618
食品制造业	Food Manufacturing	42 256
饮料制造业	Beverage Manufacturing	129 243
制茶业	Tea	30 958
烟草加工业	Tobacco Processing	3 776 461
卷烟制造业	Cigarettes	3 628 452
纺织业	Textile Industry	78 022
服装及其他纤维制品制造业	Garments and Other Fiber Products	12 986
皮革、毛皮、羽绒及其制品业	Leather, Furs, Down and Related Products	24 924
木材加工及竹、藤、棕、草制品业	Timber Processing, Bamboo, Cane, Palm Fiber and Straw Products	90 781
家具制造业	Furniture Manufacturing	10 568
造纸及纸制品业	Papermaking and Paper Products	156 942
印刷业、记录媒介的复制	Printing and Record Medium Reproduction	197 051
文教体育用品制造业	Cultural, Educational and Sports Goods	359
石油加工及炼焦业	Petroleum Refining and Coking	10 924
化学原料及化学制品制造业	Raw Chemical Materials and Chemical Products	1 006 251
基本化学原料制造业	Raw Chemical Materials Products	179 816
化学肥料制造业	Chemical Fertilizer Products	376 823
日用化学产品制造业	Daily Use Chemical Products	37 689
医药制造业	Medical and Pharmaceutical Products	304 235
橡胶制品业	Rubber Products	21 790
塑料制品业	Plastic Products	83 304
非金属矿物制品业	Nonmetal Mineral Products	388 243
水泥制造业	Cement Products	308 777

Major Financial Indicators of Provincial State-owned and Non-state-owned Industrial Enterprises with Independent Accounting Systems and Annual Product Sales above 5 Million yuan (1) (2001)

(10 000 yuan)

流动资产年平均余额 Annual Average Balance of Circulating Funds	长期投资 Long-term Investment	固定资产合计 Total of Fixed Assets	固定资产原价合计 Original Value of Fixed Assets	固定资产净值年平均余额 Annual Average Balance of Net Value of Fixed Assets
9 384 590	2 768 144	11 720 908	15 257 415	9 839 476
4 368 172	1 824 769	3 838 134	5 110 453	3 400 995
5 016 418	943 376	7 882 775	10 146 962	6 438 481
141 674	27 047	289 492	343 810	226 914
201		2 489	2 498	2 448
32 712	3 307	34 986	50 189	28 338
149 852	27 262	217 300	283 213	186 223
67 254	9 265	103 312	169 253	99 776
48 478	6 847	83 605	132 949	80 907
16 891	2 343	17 365	33 551	16 907
10 588	3 895	12 308	14 617	9 975
330 147	23 985	573 462	782 621	534 010
267 671	17 085	502 352	683 886	465 859
39 945	6 812	63 448	65 365	45 671
124 276	12 859	121 751	150 100	110 118
29 160	3 919	23 644	30 077	20 271
2 825 663	1 619 116	1 941 938	2 700 443	1 736 509
2 704 502	1 618 724	1 857 329	2 582 042	1 652 002
75 165	12 175	84 574	107 987	70 236
12 350	463	12 807	14 432	9 500
25 202	1 306	6 626	8 379	6 086
93 128	5 547	164 448	195 756	152 062
10 810	1 009	5 167	8 732	5 211
161 216	35 740	297 043	351 819	251 883
205 709	36 462	178 281	271 946	162 531
386		212	209	122
11 792	386	17 497	20 480	17 287
999 243	266 569	1 218 456	1 592 970	986 590
181 619	15 320	218 162	347 316	192 525
381 811	69 413	789 431	966 137	616 477
38 660	4 158	24 705	31 638	23 254
279 913	50 750	144 509	159 715	118 917
22 311	1 671	15 378	23 938	14 941
80 297	3 747	70 166	100 672	69 945
376 552	32 265	570 140	811 125	497 770
300 764	27 313	486 891	693 813	421 894

11-14 续表

单位:万元

行　业	Sector	流动资产合计 Total of Circulating Funds
黑色金属冶炼及压延加工业	Smelting and Pressing of Ferrous Metals	560 887
有色金属冶炼及压延加工业	Smelting and Pressing of Nonferrous Metals	796 189
金属制品业	Metal Products	64 989
日用金属制品业	Daily Use Metal Products	4 178
普通机械制造业	Ordinary Machinery	209 496
专用设备制造业	Special Purposes Equipment	254 397
交通运输设备制造业	Transport Equipment	213 420
汽车制造业	Motor Vehicles	114 339
电气机械及器材制造业	Electric Equipment and Machinery	131 910
电子及通信设备制造业	Electronic and Telecommunication Equipment	72 972
仪器仪表及文化、办公用机械制造业	Instruments, Meters, Cultural and Clerical Machinery	55 618
电力、蒸汽、热水的生产和供应业	Production and Supply of Power, Steam and Hot Water	785 500
煤气生产和供应业	Production and Supply of Gas	44 836
自来水的生产和供应业	Production and Supply of Tap Water	81 738
按地州市分:	**By Region**	
昆明市	Kunming	4 174 548
曲靖市	Qujing	1 207 894
玉溪市	Yuxi	2 194 403
保山市	Baoshan	114 476
昭通市	Zhaotong	171 530
楚雄州	Chuxiong	340 197
红河州	Honghe	1 092 481
文山州	Wenshan	130 904
思茅地区	Simao	182 541
西双版纳州	Xishuangbanna	59 664
大理州	Dali	319 514
德宏州	Dehong	84 019
丽江地区	Lijiang	59 137
怒江州	Nujiang	39 257
迪庆州	Diqing	14 192
临沧地区	Lincang	168 310
其他	Others	3 060

continued

(10 000 yuan)

流动资产年平均余额 Annual Average Balance of Circulating Funds	长期投资 Long-term Investment	固定资产合计 Total of Fixed Assets	固定资产原价合计 Original Value of Fixed Assets	固定资产净值年平均余额 Annual Average Balance of Net Value of Fixed Assets
549 081	42 888	724 402	851 672	647 807
791 195	45 332	921 104	1 095 976	686 697
61 790	3 390	40 638	55 742	37 918
4 148	22	4 005	4 096	2 436
208 342	33 456	130 319	143 576	92 117
247 687	21 344	116 131	160 864	99 689
200 258	21 344	150 600	185 226	123 684
120 118	4 915	107 495	130 339	85 346
129 976	9 017	72 031	106 620	67 934
66 501	15 482	15 793	19 856	13 147
52 388	17 442	28 396	45 799	25 260
847 975	382 051	3 057 818	3 983 534	2 443 669
45 389	2 128	65 638	97 687	56 213
72 234	5 447	211 467	234 956	176 885
3 846 606	815 479	3 917 199	4 892 048	3 337 992
1 069 908	122 423	1 848 507	2 504 683	1 578 884
1 955 164	1 497 500	1 243 874	1 724 182	1 074 309
110 980	18 239	197 477	253 728	166 711
203 060	48 909	422 456	559 104	334 871
314 664	45 763	478 408	616 995	401 472
838 963	76 552	1 395 602	1 895 153	1 071 939
127 734	7 634	178 300	210 810	148 610
183 169	21 233	440 431	516 840	381 825
53 771	6 056	117 474	153 303	108 343
295 877	42 910	500 986	689 349	321 944
92 588	48 287	238 727	289 990	231 023
60 061	4 857	116 062	148 067	103 475
38 137	652	55 043	50 789	39 145
11 523	2 365	49 822	56 458	45 246
179 359	9 211	513 890	687 014	486 962
3 027	75	6 649	8 903	6 725

11-15 全省国有及年产品销售收入500万元以上非国有独立核算工业企业主要财务指标(二)(2001年)

单位:万元

行　业	Sector	资产合计 Total Assets
总　计	**Total**	25 850 556
按轻重工业分:	**By Light & Heavy Industries :**	
轻工业	Light Industry	11 293 339
重工业	Heavy Industry	14 557 217
按工业行业分:	**By Sector**	
煤炭采选业	Coal Mining and Dressing	485 138
石油和天然气开采业	Petroleum and Natural Gas Extraction	2 668
黑色金属矿采选业	Ferrous Metals Mining and Dressing	74 234
有色金属矿采选业	Nonferrous Metals Mining and Dressing	470 006
非金属矿采选业	Nonmetal Minerals Mining and Dressing	196 915
化学矿采选业	Chemical Minerals Mining and Dressing	153 702
采盐业	Salt Mining	38 142
木材及竹材采运业	Logging and Transport of Timber and Bamboo	30 136
食品加工业	Food Processing	965 900
制糖业	Sugar Refining	813 873
食品制造业	Food Manufacturing	123 212
饮料制造业	Beverage Manufacturing	286 690
制茶业	Tea	62 216
烟草加工业	Tobacco Processing	7 411 093
卷烟制造业	Cigarettes	7 172 954
纺织业	Textile Industry	189 369
服装及其他纤维制品制造业	Garments and Other Fiber Products	27 827
皮革、毛皮、羽绒及其制品业	Leather, Furs, Down and Related Products	35 002
木材加工及竹、藤、棕、草制品业	Timber Processing, Bamboo, Cane, Palm Fiber and Straw Products	289 583
家具制造业	Furniture Manufacturing	16 844
造纸及纸制品业	Papermaking and Paper Products	505 109
印刷业、记录媒介的复制	Printing and Record Medium Reproduction	428 919
文教体育用品制造业	Cultural, Educational and Sports Goods	653
石油加工及炼焦业	Petroleum Refining and Coking	34 150
化学原料及化学制品制造业	Raw Chemical Materials and Chemical Products	2 667 094
基本化学原料制造业	Raw Chemical Materials Products	449 268
化学肥料制造业	Chemical Fertilizer Products	1 304 197
日用化学产品制造业	Daily Use Chemical Products	75 398
医药制造业	Medical and Pharmaceutical Products	544 309
橡胶制品业	Rubber Products	43 287
塑料制品业	Plastic Products	166 130
非金属矿物制品业	Nonmetal Mineral Products	1 024 778
水泥制造业	Cement Products	849 733

Major Financial Indicators on Provencal State-owned and Non-state-owned Industrial Enterprises with Independent Accounting Systems and Annual Product Sales above 5 Million yuan (2) (2001)

(10 000 yuan)

流动负债合计 Total Current Liabilities	长期负债合计 Total Long-term Liabilities	所有者权益合计 Total Creditors' Equity	产品销售收入 Sales Revenue	#产品销售成本 Cost of Sales
9 490 638	4 505 000	11 834 918	11 613 844	7 479 494
4 187 191	872 117	6 234 030	6 014 991	2 977 059
5 303 446	3 632 883	5 620 888	5 598 853	4 502 434
132 729	194 592	157 817	134 107	107 990
336	1 390	942	437	342
43 654	13 140	17 440	36 220	26 570
199 675	85 927	134 404	229 731	181 260
69 070	10 580	117 265	58 924	35 116
50 319	4 605	98 778	37 320	22 853
16 880	4 575	16 688	17 302	10 378
13 435	5 814	10 888	6 061	2 256
602 255	226 350	137 294	587 163	430 310
508 272	208 202	97 399	439 106	297 217
49 030	24 430	49 752	41 696	34 420
145 707	59 186	81 797	113 580	77 370
34 720	17 039	10 457	26 186	21 058
2 407 962	119 187	4 883 943	4 112 883	1 550 523
2 285 339	90 257	4 797 358	3 914 494	1 382 611
121 346	29 540	38 483	54 969	51 937
15 216	5 159	7 452	11 774	10 648
22 256	3 166	9 580	15 622	13 324
119 389	108 888	61 306	80 803	68 313
10 587	448	5 810	7 257	5 972
165 728	156 005	183 375	192 887	151 502
189 176	32 387	207 356	311 916	244 057
388	128	137	289	185
14 207	8 853	11 091	14 914	13 129
1 112 509	540 898	1 013 687	1 007 914	848 006
259 127	93 735	96 407	225 924	197 332
520 468	367 129	416 599	544 103	471 291
28 858	8 691	37 850	64 210	57 609
171 619	58 533	314 157	287 478	179 577
29 782	5 827	7 678	27 757	24 016
73 246	27 729	65 156	105 344	85 030
479 289	236 728	308 762	382 476	302 796
396 912	195 986	256 835	308 960	242 023

11-15 续表

单位:万元

行　　业	Sector	资产合计 Total Assets
黑色金属冶炼及压延加工业	Smelting and Pressing of Ferrous Metals	1 349 579
有色金属冶炼及压延加工业	Smelting and Pressing of Nonferrous Metals	1 803 443
金属制品业	Metal Products	119 472
日用金属制品业	Daily Use Metal Products	8 216
普通机械制造业	Ordinary Machinery	408 567
专用设备制造业	Special Purposes Equipment	444 185
交通运输设备制造业	Transport Equipment	413 879
汽车制造业	Motor Vehicles	268 590
电气机械及器材制造业	Electric Equipment and Machinery	225 973
电子及通信设备制造业	Electronic and Telecommunication Equipment	104 259
仪器仪表及文化、办公用机械制造业	Instruments, Meters, Cultural and Clerical Machinery	106 157
电力、蒸汽、热水的生产和供应业	Production and Supply of Power, Steam and Hot Water	4 409 725
煤气生产和供应业	Production and Supply of Gas	113 269
自来水的生产和供应业	Production and Supply of Tap Water	307 660
按地州市分:	**By Region**	
昆明市	Kunming	9 394 347
曲靖市	Qujing	3 304 773
玉溪市	Yuxi	5 019 709
保山市	Baoshan	359 586
昭通市	Zhaotong	651 785
楚雄州	Chuxiong	892 997
红河州	Honghe	2 663 990
文山州	Wenshan	327 229
思茅地区	Simao	677 762
西双版纳州	Xishuangbanna	190 446
大理州	Dali	893 638
德宏州	Dehong	389 598
丽江地区	Lijiang	195 015
怒江州	Nujiang	97 830
迪庆州	Diqing	67 739
临沧地区	Lincang	714 310
其他	Others	9 803

continued

(10 000 yuan)

流动负债合计 Total current Liabilities	长期负债合计 Total Long-term Liabilities	所有者权益合计 Total Creditors' Equity	产品销售收入 Sales Revenue	#产品销售成本 Cost of Sales
556 944	169 901	622 734	596 560	476 713
846 799	242 966	713 679	1 152 018	1 037 094
52 631	20 397	46 444	74 684	64 231
4 178	1 526	2 313	3 404	2 800
177 625	30 082	200 860	136 456	105 318
238 845	74 040	131 301	132 612	100 009
249 123	83 430	81 327	240 886	203 339
159 311	72 946	36 333	143 292	123 707
119 508	36 222	70 243	158 492	130 591
34 811	7 754	61 694	66 766	54 759
48 275	5 821	52 061	45 747	38 252
826 689	1 776 990	1 806 046	1 067 228	731 338
37 704	11 038	64 528	45 657	44 228
76 629	68 209	162 821	49 217	34 597
3 724 180	1 352 726	4 317 441	4 137 623	3 014 903
1 225 966	820 090	1 258 717	1 506 700	951 482
1 117 675	322 605	3 579 430	2 233 633	1 053 418
161 487	79 738	118 360	153 536	105 474
228 966	78 218	344 602	300 326	203 797
496 630	122 195	274 173	438 445	270 981
1 172 092	540 689	951 208	1 463 926	925 471
128 123	104 129	94 977	170 735	119 176
234 502	280 121	163 138	192 711	137 850
71 053	57 864	61 529	64 551	45 459
357 605	200 911	335 122	483 710	333 858
154 875	171 022	63 701	151 645	111 186
83 178	59 189	52 648	52 654	39 188
40 849	26 667	30 314	38 054	24 851
16 011	30 080	21 648	16 088	6 621
270 745	257 327	186 238	208 785	135 129
6 702	1 430	1 672	722	650

11-16 全省国有及年产品销售收入500万元以上非国有独立核算工业企业主要财务指标(三)(2001年)

单位：万元

行　业	Sector	产品销售费用 Expenditures on Sales
总　计	**Total**	363 990
按轻重工业分:	**By Light & Heavy Industries**	
轻工业	Light Industry	193 208
重工业	Heavy Industry	170 783
按工业行业分:	**By Sector**	
煤炭采选业	Coal Mining and Dressing	6 413
石油和天然气开采业	Petroleum and Natural Gas Extraction	82
黑色金属矿采选业	Ferrous Metals Mining and Dressing	1 782
有色金属矿采选业	Nonferrous Metals Mining and Dressing	3 083
非金属矿采选业	Nonmetal Minerals Mining and Dressing	10 922
化学矿采选业	Chemical Minerals Mining and Dressing	9 198
采盐业	Salt Mining	1 172
木材及竹材采运业	Logging and Transport of Timber and Bamboo	376
食品加工业	Food Processing	24 613
制糖业	Sugar Refining	17 939
食品制造业	Food Manufacturing	3 078
饮料制造业	Beverage Manufacturing	13 170
制茶业	Tea	807
烟草加工业	Tobacco Processing	82 878
卷烟制造业	Cigarettes	77 841
纺织业	Textile Industry	1 018
服装及其他纤维制品制造业	Garments and Other Fiber Products	483
皮革、毛皮、羽绒及其制品业	Leather, Furs, Down and Related Products	446
木材加工及竹、藤、棕、草制品业	Timber Processing, Bamboo, Cane, Palm Fiber and Straw Products	4 181
家具制造业	Furniture Manufacturing	490
造纸及纸制品业	Papermaking and Paper Products	5 494
印刷业、记录媒介的复制	Printing and Record Medium Reproduction	3 478
文教体育用品制造业	Cultural, Educational and Sports Goods	18
石油加工及炼焦业	Petroleum Refining and Coking	713
化学原料及化学制品制造业	Raw Chemical Materials and Chemical Products	47 814
基本化学原料制造业	Raw Chemical Materials Products	15 446
化学肥料制造业	Chemical Fertilizer Products	23 004
日用化学产品制造业	Daily Use Chemical Products	1 153
医药制造业	Medical and Pharmaceutical Products	48 229
橡胶制品业	Rubber Products	1 226
塑料制品业	Plastic Products	2 912
非金属矿物制品业	Nonmetal Mineral Products	17 805
水泥制造业	Cement Products	15 956

Major Financial Indicators on Provincial State-owned and Non-state-owned Industrial Enterprises with Independent Accounting Systems and Annual Product Sales above 5 Million yuan (3) (2001)

(10 000 yuan)

产品销售税及附加 Sales Tax and Extra Charges	产品销售利润 Sales Profit	管理费用 Expenditures on Management	利润总额 Total Profit	利税总额 Total Profit and Tax
1 710 296	2 059 591	940 897	821 910	3 473 976
1 670 104	1 174 620	397 860	656 042	2 910 846
40 192	884 970	543 037	165 868	563 130
1 437	18 267	24 400	- 1 102	11 244
1	12	47	- 125	- 107
1 006	6 861	4 701	- 14	3 771
2 084	40 704	31 159	5 620	19 836
1 364	11 522	14 308	- 165	6 205
366	4 904	8 480	- 1 253	1 671
745	5 008	4 799	498	3 403
1 237	2 192	1 466	811	2 133
5 213	127 028	53 137	34 645	90 443
5 011	118 939	42 641	38 451	92 814
303	3 895	6 440	- 2 474	523
7 438	15 601	14 129	- 3 194	13 265
811	3 510	3 095	- 549	1 383
1 649 693	829 789	203 059	547 553	2 646 238
1 648 448	805 595	192 661	537 219	2 621 860
260	1 753	11 483	- 7 746	- 4 802
48	595	1 417	- 269	130
8	1 844	937	73	310
1 318	6 992	8 945	- 3 071	3 585
31	764	651	33	442
929	34 963	14 753	12 035	25 099
1 291	63 090	23 210	39 873	59 921
3	83	53	- 67	- 38
165	908	1 641	- 30	1 503
5 632	106 462	104 656	7 145	54 300
1 295	11 851	18 176	- 13 354	- 2 447
1 004	48 803	47 645	571	19 757
161	5 286	3 655	1 301	3 365
1 765	57 907	33 747	36 458	62 045
193	2 322	2 802	- 1 005	687
125	17 277	11 054	4 404	8 965
3 493	58 382	50 343	- 7 151	26 037
2 667	48 314	39 519	- 3 212	23 675

11-16 续表

单位:万元

行　业	Sector	产品销售费用 Expenditures on Sales
黑色金属冶炼及压延加工业	Smelting and Pressing of Ferrous Metals	12 138
有色金属冶炼及压延加工业	Smelting and Pressing of Nonferrous Metals	24 245
金属制品业	Metal Products	2 597
日用金属制品业	Daily Use Metal Products	233
普通机械制造业	Ordinary Machinery	5 791
专用设备制造业	Special Purposes Equipment	3 447
交通运输设备制造业	Transport Equipment	8 529
汽车制造业	Motor Vehicles	7 529
电气机械及器材制造业	Electric Equipment and Machinery	6 010
电子及通信设备制造业	Electronic and Telecommunication Equipment	1 187
仪器仪表及文化、办公用机械制造业	Instruments, Meters, Cultural and Clerical Machinery	1 608
电力、蒸汽、热水的生产和供应业	Production and Supply of Power, Steam and Hot Water	12 474
煤气生产和供应业	Production and Supply of Gas	557
自来水的生产和供应业	Production and Supply of Tap Water	1 729
按地州市分:	**By Region**	
昆明市	Kunming	139 026
曲靖市	Qujing	58 557
玉溪市	Yuxi	52 448
保山市	Baoshan	7 531
昭通市	Zhaotong	3 212
楚雄州	Chuxiong	10 855
红河州	Honghe	32 361
文山州	Wenshan	13 279
思茅地区	Simao	9 489
西双版纳州	Xishuangbanna	2 467
大理州	Dali	12 233
德宏州	Dehong	6 019
丽江地区	Lijiang	2 383
怒江州	Nujiang	1 680
迪庆州	Diqing	5 157
临沧地区	Lincang	7 286
其他	Others	7

continued

(10 000 yuan)

产品销售税及附加 Sales Tax and Extra Charges	产品销售利润 Sales Profits	管理费用 Expenditures on Management	利润总额 Total Profits	利税总额 Total Profits and Taxes
5 592	102 117	59 293	26 906	78 101
5 079	85 599	55 452	26 992	81 611
297	7 560	6 648	2 216	7 688
33	338	552	- 90	41
678	24 669	18 883	6 223	15 542
788	28 367	31 991	- 1 570	7 127
916	28 102	27 294	5 575	4 260
481	11 576	13 525	- 7 274	- 1 394
578	21 313	14 579	4 648	11 027
125	10 696	4 055	7 472	9 746
56	5 832	5 948	1 098	2 436
9 311	313 631	76 506	88 280	212 489
286	586	5 625	- 1 085	2 375
1 444	11 447	10 097	327	4 900
351 354	632 340	374 971	213 402	829 207
231 123	265 539	126 794	67 882	429 098
709 662	417 651	109 308	317 026	1 250 122
3 277	37 255	17 713	10 477	28 662
51 926	41 392	27 370	24 176	100 905
88 885	67 725	37 094	23 140	147 909
187 682	318 413	117 581	96 207	403 473
1 335	36 944	16 978	10 488	27 015
5 624	39 729	27 331	8 118	31 755
1 038	15 587	8 233	4 530	11 670
72 863	64 756	30 853	16 720	128 522
1 462	32 978	14 447	2 425	18 270
397	10 685	7 337	1 322	6 268
624	10 899	6 740	3 365	7 469
268	4 042	1 805	- 339	2 248
2 757	63 614	15 981	23 315	51 698
21	43	362	- 343	- 314

11-17 全省独立核算国有工业企业主要财务指标(一)(2001年)

单位:万元

行业	Sector	流动资产合计 Total Circulating Funds
总计	**Total**	6 476 184
按轻重工业分:	**By Light & Heavy Industries**	
轻工业	Light Industry	3 991 171
重工业	Heavy Industry	2 485 012
按工业行业分:	**By Sector**	
煤炭采选业	Coal Mining and Dressing	122 578
石油和天然气开采业	Petroleum and Natural Gas Extraction	179
黑色金属矿采选业	Ferrous Metals Mining and Dressing	11 231
有色金属矿采选业	Nonferrous Metals Mining and Dressing	73 798
非金属矿采选业	Nonmetal Minerals Mining and Dressing	52 204
化学矿采选业	Chemical Minerals Mining and Dressing	34 057
采盐业	Salt Mining	17 089
木材及竹材采运业	Logging and Transport of Timber and Bamboo	11 834
食品加工业	Food Processing	94 187
制糖业	Sugar Refining	66 304
食品制造业	Food Manufacturing	12 112
饮料制造业	Beverage Manufacturing	19 247
制茶业	Tea	5 005
烟草加工业	Tobacco Processing	3 582 544
卷烟制造业	Cigarettes	3 473 189
纺织业	Textile Industry	45 828
服装及其他纤维制品制造业	Garments and Other Fiber Products	3 060
皮革、毛皮、羽绒及其制品业	Leather, Furs, Down and Related Products	756
木材加工及竹、藤、棕、草制品业	Timber Processing, Bamboo, Cane, Palm Fiber and Straw Products	28 959
家具制造业	Furniture Manufacturing	94
造纸及纸制品业	Papermaking and Paper Products	34 642
印刷业、记录媒介的复制	Printing and Record Medium Reproduction	13 975
文教体育用品制造业	Cultural, Educational and Sports Goods	359
石油加工及炼焦业	Petroleum Refining and Coking	4 325
化学原料及化学制品制造业	Raw Chemical Materials and Chemical Products	427 868
基本化学原料制造业	Raw Chemical Materials Products	81 091
化学肥料制造业	Chemical Fertilizer Products	138 438
日用化学产品制造业	Daily Use Chemical Products	847
医药制造业	Medical and Pharmaceutical Products	47 672
橡胶制品业	Rubber Products	10 323
塑料制品业	Plastic Products	8 864
非金属矿物制品业	Nonmetal Mineral Products	63 914
水泥制造业	Cement Products	47 701

注：本表国有企业中含国有联营企业,国有独资公司。

Major Financial Indicators on Provincial State-owned Industrial Enterprises with Independent Accounting Systems (1) (2001)

(10 000 yuan)

流动资产年平均余额 Annual Average Balance of Circulating Funds	长期投资 Long-term Investment	固定资产合计 Total of Fixed Assets	固定资产原价合计 Original Value of Fixed Assets	固定资产净值年平均余额 Annual Average Balance of Net Value of Fixed Assets
5 533 682	2 302 193	7 296 829	9 560 210	6 002 639
3 033 473	1 655 040	2 597 706	3 430 954	2 283 547
2 500 209	647 154	4 699 123	6 129 256	3 719 092
121 233	24 103	248 774	293 650	194 270
201	0	2 489	2 498	2 448
10 739	474	17 757	23 138	13 811
74 373	19 794	132 027	175 905	114 157
53 950	8 964	91 292	151 887	88 015
37 406	6 545	74 827	119 972	72 140
15 829	2 343	15 819	31 357	15 495
10 588	3 895	12 308	14 617	9 975
97 991	9 790	189 924	256 971	171 373
69 595	5 456	162 529	216 937	146 546
12 095	709	19 513	20 249	14 584
20 442	2 173	21 864	28 595	16 961
4 956	775	4 455	7 045	4 407
2 637 441	1 611 374	1 812 408	2 498 531	1 604 025
2 542 276	1 610 982	1 752 927	2 412 002	1 544 847
44 511	5 774	48 092	55 749	38 745
2 948	7	5 389	5 286	3 835
672	32	368	342	561
29 735	4 424	66 451	77 220	59 116
95	0	381	578	382
34 004	6 125	171 824	176 824	157 915
12 427	4 778	25 384	35 193	22 968
386	0	212	209	122
5 738	366	5 546	6 921	5 228
425 809	159 049	580 923	798 124	471 609
85 542	12 938	107 518	198 796	86 116
136 454	16 150	361 099	440 826	293 625
939	0	445	492	416
45 363	2 963	44 328	45 550	33 525
10 396	771	7 870	11 972	7 352
9 497	588	9 235	11 053	6 928
65 057	3 563	116 207	137 607	89 094
48 597	1 702	98 475	113 141	76 113

Note: The state-owned industrial enterprises include state joint ownership enterprises and sole state-funded corporations.

11-17 续表

单位:万元

行业	Sector	流动资产合计 Total Circulating Funds
黑色金属冶炼及压延加工业	Smelting and Pressing of Ferrous Metals	484 044
有色金属冶炼及压延加工业	Smelting and Pressing of Nonferrous Metals	231 068
金属制品业	Metal Products	18 825
日用金属制品业	Daily Use Metal Products	1 927
普通机械制造业	Ordinary Machinery	86 718
专用设备制造业	Special Purposes Equipment	91 555
交通运输设备制造业	Transport Equipment	123 567
汽车制造业	Motor Vehicles	43 986
电气机械及器材制造业	Electric Equipment and Machinery	21 920
电子及通信设备制造业	Electronic and Telecommunication Equipment	11 644
仪器仪表及文化、办公用机械制造业	Instruments, Meters, Cultural and Clerical Machinery	4 514
电力、蒸汽、热水的生产和供应业	Production and Supply of Power, Steam and Hot Water	569 113
煤气生产和供应业	Production and Supply of Gas	44 836
自来水的生产和供应业	Production and Supply of Tap Water	81 313
按地州市分:	**By Region**	
昆明市	Kunming	2 198 095
曲靖市	Qujing	848 379
玉溪市	Yuxi	1 735 098
昭通地区	Zhaotong	16 896
楚雄州	Chuxiong	85 088
红河州	Honghe	239 067
文山州	Wenshan	836 119
思茅地区	Simao	76 915
西双版纳州	Xishuangbanna	98 483
大理州	Dali	29 492
保山地区	Baoshan	174 050
德宏州	Dehong	52 192
丽江地区	Lijiang	21 135
怒江州	Nujiang	10 734
迪庆州	Diqing	4 668
临沧地区	Lincang	46 713
其他	Others	3 060

continued

(10 000 yuan)

流动资产年平均余额 Annual Average Balance of Circulating Funds	长期投资 Long-term Investment	固定资产合计 Total of Fixed Assets	固定资产原价合计 Total Original Value of Fixed Assets	固定资产净值年平均余额 Annual Average Balance of Net Value of Fixed Assets
476 671	38 815	655 993	755 037	594 922
219 585	29 056	360 389	476 621	259 649
18 106	470	15 334	16 039	11 531
1 775	1	2 667	2 339	1 155
89 172	24 281	46 400	54 744	33 943
83 736	7 010	46 038	63 581	36 014
110 888	2 087	79 707	95 658	59 416
47 782	1 901	58 474	67 971	41 945
21 882	517	24 362	28 090	22 121
10 714	242	8 756	10 318	6 620
4 587	200	3 244	3 943	3 328
621 201	319 990	2 116 110	2 851 343	1 590 193
45 389	2 128	65 638	97 687	56 213
71 675	5 312	209 815	233 343	176 549
1 907 932	608 794	2 395 226	2 970 194	2 062 115
704 073	86 679	1 140 550	1 598 795	915 753
1 479 340	1 405 916	753 476	1 019 654	614 077
17 907	5 086	33 769	43 296	28 867
108 359	17 493	276 492	363 174	225 818
215 607	41 998	362 376	459 277	300 156
605 046	57 609	1 143 672	1 544 864	869 836
74 351	1 231	63 175	88 301	60 047
96 015	13 240	329 829	372 459	280 663
25 712	4 217	75 035	92 605	66 343
151 791	5 520	220 201	327 806	108 966
57 968	47 387	99 046	136 958	95 907
19 572	1 774	33 202	37 865	29 704
8 751	131	26 945	17 329	12 337
4 378	2 220	22 681	26 182	17 650
53 852	2 822	314 505	452 550	307 674
3 027	75	6 649	8 903	6 725

11-18 全省独立核算国有工业企业主要财务指标(二)(2001年)

单位:万元

行　业	Sector	资产合计 Total Assets
总　计	**Total**	16 589 203
按轻重工业分:	**By Light & Heavy Industries**	
轻工业	Light Industry	8 360 867
重工业	Heavy Industry	8 228 336
按工业行业分:	**By Sector**	
煤炭采选业	Coal Mining and Dressing	417 830
石油和天然气开采业	Petroleum and Natural Gas Extraction	2 668
黑色金属矿采选业	Ferrous Metals Mining and Dressing	30 074
有色金属矿采选业	Nonferrous Metals Mining and Dressing	243 570
非金属矿采选业	Nonmetal Minerals Mining and Dressing	168 994
化学矿采选业	Chemical Minerals Mining and Dressing	131 509
采盐业	Salt Mining	35 696
木材及竹材采运业	Logging and Transport of Timber and Bamboo	30 136
食品加工业	Food Processing	305 174
制糖业	Sugar Refining	244 434
食品制造业	Food Manufacturing	35 155
饮料制造业	Beverage Manufacturing	48 475
制茶业	Tea	12 581
烟草加工业	Tobacco Processing	7 074 006
卷烟制造业	Cigarettes	6 901 605
纺织业	Textile Industry	106 041
服装及其他纤维制品制造业	Garments and Other Fiber Products	9 217
皮革、毛皮、羽绒及其制品业	Leather, Furs, Down and Related Products	1 525
木材加工及竹、藤、棕、草制品业	Timber Processing, Bamboo, Cane, Palm Fiber and Straw Products	117 635
家具制造业	Furniture Manufacturing	475
造纸及纸制品业	Papermaking and Paper Products	217 846
印刷业、记录媒介的复制	Printing and Record Medium Reproduction	44 474
文教体育用品制造业	Cultural, Educational and Sports Goods	653
石油加工及炼焦业	Petroleum Refining and Coking	15 366
化学原料及化学制品制造业	Raw Chemical Materials and Chemical Products	1 245 770
基本化学原料制造业	Raw Chemical Materials Products	222 524
化学肥料制造业	Chemical Fertilizer Products	540 416
日用化学产品制造业	Daily Use Chemical Products	1 292
医药制造业	Medical and Pharmaceutical Products	97 756
橡胶制品业	Rubber Products	19 986
塑料制品业	Plastic Products	20 623
非金属矿物制品业	Nonmetal Mineral Products	189 353
水泥制造业	Cement Products	150 881

注：本表国有企业中含国有联营企业,国有独资公司。

Major Financial Indicators on Provincial State-owned Industrial Enterprises with Independent Accounting Systems (2) (2001)

(10 000 yuan)

流动负债合计 Total Current Liabilities	长期负债合计 Total Long-term Liabilities	所有者权益合计 Total Creditors' Equity	产品销售收入 Sales Revenue	产品销售成本 Cost of Sales
5 642 067	2 615 362	8 331 775	6 714 377	3 571 093
2 745 135	453 478	5 162 254	4 319 548	1 713 292
2 896 932	2 161 883	3 169 521	2 394 828	1 857 802
102 969	189 991	124 870	100 225	79 614
336	1 390	942	437	342
20 707	7 068	2 299	13 803	10 880
114 011	63 395	66 165	105 025	82 094
54 344	8 962	105 688	38 878	22 245
37 661	4 297	89 551	22 336	12 560
16 086	3 872	15 738	16 265	9 515
13 435	5 814	10 888	6 061	2 256
205 669	81 301	18 203	165 479	121 353
162 087	75 132	7 215	133 574	91 025
22 237	4 350	8 568	10 982	9 161
33 702	15 152	- 378	17 628	14 229
9 315	3 968	- 702	7 294	6 691
2 166 849	114 656	4 792 501	3 920 032	1 407 997
2 077 330	86 021	4 738 255	3 775 289	1 285 092
76 297	20 447	9 298	27 237	27 193
3 696	1 218	4 303	3 170	2 960
317	160	1 049	25	22
60 593	39 314	17 728	24 918	19 928
246	80	149	12	13
34 014	116 636	67 196	23 475	20 091
22 626	2 763	19 086	18 800	14 288
388	128	137	289	185
8 542	4 881	1 943	7 045	6 424
573 228	264 437	408 105	383 143	334 842
144 486	47 467	30 571	89 882	83 068
249 210	194 085	97 121	213 196	193 187
1 087		206	5 074	5 011
32 674	13 536	51 546	29 564	18 184
13 423	4 457	2 107	10 535	9 150
11 175	3 108	6 340	12 672	11 001
99 886	48 262	41 204	59 313	47 113
74 500	41 476	34 905	47 752	37 987

Note: The state-owned industrial enterprises include state joint ownership enterprises and sole state-funded corporations.

11-18 续表

单位:万元

行　业	Sector	资产合计 Total Assets
黑色金属冶炼及压延加工业	Smelting and Pressing of Ferrous Metals	1 183 539
有色金属冶炼及压延加工业	Smelting and Pressing of Nonferrous Metals	632 096
金属制品业	Metal Products	35 825
日用金属制品业	Daily use Metal products	4 597
普通机械制造业	Ordinary Machinery	178 435
专用设备制造业	Special Purposes Equipment	176 173
交通运输设备制造业	Transport Equipment	232 026
汽车制造业	Motor Vehicles	130 050
电气机械及器材制造业	Electric Equipment and Machinery	51 062
电子及通信设备制造业	Electronic and Telecommunication Equipment	20 047
仪器仪表及文化、办公用机械制造业	Instruments, Meters, Cultural and Clerical Machinery	10 751
电力、蒸汽、热水的生产和供应业	Production and Supply of Power, Steam and Hot Water	3 133 828
煤气生产和供应业	Production and Supply of Gas	113 269
自来水的生产和供应业	Production and Supply of Tap Water	304 970
按地州市分:	**By Region**	
昆明市	Kunming	5 508 506
曲靖市	Qujing	2 121 667
玉溪市	Yuxi	3 935 417
保山市	Baoshan	63 503
昭通市	Zhaotong	381 184
楚雄州	Chuxiong	645 206
红河州	Honghe	2 097 462
文山州	Wenshan	145 276
思茅地区	Simao	459 204
西双版纳州	Xishuangbanna	113 419
大理州	Dali	404 154
德宏州	Dehong	206 998
丽江地区	Lijiang	58 153
怒江州	Nujiang	38 513
迪庆州	Diqing	30 444
临沧地区	Lincang	370 294
其他	Others	9 803

continued

(10 000 yuan)

流动负债合计 Total Current Liabilities	长期负债合计 Total Long-term Liabilities	所有者权益合计 Total Creditors' Equity	产品销售收入 Sales Revenue	#产品销售成本 Cost of Sales
494 703	162 644	526 192	424 757	320 800
319 715	47 888	264 494	253 118	223 443
15 521	6 515	13 789	15 327	12 251
2 917	1 469	211	533	510
98 807	16 981	62 647	38 532	31 407
89 809	47 781	38 583	28 965	24 823
166 526	37 995	27 505	84 489	66 933
100 614	29 617	- 180	37 060	32 245
26 511	7 507	17 044	17 306	14 437
12 196	5 051	3 401	5 187	3 384
2 670	172	7 910	3 643	3 047
594 872	1 169 315	1 369 641	746 411	517 619
37 704	11 038	64 528	45 657	44 228
75 593	67 807	161 570	48 710	34 257
2 078 161	772 736	2 657 609	1 846 749	1 150 457
801 061	466 200	854 406	959 642	486 680
599 451	100 467	3 235 498	1 620 815	547 472
35 052	7 873	20 578	30 668	18 540
140 895	50 062	190 227	156 845	96 082
384 785	90 560	169 862	288 454	147 508
918 161	459 366	719 935	1 111 724	650 093
76 546	40 816	27 914	93 113	71 090
147 885	205 719	105 599	107 856	78 964
33 789	38 083	41 546	25 401	18 654
189 015	96 968	118 171	283 333	177 018
104 133	78 558	24 307	80 766	60 709
29 410	18 181	10 563	11 812	9 708
13 065	15 437	10 012	8 039	5 398
5 386	11 306	13 751	5 338	2 469
78 570	161 600	130 123	83 102	49 601
6 702	1 430	1 672	722	650

11-19 全省独立核算国有工业企业主要财务指标(三)(2001年)

单位:万元

行　　业	Sector	产品销售费用 Expenditures on Sales
总　计	**Total**	166 519
按轻重工业分:	**By Light & Heavy Industries**	
轻工业	Light Industry	98 471
重工业	Heavy Industry	68 048
按工业行业分:	**By Sector**	
煤炭采选业	Coal Mining and Dressing	5 293
石油和天然气开采业	Petroleum and Natural Gas Extraction	82
黑色金属矿采选业	Ferrous Metals Mining and Dressing	833
有色金属矿采选业	Nonferrous Metals Mining and Dressing	2 385
非金属矿采选业	Nonmetal Minerals Mining and Dressing	8 077
化学矿采选业	Chemical Minerals Mining and Dressing	6 916
采盐业	Salt Mining	1 149
木材及竹材采运业	Logging and Transport of Timber and Bamboo	376
食品加工业	Food Processing	7 145
制糖业	Sugar Refining	6 050
食品制造业	Food Manufacturing	835
饮料制造业	Beverage Manufacturing	630
制茶业	Tea	100
烟草加工业	Tobacco Processing	77 842
卷烟制造业	Cigarettes	75 083
纺织业	Textile Industry	425
服装及其他纤维制品制造业	Garments and Other Fiber Products	53
皮革、毛皮、羽绒及其制品业	Leather, Furs, Down and Related Products	
木材加工及竹、藤、棕、草制品业	Timber Processing, Bamboo, Cane, Palm Fiber and Straw Products	1 336
家具制造业	Furniture Manufacturing	
造纸及纸制品业	Papermaking and Paper Products	1 413
印刷业、记录媒介的复制	Printing and Record Medium Reproduction	263
文教体育用品制造业	Cultural, Educational and Sports Goods	18
石油加工及炼焦业	Petroleum Refining and Coking	275
化学原料及化学制品制造业	Raw Chemical Materials and Chemical Products	17 352
基本化学原料制造业	Raw Chemical Materials Products	4 146
化学肥料制造业	Chemical Fertilizer Products	9 012
日用化学产品制造业	Daily Use Chemical Products	12
医药制造业	Medical and Pharmaceutical Products	5 932
橡胶制品业	Rubber Products	476
塑料制品业	Plastic Products	281
非金属矿物制品业	Nonmetal Mineral Products	3 064
水泥制造业	Cement Products	2 673

注:本表国有企业中含国有联营企业,国有独资公司。

Major Financial Indicators on Provincial State-owned Industrial Enterprises with Independent Accounting Systems (3) (2001)

(10 000 yuan)

产品销售税及附加 Sales Tax and Extra Charges	产品销售利润 Sales Profits	管理费用 Expenditures on Management	利润总额 Total Profits	利税总额 Total Profits and Taxes
1 655 248	1 321 496	537 536	555 419	2 860 035
1 633 523	874 263	253 333	515 426	2 614 056
21 725	447 233	284 203	39 993	246 779
1 219	14 099	19 949	- 467	9 275
1	12	47	- 125	- 107
60	2 030	1 983	- 877	365
790	19 757	14 765	1 572	6 614
953	7 603	11 736	- 1 495	3 276
221	2 639	6 906	- 1 967	- 48
722	4 879	4 730	485	3 305
1 237	2 192	1 466	811	2 133
2 012	34 968	17 520	4 341	22 578
1 906	34 592	13 155	8 524	26 246
111	874	2 577	- 1 428	- 674
1 412	1 356	3 839	- 3 057	- 316
277	226	1 016	- 1 140	- 648
1 626 834	807 359	189 832	534 349	2 593 168
1 625 978	789 137	181 650	527 770	2 575 779
155	- 536	4 729	- 9 854	- 7 891
29	129	767	- 17	83
	3	45	- 20	- 18
786	2 868	3 834	- 2 115	250
	- 1	7	- 8	- 8
158	1 814	3 625	- 7 540	- 5 662
206	4 043	4 394	- 174	1 605
3	83	53	- 67	- 38
53	294	1 182	- 563	186
1 578	29 371	50 732	- 19 618	- 816
246	2 423	10 250	- 11 266	- 7 372
315	10 682	20 408	- 16 254	- 8 656
4	47	56	- 7	1
245	5 203	6 150	907	3 804
51	858	1 583	- 1 187	- 543
27	1 363	1 458	- 554	- 259
556	8 580	10 637	- 3 298	1 807
346	6 745	7 804	- 713	3 202

Note: The state-owned enterprises in the table include state joint ownership enterprises and sole state-funded corporations .

11-19 续表

单位:万元

行　　业	Sector	产品销售费用 Expenditures on Sales
黑色金属冶炼及压延加工业	Smelting and Pressing of Ferrous Metals	10 226
有色金属冶炼及压延加工业	Smelting and Pressing of Nonferrous Metals	5 265
金属制品业	Metal Products	686
日用金属制品业	Daily Use Metal Products	17
普通机械制造业	Ordinary Machinery	1 988
专用设备制造业	Special Purposes Equipment	887
交通运输设备制造业	Transport Equipment	1 085
汽车制造业	Motor Vehicles	862
电气机械及器材制造业	Electric Equipment and Machinery	832
电子及通信设备制造业	Electronic and Telecommunications Equipment	249
仪器仪表及文化、办公用机械制造业	Instruments, Meters, Cultural and Clerical Machinery	51
电力、蒸汽、热水的生产和供应业	Production and Supply of Power, Steam and Hot Water	8 213
煤气生产和供应业	Production and Supply of Gas	557
自来水的生产和供应业	Production and Supply of Tap Water	1 729
按地州市分:	**By Region**	
昆明市	Kunming	45 169
曲靖市	Qujing	39 062
玉溪市	Yuxi	34 025
保山市	Baoshan	1 721
昭通市	Zhaotong	1 259
楚雄州	Chuxiong	4 420
红河州	Honghe	19 148
文山州	Wenshan	2 821
思茅地区	Simao	6 225
西双版纳州	Xishuangbanna	846
大理州	Dali	5 070
保山地区	Baoshan	
德宏州	Dehong	3 848
丽江地区	Lijiang	616
怒江州	Nujiang	510
迪庆州	Diqing	1 089
临沧地区	Lincang	683
其他	Others	7

continued

(10 000 yuan)

产品销售税及附加 Sales Tax and Extra Charges	产品销售利润 Sales Profits	管理费用 Expenditures on Management	利润总额 Total Profits	利税总额 Total Profits and Taxes
4 755	88 976	49 402	23 482	68 825
2 266	22 144	20 400	2 227	15 110
41	2 349	3 163	936	4 206
1	6	197	- 120	- 109
248	4 889	9 481	- 4 152	- 1 159
153	3 100	9 232	- 4 680	- 2 742
407	16 063	15 973	- 4 266	- 396
91	3 863	5 915	- 5 857	- 4 494
90	1 947	2 378	- 689	326
14	1 540	1 275	269	398
7	538	642	- 97	104
6 969	213 589	51 233	50 046	135 411
286	586	5 625	- 1 085	2 375
1 442	11 282	10 009	301	4 872
320 168	330 955	196 035	89 514	565 757
227 781	206 120	84 690	59 929	378 713
706 481	332 837	66 163	289 667	1 189 401
1 163	9 244	4 531	3 461	7 358
51 232	8 272	16 537	- 1 719	65 119
87 561	48 965	24 234	17 235	131 777
184 683	257 799	88 629	69 458	350 945
680	18 523	7 881	3 823	13 071
2 704	19 942	17 848	631	13 883
689	5 212	4 165	- 3	2 729
69 907	31 338	10 013	8 981	102 603
767	15 441	8 805	789	9 446
112	1 376	2 419	- 1 611	- 545
122	2 009	1 466	671	1 501
104	1 675	1 145	- 287	340
1 073	31 745	2 614	15 224	29 051
21	43	362	- 343	- 314

11-20 全部国有及年产品销售收入500万元以上非国有独立核算工业企业全员劳动生产率（2001年）

Overall Labor Productivity of Provincial State-owned and Non-state-owned Industrial Enterprises with Independent Accounting Systems and Annual Product Sales above 5 Million yuan(2001)

单位:元/人·年 (yuan/person/year)

行业	Sector	全员劳动生产率 Overall Labor Productivity	国有企业 State-owned Enterprises	集体企业 Collective-owned Enterprises	"三资"企业 Sino-foreign Joint and Cooperative and Foreign-funded Enterprises
总　计	**Total**	**82 039**	**117 392**	**31 816**	**86 162**
按轻重工业分:	**By Light & Heavy Industries**				
轻工业	Light Industry	194 858	361 789	53 935	102 556
以农产品为原料	Using Farm Products as Raw Materials	236 121	453 914	69 307	113 967
以非农产品为原料	Using Non-Farm Products as Raw Materials	37 749	28 249	22 841	77 197
重工业	Heavy Industry	38 308	37 021	22 814	62 500
采掘工业	Mining and Quarrying	19 510	19 618	14 348	137 729
原料工业	Raw Material Industry	51 588	53 672	27 961	75 022
加工工业	Processing Industry	27 734	17 099	25 416	53 420
按企业规模分:	**By Scales of Enterprise**				
大型企业	Large-scale Enterprises	167 145	234 261	60 605	127 087
中型企业	Medium-scale Enterprises	39 832	35 018	55 554	69 286
小型企业	Small-scale Enterprises	34 845	35 147	23 964	66 104
按工业行业分:	**By Sector**				
煤炭采选业	Coal Mining and Dressing	18 767	21 329	8 915	
石油和天然气开采业	Petroleum and Natural Gas Extraction	14 000	14 000		
黑色金属矿采选业	Ferrous Metals Mining and Dressing	26 417	23 649	23 813	
有色金属矿采选业	Nonferrous Metals Mining and Dressing	23 500	27 548	13 857	137 729

注：1. 本表的劳动生产率按现价工业增加值计算。

2. 国有企业含国有联营企业，国有独资公司。

Note: a. The labor productivity is calculated on the basis of value-added of industry (at current prices).

b. The state-owned industrial enterprises include state joint ownership enterprises and sole state-funded corporations.

11-20 续表1 continued

单位:元/人·年 (yuan/person/year)

行 业	Sector	全员劳动生产率 Overall Labor Productivity	国有企业 State-owned Enterprises	集体企业 Collective-owned Enterprises	"三资"企业 Sino-foreign Joint and Cooperative and Foreign-funded Enterprises
非金属矿采选业	Nonmetal Minerals Mining and Dressing	13 311	11 799	24 409	
化学矿采选业	Chemical Minerals Mining and Dressing	6 562	2 630	31 774	
采盐业	Salt Mining	25 472	26 180	11 408	
木材及竹材采运业	Logging and Transport of Timber and Bamboo	6 364	6 364		
食品加工业	Food Processing	47 035	39 543	53 589	59 634
制糖业	Sugar Refining	52 171	48 239	58 416	
食品制造业	Food Manufacturing	25 061	21 435	17 431	48 671
饮料制造业	Beverage Manufacturing	36 875	17 159	11 665	33 134
制茶业	Tea	19 814	9 516	11 665	
烟草加工业	Tobacco Processing	1 084 250	1 221 646	204 558	465 904
卷烟制造业	Cigarettes	1 318 767	1 471 522	204 558	465 904
纺织业	Textile Industry	7 868	6 911	21 828	
服装及其他纤维制品制造业	Garments and Other Fiber Products	10 716	8 588	12 075	15 279
皮革、毛皮、羽绒及其制品业	Leather, Furs, Down and Related Products	17 643	4 117	8 339	17 548
木材加工及竹、藤、棕、草制品业	Timber Processing, Bamboo, Cane, Palm Fiber and Straw Products	22 214	11 809	28 136	52 630
家具制造业	Furniture Manufacturing	13 114	73	19 178	3 580
造纸及纸制品业	Papermaking and Paper Products	53 254	35 989	45 196	215 702
印刷业、记录媒介的复制	Printing and Record Medium Reproduction	76 763	33 049	57 381	137 369
文教体育用品制造业	Cultural, Educational and Sports Goods	14 862	14 862		

11-20 续表2 continued

单位:元 / 人 • 年 (yuan/person/year)

行业	Sector	全员劳动生产率 Overall Labor Productivity	国有企业 State-owned Enterprises	集体企业 Collective-owned Enterprises	“三资”企业 Sino-foreign Joint and Cooperative and Foreign-funded Enterprises
石油加工及炼焦业	Petroleum Refining and Coking	38 608	28 885	49 400	
化学原料及化学制品制造业	Raw Chemical Materials and Chemical Products	30 505	17 145	32 434	100 201
基本化学原料制造业	Raw Chemical Materials Products	23 622	6 078	30 280	59 574
化学肥料制造业	[illegible] Fertilizer Products	28 356	18 485	21 023	81 244
日用化学产品制造业	Daily Use Chemical Products	71 720	40 792	43 888	293 183
医药制造业	Medical and Pharmaceutical Products	69 720	43 220	38 413	66 405
橡胶制品业	Rubber Products	14 040	14 027	21 333	- 21 832
塑料制品业	Plastic Products	44 804	13 126	30 129	114 874
非金属矿物制品业	Nonmetal Mineral Products	24 641	17 102	18 834	26 086
水泥制造业	Cement Products	24 729	20 448	18 680	26 086
黑色金属冶炼及压延加工业	Smelting and Pressing of Ferrous Metals	52 254	55 564	32 849	
有色金属冶炼及压延加工业	Smelting and Pressing of Nonferrous Metals	42 780	24 478	47 125	40 607
金属制品业	Metal Products	33 619	24 918	24 002	44 474
日用金属制品业	Daily Use Metal Products	12 964	5 991	7 990	
普通机械制造业	Ordinary Machinery	24 764	12 521	9 328	29 272
专用设备制造业	Special Purposes Equipment	17 064	7 667	19 886	57 120
交通运输设备制造业	Transport Equipment	25 746	19 569	23 369	4 874
汽车制造业	Motor Vehicles	16 615	- 1 108	23 369	- 11 941

11-20 续表3 continued

单位:元 / 人 • 年 (yuan/person/year)

行业	Sector	全员劳动生产率 Overall Labor Productivity	国有企业 State-owned Enterprises	集体企业 Collective-owned Enterprises	"三资"企业 Sino-foreign Joint and Cooperative and Foreign-funded Enterprises
电气机械及器材制造业	Electric Equipment and Machinery	29 107	19 278	32 047	275 694
电子及通信设备制造业	Electronic and Telecommunication Equipment	75 880	33 894	40 149	
仪器仪表及文化、办公用机械制造业	Instruments, Meters, Cultural and Clerical Machinery	22 998	15 692	24 768	38 312
电力、蒸汽、热水的生产和供应业	Production and Supply of Power, Steam and Hot Water	91 625	95 759	26 362	134 229
煤气生产和供应业	Production and Supply of Gas	27 648	27 648		
自来水的生产和供应业	Production and Supply of Tap Water	41 378	41 754		
按地州市分:	**By Region**				
昆明市	Kunming	61 380	74 954	41 762	64 155
曲靖市	Qujing	74 440	99 931	26 091	74 843
玉溪市	Yuxi	267 271	641 335	35 383	141 380
保山市	Baoshan	41 908	40 404	29 958	59 012
昭通市	Zhaotong	83 786	85 451	18 411	194 836
楚雄州	Chuxiong	87 783	122 652	34 273	69 718
红河州	Honghe	72 703	92 731	15 846	117 299
文山州	Wenshan	48 418	53 686	16 064	
思茅地区	Simao	32 522	26 788	28 693	423 604
西双版纳州	Xishuangbanna	42 710	30 750	92 567	
大理州	Dali	92 128	242 502	39 446	201 996
德宏州	Dehong	33 326	31 617	13 196	65 051
丽江地区	Lijiang	21 179	11 673	9 721	
怒江州	Nujiang	34 622	38 904	8 670	22 985
迪庆州	Diqing	93 709	41 529		
临沧地区	Lincang	58 983	108 510	11 665	8 145
其他	Others	514	514		

11-21 全省国有及年产品销售收入500万元以上非国有独立核算工业企业主要经济效益指标(2001年)

行　业	Sector	资产负债率(%) Assets-Liability Ratio (%)
总　计	**Total**	54.14
按轻重工业分:	**By Light & Heavy Industries**	
轻工业	Light Industry	44.80
重工业	Heavy Industry	61.39
按工业行业分:	**By Sector**	
煤炭采选业	Coal Mining and Dressing	67.47
石油和天然气开采业	Petroleum and Natural Gas Extraction	64.69
黑色金属矿采选业	Ferrous Metals Mining and Dressing	76.51
有色金属矿采选业	Nonferrous Metals Mining and Dressing	68.00
非金属矿采选业	Nonmetal Minerals Mining and Dressing	40.45
化学矿采选业	Chemical Minerals Mining and Dressing	35.73
采盐业	Salt Mining	56.25
木材及竹材采运业	Logging and Transport of Timber and Bamboo	63.87
食品加工业	Food Processing	85.79
制糖业	Sugar Refining	88.03
食品制造业	Food Manufacturing	59.62
饮料制造业	Beverage Manufacturing	71.47
制茶业	Tea	83.19
烟草加工业	Tobacco Processing	34.10
卷烟制造业	Cigarettes	33.12
纺织业	Textile Industry	79.68
服装及其他纤维制品制造业	Garments and Other Fiber Products	73.22
皮革、毛皮、羽绒及其制品业	Leather, Furs, Down and Related Products	72.63
木材加工及竹、藤、棕、草制品业	Timber Processing, Bamboo, Cane, Palm Fiber and Straw Products	78.83
家具制造业	Furniture Manufacturing	65.51
造纸及纸制品业	Papermaking and Paper Products	63.70
印刷业、记录媒介的复制	Printing and Record Medium Reproduction	51.66
文教体育用品制造业	Cultural, Educational and Sports Goods	79.05
石油加工及炼焦业	Petroleum Refining and Coking	67.52
化学原料及化学制品制造业	Raw Chemical Materials and Chemical Products	61.99
基本化学原料制造业	Raw Chemical Materials Products	78.54
化学肥料制造业	Chemical Fertilizer Products	68.06
日用化学产品制造业	Daily Use Chemical Products	49.80
医药制造业	Medical and Pharmaceutical Products	42.28
橡胶制品业	Rubber Products	82.26
塑料制品业	Plastic Products	60.78
非金属矿物制品业	Nonmetal Mineral Products	69.87
水泥制造业	Cement Products	69.77

Main Indicators on Economic Benefits of All Provincial State-owned and Non-state-owned Industrial Enterprises with Independent Accounting Systems and Annual Product Sales above 5 Million Yuan (2001)

每百元固定资产原价实现利税 (元) Profit and Tax Gained from Original Value of 100 yuan in Fixed Assets (yuan)	总资产贡献率 (%) Ratio of Total Assets to Industrial Output Value (%)	资本保值增值率 (%) Appreciation Ratio of Maintained Value of Capital (%)	成本费用利润率 (%) Ratio of Profits to Industrial Cost (%)	每百元销售收入实现利润 (元) Profits from Sales of 100 yuan (yuan)
22.77	15.57	115.14	8.99	7.08
56.96	29.61	114.50	17.79	10.91
5.55	5.53	115.86	3.04	2.96
3.27	3.16	102.92	- 0.77	- 0.82
- 4.28	- 0.47	92.85	- 22.16	- 28.66
7.51	7.89	103.92	- 0.04	- 0.04
7.00	5.68	84.92	2.50	2.45
3.67	3.77	297.26	- 0.27	- 0.28
1.26	1.61	488.44	- 3.04	- 3.36
10.14	9.41	93.84	3.03	2.88
14.59	5.93	70.57	18.51	13.37
11.56	12.98	312.76	6.39	5.90
13.57	15.50		9.89	8.76
0.80	2.11	189.41	- 5.43	- 5.93
8.84	6.34	88.73	- 2.89	- 2.81
4.60	4.34	71.09	- 2.09	- 2.10
97.99	41.86	114.48	29.10	13.31
101.54	43.01	114.37	31.70	13.72
4.45	- 0.45	92.38	- 11.32	- 14.09
0.90	1.52	112.19	- 2.09	- 2.29
3.70	3.20	102.13	0.47	0.46
1.83	2.58	90.91	- 3.60	- 3.80
5.06	3.64	74.82	0.45	0.46
7.13	5.89	98.17	6.61	6.24
22.03	16.18	118.86	14.40	12.78
- 18.26	- 4.83	66.85	- 25.34	- 23.03
7.34	6.33	227.76	- 0.19	- 0.20
3.41	3.66	139.74	0.68	0.71
- 0.70	1.60	67.88	- 5.50	- 5.91
2.04	3.10	117.94	0.10	0.10
10.63	5.54	113.66	2.06	2.03
38.85	12.92	124.43	13.75	12.68
2.87	1.51	34.10	- 3.46	- 3.62
8.90	6.93	101.50	4.31	4.18
3.21	4.49	108.75	- 1.82	- 1.87
3.41	4.84	108.82	- 1.02	- 1.04

11-21 续表

行　业	Sector	资产负债率 (%) Assets-Liability Ratio (%)
黑色金属冶炼及压延加工业	Smelting and Pressing of Ferrous Metals	53.86
有色金属冶炼及压延加工业	Smelting and Pressing of Nonferrous Metals	60.43
金属制品业	Metal Products	61.13
日用金属制品业	Daily Use Metal Products	69.41
普通机械制造业	Ordinary Machinery	50.84
专用设备制造业	Special Purposes Equipment	70.44
交通运输设备制造业	Transport Equipment	80.35
汽车制造业	Motor Vehicles	86.47
电气机械及器材制造业	Electric Equipment and Machinery	60.[illegible]
电子及通信设备制造业	Electronic and Telecommunication Equipment	40.83
仪器仪表及文化、办公用机械制造业	Instruments, Meters, Cultural and Clerical Machinery	50.96
电力、蒸汽、热水的生产和供应业	Production and Supply of Power, Steam and Hot Water	59.04
煤气生产和供应业	Production and Supply of Gas	43.03
自来水的生产和供应业	Production and Supply of Tap Water	47.08
按地州市分:	**By Region**	
昆明市	Kunming	54.04
曲靖市	Qujing	61.91
玉溪市	Yuxi	28.69
保山市	Baoshan	67.08
昭通市	Zhaotong	47.13
楚雄州	Chuxiong	69.3
红河州	Honghe	64.29
文山州	Wenshan	70.98
思茅地区	Simao	75.93
西双版纳州	Xishuangbanna	67.69
大理州	Dali	62.5
德宏州	Dehong	83.65
丽江地区	Lijiang	73
怒江州	Nujiang	69.01
迪庆州	Diqing	68.04
临沧地区	Lincang	73.93
其他	Others	82.95

continued

每百元固定资产原价实现利税(元) Profits and Taxes Gained from Original Value of 100 yuan in Fixed Assets (yuan)	总资产贡献率(%) Ratio of Total Assets to Industrial Output Value (%)	资本保值增值率(%) Appreciation Ratio of Maintained Value of Capital (%)	成本费用利润率(%) Ratio of Profits to Industrial Cost (%)	每百元销售收入实现利润(元) Profits Gained from Sales of 100 yuan (yuan)
9.17	7.26	129.38	4.76	4.51
7.45	6.59	120.08	2.36	2.34
13.79	7.86	114.79	2.97	2.97
1	0.97	73.41	-2.49	-2.65
10.82	4.6	96.68	4.68	4.56
4.43	2.58	84.36	-1.12	-1.18
2.3	2.98	120.85	-2.26	-2.31
-1.07	1.56	108.41	-4.83	-5.08
10.34	6.84	100.07	2.99	2.93
49.08	10.5	113.96	12.4	11.19
5.32	3.53	119.05	2.34	2.4
5.33	6.86	110.29	9.7	8.27
2.43	1.85	102.14	-2.16	-2.38
2.09	2.16	105.51	0.68	0.66
16.95	10.52	121.3	5.85	5.16
17.13	15.68	120.9	5.7	4.51
72.51	26.41	106.82	25.52	14.19
11.3	20.9		7.5	6.82
18.05	33.02		10.05	8.05
23.97	19.83	112.2	6.85	5.28
21.29	19.33	135.96	8.62	6.57
12.81	10.98	141.01	6.65	6.14
6.14	6.49	111.28	4.32	4.21
7.61	8.33	114.26	7.54	7.02
18.64	16.07	101.88	4.26	3.46
6.3	8.28	90.34	1.66	1.6
4.23	5.2	94.54	2.49	2.51
14.71	8.53	70.49	9.73	8.84
3.98	6.39	110.97	-2.11	-2.11
7.52	10.65	123.13	12.8	11.17
-3.52	-2.99	62.24	-33.8	-47.51

11-22全省独立核算国有工业企业主要经济效益指标（2001年）

行　业	Sector	资产负债率 (%) Assets-Liability Ratio (%)
总　计	**Total**	49.78
按轻重工业分:	**By Light & Heavy Industries**	
轻工业	Light Industry	38.26
重工业	Heavy Industry	61.48
按工业行业分:	**By Sector**	
煤炭采选业	Coal Mining and Dressing	70.11
石油和天然气开采业	Petroleum and Natural Gas Extraction	64.69
黑色金属矿采选业	Ferrous Metals Mining and Dressing	92.36
有色金属矿采选业	Nonferrous Metals Mining and Dressing	72.84
非金属矿采选业	Nonmetal Minerals Mining and Dressing	37.46
化学矿采选业	Chemical Minerals Mining and Dressing	31.91
采盐业	Salt Mining	55.91
木材及竹材采运业	Logging and Transport of Timber and Bamboo	63.87
食品加工业	Food Processing	94.04
制糖业	Sugar Refining	97.05
食品制造业	Food Manufacturing	75.63
饮料制造业	Beverage Manufacturing	100.78
制茶业	Tea	105.58
烟草加工业	Tobacco Processing	32.25
卷烟制造业	Cigarettes	31.35
纺织业	Textile Industry	91.23
服装及其他纤维制品制造业	Garments and Other Fiber Products	53.31
皮革、毛皮、羽绒及其制品业	Leather, Furs, Down and Related Products	31.26
木材加工及竹、藤、棕、草制品业	Timber Processing, Bamboo, Cane, Palm Fiber and Straw Products	84.93
家具制造业	Furniture Manufacturing	68.73
造纸及纸制品业	Papermaking and Paper Products	69.15
印刷业、记录媒介的复制	Printing and Record Medium Reproduction	57.09
文教体育用品制造业	Cultural, Educational and Sports Goods	79.05
石油加工及炼焦业	Petroleum Refining and Coking	87.35
化学原料及化学制品制造业	Raw Chemical Materials and Chemical Products	67.24
基本化学原料制造业	Raw Chemical Materials Products	86.26
化学肥料制造业	Chemical Fertilizer Products	82.03
日用化学产品制造业	Daily Use Chemical Products	84.08
医药制造业	Medical and Pharmaceutical Products	47.27
橡胶制品业	Rubber Products	89.46
塑料制品业	Plastic Products	69.26
非金属矿物制品业	Nonmetal Mineral Products	78.24
水泥制造业	Cement Products	76.87

Major Indicators on Economic Benefits of Provincial State-owned Industrial Enterprises with Independent Accounting Systems (2001)

每百元固定资产原价实现利税（元） Profits and Taxes Gained from Original Value of 100 yuan in Fixed Assets (yuan)	总资产贡献率(%) Ratio of Total Assets to Industrial Output Value (%)	资本保值增值率(%) Appreciation Ratio of Maintained Value of Capital (%)	成本费用利润率(%) Ratio of Profits to Industrial Cost (%)	每百元销售收入实现利润（元） Profits Gained from Sales of 100 yuan (yuan)
29.02	18.92	111.97	12.46	8.27
76.19	35.47	113.04	24.25	11.93
4.03	4.28	110.28	1.72	1.67
3.16	2.93	97.37	- 0.43	- 0.47
- 4.28	- 0.47	92.85	- 22.16	- 28.66
1.58	4.39	96.61	- 5.99	- 6.35
3.76	4.17	119.35	1.52	1.50
2.16	2.35	376.48	- 3.51	- 3.85
- 0.04	0.29	829.51	- 7.34	- 8.80
10.54	9.79	93.25	3.13	2.98
14.59	5.93	70.57	18.51	13.37
8.79	9.24		2.74	2.62
12.10	12.26		7.04	6.38
- 3.33	- 0.80	97.50	- 11.01	- 13.00
- 1.10	0.87	- 6.60	- 15.61	- 17.34
- 9.20	- 1.62	- 27.61	- 13.92	- 15.63
103.79	42.63	114.05	31.26	13.63
106.79	43.52	113.84	33.55	13.98
- 14.16	- 5.41	43.17	- 28.24	- 36.18
1.57	1.22	129.78	- 0.45	- 0.54
- 5.36	- 0.80	303.74	- 29.79	- 81.22
0.32	1.81	96.84	- 7.81	- 8.49
- 1.30	0.31	112.24	- 28.82	- 70.94
- 3.20	- 1.95	88.05	- 23.94	- 32.12
4.56	4.34	80.30	- 0.89	- 0.92
- 18.26	- 4.83	66.85	- 25.34	- 23.03
2.69	3.59	345.40	- 6.84	- 7.99
- 0.10	1.52	114.53	- 4.59	- 5.12
- 3.71	- 0.50	43.84	- 10.89	- 12.53
- 1.96	0.55	44.73	- 6.87	- 7.62
0.18	0.05	22.52	- 0.13	- 0.13
8.35	4.92	104.19	2.92	3.07
- 4.54	- 0.04	69.70	- 10.10	- 11.27
- 2.34	1.55	114.01	- 4.14	- 4.37
1.31	2.60	105.40	- 5.13	- 5.56
2.83	3.93	115.49	- 1.39	- 1.49

11-22 续表

行　　业	Sector	资产负债率 (%) Assets-Liability Ratio (%)
黑色金属冶炼及压延加工业	Smelting and Pressing of Ferrous Metals	55.54
有色金属冶炼及压延加工业	Smelting and Pressing of Nonferrous Metals	58.16
金属制品业	Metal Products	61.51
日用金属制品业	Daily Use Metal Products	95.41
普通机械制造业	Ordinary Machinery	64.89
专用设备制造业	Special Purposes Equipment	78.10
交通运输设备制造业	Transport Equipment	88.15
汽车制造业	Motor Vehicles	100.14
电气机械及器材制造业	Electric Equipment and Machinery	[illegible]
电子及通信设备制造业	Electronic and Telecommunication Equipment	83.53
仪器仪表及文化、办公用机械制造业	Instruments, Meters, Cultural and Clerical Machinery	26.43
电力、蒸汽、热水的生产和供应业	Production and Supply of Power, Steam and Hot Water	56.29
煤气生产和供应业	Production and Supply of Gas	43.03
自来水的生产和供应业	Production and Supply of Tap Water	47.02
按地州市分:	**By Region**	
昆明市	Kunming	51.75
曲靖市	Qujing	59.73
玉溪市	Yuxi	17.79
昭通地区	Zhaotong	67.60
楚雄州	Chuxiong	50.10
红河州	Honghe	73.67
文山州	Wenshan	65.68
思茅地区	Simao	80.79
西双版纳州	Xishuangbanna	77.00
大理州	Dali	63.37
保山地区	Baoshan	70.76
德宏州	Dehong	88.26
丽江地区	Lijiang	81.84
怒江州	Nujiang	74.00
迪庆州	Diqing	54.83
临沧地区	Lincang	64.86
其他	Others	82.95

continued

每百元固定资产原价实现利税（元） Profits and Taxes Gained from Original Value of 100 yuan in Fixed Assets (yuan)	总资产贡献率（%） Ratio of Total Assets to Industrial Output Value (%)	资本保值增值率（%） Appreciation Ratio of Maintained Value of Capital (%)	成本费用利润率（%） Ratio of Profits to Industrial Cost (%)	每百元销售收入实现利润（元） Profits Gained from Sales of 100 yuan (yuan)
9.12	7.55	135.62	5.92	5.53
3.17	3.29	87.34	0.87	0.88
26.22	11.64	86.75	5.75	6.11
- 4.66	- 1.67	19.67	15.97	- 22.61
- 2.12	0.18	98.22	- 9.36	- 10.78
- 1.31	- 0.49	47.27	- 12.75	- 16.16
- 0.41	2.28	106.55	- 4.77	- 5.05
- 6.61	- 0.09	- 6.31	- 13.47	- 15.80
1.16	2.01	72.24	- 3.72	- 3.98
3.86	2.40	110.27	5.38	5.18
2.65	1.47	109.59	- 2.56	- 2.67
4.75	5.80	107.98	8.02	6.70
2.43	1.85	102.14	- 2.16	- 2.38
2.09	2.14	104.70	0.63	0.62
19.05	11.36	121.92	6.19	4.85
23.69	19.20	102.28	9.42	6.24
116.65	32.15	106.49	44.36	17.87
16.99	27.22		13.27	11.29
17.93	35.93		- 1.47	- 1.10
28.69	24.30	108.42	8.98	5.97
22.72	21.44	138.12	8.80	6.25
14.80	11.14	129.96	4.42	4.11
3.73	4.43	114.65	0.57	0.59
2.95	4.14	118.58	- 0.01	- 0.01
31.30	27.95	103.24	4.51	3.17
6.90	6.59	84.70	0.99	0.98
- 1.44	1.05	74.40	- 11.54	- 13.64
8.66	4.24	68.08	8.80	8.34
1.30	2.11	105.51	- 5.11	- 5.38
6.42	10.08	105.42	22.86	18.32
- 3.52	- 2.99	62.24	- 33.80	- 47.51

11-23 大中型企业主要指标及在全省工业中的地位（2001年）

单位:亿元

指　　标	Item	大中型企业合计 Total Number of Large and Medium-scale Industrial Enterprises	大　型 Large-scale Enterprises
企业单位数(个)	Number of Enterprises (unit)	520.00	137.00
亏损企业数(个)	Number of Loss-making Enterprises (unit)	183.00	46.00
工业总产值(现价、新规定)	Gross Output Value of Industry (at current prices)	915.18	707.43
工业总产值(不变价，新规定)	Gross Output Value of Industry (at constant prices)	582.21	419.96
工业增加值(现价)	Value Added of Industry (at current prices)	489.64	410.58
全部从业人员平均人数(万人)	Average Number of All Employed Persons (10 000 persons)	44.41	24.56
流动资产合计	Total Circulating Funds	818.23	628.76
产成品	Products	53.07	27.94
流动资产年平均余额	Annual Average Balance of Circulating Funds	729.25	539.62
固定资产合计	Total Fixed Assets	913.85	653.79
固定资产原价合计	Total Original Value of Fixed Assets	1 203.13	870.23
生产经营用	Using for Production Management	1 045.55	760.25
累计折旧	Total Depreciation	399.76	298.19
本年折旧	Depreciation in This Year	63.14	48.26
固定资产净值年平均余额	Annual Average Balance of Net Value of Fixed Assets	762.96	556.62
资产总计	Total Assets	2 007.06	1 515.24
负债总计	Total Liabilities	1 037.28	704.22
流动负债	Liquid Liabilities	727.04	503.15
所有者权益合计	Total Creditors' Equity	969.78	811.03
产品销售收入	Sales Revenue	921.05	712.71
产品销售成本	Sales Cost	548.84	394.39
产品销售税金及附加	Sales Tax and Extra Charges	169.16	162.12
产品销售利润	Sales Profits	177.55	139.20
利润总额	Total Profits	78.07	68.51
亏损企业亏损总额	Total Loss of Loss-making Enterprises	12.05	5.79
利税总额	Total Profits and Taxes	326.88	294.66
应交所得税	Income Tax Payable	25.39	21.66
本年应付工资总额	Total Wages Payable in This Year	60.76	40.24

Main Indicators on Large and Medium Scale Enterprises and Their Proportion to the Provincial Industry (2001)

(100 million yuan)

中型 Medium-scale Enterprises	国有大中型企业 State-owned Large and Medium-scale Enterprises	在合计中: In the Total:		占独立核算工业比重(%): Proportion to the Industrial Enterprises with Independent Accounting Systems (%)		
		轻工业 Light Industry	重工业 Heavy Industry	合计 Total	大型 Large scale	中型 Medium scale
383.00	213.00	224.00	296.00	25.60	6.75	18.86
137.00	97.00	65.00	118.00	21.45	5.39	16.06
207.75	592.66	524.81	390.38	79.07	61.12	17.95
162.25	301.35	265.11	317.10	76.98	55.53	21.45
79.06	387.20	348.72	140.92	84.11	70.53	13.58
19.85	24.71	12.88	31.53	62.59	34.62	27.97
189.48	548.68	467.99	350.24	79.01	60.71	18.30
25.13	20.88	17.80	35.27	66.20	34.85	31.35
189.62	457.33	376.29	352.95	77.71	57.50	20.21
260.06	604.88	326.41	587.44	77.97	55.78	22.19
332.90	805.83	440.03	763.10	78.86	57.04	21.82
285.30	701.82	378.08	667.47	79.06	57.49	21.57
101.56	276.81	148.34	251.41	80.56	60.10	20.47
14.88	43.27	27.84	35.30	79.93	61.09	18.84
206.34	496.32	289.97	472.99	77.54	56.57	20.97
491.82	1 360.01	995.66	1 011.40	77.64	58.62	19.03
333.06	644.56	418.22	619.05	74.11	50.32	23.80
223.89	466.75	354.10	372.94	76.61	53.02	23.59
158.76	715.46	577.43	392.35	81.80	68.41	13.39
208.34	599.44	523.93	397.12	79.31	61.37	17.94
154.45	296.46	236.65	312.19	73.38	52.73	20.65
7.04	164.73	166.35	2.80	98.90	94.79	4.12
38.36	124.24	106.98	70.58	86.21	67.58	18.62
9.56	55.96	63.15	14.92	94.98	83.35	11.63
6.26	8.09	3.96	8.09	59.79	28.72	31.07
32.22	280.50	283.09	43.79	94.09	84.82	9.27
3.73	19.25	18.49	6.90	91.41	77.99	13.42
20.52	37.30	23.27	37.49	71.30	47.22	24.08

11-24 全省大中型工业企业一览表（2001年）

单位：万元

企业名称	Name of Enterprise	全部职工平均人数（人） Average Number of Staff and Workers (person)	工业增加值（当年价） Value-added to Industrial (at current prices)
总　　计	**Total**	**444 130**	**4 896 382**
煤炭采选业	**Coal Mining and Dressing**	**18 476**	**48 365**
云南省凤鸣村煤矿	Fengmingcun Coal Mine, Yunnan	814	2 229
云南省田坝煤矿	Tianba Coal Mine, Yunnan	3 353	4 159
羊场煤矿	Yangchang Coal Mine, Yunnan	4 074	3 851
云南省后所煤矿	Housuo Coal Mine, Yunnan	1 953	1 812
一平浪煤矿	Yipinglang Coal Mine, Yunnan	2 884	5 911
云南省小龙潭煤矿	Xiaolongtang Prison Coal Mine, Yunnan	3 476	[illegible]
云南省宣威来宾光明煤电有限公司	Guangming Coal and Electricity Co., Ltd., Laibin, Xuanwei, Yunnan	1 922	809
黑色金属矿采选业	**Ferrous Metal Mining and Dressing**	**3 600**	**8 418**
云南新平鲁奎山矿冶(集团)有限责任公	Lukuishan Mining and Metallurgical (Group) Co., Ltd., Xinping, Yunnan	991	3 459
云南建水锰矿	Jianshui Manganese Mine, Yunnan	863	1 586
云南文山斗南锰业实业有限责任公司	Dounan Manganese Industrial Co., Ltd., Wenshan, Yunnan	1 056	2 953
云南省鹤庆锰业集团有限责任公司	Heqing Manganese Industrial (Group) Co., Ltd., Yunnan	690	420
有色金属矿采选业	**Nonferrous Metal Mining and Dressing**	**20 926**	**57 184**
大姚铜矿	Dayao Copper Mine, Yunnan	2 975	4 116
易门矿务局	Yimen Mining Bureau	4 591	14 160
个旧市前进矿业有限责任公司	Qianjin Mining Co., Ltd., Gejiu, Yunnan	962	1 692
云南金沙矿业股份有限公司	Jinsha Mining Co., Ltd., Yunnan	4 159	10 338
个旧市革新矿业有限责任公司	New Mining Co., Ltd., Gejiu, Yunnan	1 384	1 458
云南省文山州都龙锡矿	Dulong Tin Mine, Wenshan, Yunnan	943	4 048
云南省澜沧铅矿	Lancang Lead Mine, Yunnan	1 627	5 218
云南兰坪有色金属有限责任公司	Lanping Nonferrous Co., Ltd., Yunnan	1 624	10 294
金平县有色金属矿产公司	Jinping Nonferrous Minerals Co., Ltd., Yunnan	314	413
个旧市促进矿业有限责任公司	Cujin Mining Co., Ltd., Gejiu, Yunnan	446	388
个旧市红旗矿业有限责任公司	Redflag Mining Co., Ltd., Gejiu, Yunnan	642	324
个旧市新建矿业有限责任公司	Xinjian Mining Co., Ltd., Gejiu, Yunnan	594	973
云南省墨江县金矿	Mojiang Gold Mine, Yunnan	665	3 763
非金属矿采选业	**Non-metallic Mining and Dressing**	**8 630**	**9 743**
云南省磷业公司	Yunnan Phosphorus Co.	351	485
云南磷化学工业(集团)公司	Yunnan Phosphorus Chemistry (Group) Co.	5 314	41
云南上磷化工有限责任公司	Yunnan Phosphorus Chemistry Co., Ltd.	340	408
云南成达矿业化工有限公司	Chengda Mining and Chemistry Co., ltd.	158	523
云南省盐业公司昆明盐矿	Kunming Salt Mine of Yunnan Salt Co.	486	4 137
云南一平浪盐矿	Yipinglang Salt Mine, Yunnan	1 981	4 150
木材及竹材采运业	**Timber and Bamboo Industry**	**606**	**- 17**
云南玉林实业总公司	Yulin Industrial General Co., Yunnan	273	- 17

Medium and Large Enterprises in the Province (2001)

(10 000 yuan)

年末固定资产 Fixed Assets Year-end		全部流动资产平均余额 Annual Average Balance of Circulating Funds	本年提取的折旧基金 Depreciation Funds Withdrawn in This Year	利润总额 Total Profits	利税总额 Total Profits and Taxes
原值 Original Value	净值 Net Value				
12 031 314	**8 033 763**	**7 292 456**	**631 389**	**780 681**	**3 268 762**
189 552	**109 580**	**88 392**	**9 381**	**1 892**	**9 498**
9 112	6 220	5 097	487	7	148
28 695	19 067	11 411	929		835
15 153	9 356	7 965	543	- 2	1 066
16 820	7 182	13 842	775	2	224
13 743	8 959	10 350	465	6	296
99 527	52 430	36 856	6 046	2 521	7 320
6 503	6 367	2 871	136	- 642	- 390
43 343	**27 231**	**30 582**	**1 839**	**- 601**	**2 381**
15 707	6 983	16 931	678	26	1 322
9 772	6 998	4 186	174	- 480	120
13 366	10 085	6 553	819	- 397	245
4 498	3 165	2 912	169	250	695
208 870	**142 664**	**103 061**	**14 799**	**3 099**	**11 287**
20 881	8 835	17 128	7 329	640	1 761
95 245	69 628	28 986	2 464	- 490	3
6 152	3 346	2 263	266	30	362
6 727	6 598	5 670	129	- 499	269
10 191	7 738	2 407	636	- 192	145
10 787	8 083	7 429	545	421	1 304
13 131	6 773	4 723	691	52	1 471
21 971	17 118	21 699	1 010	2 617	5 070
4 365	2 184	3 783	873	61	218
2 501	1 982	1 230	11	101	158
5 242	3 326	1 762	337	- 1 048	- 912
4 439	2 957	1 926	144		1
7 238	4 097	4 056	365	1 405	1 438
145 735	**83 799**	**50 663**	**5 098**	**- 1 083**	**3 247**
4 746	2 780	8 010	259	- 375	- 232
111 726	66 805	26 708	2 862	- 1 646	- 2
1 948	1 118	978	139	6	67
2 710	1 729	2 266	253	113	375
16 471	7 516	6 245	1 278	704	1 855
8 135	3 852	6 456	306	115	1 184
3 428	**3 092**	**1 033**	**8**	**- 165**	**- 162**
3 428	3 092	1 033	8	- 165	- 162

11-24 续表1

单位:万元

企业名称	Name of Enterprises	全部职工平均人数(人) Average Number of Staff and Workers (person)	工业增加值(当年价) Value-added of Industry (at current prices)
云南省碧泉林业局	Biquan Forestry Bureau, Yunnan	333	0
食品加工业	**Food Processing Industry**	**31 730**	**175 064**
玉溪粮油食品工业公司	Yuxi Grain, Oil and Food Processing Co.	150	581
昆明面粉厂	Kunming Flour Mill	250	1 100
云南禄丰食品有限公司	Lufeng Food Co., Ltd., Yunnan	120	- 168
保山永吉食品有限公司	Yongji Food Co., Ltd., Baoshan, Yunnan	85	830
安宁市粮食局粮食经营公司	Grain Co. of Anning Grain Bureau	146	76
昆明黄龙山（饲料）工贸有限公司	Huanglongshan (Fodder) Industry and Trade Co., Ltd., Kunming	278	869
昆明正大有限公司	Zhengda Co., Ltd., Kunming	286	[illegible]
昆明希望饲料分公司	Hope Fodder Branch Co., Kunming	142	1 308
昆明上焦油脂化工有限公司	Kunming Tar and Fat Chemistry Co., Ltd.	63	- 116
云南省巧家糖厂	Qiaojia Sugar Refinery, Yunnan	435	1 341
云南新平云新糖业有限责任公司	Xinping Sugar Co., Ltd., Yunnan	932	6 521
云南新平南恩糖纸有限责任公司	Nan'en Sugar Paper Co., Ltd., Yunnan	609	3 336
国营甘庄华侨农场糖厂	Ganzhuang State-owned Sugar Refinery	225	3 395
云南开远市明威有限公司	Mingwei Co., Ltd., Kaiyuan, Yunnan	1 035	1 029
云南蒙自恒翔糖业有限责任公司	Hengxiang Sugar Co., Ltd., Mengzi	592	1 045
云南建水糖业有限责任公司	Jianshui Sugar Co., Ltd., Yunnan	375	1 007
云南建水曲江糖业有限责任公司	Qujiang Sugar Co., Ltd., Jianshui, Yunnan	337	389
云南富屏糖业股份有限公司	Fuping Sugar Co., Ltd., Yunnan	346	748
云南省弥勒糖业有限责任公司	Mile Sugar Co., Ltd., Yunnan	1 012	4 462
云南省红河糖业有限责任公司	Honghe Sugar Co., Ltd., Yunnan	312	3 368
云南文山糖厂	Wenshan Sugar Refinery, Yunnan	285	1 814
景东县糖业总公司	Jingdong Sugar General Co.	915	4 688
景谷县糖业企业总公司	Jinggu Sugar General Co.	1 085	3 487
孟连县白糖厂	Menglian White Sugar Refinery, Yunnan	732	4 528
澜沧县上允白糖厂	Shangyun White Sugar Refinery, Lancang	555	5 221
澜沧县勐滨糖厂	Mengbin Sugar Refinery, Lancang	405	1 184
黎明农工商联合公司糖厂	Sugar Refinery of Liming Agriculture, Industry and Trade Co.	253	2 706
勐海县景真糖厂	Jingzhen Sugar Refinery, Menghai	504	4 125
勐海县勐阿糖厂	Meng'a Sugar Refinery, Menghai	412	6 675
勐腊县勐腊糖厂	Mengla Sugar Refinery, Mengla, Yunnan	297	1 218
云南鹤庆糖业有限责任公司	Heqing Sugar Co., Ltd., Yunnan	443	2 813
保山地区怒江糖厂	Nujiang Sugar Refinery, Baoshan, Yunnan	398	774
保山市上江糖厂	Shangjiang Sugar Refinery, Baoshan	695	4 025
保山市芒合糖厂	Manghe Sugar Refinery, Baoshan	406	2 266
施甸旧城糖业有限责任公司	Jiucheng Sugar Co., Ltd., Shidian	320	3 481

continued

(10 000 yuan)

年末固定资产 Fixed Assets at Year-end		全部流动资产平均余额 Annual Average Balance of Circulating Funds	本年提取的折旧基金 Depreciation Funds Withdrawn in This Year	利润总额 Total Profits	利税总额 Total Profits and Taxes
原值 Original Value	净值 Net Value				
0	0	0	0	0	0
656 622	**450 395**	**272 059**	**32 251**	**36 738**	**86 805**
2 482	1 622	993	88	107	153
1 216	542	4 364	138	- 154	- 90
5 529	5 073	942	91	- 480	- 478
5 717	5 220	1 384	105	- 217	- 188
3 436	2 909	762	0	-6	-2
3 598	2 523	5 965	265	254	326
12 437	7 074	6 682	810	1841	1841
1 576	1 131	1 170	89	-115	-115
1 855	1 331	226	199	-435	-385
8 407	6 074	2 743	129	352	791
16 603	12 308	15 837	483	1502	3135
16 237	11 889	4 354	716	631	1594
3 436	1 521	3 418	237	1 000	1 813
6 516	5 865	2 738	332	- 790	- 91
6 433	2 185	2 961	259	555	1 024
5 025	1 985	1 518	209	340	719
3 586	983	1 189	0	0	91
3 603	1 515	1 141	145	291	613
14 783	7 573	5 838	888	994	2416
11 170	9 804	2 646	616	714	1 462
6 071	3 546	2 214	534	16	397
16 282	11 676	3 364	344	64	1 446
13 826	6 714	8 211	987	800	2 364
9 408	5 442	3 016	371	1 887	2 926
17 348	13 112	6 940	1 088	1 726	3 374
11 067	6 406	11 611	752	- 546	- 22
7 195	4 255	3 825	360	1 017	2 194
16 338	10 954	5 838	1 146	2 214	3 879
10 483	5 552	6 083	755	3 500	4 929
12 061	9 904	1 934	529	- 1 043	- 720
7 563	5 655	1 768	409	740	1 334
6 124	3 971	2 822	183	258	736
7 785	5 696	2 091	320	1 023	1 976
9 407	6 968	1 866	220	601	1 103
5 076	3 267	1 785	371	977	1 668

11-24 续表2

单位：万元

企业名称	Name of Enterprise	全部职工平均人数（人） Average Number of All Staff and Workers (person)	工业增加值（当年价） Value-added of Industry (at current prices)
龙陵县路发实业有限责任公司	Lufa Industrial Co., Ltd., Longling	453	4 848
龙陵县龙塘糖糖厂	Longtang Sugar Refinery, Longling	395	3 826
云南省昌宁柯街糖业有限责任公司	Kejie Sugar Co., Ltd., Changning	347	2 631
云南省昌宁卡斯糖业有限责任公司	Kasi Sugar Co., Ltd., Changning	769	4 383
潞西市芒市糖厂制糖二分厂	2nd Plant of Mangshi Sugar Refinery	407	487
云南省潞西市芒市糖厂	Mangshi Sugar Refinery, Luxi, Yunnan	954	2 705
潞西市芒市华侨糖厂	Huaqiao Candy Refinery, Luxi, Yunnan	322	1 209
梁河县勐养糖厂	Mengyang Sugar Refinery, Lianghe	484	1 372
云南省德宏州梁河县糖厂	Lianghe Sugar Refinery, Dehong, Yunnan	806	4 080
云南省盈江县平原糖业有限责任公司	Pingyuan Sugar Co., Ltd., Yingjiang, Yunnan	571	3 220
云南省盈江县弄璋糖业有限责任公司	Longtang Sugar Co., Ltd., Yingjiang, Yunnan	836	3 181
云南省陇川糖厂	Longchuan Sugar Refinery, Yunnan	504	2 794
云南省德宏州陇川景坎糖厂	Jingkan Sugar Refinery, Longchuan, Dehong	930	6 266
瑞丽市糖业总公司	Ruili Sugar General Co., Yunnan	596	3 859
永胜桃圆糖业有限责任公司	Taoyuan Candy Co., Ltd., Yongsheng	263	868
云南省凤庆糖业集团有限责任公司	Fengqing Sugar Co., Ltd., Yunnan	630	6 474
云南省云县糖厂	Yunxian Sugar Refinery, Yunnan	345	2 286
云南云县幸福糖业公司	Xinfu Sugar Co. Yunxian, Yunnan	383	2 796
云南省永德县大雪山糖业有限责任公司	Daxueshan Sugar Co., Ltd., Yongde, Yunnan	303	- 10
永德康甸糖业有限责任公司	Kangdian Sugar Co., Ltd., Yongde, Yunnan	456	2 790
云南康白糖业集团勐堆糖厂	Mengdui Sugar Refinery of Kangbai Sugar Group	264	2 140
云南省双江白糖厂	Shuangjiang White Sugar Refinery, Yunnan	358	5 553
耿马县糖业有限责任公司	Gengma Sugar Co., Ltd., Yunnan	758	6 555
耿马县华侨糖厂	Huaqiao Sugar Refinery, Gengma	368	4 245
耿马县勐永糖业有限责任公司	Mengyong Sugar Co., Ltd., Gengma, Yunnan	461	1 952
沧源县勐省糖业有限责任公司	Mengsheng Sugar Co., Ltd., Cangyuan, Yunnan	663	2 492
云南创裕糖业集团公司	Chuangyu Sugar Group Co. Yunnan	283	731
元江县元江糖业有限责任公司	Yuanjiang Sugar Co., Ltd., Yuanjiang Yunnan	1 006	3 260
云南省永德县糖业集团有限现任责公司	Yongde Sugar Group Co., Ltd., Yongde, Yunnan	647	2 521
昆明市肉类联合加工厂	Kunming Meat-processing Plant	403	1 638
昆明市食品（集团）冷冻冷藏有限公司	Kunming Food (Group) Cold Storage Co., Ltd.	183	511
云南滇龙畜产开发有限公司	Dianlong Livestock Products Development Co.	147	- 104
食品制造业	**Food Processing Industry**	**2 416**	**8 939**
昆明吉庆祥糕点厂	Jiqingxiang Cake Plant, Kunming	234	1 574
云南邓川蝶泉乳品有限责任公司	Diequan Diary Product Co., Ltd., Dengchuan	373	3 058
昆明德和罐头厂	Dehe Cannery, Kunming	458	245
云南王国食品有限公司	Yunnan Kingdom Food Co., Ltd.	198	870

continued

(10 000 yuan)

年末固定资产 Fixed Assets at Year-end		全部流动资产平均余额 Annual Average Balance of Circulating Funds	本年提取的折旧基金 Depreciation Funds Withdrawn in This Year	利润总额 Total Profits	利税总额 Total Profits and Taxes
原值 Original Value	净值 Net Value				
14 244	11 634	2 672	710	2 146	3 467
7 525	5 777	3 812	63	1 751	2 621
6 034	3 941	1 367	292	727	1 245
7 083	3 682	4 420	425	1 758	3 022
12 807	10 175	1 413	164	- 866	- 460
14 049	8 204	4 956	663	803	1 846
5 138	2 779	1 471	220	304	695
6 915	4 764	1 974	258	3	704
16 402	10 544	4 158	1 036	66	1 199
6 394	2 601	3 304	1 244	351	1 299
16 131	9 719	4 485	1 267	242	1 612
4 849	2 624	1 410	338	858	1 642
26 560	20 351	6 663	1 115	1 058	2 835
10 390	4 682	5 387	616	1 223	2 328
6 643	3 722	1 379	243	- 189	38
10 021	7 128	7 635	615	1 926	3 383
8 992	7 540	2 435	301	- 1 621	- 1 064
8 111	5 996	2 783	477	1 172	2 094
9 743	8 536	2 852	374	- 621	- 493
12 509	10 312	6 439	614	301	956
5 963	4 564	1 964	120	154	525
12 983	9 921	4 702	855	1 743	3 261
36 312	29 995	16 457	1 878	1 203	3 266
9 723	6 308	1 756	853	1 385	2 434
10 655	7 812	7 344	396	634	1 457
14 041	9 736	6 211	772	- 153	511
19 668	17 128	13 484	1 068	- 251	577
26 807	14 212	7 754	392	801	2 481
9 648	7 307	5 505	403	964	1 627
3 987	1 612	4 461	78	1	159
3 482	2 119	217	71	11	62
3 110	2 728	956	163	- 766	- 738
31 654	**22 883**	**16 080**	**1 588**	**71**	**2 154**
2 136	1 678	1 572	110	15	140
10 005	6 057	3 336	454	704	1 500
926	378	1 160	38	- 98	78
3 534	3 128	1 683	99	74	285

11-24 续表3

单位：万元

企业名称	Name of Enterprise	全部职工平均人数（人） Average Number of All Staff and Workers (person)	工业增加值（当年价） Value-added of Industry (at current prices)
云南省弥勒县蜂业有限责任公司	Mile Apiculture Co., Ltd., Yunnan	38	33
昆明市味精厂	Kunming Gourmet Powder Plant	301	164
昆明酿造总厂	Kunming Brewery General Plant	211	479
云南省润凯实业有限公司宣威淀粉工业	Xuanwei Starch Co. of Ruikai Industrial Co., Ltd., Y	163	817
昆明天使食品总厂	Tianshi Food General Factory, Kunming	228	432
云南贺尔康保健品有限公司	He'erkang Health Food Co., Ltd., Yunnan	68	331
昆明上好佳食品工业有限公司	Shanghaojia Food Industrial Co., Ltd., Kunming	144	937
饮料制造业	**Beverage Manufacturing Industry**	**5 079**	**23 104**
昭通市葡萄井酒厂	Zhaotong Grape Wine Plant	164	127
云南红河光明股份有限公司	Guangming Co., Ltd., Honghe, Yunnan	262	4 039
云南澜沧江啤酒集团保山有限公司	Lancangjiang Brewery Group Baoshan Co., Ltd.	522	1 840
昆明华狮啤酒有限公司	Huashi Brewery Co., Ltd., Kunming	276	2 165
云南大理啤酒股份有限公司	Dali Brewery Co., Ltd., Yunnan	809	6 430
云南高原葡萄酒有限公司	Yunnan Plateau Grape Wine Co., Ltd.	185	3 554
昆明可口可乐饮料有限公司	Kunming Coca-Cola Beverage Co., Ltd.	307	- 1 018
版纳百果洲天然食品(集团)有限责任公	Baiguozhou Natural Food, Co., Ltd., Xishuangbanna	77	248
云南咖啡厂	Yunnan Coffee Plant	47	59
云南太乙工贸有限责任公司	Taiyi Industry and Trade Co., Ltd., Yunnan	56	623
国营大渡岗茶厂	Dadugang State-owned Tea Factory	267	389
勐海茶业有限责任公司	Menghai Tea Co., Ltd.	288	425
云南省下关茶厂沱茶(集团)股份有限公	Bowl-shaped Compressed Tea (Group) Co., Ltd., of Xiaguan Tea Factory, Yunnan	417	1 660
云南滇红集团股份有限公司	Dianhong Group Co., Ltd., Yunnan	691	1 192
云南思茅龙生绿色产业(集团)有限公司	Longsheng Green Industry (Group) Co., Ltd., Simao, Y	711	1 372
烟草加工业	**Tobacco Processing Industry**	**23 801**	**3 024 470**
泸西县烟叶复烤厂	Luxi Tobacco Leaf Reflue-curing Plant	590	4 953
石林天合烟叶复烤有限责任公司	Tianhe Tobacco Leaf Reflue-curing Co., Ltd., Shilin	555	13 785
云南春城卷烟厂	Chuncheng Tobacco Factory, Yunnan	1 268	38 769
昆明卷烟厂	Kunming Tobacco Factory, Yunnan	3 273	420 617
昭通卷烟厂	Zhaotong Tobacco Factory, Yunnan	2 321	87 116
曲靖卷烟厂	Qujing Tobacco Factory, Yunnan	3 639	347 999
会泽卷烟厂	Huize Tobacco Factory, Yunnan	868	59 293
云南红塔集团楚雄卷烟厂	Chuxiong Tobacco Factory of Hongta Group	1 803	178 169
玉溪红塔烟草(集团)有限责任公司	Yuxi Redpagoda Tobacco (Group) Co., Ltd.	4 408	1 359 199
云南玉溪卷烟厂滤嘴棒分厂	Filter Tip Branch Factory of Yuxi Tobacco Factory, Yunnan	1 049	8 627
红河卷烟厂	Honghe Tobacco Factory, Yunnan	2 085	365 535
大理卷烟厂	Dali Tobacco Factory, Yunnan	1 598	124 380
昆明醋酸纤维有限公司	Kunming Acetate Fibre Co., Ltd.	344	16 027

continued

(10 000 yuan)

年末固定资产 Fixed Assets at Year-end		全部流动资产平均余额 Annual Average Balance of Circulating Funds	本年提取的折旧基金 Depreciation Funds Withdrawn in This Year	利润总额 Total Profits	利税总额 Total Profits and Taxes
原值 Original Value	净值 Net Value				
1 281	1 098	685	5	-92	-88
617	439	319	22	0	34
1 102	809	1 169	35	12	108
6 293	4 967	2 783	504	- 637	- 348
1 896	1 066	1 225	54	- 55	108
1 737	1 394	1 077	85	13	33
2 126	1 869	1 043	183	136	303
96 931	**73 394**	**80 135**	**3926**	**3 205**	**14 421**
2 499	1 640	1 712	78	- 467	- 461
9 906	6 679	22 177	611	2 571	3 549
15 607	12 452	4 869	918	- 1 185	208
6 078	5 694	2 962	133	82	818
13 204	9 911	11 275	0	619	4 442
4 850	3 986	6 661	376	1 705	3 338
16 533	14 632	4 755	971	- 689	- 89
2 830	1 854	2 697	244	- 91	60
1 373	909	1 241	69	- 214	- 109
1 956	1 409	1 158	92	237	416
1 855	828	1 045	93	- 37	241
3 572	2 041	5 402	98	228	494
3 476	1 865	5 271	149	216	615
6 204	5 567	5 350	94	22	288
6 989	3 928	3 560	0	206	611
2 624 210	**1 655 573**	**2 736 643**	**192 964**	**541 477**	**2 629 134**
21 136	14 953	20 989	1 245	1 562	2 552
25 110	20 377	14 945	1 484	2 960	5 352
117 695	73 881	125 813	3 337	243	31 519
521 465	397 146	347 616	26 604	89 325	473 651
251 853	166 169	62 297	15 766	659	64 710
296 166	120 542	278 814	24 090	43 267	288 417
68 230	43 721	75 020	3 798	22 035	63 193
190 965	134 307	130 689	10 249	16 762	124 471
725 807	417 285	1 346 626	62 891	289 680	1 180 996
13 092	6 590	6 861	1 007	1 945	4 290
257 833	172 343	199 505	33 913	61 199	289 985
99 683	69 167	101 709	5 867	4 303	89 817
35 174	19 092	25 758	2 714	6 996	9 641

11-24 续表4

单位：万元

企 业 名 称	Name of Enterprise	全部职工平均人数（人） Average Number of All Staff and Workers (person)	工业增加值（当年价） Value-added of Industry (at current prices)
纺织业	**Textile Industry**	**21 364**	**15 612**
昆明纺织染整厂	Kunming Textile Dyeing Factory	31	- 64
昆明纺织厂	Kunming Textile Factory	3 673	2 177
大理华兴纺织有限公司	Huaxing Textile Co., Ltd., Dali	839	1 685
云南宏华(集团)股份有限公司	Honghua (Group) Co., Ltd., Yunnan	4 481	1 646
大理苍洱实业(集团)有限公司	Cang'er (Group) Co., Ltd., Dali	2 500	3 322
云南省曲靖珠源纺织有限公司	Zhuyuan Textile Co., Ltd., Qujing	2 375	2 961
昆明金泽工贸有限公司	Jinze Industry and Trade Co., Ltd.	141	97
云南毛巾床单厂	Yunnan Towel Bed Sheet Factory	487	49
云南华益毛纺丝绸集团有限公司	Huayi Wool Spinning and Silk Group Co., Ltd., Yunnan	[illegible]	723
大理毛纺织厂	Dali Wool Spinning Factory	382	- 196
云南省曲靖烟草包装厂	Qujing Tobacco Packing Factory	76	455
云南千佛茧丝绸集团有限公司	Qianfojian Silk Group Co., Ltd., Yunnan	4 360	3 490
云南省个旧市云沙针织厂	Yunsha Knitting Mill, Gejiu, Yunnan	8	0
云南金花针织有限公司	Jinhua Knitting Co., Ltd., Yunnan	1 032	715
服装及其他纤维制品制造业	**Garments and Other Fibre Goods Industry**	**1 486**	**1 777**
云南坤宇被服厂	Kunyu Quilt Factory, Yunnan	285	684
昆明市石林针织有限责任公司	Shilin Knitting Co., Ltd., Yunnan	382	270
云南绍华服装实业有限公司	Shaohua Garment Co., Ltd., Yunnan	247	571
云南省个旧市制鞋总厂	Gejiu Shoe-making General Factory	572	252
皮革、毛皮、羽绒及其制品业	**Leather, Fur, Eiderdown and Processing**	**1 453**	**2 956**
玉溪瑞彪皮革有限公司	Ruibiao Leather Co., Ltd., Yuxi	1 453	2 956
木材加工及竹、藤、棕、草制品业	**Timber, Bamboo, Vine, Palm and Grass Processing**	**7 369**	**18 358**
云南省金沙江林产品公司	Jinshajiang Forest Product Co., Yunnan	529	27
云南思茅三木(集团)有限公司	Sanmu (Group) Co., Ltd., Simao, Yunnan	1 394	1 973
普洱林达木业有限公司	Linda Timber Co., Ltd., Pu'er, Yunnan	807	2 312
镇沅县林产品有限责任公司	Zhenyuan Forest Product Co., Ltd.	455	1 074
红河哈尼族彝族自治州中密度纤维板厂	Honghe Medium Density Fiber Board Plant, Honghe,	164	556
思茅地区卫国林业局	Weiguo Forestry Bureau, Simao, Yunnan	1 401	1 000
云南省玉加人造板有限公司	Yujia Artificial Board Co., Ltd., Yunnan	124	1 103
思茅红塔木业有限公司	Simao Redpagoda Timber Co., Ltd.	154	6 524
云南南塔人造板有限责任公司	Nanta Artificial Board Co., Ltd., Yunnan	286	1 064
楚雄雄安中密度纤维板有限公司	Xiong'an Medium Density Fiber Board Co., Ltd., Chuxiong, Yunnan	244	138
昆明新飞林人造板有限公司	Xinfeilin Artificial Board Co., Ltd., Kunming	474	966
泸西县化轻建材企业集团公司	Luxi Chemical Light Building Material Group	125	103
昆明市木器厂(电工层压木板厂)	Kunming Carpentry Factory (Electrical Laminated Board Factory)	348	223
云南西双版纳沧江木材厂	Cangjiang Timber Factory, Xishuangbanna	180	166

continued

(10 000 yuan)

年末固定资产 Fixed Assets at Year-end		全部流动资产平均余额 Annual Average Balance of Circulating Funds	本年提取的折旧基金 Depreciation Funds Withdrawn in This Year	利润总额 Total Profits	利税总额 Total Profits and Taxes
原值 Original Value	净值 Net Value				
95 195	**63 932**	**67 677**	**2 196**	**- 7 538**	**- 4 954**
1 007	626	605	8	- 105	- 100
15 715	12 026	21 158	411	- 4 387	- 3 699
1 660	1 600	1 619	60	23	55
22 175	16 449	17 565	785	2 039	2 404
12 066	5 434	3 852	136	43	46
7 360	3 751	4 668	14	- 597	- 155
5 920	4 110	2 917		- 7	49
1 376	946	1 171	37	- 565	- 506
6 933	5 547	2 665	204	- 3 334	- 3 334
1 025	628	764	11	- 320	- 318
2 733	2 223	577	151	- 177	- 146
10 235	5 986	6 867	201	- 287	385
0	0	0	0	0	0
6 990	4 607	3 249	180	135	366
8 965	**6 055**	**5 244**	**186**	**- 211**	**26**
1 600	1 225	995	82	43	74
4 193	2 815	1 486	29	- 89	66
1 298	1 086	202	57	42	84
1 874	928	2 561	18	- 207	- 197
6 410	**4 839**	**20 149**	**277**	**115**	**115**
6 410	4 839	20 149	277	115	115
154 758	**120 372**	**59 469**	**7 399**	**- 856**	**3 899**
8 903	6 649	3 027	102	- 343	- 314
5 206	2 829	4 779	244	132	878
6 383	4 049	3 051	271	336	957
4 688	2 632	3 431	101	86	474
6 709	5 854	860	336	1	298
13 378	10 471	2 065	183	21	275
20 324	14 735	7 637	1 816	- 106	568
30 177	24 337	7 009	2 401	2 196	3 307
6 656	5 036	3 496	62	35	202
6 726	5 676	1 589	191	- 549	- 475
9 196	6 906	3 094	562	- 194	70
8 381	8 381	936		- 22	4
5 139	3 278	2 481	46	- 430	- 357
4 388	3 162	1 320	90	- 199	- 168

11-24 续表5

单位：万元

企业名称	Name of Enterprise	全部职工平均人数（人） Average Number of All Staff and Workers (person)	工业增加值（当年价） Value-added of Industry (at current prices)
昆明红塔木业有限公司	Kunming Redpagoda Timber Co., Ltd.	684	423
家具制造业	**Furniture Industry**	**350**	**125**
昆明康发家具有限公司	Kanggaijin Furniture Co., Ltd., Kunming	350	125
造纸及纸制品业	**Paper-making and Paper Processing**	**8 672**	**51 466**
云南云景林纸股份有限公司	Yunjinglin Paper Co., Ltd., Yunnan	913	8 309
云丰造纸厂	Yunfeng Paper Mill	489	- 1 264
昆明市福保造纸厂	Fubao Paper Mill, Kunming	240	212
昭通市水电综合经营公司	Zhaotong Water and Electricity Business Co.	260	359
云南陆良银河纸业有限公司	Yinhe Paper Co., Ltd., Luliang, Yunnan	910	1 252
玉溪市高仓造纸厂	Gaocang Paper Mill, Yuxi	293	[illegible]
玉溪市第一造纸厂	Yuxi No. 1 Paper Mill	332	1 266
大理市洱滨纸厂	Erbin Paper Mill, Dali	454	754
云南红塔蓝鹰纸业有限公司	Hongta Lanying Paper Co., Ltd., Yunnan	814	22 981
云南省临沧纸业有限责任公司	Lincang Paper Co., Ltd., Yunnan	584	609
云南保税科技股份有限公司大理造纸分	Dali Paper Branch Co. of Yunnan Baoshui S & T Co., Ltd., Yunnan	981	- 656
云南省玉溪水松纸厂	Shuisong Paper Mill, Yuxi, Yunnan	136	2 430
云南省玉溪市光华造纸厂	Guanghua Paper Mill, Yuxi, Yunnan	201	1 886
玉溪红塔印刷有限公司	Yuxi Redpagoda Printing Co., Ltd.	400	7 468
曲靖福牌包装材料有限公司	Fupai Packing Material Co., Ltd., Qujing	85	1 106
昆明市纸箱厂	Kunming Paper Box Factory	117	15
昆明市福保彩印包装厂	Fubao Color Printing & Packing Plant, Kunming	928	1 469
通海县包装制品厂	Tonghai Packing Material Factory	137	325
云南省弥勒县红阳有限责任公司	Hongyang Co., Ltd., Mile, Yunnan	85	523
云南楚兴包装有限公司	Chuxing Packing Co., Ltd., Yunnan	193	1 714
云南楚雄恒宇纸业有限责任公司	Hengyu Paper Co., Ltd., Chuxiong, Yunnan	120	- 40
印刷业，记录媒介的复制	**Printing**		**8 437**
云南新华印刷实业总公司	Yunnan Xinhua Printing Industry General Co.	876	2 681
云南新华印刷二厂	Yunnan Xinhua No. 2 Printing House	337	846
云南省国税印刷厂	Yunnan State Taxation Printing House	145	1 037
云南国防印刷厂	Yunnan National Defense Printing House	493	1 430
昆明市印刷有限责任公司	Kunming Printing Co., Ltd.	335	257
昆明运城制版有限公司	Yuncheng Plate-making Co., Ltd., Kunming	408	793
楚雄吉兴彩印有限责任公司	Jixing Color Printing Co., Ltd., Chuxiong	371	311
云南省玉溪地区玉溪市科技彩印有限公	Yuxi S & T Color Printing Co., Ltd., Yunnan	184	1 640
云南省玉溪印刷有限责任公司	Yuxi Printing Co., Ltd., Yunnan	614	3 698
云南华宁兴宁彩印有限公司	Xingning Color Printing Co., Ltd., Huaning	95	1 453
云南红河彩印包装股份有限公司	Honghe Color Printing and Packing Co., Ltd.	212	4 998

continued

(10 000 yuan)

年末固定资产 Fixed Assets at Year-end		全部流动资产平均余额 Annual Average Balance of Circulating Funds	本年提取的折旧基金 Depreciation Funds Withdrawn in This Year	利润总额 Total Profits	利税总额 Total Profits and Taxes
原值 Original Value	净值 Net Value				
18 505	16 378	14 694	994	- 1 820	- 2 528
5 564	**3 361**	**6 265**	**465**	**8**	**133**
5 564	3 361	6 265	465	8	133
307 979	**253 213**	**126 136**	**8 587**	**9 472**	**19 305**
137 243	137 243	13 075	0	- 2 046	- 1 064
21 929	17 365	10 050	433	- 5 742	- 5 394
8 653	6 147	3 012	213	- 970	- 961
3 331	2 428	2 790	115	- 50	55
4 784	1 626	6 553	350	172	472
3 024	1 706	1 734	162	157	288
7 218	2 948	2 181	493	14	235
7 059	4 964	3 934	258	- 121	44
55 879	43 741	21 220	2 926	13 895	17 723
9 034	8 540	6 468	65	- 355	- 251
11 899	6 051	9 550	350	- 1 277	- 1 057
4 910	1 855	8 520	380	1 660	2 154
2 711	2 430	3 483	217	348	429
9 942	4 497	14 099	1 580	3 163	4 446
2 099	858	1 845	174	460	550
2 392	502	1 333	33	- 574	- 543
7 892	5 504	7 781	352	2	478
2 022	655	553	93	6	73
1 814	946	3 343	242	221	416
2 587	1 784	3 823	97	680	1 353
1 560	1 424	790	55	- 171	- 140
81 370	**207 482**	**123 673**	**153 898**	**16 735**	**24 560**
10 151	6 736	4 491	629	229	950
3 665	2 605	1 280	162	46	289
5 210	4 013	1 525	440	385	644
6 623	4 234	1 198	511	107	258
4 679	2 478	946	448	- 781	- 632
2 976	1 484	2 526	450	82	388
2 838	1 664	235	78	153	216
7 547	3 859	6 434	681	628	948
12 754	6 128	6 736	1 041	810	1 630
3 636	950	4 012	419	147	377
6 302	3 892	3 642	438	1 201	2 188

单位：万元

企业名称	Name of Enterprise	全部职工平均人数（人） Average Number of All Staff and Workers (person)	工业增加值（当年价） Value-added of Industry (at current prices)
云南黎马敦包装有限公司	Limadun Packing Co., Ltd., Yunnan	150	982
云南侨通包装印刷有限公司	Qiaotong Packing and Printing Co., Ltd., Yunnan	586	11 417
云南岭东纸业有限公司	Lingdong Paper Co., Ltd., Yunnan	229	2 923
玉溪环球彩印纸盒有限公司	Huanqiu Color Printing Paper Box Co., Ltd., Yuxi	427	14 867
云南红塔彩印包装有限公司	Redpagoda Color Printing and Packing Co., Ltd.	286	4 488
云南华玉彩印包装有限公司	Huayu Color Printing and Packing Co., Ltd.	128	1 550
云南通大彩印包装有限公司	Tongda Color Printing and Packing Co., Ltd.	133	3 698
云南通印股份有限公司	Yunnantong Printing Co., Ltd.	557	8 161
昆明彩印有限责任公司	Kunming Color Printing Co., Ltd.	706	5 947
云南省曲靖彩印有限责任公司	Qujing Color Printing Co., Ltd., Yunnan	483	[illegible]
云南万鸿彩印有限公司	Wanhong Color Printing Co., Ltd., Yunnan	350	7 195
福牌彩印有限公司	Fupai Color Printing Co., Ltd., Yunnan	189	435
云南大金彩印有限责任公司	Dajin Color Printing Co., Ltd., Yunnan	143	219
石油加工及炼焦业	**Petroleum Processing and Coke-making Industry**	**510**	**2 039**
云南红河煤焦化有限责任公司	Honghe Coal Coke-making Chemistry Co., Ltd.	340	1 589
云南省曲靖市富源县德鑫焦化制气厂	Dexin Coke-making and Gas Supply Plant, Fuyuan, Qujing, Yunnan	170	450
化学原料及化学制品制造业	**Industrial Chemicals and Product Making**	**61 954**	**193 160**
昆明电化厂	Kunming Electric and Chemical Plant	289	151
云南化工厂	Yunnan Chemical Plant	2 046	3 463
中轻依兰(集团)有限公司	Zhongqing Yilan (Group) Co., Ltd.	1 758	- 10 219
昆明明珠化工有限责任公司	Mingzhu Chemical Co., Ltd., Kunming	215	398
云南省滇东磷化工公司	Diandong Phosphor Chemical Co., Yunnan	2 888	1 480
云南省富民县磷酸盐总厂	Fumin Phosphate General Factory, Yunnan	260	570
云南曲靖磷酸盐化工厂	Qujing Phosphate Chemical Factory, Yunnan	303	495
云南马龙化建股份有限公司	Malong Chemical Building Co., Ltd., Yunnan	837	1 078
云南大东化工集团公司化工厂	Chemical Plant of Dadong Chemical Group Co.	146	200
寻甸化建集团公司	Xundian Chemical Building Group Co., Yunnan	336	250
云南云龙化学工业有限公司	Yunlong Chemical Industry Co., Ltd., Yunnan	126	453
云南省澄江县磷业化工公司	Chengjiang Phosphorus Chemical Co., Yunnan	996	6 681
澄江县磷化公司广龙分公司磷酸盐厂	Phosphate Factory of Guanglong Branch Co. of Chengjiang Phosphorus Chemical Co., Yunnan	150	540
云南澄江志成磷化工有限责任公司	Zhicheng Phosphorus Chemical Co., Ltd., Chengjiang, Yunnan	150	725
云南省建水县化工总厂	Jianshui Chemical Plant, Yunnan	820	439
云南省石屏县磷酸盐厂	Shiping Phosphate Plant, Yunnan	150	501
云南省河口磷酸盐厂	Hekou Phosphate Plant, Yunnan	135	681
昆明梅塞尔气体产品有限公司	Meisai'er Gas Product Co., Ltd., Kunming	97	- 4
云南梅塞尔气体产品有限公司	Meisai'er Gas Product Co., Ltd., Yunnan	39	3 008
云南江磷集团股份有限公司	Jianglin Phosphorus Group Co., Ltd., Yunnan	827	5 509

continued

(10 000 yuan)

年末固定资产 Fixed Assets at Year-end		全部流动资产平均余额 Annual Average Balance of Circulating Funds	本年提取的折旧基金 Depreciation Funds Withdrawn in This Year	利润总额 Total Profits	利税总额 Total Profits and Taxes
原值 Original Value	净值 Net Value				
10 729	7 520	7 496	891	- 476	- 341
26 037	15 505	24 802	2 304	6 624	8 822
7 686	5 156	6 581	667	1 290	1 878
28 335	14 059	16 363	2 355	6 302	8 109
13 265	8 145	5 266	1 231	2 500	3 242
4 595	3 076	4 862	327	311	468
5 358	3 670	5 098	490	1 456	1 815
18 647	11 552	25 224	1 220	933	2 586
8 816	4 596	6 284	699	1 579	2 880
2 455	1 154	2 242	118	- 120	- 36
9 777	7 131	12 352	781	1 383	2 143
1 922	1 728	1 500	170	186	274
3 480	2 260	2 803	185	- 416	- 416
9 719	**8 863**	**3 584**	**583**	**409**	**768**
3 184	2 733	2 206	177	507	843
6 536	6 130	1 378	406	- 98	- 75
1 318 640	**869 293**	**720 265**	**55 591**	**6 562**	**45 155**
4 476	2 098	5 331	229	- 363	- 347
33 669	21 990	12 013	1 447	293	1 351
93 508	33 414	24 466	1 788	- 8 225	- 8 179
1 405	915	1 254	93	11	121
18 279	10 776	8 805	427	- 2 148	- 1 667
5 219	3 539	2 522	163	10	264
3 722	1 614	1 154	171	- 210	- 79
6 746	2 625	12 411	316	- 1 227	- 216
2 549	2 217	1 031	45	214	234
4 337	2 194	4 168	28	- 208	54
2 131	1 178	1 425	118	11	163
18 670	10 000	15 921	848	154	1 442
4 670	2 429	2 633	230	- 175	- 175
4 545	3 658	2 226	78	- 174	- 174
10 813	7 843	6 845	374	- 478	- 476
2 642	866	1 414	219	- 275	- 190
2 445	1 448	1 043	95	1	187
13 206	11 580	1 274	499	- 409	- 144
12 675	11 399	4 150	768	1 375	1 995
5 811	3 383	9 409	176	146	606

11-24 续表7

单位：万元

企业名称	Name of Enterprise	全部职工平均人数（人） Average Number of All Staff and Workers (person)	工业增加值（当年价） Value-added of Industry (at current prices)
澄江县磷化工华业有限责任公司	Huaye Phosphorus Chemical Co., Ltd., Chengjiang	278	1 773
罗平县暨广顺工贸有限责任公司	Jiguangshun Industry and Trade Co., Ltd., Luoping	324	1 993
云南南磷集团股份有限公司罗平分公司	Luoping Branch Co. of Nanlin Phosphorus Group Co., Ltd., Yunnan	175	3 511
昆明化肥有限责任公司	Chemical Fertilizer Co., Ltd., Kunming	844	2 325
昆明神龙汇丰化肥有限责任公司	Shenlong Huifeng Chemical Fertilizer Co., Ltd.	827	1 713
彝良县氮肥厂	Yiliang Nitrogenous Fertilizer Plant, Yunnan	475	309
云南省曲靖化学工业有限公司	Qujing Chemical Co., Ltd.,, Yunnan	1 285	933
云南沾化有限责任公司	Zhanhua Chemical Co., Ltd., Yunnan	2 979	10 879
云南云峰化学工业有限公司	Yunfeng Chemical Co., Ltd., Yunnan	4 362	10 [illegible]
云南省陆良氮肥厂	Luliang Nitrogenous Fertilizer Plant, Yunnan	856	1 195
滇中化工厂	Dianzhong Chemical Plant	1	0
云南省通海县氮肥厂	Tonghai Nitrogenous Fertilizer Plant, Yunnan	594	1 251
云南省峨山银河化工有限责任公司	Yinhe Chemical Co., Ltd., Eshan, Yunnan	881	580
驻昆解放军化肥厂	Kunming - based PLA Chemical Fertilizer Plant	4 266	8 709
云南东风氮肥厂	Dongfeng Nitrogenous Fertilizer Plant, Yunnan	845	- 2 216
泸西县氮肥厂	Luxi Nitrogenous Fertilizer Plant, Yunnan	805	3 151
文山州化工厂	Wenshan Chemical Plant, Yunnan	372	394
云天化股份有限公司	Yuntianhua Chemical Co., Ltd., Yunnan	1 656	29 530
云南昆阳磷肥厂	Kunyang Phosphate Fertilizer Plant, Yunnan	2 249	2 552
云南三环化工有限公司（云南磷肥厂）	Sanhuan Chemical Co., Ltd. (Yunnan Phosphate Fertilizer Plant)	2 830	7 139
云南宜良县磷化工总厂	Yiliang Phosphorus Chemical General Factory	933	2 785
寻甸县化肥厂	Xundian Chemical Fertilizer Plant	402	1 881
会泽县磷肥厂	Huize Phosphate Fertilizer Plant, Yunnan	299	764
楚雄龙江磷化工有限责任公司	Longjiang Phosphorus Chemical Co., Ltd., Chuxiong	320	- 135
禄丰磷肥厂	Lufeng Phosphate Fertilizer Plant, Yunnan	482	134
云南省玉溪化肥厂	Yuxi Chemical Fertilizer Plant, Yunnan	931	1 199
云南省玉溪钙镁磷肥厂	Yuxi Calcium Magnesium Phosphate Plant	327	- 81
云南红磷化工有限责任公司	Yunnan Hongta Phosphorus Chemical Co., Ltd.	1 796	9 199
云南省个旧市磷化工总厂	Gejiu Phosphorus Chemical General Factory	1 059	292
云南金星化工厂	Jinxing Chemical Plant, Yunnan	635	1 008
个旧市化肥厂	Gejiu Chemical Fertilizer Plant, Yunnan	1 297	1 288
云南省光明磷化工总厂	Guangming Phosphorus Chemical General Factory	1 072	722
云南沾益化工有限责任公司	Zhanyi Chemical Co., Ltd., Yunnan	706	471
云南楚雄仁恒化肥有限公司	Renheng Chemical Fertilizer Co., Ltd., Chuxiong	351	2 011
昆明金浪农药有限责任公司	Jinlang Agricultural Chemical Co, Ltd., Kunming	349	439
昆明云大科技产业股份有限公司	Yunnan University S & T Industry Co., Ltd.	290	10 944
昆明中华涂料有限责任公司	Zhonghua Paint Co., Ltd., Kunming	404	816

continued

(10 000 yuan)

年末固定资产 Fixed Assets at Year-end		全部流动资产平均余额 Annual Average Balance of Circulating Funds	本年提取的折旧基金 Depreciation Funds Withdrawn in This Year	利润总额 Total Profits	利税总额 Total Profits and Taxes
原值 Original Value	净值 Net Value				
5 702	4 444	5 186	518	0	613
2 509	1 746	1 337	151	- 830	- 564
4 143	3 306	5 003	266	- 101	- 87
11 984	7 844	6 582	835	137	258
17 605	12 234	4 726	707	6	273
5 225	4 080	1 059	40	- 565	- 565
15 541	10 543	7 209	554	260	652
100 977	67 358	22 006	7 123	- 1 865	- 746
158 820	122 778	57 354	4 470	- 1 351	1 462
7 341	4 120	2 540	422	- 159	- 153
0	0	0	0	0	0
6 729	4 722	3 469	541	150	357
12 013	12 013	1 811		11	432
133 895	106 179	17 754	3 621	- 4 806	- 3 086
28 250	23 885	3 012	260	- 4 433	- 4 380
17 491	14 263	2 717	312	37	353
3 393	1 555	857	160	- 78	- 77
110 433	51 933	47 679	6 943	18 213	23 245
22 563	12 020	11 187	1 685	- 996	- 234
61 373	47 117	57 347	4 243	181	1 598
12 074	6 393	9 085	592	58	128
5 830	4 793	3 833	734	298	683
3 953	2 646	3 588	151	3	34
6 314	3 548	2 010	89	- 314	- 104
9 736	8 307	591	156	- 395	- 268
7 924	3 228	4 616	182	12	40
3 960	2 549	3 032	9	- 112	- 112
81 959	60 770	33 044	4 591	- 1 541	1 144
7 243	3 468	5 462	9	- 304	- 263
7 262	2 534	3 774	497	28	129
19 338	13 776	2 968	753	- 998	- 772
11 770	6 175	3 915	527	- 794	- 717
2 987	1 210	4 156	73	1	49
7 061	3 958	8 832	559	694	694
877	506	4 248	61	1	97
5 287	3 633	95 392	538	5 789	6 253
4 767	3 267	4 204	14	3	243

11-24 续表8

单位：万元

企业名称	Name of Enterprise	全部职工平均人数（人） Average Number of All Staff and Workers (person)	工业增加值（当年价） Value-added of Industry (at current prices)
玉溪市星源油墨厂	Xingyuan Printing Ink Plant, Yuxi	193	2 507
云南红塔化学有限公司	Hongta Chemical Co., Ltd., Yunnan	169	687
云南省玉溪市溶剂厂	Yuxi Solvent Plant, Yunnan	194	2 777
云南云维集团有限公司	Yunwei Group Co., Ltd., Yunnan	2 209	12 594
景东县林产工业集团总公司	Jingdong Forest Industry Group General Co.	658	3 291
景谷县林业股份有限公司	Jingdong Forestry Co., Ltd., Yunnan	1 660	11 372
国营云南安宁化工厂	State owned Yunnan Anning Chemical Plant	1 515	4 019
国营云南包装厂	State-owned Yunnan Packing Factory	1 190	1 352
国营云南燃料一厂	State-owned Yunnan No. 1 Fuel Factory	1 1[illegible]6	3 832
云南燃二化工有限公司	Yunnan No. 2 Fuel Chemical Co., Ltd.	834	2 906
昆明市日用化工厂	Kunming Everyday Use Chemical Plant	172	519
昆明蓝风洗涤用品有限公司	Lanfeng Detergent Co., Ltd., Kunming	386	732
昆明芬美意香料有限公司	Fenmeiyi Perfume Co., Ltd., Kunming	214	4 259
医药制造业	**Pharmaceutical Making**	**8 639**	**51 895**
云南汉德生物技术有限公司	Yunnan Sino-German Biological Tech. Co., Ltd.	317	3 279
昆明制药集团股份有限公司	Kunming Pharmaceutical Group Co., Ltd.	1 051	7 200
昆明兴中制药有限责任公司	Xingzhong Pharmaceutical Co., Ltd., Kunming	194	1 875
昆明市东川制药厂	Dongchuan Pharmaceutical Factory, Kunming	253	1 205
国营永安制药厂	Yong'an State-owned Pharmaceutical Factory	288	1 209
云南省个旧市制药厂	Gejiu Pharmaceutical Factory, Yunnan	226	1 079
云南特安呐制药股份有限公司	De'anna Pharmaceutical Co., Ltd., Yunnan	275	4 204
昆明积大制药有限公司	Jida Pharmaceutical Co., Ltd., Kunming	2 261	5 129
昆明贝克诺顿制药有限公司	Beikenuodun Pharmaceutical Co., Ltd., Kunming	309	4 445
昆明康普莱特制药有限公司	Kanpulaite Pharmaceutical Co., Ltd., Kunming	98	316
昆明赛诺制药有限公司	Sainuo Pharmaceutical Co., Ltd., Kunming	263	804
云南白药集团股份有限公司	Baiyao Pharmaceutical Group Co., Ltd., Kunming	625	8 623
昆明中药厂有限公司	Kunming Traditional Chinese Medicine Co., Ltd.	564	2 254
玉溪万方天然药物有限公司	Wanfang Natural Medicine Co., Ltd., Yuxi	186	1 080
云南省陇川县章凤制药厂	Zhangfeng Pharmaceutical Factory, Longchuan	320	809
云南省白药集团丽江药业有限公司	Lijiang Pharmaceutical Co., Ltd. of Yunnan Baiyao Group	184	296
楚雄雁塔药业有限责任公司	Yanta Pharmaceutical Co., Ltd., Chuxiong	183	307
云南白药集团文山七花有限责任公司	Wenshan Pseudo-ginseng Flower Co., Ltd. of Yunnan Baiyao Group	212	1 312
云南盘龙云海药业有限公司	Panlong Yunhai Pharmaceutical Co., Ltd.	242	4 814
中国医学研究院医学生物研究所	Medical Biological Research Institute of Chinese Medical Research Institute	431	1 672
云南省生物制药厂（省兽医生物制药厂）	Yunnan Biological Pharmaceutical Factory (Provincial Vet Biological Pharmaceutical Factory)	157	- 14
橡胶制品业	**Rubber Goods Industry**	**6 593**	**9 899**
云南石林轮胎橡胶公司	Shilin Tyre Rubber Co., Yunnan	3 202	2 881

continued

(10 000 yuan)

年末固定资产 Fixed Assets Year-end		全部流动资产平均余额 Annual Average Balance of Circulating Funds	本年提取的折旧基金 Depreciation Funds Withdrawn in This Year	利润总额 Total Profits	利税总额 Total Profits and Taxes
原值 Original Value	净值 Net Value				
5 209	2 850	5 356	366	1 154	1 661
11 423	9 896	4 003	300	- 67	169
4 752	4 601	5 416	151	69	976
53 617	27 501	46 713	1 294	3 698	6 128
2 918	2 685	5 078	71	274	1 467
16 883	12 740	33 568	354	2 799	5 852
10 184	7 470	11 000	450	877	2 011
3 427	2 157	7 886	122	482	832
2 971	1 473	6 951	228	1 211	2 159
12 320	5 683	6 680	644	869	1 519
1 019	719	911	52	16	170
3 989	2 967	5 593	240	- 288	- 74
14 085	10 489	10 032	825	906	672
97 776	**70 381**	**144 909**	**5 989**	**24 374**	**36 484**
2 167	1 613	7 912	123	2 738	2 854
9 692	6 294	44 363	674	4 084	5 669
1 866	1 544	3 980	11	1 014	1 674
1 772	1 305	3 218	77	11	209
3 244	2 522	3 260	233	0	349
1 682	715	1 897	205	105	431
3 594	2 990	3 805	265	410	961
4 297	3 440	7 948	231	2 515	3 504
3 620	2 149	7 955	174	2 020	3 225
2 589	1 907	1 847	244	- 167	- 88
3 346	2 302	2 283	148	222	533
13 597	9 427	11 576	611	7 452	8 702
4 498	3 497	7 263	159	751	1 686
3 077	2 637	1 746	165	548	714
1 594	974	1 661	159	- 68	183
2 423	1 757	1 794	128	418	481
2 265	1 513	2 283	97	16	114
2 598	1 899	1 845	197	203	390
5 016	4 276	14 566	394	1 392	3 970
22 446	16 057	12 432	1 567	630	810
2 393	1 562	1 277	127	81	113
22 479	**13 874**	**20 737**	**1 115**	**- 1 066**	**477**
0	0	0	0	0	0

11-24 续表9

单位：万元

企业名称	Name of Enterprise	全部职工平均人数（人） Average Number of All Staff and Workers (person)	工业增加值（当年价） Value-added of Industry (at current prices)
云南交通橡胶轮胎有限公司	Jiaotong Rubber Tyre Co., Yunnan	556	1 686
昆明三叶轮胎制造有限责任公司	Sanye Tyre Manufacturing Co., Ltd., Yunnan	728	2 319
昆明橡胶管带厂	Kunming Rubber Pipe Factory	454	350
昆明联谊橡胶厂	Lianyi Rubber Factory, Kunming	398	346
昆明橡胶厂	Kunming Rubber Factory	589	67
云南省南湖橡胶厂	Nanhu Rubber Factory, Yunnan	666	2 250
塑料制品业	**Plastic Goods Industry**	**2 633**	**12 243**
昆明市塑料厂	Kunming Plastic Factory	236	277
云南塑料厂	Yunnan Plastic Factory	246	[illegible]
云南曲靖塑料集团有限公司	Qujing Plastic Group Co., Ltd., Yunnan	197	1 365
云南省玉溪市第一塑料厂	Yuxi No. 1 Plastic Factory, Yunnan	192	529
个旧市塑料厂	Gejiu Plastic Factory, Yunnan	112	290
云南红塔塑胶有限公司	Hongta Synthetic Resin Co., Ltd., Yunnan	171	4 427
云南明通轻型输送带有限公司	Mingtong Light-type Convey Belt Co., Ltd.	53	545
云南万和实业有限公司	Wanhe Industry Co., Ltd., Yunnan	33	254
云南金盛新型材料有限公司	Jinsheng New-type Material Co., Ltd., Yunnan	123	181
云南圆峰有限公司	Yuanfeng Co., Ltd., Yunnan	260	- 139
昆明三融塑料制品有限公司	Sanrong Plastic Goods Co., Ltd., Kunming	150	1 281
云南麒麟塑化集团有限公司	Qilin Plastic Chemical Group Co., Ltd., Yunnan	215	672
云南电子管厂	Yunnan Electronic Tube Factory	69	- 61
昆明民族塑料化工实业总公司	Kunming Ethnic Plastic Chemical General Co.	172	680
昆明中富容器有限公司	Zhongfu Vessel Co., Ltd., Kunming	43	1 306
昆明塑料工业有限责任公司	Kunming Plastic Industry Co., Ltd.	274	199
昆明华建塑料品有限公司	Huajian Plastic Goods Co., Ltd., Kunming	87	18
非金属矿物制品业	**Nonmetallic Mineral Goods Industry**	**19 837**	**67 303**
昆明水泥股份有限公司	Kunming Cement Co., Ltd.	1 762	9 852
昆明立宇建材有限责任公司	Liyu Building Material Co., Ltd., Kunming	613	1 272
龙飞富民水泥厂	Longfei Fuming Cement Plant	256	394
昭通市建筑建材集团总公司	Zhaotong Building Material Group General Co.	984	2 258
云南省师宗县水泥厂	Shizong Cement Plant, Yunnan	391	477
师宗县丹凤水泥厂	Danfeng Cement Plant, Shizong, Yunnan	383	758
陆良县三岔河水泥厂	Sanchahe Cement Plant, Luliang, Yunnan	617	943
玉溪市莲池水泥厂	Lianchi Cement Plant, Yuxi, Yunnan	646	355
玉溪市大营街水泥制造有限公司	Dayingjie Cement Plant, Yuxi, Yunnan	608	1 170
峨山彝族自治县塔甸水泥厂	Tadian Cement Plant, Eshan, Yunnan	231	415
云南省元江县永发实业有限公司	Yongfa Industry Co., Ltd., Yuanjiang, Yunnan	203	937
云南省个旧市水泥总厂	Gejiu Cement Plant, Yunnan	369	1 112

continued

(10 000 yuan)

年末固定资产 Fixed Assets Year-end		全部流动资产平均余额 Annual Average Balance of Circulating Funds	本年提取的折旧基金 Depreciation Funds Withdrawn in This Year	利润总额 Total Profits	利税总额 Total Profits and Taxes
原值 Original Value	净值 Net Value				
5 170	3 615	6 377	353	42	356
5 475	3 285	4 127	314	71	663
2 498	1 830	2 706	134	- 354	- 232
1 832	1 266	1 669	65	- 182	- 123
4 379	2 527	2 239	103	- 514	- 464
3 125	1 330	3 620	146	- 129	276
60 845	**42 633**	**39 125**	**3 194**	**1 567**	**3 208**
822	545	874	22	- 165	- 112
1 686	620	2 003	87	45	86
3 452	2 243	3 138	150	18	38
2 535	1 728	2 377	85	66	86
2 137	1 790	1 866	28	15	25
18 764	12 973	11 971	1 536	2 264	3 116
3 498	2 392	1 757	199	- 244	- 157
0	0	0	0	0	0
5 818	5 333	4 428	128	- 57	- 97
1 412	716	2 410	93	- 180	- 92
2 476	1 814	1 581	171	662	803
4 856	3 438	2 043	93	- 454	- 374
2 619	1 803	667	65	- 275	- 270
3 748	2 162	1 748	163	15	146
2 946	2 588	242	187	120	76
1 909	984	1 577	55	1	71
2 166	1 506	443	133	- 264	- 220
363 870	**226 866**	**182 214**	**18 543**	**- 966**	**13 958**
29 337	10 682	25 280	2 168	1 903	4 413
3 940	2 421	4 440	200		390
3 291	1 538	1 569	241	- 283	- 183
10 241	6 825	6 251	311	11	254
7 168	4 759	3 236	411	- 304	- 299
6 450	4 783	1 865	146	1	139
6 108	2 932	2 647	259	3	224
4 647	1 455	2 317	310	72	299
6 673	4 043	9 090	334	- 53	30
1 900	1 440	284	46	- 30	37
5 957	4 469	964	350	92	311
2 627	1 538	2 388	128	57	207

单位：万元

企业名称	Name of Enterprise	全部职工平均人数（人） Average Number of All Staff and Workers (person)	工业增加值（当年价） Value-added of Industry (at current prices)
思茅地区普洱水泥厂	Pu'er Cement Plant, Simao, Yunnan	740	1 693
大理水泥集团有限责任公司	Dali Cement Group Co., Ltd., Yunnan	861	2 059
大理市华营水泥厂	Huaying Cement Plant, Dali, Yunnan	338	1 264
云南红塔滇西水泥股份有限公司	Hongta Dianxi Cement Co., Ltd., Yunnan	872	8 696
云南省富邦科技实业股份有限公司	Fubang S & T Industry Co., Ltd., Yunnan	560	2 561
云南省壮山实业股份有限公司	Zhuangshan Industry Co., Ltd., Yunnan	630	2 173
昆明威世实业有限责任公司	Weishi Industry Co., Ltd., Kunming	257	256
云南水泥有限公司	Yunnan Cement Co., Ltd.	[illegible]	1 128
鲁甸县昊龙公司水泥厂	Cement Plant of Haolong Co., Ludian, Yunnan	130	[illegible]
楚雄奕标水泥有限公司	Yibiao Cement Co., Ltd., Chuxiong	476	2 381
云南开远水泥股份有限公司	Kaiyuan Cement Co., Ltd., Yunnan	1 479	6 083
云南省华宁县珠山水泥厂	Zhushan Cement Co., Ltd., Huaning, Yunnan	269	863
云南建工混凝土有限公司	Jiangong Concrete Co., Ltd., Yunnan	188	3 538
昆明预达制管有限责任公司	Yuda Pipe-making Co., Ltd., Kunming	362	669
昆明福应混凝土有限公司	Fuying Concrete Co., Ltd., Kunming	65	168
楚雄恒基管道工业有限责任公司	Hengji Pipe Industry Co., Ltd., Chuxiong	138	583
昆明石棉制品厂	Kunming Asbestos Product Factory	113	157
昆明轻型建筑材料厂	Kunming Light-type Building Material Factory	232	632
陆良县大地石材有限责任公司	Dadi Stone Material Co., Ltd., Luliang, Yunnan	570	4 211
昆明玻璃股份有限公司	Kunming Glass Co., Ltd.	1 239	3 860
昆明市玻璃制瓶厂	Kunming Glass Bottle Factory	578	1 013
云南易门意达陶瓷有限公司	Yida Ceramics Co., Ltd., Yimen, Yunnan	323	1 061
个旧市高压电瓷厂	Gejiu High-tension Ceramics Factory	725	851
个旧市瓷器厂	Gejiu Ceramics Factory	507	298
昆明市耐火材料厂	Kunming Refractory Material Factory	302	509
黑色金属冶炼及压延加工业	**Ferrous Metal Smelting and Pressing**	**32 000**	**197 299**
云南省曲靖市越州钢铁厂	Yuezhou Iron and Steel Plant, Qujing, Yunnan	1 585	3 030
云南省富源矿厂	Fuyuan Mineral Plant, Yunnan	1 858	3 396
昆明钢铁总公司	Kunming Iron and Steel general Co.	26 950	183 066
楚雄德胜钢铁有限公司	Desheng Iron and Steel Co., Ltd., Chuxiong	1 607	7 808
有色金属冶炼及压延加工业	**Nonferrous Metal Smelting and Pressing**	**49 629**	**193 596**
云南大东产业股份有限公司	Dadong Industry Co., Ltd., Yunnan	554	1 501
云南铜业股份有限公司	Yunnan Copper Industry Co., Ltd.	2 835	35 000
万通冶金化学有限公司	Wantong Metallurgical and Chemical Co., Ltd.	432	1 655
个旧市鸡街冶炼厂	Jijie Smelting Plant, Gejiu	1 311	260
云南省个旧市沙甸电冶厂	Shadian Electric Smelting Plant, Gejiu, Yunnan	169	1 712
云南永生有色金属集团有限公司	Yongsheng Nonferrous Metal Group Co., Ltd.	1 207	- 2 296

continued

(10 000 yuan)

年末固定资产 Fixed Assets at Year-end		全部流动资产平均余额 Annual Average Balance of Circulating Funds	本年提取的折旧基金 Depreciation Funds Withdrawn in This Year	利润总额 Total Profits	利税总额 Total Profits and Taxes
原值 Original Value	净值 Net Value				
1 912	2 973	2 050	337	19	409
6 571	3 005	3 975	297	- 37	427
4 628	2 271	2 229	459	- 77	241
87 721	60 550	14 921	5 101	1 327	3 416
12 709	7 458	13 855	708	335	942
3 894	1 365	7 203	268	545	969
5 861	2 787	1 145	369	- 693	- 615
19 151	15 172	7 063	735	- 899	- 446
2 063	1 504	582	294	- 388	- 242
8 501	6 785	4 482	365	282	705
22 412	8 585	13 545	1 180	461	2 219
11 197	9 054	2 616	597	264	623
6 446	4 036	13 704	1 289	62	428
3 855	2 654	2 183	17	- 191	- 6
2 296	1 224	1 101	33	- 242	- 144
1 593	1 334	693	153	- 30	58
1 634	1 077	1 051	25	- 97	- 47
2 798	1 270	1 915	209	- 102	51
2 350	2 100	1 326		- 5	54
47 454	31 515	18 287	418	- 1 080	371
2 106	1 328	1 292	66	2	209
4 352	3 617	1 109	428	- 284	- 239
7 506	6 313	2 443	212	- 1 498	- 1 373
1 454	598	1 953	45	- 17	107
2 066	1 410	1 155	33	- 95	18
758 987	**546 996**	**464 416**	**39 425**	**29 008**	**73 564**
15 961	8 427	6 601	864	121	1 076
8 139	3 520	10 520	549	135	1 381
693 595	503 996	438 159	36 549	26 154	67 068
41 292	31 054	9 135	1 463	2 598	4 040
952 808	**667 944**	**642 000**	**32 088**	**25 876**	**64 402**
18 154	16 471	3 140	85	4	539
108 111	61 018	270 713	3 847	8 325	20 225
4 582	3 503	4 287	413	- 491	- 208
6 607	3 396	14 776	239	- 1 044	- 882
1 712	635	3 399	71	143	143
13 870	9 895	2 193	476	- 1 535	- 1 531

11-24 续表11

单位：万元

企业名称	Name of Enterprise	全部职工平均人数（人） Average Number of All Staff and Workers (person)	工业增加值（当年价） Value-added of Industry (at current prices)
云南罗平锌电股份有限公司	Luoping Zinc and Electricity Co., Ltd., Yunnan	1 326	20 895
云南永昌铅锌股份有限公司	Yongchang Lead and Zinc Co., Ltd., Yunnan	936	1 988
云南新立有色金属有限公司	Xinli Nonferrous Metal Co., Ltd., Yunnan	1 110	4 306
云南驰宏锌锗股份有限公司	Chihong Zinc and Germanium Co., Ltd., Yunnan	8 457	20 335
昆明云冶锌业股份有限公司	Yunye Zinc Industry Co., Ltd., Yunnan	470	217
个旧市有色金属加工厂	Gejiu Nonferrous Metal Processing Plant	392	1 213
云南锡业公司	Yunnan Tin Industry Co.	24 041	58 358
个旧市自立矿冶厂	Zili Smelting Plant, Gejiu, Yunnan	1 313	5 599
云南木利锑业有限公司	Muli Antimony Industry Co., Ltd., Yunnan	564	1 560
云南铝业股份有限公司	Yunnan Aluminium Industry Co., Ltd.	2 934	36 072
东川铝业有限责任公司	Dongchuan Aluminium Industry Co., Ltd.	634	2 362
云南地矿资源股份有限公司北衙分公司	Beijie Branch Co. of Yunnan Geological and Mineral Co., Ltd.	226	321
昆明新迎铝型材厂	Xinying Aluminium Section Mill, Kunming	245	536
云南省玉溪市红塔铝型材厂	Hongta Aluminium Section Mill, Yuxi, Yunnan	152	222
云南新美铝铝箔有限公司	Xinmei Aluminium Foil Co., Ltd., Yunnan	321	1 780
金属制品业	**Metal Processing Industry**	**2 615**	**7 651**
云南省电力线路器材厂	Yunnan Power Line Facility Factory	568	4 481
云南工程机械厂	Yunnan Engineering Machinery Plant	305	323
云南省通海玛钢厂	Tonghaima Steel Plant, Yunnan	585	983
云南门窗工程公司	Yunnan Door and Window Engineering Co.	455	565
昆明官房彩板门窗厂	Guanfang Color Board Door and Window Factory	371	1 222
昆明市民族铝制品厂	Kunming Ethnic Aluminium Product Factory	331	78
普通机械制造业	**Ordinary Machinery Manufacturing**	**13 826**	**41 705**
云南金马柴油机总厂	Jinma Diesel General Factory, Yunnan	936	- 6
云南金马机械总厂	Jinma Machinery General Factory, Yunnan	728	1 096
昆明云内动力股份有限公司	Yunnei Power Co., Ltd., Kunming	1 520	20 715
云南曲轴有限责任公司	Yunnan Crankshaft Co., Ltd.	480	24
大理市泰安实业有限责任公司	Tai'an Industry Co., Ltd., Dali	525	755
云南三龙机械集团有限公司	Sanlong Machinery Group Co., Ltd., Yunnan	1 394	3 164
云南机床厂	Yunnan Machine Tool Plant	1 987	4 233
云南第三机床厂	Yunnan No. 3 Machine Tool Plant	287	429
玉溪机床厂	Yuxi Machine Tool Plant	752	799
云南丽江机床厂	Lijiang Machine Tool Plant, Yunnan	353	111
昆明机床股份有限公司	Kunming Machine Tool Co., Ltd.	2 405	6 489
云南锻压机床厂	Yunnan Forging and Machine Tool Plant	115	148
昆明水泵厂	Kunming Pump Plant	416	819
云南省玉溪轴承有限责任公司	Yuxi Bearing Co., Ltd., Yunnan	356	354

continued

(10 000 yuan)

年末固定资产 Fixed Assets Year-end		全部流动资产平均余额 Annual Average Balance of Circulating Funds	本年提取的折旧基金 Depreciation Funds Withdrawn in This Year	利润总额 Total Profits	利税总额 Total Profits and Taxes
原值 Original Value	净值 Net Value				
21 218	14 163	11 831	1 125	2 271	3 821
16 395	12 789	4 932	668	3	457
1 746	1 526	15 079	118	292	881
64 415	35 435	28 219	4 293	50	4 410
7 046	4 162	26 541	62	215	- 137
1 621	1 028	6 034	77	311	770
411 472	286 089	134 743	7 101	2 010	12 672
5 666	2 767	31 184	799	239	2 598
5 134	2 357	2 786	139	245	567
198 595	164 869	59 201	8 357	17 733	21 796
13 092	9 492	7 869	511	309	763
3 834	2 300	369	224	187	196
2 432	1 606	4 990	115	24	161
4 013	2 986	1 580	105	- 199	- 134
43 093	31 458	8 136	3 263	- 2 789	- 2 704
15 796	**10 552**	**19 372**	**860**	**1 593**	**4 817**
2 528	1 579	4 571	181	1 863	4 723
2 024	1 740	2 119	59	- 197	- 191
2 251	920	5 413	109	0	175
4 046	3 242	3 551	74	- 202	- 167
4 135	2 378	2 828	402	128	265
813	692	891	36	2	12
118 106	**75 457**	**177 944**	**4 681**	**6 446**	**14 245**
5 137	1 846	8 598	199	- 927	- 778
5 719	2 724	7 671	274	205	300
28 498	18 945	51 885	954	9 829	13 505
3 873	3 201	1 175	86	- 166	- 156
3 018	1 734	1 407	178	57	217
6 495	3 939	18 504	242	548	- 38
9 665	5 101	22 229	589	- 1 164	51
2 123	1 189	1 812	77	3	82
8 315	6 916	5 917	113	- 496	- 366
783	441	2 423	95	3	88
31 501	20 140	41 560	1 470	323	1 478
1 162	964	845	30	- 195	- 168
3 993	3 246	1 833	83	- 194	- 139
2 115	1 394	2 279	71	5	87

单位：万元

企 业 名 称	Name of Enterprise	全部职工平均人数（人） Average Number of All Staff and Workers (person)	工业增加值（当年价） Value-added of Industry (at current prices)
云南省红河轴承厂	Honghe Bearing Plant, Yunnan	547	367
云南圆正轴承有限公司（云南轴承总厂	Yuanzheng Bearing Co., Ltd. (Yunnan Bearing General Factory)	666	2 011
云南海旋齿轮有限责任公司	Haixuan Gear Co., Ltd., Yunnan	359	199
专用设备制造业	**Special Equipment Manufacturing**	**19 123**	**33 094**
昆明煤矿机械总厂	Kunming Coal Mine Machinery General Factory	1 958	2 044
个旧市矿山机械有限责任公司	Gejiu Mine Machinery Co., Ltd., Yunnan	597	928
昆明重工（集团）股份有限公司	Kunming Heavy Industry (Group) Co., Ltd.	1 602	- 1 933
云南化工机械厂	Yunnan Chemical Machinery Plant	441	715
昆明人造板机器厂	Kunming Artificial Board Machinery Plant	366	109
曲靖重机械制造有限公司	Qujing Heavy-duty Machinery Plant	1 010	1 603
云南烟草机械厂	Yunnan Tobacco Machinery Plant	504	1 317
昆明烟机集团一机有限公司	No.1 Machinery Co., Ltd. of Kunming Tobacco Machinery Group	334	642
国营云南模具三厂	Yunnan No. 3 Mold Plant	546	366
云南省红河州轻工机械厂	Honghe Light Industry Machinery Plant, Yunnan	348	- 94
云南茶叶机械总厂	Yunnan Tea Machinery General Factory	290	308
云南昆船第二机械有限公司	Kunchuan No. 2 Machinery Co., Ltd., Yunnan	1 970	7 771
云南昆船第一机械有限公司	Kunchuan No. 1 Machinery Co., Ltd., Yunnan	2 120	6 241
云南昆船电子设备有限公司	Kunchuan Electronic Equipment Co., Ltd., Yunnan	796	4 415
昆明克林轻工机械(集团)股份有限公司	Kelin Light Industry Machinery Group Co., Ltd., Kunming	666	382
昆明烟机集团二机有限公司	No.2 Machinery Co., Ltd. of Kunming Tobacco Machinery Group	773	1 543
昆明烟机集团三机有限公司	No.3 Machinery Co., Ltd. of Kunming Tobacco Machinery Group	439	2 722
昆明烟机集团风动新技术发展有限公司	Pneumatic Technology Development Co., Ltd. of Kunming Tobacco Machinery Group	407	1 843
昆明神犁拖拉机有限责任公司	Shenli Tractor Co., Ltd., Kunming	737	640
云南金马农用车制造总厂	Jinma Agricultural Vehicle General Factory, Yunnan	1 054	570
云南省热带作物机械厂	Yunnan Tropical Crop Machinery Plant	156	32
楚雄华力机械制造有限公司	Huali Machinery Manufacturing Co., Ltd., Chuxiong	295	541
云南省金马冷作厂	Jinma Cold Working Plant	378	83
云南省医疗器械厂	Yunnan Medical Apparatus and Instruments Plant	196	54
云南建筑机械厂	Yunnan Construction Machinery Plant	675	32
中国人民解放军第七三二一工厂	Chinese PLA's 7321 Plant	456	133
交通运输设备制造业	**Transport Equipment Manufacturing**	**14 225**	**38 210**
中国铁道建筑总公司昆明机械厂	Kunming Machinery Plant of China Railway Construction General Co.	1 082	11 693
东风汽车工业联营公司云南汽车厂	Yunnan Car Factory of Dongfeng Automobile Industrial Joint Management General Co.	2 233	- 1 908
中国人民解放军第七四三三厂	Chinese PLA's 7433 Plant	1 006	- 604
一汽红塔云南汽车制造有限公司	Yunnan Car Manufacturing Co., Ltd. of No1. Automobile and Hongta Group.	2 863	15 369
云南客车厂	Yunnan Bus Factory	568	135
云南航天神州汽车有限公司	Yunnan Aviation Shenzhou Car Co.	271	909

continued

(10 000 yuan)

年末固定资产 Fixed Assets Year-end		全部流动资产平均余额 Annual Average Balance of Circulating Funds	本年提取的折旧基金 Depreciation Funds Withdrawn in This Year	利润总额 Total Profits	利税总额 Total Profits and Taxes
原值 Original Value	净值 Net Value				
1 513	883	2 321	52	- 78	- 36
2 015	1 841	5 107	86	1	222
2 184	954	2 297	83	- 212	- 106
131 326	**73 172**	**204 175**	**2 609**	**- 924**	**6 846**
8 157	3 978	22 825	195	20	584
3 809	1 443	3 073	110	6	143
13 278	4 794	26 579	417	- 467	- 217
2 705	1 841	5 075	118	21	169
5 169	1 990	6 859	1 005	- 508	- 307
11 127	7 530	5 618	352	105	382
5 226	2 746	5 778	- 69	- 182	35
3 179	1 612	6 639	102	- 100	138
3 061	2 133	2 873	85	- 261	- 189
1 873	1 123	1 570	47	- 825	- 776
1 540	785	1 027	49	35	94
13 312	9 483	24 801	690	642	2 300
20 150	13 417	22 823	- 2 064	273	1 889
5 790	3 749	13 096	287	428	1 235
4 322	2 065	10 233	196	- 175	156
2 984	1 788	7 981	145	844	1 076
2 423	1 290	7 759	108	586	995
3 169	2 732	6 994	49	426	585
3 701	1 282	6 084	151	10	89
6 018	2 178	4 448	234	- 625	- 493
1 149	586	760	5	- 92	- 88
2 220	1 406	3 170	158	41	54
1 851	944	1 671	95	- 309	- 286
588	333	1 112	12	0	8
2 069	880	3 413	53	- 831	- 802
2 457	1 061	1 916	81	13	71
158 591	**108 498**	**180 468**	**5 518**	**- 5 077**	**3 620**
9 742	6 452	52 006	612	1 653	3 371
41 956	28 514	21 966	586	- 3 583	- 2 717
9 422	7 856	2 706	172	- 188	- 226
42 108	29 399	49 606	1 864	162	3 539
3 190	2 210	4 748	194	- 393	- 427
231	218	3 498	- 5	- 516	- 324

11-24 续表13

单位：万元

企业名称	Name of Enterprise	全部职工平均人数（人） Average Number of All Staff and Workers (person)	工业增加值（当年价） Value-added of Industry (at current prices)
东风汽车工业联营公司～昆明化油器厂	Kunming Carburetor Plant of Dongfeng Automobile Industrial Joint Management Co.	289	202
云南高原汽车公司西山车箱厂	Xishan Carriage Plant of Yunnan Plateau Car Co.	160	353
云南金马汽车车架厂	Jinma Car Chassis Plant, Yunnan	154	- 33
昆明钢板弹簧有限公司	Kunming Steel Plate and Spring Co., Ltd.	361	1 657
云达利铝合金制品有限公司	Yundali Aluminium Alloy Co., Ltd.	273	- 326
国营云南机器二厂	Yunnan State-owned No. 2 Machine Plant	681	455
国营云南模具二厂	Yunnan State-owned No. 2 Mold Plant	532	388
禄丰缸套厂	Lufeng Cylinder Jacket Plant	557	995
云南省摩托车厂	Yunnan Motorcycle Factory	133	2 323
昆明铁路局昆明机车厂	Locomotive Plant of Kunming Railway Bureau	1 425	[illegible] 074
云南云汽实业有限责任公司	Yunqi Industry Co., Ltd., Yunnan	791	2 742
云南省金马汽车摩托车修理厂	Jinma Car and Motorcycle Repairing Workshop	299	287
云南第一汽车工贸有限公司	Yunnan No.1 Car Industry and Trade Co., Ltd.	547	426
电气机械及器材制造业	**Electrical Machinery and Equipment Manufacturing**	**10 406**	**30 767**
昆明电机有限责任公司	Kunming Electric Machinery Co., Ltd.	1 460	3 170
昆明电工有限责任公司	Kunming Electrical Engineering Co., Ltd.	528	1 380
昆明市电机制造厂	Kunming Electric Machinery Manufacturer	395	245
昆明变压器厂	Kunming Transformer Factory	305	22
个旧市变压器厂	Gejiu Transformer Plant	303	679
云南通变电器(集团)股份有限公司	Yunnan Energizing and Transforming Electric Machinery (Group) Co., Ltd.	711	3 425
云南变压器电气股份有限公司	Yunnan Transformer and Electrical Machinery Co.,	519	3 757
昆明开关厂	Kunming Switch Factory	487	455
国营云南开关厂	Yunnan State-owned Switch Factory	971	2 638
东川光明电线电缆有限责任公司	Guangming Wire and Cable Co., Ltd., Dongchuan	67	709
云南玉溪电线缆厂	Yuxi Wire and Cable Co., Ltd.	119	1 460
云南红河电线厂	Honghe Wire Factory, Yunnan	328	157
昆明电缆股份有限公司	Kunming Cable Co., Ltd.	1 939	7 553
昆明云铜云珠电磁线工贸有限公司	Yuntongyunzhu Electromagnetic Wire Industry and Trade Co., Ltd., Kunming	185	887
云南999电池股份有限公司	Yunnan 999 Battery Co., Ltd.	1 502	3 103
昆明电池厂	Kunming Battery Factory	587	1 126
电子及通信设备制造业	**Electronic and Communication Facilities**	**2 203**	**17 288**
云南无线电厂	Yunnan Radio Factory	451	1 214
云南电信网信实业集团通信设备有限公	Telecommunications Facilities Co., Ltd. of Yunnan Telecommunications Network Industry Group	296	223
云南南天电子信息产业股份有限公司	Nantian Electronic Information Industry Co., Ltd.	1 075	14 245
云南半导体器件厂	Yunnan Semiconductor Factory	288	1 416
国营春光器材厂	Chunguang State-owned Equipment Factory	93	125
仪器仪表及文化、办公用机械制造业	**Instruments, Cultural and Office Facilities**	**4 833**	**8 117**

continued

(10 000 yuan)

年末固定资产 Fixed Assets Year-end		全部流动资产平均余额 Annual Average Balance of Circulating Funds	本年提取的折旧基金 Depreciation Funds Withdrawn in This Year	利润总额 Total Profits	利税总额 Total Profits and Taxes
原值 Original Value	净值 Net Value				
2 987	1 719	2 209	44	- 643	- 623
3 643	2 977	872	93	- 242	- 178
3 063	2 000	1 434	225	- 264	- 197
3 784	1 744	4 797	200	256	615
7 710	4 754	9 221	231	- 1 125	- 1 015
793	431	5 700	5	- 29	105
1 290	469	2 163	59	- 179	- 122
1 605	1 096	1 406	89	30	231
1 498	774	1 563	45	10	292
9 306	5 433	5 677	376	102	400
8 494	6 563	6 095	384	18	642
2 039	1 382	892	118	- 160	- 65
5 730	4 507	3 909	206	13	216
85 596	**51 711**	**102 485**	**3 527**	**4 864**	**9 985**
8 467	4 035	16 028	343	421	759
3 178	2 096	4 345	75	117	134
1 158	554	1 173	49	- 157	- 120
6 281	5 454	3 830	382	- 662	- 645
1 734	1 139	1 705	76	100	283
5 839	4 239	5 820	273	453	817
10 772	5 967	17 238	611	1 496	2 912
3 195	2 388	2 586	144	- 48	96
12 840	9 880	10 606	214	705	1 163
846	561	2 109	70	333	472
1 847	998	2 605	145	108	119
2 420	1 228	3 279	33	14	148
16 409	5 639	22 894	719	1 720	2 827
7	5	1 222		6	37
9 347	6 897	4 377	326	233	673
1 259	631	2 666	68	25	310
15 747	**9 614**	**64 199**	**883**	**7 398**	**9 544**
2 540	1 401	4 171	99	328	266
1 621	1 151	4 199	71	- 53	- 52
3 808	1 920	49 286	256	7 182	9 198
4 957	3 145	5 201	374	42	153
2 821	1 998	1 343	84	- 102	- 86
29 272	**15 417**	**28 704**	**1 310**	**120**	**571**

11-24 续表14

单位：万元

企 业 名 称	Name of Enterprise	全部职工平均人数（人） Average Number of All Staff and Workers (person)	工业增加值（当年价） Value-added of Industry (at current prices)
昆明泰和仪器仪表有限公司	Taihe Instrument Co., Ltd., Kunming	185	167
云南北方光学电子集团有限公司	Yunnan North Optics and Electronics Group Co., Ltd	4 043	6 024
云华光学有限公司	Yunhua Optics Co., Ltd.	340	612
昆明远达光学有限公司	Yuanda Optics Co., Ltd., Kunming	265	1 313
电力、蒸汽、热水的生产和供应业	**Power, Steam and Hot Water Production and Supply**	**22 049**	**430 698**
云南省阳宗海发电有限责任公司	Yangzonghai Electric Generation Co., Ltd., Yunnan	938	16 434
曲靖发电有限责任公司	Qujing Electric Generation Co., Ltd., Yunnan	413	44 653
云南宣威发电有限责任公司	Xuanwei Electric Generation Co., Ltd., Yunnan	1 160	5 280
云南省昆明发电厂	Kunming Power Plant, Yunnan	1 237	9 863
云南省小龙潭发电厂	Xiaolongtang Power Plant, Yunnan	3 140	27 159
云南田坝水电站	Tianba Hydroelectric Power Plant, Yunnan	75	6 689
云南省鲁布革发电总厂	Lubuge Electric Generation General Plant, Yunnan	636	49 522
云南以礼河发电厂	Yilihe Hydroelectric Power Plant, Yunnan	899	28 479
丽江黑白水电力集团股份有限公司	Heibaishui Power Group Co., Ltd., Lijiang	814	4 956
云南省硕多岗河水电联合开发公司	Shuoduoganghe Hydroelectric Joint Development Co.	42	1 591
迪庆州电力有限责任公司	Diqing Prefecture Power Co., Ltd.	381	2 926
云南省漫湾发电厂	Manwan Hydroelectric Plant, Yunnan	475	29 200
云南德宏电力股份有限公司	Dehong Power Co., Ltd.	1 352	5 410
云南省昭通供电有限责任公司	Zhaotong Power Supply Co., Ltd., Yunnan	783	4 266
云南省滇东电业局	Diandong Electric Industry Bureau, Yunnan	624	25 507
云南省滇北电业局	Dianbei Electric Industry Bureau, Yunnan	558	6 393
云南省玉溪供电局	Yuxi Power Supply Bureau, Yunnan	519	13 356
个旧市电力公司	Gejiu Power Co.	271	1 284
大理白族自治州电力(集团)有限公司	Dali Prefecture Power (Group) Co., Ltd.	472	3 887
云南文山电力股份有限公司	Wenshan Power Co., Ltd., Yunnan	1 202	8 017
云南省昆明供电局	Kunming Power Supply Bureau	2 294	81 795
云南省滇中电业局	Dianzhong Electric Industry Bureau, Yunnan	509	5 654
云南省个旧供电局	Gejiu Power Supply Bureau, Yunnan	1 593	24 783
云南省滇西电业局	Dianxi Electric Industry Bureau, Yunnan	1 353	23 595
煤气生产和供应业	**Coal Gas Production and Supply**	**2 912**	**8 254**
昆明焦化制气厂	Kunming Coke-making and Gas Supply Plant	2 033	4 522
昆明煤气总公司	Kunming Coal Gas General Co.	879	3 732
自来水的生产和供应业	**Water Treatment and Supply**	**1 664**	**12 966**
昆明市自来水总公司	Kunming Water Supply General Co.	1 664	12 966

continued

(10 000 yuan)

年末固定资产 Fixed Assets Year-end		全部流动资产平均余额 Annual Average Balance of Circulating Funds	本年提取的折旧基金 Depreciation Funds Withdrawn in This Year	利润总额 Total Profits	利税总额 Total Profits and Taxes
原值 Original Value	净值 Net Value				
1 984	1 858	823	31	- 197	- 163
23 243	11 990	20 472	1 075	66	66
2 380	823	3 196	78	50	217
1 664	746	4 214	107	201	450
2 852 012	**1 927 013**	**374 084**	**147 110**	**67 336**	**155 061**
184 877	130 027	21 492	11 088	6 019	13 297
260 695	218 663	43 764	14 912	13 472	23 711
207 013	199 721	18 617	4 542	- 6 994	- 4 183
41 797	13 318	5 313	2 544	1 280	3 306
140 843	50 908	7 392	9 938	10 472	26 760
17 687	10 397	12 319	1 222	3 686	4 909
234 687	82 208	2 849	15 861	3 235	8 322
76 182	21 055	1 904	2 861	1 820	4 686
35 805	28 436	10 156	1 033	1 721	2 487
28 955	25 966	2 465	1 074	- 402	355
10 322	6 536	1 496	324	51	494
357 680	227 698	32 584	19 051	16 816	28 735
48 218	46 200	2 112	1 102	71	1 663
19 233	11 910	6 085	673	351	1 417
169 850	129 909	51 093	9 914	1 916	5 377
56 520	43 162	7 097	2 578	398	1 155
73 227	55 375	22 581	4 717	718	1 824
3 589	2 486	2 003	328	1 144	1 415
12 833	8 137	6 863	572	836	1 854
31 387	22 005	10 334	155	2 978	5 037
423 126	315 580	44 419	20 088	4 328	12 893
113 325	86 932	9 347	5 853	452	1 337
126 533	91 790	38 774	7 129	1 364	3 954
177 628	98 593	13 029	9 552	1 605	4 257
95 613	**55 314**	**44 962**	**3 442**	**- 940**	**2 513**
40 152	18 984	24 652	273	- 909	1 883
55 461	36 331	20 310	3 170	- 31	629
114 376	**90 348**	**28 402**	**6 191**	**68**	**2 669**
114 376	90 348	28 402	6 191	68	2 669

主要统计指标解释

工业 我国的工业包括以下四个方面的生产活动

(1) 对自然资源的开采。如采矿、晒盐、森林采伐等,但不包括禽兽捕猎和水产捕捞。

(2) 对农副产品的加工,再加工,如粮油加工、食品加工、轧花、缫丝、纺织、制革等。

(3) 对采掘品的加工、再加工,如炼铁、炼钢、轧钢、化工生产、石油加工、机械制造、木材加工等,以及电力、自来水 、煤气的生产和供应等。

(4) 对工业品的修理,翻新,如机器设备的修理,交通运输工具(包括小卧车)的修理等。

1984 年以前农村的村及村以下办工业归属农业,1984 年及以后划归工业。

独立核算法人工业企业和工业活动单位 工业统计调查单位分为两类：独立核算法人工业企业和工业活动单位。

独立核算法人工业企业 是指从事工业生产经营活动的单位。应同时具备以下条件：

(1) 依法成立,有自己的名称,组织机构和场所,能够承担民事责任。

(2) 独立拥有和使用资产,承担负债,有权与其他单位签订合同。

(3)独立核算盈亏,并能够编制资产负债表。

工业活动单位 是指在一个场所从事一种或主要从事一种工业生产活动的经济单位。一般应同时具备以下三个条件：

(1) 具有一个场所,从事一种或主要从事一种工业活动。

(2) 单独组织工业生产、经营或业务活动。

(3) 单独核算收入和支出。

国有经济(全民所有制工业) 是指生产资料归国家所有的一种经济类型。包括中央和地方各级国家机关,事业单位和社会团体使用国有资产和使用自有资金投资举办的工业企业。1957 年以前的公私合营和私营工业,后均改造为国营工业,这部分工业资料不单独列时,均包括在国有经济内。

集体经济 是指生产资料归公民、集体所有的一种经济类型,包括城乡所有使用集体投资举办的工业企业,以及部分个人通过集体自愿放弃所有权并依法经工商行政管理机关认定为集体所有制的工业企业。

私营经济 是指生产资料归公民私人所有,以雇佣劳动力为基础的一种经济类型,包括私营独资企业,私营合伙企业和私营有限责任公司。

个体经济 是指生产资料归劳动者个人所有,以个体劳动为基础,劳动成果归劳动者个人占有和支配的一种经济类型。

"三资工业" 包括外商投资经济和港、澳、台投资经济。

其他经济 指除国有经济、集体经济和私营、个体经济以外的其他经济,包括联营经济、股份制经济、外商投资经济、港、澳、台投资经济等。

轻工业 指提供生活消费品和制作手工工具的工业,是为满足人们吃、穿、用需要的工业。按其所使用的原料不同,可分为两大类

(1)以农产品为原料的轻工业 是指直接或间接以农产品为基本原料的轻工业。主要包括食品制造、饮料制造、烟草加工、纺织、缝纫、皮革和毛皮制作、造纸以及印刷等工业。

(2)以非农产品为原料的轻工业 是指以工业品为原料的轻工业,主要包括文教体育用品、化学药品制造、合成纤维制造、日用化学制品、日用玻璃制品、日用金属制品、手工工具制造、医疗器械制造、文化和办公用机械制造等工业。

重工业 指生产生产资料的工业,是为国民经济各部门提供物质技术基础的工业。按其生产和产品用途,可分为下列三大类：

(1) 采掘(伐)工业 是指对自然资源的开采,包括石油开采、煤炭开采、金属矿开采、非金属矿开采和木材采伐等工业;

(2)原材料工业 是指提供国民经济各部门使用的原料、动力和燃料的工业。包括金属冶炼及加工、 炼焦及焦炭化学、化工原料、水泥、人造板以及电力、石油和煤炭加工等工业；

(3)加工工业 是指对原材料进行加工制造的工业。包括装备国民经济各部门的机械设备制造工业、金属结构、水泥制品等工业,以及为农业提供的生产资料和化肥、农药等工业。

根据上述划分原则,修理业中修理作业对象是重工业的划为重工业,否则划为轻工业。

大、中、小型企业 依据企业生产规模划分为特大型、大型(分为大一、大二两档)、中型(分为中一、中二两档)、小型四个类型。

1.按企业产品的年生产能力划分。凡产品比较单一的行业,能以产品生产能力划分的必须按产品设计生产能力或查定生产能力划分,如电力、原煤、石油、钢铁、有色金属、硫酸、烧碱、合成氨、汽车、拖拉机、水泥、平板玻璃、纺织、造纸、制糖、手表、缝纫、自行车等均以产品生产能力作为划分大、中、小型的标准(生产多种产品的企业,以其主要产品的生产能力来划分)。

2.按企业拥有固定资产原值划分。凡产品种类繁多,难以按生产能力划分的,则以企业的生产用固定资产原值(即依据上年度财务决算数据)作为划分大、中、小型企业的标准。

工业总产值 是以货币表现的工业企业在一定时间内生产的工业产品总量,它反映工业生产的总规模和总水平。它包括：在本企业内不再进行加工,经检验、包装入库的成品价值,工业性作业价值,自制半成品、在制品期末期初差额价值。工业总产值采用“工厂法”计算,即以工业企业作为一个整体,按企业工业生产活动的最终成果计算,企 业内部不允许重复计算,不能把企业内部各个车间(分厂)生产的成果相加。但在企业之间、 行业之间、地区之间存在重复计算。

轻重工业总产值的划分也是按“工厂法”计算的,即一个工业企业在正常情况下生产的主要产品的性质属于轻工业,则该企业的全部总产值作为轻工业总产值；一个工业企业生产的主要产品的性质属于重工业,则该企业的全部总产值作为重工业总产值。

说明：工业总产值计算新规定与原规定的区别(要点) 自1992年起,国务院决定以国内生产总值作为衡量国民经济发展的总量指标,以工业增加值作为衡量工业经济的总量指标,淡化工业总产值指标的作用。但工业增加值指标的计算仍然要以工业总产值为 基础。为使工业总产值的计算口径与工业中间投入的计算相配套,减少计算难度,保证工业增加值计算的准确性,在第三次全国工业普查方案中,针对工业总产值计算原规定的缺陷, 对其作了下列四个方面的修订：

1.凡用自备原材料生产的产品,不论其加工的繁简程度如何,一律按全价,即工业总产值包括自备原材料的价值。

2.凡承接来料加工生产的产品,加工企业一律按财务上结算的加工费计算工业总产值,即不包括定货者来料的价值。

3.自制半成品、在制品期末期初差额价值,原则上应计入工业总产值,不再按生产周期是六个月以上还是六个月以下来区分是否计入工业总产值。

4.现价工业总产值一律采用不含销项税额的价格计算。

工业总产值计算新规定与原规定的区别主要包括以下两点：

1.计算口径不同

(1) 全价与加工费的计算原则不同：新规定凡用自备原材料生产的产品,不论其加工的繁简程度如何,一律按加工费计算工业总产值。原规定则根据加工的繁简程度,有一些特殊规定 ,即对某些来料加工,允许按全价计算工业总产值,对某些自备原材料生产的产品,只允许按加工费计算总产值。

(2)自制半成品、在制品期末、期初差额价值计算规定不同：新规定要求原则上将自制半成品在制品期末期初差额价值计入工业总产值,并明确,如果会计的产品成本核算计算了这部分价值,工业总产值中也相应包括,否则可不包括；原规定,凡生产周期在六个月以上的产品,在计算工业总产值时应包括这部分差额价值,否则,可不包括这部分价值。

2.计算价格不同

按新规定计算的工业总产值按不含销项税额的价格计算；原规定则按含销项税额的价格计算。按1990年不变价格计算的工业总产值则不涉及计算价格扣除增值税的问题。

有关工业总产值计算的新规定详见《第三次全国工业普查实施方案》。

工业销售产值 是以货币表现的工业企业在一定时期内销售的本企业生产的工业产品产量。它包括已销售的成品、半成品的价值,对外提供的工业性作业价值和对本单位基本建设部门、生活福利部门提供的产品和工业性作业及自制设备的价值。已销售的成品、半成品,不论是本期生产的,还是上期生产的,只要是本期销售出去的均包括在内。对外提供的工业性作业是指企业按合同对外提供的工业性劳务。企业为本单位的基本建设部门、生活福利部门等提供的产品和工业性作业及自制设备也应视同销售,作为销售统计。

工业增加值 是指工业企业在一定时期内以货币表现的工业生产活动的最终成果。

工业企业主要财务指标

1.固定资产原价(原值):指企业在建造、购置、安装、改建、扩建、技术改造某项固定资产时所支出的全部货币总额。一般包括买价、包装费、运杂费和安装费等。

2.固定资产净值:指固定资产原价减去历年所提折旧额的净额。

3.流动资产平均余额:流动资产是指可以在一年或者超过一年的一个营业周期内变现或者耗用的资产,包括现金及各种存款、短期投资、存货等;流动资产平均余额指全部流动资产报告期平均余额。

计算公式为: 流动资产月平均余额=月初、月末流动资产余额之和÷2

流动资产季平均余额=季内各月流动资产平均余额之和÷3

流动资产年平均余额=1至12月各月流动资产平均余额之和÷12

4.提取的盈余公积:反映工业企业按规定从利润中提取的盈余公积,可用于弥补亏损或转增资本。

工业企业主要经济效益指标

1. 全员劳动生产率 指根据产品的价值量指标的平均每一职工在单位时间内的产品生产量。目前我国的全员劳动生产率是用工业总产值或工业增加值除以同一时期全部职工的平均人数来计算的。

计算公式为:

全员劳动生产率=工业总产值/全部职工平均人数或=工业增加值/全部职工平均人数

2.工业产品销售率 指报告期工业销售产值与同期全部工业总产值之比,反映工业产品生产已实现销售的程度。计算公式为:

工业产品销售率(%)=报告期现价工业销售产值/报告期现价工业总产值×100%

3.工业资产利税率 指报告期已实现的利税总额与同期的资产(流动资产和固定资产净值)之比,反映企业资金运用的经济效益。

计算公式为:

工业资产利税率(%)=报告期止累计实现利税总额/报告期平均流动资产+固定资产净值平均余额×12/累计月数×100/%

4.工业增加值率 指报告期工业增加值与同期工业总产值之比,反映降低中间消耗的经济效益。

计算公式为:

工业增加值率(%)=报告期工业增加值/报告期现价工业总产值(原规定)×100%

5.工业成本费用利润率 指报告期实现利润总额与成本费用之比,反映降低成本的经济效益。

计算公式为:

工业成本费用利润率(%)=报告期实现利润总额/报告期成本费用总额×100/%

成本费用是产品销售成本、产品销售费用、管理费用、财务费用之和

6.流动资产周转率 指一定时期内流动资产完成的周转次数,反映流动资产的周转速度。

计算公式为: 流动资产周转次数=报告期止累计产品销售收入/报告期平均流动资产×12/累计月数

7.资产负债又称债务比率 该比率反映在企业资产总额中有多少资产是通过借债而得到的。是反映企业长期偿债能力的指标之一,也可以用于衡量企业利用债权人提供资金进行经营活动的能力以及企业在清算时保护债权人利益的程度。计算公式为:

资产负债率=负债总额÷资产总额×100%

8.总资产贡献率 是反映全部资产的获利能力，是企业管理水平和经营业绩的集中体现。

计算公式为：

总资产贡献率（%）= 利润总额＋利息支出 / 平均资产总额×12/累计月数×100%

平均资产总额为资产总计期初、期末之和的算术平均值。即

平均资产总额=（期初资产总额＋期末资产总额）÷2

9.资本保值增值率 反映企业资产的变动状况，是企业发展能力的集中体现。

计算公式为：

资产保值增值率（%）= 期末所有者权益 / 期初所有者权益×100%

Explanatory Notes on Main Statistical Indicators

Industry refers to the material production sector which is engaged in the following four aspects:

(1)extraction of natural resources, such as mining, salt production, logging (but not including hunting and fishing);

(2)processing and reprocessing of farm and sideline produces, such as rice husking, food processing, flour milling, wine making, oil pressing, cotton ginning, silk reeling, spinning and weaving, and leather making;

(3) manufacture of industrial products, such as steel making, iron smelting, chemicals manufacturing, petroleum processing, machine building, timber processing; water and gas production and electricity generation and supply;

(4) repairing of industrial products such as the repairing of machinery and means of transport (including cars).

Prior to 1984, the rural industry run by villages and cooperative organizations under village was classified into agriculture. Since 1984, it has been grouped into industry.

Corporate industrial enterprises with Independent accounting system and industrial establishments Units of industrial statistics and inquiry are classified into two categories: corporate industrial enterprises with independent accounting system and industrial establishments.

Corporate industrial enterprises with independent accounting system refer to enterprises engaging in industrial production activities, which meet the following requirements:

(1)they are established legally, having their own names, organizations, location, able to take civil liability;

(2)they posses and use their assets independently, assume liabilities, and are entitled to sign contracts with other units;

(3) they are financially independent and compile their own balance sheets.

Industrial establishments refer to the economic units located in one single place and engaged entirely or primarily in one kind of industrial activity. They generally meet the following requirements:

(1)they have each one location and are engaged or mainly engaged in one kind of industrial activities;

(2)they operate and manage their industrial production activities separately;

(3) they have accounts of income and expenditures separately.

State-owned economy (the whole people owned) industry refers to a type of economic industrial enterprises where the means of production are owned by the state. It includes the industrial enterprises run by the central and state agencies at each level, institutions and social groups in using state-owned assets and self-owned funds. Joint state-private industries and private industries, which existed before 1957, have been transformed into state industries. Statistics on these enterprises has been included in the state-owned industries since 1957 when separation of data was no longer necessary.

Collective-owned Economy refers to a type of economic industrial enterprises where the means of production are owned collectively, including urban and rural enterprises invested by collectives and some enterprises which were formerly owned privately but have been registered in industrial and commercial administration agency as collective units.

Private Economy refers to a type of economic units where the means of production are owned by private individual and employment of labor force is taken as a base. It includes private solely-funded enterprises, private jointly-run enterprises and private limited liability companies.

Individual Economy refers to a type of economic units where the means of production are owned by individual laborer, individual labor is taken as a base and labor fruits are owned by individual laborer.

"Three Investment Industry" includes the economy invested by foreign businessmen and businessmen from Hong Kong, Macao and Taiwan.

Other Economy refers to other economy excluding state-owned, collective-owned, private-owned and individual economy. It includes affiliated economy, stock economy, foreign invested economy, economy with funds from Hong Kong, Macao and Taiwan, etc.

Light Industry refers to the industry that produces consumer goods and hand tools. It consists of two categories, depending on the materials used:

(1)Industries using farm products as raw materials. These are branches of light industry which directly or indirectly use farm products as basic raw materials, including the manufacture of food and beverages, tobacco processing, textile, clothing, fur and leather manufacturing, paper making, printing, etc.;

(2) Industries using non farm products as raw materials. These are branches of light industry which use manufactured goods as raw materials, including the manufacture of cultural, educational articles and sports, chemicals, synthetic fiber, chemical products for daily use, glass products for daily use, metal products for daily use, hand tools, medical apparatus and instruments, and manufacture of cultural and clerical machinery.

Heavy Industry refers to the industry which produces capital goods, and provides various of the national economy with necessary material and technical basis. It consists of the following three branches according to the purpose of production or the use of products:

(1)Mining, quarrying and logging industry refers to the industry that extracts natural resources, including extraction of petroleum, coal, metal and non-metal ores and logging;

(2)Raw materials industry refers to the industry that provides various sectors of the national economy with raw materials, fuels and power. It includes smelting and processing of metals, coking and coke chemistry, chemical materials and building materials such as cement, plywood, and power, petroleum refining and coal dressing;

(3) Manufacturing industry refers to the industry that processes raw materials. It includes machine building industry which equips sectors of the national economy, industries of metal structure and cement products, industries producing means of agricultural production, such as chemical fertilizers and pesticides.

According to the above principle of classification, repairing trades which are engaged primarily products of heavy industry are classified into heavy industry while those engaged in repairing products of light industry are classified into light industry.

Large, Medium and Small Enterprises according to the production scale of enterprises they are grouped into four types: extra large, large (grouped into grade one and grade two), medium (grouped into grade one and grade two) and small.

1. They are grouped according to the annual production capacity of enterprises. For an enterprise that produces single product and can be grouped according to its product production capacity, it should be grouped by its product design production capacity. For instance, the standard to group large, medium and small enterprises is based on product production capacity for trades such as power, raw coal, petroleum, iron and steel, nonferrous metal, sulfuric acid, caustic alkali, synthetic ammonia, cars, tractors, cement, plate glass, textile, paper making, sugar making, watches, sewing machines, bicycles, etc. (for an enterprise that produces multiple products, it is grouped according to its major product).

2. They are groped by their fixed assets. For an enterprise that produces multiple products and it is difficult to group by its production capacity, it is grouped according to its original value of productive fixed assets (based on the data of financial settlement of the previous year).

Gross Industry Output Value is the total volume of industrial products sold or available in monetary terms, which reflects the total achievements and overall scale of industrial production during a given period. It includes the value of the finished products, which are not to be further processed in the enterprises and have been inspected, packed and put in storage, the value of industrial services rendered to other units, and the changes in the value of the semi-finished products and products in process between the beginning and closing of the period. The gross industrial output value is calculated with "factory method". No double calculations are to be made within the same enterprise. However, double counting does occur among different enterprises.

Output value of light and heavy industries is also classified with the "factory" method. Under normal conditions, if the major products of an industrial enterprise belong to light industry products, the gross output value of that enterprise is classified wholly into light industry; the same principle applies to heavy industry.

Explanation: differences between the new regulations and the original ones for calculation of gross industrial output value (main points) from 1992 the State Council decided to adopt gross domestic product to measure the total amount index of national economic development, to adopt valued added of industry to measure the total amount index of industrial economy and to downplay the function of the index of gross industrial output value. But the calculation of the index of industrial added value is still based on gross industrial output value. In order to coordinate the calculation of gross industrial output value and the calculation of industrial intermediate input, to reduce the difficulty of calculation and to ensure the accuracy of industrial added value, the revision was made in the following four aspects regarding to the defects in the original regulations for the calculation of gross industrial output value in the Third National Industrial General Survey Scheme:

1. For the product produced with self-prepared raw material, no matter how complicated or simple its processing is, it is calculated at all-round price, i.e., the gross industrial output value includes the value of self-prepared raw material.

2. For the product processed with supplied materials, the processing unit shall calculate the gross industrial output value according to the processing charge financially settled, i.e., excluding the value of order's material.

3. The differential value of self-made semi-product and product in progress at the beginning and end of period shall be calculated into the gross industrial output value in the principle and the identification of whether it is more or less than six months for calculation is not applied.

4. Current gross industrial output value is all calculated at price without sales tax.

There are two main points of differences between the new regulations and the original one for calculation of gross industrial output value:

1. Different calculation approaches

(1)different calculation principle for all-round price and processing charge: according to the new regulations, for the product produced with self-prepared raw material, no matter how complicated or simple its processing is, the gross industrial output value is calculated according to the processing charge. Under the original regulations, some special regulations were made according to the complicatedness and simplicity of processing, i.e., the calculation at all-wound price for gross industrial output value was allowed for some processing with supplied materials and for some products produced with self-prepared materials, gross industrial output value was calculated only according to the processing charge.

(2) different regulations to calculate the differential value of self-made semi-product and product in progress at the beginning and end of period: according to the new regulations, the differential value of self-made semi-product and product in progress at the beginning and end of period is calculated into gross industrial output value in principle and it is made clear that if this part of value is calculated in product costing of accounting, it should be included in gross industrial output value accordingly, otherwise it can not be included. Under the original regulations, for the product with production cycle over six months, the calculation of gross industrial output value should include this part of differential value, otherwise s it can not be included.

2. Different calculation price

The calculation of gross industrial output value is carried out at price without tax under the new regulations, while it is carried out at price with tax under the original regulations. The gross industrial output value calculated at fixed price in 1990 does not involve the problem of whether value added tax is deducted from calculation price.

The details of the new regulations for calculation of gross industrial output value can refer to the Third National Industrial General Survey Scheme.

Industrial Sales Output Value is the total volume of industrial products produced and sold by industrial enterprises in a given period in monetary terms. It includes the value of sold end-products and semi-products, the industrial operational value provided to the outside, the value of products, industrial operation and self-made equipment provided for the capital construction departments and welfare benefits departments of the same unit. For the sold end-products and semi-products produced in the present phase or the previous phase, those sold out in the present phase are all included. The industrial operation provided to the outside means the industrial labor provided by an enterprise according to the contract. The products, industrial operation and self-made equipment provided for the capital construction departments and welfare benefits departments of the same unit are also considered and recorded as sales.

Value-added of Industry refers to the final results of industrial production of the industrial trade in money terms during the reference period.

Main Financial Indicators of Industrial Enterprises

1. Original Value of Fixed Assets: refers to the original value of all fixed assets owned by industrial enterprises, calculated at the cost paid at the time of purchase, installation, reconstruction, expansion, and technical innovation and transformation of the said assets, which includes expenses on purchase, package, transportation, and installation, etc.

2. Net value of fixed assets: refers to the original price of fixed assets minus the net amount of accumulated depreciation.

3. Average balance of current assets: current assets refer to the assets which can be liquidized or consumed within an operating cycle in one year or over one year. They include cash and various deposits, short-term investment, inventory, etc.; average balance of current assets refers to the average balance of all the current assets in the reference period.

The calculation formulae: Monthly average balance of current assets = sum of balance of current assets at beginning and end of month ÷2

Quarterly average balance of current assets = sum of balance of current assets in each month of quarter ÷2

Yearly average balance of current assets = sum of balance of current assets in each month from January to December ÷2

4. Earned surplus withdrawn: reflects the earned surplus withdrawn from the profits by an enterprise according to the regulation, which can be used to cover the loss or add to the capital.

Main Indicators of Economic Performances of Industrial Enterprises

1. *Overall Labour Productivity* refers to the average output per employed person in industrial enterprise in value terms. At present, the gross industrial output value or added value of industry and the average number of staff and workers of an industrial enterprise in a given period are used to calculate the overall labour productivity. The formula used is:

Overall Labour Productivity = gross industrial output value/average number of staff and workers or = value added of industry/ average number of staff and workers

2. *Ratio of sales to industrial products* refers to the industrial sales output value to the gross industrial output value during the reference period, which reflects the linkage between the industrial product production and the realized sales. It is calculated as follows:

Ratio of Sales to industrial products = (Industrial sales output value at current price in the reference period/gross industrial output value at current price in the reference period) ×100%

3. *Profit and tax rate of industrial assets* refers to the ratio of total realized profit and tax in the reference period to assets (net value of current assets and fixed assets) in the same period, which reflects the economic efficiency of fund utilization. It is calculated as follows:

Profit and tax rate of industrial assets (%) = [total accumulated profit and tax by the end of reference period/(average current assets in the reference period + average balance of net value of fixed assets)] × 12/accumulated months×100%

4. *Value-added rate of industry* refers to the ratio of value added of industry in a given period to the gross output value in the same period, which reflects the economic efficiency of cutting down the intermediate input and is calculated as follows:

Value-added rate of industry (%) = (Value-added of Industry in the reference period/gross industrial output value at current prices)×100%

5. *Ratio of profits to total industrial cost and expenses* refers to the ratio of profits realized in a given period to the total cost and expenses in the same period, which reflects the economic efficiency of cutting down cost. It is calculated as follows:

Ratio of profits to total industrial cost and expenses (%) = (total profits realized in the reference period/total cost and expenses in the reference period)×100%

Cost and expenses are the sum of product sales cost, product sales expenses and financial expenses.

6. *Turnover rate of current assets* refers to the number of times of turnover of current assets in a given period of time, which reflects the speed of the turnover of current assets. It is calculated as follows:

Number of times of turnover of current assets (%) = (accumulated product sales revenue by the end of reference period/average current assets in the reference period)×12/accumulated months

7. *Ratio of debts to assets* reflects how much of assets in the total assets of an enterprise is obtained by borrowing. It is one of the indicators reflecting the debt paying ability of an enterprise in the long run and it can also be used to measure the operating ability of an enterprise with the money provided by creditor and the degree that an enterprise can protect the interest of creditor during liquidation. It is calculated as follows:

Ratio of debts to assets (%) =(total debts/total assets)×100%

8. *Contribution rate of total assets* reflects the profit-making capability of all assets and it is a key indicator manifesting the performances and management level of an enterprise. It is calculated as follows:

Contribution rate of total assets (%) = [(total profit and tax + interest payment)/total average assets] × 12/(accumulated months×100%)

Total average assets refer to the arithmetic average value of total assets at the beginning and end of period. That is, (total assets at the beginning of period + total assets at the end of period)÷2.

9. *Inflation-proof and increase rate of capital* reflects the variation of assets of an enterprise and centrally manifests the development ability of an enterprise. It is calculated as follows:

Inflation-proof and increase rate of capital (%) = (owner's equity at the end of period/ owner's equity at the beginning of period)×100%

12

十二、能源材料生产和消费

ENERGY MATERIAL PRODUCTION AND CONSUMPTION

12-1 主要年份能源生产和消费总量及其构成

Total Production and Consumption of Energy and Its Composition in Major Years

年份 Year	能源生产总量（万吨标准煤） Total Production of Energy (10 000 tons of SCE)	占能源生产总量的比重 Percentage to Total Production(%)		能源消费总量（万吨标准煤） Total Consumption of Energy (10 000 tons of SCE)	占能源消费总量的比重 Percentage to Total Consumption (%)			
		原煤 Coal	水电 Hydro Power		煤炭 Coal	石油 Petroleum	天然气 Natural Gas	水电 Hydro Power
1952	17.50	90.30	9.70	19.00	83.20	7.90		8.90
1957	114.30	96.00	4.00	119.20	92.00	4.10		3.90
1962	224.70	93.50	6.50	256.30	89.30	4.50		6.20
1965	326.10	93.90	6.10	348.70	87.80	6.50		5.70
1970	555.60	91.80	8.20	591.50	86.20	6.10		7.70
1975	861.10	85.60	14.40	920.30	80.10	6.40		13.50
1976	751.20	85.40	14.60	797.00	79.40	6.80		13.80
1977	893.20	86.30	13.70	931.10	79.60	7.30		13.10
1978	1 002.60	84.50	15.50	1 065.90	78.20	7.20		14.60
1979	933.90	82.70	17.30	1 072.20	72.00	7.50	5.40	15.10
1980	841.90	79.60	20.40	946.10	67.00	9.00	5.70	18.30
1981	872.50	77.90	22.10	948.40	65.90	8.60	5.90	19.60
1982	930.20	81.90	18.10	1 020.60	69.70	8.30	4.90	17.10
1983	966.30	83.30	16.70	1 094.70	72.20	8.50	4.60	14.70
1984	1 076.30	81.50	18.50	1 226.30	71.20	8.30	4.20	16.30
1985	1 162.80	80.40	19.60	1 298.33	69.60	8.50	4.40	17.50
1986	1 220.30	79.50	20.50	1 399.07	69.70	8.40	4.10	17.80
1987	1 355.30	91.10	8.90	1 533.22	72.20	8.40	3.50	15.90
1988	1 404.50	83.50	16.50	1 622.52	75.70	6.90	3.10	14.30
1989	1 522.79	81.80	18.20	1 706.87	72.30	8.10	3.20	16.40
1990	1 594.50	79.80	20.20	1 954.18	71.70	7.20	2.80	18.30
1991	1 649.02	75.30	24.70	1 961.92	67.00	8.50	2.80	21.70
1992	1 763.66	77.10	22.90	2 016.61	69.40	8.00	2.70	19.90
1993	1 811.57	76.70	24.30	2 089.80	70.00	8.00	2.70	19.30
1994	2 073.79	71.50	28.50	2 282.80	66.00	7.70	2.50	23.80
1995	2 313.65	69.20	30.80	2 640.55	66.10	6.90	2.20	24.80
1996	2 556.85	68.60	31.40	2 819.43	64.50	6.90	2.50	26.10
1997	2 619.97	71.85	28.15	3 428.98	71.38	6.01	2.01	20.60
1998	2 451.49	71.99	28.01	3 364.49	71.31	6.52	1.76	20.41
1999	2 267.97	67.06	32.94	3 287.97	68.22	7.18	1.88	22.72
2000	2 138.07	59.17	40.83	3 206.77	62.75	8.07	1.96	27.22
2001	2 242.58	60.96	39.00	3 489.77	61.71	11.39	1.84	25.06

12-2 主要行业能源消费总量和构成

行　　业	Sector	1999年 消费量（万吨标煤） Total Consumption of Energy (10 000 tons of SCE)	构　成（%） Percentage (%)
一、工　业	**Industry**	**2 388.30**	**100.00**
轻 工 业	Light Industry	347.03	14.53
重 工 业	Heavy Industry	1 931.73	80.88
(一)采 掘 业	Mining and Quarrying	321.16	13.45
煤炭采选业	Coal Mining and Processing	230.74	9.66
石油和天然气开采业	Petroleum and Natural Gas Extraction	11.17	0.47
黑色金属矿采选业	Ferrous Metals Mining and Dressing	12.48	0.52
有色金属矿采选业	Nonferrous Metals Mining and Dressing	36.32	1.52
非金属矿采选业	Nonmetal Minerals Mining and Dressing	26.40	1.11
木材及竹材采运业	Logging and Transport of Timber and Bamboo	4.08	0.17
(二)制 造	Manufacturing	1 821.53	76.27
食品加工业	Food Processing	61.94	2.59
食品制造业	Food Manufacturing	124.93	5.23
饮料制造业	Beverage Manufacturing	8.25	0.35
烟草加工业	Tobacco Processing	35.35	1.48
纺织业	Textile Industry	8.11	0.34
服装及其他纤维制品制造业	Garments and Other Fiber Products	0.98	0.04
皮革、毛皮、羽绒及其制品业	Leather, Furs, Down and Related Products	0.58	0.02
木材加工及竹、藤、棕、草制品业	Timber Processing, Bamboo, Cane, Palm Fiber and Straw Products	10.01	0.42
家具制造业	Furniture Manufacturing	0.17	0.01
造纸及纸制品业	Papermaking and Paper Products	28.94	1.21
印刷业	Printing	2.45	0.10
文教体育用品制造业	Cultural, Educational and Sports Goods	0.04	
石油加工及炼焦业	Petroleum Refining and Coking	19.07	0.80
化学原料及化学品制造业	Raw Chemical Materials and Chemical Products	632.90	26.50
医药制造业	Medical and Pharmaceutical Products	4.88	0.20
化学纤维制造业	Chemical Fiber	6.36	0.27
橡胶制品业	Rubber Products	7.72	0.32
塑料制品业	Plastic Products	5.09	0.21
非金属矿物制品业	Nonmetal Mineral Products	314.03	13.15
黑色金属冶炼及压延加工业	Smelting and Pressing of Ferrous Metals	355.19	14.87
有色金属冶炼及压延加工业	Smelting and Pressing of Nonferrous Metals	165.17	6.92
金属制品业	Metal Products	3.98	0.17
普通机械制造业	Ordinary Machinery	8.10	0.34
专用设备制造业	Special Purposes Equipment	4.91	0.21
交通运输设备制造业	Transport Equipment	5.04	0.21
电气机械及器材制造业	Electric Equipment and Machinery	4.39	0.18
电子及通信设备制造业	Electronic and Telecommunication Equipment	0.34	0.01
仪器仪表、文化办公用机械制造业	Instruments, Meters, Cultural and Clerical Machinery	1.40	0.06
(三)电力、煤气及水生产和供应业	Production and Supply of Electric Power, Gas and Water	245.60	10.28
电力、蒸气、热水的生产和供应业	Production and Supply of Electric Power, Steam and Hot Water	227.39	9.52
煤气生产和供应业	Production and Supply of Gas	12.76	0.53
自来水的生产和供应业	Production and Supply of Tap Water	5.44	0.23
二、建筑业	**Construction**	**42.26**	
三、交通运输、仓储及邮电通信业	**Transport, Storage, Postal and Telecommunication Services**	**236.58**	

Total Consumption of Energy of Main Sectors and Its Composition

2000年		2001年	
消费量（万吨标煤） Total Consumption of Energy (10 000 tons of SCE)	构成（%） Percentage (%)	消费量（万吨标煤） Total Consumption of Energy (10 000 tons of SCE)	构成（%） Percentage (%)
2 193.27	**100.00**	**2330.53**	**100.00**
314.69	14.35	347.87	14.93
1 784.28	81.35	1890.20	81.11
275.53	12.56	243.84	10.46
202.32	9.22	156.76	6.73
6.36	0.29	3.79	0.16
11.19	0.51	17.22	0.74
28.23	1.29	33.60	1.44
23.42	1.07	28.51	1.22
3.99	0.18	3.96	0.17
1 695.84	77.32	1838.20	78.87
50.54	2.30	56.61	2.43
107.00	4.88	114.45	4.91
6.79	0.31	8.02	0.34
26.60	1.21	28.73	1.23
6.87	0.31	7.04	0.30
0.89	0.04	1.19	0.05
0.47	0.02	0.89	0.04
8.40	0.38	9.62	0.41
0.15	0.01	0.48	0.02
24.12	1.10	21.14	0.91
2.30	0.10	4.29	0.18
0.03		0.33	0.01
17.24	0.79	25.36	1.09
594.07	27.09	631.39	27.09
3.96	0.18	7.18	0.31
5.21	0.24		
22.11	1.01	4.92	0.21
4.45	0.21	5.58	0.24
285.29	13.01	306.62	13.16
343.46	15.66	403.32	17.31
159.60	7.28	166.46	7.14
3.51	0.16	4.43	0.19
7.23	0.33	8.89	0.38
4.39	0.20	5.43	0.23
4.64	0.21	6.42	0.28
3.88	0.18	5.42	0.23
0.29	0.01	0.48	0.02
1.24	0.06	1.87	0.08
221.91	10.12	248.48	10.66
204.20	9.31	222.95	9.57
12.89	0.59	18.34	0.79
4.84	0.22	7.18	0.31
39.49		**37.49**	
229.02		**335.93**	

12-3 主要行业原煤消费量和构成

行业	Sector	1999年 消费量(万吨) Total Consumption of Coal (10 000 tons of SCE)	1999年 构成(%) Percentage (%)
一、工业	**Industry**	**2 471.96**	**100.00**
轻工业	Light Industry	171.94	6.96
重工业	Heavy Industry	2 300.02	93.04
(一)采掘业	Mining and Quarrying	936.89	37.90
煤炭采选业	Coal Mining and Processing	904.90	36.61
石油和天然气开采业	Petroleum and Natural Gas Extraction	0.07	
黑色金属矿采选业	Ferrous Metals Mining and Dressing	2.86	0.12
有色金属矿采选业	Nonferrous Metals Mining and Dressing	8.19	0.33
非金属矿采选业	Nonmetal Minerals Mining and [illegible]	19.65	0.79
木材及竹材采运业	Logging and Transport of Timber and Bamboo	1.22	0.05
(二)制造	Manufacturing	675.36	27.32
食品加工业	Food Processing	63.58	2.57
食品制造业	Food Manufacturing	1.75	0.07
饮料制造业	Beverage Manufacturing	6.60	0.27
烟草加工业	Tobacco Processing	13.99	0.57
纺织业	Textile Industry	4.31	0.17
服装及其他纤维制品制造业	Garments and Other Fiber Products	0.04	
皮革、毛皮、羽绒及其制品业	Leather, Furs, Down and Related Products	0.28	0.01
木材加工及竹、藤、棕、草制品业	Timber Processing, Bamboo, Cane, Palm Fiber and Straw Products	6.09	0.25
家具制造业	Furniture Manufacturing	0.01	
造纸及纸制品业	Papermaking and Paper Products	21.20	0.86
印刷业	Printing	0.09	
文教体育用品制造业	Cultural, Educational and Sports Goods		
石油加工及炼焦业	Petroleum Refining and Coking	40.80	1.65
化学原料及化学品制造业	Raw Chemical Materials and Chemical Products	199.24	8.06
医药制造业	Medical and Pharmaceutical Products	4.09	0.17
化学纤维制造业	Chemical Fiber	5.15	0.21
橡胶制品业	Rubber Products	5.36	0.22
塑料制品业	Plastic Products	0.43	0.02
非金属矿物制品业	Nonmetal Mineral Products	226.49	9.16
黑色金属冶炼及压延加工业	Smelting and Pressing of Ferrous Metals	36.98	1.50
有色金属冶炼及压延加工业	Smelting and Pressing of Nonferrous Metals	28.75	1.16
金属制品业	Metal Products	0.93	0.04
普通机械制造业	Ordinary Machinery	1.59	0.06
专用设备制造业	Special Purposes Equipment	0.68	0.03
交通运输设备制造业	Transport Equipment	0.90	0.04
电气机械及器材制造业	Electric Equipment and Machinery	1.25	0.05
电子及通信设备制造业	Electronic and Telecommunication Equipment	0.01	
仪器仪表、文化办公用机械制造业	Instruments, Meters, Cultural and Clerical Machinery	0.33	0.01
(三)电力、煤气及水生产和供应业	Production and Supply of Electric Power, Gas and Water	859.71	34.78
电力、蒸气、热水的生产和供应业	Production and Supply of Electric Power, Steam and Hot Water	850.58	34.41
煤气生产和供应业	Production and Supply of Gas	9.13	0.37
自来水的生产和供应业	Production and Supply of Tap Water		
二、建筑业	**Construction**	**9.86**	
三、交通运输、仓储及邮电通信业	**Transport, Storage, Postal and Telecommunication Services**	**16.73**	

Total Consumption of Coal of Major Sectors and Its Composition

2000年		2001年	
消 费 量 (万吨) Total Consumption of Coal (10 000 tons of SCE)	构 成 (%) Percentage (%)	消 费 量 (万吨) Total Consumption of Coal (10 000 tons of SCE)	构 成 (%) Percentage (%)
2 169.57	**100.00**	**2460.89**	**100.00**
176.57	8.14	169.23	6.88
1 993.00	91.86	2291.66	93.12
854.81	39.40	566.15	23.01
826.82	38.11	532.03	21.62
0.06			
2.52	0.12	2.84	0.12
6.94	0.32	7.98	0.32
17.44	0.80	22.47	0.91
1.03	0.05	0.83	0.03
671.80	30.96	968.63	39.36
59.18	2.73	50.56	2.05
1.46	0.07	1.24	0.05
5.49	0.25	5.31	0.22
11.64	0.54	11.27	0.46
3.59	0.17	3.11	0.13
0.03		0.04	
0.23	0.01	0.25	0.01
5.07	0.2 3	4.78	0.19
0.01		0.02	
22.01	1.01	21.26	0.86
0.07		0.10	
36.05	1.66	339.47	13.79
192.78	8.89	184.77	7.51
3.40	0.16	7.26	0.30
4.28	0.20		
4.46	0.21	2.34	0.10
0.36	0.02	0.33	0.01
226.94	10.46	218.48	8.88
44.14	2.03	65.00	2.64
40.50	1.87	43.08	1.75
0.77	0.04	0.61	0.02
1.32	0.06	1.27	0.05
0.57	0.03	0.51	0.02
0.75	0.03	0.86	0.03
1.04	0.05	0.97	0.04
0.01		0.02	
0.27	0.0 1	0.25	0.01
642.96	29.64	926.11	37.63
635. 83	29.31	919.14	37.35
7.13	0.33	6.97	0.28
10.20		**12.51**	
17.12		**21.82**	

12-4 主要行业焦炭消费量和构成

行业	Sector	1999年	
		消费量（万吨） Total Consumption of Coke (10 000 tons of SCE)	构成（%） Percentage (%)
一、工　业	**Industry**	**386.77**	**100.00**
轻 工 业	Light Industry	1.74	0.45
重 工 业	Heavy Industry	385.03	99.55
(一)采 掘 业	Mining and Quarrying	11.58	2.99
煤炭采选业	Coal Mining and Processing	3.11	0.80
石油和天然气开采业	Petroleum and Natural Gas Extraction		
黑色金属矿采选业	Ferrous Metals Mining and Dressing	5.42	1.40
有色金属矿采选业	Nonferrous Metals Mining and Dressing	1.32	0.34
非金属矿采选业	Nonmetal Minerals Mining and Dressing	1.72	0.44
木材及竹材采运业	Logging and Transport of Timber and Bamboo	0.01	
(二)制 造	Manufacturing	374.77	96.90
食品加工业	Food Processing	0.33	0.09
食品制造业	Food Manufacturing	0.03	0.01
饮料制造业	Beverage Manufacturing	0.04	0.01
烟草加工业	Tobacco Processing		
纺织业	Textile Industry		
服装及其他纤维制品制造业	Garments and Other Fiber Products	0.81	0.21
皮革、毛皮、羽绒及其制品业	Leather, Furs, Down and Related Products		
木材加工及竹、藤、棕、草制品业	Timber Processing, Bamboo, Cane, Palm Fiber and Straw Products		
家具制造业	Furniture Manufacturing	0.01	
造纸及纸制品业	Papermaking and Paper Products		
印刷业	Printing		
文教体育用品制造业	Cultural, Educational and Sports Goods		
石油加工及炼焦业	Petroleum Refining and Coking		
化学原料及化学品制造业	Raw Chemical Materials and Chemical Products	180.98	46.79
医药制造业	Medical and Pharmaceutical Products		
化学纤维制造业	Chemical Fiber	0.01	
橡胶制品业	Rubber Products		
塑料制品业	Plastic Products		
非金属矿物制品业	Nonmetal Mineral Products	7.07	1.83
黑色金属冶炼及压延加工业	Smelting and Pressing of Ferrous Metals	164.43	42.51
有色金属冶炼及压延加工业	Smelting and Pressing of Nonferrous Metals	16.69	4.32
金属制品业	Metal Products	0.94	0.24
普通机械制造业	Ordinary Machinery	2.04	0.53
专用设备制造业	Special Purposes Equipment	0.98	0.25
交通运输设备制造业	Transport Equipment	0.21	0.05
电气机械及器材制造业	Electric Equipment and Machinery	0.15	0.04
电子及通信设备制造业	Electronic and Telecommunication Equipment		
仪器仪表、文化办公用机械制造业	Instruments, Meters, Cultural and Clerical Machinery	0.01	
(三)电力、煤气及水生产和供应业	Production and Supply of Electric Power, Gas and Water	0.42	0.11
电力、蒸气、热水的生产和供应业	Production and Supply of Electric Power, Steam and Hot Water	0.42	0.11
煤气生产和供应业	Production and Supply of Gas		
自来水的生产和供应业	Production and Supply of Tap Water		
二、建筑业	**Construction**	**0.58**	
三、交通运输、仓储及邮电通信业	**Transport, Storage, Postal and Telecommunication Services**	**0.26**	

Total Consumption of Coke of Major Sectors and Its Composition

2000年		2001年	
消费量 (万吨) Total Consumption of Coke (10 000 tons of SCE)	构　成 (%) Percentage (%)	消费量 (万吨) Total Consumption of Coke (10 000 tons of SCE))	构　成 (%) Percentage (%)
358.84	**100.00**	**378.89**	**100.00**
1.61	0.45	2.57	0.68
357.23	99.55	376.32	99.32
10.75	3.00	12.41	3.28
2.89	0.81	3.01	0.79
5.03	1.40	5.76	1.52
1.22	0.34	1.64	0.43
1.60	0.45	2.00	0.53
0.01			
347.70	96.90	365.97	96.59
0.31	0.09	0.47	0.12
0.03	0.01	0.05	0.01
0.04	0.01	0.05	0.01
0.75	0.21	0.79	0.21
0.01			
		0.08	0.02
167.91	46. 79	179.23	47.30
0.01			
6.56	1.83	6.77	1.79
152.55	42.51	157.77	41.64
15.48	4.31	16.27	4.29
0.87	0.24	0.97	0.26
1.89	0.53	2.01	0.53
0.91	0.25	0.98	0.26
0.19	0.05	0.21	0.06
0.14	0.04	0.24	0.06
0.01		0.02	0.01
0.39	0.11	0.51	0.13
0.39	0.11	0.51	0.13
0.60		**0.71**	
0.27		**0.29**	

12-5 主要行业石油消费量和构成

行业	Sector	1999年 消费量（万吨） Total Consumption of Petroleum (10 000 tons of SCE)	1999年 构成（%） Percentage (%)
一、工　业	**Industry**	**35.59**	**100.00**
轻工业	Light Industry	5.52	15.51
重工业	Heavy Industry	30.07	84.49
(一)采掘业	Mining and Quarrying	10.75	30.21
煤炭采选业	Coal Mining and Dressing	5.55	15.59
石油和天然气开采业	Petroleum and Natural Gas Extraction	0.71	1.99
黑色金属矿采选业	Ferrous Metals Mining and Dressing	0.17	0.48
有色金属矿采选业	Nonferrous Metals Mining and Dressing	0.80	2.25
非金属矿采选业	Nonmetal Minerals Mining and Dressing	1.85	5.20
木材及竹材采运业	Logging and Transport of Timber and Bamboo	[illegible]	[illegible]
(二)制造	Manufacturing	22.94	64.46
食品加工业	Food Processing	2.35	6.60
食品制造业	Food Manufacturing	0.13	0.37
饮料制造业	Beverage Manufacturing	0.14	0.39
烟草加工业	Tobacco Processing	0.40	1.12
纺织业	Textile Industry	0.03	0.08
服装及其他纤维制品制造业	Garments and Other Fiber Products	0.01	0.03
皮革、毛皮、羽绒及其制品业	Leather, Furs, Down and Related Products	0.01	0.03
木材加工及竹、藤、棕、草制品业	Timber Processing, Bamboo, Cane, Palm Fiber and Straw Products	0.10	0.28
家具制造业	Furniture Manufacturing	0.01	0.03
造纸及纸制品业	Papermaking and Paper Products	0.15	0.42
印刷业	Printing	0.58	1.63
文教体育用品制造业	Cultural, Educational and Sports Goods		
石油加工及炼焦业	Petroleum Refining and Coking	0.01	0.03
化学原料及化学品制造业	Raw Chemical Materials and Chemical Products	3.18	8.94
医药制造业	Medical and Pharmaceutical Products	0.07	0.20
化学纤维制造业	Chemical Fiber	0.03	0.08
橡胶制品业	Rubber Products	0.11	0.31
塑料制品业	Plastic Products	0.17	0.48
非金属矿物制品业	Nonmetal Mineral Products	8.03	22.56
黑色金属冶炼及压延加工业	Smelting and Pressing of Ferrous Metals	2.97	8.35
有色金属冶炼及压延加工业	Smelting and Pressing of Nonferrous Metals	2.53	7.11
金属制品业	Metal Products	0.15	0.42
普通机械制造业	Ordinary Machinery	0.30	0.84
专用设备制造业	Special Purposes Equipment	0.23	0.65
交通运输设备制造业	Transport Equipment	1.02	2.87
电气机械及器材制造业	Electric Equipment and Machinery	0.15	0.42
电子及通信设备制造业	Electronic and Telecommunication Equipment	0.01	0.03
仪器仪表、文化办公用机械制造业	Instruments, Meters, Cultural and Clerical Machinery	0.05	0.14
(三)电力、煤气及水生产和供应业	Production and Supply of Electric Power, Gas and Water	1.90	5.34
电力、蒸气、热水的生产和供应业	Production and Supply of Electric Power, Steam and Hot Water	1.82	5.11
煤气生产和供应业	Production and Supply of Gas	0.02	0.06
自来水的生产和供应业	Production and Supply of Tap Water	0.06	0.17
二、建筑业	**Construction**	**8.01**	
三、交通运输、仓储及邮电通信业	**Transport, Storage, Postal and Telecommunication Services**	**85.10**	

Total Consumption of Petroleum of Major Sectors and Its Composition

2000年		2001年	
消费量 (万吨) Total Consumption of Petroleum (10 000 tons of SCE)	构成 (%) Percentage (%)	消费量 (万吨) Total Consumption of Petroleum(10 000 tons of SCE)	构成 (%) Percentage (%)
42.11	**100.00**	**49.23**	**100.00**
6.51	15.46	7.54	15.32
35.60	84.54	41.69	84.68
11.47	27.24	13.45	27.32
5.92	14.06	6.69	13.59
0.75	1.78	0.21	0.43
0.19	0.45	0.30	0.61
0.85	2.02	2.03	4.12
1.97	4.68	2.31	4.69
1.79	4.25	1.91	3.88
28.65	68.04	33.90	68.86
2.49	5.91	3.24	6.58
0.13	0.31	0.25	0.51
0.14	0.33	0.21	0.43
0.42	1.00	0.65	1.32
0.03	0.07	0.04	0.08
0.01	0.02	0.04	0.08
0.01	0.02	0.03	0.06
0.12	0.28	0.19	0.39
0.01	0.02	0.03	0.06
0.16	0.38	0.17	0.35
0.62	1.47	1.13	2.30
0.10	0.02	0.02	0.04
3.48	8.26	5.55	11.27
0.07	0.17	0.05	0.10
0.03	0.07		
11.09	26.34	0.15	0.30
0.18	0.43	0.27	0.55
1.78	4.23	8.16	16.58
3.15	7.48	6.48	13.16
2.69	6.39	4.06	8.25
0.16	0.38	0.21	0.43
0.32	0.76	0.66	1.34
0.24	0.57	0.31	0.63
1.07	2.54	1.41	2.86
0.16	0.38	0.45	0.91
0.01	0.02	0.01	0.02
0.05	0.12	0.09	0.18
1.99	4.73	1.88	3.82
1.91	4.54	1.77	3.60
0.02	0.05	0.03	0.06
0.06	0.14	0.08	0.16
8.27		**9.72**	
92.81		**162.99**	

12-6 主要行业电力消费量和构成

行　　业	Sector	1999年	
		消费量（亿千瓦小时）Total Consumption of Electricity (100 million kwh)	构　成（%）Percentage (%)
一、工　业	**Industry**	**210.98**	**100.00**
轻工业	Light Industry	46.74	22.15
重工业	Heavy Industry	164.24	77.85
(一)采掘业	Mining and Quarrying	13.33	6.32
煤炭采选业	Coal Mining and Dressing	3.77	1.79
石油和天然气开采业	Petroleum and Natural Gas Extraction	0.53	0.25
黑色金属矿采选业	Ferrous Metals Mining and Dressing	1.29	0.61
有色金属矿采选业	Nonferrous Metals Mining and Dressing	6.45	3.06
非金属矿采选业	Nonmetal Minerals Mining and Dressing	1.16	0.55
木材及竹材采运业	Logging and Transport of Timber and Bamboo	0.13	0.06
(二)制造	Manufacturing	170.72	80.82
食品加工业	Food Processing	4.49	2.13
食品制造业	Food Manufacturing	28.11	13.32
饮料制造业	Beverage Manufacturing	0.5	0.24
烟草加工业	Tobacco Processing	5.13	2.43
纺织业	Textile Industry	0.98	0.46
服装及其他纤维制品制造业	Garments and Other Fiber Products	0.03	0.01
皮革、毛皮、羽绒及其制品业	Leather, Furs, Down and Related Products	0.07	0.03
木材加工及竹、藤、棕、草制品业	Timber Processing, Bamboo, Cane, Palm Fiber and Straw Products	1	0.47
家具制造业	Furniture Manufacturing	0.03	0.01
造纸及纸制品业	Papermaking and Paper Products	2.68	1.27
印刷业	Printing	0.35	0.17
文教体育用品制造业	Cultural, Educational and Sports Goods	0.01	
石油加工及炼焦业	Petroleum Refining and Coking	0.04	0.02
化学原料及化学品制造业	Raw Chemical Materials and Chemical Products	56.82	26.93
医药制造业	Medical and Pharmaceutical Products	0.27	0.13
化学纤维制造业	Chemical Fiber	0.41	0.19
橡胶制品业	Rubber Products	0.65	0.31
塑料制品业	Plastic Products	1.02	0.48
非金属矿物制品业	Nonmetal Mineral Products	19.89	9.43
黑色金属冶炼及压延加工业	Smelting and Pressing of Ferrous Metals	17.43	8.26
有色金属冶炼及压延加工业	Smelting and Pressing of Nonferrous Metals	27.06	12.83
金属制品业	Metal Products	0.46	0.22
普通机械制造业	Ordinary Machinery	0.98	0.46
专用设备制造业	Special Purposes Equipment	0.69	0.33
交通运输设备制造业	Transport Equipment	0.58	0.27
电气机械及器材制造业	Electric Equipment and Machinery	0.58	0.27
电子及通信设备制造业	Electronic and Telecommunication Equipment	0.07	0.03
仪器仪表、文化办公用机械制造业	Instruments, Meters, Cultural and Clerical Machinery	0.24	0.11
(三)电力、煤气及水生产和供应业	Production and Supply of Electric Power, Gas and Water	26.93	12.76
电力、蒸气、热水的生产和供应业	Production and Supply of Electric Power, Steam and Hot Water	25.31	12
煤气生产和供应业	Production and Supply of Gas	0.4	0.19
自来水的生产和供应业	Production and Supply of Tap Water	1.22	0.58
二、建筑业	**Construction**	**4.83**	
三、交通运输、仓储及邮电通信业	**Transport, Storage, Postal and Telecommunication Services**	**5.91**	

Total Consumption of Electricity of Major Sectors and Its Composition

2000年		2001年	
消费量 （亿千瓦小时） Total Consumption of Electricity (100 million kwh)	构　成 (%) Percentage (%)	消费量 （亿千瓦小时） Total Consumption of Electricity (100 million kwh)	构　成 (%) Percentage (%)
219.51	**100.00**	**246.68**	**100.00**
48.62	22.15	55.05	22.32
170.09	77.85	191.63	77.68
13.1	5.97	17.66	7.16
3.99	1.82	4.91	1.99
0.56	0.26	0.94	0.38
1.36	0.62	2.76	1.12
5.82	2.65	6.91	2.80
1.23	0.56	2.02	0.82
0.14	0.06	0.12	0.05
177.93	81.06	193.08	78.27
4.07	1.85	4.98	2.02
28.74	13.09	30.66	12.43
0.53	0.24	0.79	0.32
4.43	2.02	4.79	1.94
1.04	0.47	1.14	0.46
0.03	0.01	0.09	0.04
0.07	0.03	0.17	0.07
1.06	0.48	1.26	0.51
0.03	0.01	0.10	0.04
2.85	1.3	2.79	1.13
0.37	0.17	0.69	0.28
0.01		0.09	0.04
0.04	0.02	1.10	0.45
60.11	27.38	65.53	26.56
0.28	0.13	0.32	0.13
0.43	0.2		
0.69	0.31	0.71	0.29
1.08	0.49	1.33	0.54
21.04	9.58	21.63	8.77
18.44	8.4	19.18	7.78
28.63	13.04	30.11	12.21
0.49	0.22	0.72	0.29
1.04	0.47	1.32	0.54
0.73	0.33	0.97	0.39
0.61	0.28	0.91	0.37
0.61	0.28	0.87	0.35
0.07	0.03	0.12	0.05
0.25	0.11	0.41	0.17
28.48	12.97	35.94	14.57
26.77	12.2	32.63	13.23
0.42	0.19	1.39	0.56
1.29	0.59	1.92	0.78
4.94	**2.25**	**3.05**	
6.25	**2.85**	**6.89**	

12-7 主要年份能源利用经济效益指标

Indicators on Economic Benefits from Energy Utilization in Major Years

（按当年价格计算） (data below are calculated at prices of the previous years)

年份 Year	能源消费量（万吨标煤） Total Consumption of Energy (10 000 tons of SCE)	#工业部门消费 Industrial Consumption	亿元工业产值耗能（万吨） Energy Consumption of Industrial Output Value of 100 Million yuan (10 000 tons)	亿元国内生产总值耗能（万吨） Energy Consumption of Gross Domestic Product of 100 Million yuan (10 000 tons)	吨能创造工业产值（元） Industrial Output Value Created by Energy of One Ton (yuan)	吨能创造国内生产总值（元） Gross Domestic Product Created by Energy of One Ton (yuan)
1949	16.80	9.20				
1952	19.00	11.40	4.99	1.61	2 005.00	6 200.00
1957	119.20	72.70	10.65	5.29	939.00	1 890.00
1962	256.30	166.60	17.72	10.46	564.00	956.00
1965	348.70	226.70	17.17	10.37	582.00	964.00
1970	591.30	[illegible]	19.19	15.36	521.00	651.00
1975	920.30	607.40	21.74	[illegible]	[illegible]	[illegible]
1976	797.00	494.10	24.45	16.18	409.00	618.00
1977	931.10	605.20	20.14	16.67	496.00	600.00
1978	1 065.9	692.80	19.23	15.44	520.00	648.00
1979	1 072.2	696.90	17.19	13.96	582.00	717.00
1980	946.10	615.50	14.48	11.23	691.00	891.00
1981	948.40	612.60	13.07	10.08	765.00	993.00
1982	1 020.6	668.20	12.21	9.27	819.00	1 079.00
1983	1 094.7	651.30	11.51	9.12	869.00	1 097.00
1984	1 226.3	709.70	10.92	8.79	916.00	1 138.00
1985	1 298.3	761.10	9.53	7.87	1 050.00	1 271.00
1986	1 399.1	875.00	9.52	7.68	1 051.00	1 303.00
1987	1 533.2	937.80	8.43	6.69	1 186.00	1 494.00
1988	1 622.5	991.50	6.63	5.39	1 508.00	1 856.00
1989	1 706.9	1 037.1	5.60	4.70	1 786.00	2 127.00
1990	1 954.8	1 143.6	5.66	4.33	1 766.00	2 311.00
1991	1 961.9	1 143.4	4.98	3.79	2 006.00	2 637.00
1992	2 016.6	1 189.1	4.23	3.26	2 366.00	3 068.00
1993	2 089.8	1 282.0	3.03	2.68	3 302.00	3 729.00
1994	2 282.8	1 402.7	2.41	2.34	4 156.00	4 267.00
1995	2 640.6	1 688.6	2.15	2.19	4 658.00	4 570.00
1996	2 819.4	1 746.0	2.18	1.89	4 580.00	5 291.00
1997	3 429.0	2 090.8	2.38	2.09	4 200.00	4 795.00
1998	3 364.5	2 222.9	2.24	1.88	4 468.00	5 332.00
1999	3 288.0	2 125.2	2.11	1.77	4 748.00	5 644.00
2000	3 206.8	1 960.7	2.02	1.64	4 956.00	6 097.00
2001	3 489.77	2 140.59	2.08	1.68	4 800.00	5 945.00

12-8 能源生产弹性系数
Elasticity Ratio of Energy Production

年 份 Year	能源生产平均增长（%） Average Growth Rate of Energy Production (%)	电力生产平均增长（%） Average Growth Rate of Electricity Production (%)	国内生产总值年平均增长（%） Annual Average Growth Rate of Gross Domestic Product (%)	能源生产弹性系数 Elasticity Ratio of Energy Production	电力生产弹性系数 Elasticity Ratio of Electricity Production
1980	-9.85	1.63	8.50		0.19
1985	3.72	5.31	11.24	0.33	0.47
1986	3.90	6.25	10.23	0.38	0.61
1987	4.77	6.90	10.48	0.46	0.66
1988	4.64	7.07	11.09	0.42	0.64
1989	5.01	7.51	10.55	0.47	0.71
1990	4.98	7.76	10.38	0.48	0.75
1991	4.85	8.10	10.05	0.48	0.81
1992	5.01	8.29	10.12	0.50	0.82
1993	4.85	8.54	10.48	0.46	0.81
1994	5.46	9.07	10.38	0.53	0.87
1995	5.83	9.27	10.32	0.56	0.90
1996	6.10	9.37	10.41	0.59	0.90
1997	5.90	8.82	10.38	0.57	0.85
1998	5.21	8.59	10.23	0.51	0.84
1999	4.54	8.79	10.07	0.45	0.87
2000	4.02	8.68	9.92	0.41	0.88
2001	4.06	8.88	9.70	0.42	0.92

（以1979年为基期计算）(The calculation is based on the year 1979)

12-9 能源消费弹性系数
Elasticity Ratio of Energy Consumption

年 份 Year	能源生产平均增长（%） Average Growth Rate of Energy Production (%)	电力生产平均增长（%） Average Growth Rate of Electricity Production (%)	国内生产总值年平均增长（%） Annual Average Growth Rate of Gross Domestic Product (%)	能源生产弹性系数 Elasticity Ratio of Energy Production	电力生产弹性系数 Elasticity Ratio of Electricity Production
1980	-14.14	5.07	8.50		0.60
1985	2.93	5.74	11.24	0.26	0.51
1986	2.44	7.37	10.23	0.24	0.72
1987	4.53	7.00	10.48	0.43	0.67
1988	4.84	7.73	11.09	0.44	0.70
1989	4.70	7.47	10.55	0.45	0.73
1990	5.39	8.54	10.38	0.52	0.82
1991	4.73	8.87	10.05	0.47	0.88
1992	4.73	8.94	10.12	0.47	0.88
1993	4.69	10.14	10.48	0.45	0.97
1994	5.97	9.39	10.38	0.58	0.90
1995	5.21	8.98	10.32	0.50	0.87
1996	5.85	9.39	10.41	0.56	0.90
1997	6.67	9.58	10.38	0.64	0.92
1998	6.20	9.12	10.23	0.61	0.89
1999	5.76	9.15	10.07	0.57	0.91
2000	5.36	9.04	9.92	0.54	0.91
2001	5.51	9.12	9.70	0.57	0.94

（以1979年为基期计算）(The calculation is based on the year 1979)

12-10 全省全部国有及年产量销售收入500万元以上非国有工业企业能源原材料消费与库存（2001年）

Total Consumption and Stock of Energy Materials of Provincial Industrial Enterprises (2001)

名 称		Item	年初库存 Stock in Early Year	消费量 Consumption 合计 Total	工业生产 Industrial Production	非工业生产 Non-industrial Production	年末库存 Stock at Year-end
一、能源		**Energy**					
原煤	（万吨）	Raw Coal (10 000 tons)	116.94	2 261.78	2 250.69	11.09	138.05
洗精煤	（万吨）	Well Washed Coal (10 000 tons)	14.23	282.00	281.99	0.00	21.75
其他洗煤	（万吨）	Other Washed Coal (10 000 tons)	11.40	15.18	15.09	0.10	1.98
型煤	（吨）	Formed Coal (ton)	0	171	171	0	0
焦炭	（万吨）	Coke (10 000 tons)	[illegible]	477.01	478.03	1	35.26
其他焦化产品	（吨）	Other Coked Products (ton)	5 930	64 189	64 189	0	6 793
焦炉煤气	（万立方米）	Coal Gas of Coking Furnace (10 000 cu.m)	18	40 924	39 945	979	18.00
高炉煤气	（万立方米）	Coal Gas of Furnace (10 000 cu.m)	0	395 012	395 012	0	0
其他煤气	（万立方米）	Other Coal Gas (10 000 cu.m)	0	4 166	4 166	0	0.00
天然气	（万立方米）	Natural Gas (10 000 cu.m)	0	49 653	49 354	299	0.00
原油	（吨）	Crude Oil (ton)	27	925	900	25	63.00
汽油	（吨）	Gasoline (ton)	3 995	60 173	52 277	7 897	3 905
煤油	（吨）	Kerosene (ton)	160	1 406	1 361	46	87.00
柴油	（吨）	Diesel Oil (ton)	7 463	92 405	80 886	11 518	10 936
燃料油	（吨）	Fuel Oil (ton)	3 456	33 836	33 836	0	6 210
液化石油气	（吨）	Liquefied Petroleum Gas (ton)	0	90	87	3	1.00
其他石油制品	（吨）	Other Petroleum Products (ton)	687	3 742	3 610	132	533
热力	（百万千焦）	Heat (million kilo-joule)	0	122 902	122 902	0	0.00
电力	（亿千瓦时）	Electricity (100 million kwh)	0	2 716 397	2 336 385	380 012	0.00
其他燃料	（吨标准煤）	Other Fuel (ton of SCE)	41 578	646 775	644 036	2 739	42 667
能源合计	（万吨标煤）	Total Energy (10 000 tons of SCE)	145.85	3089.31	3033.27	56.04	148.33
二、原材料		**Raw Materials**					
生铁	（吨）	Pig Iron (ton)	4692	2270745	2270738	7.00	3693
钢材	（吨）	Steel (ton)	72083	426564	404570	21993	92875
铜	（吨）	Copper (ton)	502	68841	68790	51	1132
铝	（吨）	Aluminum (ton)	816	57850	57835	15	745
铜材	（吨）	Rolled Copper (ton)	948	7878	7832	47	996
硫酸	（吨）	Sulfuric Acid (ton)	45100	1326853	1310289	16564	31240
烧碱	（吨）	Caustic Soda (ton)	1719	21969	21967	2	1007
纯碱	（吨）	Soda Ash (ton)	3561	89004	89000	4	4567
水泥	（吨）	Cement (ton)	23634	342132	261676	80456	48445
原木	（立方米）	Logs (cu.m)	183222	840074	833786	6288	169648
其中:原木直接消费	（立方米）	In Which: Direct Consumption of Logs (cu.m)	5	491224	490841	383	3923.00
锯材	（立方米）	Sawn Wood (cu.m)	11391	65822	63491	2331	32778

12-11 主要工业行业钢材和木材消费量
Steel and Timber Consumption of Major Industrial Sectors

行 业	Sector	钢 材（吨）Steel (ton)			木 材（立方米）Timber (cu.m)		
		1999年	2000年	2001年	1999年	2000年	2001年
总 计	**Total**	**422 105**	**446 908**	**426564**	**453 269**	**407 895**	**585256**
一、采掘业	**Mining and Quarrying**	**25 581**	**19 176**	**14057**	**52 652**	**36 261**	**32439**
煤炭采选业	Coal Mining and Dressing	6 420	6 404	4365	30 376	139 21	16518
石油和天然气开采业	Petroleum and Natural Gas Extraction	7 550		0	14		0
黑色金属矿采选业	Ferrous Metals Mining and Dressing	735	917	631	849	170	0
有色金属矿采选业	Nonferrous Metals Mining and Dressing	9 891	10 649	8095	19 638	17 550	15584
非金属矿采选业	Nonmetal Minerals Mining and Dressing	837	1 205	966	342	283	337
木材及竹材采运业	Logging and Transport of Timber and Bamboo	153	2	0	1 435	4 336	0
二、制造业	**Manufacturing**	**379 928**	**399 185**	**402949**	**400 406**	**371 589**	**526801**
食品加工业	Food Processing	3 083	3 536	3129	1 220	103	0
食品制造业	Food Manufacturing	17	389	270	0		0
饮料制造业	Beverage Manufacturing	76	178	48	94	26	0
烟草加工业	Tobacco Processing	627	559	658	83	74	0
纺织业	Textile Industry	256	48	47	4	9	11
服装及其他纤维制品制造业	Garments and Other Fiber Products		25	4			0
皮革、毛皮、羽绒及其制品业	Leather,Furs, Down and Related Products			0			0
木材加工及竹、藤、棕、草制品业	Timber Processing, Bamboo, Cane, Palm Fiber and Straw Products	18	1 238	1079	209 527	253 121	246194
家具制造业	Furniture Manufacturing	4 154	1 823	1654	13 590	1 376	0
造纸及纸制品业	Papermaking and Paper Products	389	402	781	119 415	52 195	251964
印刷业	Printing	500	426	403			0
文教体育用品制造业	Cultural, Educational and Sports Goods	5		0			0
石油加工及炼焦业	Petroleum Refining and Coking	1	1	6			0
化学原料及化学制品制造业	Raw Chemical Materials and Chemical Products	11 856	9 619	12579	12 986	19 157	10429
医药制造业	Medical and Pharmaceutical Products	134	75	760	49	37	0
化学纤维制造业	Chemical Fiber			0			0
橡胶制品业	Rubber Products	37	210	128	7	2	0
塑料制品业	Plastic Products	205	276	11			0
非金属矿物制品业	Nonmetal Mineral Products	13 502	15 854	11527	17 883	16 324	0
黑色金属冶炼及压延加工业	Smelting and Pressing of Ferrous Metals	72 694	67 438	56135	1 999	1 825	0
有色金属冶炼及压延加工业	Smelting and Pressing of Nonferrous	14 476	17 410	34987	16 098	20 797	15331
金属制品业	Metal Products	80 117	88 894	81856	450	94	0
普通机械制造业	Ordinary Machinery	30 461	27 305	25372	2 990	3 417	0
专用设备制造业	Special Purposes Equipment	56 576	61 992	59626	1 303	988	0
交通运输设备制造业	Transport Equipment	61 690	70 977	78372	159	97	280
电气机械及器材制造业	Electric Equipment and Machinery	25 639	26 391	27260	2 220	1 801	2593
电子及通信设备制造业	Electronic and Telecommunication Equipment	243	155	810	14		0
仪器仪表及文化、办公用机械制造业	Instruments,Meters, Cultural and Clerical Machinery	531	594	1979	187	133	0
三、电力、煤气及水的生产和供应业	**Production and Supply of Electric Power, Gas and Water**	**16 593**	**28 547**	**9557**	**211**	**53**	**0**
电力、蒸气、热水的生产和供应业	Production and Supply of Electric Power, Steam and Hot Water	8 603	3 257	3690	210	53	0
煤气生产和供应业	Production and Supply of Gas	3 672	4 405	568	1		0
自来水的生产和供应业	Production and Supply of Tap Water	4 318	20 885	5299			0

12-12 每百万元工业总产值钢材和木材消费量

Steel and Timber Consumption for Gross Industrial Output Value of a Million Yuan

行业	Sector	钢材（吨） Steel (ton)			木材（立方米） Timber (cu.m)		
		1999年	2000年	2001年	1999年	2000年	2001年
总计	**Total**	**6.3**	**6.27**	**5.64**	**6.76**	**5.72**	**7.74**
一、采掘业	**Mining and Quarrying**	**7.5**	**5.68**	**5.64**	**15.44**	**10.74**	**8.97**
煤炭采选业	Coal Mining and Dressing	8.97	8.52	5.28	42.47	18.52	19.98
石油和天然气开采业	Petroleum and Natural Gas Extraction	28.19		0	0.05		0
黑色金属矿采选业	Ferrous Metals Mining and Dressing	3.81	3.91	1.97	4.4	0.72	0
有色金属矿采选业	Nonferrous Metals Mining and Dressing	6.63	6.05	4.4	13.16	9.97	8.47
非金属矿采选业	Nonmetal Minerals Mining and Dressing	1.39	2.1	1.63	0.57	0.49	0.57
木材及竹材采运业	Logging and Transport of Timber and Bamboo	1.08	0.04		10.12	84.34	
二、制造业	**Manufacturing**	**6.3**	**6.23**	5.95	**6.64**	**5.8**	7.78
食品加工业	Food Processing	0.57	0.67	[illegible]	[illegible]	0.07	0
食品制造业	Food Manufacturing	0.06	1.72	0.92			0
饮料制造业	Beverage Manufacturing	0.14	0.29	0.07	0.17	0.04	0
烟草加工业	Tobacco Processing	0.04	0.03	0.04	0.01		0
纺织业	Textile Industry	0.44	0.09	0.09	0.01	0.02	0.02
服装及其他纤维制品制造业	Garments and Other Fiber Products		0.26	0.04			0
皮革、毛皮、羽绒及其制品业	Leather, Furs, Down and Related Products			0			0
木材加工及竹、藤、棕、草制品业	Timber Processing, Bamboo, Cane, Palm Fiber and Straw Products	0.03	1.64	1.37	323.91	336.19	313.03
家具制造业	Furniture Manufacturing	29.45	16.59	29.5	96.36	12.52	0
造纸及纸制品业	Papermaking and Paper Products	0.36	0.32	0.67	111.27	41.98	215.49
印刷业	Printing	0.22	0.19	0.16			0
文教体育用品制造业	Cultural, Educational and Sports Goods	3.3		0			0
石油加工及炼焦业	Petroleum Refining and Coking	0.01	0.01	0.04			0
化学原料及化学制品制造业	Raw Chemical Materials and Chemical Products	1.49	1.13	1.25	1.64	2.24	1.04
医药制造业	Medical and Pharmaceutical Products	0.06	0.03	0.22	0.02	0.01	0
化学纤维制造业	Chemical Fiber						
橡胶制品业	Rubber Products	0.07	0.35	0.34	0.01		0
塑料制品业	Plastic Products	0.27	0.32	0.01			0
非金属矿物制品业	Nonmetal Mineral Products	4.65	5.42	4.02	6.16	5.58	0
黑色金属冶炼及压延加工业	Smelting and Pressing of Ferrous Metals	21.66	18.02	14.16	0.6	0.49	0
有色金属冶炼及压延加工业	Smelting and Pressing of Nonferrous	2.14	2.18	3.9	2.37	2.61	1.71
金属制品业	Metal Products	120.85	123.91	120.46	0.68	0.13	0
普通机械制造业	Ordinary Machinery	27.92	21.2	16.02	2.74	2.65	0
专用设备制造业	Special Purposes Equipment	43.6	45.36	41.76	1	0.72	0
交通运输设备制造业	Transport Equipment	36.33	33.6	31.4	0.09	0.05	0.11
电气机械及器材制造业	Electric Equipment and Machinery	17.69	15.97	14.97	1.53	1.09	1.42
电子及通信设备制造业	Electronic and Telecommunication	0.35	0.26	0.76	0.02		0
仪器仪表及文化、办公用机械制造业	Instruments, Meters, Cultural and Clerical Machinery	1.01	0.84	3.37	0.35	0.19	0
三、电力、煤气及水的生产和供应业	**Production and Supply of Electric Power, Gas and Water**	**5.02**	**7.4**	**2.24**	**0.06**	**0.01**	**0**
电力、蒸气、热水的生产和供应业	Production and Supply of Electric Power, Steam and Hot Water	2.82	0.92	0.94	0.07	0.01	0
煤气生产和供应业	Production and Supply of Gas	30.02	25.21	2.89	0.01		0
自来水的生产和供应业	Production and Supply of Tap Water	32.35	156.21	38.39			0

主要统计指标解释

能源生产总量 指一定时期内全国(地区)一次能源生产量的总和。一次能源生产量包括原煤、原油、天然气、水电及其他动力能发电量(如风能、地热能等),不包括生物质能、太阳能等的利用和由一次能源加工转换而成的二次能源产量。能源生产总量是观察全国(地区)能源生产水平、规模、构成和发展速度的总量指标。

能源消费总量 指一定时期内全国(地区)用于生产和生活的各种能源消费量的总和。能源消费总量包括原煤和原油及其制品、天然气、电力的消费量,不包括生物质能和太阳能等的利用。能源消费总量分为三部分,即终端能源消费量、能源加工转换损失量和损失量。它是观察能源消费水平、构成和增长速度的总量指标。

1.终端能源消费量 指一定时期内全国(地区)物质生产部门、非物质生产部门和生活消费的各种能源数量,不包括用于加工转换的中间能源消费量、加工转换损失量和损失量。

2.能源加工转换损失量 指一定时期内全国(地区)投入加工转换的各种能源数量之和与产出各种能源产品及其他石油制品和其它焦化产品之和的差额。他是观察能源在加工转换过程中损失量变化的指标。

3.能源损失量 指一定时期内能源在生产、输送、储存过程中发生的经营管理损失和由于客观原因造成的各种损失量,不包括各种气体能源放空、放散量。

能源生产弹性系数 是研究能源生产量的增长与国民经济增长之间关系的指标。

其计算公式为:

能源生产弹性系数=能源生产总量年平均增长速度/国民经济年均增长速度

国民经济年平均增长速度,可根据不同的目的或需要,用工农业总产值、国内生产总值等指标来计算,本资料是采用国内生产总值指标计算的。

电力生产弹性系数 是研究电力生产量的增长与国民经济增长之间关系的指标。一般来说,电力的发展应当快于国民经济的发展,也就是说电力应超前发展。

其计算公式为:

电力生产弹性系统=电力生产量年平均增长速度/国民经济年平均增长速度

能源消费弹性系数 是反映能源消费增长速度与国民经济增长之间比例关系的指标。

其计算公式为:

能源消费弹性系数=能源消费年平均增长速度/国民经济年均增长速度

能源节约量 指一定时期内节约和少用的能源数量。它是评价和考核节约能源工作好坏的重要指标。包括由于提高管理水平和技术水平,使单位产品能耗降低而节约能源数量,以及由于调整产业结构、产品结构等使产值能耗降低而少用的能源数量。

能源节约率 是反映能源节约程度的综合性指标。能源节约率一般按年计算,如果要研究一个时期内能源节约程度的一般水平,可计算平均能源节约率指标。计算公式为:

节能率=(报告期单位能源消费量/基期单位能源消费量－1)×100/%

$$年平均节能率=n\sqrt{（报告期单位能源消费量/基期单位能源消费量-1）\times 100/\%}$$

式中:单位能源消费量可以按国内生产总值、国民收入或工业总产值等计算。

n 为基期与报告期间隔的年份数。

能源加工转换效率 指一定时期内能源经过加工转换后,产出的各种能源产品及其它石油制品和其他焦化产品的数量与同期内投入加工转换的各种能源数量的比率。它是观察能源加工转换装置和生产工艺先进与落后、管理水平高低等的重要指标。

能源折算标准 各种能源由于原始计算单位不同,热值也不一样。因此,必须折算成同一标准计算单位,才能进行汇总、对比和分析。国际上习惯采用两种标准计算单位：一种为标准煤,另一种为标准油。目前我国采用标准煤为能源的计算单位,即每公斤标准煤的热值为 7000 千卡。

原材料、能源消费量　指在报告期内实际使用的原材料、能源的数量,包括企业主营活动和附营活动实际使用的数量。消费的核算原则为:“谁消费谁统计”,即按使用权来统计,核算方法为当进入第一道生产工序,改变原来的形态或性能、或已实际投入使用,即作消费统计。

原材料、能源库存量　指在报告期期初、期末实际结存的原材料、能源数量。库存的核算原则为“谁支配，谁统计”，即按所有权来统计。核算方法是指企业有权支配动用的某一时点实际结存的原材料、能源的数量。

Explanatory Notes on Main Statistical Indicators

Total Energy Production refers to the total production of primary energy by all energy producing enterprises in the country in a given period of time. It is a comprehensive indicator to show the capacity, scale, composition and development of energy production of the country. The production of primary energy includes that of coal, crude oil, natural gas, hydro-power and electricity generated by nuclear energy and other means such as wind power and geothermal power. However, it excludes the production of fuels of low calorific value, bio-energy, solar energy and the secondary energy converted from the primary energy. Total energy production is a total amount index to observe the level, scale, composition and speed of energy production in the country (region).

Total Domestic Energy Consumption refers to the total consumption of energy of various kinds by material production sectors, non-material production sectors and households in the country in a given period of time. It is a comprehensive indicator to show the scale, composition and development of energy consumption. The total energy consumption includes that of coal, crude oil and their products, natural gas and electricity. However, it excludes the consumption of low calorific value, bio-energy and solar energy. Total domestic energy consumption can be divided into three parts:

(1) *Final energy consumption*: refers to the total energy consumption by material production sectors, non-material production sectors and households in the country (region) in a given period of time, but excludes the consumption in conversion of the primary energy into the secondary energy and the loss in the process of energy conversion.

(2) *Loss during the process of energy conversion*: refers to the total input of various kinds of energy for conversion, minus the total output of various kinds of energy in the country in a given period of time. It is an indicator to show the loss that occurs during the process of energy conversion.

(3) *Loss of energy*: refers to various losses of energy during the course of energy transport, distribution and storage and the loss caused by any objective reason in a given period of time. The loss of various kinds of gas due to gas discharges and stocktaking is excluded.

Elasticity Ratio of Energy Production is an indicator to show the relationship between the growth rate of energy production and the growth rate of the national economy. The formula is:

Elasticity Ratio of Energy Production = Average Annual Growth Rate of Energy Production/ Average Annual Growth Rate of National Economy.

The average annual growth rate of national economy can be shown by the gross national product, gross domestic product and other indicators, depending upon the purposes or needs. The gross domestic product is used in calculation of the ratio in this chapter.

Elasticity Ratio of Electricity Production is an indicator to show the relationship between the growth rate of electricity production and the growth rate of the national economy. Its Formula is:

Elasticity Ratio of Electricity Production = Average Annual Growth Rate of Electricity Production/Average Annual Growth Rate of National Economy.

Elasticity Ratio of Energy Consumption is an indicator to show the relationship between the growth rate of energy consumption and the growth rate of national economy. The formula is:

Elasticity Ratio of Energy Consumption = Average Annual Growth Rate of Energy Consumption/Average Annual Growth Rate of National Economy.

Quantity of Energy Conservation refers to the quantity of energy saved and less used in a certain period. It is an important indicator to appraise and examine the work of energy conservation. It includes the quantity of energy saved in unit product by improving managerial level and technological level and the quantity of energy less used due to the adjustment of industrial structure and product structure.

Ratio of Energy Conservation is a comprehensive indicator reflecting the degree of energy saving. Ratio of energy conservation is usually calculated annually. The indicator of average energy saving ratio can be calculated for the study of the energy conservation in a certain period. The formula is:

Ratio of energy conservation = [(unit energy consumption in the reference period/unit energy consumption in the base period) − 1] ×100%

Annual average ratio of energy conservation = the n-th root of [(unit energy consumption in the reference period/unit energy consumption in the base period) − 1] ×100%

Where: The unit energy consumption can be calculated according to gross domestic product, national product or gross industrial output value, etc. The n represents the number of years between base period and reference period.

Efficiency of Energy Processing and Conversion refers to the ratio of the total output of energy products of various kinds after processing and conversion and the total input of energy of various kinds for processing and conversion in the same reference period. It is an important indicator to show the current conditions of energy processing and conversion equipment, production technique and management.

Energy Conversion Standard different units are often used to compute different caloric value of various energy sources, so a uniform standard computing unit has to be conversed to summarize, compare and analyze energy. There are two standard computing units practiced internationally: one is standard coal and another is standard oil. Currently, standard coal is adopted as computing unit in China for energy calculation, i.e., the caloric value of every kilogram standard coal is 7,000 kilocalories.

Consumption of Raw Materials and Energy refers to the quantity of raw materials and energy actually used in the reference period. It includes the quantity actually used in the main line and sideline business activities of an enterprise. The accounting principle of consumption is: “who consumes, who statisticalizes”, i.e., statistics is made according to the use right. The accounting method is that when raw materials or energy enters the first production sequence and the original form or property is changed or they are put into actual use, they are treated as consumption statistics.

Inventory of Raw Materials and Energy refers to the quantity of raw materials and energy actually stored in the beginning and end of reference period. The accounting principle of inventory is: “who disposes, who statisticalizes”, i.e., statistics is made according to the use right. The accounting method refers to the quantity of raw materials and energy actually stored at a certain time that can be disposed by an enterprise.

十三、运输和邮电

TRANSPORTATION POSTAL AND TELECOMMUNICATIONS SERVICES

13-1 主要年份运输线路长度
Length of Transport Routes in Main Years

(年底数)单位：公里 (year-end) (km)

年 份 Year	铁路营业里程 Length of Railways in Operation	公路通车里程 Total Length of Highways	内河航道里程 Length of Navigable Inland Water ways	民用航空航线里程 Length of Civil Aviation Routes	#国际航线 International Lines
1978	1 705	41 816	2 809	1 009	
1980	1 682	44 149	1 006	1 009	
1985	1 679	49 541	1 042	22 720	1 318
1987	1 638	49 879	1 042	22 089	3 071
1988	1 626	52 534	1 072	23 682	3 071
1989	1 694	54 732	1 072	22 682	3 071
1990	1 695	56 536	1 130	26 639	3 065
1991	1 684	58 123	1 130	30 773	3 114
1992	1 651	60 045	1 130	47 322	4 147
1993	1 644	63 086	1 130	45 132	6 964
1994	1 642	65 578	1 324	64 220	9 464
1995	1 644	68 236	1 324	51 638	9 464
1996	1 644	70 279	1 324	70 610	6 693
1997	2 023	73 821	1 324	89 781	6 693
1998	1 991	76 957	1 324	128 685	16 256
1999	2 015	102 405	1 530	133 105	33 672
2000	2 015	163604	1 580	119 702	20 356
2001	2 015	163 953	1 824	135 114	20 744

13-2 各地区公路运输线路长度(2001年)
Length of Highways in Regions (2001)

(年底数)单位：公里 (year-end) (km)

地 区	Region	公路通车里程 Total Length of Highways	按公路等级分 Expressway and Class I to IV Highway				等外公路 Highway Below Class IV
			合 计 Total	#二 级 Second Class	#三 级 Third Class	#四 级 Fourth Class	
全省合计	**Total**	**163 953**	**106 396**	**2 106**	**9 787**	**93 822**	**57 557**
昆 明	Kunming	11 917	8 650	617	835	6 995	3 267
曲 靖	Qujing	14 271	11 293	104	1 004	10 087	2 978
玉 溪	Yuxi	14 672	13 384	164	1 229	11 850	1 288
保 山	Baoshan	9 734	6 258	141	322	5 778	3 476
昭 通	Zhaotong	12 413	5 818	35	166	5 617	6 595
楚 雄	Chuxiong	11 444	6 419	125	716	5 491	5 025
红 河	Honghe	17 832	11 614	237	1 384	9 993	5 718
文 山	Wenshan	10 702	5 624	68	1 111	4 445	5 078
思 茅	Simao	15 723	7 499	84	606	6 809	8 224
西双版纳	Xishuangbanna	5 925	4 941	29	26	4 877	984
大 理	Dali	11 050	8 258	232	1 043	6 872	2 792
德 宏	Dehong	4 962	3 421	215	297	2 909	1 541
丽 江	Lijiang	6 353	2 893	30	482	2 366	3 460
怒 江	Nujiang	2 780	2 190	7	74	2 109	590
迪 庆	Diqing	3 479	3 083	6	56	3 021	396
临 沧	Lincang	11 196	5 050	12	435	4 603	6 146

13-3铁路里程和机车拥有量

Length of Railways and Number of Locomotives Owned

指　标	Item	1995年	1999年	2000年	2001年
铁路里程	**Length of Railways in Operation**				
正线延长里程（公里）	Length of Railways in Trunk Line (km)	1 694.4	2 075.4	2 075.4	2 082.40
营业里程（公里）	Length of Railways in Operation (km)	1 643.7	2 015.2	2 015.2	2 015.20
准　轨（公里）	Standard Tracks (km)	983.6	1 354.4	1 354.4	1 354.40
米　轨（公里）	Meter Tracks (km)	660.1	660.8	660.8	660.80
寸　轨（公里）	Inch Tracks (km)				
内燃机牵引里程（公里）	Length of Diesel Engine Routes (km)	1 273.5	1 365.9	1 026.3	1 026.30
占营业里程比重（%）	As Percentage of Railways in Operation	77.5	67.8	50.9	50.90
半自动闭塞里程（公里）	Semi-automatic Blocking Length (km)	1 615.3	2 036.4	2 015.0	1 988.10
占营业里程比重（%）	As Percentage of Railways in Operation	98.3	100	100	98.7
无缝线路里程（公里）	Length of Continuous Welded Rail (km)	369.6	363.9	383.3	385.8
占正线里程比重（%）	As Percentage of the Trunk Lines	23.4	18.1	18.5	18.5
有电气集中的车站（个）	Number of Stations with Electric Interlocking (unit)	72	115	116	125
占正式营业线路车站比重（%）	As Percentage of Railways Stations in Operation	41.1	73	56.6	100
办理客运业务车站（个）	Railways Station of Passenger Traffic (unit)	161	147		0
营业线路主要车站（个）	Railways Station of in Operation (unit)	175	205	205	207
铁路机车拥有量	Number of Railway Locomotives				
蒸气机车(寸)（台）	Steam Locomotives (inch) (unit)				
内燃机车（台）	Diesel Locomotives (unit)	254	149	163	165
东风1型(准)（台）	Dongfeng Model I (Standard)(unit)	121	0		0
东风2型(准)（台）	Dongfeng Model II (Standard)(unit)	31	0		0
东方红21型(米)（台）	Dongfanghong Model 21 (m) (unit)	102	91	91	91
电力机车（台）	Electric Locomotives (unit)	42	97	136	163

13-4 铁 路 客 货 车 拥 有 量

Ownership of Railway Passenger Coaches and Freight Cars

指　标	Item	2000年	#准　轨 Standard Tracks	2001年	#准　轨 Standard Tracks
客车合计(辆)	**Passenger Coaches (coach)**	**910**	**734**	**959**	**783**
软卧车	Soft Berth Coaches	53	46	65	58
硬卧车	Hard berth Coaches	293	267	313	287
硬座车	Hard Seat Coaches	425	304	433	312
餐　车	Dining Cars	47	43	51	47
行李邮政车	Luggage and Post Cars	40	40	44	44
其　它	Others	47	29	51	33
货车合计(辆)	**Freight Cars (coach)**	**1 393**		**1 383**	
按车型分	Grouped by Type of Car				
棚　车	Covered Cars	389		381	
敞　车	Open cars	796		794	
平　车	Flat Cars	100		100	
罐　车	Tank Cars	98		98	
其　它	Others	10		10	
按载重量分	Grouped by Capacity of Car				
25-40吨	25-40 Tons				
60 吨	60 Tons				
货车总载重(万吨)	Total Loading Capacity of Freight cars (10 000 tons)	4.3		4.3	
平均每辆车载重量(吨)	Average Marked Loading Capacity Per Car (ton)	31		30.6	

13-5 各地区民用汽车拥有量（2001年）
Number of Civil Motor Vehicles Owned by Region (2001)

地　区	Region	总计（辆） Total (unit)	载客汽车 Passenger vehicles 辆数 Number 合计 Total	大型 Large-scale	小型 small-scale	客位 Number of Seats 合计 Total	大型 Large-scale	小型 small-scale	专用载货汽车 Trucks 辆数 Number	吨位 capacity
全省合计	**Total**	**682 155**	**331 599**	**15 628**	**315 971**	**2 952 918**	**615 995**	**2 336 923**	**5 825**	**27 934**
昆　明	Kunming	198 429	133 351	4 485	128 866	1 232 753	201 825	1 030 928	1 779	9 785
曲　靖	Qujing	64 000	22 586	1 647	20 939	248 887	64 264	184 623	256	1 686
玉　溪	Yuxi	59 970	22 389	552	21 837	167 989	19 109	148 880	209	918
保　山	Baoshan	25 242	10 511	503	10 008	20 812	2 184	18 628	215	1 115
昭　通	Zhaotong	33 610	11 481	1 429	10 052	119 758	54 631	65 127	61	245
楚　雄	Chuxiong	31 062	13 721	556	13 165	88 065	22 240	65 825	143	715
红　河	Honghe	70 382	23 576	1 714	21 862	236 795	70 961	165 834	438	1 629
文　山	Wenshan	21 563	10 509	581	9 928	93 898	24 402	69 496	137	492
思　茅	Simao	27 108	10 810	689	10 121	102 695	24 804	77 891	371	4 823
西双版纳	Xishuangbanna	18 156	8 251	582	7 669	81 899	20 733	61 166	163	847
大　理	Dali	37 329	15 841	867	14 974	148 085	30 146	117 939	286	1 200
德　宏	Dehong	19 018	10 408	308	10 100	75 665	11 193	64 472	331	1 550
丽　江	Lijiang	16 330	6 476	312	6 164	67 628	12 152	55 476	64	192
怒　江	Nujiang	6 049	3 137	106	3 031	28 248	4 240	24 008	41	62
迪　庆	Diqing	21 174	3 935	161	3 774	26 714	5 260	21 454	1 211	5 533
临　沧	Lincang	17 333	7 728	482	7 246	68 968	19 357	49 611	290	1 423

13-5 续表 continued

地　区	Region	普通载货汽车 Ordinary Trucks 辆数 Number 合计 Total	大型 Large-scale	小型 small-scale	吨位 Tonnage 合计 Total	大型 Large-scale	小型 small-scale	特种汽车 Special Motor Vehicles
全省合计	**Total**	**335 658**	**162 437**	**173 221**	**1 066 994**	**816 893**	**250 101**	**9 073**
昆　明	Kunming	30 302	10 975	19 327	100 638	10 975	89 663	542
曲　靖	Qujing	1 673	902	771	34 312	902	33 410	549
玉　溪	Yuxi	24 344	9 963	14 381	65 059	9 963	55 096	336
保　山	Baoshan	8 443	4 720	3 723	29 093	4 720	24 373	378
昭　通	Zhaotong	5 049	3 011	2 038	14 321	3 011	11 310	199
楚　雄	Chuxiong	5 098	3 007	2 091	20 392	3 007	17 385	109
红　河	Honghe	21 667	12 705	8 962	69 185	12 705	56 480	1 086
文　山	Wenshan	6 544	3 310	3 234	20 696	3 310	17 386	534
思　茅	Simao	9 199	4 415	4 784	41 396	4 415	36 981	197
西双版纳	Xishuangbanna	5 301	1 959	3 342	13 782	1 959	11 823	130
大　理	Dali	11 469	3 412	8 057	24 468	3 412	21 056	195
德　宏	Dehong	4 596	1 080	3 516	7 873	1 080	6 793	108
丽　江	Lijiang	6 127	2 562	3 565	19 438	2 562	16 876	56
怒　江	Nujiang	1 006	918	88	3 309	918	2 391	0
迪　庆	Diqing	6 073	3 880	2 193	18 732	3 880	14 852	109
临　沧	Lincang	3 509	1 232	2 277	9 958	1 232	8 726	298

13-6 各地区民用其它车辆拥有量(2001年)
Number of Other Civil Motor Vehicles Owned by Region (2001)

地区	Region	轮胎式拖拉机(辆) Tyre Tractors (unit)	#手扶拖拉机 Support Tractors	摩托车(辆) Motors (unit)	#两轮摩托车 Motorcycles	载货挂车(辆) Trailer (unit)	机动车驾驶员(人) Number of Motor Drivers (persons)	#汽车驾驶员 Automobile Drivers
全省合计	**Total**	**383 278**	**265 885**	**735 744**	**649 857**	**4 569**	**2 307 546**	**1 317 370**
昆明	Kunming	34 062	9 176	160 999	129 367	306	581 911	437 099
曲靖	Qujing	45 830	25 238	68 350	44 848	1 018	219 563	120 877
玉溪	Yuxi	36 257	32 465	94 634	80 137	5	193 675	106 206
保山	Baoshan	36 699	30 468	44 982	40 575	9	118 392	26 127
昭通	Zhaotong	11 476	5 189	34 049	27 119	0	124 251	56 961
楚雄	Chuxiong	26 459	13 749	29 869	21 407	409	134 568	74 326
红河	Honghe	32 159	30 504	60 089	42 275	894	209 436	115 118
文山	Wenshan	15 210	13 963	25 352	21 113	0	83 681	42 335
思茅	Simao	19 338	12 187	30 490	[illegible]	[illegible]	108 992	45 050
西双版纳	Xishuangbanna	33 721	20 714	50 850	48 187	121	102 330	37 856
大理	Dali	22 193	2 420	52 853	43 986	94	123 497	83 282
德宏	Dehong	29 896	28 031	59 902	56 814	7	115 770	31 939
丽江	Lijiang	10 317	1 693	10 447	8 690	66	51 403	29 934
怒江	Nujiang	2 072	420	3 454	1 748	0	19 359	14 175
迪庆	Diqing	3 185	3 262	1 973	1 300	121	19 815	13 210
临沧	Lincang	18 353	17 043	18 960	13 871	697	73 800	24 491

13-7 各地区私人汽车拥有量（2001年）
Number of Private Motor Vehicles by Region(2001)

地区	Region	总计(辆) Total (unit)	普通载货汽车 Ordinary Trucks		专用载货汽车 Trucks		载客汽车 Passenger vehicles	
			辆数 Number	吨位 Tonnage	辆数 Number	吨位 Tonnage	辆数 Number	客位(人) Number of Seats (person)
全省合计	**Total**	**301 476**	**162 300**	**465 595**	**2 606**	**18 956**	**136 439**	**1 161 537**
昆明	Kunming	104 098	30 302	100 638	120	660	73 626	680 629
曲靖	Qujing	31 457	1 673	34 312	27	7 635	1 424	82 949
玉溪	Yuxi	38 812	24 344	65 059	59	309	14 387	103 521
保山	Baoshan	13 462	8 443	29 093	19	123	4 990	9 145
昭通	Zhaotong	6 452	5 049	14 321	2	61	1 400	26 242
楚雄	Chuxiong	9 073	5 098	20 392	0	0	3 975	20 750
红河	Honghe	28 552	21 667	69 185	12	47	6 857	63 598
文山	Wenshan	10 722	6 544	20 696	0	0	4 178	33 376
思茅	Simao	11 645	9 199	41 396	81	1053	2 359	22 411
西双版纳	Xishuangbanna	8 576	5 301	13 782	53	311	3 219	35 021
大理	Dali	17 234	11 469	24 468	17	71	5 748	43 554
德宏	Dehong	9 345	4 596	7 873	71	332	4 669	30 519
丽江	Lijiang	8 944	6 127	19 438	0	0	2 817	25 353
怒江	Nujiang	2 121	1 006	3 309	0	0	1 115	10 035
迪庆	Diqing	19 067	6 073	18 732	978	4 401	3 610	17 279
临沧	Lincang	5 333	3 509	9 958	62	228	1 782	14 430

13-8 各地区私人其它车辆拥有量（2001年）
Number of Other Private Vehicles by Region (2001)

单位：辆 (unit)

地　区	Region	轮式拖拉机 Wheel Tractors	#手扶拖拉机 Support Tractors	摩托车 Motors	#两轮摩托车 Motorcycles	载货挂车 Trailer
全省合计	**Total**	**362 508**	**253 472**	**685 842**	**617 662**	**354**
昆　明	Kunming	34 062	9 176	126 121	125 825	20
曲　靖	Qujing	45 830	25 238	53 504	43 262	7
玉　溪	Yuxi	36 133	32 348	93 664	7 979	5
保　山	Baoshan	35 240	29 476	43 042	39 787	6
昭　通	Zhaotong	10 225	4 182	25 656	21 380	0
楚　雄	Chuxiong	23 390	9 737	28 500	20 341	
红　河	Honghe	31 540	30 059	56 371	41 028	17
文　山	Wenshan	15 033	13 963	23 484	20 135	
思　茅	Simao	19 338	12 187	30 490	26 056	8
西双版纳	Xishuangbanna	19 870	12 705	49 073	46 833	4
大　理	Dali	24 405	2 389	51 430	43 397	14
德　宏	Dehong	29 747	27 923	58 309	55 579	0
丽　江	Lijiang	9 020	1 582	9 571	8 239	66
怒　江	Nujiang	2 072	420	3 454	1 748	0
迪　庆	Diqing	3 150	3 262	1 791	1 200	121
临　沧	Lincang	17 536	16 326	17 774	13 768	54

13-9 民用运输船舶年底实有数(2001年)

Real Number of Civil Transport Vessels at Year-end (2001)

指　　标		Item	1999年		2000年		2001年	
			合 计 Total	#私 人 Private-Owned	合 计 Total	#私 人 Private-Owned	合 计 Total	#私 人 Private-Owned
一、机动船总计		Total Motor Vessels						
艘　数	(艘)	Number	753	557	869	641	975	802
净载重量	(吨位)	Dead Weight Tonnage (ton)	14 607	7 895	18 968	10 166	21 073	12 552
载客量	(客位)	Passenger Capacity (seat)	14 696	3 149	18 008	5 093	18 775	10 064
功　率	(千瓦)	Drawing Power (kw)	47 896	12 917	62 243	19 001	68 086	30 211
1. 客　船		Passenger Boat						
艘　数	(艘)	Number	252	148	323	208	412	326
载客量	(客位)	Passenger Capacity (seat)	10 287	3 008	13 992	5 077	14 863	7 871
功　率	(千瓦)	Drawing Power (kw)	15 136	3 942	19 917	7 011	22 103	10 209
2. 客货船		Passenger Boat and Cargo Vessel						
艘　数	(艘)	Number	34	5	34	1	89	70
净载重量	(吨位)	Dead Weight Tonnage (ton)	1 031	53	1 552	3	1 705	854
载　量	(客位)	Passenger Capacity (seat)	4 409	141	4 016	16	3 912	2 193
功　率	(千瓦)	Drawing Power (kw)	5 949	188	7 517	12	6 640	2 585
3. 货　船		Cargo Vessel						
艘　数	(艘)	Number	452	404	499	432	463	404
净载重量	(吨位)	Dead Weight Tonnage (ton)	13 576	7 842	17 416	10 163	19 368	11 698
功　率	(千瓦)	Drawing Power (kw)	23 277	8 787	31 621	11 978	36 778	17 296
4. 拖　船		Tugboat						
艘　数	(艘)	Number	15		13		11	2
功　率	(千瓦)	Drawing Power (kw)	3 534		3 188		2 565	121
二、货　驳		Total Barges						
艘　数	(艘)	Number	62	10	47		28	
净载重量	(吨位)	Dead Weight Tonnage (ton)	14 302	1 214	10 884		6 969	

13-10 内河、湖泊主要港口码头泊位数（2001年）

Number of Berths of Major Ports of Inland Rivers and Lakes (2001)

名称	Name	港口所在地	Place of Port	旅客吞吐量(万人) Volume of Passenger Traffic (10 000 persons)	#出口量 Export Volume	货物吞吐量(万吨) Volume of Freight Handled(10 000 tons)	#出口量 Export Volume	#进口量 Import Volume	生产用码头 Quay Line For Productive Use		
									码头长度(米) Length of Quay Line (m)	泊位数(个) Number of Berths (unit)	最大靠泊能力(万吨) The Greatest Capacity (10000 tons)
昆明港	Kunming	昆明市新篆塘	Kunming Xinzhuantang	44	22	16	3		1 090	24	30
水富港	Shuifu	昭通水富县	Zhaotong Shuifu County	16	8	20	6		800	4	30
绥江港	Suijiang	昭通绥江县	Zhaotong Suijiang County	22	11	26	21		1 084	14	56
下关港	Xiaguan	大理下关	Dali Xiaguan	151	75	67	6		2 010	34	90
景洪港	Jinhong	版纳景洪	Xishuangbanna Jinghong	4	2	19	12		645	7	16
思茅港	Simao	思茅市	Simao City	8	4	6	3		670	5	36
江川港	Jiangchuan	玉溪江川县	Yuxi Jiangchuan	12	6	0	0		233	6	0
澄江港	Chengjiang	澄江县	Chengjiang County	34	17	0	0		1 600	12	0

13-11 主要年份客运量

Passenger Traffic in Major Years

单位：万人 (10 000 persons)

年份 Year	客运量总计 Total Passenger Traffic	铁路 Railways	公路 Highways	水运 Waterways	民用航空 Civil Aviation
1978	3 941.0	1 267.0	2 534.0	31	8.9
1980	5 250.0	1 528.0	3 612.0	93	17.2
1985	9 393.0	1 509.0	7 735.0	126	23
1986	10 440.0	1 308.0	8 958.0	143	31
1987	10 091.0	1 351.0	8 552.0	149	39
1988	10 551.0	1 444.0	8 864.0	211	32
1989	10 389.0	1 320.0	8 928.0	110	31
1990	10 702.0	1 016.0	9 475.0	177	34
1991	11 078.0	1 006.0	9 880.0	142	50
1992	10 565.0	1 086.0	9 277.0	119	83
1993	11 063.0	1 250.0	9 528.0	158	127
1994	25 163.0	1 359.0	23 518.0	141	145.8
1995	21 697.0	1 257.0	20 095.0	134	211
1996	23 904.0	1 119.0	22 397.1	135.2	253
1997	25 003.7	1 129.5	23 437.9	148	288.3
1998	29 863.0	1 295.0	28 048.0	189	331.1
1999	32 962.2	1 494.8	30 796.0	236	435.4
2000	33 704.0	1 531.6	31 586.0	241	345
2001	39984.4	1424.4	37909	271	380

注：公路客运量1993年前为运输系统统计数，1994年改为全社会统计数。

Note: Before 1993 the total passenger traffic was included in transport computation, and since 1994 it has been changed in total social count.

13-12 主要年份旅客周转量

Passenger-Kilometers in Major Years

单位：亿人公里 (100 million passenger-km)

年份 Year	旅客周转量总计 Total Passenger kilometers	铁路 Railways	公路 Highways	水运 Waterways	民用航空 Civil Aviation
1978	24.25	9.92	13.89	0.12	0.32
1980	33.74	12.86	20.30	0.26	0.32
1985	72.84	19.56	52.53	0.32	0.43
1986	81.56	19.84	57.56	0.52	3.64
1987	88.41	23.20	59.92	0.55	4.74
1988	93.46	23.91	64.81	0.57	4.17
1989	94.01	21.92	67.66	0.42	4.01
1990	87.67	17.22	65.77	0.46	4.22
1991	95.86	17.95	71.83	0.37	5.72
1992	99.98	20.29	69.89	0.34	9.46
1993	111.90	22.86	73.38	0.37	15.29
1994	146.87	24.41	101.77	0.33	20.36
1995	137.93	23.03	93.10	0.35	21.45
1996	149.94	20.57	102.40	0.37	26.61
1997	172.37	22.73	119.47	0.38	29.78
1998	189.85	24.76	131.80	0.58	32.71
1999	237.99	32.82	164.20	0.64	40.34
2000	237.94	31.35	171.20	0.78	34.57
2001	304.20	31.79	232.76	0.82	38.83

13-13 主要年份货运量
Freight Traffic in Major Years

单位：万吨 (10 000 tons)

年份 Year	货运量总计 Total Freight Traffic	铁路 Railways	公路 Highways	水运 Waterways	民用航空 Civil Aviation
1978	4 994	1 929	2 972	93	0.16
1980	4 758	2 106	2 587	65	0.22
1985	20 044	2 022	17 970	52	0.4
1986	22 041	2 228	19 754	58	0.5
1987	21 583	2 308	19 184	91	0.5
1988	22 990	2 421	20 477	91	0.6
1989	30 822	2 541	28 189	91	1
1990	38 327	2 567	35 656	104	0.43
1991	30 834	2 577	28 165	91	0.63
1992	42 752	2 658	39 988	105	1
1993	35 704	2 718	32 869	115	1.84
1994	37 860	2 769	34 921	168	2
1995	38 400	2 829	35 446	123	2.4
1996	42 852	2 896	39 728	245	3.5
1997	46 782	2 904	43 716	157	5.6
1998	48 448	3 100	45 199	141	7.27
1999	50 781	3 287	47 368	118	7.75
2000	52 452	3 521	48 789	134	7.82
2001	53 198.63	3 859	49 189	142	8.63

13-14 主要年份货物周转量
Freight Ton-kilometers in Major Years

单位：亿吨公里 (100 million ton-km)

年份 Year	货物周转量总计 Total Freight Ton-kilometers	铁路 Railways	公路 Highways	水运 Waterways	民用航空 Civil Aviation
1978	62.34	43.52	18.57	0.24	0.01
1980	68.76	50.59	17.84	0.32	0.01
1985	154.11	64.83	88.73	0.5	0.05
1986	177.89	69.72	107.63	0.48	0.06
1987	195.89	79.77	115.35	0.69	0.08
1988	208.05	82.78	124.44	0.75	0.08
1989	225.21	88	136.1	1.04	0.07
1990	260.67	93.91	166.1	0.59	0.07
1991	233.12	96.07	136.42	0.55	0.08
1992	275.85	100.92	173.92	0.88	0.13
1993	241.61	106.23	134.06	1.08	0.24
1994	295.08	107.86	185.99	0.98	0.26
1995	307.71	114.24	192.1	1.06	0.31
1996	352.44	122.24	228.53	1.23	0.44
1997	384.94	129	253.96	1.21	0.76
1998	416.18	141.08	273.12	0.96	1.02
1999	443.09	152.64	288.14	0.92	1.11
2000	479.52	180.76	296.65	0.98	1.13
2001	517.31	196.58	318.49	0.99	1.25

注：公路从1984年起为国家统计局统一口径的全社会运量数。

Note: Since 1984 the approach in computation of freight-kilometers of highways has been included in total social count according to National Bureau of Statistics of China .

13-15 主要年份货物运输平均运距

Average Distance of Freight Transport in Major Years

单位：公里 (km)

年 份 Year	总 计 Total	铁 路 Railways	公 路 Highways	水 运 Waterways	民用航空 Civil Aviation
1978	124.8	225.6	62.5	25.8	625
1981	142.5	212.1	72.4	50	
1982	145.4	234.6	72.3	60.9	
1983	162.4	290.2	74.6	96.7	833.3
1984	134.2	222.7	74.6	58.8	1 333.3
1985	194	320.6	88.6	96.2	1 250.0
1986	204.7	312.9	100.7	82.8	1 200.0
1987	237.5	345.6	119.7	75.8	1 600.0
1988	178.2	341.9	71.5	82.4	1 333.3
1989	73.1	346.3	48.3	114	1 444.1
1990	68	365.8	46.6	57	1 595.3
1991	75.6	372.8	48.4	60.4	1 269.8
1992	64.5	379.7	43.5	84.3	1 256.7
1993	67.7	390	40.8	93.9	1 304.3
1994	77.9	389.5	53.3	58.3	1 300.0
1995	80.1	403.8	54.2	86.2	1 291.7
1996	82.3	422.1	57.5	54.7	1 257.1
1997	82.3	444.2	58.1	77.2	1 358.2
1998	85.9	455	60.4	68.1	1 483.0
1999	87.3	464.4	60.8	78	1 793.5
2000	91.4	513.4	60.8	73.1	1 445.0
2001	97.2	509.4	64.7	69.7	1 448.4

13-16 主要年份旅客运输平均运距

Average Distance of Passenger Traffic in Major Years

单位：公里 (km)

年 份 Year	货运量总计 Total Freight Traffic	铁 路 Railways	公 路 Highways	水 运 Waterways	民用航空 Civil Aviation
1978	61.5	78.3	54.8	38.7	359.6
1981	64.6	85.7	57.1	26.5	550
1982	64.5	87.3	57.2	25.8	450
1983	66.7	92.8	59.2	25.8	484.4
1984	63.9	77.8	60.7	26.7	466.7
1985	77.5	129.6	67.9	25.4	487
1986	78.1	151.7	64.3	36.4	1 174.2
1987	87.6	171.7	70.1	36.9	1 215.4
1988	88.6	165.6	73.1	27	1 303.1
1989	86.4	166.1	72.6	31.4	1 292.7
1990	81.9	169.5	69.4	25.9	1 240.4
1991	86.5	178.4	72.7	26.1	1 144.0
1992	88.4	186.9	75.3	28.6	1 139.4
1993	101.1	182.9	77	23.4	1 203.9
1994	116.4	179.6	73.6	23.4	1 396.4
1995	63.6	183.2	46.3	26.1	1 016.6
1996	62.7	183.8	45.7	27.4	1 051.8
1997	68.9	201.3	51	25.9	1 032.9
1998	63.6	191.3	47	30.7	987.9
1999	72.2	219.5	53.3	27.1	926.5
2000	70.6	204.7	54.2	32.4	1 002.0
2001	90.3	223.2	61.4	30.3	1 021.8

13-17 铁路货物运输量
Railway Freight Traffic

（按货类分） （by category of cargo）

品种	Item	2000年			2001年		
		货运量（万吨） Freight Traffic (10 000 tons)	货物周转量（百万吨公里） Freight Ton-kilometers (1 000 000 tons-km)	平均运距（公里） Average Transport Distance (km)	货运量（万吨） Freight Traffic (10 000 tons)	货物周转量（万吨公里） Freight Ton-kilometers (1 000 000 tons-km)	平均运距（公里） Average Transport Distance (km)
合计	**Total**	**5 946.3**	**18 075.9**	**304**	**6 425**	**19 658**	**306**
煤	Coal	1 298.8	2 378.5	183	1 430	2 954	207
焦炭	Coke	113.2	225.8	200	141	261	186
石油	Petroleum	314.2	932.9	297	323	957	297
钢铁	Steel	585.3	2 262.3	387	642	2 366	368
金属矿石	Metal Ores	670.3	2 749.3	410	729	2 967	407
非金属矿石	Nonmetal Materials	182.8	448.7	246	203	511	252
矿建材料	Mineral Building Materials	271.4	851.3	314	283	892	315
水泥	cement	47.1	102.0	[illegible]	47	108	230
木材	Timber	87.1	310.9	357	85	306	361
化肥农药	Chemical Fertilizers and pesticide	500.5	1 462.9	292	552	1 679	304
粮食	Grain	146.1	420.9	288	150	432	288
棉花	Cotton	2.5	8.2	332	2	7	312
盐	Salt	25.7	87.9	341	25	85	341
其它	Others	1 701.3	5 833.7	343	1 813	6 132	338
农副土特产品	Farm Crops	67.8	274.6	405	80	307	385
鲜活易腐货物	Goods of Live Animal and Putrescence	91.5	314	343	93	303	327
磷矿石	Phosphate Mineral	415.1	1 312.6	316	488	1 518	311

13-18 公路部门货物运输量
Highway Freight Transport

（按货类分） （by category of cargo）

品种	Item	2000年			2001年		
		货运量（万吨） Freight Traffic (10 000 tons)	货物周转量（万吨公里） Freight Ton-kilometers (10 000 tons-km)	平均运距（公里） Average Transport Distance (km)	货运量（万吨） Freight Traffic (10 000 tons)	货物周转量（万吨公里） Freight Ton-kilometers (10 000 tons-km)	平均运距（公里） Average Transport Distance (km)
合计	**Total**	**48 789**	**2 966 546**	**60.8**	**49 189**	**3 184 941**	**64.7**
煤	Coal	4 705	296 405	63.0	4 860	249 375	51.3
石油	Petroleum	54	5 449	100.9	494	18 736	37.9
钢铁	Steel	5 771	536 703	93.0	1 174	30 605	26.1
金属矿石	Metal Ores	97	19 237	198.3	3 857	310 073	80.4
非金属矿石	Nonmetal Materials	772	70 252	91.0	9 862	983 878	99.8
矿建材料	Mineral Building Materials	9 812	441 543	45.0	2 757	91 816	33.3
水泥	cement	185	27 750	150.0	411	21 879	53.2
木材	Timber	1 354	46 036	34.0	9 655	142 325	14.7
化肥农药	Chemical Fertilizers and pesticide	1 566	40 893	26.1	206	13 786	66.9
粮食	Grain	1 037	51 721	49.9	1 670	165 604	99.2
盐	Salt	88	2 964	33.7	89	3 974	44.7
其它	Others	19 148	1 114 282	58.2	13 342	1 044 111	78.3
日用工业品	Daily Use Industrial Products	67	13 413	200.2	13	7 263	558.7
磷矿	Phosphate Mineral	58	6 009	103.6	866	11 662	13.5

13-19 铁路运输经济技术主要指标（准轨）

Principal Economic and Technical Indicators on (Standard) Railway Transport

指　标		Item	1990年	1995年	2000年	2001年
货运机车日产量	（万吨/公里）	Average Daily Ton-kilometers of Freight Locomotives (10 00 ton-km)	46.40	54.20	63.90	68.50
#内燃机车	（万吨/公里）	Steam Locomotives (10 00 ton-km)	41.70	41.90	50.30	28.50
货运机车平均牵引总重	（吨）	Average Total Tonnage of Freight Locomotives (ton)	1 722	1 907	2 386.00	2 796.00
#内燃机车	（吨）	Steam Locomotives (ton)	1 674	1 709	2 124.00	1 702.00
货运机车日车公里	（公里）	Daily Distance per Freight Locomotives (ton)	454.00	444.00	408.00	396.00
客运机车日车公里	（公里）	Daily Distance per Passenger Locomotives (ton)	454.00	481.00	410.00	422.00
内燃机车每万吨公里耗油	（公斤）	Oil Consumption of Steam Locomotive (kg/10 000 ton-km)	40.10	41.70	39.70	63.50
货物列车出发正点率	（%）	Punctuality Rate of Freight Trains at Departure (%)	93.20	93.20	92.40	96.80
货物列车运行正点率	（%）	Punctuality Rate of Freight Trains in Running (%)	92.70	91.20	91.70	91.70
旅客列车出发正点率	（%）	Punctuality Rate of Passenger Trains at Departure (%)	99.30	99.60	99.80	99.80
旅客列车技术速度	（公里/小时）	Technical Speed of Passenger Trains (km/hr)	42.60	45.40	54.90	55.40
旅客列车旅行速度	（公里/小时）	Traveling Speed of Passenger Trains (km/hr)	36.30	38.50	47.20	48.00
每一旅客列车编成辆数	（辆）	Number of Constitute per One Passenger Train (unit)	14.90	16.00	15.70	15.70
客运列车密度	（列/日）	Density of Passenger Trains (unit/day)	33.80	34.60	52.00	57.50
客运密度	（万人公里/公里）	Density of Passenger Trains (10 000 passenger-km/km)	145.20	196.20	96.00	90.00
每万名旅客拥有座卧车数	（辆）	Number of Coaches per 10 000 Passengers (unit)		0.67	0.51	0.44
每百万旅客人公里拥有座卧车数	（辆）	Number of Coaches per 10 000 Passengers/km (unit)		0.26	0.29	0.30
货物列车技术速度	（公里/小时）	Technical Speed of Freight Trains (km/hr)	38.80	39.60	41.40	45.30
货物列车旅行速度	（公里/小时）	Running Speed of Freight Trains (km/hr)	27.30	25.80	26.50	29.10
货运列车密度	（列/日）	Density of Freight Transport (unit/day)	121.00	148.60	145.60	319.00
货运密度	（吨公里/公里）	Density of Freight Transport (ton-km/km)	846.10	1 081.20	2 950.00	3 190.00
货车周转时间	（天）	Turning Around Time of Freight Cars (day)	2.06	2.11	2.49	2.42
货车一次作业停留时间	（小时）	Handling Time of Freight (hour)	16.00	18.70	21.80	20.50
货车周转停留时间	（小时）	Transfer Waiting Time per Car (hour)	5.90	6.60	8.00	8.00
货车净载重	（吨）	Static Load of Freight Cars (Standard Gauge) (ton)	56.50	57.30	57.60	57.50
货车载重力利用率	（%）	Utilization Rate of Loading Capacity of Freight Cars (%)	97.60	96.00	99.30	98.00

13-20 铁路运输主要财务成本指标
Financial Cost Indicators on Railway Transport

单位：万元　　　　(10 000 yuan)

指　标	Item	1990年	1995年	2000年	2001年
运输总收入	Total Transport Revenue	68 895	109 453	205 542	269 494
客运收入	Revenue From Passenger Traffic	15 010	26 549	58 2 72	76 095
货运收入	Revenue From Freight Traffic	48 844	63 906	96 771	132 158
行李包裹收入	Revenue from Luggage	967	2 429	8 854	11 639
邮运收入	Revenue From Postal Delivery	319	603	966	1 051
其它收入	Other Revenue	3 755	9 329	40 679	48 551
运输总成本	Total Transport Costs	32 184	119 768	191 356	3 040
工　资	Wages and Salaries	7 425	28 650	46 969	47 334
材　料	Materials	6 151	15 237	17 591	18 002
燃　料	Fuel	3 777	12 336	18 053	12 932
电　力	Electricity	779	4 949	11 447	26 784
折旧提成	Depreciation	9 607	14 113	23 214	38 173
其　他	Other Costs	4 445	41 919	53 713	141 475
营业外支出	Non operating Net Revenue or Expenditure	5 780	8 878	21 809	19 283
上缴营业税	Taxes Payable	2 255	[illegible]	6 660	10 458
实现利润	Profits	6 744	043 354	13 205	5 741
固定资产原值	Original Value of Fixed Assets	289 918	886 902	1 886 797	1 928 643
铁路运输职工平均人数(人)	Average Number of Saff and Employed Workers in Transport (person)	45 629	43 800	57 000	45 000
单位成本（元）	Unit Cost (yuan)	432	1 353	1 003	1 804

13-21 公路运输经济技术主要指标
Principal Economic and Technical Indicators on Highway Transport

指　标		Item	1990年	1995年	2000年	2001年
载货汽车完好率	(%)	Intact Rate of Trucks (%)	80.1	86.9		
载货汽车工作率	(%)	Work Rate of Trucks (%)	53.5	47.8	55	124.8
载货汽车实载率	(%)	Carry Rate of Trucks (%)	87.1	83.5	78	140.8
载货汽车车吨年产量	(吨公里)	Ton/year Yield of Trucks (ton/km)	37 604.0	25 884.0		
载货汽车单车年产量	(吨公里)	Unit/year Yield of Trucks (ton/km)	209 953.0	166 432.0		
载客汽车完好率	(%)	Intact Rate of Passenger Vehicles (%)	83.4	85.1		
载客汽车工作率	(%)	Work Rate of Passenger Vehicles (%)	67.5	66.4	77	157.3
载客汽车实载率	(%)	Carry Rate of Passenger Vehicles (%)	80.8	58.7	89	129.3
载客汽车车座年产量	(人公里)	Seat/year Yield of Passenger Vehicles (person/km)	37 356.0	28 746.0		
载客汽车单车年产量	(人公里)	Unit/year Yield of Passenger Vehiles (person/km)	1 582 191	1 127 497		
客车每百车公里耗汽油	(升)	Consume of Gasoline per 100 Passenger Vehicles/km (li)	35.4	26.4	23.4	45.1
客车每百车公里耗柴油	(升)	Consume of Diesel Oil per 100 Passenger Vehicles/km (li)	32.7	22.5	19.3	35.2
客车每百吨公里耗汽油	(升)	Consume of Gasoline per 100 Passenger Vehicles Ton/km (li)	10.1	11.6	8	8.2
客车每百吨公里耗柴油	(升)	Consume of Diesel Oil per 100 Passenger Vehicles Ton/km (li)	8.7	9.2	9	6.6
货车百车公里耗汽油	(升)	Consume of Gasoline per 100 Trucks/km (li)	46.5	35.4	31.7	64.1
货车百车公里耗柴油	(升)	Consume of Diesel Oil per 100 Trucks/km (li)	38	37	28.6	54.2
货车百吨公里耗汽油	(升)	Consume of Gasoline per 100 Trucks Ton/km (li)	7.2	6.8	7.4	6.7
货车百吨公里耗柴油	(升)	Consume of Diesel Oil per 100 Trucks Ton/km (li)	5	5.2	6.7	4.6

13-22 民用航空主要财务成本指标

Financial and Cost Indicators of Civil Aviation

单位：万元 (10 000 yuan)

指　　标	Item	1990年	1995年	2000年	2001年
业务收入	Total Revenue	14 162	105 830	268 690	283 487
国内航线运输收入	Revenue from Domestic Routes	12 167	96 546	230 862	245 486
国际航线运输收入	Revenue from International Routes	152	9 284	15 407	14 572
航站服务收入	Revenue from Aviation Harbor	1 801	12 915	20 132	21 386
其他业务收入	Other Revenue	43	801	2 258	0
业务成本	Cost	6 819	93 663	203 465	216 809
飞行费用	Flying Expenses	4 671		176 415	181 311
税　金	Tax	400	4 047	6 258	8 713
利润总额	Total Profits	7 013	10 924	9 655	1 906
营业外收入	Non-operating net Revenue	2	6 329	134	88
营业外支出	Non-operating Expenditure	65	824	2 772	3 845
年末固定资产原值	Original Value of Fixed Assets Year-end	26 491	171 999	772 357	833 730

13-23 民航运输生产主要指标

Main Transport Indicators of Civil Aviation

指　　标		Item	1990年	1995年	2000年	2001年
旅客发运量	(人)	Passenger Traffic (person)	341 036	2 038 423	3 449 570	3 800 655
国际航线	(人)	International Routes (person)	4 864	86 191	155 321	150 149
地区航线	(人)	Regional Routes (person)	13 505		21 289	21 169
国内航线	(人)	Domestic Routes person)	322 667	1 952 232	3 272 960	3 629 337
货邮发运量	(吨)	Freight Traffic (ton)	4 248	23 485	78 237	86 282
国际航线	(吨)	International Routes (person)	148	891	3 213	3 423
地区航线	(吨)	Regional Routes (person)	265		311	313
国内航线	(吨)	Domestic Routes person)	3 835	22 594	74 662	82 546
旅客周转量	(万人公里)	Passenger-tons (10 000 person-km)	42 173	214 481	345 709	388 252
货邮周转量	(万吨公里)	Freight Ton-kilometers (ton)	686	3 042	11 273	12 468
总周转量	(万吨公里)	Total Air Traffic Ton-kilometers (10 000 ton-km)	3 723	18 405	36 874	41 236
飞行班次	(班次)	Number of Flying (number)	2 998	16 728	32 563	34 449
飞行万公里	(万公里)	10 000 km of Flying (10 000 km)	354	1 846	32 563	3 995
飞行小时	(小时)	Hours of Flying (h)	5 962	24 926	56 723	61 763
飞机生产率	(吨公里/小时)	Work Rate of Aircrafts (ton-km/h)	6 245	7 384	6 501	6 676
飞机载运率	(%)	Carry Rate of Aircrafts (%)	83	71	56.1	59.3
客座利用率	(%)	Utilization Rate of Seat (%)	90	83	56.5	59.9

13-24 主要年份邮电通信网
Postal and Telecommunication Services Net in Major Years

年 份 Year	邮电局所 (处) Number of Post & Telecommunications Offices (unit)	#设在农村的 Set up in the Country	邮路总长度 (公里) Length of Postal Routes and Rural Dilivery (km)	长话电路 (路) Number of Long-distanceTelephone Lines (line)	电报电路 (路) Number of Long-distance Telegraph Lines (line)
1978	1 708	1 520	260 761	891	377
1980	1 700	1 495	255 779	996	376
1985	1 780	1 442	230 505	1 216	450
1986	1 693	1 441	227 388	1 268	457
1987	1 692	1 494	223 987	1 361	454
1988	1 686	1 496	223 240	1 426	524
1989	1 686	1 489	227 643	1 648	568
1990	1 700	1 419	227 720	1 841	596
1991	1 710	1 415	226 378	2 061	613
1992	1 732	1 419	228 263	2 977	618
1993	1 734	1 417	228 384	6 312	1 053
1994	1 771		232 083	16 289	990
1995	1 809	1 549	236 447	13 104	565
1996	1 843	1 568	293 361	16 277	559
1997	1 898	1 623	293 918	21 639	882
1998	2 105	1 685	292 900	32 454	478
1999	1 927	1 614	294 285	50 706	360
2000	1 946	1 604	295 496	95 725	384
2001	1 977	1 477	317 931	179 484	

注:1. 邮路总长度包括农村投递线路。

2. 从1993年起调整了电报电路统计口径。

Note: a. The total length of postal routes includes that of rural delivery lines.

b. Since 1993 the approach in computation of the telegragh routes has been changed .

13-25 主要年份邮电业务量
Postal and Telecommunication Services in Major Years

年 份 Year	邮电业务总量 (万 元) Business Volume of Post (10 000 yuan)	函 件 (万 份) Number of Letters (10 000 copies)	报刊期发数 (万 份) Newspapers and Magazines Circulation (10 000 copies)	电 报 (万份) Telegraph (10 000 copies)	长途电话 (万 张) Number of Long Distance Telephone Calls (10 000 times)	市内电话 (户) Number of Telephone Subscribers in Urban Areas (subscriber)	农村电话 (户) Number of Telephone Subscribers in Townships and Village (subscriber)
1978	3 017	5 572	255	351	462	21 842	40 299
1980	3 555	7 023	365	392	508	26 190	44 801
1985	6 675	9 497	640	578	731	38 524	52 261
1986	7 055	9 567	590	523	757	42 076	55 170
1987	8 000	10 508	711	601	819	44 992	34 166
1988	9 876	10 915	690	750	942	56 535	34 626
1989	11 012	9 725	466	734	979	64 591	35 684
1990	12 737	8 958	471	713	1 172	73 194	36 830
1991	26 267	9 378	577	729	1 557	92 801	38 389
1992	35 917	10 320	529	773	2 809	129 948	41 453
1993	55 855	12 582	533	754	4 997	206 708	47 335
1994	91 534	15 534	523	638	9 772	286 416	53 758
1995	139 729	16 024	485	510	16 750	640 510	99 029
1996	206 541	14 951	507	402	22 174	713 348	125 943
1997	298 404	14 476	597	335	24 891	1 029 841	202 001
1998	443 831	12 558	457	262	33 604	1 487 371	386 643
1999	612 636	10 475	640	212	37 954	1 741 121	560 798
2000	990 739	10 001	758	201	38 105	2 218 638	670 336
2001	1 009 580	8 876	459		31 053	2 762 291	836 939

注：1. 1987年、1988年农村电话户数按邮电部统一口径做了调整。

2. 邮电业务总量为各个时期不变价计算。1990年邮电业务总量按1990年不变价计算为22703万元；2000年邮电业务总量按2000年不变价计算为644600万元。

Note: a. The approach in computation of the number of subscribers of rural telephones in 1987 and 1988 is changed according to Ministry of Posts and Telecommunications.

b. The total volume of postal and telecommunication services are calculated at separate constant prices of the years. The total volume of postal and telecommunication services in 1990 computed at the constant prices in 1990 is 227.03 million yuan. The total volume of postal and telecommunication services in 2000 computed at the constant prices in 2000 is 6,446 million yuan.

主要统计指标解释

铁路营业里程 指办理客货运输业务的铁路正线总长度。凡是全线或部分建成双线及以上的线路,以第一线的实际长度计算；复线、站线、段管线、岔线和特别用途线以及不计算运输量的联络线都不计算营业里程。铁路营业里程是反映铁路运输业基础设施发展水平的重要指标,也是计算客货周转量、运输密度和机车车辆运用效率等指标的基础资料。

公路里程 也称“公路通车里程”,是指实际达到交通部制定的公路工程技术标准规定的等级的公路长度。他包括大中城市的郊区公路以及通过小城镇街道的公路里程,也包括桥梁、渡口的长度,但不包括城市的街道以及厂矿、林区和农业生产用道的里程。两条或多条公路共同经由同一路段,只计算一次,不得重复计算里程长度。公路里程是反映公路建设发展规模的重要指标,也是计算运输网密度等指标的基础资料。

内河航道里程 也称“内河通航里程”,是指在枯水季节水深在 0.3 米及以上,能通航运输船舶及排筏的天然河流、湖泊水库、运河及通航渠道的长度,包括全年季节性通航累计三个月以上的航道,但不包括仅供零散流放竹、木排的航道。内河航道里程是反映内河水运网规模、水平和发展情况的主要指标。

民用航空航线里程 指民航运输定期班机飞行的航线长度的总和。航线长度按机场之间的距离计算,通常有两种计算方法；将每条航线长度相加称为重复计算航线里程；如将两条或两条以上航线经过同一区段里程,只计算一次航线长度称为不重复计算航线里程。一航常用的是后者,它能说明反映民航运输网的规模,表明民航事业为国民经济服务和方便人民程度的主要指标。

货(客)运量 指运输业实际运送的货物(旅客)数量。货运按吨计算,客运按人计算。货物不论运输距离长短,货物类别,均按实际重量统计；旅客不论行程远近或票价多少,均按一人一次作为客运量统计。半价票、小孩票也按一人统计。货(客)运量反映运输业为国民经济和人民生活服务的数量指标,也是制定和检查运输生产计划,研究运输发展规模和速度的重要指标。

货物(旅客)周转量 指运输业运送的货物(旅客)数量与其相应运输距离的乘积之总和,通常以吨公里和人公里为计算单位。计算货物周转量通常按发出站与到达站之间的最短距离,也就是计费距离计算。他是反映运输业生产总成果的重要指标,也是编制和检查运输生产计划、计算运输效率、劳动生产率以及核算运输单位成本的主要基础资料。

铁路货车净载重 指铁路货车在始发站静止状态下平均每车装载的货物重量。静载重的多少取决于运送货物的性质、种类、车辆的类型和装载技术的高低。根据货车的平均载重能力和净载重进行对比,可以反映货车载重能力的利用程度。计算公式为：

货车净载重=货物发送吨数/装车数

铁路货运机车平均日产量 指平均每台货运机车在一昼夜内所完成的总重吨公里数。他既包括载运货物的重,也包括车辆本身的自重,他从时间和牵引能力两方面反映了机车运用效率的综合性指标。计算公式为：

货运机车平均日产量=货物总重吨公里数/货运机车台日数

邮电业务总量 指以货币表现的邮电部门为用户传递信息和提供其他邮电服务的总量。他用各种邮电分类业务量，如函件件数、电报份数、长话张数、市内电话和农村电话的年均户数、订销报刊份数等，分别乘以相应的平均单价，（不变价），加总后再加上出租电路和设备的收入、代用户维护电话交换机和线路等设备的收入、其他业务收入求得。邮电业务总量综合反映了一定时期邮电工作的总成果，是研究邮电业务量构成和发展趋势的重要指标。

Explanatory Notes on Main Statistical Indicators

Length of Railways in Operation refers to the total length of the trunk line under passenger and freight transportation (including both full operation and temporary operation).The calculation is based on the actual length of the first line even if this line has a full or partial double track or more tracks, excluding double tracks, station sidings, tracks under the charge of stations, branch lines, special-purpose lines and the non-payable connecting lines. The length of railways in operation is an important indicator to show the development of the infrastructure for the railway transport, and also the essential data to calculate volume of passenger freight transport, traffic density and utilization efficiency of the locomotives and carriages.

Length of Highways refers to the length of highways which are built in conformity with the grades specified by the highway engineering standard formulated by the Ministry of Communications, and have been formally checked and accepted by the departments of highways and put into use. The length of highways includes that of the suburb highways at large and medium-sized cities, highways passing through streets at small cities and towns, and also the length of bridges and ferries. It does not include the length of streets in big and medium-sized cities and highways built for the production purpose at factories, mines, forest areas and agricultural areas. If two or more highways go the same section of the way, the length of the section is only calculated for once and no duplication is allowed. The length of highways is an important indicator to show the development of the highway construction and to provide essential information to calculate the transport network density.

Length of Navigable Inland Waterways is an indicator reflecting the size and development of inland water network. It refers to the length of the natural rivers, lakes, reservoirs, canals, and ditches (deeper than 0.3 m in dry season) open to navigation during a given period, which enables the transport by ships and rafts. It includes the channels open to navigation for over an accumulative 3 months in a year, yet this does not include the river courses which are only used to float odd logs and bamboo rafts.

Length of Civil Aviation Routes refers to the length of all routes for regular civil aviation flights. There are usually two ways to calculate the distance between airports connected by the route length: One is to put the length of all air routes together, called duplicated calculation of the length of the routes; the other is not to allow the duplication in calculation when two or more routes passing the same section of aviation routes. The latter is usually used, as it can precisely show the size of the civil aviation network and indicate the extent of civil aviation serving the national economy and the people.

Freight (Passenger) Traffic refers to the volume of freight (passenger) transported with various means. Freight transport is calculated in tons and passenger traffic is calculated in the number of persons. Despite the type of freight and traveling distance, the freight transport is calculated in the actual weight of the goods; and despite the traveling distance and ticket price, the passenger traffic is calculated by the principle that one person can be counted only once in one travel. The passenger who travel with a half price ticket or a child ticket is also calculated as one person. The freight (passenger) traffic provides a quantitative measure to show how the transport industry serves the national economy and people, and is also an important indicator for planning the transport industry and for studying the development scale and speed of the transport industry.

Freight Ton-kilometers (Passenger-kilometers) refer to the sum of the products of the volume of transported cargo (passengers) multiplying by the transport distance, usually using ton-kilometer and passenger-kilometer as units for measurement. Normally, the shortest distance between the departure station and the destination station (i.e., the payable distance) is the basis to calculate the freight ton-kilometers. This is an important indicator to show the total results of the transport industry, to prepare and examine the transport plan and to measure the efficiency, the labour productivity and the unit cost of transport.

Static Load of Freight Cars refers to the average cargo weight as loaded by each freight car under the static condition at the departure station. It is used to show the utilization extent of the loading capacity of the freight cars. The formula is:

Static Load (ton)of Freight Car = (Tonnage of Goods Dispatched)/(Number of freight Cars Loaded)

Average Daily Haul of Freight Locomotives refers to the average total-kilometers accomplished by each freight transport locomotive over day and night during a given period of time. It includes both the weight of the goods carried and the dead weight of the train itself. It is a comprehensive indicator reflecting the locomotive efficiency in terms of both time and the pulling force.

Average Daily Haul of Freight Transport Locomotive (ton-kilometer) = [Total Ton/ (Kilometers of Freight)]/(Daily Number of Freight Transport Locomotive)

Business Volume of Post and Telecommunications refers to the total amount of post and telecommunications services, expressed in monetary terms, provided by the post and telecommunications departments for the society. Post and telecommunication services can be classified as letters, parcels, remittance, issue of newspapers and magazines, fast mail service, express mail service, savings deposits, stamps for collection, public and individual telegraph service, facsimiles, long-distance telephone service, leasing of telephone lines, urban paging service, mobile telephone service, data transmission, etc. The accounting approach is to multiply the service products of all types with their average unit price (constant price) to get sum of business value, plus income from other services such as leasing of telephone lines and equipment, maintenance of telephone switchboards and lines on behalf of customers. This indicator reflects the overall results of post and telecommunications service during a given period, and is important to study the composition of business service and the development of post and telecommunications service

十四、建 筑 业

CONSTRUCTION

14-1 建筑施工企业个数和人数及施工产值

Number of Construction Enterprises, Employed Persons and Their Output Value

年 份 Year	总 计 Total	国有建筑施工企业 State-owned	城镇集体建筑施工企业 Urban Collective-owned	农村建筑队 Rural Construction Teams	其 它 Others
施工企业个数(个) Number of Enterprises (unit)					
1980	1 492	65	106	1 321	
1985	2 522	144	293	2 085	
1990	3 010	123	243	2 644	
1995	2 657	140	323	2 194	6
1996	2 618	123	385	2 039	71
1997	1 328	162	395	644	127
1998	1 450	171	489	527	263
1999	1 589	216	486	481	406
2000	1 564	201	432	422	509
2001	1 583	190	418	295	680
施工企业人数(人) Number of Employed Persons (person)					
1980	297 443	166 673	35 192	95 578	
1985	466 428	166 963	55 454	244 011	
1990	476 111	160 500	45 400	270 211	
1995	646 528	181 237	72 560	391 332	1 399
1996	633 842	158 121	74 213	400 081	1 427
1997	544 281	162 815	93 485	260 311	27 670
1998	547 701	166 136	114 498	191 150	75 917
1999	594 043	180 056	130 474	174 085	109 428
2000	535 519	158 817	108 480	145 326	122 896
2001	555 784	141 518	106 996	116 035	191 235
建筑业总产值(万元) Gross Output Value (10 000 yuan)					
1980	78 235	51 804	11 127	15 304	
1985	212 751	102 616	27 026	83 109	
1990	366 810	185 895	39 598	141 317	
1995	1 812 155	737 385	212 674	858 693	3 403
1996	2 111 280	884 571	242 762	980 072	3 875
1997	2 210 793	1 080 523	330 002	703 021	97 247
1998	2 541 656	1 111 900	433 717	668 303	327 737
1999	3 135 990	1 350 038	530 692	695 092	560 168
2000	3 113 352	1 305 512	490 985	597 329	719 526
2001	3 455 135	1 278 259	503 931	500 639	1 172 306

注：1996年起各种经济类型的具有资质等级证书的建筑企业均纳入国家统计；1996年的农村建筑队数据为测算数，以前年度为省乡镇企业局统计数，以后年度为省统计局统计数。

Note: Since 1996 the state statistical coverage has included the construction enterprises of various types of ownership with qualification criteria. The figures of rural construction teams in 1996 are estimated in the table; prior to 1996 they were included in the statistical coverage of township and town bureaus of statistics of the Province. Since then they have been included in the statistical coverage of Provincial Bureau of Statistics of China .

14-2 各种经济类型建筑企业主要指标(2001年)

指　　标	Item	企业个数（个） Number of Enterprises (unit)
合　计	**Total**	**1 583**
国　有	State-owned	190
集　体	Urban Collective-owned	744
其　他	Other	649

14-3 建筑施工企业主要经济指标(2001年)

指　　标	Item	合 计 Total
企业个数（个）	Number of Enterprises (unit)	1 583
计算建筑业全员劳动生产率职工人数（万人）	Average Number of Employed persons (10 000 persons)	1 583
固定资产原价(万元)	Original Value of Fixed Assets (10 000 yuan)	1 562 732
固定资产净值(万元)	Net Value of Fixed Assets (10 000 yuan)	1 106 994
自有机械设备年末总台数(台)	Number of Machinery and Equipment Owned Year-end (set)	232 566
自有机械设备净值(万元)	Net Value of machinery and Equipment Owned (10 000 yuan)	528 535
自有机械设备年末总功率(千瓦)	Total Power of Machinery and Equipment Owned at Year-end (kw)	3 222 230
总产值(万元)	Gross Output Value (10 000 yuan)	3 455 135
增加值（万元）	Value Added (10 000 yuan)	694 747
固定资产折旧(万元)	Depreciation of Fixed Assets (10 000 yuan)	455 738
应付工资(万元)	Wages Payable (10 000 yuan)	422 620
应付福利费(万元)	Welfare Expenses Payable (10 000 yuan)	45 953
工程结算税金及附加(万元)	Taxes and Extra Charges on Project Settlement Accounts (10 000 yuan)	104 874
管理费用中的税金(万元)	Taxes in Management Expenses (10 000 yuan)	8 818
工程结算利润(万元)	Profits of Project Settlement Accounts (10 000 yuan)	242 812
房屋建筑施工面积（万平方米）	Floor Space of Buildings under Construction (10 000 sq.m)	3 739.23
房屋建筑竣工面积（万平方米）	Floor Space of Buildings Completed (10 000 sq.m)	2 208.05
利润总额(万元)	Total Profits (10 000 yuan)	47 373
利税总额(万元)	Total Tax (10 000 yuan)	161 065
按总产值计算的全员劳动生产率(元/人)	Overall labor Productivity in Terms of Gross Output Value (yuan/person)	62 167
按增加值计算的全员劳动生产率(元/人)	Overall labor Productivity in Terms of Value-added (yuan/person)	12 500
技术装备率(元/人)	Value of Machinery per Laborer (yuan/person)	9 510
动力装备率(千瓦/人)	Power of Machines per Laborer (yuan/person)	5.80
房屋建筑面积竣工率(%)	Completion Rate of Floor Space of Buildings(%)	59.05
工程质量优良品率(%)	Rate of High Quality Projects (%)	36.60
产值利润率（%）	Ratio of Profits to Gross Output Value (%)	1.37
产值利税率(%)	Ratio of Pre-tax Profit to Gross Output Value (%)	4.66

Main Indicators of Various Construction Enterprises (2001)

建筑业总产值（万元）Number of Enterprises (10 000 yuan)	固定资产净值（万元）Net Value of Fixed Assets (10 000 yuan)	利润总额（万元）Total Profits (10 000 yuan)	上缴税金（万元）Taxes Turned-in (10 000 yuan)	平均人数（人）Average Number of Employed persons (person)
3 455 135	**1 106 994**	**47 373**	**135 521**	**555 784**
1 278 259	383 096	- 14 742	41 687	141 518
1 053 972	358 852	25 533	46 356	230 937
1 122 904	365 046	36 582	47 479	183 329

Main Economic Indicators of Construction Enterprises (2001)

国有经济 State-owned	集体经济 Collective-owned Enterprises	股份制经济 Share Holding Enterprises	港澳台投资经济 Enterprises with Funds from Hong Kong, Macao and Taiwan
190	744	180	10
14.15	23.09	8.27	0.12
595 785	475 970	212 820	2 682
383 096	358 852	153 045	1 113
37 192	121 522	33 006	93
177 688	181 674	74 803	62
1 123 790	1 212 909	392 232	630
1 278 259	1 053 972	550 899	7 171
214 022	241 117	116 011	1 162
212 689	117 118	59 775	1 569
139 055	151 929	64 518	1 124
18 680	14 237	7 258	49
35 406	36 507	14 957	213
1 640	2 965	2 412	2
79 336	69 186	40 083	1 143
916.32	1461.60	539.65	2.24
423.01	1027.95	302.35	
- 14 742	25 533	15 479	- 133
22 305	65 005	32 848	82
90 325	45 639	66 632	57 925
15 123	10 441	14 032	9 385
12 556	7 867	9 048	502
7.94	5.25	4.74	0.51
46.16	70.33	56.03	
48.16	32.19	38.54	
-1.15	2.42	2.81	-1.86
1.74	6.17	5.96	1.14

14-4 各地区的建筑业企业单位数及从事建筑业生产的平均人数(2001年)

Number of Construction Enterprises and Average Number of Employed Persons in Regions (2001)

(按经济类型分) (by ownership)

地　区	Region	企业单位数（个）Number of Enterprises (unit)	#国有经济 State-owned	#集体经济 Collective-owned	平均人数（人）Average Number of Employed Persons (person)	#国有经济 State-owned	#集体经济 Collective-owned
全省合计	**Total**	**1 583**	**190**	**744**	**555 784**	**141 518**	**230 937**
昆　明	Kunming	506	81	219	254 805	110 243	76 750
曲　靖	Qujing	136	10	77	60 345	5 524	41 009
玉　溪	Yuxi	180	9	62	42 365	3 246	14 570
保　山	Baoshan	62	4	46	28 080	757	23 409
昭　通	Zhaotong	69	2	24	15 819	1 172	6 077
楚　雄	Chuxiong	[illegible]	[illegible]	[illegible]	26 257	3 423	5 496
红　河	Honghe	132	11	75	[illegible]	[illegible]	[illegible]
文　山	Wenshan	24	5	17	3 730	678	2 888
思　茅	Simao	86	17	41	15 876	6 247	6 287
西双版纳	Xishuangbanna	48	15	20	4 529	782	2 396
大　理	Dali	110	6	61	45 436	732	26 314
德　宏	Dehong	40	3	20	4 226	462	1 766
丽　江	Lijiang	58	12	21	6 678	1 150	1 833
怒　江	Nujiang	3	2	1	1 116	1 026	90
临　沧	Lincang	38	5	18	6 749	635	2 524

14-5 各地区建筑业总产值构成(2001年)

Gross Output Value of Construction Enterprises and Its Composition in Regions(2001)

单位：万元 (10 000 yuan)

地　区	Region	建筑业总产值 Gross Output Value of Construction Enterprises	按构成分 Grouped by Use of Funds				按经济类型分 Grouped by Ownership	
			建筑工程 Construction Engineering	安装工程 Installation Engineering	房屋、构筑物修理产值 Output Value of Building Repair and Maintenance	非标准设备制造产值 Output Value of Non-standard Equipment Manufactured	国有经济 State-owned	集体经济 Collective-owned
全省合计	**Total**	**3 455 135**	**3 089 362**	**296 273**	**54 052**	**15 447**	**1 278 259**	**1 053 972**
昆　明	Kunming	1 916 934	1 664 178	217 571	24 976	10 210	1 013 840	421 465
曲　靖	Qujing	273 990	251 881	16 603	5 012	493	21 982	167 986
玉　溪	Yuxi	221 489	209 546	7 214	4 466	262	17 552	65 121
保　山	Baoshan	103 098	98 407	2 286	2 021	384	5 727	79 713
昭　通	Zhaotong	58 623	55 200	3 048	217	159	3 833	25 599
楚　雄	Chuxiong	173 780	155 353	13 318	3 781	1 328	76 770	21 566
红　河	Honghe	236 577	222 643	9 627	3 955	353	38 381	87 530
文　山	Wenshan	31 980	30 689	1 111	177	3	10 117	21 671
思　茅	Simao	97 893	95 207	2 412	215	60	60 470	20 700
西双版纳	Xishuangbanna	19 059	14 661	4 393	6		3 806	9 225
大　理	Dali	241 954	217 780	14 719	7 311	2 144	6 189	112 315
德　宏	Dehong	23 891	22 392	909	539	51	6 224	4 987
丽　江	Lijiang	29 574	26 734	1 933	908		4 654	8 293
怒　江	Nujiang	6 176	6 012	164			5 685	491
临　沧	Lincang	20 116	18 681	965	471		3 027	7 309

14-6 各地区建筑业增加值(2001年)

Value-added of Construction Enterprises in Regions (2001)

单位：万元 (10 000 yuan)

地 区 Region	建筑业增加值合计 Value Added of Construction	本年提取的固定资产折旧 Depreciation of Fixed Assets of the year	主营业务应付工资 Wages Payable in Major Business	主营业务应付福利费 Welfare Expenses Payable in Major Business	管理费用中的劳动、待业保险费 Labor and Unemployment Insurance in Management Expenses	工程结算税金及附加 Taxes and Extra Charges on Project Settlement Accounts (10 000 yuan)	营业利润 Profits of Project Settlement Accounts	管理费用中的税金 Taxes in Management Expenses
全省合计 **Total**	**694 747**	**84 910**	**383 069**	**39 391**	**27 485**	**104 874**	**46 200**	**8 818**
昆 明 Kunming	352 878	43 143	197 522	22 854	19 658	54 641	11 182	3 878
曲 靖 Qujing	64 165	8 573	32 284	2 317	1 306	10 114	8 927	645
玉 溪 Yuxi	49 256	5 455	28 761	2 330	362	6 470	5 434	444
保 山 Baoshan	25 960	1 290	17 967	2 338	121	3 707	373	163
昭 通 Zhaotong	14 722	814	9 750	473	79	2 249	1 204	155
楚 雄 Chuxiong	37 196	7 216	17 156	2 975	1 338	5 079	3 030	403
红 河 Honghe	47 551	5 861	24 074	2 455	2 532	7 322	5 049	258
文 山 Wenshan	4 901	433	2 090	94	142	1 524	543	75
思 茅 Simao	20 348	5 097	9 576	1 010	660	2 994	887	124
西双版纳 Xishuangbanna	3 841	385	2 255	99	120	769	88	125
大 理 Dali	55 784	4 497	30 720	1 660	699	7 326	8 577	2 306
德 宏 Dehong	4 684	409	3 103	103	72	662	275	59
丽 江 Lijiang	6 509	619	3 961	359	254	1 064	183	70
怒 江 Nujiang	982	61	672	3	5	211	5	26
临 沧 Lincang	5 972	1 059	3 179	323	137	742	445	87

14-7 各地区的建筑业总产值(2001年)

Gross Output Value of Construction Enterprises in Regions (2001)

(按行业分) (by sector)

单位：万元 (10 000 yuan)

地 区 Region	Total	土木工程建筑业产值 Output Value of Civil Engineering	#房屋建筑业 Building	#矿山建筑业 Mine Construction	#铁路、隧道公路、桥梁建筑业 Railways, Tunnels, Highways and Bridges	线路管道和设备安装业 Output Value of Pipes Lines and Equipment Installation	#设备安装业 Equipment Installation	装修装饰业 Output Value of Building Decoration
全省合计 **Total**	**3 455 135**	**3 125 722**	**2 149 402**	**3 615**	**724 102**	**224 271**	**120 193**	**105 142**
昆 明 Kunming	1 916 936	1 644 065	1 020 943	2 135	411 558	189 824	106 809	83 047
曲 靖 Qujing	273 989	270 334	252 353		14 513	1 016		2 639
玉 溪 Yuxi	221 488	199 783	171 258		17 451	9 677	8 370	12 028
保 山 Baoshan	103 098	101 070	83 296		14 746	934	161	1 094
昭 通 Zhaotong	58 623	57 865	56 515		1 350			758
楚 雄 Chuxiong	173 780	169 669	94 592		70 379	4 111		
红 河 Honghe	236 577	225 382	152 622	1 480	70 906	8 889	2 353	2 306
文 山 Wenshan	31 980	31 910	29 229					70
思 茅 Simao	97 894	94 796	45 755		48 806	1 490	249	1 608
西双版纳 Xishuangbanna	19 060	15 741	12 290		1 302	3 267	569	52
大 理 Dali	241 954	236 732	165 611		60 426	4 662	1 682	560
德 宏 Dehong	23 892	23 892	14 858		9 003			
丽 江 Lijiang	29 575	28 322	25 788		2 500	401		852
怒 江 Nujiang	6 176	6 176	5 607		569			
临 沧 Lincang	20 116	19 988	18 686		594			128

14-8 各地区房屋建筑面积(2001年)

Floor Space of Building Construction in Regions (2001)

单位：万平方米 (10 000 sq.m)

地区	Region	房屋建筑面积 Floor Space of Buildings		国有经济 State-owned		集体经济 Collective-owned	
		施工面积 Floor Space under Constructrion	竣工面积 Floor Space Completed	施工面积 Floor Space under Constructrion	竣工面积 Floor Space Completed	施工面积 Floor Space under Constructrion	竣工面积 Floor Space Completed
全省合计	**Total**	**3739.22**	**2208.05**	**916.32**	**423.01**	**1461.60**	**1027.95**
昆明	Kunming	1672.15	949.14	732.08	344.37	498.37	317.97
曲靖	Qujing	413.60	342.76	18.03	15.88	273.67	227.27
玉溪	Yuxi	267.75	188.30	14.10	3.18	99.18	74.47
保山	Baoshan	135.06	107.39	0.79	0.42	121.83	98.19
昭通	Zhaotong	114.19	70.12	12.58	4.80	40.43	25.70
楚雄	Chuxiong	150.47	96.57	0.51	0.03	39.76	28.22
红河	Honghe	267.36	156.80	63.77	24.09	138.42	85.40
文山	Wenshan	51.84	32.51	15.24	4.76	36.40	27.75
思茅	Simao	286.12	44.03	36.01	14.56	36.37	20.06
西双版纳	Xishuangbanna	29.42	15.38	4.97	2.71	16.84	9.39
大理	Dali	209.85	140.51			132.07	95.51
德宏	Dehong	30.22	15.92			7.91	4.72
丽江	Lijiang	64.44	28.30	7.38	4.98	7.89	6.63
怒江	Nujiang	4.17	2.48	3.44	1.95	0.73	0.53
临沧	Lincang	42.60	17.82	7.42	1.28	11.74	6.14

14-9 各地区建筑企业劳动生产率(2001年)

Labor Productivity of Construction Enterprises in Region (2001)

单位：元／人 (yuan/person)

地区	Region	按建筑业总产值计算的劳动生产率 Overall Lobor Productivity in Terms of Gross Output Value (yuan/person)	#国有经济 State-owned	#集体经济 Collective-owned	按增加值计算的劳动生产率 Overall Lobor Productivity in Terms of Value-added (yuan/person)	#国有经济 State-owned	#集体经济 Collective-owned
全省合计	**Total**	**62 167**	**90 325**	**45 639**	**12 500**	**15 123**	**10 441**
昆明	Kunming	75 231	91 964	54 914	13 849	14 965	11 577
曲靖	Qujing	45 404	39 794	40 963	10 633	9 537	9 596
玉溪	Yuxi	52 281	54 074	44 695	11 627	14 103	10 150
保山	Baoshan	36 716	75 649	34 052	9 245	13 202	9 178
昭通	Zhaotong	37 059	32 708	42 125	9 307	6 132	10 747
楚雄	Chuxiong	66 184	224 278	39 239	14 166	38 481	8 250
红河	Honghe	59 482	70 540	44 823	11 956	15 023	11 251
文山	Wenshan	85 738	149 214	75 039	13 140	13 307	13 333
思茅	Simao	61 661	96 799	32 925	12 817	17 669	8 778
西双版纳	Xishuangbanna	42 083	48 675	38 503	8 481	10 476	7 455
大理	Dali	53 252	84 553	42 683	12 277	12 290	10 168
德宏	Dehong	56 534	134 710	28 238	11 084	13 816	8 730
丽江	Lijiang	44 286	40 472	45 245	9 746	5 223	8 390
怒江	Nujiang	55 341	55 409	54 556	8 799	9 157	4 722
临沧	Lincang	29 806	47 676	28 959	8 849	4 595	10 174

14-10 各地区建筑企业工程质量(2001年)
Construction Quality of Construction Enterprises in Regions (2001)

地区	Region	单位工程竣工个数(个) Number of Projects Completed (unit)	#优良单位工程个数 Number of High Quality Projects (unit)	单位工程优良品率(%) Percentage of High Quality Projects (%)	房屋建筑竣工面积(万平方米) Floor Space of Buildings Completed (10 000 sq.m)	#优良竣工面积 High Quality	房屋建筑竣工面积优良品率(%) Percentage of Floor Space of High Quality Buildings Completed (%)
全省合计	**Total**	**14 322**	**5 242**	**36.60**	**2 208.05**	**1 060.07**	**48.01**
昆明	Kunming	5 672	2 284	40.27	949.13	479.12	50.48
曲靖	Qujing	1 489	595	39.96	342.77	155.23	45.29
玉溪	Yuxi	869	409	47.07	188.30	111.57	59.25
保山	Baoshan	825	401	48.61	107.39	57.22	53.28
昭通	Zhaotong	400	98	24.50	70.12	19.80	28.23
楚雄	Chuxiong	943	202	21.42	96.57	24.36	25.22
红河	Honghe	1 012	309	30.53	156.80	77.73	49.57
文山	Wenshan	216	52	24.07	32.51	10.00	30.77
思茅	Simao	483	147	30.43	44.03	21.79	49.49
西双版纳	Xishuangbanna	428	40	9.35	15.38	6.48	42.11
大理	Dali	1 294	537	41.50	140.51	73.51	52.32
德宏	Dehong	165	47	28.48	15.92	8.07	50.66
丽江	Lijiang	327	95	29.05	28.31	10.70	37.78
怒江	Nujiang	15	10	66.67	2.48	2.24	90.01
临沧	Lincang	184	16	8.70	17.83	2.29	13.00

14-11 各地区建筑企业技术装备情况(2001年)
Number and Power of Machinery and Equipment of Construction Enterprises in Regions (2001)

地区	Region	自有机械设备总台数(台) Number of Machinery and Equipment Owned (set)	自有机械设备总功率(千瓦) Total Power of Machinery and Equipment Owned (kw)	#施工机械功率 Power of Construction Machinery	自有机械设备净值(万元) Net Value of Machinery and Equipment Owned (10 000 yuan)	技术装备率(元/人) Value of Machinery per Laborer (yuan/person)	动力装备率(千瓦/人) Power of Machines per Laborer (kw/person)
全省合计	**Total**	**232 566**	**3 222 230**	**2 432 004**	**528 535**	**9 510**	**5.80**
昆明	Kunming	73 567	1 467 512	1 076 916	258 578	10 148	5.76
曲靖	Qujing	31 119	318 103	266 034	58 024	9 615	5.27
玉溪	Yuxi	23 569	251 598	197 669	50 176	11 844	5.94
保山	Baoshan	15 029	136 153	118 109	22 435	7 990	4.85
昭通	Zhaotong	7 971	56 235	50 034	6 515	4 118	3.55
楚雄	Chuxiong	19 941	170 746	111 748	28 074	10 692	6.50
红河	Honghe	16 488	241 774	160 192	30 900	7 769	6.08
文山	Wenshan	3 006	21 436	18 691	2 687	7 203	5.75
思茅	Simao	5 095	84 935	65 876	12 474	7 857	5.35
西双版纳	Xishuangbanna	4 156	30 257	27 520	3 913	8 641	6.68
大理	Dali	18 027	278 164	201 032	31 488	6 930	6.12
德宏	Dehong	3 130	32 106	28 177	8 191	19 383	7.60
丽江	Lijiang	4 615	41 185	37 909	4 699	7 036	6.17
怒江	Nujiang	529	30 340	15 316	1 544	13 839	27.19
临沧	Lincang	6 324	61 686	56 781	8 838	13 095	9.14

14-12 各地区的建筑业企业资本及资产（2001年）

Capital and Assets of Construction Enterprises in Regions (2001)

(按经济类型分) (by ownership)

单位：万元 (10 000 yuan)

地 区	Region	实收资本 Called-up Capitals	#国有经济 State-owned	#集体经济 Collective-owned	资产合计 Total Assets	#国有经济 State-owned	#集体经济 Collective-owned
全省合计	**Total**	**1 390 697**	**442 990**	**444 205**	**4 354 208**	**1 926 185**	**1 029 973**
昆 明	Kunming	703 600	341 410	173 927	2 547 759	1 408 279	409 701
曲 靖	Qujing	156 260	19 196	84 455	326 565	83 995	151 160
玉 溪	Yuxi	118 171	12 083	29 894	329 025	134 300	71 067
保 山	Baoshan	36 666	4 274	28 040	119 930	10 052	88 947
昭 通	Zhaotong	26 261	587	8 252	62 271	1 676	27 067
楚 雄	Chuxiong	74 702	18 954	13 396	184 433	81 254	25 442
红 河	Honghe	79 261	12 753	32 189	258 212	52 949	100 188
文 山	Wenshan	[illegible]	[illegible]	5 861	27 131	16 132	10 612
思 茅	Simao	36 930	16 554	10 943	122 566	72 880	[illegible]
西双版纳	Xishuangbanna	9 595	2 396	3 575	41 792	9 285	10 157
大 理	Dali	82 057	2 816	38 307	198 303	8 686	72 284
德 宏	Dehong	14 001	3 301	4 288	41 338	17 643	13 759
丽 江	Lijiang	18 909	1 102	4 837	56 203	18 138	14 610
怒 江	Nujiang	1 594	1 589	5	3 225	3 217	8
临 沧	Lincang	21 870	1 116	6 238	35 456	7 700	8 985

14-13 各地区建筑业企业资产（2001年）

Assets of Construction Enterprises in Region (2001)

单位：万元 (10 000 yuan)

地 区	Region	资产合计 Total Assets	流动资产 Circulating Funds	固定资产 Fixed Assets	专项工程 Special Projects	无形及递延 Intangible and Deferred Assets
全省合计	**Total**	**4 354 208**	**2 686 287**	**1 163 183**	**58 020**	**120 796**
昆 明	Kunming	2 547 759	1 628 728	557 978	48 395	66 232
曲 靖	Qujing	326 565	140 176	171 113	3 284	8 976
玉 溪	Yuxi	329 025	192 055	85 792	247	5 750
保 山	Baoshan	119 930	80 501	33 851	238	3 510
昭 通	Zhaotong	62 271	38 465	20 975	1 098	580
楚 雄	Chuxiong	184 433	113 363	57 083	710	9 756
红 河	Honghe	258 212	170 963	69 080	1 268	6 981
文 山	Wenshan	27 131	15 339	6 962	207	3 403
思 茅	Simao	122 566	84 332	30 555	249	3 436
西双版纳	Xishuangbanna	41 792	27 249	11 590	578	1 256
大 理	Dali	198 303	116 278	66 078	1 372	8 162
德 宏	Dehong	41 338	27 987	11 364	8	1 683
丽 江	Lijiang	56 203	35 231	18 823	218	831
怒 江	Nujiang	3 225	446	2 404		
临 沧	Lincang	35 456	15 174	19 535	147	240

14-14 各地区建筑业企业负债及所有者权益(2001年)

Liabilities and Creditors' Equity of Construction Enterprises by Region (2001)

单位：万元 (10 000 yuan)

地区	Region	负债合计 Total Liabilities	#流动负债 Current Liabilities	#长期负债 Long-term Liabilities	所有者权益 Creditors' Equity	#实收资本 Called-up Capitals
全省合计	**Total**	**2 698 878**	**2 360 948**	**337 930**	**1 655 330**	**1 390 697**
昆明	Kunming	1 708 948	1 530 272	178 677	838 811	703 600
曲靖	Qujing	136 909	93 391	43 518	189 655	156 259
玉溪	Yuxi	184 859	100 910	83 949	144 166	118 171
保山	Baoshan	78 439	75 946	2 493	41 490	36 666
昭通	Zhaotong	29 686	26 694	2 992	32 585	26 261
楚雄	Chuxiong	102 169	99 669	2 500	82 265	74 702
红河	Honghe	156 478	152 416	4 061	101 735	79 261
文山	Wenshan	12 828	12 400	428	14 304	10 823
思茅	Simao	81 248	78 664	2 584	41 319	36 929
西双版纳	Xishuangbanna	31 004	29 465	1 539	10 787	9 595
大理	Dali	103 257	94 347	8 910	95 046	82 057
德宏	Dehong	25 815	24 360	1 455	15 523	14 001
丽江	Lijiang	34 418	30 690	3 728	21 785	18 909
怒江	Nujiang	1 631	1 581	50	1 594	1 594
临沧	Lincang	11 189	10 143	1 046	24 267	21 870

14-15 各地区的所有者权益(2001年)

Total Creditors' Equity in Regions (2001)

(按经济类型分) (by ownership)

单位：万元 (10 000 yuan)

地区	Region	所有者权益总计 Total Creditors' Equity	#国有经济 State-owned	#集体经济 Collective-owned	负债合计 Total Liabilities	#国有经济 State-owned	#集体经济 Collective-owned
全省合计	**Total**	**1 655 330**	**494 681**	**544 598**	**2 698 878**	**1 431 504**	**485 374**
昆明	Kunming	838 811	369 762	225 427	1 708 948	1 038 516	184 274
曲靖	Qujing	189 655	21 699	101 966	136 909	62 296	49 194
玉溪	Yuxi	144 166	19 285	37 005	184 859	115 015	34 063
保山	Baoshan	41 490	6 779	29 571	78 439	3 273	59 375
昭通	Zhaotong	32 585	738	8 825	29 686	938	18 242
楚雄	Chuxiong	82 265	20 174	14 979	102 169	61 081	10 463
红河	Honghe	101 735	15 660	45 313	156 478	37 288	54 876
文山	Wenshan	14 304	5 976	8 226	12 828	10 157	2 416
思茅	Simao	41 319	18 134	11 370	81 248	54 746	14 588
西双版纳	Xishuangbanna	10 787	2 776	4 863	31 004	6 509	5 293
大理	Dali	95 046	3 460	40 613	103 257	5 226	31 671
德宏	Dehong	15 523	4 374	4 159	25 815	13 269	9 600
丽江	Lijiang	21 785	3 027	5 489	34 418	15 111	9 121
怒江	Nujiang	1 594	1 589	5	1 631	1 629	3
临沧	Lincang	24 267	1 249	6 787	11 189	6 451	2 198

14-16 各地区建筑企业总收入(2001年)

Total Income of Construction Enterprises in Regions (2001)

单位：万元 (10 000 yuan)

地区	Region	企业总收入 Total Income of Enterprises	工程结算收入 Revenue of Project Settlement Accounts	#工程结算成本 Costs of Project Settlement Account	#工程结算利润 Profits of Project Settlement Accounts	其它业务收入 Other Revenue from Business	#其它业务利润 Othe Profit from Business
全省合计	**Total**	**3 221 214**	**3 150 768**	**2 803 082**	**242 812**	**70 445**	**8 680**
昆明	Kunming	1 778 139	1 735 823	1 550 898	130 284	42 316	4 955
曲靖	Qujing	266 560	256 898	224 567	22 218	9 662	242
玉溪	Yuxi	204 828	203 847	181 014	16 363	981	294
保山	Baoshan	91 310	90 840	82 565	4 568	470	181
昭通	Zhaotong	47 867	46 993	40 394	4 350	874	41
楚雄	Chuxiong	163 456	162 309	144 848	12 382	1 147	318
红河	Honghe	245 102	234 402	207 651	19 429	10 699	1 405
文山	Wenshan	28 236	28 107	24 865	1 718	129	75
思茅	Simao	86 886	85 662	75 835	[illegible]	[illegible]	378
西双版纳	Xishuangbanna	16 299	15 815	14 079	967	484	[illegible]
大理	Dali	220 306	219 173	194 006	17 842	1 133	289
德宏	Dehong	18 187	17 956	16 046	1 247	231	145
丽江	Lijiang	29 077	28 079	24 509	2 506	998	161
怒江	Nujiang	6 176	6 176	5 608	357		
临沧	Lincang	18 787	18 689	16 198	1 750	98	23

14-17 各地区的建筑业企业总收入及利税总额(2001年)

Total Income and Total Pre-Tax Profits of Construction Enterprises in Regions (2001)

(按经济类型分) (by ownership)

单位：万元 (10 000 yuan)

地区	Region	企业总收入 Total Income of Enterprises	#国有经济 State-owned	#集体经济 Collective-owned	利税总额合计 Total of Pre-Tax Profits	#国有经济 State-owned	#集体经济 Collective-owned
全省合计	**Total**	**3 221 214**	**1 251 803**	**967 780**	**161 065**	**22 305**	**65 005**
昆明	Kunming	1 778 139	979 179	384 682	71 148	15 551	25 941
曲靖	Qujing	266 560	28 404	161 247	19 060	- 2 122	12 329
玉溪	Yuxi	204 828	14 271	62 251	12 807	840	3 370
保山	Baoshan	91 310	4 942	72 447	4 205	205	3 755
昭通	Zhaotong	47 867	2 772	21 525	3 611	41	1 440
楚雄	Chuxiong	163 456	78 651	19 316	8 739	4 050	914
红河	Honghe	245 102	49 899	86 072	12 419	1 570	4 921
文山	Wenshan	28 236	9 312	18 646	2 068	204	1 847
思茅	Simao	86 886	54 684	17 267	4 182	1 656	1 376
西双版纳	Xishuangbanna	16 299	2 970	9 072	962	289	448
大理	Dali	220 306	5 487	97 587	18 193	287	7 381
德宏	Dehong	18 187	5 228	4 718	992	- 63	446
丽江	Lijiang	29 077	7 481	6 193	1 133	- 131	358
怒江	Nujiang	6 176	5 685	491	257	220	37
临沧	Lincang	18 787	2 837	6 267	1 289	- 292	441

14-18 各地区建筑业企业利税总额（2001年）
Total Pre-Tax Profits of Construction Enterprises by Region (2001)

地　区	Region	管理费用中的税金 Total of Pre-Tax Profits (10 000 yuan)	利润总额 Total Profits	工程结算税金及附加 Taxes and Extra Charges on Project Settlement Accounts	管理费用中的税金 Taxes in Management Expenses	产值利税率(%) Ratio of Pre-tax Profits to Output Value (%)	资产利税率(%) Ratio of Pre-tax Profits to Assets (%)
全省合计	**Total**	**161 065**	**47 373**	**104 874**	**8 818**	**4.66**	**3.70**
昆　明	Kunming	71 148	12 629	54 641	3 878	3.71	2.79
曲　靖	Qujing	19 060	8 302	10 114	645	6.96	5.84
玉　溪	Yuxi	12 807	5 893	6 470	444	5.78	3.89
保　山	Baoshan	4 205	335	3 707	163	4.08	3.51
昭　通	Zhaotong	3 611	1 207	2 249	155	6.16	5.80
楚　雄	Chuxiong	8 739	3 258	5 079	403	5.03	4.74
红　河	Honghe	12 419	4 839	7 322	258	5.25	4.81
文　山	Wenshan	2 068	468	1 524	75	6.46	7.62
思　茅	Simao	4 182	1 064	2 994	124	4.27	3.41
西双版纳	Xishuangbanna	962	69	769	125	5.05	2.30
大　理	Dali	18 193	8 562	7 326	2 306	7.52	9.17
德　宏	Dehong	992	271	662	59	4.15	2.40
丽　江	Lijiang	1 133	- 2	1 064	70	3.83	2.02
怒　江	Nujiang	257	20	211	26	4.17	7.98
临　沧	Lincang	1 289	460	742	87	6.41	4.00

14-19 各地区的建筑业企业利润总额与工程结算利润(2001年)
Total Profits and Profits of Projects Settlement Accounts of Construction Enterprises in Regions (2001)

(按经济类型分)　　(by ownership)

单位：万元　　(10 000 yuan)

地　区	Region	利润总额 Total Profits	#国有经济 State-owned	#集体经济 Collective-owned	工程结算利　润 Profits of Project Settlement	#国有经济 State-owned	#集体经济 Collective-owned
全省合计	**Total**	**47 373**	**- 14 742**	**25 533**	**242 812**	**79 336**	**69 186**
昆　明	Kunming	12 629	- 13 453	10 822	130 284	61 859	29 291
曲　靖	Qujing	8 302	- 2 989	5 132	22 218	1 150	10 261
玉　溪	Yuxi	5 893	319	1 238	16 363	1 170	4 052
保　山	Baoshan	335	- 9	668	4 568	375	3 286
昭　通	Zhaotong	1 207	- 34	339	4 350	306	1 396
楚　雄	Chuxiong	3 258	1 916	201	12 382	5 618	975
红　河	Honghe	4 839	192	2 125	19 429	2 670	8 621
文　山	Wenshan	468	48	417	1 718	404	1 264
思　茅	Simao	1 064	34	534	6 832	4 343	1 228
西双版纳	Xishuangbanna	69	138	18	967	229	449
大　理	Dali	8 562	192	3 544	17 842	459	6 627
德　宏	Dehong	271	- 239	228	1 247	207	505
丽　江	Lijiang	- 2	- 460	113	2 506	375	502
怒　江	Nujiang	20	12	8	357	80	277
临　沧	Lincang	460	- 409	148	1 750	92	452

14-20 分行业国有经济建筑业总产值（2001年）

单位：万元

行　　业	Sector	企业个数 Number of Enterprises
合　计	**Total**	**190**
一、中央所属企业	**Enterprises belong to the Central**	**22**
1. 土木工程建筑业	Construction of Civil Engineering	14
房屋建筑业	Construction of Building	5
铁路公路隧道桥梁建筑业	Construction of Railways, Tunnels, Highways and Bridges	6
堤坝电站码头建筑业	Construction of Dykes and Dams, Electric Station and Quarry Line	2
其他土木工程建筑业	Others Construction	1
2. 线路管道和设备安装业	Pipes Lines and Equipment Installation	7
差价线路管道安装业	Pipes Lines	6
设备安装业	Equipment Installation	1
3. 装饰装修业	Building Decoration	1
二、地方所属企业	**Enterprises belong to the Local**	**168**
1. 土木工程建筑业	Construction of Civil Engineering	146
房屋建筑业	Construction of Building	72
铁路公路隧道桥梁建筑业	Construction of Railways, Tunnels, Highways and Bridges	40
堤坝电站码头建筑业	Construction of Dykes and Dams, Electric Station and Quarry Lines	17
其他土木工程建筑业	Others Construction	17
2. 线路管道和设备安装业	Pipes Lines and Equipment Installation	15
线路管道安装业	Pipes and Lines	3
设备安装业	Equipment Installation	12
3. 装饰装修业	Building Decoration	7

14-21 各地区国有经济建筑业总产值（2001年）

单位：万元

地　　区	Region	企业个数 Number of Enterprises
全省合计	**Total**	**190**
昆　明	Kunming	81
曲　靖	Qujing	10
玉　溪	Yuxi	9
保　山	Baoshan	4
昭　通	Zhaotong	2
楚　雄	Chuxiong	8
红　河	Honghe	11
文　山	Wenshan	5
思　茅	Simao	17
西双版纳	Xishuangbanna	15
大　理	Dali	6
德　宏	Dehong	3
丽　江	Lijiang	12
怒　江	Nujiang	2
临　沧	Lincang	5

Gross Output Value of State-owned Construction Enterprises by Sector (2001)

(10 000 yuan)

自行完成施工产值 Self Completed Construction Output Value	建筑工程 Construction	安装工程 Installation	房屋构筑物修理 Output Value of Building Repair and Maintenance by Sector	非标准设备制造 Output Value of Non-standard Equipment Manufactured
1 278 259	**1 157 123**	**108 415**	**4 825**	**7 896**
365 600	**278 002**	**79 630**	**3 270**	**1 690**
286 735	258 114	20 653	3 270	4 698
92 358	70 763	14 337	3 270	3 769
42 729	41 768	961		
150 597	144 533	5 136		929
1 051	1 051			
78 861	19 884	58 977		
40 038	4 570	35 468		
38 823	15 314	23 509		
4	4			
912 659	**879 121**	**28 785**	**1 555**	**3 199**
879 888	870 514	7 549	1 466	358
409 611	401 074	6 799	1 379	358
419 486	419 398		88	
20 717	20 492	225		
30 074	29 550	524		
30 903	6 941	21 122		2 840
2 989	220	2 333		436
27 914	6 721	18 789		2 404
1 869	1 665	115	89	

Gross Output Value of State-owned Construction Enterprises in Regions(2001)

(10 000 yuan)

自行完成施工产值 Gross Output Value of Completed Construction	建筑工程 Construction	安装工程 Installation	房屋构筑物修理 Output Value of Non-standard Equipment Manufactured	非标准设备制造 Output Value of Non-standard Equipment Manufactured
1 278 259	**1 157 123**	**108 415**	**4 825**	**7 896**
1 013 840	905 338	97 727	3 407	7 368
21 982	20 045	1 552	385	
17 552	16 915	449	153	35
5 727	5 553			174
3 833	3 833			
76 770	73 039	3 731		
38 381	33 718	3 845	558	260
10 117	9 515	529	73	
60 470	60 066	262	83	60
3 806	3 594	212	1	
6 189	6 102		88	
6 224	6 205	19		
4 654	4 560	16	78	
5 685	5 685			
3 027	2 955	72		

14-22 分行业国有经济建筑施工企业生产完成情况（2001年）

行　业	Sector	施工单位工程个数（个） Number of Projects (unit)
合　计	**Total**	**5 625**
一、中央所属企业	**Enterprises belong to the Central**	**1 234**
1. 土木工程建筑业	Construction of Civil Engineering	877
房屋建筑业	Construction of Building	541
铁路公路隧道桥梁建筑业	Construction of Railways, Tunnels, Highways and Bridges	212
堤坝电站码头建筑业	Construction of Dykes and Dams, Electric Station and Quarry Line	89
其他土木工程建筑业	Others Construction	35
2. 线路管道和设备安装业	Pipes Lines and Equipment Installation	357
线路管道安装业	Pipes and Lines	204
设备安装业	Equipment Installation	153
二、地方所属企业	**Enterprises belong the Local**	**4 391**
1. 土木工程建筑业	Construction of Civil Engineering	4 006
房屋建筑业	Construction of Building	2 554
铁路公路隧道桥梁建筑业	Construction of Railways, Tunnels, Highways and Bridges	775
堤坝电站码头建筑业	Construction of Dykes and Dams, Electric Station and Quarry Line	94
其他土木工程建筑业	Others Construction	583
2. 线路管道和设备安装业	Pipes Lines and Equipment Installation	385
线路管道安装业	Pipes and Lines	132
设备安装业	Equipment Installation	253

14-23 各地区国有经济建筑施工企业生产完成情况（2001年）

地　区	Region	施工单位工程个数（个） Number of Projects Construction (unit)
全省合计	**Total**	**5 625**
昆　明	Kunming	3 743
曲　靖	Qujing	262
玉　溪	Yuxi	142
保　山	Baoshan	20
昭　通	Zhaotong	62
楚　雄	Chuxiong	227
红　河	Honghe	385
文　山	Wenshan	111
思　茅	Simao	305
西双版纳	Xishuangbanna	81
大　理	Dali	122
德　宏	Dehong	5
丽　江	Lijiang	64
怒　江	Nujiang	25
临　沧	Lincang	71

Production Completion of State-owned Construction Enterprises by Sector (2001)

	房屋建筑 施工面积 （万平方米）		房屋竣工面积 （万平方米）
#本年新开工 Number of Projects Started This Year	Floor Space of Buildings under Construction (10 000 sq.m)	#本年新开工 Number of Projects Started This Year	Floor Space of Buildings Completed (10 000 sq.m)
3 365	**916.32**	**430.61**	**423.01**
834	**67.80**	**35.38**	**30.05**
531	57.55	30.59	24.64
405	52.53	27.58	20.73
98	5.02	3.01	3.92
28			
303	10.25	4.79	5.41
156	1.19	0.79	0.18
147	9.05	4.00	5.23
2 531	**848.52**	**395.24**	**392.96**
2 248	838.83	390.30	386.89
1 480	836.51	388.11	386.70
356	1.97	1.97	
44	0.02	0.02	0.02
368	0.33	0.20	0.17
283	9.69	4.94	6.07
117			
166	9.69	4.94	6.07

Production Completion of State-owned Construction Enterprises in Region (2001)

	房屋建筑 施工面积 （万平方米）		房屋竣工面积 （万平方米）
#本年新开工 Number of Projects Started This Year	Floor Space of Buildings under Construction (10 000 sq.m)	#本年新开工 Number of Projects Started This Year	Floor Space of Buildings Completed (10 000）sq.m)
3 365	**916.32**	**430.61**	**423.01**
2 106	732.08	334.07	344.37
225	18.03	11.51	15.88
104	14.10	7.44	3.18
13	0.79	0.69	0.42
41	12.58	4.11	4.80
153	0.51		0.03
268	63.77	33.39	24.09
38	15.24	9.84	4.76
156	36.01	20.25	14.56
46	4.97	1.37	2.71
118			
3			
60	7.38	5.66	4.98
19	3.44	1.67	1.95
15	7.42	0.61	1.28

14-24 分行业国有经济建筑施工企业固定资产和机械设备(2001年)

行业	Sector	年底自 Fixed Assets Owned 原值 Original Value
合计	**Total**	**595 785**
一、中央所属企业	**Enterprises belong to the Central**	**204 957**
1. 土木工程建筑业	Construction of Civil Engineering	178 893
房屋建筑业	Construction of Building	79 967
铁路公路隧道桥梁建筑业	Construction of Railways, Tunnels, Highways and Bridges	22 036
堤坝电站码头建筑业	Construction of Dykes and Dams, Electric Station and Quarry Line	76 644
其他土木工程建筑业	Others Construction	247
2. 线路管道和设备安装业	Pipes Lines and Equipment Installation	26 056
线路管道安装业	Pipes Lines	9 515
设备安装业	Equipment Installation	16 541
3. 装饰装修业	Building Decoration	9
二、地方所属企业	**Enterprises belong to the Local**	**[illegible]**
1. 土木工程建筑业	Construction of Civil Engineering	372 271
房屋建筑业	Construction of Building	132 839
铁路公路隧道桥梁建筑业	Construction of Railways, Tunnels, Highways and Bridges	194 691
堤坝电站码头建筑业	Construction of Dykes and Dams, Electric Station and Quarry Line	16 399
其他土木工程建筑业	Others Construction	28 342
2. 线路管道和设备安装业	Pipes Lines and Equipment Installation	17 599
线路管道安装业	Pipes Lines	778
设备安装业	Equipment Installation	16 822
3. 装饰装修业	Building Decoration	958

14-25 各地区国有经济建筑施工企业固定资产和机械设备(2001年)

地区	Region	年底自 Fixed Assets Owned yuan) 原值 Original Value
全省合计	**Total**	**595 785**
昆明	Kunming	417 280
曲靖	Qujing	56 276
玉溪	Yuxi	16 604
保山	Baoshan	7 937
昭通	Zhaotong	998
楚雄	Chuxiong	28 774
红河	Honghe	21 562
文山	Wenshan	2 145
思茅	Simao	21 778
西双版纳	Xishuangbanna	2 487
大理	Dali	4 295
德宏	Dehong	5 294
丽江	Lijiang	5 519
怒江	Nujiang	2 676
临沧	Lincang	2 160

Fixed Assts and Number and Power of Machinery and Equipment of State-owned Construction Enterprises by Sector (2001)

有固定资产（万元） Year-end (10 000 yuan)	年底自有机械设备 Machinery and Equipment Owned at Year-end		装备率 Material Rate	
净值 Net Value	总台数（台） Total Machinery (set)	总功率（千瓦） Total Power (kw)	技术装备率（元/人） Value of Machines per Laborer (yuan/person)	动力装备率（千瓦/人） Power of Machines per Laborer (kw/person)
383 096	**37 192**	**1 123 790**	**12 556**	**7.94**
135 078	**12 202**	**310 684**	**16 019**	**8.97**
121 016	10 291	270 898	16 409	9.64
64 730	3 646	72 163	5 433	5.43
16 327	899	30 873	11 492	5.27
39 837	5 746	167 862	36 719	19.16
122				
14 060	1 906	39 720	14 383	6.12
5 559	854	14 861	12 771	5.75
8 501	1 052	24 859	15 451	6.37
2	5	66	2 769	2.54
248 018	**24 990**	**813 106**	**11 434**	**7.61**
237 171	22 380	783 820	11 664	7.68
94 711	12 782	268 982	4 067	4.71
117 002	6 011	335 802	20 183	8.61
10 559	1 520	82 182	29 771	40.13
14 900	2 067	96 854	27 909	24.46
9 973	2 390	28 944	6 753	6.39
473	164	3 151	5 874	7.10
9 500	2 226	25 793	6 848	6.31
874	220	342	3 330	1.23

Fixed Assets, Number and Power of Machinery and Equipment of State-owned Construction Enterprises in Regions (2001)

有固定资产（万元） Year-end (10 000	年底自有机械设备 Machinery and Equipment Owned Year-end		装备率 Material Rate	
净值 Net Value	总台数（台） Total Machinery (set)	总功率（千瓦） Total Power (kw)	技术装备率（元/人） Value of Machines per Laborer (yuan/person)	动力装备率（千瓦/人） Power of Machines per Laborer (kw/person)
383 096	**37 192**	**1 123 790**	**12 556**	**7.94**
254 138	25 543	778 125	11 802	7.06
50 741	2 389	42 470	6 843	7.69
12 574	1 329	45 975	25 341	14.16
5 632	591	12 669	50 420	16.74
721	144	25	13	0.02
14 627	1 239	72 162	30 224	21.08
13 671	2 109	60 737	9 657	11.16
1 219	612	5 941	6 531	8.76
12 323	1 413	38 136	11 222	6.10
1 844	365	3 374	10 422	4.31
2 717	186	10 467	21 653	14.30
4 119	214	10 493	87 877	22.71
5 036	224	2 574	3 572	2.24
2 398	275	28 930	14 990	28.20
1 335	559	11 712	4 613	18.44

14-26 分行业国有经济建筑施工企业主要经济指标(2001年)

单位：万元

行　业	Sector
合　计	**Total**
一、中央所属企业	**Enterprises belong to the Central**
1. 土木工程建筑业	Construction of Civil Engineering
房屋建筑业	Construction of Building
铁路公路隧道桥梁建筑业	Construction of Railways, Tunnels, Highways and Bridges
堤坝电站码头建筑业	Construction of Dykes and Dams, Electric Station and Quarry Line
其他土木工程建筑业	Others Construction
2. 线路管道和设备安装业	Pipes Lines and Equipment Installation
线路管道安装业	Pipes Lines
设备安装业	Equipment Installation
3. 装饰装修业	Building Decoration
二、地方所属企业	**Enterprises belong to the Local**
1. 土木工程建筑业	Construction of Civil Engineering
房屋建筑业	Construction of Building
铁路公路隧道桥梁建筑业	Construction of Railways, Tunnels, Highways and Bridges
堤坝电站码头建筑业	Construction of Dykes and Dams, Electric Station and Quarry Line
其他土木工程建筑业	Others Construction
2. 线路管道和设备安装业	Pipes Lines and Equipment Installation
线路管道安装业	Pipes Lines
设备安装业	Equipment Installation
3. 装饰装修业	Building Decoration

14-26 续表

行　业	Sector	平均人数(人) Average Number of Employed persons (person)
合　计	**Total**	**141 518**
一、中央所属企业	**Enterprises belong to the Central**	**34 624**
1. 土木工程建筑业	Construction of Civil Engineering	28 112
房屋建筑业	Construction of Building	13 290
铁路公路隧道桥梁建筑业	Construction of Railways, Tunnels, Highways and Bridges	5 859
堤坝电站码头建筑业	Construction of Dykes and Dams, Electric Station and Quarry Line	8 763
其他土木工程建筑业	Others Construction	200
2. 线路管道和设备安装业	Pipes Lines and Equipment Installation	6 486
线路管道安装业	Pipes Lines	2 586
设备安装业	Equipment Installation	3 900
3. 装饰装修业	Building Decoration	26
二、地方所属企业	**Enterprises belong to the Local**	**106 894**
1. 土木工程建筑业	Construction of Civil Engineering	102 083
房屋建筑业	Construction of Building	57 080
铁路公路隧道桥梁建筑业	Construction of Railways, Tunnels, Highways and Bridges	38 996
堤坝电站码头建筑业	Construction of Dykes and Dams, Electric Station and Quarry Line	2 048
其他土木工程建筑业	Others Construction	3 959
2. 线路管道和设备安装业	Pipes Lines and Equipment Installation	4 532
线路管道安装业	Pipes Lines	444
设备安装业	Equipment Installation	4 088
3. 装饰装修业	Building Decoration	279

Main Economic Indicators of State-owned Construction Enterprises by Sector (2001)

(10 000 yuan)

实收资本 Called-up Capitals	企业总收入 Total Income of Enterprises	利润总额 Total Profits	上缴税金 Taxes Paid	增加值 Value Added
442 990	**1 251 803**	**- 14 742**	**41 687**	**214 022**
71 580	**359 549**	**- 12 067**	**12 254**	**49 948**
51 205	275 335	- 15 350	7 765	21 170
27 845	99 698	- 18 589	2 970	- 10 042
14 144	36 709	373	1 100	10 525
9 148	137 877	2 849	3 654	23 769
68	1 051	18	41	219
20 361	84 210	3 300	4 489	25 490
8 135	40 271	1 825	2 094	11 513
12 226	43 939	1 475	2 395	13 977
13	4	- 17		- 13
371 411	**892 254**	**- 2 675**	**29 432**	**164 074**
357 014	862 063	340	28 316	158 762
119 926	404 139	539	13 358	80 764
207 415	410 060	- 103	13 394	69 383
12 003	19 612	- 3	668	2 845
17 670	28 252	- 93	895	5 770
13 552	28 592	- 3 006	1 056	5 028
1 660	3 103	54	161	623
11 892	25 489	- 3 060	895	4 405
845	1 599	- 9	61	285

continued

劳动生产率 (元／人) Labor Productivity (yuan/person)	工程质量优良率(%) Rate of High Quality Projects (%) 按单位工程个数 Number of Enterprises	工程质量优良率(%) Rate of High Quality Projects (%) 按施工面积 Floor Space of Construction	产值利润率 (%) Ratio of Profit to Gross Output Value (%)	资金利润率 (%) Ratio of Funds Utilization (%)
90 325	**48.16**	**70.64**	**-1.15**	**-0.94**
105 591	**55.42**	**72.79**	**-3.30**	**-3.13**
101 997	47.49	66.81	-5.35	-4.89
69 495	44.26	61.61	-20.13	-13.77
72 928	90.10	94.36	0.87	0.66
171 856	13.64		1.89	2.34
52 530			1.74	2.39
121 586	74.12	100.00	4.18	4.63
154 825	44.76	100.00	4.56	5.88
99 546	99.19	100.00	3.80	3.67
1 538			-412.50	-25.70
85 380	**46.03**	**70.48**	**-0.29**	**-0.22**
86 193	48.32	71.27	0.04	0.03
71 761	45.76	71.30	0.13	0.11
107 571	62.86		-0.02	-0.02
101 158	8.33	100.00	-0.02	-0.01
75 964	47.98		-0.31	-0.25
68 188	30.79	20.19	-9.73	-5.27
67 320	24.00		1.80	0.32
68 283	34.72	20.19	-10.96	-7.57
66 975			-0.47	-0.53

14-27 各地区国有经济建筑施工企业主要经济指标(2001年)

Main Economic Indicators of State-owned Construction Enterprises in Region (2001)

单位：万元 (10 000 yuan)

地　区	Region	实收资本 Called-up Capitals	企业总收入 Total Income of Enterprises	利润总额 Total Profits	上缴税金 Taxes Paid	增加值 Value Added
全省合计	**Total**	**442 990**	**1 251 803**	**- 14 742**	**41 687**	**214 022**
昆　明	Kunming	341 410	979 179	- 13 453	32 646	164 983
曲　靖	Qujing	19 196	28 404	- 2 989	884	5 268
玉　溪	Yuxi	12 083	14 271	319	733	4 578
保　山	Baoshan	4 274	4 942	- 9	224	999
昭　通	Zhaotong	587	2 772	- 34	75	719
楚　雄	Chuxiong	18 954	78 651	1 916	2 718	13 172
红　河	Honghe	12 753	49 899	192	1 393	8 174
文　山	Wenshan	4 859	9 312	48	166	902
思　茅	Simao	16 554	54 684	34	1 688	11 038
西双版纳	Xishuangbanna	2 396	2 970	138	166	819
大　理	Dali	2 816	5 487	192	156	900
德　宏	Dehong	3 301	5 228	- 239	177	638
丽　江	Lijiang	1 102	7 481	- 460	330	601
怒　江	Nujiang	1 589	5 685	12	212	940
临　沧	Lincang	1 116	2 837	- 409	118	292

14-27 续表 continued

地 区	Region	平均人数（人）Average Number of Employed Persons (person)	劳动生产率（元/人）Overall Labor Productivity	工程质量优良率(%) Rate of High Quality Projects (%) 按单位工程个数 Number of Enterprises	按施工面积 Floor Space of Construction	产值利润率（%）Ratio of Profit to Gross Output Value (%)	资金利润率（%）Ratio of Funds Utilization (%)
全省合计	**Total**	**141 518**	**90 325**	**48.16**	**70.64**	**-1.15**	**-0.94**
昆 明	Kunming	110 243	91 964	57.08	74.47	-1.33	-1.20
曲 靖	Qujing	5 524	39 794	22.73	41.78	-13.60	-4.03
玉 溪	Yuxi	3 246	54 074	37.62	70.34	1.82	0.31
保 山	Baoshan	757	75 649	31.25	4.74	-0.16	-0.09
昭 通	Zhaotong	1 172	32 708	58.33	67.51	-0.89	-2.23
楚 雄	Chuxiong	3 423	224 278	27.46		2.50	2.36
红 河	Honghe	5 441	70 540	19.51	55.92	0.50	0.39
文 山	Wenshan	678	149 214	29.03	58.88	0.48	0.40
思 茅	Simao	6 247	96 799	38.10	62.35	0.06	0.05
西双版纳	Xishuangbanna	782	48 675	18.37	51.82	3.63	1.66
大 理	Dali	732	84 553	62.81		3.10	2.22
德 宏	Dehong	462	134 710	75.00		-3.84	-1.36
丽 江	Lijiang	1 150	40 472	32.65	31.11	-9.87	-2.75
怒 江	Nujiang	1 026	55 409	87.50	100.00	0.21	0.43
临 沧	Lincang	635	47 676			-13.50	-5.49

14-28 分行业集体经济建筑业总产值(2001年)

单位：万元

行　　业	Sector	企业个数 Number of Enterprises
合　计	**Total**	**744**
1. 土木工程建筑业	Construction of Civil Engineering	678
房屋建筑业	Construction of Building	639
矿山建筑业	Construction of Mines	1
铁路公路隧道桥梁建筑业	Construction of Railways, Tunnels, Highways and Bridges	19
堤坝电站码头建筑业	Construction of Dykes and Dams, Electric Station and Quarry Line	4
其他土木工程建筑业	Others Construction	15
2. 线路管道和设备安装业	Pipes Lines and Equipment Installation	30
线路管道安装业	Pipes Lines	19
设备安装业	Equipment Installation	11
3. 装饰装修业	Building Decoration	36

14-29 各地区集体经济建筑业总产值(2001年)

单位：万元

地　　区	Region	企业个数 Number of Enterprises
全省合计	**Total**	**744**
昆　明	Kunming	219
曲　靖	Qujing	77
玉　溪	Yuxi	62
保　山	Baoshan	46
昭　通	Zhaotong	24
楚　雄	Chuxiong	42
红　河	Honghe	75
文　山	Wenshan	17
思　茅	Simao	41
西双版纳	Xishuangbanna	20
大　理	Dali	61
德　宏	Dehong	20
丽　江	Lijiang	21
怒　江	Nujiang	1
临　沧	Lincang	18

Gross Output Value of Collective-owned Construction Enterprises by Sector (2001)

(10 000 yuan)

自行完成施工产值 Gross Output Value of Completed Construction	建筑工程 Construction	安装工程 Installation	房屋构筑物修理 Output Value of Building Repair and Maintenance	非标准设备制造 Output Value of Non-standard Equipment Manufactured
1 053 972	**958 650**	**61 614**	**29 078**	**4 629**
1 000 643	931 134	37 746	27 661	4 101
964 451	896 357	37 097	27 661	3 336
1 480	1 480			
24 810	24 044			765
4 699	4 201	498		
5 203	5 052	151		
33 912	8 867	23 517	1 000	528
12 978	380	12 598		
20 935	8 487	10 920	1 000	528
19 417	18 649	351	417	

Gross Output Value of Collective-owned Construction Enterprises in Regions (2001)

(10 000 yuan)

自行完成施工产值 Gross Output Value of Completed Construction	建筑工程 Construction	安装工程 Installation	房屋构筑物修理 Output Value of Building Repair and Maintenance	非标准设备制造 Output Value of Non-standard Equipment Manufactured
1 053 972	**958 650**	**61 614**	**29 078**	**4 629**
421 465	381 604	24 540	13 274	2 047
167 986	153 298	11 065	3 431	193
65 121	61 563	2 110	1 227	222
79 713	75 222	2 259	2 021	210
25 599	24 719	880		
21 566	19 737	1 393	435	1
87 530	82 075	2 991	2 371	93
21 671	21 017	555	100	
20 700	19 192	1 457	52	
9 225	6 463	2 757	5	
112 315	94 211	10 350	5 890	1 864
4 987	4 877	110		
8 293	7 308	875	111	
491	327	164		
7 309	7 038	109	162	

14-30 分行业集体经济建筑施工企业生产完成情况(2001年)

Production Completion of Collective-owned Construction Enterprises by Sector (2001)

行　业	Sector	施工单位工程个数(个) Number of Projects (unit)	#本年新开　工 Started This Year	房屋建筑施工面积(万平方米) Floor Space of Buildings under Construction (10 000 sq.m)	#本年新开　工 Started This Year	房屋竣工面　积(万平方米) Floor Space of Buildings Completed (10000 sq.m)
合　计	**Total**	**8 779**	**5 342**	**1 461.60**	**819.77**	**1 0[illegible]**
1. 土木工程建筑业	Construction of Civil Engineering	7 991	4 989	1 461.60	819.77	1 027.95
房屋建筑业	Construction of Building	7 758	4 835	1 453.69	816.41	1 023.77
矿山建筑业	Construction of Mines	7	4	2.91	2.30	0.24
铁路公路隧道桥梁建筑业	Construction, Railways, Tunnels, Highways and Bridges	76	52	0.99	0.66	0.99
堤坝电站码头建筑业	Construction of Dykes and Dam Electric Station and Quarry Line	20	16			
其他土木工程建筑业	Others Construction	130	82	4.01	0.39	2.96
2. 线路管道和设备安装业	Pipes Lines and Equipment Installation	788	353			
线路管道安装业	Pipes Lines	643	280			
设备安装业	Equipment Installation	145	73			

14-31 各地区集体经济建筑施工企业生产完成情况（2001年）

Production Completion of Collective-owned Construction Enterprises in Regions (2001)

地区	Region	施工单位工程个数（个） Number of Projects (unit)	#本年新开工 Started This year	房屋建筑施工面积（万平方米） Floor Space of Buildings under Construction (10 000 sq.m)	#本年新开工 Started This year	房屋竣工面积（万平方米） Floor Space of Buildings Completed (10000 sq.m)
全省合计	**Total**	**8 779**	**5 342**	**1 461.60**	**819.77**	**1 027.95**
昆明	Kunming	2 306	1 230	498.37	265.90	317.97
曲靖	Qujing	1 163	790	273.67	184.92	227.27
玉溪	Yuxi	451	269	99.18	44.30	74.47
保山	Baoshan	1 036	700	121.83	81.83	98.19
昭通	Zhaotong	235	136	40.43	19.08	25.70
楚雄	Chuxiong	364	174	39.76	18.85	28.22
红河	Honghe	735	401	138.42	68.63	85.40
文山	Wenshan	208	150	36.40	16.93	27.75
思茅	Simao	348	210	36.37	21.45	20.06
西双版纳	Xishuangbanna	387	318	16.84	7.32	9.39
大理	Dali	1 109	681	132.07	73.84	95.51
德宏	Dehong	123	74	7.91	3.92	4.72
丽江	Lijiang	144	91	7.89	5.01	6.63
怒江	Nujiang	12	11	0.73	0.46	0.53
临沧	Lincang	158	107	11.74	7.33	6.14

14-32 分行业集体经济建筑施工企业固定资产和机械设备（2001年）

行　业	Sector	年底自有固定资产(万元) Fixed Assets Owned at Year-end (10 000 yuan)	
		原　值 Original Value	净　值 Net Value
合　计	**Total**	**475 970**	**358 852**
1. 土木工程建筑业	Construction of Civil Engineering	454 847	342 185
房屋建筑业	Construction of Building	428 275	323 453
矿山建筑业	Construction of Mines	792	337
铁路公路隧道桥梁建筑业	Construction of Railways, Tunnels, Highways and Bridges	16 869	12 166
堤坝电站码头建筑业	Construction of Dykes and Dams, Electric Station and Quarry Line	4 801	3 681
其他土木工程建筑业	Others [illegible]	4 110	2 547
2. 线路管道和设备安装业	Pipes Lines and Equipment Installation	14 568	11 238
线路管道安装业	Pipes Lines	6 848	4 925
设备安装业	Equipment Installation	7 720	6 313
3. 装饰装修业	Building Decoration	6 556	5 430

14-33 各地区集体经济建筑施工企业固定资产和机械设备（2001年）

地　区	Region	年底自有固定资产(万元) Fixed Assets Owned at Year-end (10 000 yuan)	
		原　值 Original Value	净　值 Net Value
全省合计	**Total**	**475 970**	**358 852**
昆　明	Kunming	185 124	143 022
曲　靖	Qujing	97 756	68 266
玉　溪	Yuxi	35 004	24 196
保　山	Baoshan	30 845	23 406
昭　通	Zhaotong	7 486	6 419
楚　雄	Chuxiong	13 100	10 876
红　河	Honghe	39 598	29 078
文　山	Wenshan	6 148	5 050
思　茅	Simao	9 775	8 079
西双版纳	Xishuangbanna	4 807	3 753
大　理	Dali	28 793	23 220
德　宏	Dehong	5 086	3 826
丽　江	Lijiang	5 301	3 972
怒　江	Nujiang	10	6
临　沧	Lincang	7 138	5 683

Fixed Assets, Number and Power of Machinery and Equipment of Collective-owned Construction Enterprises by Sector (2001)

年底自有机械设备 Machinery and Equipment Owned at Year-end		装备率 Equipment Rate	
总台数（台） Total Machinery (set)	总功率（千瓦） Total Power (kw)	技术装备率（元/人） Value of Machines per Laborer (yuan/person)	动力装备率（千瓦/人） Power of Machines per Laborer (kw/person)
121 522	**1 212 909**	**7 867**	**5.25**
119 016	1 188 702	7 994	5.34
115 735	1 095 287	7 504	5.07
179	3 320	5 350	5.72
1 460	70 753	26 741	18.97
570	8 498	25 803	6.93
1 072	10 844	23 388	10.67
1 168	15 389	4 914	2.84
589	7 082	6 605	3.18
579	8 307	3 733	2.61
1 338	8 818	3 816	2.88

Fixed Assets, Number and Power of Machinery and Equipment of Collective-owned Construction Enterprises in Regions(2001)

年底自有机械设备 Machinery and Equipment Owned at Year-end		装备率 Equipment Rate	
总台数（台） Total Machinery (set)	总功率（千瓦） Total Power (kw)	技术装备率（元/人） Value of Machines per Laborer (yuan/person)	动力装备率（千瓦/人） Power of Machines per Laborer (kw/person)
121 522	**1 212 909**	**7 867**	**5.25**
28 881	405 367	8 561	5.28
22 192	198 754	9 229	4.85
11 355	101 949	10 707	7.00
13 457	107 880	6 926	4.61
4 193	19 872	5 242	3.27
3 949	22 514	5 336	4.10
10 940	113 469	7 812	5.81
2 386	15 479	7 759	5.36
2 438	22 108	3 556	3.52
2 800	11 549	7 702	4.82
12 481	140 375	5 069	5.33
1 664	12 616	7 961	7.14
2 563	19 429	8 217	10.60
254	1 410	711	15.67
1 969	20 138	12 236	7.98

14-34 分行业集体经济建筑施工企业主要经济指标(2001年)

单位：万元

行　　业	Sector
合　计	**Total**
1. 土木工程建筑业	Construction of Civil Engineering
房屋建筑业	Construction of Building
矿山建筑业	Construction of Mines
铁路公路隧道桥梁建筑业	Construction of Railways, Tunnels, Highways and Bridges
堤坝电站码头建筑业	Construction of Dykes and Dams, Electric Station and Quarry Line
其他土木工程建筑业	Others Construction
2. 线路管道和设备安装业	Pipes Lines and Equipment Installation
线路管道安装业	Pipes Lines
设备安装业	Equipment Installation
3. 装饰装修业	Building Decoration

14-34 续表

行　　业	Sector	平均人数（人）Average Number of Employed persons (person)
合　计	**Total**	**230 937**
1. 土木工程建筑业	Construction of Civil Engineering	222 468
房屋建筑业	Construction of Building	215 917
矿山建筑业	Construction of Mines	580
铁路公路隧道桥梁建筑业	Construction Railways, Tunnels, Highways and Bridges	3 729
堤坝电站码头建筑业	Construction of Dykes and Dam Electric Station and Quarry Line	1 226
其他土木工程建筑业	Others Construction	1 016
2. 线路管道和设备安装业	Pipes Lines and Equipment Installation	5 410
线路管道安装业	Pipes Lines	2 226
设备安装业	Equipment Installation	3 184
3. 装饰装修业	Building Decoration	3 059

Main Economic Indicators of Collective-owned Construction Enterprises by Sector (2001)

(10 000 yuan)

实收资本 Called-up Capitals	企业总收入 Total Income of Enterprises	利润总额 Total Profits	上缴税金 Taxes Turned-in	增加值 Value Added
444 205	**967 780**	**25 533**	**46 356**	**241 117**
423 886	916 988	24 154	43 988	230 960
403 838	884 250	23 367	42 690	223 566
703	1 548	- 3	47	728
10 606	22 389	583	836	4 502
3 807	4 543	179	251	1 097
4 932	4 258	27	165	1 066
12 084	30 959	1 090	1 591	6 910
4 761	13 077	882	804	2 623
7 323	17 882	208	787	4 287
8 235	19 832	289	778	3 247

continued

劳动生产率 (元／人) Labor Productivity (yuan/person)	工程质量优良率(%) Rate of High Quality Projects (%)		产值利润率 (%) Ratio of Profit to Gross Output Value (%)	资金利润率 (%) Ratio of Funds Utilization (%)
	按单位工程个数 Number of Enterprises	按施工面积 Floor Space of Construction		
45 639	**32.19**	**42.59**	**2.42**	**2.67**
44 979	34.25	42.59	2.41	2.68
44 668	34.74	42.73	2.42	2.74
25 517	0.00	0.00	-0.19	-0.21
66 532	37.50	31.21	2.35	1.74
38 328	20.00		3.80	3.11
51 214	11.21	0.27	0.52	0.29
62 684	16.12		3.21	3.70
58 300	7.75		6.80	6.06
65 750	66.04		0.99	1.40
63 476			1.49	1.23

14-35 各地区集体经济建筑施工企业主要经济指标(2001年)

Main Economic Indicators of Collective-owned Construction Enterprises in Regions (2001)

单位：万元 (10 000 yuan)

地　区	Region	实收资本 Called-up Capitals	企业总收入 Total Income of Enterprises	利润总额 Total Profits	上缴税金 Taxes Turned-in	增加值 Value Added
全省合计	**Total**	**444 205**	**967 780**	**25 533**	**46 356**	**241 117**
昆　明	Kunming	173 927	384 682	10 822	17 989	88 854
曲　靖	Qujing	84 455	161 247	5 132	8 382	39 352
玉　溪	Yuxi	29 894	62 251	1 238	2 647	14 788
保　山	Baoshan	28 040	72 447	668	3 281	21 485
昭　通	Zhaotong	8 252	21 525	339	1 202	6 531
楚　雄	Chuxiong	13 396	19 316	201	802	4 534
红　河	Honghe	32 189	86 072	2 125	3 499	21 971
文　山	Wenshan	5 861	18 646	417	1 578	3 851
思　茅	Simao	10 943	17 267	334	936	5 519
西双版纳	Xishuangbanna	3 575	9 072	18	452	1 786
大　理	Dali	38 307	97 587	3 544	4 692	26 756
德　宏	Dehong	4 288	4 718	228	237	1 542
丽　江	Lijiang	4 837	6 193	113	288	1 538
怒　江	Nujiang	5	491	8	32	43
临　沧	Lincang	6 238	6 267	148	340	2 568

14-35 续表　continued

地　区	Region	平均人数(人) Average Number of Employed Persons (person)	劳动生产率(元／人) Labor Productivity (yuan/person)	工程质量优良率(%) Rate of High Quality Projects (%) 按单位工程个数 Number of Enterprises	 按施工面积 Floor Space of Construction	产值利润率(%) Ratio of Profit to Gross Output Value (%)	资金利润率(%) Ratio of Funds Utilization (%)
全省合计	**Total**	**230 937**	**45 639**	**32.19**	**42.59**	**2.42**	**2.67**
昆　明	Kunming	76 750	54 914	22.34	32.01	2.57	2.84
曲　靖	Qujing	41 009	40 963	46.00	49.94	3.05	3.71
玉　溪	Yuxi	14 570	44 695	38.91	32.72	1.90	1.86
保　山	Baoshan	23 409	34 052	47.91	54.44	0.84	0.80
昭　通	Zhaotong	6 077	42 125	23.68	36.57	1.32	1.29
楚　雄	Chuxiong	5 496	39 239	26.07	25.98	0.93	0.92
红　河	Honghe	19 528	44 823	38.52	58.90	2.43	2.27
文　山	Wenshan	2 888	75 039	22.08	25.94	1.92	4.49
思　茅	Simao	6 287	32 925	27.36	48.61	2.58	2.14
西双版纳	Xishuangbanna	2 396	38 503	6.27	39.86	0.20	0.20
大　理	Dali	26 314	42 683	39.09	54.61	3.16	5.40
德　宏	Dehong	1 766	28 238	16.88	26.53	4.57	1.77
丽　江	Lijiang	1 833	45 245	21.43	43.09	1.36	0.83
怒　江	Nujiang	90	54 556	42.86	53.31	1.61	97.53
临　沧	Lincang	2 524	28 959	10.64	6.88	2.03	1.68

主 要 统 计 指 标 解 释

建筑施工企业 指从事房屋、构筑物和设备安装生产活动的独立施工单位,分为建筑安装企业和自营施工单位两种组织形式。建筑安装企业是指行政有独立组织,经济上实行独立核算的企业。一般称为建筑公司、安装公司、工程公司、工程局(处)等。自营施工单位是指附属于现有生产企业、事业内部或行政单位的,为建造和修理本单位固定资产而自行组织的,同时具备下述条件:

(1) 对内独立核算。

(2) 有固定组织和施工队伍。

(3)全年施工期在半年以上。

建筑业总产值(自行完成施工产值) 指建筑施工企业在一定时期内所完成的以货币表现的生产总量。是反映全部生产规模、水平和成果的综合指标。

房屋建筑施工面积 指在报告期内施工的全部房屋建筑面积，包括本期新开工的房屋面积、上期施工跨入本期继续施工的房屋面积、上期停缓建在本期恢复施工的房屋面积、本期竣工的房屋面积及本期施工后又停缓建的房屋面积。

房屋建筑竣工面积 指在报告期内房屋建筑按照设计要求全部完工，达到了住人和使用条件，经验收鉴定合格，正式移交使用单位的房屋建筑面积。

自有机械设备年末总台数 指归本企业所有，属于本企业固定资产的生产性机械设备年末总台数。包括施工机械、生产设备、运输设备以及其他设备。

自有机械设备年末总功率 指本企业自有施工机械、生产设备、运输设备以及其他设备等 列为在册固定资产的生产性机械设备年末总功率，按设定能力或查定能力计算。包括机械本身的动力和为该机械服务的单独动力设备，如电动机等。计算单位用千瓦，动力换算可按 1 马力=0.735 千瓦折合成瓦数。电焊机、变压器、锅炉不计算动力。

企业总收入 指与企业生产经营直接有关的各项收入,包括工程结算收入与其他业务收入。

利润总额 指建筑施工企业在一定时期内实现的利润。

工程结算收入 指企业承包工程实现的工程价款结算收入，以及向发包单位 收取的除工程价款以外的按规定列作营业收入的各种款项，如临时设施费、劳动保险费、施工机械调迁费等以及向发包单位收取的各种索赔款。

工程结算利润 指已结算工程实现的利润，如亏损以“－”号表示。计算公式为 ：

工程结算利润=工程结算收入－工程结算成本－工程结算税金及附加

建筑业增加值 指建筑企业在报告期内以货币表现的建筑生产经营活动的最终成果。

产值利润率 是指报告期内企业实现的利润总额占同期建筑业总产值的百分比。

资金利润率 是指报告期内固定资产净值和流动资产之和除以利润总额而求得的比率。

Explanatory Notes on Main Statistical Indicators

Construction Enterprises refers to the construction units that are engaged in production activities of houses, buildings and equipment installation. They are divided into two forms of organizations: construction and installation enterprises and self-operation construction units. Construction and installation enterprises refer to the enterprises that have independent administrative organization and practice economically independent accounting. They are usually called construction companies, installation companies, engineering companies, engineering bureaus (departments), etc. Self-operation construction units refer to the units that are attached to existing production enterprises, institutions or administrative institutions and are organized to construct and repair the fixed assets of their units. They must have the following conditions: (1) an internal independent accounting system; (2) a fixed organization and construction team; (3) construction period in the whole year should be over six months.

Gross Output Value of Construction (Output Value of Projects Under Construction) refers to the total of construction products, expressed in monetary terms, completed by construction and installation enterprises during a given period of time. It is a comprehensive indicator reflecting the whole production scale, level and fruits.

Floor Space of Building Under Construction refers to the floor space of buildings under construction during the reference period, including newly started buildings, buildings started earlier and continued during the reference period, and buildings suspended earlier but restarted during the reference period, buildings completed during the reference period, and buildings under construction and then suspended during the reference period.

Floor Space of Buildings Completed refers to the floor space of buildings that are completed in the reference period in accordance with the requirements of the design, up to the standard for putting them into use, and have been checked and accepted by concerned departments as qualified ones.

Total Number of Machinery and Equipment Owned by the End of Year refers to the number of machines and equipment owned by the enterprises, and listed as the fixed assets of the enterprises by the end of the year, including machinery and equipment for construction, production and transportation.

Total Power of Machinery and Equipment Owned by the End of Year refers to the total power of machinery and equipment owned by the enterprises, and listed as the fixed assets of the enterprises by the end of the year, including machinery and equipment for construction, production and transportation. The power of the machinery is calculated on the basis of the designed or verified capacity, covering the power of the machinery and equipment and the separate power equipment serving the machinery and equipment (such as electric motors), but excluding welders, transformers and boilers. The unit used for the calculation of power is kilowatt, with horsepower converted to kilowatt by 1 horsepower = 0.735 kilowatt.

Total Revenue of Enterprises refers to the sum of income from the production and operation of enterprises, including income from settlement of projects and other operational income.

Total Profits refer to the profits realized by construction enterprises in a certain period of time.

Income from Settlement of Projects refers to the income received by the construction enterprises from the contracted project through settlement procedures, and other charges to the contractoree as operational costs in addition to the value of the project, such as temporary facility fee, labour insurance premium, moving cost of construction equipment, as well as various types of claims to the employer

Profit from Settlement of Projects refers to the profit realized through settled projects. If there is a loss, it is expressed with the sign "-". It is calculated with the following formula:

Profit from settlement of projects = Income from settlement of Projects – Settled Cost – Settled Taxes and Other Cost.

Value-added of Construction refers to the final result of the activities of production and management of construction in monetary terms in the reference period.

Profit Ratio of Output Value refers to the percentage of the total profit in the gross construction output value realized by an enterprise in the reference period.

Profit Ratio of Fund refers to the ratio obtained with the sum of net fixed assets and current assets divided by the total profit in the reference period.

十五、国内贸易

DOMESTIC TRADE

15-1 流 通 业 基 本 情 况
Basic Situation in Circulation Domain

指 标	Item	1997年	1998年	1999年	2000年	2001年
全省限额以上法人企业（个）	**Corporate Businesses above Designated Size (unit)**	**1 043**	**9 59**	**963**	**931**	**751**
批发零售贸易业	Wholesale and Retail Trades	1 003	920	926	893	718
餐饮业	Catering Trade	40	39	37	38	33
全省限额以上企业从业人员（人）	**Employed Persons in Enterprises above Designated Size(person)**	**129 013**	**135 490**	**119 688**	**114 101**	**93 297**
批发零售贸易业	Wholesale and Retail Trades	122 407	128 166	114 129	108 310	88 436
餐饮业	Catering Trade	6 606	7 324	5 559	5 791	4 861
全省批发零售贸易业（万元）	**Wholesale and Retail Trades （10 000 yuan)**					
商品购进总额	Total Purchases	13 521 920	10 216 652	9 103 769	9 878 101	9 814 984
商品销售总额	Total Sales	17 030 330	17 965 728	15 558 483	16 459 397	13 993 596
商品库存总额	Total Inventory	2 614 716	1 804 259	1 974 800	2 135 649	2 053 691
全省社会消费品零售总额（万元）	**Total Retail Sales of Consumer Goods (10 000 yuan)**	**4 670 654**	**5 000 868**	**5 389 506**	**5 831 702**	**6 407 957**
按销售单位所在地分	By Location of Establishments					
市	City	2 275 987	2 562 627	2 833 712	3 092 810	3 434 096
县	County	1 256 470	1 262 706	1 296 732	1 390 824	1 502 413
县以下	Under County Level	1 138 197	1 175 535	1 259 062	1 348 0 68	1 471 448
按行业分	By Sector					
批发零售贸易业	Wholesale and Retail Trades	3 161 121	3 319 674	3 534 699	3 764 867	4 040 943
餐饮业	Catering Trade	350 305	464 528	617 778	748 688	901 006
制造业	Manufacturing	278 471	285 660	257 150	270 218	296 721
农业生产者	Farm Producers	736 266	782 708	838 806	900 22 5	1 000 566
其它	Others	144 491	148 298	141 073	147 704	168 721
按经济成份分	By Type of Economic Ownership					
国有及国有控股	State-owned and State Stockholding	1 494 888	1 413 591	1 467 103	1 485 298	1 550 105
集体及股份合作	Collective-ownership and Joint Stock	846 510	845 299	797 617	808 815	734 355
个私经济	Individual Private	1 505 189	1 864 404	2 209 580	2 539 146	2 961 397
#个体	# Individual	1 277 170	1 506 140	1 813 359	2 167 521	2 517 586
其它经济	Others	824 067	877 574	915 206	998 443	1 162 100

注：1998年后批发零售贸易业购进总额和库存总额仅为限额以上批发零售贸易业数。

Note: The purchased total and the stored total after 1998 only represent the figure of the wholesale and retail sale above designated size.

15-2 主要年份社会消费品零售总额

Total Retail Sales of Consumer Goods in Major Years

单位：万元 (10 000 yuan)

年 份 Year	社会消费品零售总额 Total Retail Sales of Consumer Goods	市 City	县 County	县以下 Under County Level	年 份 Year	社会消费品零售总额 Total Retail Sales of Consumer Goods	市 City	县 County	县以下 Under County Level
1978	283 811	69 328	118 118	96 365	1993	2 619 032	1 176 212	775 789	667 031
1980	379 641	107 937	135 611	136 093	1994	3 049 700	1 420 495	867 316	761 889
1985	844 463	315 367	228 414	300 682	1995	3 695 537	1 722 962	1 051 772	920 803
1986	919 066	303 496	277 269	338 301	1996	4 141 796	1 920 664	1 169 422	1 051 710
1987	1 025 522	339 423	318 213	367 886	1997	4 670 654	2 275 987	1 256 470	1 138 197
1988	1 355 679	462 446	428 875	464 358	1998	5 000 868	2 562 627	1 262 706	1 175 535
1989	1 421 534	499 802	441 239	480 493	1999	5 389 506	2 833 712	1 296 732	1 259 062
1990	1 455 944	524 397	451 364	480 183	2000	5 831 702	3 092 810	1 390 824	1 348 068
1991	1 637 515	598 973	518 323	520 219	2001	6 407 957	3 434 096	1 502 413	1 471 448
1992	2 045 994	809 999	630 477	605 518					

15-3 社会消费品零售总额（2001年）

Total Retail Sales of Consumer Goods(2001)

项　目	Item	绝对数（万元） Absolute Figures	比重（%） Percent -age(%)	项　目	Item	绝对数（万元） Absolute Figures	比重（%） Percent -age(%)
社会消费品零售总额	**Total Retail Sales of Consumer Goods**	**6407 957**	**100**	#个体 经济	Individual Economy	2517 586	39.3
一、按销售单位所在地分	**Grouped by Places of Selling Units**			其它经济	Other OwnershipOther Ownership	1162 100	18.1
(1)市的零售额	City	3 434 096	53.6	三、按行业分	**Groupd by Sector**		
(2)县的零售额	County	1502 413	23.4	批发零售贸易业	Wholesale and Retail	4040 943	63.1
(3)县以下的零售额	Under County Level	1471 448	23	餐饮业	Catering Services	901 006	14.1
二、按经济成份分	**Grouped by Ownership**			制造业	Manufacturing	296 721	4.6
国有及国有控股	State-owned and State Share-holding Enterprises	1550 105	24.2	农业生产者	Agriculture	1000 566	15.6
集体及股份合作	Collective-owned and Cooperative Enterprises	734 355	11.5	其它	Others	168 721	2.6
个私经济	Individual and Private Economy	2961 397	46.2				

15-4 各地区社会消费品零售总额（2001年）

Total Retail Sales of Consumer Goods in Regions (2001)

单位：万元　　　　(10 000 yuan)

地区	Region	社会消费品零售总额 Total Retail Sales of Consumer Goods	按销售单位所在地分 By Location of Establishments		
			市 City	县 County	县以下 Under County Level
全省合计	**Total**	**6 407 957**	**3 434 096**	**1 502 413**	**1 471 448**
昆明	Kunming	2 652 760	2 317 259	132 492	203 009
曲靖	Qujing	502 465	154 921	138 523	209 021
玉溪	Yuxi	369 120	121 442	116 714	130 964
保山	Baoshan	227 846	87 648	57 839	82 359
昭通	Zhaotong	251 382	54 707	100 373	96 302
楚雄	Chuxiong	300 807	99 538	89 811	11 458
红河	Honghe	414 850	137 340	147 900	129 611
文山	Wenshan	303 885		164 962	138 922
思茅	Simao	221 241	61 258	101 938	58 045
西双版纳	Xishuangbanna	[illegible]	58 977	24 748	58 272
大理	Dali	398 732	128 035	[illegible]	[illegible]
德宏	Dehong	171 390	72 241	36 239	62 910
丽江	Lijiang	100 306		69 649	30 657
怒江	Nujiang	46 017		30 360	15 667
迪庆	Diqing	33 402		26 003	7 399
临沧	Lincang	163 991		92 643	71 349

注：分地区不等于全省合计数。

Note: The sum of the data of various regions is not equal to the provincial total.

15-4 续表1　continued

单位：万元　　　　(10 000 yuan)

地区	Region	按行业分 By Sector				
		批发零售贸易业 Wholesale and Retail Trades	餐饮业 Catering Trade	制造业 Manufacturing	农业生产者 Farm Producers	其它 Others
全省合计	**Total**	**4 040 943**	**901 006**	**296 721**	**1 000 566**	**168 721**
昆明	Kunming	1 695 760	474 667	47 067	388 151	47 115
曲靖	Qujing	321 736	54 072	38 520	69 885	18 252
玉溪	Yuxi	225 878	41 947	29 561	61 025	10 709
保山	Baoshan	135 252	28 537	24 985	33 526	5 546
昭通	Zhaotong	178 904	20 477	13 872	27 429	10 700
楚雄	Chuxiong	179 927	42 360	13 918	53 702	10 901
红河	Honghe	2 136 148	54 827	22 613	84 661	16 600
文山	Wenshan	155 950	51 214	21 066	60 886	14 768
思茅	Simao	123 961	30 606	13 405	47 425	5 843
西双版纳	Xishuangbanna	78 744	19 622	4 856	37 590	1 185
大理	Dali	237 789	40 473	40 701	66 829	12 940
德宏	Dehong	94 101	20 374	14 774	36 269	5 873
丽江	Lijiang	58 986	17 125	3 926	17 310	2 959
怒江	Nujiang	28 849	4 498	535	10 090	2 045
迪庆	Diqing	18 145	2 565	1 565	9 067	2 060
临沧	Lincang	94 284	15 923	13 849	32 557	7 379

15-4 续表2 continued

单位：万元 (10 000 yuan)

地 区	Region	按经济成份分 (By Ownership)				
		国有及国有控股 State-owned Enterprises(including enterprises with controlling share hold by the state)	集体及股份合作 Collective-owned and Cooperative	个私经济 Individuals and Private Economy	个体经济 Individuals Economy	其 它 Others
全省合计	**Total**	**1 550 105**	**734 355**	**2 961 397**	**2 517 386**	**1 162 100**
昆 明	Kunming	692 960	318 128	1 149 032	921 180	491 840
曲 靖	Qujing	102 943	64 685	263 960	234 415	70 877
玉 溪	Yuxi	85 774	62 740	158 370	122 520	62 236
保 山	Baoshan	60 784	13 667	113 382	77 154	40 013
昭 通	Zhaotong	62 795	15 784	138 727	134 209	34 076
楚 雄	Chuxiong	48 815	36 413	161 381	143 274	54 198
红 河	Honghe	81 161	39 979	199 275	169 174	94 435
文 山	Wenshan	36 883	13 706	192 865	188 537	60 430
思 茅	Simao	36 304	24 387	109 723	101 191	50 826
西双版纳	Xishuangbanna	16 658	10 131	76 863	73 106	38 345
大 理	Dali	109 349	34 879	187 055	161 009	67 449
德 宏	Dehong	24 265	11 434	88 361	77 275	47 331
丽 江	Lijiang	25 385	14 644	42 335	37 783	17 942
怒 江	Nujiang	13 963	1 999	18 069	17 320	11 986
迪 庆	Diqing	10 128	3 179	10 880	9 865	9 215
临 沧	Lincang	31 419	15 034	83 474	77 442	34 064

15-5 限额以上批发零售贸易业商品购、销、存总额（2001年）
Total Purchase,Sales and Inventory of Enterprises above Designated Size in Wholesale and Retail Trade (2001)

（按登记注册类型分） (by types of registration)

单位：万元 (10 000 yuan)

项 目	Item	法人企业（个） Number of Corporation Unit	商品购进总额 Total Purchases	商品销售总额 Total Sales	批发额 Wholesale Trade	零售额 Retail Trade	年末库存总额 Inventory (year-end)
总 计	**Total**	**718**	**9 814 984**	**11 719 134**	**10 657 940**	**1 061 194**	**2 053 691**
#国有及国有控股	State-owned Enterprises (including enterprises with controlling share hold by the state)	490	8 824 377	10 521 317	9 706 047	815 270	1 919 226
内资企业	Domestic Funded Enterprises	717	9 813 584	11 717 554	10 657 940	1 059 614	2 052 125
国有企业	State-owned Enterprises	404	8 279 064	9 868 707	9 395 621	473 087	1 812 794
集体企业	Collective-owned Enterprises	116	366 461	392 263	341 396	50 867	58 490
股份合作企业	Cooperative Enterprises	36	74 129	86 337	56 725	29 613	15 271
联营企业	Joint Ownership Enterprises	3	5 254	7 781	1 854	5 927	997
有限责任公司	Limited Liability Corporations	92	348 001	627 613	472 864	154 749	89 460
国有独资公司	State Sole Funded Corporations	7	14 411	201 822	195 049	6 773	13 460
其它有限责任公司	Other Limited Liability Corporations	85	333 590	425 791	277 815	147 976	76 000
股份有限公司	Share-holding Corporations Ltd	41	492 846	560 823	289 631	271 192	63 653
私营企业	Private Enterprises	25	247 828	174 029	99 849	74 180	11 461
私营独资企业	Private-funded Enterprises	7	41 933	38 644	25 981	12 663	4 273
私营合伙企业	Private Partnership Enterprises	1	23 164	24 810	24 810		759
私营有限责任公司	Private Limited Liability Corporations	13	172 398	99 072	41 512	57 560	5 658
私营股份有限公司	Private Share-holding Corporations Ltd	4	10 334	11 504	7 547	3 957	771
其它企业	Other Enterprises						
港澳台商投资企业	Enterprises with Funds from Hong Kong, Macao and Taiwan						
外商投资企业	Foreign Funded Enterprises	1	1 400	1 580		1 580	1 566

15-6 限额以上批发零售贸易业商品购进、销售、库存总额（2001年）

（按国民经济行业分）

单位：万元

项 目	Item	法人企业（个） Number of Corporation Unit
总 计	**Total**	**718**
#国有及国有控股	State-owned Enterprises(including enterprises with controlling share hold by the state)	490
食品、饮料、烟草批发业	Wholesale of Food,Beverages and Tobaccos	178
其中：粮食、食用油批发业	Wholesale of Grains and Edible Oil	24
烟草及其制品批发业	Wholesale of Tobaccos	115
棉、麻、土畜产品批发业	Wholesale of Cotton,Ambery and Animal Products	3
纺织品、服装和鞋帽批发业	Wholesale of Textiles,Garments,Shoes and Hats	7
日用百货批发业	Wholesale of Daily Consumer Goods	12
日用杂品批发业	Wholesale of Daily Sundry Articles	2
五金、交电、化工批发业	Wholesale of Hardware,Transport,Electric and Chemical Products	13
药品及医疗器械批发业	Wholesale of Medicines and Medical Appliances	15
能源批发业	Wholesale of Energy Products	45
其中：石油及制品批发业	Wholesale of Petroleum and Related Products	36
煤炭及制品批发业	Wholesale of Coal and Related Products	9
化工原料批发业	Wholesale of Chemical Materials	21
木材批发业	Wholesale of Timber	2
建筑材料批发业	Wholesale of Building Materials	18
矿产品批发业	Wholesale of Mineral Products	4
金属材料批发业	Wholesale of Metal Materials	43
机械、电子设备批发业	Wholesale of Machinery and Electronic Equipment	17
汽车、摩托车及零配件批发业	Wholesale of Motor Vehicles,Motorcycles and Parts	14
其中：汽车批发业	Wholesale of Motor Vehicles	11
再生物资回收批发业	Wholesale of Recycled Materials	7
工艺美术品批发业	Wholesale of Arts and Handicraft Products	1
图书报刊批发业	Wholesale of Books,Newspapers and Magazines	2
农业生产资料批发业	Wholesale of Means of Agricultural Production	53
其它类未包括的批发业	Other Wholesale not Classified Elsewhere	7
食品、饮料和烟草零售业	Retail of Food,Beverages and Tobaccos	69
其中：粮油食品零售业	Retail of Grains and Edible Oil	35
副食品零售业	Retail of Non-staple Food	25
日用百货零售业	Retail of Daily Consumer Goods	88
其中：百货零售业	Retail of Consumer Goods	73
文化体育用品零售业	Retail of Cultural and Sports Goods	2
纺织品、服装和鞋帽零售业	Retail of Textiles,Garments,Shoes and Hats	2
日用杂品零售业	Retailof Daily Sundry Articles	3
五金、交电、化工零售业	Retailof Hardware,Transport,Electric and Chemical Products	7
药品及医疗器械零售业	Retail of Medicines and Medical Appliances	33
图书报刊零售业	Retail of Books,Newspapers and Magazines	19
其它零售业	Other Retail Trade	33
其中：家具零售业	Retail of Furniture	1
汽车摩托车及其零配件零售业	Retail of Motor Vehicles,Motorcycles and Parts	9
计算机及软件办公设备零售业	Retail of Computers,Software and Office Appliances	1

Total Purchases,Sales and Inventory of Enterprises above Designated Size in Wholesale and Retail Trade (2001)

(by sector)
(10 000 yuan)

商品购进总额 Total Purchases	商品销售总额 Total Sales	批发额 Wholesale Trade	零售额 Retail Trade	年末库存总额 Inventory (year-end)
9 814 984	**11 719 134**	**10 657 940**	**1 061 194**	**2 053 691**
8 824 377	10 521 317	9 706 047	815 270	1 919 226
6 602 268	7 961 532	7 880 966	80 566	1 545 164
90 101	109 116	86 116	23 000	40 790
6 024 883	7 264 121	7 219 503	44 618	1 369 431
36 851	38 116	38 116		4 391
27 524	28 520	28 109	411	4 946
99 597	105 922	95 370	10 553	9 830
1 068	2 042	1 726	316	998
78 545	102 813	101 239	1 574	5 406
135 075	178 417	84 338	94 079	34 793
593 518	657 928	530 472	127 455	22 193
557 855	615 208	493 510	121 699	19 037
35 663	42 719	36 963	5 757	3 156
175 169	218 006	214 895	3 111	16 601
12 340	9 839	9 804	36	4 062
39 246	44 733	42 483	2 250	6 704
19 933	18 828	18 794	34	1 997
326 682	521 200	507 042	14 159	26 763
188 989	169 338	147 656	21 681	29 165
70 145	80 719	66 084	14 635	12 182
68 055	78 192	63 963	14 229	11 628
39 424	40 963	40 758	205	2 267
83	176		176	425
42 939	47 214	47 065	149	10 174
240 867	274 831	265 523	9 308	47 139
368 064	357 985	356 668	1 317	69 161
103 896	119 146	31 929	87 217	43 844
37 781	44 264	12 340	31 924	30 901
45 253	48 693	5 601	43 091	10 686
404 588	513 384	92 328	421 055	95 040
384 130	490 369	83 329	407 040	92 026
1 108	1 462	822	640	272
5 737	8 054	272	7 782	3 766
2 474	6 195	2 560	3 634	765
8 507	8 066	2 769	5 296	1 732
55 926	65 024	17 706	47 317	33 745
30 163	28 799	1 683	27 117	10 969
105 370	111 346	31 585	79 761	9 470
	45		45	
40 932	39 376	4 801	34 576	4 267
1 563	1 636		1 636	206

15-7 限额以上批发零售贸易业商品分类销售额

Total Sales of Enterprises above Designated Size in Wholesale and Retail Trade by Category of Commodities

单位：万元 (10 000 yuan)

项　目	Item	销　售 Sales		# 批　发 Wholesale Trade		# 零　售 Retail Trade	
		2000年	2001年	2000年	2001年	2000年	2001年
总　计	**Total**	**11 833 316**	**11 187 874**	**10 747 441**	**10 140 916**	**1 085 875**	**1 046 958**
食品、饮料、烟酒类	Food,Beverages,Tobacco and Liquor	7 336 278	6 642 130	7 093 586	6 395 788	242 692	246 342
#肉禽蛋类	Meat,Poultry and Eggs	73 833	63 866	20 479	13 667	53 354	50 199
饮料类	Beverages	36 186	44 946	23 342	31 638	12 844	13 308
烟酒类	Tobacco and Liquor	7 003 580	6 253 184	6 924 273	6 181 860	79 308	71 324
服装、鞋帽类	Clothing and Shoes	98 646	95 426	14 413	13 385	84 233	82 041
针、纺织品类	Knitwear and Textiles	34 288	26 481	16 389	10 788	17 900	15 693
化妆品类	Cosmetics	43 915	71 417	18 425	47 557	25 490	23 860
金银珠宝类	Gold,Silver and Jewelry	30 474	15 566	637	1 012	29 837	14 554
日用品类	Articles for Daily Use	125 114	123 793	49 020	57 096	76 094	66 697
#洗涤用品类	Washing Articles	35 823	50 730	22 181	28 789	13 642	21 941
五金、电料类	Hardware and Electricial Materials	26 699	61 515	18 005	54 632	8 694	6 883
体育娱乐用品类	Sports and Recreation Articles	10 556	17 566	818	5 685	9 738	11 881
书报杂志类	Newspapers and Magazines	79 230	72 837	56 486	49 089	22 744	23 748
电子出版物及音像制品类	E-journal and Video Products	2 885	3 573	102	299	2 783	3 274
家用电器和音像器材类	Household Appliances and Video Appliances	163 053	161 713	41 487	64 380	121 5 65	97 333
中西药品类	Traditional Chinese and Western Medicines	236 332	243 489	71 780	90 152	164 552	153 337
文化办公用品类	Cultural and Official Goods	26 687	38 501	9 928	16 413	16 759	22 088
家具类	Furniture	3 827	3 085	42	13	3 785	3 072
通讯器材类	Communication Appliances	26 164	22 008	23 239	19 208	2 925	2 800
煤炭及制品类	Coal and Related Product	45 442	44 386	43 193	42 545	2 249	1 841
木材及制品类	Wood and Wooden Product	6 992	6 870	6 964	6 632	28	238
石油及制品类	Peetroleum and Related Product	641 869	660 837	542 284	506 179	99 585	154 658
化工材料及制品类	Raw Chemical Materials	332 793	613 627	3 326 669	609 601	6 124	4 026
金属材料类	Metal Materials	383 449	478 426	367 922	465 560	15 527	12 866
建筑及装潢材料类	Building and Decoration Materials	28 161	25 772	26 261	24 704	1 900	1 068
机电产品及设备类	Mechanical and Electrical Products	337 352	321 740	257 794	250 636	79 558	71 104
种子饲料类	Seed and Feedstuff	6 197	5 143	5 921	4 761	276	382
棉麻类	Cotton Hemp	2 904	3 461	2 752	3 391	152	70
其它类	Others	1 483 363	1 428 514	1 434 337	1 401 413	49 026	27 101

15-8 限额以上批发零售贸易业商品销售数量

Total Sale Number of Commodities of Enterprises above Designated Size in Wholesale and Retail Trade by Commodities

项　目	Item	销　售 Sales		# 批　发 Wholesale Trade		# 零　售 Retail Trade	
		2000年	2001年	2000年	2001年	2000年	2001年
粮食　（吨）	Grain (ton)	637 341	735748	316 861	394 115	320 480	341 633
食用植物油　（吨）	Edible Vegetable (ton)	33 575	34039	22 956	20 422	10 619	13 617
食糖　（吨）	Suger (ton)	65 165	118962	64 173	118 403	992	559
棉花　（吨）	Cotton (ton)	2 073	2079	2 060	2 069	13	10
电视机　（台）	Television Set (unit)	170 311	140931	48 378	25 607	121 933	115 324
组合音响　（台）	Hi-Fi Stereo Component System	7 703	9386	441	314	7 262	9 072
摄像机　（台）	Pickup Camera (unit)	1 811	1610	103	78	1 708	1 532
录像机　（台）	Video-recorder (unit)	226	385	21	69	205	316
影碟机　（台）	Video-Disc Player (unit)	38 797	39801	2 868	2 978	35 929	36 823
家用电冰箱　（台）	Household Refrigerator (unit)	128 645	115949	57 289	56 454	71 356	59 495
家用洗衣机　（台）	Household Washing Machine	152 397	147572	52 414	75 046	99 983	72 526
房间空调器　（台）	Room Air Conditioner (unit)	2 541	11131	795	10 095	1 746	1 036
微波炉　（台）	Micro-oven (unit)	94 379	105346	36 553	53 111	57 826	52 235
微型计算机（台）	Personal Computer (unit)	2 893	17310	332	9 813	2 561	7 497
普通电话机（部）	Telephone (unit)	29 189	21027	1 032	2 124	28 157	18 903
移动电话机（部）	Hand Telephone (unit)	1 790	5015	54	1 795	1 736	3 220
寻呼机　（部）	Beep-Pager (unit)	1 113	226			1 113	226
煤炭　（万吨）	Coal (10 000 tons)	281	300	266	288	15	12
木材　（立方米）	Wood (cu.m)	32 235	8455	32 178	8 455	57	
汽油　（吨）	Gasoline (ton)	554 627	631306	450 852	453 446	103 775	177 860
柴油　（吨）	Diesel Oil (ton)	1 120 402	1311297	942 436	1 018 103	177 966	293 194
钢材　（吨）	Steel Products (ton)	986 250	1079602	920 665	1 038 746	65 585	40 856
铜　（吨）	Copper (ton)	1 306	34613	1 306	34 613		
铝　（吨）	Aluminum (ton)	188	1899	159	1 875	29	24
水泥　（吨）	Cement (ton)	648 324	549809	629 893	542 533	18 431	7 276
汽车　（辆）	Motor Vehicles (unit0	20 346	17929	13 413	12 265	6 933	5 664
摩托车　（辆）	Motor (unit)	21 933	24429	14 791	17 426	7 142	7 003
拖拉机　（台）	Tractors (unit)	14 315	20181	12 906	17 842	1 409	2 339

15-9 社会农业生产资料购、销、存总额和主要商品（2001年）

Total Purchases,Sales and Inventory of Agricultural Production Means and Main Commodities (2001)

项　目	Item	商品购进合计 Total Purchases	#从生产者购进 From Producers	商品销售合计 Total Sales	#售给生产经营用 For Production and Business	年末库存 Inventory at Year-end
一、农业生产资料总额（万元）	**Total of Agricultural Production Means (10 000 yuan)**	**643 096**	**359 378**	**745 922**	**523 092**	**131 014**
二、主要农资商品	**Main Commodities**					
化学肥料（吨）	Chemical Fertilizers(ton)	5 413 304	3 364 022	5 625 656	3 556 181	914 496
#尿　素（吨）	Urea(ton)	1 800 035	999 280	1 869 442	1 041 084	246 707
化学农药（吨）	Chemical Pestiside(ton)	26 710	13 729	30 101	18 944	9 749
农用塑料薄膜（吨）	Farm Use Films (ton)	[illegible]	[illegible]	20 255	17 209	6 046
农用动力机械（台）	Farm Use Motive Machinery	40 937	33 234	41 311	33 268	20 070

15-10 社会农副产品收购总额和数量（2001年）

Total Purchases and Number of Farm Sideline Products(2001)

项　目	Item	收购合计（万元） Total Purchases (10 000 yuan)	批零贸易业收购 Purchases of Retail Sale Trade	餐饮业收购 Purchases of Catering Trade	制造业收购 Purchases of Manufac-tureing	农场、基建及其他收购 Purchases of Farm, Capital Construc-tion and Others	城镇居民向农民购买 Purchases from Farmers by Urban Citizens
收购总额（万元）	**Total Purchases (10 000 yuan)**	**2 688 829**	**1 078 037**	**183 527**	**270 117**	**129 922**	**1 027 225**
粮食(贸易粮)（吨）	Grian (ton)	349 889	1 333 989	74 448	107 755	36 631	709 481
食用植物油（吨）	Edible Vegetable Oil (ton)	52 220	29 047	7 378	1 291	855	43 081
猪和猪肉（吨）	Hogs and Pork (ton)	390 053	179 345	46 788	3 105	3 220	217 255
牛和牛肉（吨）	Cattle and Beef (ton)	82 269	8 511	11 521	522	279	48 914
羊和羊肉（吨）	Sheep and Mutton (ton)	29 213	3 889	5 701	78	208	10 637
家　禽（吨）	Poultry (ton)	99 390	7 258	16 569	508	529	52 858
鲜　蛋（吨）	Eggs (ton)	40 793	10 616	4 674	405	1 857	42 734
水产品（吨）	Aquatic Products (ton)	85 970	6 092	11 343	549	1 131	73 877
茶　叶（吨）	Tea (ton)	40 716	14 054	139	23 942	6 756	1 464
甘　蔗（吨）	Sugarcane (ton)	184 857	11 960	12	10 832 087	877 383	109 945
烤　烟（吨）	Flue-cured Tobacco (ton)	540 636	547 488		503	1 079	10 639
干胶片（吨）	Dried Rubber Pieces (ton)	119 779	30 355		577	146 591	13
干鲜菜（万元）	Dried and Fresh Vegetables(10 000 yuan)	205 157	35 218	19 117	4 245	1 986	144 591
干鲜果（万元）	Dried and Fresh Fruits (10 000 yuan)	98 456	19 357	2 851	886	1 661	73 701
中药材（万元）	Chinese Medicinal Materials(10 000 yuan)	37 358	9 296	187	21 611	508	5 756

15-11 农业商品率
Commercialization Rate of Agricultrural Products

单位：万元 (10 000 yuan)

年份 Year	农业总产值 Gross Output Value of Agriculture	农产品商品总值（不包括农民之间的交易） Total Value of Commercial Farm Products(excluding the value of peasants'trade with each other)	商品率（%） Commercializa-tion Rate(%)	农产品商品总值（不包括农民之间的交易） Total Value of Commercial Farm Products(including the value of peasants'trade with each other)	商品率（%） Commer-cializa-tion Rate(%)
1978	100 223	114 022	28.5	137 459	34.3
1980	482 029	146 596	30.4	186 804	38.8
1985	888 826	390 822	44.0	497 743	56.0
1990	1 684 800	717 852	42.6	887 038	52.7
1991	2 229 300	798 946	35.8	989 722	44.4
1992	2 503 535	1 022 374	40.8	1 220 901	48.8
1993	2 812 100	1 185 000	42.1	1 438 000	51.1
1994	3 567 800	1 485 000	41.6	1 845 000	51.7
1995	4 744 641	1 984 678	41.8	2 499 941	52.7
1996	5 675 149	2 509 895	44.2	3 052 406	53.8
1997	6 120 100	2 864 761	46.8	3 459 516	56.5
1998	6 200 248	2 383 809	38.5	3 012 774	48.6
1999	6 424 748	2 512 987	39.1	3 321 942	51.7
2000	6 808 567	2 636 063	38.7	3 438 962	50.5
2001	7 035 331	2 688 829	38.2	3 615 325	51.4

15-12 商品交易市场分类情况
Basic Condition of Commodity Markets by Category

单位：个 (unit)

项目	Item	城乡合计 Urban and Rural Total 2000年	城乡合计 2001年	城市 Urban 2000年	城市 2001年	农村 Rural 2000年	农村 2001年
总计	**Total**	**3 981**	**3986**	**483**	**483**	**3 498**	**3 503**
消费品市场	**Consumer Goods Markets**	**3 833**	**3837**	**418**	**406**	**3 415**	**3 431**
一、消费品综合市场	Comprehensive Markets of Consumer Goods	3 038	3037	238	226	2 800	2 811
二、农副产品市场	Markets of Farm Sideline Products	589	589	95	90	494	499
1.农副产品综合市场	Comprehensive Markets of Farm Sideline Products	388	387	60	56	328	331
2.农副产品专业市场	Special Markets of Farm Sideline Products	201	202	35	34	166	168
三、工业消费品市场	Markets of Industrial Consumer Goods	206	211	85	90	121	121
1.工业消费品综合市场	Comprehensive Markets of Industrial Consumer Gooc	103	96	43	40	60	56
2.工业消费品专业市场	Special Markets of Industrial Consumer Goods	103	115	42	50	61	65
四、其它	Others						
生产资料市场	**Production Means Markets**	**148**	**149**	**65**	**77**	**83**	**72**
一、生产资料综合市场	Comprehensive Markets of Production Means	10	23	7	18	3	5
二、工业生产资料市场	Markets of Industrial Production Means	132	119	57	58	75	61
其中:机动车交易市场	In Which :Motor Vehicles Markets	25	24	16	15	9	9
钢材交易市场	Steel Markets	18	13	7	3	1	10
煤炭交易市场	Coal Markets	3	1		1	3	
木材交易市场	Wood Markets	25	13	2	2	23	11
三、农业生产资料市场	Markets of Agricultural Production Means	5	6	1	1	4	5
1.农业生产资料综合市场	Comprehensive Markets of Agricultural Production Means	3	3	1	1	2	2
2.农业生产资料专业市场	Special Markets of Agricultural Production Means	2	3			2	3
四、其它	Others	1	1			1	1

15-13 市场成交额情况

Basic Condition of Markets Business Volume

单位：万元 (10 000 yuan)

项　目	Item	城乡合计 Urban and Rural Total		城　市 Urban		农　村 Rural	
		2000年	2001年	2000年	2001年	2000年	2001年
总　计	**Total**	**3 239 518**	**3 466 872**	**732 706**	**768 751**	**2 506 812**	**2 698 121**
一、消费品市场成交额	**Business Volume of Consumer Goods Markets**	**2 769 775**	**2 945 218**	**600 425**	**625 092**	**2 169 350**	**2 320 126**
按市场类型分	**Grouped by Category of Markets**						
1. 消费品综合市场	Comprehensive Markets of Consumer Goods	1 810 764	1 886 205	297 841	307 409	1 512 923	1 578 796
2. 农副产品市场	Markets of Agricultural and Subsidiary Products	530 799	588 219	132 781	146 341	398 018	441 878
3. 工业消费品市场	Markets of Industrial Consumer Goods	428 212	470 794	169 803	171 342	258 409	299 452
按商品类别分	**Grouped by Category of Commodities**						
1. 粮食类	Grain	249 258	233 846	20 750	22 964	228 508	210 882
2. 油脂油料类	Oil and Fat	87 956	97 251	10 818	12 915	77 138	84 336
3. 棉烟麻类	Cotton,Tabacco and Hemp Fiber	18 962	19 248	1 065	1 131	17 897	18 117
4. 肉食禽蛋类	Meat,Poultry and Eggs	829 134	891 049	173 261	183 733	655 873	707 316
5. 水产品类	Aquatic Products	123 015	154 018	39 394	49 753	83 621	104 265
6. 蔬菜类	Vegetables	319 218	326 660	78 326	81 654	240 892	245 006
7. 干鲜果类	Dried and Fresh Fruits	179 702	201 159	49 401	64 167	130 301	136 992
8. 大牲畜类	Large Domestic Animals	85 710	78 925	1 060	1 167	84 650	77 758
9. 家畜幼禽类	Other Domestic Animals and Young Fowls	163 023	168 932	6 007	8 368	157 016	160 564
10. 工业品类	Industrial Products	531 132	568 770	174 684	177 255	356 448	391 515
11. 其它	Others	182 665	205 361	45 659	21 985	137 006	183 376

15-13 续表 continued

单位：万元 (10 000 yuan)

项目	Item	城乡合计 Urban and Rural Total		城市 Urban		农村 Rural	
		2000年	2001年	2000年	2001年	2000年	2001年
二、生产资料市场成交额	**Business Volume of Production Means Markets**	**469 743**	**521 654**	**132 281**	**143 659**	**337 462**	**377 995**
按市场类型分	**Grouped by Category of Markets**						
1. 生产资料综合市场	Comprehensive Markets of Production Means	47 712	20 836	9 600	1 419	38 112	19 417
2. 工业生产资料市场	Markets of Industrial Production Means	408 941	480 014	122 681	142 240	286 260	337 774
3. 农业生产资料市场	Markets of Agricultural Production Means	12 986	20 688			12 986	20 688
按商品类别分	**Grouped by Category of Commodities**						
1. 机动车	Motor Vehicles	235 236	255 753	89 908	86 171	145 328	169 582
其中：汽车	Cars	221 390	210 635	79 561	44 816	141 829	165 819
2. 钢材	Steel Products	38 295	132 494	1 330	23 317	36 965	109 137
3. 煤炭	Coal	192	8			192	8
4. 木材	Wood	18 228	18 318	491	2 350	17 737	15 968
5. 饲料	Feedstuff	1 012	1 231		249	1 012	982
6. 其它	Others	167 180	113 850	30 952	31 572	136 228	82 278

15-14 限额以上批发企业财务状况（2001年）

（按登记注册类型分）
单位：万元

项　目	Item	企业数（个） Number of Enterprises	#亏损企业 Loss-making Enterprises
总　计	**Total**	**464**	**153**
#国有及国有控股	State-owned Enterprises(including enterprises with controlling share hold by the state)	336	121
内资企业	Domestic Funded Enterprises	464	153
国有企业	State-owned Enterprises	297	105
集体企业	Collective-owned Enterprises	76	17
股份合作企业	Cooperative Enterprises	12	3
联营企业	Joint Ownership Enterprises		
有限责任公司	Limited Liability Corporations	44	18
国有独资公司	State Sole Funded Corporations	4	
其它有限责任公司	Other Limited Liability Corporations	40	[illegible]
股份有限公司	Share-holding Corporations Ltd	22	7
私营企业	Private Enterprises	13	3
私营独资企业	Private-funded Enterprises	3	1
私营合伙企业	Private Partnership Enterprises	1	
私营有限责任公司	Private Limited Liability Corporations	7	1
私营股份有限公司	Private Share-holding Corporations Ltd	2	1
其它企业	Other Enterprises		
港澳台商投资企业	Enterprises with Funds from Hong Kong, Macao and Taiwan		
外商投资企业	Foreign Funded Enterprises		

15-14　续表

单位：万元

项　目	Item	商品销售收入 Sales Revenue	商品销售成本 Cost of Sales
总　计	**Total**	**8 036 196**	**7 027 256**
#国有及国有控股	State-owned Enterprises(including enterprises with controlling share hold by the state)	7 227 981	6 288 942
内资企业	Domestic Funded Enterprises	8 036 196	7 027 256
国有企业	State-owned Enterprises	6 966 434	6 044 763
集体企业	Collective-owned Enterprises	276 654	256 143
股份合作企业	Cooperative Enterprises	42 948	39 361
联营企业	Joint Ownership Enterprises		
有限责任公司	Limited Liability Corporations	394 730	356 898
国有独资公司	State Sole Funded Corporations	168 744	168 085
其它有限责任公司	Other Limited Liability Corporations	225 986	188 813
股份有限公司	Share-holding Corporations Ltd	256 339	235 296
私营企业	Private Enterprises	99 092	94 794
私营独资企业	Private-funded Enterprises	20 705	20 450
私营合伙企业	Private Partnership Enterprises	24 810	24 366
私营有限责任公司	Private Limited Liability Corporations	44 640	42 085
私营股份有限公司	Private Share-holding Corporations Ltd	8 937	7 892
其它企业	Other Enterprises		
港澳台商投资企业	Enterprises with Funds from Hong Kong, Macao and Taiwan		
外商投资企业	Foreign Funded Enterprises		

Financial Condition of Enterprises above Designated Size in Wholesale Trade （2001）

（by types of registration ）

(10 000 yuan)

资　产 合　计 Total Assets	#流动资产 Circulating Funds	#存　货 Inventory	负　债 合　计 Total Liabilities	#流动负债 Current Liabilities	#长期负债 Long term Liabilities
5 865 261	**4 139 250**	**1 516 521**	**4 014 353**	**3 537 965**	**441 091**
5 099 578	3 729 057	1 429 133	3 586 477	3 126 445	425 842
5 865 261	4 139 250	1 516 521	4 014 353	3 537 965	441 091
4 868 708	3 563 191	1 402 849	3 381 194	2 978 111	384 478
159 258	104 269	39 320	105 524	92 200	12 297
23 231	18 554	6 464	19 782	18 667	1 114
584 992	286 062	45 650	309 432	302 553	6 879
418 449	173 708	21 464	197 249	197 249	
166 544	112 354	24 186	112 183	105 303	6 879
199 997	145 687	16 966	177 150	125 244	36 323
29 075	21 487	5 272	21 272	21 192	
4 235	3 477	1 313	4 194	4 194	
7 963	6 565	759	6 886	6 886	
15 325	10 136	2 696	8 854	8 854	
1 552	1 309	504	1 338	1 258	

continued

(10 000 yuan)

经　营 费　用 Management	商品销售税 金及附加费 Sales Tax and Extra Charges	商品销 售利润 Total Profits	管　理 费　用 Overhead Expenses	财　务 费　用 Financial Expenses	利　润 总　额 Total Profits
415 596	**57 665**	**508 620**	**284 834**	**89 867**	**142 692**
376 165	53 548	485 070	265 067	83 808	130 090
415 596	57 665	508 620	284 834	89 867	142 692
361 748	53 288	482 524	258 551	82 337	132 479
14 416	218	4 398	10 413	1 558	489
1 392	25	2 046	941	429	867
22 250	613	14 419	9 596	3 588	9 273
623	44	- 8	2 093	2 107	1 575
21 627	569	14 427	7 504	1 480	7 698
13 822	3 367	3 742	4 418	1 494	- 578
1 968	154	1 491	915	462	162
221	3	30	105	3	- 68
79	19	346	227	30	101
1 495	123	937	462	348	139
173	9	178	122	81	- 11

15-15 限额以上批发企业财务状况（2001年）

（按国民经济行业分）
单位：万元

项　目	Item	企　业 数 （个） Number of Enterprises	#亏 损 企 业 Loss-making Enterprises
总　计	**Total**	**464**	**153**
#国有及国有控股	State-owned Enterprises(including enterprises with controlling share hold by the state)	336	121
食品、饮料、烟草批发业	Wholesale of Food,Beverages and Tobaccos	178	31
其中:粮食、食用油批发业	Wholesale of Grains and Edible Oil	24	12
烟草及其制品批发业	Wholesale of Tobaccos	115	6
棉、麻、土畜产品批发业	Wholesale of Cotton,Ambery and Animal Products	3	1
纺织品、服装和鞋帽批发业	Wholesale of Textiles, Garments, Shoes and Hats	7	4
日用百货批发业	Wholesale of Daily Consumer Goods	12	9
日用杂品批发业	Wholesale of Daily Sundry Articles	2	1
五金、交电、化工批发业	Wholesale of Hardware, Transport, Electric and Chemical Products	13	8
药品及医疗器械批发业	Wholesale of Medicines and Medical Appliances	15	6
能源批发业	Wholesale of Energy Products	45	21
其中:石油及制品批发业	Wholesale of Petroleum and Related Products	36	17
煤炭及制品批发业	Wholesale of Coal and Related Products	9	4
化工原料批发业	Wholesale of Chemical Materials	21	9
木材批发业	Wholesale of Timber	2	2
建筑材料批发业	Wholesale of Building Materials	18	5
矿产品批发业	Wholesale of Mineral Products	4	2
金属材料批发业	Wholesale of Metal Materials	43	15
机械、电子设备批发业	Wholesale of Machinery and Electronic Equipment	17	8
汽车、摩托车及零配件批发业	Wholesale of Motor Vehicles, Motorcycles and Parts	14	10
其中:汽车批发业	Wholesale of Motor Vehicles	11	9
再生物资回收批发业	Wholesale of Recycled Materials	7	1
工艺美术品批发业	Wholesale of Arts and Handicraft Products	1	
图书报刊批发业	Wholesale of Books, Newspapers and Magazines	2	1
农业生产资料批发业	Wholesale of Means of Agricultural Production	53	14
其它类未包括的批发业	Other Wholesale not Classified Elsewhere	7	5

Financial Conditions of Enterprises Above Designated Size in Wholesale Trade (2001)

(by sector)
(10 000 yuan)

资产合计 Total Assets	#流动资产 Circulating Funds	#存货 Inventory	负债合计 Total Liabilities	#流动负债 Current Liabilities	#长期负债 Long-term Liabilities
5 865 261	**4 139 230**	**1 516 521**	**4 014 353**	**3 537 965**	**441 091**
5 099 578	3 729 057	1 429 133	3 586 477	3 126 445	425 842
3 612 360	2 711 073	1 273 386	2 261 565	2 065 216	196 322
184 220	121 085	55 579	160 481	121 139	39 342
3 039 255	2 291 482	1 111 130	1 780 948	1 631 874	149 054
35 293	24 025	4 550	37 137	28 711	8 426
39 423	18 446	3 979	25 251	23 421	1 824
97 070	51 812	10 654	85 209	84 448	663
9 564	2 770	829	4 982	3 997	985
92 773	58 647	5 215	68 903	53 848	15 016
111 612	81 824	32 555	83 776	77 320	4 855
319 033	158 703	21 165	271 980	198 659	41 722
263 316	132 792	18 083	228 647	162 046	35 003
55 717	25 911	3 083	43 333	36 613	6 719
172 689	117 290	18 552	137 408	128 937	8 466
44 680	40 626	3 536	45 825	45 514	312
35 753	24 699	6 667	27 416	24 750	2 666
9 865	7 827	1 737	8 473	7 443	205
559 621	272 855	42 767	306 936	294 474	11 991
418 120	377 716	27 042	398 384	260 845	137 418
72 099	43 338	10 093	62 252	60 175	2 077
69 940	41 423	9 360	60 476	58 420	2 056
14 367	6 315	1 989	8 402	7 664	738
569	401	280	369	223	146
42 186	14 190	8 001	38 072	37 649	422
166 108	118 337	41 971	126 683	119 929	6 251
12 077	8 358	1 554	15 330	14 744	587

15-15 续表

单位：万元

项　目	Item	商品销售收入 Sales Revenue
总　计	**Total**	**8 036 196**
#国有及国有控股	State-owned Enterprises(including enterprises with controlling share hold by the state)	7 227 981
食品、饮料、烟草批发业	Wholesale of Food,Beverages and Tobaccos	5 796 361
其中:粮食、食用油批发业	Wholesale of Grains and Edible Oil	97 420
烟草及其制品批发业	Wholesale of Tobaccos	5 259 335
棉、麻、土畜产品批发业	Wholesale of Cotton,Ambery and Animal Products	37 443
纺织品、服装和鞋帽批发业	Wholesale of Textiles,Garments,Shoes and Hats	26 963
日用百货批发业	Wholesale of Daily Consumer Goods	56 965
日用杂品批发业	Wholesale of Daily Sundry Articles	1 377
五金、交电、化工批发业	Wholesale of Hardware,Transport,Electric and Chemical Products	87 869
药品及医疗器械批发业	Wholesale of Medicines and Medical Appliances	154 237
能源批发业	Wholesale of Energy Products	617 408
其中:石油及制品批发业	Wholesale of Petroleum and Related Products	578 722
煤炭及制品批发业	Wholesale of Coal and Related Products	38 686
化工原料批发业	Wholesale of Chemical Materials	219 039
木材批发业	Wholesale of Timber	11 968
建筑材料批发业	Wholesale of Building Materials	42 734
矿产品批发业	Wholesale of Mineral Products	7 628
金属材料批发业	Wholesale of Metal Materials	399 905
机械、电子设备批发业	Wholesale of Machinery and Electronic Equipment	149 602
汽车、摩托车及零配件批发业	Wholesale of Motor Vehicles,Motorcycles and Parts	69 599
其中:汽车批发业	Wholesale of Motor Vehicles	67 391
再生物资回收批发业	Wholesale of Recycled Materials	36 671
工艺美术品批发业	Wholesale of Arts and Handicraft Products	87
图书报刊批发业	Wholesale of Books,Newspapers and Magazines	47 799
农业生产资料批发业	Wholesale of Means of Agricultural Production	257 452
其它类未包括的批发业	Other Wholesale not Classified Elsewhere	15 090

continued

(10 000 yuan)

商品销售成本 Cost of Sales	经营费用 Management	商品销售税金及附加费 Sales Tax and Extra Charges	商品销售利润 Total Profits	管理费用 Overhead Expenses	财务费用 Financial Expenses	利润总额 Total Profits
7 027 256	**415 596**	**57 665**	**508 620**	**284 834**	**89 867**	**142 692**
6 288 942	376 165	53 548	485 070	265 067	83 808	130 090
4 988 397	307 679	50 825	448 395	210 692	55 527	154 551
95 914	4 575	60	- 3 129	7 200	5 520	- 7 113
4 519 223	278 228	48 468	412 986	180 468	38 087	160 777
34 256	2 286	96	804	1 462	801	- 806
24 055	1 278	51	1 580	2 528	769	- 602
53 145	3 468	153	105	2 776	2 478	- 3 837
1 328	318	69	- 340	1 379	69	- 124
79 860	7 404	161	444	3 332	792	- 1 253
122 496	13 595	489	16 247	8 134	2 023	5 361
572 729	29 098	900	7 023	10 938	2 813	- 2 191
539 540	25 635	793	5 096	7 264	2 161	- 1 731
33 189	3 463	106	1 926	3 673	652	- 459
195 448	13 907	3 906	5 778	6 800	5 293	- 3 964
10 676	654	95	535	497	2 360	- 2 756
39 709	1 118	47	1 860	1 845	447	- 4
7 040	692	12	- 116	299	- 5	- 162
387 687	6 080	256	5 184	8 793	4 677	957
131 450	6 419	82	11 609	9 036	6 929	- 1 613
65 203	1 895	173	1 044	2 998	1 409	- 1 110
64 349	1 836	172	1 035	2 948	1 359	- 1 101
34 132	1 027	73	1 405	1 570	161	831
61	168	1	- 142	2	3	15
29 634	1 487	44	1 693	1 878	- 6	151
235 648	16 484	131	5 167	9 275	2 665	- 25
14 104	539	100	346	600	663	- 728

15-16 限额以上零售企业财务状况（2001年）

（按登记注册类型分）
单位：万元

项 目	Item	企业数（个） Number of Enterprises	#亏损企业 Loss-making Enterprises
总 计	**Total**	**254**	**109**
#国有及国有控股	State-owned Enterprises(including enterprises with controlling share hold by the state)	154	68
内资企业	Domestic Funded Enterprises	253	108
国有企业	State-owned Enterprises	107	50
集体企业	Collective-owned Enterprises	40	15
股份合作企业	Cooperative Enterprises	24	12
联营企业	Joint Ownership Enterprises	3	3
有限责任公司	Limited Liability Corporations	48	15
国有独资公司	State Sole Funded Corporations	3	1
其它有限责任公司	Other Limited Liability Corporations	45	[illegible]
股份有限公司	Share-holding Corporations Ltd	19	7
私营企业	Private Enterprises	12	6
私营独资企业	Private-funded Enterprises	4	2
私营合伙企业	Private Partnership Enterprises		
私营有限责任公司	Private Limited Liability Corporations	6	4
私营股份有限公司	Private Share-holding Corporations Ltd	2	
其它企业	Other Enterprises		
港澳台商投资企业	Enterprises with Funds from Hong Kong, Macao and Taiwan		
外商投资企业	Foreign Funded Enterprises	1	1

15-16 续表

单位：万元

项 目	Item	商品销售收入 Sales Revenue	商品销售成本 Cost of Sales
总 计	**Total**	**691 074**	**592 652**
#国有及国有控股	State-owned Enterprises(including enterprises with controlling share hold by the state)	482 813	411 051
内资企业	Domestic Funded Enterprises	689 676	591 675
国有企业	State-owned Enterprises	225 090	191 210
集体企业	Collective-owned Enterprises	39 900	36 964
股份合作企业	Cooperative Enterprises	33 091	25 662
联营企业	Joint Ownership Enterprises	4 525	4 030
有限责任公司	Limited Liability Corporations	130 360	109 730
国有独资公司	State Sole Funded Corporations	4 971	4 522
其它有限责任公司	Other Limited Liability Corporations	125 389	105 208
股份有限公司	Share-holding Corporations Ltd	192 824	166 919
私营企业	Private Enterprises	63 885	57 160
私营独资企业	Private-funded Enterprises	15 758	14 655
私营合伙企业	Private Partnership Enterprises		
私营有限责任公司	Private Limited Liability Corporations	45 640	40 294
私营股份有限公司	Private Share-holding Corporations Ltd	2 488	2 211
其它企业	Other Enterprises		
港澳台商投资企业	Enterprises with Funds from Hong Kong, Macao and Taiwan		
外商投资企业	Foreign Funded Enterprises	1 398	976

Financial Conditions of Enterprises above Designated Size in Retail Trade (2001)

(by types of registration)
(10 000 yuan)

资产合计 Total Assets	#流动资产 Circulating Funds	#存货 Inventory	负债合计 Total Liabilities	#流动负债 Current Liabilities	#长期负债 Long-term Liabilities
822 127	**397 168**	**162 337**	**670 450**	**523 608**	**73 353**
653 228	314 966	131 267	540 359	404 561	63 668
808 021	395 019	161 171	664 416	517 574	73 353
320 837	159 079	76 693	267 697	166 342	33 360
36 059	16 036	7 464	24 172	21 410	2 680
44 157	20 787	7 740	29 662	25 676	3 954
5 599	3 279	1 052	3 872	3 332	540
153 081	81 719	28 635	124 467	116 377	7 842
13 911	7 383	3 364	11 619	8 020	3 599
139 169	74 336	25 271	112 848	108 358	4 242
224 675	102 257	35 222	196 281	167 730	24 504
23 613	11 863	4 364	18 265	16 706	475
3 891	2 392	1 311	2 584	1 500	
18 411	9 142	2 966	14 565	14 520	45
1 311	328	87	1 116	686	430
14 106	2 148	1 386	6 035	6 035	

continued

(10 000 yuan)

经营费用 Management	商品销售税金及附加费 Sales Tax and Extra Charges	商品销售利润 Total Profits	管理费用 Overhead Expenses	财务费用 Financial Expenses	利润总额 Total Profits
49 185	**2 425**	**34 329**	**53 601**	**14 324**	**- 2 979**
29 251	1 583	29 399	43 344	11 934	- 2 513
48 993	2 406	34 154	53 271	14 351	- 2 885
14 705	608	9 099	17 965	4 346	- 3 496
1 635	75	989	1 943	499	- 605
4 696	436	1 925	2 481	831	394
443	21	31	232	204	- 127
12 186	348	6 019	8 844	2 017	- 173
466	35	- 52	775	285	- 579
11 720	313	6 070	8 070	1 732	406
9 741	701	15 171	19 397	6 249	1 172
5 587	218	920	2 408	205	- 51
754	14	335	243	70	22
4 739	190	417	2 072	135	- 114
95	14	169	93		41
191	19	175	330	- 28	- 94

15-17 限额以上零售企业财务状况 （2001年）

（按国民经济行业分）
单位：万元

项 目	Item	企业数（个） Number of Enterprises	#亏损企业 Loss-making Enterprises
总 计	**Total**	**254**	**109**
#国有及国有控股	State-owned Enterprises(including enterprises with controlling share hold by the state)	154	68
食品、饮料和烟草零售业	Retail of Food,Beverages and Tobaccos	69	30
其中:粮油食品零售业	Retail of Grains and Edible Oil	35	17
副食品零售业	Retail of Non-staple Food	25	9
日用百货零售业	Retail of Daily Consumer Goods	88	41
其中:百货零售业	Retail of Consumer Goods	73	39
文化体育用品零售业	Retail of Cultural and Sports Goods	2	
纺织品、服装和鞋帽零售业	Retail of Textiles,Garments,Shoes and Hats	2	[illegible]
日用杂品零售业	Retailof Daily Sundry Articles	3	1
五金、交电、化工零售业	Retailof Hardware,Transport, Electric and Chemical Products	7	5
药品及医疗器械零售业	Retail of Medicines and Medical Appliances	33	9
图书报刊零售业	Retail of Books,Newspapers and Magazines	19	7
其它零售业	Other Retail Trade	33	14
其中:家具零售业	Retail of Furniture	1	
汽车摩托车及其零配件零售业	Retail of Motor Vehicles,Motorcycles and Parts	9	4
计算机及软件办公设备零售业	Retail of Computers,Software and Office Appliances	1	1

15-17 续表

单位：万元

项 目	Item	商品销售收入 Sales Revenue	商品销售成本 Cost of Sales
总 计	**Total**	**691 074**	**592 652**
#国有及国有控股	State-owned Enterprises(including enterprises with controlling share hold by the state)	482 813	411 051
食品、饮料和烟草零售业	Retail of Food,Beverages and Tobaccos	111 306	101 523
其中:粮油食品零售业	Retail of Grains and Edible Oil	47 296	43 691
副食品零售业	Retail of Non-staple Food	41 352	38 190
日用百货零售业	Retail of Daily Consumer Goods	374 021	315 591
其中:百货零售业	Retail of Consumer Goods	357 434	300 499
文化体育用品零售业	Retail of Cuitural and Sports Goods	1 336	1 125
纺织品、服装和鞋帽零售业	Retail of Textiles,Garments,Shoes and Hats	2 519	2 148
日用杂品零售业	Retailof Daily Sundry Articles	8 225	6 661
五金、交电、化工零售业	Retailof Hardware,Transport, Electric and Chemical Products	7 037	6 620
药品及医疗器械零售业	Retail of Medicines and Medical Appliances	56 941	46 888
图书报刊零售业	Retail of Books,Newspapers and Magazines	27 893	19 010
其它零售业	Other Retail Trade	103 132	94 211
其中:家具零售业	Retail of Furniture	33	29
汽车摩托车及其零配件零售业	Retail of Motor Vehicles,Motorcycles and Parts	35 506	33 003
计算机及软件办公设备零售业	Retail of Computers,Software and Office Appliances	1 636	1 568

Financial Conditions of Enterprises above Designated Size in Retail Trade (2001)

(by sector)
(10 000 yuan)

资产合计 Total Assets	#流动资产 Circulating Funds	#存货 Inventory	负债合计 Total Liabilities	#流动负债 Current Liabilities	#长期负债 Long-term Liabilities
822 127	**397 168**	**162 557**	**670 450**	**523 608**	**73 353**
653 228	314 966	131 267	540 359	404 561	63 668
161 165	100 986	54 630	134 054	100 195	31 171
105 311	73 600	46 193	93 554	62 475	28 640
38 218	15 133	4 572	28 220	25 607	2 365
418 825	191 400	68 695	341 662	304 207	36 529
408 981	186 272	66 384	335 832	299 505	35 421
537	470	237	183	98	83
5 653	3 902	2 533	5 178	5 086	92
6 014	4 818	1 548	2 290	2 289	1
7 211	3 711	2 079	5 599	4 908	659
63 862	43 701	18 440	47 421	45 207	2 213
36 630	16 463	7 077	23 915	23 905	10
122 767	32 187	7 554	110 331	37 811	2 677
680	286	196	388	388	
80 767	16 752	2 682	77 236	16 159	905
245	239	206	217	217	

continued

(10 000 yuan)

经营费用 Management	商品销售税金及附加费 Sales Tax and Extra Charges	商品销售利润 Total Profits	管理费用 Overhead Expenses	财务费用 Financial Expenses	利润总额 Total Profits
49 185	**2 425**	**34 329**	**53 601**	**14 324**	**- 2 979**
29 251	1 583	29 399	43 344	11 934	- 2 513
7 281	367	924	9 008	3 632	- 4 170
3 719	16	- 1 335	5 295	2 938	- 4 339
2 550	324	281	2 211	600	- 814
28 331	1 449	21 546	33 094	9 089	993
27 672	1 411	20 858	32 441	8 947	1 113
44	3	78	71		9
183	39	146	795	81	- 389
546	111	907	256	24	726
275	18	125	154	68	- 32
5 435	143	4 079	3 955	895	337
2 804	75	2 248	2 918	- 34	- 359
4 330	225	4 353	3 421	570	- 86
1			4		
805	109	1 586	1 572	77	65
69	1	- 2	38		- 2

15-18 限额以上餐饮企业财务状况 （2001年）

单位：万元

项　目	Item	企业数（个） Number of Enterprises	#亏损企业 Loss-making Enterprises
总　计	**Total**	**33**	**14**
#国有及国有控股	State-owned Enterprises(including enterprises with controlling share hold by the state)	11	4
一、按登记注册类型分	**By Types of Registration**		
内资企业	Domestic Funded Enterprises	27	10
国有企业	State-owned Enterprises	9	4
集体企业	Collective-owned Enterprises	7	3
股份合作企业	Cooperative Enterprises	6	
联营企业	Joint Ownership Enterprises		
有限责任公司	Limited Liability Corporations	3	1
国有独资公司	State Sole Funded Corporations		
其它有限责任公司	Other Limited Liability Corporations	3	1
股份有限公司	Share-holding Corporations Ltd		
私营企业	Private Enterprises	2	2
私营独资企业	Private-funded Enterprises	1	1
私营合伙企业	Private Partnership Enterprises		
私营有限责任公司	Private Limited Liability Corporations	1	1
私营股份有限公司	Private Share-holding Corporations Ltd		
其它企业	Other Enterprises		
港澳台商投资企业	Enterprises with Funds from Hong Kong, Macao and Taiwan	3	3
外商投资企业	Foreign Funded Enterprises	3	1
二、按行业分	By Sector		
正　餐	Dinner	28	14
快　餐	Snack	3	
其它餐饮	Others	2	

15-18 续表 continued

单位：万元

项　目	Item	营业收入 Sales Revenue	营业成本 Cost of Sales
总　计	**Total**	**33 398**	**16 544**
#国有及国有控股	State-owned Enterprises(including enterprises with controlling share hold by the state)	12 167	6 654
一、按登记注册类型分	**By Types of Registration**		
内资企业	Domestic Funded Enterprises	23 257	12 401
国有企业	State-owned Enterprises	10 098	5 075
集体企业	Collective-owned Enterprises	6 147	3 564
股份合作企业	Cooperative Enterprises	3 148	1 650
联营企业	Joint Ownership Enterprises		
有限责任公司	Limited Liability Corporations	2 702	1 519
国有独资公司	State Sole Funded Corporations		
其它有限责任公司	Other Limited Liability Corporations	2 702	1 519
股份有限公司	Share-holding Corporations Ltd		
私营企业	Private Enterprises	1 162	594
私营独资企业	Private-funded Enterprises	766	445
私营合伙企业	Private Partnership Enterprises		
私营有限责任公司	Private Limited Liability Corporations	396	149
私营股份有限公司	Private Share-holding Corporations Ltd		
其它企业	Other Enterprises		
港澳台商投资企业	Enterprises with Funds from Hong Kong, Macao and Taiwan	3 984	1 444
外商投资企业	Foreign Funded Enterprises	6 157	2 698
二、按行业分	By Sector		
正　餐	Dinner	24 682	12 023
快　餐	Snack	5 059	2 083
其它餐饮	Others	3 657	2 437

Financial Condition of Enterprises above Designated Size in Catering Services(2001)

(10 000 yuan)

资产合计 Total Assets	#流动资产 Circulating Funds	#存货 Inventory	负债合计 Total Liabilities	#流动负债 Current Liabilities	#长期负债 Long-term Liabilities
99 489	**19 378**	**2 578**	**53 108**	**22 760**	**16 106**
42 624	9 652	1 072	17 314	11 333	5 981
65 080	13 296	1 474	28 765	15 963	12 061
38 158	8 843	862	13 943	8 387	5 555
3 770	1 829	150	2 413	1 173	1 236
10 463	1 516	234	9 148	3 312	5 100
3 724	831	199	3 017	2 847	170
3 724	831	199	3 017	2 847	170
8 965	277	28	244	244	
8 392	203	23	104	104	
573	75	6	141	141	
29 031	2 636	338	22 013	4 866	3 647
5 378	3 446	767	2 329	1 931	398
93 095	15 995	1 994	50 196	20 297	15 662
4 362	2 651	578	2 062	1 664	398
2 033	733	6	850	799	46

(10 000 yuan)

营业费用 Management Cost	营业税金及附加 Sales Tax and Extra Charges	经营利润 Sales Revenue	管理费用 Overhead Expenses	财务费用 Financial Expenses	利润总额 Total Profits
11 819	**1 571**	**3 465**	**6 353**	**347**	**- 2 844**
4 283	503	727	1 825	18	- 1 064
7 720	1 004	2 132	3 016	214	- 1 057
3 945	459	619	1 640	- 6	- 1 068
1 664	244	675	390	16	- 26
848	135	516	707	135	67
820	98	265	244	8	11
820	98	265	244	8	11
444	67	57	35	60	- 41
217	45	59	23	61	- 28
227	22	- 2	12	- 1	- 13
1 494	236	809	2 831	123	- 2 075
2 604	331	524	506	10	288
9 159	1 185	2 316	5 683	331	- 3 291
2 089	278	609	462	5	402
571	108	540	208	12	45

15-19 各地区限额以上批发零售贸易企业财务状况(2001年)

Financial Condition of Enterprises above Designated Size in Wholesale and Retail Trade in Regions (2001)

单位：万元 (10 000 yuan)

地 区	Region	资产总计 Total Assets	#流动资产 Circulating Funds	负债总计 Total Liabilities	#流动负债 Current Liabilities	商品销售收入 Total Liabilities	商品销售利润 Total Profits	利润总额 Total Profits
全省合计	**Total**	**6 687 388**	**4 536 418**	**4 684 803**	**4 061 574**	**8 727 270**	**542 949**	**139 713**
昆 明	Kunming	3 306 466	2 064 178	2 440 848	2 113 296	4 129 272	179 276	54 163
曲 靖	Qujing	516 870	363 378	305 265	298 460	724 637	78 503	21 200
玉 溪	Yuxi	1 311 904	1 063 124	772 585	628 158	1 685 436	86 044	37 063
保 山	Baoshan	134 807	99 639	117 719	101 991	152 890	12 055	- 1 969
昭 通	Zhaotong	347 688	271 291	291 020	264 532	368 962	29 350	186
楚 雄	Chuxiong	286 391	234 118	222 596	213 517	435 867	38 233	7 565
红 河	Honghe	188 935	90 058	104 857	83 599	244 185	21 909	9 725
文 山	Wenshan	87 381	41 646	69 242	61 852	113 078	11 985	4 577
思 茅	Simao	57 325	33 108	[illegible]	33 843	91 999	8 956	4 119
西双版纳	Xishuangbanna	51 711	31 821	35 103	25 933	51 839	[illegible]	183
大 理	Dali	210 008	126 120	141 785	119 307	482 976	61 363	3 327
德 宏	Dehong	46 962	32 540	35 754	25 261	42 142	1 149	- 325
丽 江	Lijiang	66 152	37 631	50 575	43 623	78 076	6 605	910
怒 江	Nujiang	18 787	10 758	15 572	11 808	21 503	863	65
迪 庆	Diqing	7 745	3 882	6 216	5 951	15 235	579	89
临 沧	Lincang	48 258	31 065	37 782	30 443	89 156	4 176	- 799

15-20 各地区限额以上餐饮企业财务状况（2001年）

Financial Condition of Enterprises above Designated Size in Catering Services in Regions (2001)

单位：万元 (10 000 yuan)

地 区	Region	资产总计 Total Assets	#流动资产 Circulating Funds	负债总计 Total Liabilities	#流动负债 Current Liabilities	营业收入 Sales Revenue	经营利润 Profits	利润总额 Total Profits
全省合计	**Total**	**99 489**	**19 378**	**53 108**	**22 760**	**33 398**	**3 465**	**-2 844**
昆 明	Kunming	26 090	12 406	13 323	9 844	20 882	1 676	239
曲 靖	Qujing	14 517	1 255	5 334	834	1 338	- 170	- 866
玉 溪	Yuxi	45 438	3 273	24 132	5 853	6 446	1 200	-2 356
保 山	Baoshan							
昭 通	Zhaotong							
楚 雄	Chuxiong	1 893	132	1 457	469	215	50	46
红 河	Honghe	5 594	1 430	3 995	3 569	2 668	202	6
文 山	Wenshan							
思 茅	Simao	2 765	537	1 887	891	1 287	338	86
西双版纳	Xishuangbanna							
大 理	Dali							
德 宏	Dehong							
丽 江	Lijiang	3 193	345	2 981	1 301	563	170	1
怒 江	Nujiang							
迪 庆	Diqing							
临 沧	Lincang							

15-21 各地区限额以上批发零售贸易企业增加值(2001年)

Value-added of Enterprises above Designated Size in Wholesale and Retail Trade in Regions (2001)

单位：万元 (10 000 yuan)

地区 Region	增加值合计 Total Value-added	本年提取的固定资产折旧 Depreciation this Year	本年应付工资总额 Total Wages Payable this Year	本年应付福利费总额 Welfare Expenses Payable this Year	劳动就业保险费 Premiums of Labor Insurance	商品销售税金及附加费 Sales Tax and Extra Charges	业务利润总额 Total Profits	管理费用中税金额 Taxes in Overhead Expenses
全省合计 Total	**993 009**	**73 296**	**201 955**	**27 424**	**25 396**	**60 090**	**588 841**	**16 006**
昆明 Kunming	375 565	28 865	82 200	11 873	12 632	18 204	217 318	4 473
曲靖 Qujing	117 076	9 021	19 399	2 441	3 074	3 619	74 590	4 932
玉溪 Yuxi	167 326	11 701	26 039	3 279	2 216	29 449	92 521	2 122
保山 Baoshan	22 449	2 087	6 244	650	429	229	12 597	213
昭通 Zhaotong	63 687	1 820	24 780	2 628	1 046	985	31 118	1 310
楚雄 Chuxiong	56 479	5 159	10 964	1 556	1 475	1 783	34 603	940
红河 Honghe	36 920	3 886	6 348	1 131	1 359	593	23 085	518
文山 Wenshan	19 427	1 228	3 190	392	432	198	13 755	232
思茅 Simao	15 041	1 468	2 287	294	528	510	9 706	248
西双版纳 Xishuangbanna	5 909	721	1 750	196	229	574	2 330	110
大理 Dali	87 256	3 990	13 381	2 163	1 180	3 291	62 802	449
德宏 Dehong	2 876	368	867	129	68	85	1 295	64
丽江 Lijiang	11 632	1 422	2 194	364	275	414	6 822	142
怒江 Nujiang	2 725	390	791	108	148	42	1 205	42
迪庆 Diqing	1 807	566	211	35	39	22	900	34
临沧 Lincang	6 832	605	1 311	186	268	90	4 196	177

15-22 各地区限额以上餐饮企业增加值(2001年)

Value-added of Enterprises above Designated Size in Catering Services in Regions(2001)

单位：万元 (10 000 yuan)

地区 Region	增加值合计 Total Value-added	本年提取的固定资产折旧 Depreciation this Year	本年应付工资总额 Total Wages Payable this Year	本年应付福利费总额 Welfare Expenses Payable this Year	劳动就业保险费 Premiums of Labor Insurance	营业税金及附加 Sales Tax and Extra Charges	业务利润总额 Total Profits	管理费用中税金额 Taxes in Overhead Expenses
全省合计 Total	**18 704**	**7 488**	**4 826**	**656**	**392**	**1 571**	**3 465**	**306**
昆明 Kunming	5 905	334	2 330	362	139	976	1 676	89
曲靖 Qujing	1 103	732	307	35	7	91	- 170	102
玉溪 Yuxi	9 234	6 010	1 324	170	124	340	1 200	66
保山 Baoshan								
昭通 Zhaotong								
楚雄 Chuxiong	259	82	83	12	11	11	50	10
红河 Honghe	936	116	419	32	83	61	202	22
文山 Wenshan								
思茅 Simao	841	128	252	32	27	61	338	3
西双版纳 Xishuangbanna								
大理 Dali								
德宏 Dehong								
丽江 Lijiang	426	86	111	13	2	31	170	14
怒江 Nujiang								
迪庆 Diqing								
临沧 Lincang								

主要统计指标解释

社会消费品零售总额 指各种经济类型的批发零售贸易业、餐饮业、制造业和其他行业对城乡居民和社会集团的消费品零售额和农民对城镇居民零售额的总和。它反映通过各种商品流通渠道向居民和社会集团供应的生活消费品，用来满足他们的生活需要,是研究人民生活、社会消费品购买力、货币流通等问题的重要指标。该指标不包括农民之间的商品销售。

批发零售贸易业 指国内商业、物资供销业、对外贸易业的统称。

批发零售贸易业商品购进总额 指从本企业单位以外的单位和个人购进(包括从国外直接进口)作为转卖或加工后转卖的商品。本指标由从生产者购进额,从批发零售贸易业购进额、进口额和其他项目组成。它反映批发零售贸易企业从国内、国外市场上购进商品的总量。

从批发零售贸易业购进额 指从各种经济类型的批发零售贸易企业单位或其他行业办的批发零售贸易业产业活动单位购进的商品。包括国产商品和进口商品。

批发零售贸易业商品销售总额 指对本企业以外的单位和个人出售(包括对国(境)外直接出口)的商品(包括售给本单位消费用的商品)总额。本指标由对生产经营单位批发额、对批发零售贸易业批发额、出口额和对居民和社会集团商品零售额项目组成。它反映批发零售贸易企业在国内市场上销售商品以及出口商品的总量。

对批发零售贸易业批发 指售给各种经济类型的批发零售贸易企业(单位)用作转卖或加工后转卖的商品。

批发零售贸易业期末库存 指批发零售贸易企业（单位）已取得所有权的全部商品。它反批发零售贸易企业的商品库存情况对市场商品供应的保证程度。

Explanatory Notes on Main Statistical Indicators

Total Retail Sales of Consumer Goods refer to the sum of retail sales of consumer goods sold by all sectors of the national economy to urban and rural residents and social groups. This indicator is used to show the supply of consumers goods through various channels to households and institutions, and is very important for the study on changes at the domestic retail market, and on economic cycles. The indicator does not include the goods sold between farmers.

Wholesale and Retail Trade: a general term for domestic commerce, material supply and sales, and foreign trade.

Total Purchases of Commodities by Wholesale and Retail Trade refer to the commodities purchased by the establishments from other establishments or individuals (including direct import from abroad) for the purpose of re-selling, either with or without further processing of the commodities purchased. This indicator is composed of the purchases from producers, the purchases and import by wholesale and retail trade and other items. It is used to show the total value of purchases of commodities by wholesale and retail establishments from domestic and overseas markets.

Purchases by Wholesale and Retail Trade refer to the commodities purchased from various wholesale and retail trade enterprises or other wholesale and retail trade operation units run by other trades. They include domestic products and import products.

Total Sales of Commodities by Wholesale and Retail Trade refer to the total value of commodities sold by the establishments to other establishments and individuals (including direct export). This indicator is composed of the wholesale to production and operation units, the wholesale and export to wholesale and retail trade, and the retail of commodities to residents and social groups. This indicator is used to show the total value of sales of commodities at domestic markets and export by wholesale and retail trade enterprises.

Wholesale to Wholesale and Retail Trade refers to the commodities sold to various wholesale and retail trade enterprises (units) for re-selling or further processing before reselling.

Commodities Stock of Wholesale and Retail Trade by the End of Period refers to total commodities possessed by wholesale and retail trade enterprises (units) of various types of registration status at the end of the reference period, which reflects the commodity stock level of various wholesale and retail enterprises and the potential for market supply.

十六、对外经济贸易和旅游

FOREIGN ECONOMY TRADE AND TOURISM

16-1 进出口贸易总额

Total of Import and Export Trade

单位：万美元 (USD 10 000)

年份 Year	进出口总额 Total Value of Imports and Exports	出口总额 Total Exports	进口总额 Total Imports	差额 (+出超、-入超) Balance
1980	11 037	9 601	1 436	+8 165
1985	20 953	12 901	8 052	+4 849
1986	26 537	16 893	9 644	+7 249
1987	34 217	26 226	7 991	+18 235
1988	44 388	34 196	10 192	+24 004
1989	54 768	37 442	17 326	+20 116
1990	54 842	43 449	11 393	+32 056
1991	55 051	40 097	14 954	+25 143
1992	67 056	46 653	20 403	+26 250
1993	84 008	52 291	31 717	+20 574
1994	134 406	91 016	43 390	+47 626
1995	189 609	121 548	68 061	+53 487
1996	192 220	109 631	82 589	+27 042
1997	193 698	117 224	76 474	+40 750
1998	190 329	117 376	72 953	+44 423
1999	165 967	103 443	62 524	+40 919
2000	181 283	117 516	63 767	+53 749
2001	198 906	124 412	74 494	+ 49 918

注：本表数字1998年以前为外贸业务数，且不含边境贸易统计数据。1999年后为海关进出口统计数。

Note: The figures before 1998 were the figures of foreign trade and excluded the figures of border trade. After 1999 the figures refer to the statistics of customhouse.

16-2 主要进出口贸易方式总值

Total Volume of Main imports and Exports

单位：万美元 (USD 10 000)

		2000年				2001年	
		出口 Exports	出口(±%) Exports	进口 Imports	进口(±%) Imports	出口 Exports	进口 Imports
合计	**Total**	**117 516**	**13.6**	**63 767**	**2**	**124 412**	**74 494**
一般贸易	Original Trade	78 425	8.5	42 101	-10.6	86 631	52 462
赠送物资	Assistant Goods	8	-88.2	104	-9.6	141	48
来料加工装配贸易	Processing and Assembly Trade Provided with Raw Material	2 790	109.6	2 395	53.4	3 162	3 003
进料加工贸易	Processing Trade of Imported Material	6 592	24	5 760	19.2	11 124	4 614
边境小额贸易	Frontier Small Value Trade	27 808	20	7 821	39.8	23 010	11 584
出料加工贸易	Processing Trade of Exported Material	-	-	2	-98.1	-	-
易货贸易	Barter	21	90.9	4	-	-	-
保税仓库进出口货物	Import & Export Commodities in Protective Tariff Zone	56	-62.2	55	-51.8	124	88
对外承包工程出口货物	Constructed Projects in Foreign Countries	548	3.6	-	-	56	-
补偿贸易	Compensation Trade	1 258	170	-	-	-	-
外商投资进口设备物资	Imported Equipment and Material as Investment of Foreign Investment Enterprises	-	-	5 443	78.6	-	2 641
其他	Others	9	350	68	-4.2	164	54

16-3 云南省主要出口商品总值

Total Value of Provincial Major Export Goods

单位：万美元 (USD 10 000)

商品名称	Item	2000年	2001年	2001年比2000年(±%) Comparison with Preceding Year (±%)
活动物及动物产品	Live Animals and Animal Products	634	676	6.6
植物产品	Vegetables;Fruits and Cereals	10 448	12 514	19.8
动、植物油脂；精制食用油脂；动、植物蜡	Animal and Vegetable Fat,Refined Edible Oil,Wax of Animals and Plants	69	71	2.9
烟草、酒、糖、糕点及其它食品；食品工业残渣及饲料	Tobacco;Liquor;Suger;Pastry and Others,Forage and Waste of Food Industry	8 738	14 304	63.7
矿产品	Minerals	4 866	5 505	13.1
化学工业及其相关工业的产品	Chemicals and Related Products	28 064	31 984	[illegible]
塑料、橡胶及其制品	Plastics,Rubber and Related Products	653	653	0.0
生皮、皮革、毛皮及其制品；旅行用品、手提包、箱	Raw Hides;Leatherr;Furs and Related Products;Travel Articles;Handbags	269	516	91.8
木及木制品；稻草、秸杆等及其编结制品	Wood and Wooden Products;Straws;Plaited Products and Wickerwork	1 658	2 052	23.8
木浆、纸、纸板及其制品	Paper Pulp;Paper;Paperboard and Related Products	437	526	20.4
纺织原料及纺织制品	Textile Materials and Products	10 044	8 081	-19.5
鞋、帽、伞、杖、鞭；加工羽毛；人造花；人发制品	Footwear;Headgear;Umbrellas;Canes;Whips;Processed Feather;Artificial Flowers;Wigs	495	382	-22.8
石料、石膏、水泥及其制品；陶瓷、玻璃及其制品	Gypsum;Cement;Asbestos;Ceramics, Glass and Glassware	736	444	-39.7
珍珠、宝石、贵金属、包贵金属及其制品	Pearls;Stones;Jewellery of Precious Metal or Rolled Precious Metal.	3 748	5 118	36.6
贱金属及其制品	Base Metals and Related Products	31 159	26 658	-14.4
机械、电气、电子、广播、通讯、家电设备	Machinery, Electrical, Electronic, Broadcasting, Telecommunication and Home Appliance Equipment	9 868	8 992	-8.9
车辆、航空器、船舶及有关运输设备	Locomotives;Vehicles;Aircraft;Ship and Related Transportation Equipment	2 773	3 056	10.2
光学、医疗、计量、检验设备及精密仪器仪表等	Optical;Medcial;Measuring;Checking Equipment and Precision Instruments	1 977	2 298	16.2
杂项制品	Miscellaneous Products	872	584	-33.0

16-4 云南省主要进口商品总值
Total Value of Provincial Major Imports Goods

单位：万美元 (USD 10 000)

商品名称	Item	2000年	2001年	2001年比2000年(±%) Comparison with Preceding Year (±%)
活动物及动物产品	Live Animals and Animal Products	195	750	284.6
动、植物油脂；精制食用油脂；动、植物蜡	Animal and Vegetable Fat,Refined Edible Oil,Wax of Animals and Plants	212	76	-64.2
烟草、酒、糖、糕点及其它食品；食品工业残渣及饲料	Tobacco;Liquor;Suger;Pastry and Others,Forage and Waste of Food Industry	142	269	89.4
矿产品	Minerals	15 028	18 691	24.4
化学工业及其相关工业的产品	Chemicals and Related Products	9 726	7 476	-23.1
塑料、橡胶及其制品	Plastics,Rubber and Related Products	1 786	2 156	20.7
生皮、皮革、毛皮及其制品；旅行用品、手提包、箱	Raw Hides;Leatherr;Furs and Related Products;Travel Articles;Handbags	50	240	380
木及木制品；稻草、秸杆等及其编结制品	Wood and Wooden Products;Straws;Plaited Products and Wickerwork	4 921	6 812	38.4
木浆、纸、纸板及其制品	Paper Pulp;Paper;Paperboard and Related Products	1 509	1 541	2.1
纺织原料及纺织制品	Textile Materials and Products	5 397	4 537	-15.9
鞋、帽、伞、杖、鞭；加工羽毛；人造花；人发制品	Footwear;Headgear;Umbrellas;Canes;Whips;Processed Feather;Artificial Flowers;Wigs	32	37	15.6
石料、石膏、水泥及其制品；陶瓷、玻璃及其制品	Gypsum;Cement;Asbestos;Ceramics, Glass and Glassware	158	158	0
珍珠、宝石、贵金属、包贵金属及其制品	Pearls;Stones;Jewellery of Precious Metal or Rolled Precious Metal.	2 293	2 180	-4.9
贱金属及其制品	Base Metals and Related Products	3 016	4 045	34.1
机械、电气、电子、广播、通讯、家电设备	Machinery, Electrical, Electronic, Broadcasting, Telecommunication and Home Appliance Equipment	14 547	17 073	17.4
车辆、航空器、船舶及有关运输设备	Locomotives;Vehicles;Aircraft;Ship and Related Transportation Equipment	1 124	2 348	108.9
光学、医疗、计量、检验设备及精密仪器仪表等	Optical;Medcial;Measuring;Checking Equipment and Precision Instruments	1 807	3 269	80.9
杂项制品	Miscellaneous Products	88	25	-71.6
未分类商品	Others	0	607	0.0

16-5 云南省对主要国家及地区出口总值

Total Value of Provincial Exports to Major Countries and Regions

单位：万美元 (USD 10 000)

名　称	Item	2000年	2001年	2001年比 2000年(±%) Comparison with Preceding year (±%)
亚洲小计	**Asia**	**94 983**	**101 606**	**7**
阿富汗	Afghanistan	-	-	-
孟加拉国	Bangladesh	775	1 675	121.9
文莱	Brunei	5	10	100
缅甸	Myanmar	29 301	25 151	-14.2
柬埔寨	Cambodia	66	254	284.8
朝鲜民主主义人民共和国	Democratic People's Republic of Korea	19	54	184.2
香港	Hong Kong	21 086	20 031	-5
印度	India	2 539	2 816	10.9
印度尼西亚	Indonesia	4 740	5 926	25
伊朗	Iran	211	138	[illegible]
以色列	Israel	577	586	1.6
日本	Japan	11 729	12 074	2.9
约旦	Jordan	3	41	1266.7
科威特	Kuwait	9	3	-66.7
老挝	Laos	1 336	1 408	5.4
黎巴嫩	Lebanon	132	121	-8.3
澳门	Macao	160	222	38.8
马来西亚	Malaysia	1 550	1 181	-23.8
尼泊尔	Nepal	-	-	-
阿曼	Oman	-	12	-
巴基斯坦	Pakistan	267	239	-10.5
菲律宾	The Philippines	1 403	1 870	33.3
沙特阿拉伯	Saudi Arabia	40	85	112.5
新加坡	Singapore	2 277	2 808	23.3
韩国	Republic of Korea	2 171	3 654	68.3
斯里兰卡	Sri Lanka	163	198	21.5
叙利亚	Syria	107	97	-9.3
泰国	Thailand	2 356	3 639	54.5
土耳其	Turkey	59	58	-1.7
阿拉伯联合酋长国	United Arab Emirates	129	135	4.7
越南	Viet Nam	9 264	14 232	53.6
台湾	Taiwan	2 468	2 842	15.2
非洲小计	**Africa**	**852**	**1 554**	**82.4**
阿尔及利亚	Algeria	4	138	3350
埃及	Egypt	137	146	6.6
埃塞俄比亚	Ethiopia	-	2	-
肯尼亚	Kenya	130	80	-38.5
毛里求斯	Mauritius	-	2	-
摩洛哥	Morocco	14	3	-78.6

16-5 续表1 continued

单位：万美元 (USD 10 000)

名 称	Item	2000年	2001年	2001年比2000年(±%) Comparison with Preceding Year (±%)
尼日尔	Niger	-	-	-
尼日利亚	Nigeria	11	137	1 145.5
南非（阿扎尼亚）	South Africa (Azania)	492	828	68.3
多哥	Togo		-	-
津巴布韦	Zimbabwe	4	90	2150
欧洲小计	**Europe**	**12 364**	**12 035**	**-2.7**
比利时	Belgium	408	511	25.2
丹麦	Denmark	59	78	32.2
英国	United Kingdon	2 434	1 163	-52.2
德国	Federal Republic of Germany	1 902	1 367	-28.1
法国	France	792	1 117	41
爱尔兰	Ireland	22	12	-45.5
意大利	Italy	2 461	2 310	-6.1
荷兰	Netherlands	2 594	3 040	17.2
希腊	Greece	108	193	78.7
葡萄牙	Protugal	71	133	87.3
西班牙	Spain	517	538	4.1
奥地利	Austria	23	2	-91.3
保加利亚	Bulgaria	37	38	2.7
芬兰	Finland	41	40	-2.4
匈牙利	Hungary	9	-	-
马耳他	Malta	-	9	-
挪威	Norway	12	12	-
波兰	Poland	226	624	176.1
罗马利亚	Romania	38	21	-44.7
瑞典	Sweden	91	47	-48.4
瑞士	Switzerland	160	42	-73.8
拉脱维亚	Latvia	-	3	-
立陶宛	Lithuania	4	-	-
俄罗斯联邦	Russia	320	575	79.7
乌克兰	Ukraine	21	58	176.2
南斯拉夫联盟共和国	Yugoslavia	-	-	-
斯洛文尼亚共和国	Slovenia	3	6	100
捷克	Czecho	3	24	700
拉丁美洲小计	**Latin America**	**1 548**	**1 318**	**-14.9**
阿根廷	Argentina	94	116	23.4
巴西	Brazil	635	139	-78.1
智利	Chile	111	142	27.9
哥伦比亚	Colombia	372	95	-74.5
多米尼加	Commonwealth of Dominica	-	5	-

16-5 续表2　continued

单位：万美元　　(USD 10 000)

名　称	Item	2000年	2001年	2001年比2000年(±%) Comparison with Preceding year (±%)
古巴	Cubo	7	-	-
多米尼加共和国	Dominican Republic	-	5	-
海地	Haiti	-	-	-
墨西哥	Mexico	195	355	82.1
巴拿马	Panama	66	102	54.5
巴拉圭	Paraguay	-	8	-
秘鲁	Peru	23	19	-17.4
波多黎各	Puerto Rico	-	-	-
圣卢西亚	Saint Lucia	-	-	-
萨尔瓦多	El Salvador	-	6	-
乌拉圭	Uruguay	3	246	8100
委内瑞拉	Venezuela	11	22	100
北美洲小计	**North America**	**6 526**	**[illegible]**	**-1.3**
加拿大	Canada	354	383	8.2
美国	United States	6 172	6 061	-1.8
大洋洲小计	**Oceanic**	**1 238**	**1 455**	**17.5**
澳大利亚	Australia	1 088	1 238	13.8
斐济	Fiji	-	-	-
新西兰	New Zealand	131	210	60.3
巴布亚新几内亚	Papua New Guinea	15	6	-60
合计中：东南亚国家联盟	**Total of ASEAN**	**52 231**	**56 226**	**7.6**
合计中：欧洲联盟	**Total of European Union**	**11 521**	**10 551**	**-8.4**
合计中：亚太经合组织	**Total of APEC**	**67 458**	**77 256**	**14.5**

16-6 云南省对主要国家及地区进口总值
Total Value of Provincial Imports from Major Countries and Regions

单位：万美元　　(USD 10 000)

名　称	Item	2000年	2001年	2001年比2000年(±%) Comparison with Preceding year (±%)
亚洲小计	**Asia**	**29 983**	**41 481**	**38.3**
缅甸	Myanmar	6 993	9 722	39
香港	Hong Kong	13 094	18 685	42.7
印度	India	1 970	2 867	45.5
印度尼西亚	Indonesia	76	503	561.8
伊朗	Iran	643	1 759	173.6
以色列	Israel	514	497	-3.3
日本	Japan	1 114	1 355	21.6
科威特	Kuwait	76	6	-92.1
老挝	Laos	590	425	-28
澳门	Kuwait	2	-	-
马来西亚	Laos	201	166	-17.4
菲律宾	The Philippines	205	283	38

16-6 续表 continued

单位：万美元 (USD 10 000)

名 称	Item	2000年	2001年	2001年比2000年(±%) Comparison with Preceding Year (±%)
卡塔尔	Qatar	86	6	-93
沙特阿拉伯	Saudi Arabia	21	24	14.3
新加坡	Singapore	847	719	-15.1
韩国	Republic of Korea	1 386	698	-49.6
泰国	Thailand	802	688	-14.2
阿拉伯联合酋长国	United Arab Emirates	-	145	-
越南	Viet Nam	766	1 867	143.7
台湾	Taiwan	380	672	76.8
非洲小计	**Africa**	**885**	**1 037**	**17.2**
南非（阿扎尼亚）	South Africa	310	987	218.4
坦桑尼亚	Tanzania	-	-	-
欧洲小计	**Europe**	**11 244**	**10 435**	**-7.2**
比利时	Belgium	152	252	65.8
丹麦	Denmark	69	37	-46.4
英国	United Kingdon	260	281	8.1
德国	Federal Republic of Germany	3 668	5 657	54.2
法国	France	2 631	633	-75.9
爱尔兰	Ireland	459	308	-32.9
意大利	Italy	1 037	887	-14.5
荷兰	Netherlands	376	365	-2.9
西班牙	Spain	100	259	159
奥地利	Austria	188	167	-11.2
芬兰	Finland	127	50	-60.6
罗马利亚	Romania	2	-	-
瑞典	Sweden	201	316	57.2
瑞士	Switzerland	968	579	-40.2
哈萨克	Kazakhstan	-	62	-
俄罗斯联邦	Russia	311	344	10.6
乌克兰	Ukraine	557	31	-94.4
拉丁美洲小计	**Latin America**	**3 339**	**5 595**	**67.6**
阿根廷	Argentina	40	-	-
巴西	Brazil	59	656	1011.9
智利	Chile	2 764	4 024	45.6
圭亚那	Guyana	-	-	-
墨西哥	Mexico	412	873	111.9
秘鲁	Peru	53	42	-20.8
北美洲小计	**North America**	**7 435**	**8 350**	**12.3**
加拿大	Canada	4 292	2 928	-31.8
美国	United States	3 142	5 422	72.6
大洋洲小计	**Oceanic**	**10 881**	**7 597**	**-30.2**
澳大利亚	Australia	10 868	7 450	-31.5
新西兰	New Zealand	13	16	23.1
合计中：东南亚国家联盟	**Total of ASEAN**	**10 480**	**14 374**	**37.2**
合计中：欧洲联盟	**Total of European Union**	**9 271**	**9 212**	**-0.6**
合计中：亚太经合组织	**Total of APEC**	**40 725**	**46 868**	**15.1**

16-7 出口额500万美元以上的商品量值(2001年)

Value and Quantity of Export Merchandise above 5 Million Dollars (2001)

单位：万美元 (USD 10 000)

商品名称	Item	数量 Number	金额 Value	比上年(±%) Comparision with Preceding Year(±%)
鲜或冷藏的其他蔬菜 (吨)	Fresh and Refrigerated Vegetables(ton)	5 558	3 306	10.1
暂时保藏的但不适于直接食用的蔬菜 (吨)	Temporarily Preserved Vegetables (ton)	2 895	730	26.7
干蔬菜 (吨)	Dried Vegetables(ton)	5 421	709	-24.4
脱荚的干豆，不论是否去皮或分瓣(吨)	Dried Beans with or without Pods(ton)	22 818	1 191	23.8
鲜的苹果、梨 (吨)	Fresh Apples an Pears(ton)	35 644	881	26.4
咖啡；咖啡豆荚及豆皮；含咖啡的咖啡代用品(吨)	Coffee: Coffee Pods and Sheets; Coffee-bearing Substitute (ton)	10 250	[illegible]	79.6
茶，不论是否加香料 (吨)	Tea Perfumed or Not (ton)	5 225	1 041	-2.2
稻谷、大米 (吨)	Rice(ton)	12 901	1 152	76.7
烟草；烟草废料 (吨)	Tobacco and Its Waste(ton)	78 559	7 866	35.2
烟草或烟草代用品制成的雪茄烟及卷烟 (千支)	Cigar and Cigarettes Made of Tobacco and Simalar Substance(1000)	3 333 095	4 592	158.4
天然磷酸钙，天然磷酸铝钙及磷酸盐白垩 (吨)	Natural Calcium Phosphate,Calcium Aluminium Phosphate and Chalk Phosphate (ton)	630 807	1 911	4.5
凡士林；石蜡及用合成等方法制得的类似产品 (吨)	Vaseline,Paraffin Wax and Similar Products with Synthetization Method and etc(ton)	57 732	2 480	24.7
硼、碲、硅、磷、砷、硒等其他非金属(吨)	Metals Such As Boron,Tellurium,Silicon,Phosphorus, Arsenic,Selenium and etc(ton)	111 371	9 796	9.3
五氧化二磷；磷酸及多磷酸(吨)	Phosphor Pentoxide (ton)	100 185	2 556	18.6
肼、胲等；其他无机碱；其他金属氧化物等 (吨)	Bydrazine, Hydroxylamine, other Inorganic Alkali, other Metallic Oxide, etc. (ton)	769	773	187.4
次磷酸盐、亚磷酸盐、磷酸盐及多磷酸盐 (吨)	Hypophosphate,Subphosphate,Phosphate and Multiphosphate(ton)	97 970	3 294	12.1
仅含有氧杂原子的杂环化合物 (吨)	Heterocyclic Compound only containing Foreign Oxygen Atom	15	981	19.8
由混合或非混合产品构成的药品，已配定剂量 (吨)	Medicines Made with Synthesization or Non-synthesization,Prepared Pharmaceutical(ton)	4 146	1 171	-1.1
矿物氮肥及化学氮肥 (吨)	Mineral and Chemical Nitrogenous Fertilizers (ton)	49 909	665	-10.1
矿物磷肥及化学磷肥 (吨)	Mineral and Chemical Phosphate Fertilizers(ton)	221 565	2 598	22.3
含氮、磷、钾中二种或三种的矿物肥或化肥等 (吨)	Chemical Fertilizers and Mineral Fertilizers with Content of 2 or 3 Elements of Nitrogen,Phosphorus or Potassium(ton)	212 742	3 220	-7.5

16-7 续表 continued

单位：万美元 (USD 10 000)

商 品 名 称	Item	数 量 Number	金 额 Value	比上年(±%) Comparision with Preceding Year(±%)
精油;香膏;提取油树脂;上述产品相关制品 (吨)	Essential Oil,Perfumed Materials,Tree Resin and Related Products(ton)	1 640	1 104	10.5
松香和树脂酸及衍生物；松香精及油；再熔胶 (吨)	Rosin, Resinic Acid and Derivative; Rosin Spirit and Oil; Resmelt Rubber (ton)	13 874	643	17.8
杀虫、菌及除草制剂、抗萌剂、消毒剂等产品 (吨)	Pesticide, Bactericide, Weedicide, Anti-germination Agent, Disinfectant, etc. (ton)	280	878	3 717.4
建筑用木工制品 (吨)	Carpentry Products for Construction (ton)	5 323	913	54.7
棉纱线, 含棉量>=85%, 非供零售用 (吨)	Cotton Yarn with Cotton Content of >=85% for Wholesale Trade(ton)	5 527	1 457	-4.8
合成短纤<85%与棉纺混纺布, 平米重=<170g (米)	Blend Cloth Made of Synthetic Short Fibre of <85% and Cotton Yarn,and the Weight=<130g/sq.m(m)	60 650 474	1 815	-16.4
起绒布及绳绒织物 (米)	Flannelette (m)	7 355 194	512	-0.8
钻石，不论是否加工，但未镶嵌 (克)	Diamond,Whether Processed or Not,But Not Inlaid (g)	4 333	620	-7.2
银, 未锻造, 半制成或粉末状 (克)	Silver not forged but with semi or powder state (g)	185 000 000	2 346	0.0
用天然或养殖珍珠、宝石或半宝石制成的物品 (克)	Jewelry Made of Natural and Bred Pearls,Gems and Semigems(g)	1 252 906	1 769	17.2
未锻轧铝 (吨)	Aluminium Not Pressed(ton)	33 461	5 068	102.2
未锻轧铅 (吨)	Lead Not Pressed(ton)	81 809	4 962	-17
未锻轧锌 (吨)	Zinc Not Pressed(ton)	20 293	1 863	-15.4
未锻轧锡 (吨)	Tin Not Pressed(ton)	25 944	10 735	-23.3
切削金属的车床 (台)	Metal Cutting Tools	1 200	580	27.3
电动机及发电机（不包括发电机组）(台)	Motor and Generator (excluding Generator Set) (set)	101 268	666	24
原电池及原电池组 (个)	Raw Batteries and Battery Packs(piece)	188 451 720	887	-22.7
巡航船、游船、渡船、驳船等客运、货运船 (艘)	Cargo and Passenger Ships (cruising, pleasure boat, ferry and barge)	2	782	0.8
不以航行为主的船；浮船坞；钻探或生产平台 (艘)	Floating Dock, Drilling Boat, Production Platform	57	1 091	7 692.9
光学望远镜及其座架;其它天文仪器及其座架 (个)	Optical Telescopes and Related Sockets,Other Astronomical Instruments and Related Sockets	1 168 740	1 807	14.2

16-10 出口额500万美元以上的主要经营单位（2001年）

Main Businesses with Export Value above 5 Million Dollars（2001）

单位：万美元 (USD 10 000)

单位名称	Item	2000年	2001年	2001年比2000年(±%) Comparison with Preceding Year (±%)
云南锡业股份有限公司	Yunnan Tin Industry Co., Ltd.	6 182	5 816	-5.9
云南汉德生物技术有限公司	Yunnan Hande Biological Tech. Co., Ltd.	837	1 015	21.3
云南省进出口公司	Yunnan Provincial Import and Export Corp.	386	754	95.3
云南省机械进出口公司	Yunnan Machinery Import and Export Corp.	2 323	2 864	23.3
云南省机械设备进出口公司	Yunnan Machinery Equipment Import and Export Corp.	850	2 837	233.8
云南省化工进出口公司	Yunnan Chemistry Import and Export Co.	3 722	2 637	-29.2
云南省纺织品进出口公司	Yunnan Textile Import & Export Co.	2 292	1 559	-32
云南省粮油食品进出口公司	Yunnan Grain, Oil & Food Import and Export Co.	942	1 080	14.6
云南冶金集团进出口有限公司	Import & Export Co., Ltd. of Yunnan Metallurgical Group	6 426	8 081	25.8
中国烟草云南进出口有限公司	Yunnan Import and Export Co., Ltd. of China Tobacco	4 381	7 308	66.8
云南省云岭工业进出口公司	Yunnan Yunling Import and Export Co.	1 253	1 001	-20.1
云南省轻工业品进出口公司	Yunnan Light Industrial Products Import and Export Co.	1 329	2 259	70
云南省土产进出口公司	Yunnan Local Produce Import and Export Co., Ltd.	3 454	3 178	-8
昆明市进出口公司	Kunming Import and Export Co.	3 010	729	-75.8
中国云南国际经济技术合作公司	Yunnan International Economic and Technological Cooperation Co.	500	715	43
云南磷化学工业(集团)公司	Yunnan Phosphor Chemistry (Group) Co.	1 339	1 164	-13.1
云南茶苑集团股份有限公司	Chayuan Group Co., Ltd., Yunnan	1 741	2 384	36.9
春城贸易有限公司	Chuncheng Trade Co., Ltd.	54	551	920.4
云南磷肥厂	Yunnan Phosphate Fertilizer Plant	716	982	37.2
云南铜业(集团)有限公司	Yunnan Copper Industry (Group) Co., Ltd.	-	2 383	-
云南省寻甸回族彝族自治县进出口公司	Xundian Import and Export Co., Yunnan	305	543	78
云南五矿新化股份有限公司	Yunnan Minerals Xinhua Co., Ltd.	2 586	3 261	26.1
昆明云大科技产业股份有限公司	Yunda S & T Industrial Co., Ltd., Kunming	-	834	-
云南磷肥工业有限公司	Yunnan Phosphate Fertilizer Co., Ltd.	48	914	1804.2

16-10 续表 continued

单位：万美元 (USD 10 000)

单 位 名 称	Item	2000年	2001年	2001年比2000年(±%) Comparison with Preceding Year (±%)
云南五矿贸易有限公司	Yunnan Minerals Trade Co., Ltd.	495	968	95.6
昆明力信黄金珠宝饰品有限公司	Lixin Gold and Jewellery Co., Ltd.	1 487	1 769	19.0
昆明芬美意香料有限公司	Fenmeiyi Perfume Co., Ltd., Kunming	679	1 188	75.0
云南南磷集团股份有限公司	Nanlin (Group) Co., Ltd., Yunnan	1 350	4 205	211.5
云南马龙化建股份有限公司	Malong Huajian Co., Ltd., Yunnan	288	615	113.5
云南省玉溪市进出口公司	Yuxi Import & Export Co., Ltd.	1 122	1 162	3.6
云南红塔进出口有限公司	Hongta Import & Export Co., Ltd.	2 756	4 252	54.3
云南省澄江磷化学工业总公司	Chengjiang Phosphor Chemistry Co.	502	630	25.5
云南省个旧市对外经济贸易总公司	Gejiu Foreign Trade and Economic Co.	375	733	95.5
云南红磷化工有限责任公司	Honglin Chemistry Co., Ltd.	459	1 448	215.5
个旧市自立矿冶厂	Zili Smelting Plant, Gejiu	708	650	-8.2
云南省个旧市沙甸电冶厂	Shadian Electric Smelting Plant, Gejiu	336	768	128.6
文山国际经济技术合作有限公司	Wenshan International Economic and Technological Cooperation Co.	919	750	-18.4
西双版纳任达航运有限公司	Renda Navigation Co., Ltd., Xishuangbannan	1 959	705	-64.0
云南省陇川县对外经济贸易公司	Longchuan Foreign Trade & Economic Co.	1 175	939	-20.1
云南省德宏州进出口公司	Dehong Import and Export Co.	1 890	1 853	-2.0
云南省德宏州国际经济技术合作有限责任公司	Dehong International Economic and Technological Cooperation Co., Ltd.	2 042	1 182	-42.1
云南省潞西市进出口公司	Luxi Import and Export Co.	505	812	60.8
瑞丽市进出口公司	Ruili Import and Export Co.	1 475	983	-33.4
瑞丽市洪顺实业有限责任公司	Hongshun Industrial Co., Ltd., Ruili	494	1 099	122.5
瑞丽市云燕有限责任公司	Yunnan Industrial Co., Ltd., Ruili	294	596	102.7
河口瑶族自治县边贸总公司	Hekou Border Trade Co.	247	714	189.1
昆明铁路局河口边贸公司	Hekou Border Trade Co. of Kunming Railway Bureau	1 769	698	-60.5
云南烟草红河金元边境贸易公司	Jinyuan Border Trade Co., Honghe	411	969	135.8

16-11 边境贸易进出口总额
Total Imports and Exports of Border Trade

单位：万元 (10 000 yuan)

年份 Year	总额 Total	出口额 Exports	进口额 Imports
1989	101 182	67 612	33 570
1990	107 874	72 148	35 726
1991	127 848	84 375	43 473
1992	189 072	127 404	61 668
1993	234 471	171 322	63 149
1994	211 793	120 238	91 555
1995	190 036	96 882	93 153
1996	113 920	37 838	76 082
1997	61 540	34 875	26 665
1998	108 520	73 795	34 725
1999	238 220	191 912	46 308
2000	294 918	230 180	64 738
2001	286 335	190 454	95 881

注：本表根据昆明海关数折算。

Note: The figures in the table are calculated on the basis of Kunming Customhouse.

16-12 全省各地州市进出口总值(2001年)
Total Imports and Exports of Each Prefecture and City (2001)

单位：万美元 (USD 10 000)

地区	Region	进出口总额 Total Value of Imports and Exports	比上年增减% Increase Rate over 2000	出口额 Exports	比上年增减% Increase Rate over 2000	进口额 Imports	比上年增减% Increase Rate over 2000
全省合计	**Total**	**198 906**	**9.7**	**124 412**	**5.9**	**74 494**	**16.8**
昆明	Kunming	134 097	16.5	78 033	9.4	56 064	28.1
曲靖	Qujing	1 843	7.7	1 804	10.5	39	-51.3
玉溪	Yuxi	11 814	1.9	7 790	48.3	4 024	-36.5
昭通	Zhaotong	375	-11.1	2	-	373	-11.2
楚雄	Chuxiong	546	-15.2	507	-5.8	39	-63.2
红河	Honghe	15 699	11.3	12 686	29.6	3 013	-30.3
文山	Wenshan	1 671	18.9	1 455	-28.6	216	980
思茅	Simao	1 736	33.6	858	16.4	878	56.2
西双版纳	Xishuangbanna	5 267	-17.8	3 464	-28.8	1 803	16.9
大理	Dali	1 615	23.6	1 380	76.9	235	-55.4
保山	Baoshan	3 240	-18.8	1 678	-33	1 562	5
德宏	Dehong	18 309	-11.9	13 214	-21.5	5 095	28.3
丽江	Lijiang	285	86.3	257	140.2	28	-37.8
怒江	Nujiang	219	30.4	13	-58.1	206	50.4
迪庆	Diqing	154	-25.9	154	-26	-	-
临沧	Lincang	2 039	52.6	1 119	24.1	920	111.5

16-13 利 用 外 资 概 况

Utilization of Foreign Capital

年 份 Year	总 计 Total		对外借款 Foreign Loans		外商直接投资 Foreign Direct Investments		外商其它投资 Other Foreign Investment	
	项 目 (个) Number of Projects	金 额 (万美元) Value (USD 10000)	项 目 (个) Number of Projects	金 额 (万美元) Value (USD 10000)	项 目 (个) Number of Projects	金 额 (万美元) Value (USD 10000)	项 目 (个) Number of Projects	金 额 (万美元) Value (USD 10000)
签订利用外资协议(合同)额 **Total Amount of Foreign Capital to Be Utilized through the Signed Agreements and Contracts**								
1985	15	1 751	-	-	12	1 478	3	273
1990	16	4 073		3 351	11	245	-	477
1993	509	56 399	-	-	509	50 062	-	-337
1994	262	28 482	-	-	262	28 482	-	-
1995	277	70 206	8	32 807	269	37 399	-	-
1996	159	42 615	6	22 444	153	20 171	-	-
1997	135	32 466	8	5 730	127	26 736	-	-
1998	122	34 949	3	1 910	119	33 039	-	-
1999	140	57 874	2	25 280	138	32 594	-	-
2000	110	73 149	4	43 400	106	29 749	-	-
2001	140	29444	-	-	140	29444	-	-
实际利用外资金额 **Total Amount of Foreign Capital Aactually Used**								
1985	-	163	-	-	-	156	-	7
1990	-	1 096	-	359	-	260	-	477
1993	-	18 795	-	9 093		9 702	-	-
1994	-	31 414	-	11 114	-	20 300	-	-
1995	-	34 479	27	11 979	-	22 500	-	-
1996	-	33 800	-	15 800	-	18 000	-	-
1997	-	31 334	-	14 834	-	16 500	-	-
1998	-	29 786	-	15 218	-	14 568	-	-
1999	-	23 765	-	8 380	-	15 385	-	-
2000	-	22 062	-	9 250	-	12 812	-	-
2001	-	20 679	-	14 222	-	6 457	-	-

注：从1991年起实际利用外资额中对外借款从国家外汇管理局云南分局取得数字，1990年以前是从中国银行昆明分行取得数字。1994年后对外借款从省计委外经处 取得数字。

Note:From 1991 foreign loans in the foreign investment actually used are obtained from Yunnan Branch of National Bureau of Foreign Exchage Management,before 1990 they are obtained from Kunming Branch of China Bank and after 1994 they are obtained from Foreign Trade Section of Provincial Planning Committee.

16-14 对外签订利用外资协议(合同)额

Amount of Foreign Investment Utilized Through the Signed Agreements(Contracts)

		1990年		2000年		2001年	
		项 目 (个) Number of Projects	金 额 (万美元) Value (USD 10000)	项 目 (个) Number of Projects	金 额 (万美元) Value (USD 10000)	项 目 (个) Number of Projects	金 额 (万美元) Value (USD 10000)
总 计	**Total**	**16**	**4 073**	**110**	**73 149**	**140**	**29 444**
一、对外借款	Foreign Loans	5	3 351	4	43 400	-	-
二、外商直接投资	Foreign Direct Investments	11	245	106	29 749	140	29 444
合资经营企业	Joint Venture Enterprises	7	159	38	7 381	51	14 451
合作经营企业	Cooperative Operation Enterprises	-	-	20	10 115	18	8 846
外资企业	Foreign Investment Enterprises	4	86	48	12 253	71	6 147

16-15 分行业利用外商直接投资情况
Utilization of Foreign Direct Investment by Sector

行业	Sector	协议投资 Investment of Agreements(USD 10 000) 项目(个) Number of Projects 2000年	2001年	金额(万美元) Value(USD 10 000) 2000年	2001年	实际投资金额(万美元) Actual Investment (USD 10 000) 2000年	2001年
总计	**Total**	**106**	**140**	**29 749**	**29444**	**12 812**	**6 457**
农林牧渔业	Farming,Forestry,Animal Husbandry and Fishery	18	18	2 203	636	477	523
采掘业	Mining and Quarrying	6	8	623	880	206	218
制造业	Manufacturing	42	62	4 700	8977	2 840	3687
电力,煤气及水的生产和供应业	Production and Supply of Electricity,Gas and Water	3	2	2 943	2230	1 269	24
建筑业	Construction	1	1	3 000	510	-	39
地质勘查,水利管理业	Geological Prospecting and Water Conservancy	-	-	-	-	2	48
交通运输,仓储及邮电通信业	Transport,Storage,Post and Telecommunication Services	-	1	-	1000	-	-
批发和零售贸易餐饮业	Wholesale and Retail Trade &Catering Services	6	8	721	360	139	67
房地产业	Real Estate Trade	3	8	2 937	4849	743	585
社会服务业	Social Services	22	28	13 113	9469	5 213	504
卫生体育和社会福利业	Health Care,Sports and Social Welfare	2	-	46	-	-	13
教育,文化艺术和广播电影电视业	Education,Culture and Arts,Radio,Film and Television	-	-	-	-	-	-
科学研究和综合技术服务业	Scientific Research and Polytechnic Services	2	-	-	-34	527	155
其他行业	Others	1	4	-	567	1 396	594

16-16 实际利用外商直接投资额(按国别,地区分)
Foreign Direct Investment Actually Utilized in Countries and Regions

单位：万美元 (USD 10 000)

名称	Item	2000年	2001年	名称	Item	2000年	2001年
总计	**Total**	**12 812**	**6 457**	丹麦	Denmark	-	7
亚洲	**Asia**	**11 102**	**4 145**	爱尔兰	Ireland	-	-
其中:香港	Hong Kong	7 531	2 309	希腊	Greece	-	-
澳门	Kuwait	-	93	葡萄牙	Portugal	-	-
台湾	Taiwan	194	346	西班牙	Spain	-	-
菲律宾	The Philippines	400	-	芬兰	Finland	-	-
泰国	Thailand	1 362	127	瑞士	Switzerland	-	-
新加坡	Singapore	1 359	878	俄罗斯联邦	Russia	-	-
马来西亚	Malaysia	-	-	拉丁美洲	**Latin America**	**275**	**436**
日本	Japan	148	210	其中:巴西	Brazil	-	-
韩国	Republic of Korea	25	4	维尔京群岛	Virgin Islands	275	398
缅甸	Myanmar	73	178	凯曼群岛	Cayman Islands	-	38
非洲	**Africa**	**-**	**-**	北美洲	**North America**	**844**	**637**
欧洲	**Europe**	**459**	**238**	其中:加拿大	Canada	54	19
其中:德国	Federal Republic of Germany	253	-	美国	United States	790	618
法国	France	-	12	大洋洲	**Oceanic**	**132**	**301**
意大利	Italy	-	-	其中:澳大利亚	Australia	132	251
荷兰	Netherlands	180	205	新西兰	New Zealand	-	-
英国	United Kingdon	26	14	其他	Others	-	-
比利时	Belgium	-	-				

16-17 实际利用外资额

Foreign Investment Actually Utilized

单位：万美元 (USD 10 000)

项 目	Item	1990年	1995年	1998年	1999年	2000年	2001年
总 计	**Total**	**1 096**	**34 479**	**29 786**	**23 765**	**22 062**	**20 679**
一、对外借款	Foreign Loans	359	11 979	15 218	8 380	9 250	14 222
双边政府混合贷款	Mixed Loans from Bilateral Governments	228	8 044	1 045	1 007	1 271	1 230
国际金融组织贷款	Loans from International Financial Organization	-	3 025	13 972	7 273	7 979	12 392
商业性货款	Commercial Loans	-	910	200	-	-	600
出口信贷	Export Loans	76	-	-	-	-	-
外国银行现汇贷款	Remittance from Foreign Banks	55	-	-	-	-	-
二、外商直接投资	Foreign Direct Investments	260	22 500	14 568	15 385	12 812	6 457
合资经营企业	Joint Ventures Enterprises	234	15 599	9 677	11 813	7 204	2 642
合作经营企业	Cooperative Operation Enterprises	26	1 012	21	2 061	2 371	811
独资企业	Venture Exclusively with Foreign Investment	-	5 889	4 870	1 511	3 237	3 004

16-18 各地区利用外商直接投资情况

Utilization of Foreign Direct Investment in Regions

地 区	Region	协议投资 Investment of Agreements				实际投资金额（万美元） Actual Investment (USD 10 000)	
		项 目(个) Number of Projects		金额（万美元） Value(USD 10 000)			
		2000年	2001年	2000年	2001年	2000年	2001年
全省合计	**Total**	**106**	**140**	**29 749**	**29 444**	**12 812**	**6 457**
昆 明	Kunming	37	50	9 727	10 944	3 766	2 392
曲 靖	Qujing	7	7	1 003	2 078	1 631	324
玉 溪	Yuxi	4	10	1 059	1 405	-	795
昭 通	Zhaotong	2	4	58	773	-	8
楚 雄	Chuxiong	4	1	1 303	500	21	179
红 河	Honghe	5	6	2 480	234	-	88
文 山	Wenshan	2	3	292	1 750	54	53
思 茅	Simao	1	1	101	6	132	104
西双版纳	Xishuangbanna	5	3	2 105	1 156	54	320
大 理	Dali	1	11	220	4 123	-	300
保 山	Baoshan	2	4	135	818	-	93
德 宏	Dehong	1	7	40	1 323	-	58
丽 江	Lijiang	1	2	284	- 103	-	-
怒 江	Nujiang	-	1	3	210	-	-
迪 庆	Diqing	-	-	-	-	-	-
临 沧	Lincang	2	1	55	36	48	13
省 直	Direct under Province	32	29	10 884	4 191	7 106	1 730

16-19 对外承包工程和劳务合作

Contracted Projects and Labour Cooperation with Foreign Countries

单位：万美元 (USD 10 000)

年 份 Year	签订合同的国家和地区（个） Number of Countries or Territories with Contracts Signed	合同份数 Number of Contracts	合同金额 Contracted Value	完成营业额 Value of Business Fulfilled
一、承包工程 **Contracted Projects**				
1985	3	3	67	684
1990	6	19	681	448.14
1992	5	6	1 481.76	1 471.14
1993	4	3	3 953	2 561.60
1994	-	15	10 193	2 086
1995	-	46	21 971	10 126
1996	-	25	7 842	12 346
1997	-	47	7 739	9 054
1998	-	56	29 624	9 769
1999	-	120	24 995	12 489
2000	-	154	27 822	14 951
2001	-	58	14 400	14 265
二、劳务合作 **Labor Cooperation**				
1990		3	5	3.47
1992	5	3	63	14.95
1993	7	9	148	13.15
1994	-	7	271	66.48
1995	-	7	220	63.14
1996	-	9	195	92
1997	-	13	1 047	258
1998	-	11	377	123
1999	-	14	197	267
2000	-	8	405	215
2001	-	9	217	55
三、设计咨询 **Design Consultancy**				
1995	-	8	1 042	342
1996	-	8	650	346
1997	-	9	1 020	207
1998	-	16	1 015	109
2000	-	8	1 813	305
2001	-	2	876	239

16-20 旅游接待人数及旅游总收入情况
Number of Tourists and Total Tourism Revenue

项目		Item	1997年	1998年	1999年	2000年	2001年
一、国内旅游者	(万人次)	Domestic Tourists (10 000 person-times)	1 137	2 794	3 674	3 841	4 579
其中：过夜游客	(万人次)	of which: Overnight Tourists (10 000 person-times)	-	1 809	-	2 409	2 703
一日游游客	(万人次)	One-day Tourists (10 000 person-times)	-	985	-	1 432	1 876
二、海外旅游者	(人次)	Overseas Tourists (person-times)	814 576	761 418	1 040 000	1 001 141	1 131 303
其中：外国人	(人次)	of which: Foreigners (person-times)	584 768	549 399	724 964	665 919	695 731
香港同胞	(人次)	Hong Kong (person-times)	-	-	-	105 704	132 243
澳门同胞	(人次)	Macao (person-times)	-	-	-	8 448	26 918
台湾同胞	(人次)	Taiwan (person-times)	147 956	130 969	174 681	221 070	276 411
三、海外旅游者人天数	(人天)	Overseas Tourists (person-day)	1 411 454	1 316 281	1 648 475	1 557 453	1 751 459
四、国内旅游收入	(万元)	Domestic Tourism Revenue (10 000 yuan)	-	1 151 731	1 750 768	1 831 938	2 263 586
其中：过夜游客收入	(万元)	of which: Revenue from Overnight Tourists (10 000 yuan)	-	1 042 356	-	1 592 504	1 930 865
一日游收入	(万元)	Revenue from One-day Tourists (10 000 yuan)	-	109 375	-	239 433	332 721
五、旅游外汇收入	(万美元)	Earnings in Foreign Exchange (USD 10 000)	26 817	26 102	35 032	33 901	36 701
折合人民币	(万元)	Equivalent Amount Converted into RMB (10 000 yuan)	-	217 434	-	282 402	305 723
六、旅游总收入	(万元)	Total Tourism Revenue (10 000 yuan)	-	1 369 166	2 042 589	2 114 340	2 569 309

16-21 全省分国别接待旅游人次
Number of International Tourists in Yunnan by Country and Territory

单位：人次 (person-time)

国家和地区	Country and Territory	1995年	1997年	1998年	1999年	2000年	2001年
总计	**Total**	**596 942**	**814 063**	**760 909**	**1 040 000**	**1 001 141**	**1 131 303**
一、外国人	Foreigners	473 769	575 598	549 914	724 964	665 919	695 731
日本	Japan	35 691	57 305	57 996	137 338	126 104	121 614
菲律宾	The Philippines	1 941	3 536	5 302	7 692	4 704	2 068
新加坡	Singapore	57 453	67 301	58 353	82 485	75 541	87 073
泰国	Thailand	109 636	71 683	30 931	65 758	77 375	65 599
印度尼西亚	Indonesia	2 997	7 449	3 197	11 644	8 017	11 606
美国	United States	22 920	37 820	42 024	41 350	38 312	38 664
加拿大	Canada	5 194	5 674	9 501	7 439	6 965	6 029
英国	United Kingdon	12 019	20 139	20 708	17 080	9 676	9 903
法国	France	8 905	10 901	15 755	16 002	15 461	15 768
德国	Federal Republic of Germany	15 676	17 320	20 758	13 559	14 299	14 144
意大利	Italy	5 876	6 177	8 270	7 266	4 323	4 877
俄罗斯	Russia	388	429	436	639	443	1 404
澳大利亚	Australia	4 804	8 898	7 935	9 125	8 286	8 347
新西兰	New Zealand	1 020	1 731	2 072	2 016	1 685	1 667
其它	Other	189 249	259 235	266 659	305 571	274 728	3 298
二、华侨	Overseas Chinese	775	7 268	2 896	4 639	-	-
三、港澳和台湾同胞	Compatriots from Hong Kong,Macao and Taiwan	122 398	231 197	208 099	310 397	335 222	435 572
台湾同胞	Compatriots from Taiwan	61 650	152 555	130 100	174 681	221 070	276 411

16-22 各地区接待旅游人次(2001年)

Number of International Tourists in Regions(2001)

单位：人次 (person-time)

地区	Region	总计 Total	外国人 Foreigners	香港同胞 Compatriots from Hong Kong	澳门同胞 Compatriots from Macao	台湾同胞 Compatriots From Taiwan
全省合计	**Total**	**1 131 303**	**695 731**	**132 243**	**26 918**	**276 411**
昆明	Kunming	590 827	343 537	74 636	3 194	169 460
曲靖	Qujing	5 925	3 781	181	2	1 961
玉溪	Yuxi	1 440	1 209	113	1	117
昭通	Zhaotong	226	167	17	28	14
楚雄	Chuxiong	931	729	80	7	115
红河	Honghe	22 097	19 643	215	51	2 188
文山	Wenshan	3 220	3 220	-	-	-
思茅	Simao	30 237	30 183	13	2	39
西双版纳州	Xishuangbanna	36 418	26 601	2 087	376	7 354
大理	Dali	135 663	64 756	17 593	5 781	47 533
保山	Baoshan	46 414	44 635	398	830	551
德宏	Dehong	46 727	45 640	319	446	322
丽江	Lijiang	105 230	60 375	9 619	1 024	34 212
怒江	Nujiang	1 212	998	86	-	128
迪庆	Diqing	84 107	29 667	26 868	15 176	12 396
临沧	Lincang	20 629	20 590	18	-	21

16-23 边境地区口岸入境一日游游客及外汇收入(2001年)

Number of One-day Entry Tourists and Earnings in Foreign Exchange in Border Areas (2001)

单位：人次 (person-time)

行政区域	Administrative Prefectures	口岸入境一日游人数(万人次) One-day Entry Tourists (10 000 person-time)	比上年增长% Increment (%)	口岸入境一日游外汇收入(万美元) Income from One-day Entry Tourists (USD 10 000)	比上年增长% Increment (%)
保山市	Baoshan	10	128.3	382	124.6
思茅地区	Simao	15	24.1	569	21.2
临沧地区	Lincang	12	-1.8	453	-4.6
红河州	Honghe	36	-18.5	1 339	-21.9
文山州	Wenshan	13	-14.4	491	-16.7
西双版纳州	Xishuangbanna	14	-28.5	527	-30.7
德宏州	Dehong	75	10.3	2 742	3.9
怒江州	Nujiang	1	-4.8	36	-11.7

十七、城市概况

GENERAL SURVEY OF CITIES

17-1 地级城市社会经济主要指标（2001年）
Major Socioeconomic Indexes of Prefecture-level Cities (2001)

（不含市辖县） (city jurisdiction counties are not included)

指标 Item	昆明市 Kunming	曲靖市 Qujing	玉溪市 Yuxi	保山市 Baoshan	昭通市 Zhaotong
一、人口、劳动力及土地面积 Population, Labor Force and Land Area					
年末总人口（万人） Total Population at Year-end (10 000 persons)	215.20	61.86	38.25	83.53	74.98
其中：非农业人口（万人） Non-Agricultural Population (10 000 persons)	154.96	22.58	12.40	11.08	11.88
年末单位从业人员数（万人） Number of Employed Persons at Year-end (10 000 persons)	63.94	7.19	5.40	4.41	4.43
第一产业（农、林、牧、渔业）（万人） Primary Industry (10 000 persons)	0.74	0.11	0.05	0.28	0.15
第二产业（万人） Secondary Industry (10 000 persons)	25.44	3.44	1.48	1.27	1.33
第三产业（万人） Tertiary Industry (10 000 persons)	37.76	3.64	3.87	2.86	2.95
城镇个体从业人员（人） Number of Urban Self-Employed Individuals (person)	67 811	16 910	5 968	6 959	16 695
行政区域土地面积（平方公里） Administrative Land Area (sq.km)	3 940	1 553	1 004	5 011	2 167
其中：建成区面积（平方公里） Of which: Developed Area (sq. km)	148	24	12	11	13
二、综合经济 Aggregate Economy					
国内生产总值（万元） Gross Domestic Products (10 000 yuan)	5 230 020	809 666	1 965 406	303 560	399 056
第一产业增加值（万元） Primary Industry (10 000 yuan)	151 860	57 140	31 076	111 355	56 367
第二产业增加值（万元） Secondary Industry (10 000 yuan)	2 523 223	447 623	1 583 999	70 110	165 910
其中：工业增加值（万元） Of which: Industry (10 000 yuan)	2 006 386	410 293	1 540 278	40 705	125 508
第三产业增加值（万元） Tertiary Industry Increased (10 000 yuan)	2 554 937	304 903	350 331	122 095	176 779
国有及年销售收入500万元以上的非国有工业总产值(当年价)(万元) Gross Industrial Output Value of State-owned and Non-state-owned with Sales Revenue over 5 Million Yuan (10 000 yuan)	3 037 762	716 267	1 972 576	67 406	175 588
年销售收入500万元以下的非国有工业总产值（当年价）（万元) Gross Industrial Output Value of State-owned and Non-state-owned with the Sales Revenue Under 5 Million Yuan (10 000 yuan)	2 022 414	85 609	137 562	49 899	29 241
中央财政预算内收入 (万元) Budgetary Revenue of Central (10 000 yuan)	562 735	24 897	14 557	5 640	59 399

17-1 续表1 continued

指　　标　　　Item	昆明市 Kunming	曲靖市 Qujing	玉溪市 Yuxi	保山市 Baoshan	昭通市 Zhaotong
地方财政预算内收入（万元） Budgetary Revenue of Local (10 000 yuan)	499 548	17 887	21 750	16 052	17 511
地方财政预算内支出（万元） Budgetary Expenses of Local (10 000 yuan)	515 095	30 132	45 528	33 209	58 536
其中：科学事业费支出（万元） Of which: Operating Expenses for Science (10 000 yuan)	1 938	9	1 193	9	198
教育事业费支出（万元） Operating Expenses for Education (10 000 yuan)	50 405	8 973	8 074	9 352	11 373
城乡居民储蓄年末余额（万元） Deposit Balance of Urban/Rural Residents at Year-end (10 000 yuan)	1 123 894	402 321	507 467	218 536	151 505
承保额（万元） Insurance Amount (10 000 yuan)		800 824	5 640 321	845 120	260 127
保费（万元） Premiums (10 000 yuan)		17 416	21 981	4 028	4 827
已决赔款（万元） Loss Paid (10 000 yuan)		5 243	6 177	1509	1 955
三、交通运输、邮电通信、能源电力 **Transport, Post, Telecommunication and Energy Electricity**					
境内公路里程（公里）　-- Length of Highways (km)	9 689	10 915	14 801	9 253	13 592
境内铁路里程（公里）　-- Length of Railways in Operation (km)		594	55		
民用汽车拥有量（辆）　-- Number of Civil Motor Vehicles Owned (unit)	198 429	64 000	59 970	25 242	33 610
其中：私人汽车拥有量(辆)　-- Of which: Number of Private-owned Motor Vehicles (unit)	104 098	31 457	38 812	13 462	6 452
公路货运量(万吨)　-- Freight Traffic of Highways (10 000 tons)	10 385	2 914	2 113	1 344	530
铁路货运量(万吨)　-- Freight Traffic of Railways (10 000 tons)	1 692	411	105		2
年末邮电局（所）数（处） Number of Postal Offices at Yearend (unit)	322	15	28	28	16
邮政业务总量（万元） Revenue of Post Services (10 000 yuan)	18 251	1 920	2 219	842	985
电信业务总量（万元） Revenue of Telecommunication Services (10 000 yuan)	344 152	33 894	10 104	6 953	5 315
本地电话用户数(万户) Number of Telephone Sets (10 000 households)	89.54	8.71	8.22	4.76	5.31

注：表中有"--"者为全市数。

Note: "--" in this table are the data of the whole city.

17-1 续表2 continued

指标 Item	昆明市 Kunming	曲靖市 Qujing	玉溪市 Yuxi	保山市 Baoshan	昭通市 Zhaotong
年末移动电话用户数(万户) Number of Hand in Telephone (10 000 households)		73 370		66 369	53 422
国际互联网用户数（户） Number of Internet Users (household)	110 394	20 733	18 719	820	3 200
能源消费量（万吨） Number of Taxi (10 000 tons)		115	51		79
全年用电量（万千瓦时） Annual Electricity Consumption (10 000 kwh)	721 846		62 594	23 646	10 397
其中：工业用电(万千瓦时) Of which: Industrial Electricity Consumption (10 000 kwh)	499 610	54 051	42 939	9 902	7 187
城乡居民生活用电（万千瓦时） Residential Electricity Consumption in Urban and Rural Areas (10 000 kwh)	125 183		5 820	7 748	3 210
四、贸易、外经、旅游 **Trade, Foreign Trade, Economic Cooperation and Tourism**					
批发零售贸易业商品销售总额 （万元） Total Wholesale and Retail Trade (10 000 yuan)		1 098 072	2 783 339	135 850	
社会消费品零售额（万元） Total Retail Sales of Consumer Goods (10 000 yuan)	2 274 440	134 949	14 623	114 626	68 381
当年合同外资金额（万美元） -- Utilized in the Signed Agreements & Contracts (USD 10 000)		3 089	1 368	816	1080
当年实际使用外资金额(万美元) -- Amount of Foreign Capital Actually Utilized (USD 10 000)		406	1064	101	1080
国际旅游者人数（人） -- Number of International Tourists (person)	590 827	31 926	1 440	46 414	226
国际旅游收入 （万美元） Foreign Exchange Earning (USD 10 000)	15 824	120	47	1 164	2
进口额 （万美元） -- Total Imports (USD 10 000)	56 064	39	7 676		267
出口额 （万美元） -- Total Exports (USD 10 000)	78 033	1 804	3 749		
五、固定资产投资 **Investment in Fixed Assets**					
固定资产投资完成额（万元） Completed Investment in Fixed Assets (10 000yuan)	1 672 584	149 118	240 725	78 934	112 501
其中：住宅 （万元） Of which: Residential Buildings (10 000yuan)	575 007	60 197	61 805	22 471	15 016
其中：房地产开发投资完成额（万元） Of which: Investment Completed of Real Estate Development (10 000yuan)	652 581	21 414	34 281	7 488	1 860

17-1 续表3 continued

指 标 Item	昆明市 Kunming	曲靖市 Qujing	玉溪市 Yuxi	保山市 Baoshan	昭通市 Zhaotong
本年施工住宅面积(万平方米) Space of Residential Buildings Started in this Year (10 000sq.m)	703.08	152.86	155.31	65.23	34.21
本年竣工住宅面积(万平方米) Space of Residential Buildings Completed in this Year (10 000sq.m)	295.63	108.21	94.14	36.97	29.53
商品房屋销售面积(万平方米) Floor Space of Selling House (10 000sq.m)	194.88	3.35	9.77	1.46	1.84
六、教育、科技、文化卫生 **Education, Science and Technology, Culture, Public Health**					
高等学校数 （所） Number of Regular Institutes of Higher Education (unit)	14	1	1	1	1
中等专业学校数 （所） Number of Specialized Secondary Schools (unit)	49	6	5	5	5
普通中学数 （所） Number of regular Secondary Schools (unit)	145	38	20	45	27
小学数 （所） Number of Primary Schools (unit)	459	106	77	443	185
高等学校学生数 （人） Number of Regular Institutes of Higher Education	85 484	3 432	3 833	1 358	2 297
中等专业学校学生数（人） Number of Specialized Secondary Schools (person)	55 623	6 541	7 686	3 033	2 965
普通中学学生数 （万人） Number of regular Secondary Schools (person)	10.14	3.98	2.35	4.17	3.70
小学学生数 （万人） Number of Primary Schools (person)	15.55	5.67	3.27	8.60	10.22
各类专业技术人员数 （万人） Number of various S. & T. Personnel (10 000 persons)	8.80	1.47	1.65	0.93	1.81
其中：中级技术职称以上人员数（人） Of which: Above Medium Titles (person)	8.18	0.47	0.15	0.23	0.61
剧场、影剧院数 （个） Number of Theaters, cinemas and opera-houses (unit)	18	3	4	2	1
公共图书馆图书藏量(千册、件) Total Collection of Public Libraries (1 000 unit)	3 600	410	564	77	486
医院、卫生院数 （个） Number of Hospitals (unit)	146	40	13	57	33
医院、卫生院床位数 (张) Number of Hospital Beds (unit)	18 370	2 834	1 628	1 833	1 271
医生数（人） Number of Doctors (person)	10 643	1 297	1 611	1 001	817
七、人民生活 **People's Livelihood**					
在岗职工平均人数（万人） Average Number of Persons at Post (10 000 persons)	61.32	7.27	4.62	4.24	4.44

17-1 续表4 continued

指 标 Item	昆明市 Kunming	曲靖市 Qujing	玉溪市 Yuxi	保山市 Baoshan	昭通市 Zhaotong
在岗职工工资总额（万元） Total Wages of Workers at Post (10 000 yuan)	780 846	87 874	74 230	38 623	45 853
居民人均可支配收入（元） Per Capita Disposable Income (yuan)	7 790	6 771	8 095	6 503	6 443
居民人均消费支出(元) Per Capita Living Expenditures for Consumption (yuan)	6 927	5 208	6 513	4 948	5 162
年末离休、退休、退职人员数（万人） Number of Retried and Resigned Persons at Year-end (10 000 persons)		0.49	0.22	0.61	0.9
基本养老保险参保职工（人） Contributors of Basic Endowment Insurance (person)		77 394	23 126	16 284	22 887
基本医疗保险参保人数(人) Contributors of Basic Medicine Insurance (person)		23 949	44 496	23 301	
失业保险参保人数（人） Contributors of Unemployment Insurance (person)			42 559	36 98	13 835
社会福利院数（个） Number of Social Welfare Homes (unit)	62	10	14	12	4
社会福利院床位数（张） Number of Beds in Social Welfare Homes (unit)	3 676	398	331	235	75
居民最低生活保障人数（人） Number of People at Minimum Standard of Living (unit)	25 758	5 374	2 989	3 241	8 211
八、社会治安 **Social Offense Cases**					
交通事故件数（件） Number of Traffic Accidents (cases)	1 992	1 917	1 490	546	221
刑事案件立案数（件） Number of Criminal Cases (cases)	22 801	4 464	3 299	1 765	1 831
九、市政公用事业 **Municipal Public Utilities**					
年末实有铺装道路面积（万平方米） Area of Paved Roads at Year-end (10 000 sq. m)	1 020	188		88	87
排水管道总长度（公里） Length of Sewer Pipelines (km)	869	169		9	146
供水综合生产能力（包括自备水源）（万吨/日） Production Capacity of Tap Water (10 000 tons/day)	144	9	5	3	12
全年供水总量（万吨） Total Annual Volume of Water Supply (10 000 tons)	30 909	2 283	1 845	983	776

17-1 续表5 continued

指　　标 Item	昆明市 Kunming	曲靖市 Qujing	玉溪市 Yuxi	保山市 Baoshan	昭通市 Zhaotong
生活用水量（万吨） Water Consumption for Residential Use (10 000 tons)	23 951	1 279	1 083	553	508
煤气（人工、天然气）家庭用量（万立方米） Consumption of Coal Gas and Natural Gas for Residential Use (10 000 cu.m)	10 583			67	
液化石油气家庭用量（吨） Consumption of Liquefied Petroleum Gas for Residential Use (10 000 cu.m)	60 048	5 400		563	1 217
年末实有公共汽（电）车营运车辆数（辆） Number of Public Transport Vehicles in Use	3 097	168	50	76	
全年公共汽（电）车客运总量（万人次） Number of Passengers Carried (10 000 persons-times)	32 284	3 956	1 296	60	
年末实有出租汽车数（辆） Number of Taxis (unit)	7 725	1 529	314	394	850
园林绿地面积（公顷） Area of Parks, Gardens and Green Areas (hectare)	5 303	583	441	170	332
其中：公共绿地面积（公顷） Of which: Public Green Areas (hectare)	1 650	79	95	117	136
建成区绿化覆盖面积（公顷） Afforested Developed Areas (hectare)	4 554	332	397	175	384
环境污染治理投资额(万元) Total Investment for Environment Pollution Treatment (10 000 yuan)	146 907		276	147	
工业废水排放总量（万吨） Total Volume of Industrial Water Discharged (10 000 tons)	2 631		536	557	2
工业废水处理排放达标量（万吨） Volume of Treated Waste Water up to the Discharge Standard (10 000 tons)	2 593			176	
工业二氧化硫去除量（吨） Volume of Industrial Sulfur Dioxide Removal (ton)	111 534		4 224	45	273
工业二氧化硫排放量（吨） Volume of Industrial Sulfur Dioxide Discharge (ton)	25 601		2 258	1 027	50
环境噪声达标面积（平方公里） Area of Surrounding Noise Reaching Standard (sq. km)	86			11	
生活垃圾、粪便清运量（万吨） Volume of Disposal of Excrement and Urine (10 000 tons)	108		6	4	10
生活垃圾、粪便无害化处理量（万吨） Annual garbage and Night Soil Disposal Cleared (10 000tons)	88		6	3	

十八、教育、科技、文化 体育、卫生和其他

EDUCATION, SCIENCE AND TECHNOLOGY, CULTUER, SPORTS, PUBLIC HEALTH AND OTHERS

18-1 主要年份各级各类学校数

Number of Schools in Major Years by Level and Type

单位：所 (unit)

年 份 Year	普通高等学校 Institutions of Higher Education	普通中等专业学校 Specialized Secondary Schools	中等学校 Secondary Schools 普通中学 Regular Secondary Schools 合计 Total	高中 Senior Secondary Schools	初中 Junior Secondary Schools	职业中学 Vocational Secondary Schools	普通小学 Primary Schools	幼儿园 Kindergartens
1 978	15	70	1 476	841	635	-	66 672	371
1 980	18	100	1 435	610	825	59	59 499	591
1 985	26	111	1 765	528	1 237	179	58 484	1 981
1 990	26	138	2 030	503	1 527	228	53 556	1 434
1 992	26	142	2 120	496	1 624	228	28 124	1 054
1 993	26	142	2 178	479	1 699	234	26 376	1 093
1 994	26	142	2 182	469	1 723	231	25 007	1 323
1 995	26	143	2 225	455	1 770	233	24 612	1 340
1 996	26	144	2 242	442	1 800	217	24 078	1 501
1 997	26	146	2 240	431	1 809	217	23 724	1 412
1 998	26	142	2 245	419	1 826	211	23 249	1 500
1 999	24	136	2 225	407	1 818	209	22 705	1 568
2 000	24	127	2 236	418	1 818	199	22 151	1 770
2 001	28	121	2 362	419	1 943	209	21 315	1 530

18-2 主要年份各级各类学校专任教师数

Number of Teachers of Schools in Major Years by Level and Type

单位：人 (person)

年 份 Year	普通高等学校 Institutions of Higher Education	普通中等专业学校 Specialized Secondary Schools	中等学校 Secondary Schools 普通中学 Regular Secondary Schools 合计 Total	高中 Senior Secondary Schools	初中 Junior Secondary Schools	职业中学 Vocational Secondary Schools	普通小学 Primary Schools	幼儿园 Kindergartens
1978	3 743	2 221	59 003	11 561	47 442	222	164 100	2 474
1980	4 354	3 321	52 665	8 877	43 728	274	175 353	3 493
1985	6 383	4 631	52 140	10 722	41 418	1 947	171 374	8 064
1990	7 754	7 093	69 238	12 331	56 907	3 712	174 159	11 966
1992	7 538	7 377	75 239	12 831	62 408	4 573	175 321	13 980
1993	7 215	7 473	76 616	12 716	63 900	4 981	175 881	15 179
1994	7 296	7 628	78 488	12 674	65 814	5 100	178 376	16 324
1995	7 415	7 886	80 139	12 668	67 471	5 474	181 384	16 330
1996	7 518	8 150	83 840	12 967	70 873	5 661	184 303	17 254
1997	7 690	8 432	88 120	13 057	75 063	5 983	189 129	18 937
1998	8 143	8 400	92 736	13 003	79 733	6 319	193 900	18 272
1999	8 296	8 304	98 927	13 511	85 416	6 900	201 125	18 618
2000	9 237	7 750	105 620	14 631	90 989	7 091	210 507	19 614
2001	9 982	7 678	109 674	15 991	93 683	7 115	217 658	13 148

18-3 主要年份各级各类学校在校学生数

Number of Students Enrollment in Major Years by Type

单位：万人 (10 000 persons)

年 份 Year	普通高等学校 Institutions of Higher Education	中等学校 Secondary Schools 普通中等专业学校 Specialized Secondary Schools	普通中学 Regular Secondary Schools 合 计 Total	高 中 Senior Secondary Schools	初 中 Junior Secondary Schools	职业中学 Vocational Secondary Schools	普通小学 Primary Schools	幼儿园 Kindergartens
1978	1.59	2.66	183.76	23.78	104.76	0.39	436.03	4.08
1980	1.81	4.02	96.86	14.67	82.20	0.54	424.39	10.32
1985	3.23	5.01	101.99	17.49	84.50	4.07	514.66	19.68
1990	4.35	7.38	123.95	18.06	105.89	6.82	446.86	30.06
1992	4.54	7.75	131.66	18.66	113.01	10.26	445.43	40.26
1993	4.96	8.47	126.79	17.85	108.94	10.73	443.88	43.64
1994	5.13	9.10	124.27	17.52	106.75	10.80	450.61	48.71
1995	5.14	10.26	127.25	17.78	109.47	12.51	462.41	51.74
1996	5.40	10.97	133.43	17.61	115.82	9.78	473.12	53.35
1997	5.74	11.68	142.31	17.76	124.55	11.38	483.71	53.72
1998	6.24	12.24	152.15	17.84	134.31	12.51	485.45	54.37
1999	7.39	11.95	167.44	19.42	148.02	15.78	480.80	57.75
2000	9.04	11.92	185.97	22.21	163.76	15.85	472.06	60.35
2001	11.90	12.86	200.46	26.50	173.96	15.26	460.50	62.70

18-4 主要年份各级各类学校招生数

Number of New Students Enrollment in Major Years by Level and Type

单位：万人 (10 000 persons)

年 份 Year	普通高等学校 Institutions of Higher Education	中等学校 Secondary Schools 普通中等专业学校 Specialized Secondary Schools	普通中学 Regular Secondary Schools 合 计 Total	高 中 Senior Secondary Schools	初 中 Junior Secondary Schools	职业中学 Vocational Secondary Schools	普通小学 Primary Schools
1978	0.71	1.28	51.55	10.42	41.13	-	109.34
1980	0.50	1.48	34.97	6.27	28.70	0.35	111.97
1985	1.26	1.97	36.58	6.32	30.26	1.95	103.58
1990	1.30	2.29	44.40	6.51	37.89	3.28	79.99
1992	1.56	2.67	45.65	6.40	39.25	6.61	85.43
1993	1.64	3.04	44.50	6.00	38.50	6.84	84.33
1994	1.58	3.30	45.20	6.25	38.95	6.51	86.78
1995	1.65	3.51	47.66	6.54	41.12	6.56	87.93
1996	1.72	3.70	48.77	5.84	42.93	6.13	87.52
1997	1.83	3.96	52.52	6.25	46.27	6.31	85.27
1998	2.04	3.94	56.30	6.56	49.74	7.31	75.80
1999	2.75	3.65	62.94	7.43	55.51	7.77	70.99
2000	3.20	3.76	69.84	8.82	61.02	6.42	70.20
2001	4.25	4.67	72.20	10.67	61.54	6.20	72.36

18-5 主要年份各级各类学校毕业生数

Number of Graduates in Major Years by Level and Type

单位：万人 (10 000 persons)

年份 Year	普通高等学校 Institutions of Higher Education	中等学校 Secondary Schools 普通中等专业学校 Specialized Secondary Schools	普通中学 Regular Secondary Schools 合计 Total	高中 Senior Secondary Schools	初中 Junior Secondary Schools	职业中学 Vocational Secondary Schools	普通小学 Primary Schools
1978	0.33	0.99	44.60	9.19	35.41	0.11	56.76
1980	0.53	1.59	27.90	8.12	19.78	0.09	48.27
1985	0.54	1.23	24.32	4.63	19.69	0.58	51.90
1990	1.45	2.07	33.99	5.57	28.42	2.63	64.59
1992	1.33	2.27	34.76	5.47	29.29	2.07	59.60
1993	1.21	2.31	36.18	5.80	30.38	2.24	57.34
1994	1.43	2.21	36.09	5.23	30.36	2.43	55.17
1995	1.63	2.63	35.71	5.55	30.16	2.83	56.03
1996	1.45	2.96	34.03	5.25	28.78	2.90	57.98
1997	1.49	3.20	37.03	5.48	31.55	2.97	61.25
1998	1.53	3.30	40.17	5.82	34.35	3.17	61.80
1999	1.58	3.50	42.80	5.15	37.65	3.50	65.61
2000	1.62	3.77	47.54	5.65	41.89	4.61	72.15
2001	1.94	3.69	52.50	5.93	46.56	4.94	76.04

18-6 全 省 研 究 生 数

Number of Postgraduates in Yunnan

单位：人 (person)

年份 Year	招生数 New Student Enrollment	在学人数 Student Enrollment 攻读硕士学位 Study in Master Degree	攻读博士学位 Study in Doctor Degree	毕业生数 Graduates 攻读硕士学位 Study in Master Degree	攻读博士学位 Study in Doctor Degree
1984	190	376	1		-
1985	448	724	5	98	1
1990	151	467	24	248	11
1991	140	481	26	221	8
1992	198	533	40	148	11
1993	275	612	42	187	8
1994	323	792	56	141	11
1995	343	948	77	183	14
1996	414	1 030	156	266	18
1997	592	1 351	202	326	24
1998	643	1 483	175	373	50
1999	822	1830	247	538	74
2000	1 231	2 376	332	535	46
2001	1 777	3 428	396	559	77

18-7 各级各类成人学校基本情况（2001年）

Basic Conditions of Adult Schools by Level and Type (2001)

单位：人 (person)

项　目	Item	学校数（所） Schools	毕业生数 Graduates	招生数 New Student Enrollment	在校学生数 Student Enrollment	教职工合计 Teachers and Staff	#专任教师 Full-time Teachers
成人高等学校	**Adult Education Schools**	**8**	**2 577**	**3 198**	**8 522**	**1 768**	**887**
分办学形式:广播电视大学	Radio and TV Universities	1	1 916	2 376	6 284	892	373
职工高等学校	School of Higher Education for Staff and Workers	4	529	305	1 248	424	265
教育学院	Pedagogical Colleges	3	132	517	990	452	249
成人中等专业学校	**Specialized Secondary Schools for Adults**	**139**	**18 814**	**14 146**	**42 990**	**3 997**	**2 268**
广播电视中专学校	Radio and TV Specialized Secondary Schools	4	11 844	11 089	31 000	754	419
职工中等专业学校	Specialized Secondary Schools for Staff	9	3 707	608	4 800	376	211
干部中等专业学校	Specialized Secondary Schools for Cadres	–	1 345	1 005	3 279		
函授中等专业学校	Specialized Correspondence Secondary Schools	2	1 195	1 306	3 493	711	378
教师进修学校	Teacher Training Schools	124	723	138	418	2 156	1 260
成人中学	Secondary Schools for Adults	18	694	219	219	215	180
成人初等学校	**Primary Schools for Adults**	–	**326 205**	**27 818**	**201 255**	**586**	**138**

18-8 各级各类学校每一教职工、专任教师负担的学生和每万人口中的在校学生数

Ratio of Students to a Full-time Teacher and Staff and Number of Students at Schools per 1 Million Population by Level and Type

单位:人 (person)

项　目	Item	每一教职工负担的学生数 Students per teacher and staff		每一教师负担的学生数 Students per teacher		每万人口中的在校学生数 Students per 10 000 population	
		2000年	2001年	2000年	2001年	2000年	2001年
普通高等学校	Regular Institutions of Higher Education	4.6	5.7	9.8	11.9	21.6	28.07
普通中等专业学校	Specialized Secondary Schools	8.5	9.4	15.4	16.8	28.4	30.34
中等师范学校	Teacher Secondary Schools	11.9	12.6	19.7	20.1	6.7	6.29
普通中学	Regular Secondary Schools	14.4	14.9	17.6	18.3	443.6	472.7
高中	Senior Secondary Schools			15.2	16.6	53.0	62.5
初中	Junior Secondary Schools			18.0	18.6	390.6	410.2
职业中学	Vocational Secondary Schools	15.9	15.1	22.4	21.5	37.8	36.0
小　学	Primary Schools	21.0	19.7	22.4	21.2	1 126.1	1 085.87
幼 儿 园	Kindergartens	23.3	30.1	31.5	47.6	144.0	147.86
成人高等学校	Adult Education Schools	7.9	4.8	15.1	9.6	13.7	17.98
成人中等专业学校	Specialized Secondary Schools for Adults	11.3	10.8	21.9	19.0	11.5	10.14

18-9 小学学龄儿童入学率
Enrollment Rate of School-age Children in Primary Schools

年份 Year	全省学龄儿童数(万人) School-Age Children (10 000 persons)	已入学学龄儿童数(万人) School-Age Children Enrolled in Schools (10 000 persons)	入学率(%) Enrollment Rate	年份 Year	全省学龄儿童数(万人) School-Age Children (10 000 persons)	已入学学龄儿童数(万人) School-Age Children Enrolled in Schools (10 000 persons)	入学率(%) Enrollment Rate
1980	400.79	349.54	87.20	1996	439.81	430.32	97.80
1985	421.61	384.14	93.10	1997	452.05	446.64	98.40
1990	342.40	324.06	94.60	1998	454.13	448.37	98.73
1993	405.77	443.88	96.30	1999	449.02	444.52	99.00
1994	420.10	407.39	96.90	2000	438.41	434.10	99.02
1995	427.81	416.79	97.40	2001	429.62	426.92	99.37

18-10 全省自然科学研究成果获奖统计
Statistics on Prizes of Provincial Natural Science Research Achievements

单位：项 (unit)

年份 Year	云南省科技进步奖 Provincial Scientific Technological Progress Prize					云南省星火奖 Provincial Spark Prize					备注 Remarks
	申报数 Applications Examined	获奖数 Number of Prize-wining	奖励等级 一等 Grade I	二等 Grade II	三等 Grade III	申报数 Applications Examined	获奖数 Number of Winning	奖励等级 一等 Grade I	二等 Grade II	三等 Grade III	
1985	455	-	3	22	124	-	-	-	-	-	特等1项
1990	179	90	-	11	79	23	9	1	3	5	
1995	293	182	1	19	162	46	35	1	7	27	
1996	289	178	1	19	158	75	60	1	13	46	
1997	322	182	1	13	168	62	32	1	27	27	
1998	321	197	6	24	167	125	103	3	22	78	
1999	377	208	2	24	182	117	82	3	14	65	
2000	444	193	6	24	163						
2001	325	172	6	26	140						

注：1. 1985年一等奖中含特等奖一项。2. 云南省星火奖从1988年开始实行，2000年以后不再统计。

Note: a. The first prizes in 1985 included the special awards; b. The Spark Prize was executed in 1988 in Yunnan province.

18-11 全省自然科学研究机构数（独立科研机构）
Natural Science Research Institutions in the Province

单位：个 (unit)

年份 Year	中国科学院 Chinese Academy of Sciences	国务院各部委直属 Directly under Departments of State Council	省业务局直属 Directly under Provincial Departments	地州(市)直属 Directly under Prefecture (municipal) Depts.	年份 Year	中国科学院 Chinese Academy of Sciences	国务院各部委直属 Directly under Departments of State Council	省业务局直属 Directly under Provincial Departments	地州(市)直属 Directly under Prefecture (municipal) Depts.
1980	5	12	54	83	1996	4	12	54	79
1985	4	15	57	72	1997	4	12	54	78
1990	4	14	55	80	1998	4	12	53	77
1993	4	12	54	80	1999	4	12	51	73
1994	4	12	54	80	2000	4	9	55	67
1995	4	12	54	79	2001	4	9	55	65

18-12 全省分行业自然科学独立研究机构数

Number of Provincial Independent Nutural Science Research Institutions by Sector

单位：个 (unit)

年 份 Year	合 计 Total	农林牧渔 Farming, Forestry, Animal Husbandry and Fishery	工 业 Industry	地质普查及勘探业 Geological Prospecting	建筑业 Construction	交通运输邮电通讯业 Transport, Postal and Telecommunication Services	社 会服务业 Social Services	卫生体、育和社会福 利 业 Health Care,Sports and Social Welfare	科学研究与综合技术服务业 Scientific Research and Polytechnic Services
1985	149	59	44	1	2	3	-	16	24
1990	153	79	35	2	2	3	3	12	17
1991	150	77	33	2	2	3	3	12	17
1992	150	77	33	2	2	3	3	12	18
1993	150	77	33	2	2	3	3	12	18
1994	150	77	32	2	2	3	3	12	19
1995	149	76	32	2	2	3	3	12	19
1996	149	61	36	3	2	3	5	11	28
1997	148	57	48	3	2	3	7	12	16
1998	146	57	46	3	2	3	7	12	16
1999	140	56	44	1	2	3	7	11	14
2000	135	67	25	1	1	3	4	5	29
2001	133	67	22	1	1	3	4	6	29

注:从1991年起不包括国防科工委系统。

Note: Starting from 1991 the units under Commission of Science, Technology and Industry for National Defense are not included

18-13 全省分行业自然科学独立研究机构科技活动人员数

Scientists and Technicians of Independent Research Institutions in Natural Science

单位：人 (person)

年 份 Year	合 计 Total	农林牧渔 Farming, Forestry, Animal Husbandry and Fishery	工 业 Industry	地质普查及勘探业 Geological Prospecting	建筑业 Construction	交通运输邮电通讯业 Transport, Postal and Telecommunication Services	社 会服务业 Social Services	卫生体、育和社会福 利 业 Health Care,Sports and Social Welfare	科学研究与综合技术服务业 Scientific Research and Polytechnic Services
1985	8 012	1 956	3 522	96	60	193	-	845	1 340
1990	11 008	2 801	5 006	120	89	190	98	814	1 890
1991	9 085	2 841	2 926	138	81	184	99	853	1 963
1992	9 102	2 928	2 879	124	85	196	103	849	1 938
1993	9 004	2 907	2 767	125	84	189	108	877	1 947
1994	8 875	2 818	2 746	123	72	187	105	876	1 948
1995	8 722	2 821	2 606	120	67	175	115	875	1 943
1996	8 260	2 572	2 523	143	64	170	331	562	1 895
1997	8 135	2 524	2 724	127	53	172	411	592	1 532
1998	7 863	2 305	2 619	128	62	154	400	623	1 482
1999	7 606	2 528	2 306	58	98	160	409	522	1 443
2000	7 160	2 819	1 754	48	82	152	258	321	1 726
2001	7 224	2 978	1 609	43	82	138	220	406	1 748

注:从1991年起不包括国防科工委系统(下同)。

Note: Starting from 1991 the units under Commission of Science, Technology and Industry for National Defense are not included (Same below).

18-14 各地区自然科学机构中从事科技人员数（2001年）

Persons Engaged in Science and Technology in Natural Science Institutions by Region(2001)

单位：人 (person)

地区	Region	科技人员数 Scientists and Technicians	高级技术人员 Senior Technicians	中级技术人员 Mid-rank Technicians	初级技术人员 Junior Technicians
全省合计	**Total**	**6 467**	**1 345**	**2 611**	**2 032**
昆明	Kunming	4 396	1 125	1 864	1 217
曲靖	Qujing	66	12	36	10
玉溪	Yuxi	36	4	16	12
保山	Baoshan	84	8	36	27
昭通	Zhaotong	62	7	32	28
楚雄	Chuxiong	242	24	93	117
红河	Honghe	226	32	103	81
文山	Wenshan	85	7	42	33
思茅	Simao	93	10	37	41
西双版纳	Xishuangbanna	729	73	175	281
大理	Dali	178	24	89	53
德宏	Dehong	104	9	33	58
丽江	Lijiang	59	5	17	15
怒江	Nujiang	25	1	5	16
迪庆	Diqing	19	1	8	10
临沧	Lincang	63	3	25	33

18-15 主要年份全省专利申请和批准数

Patent Applications Examined and Granted in the Province

年份 Year	申请数（件） Applications Examined				批准数（件） Applications Granted			
	合计 Total	发明 Invention	实用新型 Utility Novel	外观设计 Design	合计 Total	发明 Invention	实用新型 Utility Novel	外观设计 Design
1985	135	66	65	4	-	-	-	-
1990	461	77	326	58	362	24	312	26
1991	576	112	379	85	310	20	246	44
1992	695	138	499	58	341	32	268	41
1993	729	164	485	80	686	35	568	83
1994	883	171	499	213	439	25	367	47
1995	959	195	476	288	569	35	346	188
1996	1 290	266	665	359	602	33	336	233
1997	1 108	163	612	333	692	20	362	310
1998	1 136	163	579	394	832	45	477	310
1999	1 246	198	609	438	1 185	73	695	417
2000	1 710	341	737	632	1 216	139	606	417
2001	1 793	344	807	642	1 347	113	662	572

18-16 全省县级以上政府部门属独立研究与开发机构及情报文献机构数、人员数

Number of Independent Research and Development Institutions and Information and Literature Institutions Owned by Government Departments above County Level ,and the Number of Their Persons in Yunnan

单位:个、人 (unit,person)

指 标	Item	1990年	1995年	1998年	1999年	2000年	2001年
机构合计(个)	Total Institutions	168	163	160	159	156	154
人员合计(人)	Total Employees	17 611	13 327	12 878	12 355	11 645	11 352
1. 自然科学技术领域	Field of Natural Sciences and Technology						
机构数(个)	Number of Institutions	148	144	141	140	135	133
人员数(人)	Number of Employees	16 893	12 697	12 251	11 724	10 972	10 652
#科学家、工程师(人)	Scientists and Engineers	6 875	5 550	4 818	4 822	4 555	4 491
2. 社会、人文科学技术领域	Field of Social Sciences and Humanities						
机构数(个)	Number of Institutions	15	14	14	14	14	14
人员数(人)	Number of Employees	527	448	451	459	470	492
#科学家、工程师(人)	Scientists and Engineers	356	327	328	345	357	386
3. 科技情报和文献机构	Scientific-Technical Information and Literature Institutions						
机构数(个)	Number of Institutions	5	5	5	5	7	7
人员数(人)	Number of Employees	191	182	176	172	203	208
#科学家、工程师(人)	Scientists and Engineers	112	119	108	106	139	144

18-17 各地区独立研究与开发机构情况

Basic Indicators on Independent Scientific Research and Development Institutions by Region

单位:个、人 (unit,person)

地 区	Region	2000年				2001年			
		合 计 Total		自然科学 Natural Sciences		合 计 Total		自然科学 Natural Sciences	
		机 构 Institutions	人 员 Employees	机 构 Institutions	人 员 Employees	机 构 Institutions	人 员 Employees	机 构 Institutions	人 员 Employees
全省合计	**Total**	**156**	**11 645**	**135**	**10 972**	**154**	**11 352**	**133**	**10 652**
昆 明	Kunming	91	7 717	73	7 077	89	7 435	71	6 782
曲 靖	Qujing	3	99	3	99	3	97	3	97
玉 溪	Yuxi	3	73	2	62	3	59	2	49
保 山	Baoshan	4	110	2	80	4	104	4	104
昭 通	Zhaotong	2	80	5	360	2	81	2	81
楚 雄	Chuxiong	6	370	8	823	6	409	5	385
红 河	Honghe	9	835	5	171	9	821	8	808
文 山	Wenshan	5	171	5	151	5	172	5	172
思 茅	Simao	5	151	7	1 233	5	149	5	149
西双版纳	Xishuangbanna	7	1 233	6	263	7	1 230	7	1 230
大 理	Dali	6	263	4	110	6	257	6	257
德 宏	Dehong	5	304	5	304	5	304	5	304
丽 江	Lijiang	3	78	3	78	3	73	3	73
怒 江	Nujiang	2	50	2	50	2	45	2	45
迪 庆	Diqing	1	23	1	23	1	26	1	26
临 沧	Lincang	4	88	4	88	4	90	4	90

18-18 全省科技成果情况（2001年）

Scientific and Technological Achievements in the Province (2001)

项目	Item	发表科技论文（篇） S & T Papers	出版科技著作（种） S & T Works	专利申请数（件） Patent Applica-tions	发明专利申请数（件） Invention Patents Applied	拥有发明专利数（件） Invention Patents Owned
总计	**Total**	**13 566**	**462**	**328**	**168**	**264**
按单位类型分	**Units by Type**					
1. 科学研究与技术开发机构	Scientific Research & Tech. Development Institutions	2 083	63	37	32	16
2. 全日制普通高等学校	Full-time Regular Institutions of Higher Education	8 346	373	34	27	12
3. 大中型工业企业	3. Medium and Big Industrial Enterprises	-	-	120	24	113
4. 其他	Others	3 137	26	137	85	123

18-19 科技活动经费筹集与使用情况（2001年）

Fund Raising and Application for Scientific and Technological Activities（2001）

单位:万元 (10 000 yuan)

项目	Item	活动经费筹集总额 Total Funds Raised	政府拨款 Government Appropria-tions	自筹资金 Self-raised	银行贷款 Bank Loans	其它资金 Other Income	科技活动经费内部支出 Internal Expenditure for S & T Activities	活动经费外部支出 External Activity Expendi-ture
总计	**Total**	**243 917**	**97 602.3**	**116 949.2**	**21 299.3**	**8 066.2**	**212 999.1**	**18 623.3**
按单位类型分	**Units by Type**							
科学研究与技术开发机构	Scientific Research & Tech. Development Institutions	76 154	56 923	15 795	532	2 904	74 556	731
全日制普通高等学校	Full-time Regular Institutions of Higher Education	17 308	13 065	3 404	10	825	13 491	268
大中型工业企业	Medium and Big Industrial Enterprises	63 442	4 702.3	53 643.2	3 516.3	1 580.2	52 975.1	15 041.3
其他	Others	87 013	22 912	44 107	17 241	2 757	71 977	2 583
按隶属关系分	**Units by Leadership**							
中央	Gentral Government	65 532.1	31 983.9	30 733.8	-	2 814.5	51 759.4	13 315.6
地方	Local Government	178 384.9	65 618.4	86 215.4	21 299.3	5 251.7	161 239.7	5 307.7

18-20 主要年份全省文化事业机构数

Number of Cultural Institutions in the Province by Year

单位：个 (unit)

年 份 Year	艺术事业 Art Institutions		图书出版社 Books Publishing Houses	博物馆 Museums	公共图书馆 Public Libraries
	表演团体 Art Performance Troupes	艺术表演场所 Artistic Performance Sites			
1978	149	3	2	4	16
1980	154	26	2	4	80
1985	149	15	4	16	149
1990	137	46	7	20	148
1992	136	46	7	22	148
1993	136	47	8	22	148
1994	135	44	8	22	148
1995	134	44	8	22	148
1996	133	42	8	23	148
1997	132	40	8	26	148
1998	131	40	8	27	148
1999	130	39	8	27	147
2000	129	40	8	30	148
2001	128	41	8	30	147

18-20 续表 continued

单位：个

年 份 Year	群众文化事业 Mass Culture			广播电视事业 Broadcast and Television Culture	
	群众艺术馆 Mass Art Centers	文化馆 Cultural Centers	文化站 Cultural Stations	电视发射台及转播台 Television Transmission Stations and Relaying Stations	县级以上广播电台 Number of Wire Broadcast Stations in Counties and Cities
1978	1	144	2	5	3
1980	18	130	388	5	4
1985	18	130	1 456	12	5
1990	19	128	1 477	24	12
1992	19	128	1 532	27	13
1993	19	128	1 472	27	13
1994	19	128	1 591	15	13
1995	19	128	1 567	30	14
1996	19	128	1 582	30	14
1997	20	127	1 577	44	13
1998	20	127	1 593	44	13
1999	20	127	1 580	44	13
2000	20	127	1 551	44	14
2001	20	126	1 586	28	14

18-21 主要年份艺术、群众文化活动情况
Art and Mass Cultural Activities by Year

年 份 Year	艺 术 活 动 Art Activities		群 众 文 化 活 动 Mass Cultural Activities	
	演 出 场 次（场） Number of Performances (shows)	国内观众人次（千人次） Number of Spectators (1 000 person-times)	办 展 览（个） Number of Exhibitions (unit)	训练班结业（人次） Number of Persons Completing Courses (person-times)
1978	6 802	9 756	612	-
1980	16 102	15 288	968	11 610
1985	9 105	8 864	754	20 229
1990	9 092	10 645	2 504	24 000
1995	14 500	12 954	2 138	70 300
1997	357 000	11 137	2 839	142 000
1998	10 000	10 392	2 854	147 000
1999	10 240	12 066	3 085	192 000
2000	10 080	13 292	3 427	178 000
2001	11 000	12 209	3 019	167 000

18-22 主要年份图书馆、博物馆活动情况
Library and Museum Activities by Year

年 份 Year	图 书 馆 活 动 Libranes Activity		博 物 馆 活 动 情 况 Museums Activity	
	借 阅 册 次（千册次） Number of Books Borrowed by the Readers (1 000 volume-times)	借 阅 人 次（千人次） Number of Borrowing People (1 000 person-times)	陈列、展览（个） Number of Displays and Exhibitions	参 观 人数（千人次） Number of Visitors (1 000 person-times)
1978	552	358	-	-
1980	3 384	2 889	19	40
1985	5 399	4 630	99	473
1990	7 100	5 170	85	506
1995	5 285	5 586	112	887
1997	8 300	3 722	120	858
1998	8 022	4 103	123	533
1999	7 426	4 030	146	1 437
2000	6 803	3 834	145	1 066
2001	6 877	3 729	156	1 112

18-23 主要年份图书、杂志、报纸出版情况

Publication of Books, Magazines and Newspapers

年份 Year	出版总数（种）Number of Publications			出版印数（万册、万份）Printed Copies(10 000 copies)		
	图书 Books Published	杂志 Magazines Published	报纸 Newspapers Published	图书 Books Published	杂志 Magazines Published	报纸 Newspapers Published
1978	333	1		4 543.00	16.9	-
1980	336	87	11	8 106.20	738.6	17 570
1985	568	65	43	11 410.50	1 160.70	32 138
1990	804	68	41	12 329.60	954.3	22 280
1995	1 452	99	44	11 889.00	1 604.00	25 936
1997	2 048	100	48	15 412.70	1 566.10	34 350
1998	1 717	100	48	14 280.74	1 598.79	28 714
1999	2 286	100	41	17 150.85	1 811.19	29 608
2000	1 644	125	70	13 414	2 877	36 029
2001	1 984	130	72	13 471.42	3 186.09	36 828

18-24 少数民族文字图书、杂志、报纸出版情况

Publication of Books, Magazines and Newspapers in Ethnic Language

年份 Year	图书 Books Published		杂志 Magazines Published		报纸印数（万份）Newspapers Printed Copies (10 000 copies)
	种数（种）Number of Publications (kind)	印数(万册) Printed Copies (10 000 copies)	种数（种）Number of Publications (kind)	印数(万册) Printed Copies (10 000 copies)	
1985	98	74.1	3	1.8	57
1990	56	23.3	2	1.3	49
1995	53	11.4	3	1.1	30
1997	34	7.22	3	1.1	60
1998	43	6.41	3	1.9	62
1999	23	6.3	3	1.6	47
2000	12	8.86	2	1.5	59.71
2001	52	27	3	13.8	51.8

18-25 主要年份图书杂志分类构成情况(按印数分)

Composition of Books and Magazines by Catalogue and Printing Number

单位：万册、万张 (10 000 copies)

类别	Item	1985年	1990年	1995年	1997年	1999年	2001年
图书出版	Books Published	11 410.5	12 329.56	13 489	14 280.74	17 150.85	13 471.42
书籍	Books	3 758.5	4 895.90	13 245	14177.75	17066.04	1 072.24
课本	Textbooks	6 765.1	7 658.05		8 165.94	10 015.10	12 383.57
图片	Pictures	887.2	797.5	244	102.98	84.81	15.61
杂志出版	Magazines Published	1 160.7	954.26	1 495.1	1 598.79	1 811.19	3 186.09
综合	General	227.2	69.83	121	176.95	220.05	37.6
哲学社会科学	Philosophy,Social Sciences	47.4	323.44	724	737.83	837.26	2 839.07
自然科学技术	Natural Sciences,Technology	71.4	450.18	467	475.67	476.16	225.42
文化教育	Culture,Education	78.2	75.48		140.48	202.4	84
文学艺术	Literature,Arts	39.1	30.11	46	40.85	40.39	-
画刊	Pictorial	345.2	5.22	23	2.5	34.93	-

18-26 主要年份图书杂志分类构成情况(按种数分)

Composition of Books and Magazines by Catalogue and Kind

单位：种 (kind)

类别	Item	1978年	1980年	1985年	1990年	1995年	1999年	2001年
图书出版	Books Published	333	336	568	804	1 452	2 286	1 984
书籍	Books	99	232	399	596	1 344	2 206	1 959
图片	Pictures	84	74	126	120	108	80	25
杂志出版	Magazines Published	1	87	65	68	99	100	130
综合	General	0	0	3	3	4	4	3
哲学社会科学	Philosophy,Social Sciences	1	11	11	16	21	21	86
自然科学技术	Natural Sciences,Technology	0	52	23	33	53	55	39
文化教育	Culture,Education	0	3	2	2	4	4	2
文学艺术	Literature,Arts	0	19	23	13	15	14	-
画刊	Pictorial	0	2	3	1	2	2	-

18-27 广播电视普及情况

Basic Statistics on Broadcasting and Television

年份 Year	广播人口覆盖率(广播覆盖人数/总人口) Listener Rating	电视人口覆盖率(电视覆盖人数/总人口) Viewer Rating	农村有线广播入户率(广播喇叭入户数/农村居民总户数) Wire Listener Rating
1980	30	17	43
1984	59	58	5.4
1985	63	60	5.4
1990	68	65	3.5
1991	70	68	3.1
1992	70	72	2.8
1993	72	77	1.58
1994	72	78.20	2.4
1995	74	79	1.49
1996	77	81	2.48
1998	81.66	84.84	2.68
1999	84.68	86.83	-
2000	87.45	89.00	-
2001	88.98	90.54	-

18-28 广播电视节目构成情况
Composition of Broadcasting and Television Programs

单位：时、分　　(hour, minute)

项　目	Item	1985年	1990年	1995年	1999年	2000年	2001年
广播电台	Broadcassting Stations	5	12	14	9	9	10
日均播音时间	Broadcasting Hours per Day	79:47	113:23	155:41	258:53	309:27	312:12
自办节目时间合计	Total Self-produced Programs	70:27	93:38	124:50	222:53	226:42	237:02
(1)新　闻	News Programs	10:48	16:40	21:35	24:37	24:32	30:04
(2)文　艺	Programs of Entertainment	37:15	42:00	49:17	94:22	85:02	91:42
(3)专　题	Special Programs	10:16	20:26	29:29	63:18	65:08	63:33
(4)教　育	Educational Programs	6:22	7:40	7:40	13:35	13:00	13:50
(5)服务性	Service Programs	5:46	7:43	16:49	27:01	21:03	19:53
电 视 台	Television Stations	1	11	15	14	14	14
周播放时间	Broadcasting Hours per Week	61:15	473:45	1 663:23	1918:41	2 333:39	3012:42
自办节目时间合计	Total Self-produced Programs	20:30	225:45	663:21	1242:06	1 391:18	1943:44
(1)新　闻	News Programs	1:45	15:47	41:34	130:35	152:26	191:34
(2)文　艺	Programs of Entertainment	12:21	157:56	417:35	638:43	713:31	985:08
(3)专　题	Special Programs	4:46	28:03	66:35	172:32	156:49	284:00
(4)教　育	Educational Programs		13:56	22:01	33:23	69:40	31:05
(5)服务性	Service Programs	1:38	10:03	115:36	266:53	153:56	223:58

注：1998年广播电视产业政策调整，广播、电视只反映地市级台(县级台未包括)。

Note: According to the policy adjustment of broadcasting and television, only city-level stations are reflected (excluding county-level ones).

18-29 主要年份等级裁判员、运动员每年发展数
Number of Referees and Athletes in Grades by Year

单位：人　　(person)

项　目	Item	1978年	1980年	1985年	1990年	1995年	1999年	2000年	2001年
等级裁判员合计	Number of Referees in Grades	92	1 085	1 316	1 920	1 675	2 262	2 229	2 967
国际级裁判	International Referees	-	-	-	1	-	-	-	-
国家级裁判	National Referees	6	-	-	-	12	7	7	4
一级裁判	First Grade Referees	86	27	135	145	57	40	40	47
二级裁判	Second Grade Referees	-	402	280	455	316	518	519	693
三级裁判	Third Grade Referees	-	656	901	1 320	134	1 697	1 663	2 223
等级运动员合计	Number of Athletes in Grades	25	713	1 843	1 379	1 474	1 207	1 187	1 264
国际级健将	International Master of Sports	-	-	-	4	3	4	-	-
运动健将	Master of Sports	3	-	-	36	27	3	-	11
一级运动员	First Grade Sportsmen	11	19	63	38	52	22	12	47
二级运动员	Second Grade Sportsmen	11	14	83	352	328	355	353	393
三级运动员	Third Grade Sportsmen	-	364	861	583	703	437	479	476
少年级运动员	Juvenile Grade Sportsmen	-	316	836	433	361	386	343	337

18-30 主要年份县和县以上体委举办运动会情况及达标人数
Number of Sports Meets and Persons up to the Standard

年份 Year	举办运动会 Sports Meets Held 次数（次） Number of Times	参加人数（人） Participants (person)	各类体育训练班人数（人） Persons in Various Training (person)	国家体育锻炼标准达标人数（人） Number of Persons Who Have Come up to the State Physical Training Standards (person)
1978	363	-	3 754	92 858
1980	572	144 685	6 782	154 347
1985	2 065	433 003	8 534	713 972
1990	3 005	1 010 131	27 843	1 610 529
1994	4 591	1 601 527	21 570	4 215 583
1995	4 368	1 299 533	23 680	3 156 178
1996	4 026	1 884 577	25 400	3 031 835
1997	5 127	2 076 966	19 198	2 935 897
1998	5 061	2 379 327	18 106	3 063 797
1999	3 826	2 791 750	16 027	3 114 942
2000	3 810	2 801 556	15 778	3 116 337
2001	1 830	1 399 821	17 850	3 264 427

18-31 全省运动员比赛获奖情况
Athletes' Prize-winning in the Province

单位：枚 (unit)

年份 Year	金牌 Gold-Medal 国际 International Competitions	全国 National Competitions	银牌 Silver-Medal 国际 International Competitions	全国 National Competitions	铜牌 Copper-Medal 国际 International Competitions	全国 National Competitions
1978	1	4	1	9	14	8
1980	4	13	2	13	-	21
1985	11	24	13	13	9	18
1988	3	45	3	33	2	40
1989	7	31	4	31	-	37
1990	4	22	-	27	6	19
1991	3	18		13	-	18
1992	-	31	-	29	1	22
1993	5	20	1	19	-	24
1994	3	16	-	8	1	16
1995	9	27	3	29	4	31
1996	1	63	2	70	-	65
1997	-	21	2	24	-	46
1998	-	23	-	27	-	30
1999	8	35	3	29	1	38
2000	1	44	-	38	5	36
2001	5	22	-	18	1	24

18-32 卫生机构数

Medical Institutions

单位：个 (unit)

年份 Year	总计 Total	#医院 Hospitals	#县及县以上医院 At and Above County Level	门诊部所 Clinics	卫生防疫站 Sanitation and Antiepidemic Agencies	妇幼保健站 Maternity and Child Care Centers	药品检验所 Medicines and Chemical Reagent Test Labs
1980	5 836	1 864	376	3 376	149	143	73
1985	6 305	1 813	419	3 846	159	145	101
1989	6 600	1 884	480	4 041	150	143	132
1990	6 671	1 908	492	4 085	150	144	132
1991	6 708	1 928	502	4 091	150	144	133
1992	6 765	1 950	510	4 107	149	144	134
1993	6 469	1 969	535	3 772	157	143	135
1994	6 474	2 115	537	3 618	157	143	135
1995	6 400	2 108	536	3 522	158	145	137
1996	11 122	548	531	53	148	140	135
1997	11 454	589	546	46	149	140	136
1998	11 867	594	550	53	150	143	137
1999	11875	603	556	51	151	140	137
2000	13 356	602	544	51	151	142	136
2001	12 552	590	546	37	152	142	136

注：1. 从1996年开始卫生机构数包括主要卫生机构、诊所、卫生保健所 、医务室等。

2. 从1996年开始医院、县及县以上医院只包括正规医院。

Note: a. Since 1996, health institutions mainly cover health institutions, clinics, health clinics, etc.

b. Since 1996, the hospitals of county-level and the above only include formal hospitals.

18-33 卫生机构床位数

Number of Sickbeds

单位：张 (unit)

年份 Year	总计 Total	#医院 Hospitals	#农村 Countryside	医院中：县及县以上医院 At and Above County Level	平均每千人口有医院床位数 Number of Hospital Beds per 1000 Population
1980	66 049	60 249	38 831	38 425	1.9
1985	74 477	68 012	47 709	45 378	1.99
1989	82 738	75 009	48 448	52 595	2.06
1990	84 530	76 145	48 286	53 519	2.04
1991	87 351	78 382	49 865	55 688	2.07
1992	90 981	80 863	50 455	57 382	2.11
1993	92 684	82 529	51 904	59 284	2.14
1994	93 654	83 351	49 812	59 841	2.12
1995	95 552	83 959	50 942	60 218	2.1
1996	90 818	60 848	30 719	60 281	1.51
1997	93 993	63 418	30 170	62 453	1.55
1998	95 965	64 041	29 687	63 082	1.55
1999	97 197	64 575	30 551	63 680	1.53
2000	97 530	66 106	31 232	64 925	1.56
2001	99 768	65 978	31 722	65 313	1.55

18-34 卫 生 机 构 人 员 数

Persons in Health Institutions

单位：人 (person)

年 份 Year	总 计 Total	#卫生技术人员 Medical Technical Personnel	#农 村 Countryside	#医 生 Doctors	平均每千人有 Number per 1 000 Population 卫生技术人员 Medical Technical Personnel	医 生 Doctors
1978	79 520	65 486	36 209	31 145	2.12	1.01
1980	89 086	71 375	40 468	33 421	2.25	1.28
1985	107 905	87 337	53 081	42 660	2.56	1.25
1989	121 936	99 082	60 058	31 918	2.72	1.42
1990	125 503	101 649	61 501	53 879	2.72	1.44
1991	129 027	104 173	62 656	53 210	2.76	1.42
1992	131 775	105 622	63 610	53 471	2.76	1.40
1993	133 873	107 660	64 542	55 452	2.77	1.43
1994	137 167	110 900	64 403	57 675	2.82	1.46
1995	139 529	112 530	66 200	59 456	2.86	1.49
1996	138 748	111 591	75 793	56 392	2.76	1.40
1997	145 863	118 227	64 610	59 090	2.89	1.44
1998	147 159	119 200	55 021	59 138	2.88	1.43
1999	148 429	121 040	67 555	60 680	2.88	1.44
2000	151 588	124 055	70 019	62 572	2.93	1.48
2001	149 788	123 021	69 097	62 311	2.89	1.46

18-35 卫生机构国家集体和私人开业人员数及构成 （2001年）

Composition and Number of Practitioners in State-owned, Collective and Private Health Institutions(2001)

项 目	Item	总 计 Total	按市、县分 Grouped by City and County 市 City	县 County	按部门分 Grouped by Departments 卫生部门 Departments in Public Health	工业及其它部门 Departments in Industry and others	集体所有制 Departments in Collective Units	私人开业 Private Section	其他 Others
总 计(人)	**Total (person)**	**129 208**	**59 478**	**69 730**	**106 768**	**21 186**	**652**	**208**	**394**
国家人员	State Staff	126 818	58 402	68 416	105 253	20 750	496		319
集体人员	Staff in Collective Section	2 182	1 000	1 182	1 515	436	156		75
私人开业人员	Private Practitioners	208	76	132				208	
总计中：乡村卫生院、所	Total: Countryside Hospitals and Clinics	27 102	4 716	22 386	26 697		405		
国家人员	State Staff	26 526	4 531	21 995	26 208		318		
集体人员	Staff in Collective Section	576	185	391	489		87		

18-36 民族自治地方卫生机构、床位数（2001年）
Number of Health Institutions and Sickbeds in Ethnic Autonomous Regions (2001)

指 标	Item	总 计 Total		其中:卫生部门 Health Departments	
		机构数（个） Health Institutions	床位数（张） Sickbeds	机构数（个） Health Institutions	床位数（张） Sickbeds
总 计	**Total**	**1 604**	**47 929**	**1 384**	**39 129**
医 院	Hospitals	288	29 859	158	22 321
#市	City Level	78	10 339	27	6 623
县	County Level	210	19 520	131	15 698
卫生院合计	Rural Township Hospitals	902	14 692	894	14 511
#乡卫生院	Rural Township Hospitals	712	9 247	705	9 080
门诊部	Clinics	5	47	2	12
疗养院、所	Sanatoriums	1	200		
专科防治所、站	Specialized Prevention &Treatment Centers or Stations	46	411	46	411
卫生防疫站	Sanitation and Antiepidemic Agencies Maternity and Child Care Centers	88	210	86	210
妇幼保健所、站	Maternity and Child Care Centers	83	1 575	83	1 575
其它卫生机构	Other Institutions	191	935	115	89

18-37 按床位分组的县及县以上医院数（2001年）
Number of Hospitals at and above County Level by Sickbeds(2001)

单位:个　　(unit)

指 标	Item	总 计 Total	100张以下 Below 100 Sickbeds	100-199张 100-199 Sickbeds	200-299张 200-299 Sickbeds	300-399张 300-399 Sickbeds	400张以上 Above 400 Sickbeds
县及县以上医院	Hospitals at and above County Level	546	293	163	42	18	30
#综合医院	General Hospitals	400	197	130	36	13	24
#县医院	County Level Hospitals	122	18	74	23	5	2
其它综合医院	Other General Hospitals	278	179	56	13	8	22
中医医院	Hospitals of Chinese Medicine	106	80	21	2	1	2
医学院校附属医院	Hospitals Attached to Medical Colleges	5		1		1	3
其它专科医院	Other Specialized Hospitals	2	1	1			

18-38 主要年份卫生防疫站、妇幼保健站、药品检验站情况

Basic Statistics on Sanitation and Antiepidemic, Maternity and Child Care, and Medical Test Units

单位：个、人 (unit,person)

年份 Year	卫生防疫机构 Sanitation and Antiepidemic Agencies		妇幼保健机构 Maternity and Child Care Centers			药品检验机构 Medicines and Chemical Reagent Test Labs	
	机构数 Number of Institutions	人员数 Number of Persons	机构数 Number of Institutions	床位数 Number of Beds	人员数 Number of Institutions	机构数 Number of Institutions	人员数 Number of Persons
1978	149	3 604	142	82	1 194	55	331
1980	149	3 862	143	287	1 382	73	456
1985	159	4 931	145	524	2 108	101	565
1990	150	5 930	144	928	3 001	132	855
1991	150	6 146	144	1 021	3 252	133	891
1992	149	6 388	144	1 073	3 467	134	915
1993	157	6 606	143	1 244	3 669	135	945
1994	157	6 810	143	1 350	3 869	135	982
1995	158	6 962	145	1 510	4 197	137	1 017
1996	158	7 136	142	1 657	4 270	95	1 043
1997	159	7 344	142	1 836	4 559	136	1 079
1998	150	7 390	141	2 024	4 692	137	1 086
1999	151	7 493	140	2 252	4 822	137	1 135
2000	160	7 574	142	2 356	5 017	136	1 121
2001	175	7 810	142	2 588	5 124	136	1 129

18-39 自然灾害救济情况

Relief Work on Natural Disaster

年份 Year	遭受自然灾害人次（万人） Sufferers (10 000 person)	每万农业人口中遭受自然灾害人次（人） Sufferers per 10 000 Farmers (person)	享受自然灾害国家救济人次（万人次） Persons Enjoying State Relief (10 000 person-times)	享受国家救济人数占遭受自然灾害人数比重（%） Proportion of State Relief Enjoyers to Suffers (%)
1985	856.7	2 845	404.8	47.3
1990	832	2 569	749.9	90.1
1991	729.04	2 215	464.7	63.7
1992	1 011.37	3 038	545.7	54
1993	1 133.88	3 371	623.2	54.9
1994	1 136.00	3 435	562	49.5
1995	1 004.36	3 972	532.3	52.9
1996	1 124.00	4 010	547.5	48.7
1997	2 913.00	8 308	936.4	32.1
1998	2 651.00	7 493	527.3	19.9
1999	3 165.21	8 904	600	19
2000	3 466.10	9 670	432.3	12.5
2001	2 566.48	7 109	886.97	34.6

18-40 优抚事业基本情况
Special Care and Preferential Treatment to Martyrs

年份 Year	优抚事业单位（个） Administration Agencies for Martyrs	优抚事业单位经费（万元） Funds of Administration Agencies (10 000yuan)	年末在院人数（人） Persons under Care at Year-end(person)	优抚对象人数（万人） Persons Entitled (10 000 persons)	每万人口中优抚对象人数（人） Persons Entitled per 10 000 (person)	优抚事业费（万元） Allowances (10 000 yuan)
1985	1	59.9	83	96.9	283	1 265.5
1990	1	112.3	98	88.8	238	3 539.7
1991	1	109.9	90	90.3	238	3 906.8
1992	1	172.3	84	92.04	240	4 192.6
1993	1	211.5	80	88.8	229	4 615.0
1994	1	210.5	79	89.9	228	5 122.7
1995	1	[illegible]	66	91.6	231	6 293.8
1996	1	200.0	70	90.9	[illegible]	6 566.2
1997	2	273.2	93	92.4	226	7 601.5
1998	2	350.9	93	92.82	224	8 125.4
1999	2	424.0	84	93.62	223	10 199.8
2000	3	700.5	85	93.67	221	13 664.3
2001	3	806.8	98	90.99	213	14 976.5

18-41 社会福利事业基本情况
Basic Statistics on Social Welfare

年份 Year	民政事业费总额（万元） Total Funds for Civil Affairs (10 000 yuan)	城市社会福利事业 Urban Social Welfare		
		单位数（个） Institutions	单位经费（万元） Funds (10 000 yuan)	年末在院人数（人） Persons under Care at Year-end (person)
1985	10 136.5	34	243.3	1 405
1990	40 948.0	45	334.4	1 536
1991	38 724.9	49	302.8	1 620
1992	41 025.6	47	366.5	1 585
1993	30 502.3	49	457	1 590
1994	31 529.4	49	991.5	1 702
1995	36 916.0	50	1 083.0	1 801
1996	43 966.0	50	1 120.0	1 847
1997	55 903.3	50	1 308.9	2 176
1998	58 810.0	50	1 618.7	2 179
1999	63 169.3	50	1 853.2	1 172
2000	78 944.4	75	2 143.3	2 507
2001	98 782.6	112	2 337.2	2 785

18-42 各地区工业废水排放及处理情况（2001年）

Discharge and Treatment of Industrial Waste Water by Region (2001)

地 区	Region	工业用水总量（万吨） Total Use of Industrial Water (10 000 tons)	工业用水重复利用率（%） Recycling Rate of Industrial Water (%)	工业废水排放总量（万吨） Total Volume of Waste Water Discharged (10 000 tons)	工业废水排放达标量（万吨） Volume of Industrial Waste Water up to the Discharge Standards(10 000 tons)	工业废水排放达标率（万吨） Volume of Treated Industrial Waste Water up to the Discharge Standards(10 000 tons)
全省合计	**Total**	**429 809.24**	**80.64**	**32 713.34**	**21 296.57**	**65.10**
昆 明	Kunming	98 563.12	61.1	5 354.44	4 900.51	91.52
曲 靖	Qujing	121 871.05	94.52	2 972.44	2 200.39	74.03
玉 溪	Yuxi	17 573.17	68.04	2 515.15	948.80	37.72
保 山	Baoshan	4 610.98	29.21	2 711.85	418.98	15.45
昭 通	Zhaotong	26 342.84	92.43	813.79	761.48	93.57
楚 雄	Chuxiong	7 401.28	75.64	914.27	708.03	77.44
红 河	Honghe	127 231.69	93.37	3 684.71	2 764.99	75.04
文 山	Wenshan	1 636.64	64.92	426.25	190.24	44.63
思 茅	Simao	5 265.81	33.39	2 528.74	2 420.57	95.72
西双版纳	Xishuangbanna	1 928.88	27.24	1 336.23	419.48	31.39
大 理	Dali	3 180.26	41.65	1 385.39	758.48	54.75
德 宏	Dehong	6 077.72	22.77	4 686.23	3 116.35	66.50
丽 江	Lijiang	1 037.43	60.54	229.16	138.1	60.26
怒 江	Nujiang	515.30	11.49	153.78	23.2	15.09
迪 庆	Diqing	165.57	0.27	114.57	0	0
丽 江	Lincang	6 407.50	37.41	2 886.35	1 527.01	52.90

补充资料：1. 工业用新鲜水量83212万吨； 2. 工业重复用水量346597万吨；3. 汇总工业企业1386个。

Supplementary: a. Industrial use of water: 832,120 000 tons; b. Repeated industrial use of water:3,465,970,000 tons; c. Total industrial enterprises: 1,386

18-43 各地区工业废气排放及处理情况（2001年）

Emission and Treatment of Industrial Waste Gas by Region (2001)

地 区	Region	工业废气处理设施数（套） Number of Industrial Waste Gas Disposal Facilities (set)	工业废气治理设施处理能力（万标立方米/时） Capacity of Industrial Waste Gas Disposal Facilities (10 000 cu.m/h)	工业废气排放总量（万标立方米） Total Volume of Industrial Waste Gas Emission (10 000 cu.m)	其中 of Which	
					燃料燃烧中排放的 Volume of Waste Gas in the Process of Fuel Burning 合 计（万标立方米） Total (10 000 cu.m)	生产工艺中排放的 Volume of Waste Gas from the Process of Production 合 计（万标立方米） Total (10 000 cu.m)
全省合计	**Total**	**3 471**	**5 481.78**	**33 457 271**	**16 685 914**	**16 771 357**
昆 明	Kunming	874	1 732.72	11 610 480	4 407 958	7 202 522
曲 靖	Qujing	478	866.95	5 673 138	3 560 207	2 112 931
玉 溪	Yuxi	528	639.82	2 605 955	756 605	1 849 350
保 山	Baoshan	162	128.44	847 145	249 511	597 634
昭 通	Zhaotong	111	237.83	2 005 592	1 024 541	981 051
楚 雄	Chuxiong	137	112.55	626 039	220 506	405 533
红 河	Honghe	475	959.43	5 874 201	4 202 348	1 671 853
文 山	Wenshan	82	50.57	598 257	47 399	550 858
思 茅	Simao	133	321.1	704 665	407 438	297 227
西双版纳	Xishuangbanna	29	24.09	145 190	88 042	57 148
大 理	Dali	216	166.26	1 122 372	709 341	413 031
德 宏	Dehong	97	110.99	1 055 244	754 242	301 002
丽 江	Lijiang	38	27.38	173 099	32 401	140 698
怒 江	Nujiang	0	0	68 012	43 282	24 730
迪 庆	Diqing	1	0	3 759	3 759	0
临 沧	Lincang	110	103.63	344 123	178 334	165 789

18-44 各地区工业固体废物排放及处理利用情况（2001年）

Discharge, Disposal and Recycling of Industrial Solid Wastes by Region (2001)

地 区	Region	工业固体废物产生量（万吨） Volume of Industrial Solid Wastes Produced (10 000 tons)	工业固体废物综合利用量（万吨） Volume of Industrial Solid Wastes Utilized (10 000 tons)	工业固体废物综合利用率（%） Rate of Industrial Solid Wastes Utilized (%)	工业固体废物贮存量（万吨） Volume of Industrial Solid Wastes Accumulated (10 000 tons)
全省合计	**Total**	**3 134.03**	**1 008.16**	**32.05**	**1 619.96**
昆 明	Kunming	755.56	311.34	41.19	139.98
曲 靖	Qujing	488.18	160.67	32.81	271.08
玉 溪	Yuxi	476.06	84.35	17.44	359.55
保 山	Baoshan	92.32	60.02	65.02	25.72
昭 通	Zhaotong	35.62	10.15	27.69	0.23
楚 雄	Chuxiong	243.41	155.99	64.07	84.76
红 河	Honghe	720.99	113.38	15.69	577.28
文 山	Wenshan	49.97	15.75	31.51	30.57
思 茅	Simao	72.7	12.39	17.04	55.37
西双版纳	Xishuangbanna	4.45	4.45	99.98	0
大 理	Dali	29.47	15.23	51.69	10.97
德 宏	Dehong	32.55	21.32	65.51	10.79
丽 江	Lijiang	21.71	7.61	35.05	13.84
怒 江	Nujiang	44	0.01	0.02	8.73
迪 庆	Diqing	36.61	6.91	18.89	29.54
临 沧	Lincang	30.43	28.59	93.96	1.55

注：工业固体废物产生量=(工业固体废物综合利用量-综合利用往年堆 存量)+工业固体废物贮存量+(工业固体废物处置量-处置往年堆存量)+工业固体废物排放量 。

Note: Quantity of industrial solid wastes produced=(comprehensive utilization of industrial solid wastes-comprehensive utilization of quantity stored previously)+industrial solid wastes stockpiled+(industrial solid wastes treated-treatment of quantity stored previously)+discharge of industrial solid wastes.

18-44 续表 continued

地 区	Region	工业固体废物处置量（万吨） Volume of Industrial Solid Wastes Treated (10 000 tons)	其中：处置往年贮存量（万吨） Volume of Previously Stored Industrial Solid Wastes Treated (10 000 tons)	工业固体废物排放量（万吨） Volume of Industrial Solid Wastes Discharged (10 000 tons)	"三废"综合利用产品产值(万元) Output Value of Products Made from Waste Gas,Waste Water and Solid Wastes (10 000yuan)
全省合计	**Total**	**497.46**	**275.33**	**295.8**	**88 690.4**
昆 明	Kunming	155.97	47.5	196.06	21 196.8
曲 靖	Qujing	50.3	0	7.69	10 870.9
玉 溪	Yuxi	24.18	0.03	15.55	7 043
保 山	Baoshan	0	0	6.58	5 223.2
昭 通	Zhaotong	1.26	0	25.01	1 662.6
楚 雄	Chuxiong	2.36	0.03	0.38	4 444.5
红 河	Honghe	254.86	225.6	2.62	25 006.6
文 山	Wenshan	3.34	2	2.32	367
思 茅	Simao	2.29	0	2.65	277.5
西双版纳	Xishuangbanna	0	0	0	3865.6
大 理	Dali	2.5	0.16	0.93	2 338.9
德 宏	Dehong	0	0	0.44	1 206.9
丽 江	Lijiang	0.12	0	0.14	522.4
怒 江	Nujiang	0	0	35.26	120
迪 庆	Diqing	0	0	0.16	0
临 沧	Lincang	0.28	0	0	4 544.5

18-45 全省“三废”治理项目完成情况

Completion of "Three Wastes" Treatment in the Province

指　　标	Item	1995年	1999年	2000年	2001年
一、汇总工业企业数　(个)	Number of Industrial Enterprises	483	273	569	225
二、污染治理项目本年投资来源合计 (万元)	Total of Investment for Pollution Control in the Year (10 000 yuan)	21 442.3	26 613.8	68 593.2	3 4661.2
按使用分:	By Use				
1. 治理废水　　(万元)	Treatment of Waste Water(10 000 yuan)	7 289.7	11 926.2	24 638.8	7 191
2. 治理废气　　(万元)	Treatment of Waste Gas(10 000 yuan)	10 232.6	11 608.5	38 827.5	23 016.4
3. 治理固体废物　(万元)	Treatment of Solid Wastes(10 000 yuan)	2 986.6	2 743.7	4 028.2	1 105.2
4. 治理噪声　　(万元)	Treatment of Noise Pollution(10 000 yuan)	222.7	254.5	416.7	15.8
5. 治理其它　　(万元)	Treatment of Other Pollution(10 000 yuan)	710.7	80.9	682	1 332.8
三、本年施工项目总数（个）	Number of Projects Under	666	409	826	293
1. 治理废水　　(个)	Treatment of Waste Water	216	170	319	112
2. 治理废气　　(个)	Treatment of Waste Gas	258	186	443	135
3. 治理固体废物　(个)	Treatment of Solid Wastes	104	28	37	26
4. 治理噪声　　(个)	Treatment of Noise Pollution	48	15	7	6
5. 治理其它　　(个)	Treatment of Other Pollution	40	10	19	14
四、当年竣工项目数　(个)	Number of Projects Completed	555	349	650	264
1. 治理废水　　(个)	Treatment of Waste Water	172	142	240	101
2. 治理废气　　(个)	Treatment of Waste Gas	219	160	361	123
3. 治理固体废物　(个)	Treatment of Solid Wastes	82	24	26	24
4. 治理噪声　　(个)	Treatment of Noise Pollution	48	14	6	5
5. 治理其它　　(个)	Treatment of Other Pollution	34	9	17	11
五、当年竣工项目新增设计处理能力	Newly Added Design Capacity from Project Completed				
1. 治理废水　　(吨/日)	Treatment of Waste Water(ton/day)	234 126	773 599	1 430 775	314 697
2. 治理废气（万标立方米/时）	Treatment of Waste Gas (10 000cu.m^3/h)	202	6 439 404	10 526 573	435.93
3. 治理固体废物　(吨/年)	Treatment of Solid Wastes(ton/year)	73 737	330 433	351 382	143 470

注：1. 治理类型中的“治理废气”包括燃料燃烧废气和生产工艺废气的治理。

2. 治理类型中的“治理其它”包括：(1)电磁辐射治理；(2)放射性治理；(3)其它治理(包括搬迁)。

3. 污染治理一年完成投资及投资来源均为当年投入的资金，不包括以往历年的投资。

Note: a. The treatment of waste gas refers to the treatment of waste gas from fuel burning and production.

b. The treatment of other pollution refers to (1) electromagnetic radiation; (2) radiation; (3) others including relocation.

c. The investment for pollution treatment completed and investment source in the year are the funds input in the same year rather than the investment in the previous years.

主要统计指标解释

普通高等学校 指按照国家的审批程序批准举办,通过全国统一招生考试,招收高级中等学校毕业和具有同等学历者,实施高等教育,培养高等专门人才的学校。包括大学、专门学院、专科学校和短期职业大学。

成人高等学校 指按国家规定的审批程序批准举办,招收职业高中毕业或同等学历者,利用多种形式对成人实施高等教育,培养相当普通高等专科或本科毕业水平的专门人才的学校。包括广播电视大学、职工高等学校、农民高等学校、干部管理学院、教育学院、独立函授学院以及普通高等学校举办的函授、夜大学等。

小学学龄儿童入学率 指调查范围内已入小学学习的学龄儿童占该地区校内外学龄儿童总数(包括弱智儿童在内,但不包括盲聋哑儿童)的比重。计算公式为:

小学学龄儿童入学率=已入学的小学学龄儿童数/校内外小学学龄儿童总数×100%

综合性研究机构 指主要从事揭示客观事物本质、运动规律,提出新发现、新学说和对有重大应用前景的新的产品、工艺、材料、方法等提出新的理论、构想、原理等工作的机构。

技术开发机构 指主要从事提供国际、国内第一次出现的新产品、工艺、材料、方法等和为新的技术成果应用提供完整的技术规模设计图纸、样品和操作规程的机构。

推广服务机构 指主要从事技术成果推广、服务工作,向用户提供新技术成果的可行性实验或示范,提供咨询和指导的机构。

文化事业机构 指从事专业文化工作和为专业文化工作服务的单独核算、独立建制的单位。不包括半工半艺、半农半艺的业余剧团。

电影放映单位 指具有放映机器设备、固定或不固定的放映场所与专职或兼职的放映技术人员,经文化行政部门登记批准,经常为一定的观众对象映出电影的机构。包括经批准对外开放进行营业,并与电影发行放映管理机构分账的专用放映单位或军委系统租片单位在内。

电影观众人数 指各类型放映单位及军委系统租片单位映出的观众人数。一个观众连续看了一部长片和短片专场规定的短片,为二人次。

艺术表演观众人数 指售票、包场演出或民族地区免费演出的艺术表演观众人数。不包括彩排审查和内部观摩演出的观看人次数。

等级运动员人数 指经考核正式批准授予等级运动员称号的人数。运动员等级分为国际级运动健将、运动健将、一级运动员、二级运动员、三级运动员、少年运动员。

等级裁判员人数 指经考核正式批准授予等级裁判员称号的人数。裁判员等级分为国际裁判、国家级裁判、一级裁判、二级裁判。

体育场 指有400米跑道(中心含足球场),有固定道牙,跑道6条以上,并有固定看台的田径场。以看台容纳观众人数为:甲级25000人以上,乙级15000-25000人,丙级5000-15000人,丁级5000人以下。

体育馆 指有固定看台可供篮球、排球、乒乓球、体操等项目训练比赛活动用的室内场地。经以看台容纳观众人数分:甲级6000人以上,乙级4000-6000人,丙级2000-4000人,丁级2000人以下。

医院 指名称为医院,设有固定床位能收容病人住院并能为病人提供医疗、护理服务的医疗机构。包括县及县以上医院、农村乡卫生院、其他医院三部分。按所属性质分为卫生部门、工业及其他部门、集体所有制三类。其中县及县以上医院按业务性质分为综合医院和专科医院。

卫生技术人员 指卫生事业机构支付工资的全部固定职工和合同制职工中现任职务为卫生技术工作的人员。包括中医师、西医师、中西医结合高级医师、护师、中药师、西药师、检验师、其他技师、中医师、西医士、护士、助产士、中药剂士、检验士、其他技士、其他中医、护理员、中药剂员、西药剂员、检验员、其他初级卫生技术人员。

医生 指经卫生部门审查合格,从事医疗工作的专业人员。分为中医医生和西医医生。包括卫生技术人员中的中医师、西医师、中西结合和其他中医师、西医师、中西结合高级医师、中医士、西医士和其他中医。

城市社会福利事业单位 包括社会福利院、儿童福利和民政部门所属的精神病院等。

城乡社会救济费 社会救济是指国家或集体用于生活困难人员的财物支出。本指标包括城镇社会救济费、乡村社会救济费、精减退职的老职工救济费。

(1)城镇社会救济费 包括民政部门支出的城镇困难户救济费和机关企事业单位支付的职工生活困难补助费。

(2)乡村社会救济费 包括民政部门支出的农村五保户、困难户及麻风病人救济费。本指标包括农村集体支付的散居五保户、贫困户救济折款(包括实物)。

(3)精减退职的老职工救济费 指民政部门支出的精减退职的老职工救济费(包括按原工资40%发给的救济费和其他困难救济费)。

自然灾害受灾人数 指遭受自然灾害人数中的成灾人数。所谓成灾是指遭受自然灾害,作物收成减产三成以上的单位,这种单位的全部农业人口即为成灾人口。

优抚事业单位 指革命残废军人休养院、荣复军人疗养院和复退军人精神病院、光荣院。

优抚对象 优抚是指我国人民群众对革命烈士家属、病故革命军人家属、革命残废军人、革命残废工作人员以及参战负伤致残的民兵、民工的优待和对这些人的抚恤。"优抚对象"包括烈军属、复退军人、革命残废人员

优抚事业费 指民政部门开支的抚恤事业费。包括牺牲费、烈军属及复员退伍军人补助费、退伍军人安置费、优抚事业单位经费和其他抚恤事业费。

Explanatory Notes on Main Statistical Indicators

Regular Institutions of Higher Learning refer to the educational establishments set up according to the government evaluation and approval procedures, enrolling graduates from senior secondary schools and providing higher education courses and training for senior professionals. They include full-time universities, colleges, high professional schools and short-term professional universities.

Institutions of Higher Learning for Adults refer to the educational establishments, set up in line with relevant rules approved by the government, enrolling staff and workers with senior secondary school or equivalent education, and providing higher education courses in many forms of full time, part time, spare time, or correspondence for adults. Professionals thus trained receive a qualification equivalent to graduates studying regular courses at regular universities, colleges and professional colleges. Institutions of higher learning for adults include Radio and TV universities, schools of high education for staff and workers and peasants, colleges for management cadres, pedagogical colleges, independent correspondence colleges including correspondence schools or night schools and the like run by regular institutions of higher learning.

Enrollment Rate of Primary School Age Children refers to the proportion of school age children enrolled at schools to the total number of school age children both in and outside school (including retarded children, but excluding blind, deaf and mute children).The formula is:

Enrollment Rate of Primary School-age Children = (Total Primary School-age Children at Schools)÷(Total Primary School age Children Both at and Outside Schools)×100%

Comprehensive Research Institutions refer to the institutions that are mainly engaged in revealing the nature of objective matters and laws of motion, and advancing new discoveries and theories, conceptions, principles, etc. which have potential application prospects for new products, processes, materials, methods, etc.

Technological Development Institutions refer to the institutions that are mainly engaged in providing the new products, processes, materials, methods, etc. first appeared domestically and internationally as well as complete technical-scale design drawings, samples and operation regulations for the new technological achievements.

Technical Dissemination Institutions refer to the institutions that are mainly engaged in spreading technological achievements and providing technological services, and providing households with feasibility experiments or demonstration, consulting services and guidance of new technological achievements.

Cultural Institutions refer to the units which have their own organizational system and independent accounting system and specialize in or serve cultural development. They exclude other establishments run by these cultural institutions and amateur cultural groups established by various departments.

Film Projection Units refer to the units with film projection equipment, full or part time projectionists, permanent or non-permanent places, approved by related administrative departments to show films regularly for certain groups of audience, including those film projection units which have approved to give commercial shows and run business with independent accounting system as well as those film-renting units of the military system.

Number of Movie-goers refers to the number of attendants at movie shows by various film projection units and film-renting units of the military system. A movie-goer who has continuously seen a long film show and a short film show is counted as two person-times.

Number of Spectators at Art Performance refers to the number of attendants at commercial shows, completely booked shows or free shows given in minority national areas, and does not include the number of spectators at rehearsal of examination and internal shows for study.

Number of Athletes in Grades refers to the number of athletes who have been given titles through examination. The titles of athletes include international masters of sports, masters of sports, first-grade, second-grade and third-grade sportsmen and young athletes.

Number of Referees in Grades refers to the number of referees who have been given titles after examination. They are classified as international referees, national referees and referees of the first, second and third grades.

Stadiums refer to the stadiums for track and field events with six lane 400-meter tracks around soccer fields, permanent track marks and permanent bleachers. Stadiums are classified according to seating capacity. They include: Class A stadiums seating over 25,000 people each. Class B stadiums seating 15,000 to 25,000 people each. Class C stadiums seating 5,000 to 15,000 people each, and Class D stadiums seating fewer than 5,000 people each.

Gymnasiums refer to the indoor sports grounds with permanent seats in which basketball, volleyball, badminton, table tennis and gymnastics competitions can be held. Gymnasiums are classified according to seating capacity. They include Class A gymnasiums seating over 6,000 people each. Class B gymnasiums seating 4,000 to 6,000 people each. Class C gymnasiums seating 2,000 to 4,000 people each, and Class D gymnasiums seating fewer than 2,000 people each.

Hospitals refer to the medical institutions with permanent hospital beds, which are able to take in patients and provide them with medical and nursing services. Hospitals are classified into three categories: hospitals at above the county level, hospitals of rural townships, and other hospitals. According to their ownership, hospitals can be classified into three categories: hospitals under the public health departments, hospitals under industrial and other departments and collective-owned hospitals. Hospitals at or above county level are divided into comprehensive and specialized hospitals.

Medical Technical Personnel refers to all medical staff and workers employed by medical institutions, including doctors of Chinese and Western medicine, senior doctors who integrate traditional Chinese therapeutics with Western therapeutics in practice, senior nurses, pharmacists of Chinese and Western medicine, laboratory specialists, other specialists, paramedics of Chinese and Western medicine, nurses, midwives, druggists in Chinese and Western medicine, laboratory technicians, other technicians, other practitioners of Chinese medicine, nursing attendants, pharmacological workers of Chinese and Western medicine, laboratory workers, and other primary medical personnel.

Doctors refer to the qualified professional medical workers approved to practice by public health departments. They are classified into doctors of Chinese medicine, doctors of Western medicine, senior doctors who integrate traditional Chinese therapeutics with Western therapeutics, paramedics of Chinese medicine and Western medicine, and other specialists of Chinese medicine.

Urban Social Welfare Institutions refer to the institutions taking care of old people without children, handicapped people and orphans. They include social welfare institutions children welfare institutions, social welfare institutions for mental patients run by civil affairs departments and the like.

Urban and Rural Social Relief Funds refer to the financial expenditure used for poverty-stricken persons by the state or collectives. The said indicator includes urban social relief funds, rural social relief funds and the relief funds for reduced or resigned staff and workers.

(1) *Urban social relief funds* include the relief funds paid by civil affairs departments to urban poverty-stricken households and the living subsidies paid by enterprises and institutions to poverty-stricken staff and workers.

(2) *Rural social relief funds* include the relief funds paid by civil affairs departments to the rural households (of infirm and childless old people) enjoying the five guarantees, poverty -stricken households and lepers. The said indicator includes the relief in money and in kind paid by collectives to the scattered-living households (of infirm and childless old people) enjoying the five guarantees and poverty -stricken households.

(3) *Relief funds for reduced or resigned staff and workers* refer to the relief funds paid by civil affairs departments to the reduced or resigned staff and workers (including the relief funds paid at 40% of their original wages and other poverty relief funds).

Number of Natural Disaster Sufferers refers to the number of people afflicted by cause disaster. The so-called cause disaster means any natural disaster that causes crop yield to reduce by over 30% and the total agricultural population in the suffering unit is the population afflicted by cause disaster.

Institutions for Special Care and Treatment refer to the home for revolutionary disabled servicemen, the sanatorium for honorably retired servicemen and the mental home or honor home for retired servicemen.

Subjects of Special Care and Treatment special care and treatment means the special treatment and compensation given by Chinese people to the family members of revolutionary martyrs, family members of revolutionary servicemen died of illness, revolutionary disabled persons, revolutionary disabled working staff and militias and laborers wounded and disabled in war. "Subjects of Special Care and Treatment" refer to the revolutionary martyrs' family members, retired servicemen and revolutionary disabled persons.

Funds for Special Care and Treatment refer to the funds spent by civil affairs departments for special care and treatment, which include the sacrifice pension, subsidies for martyrs' family members and retired servicemen, settlement fees for retired servicemen, funds of institution for special care and treatment and other special funds.

十九、基本单位和企业监测、企业集团情况

BASIC UNITS, MONITORING OF ENTERPRISES AND ENTERPRISE GROUPS

19-1 各地区法人单位数

Number of Impersonal Entities in Regions

单位：个 (unit)

地区	Region	1997年	1998年	1999年	2000年	2001年
全省合计	**Total**	**80 269**	**81 013**	**81 093**	**80 243**	**98 339**
昆明	Kunming	20 793	21 601	22 406	22 281	26 559
曲靖	Qujing	6 911	6 898	6 421	6 431	8 230
玉溪	Yuxi	6 399	6 504	6 493	6 554	8 195
保山	Baoshan	3 108	3 065	3 069	3 062	3 905
昭通	Zhaotong	4 699	4 703	4 631	4 547	4 937
楚雄	Chuxiong	4 812	4 783	4 756	4 673	5 926
红河	Honghe	7 076	7 107	7 060	6 983	8 851
文山	Wenshan	3 739	3 781	3 744	3 710	4 183
思茅	Simao	4 117	4 113	4 184	4 140	5 094
西双版纳	Xishuangbanna	2 185	2 250	2 215	2 141	2 532
大理	Dali	5 964	5 884	5 959	5 562	7 179
德宏	Dehong	2 925	2 811	2 742	2 734	3 795
丽江	Lijiang	2 149	2 173	2 084	2 080	2 402
怒江	Nujiang	1 115	1 097	1 110	1 110	1 337
迪庆	Diqing	938	940	942	944	1 065
临沧	Lincang	3 339	3 303	3 277	3 291	4 148

19-2 各地区产业活动单位数

Number of Industrial Activity Entities in Regions

单位：个 (unit)

地区	Region	1997年	1998年	1999年	2000年	2001年
全省合计	**Total**	**134 936**	**132 368**	**131 637**	**128 946**	**165 429**
昆明	Kunming	31 382	31 072	31 769	30 607	38 241
曲靖	Qujing	13 810	13 533	12 193	12 185	15 432
玉溪	Yuxi	8 815	8 837	8 984	8 809	11 229
保山	Baoshan	5 657	5 526	5 546	5 538	7 934
昭通	Zhaotong	8 637	8 616	8 529	8 322	10 066
楚雄	Chuxiong	8 481	8 140	8 032	7 911	11 682
红河	Honghe	12 605	12 488	12 332	12 092	15 147
文山	Wenshan	6 903	6 740	6 734	6 678	8 229
思茅	Simao	6 859	6 728	6 801	6 720	8 476
西双版纳	Xishuangbanna	3 427	3 602	3 545	3 437	4 172
大理	Dali	10 397	10 146	10 206	9 724	12 366
德宏	Dehong	4 743	4 469	4 377	4 342	6 476
丽江	Lijiang	3 689	3 209	3 442	3 433	3 988
怒江	Nujiang	1 820	1 755	1 774	1 742	2 113
迪庆	Diqing	1 345	1 337	1 325	1 334	1 590
临沧	Lincang	6 366	6 170	6 048	6 072	8 231

注：分地区产业活动单位数不包括在省外的产业活动单位。

Note: The number of industrial activity entities by region does not include the number outside the provin.

19-3 各地区基本单位数

Number of Basic Units in Regions

单位：个 (unit)

地区 Region	法人单位数 Number of Corporations			产业活动单位数 Number of Properties	
	合计 Total	单产业法人 Corporation of Single Properties	多产业法人 Corporation of Variety Properties	合计 Total	#多产业法人单位所属产业活动 Corporation of Variety Properties and Subordinate Units
全省合计 Total	**98 339**	**84 750**	**13 589**	**165 429**	**80 679**
昆明 Kunming	26 559	23 521	3 038	38 241	14 720
曲靖 Qujing	8 230	7 336	894	15 432	8 096
玉溪 Yuxi	8 195	7 310	885	11 229	3 919
保山 Baoshan	3 905	3 268	637	7 934	4 666
昭通 Zhaotong	4 937	4 280	657	10 066	5 786
楚雄 Chuxiong	5 926	4 908	1 018	11 682	6 774
红河 Honghe	8 851	7 466	1 385	15 147	7 681
文山 Wenshan	4 183	3 603	580	8 229	4 626
思茅 Simao	5 094	4 361	733	8 476	4 115
西双版纳 Xishuangbanna	2 532	2 055	477	4 172	2 117
大理 Dali	7 179	5 951	1 228	12 366	6 415
德宏 Dehong	3 795	3 014	781	6 476	3 462
丽江 Lijiang	2 402	2 144	258	3 988	1 844
怒江 Nujiang	1 337	1 174	163	2 113	939
迪庆 Diqing	1 065	980	85	1 590	610
临沧 Lincang	4 148	3 378	770	8 231	4 853

注：分地区产业活动单位数不包括在省外的产业活动单位。

Note: The number of industrial activity entities by region does not include the number outside the provin.

19-4 各地区基本单位按产业划分

Number of Basic Units by Industry in Regions

单位：个 (unit)

地区 Region	法人单位数 Number of Corporations				产业活动单位数 Number of Properties			
	合计 Total	第一产业 Primary Industry	第二产业 Secondary Industry	第三产业 Tertiary Industry	合计 Total	第一产业 Primary Industry	第二产业 Secondary Industry	第三产业 Tertiary Industry
全省合计 Total	**98 339**	**1 529**	**17 807**	**79 003**	**165 429**	**2 572**	**22 385**	**140 472**
昆明 Kunming	26 550	243	6 270	20 037	38 241	276	7 163	30 802
曲靖 Qujing	8 230	97	1 842	6 291	15 432	124	2 320	12 988
玉溪 Yuxi	8 196	127	1 882	6 187	11 229	144	2 212	8 873
保山 Baoshan	3 905	100	679	3 126	7 934	169	809	6 956
昭通 Zhaotong	4 937	26	522	4 389	10 066	80	669	9 317
楚雄 Chuxiong	5 925	144	1 058	4 723	11 682	177	1 448	10 057
红河 Honghe	8 850	129	1 584	7 137	15 147	258	2 028	12 861
文山 Wenshan	4 183	72	525	3 586	8 229	124	713	7 392
思茅 Simao	5 094	148	594	4 352	8 476	279	794	7 403
西双版纳 Xishuangbanna	2 533	142	222	2 169	4 172	333	400	3 439
大理 Dali	7 177	83	948	6 146	12 366	111	1 422	10 833
德宏 Dehong	3 798	118	588	3 092	6 476	134	781	5 561
丽江 Lijiang	2 405	40	319	2 046	3 988	109	387	3 492
怒江 Nujiang	1 338	19	198	1 121	2 113	28	261	1 824
迪庆 Diqing	1 070	8	120	942	1 590	33	152	1 405
临沧 Lincang	4 148	33	456	3 659	8 231	193	824	7 214

19-5各地区法人单位按行业门类分组单位数

Number of Legal Entities by Industry and Section in Regions

单位：个 (unit)

地区	Region	合计 Total	农林牧渔业 Farming, Forestry, Animal Husbandry and Fishery	采掘业 Mining and Quarrying	制造业 Manufacturing	电力煤气水的生产和供应业 Production and Supply of Electric Power,Gas and Water	建筑业 Construction	地质勘查业水利管理业 Geological Prospecting and Water Conservancy	交通运输仓储及邮电通信业 Transport, Storage, Postal and Telecommunication Services	批发和零售贸易餐饮业 Wholesale & Retail Trade and Catering Services
全省合计	**Total**	**98 339**	**6 285**	**2 105**	**11 932**	**876**	**2 894**	**1 084**	**2 039**	**14 377**
昆明	Kunming	26 550	1 049	396	4 752	87	1 035	222	468	6 701
曲靖	Qujing	8 230	419	533	956	58	293	60	145	1 064
玉溪	Yuxi	8 196	679	134	1 309	72	367	146	225	844
保山	Baoshan	3 905	196	65	498	47	69	20	67	422
昭通	Zhaotong	4 937	115	69	250	106	97	12	139	521
楚雄	Chuxiong	5 925	354	168	650	57	183	62	119	645
红河	Honghe	8 850	584	256	999	91	238	117	187	1 201
文山	Wenshan	4 183	310	84	349	40	52	33	63	374
思茅	Simao	5 094	468	64	364	50	116	61	97	376
西双版纳	Xishuangbanna	2 533	432	23	123	28	48	54	64	247
大理	Dali	7 177	733	76	637	82	153	162	171	597
德宏	Dehong	3 798	407	29	458	29	72	23	77	727
丽江	Lijiang	2 405	128	85	150	23	61	37	39	158
怒江	Nujiang	1 338	37	60	87	15	36	3	36	111
迪庆	Diqing	1 070	78	16	64	29	11	8	25	66
临沧	Lincang	4 148	296	47	286	62	61	64	117	323

19-5 续表 continued

单位：个 (unit)

地区	Region	金融保险业 Finance and Insurance	房地产业 Real Estate	社会服务业 Social Services	卫生体育社会福利业 Health Care,Sports and Social Welfare	教育文化艺术及广播电影电视业 Education, Culture and Arts, Radio,Film and Television	科学研究和综合技术服务业 Scientific Research and Polytechnic Services	国家机关政党机关和社会团体 Governments Agencies, Party agencies and Social Organizations	其它行业 Others
全省合计	**Total**	**2 192**	**1 626**	**7 008**	**4 501**	**9 854**	**1 591**	**28 894**	**1 081**
昆明	Kunming	451	882	3 159	835	2 050	597	3 433	446
曲靖	Qujing	150	80	368	376	766	106	2 770	84
玉溪	Yuxi	155	152	670	638	703	144	1 794	161
保山	Baoshan	86	31	254	169	339	48	1 572	22
昭通	Zhaotong	181	29	123	266	610	51	2 347	21
楚雄	Chuxiong	150	39	282	246	567	75	2 290	38
红河	Honghe	227	126	509	404	944	132	2 736	100
文山	Wenshan	169	33	126	201	424	46	1 855	24
思茅	Simao	122	31	137	262	759	72	2 079	36
西双版纳	Xishuangbanna	42	47	244	130	286	60	650	54
大理	Dali	178	81	410	384	1 063	76	2 340	34
德宏	Dehong	81	59	287	120	366	52	992	16
丽江	Lijiang	35	17	168	135	278	34	1 049	5
怒江	Nujiang	34	3	44	45	112	19	693	2
迪庆	Diqing	28	1	72	53	114	12	486	3
临沧	Lincang	103	15	154	237	473	67	1 808	35

19-6 全省法人单位按行业分组

Number of Legal Entities Grouped by Sector in the Whole Province

单位：个 (unit)

行　　业	Sector	1997年	1998年	1999年	2000年	2001年
全省合计	**Total**	**80 269**	**81 013**	**81 093**	**80 243**	**98 339**
一、农、林、牧、渔业	Farming,Forestry,Animal Husbandry and Fishery	4 137	4 155	4 153	3 889	6 285
农业	Farming	491	493	487	483	742
林业	Forestry	170	167	168	179	454
畜牧业	Animal Husbandry	137	125	131	130	262
渔业	Fishery	48	46	47	48	71
农、林、牧、渔服务业	Agricultural Services	3 291	3 324	3 320	3 049	4 756
二、采掘业	Mining and Quarrying	1 848	1 858	1 837	1 799	2 105
煤炭采选业	Coal Mining and Dressing	698	699	676	672	819
石油和天然气开采业	Extraction of Petroleum and Natural Gas	2	2	2	2	2
黑色金属矿采选业	Mining and dressing of Ferrous Metals	131	129	126	123	149
有色金属矿采选业	Mining and Dressing of Nonmetal Metals	487	472	474	447	551
非金属矿采选业	Mining and Dressing of Nonmetal Minerals	413	444	452	451	527
其他矿采选业	Mining and Dressing of Other Nonmetal Minerals	4	4	4	4	9
木材及竹材采运业	Logging and Transport of Wood and Bamboo	113	108	103	100	48
三、制造业	Manufacturing	12 146	12 534	12 266	12 135	11 932
食品加工业	Food Processing	640	693	680	690	835
食品制造业	Food Production	565	564	536	524	511
饮料制造业	Beverages	756	752	748	741	915
烟草加工业	Tobacco Processing	37	42	46	47	30
纺织业	Textile Industry	168	180	180	177	180
服装及其他纤维制品制造业	Garments and Other Fiber Products	345	337	318	309	200
皮革、毛皮、羽绒及其制品业	Leather,Furs,Down and Related Products	180	189	175	164	95
木材加工及竹、藤、棕、草制品业	Timber Processing,Bamboo,Cane,Palm Fiber and Straw Products	620	640	584	563	568
家具制造业	Furniture Manufacturing	354	350	338	331	253
造纸及纸制品业	Papermaking and Paper Products	360	365	362	353	371
印刷业，记录媒介的复制	Printing and Record Medium Reproduction	438	458	463	463	490
文教体育用品制造业	Cultural,Educational and Sports Goods	68	73	74	68	56
石油加工及炼焦业	Petroleum Processing and Coking	54	54	59	60	85
化学原料及化学制品制造业	Raw Chemical Materials and Chemical Products	866	901	880	880	848
医药制造业	Medical and Pharmaceutical Products	142	153	161	165	203
化学纤维制造业	Chemical Fiber	11	12	13	11	6
橡胶制品业	Rubber Products	123	125	121	116	119
塑料制品业	Plastic Products	444	460	460	453	461
非金属矿物制品业	Nonmetal Mineral Products	2 030	2 111	2071	2 087	1 909
黑色金属冶炼及压延加工业	Smelting and Pressing of Ferrous Metals	303	324	310	301	253

19-6 续表1 continued

单位：个 (unit)

行　业	Sector	1997年	1998年	1999年	2000年	2001年
有色金属冶炼及压延加工业	Smelting and Pressing of Nonferrous Metals	371	405	394	360	390
金属制品业	Metal Products	1 060	1 065	1 045	1 039	914
普通机械制造业	Ordinary Machinery	512	552	545	535	436
专用设备制造业	Equipment for Special Purposes	331	341	336	330	357
交通运输设备制造业	Transport Equipment	692	705	698	693	860
武器弹药制造业	Weapon and Ammunition	7	6	5	5	4
电气机械及器材制造业	Electric Equipment and Machinery	236	246	249	252	222
电子及通信设备制造业	Electric and Telecommunications Equipment	56	55	53	51	41
仪器仪表及文化、办公用机械制造业	Instruments,Meters,Cultural and Office Machinery	72	74	77	81	92
其他制造业	Other manufacturing	305	302	285	286	228
四、电力、煤气及水的生产和供应业	Production and Supply of Electric Power,Gas and Water	840	838	815	810	876
电力、蒸汽、热水的生产和供应业	Production and Supply of Electric Power,Steam and Hot Water	674	668	647	634	623
煤气生产和供应业	Production and Supply of Gas	5	6	7	9	13
自来水的生产和供应业	Production and Supply of Tap Water	161	164	161	167	240
五、建筑业	Construction	2 477	2 599	2 816	2 793	2894
土木工程建筑业	Civil Engineering Construction	1 806	1 902	2 058	2 058	1924
线路、管道和设备安装业	Installation of Lines,Dipelines and Equipment	227	229	234	237	345
装修装饰业	Fitting and Decoration	444	468	524	498	625
六、地质勘查业、水利管理业	Geological Prospecting and Water Conservancy	625	633	625	622	1084
地质勘查业	Geological Prospecting	108	106	99	95	132
水利管理业	Water Conservancy	517	527	526	527	952
七、交通运输、仓储及邮电通信业	Transport,Storage,Postal and Telecommunication Services	1 100	1 155	1 243	1 252	2039
铁路运输业	Railway Transport	7	8	6	6	22
公路运输业	Highway Transport	406	406	410	393	474
管道运输业	Pipeline Transport					1
水上运输业	Water Transport	18	17	16	15	18
航空运输业	Air Transport	6	4	4	3	10
交通运输辅助业	Transport Subsidiary Services	399	413	419	426	704
其他交通运输业	Other Transport	6	6	6	6	4
仓储业	Storage	79	76	82	83	163
邮电通信业	Postal and Telecommunication Services	179	225	300	320	643
八、批发和零售贸易、餐饮业	Wholesale & Retail Trade and Catering Services	14 369	14 239	13 880	13 567	14377
食品、饮料、烟草和家庭用品批发业	Wholesale Trade of Food,Beverage,Tobacco and Household Articles	3 324	3 173	3 069	2 950	2400
能源、材料和机械电子设备批发业	Wholesale Trade of Energy,Materials and Electronic Equipment	3 705	3 623	3 496	3 463	2956
其他批发业	Other Wholesale Trade	659	755	747	739	715
零售业	Retail Trade	6 158	6 133	6 020	5 847	7471
商业经纪与代理业	Commercial Brokerage and Agencies	12	10	11	10	49

19-6 续表2 continued

单位：个 (unit)

行 业	Sector	1997年	1998年	1999年	2000年	2001年
餐饮业	Catering Trade	511	545	537	558	786
九、金融、保险业	Finance and Insurance	2 358	2 361	2 374	2 354	2 192
金融业	Finance	2 120	2 114	2 127	2 107	1 921
保险业	Insurance	238	247	247	247	271
十、房地产业	Real Estate	418	511	541	541	1 626
房地产开发与经营业	Real Estate Development and Operation	297	371	378	391	970
房地产管理业	Real Estate Management	75	92	114	97	495
房地产代理与经纪业	Real Estate Brokerage and Agencies	46	48	49	53	161
十一、社会服务业	Social Services	3 245	3 276	3 348	3 382	7 008
公共服务业	Public Services	507	517	537	546	1 022
居民服务业	Resident Services	416	418	417	417	760
旅馆业	Hotels	864	869	901	900	1 626
租赁服务业	Leasing Services	53	57	61	65	144
旅游业	Tourism	263	272	275	272	402
娱乐服务业	Recreational Services	226	225	222	227	376
信息、咨询服务业	Information and Consultative Services	678	680	689	680	1 701
计算机应用服务业	Computer Application Services	60	59	61	69	388
其他社会服务业	Other Social Services	178	179	185	206	589
十二、卫生、体育和社会福利业	Health Care,Sport and Social Welfare	2 966	3 006	3 152	3 075	4 501
卫生	Health	2 574	2 598	2 734	2 650	3 632
体育	Sports	44	47	47	48	93
社会福利保障业	Social Welfare and Social Security	348	361	371	377	776
十三、教育、文化艺术及广播电影电视业	Education,Culture and Arts,Radio,Film and Television	6 362	6 364	6 386	6 405	9 854
教育	Education,Culture and Arts,Radio,Film and Television	4 904	4 897	4 916	4 926	6 929
文化艺术业	Culture and Arts	925	932	933	941	2 271
广播电影电视业	Radio,Film and Television	533	535	537	538	654
十四、科学研究和综合技术服务业	Scientific Research and Polytechnic	1 064	1 105	1 122	1 129	1 591
科学研究业	Scientific Research	199	198	198	198	241
综合技术服务业	Polytechnic Services	865	907	924	931	1 350
十五、国家机关、政党机关和社会团体	Governments Agencies,Party Agencies and Social Organizations	25 902	25 982	26 115	26 051	28 894
国家机关	Governments	9 498	9 785	9 973	9 866	8 214
政党机关	Party	1 407	1 439	1 449	1 453	3 253
社会团体	Social Organizations	1 075	1 080	1 095	1 077	3 536
基层群众自治组织	Basic Mass Organization	13 922	13 678	13 598	13 655	13 891
十六、其他行业	Others	412	397	420	439	1 081
企业管理机构	Enterprises Managements	412	397	420	439	996

19-7 全省产业活动单位按行业分组

Number of Industrial Activity Entities Grouped by Sector in the Whole Province

单位：个 (unit)

行业	Sector	1997年	1998年	1999年	2000年	2001年
全省合计	**Total**	**134 936**	**132 368**	**131 637**	**128 946**	**165 429**
一、农、林、牧、渔业	Farming,Forestry,Animal Husbandry and Fishery	10 410	10 366	10 375	10 020	12 281
农业	Farming	1 054	1 022	1 025	1 006	1 149
林业	Forestry	514	506	510	511	1 032
畜牧业	Animal Husbandry	184	168	180	176	308
渔业	Fishery	81	77	79	78	83
农、林、牧、渔服务业	Agricultural Services	8 577	8 593	8 581	8 255	9 709
二、采掘业	Mining and Quarrying	2 274	2 224	2 198	2 114	2 345
煤炭采选业	Coal Mining and Dressing	759	749	729	719	869
石油和天然气开采业	Extraction of Petroleum and Natural Gas	5	3	3	2	2
黑色金属矿采选业	Mining and dressing of Ferrous Metals	160	151	155	147	167
有色金属矿采选业	Mining and Dressing of Nonmetal Metals	561	536	536	506	616
非金属矿采选业	Mining and Dressing of Nonmetal Minerals	589	590	596	590	613
其他矿采选业	Mining and Dressing of Other Nonmetal Minerals	4	5	5	5	10
木材及竹材采运业	Logging and Transport of Wood and Bamboo	196	190	174	145	66
三、制造业	Manufacturing	14 819	14 965	14 492	14 157	13 809
食品加工业	Food Processing	836	875	855	842	1 021
食品制造业	Food Production	728	702	660	630	610
饮料制造业	Beverages	1 212	1 169	1 158	1 143	1 201
烟草加工业	Tobacco Processing	62	64	63	61	47
纺织业	Textile Industry	190	199	201	196	196
服装及其他纤维制品制造业	Garments and Other Fiber Products	394	390	364	348	216
皮革、毛皮、羽绒及其制品业	Leather,Furs,Down and Related Products	200	207	191	180	98
木材加工及竹、藤、棕、草制品业	Timber Processing,Bamboo,Cane,Palm Fiber and Straw Products	799	788	722	674	702
家具制造业	Purniture Manufacturing	415	408	387	380	278
造纸及纸制品业	Papermaking and Paper Products	402	403	397	385	395
印刷业，记录媒介的复制	Printing and Record Medium Reproduction	524	546	539	522	568
文教体育用品制造业	Cultural,Educational and Sports Goods	72	80	79	73	62
石油加工及炼焦业	Petroleum Processing and Coking	63	62	66	66	95
化学原料及化学制品制造业	Raw Chemical Materials and Chemical Products	1 016	1 062	1 026	1 026	961
医药制造业	Medical and Pharmaceutical Products	156	168	171	173	217
化学纤维制造业	Chemical Fiber	11	13	13	11	
橡胶制品业	Rubber Products	147	158	155	150	146
塑料制品业	Plastic Products	491	504	499	490	493
非金属矿物制品业	Nonmetal Mineral Products	2 350	2 379	2 321	2 310	2 106
黑色金属冶炼及压延加工业	Smelting and Pressing of Ferrous Metals	360	359	358	340	285

19-7 续表1 continued

单位：个 (unit)

行　业	Sector	1997年	1998年	1999年	2000年	2001年
有色金属冶炼及压延加工业	Smelting and Pressing of Nonferrous Metals	404	422	409	378	419
金属制品业	Metal Products	1 225	1 197	1 166	1 152	987
普通机械制造业	Ordinary Machinery	575	614	589	579	481
专用设备制造业	Equipment for Special Purposes	387	391	380	371	414
交通运输设备制造业	Transport Equipment	1 022	1 021	971	930	1 161
武器弹药制造业	Weapon and Ammunition	7	7	6	4	5
电气机械及器材制造业	Electric Equipment and Machinery	262	278	272	270	237
电子及通信设备制造业	Electric and Telecommunications Equipment	61	56	56	54	45
仪器仪表及文化、办公用机械制造业	Instruments,Meters,Cultural and Office Machinery	74	76	80	82	96
其他制造业	Other manufacturing	374	363	338	337	261
四、电力、煤气及水的生产和供应业	Production and Supply of Electric Power,Gas and Water	1 155	1 127	1 087	1 090	1 640
电力、蒸汽、热水的生产和供应业	Production and Supply of Electric Power,Steam and Hot Water	[illegible]	937	898	894	1 320
煤气生产和供应业	Production and Supply of Gas	6	7	8	9	22
自来水的生产和供应业	Production and Supply of Tap Water	180	183	181	187	298
五、建筑业	Construction	3 667	3 634	3 806	3 727	4 591
土木工程建筑业	Civil Engineering Construction	2 822	2 816	2 945	2 897	3 416
线路、管道和设备安装业	Installation of Lines,Pipelines and Equipment	307	284	278	271	472
装修装饰业	Fitting and Decoration	538	534	583	559	703
六、地质勘查业、水利管理业	Geological Prospecting and Water Conservancy	1 841	1 817	1 795	1 774	2 197
地质勘查业	Geological Prospecting	217	205	194	180	209
水利管理业	Water Conservancy	1 624	1 612	1 601	1 594	1 988
七、交通运输、仓储及邮电通信业	Transport,Storage,Postal and Telecommunication Services	3 334	3 350	3 299	3 241	5 619
铁路运输业	Railway Transport	110	27	10	9	73
公路运输业	Highway Transport	676	647	630	602	764
管道运输业	Pipelines Transport					
水上运输业	Water Transport	18	17	16	15	21
航空运输业	Air Transport	13	18	7	5	21
交通运输辅助业	Transport Subsidiary Services	797	773	761	737	1 549
其他交通运输业	Other Transport	6	6	6	6	1
仓储业	Storage	136	158	136	125	251
邮电通信业	Postal and Telecommunication Services	1 578	1 704	1 733	1 742	2 934
八、批发和零售贸易、餐饮业	Wholesale & Retail Trade and Catering Services	22 437	20 183	19 158	18 510	25 844
食品、饮料、烟草和家庭用品批发业	Wholesale Trade of Food,Beverage,Tobacco and Household Articles	4 998	4 353	4 110	3 92 1	4 099
能源、材料和机械电子设备批发业	Wholesale Trade of Energy,Materials and Electronic Equipment	4 636	4 199	4 051	3 989	3 901
其他批发业	Other Wholesale Trade	871	883	862	856	1 311
零售业	Retail Trade	10 387	9 340	8 870	8 497	14 828
商业经纪与代理业	Commercial Brokerage and Agencies	20	18	17	15	59

19-7 续表2 continued

单位：个 (unit)

行 业	Sector	1997年	1998年	1999年	2000年	2001年
餐饮业	Catering Trade	1 525	1 390	1 248	1 232	1 646
九、金融、保险业	Finance and Insurance	6 191	6 203	6 080	5 937	5 513
金融业	Finance	5 939	5 956	5 825	5 690	5 200
保险业	Insurance	252	247	255	247	313
十、房地产业	Real Estate	591	674	695	687	2 035
房地产开发与经营业	Real Estate Development and Operation	344	420	427	435	1 065
房地产管理业	Real Estate Management	194	200	212	193	764
房地产代理与经纪业	Real Estate Brokerage and Agencies	53	54	56	59	206
十一、社会服务业	Social Services	5 858	5 802	5 806	5 615	10 673
公共服务业	Public Services	732	730	747	731	1 425
居民服务业	Resident Services	982	968	951	976	1 443
旅馆业	Hotels	1 646	1 611	1 612	1 528	2 879
租赁服务业	Leasing Services	119	127	121	117	228
旅游业	Tourism	364	383	378	365	498
娱乐服务业	Recreational Services	697	668	672	576	738
信息、咨询服务业	Information and Consultative Services	970	975	979	951	2 128
计算机应用服务业	Computer Application Services	74	73	73	80	444
其他社会服务业	Other Social Services	274	267	273	291	890
十二、卫生、体育和社会福利业	Health Care,Sport and Social Welfare	5 968	5 958	6 713	6 206	9 967
卫生	Health	5 379	5 355	6 095	5 596	8 646
体育	Sports	56	58	58	59	129
社会福利保障业	Social Welfare and Social Security	533	545	560	551	1 192
十三、教育、文化艺术及广播电影电视业	Education,Culture and Arts,Radio,Film and Television	20 469	20 320	20 346	20 181	25 441
教育	Education	17 596	17 459	17 505	17 347	20 234
文化艺术业	Culture and Arts	1 787	1 788	1 765	1 761	3 706
广播电影电视业	Radio,Film and Television	1 086	1 073	1 076	1 073	1 501
十四、科学研究和综合技术服务业	Scientific Research and Polytechnic	1 265	1 315	1 314	1 300	1 971
科学研究业	Scientific Research	222	225	221	216	276
综合技术服务业	Polytechnic Services	1 043	1 090	1 093	1 084	1 695
十五、国家机关、政党机关和社会团体	Governments Agencies,Party Agencies and Social Organizations	34 184	33 988	34 009	33 908	39 547
国家机关	Governments	17 681	17 637	17 723	17 581	18 513
政党机关	Party	1 425	1 451	1 461	1 464	3 363
社会团体	Social Organizations	1 160	1 167	1 178	1 156	3 769
基层群众自治组织	Basic Mass Organization	13 918	13 733	13 647	13 707	13 902
十六、其他行业	Others	473	442	464	473	1 956
企业管理机构	Enterprises Managements	473	442	464	473	1 834

19-8 各地区限额以上法人企业（一）（2001年）
Corporate Businesses above Designated Size in Regions (1) (2001)

地区 Region		工业 Industry				
		企业单位数（个） Number of Enterprises (unit)	从业人员（人） Number of Employed Persons (person)	男 Male	女 Female	营业收入（千元） Bisiness Income (1 000 yuan)
全省合计	**Total**	3 166	779 472	501 860	271 312	136 445 696
昆　明	Kunming	1 043	269 059	172 940	96 119	56 544 881
曲　靖	Qujing	319	118 369	77 870	40 499	17 079 924
玉　溪	Yuxi	308	65 694	44 473	21 221	22 604 647
保　山	Baoshan	86	15 875	10 065	5 810	1 549 283
昭　通	Zhaotong	109	20 560	14 379	6 181	3 081 962
楚　雄	Chuxiong	150	34 666	23 642	11 024	5 108 348
红　河	Honghe	308	105 573	67 751	37 822	15 248 251
文　山	Wenshan	110	15 990	10 699	5 291	2 212 618
思　茅	Simao	134	44 831	28 058	16 773	1 978 175
西双版纳	Xishuangbanna	64	6 849	3 982	2 867	706 052
大　理	Dali	138	29 986	20 261	9 725	5 124 125
德　宏	Dehong	164	17 181	10 505	6 676	1 619 633
丽　江	Lijiang	61	11 767	8 000	3 767	612 971
怒　江	Nujiang	39	5 462	4 360	1 102	419 521
迪　庆	Diqing	30	2 158	1 600	558	189 935
临　沧	Lincang	103	15 452	9 575	5 877	2 365 370

19-8 续表1 continued

地区 Region		建筑业 Construction				
		企业单位数（个） Number of Enterprises (unit)	从业人员（人） Number of Employed Persons (person)	男 Male	女 Female	营业收入（千元） Bisiness Income (1 000 yuan)
全省合计	**Total**	**1 818**	**569 653**	**485 458**	**84 195**	**32 109 370**
昆　明	Kunming	527	234 184	195 966	38 218	16 630 411
曲　靖	Qujing	206	76 253	65 295	10 958	2 829 910
玉　溪	Yuxi	230	40 931	34 767	6 164	2 374 903
保　山	Baoshan	58	30 066	26 411	3 655	1 029 219
昭　通	Zhaotong	71	17 258	14 098	3 160	479 823
楚　雄	Chuxiong	115	31 699	27 153	4 546	1 850 484
红　河	Honghe	141	36 590	30 579	6 011	2 323 449
文　山	Wenshan	42	5 105	4 538	567	306 802
思　茅	Simao	81	13 835	11 557	2 278	827 054
西双版纳	Xishuangbanna	38	4 161	3 402	759	187 205
大　理	Dali	122	46 820	42 092	4 728	2 402 676
德　宏	Dehong	55	5 102	4 572	530	185 311
丽　江	Lijiang	42	6 794	6 067	727	260 975
怒　江	Nujiang	32	3 616	3 332	284	83 772
迪　庆	Diqing	10	2 794	2 577	217	33 525
临　沧	Lincang	48	14 445	13 052	1 393	303 851

19-8 续表2 continued

地 区	Region	批发零售贸易及餐饮业 Wholesale & Retail Trade and Catering Services 企业单位数（个） Number of Enterprises (unit)	从业人员（人） Number of Employed Persons (person)	男 Male	女 Female	营业收入（千元） Bisiness Income (1 000 yuan)
全省合计	**Total**	1 058	169 419	86 821	82 598	154 005 392
昆 明	Kunming	471	93 697	44 605	49 092	73 482 790
曲 靖	Qujing	109	11 954	6 959	4 995	11 659 713
玉 溪	Yuxi	71	13 624	7 602	6 022	33 847 488
保 山	Baoshan	41	5 842	3 388	2 454	2 798 418
昭 通	Zhaotong	26	3 840	2 203	1 637	2 383 303
楚 雄	Chuxiong	43	5 340	2 893	2 447	6 382 648
红 河	Honghe	76	11 940	6 019	5 921	7 970 065
文 山	Wenshan	26	3 113	1 821	1 292	1 807 018
思 茅	Simao	38	4 271	2 389	1 882	1 278 407
西双版纳	Xishuangbanna	15	1 632	771	861	570 975
大 理	Dali	70	7 694	4 716	2 978	8 830 086
德 宏	Dehong	18	1 516	781	735	892 088
丽 江	Lijiang	19	1 901	1 055	846	925 130
怒 江	Nujiang	11	939	492	448	350 485
迪 庆	Diqing	4	552	306	246	43 550
临 沧	Lincang	20	1 564	822	742	783 228

注：此表数据既包括限额以上法人企业，也包括限额以上产业活动单位情况。

Note: The data in the table include not only the corporate enterprises above designated size, but also the industrial activity entities above designated size.

19-9 各地区限额以上企业按登记注册类型分组（2001年）

Enterprises Above Designated Size Grouped by Type of Registry in Regions (2001)

单位：个 (unit)

地 区	Region	总 计 Total	内资企业 Domestic Funded Enterprises: 内资企业合计 Total Domestic Funded Enterprises	国有企业 State-owned Industry	集体企业 Collective-owned Industry	股份合作企业 Cooperative Enterprises	联营企业 Joint Ownership Enterprises	有限责任公司 Limited Liablility Corporations	股份有限公司 Share Holding Enterprises	私营企业 Private Enterprises	其他企业 Other Enterprises	港澳台商投资企业 Enterprises with Funds from Hong Kong, Macao and Taiwan	外商投资企业 Foreign Funded Enterprises
全省合计	**Total**	6 042	5 853	2 136	1 273	221	79	681	287	1 110	2	111	78
昆 明	Kunming	2 041	1 922	669	442	50	32	267	88	345	1	63	56
曲 靖	Qujing	634	619	225	176	15	4	43	28	120	0	11	4
玉 溪	Yuxi	609	584	130	128	30	10	57	24	201	0	17	8
保 山	Baoshan	185	182	62	45	23	1	24	7	20	0	1	2
昭 通	Zhaotong	206	203	107	37	5	4	9	10	31	0	3	0
楚 雄	Chuxiong	308	302	107	53	14	2	45	14	66	0	5	1
红 河	Honghe	525	516	177	115	9	5	75	23	107	0	4	5
文 山	Wenshan	178	178	82	28	8	2	16	15	27	0	0	0
思 茅	Simao	253	252	121	45	13	1	30	11	27	1	1	0
西双版纳	Xishuangbanna	117	117	63	24	7	1	12	5	5	0	0	0
大 理	Dali	330	326	74	68	16	4	55	30	67	0	4	0
德 宏	Dehong	237	236	141	32	8	5	7	9	33	0	0	1
丽 江	Lijiang	122	122	44	20	9	1	16	11	19	0	0	0
怒 江	Nujiang	82	81	35	25	2	1	5	1	12	0	0	1
迪 庆	Diqing	44	44	22	9	2	0	3	0	8	0	0	0
临 沧	Lincang	171	169	77	26	10	6	17	11	22	0	2	0

注：此表数据既包括限额以上法人企业数，也包括限额以上产业活动单位数。

Note: The data in the table include not only the corporate enterprises above designated size, but also the industrial activity entities above designated size.

19-10 云南省现代企业制度监测企业主要监测指标（一）

单位:万元

指标	Item	企业数（个） Number of Enterprises (unit)	合计 Total
合 计	**Total**	**105**	**3 225 287**
按控股情况分	**Grouped by Share holding**		
国有绝对控股	State-owned Absolute Share Holding	69	2 897 300
国有相对控股	State-owned Opposite Share Holding	13	140 020
集体绝对控股	Collective-owned Absolute Share Holding	5	27 563
集体相对控股	Collective-owned Opposite Share Holding	1	1 209
其他	Others	17	159 195
按主营行业分	**Grouped by Trade**		
工业	Industry	84	2 948 451
采掘业	Mining and Quarrying	2	37 712
制造业	Manufacturing	79	2 373 468
电气水的生产和供应业	Production and Supply of Electricity, Gas and Water	3	537 271
建筑业	Construction	7	89 850
运输邮电业	Transport and Postage	2	56 044
批发零售贸易餐饮业	Wholesale and Retail Trade and Catering	8	99 142
房地产业	Real Estate	1	13 700
其他	Others	3	18 100
按登记注册类型分	**Grouped by Type of Registration**		
国有企业	State-owned Enterprises	21	678 688
国有独资企业	State-owned Sole Enterprises	9	1 054 060
其他有限责任公司	Other Limited Liability Companies	31	863 148
股份有限公司	Share Holding Companies	36	571 936
中外合资企业	Sino-foreign Joint Ventures	2	10 846
港澳台合资企业	Joint Ventures funded by Hong Kong, Macao and Taiwan	3	26 299
其他	Others	3	20 310
按重点企业类型分	**Grouped by Type of Role**		
其中:国家重点企业	State-owned Key Enterprises	13	1 362 616
省级重点企业	Provincial-level Key Enterprises	34	1 923 979
按企业规模分	Grouped by Production Scale		
特大型	Huge Big	3	816 021
大型	Big	61	2 154 800
中型	Medium	36	242 389
小型	Small	5	12 077

Major Monitoring Indices of Enterprises under Modern Enterprise Monitoring System (I)

(10 000 yuan)

2001年资本金 (2001) Funds				
国家 State	集体 Collective	法人 Corporations	个人 Individual	外商 Foreign Merchant
2 335 649	**45 587**	**653 996**	**167 449**	**22 606**
2 274 628	9 717	515 770	91 235	5 950
18 014	10 721	69 498	33 175	8 612
3 714	21 207	2 616	26	
	277		932	
39 293	3 665	66 112	42 081	8 044
2 170 029	2 9104	577 751	148 961	22 606
28 152		9 560		
1 606 487	29 104	566 310	148 961	22 606
535 390		1 881		
64 509	9 575	9 676	6 090	
55 413		631		
32 957	6 871	47 288	12 026	
		13 700		
12 741	37	4 950	372	
455 129		222 329	1 230	
939 424		106 636	8 000	
676 572	21 846	146 024	18 706	
241 354	20 996	164 505	138 581	6 500
1 172		6 390		3 284
5 365		8 112		12 822
16 633	2 745		932	
1 163 620		155 166	43 830	
1 372 558	27 905	436 146	87 370	
783 447		32 574		
1 430 851	12 670	560 523	130 259	20 497
119 237	32 640	55 095	33 308	2 109
2 114	277	5 804	3 882	

19-11 云南省现代企业制度监测企业主要监测指标（二）

单位:万元

指标	Item	年末资产 Assets Year-end	
		2000年	2001年
合 计	**Total**	**14 572 147**	**16 760 819**
按控股情况分	**Grouped by Share holding**		
国有绝对控股	State-owned Absolute Share Holding	13 127 337	15 171 597
国有相对控股	State-owned Opposite Share Holding	514 486	621 198
集体绝对控股	Collective-owned Absolute Share Holding	155 120	167 546
集体相对控股	Collective-owned Opposite Share Holding	1 973	2 670
其他	Others	773 231	797 808
按主营行业分	**Grouped by Trade**		
工业	Industry	12 813 184	14 920 464
采掘业	Mining and Quarrying	175 756	182 980
制造业	Manufacturing	10 713 340	12 670 986
电气水的生产和供应业	Production and Supply of Electricity, Gas and Water	1 924 088	2 066 498
建筑业	Construction	307 781	366 616
运输邮电业	Transport and Postage	768 815	778 683
批发零售贸易餐饮业	Wholesale and Retail Trade and Catering	615 375	626 747
房地产业	Real Estate	24 438	24 133
其他	Others	42 554	44 176
按登记注册类型分	**Grouped by Type of Registration**		
国有企业	State-owned Enterprises	3 561 444	4 890 840
国有独资企业	State-owned Sole Enterprises	6 971 720	7 599 660
其他有限责任公司	Other Limited Liability Companies	1 122 491	1 174 507
股份有限公司	Share Holding Companies	2 516 808	2 721 894
中外合资企业	Sino-foreign Joint Ventures	42 730	41 785
港澳台合资企业	Joint Ventures funded by Hong Kong, Macao and Taiwan	81 526	85 942
其他	Others	275 428	246 191
按重点企业类型分	**Grouped by Type of Role**		
其中:国家重点企业	State-owned Key Enterprises	8 582 696	10 147 325
省级重点企业	Provincial-level Key Enterprises	10 998 965	12 616 571
按企业规模分	Grouped by Production Scale		
特大型	Huge Big	3 169 626	3 562 919
大型	Big	10 046 495	11 799 806
中型	Medium	1 302 809	1 350 892
小型	Small	53 217	47 202

Major Monitoring Indices of Enterprises under Modern Enterprise Monitoring System (II)

(10 000 yuan)

年末负债 Liabilities Year-end		年末股东权益 Shareholder's Equity		股本(实收资本) Capital Stock (called-up capital)	
2000年	2001年	2000年	2001年	2000年	2001年
6 699 405	**7 716 583**	**7 872 742**	**9 044 236**	**2 301 358**	**2 595 288**
5 826 058	6 772 369	7 301 279	8 399 228	2 009 060	2 253 363
272 935	321 433	241 551	299 765	123 339	141 473
104 933	110 546	50 187	57 000	33412	39 567
1 165	1 390	808	1 280	767	1 209
494 314	510 845	278 917	286 963	134 780	159 676
5 502 036	6 522 043	7 311 148	8 398 421	2 054 489	2 263 512
114 016	121 409	61 740	61 571	35 391	38 223
4 384 371	5 349 068	6 328 969	7 321 918	1 481 827	1 688 018
1 003 649	1 051 566	920 439	1014932	537 271	537 271
231 125	284 782	76 656	81 834	54 395	72 855
470 410	467 758	298 405	310 925	70 733	69 082
465 701	409 861	149 674	216 886	89 546	157 987
7 428	8 085	17 010	16 048	13 700	13 700
22 705	24 054	19 849	20 122	18 495	18 152
1 765 053	2 554 259	1 796 391	2 336 581	490 201	511 361
2 391 562	2 612 608	4 580 158	4 987 052	971 375	1 084 361
880 728	884 937	241 763	289 570	244 505	299 164
1 339 917	1 372 060	1 176 891	1 349 834	529 968	630 944
23 081	22 646	19 649	19 139	10 845	10 845
46 554	49 011	34 972	36 931	23 250	26299
252 510	221 062	22 918	25 129	31 214	32 314
3 086 817	3 846 946	5 495 879	6 300 379	1 259 849	1 393 063
4 507 276	5 209 949	6 491 689	7 406 622	1 632 642	1 862 721
1 781 264	1 815 609	1 388 362	1 747 310	817 071	933 357
3 967 248	5 022 840	6 079 247	6 776 966	1 282 683	1 346 937
916 406	848 826	386 403	502 066	189 552	302 500
34 487	29 308	18 730	17 894	12 052	12 494

19-12 云南省现代企业制度监测企业主要监测指标（三）

单位:万元

指　标	Item	营业收入 Business Income	
		2000年	2001年
合　计	**Total**	**8 205 205**	**8 553 384**
按控股情况分	**Grouped by Share holding**		
国有绝对控股	State-owned Absolute Share Holding	7 458 676	7 733 131
国有相对控股	State-owned Opposite Share Holding	326 196	385 522
集体绝对控股	Collective-owned Absolute Share Holding	96 564	106 826
集体相对控股	Collective-owned Opposite Share Holding	382	571
其他	Others	323 387	327 334
按主营行业分	**Grouped by Trade**		
工业	Industry	6 878 470	
采掘业	Mining and Quarrying	47 075	56 064
制造业	Manufacturing	6 246 382	6 542 259
电气水的生产和供应业	Production and Supply of Electricity, Gas and Water	585 013	651 940
建筑业	Construction	339 825	334 182
运输邮电业	Transport and Postage	275 692	297 660
批发零售贸易餐饮业	Wholesale and Retail Trade and Catering	700 434	659 610
房地产业	Real Estate	4 374	4 836
其他	Others	6 410	6 833
按登记注册类型分	**Grouped by Type of Registration**		
国有企业	State-owned Enterprises	2 756 233	3 142 532
国有独资企业	State-owned Sole Enterprises	3 082 423	2 931 537
其他有限责任公司	Other Limited Liability Companies	550 269	576 484
股份有限公司	Share Holding Companies	1 617 520	1 685 970
中外合资企业	Sino-foreign Joint Ventures	41 697	41 876
港澳台合资企业	Joint Ventures funded by Hong Kong, Macao and Taiwan	45 641	50 292
其他	Others	111 422	124 693
按重点企业类型分	**Grouped by Type of Role**		
其中:国家重点企业	State-owned Key Enterprises	4 276 908	4 481 253
省级重点企业	Provincial-level Key Enterprises	5 699 477	5 910 161
按企业规模分	**Grouped by Production Scale**		
特大型	Huge Big	1 165 018	1 224 548
大型	Big	5 983 952	6 277 302
中型	Medium	991 623	997 115
小型	Small	64 612	54 419

Major Monitoring Indices of Enterprises under Modern Ente
Monitoring System (III)

收入 s Income	投资收益 Investment Revenue		利润总额 Total Profits		研究 Funds of Research
2001年	2000年	2001年	2000年	2001年	2000年
8 553 384	**113 041**	**97 062**	**667 955**	**701 923**	**34 124**
7 733 131	93 075	81 804	632 899	647 502	28 189
385 522	10 206	10 231	27 313	27 849	3 893
106 826	2	2	8 328	9 027	531
571			-5	40	
327 334	9 758	5 025	-580	17 505	1 511
	106 677	95 238	634 947	712 623	33 506
56 064			323	2 471	
6 542 259	91 718	84 539	600 390	671 848	28 691
651 940	14 959	10 699	34 234	38 304	4 815
334 182	28		8 225	-7 334	133
297 660	736	776	9 944	2 231	
659 610	5 554	1 010	13 985	-5 868	485
4 836	52	38	32	52	
6 833	-6		822	219	
3 142 532	5 945	6 207	148 567	229 266	4 057
2 931 537	79 374	67 847	388 819	354 860	14 722
576 484	3 026	3 254	-251	4 106	2 978
1 685 970	24 639	19 724	124 101	89 279	11 875
41 876			10 790	8 318	492
50 292			8 741	9 487	
124 693	57	30	-12 812	6 607	
4 481 253	85 343	72 303	430 888	490 014	20 246
5 910 161	105 632	85 531	492 115	527 078	26 471
1 224 548	16 794	10 855	50 245	60 634	6 904
6 277 302	90 564	82 734	574 407	594 339	23 281
997 115	5 679	3 467	40 173	45 283	3 887
54 419	4	6	3 130	1 667	52

19-13 云南省现代企业制度监测企业主要监测指标（四）

单位:万元

指标	Item	年末从业人数(人) Employees at Year-end	
		2000年	2001年
合计	**Total**	**276 758**	**275 077**
按控股情况分	**Grouped by Share holding**		
国有绝对控股	State-owned Absolute Share Holding	231 321	229 244
国有相对控股	State-owned Opposite Share Holding	21 558	22 440
集体绝对控股	Collective-owned Absolute Share Holding	3 525	3 283
集体相对控股	Collective-owned Opposite Share Holding	202	198
其他	Others	20 152	19 912
按主营行业分	**Grouped by Trade**		
工业	Industry	[illegible]	222 967
采掘业	Mining and Quarrying	4 724	4 748
制造业	Manufacturing	193 471	193 495
电气水的生产和供应业	Production and Supply of Electricity, Gas and Water	25 384	24 724
建筑业	Construction	32 387	29 615
运输邮电业	Transport and Postage	6 475	7 414
批发零售贸易餐饮业	Wholesale and Retail Trade and Catering	12 830	13 775
房地产业	Real Estate	92	105
其他	Others	1 395	1 201
按登记注册类型分	**Grouped by Type of Registration**		
国有企业	State-owned Enterprises	8 4062	82 496
国有独资企业	State-owned Sole Enterprises	86 230	84 665
其他有限责任公司	Other Limited Liability Companies	47 780	46 761
股份有限公司	Share Holding Companies	54 667	57 117
中外合资企业	Sino-foreign Joint Ventures	713	760
港澳台合资企业	Joint Ventures funded by Hong Kong, Macao and Taiwan	1 013	1 029
其他	Others	2 293	2 249
按重点企业类型分	**Grouped by Type of Role**		
其中:国家重点企业	State-owned Key Enterprises	120 422	121 883
省级重点企业	Provincial-level Key Enterprises	169 300	171 875
按企业规模分	**Grouped by Production Scale**		
特大型	Huge Big	78 514	76 874
大型	Big	149 403	147 167
中型	Medium	46 532	49 098
小型	Small	2 309	1 938

Major Monitoring Indices of Enterprises under Modern Enterprise Monitoring System (Ⅳ)

(10 000 yuan)

研究开发人员(人) Research and Development Persons		从业人员劳动报酬 Payment for Employees		研发人员劳动报酬 Payment for Research and Development Persons	
2000年	2001年	2000年	2001年	2000年	2001年
4 190	**4 881**	**389 941**	**435 900**	**6 260**	**8 173**
3 411	4 008	348 771	388 373	5 169	6 498
614	645	19 521	24 893	854	1 342
27	33	3 912	3 595	35	46
		159	182		
138	195	17 578	18 857	202	287
4 085	4 741	334 758	375 338	6 118	7 971
		6 299	7 270		
4 085	4 741	283 229	313 219	6 118	7 971
		45 230	54 849		
42	49	27 313	28 936	39	53
		11 998	13 253		
63	91	14 667	17 034	103	149
		110	121		
		1 095	1 218		
935	1 189	118 730	133 561	1 503	2 247
1 054	1 155	141 858	157 386	1 740	2 125
577	616	51 357	53 461	757	838
1 610	1 901	70 640	83 078	2 194	2 873
14	20	1 980	2 283	66	90
		1 345	1 540		
		4 031	4 591		
1 705	1 980	189 309	211 068	2 884	3 781
2 321	2 606	251 904	282 561	3 753	5 091
682	992	109 578	119 872	858	1 686
3 077	3 391	235 105	258 728	4 848	5 740
431	484	43 189	55 512	554	731
	14	2 069	1 788		16

19-14 云南省主要企业集团财务指标（一）

单位:万元

指 标	Item	集团数（个） Number of Groups（unit）
总 计	**Total**	**36**
按集团审批部门分	**Grouped by Examination and Approval Sections**	
国务院主管部门	Superintendents of State Department	4
省级人民政府	Province People Government	20
省级政府主管部门	Superintendents of Province Government	4
其他	Others	8
按母公司控股情况分	**Grouped by Share holding of Parent Company**	
国有及国有控股	State-owned and State Stock Holding	30
国有绝对控股	State-owned Absolute Share Holding	29
国有相对控股	State-owned Opposite Share Holding	1
集体绝对控股	Collective-owned Absolute Share Holding	1
其他	Others	5
按企业集团主营行业分	**Grouped by Enterprise's Trade**	
农、林、牧、渔业	farming, Forestry, Animal Husbandry and Fishery	1
工业	Industry	21
制造业	Manufacturing	20
电气水的生产和供应业	Production and Supply Electric, Gas & Water	1
建筑业	Construction	1
批发零售贸易餐饮业	Wholesale and Retail Trade & Catering Services	9
房地产业	Real Estate	2
其他	Others	2
按母公司登记注册类型分	**Grouped by Status of Registration**	
国有企业	State-owned Enterprises	8
公司制企业	Corporate Enterprises	28
国有独资企业	Sole State-funded Corporations	15
其他有限责任公司	Other Limited Liability Corporations	6
股份有限公司	Share Holding Enterprises	7

Financial Indicators of Main Enterprise Groups in Yunnan (I)

(10 000 yuan)

年末资产 Assets Year-end		年末负债 Liabilities Year-end		年末股东权益 Shareholder's Equity	
2000年	2001年	2000年	2001年	2000年	2001年
13 627 965	**14 474 385**	**7 082 022**	**7 197 289**	**6 545 943**	**7 277 096**
6 372 127	6 630 981	2 169 626	2 149 732	4 202 501	4 481 249
5 510 578	5 887 489	3 779 093	3 787 373	1 731 485	2 100 116
242 942	235 655	160 039	159 210	82 903	76 445
1 502 318	1 720 260	973 264	1 100 974	529 054	619 286
13 253 787	14 087 553	6 891 026	7 003 244	6 362 761	7 084 309
13 171 823	14 002 601	6 858 120	6 968 712	6 313 703	7 033 889
81 964	84 952	32 906	34 532	49 058	50 420
42 468	36 628	19 002	13 360	23 466	23 268
331 710	350 204	171 994	180 685	159 716	169 519
445 206	410 053	370 431	364 197	74 775	45 856
11 099 554	11 872 527	5 216 575	5 274 433	5 882 979	6 598 094
9 223 825	9 854 572	4 247 587	4 255 640	4 976 238	5 598 932
1 875 729	2 017 955	968 988	1 018 793	906 741	999 162
440 689	492 800	352 192	378 268	88 497	114 532
969 839	1 007 529	683 119	712 105	286 720	295 424
427 015	455 054	341 949	366 234	85 066	88 820
245 662	236 422	117 756	102 052	127 906	134 370
1 054 272	1 134 084	738 914	803 355	315 358	330 729
12573693	13 340 301	6 343 108	6 393 934	6 230 585	6 946 367
7 417 302	8 072 288	4 858 073	5 007 239	2 559 229	3 065 049
4 691 415	4 791 169	1 219 094	1 136 444	3 472 321	3 654 725
464 976	476 844	265 941	250 251	199 035	226 593

19-15 云南省主要企业集团财务指标（二）

单位:万元

指 标	Item	股本 Total Capital Hold	
		2000年	2001年
总 计	**Total**	**2 018 461**	**2 152 922**
按集团审批部门分	**Grouped by Examination and Approval Sections**		
国务院主管部门	Superintendents of State Department	653 163	662 942
省级人民政府	Province People Government	1 019 795	1 158 264
省级政府主管部门	Superintendents of Province Government	60 113	58 882
其他	Others	285 390	272 834
按母公司控股情况分	**Grouped by Share holding of Parent Company**		
国有及国有控股	State-owned and State Stock Holding	1 908 035	2 041 310
国有绝对控股	State-owned Absolute Share Holding	1 894 035	2 027 310
国有相对控股	State-owned Opposite Share Holding	14 000	14 000
集体绝对控股	Collective-owned Absolute Share Holding	19 547	18 500
其他	Others	90 879	93 112
按企业集团主营行业分	**Grouped by Enterprise's Trade**		
农、林、牧、渔业	farming, Forestry, Animal Husbandry and Fishery	116 842	117 475
工业	Industry	1 472 459	1 567 991
制造业	Manufacturing	942 459	1 037 991
电气水的生产和供应业	Production and Supply Electric, Gas & Water	530 000	530 000
建筑业	Construction	74 884	101 436
批发零售贸易餐饮业	Wholesale and Retail Trade & Catering Services	235 157	240 602
房地产业	Real Estate	47 009	53 308
其他	Others	72 110	72 110
按母公司登记注册类型分	**Grouped by Status of Registration**		
国有企业	State-owned Enterprises	171 870	176 089
公司制企业	Corporate Enterprises	1 846 591	1976 833
国有独资企业	Sole State-funded Corporations	1 519 647	1 641 243
其他有限责任公司	Other Limited Liability Corporations	221 454	230 749
股份有限公司	Share Holding Enterprises	105 490	104 841

Financial Indicators of Main Enterprise Groups in Yunnan (Ⅱ)

(10 000 yuan)

营业收入 Business Income		投资收益 Investment Revenue		利润总额 Total Profits	
2000年	2001年	2000年	2001年	2000年	2001年
6 490 749	**6 364 764**	**99 252**	**71 835**	**473 668**	**389 803**
3 072 035	2 821 610	72 112	52 398	432 678	341 209
2 647 486	2 682 806	12 543	7 644	2 118	15 032
152 404	178 078	1 722	421	-2 088	-50
618 824	682 270	12 875	11 372	40 960	33 612
6 279 039	6 144 151	89 561	67 746	456 961	385 583
6 211 364	6 054 162	89 009	67 156	451 130	380 350
67 675	89 989	552	590	5 831	5 233
21 221	21 271			1 266	413
190 489	199 342	9 691	4 089	15 441	3 807
195 861	166 727	91	171	-4 280	-16721
5 092 049	5 127 429	89 149	68 497	493 642	415 907
4 525 376	4 500 033	74 251	58 011	462 138	380 841
566 673	627 396	14 898	10 486	31 504	35 066
353 851	328 528	606	175	967	961
658 541	600 236	7 790	-323	-24563	-17 368
153 414	106 538	1 445	3 100	3 454	772
37 033	35 306	171	215	4 448	6 252
436 043	334 035	5 574	4 860	-5 286	930
6 054 706	6 030 729	93 678	66 975	478 954	388 873
3 204 203	3 451 646	23 208	19 906	44 961	62 965
2 585 068	2 271 318	57 967	41 981	416 012	317 167
265 435	307 765	12 503	5 088	17 981	8 741

19-16 云南省主要企业集团财务指标（三）

单位:万元

指 标	Item	研究开发费 Funds for Research and Development 2000年	2001年
总 计	**Total**	**29 189**	**33 467**
按集团审批部门分	**Grouped by Examination and Approval Sections**		
国务院主管部门	Superintendents of State Department	12 348	9 977
省级人民政府	Province People Government	14 906	21 018
省级政府主管部门	Superintendents of Province Government	455	643
其他	Others	1 480	1 829
按母公司控股情况分	**Grouped by Share holding of Parent Company**		
国有及国有控股	State-owned and State Stock Holding	29 017	32 963
国有绝对控股	State-owned Absolute Share Holding	24 817	26 943
国有相对控股	State-owned Opposite Share Holding	4 200	6 020
集体绝对控股	Collective-owned Absolute Share Holding		
其他	Others	172	504
按企业集团主营行业分	**Grouped by Enterprise's Trade**		
农、林、牧、渔业	farming, Forestry, Animal Husbandry and Fishery	93	58
工业	Industry	28 370	32 257
制造业	Manufacturing	23 555	27 069
电气水的生产和供应业	Production and Supply Electric, Gas & Water	4 815	5 188
建筑业	Construction	515	628
批发零售贸易餐饮业	Wholesale and Retail Trade & Catering Services	70	419
房地产业	Real Estate	141	105
其他	Others	0	0
按母公司登记注册类型分	**Grouped by Status of Registration**		
国有企业	State-owned Enterprises	1 467	2 104
公司制企业	Corporate Enterprises	27 722	31 363
国有独资企业	Sole State-funded Corporations	15 243	19 955
其他有限责任公司	Other Limited Liability Corporations	7 632	4 822
股份有限公司	Share Holding Enterprises	4 847	6 586

Financial Indicators of Main Enterprise Groups in Yunnan (III)

(10 000 yuan)

年末从业人数(人) Employees at Year-end		从业人员劳动报酬 Payment for Employees		劳动待业保险费 Labor Insurance Funds	
2000年	2001年	2000年	2001年	2000年	2001年
378 551	**354 563**	**390 487**	**417 938**	**135 354**	**120 150**
38 843	37 065	77 686	84 699	18 016	16 784
283 993	271 067	262 110	275 513	99 421	93 853
6 077	6 022	7 131	8 142	1 877	2 352
49 638	40 409	43 560	49 584	16 040	7 170
370 612	346 841	383 266	409 861	134 198	118 810
369 560	345 766	381 886	407 145	133 902	118 490
1 052	1 075	1 380	2 716	296	320
796	743	538	562	81	107
7 143	6 979	6 683	7 515	1 075	1 242
107 723	97 619	52 303	53 840	24 073	21 905
183 964	179 049	255 926	285 689	87 347	75 529
160 678	156 255	212 897	233 344	74 726	61 771
23 286	22 794	43 029	52 345	12 621	13 758
43 194	40 982	40 747	38 774	14 147	13 010
23 631	22 033	24 915	25 812	9 308	9 187
16 569	11 171	14 033	10 967	254	226
3 470	3 709	2 563	2 856	225	302
28 790	24 525	26 689	24 487	5 107	4 703
349 761	330 038	363 798	393 451	130 247	115 456
316 605	298 100	309 433	338 342	118 423	108 016
20 974	20 172	42 003	40 241	8 762	5 534
12 182	11 766	12 362	14 868	3 062	1 906

19-17 云南省企业集团成员企业主要业务指标(2001年)

指　标	Item	企业数 (个) Number of Enterprises (unit)	年末资产 (万元) Assets Year-end (10 000 yuan)
总　计	**Total**	**456**	**15 762 807**
按主营行业分	**Grouped by Trade**		
农、林、牧、渔业	Farming, Forestry, Animal Husbandry and Fishery	42	327 604
采掘业	Mining and Quarrying	10	427 988
制造业	Manufacturing	110	7 853 072
电气水的生产和供应业	Production and Supply of Electricity, Gas & Water	3	[illegible]
建筑业	Construction	23	742 421
运输邮电业	Transport and Postage	5	38 934
批发零售贸易餐饮业	Wholesale and Retail Trade & Catering Services	152	1 260 654
金融业	Financial industry	1	108
房地产业	Real Estate	25	344 625
其他	Others	85	2 741 545
按母公司登记注册类型分	**Grouped by Status of Registration**		
国有企业	State-owned Enterprises	230	2 933 495
国有独资企业	Sole State-funded Corporations	35	4 844 152
其他有限责任公司	Other Limited Liability Corporations	118	3 859 847
股份有限公司	Share Holding Enterprises	37	2 133 529
中外合资企业	Sino-foreign Joint Ventures	3	11 108
港澳台合资企业	Joint Ventures funded by Hong Kong, Macao and Taiwan	14	118 829
其他	Others	19	1 861 847

Major Business Indicators of Enterprise Group Members in Yunnan

年末负债 (万元) Liabilities Year-end (10 000 yuan)	主营业务收入 (万元) Main Business Revenue (10 000 yuan)	利润总额 (万元) Total Profits (10 000 yuan)	年末从业人员 (人) Employees at Year-end (person)
7 561 664	**6 607 440**	**419 436**	**354 563**
282 093	125 384	- 17 302	94 473
250 451	154 584	- 1 018	22 822
3 705 051	4 058 809	353 314	127 226
1 023 852	618 279	35 027	22 983
588 492	346 178	3 068	52 390
25 263	11 493	914	855
979 939	1 126 615	- 3 219	21 456
8	3	0	2
263 710	87 258	5 639	1 788
442 805	78 837	43 013	10 568
2 036 846	1 158 456	- 31 061	197 750
2 532 432	1 451 085	45 767	70 589
1 431 696	2 400 953	267 431	37 909
1 219 709	1 092 593	72 594	41 615
6 038	6 556	100	760
61 712	154 308	8 543	2 213
273 231	343 489	56 062	3 727

19-18 云南省建立现代企业制度监测企业运行情况(2001年)

Operation of Enterprises under Modern Enterprise Monitoring System in Yunnan （2001)

指　标	Item	全省105个 Total :105
一、改制企业情况	Situation of System Changed Enterprises	
已改制	System Changed	84
尚未改制	System Unchanged	21
原因:没有改制计划	Reasons: No plan for system changing	8
正在或准备实行改制	Ready for system changing	12
准备实行非公司制	Ready for practicing non-corporate system	1
二、改制企业法人治理结构情况	Situation of Legal Person's Management for System Changed Enterprises	
已成立股东会	Shareholders' Meeting is established	62
已成立董事会	Board of Directors is established	79
已成立监事会	Board of Supervisors is established	72
已建立出资人制度	Financial Contributors' System is established	90
三、总经理产生方式	Selection of General Manager	
董事会聘任	Employment by Board of Directors	50
主管部门任命	Appointment by the Competent Department	24
政府提名董事会聘任	Nomination by Government and Employment by Board of Directors	12
上级组织部门任命	Appointment by the Above Competent Department	17
四、总经理年龄和学历	Age and Education	
40岁及以下	40 years old or below	25
41—50岁	41~50	46
51岁及以上	51 or above	34
硕士	Master degree	16
大学	University graduation	82
中专和高中	Specialized secondary school or senior secondary school	6
五、企业是否有奖惩制度	Whether Enterprises Having Punishing or Rewarding System	
# 能严格执行	Able to follow strictly	79
很难严格执行	Difficult to follow strictly	24
六、企业质量管理情况	Quality Control of Enterprises	
通过ISO9000认证	Passed ISO9000 Certification	64
通过ISO14000认证	Passed ISO14000 Certification	5
七、劳动人事分配制度改革情况	Reform of Labor, Personnel and Distribution System	
实行劳动合同制度	Practicing labor contractual system	102
实行全员竞争上岗制度	Practicing competition-for-post system	70
管理人员实行公开竞聘	Practicing open competition for employment of administrative staff	77
能足额缴纳社会保险	Able to fully pay social security funds	92
经营者年薪制	Annual salary system for managers	20
岗位工资为主的工资制	Wage system dominated by post wage system	94
科技人员激励机制	Incentive system for persons engaged in science and technology	46
职工持股分配制	Distribution system of employee stock ownership	31
八、企业技术创新情况	Technological Creation of Enterprises	
企业已建立技术中心	Established technological centers of enterprises	58

19-18 续表 continued

指　标	Item	全省105个 Total: 105
#国家级认定	Certified by State	2
省级认定	Certified by Province	16
技术中心人员经费基本满足需要	Basically sufficient funds for the staff of technological centers	45
技术中心人员经费不满足需要	Insufficient funds for the staff of technological centers	13
九、企业获新产品新技术途径	Ways for enterprises to obtain new products and new technology	
自主开发	Self-reliant development	66
与院校科研机构联合开发	Joint development with research institutions and universities	52
引进技术消化、吸收和创新	Digesting, absorbing and creating on the basis of technology introduced	51
接受技术成果转让	Accepting technological transfer	30
十、企业分离富余职工主要去向	Whereabouts of Redundant Staff from Enterprises	
内部消化	Internal digestion	74
提前退休	Earlier retirement	46
失业	Unemployment	13
其他	Others	21
十一、企业办社会性服务机构分离情况	Separation of Enterprises' Involved Social Services	
全部分离	Fully separated	21
部分分离	Partly separated	16
没有分离	Unseparated	24
十二、推进改革的主要障碍	Main Obstacles for Promoting Reform	
社会保障制度不完善	Imperfection of social security system	70
政府转变职能滞后	Lag behind of governmental function transformation	55
市场体系不健全	Imperfection of market system	49
历史包袱沉重	Historically heavy burden	39
缺乏激励和约束机制	Lack of incentive and restrain mechanism	36
产权不明确	Unclear equity	25
十三、影响生产经营主要因素	Main Factors Influencing Production and Operation	
市场需求不足	Low market demand	52
负债过高、利息负担重	Deep in debts and heavy interest payment	46
资金紧缺	Lack of funds	37
人员过剩	Redundant personnel	32
管理机制不完善	Imperfect managerial mechanism	31
十四、改制后的总体评价	Overall Assessment after System Changing	
效果很好	Very good effect	15
效果较好	Relatively good effect	35
效果一般	Effect usual	21
尚未见效	Effect unseen	10
十五、未来发展前景预测	Forecast of Future Development	
很好	Very good	35
较好	Relatively good	56
一般	Usual	14

19-19 云南省主要企业集团监测运行情况(2001年)
Operation of Enterprises under Modern Enterprise Monitoring System in Yunnan (2001)

指　标	Item	全省36个企业集团 36 in Province
一、企业集团母公司体制	Parent Company System of Enterprise Group	
已建立	Established	28
未建立	Not Established	8
二、企业集团母公司出资人	Investor of Parent Company of Enterprise Group	
已明确	Confirmed	35
未明确	Not Confirmed	1
三、企业集团母公司出资人主要权利	Main Rights of Investor of Parent Company of Enterprise Group	
企业重大经营决策	Important Operation Decision of Enterprise	29
选择企业经营者	Selection of Enterprise's Operator	29
收取资产收益	Collecting Assets Income	23
四、企业集团母公司组织机构	Organization of Parent Company of Enterprise Group	
已成立股东会	Stockholders' Meeting Established	17
已成立董事会	Board of Directors Established	33
已成立监事会	Board of Supervisors Established	28
五、企业集团母公司总经理产生方式	Selection of General Manager of Parent Company of Enterprise Group	
董事会聘任	Employed by Board of Directors	11
上级行政部门直接任命	Employed directly by the Above Administrative Department	18
国有资产授权投资机构指派	Designated by Entrusted State-owned Assets Investment Institution	1
上级主管部门提名，董事会聘任	Nominated by the Above Competent Department and Employed by Board of Directors	6
六、企业集团母公司统一决策事项	Uniform Decision-making of Parent Company of Enterprise Group	
集团发展战略	Development Strategy of Group	34
重大投融资项目	Important Investment and Fund-raising Items	33
涉外贸易和经济技术合作	Foreign Trade and Economic and Technological Cooperation	21
科研开发	Research and Development	18
财务管理制度	Financial Control System	29
七、企业集团合并会计报表制度	Consolidating Accounting Statement System of Enterprise Group	
已执行	Executed	30
未执行	Not Executed	6

19-19 续表 continued

指 标	Item	全省36个企业集团 36 in Province
八、企业集团技术中心	Technological Center of Enterprise Group	
已建立	Established	18
未建立	Not Established	18
九、企业集团有关配套政策落实情况	Execution of Supporting Policy of Enterprise Group	
投资自主权	Decision-making Right to Invest	35
境外融资权	Overseas Fund-raising Right	3
对外担保权	External Security Right	23
自营产品进出口权	Right to Import and Export Self-produced Products	25
合并纳税权	Combination Tax Paying Right	11
对外工程承包与劳务合作权	Right to External Engineering Contract and Labor Cooperation	18
外事审批权	Foreign Affairs Approval Right	5
十、企业集团企业中上市公司	Listed Companies of Enterprise Group	
有	Existing	9
无	Not Existing	27
十一、企业集团内部管理面临问题	Internal Managerial Problem of Enterprise Group	
集团内部产权关系尚未理顺	Group's Internal Equity Relationship Not Clarified	17
集团母子公司体制不健全	Group's Father-son System Not Perfect	21
缺乏对企业经营者的激励约束机制	Lack of Incentive and Curbing System for Enterprise's Operator	28
集团内部产权管理部门职能弱	Weak Function of Group's Internal Equity Control	12
受上级行政管理部门干预较多	More Interference from the Above Administrative Dept.	4
其他	Others	15
十二、影响企业集团生产经营主要因素	Major Factors Affecting Enterprise Group's Production and Operation	
资金短缺	Short of Funds	22
产品缺乏竞争力	Product's Lack of Competitive Power	7
企业债务沉重	Heavy Debt of Enterprise	24
上级行政部门干预	Interference from the Above Administrative Dept.	3
地区间贸易壁垒	Regional Trade Barrier	5
科研开发能力弱	Weak R & D Capacity	10
技术设备陈旧	Obsolete Technology and Equipment	7
企业富余人员问题突出	Acute Problem of Redundant Employees of Enterprise	21
十三、企业集团未来发展前景预测	Forecasting of Enterprise Group's Future Development	
很好	Extremely Good	4
较好	Relatively Good	23
一般	Just so-so	9

19-20 云南省重点培育40户大企业大集团发展情况

Development of 40 Big Enterprise Groups under Special Care in Yunnan

单位:万元　　(10 000 yuan)

指　　标	Item	2000年	2001年
企业户数(个)	Number of Enterprises	16	16
集团户数(个)	Number of Groups	24	24
年末资产总计	Total Assets at Year-end	13 904 826	15 502 905
固定资产原价	Original Value of Fixed Assets	7 164 979	8 182 119
本年折旧	Depreciation in the Year	419 994	547 790
累计折旧	Accumulated Depreciation	2 345 153	2 825 032
累计对外投资	Accumulated Investment Abroad	1 881 218	2 025 832
存货	Inventory	1 595 134	2 147 290
流动资产年平均余额	Annual Average Balance of Current Assets	5 747 398	6 183 717
应收帐款	Accounts Receivable	1 099 484	945 349
年末负债	Liabilities at Year-end	6 663 180	7 225 280
流动负债	Current Liabilities	4 595 907	5 355 432
年末股东权益总计	Total Shareholders' Equity at Year-end	7 241 646	8 277 625
股本	Capital Stock	1 969 637	2 249 297
主营业务收入	Main Business Revenue	7 192 640	7 263 297
其中:主营业务成本	Of which: Main Business Cost	4 415 572	4 991 764
主营业务税金及附加	Taxes and Surcharge	1 409 402	1 223 650
其他业务收入	Other Business Revenue	151 774	254 727

19-20 续表 continued

单位:万元　　(10 000 yuan)

指　　标	Item	2000年	2001年
出口销售总额	Total Export Sales Volume	234 513	262 095
存货跌价损失和期间费用	Loss on Inventory Valuation and Period Charge	896 201	885 832
其中:税金	Of which: Taxes	22 897	20 423
劳动、待业保险	Labor Insurance Funds	121 350	103 399
其中:利息支出	Of which: Payment of Interest	160 492	147 327
投资收益	Return on Investment	97 129	64 945
营业外收入	Non-operating Income	22 006	22 309
利润总额	Total Profits	537 015	518 625
应交所得税	Income Tax Payable	186 885	168 636
应交增值税	Value Added Tax Payable	528 394	529 116
固定资产投资完成额	Completion of Fixed Assets Investment	945 165	921 791
研究开发费用	Funds for Research and Development	31 096	42 330
从业人员(人)	Persons Employed	258 868	259 885
其中:在岗职工(人)	Of which: Staff and Workers on Post	253 414	249 185
其中:研究开发人员(人)	R & D Persons	3 338	3 854
从业人员劳动报酬	Payment for Employees	351 280	392 487
其中:在岗职工报酬	Of which: Payment for Employees on post	343 074	383 177
其中:研究开发人员报酬	Payment for R & D Persons	5 212	7 193

19-21 全省企业家信心指数（2001年）

Enterpriser Boom Indexes in the Province (2001)

指　标	Item	一季度 1st Quarter	二季度 2nd Quarter	三季度 3rd Quarter	四季度 4th Quarter
总体状况	**General**	**97.98**	**96.09**	**89.71**	**89.73**
一、按行业分类	**Classified by Trade**				
(1)工业	Industry	100.47	102.31	91.90	92.52
采掘业	Mining and Quarrying	89.23	102.31	81.54	92.30
制造业	Manufacturing	97.39	108.08	87.09	86.35
电力、煤气及水的生产和供应业	Production and Supply of Power, Gas and Water	129.90	97.33	133.91	140.16
(2)建筑业	Construction	87.60	82.46	78.55	82.26
土木工程建筑业	Civil Engineering Construction	88.67	84.93	80.37	81.86
线路、管道和设备安装业	Erection of Line, Pipe and Equipment	71.43	45.85	49.59	71.43
(3)交通运输、仓储及邮电通信业	Transport, Warehousing and Telecommunication	116.35	101.29	108.04	108.33
公路运输业	Road Transport	98.57	97.86	113.25	97.87
邮电通信业	Postal and Telecommunications	123.29	101.07	102.46	110.99
(4)批发和零售、餐饮业	Wholesales, Retail and Catering Services	78.01	72.65	72.89	68.13
食品、饮料、烟草等批发业	Wholesales of Food, Material, Tobacco, etc.	74.06	71.01	66.05	58.52
能源、材料和机械等批发业	Wholesales of Energy, Material, Machinery, etc.	108.17	85.85	97.94	75.66
其他批发业	Other Wholesales	71.43	71.91	61.90	66.67
零售业	Retail Sales	82.86	78.10	71.94	79.38
餐饮业	Catering Services	65.56	59.00	76.32	83.29
(5)房地产业	Real Estate	115.25	111.86	98.31	97.31
房地产开发与经营业	Real Estate Development and operation	115.25	111.86	98.31	97.31
(6)社会服务业	Social Services	104.65	106.98	101.55	101.56
公共设施服务业	Public Utilities	112.50	125.00	125.00	87.50
旅馆业	Hotel Business	92.31	87.69	84.62	93.85
旅游业	Tourism	124.14	134.48	131.03	114.29
信息、咨询服务业	Information and Consulting Services	153.85	169.23	130.77	163.85
二、按企业登记注册类型分	**Classified by Type of Registration**				
(1)国有企业	State-owned Enterprises	98.71	93.28	91.60	90.54
(2)集体企业	Collective-owned Enterprises	78.30	84.89	70.01	78.36
(3)股份合作企业	Joint Stock Enterprises	77.27	93.94	72.73	78.79
(4)联营企业	Joint Ventures	133.33	100.00	100.00	100.00
(5)有限责任公司	Liabilities Limited Companies	114.77	112.39	100.12	96.74
(6)股份有限公司	Stock Limited Companies	110.70	106.95	106.45	96.01
(7)私营企业	Private Enterprises	113.79	103.45	100.00	103.45
(8)外商及港澳台企业	Enterprises Funded by Foreigners,Businessmen from Hong Kong and Macao	107.70	108.34	97.76	113.52
三、按企业规模分	**Classified by Scale**				
大型（特大型）企业	Large-scale (Super large) Enterprises	103.28	111.69	103.99	102.50
中型企业	Medium-scale Enterprises	96.44	92.11	89.00	83.08
小型企业	Small-scale Enterprises	98.36	94.06	87.27	92.37
附：国家重点企业	State Key Enterprises	92.20	92.20	85.52	87.39
乡镇企业	Township Enterprises	97.01	101.49	93.94	98.46
上市公司	Companies Listed	133.27	135.88	136.40	136.28

19-22 全省企业景气指数（2001年）

Enterprise Boom Indexes in the Province (2001)

指　标	Item	一季度 1st Quarter	二季度 2nd Quarter	三季度 3rd Quarter	四季度 4th Quarter
总体状况	**General**	**96.11**	**101.88**	**92.03**	**97.03**
一、按行业分类	**Classified by Trade**				
(1)工业	Industry	100.83	107.95	91.78	100.50
采掘业	Mining and Quarrying	98.56	107.29	100.93	101.25
制造业	Manufacturing	95.43	103.97	86.90	96.19
电力、煤气及水的生产和供应业	Production and Supply of Power, Gas and Water	141.85	135.41	123.95	131.78
(2)建筑业	Construction	66.73	85.56	83.68	89.75
土木工程建筑业	Civil Engineering Construction	69.72	86.11	83.11	90.12
线路、管道和设备安装业	Erection of Line, Pipe and Equipment	35.30	67.69	85.71	120.33
(3)交通运输、仓储及邮电通信业	Transport, Warehousing and Telecommunication	116.21	108.52	108.84	120.30
公路运输业	Road Transport	124.35	110.00	113.25	110.26
邮电通信业	Postal and Telecommunications	106.38	102.06	103.85	123.49
(4)批发和零售、餐饮业	Wholesales, Retail and Catering Services	92.71	87.03	85.25	75.87
食品、饮料、烟草等批发业	Wholesales of Food, Material, Tobacco, etc.	95.55	92.72	97.60	80.44
能源、材料和机械等批发业	Wholesales of Energy, Material, Machinery, etc.	101.19	92.37	78.08	68.05
其他批发业	Other Wholesales	75.70	76.68	57.14	66.67
零售业	Retail Sales	87.78	74.20	72.73	73.22
餐饮业	Catering Services	80.00	80.00	89.35	86.67
(5)房地产业	Real Estate	94.21	102.69	91.53	100.00
房地产开发与经营业	Real Estate Development and operation	94.21	102.69	91.53	100.00
(6)社会服务业	Social Services	80.69	103.81	106.20	90.69
公共设施服务业	Public Utilities	112.50	125.00	125.00	75.00
旅馆业	Hotel Business	69.23	83.03	89.23	87.69
旅游业	Tourism	93.10	141.38	137.93	92.86
信息、咨询服务业	Information and Consulting Services	123.08	161.54	123.08	138.46
二、按企业登记注册类型分	**Classified by Type of Registration**				
(1)国有企业	State-owned Enterprises	97.99	101.53	94.10	97.88
(2)集体企业	Collective-owned Enterprises	73.63	83.54	76.56	77.90
(3)股份合作企业	Joint Stock Enterprises	75.76	87.88	71.21	87.88
(4)联营企业	Joint Ventures	66.67	100.00	133.33	166.67
(5)有限责任公司	Liabilities Limited Companies	104.74	111.78	104.79	98.16
(6)股份有限公司	Stock Limited Companies	99.53	121.08	113.50	113.38
(7)私营企业	Private Enterprises	106.90	113.79	96.55	110.34
(8)外商及港澳台企业	Enterprises Funded by Foreigners, Businessmen from Hong Kong and Macao	105.29	111.11	95.66	112.57
三、按企业规模分	**Classified by Scale**				
大型（特大型）企业	Large-scale (Super large) Enterprises	128.52	131.31	128.75	125.22
中型企业	Medium-scale Enterprises	96.18	98.98	91.82	94.60
小型企业	Small-scale Enterprises	82.79	92.62	82.75	87.22
附：国家重点企业	State Key Enterprises	128.11	128.73	115.26	117.13
乡镇企业	Township Enterprises	88.67	105.09	101.94	108.11
上市公司	Companies Listed	124.40	154.32	138.82	148.02

19-23 全省企业综合景气指数（2001年）

Enterprise Comprehensive Boom Indexes in the Province (2001)

指 标	Item	一季度 1st Quarter	二季度 2nd Quarter	三季度 3rd Quarter	四季度 4th Quarter
生产（经营）总量	Total Production (Operation)	99.25	107.72	97.94	106.08
盈利（亏损）变化情况	Variation of Profit (Loss)	88.62	93.81	85.15	92.48
流动资金情况	Variation of Circulating Funds	59.18	58.31	56.93	58.40
货款拖欠情况	Delay of Goods Payment	103.59	98.16	97.24	102.17
劳动力需求情况	Demand of Labor Force	77.06	78.63	78.67	80.81
固定资本投资情况	Investment of Fixed capital	95.26	108.30	105.22	108.28

19-24 全省六大行业企业景气指数（2001年）

Enterprise Boom Indexes of Six Major Trades in the Province (2001)

工 业 Industry

指 标	Item	一季度 1st Quarter	二季度 2nd Quarter	三季度 3rd Quarter	四季度 4th Quarter
生产成本	Cost of Production	85.48	85.65	80.96	83.56
生产总量	Total Production	100.74	112.44	96.85	108.59
产品订货	Product Order	96.07	94.49	78.93	84.65
其中：国外订货	Of which: Order Abroad	62.65	64.68	57.37	58.64
产品销售	Product Sales	105.03	117.81	94.74	115.42
产品销售价格	Product Sale Price	87.20	95.34	78.29	80.95
产成品库存	Inventory of Finished Products	111.95	107.53	98.60	102.32
盈利（亏损）变化	Variation of Profit (Loss)	82.97	99.47	83.26	89.13
流动资金	Circulating Funds	58.50	59.39	56.73	60.04
货款拖欠	Delay of Goods Payment	110.23	101.82	99.58	109.88
设备利用	Utilization of Equipment	119.10	117.90	109.23	113.12
劳动力需求	Demand of Labor Force	80.82	81.16	76.49	79.71
固定资产投资	Investment of Fixed Assets	95.80	108.78	105.18	111.00
科技创新	Scientific and Technological Creation	117.44	122.46	120.44	112.50
原材料及能源进价	Purchasing Price of Raw Materials and Energy	69.95	75.87	80.30	87.84
原材料及能源供应	Supply of Raw Materials and Energy	124.31	121.19	124.83	124.93

19-24 续表1 建筑企业 Construction Enterprises

指 标	Item	一季度 1st Quarter	二季度 2nd Quarter	三季度 3rd Quarter	四季度 4th Quarter
工程合同签定数	Number of Construction Contracts	76.74	73.02	78.47	86.03
其中：国（境）外合同	Of Which: Overseas (Offshore) Contracts	92.73	93.04	91.07	88.68
建筑产品实物工程量	Physical Engineering Quantity as Construction Product	73.68	105.05	92.02	109.87
施工产值	Construction Production Value	68.91	94.95	92.83	108.66
竣工产值	Completed Production Value	71.98	70.04	86.43	108.94
工程结算收入	Revenue of Engineering Settlement	58.42	82.70	78.82	115.23
建筑材料购进价格	Purchasing Price of Building Materials	83.31	49.55	104.16	100.31
工程结算成本	Cost of Engineering Settlement	89.79	71.36	86.81	84.42
盈利（亏损）变化	Variation of Profit (Loss)	82.85	72.33	90.23	106.78
流动资金	Circulating Funds	38.48	36.18	42.74	35.74
货款拖欠	Delay of Goods Payment	64.16	65.62	69.24	51.61
劳动力需求	Delay of Goods Payment	71.44	74.80	71.26	88.79
固定资产投资	Investment of Fixed Assets	78.91	92.59	93.11	99.85

19-24 续表2 交通运输、仓储及邮电通信业 Transport, Warehousing and Telecommunications

指 标	Item	一季度 1st Quarter	二季度 2nd Quarter	三季度 3rd Quarter	四季度 4th Quarter
业务量	Business Quantity	136.55	119.21	125.15	138.07
业务收入	Business Revenue	129.16	102.41	109.01	116.01
业务收费价格	Business Charging Price	75.92	72.49	78.06	84.50
营业成本	Operating Cost	78.67	71.66	61.28	66.93
盈利（亏损）变化	Variation of Profit (Loss)	127.60	91.68	97.41	109.44
流动资金	Circulating Funds	64.90	64.21	62.86	65.11
货款拖欠	Delay of Goods Payment	102.00	95.67	91.45	112.42
劳动力需求	Delay of Goods Payment	77.16	76.06	94.74	91.21
固定资产投资	Investment of Fixed Assets	116.53	139.57	142.24	128.73

19-24 续表3 批发和零售贸易、餐饮业 Wholesales, Retail Trade and Catering Services

指 标	Item	一季度 1st Quarter	二季度 2nd Quarter	三季度 3rd Quarter	四季度 4th Quarter
商品购进	Purchasing of Commodities	83.33	71.94	85.54	79.40
商品购进价格	Purchasing Price of Commodities	105.75	106.55	113.70	113.47
商品销售	Sales of Commodities	99.42	87.79	85.13	79.91
其中：出口	Of which: Export	103.20	81.23	97.68	92.59
商品销售价格	Sales Price of Commodities	78.60	68.23	65.58	73.14
商品库存	Commodity Inventory	125.42	135.12	114.10	114.97
经营费用	Operating Expenditure	95.49	95.51	100.95	93.11
盈利（亏损）变化	Variation of Profit (Loss)	95.79	93.91	73.90	91.50
流动资金	Circulating Funds	70.02	64.56	63.68	63.92
货款拖欠	Delay of Goods Payment	108.18	110.68	113.10	104.64
劳动力需求	Delay of Goods Payment	62.53	68.18	78.25	72.02
固定资产投资	Investment of Fixed Assets	88.21	101.46	95.88	96.72

19-24 续表4 房地产业 Real Estate

指 标	Item	一季度 1st Quarter	二季度 2nd Quarter	三季度 3rd Quarter	四季度 4th Quarter
土地开发面积	Land Space Developed	95.84	87.64	75.86	75.86
完成投资	Completed Investment	87.72	104.16	100.74	98.28
新开工面积	Newly Starting Construction Area	83.05	102.73	91.38	84.94
房屋竣工面积	Completed House Area	64.80	80.03	93.71	102.02
商品房预售面积	Advance Sales Area of Commodity House	94.92	115.52	93.10	100.00
商品房销售面积	Sales Area of Commodity House	85.74	99.01	76.58	100.00
商品房销售价格	Sales Price of Commodity House	88.14	96.61	96.55	93.22
空置商品房面积	Idle Area of Commodity House	146.55	139.66	138.65	126.13
盈利（亏损）变化	Variation of Profit (Loss)	79.66	86.44	93.22	72.41
流动资金	Circulating Funds	62.01	57.63	50.85	55.93
货款拖欠	Delay of Goods Payment	107.90	93.71	98.99	102.40
劳动力需求	Delay of Goods Payment	87.15	88.84	84.46	83.91
固定资产投资	Investment of Fixed Assets	104.09	104.16	95.62	100.00

19-24 续表5 社会服务业 Social Services

指 标	Item	一季度 1st Quarter	二季度 2nd Quarter	三季度 3rd Quarter	四季度 4th Quarter
业务量	Business Quantity	74.35	102.28	110.85	92.19
客房出租	Houses Rented	40.85	50.62	53.42	49.28
旅游客源	Sources of Tourists	74.39	120.24	123.38	89.02
业务收费价格	Business Charging Price	77.95	80.58	86.07	79.10
营业收入	Business Revenue	76.88	96.83	111.63	95.31
营业成本	Operating Cost	97.67	83.72	85.27	81.90
盈利（亏损）变化	Variation of Profit (Loss)	73.00	89.84	101.43	85.16
流动资金	Circulating Funds	69.77	69.70	67.97	66.41
货款拖欠	Delay of Goods Payment	104.85	104.03	95.90	105.19
劳动力需求	Delay of Goods Payment	84.25	88.44	86.79	78.02
固定资产投资	Investment of Fixed Assets	100.07	102.36	98.47	99.24

主要统计指标解释

重点企业　各有关部门批准或管理的企业。包括国务院批准确定的 520 户国家重点企业、国院批准确定的原 512 户重点企业、国家现代企业制度原百户试点企业、组织关系由中共云南省委企业工作委员会管理和联系的企业、云南省人民政府批准确定的重点培育大企业大集团、云南省现代企业制度原试点企业、有关地州市政府批准确定的重点企业和主要领导挂钩帮扶的企业、上市公司、重点私营企业等。

企业集团　是指以母子公司为主体,以产权联结为主要纽带,以集团章程为共同行为规范,通过投资和生产经营协作等多种方式,由众多的企事业单位共同组成的具有多层次结构和一定规模的经济联合体。企业集团本身不具有法人资格,它是由母公司、子公司、参股公司以及其他成员单位组建而成的多法人联合体。事业单位法人、社会团体法人也可成为企业集团成员。

控股情况　指按所有制性质和控股状况划分的企业情况,包括:

1.国有绝对控股 指在企业的全部资本中,国家资本（股本）所占比例大于 50%的企业。

2.国有相对控股 指在企业的全部资本中,国家资本（股本）所占的比例虽未大于 50%,但相对大于企业中的其他经济成分所占比例的企业;或者虽不大于其他经济成分,但根据协议规定,由国家拥有实际控制权的企业（协议控制）。

3.集体绝对控股 指在企业的全部资本中,集体资本（股本）所占比例大于 50%的企业。

4.集体相对控股 指在企业的全部资本中,集体资本（股本）所占的比例虽未大于 50%,但相对大于企业中的其他经济成分所占比例的企业;或者虽不大于其他经济成分,但根据协议规定,由集体拥有实际控制权的企业（协议控制）。

5.其他 指国有绝对控股、国有相对控股、集体绝对控股和集体相对控股以外的控股情况。

登记注册类型　是指在工商行政管理机关登记注册的具有法人资格的各类企业。其中:

1.国有企业 是指企业全部资产归国家所有,并按《中华人民共和国企业法人登记管理条例》规定登记注册的非公司制的经济组织。不包括有限责任公司中的国有独资公司。

2.国有独资公司 是指国家授权的投资机构或者国家授权的部门单独投资设立的有限责任公司。

3.其他有限责任公司 是指根据《中华人民共和国公司登记管理条例》规定登记注册,由两个以上,五十个以下的股东共同出资,每个股东以其所认缴的出资额对公司承担有限责任,公司以其全部资产对其债务承担责任的经济组织。其他有限责任公司不包括国有独资公司。

4.股份有限公司 是指根据《中华人民共和国公司登记管理条例》规定登记注册,其全部注册资本由等额股份构成并通过发行股票筹集资本,股东以其认购的股份对公司承担有限责任,公司以其全部资产对其债务承担责任的经济组织。

5.其他 指上述登记注册类型以外的其它登记注册类型。

集团成员企业　指企业集团的母公司、全资子公司、绝对控股子公司、相对控股子公司,不包括参股企业、协作企业和子公司的二级公司。但如果企业集团的子公司是一个纯粹管理型的公司,那么该子公司的二级控股子公司也应作为企业集团所属公司、企业进行统计。上述企业集团的各类子公司中应包括在中国境内和境外的子公司。

企业集团主营行业　指本企业集团生产经营活动的主要行业性质。企业集团往往从事多种生产经营活动,一般根据集团内获得营业收入份额最大的三项产品或活动确定其主要行业性质。

注册资本合计　指企业或企业集团各成员企业在工商行政管理部门登记注册资金的合计。包括国家资本、集体资本、法人资本、个人资本以及外商资本等。

资产总计　指企业或企业集团拥有或控制的全部资产,包括流动资产、长期投资、固定资产、无形资产、递延资产和其他资产等。

固定资产原价　指企业集团在建造、购置、安装、改建、扩建、技术改造某项固定资产时所支出的全部货币总额。

存货 指企业或企业集团在生产经营过程中为销售或者耗用而储存的各种资产。

流动资产平均余额 指企业或企业集团在报告期内全部流动资产的平均余额。计算公式为：

流动资产年平均余额=Σ(月初、月末流动资产余额) / 24；

负债合计 指企业所承担的能以货币计量,将以资产或劳务偿付的债务。负债一般按偿还期的长短分为流动负债和长期负债。

流动负债 指企业或企业集团在一年内或超过一年的一个营业周期内需要偿还的债务,其中包括短期借款、应付票据、应付帐款、预收货款、应付工资、应付利润、其他应付款、预提费用等。

股东（所有者）权益合计 指企业投资人对企业净资产的所有权,企业净资产等于企业全部资产减去负债合计后的余额,其中包括企业投资人对企业的最初投入以及资本公积金、盈余公积金和未分配利润。同时包括企业集团合并资产负债表中单独列示的少数股东权益。

股本（实收资本） 指公司制企业以发行股票的方式筹集的资本。非公司制企业指实际收到的投资人投入的资本。

营业收入 指企业或企业集团主营业务收入与其他业务收入之和。

主营业务收入 指企业或企业集团从事某种主要生产、经营活动所取得的营业收入。本项指标在各行业会计制度中的名称叫法不同,但一律按各行业会计制度或报表定义的口径进行填报。农业企业是指“主营业务收入”；工业企业是指“产品销售收入”；交通运输企业指“主营业务收入”；建筑企业指“工程结算收入”；批发零售贸易企业指“商品销售收入”；房地产企业指“房地产经营收入”；其他企业指“经营(营业)收入”。 **出口额** 指企业或企业集团直接向国外、境外出口的商品总额。

主营业务成本 指企业或企业集团从事某种主要生产、经营活动而发生的成本支出。

主营业务税金及附加 指企业因从事主要生产经营活动按税法规定缴纳的应从主营业务收入中抵扣的税金和附加,包括营业税、消费税、城市建设税、资源税、土地增值税和教育费附加等。

其他业务收入 指企业或企业集团除主营业务收入以外的其他销售或其他业务的收入。

存货跌价损失和营业、管理、财务等费用 存货跌价损失是指公司提取或转销的存货跌价损失；营业费用是指公司有销售商品和商业性公司在购入商品等过程中发生的费用；管理费用是指公司为组织和管理公司生产经营所发生的管理费用；财务费用是指公司为筹集生产经营所需资金等而发生的财务费用。

税金 指企业集团按规定从管理费用中支取的各种税金，包括房产税、土地使用税、车船使用税、印花税等。

劳动、待业保险费 指企业集团支付的劳动保险和待业保险的费用之和。

利息支出 指企业集团生产经营期间发生的利息净支出(减利息收入)。

投资收益 指企业或企业集团以各种方式对外投资所取得的收益。

利润总额 指企业或企业集团实现的盈亏总额,反映企业或企业集团最终的财务成果。计算公式为：

利润总额=营业利润+补贴收入+投资收益+营业外收入－营业外支出。

固定资产投资完成额 指企业或企业集团在年度内建造和购置固定资产及有关费用的支出合计。包括：

1.建筑工程投资。

2.安装工程投资。

3.设备工器具购置。

4.应分摊计入固定资产的费用等。

研究开发费用 指企业或企业集团用于研究与发展活动(基础研究、应用研究、实验发展)的全部实际支出。包括用于研究与发展课题活动的直接支出,还包括间接用于研究与发展活动的一切支出(院、所管理费,维持院、所正常运转的必需费用和研究发展有关的基础建设支出。

从业人员 指在企业或企业集团(包括母公司和子公司,下同)工作并领取工资或其他形式的和港澳台方人员、兼职人员、借用的外单位人员和第二职业者。不包括离开本企业仍保留劳动关系的职工。

在岗职工 指在本企业或企业集团工作并由企业或企业集团支付工资的人员,以及有工作岗位,但由于学习、病伤、产假等原因暂未工作,仍由企业或企业集团支付工资的人员。

从业人员劳动报酬　指企业或企业集团直接支付给本企业或企业集团全部从业人员的劳动报酬总额。包括本企业或企业集团在岗职工工资总额和其他从业人员劳动报酬两部分。

景气指数　又称景气度，它是对企业景气调查中的定性指标通过定量方法加工汇总，综合反映某一特定调查群体或某一社会经济现象所处的状态或发展趋势的一种指标。其计算原理是：在调查的各类企业中，通过问卷的形式让企业经营决策者回答本企业本期经营状况相对于前期是上升、持平还是下降，然后经过加权、汇总，求出企业景气指数，即景气指数值=回答上升的企业所占比重—回答下降的企业所占比重。景气指数取值 0—200 之间，100 为景气指数的临界值，当景气指数值大于 100 时，表明经济状况趋于上升或改善，处于景气状态；当景气指数小于 100 时，表明经济状况趋于下降或恶化，处于不景气状态。

企业家信心指数（亦称企业宏观经济景气指数）　是根据企业家对企业外部市场经济环境与宏观政策的认识、看法、判断与预期而编制的指数，用以综合反映企业宏观经济环境的感受与信心。

企业景气指数（亦称企业综合经营景气指数）　是根据企业家对本企业综合生产经营情况的判断与预期而编制的指数，用以反映企业的综合生产经营状况。

Explanatory Notes on Main Statistical Indicators

Key Enterprises refer to the enterprises approved or managed by the competent authorities. They include 520 state key enterprises approved and confirmed by the State Council, the original 512 key enterprises approved and confirmed by the State Council, the original "one hundred experimental enterprises" under the state modern enterprise system, the enterprises whose organization membership managed by and linked with the Enterprise Working Committee of the Yunnan Provincial CPC, the intensively fostering big enterprises and groups approved and confirmed by the People's Government of Yunnan Province, the original experimental enterprises under the Yunnan provincial modern enterprise system, the key enterprises approved and confirmed by the relevant prefecture or municipal government, the enterprises directly cared and supported by the relevant important leaders, listed companies, key private enterprises, etc.

Enterprise Group refers to an economic complex that consists of many enterprises and institutions and has multiple structures and certain scale of production. It is featured with mother company as a main body, property connection as a main link, group's articles of association as a common norm, multiple forms of investment and operation coordination, etc. An enterprise group itself does not have status of a legal person. It is a multiple legal person complex composed of mother company, subordinate companies, equity participation companies and other member units. Institutional legal persons and social group legal persons can also become members of an enterprise group.

Situation of Stock Holding refers to the situation of an enterprise classified according to ownership and stock holding, which includes:

1. *State-owned absolutely holding* refers to the enterprise in which the percentage of state capital (equity) takes up more than 50% of the total capital;

2. *State-owned relatively holding* refers to the enterprise in which the percentage of state capital (equity) is less than 50% of the total capital but relatively more than that of other economic components or less than other economic components but the state has the actual control right according to the agreement;

3. *Collective-owned absolutely holding* refers to the enterprise in which the percentage of collective capital (equity) takes up more than 50% of the total capital;

4. *Collective-owned relatively holding* refers to the enterprise in which the percentage of collective capital (equity) is less than 50% of the total capital but relatively more than that of other economic components or less than other economic components but the collective has the actual control right according to the agreement;

5. *Others* refer to the other situation of stock holding rather than the situation of state-owned absolute holding, state-owned relatively holding, collective-owned absolute holding and collectively-owned relatively holding.

Type of Registration refers to various enterprises that are registered at administrative agencies for industry and commerce and have status of a legal person. They are divided into:

1. *State-owned enterprise* refers to the unincorporated economic organization all of whose property belongs to the state and that is registered according to the Regulations of the People's Republic of China for the Registration and Administration of Business Entities. It does not include the state-owned solely invested company among liability limited companies.

2. *State-owned solely invested company* refers to the liability limited company solely invested and set up by the state authorized investment institution or department.

3. *Other liability limited companies* refer to the economic organization registered according to the Regulations of the People's Republic of China for the Registration and Administration of Companies and invested

by more than two but less than fifty stockholders, for which each stockholder takes limited responsibility according to its contribution and the company takes responsibility for its liabilities with its total assets. Other liability limited companies do not include state-owned solely invested companies.

4. *Stock limited company* refers to the economic organization registered according to the Regulations of the People's Republic of China for the Registration and Administration of Companies. Its registered capital is composed of equal stock and fund raised by issuing shares, each stockholder takes limited responsibility for the company according to its subscription of shares and the company takes responsibility for its liabilities with its total assets.

5. *Others* refer to the other types of registration except for the above types.

Group Member Enterprises refer to the enterprise group's mother company, fully-funded subordinate companies, absolutely holding companies and relatively holding companies, but stock participation companies, cooperative enterprises and the secondary companies of subordinate company are excluded. However, if the subordinate company of the enterprise group is a purely managerial company, its secondary holding company should be statisticalized as the company or enterprise attached to the enterprise group. The above various subordinate companies of the enterprise group should include the subordinate companies in and out of China.

Main Business Line of Enterprise Group refers to the main trade of an enterprise group in its production and operation activities. An enterprise group is usually engaged in multiple production and operation activities, so its main business line is often determined according to the three sorts of products or activities that enjoy the largest revenue share in the enterprise group.

Total Registered capital refers to the total registered capital of an enterprise or each member enterprise of an enterprise group registered at an administrative agency for industry and commerce. It includes the state capital, collective capital, legal person's capital, individual's capital, foreign businessman's capital, etc.

Total Assets refer to the total assets possessed or controlled by an enterprise or enterprise group. They include current assets, long-term assets, fixed assets, intangible assets, defer assets and other assets.

Original Price of Fixed Assets refers to the total monetary amount paid by an enterprise group in building, purchasing, assembling, reconstruction, extension and technological modification of certain fixed assets.

Accumulated Depreciation refers to the depreciation of fixed assets withdrawn annually by an enterprise at the end of reference period.

Accumulated External Investment refers to the total investment by an enterprise to the outside and the investment by mother company and subordinate companies out of the group at the end of reference period.

Inventory refers to various assets stored by an enterprise or an enterprise group in the process of production and operation for the purpose of sales or consumption.

Average Balance of Current Assets refers to the total average balance of current assets of an enterprise or an enterprise group during the reference period. The formula is: annually average balance of current assets = Σ (balance of current assets at the beginning and end of month)/24.

Current Liabilities refers to the debts that an enterprise or an enterprise group has to repay in a business cycle within a year or over a year. They include short-term borrowings, bills payable, accounts payable, advance received on sales, wages payable, profits payable, other accounts payable, drawing expense in advance, etc.

Total of Stockholder's (owner's) Equity refers to the proprietary right of enterprise's investors to the net assets of the enterprise, which is equal to the balance of the total assets minus the total liabilities of the enterprise. It includes the initial investment by enterprise investors, additional paid-in capital, earned surplus and undistributed profits as well as a few stockholders' equity separately listed in the joint statement of assts and liabilities of the enterprise group.

Capital Stock (Called-up Capital) refers to the capital raised by an incorporated enterprise by issuing shares. For an unincorporated enterprise it means the actually received capital input by investors.

Business Revenue refers to the total main business revenue and other business revenue of an enterprise or an enterprise group.

Main Business Revenue refers to the business revenue gained by an enterprise or an enterprise group from certain main production and business activities. The indicator has different names in different industrial accounting systems, but it is strictly filled in according to each industrial accounting system or statement definition. For an agricultural enterprise it means the "revenue of main business line"; for an industrial enterprise it means the "revenue of product sales"; for a transport enterprise it means the "revenue of main business line"; for a construction enterprise it means the "revenue of project settlement"; for a wholesale and retail trade enterprise it means the "revenue of product sales"; for a real estate enterprise it means the "revenue of real estate operation"; for other enterprises it means the "business (operation) revenue".

Volume of Exports refers to the total amount of goods directly exported to foreign countries or overseas markets by an enterprise or an enterprise group.

Cost of Main Business refers to the cost laid down by an enterprise or an enterprise group for certain main production and business activities.

Taxes and Surcharges of Main Business refer to the taxes and surcharges that should be deducted from the main business revenue gained from the main production and operating activities of an enterprise according to the tax regulations. They include business tax, consumption tax, urban construction tax, resource tax, land VAT, educational surcharge, etc.

Other Business Revenue refers to the other sales or business revenue of an enterprise or an enterprise group rather than the main business revenue.

Loss on Inventory Valuation and Expenses of Operation, Management, Finance, etc. The loss on inventory valuation refers to the loss due to market decline of inventory in the process of withdrawing or reselling by a company; operating expenses refer to the expenses occurred the process of selling products by a company or purchasing products by a commercial company; management expenses refer to the overhead occurred in the process of organizing and managing production and operation by an enterprise; financial expenses refer to the expenses occurred in the process of raising the funds needed for production and operation by an enterprise.

Expenses of Taxation refer to various expenses of taxation spent from the overhead by an enterprise group according to the regulations, including real estate tax, land use tax, vehicle and vessel license tax, stamp duty, etc.

Expenses of Labor and Unemployment Insurance refer to the total expenses paid by an enterprise for labor and unemployment insurance.

Interest Payment refers to the net interest payment (minus interest income) by an enterprise in the process of production and operation.

Return on Investment refer to the revenue from various external investment made by an enterprise or an enterprise group.

Total Profits refer to the total profits and losses realized by an enterprise or an enterprise group, which reflect the final financial results of an enterprise or an enterprise group. The formula is: total profit = business profit + subsidy income + return on investment + non-operating income – non-operating expense.

Fixed Assets Investment Completed refers to the total expenditure paid for building and purchasing fixed assets, and other relevant expenses by an enterprise or an enterprise group in the year. It includes:

(1) investment of construction projects,

(2) investment of installation projects,

(3) purchases of equipment and tools,

(4) expenses that should be deferred into fixed assets, etc.

Expenses for Research and Development refer to the total actual expenditure paid by an enterprise or an enterprise group for research and development (fundamental research, applied scientific research and experimental development). They include the direct expenditure for research and development projects and various indirect expenditure such as institution's overhead, necessary expenses for maintenance and operation, and relevant capital construction.

Employed Persons refer to the full-time persons, part-time persons, borrowed persons from other units and moonlighters working and receiving remuneration at an enterprise or an enterprise group (including mother company and subordinate companies) or companies run by businessmen from foreign countries, Hong Kong, Macao and Taiwan, but the persons who leaves but still has labor relationship with the enterprise are excluded.

Staff and Workers on Post refer to the persons who work at an enterprise or an enterprise group and receive wages wherefrom, including the persons who have post but are not on duty due to study, illness, injury, childbirth, etc. and still receive wages from an enterprise or an enterprise group.

Labor Remuneration of Employed Persons refers to the total labor payments paid to all the employed persons working at an enterprise or an enterprise group. It includes two parts: total wage paid to employed persons of an enterprise or an enterprise group and labor payments paid to other employed persons

Boom Index refers to the qualitative index which is qualitatively processed and summarized in the investigation of enterprise prosperity. It is an index reflecting a status or developmental trend of a certain body or a certain social economic phenomenon under investigation. Its calculation principle: among the various enterprises investigated, the enterprise decision-maker is enquired in a written form to reply whether the present operation is better, equal to or poorer than before. The results are then weighted and summarized to obtain the boom index of the enterprise, i., e., Value of boom index=proportion of positive answer-proportion of negative answer. The value of boom index is between 0~200 and 100 is the critical value of boom index. When the boom index is greater than 100, the economic status tends to rise or improve, which proves in boom status; When the boom index is less than 100,the economic status tends to fall or deteriorate,which provesin slump status.

Enterpriser's Confidence Index (also called Enterprise's Comprehensive Operation economic Boom Index) refers to the index compiled according to the enterpriser's realization, opinion, judgment and forecast to the external market economic environment and macro-policies. It is used to reflect the feeling and confidence in the enterprise's macro-economic environment.

Enterprise's Boom Index (also called Enterprise's Macro-economic Boom Index) refers to the index compiled according to the enterpriser's judgment and forecast to the enterprise's comprehensive production and operation. It is used to reflect the enterprise's comprehensive production and operation.

二十、各县市主要指标

MAJOR SOCIAL ECONOMIC INDICATORS OF EACH COUNTY

20-1 各县市国内生产总值和指数（2001年）
GDP and Indexes of Each County and City (2001)

地区	Region	绝对数(万元) Absolute Figure(10 000 yuan)				指数(以上年为100) (preceding year=100)			
		国内生产总值 Gross Domestic Product	第一产业 Primary Industry	第二产业 Secondary Industry	第三产业 Tertiary Industry	国内生产总值 Gross Domestic Product	第一产业 Primary Industry	第二产业 Secondary Industry	第三产业 Tertiary Industry
全省合计	**Total**	**20 747 100**	**4 505 400**	**8 814 900**	**7 426 800**	**106.5**	**103.9**	**104.3**	**110.9**
昆明市	**Kunming**	**6 730 627**	**539 697**	**3 127 071**	**3 063 859**	**108.5**	**104.0**	**107.2**	**110.6**
五华区	Wuhua	105 696		11 957	93 739	109.8		89.5	113.0
盘龙区	Panlong	126 610		13 433	113 177	110.0		95.5	112.0
官渡区	Guandu	846 048	101 260	283 556	461 232	107.6	100.9	106.3	110.1
西山区	Xishan	354 536	29 622	129 794	195 120	108.1	108.9	104.9	110.3
东川区	Dongchuan	69 302	13 911	32 407	22 984	108.6	103.6	113.7	105.0
呈贡县	Chenggong	149 974	31 496	78 146	40 332	109.1	106.8	110.3	108.6
晋宁县	Jinning	161 870	44 413	70 971	46 486	102.4	104.3	97.6	109.0
富民县	Fuming	55 816	18 757	16 106	20 953	105.1	107.5	104.1	103.8
宜良县	Yiliang	305 538	95 459	80 005	130 074	108.1	105.5	109.0	109.4
石林县	Shilin	109 657	35 078	36 034	38 545	108.3	102.8	110.0	112.2
嵩明县	Songming	122 281	40 745	45 259	36 277	107.9	105.0	111.0	107.6
禄劝县	Luquan	99 287	47 307	15 872	36 108	96.3	89.4	89.1	112.6
寻甸县	Xundian	101 956	43 361	14 686	43 909	107.4	103.0	104.7	113.1
安宁市	Anning	394 228	31 221	246 769	116 238	107.7	103.8	107.5	109.4
曲靖市	**Qujing**	**2 318 489**	**544 683**	**1 022 152**	**751 654**	**108.0**	**103.4**	**110.8**	**108.0**
麒麟区	Qulin	809 666	57 140	447 623	304 903	108.1	103.5	108.5	108.3
马龙县	Malong	48 086	20 936	10 370	16 780	106.7	105.4	102.9	111.3
陆良县	Luliang	219 840	94 700	60 207	64 933	107.3	106.7	104.3	111.0
师宗县	Shizong	110 378	45 625	25 170	39 583	107.6	100.9	112.3	113.3
罗平县	Luoping	226 332	51 054	91 093	84 185	108.9	105.1	108.0	112.0
富源县	Fuyuan	218 300	82 635	68 865	66 800	107.9	102.9	111.6	110.7
会泽县	Huize	212 503	44 516	123 903	44 084	107.6	104.0	109.4	106.6
沾益县	Zhanyi	185 913	60 783	84 919	40 211	107.5	101.7	111.0	109.8
宣威市	Xuanwei	316 384	107 294	106 780	102 310	107.1	102.0	108.8	111.0
玉溪市	**Yuxi**	**2 713 850**	**281 183**	**1 816 872**	**615 795**	**92.2**	**103.5**	**90.6**	**92.3**
红塔区	Hongta	1 965 406	31 076	1 583 999	350 331	94.1	110.8	95.2	87.9
江川县	Jiangchuan	129 972	49 354	36 121	44 497	105.3	105.6	105.7	104.8
澄江县	Chengjiang	77 320	18 397	30 674	28 249	105.8	102.4	106.0	108.0
通海县	Tonghai	163 085	43 793	82 179	37 113	103.2	103.6	103.5	102.1
华宁县	Huaning	91 761	31 839	22 644	37 278	107.4	103.1	114.7	107.0
易门县	Yimen	99 191	24 826	32 658	41 707	105.0	103.8	106.5	104.4
峨山县	Ershan	80 769	20 640	26 219	33 910	107.9	100.1	108.0	113.3
新平县	Xinping	74 158	29 923	22 334	21 901	106.9	98.1	114.5	113.3
元江县	Yuanjiang	83 859	31 695	21 286	30 878	105.0	101.9	100.9	112.2

20-1 续表1 continued

地 区	Region	绝对数(万元) Absolute Figure (10 000 yuan)				指数(以上年为 100) (preceding year=100)			
		国内生产总值 Gross Domestic Product	第一产业 Primary Industry	第二产业 Secondary Industry	第三产业 Tertiary Industry	国内生产总值 Gross Domestic Product	第一产业 Primary Industry	第二产业 Secondary Industry	第三产业 Tertiary Industry
保山市	**Baoshan**	**758 640**	**305 200**	**150 200**	**303 240**	**107.7**	**104.3**	**111.5**	**109.6**
隆阳区	Longyang	303 560	111 355	70 110	122 095	107.3	103.5	105.9	111.9
施甸县	Shidian	81 946	39 352	9 687	32 907	107.0	102.7	116.5	110.1
腾冲县	Tengchong	184 638	67 623	35 268	81 747	108.3	104.6	107.7	111.9
龙陵县	Longling	76 600	34 650	16 590	25 360	107.5	104.1	115.8	107.6
昌宁县	Changning	99 024	50 302	20 268	28 454	108.0	103.8	113.8	111.9
昭通市	**Zhaotong**	**1 080 796**	**325 628**	**324 987**	**430 181**	**101.3**	**102.6**	**87.0**	**114.5**
昭阳区	Zhaoyang	399 056	56 367	165 910	176 779	97.7	102.7	86.5	109.8
鲁甸县	Ludian	47 350	27 340	7 161	12 849	106.6	102.9	108.7	114.3
巧家县	Qiaojia	72 531	38 026	12 580	21 925	109.8	105.9	106.8	119.0
盐津县	Yanjin	51 292	22 701	13 501	15 090	91.7	102.6	64.7	115.8
大关县	Daguan	39 924	19 098	9 142	11 684	84.3	101.2	49.8	114.3
永善县	Yongshan	60 996	30 051	7 316	23 629	106.0	104.8	92.6	112.9
绥江县	Suijiang	18 701	7 752	4 719	6 230	105.5	105.2	95.5	115.1
镇雄县	Zhenxiong	125 585	66 969	18 088	40 528	105.9	103.0	105.6	111.4
彝良县	Yiliang	59 508	32 372	9 516	17 620	99.8	100.9	75.8	117.2
威信县	Weixin	44 658	18 556	8 164	17 938	103.3	97.5	96.2	114.2
水富县	Shuifu	60 222	7 207	41 587	11 428	98.4	101.6	95.7	107.7
楚雄州	**Chuxiong**	**1 145 461**	**335 053**	**461 017**	**349 391**	**108.5**	**102.4**	**112.5**	**109.7**
楚雄市	Chuxiong	429 903	63 566	239 196	127 141	108.1	101.8	109.2	109.4
双柏县	Shuangbo	37 041	17 063	7 864	12 114	107.5	104.3	111.6	109.6
牟定县	Mouding	59 115	26 157	15 109	17 849	107.3	104.4	107.9	111.4
南华县	Nanhua	62 744	29 717	12 890	20 137	108.1	103.8	105.1	117.6
姚安县	Yaoan	69 117	29 463	16 991	22 663	109.1	102.5	120.7	110.5
大姚县	Dayao	91 594	32 184	31 538	27 872	108.4	104.8	110.8	110.1
永仁县	Yongren	34 561	15 505	8 273	10 783	107.1	106.5	105.5	109.4
元谋县	Yuanmou	59 764	26 047	9 514	24 203	96.9	93.7	98.7	100.0
武定县	Wuding	69 925	30 101	13 304	26 520	108.2	103.1	112.6	112.5
禄丰县	Lufeng	248 205	65 488	82 634	100 083	109.1	103.0	114.0	109.4
红河州	**Honghe**	**1 616 897**	**379 101**	**763 485**	**474 311**	**108.4**	**103.0**	**112.9**	**106.5**
个旧市	Gejiu	264 813	24 032	146 139	94 642	104.6	101.5	103.7	106.9
开远市	Kaiyuan	223 628	39 635	91 835	92 158	108.6	107.0	108.4	109.6
蒙自县	Mengzi	114 925	39 020	30 894	45 011	109.1	104.4	110.2	112.7
屏边县	Pingbian	32 329	14 831	6 888	10 610	112.3	106.7	117.3	115.7
建水县	Jianshui	155 213	50 716	55 828	48 669	101.3	97.6	99.6	107.8
石屏县	Shiping	95 176	47 163	20 056	27 957	107.7	103.9	112.7	110.9
弥勒县	Mile	484 885	41 105	401 450	42 330	122.1	104.3	128.0	104.3
泸西县	Luxi	97 988	28 888	35 625	33 475	108.6	104.1	110.3	111.0
元阳县	Yuanyang	57 881	29 494	8 285	20 102	108.4	108.9	113.4	105.8
红河县	Honghe	43 685	24 305	5 586	13 794	104.2	101.3	92.2	116.5
金平县	Jinping	40 531	21 164	7 726	11 641	106.6	103.5	109.4	111.2
绿春县	Luchun	21 506	9 696	2 319	9 491	109.8	107.7	127.9	108.4
河口县	Hekou	42 285	9 278	5 853	27 154	108.4	104.7	102.5	111.8

20-1 续表2 continued

地区	Region	绝对数(万元) Absolute Figure (10 000 yuan)				指数(以上年为 100) (preceding year=100)			
		国内生产总值 Gross Domestic Product	第一产业 Primary Industry	第二产业 Secondary Industry	第三产业 Tertiary Industry	国内生产总值 Gross Domestic Product	第一产业 Primary Industry	第二产业 Secondary Industry	第三产业 Tertiary Industry
文山州	**Wenshan**	**782 322**	**279 615**	**202 613**	**300 094**	**109.3**	**103.3**	**114.5**	**112.0**
文山县	Wenshan	177 710	43 568	69 683	64 459	114.4	112.7	113.0	117.2
砚山县	Yanshan	91 706	31 653	33 839	26 214	112.7	102.6	125.8	111.3
西畴县	Xichou	47 019	20 469	9 882	16 668	109.6	103.7	113.3	116.6
麻栗坡县	Malipo	64 938	26 803	14 038	24 097	106.5	103.5	111.5	107.2
马关县	Maguan	73 400	27 700	20 940	24 760	109.4	103.4	117.1	110.5
丘北县	Qiubei	63 517	32 224	8 155	23 138	107.7	105.1	104.3	113.0
广南县	Guangnan	107 440	66 402	16 129	24 909	106.0	101.2	107.2	121.0
富宁县	Funing	81 047	37 034	18 540	25 473	108.7	103.9	109.8	116.0
思茅地区	**Simao**	**596 325**	**201 975**	**173 401**	**220 949**	**110.4**	**103.7**	**118.6**	**111.0**
思茅市	Simao	96 063	18 105	30 918	47 040	117.1	102.6	124.8	118.8
普洱县	Puer	66 268	19 529	21 957	24 782	107.0	105.6	99.7	115.8
墨江县	Mojiang	76 112	21 489	32 973	21 650	105.4	101.6	104.6	110.6
景东县	Jingdong	88 072	43 348	18 507	26 217	106.1	98.7	118.1	112.0
景谷县	Jinggu	92 912	25 748	37 712	29 452	109.5	105.0	115.2	106.9
镇沅县	zhenyuan	36 748	17 066	6 121	13 561	103.2	103.8	106.4	101.1
江城县	Jiangcheng	28 298	13 959	5 011	9 328	112.7	110.8	124.0	110.2
孟连县	Menglian	24 375	9 386	6 587	8 402	109.4	103.2	108.6	117.9
澜沧县	Lancang	62 183	29 596	9 212	23 375	107.5	102.0	131.7	107.1
西盟县	Ximeng	10 288	3 041	1 266	5 981	107.0	100.7	67.6	127.3
西双版纳州	**Xishuangbanna**	**485 855**	**171 621**	**79 751**	**234 483**	**105.8**	**101.0**	**104.8**	**110.0**
景洪市	Jinghong	257 142	77 630	39 030	140 482	103.4	100.0	98.0	107.1
勐海县	Menghai	96 593	45 087	18 198	33 308	107.2	100.4	124.3	110.5
勐腊县	Mengla	116 249	54 632	17 423	44 194	104.9	98.2	103.7	115.1
大理州	**Dali**	**1 454 692**	**483 503**	**421 732**	**549 457**	**108.0**	**104.7**	**108.9**	**110.3**
大理市	Dali	618 198	71 677	318 083	228 438	107.6	102.4	105.0	113.3
漾濞县	Yangbi	25 430	11 996	6 110	7 324	111.7	107.9	111.5	118.9
祥云县	Xiangyun	152 575	72 072	35 649	44 854	110.2	106.6	115.4	112.1
宾川县	Binchuan	157 962	95 254	23 571	39 137	105.1	102.8	101.7	113.6
弥渡县	Midu	73 600	30 493	15 600	27 507	108.5	104.2	111.3	112.1
南涧县	Nanjian	56 518	30 046	5 223	21 249	106.1	100.9	109.6	113.6
巍山县	Weishan	83 567	40 046	13 451	30 070	105.4	101.6	113.6	107.3
永平县	Yongping	66 786	34 802	9 551	22 433	102.4	101.8	95.7	106.7
云龙县	Yunlong	50 938	26 336	9 782	14 820	108.7	110.1	110.5	105.2
洱源县	Eryuan	116 280	55 130	14 428	46 722	108.0	107.7	111.5	107.3
剑川县	Jianchuan	41 017	16 072	12 038	12 907	108.9	106.2	113.0	108.7
鹤庆县	Heqing	65 766	20 210	21 216	24 340	107.4	107.8	103.0	110.9

20-1 续表3 continued

地 区	Region	绝对数(万元) Absolute Figure (10 000 yuan)				指数(以上年为 100) (preceding year=100)			
		国内生产总值 Gross Domestic Product	第一产业 Primary Industry	第二产业 Secondary Industry	第三产业 Tertiary Industry	国内生产总值 Gross Domestic Product	第一产业 Primary Industry	第二产业 Secondary Industry	第三产业 Tertiary Industry
德宏州	**Dehong**	**382 197**	**118 744**	**92 196**	**171 257**	**103.0**	**97.3**	**90.9**	**115.2**
瑞丽市	Ruili	82 899	17 915	17 408	47 576	104.9	98.4	96.0	111.3
潞西市	Luxi	131 039	35 158	28 589	67 292	101.9	97.3	82.5	115.3
梁河县	Lianghe	30 470	9 929	8 870	11 671	104.6	93.1	100.5	120.3
盈江县	Yingjiang	85 008	33 583	21 263	30 162	105.1	101.0	99.3	114.5
陇川县	Longchuan	52 741	22 159	15 037	15 545	101.1	93.8	89.6	130.7
丽江地区	**Lijiang**	**334 024**	**97 620**	**83 663**	**152 741**	**107.5**	**104.4**	**101.3**	**113.7**
丽江县	Lijiang	151 526	34 532	37 219	79 775	108.1	103.9	101.1	113.8
永胜县	Yongsheng	87 699	31 453	17 269	38 977	106.8	103.3	100.3	113.0
华坪县	Huaping	58 234	14 985	20 655	22 594	107.8	107.4	100.9	115.2
宁蒗县	Ninglang	36 565	16 650	8 520	11 395	106.1	102.0	104.7	113.9
怒江州	**Nujiang**	**118 090**	**32 897**	**39 074**	**46 119**	**106.2**	**102.7**	**93.4**	**123.9**
泸水县	Lushui	40 867	10 210	9 720	20 937	106.4	102.2	96.7	113.7
福贡县	Fugong	14 544	7 325	1 931	5 288	103.1	101.3	66.2	133.7
贡山县	Gongshan	9 559	4 300	1 594	3 665	100.7	104.9	74.2	112.6
兰坪县	Lanping	49 215	11 561	24 050	13 604	104.4	102.0	99.7	116.6
迪庆州	**Diqing**	**106 017**	**34 575**	**26 274**	**45 168**	**108.9**	**103.3**	**120.2**	**108.0**
中甸县	Zhongdian	43 903	14 491	7 059	22 353	107.2	103.2	88.4	118.4
德钦县	Deqing	12 012	5 156	629	6 227	107.8	101.1	104.8	114.5
维西县	Weixi	34 040	14 928	4 806	14 306	112.6	104.2	110.2	123.8
临沧地区	**Lincang**	**587 527**	**257 056**	**151 007**	**179 464**	**107.1**	**103.0**	**103.7**	**116.9**
临沧县	Lincang	91 970	32 193	20 500	39 277	108.2	104.0	97.3	119.1
凤庆县	Fengqing	79 518	41 852	12 782	24 884	107.4	102.2	124.0	109.5
云 县	Yunxian	149 265	54 350	65 460	29 455	103.9	104.2	95.5	127.5
永德县	Yongde	55 174	29 132	9 606	16 436	106.9	99.9	111.0	119.4
镇康县	Zhenkang	37 459	18 598	6 693	12 168	107.1	101.9	100.5	120.8
双江县	Shuangjiang	33 980	18 948	4 540	10 492	110.9	101.7	125.1	126.0
耿马县	Gengma	92 828	43 281	25 214	24 333	107.6	103.1	109.6	114.6
沧源县	Cangyuan	39 441	18 702	7 091	13 648	105.0	102.0	91.0	119.3

20-2 各县市人均国内生产总值

Per Capita GDP of Each County and City

单位：元/人 (yuan/person)

地　区	Region	1995年	2000年	2001年
全省合计	**Total**	**3 044**	**4 637**	**4 866**
昆 明 市	**Kunming**	**9 186**	**13 125**	**13 900**
五华区	Panlong	5 431	22 489	23 699
盘龙区	Guandu	14 106	27 400	28 136
官渡区	Xishan	12 096	21 017	22 148
西山区	Xishan	5 558	20 703	22 076
东川区	Dongchuan	1 972	2 157	2 326
呈贡县	Chenggong	3 406	9 129	9 764
晋宁县	Jinning	4 495	6 971	6 063
富民县	Fuming	3 118	3 920	4 098
宜良县	Yiliang	3 914	7 271	7 688
石林县	Shilin	2 700	4 520	4 900
嵩明县	Songming	2 478	3 414	3 661
禄劝县	Luquan	1 295	2 215	2 198
寻甸县	Xundian	1 346	1 940	2 062
安宁市	Anning	10 791	14 474	15 521
曲 靖 市	**Qujing**	**2 395**	**3 946**	**4 231**
麒麟区	Qulin	5 802	12 476	13 219
马龙县	Malong	2 074	2 388	2 574
陆良县	Luliang	2 563	3 521	3 732
师宗县	Shizong	1 853	3 005	3 190
罗平县	Luoping	2 094	3 725	4 317
富源县	Fuyuan	1 751	3 141	3 338
会泽县	Huize	1 419	2 203	2 400
沾益县	Zhanyi		4 373	4 830
宣威市	Xuanwei	1 494	2 276	2 431
玉 溪 市	**Yuxi**	**12 641**	**14 698**	**13 399**
红塔区	Hongta	56 027	56 308	51 735
江川县	Jiangchuan	3 250	4 811	5 047
澄江县	Chengjiang	3 638	4 952	5 207
通海县	Tonghai	3 852	6 046	6 177
华宁县	Huaning	2 871	4 330	4 625
易门县	Yimen	3 185	5 496	5 750
峨山县	Ershan	3 560	5 136	5 476
新平县	Xinping	1 672	2 659	2 807
元江县	Yuanjiang	2 973	4 026	4 336
保 山 市	**Baoshan**	**1 857**	**3 019**	**3 225**
隆阳区	Longyang	2133	3 431	3 646
施甸县	Shidian	1 622	2 411	2 529
腾冲县	Tengchong	1 904	2 917	3 098
龙陵县	Longling	1 491	2 712	2 888
昌宁县	Changning	1 629	2 749	2 961
昭 通 市	**Zhaotong**	**1 420**	**2 193**	**2 165**
昭阳区	Zhaoyang	3 585	5 584	5 403
鲁甸县	Ludian	720	1 232	1 296
巧家县	Qiaojia	745	1 342	1 443
盐津县	Yanjin	796	1 605	1 436
大关县	Daguan	836	1 957	1 614
永善县	Yongshan	804	1 465	1 527
绥江县	Suijiang	1 256	1 171	1 209
镇雄县	Zhenxiong	665	983	1 016
彝良县	Yiliang	702	1 198	1 170
威信县	Weixin	919	1 233	1 237
水富县	Shuifu	5 045	6 941	6 691
楚 雄 州	**Chuxiong**	**2 630**	**4 223**	**4 552**
楚雄市	Chuxiong	5 772	8 510	9 007
双柏县	Shuangbo	1 471	2 236	2 405
牟定县	Mouding	1 714	2 765	2 984
南华县	Nanhua	1 205	2 519	2 728
姚安县	Yaoan	1 901	3 157	3 440
大姚县	Dayao	1 786	3 008	3 264
永仁县	Yongren	1 556	3 120	3 362
元谋县	Yuanmou	2 122	3 063	2 954
武定县	Wuding	1 468	2 487	2 683
禄丰县	Lufeng	2 918	5 551	6 045
红 河 州	**Honghe**	**2 239**	**3 663**	**4 096**
个旧市	Gejiu	5 185	6 654	6 882
开远市	Kaiyuan	5 438	7 896	8 598
蒙自县	Mengzi	2 343	3 375	3 636
屏边县	Pingbian	1 225	2 051	2 233
建水县	Jianshui	1 992	3 121	3 163
石屏县	Shiping	1 869	3 131	3 336
弥勒县	Mile	2 749	6 657	10 052
泸西县	Luxi	1 542	2 467	2 653
元阳县	Yuanyang	807	1 487	1 609
红河县	Honghe	821	1 577	1 626
金平县	Jinping	732	1 231	1 301
绿春县	Luchun	644	979	1 067
河口县	Hekou	3 146	4 972	5 527

20-2 续表 continued

单位：元/人 (yuan/person)

地 区	Region	1995年	2000年	2001年	地 区	Region	1995年	2000年	2001年
文 山 州	**Wenshan**	**1 025**	**2 199**	**2 404**	德 宏 州	**Dehong**	**2 917**	**3 631**	**3 735**
文山县	Wenshan	1 329	3 713	4 268	瑞丽市	Ruili	6 337	7 352	7 495
砚山县	Yanshan	920	1 888	2 123	潞西市	Luxi	3 010	3 883	3 961
西畴县	Xichou	1 032	1 678	1 925	梁河县	Lianghe	1 419	1 826	1 941
麻栗坡县	Malipo	1 387	2 254	2 428	盈江县	Yingjiang	2 636	3 120	3 289
马关县	Maguan	1 024	1 926	2 109	陇川县	Longchuan	2 418	3 125	3 170
丘北县	Qiubei	863	1 360	1 455					
广南县	Guangnan	879	1 412	1 473	丽江地区	**Lijiang**	**1 698**	**2 811**	**3 026**
富宁县	Funing	1 016	1 974	2 129	丽江县	Lijiang	2 174	4 019	4 353
思茅地区	**Simao**	**1 344**	**2 161**	**2 395**	永胜县	Yongsheng	1 442	2 152	2 315
思茅市	Simao	2 680	4 468	5 156	华坪县	Huaping	2 334	3 650	3 929
普洱县	Puer	2 181	3 386	3 594	宁蒗县	Ninglang	958	1 519	1 600
墨江县	Mojiang	803	2 028	2 174					
景东县	Jingdong	1 501	2 379	2 513					
景谷县	Jinggu	1 720	2 972	3 229	怒 江 州	**Nujiang**	**1 306**	**2 402**	**2 541**
镇沅县	zhenyuan	1 472	1 769	1 817	泸水县	Lushui	1 464	2 537	2 657
江城县	Jiangcheng	1 456	2 573	2 763	福贡县	Fugong	1 070	1 576	1 630
孟连县	Menglian	1 311	2 042	2 214	贡山县	Gongshan	1 688	2 817	2 811
澜沧县	Lancang	930	1 224	1 339	兰坪县	Lanping	1 645	2 500	2 621
西盟县	Ximeng	802	1 144	1 255					
西双版纳州	**Xishuangbanna**	**3 582**	**5 422**	**5 673**					
景洪市	Jinghong	4 443	6 765	6 974	迪 庆 州	**Diqing**	**1 647**	**2 774**	**3 033**
勐海县	Menghai	2 006	3 010	3 287	中甸县	Zhongdian	1 426	2 906	2 974
勐腊县	Mengla	4 491	5 713	5 961	德钦县	Deqing	1 322	1 861	2 050
大 理 州	**Dali**	**2 266**	**4 114**	**4 411**	维西县	Weixi	1 548	2 039	2 372
大理市	Dali	5 814	11 371	12 222					
漾濞县	Yangbi	1 312	2 316	2 587					
祥云县	Xiangyun	1 996	3 192	3 491					
宾川县	Binchuan	2 307	4 578	4 875	临沧地区	**Lincang**	**1 534**	**2 471**	**2 608**
弥渡县	Midu	1 439	2 206	2 400	临沧县	Lincang	1 256	2 571	3 363
南涧县	Nanjian	1 197	2 500	2 675	凤庆县	Fengqing	1 345	1 775	1 886
巍山县	Weishan	1 673	2 683	2 814	云 县	Yunxian	2 306	3 552	3 725
永平县	Yongping	1 923	3 831	3 922	永德县	Yongde	1 161	1 611	1 716
云龙县	Yunlong	1 099	2 353	2 588	镇康县	Zhenkang	1 237	2 161	2 311
洱源县	Eryuan	1 769	3 383	3 588	双江县	Shuangjiang	1 295	1 884	2 091
剑川县	Jianchuan	1 200	2 281	2 458	耿马县	Gengma	2 436	2 479	3 710
鹤庆县	Heqing	1 352	2 362	2 546	沧源县	Cangyuan	1 398	2 401	2 493

20-3 各县市工农业总产值

Gross Output Value of Industry and Agriculture of Each County and City

（按当年价格计算） (at current prices)
单位：万元 (10 000 yuan)

地 区	Region	2000年	2001年
全省合计	**Total**	**22 702 182**	**23 786 392**
昆 明 市	**Kunming**	**7 469 972**	**7 585 246**
五华区	Wuhua	242 844	278 599
盘龙区	Panlong	398 478	440 125
官渡区	Guandu	2 929 352	3 149 034
西山区	Xishan	1 149 237	1 279 969
东川区	Dongchuan	124 600	120 238
呈贡县	Chenggong	409 335	337 526
晋宁县	Jinning	300 697	246 974
富民县	Fuming	112 624	100 457
宜良县	Yiliang	393 971	329 656
石林县	Shilin	188 814	142 547
嵩明县	Songming	217 110	215 292
禄劝县	Luquan	150 554	113 285
寻甸县	Xundian	108 407	101 647
安宁市	Anning	743 952	729 896
曲 靖 市	**Qujing**	**2 574 894**	**2 975 612**
麒麟区	Qulin	737 200	903 125
马龙县	Malong	63 663	72 576
陆良县	Luliang	264 344	297 767
师宗县	Shizong	132 869	142 177
罗平县	Luoping	205 316	227 666
富源县	Fuyuan	238 175	260 303
会泽县	Huize	239 783	291 014
沾益县	Zhanyi	255 754	296 305
宣威市	Xuanwei	437 789	484 678
玉 溪 市	**Yuxi**	**3 395 636**	**3 384 069**
红塔区	Hongta	2 209 591	2 169 300
江川县	Jiangchuan	155 071	171 490
澄江县	Chengjiang	114 158	108 958
通海县	Tonghai	393 745	406 746
华宁县	Huaning	104 720	104 640
易门县	Yimen	123 137	130 371
峨山县	Ershan	89 646	92 748
新平县	Xinping	104 414	107 427
元江县	Yuanjiang	101 154	92 390
保 山 市	**Baoshan**	**688 463**	**728 461**
隆阳区	Longyang	278 915	288 357
施甸县	Shidian	75 101	81 668
腾冲县	Tengchong	153 017	159 791
龙陵县	Longling	83 832	91 156
昌宁县	Changning	97 599	107 490
昭 通 市	**Zhaotong**	**904 417**	**885 654**
昭阳区	Zhaoyang	300 359	284 591
鲁甸县	Ludian	49 592	51 896
巧家县	Qiaojia	64 231	65 964
盐津县	Yanjin	46 588	47 120
大关县	Daguan	33 767	33 200
永善县	Yongshan	52 438	48 838
绥江县	Suijiang	21 789	19 874
镇雄县	Zhenxiong	130 883	134 337
彝良县	Yiliang	58 060	58 789
威信县	Weixin	51 144	51 873
水富县	Shuifu	177 489	89 171
楚 雄 州	**Chuxiong**	**1 236 863**	**1 426 420**
楚雄市	Chuxiong	438 115	562 279
双柏县	Shuangbo	39 782	43 502
牟定县	Mouding	83 214	89 645
南华县	Nanhua	70 163	71 963
姚安县	Yaoan	74 126	83 215
大姚县	Dayao	106 373	110 899
永仁县	Yongren	36 530	41 170
元谋县	Yuanmou	71 229	67 466
武定县	Wuding	78 031	88 691
禄丰县	Lufeng	239 300	267 589
红 河 州	**Honghe**	**1 989 195**	**2 307 400**
个旧市	Gejiu	488 614	495 480
开远市	Kaiyuan	280 312	324 835
蒙自县	Mengzi	127 700	139 207
屏边县	Pingbian	34 436	37 855
建水县	Jianshui	203 825	204 438
石屏县	Shiping	123 960	128 601
弥勒县	Mile	454 426	680 926

20-3 续表 continued

单位：万元 (10 000 yuan)

地　区	Region	2000年	2001年
泸西县	Luxi	99 765	110 283
元阳县	Yuanyang	43 832	48 503
红河县	Honghe	38 961	40 351
金平县	Jinping	51 982	53 302
绿春县	Luchun	20 214	21 123
河口县	Hekou	21 170	22 496
文 山 州	**Wenshan**	**782 941**	**851 718**
文山县	Wenshan	180 631	204 772
砚山县	Yanshan	117 371	123 669
西畴县	Xichou	52 495	56 718
麻栗坡县	Malipo	64 427	70 910
马关县	Maguan	91 786	106 068
丘北县	Qiubei	61 783	66 250
广南县	Guangnan	120 844	124 144
富宁县	Funing	93 604	99 187
思茅地区	**Simao**	**545 039**	**566 910**
思茅市	Simao	74 365	78 603
普洱县	Puer	55 098	57 936
墨江县	Mojiang	48 472	50 768
景东县	Jingdong	82 425	82 786
景谷县	Jinggu	94 185	105 789
镇沅县	zhenyuan	38 286	37 751
江城县	Jiangcheng	27 969	28 086
孟连县	Menglian	27 894	27 795
澜沧县	Lancang	86 024	88 121
西盟县	Ximeng	10 321	9 274
西双版纳州	**Xishuangbanna**	**328 104**	**328 620**
景洪市	Jinghong	137 865	131 363
勐海县	Menghai	94 288	105 124
勐腊县	Mengla	95 951	92 132
大 理 州	**Dali**	**1 481 557**	**1 590 467**
大理市	Dali	521 910	567 153
漾濞县	Yangbi	29 991	32 702
祥云县	Xiangyun	204 136	219 403
宾川县	Binchuan	174 588	185 465
弥渡县	Midu	80 979	84 116
南涧县	Nanjian	61 073	62 385
巍山县	Weishan	88 109	93 001
永平县	Yongping	56 536	57 410
云龙县	Yunlong	59 766	63 900
洱源县	Eryuan	99 944	108 153
剑川县	Jianchuan	43 914	48 231
鹤庆县	Heqing	60 611	68 549
德 宏 州	**Dehong**	**391 793**	**382 771**
瑞丽市	Ruili	54 940	53 422
潞西市	Luxi	113 683	112 713
梁河县	Lianghe	42 924	39 842
盈江县	Yingjiang	108 613	109 687
陇川县	Longchuan	71 632	67 106
丽江地区	**Lijiang**	**258 133**	**265 435**
丽江县	Lijiang	88 348	88 070
永胜县	Yongsheng	76 249	80 832
华坪县	Huaping	68 420	69 980
宁蒗县	Ninglang	25 113	26 554
怒 江 州	**Nujiang**	**121 421**	**118 158**
泸水县	Lushui	32 105	31 551
福贡县	Fugong	12 004	10 550
贡山县	Gongshan	10 799	10 226
兰坪县	Lanping	66 513	65 832
迪 庆 州	**Diqing**	**74 403**	**81 702**
中甸县	Zhongdian	43 272	48 559
德钦县	Deqing	8 151	8 407
维西县	Weixi	22 981	24 736
临沧地区	**Lincang**	**628 708**	**641 918**
临沧县	Lincang	73 670	69 402
凤庆县	Fengqing	83 791	89 189
云　县	Yunxian	173 940	177 008
永德县	Yongde	58 616	61 805
镇康县	Zhenkang	44 356	44 106
双江县	Shuangjiang	38 328	42 714
耿马县	Gengma	107 949	112 504
沧源县	Cangyuan	48 058	45 191

20-4 主要年份各县市年末总人口

Year-end Total Population of Each County and City

单位：万人　　　　(10 000 persons)

地　区	Region	1978年	1980年	1985年	1990年	1995年	2000年	2001年
全省合计	**Total**	**3 091.5**	**3 173.4**	**3 418.1**	**3 730.6**	**3 989.6**	**4 240.8**	**4 287.4**
昆明市	**Kunming**	**367.2**	**374.8**	**399.3**	**426.9**	**449.9**	**480.9**	**487.5**
五华区	Wuhua	23.4	25.6	31.3	36.6	39.8	45.5	47.5
盘龙区	Panlong	26.8	28.9	34.5	38.2	41	44.4	45
官渡区	Guandu	42.8	43.5	44.4	47.8	52.3	58	58.9
西山区	Xishan	28	28.3	29	29.9	31.5	33.3	33.9
东川区	Dongchuan	23.2	23	27.5	28.5	28.7	29.7	29.9
呈贡县	Chenggong	12.3	12.6	13.1	13.8	14.4	15.3	15.5
晋宁县	Jinning	22.5	22.4	23	24	25.1	26.6	26.8
富民县	Fuming	12	11.9	12.3	12.7	13.1	13.6	13.7
宜良县	Yiliang	33.4	33.9	35	36.3	37.6	39.5	39.9
石林县	Shilin	17.4	17.9	18.9	20.2	21.1	22.3	22.5
嵩明县	Songming	26.3	26.8	28.3	30.4	31.6	33.3	33.5
禄劝县	Luquan	36.8	37.6	39.7	42.2	43.9	45.2	45
寻甸县	Xundian	40.2	40.7	40	43.3	46.3	49.3	49.6
安宁市	Anning	22.1	21.7	22.3	22.9	23.5	25	25.8
曲靖市	**Qujing**	**397.7**	**409.8**	**442**	**482.1**	**511.5**	**547.1**	**551**
麒麟区	Qulin	68.3	70.2	75.8	83.2	91.8	60.6	61.8
马龙县	Malong	16	16.5	17	17.7	17.5	18.6	18.8
陆良县	Luliang	42.6	43.9	46.6	50.4	53.8	58.4	58.9
师宗县	Shizong	24.4	25.1	26.9	30.1	32	34.7	34.8
罗平县	Luoping	37.2	38.6	41.9	45.9	48.3	52.3	52.7
富源县	Fuyuan	44.8	46.6	50.4	55.8	60	65.4	65.9
会泽县	Huize	67.8	69.3	74.1	80.8	83.9	88.7	88.8
沾益县	Zhanyi						38.4	38.6
宣威市	Xuanwei	96.6	99.6	109.3	118.3	124.2	130	130.7
玉溪市	**Yuxi**	**156.6**	**159.6**	**168.9**	**181.9**	**190.6**	**201.7**	**203.3**
红塔区	Hongta	26.4	27.1	29.1	32.3	34.6	37.7	38.2
江川县	Jiangchuan	19.4	19.7	20.7	22.5	23.9	25.6	25.9
澄江县	Chengjiang	11.7	11.9	12.5	13.3	13.9	14.8	14.9
通海县	Tonghai	19.5	19.9	21.4	23.4	25	26.3	26.4
华宁县	Huaning	15.7	16.1	17	18.1	18.8	19.8	19.9
易门县	Yimen	15.2	15.3	15.7	16.2	16.6	17.2	17.3
峨山县	Ershan	11.9	12	12.7	13.5	14.1	14.7	14.8
新平县	Xinping	21.3	21.8	23.2	24.9	25.3	26.3	26.5
元江县	Yuanjiang	15.5	15.8	16.6	17.7	18.3	19.3	19.4

20-4 续表1 continued

单位：万人 (10 000 persons)

地　区	Region	1978年	1980年	1985年	1990年	1995年	2000年	2001年
保山市	**Baoshan**	**182.9**	**185.7**	**197.8**	**212.2**	**223.6**	**234.5**	**235.9**
隆阳区	Longyang	64.4	64.9	68.8	73.9	78.3	83	83.5
施甸县	Shidian	25.4	25.7	27.4	29.5	31.1	32.3	32.5
腾冲县	Tengchong	45.1	46.1	49.5	53.4	56.4	59.4	59.8
龙陵县	Longling	21.1	21.5	23	24.8	25.8	26.5	26.6
昌宁县	Changning	26.9	27.5	29.1	30.6	32	33.3	33.5
昭通市	**Zhaotong**	**339.4**	**352.3**	**381.4**	**429**	**457.1**	**491.9**	**496.1**
昭阳区	Zhaoyang	48.8	50.7	54.7	62.3	67.3	73.6	74.1
鲁甸县	Ludian	22.3	23.3	25.8	30.4	33.5	36.2	36.6
巧家县	Qiaojia	38.7	40.3	43.1	46.8	48	50.4	50.7
盐津县	Yanjin	25.3	26.1	28.1	31.8	33.1	35.5	35.7
大关县	Daguan	17.9	18.5	20.1	22.7	23.8	24.4	24.6
永善县	Yongshan	31.2	[illegible]	33.7	36.6	37.7	39.3	39.8
绥江县	Suijiang	11.5	11.7	12.3	13.5	14.4	15.3	15.4
镇雄县	Zhenxiong	78.1	82.1	90.7	102.7	111.5	121.6	122.9
彝良县	Yiliang	34.4	35.6	38.8	43.8	46.4	50.6	51.1
威信县	Weixin	24.5	25.2	26.6	30.3	32.8	35.7	36
水富县	Shuifu	6.7	6.8	7.5	8.2	8.6	9.1	9.2
楚雄州	**Chuxiong**	**208.6**	**211.9**	**211.1**	**233.2**	**242**	**250.8**	**252.3**
楚雄市	Chuxiong	34.9	35.7	37.9	40.5	44	47.4	48
双柏县	Shuangbo	13.4	13.6	14.2	14.9	15.1	15.4	15.4
牟定县	Mouding	18.1	18	18.6	19.4	19.5	19.8	19.8
南华县	Nanhua	18.8	19.3	20.2	21.5	22.1	22.8	22.9
姚安县	Yaoan	17.3	17.4	17.9	18.8	19.5	20	20.2
大姚县	Dayao	25.7	25	26.3	27.3	27.8	28	28.1
永仁县	Yongren	8.8	9	9.4	9.8	10.1	10.3	10.3
元谋县	Yuanmou	16.1	16.4	17.4	18.5	19.3	20.2	20.3
武定县	Wuding	20.8	21.3	22.5	24.2	25.1	26	26.1
禄丰县	Lufeng	34.7	35.6	36.7	38.4	39.5	40.9	41.2
红河州	**Honghe**	**304.3**	**314.7**	**335.5**	**364**	**379.6**	**394.2**	**396**
个旧市	Gejiu	30.7	32.2	34.2	37.1	38	38.5	38.5
开远市	Kaiyuan	19.4	19.9	21.7	24	25.3	26	26
蒙自县	Mengzi	23.6	24.1	25.6	28	29.6	31.5	31.8
屏边县	Pingbian	11.5	12.2	12.8	13.8	14.1	14.4	14.5
建水县	Jianshui	38.9	39.8	42.2	45.2	47.2	48.9	49.3
石屏县	Shiping	23.6	24.1	25.5	26.9	27.6	28.5	28.6
弥勒县	Mile	37.7	38.6	40.8	44.2	46.3	48.1	48.4
泸西县	Luxi	26.4	27	29.4	32.7	34.8	36.8	37
元阳县	Yuanyang	28.2	29.3	31.3	33.5	34.5	35.9	36
红河县	Honghe	19.6	20.2	22	24	25.4	26.8	27.1
金平县	Jinping	23.2	24.2	26.9	29.5	30.4	31.1	31.2
绿春县	Luchun	14.5	15.7	16.3	18	19.2	20	20
河口县	Hekou	7	7.4	6.8	7	7.6	7.7	7.6

20-4 续表2 continued

单位：万人 (10 000 persons)

地 区	Region	1978年	1980年	1985年	1990年	1995年	2000年	2001年
文 山 州	**Wenshan**	**243.7**	**252.8**	**273**	**296.8**	**308.2**	**324.7**	**327.5**
文山县	Wenshan	29.1	30	32.7	36.8	38.8	41.4	41.9
砚山县	Yanshan	30.4	31.7	34.2	38.1	40.2	43	43.5
西畴县	Xichou	19.7	20.3	21.7	22.9	23.5	24.4	24.8
麻栗坡县	Malipo	21.7	22.4	24.2	25.3	25.9	26.7	26.8
马关县	Maguan	27.5	28.8	31.1	33.7	33.9	34.7	34.9
丘北县	Qiubei	30.6	31.7	34.7	38.4	40.5	43.5	43.8
广南县	Guangnan	54.2	56.1	60.2	65.9	68.9	73	73.5
富宁县	Funing	30.5	31.8	34.2	35.7	36.6	38	38.3
思茅地区	**Simao**	**188.7**	**193.6**	**209.3**	**220.9**	**225.9**	**231.8**	**231.3**
思茅市	Simao	10.9	11.2	12.6	13.7	15.7	18.5	18.9
普洱县	Puer	16.9	17.2	17.9	18.4	18.5	18.6	18.4
墨江县	Mojiang	31.2	32.1	34.2	35.2	35.6	35.2	35.0
景东县	Jingdong	29.9	30.5	32.7	34.1	34.4	35.1	35.1
景谷县	Jinggu	24.5	24.8	26.7	28	28.5	28.9	28.7
镇沅县	zhenyuan	18.1	18.3	19.5	20.3	20.2	20.4	20.2
江城县	Jiangcheng	7.1	7.6	8.1	8.9	9.1	9.1	9.2
孟连县	Menglian	7.2	7.7	8.8	9.7	10.4	11	11.1
澜沧县	Lancang	37.1	38.1	41.8	44.8	45.5	46.8	46.6
西盟县	Ximeng	5.8	6.1	7	7.8	8	8.2	8.1
西双版纳州	**Xishuangbanna**	**63.8**	**62.2**	**69.1**	**78.2**	**81.8**	**85.4**	**85.9**
景洪市	Jinghong	27.4	26.5	29.2	33.6	34.8	36.7	37
勐海县	Menghai	22.1	22.8	25	27.3	28.5	29.3	29.4
勐腊县	Mengla	14.3	12.9	14.9	17.3	18.5	19.3	19.5
大 理 州	**Dali**	**260.3**	**266**	**281.3**	**303**	**315.7**	**328.6**	**331**
大理市	Dali	35.9	37	39.6	43.6	46.9	50.1	51
漾濞县	Yangbi	8	7.9	8.5	9.3	9.7	9.8	9.9
祥云县	Xiangyun	35.9	36.3	37.6	39.8	41.3	43.5	43.9
宾川县	Binchuan	25.8	26.4	27.8	29.9	31.1	32.3	32.5
弥渡县	Midu	25.4	25.8	26.6	28	29.2	30.6	30.8
南涧县	Nanjian	17.4	17.9	19.1	20.2	20.6	21.2	21.3
巍山县	Weishan	23.4	24.1	25.6	27.6	28.5	29.6	29.8
永平县	Yongping	13.5	13.9	14.8	15.8	16.5	17	17
云龙县	Yunlong	15.7	16.1	17.4	18.8	19.4	19.7	19.7
洱源县	Eryuan	25.1	25.7	27.3	29.9	31.1	32.3	32.5
剑川县	Jianchuan	13	13.3	14	15.4	16.1	16.6	16.7
鹤庆县	Heqing	21.2	21.6	23	24.6	25.3	25.8	25.9

20-4 续表3 continued

单位：万人 (10 000 persons)

地 区	Region	1978年	1980年	1985年	1990年	1995年	2000年	2001年
德宏州	**Dehong**	**69.4**	**71.9**	**80.6**	**90.6**	**96.6**	**101.8**	**102.7**
瑞丽市	Ruili	6.2	6.3	7.1	8.2	8.9	11	11.1
潞西市	Luxi	22.4	23.4	26.1	29.2	31.2	32.9	33.2
梁河县	Lianghe	11.3	11.6	12.9	14.3	15.1	15.6	15.8
盈江县	Yingjiang	17.5	18.1	20.5	23.4	24.7	25.8	25.9
陇川县	Longchuan	11.3	11.8	13.2	14.6	15.5	16.5	16.7
丽江地区	**Lijiang**	**87.4**	**89.3**	**94.5**	**101.5**	**105.9**	**109.9**	**110.7**
丽江县	Lijiang	28.4	28.9	30.1	31.9	33.2	34.7	34.9
永胜县	Yongsheng	30.9	31.6	33.1	35.1	36.8	37.7	38
华坪县	Huaping	12.3	12.6	13.3	14	14.5	14.8	14.8
宁蒗县	Ninglang	15.8	16.8	18	20.1	21.4	22.7	23
怒江州	**Nujiang**	**29.2**	**30.4**	**34.1**	**43.5**	**45.4**	**46.3**	**46.5**
泸水县	Lushui	8.8	9.2	10.5	14.4	15	15.3	15.4
福贡县	Fugong	4.2	4.4	5	8.5	8.8	8.9	8.9
贡山县	Gongshan	2.6	2.8	3	3.3	3.3	3.4	3.4
兰坪县	Lanping	13.6	14	15.6	17.3	18.3	18.7	18.8
迪庆州	**Diqing**	**26**	**26.9**	**29**	**31.5**	**32.5**	**33.1**	**33.4**
中甸县	Zhongdian	9.9	10.3	11.2	12.2	12.6	13	13.1
德钦县	Deqing	5.1	5.2	5.4	5.7	5.8	5.8	5.9
维西县	Weixi	11	11.4	12.4	13.6	14.1	14.3	14.4
临沧地区	**Lincang**	**161.7**	**166.7**	**183.8**	**199.4**	**207.1**	**213.8**	**214.9**
临沧县	Lincang	21.3	21.8	23.8	25.7	26.4	27.3	27.4
凤庆县	Fengqing	33.3	34.1	37.1	39.9	41.3	42.1	42.2
云 县	Yunxian	30.7	32	35.2	37.7	38.8	39.9	40.2
永德县	Yongde	24.8	25.6	28.2	30.2	31.1	32.1	32.2
镇康县	Zhenkang	11.1	11.6	12.9	14.2	14.9	15.5	15.6
双江县	Shuangjiang	11.7	12.2	13.6	15	15.7	16.2	16.3
耿马县	Gengma	17.1	17.5	19.7	22	23.4	24.9	25.1
沧源县	Cangyuan	11.7	11.9	13.3	14.7	15.4	15.8	15.9

注:全省总计系人口抽样调查推断数,分县数系公安人口年报数。

Note: The total figure of the whole province was estimated from population sample survey, while the figures by counties were the ones annually reported by public security units.

20-5 各县市人口和构成(2001年)
Population and Composition of Each County and City（2001）

单位：万人 (10 000 persons)

地区	Region	总户数 Total Households	总人口 Total Population	按性别分 By Sex 男 Male	女 Female	按农业、非农业分 By Agricultural and Non-Agricultural 农业人口 Agricultural Population	非农业人口 Non-Agricultural Population
全省合计	**Total**	**1 046.7**	**4 287.4**	**2 217.3**	**2 070.1**	**3 609.9**	**677.5**
昆明市	**Kunming**	**141.0**	**487.6**	**251.8**	**235.7**	**292.9**	**194.7**
五华区	Wuhua	14.6	47.5	24.4	23.1	0.0	47.5
盘龙区	Panlong	13.2	45.0	23.1	21.9	0.0	45.0
官渡区	Guandu	18.2	58.9	31.4	27.5	24.4	34.5
西山区	Xishan	10.7	33.9	18.0	15.8	12.9	21.0
东川区	Dongchuan	8.3	29.9	15.6	14.3	23.0	6.9
呈贡县	Chenggong	4.8	15.5	7.8	7.7	12.3	3.2
晋宁县	Jinning	8.5	26.8	13.4	13.4	21.6	5.2
富民县	Fuming	4.5	13.7	6.9	6.8	11.9	1.8
宜良县	Yiliang	11.4	39.9	19.9	20.0	35.7	4.2
石林县	Shilin	6.5	22.5	11.4	11.1	20.2	2.3
嵩明县	Songming	8.5	33.5	17.0	16.5	29.9	3.6
禄劝县	Luquan	11.0	45.1	23.4	21.7	42.8	2.3
寻甸县	Xundian	12.5	49.6	25.8	23.8	46.7	2.9
安宁市	Anning	8.3	25.8	13.7	12.1	11.5	14.3
曲靖市	**Qujing**	**142.0**	**551.1**	**290.0**	**261.1**	**484.4**	**66.7**
麒麟区	Qulin	17.7	61.9	31.9	30.0	39.4	22.5
马龙县	Malong	4.8	18.8	9.7	9.1	16.8	2.0
陆良县	Luliang	14.6	58.9	30.3	28.6	52.5	6.4
师宗县	Shizong	8.8	34.8	18.2	16.6	31.7	3.1
罗平县	Luoping	13.1	52.7	27.5	25.2	48.8	3.9
富源县	Fuyuan	15.2	65.9	34.8	31.1	61.1	4.8
会泽县	Huize	23.3	88.8	48.4	40.4	82.2	6.6
沾益县	Zhanyi	9.9	38.6	20.1	18.5	34.1	4.5
宣威市	Xuanwei	34.6	130.7	69.1	61.6	117.8	12.9
玉溪市	**Yuxi**	**56.1**	**203.4**	**102.9**	**100.5**	**168.5**	**34.9**
红塔区	Hongta	10.7	38.2	19.0	19.2	25.8	12.4
江川县	Jiangchuan	7.3	25.9	13.0	12.9	23.1	2.8
澄江县	Chengjiang	4.2	14.9	7.5	7.4	13.1	1.8
通海县	Tonghai	7.5	26.4	13.0	13.4	23.1	3.3
华宁县	Huaning	5.3	19.9	10.1	9.8	18.0	1.9
易门县	Yimen	4.8	17.4	9.1	8.3	13.6	3.8
峨山县	Ershan	4.2	14.8	7.5	7.3	11.8	3.0
新平县	Xinping	7.0	26.5	13.7	12.8	23.1	3.4
元江县	Yuanjiang	5.1	19.4	10.0	9.4	16.9	2.5

20-5 续表1 continued

单位：万人 (10 000 persons)

地　区	Region	总户数 Total Households	总人口 Total Population	按性别分 By Sex 男 Male	女 Female	按农业、非农业分 By Agricultural and Non-Agricultural 农业人口 Agricultural Population	非农业人口 Non-Agricultural Population
保山市	**Baoshan**	**57.5**	**235.9**	**120.8**	**115.1**	**212.4**	**23.5**
隆阳区	Longyang	21.5	83.5	42.2	41.3	72.4	11.1
施甸县	Shidian	7.7	32.5	16.5	16.0	30.1	2.4
腾冲县	Tengchong	13.8	59.8	30.8	29.0	54.8	5.0
龙陵县	Longling	6.3	26.6	13.9	12.7	24.3	2.3
昌宁县	Changning	8.2	33.5	17.4	16.1	30.8	2.7
昭通市	**Zhaotong**	**121.5**	**496.1**	**258.2**	**237.9**	**460.0**	**36.1**
昭阳区	Zhaoyang	19.6	74.1	38.4	35.7	62.8	11.3
鲁甸县	Ludian	8.8	36.6	19.0	17.6	35.1	1.5
巧家县	Qiaojia	12.2	50.7	26.9	23.8	48.4	2.3
盐津县	Yanjin	8.3	35.7	18.8	16.9	33.2	2.5
大关县	Daguan	6.0	24.6	13.0	11.6	23.1	1.5
永善县	Yongshan	10.2	39.8	20.9	18.9	37.6	2.2
绥江县	Suijiang	4.0	15.4	8.1	7.3	13.4	2.0
镇雄县	Zhenxiong	29.1	122.9	63.2	59.7	116.9	6.0
彝良县	Yiliang	12.2	51.1	26.8	24.3	48.5	2.6
威信县	Weixin	8.5	36.0	18.4	17.6	33.8	2.2
水富县	Shuifu	2.6	9.2	4.7	4.5	7.2	2.0
楚雄州	**Chuxiong**	**63.9**	**252.4**	**130.3**	**122.1**	**218.1**	**34.3**
楚雄市	Chuxiong	12.1	48.0	24.8	23.2	34.7	13.3
双柏县	Shuangbo	3.9	15.4	8.1	7.3	13.9	1.5
牟定县	Mouding	4.9	19.8	10.2	9.6	18.2	1.6
南华县	Nanhua	5.8	23.0	11.9	11.1	21.1	1.9
姚安县	Yaoan	5.1	20.2	10.3	9.9	18.7	1.5
大姚县	Dayao	7.2	28.1	14.6	13.5	25.7	2.4
永仁县	Yongren	2.8	10.3	5.4	4.9	9.1	1.2
元谋县	Yuanmou	5.1	20.3	10.4	9.9	18.4	1.9
武定县	Wuding	6.3	26.1	13.4	12.7	24.3	1.8
禄丰县	Lufeng	10.7	41.2	21.2	20.0	34.0	7.2
红河州	**Honghe**	**102.3**	**396.0**	**203.9**	**192.1**	**325.5**	**70.5**
个旧市	Gejiu	12.1	38.5	19.4	19.1	16.6	21.9
开远市	Kaiyuan	7.6	26.0	13.4	12.6	15.2	10.8
蒙自县	Mengzi	8.3	31.8	16.0	15.8	25.7	6.1
屏边县	Pingbian	3.4	14.5	7.5	7.0	12.9	1.6
建水县	Jianshui	13.4	49.3	25.0	24.3	42.5	6.8
石屏县	Shiping	7.8	28.6	14.4	14.2	25.3	3.3
弥勒县	Mile	12.8	48.4	24.7	23.7	42.8	5.6

20-5 续表2 continued

单位：万人 (10 000 persons)

地 区	Region	总户数 Total Households	总人口 Total Population	按性别分 By Sex 男 Male	女 Female	按农业、非农业分 By Agricultural and Non-Agricultural 农业人口 Agricultural Population	非农业人口 Non-Agricultural Population
楚雄州	**Chuxiong**	**63.9**	**252.4**	**130.3**	**122.1**	**218.1**	**34.3**
楚雄市	Chuxiong	12.1	48.0	24.8	23.2	34.7	13.3
双柏县	Shuangbo	3.9	15.4	8.1	7.3	13.9	1.5
牟定县	Mouding	4.9	19.8	10.2	9.6	18.2	1.6
南华县	Nanhua	5.8	23.0	11.9	11.1	21.1	1.9
姚安县	Yaoan	5.1	20.2	10.3	9.9	18.7	1.5
大姚县	Dayao	7.2	28.1	14.6	13.5	25.7	2.4
永仁县	Yongren	2.8	10.3	5.4	4.9	9.1	1.2
元谋县	Yuanmou	5.1	20.3	10.4	9.9	18.4	1.9
武定县	Wuding	6.3	26.1	13.4	12.7	24.3	1.8
禄丰县	Lufeng	10.7	41.2	21.2	20.0	34.0	7.2
红河州	**Honghe**	**102.3**	**396.0**	**203.9**	**192.1**	**325.5**	**70.5**
个旧市	Gejiu	12.1	38.5	19.4	19.1	16.6	21.9
开远市	Kaiyuan	7.6	26.0	13.4	12.6	15.2	10.8
蒙自县	Mengzi	8.3	31.8	16.0	15.8	25.7	6.1
屏边县	Pingbian	3.4	14.5	7.5	7.0	12.9	1.6
建水县	Jianshui	13.4	49.3	25.0	24.3	42.5	6.8
石屏县	Shiping	7.8	28.6	14.4	14.2	25.3	3.3
弥勒县	Mile	12.8	48.4	24.7	23.7	42.8	5.6
泸西县	Luxi	9.6	37.0	19.7	17.3	33.5	3.5
元阳县	Yuanyang	7.9	36.0	19.1	16.9	34.1	1.9
红河县	Honghe	6.0	27.1	14.0	13.1	25.5	1.6
金平县	Jinping	6.9	31.2	16.2	15.0	29.0	2.2
绿春县	Luchun	4.2	20.0	10.5	9.5	18.4	1.6
河口县	Hekou	2.2	7.6	3.9	3.7	4.1	3.5

20-5 续表3 continued

单位：万人 (10 000 persons)

地 区	Region	总户数 Total Households	总人口 Total Population	按性别分 By Sex 男 Male	女 Female	按农业、非农业分 By Agricultural and Non-Agricultural 农业人口 Agricultural Population	非农业人口 Non-Agricultural Population
文山州	**Wenshan**	**74.0**	**327.4**	**170.2**	**157.2**	**299.8**	**27.6**
文山县	Wenshan	10.2	41.9	21.5	20.4	33.2	8.7
砚山县	Yanshan	9.8	43.5	22.4	21.1	40.2	3.3
西畴县	Xichou	6.3	24.8	13.1	11.7	22.7	2.1
麻栗坡县	Malipo	6.3	26.8	14.2	12.6	24.7	2.1
马关县	Maguan	8.1	34.9	18.2	16.7	31.9	3.0
丘北县	Qiubei	9.7	43.7	22.8	20.9	40.8	2.9
广南县	Guangnan	15.6	73.5	38.2	35.3	70.4	3.1
富宁县	Funing	8.0	38.3	19.8	18.5	35.9	2.4
思茅地区	**Simao**	**57.3**	**231.3**	**121.5**	**109.8**	**201.9**	**29.4**
思茅县	Simao	5.6	18.9	9.7	9.2	11.0	7.9
普洱县	Puer	4.7	18.4	9.6	8.8	15.0	3.4
墨江县	Mojiang	7.6	35.0	18.6	16.4	32.3	2.7
景东县	Jingdong	8.8	35.1	18.4	16.7	32.5	2.6
景谷县	Jinggu	7.3	28.7	15.1	13.6	25.7	3.0
镇沅县	zhenyuan	5.1	20.2	10.8	9.4	18.2	2.0
江城县	Jiangcheng	2.3	9.2	4.7	4.5	7.4	1.8
孟连县	Menglian	2.9	11.1	5.7	5.4	9.6	1.5
澜沧县	Lancang	10.9	46.6	24.7	21.9	43.0	3.6
西盟县	Ximeng	2.1	8.1	4.2	3.9	7.2	0.9
西双版纳州	**Xishuangbanna**	**22.6**	**85.9**	**43.8**	**42.1**	**59.4**	**26.5**
景洪市	Jinghong	10.4	37.0	18.8	18.2	22.2	14.8
勐海县	Menghai	6.9	29.4	15.0	14.4	24.8	4.6
勐腊县	Mengla	5.3	19.5	10.0	9.5	12.4	7.1
大理州	**Dali**	**86.3**	**331.0**	**168.4**	**162.6**	**292.1**	**38.9**
大理市	Dali	14.7	51.0	25.6	25.4	32.0	19.0
漾濞县	Yangbi	2.5	9.9	5.0	4.9	8.9	1.0
祥云县	Xiangyun	11.8	43.9	22.4	21.5	41.3	2.6
宾川县	Binchuan	8.5	32.5	16.6	15.9	30.4	2.1
弥渡县	Midu	8.2	30.0	15.8	14.2	27.9	2.1
南涧县	Nanjian	5.5	21.3	11.0	10.3	20.0	1.3

20-5 续表4 continued

单位：万人 (10 000 persons)

地 区	Region	总户数 Total Households	总人口 Total Population	按性别分 By Sex 男 Male	女 Female	按农业、非农业分 By Agricultural and No-Agricultural 农业人口 Agricultural Population	非农业人口 No-Agricultural Population
巍山县	Weishan	7.4	29.8	15.1	14.7	27.8	2.0
永平县	Yongping	4.2	17.0	8.8	8.2	15.6	1.4
云龙县	Yunlong	5.0	19.7	10.2	9.5	18.1	1.6
洱源县	Eryuan	7.9	32.5	16.5	16.0	30.5	2.0
剑川县	Jianchuan	4.0	16.7	8.5	8.2	15.1	1.6
鹤庆县	Heqing	6.6	25.9	13.1	12.8	23.9	2.0
德宏州	**Dehong**	**23.9**	**102.7**	**51.7**	**51.0**	**83.2**	**19.5**
瑞丽市	Ruili	3.3	11.1	5.4	5.7	7.0	4.1
潞西市	Luxi	7.3	33.2	16.8	16.4	25.8	7.4
梁河县	Lianghe	3.6	15.8	8.0	7.8	14.2	1.6
盈江县	Yingjiang	5.7	25.9	13.1	12.8	22.7	3.2
陇川县	Longchuan	4.0	16.7	8.4	8.3	13.5	3.2
丽江地区	**Lijiang**	**28.1**	**110.7**	**56.7**	**54.0**	**97.1**	**13.6**
丽江县	Lijiang	8.8	34.9	18.1	16.8	28.0	6.9
永胜县	Yongsheng	9.6	38.0	19.2	18.8	35.3	2.7
华坪县	Huaping	3.9	14.8	7.7	7.1	12.8	2.0
宁蒗县	Ninglang	5.8	23.0	11.7	11.3	21.0	2.0
怒江州	**Nujiang**	**11.5**	**46.5**	**24.1**	**22.4**	**39.6**	**6.9**
泸水县	Lushui	3.9	15.4	8.0	7.4	12.2	3.2
福贡县	Fugong	2.1	8.9	4.6	4.3	8.0	0.9
贡山县	Gongshan	0.9	3.4	1.8	1.6	2.9	0.5
兰坪县	Lanping	4.6	18.8	9.7	9.1	16.5	2.3
迪庆州	**Diqing**	**7.8**	**33.4**	**17.0**	**16.4**	**29.1**	**4.3**
中甸县	Zhongdian	3.2	13.1	6.6	6.5	10.7	2.4
德钦县	Deqing	1.2	5.9	2.9	3.0	5.2	0.7
维西县	Weixi	3.4	14.4	7.5	6.9	13.2	1.2
临沧地区	**Lincang**	**50.9**	**214.9**	**112.0**	**102.9**	**193.9**	**21.0**
临沧县	Lincang	7.1	27.4	14.1	13.3	22.5	4.9
凤庆县	Fengqing	10.2	42.2	21.8	20.4	39.5	2.7
云 县	Yunxian	9.6	40.2	21.4	18.8	37.5	2.7
永德县	Yongde	7.3	32.2	17.0	15.2	29.9	2.3
镇康县	Zhenkang	3.4	15.6	8.2	7.4	14.5	1.1
双江县	Shuangjiang	3.7	16.3	8.4	7.9	14.8	1.5
耿马县	Gengma	5.9	25.1	12.8	12.3	21.3	3.8
沧源县	Cangyuan	3.7	15.9	8.3	7.6	13.9	2.0

注：全省总计系人口抽样调查推断数，分县数系公安人口年报数。

Note: The total figure of the whole province was estimated from population sample survey, while the figures by counties were the ones annually reported by public security units.

20-6 各县市民族人口（2001年）

单位：人

地 区	Region	总 计 Total	汉 族 Han	彝 族 Yi	白 族 Bai	哈尼族 Hani	壮 族 Zhuang
全省合计	**Total**	**42 874 000**	**27 342 699**	**4 517 715**	**1 485 580**	**1 359 943**	**1 134 382**
昆明市	**Kunming**	**4 875 176**	**4 183 367**	**368 697**	**63 318**	**8 683**	**11 092**
五华区	Wuhua	475 109	417 216	12 118	13 041	1 502	2 242
盘龙区	Panlong	450 112	414 143	5 970	8 154	606	1 202
官渡区	Guandu	588 841	529 808	32 029	6 803	1 745	1 968
西山区	Xishan	338 703	275 100	25 336	21 529	773	866
东川区	Dongchuan	299 197	278 276	8 711	941	49	196
呈贡县	Chenggong	154 518	149 038	1 261	556	141	170
晋宁县	Jinning	268 191	241 673	20 618	675	1 331	208
富民县	Fuming	136 544	118 139	9 861	1 083	58	27
宜良县	Yiliang	399 500	368 211	23 475	383	208	276
石林县	Shilin	224 809	148 265	74 933	119	117	462
嵩明县	Songming	334 988	312 963	2 289	239	81	122
禄劝县	Luquan	450 993	314 126	100 105	148	1 310	2 683
寻甸县	Xundian	496 135	388 061	43 002	83	11	39
安宁市	Anning	257 536	228 348	8 989	9 564	751	631
曲靖市	**Qujing**	**5 509 639**	**5 118 768**	**219 529**	**3 910**	**801**	**28 621**
麒麟区	Qulin	618 567	595 897	12 866	1 618	277	630
马龙县	Malong	187 510	173 453	7 076	102	25	43
陆良县	Luliang	588 765	580 007	4 746	66	24	62
师宗县	Shizong	347 513	287 863	22 279	77	18	22 718
罗平县	Luoping	527 493	458 473	34 024	279	41	357
富源县	Fuyuan	658 515	597 461	47 289	680	56	78
会泽县	Huize	887 977	843 841	17 824	270	41	3 149
沾益县	Zhanyi	386 307	364 810	7 809	262	133	158
宣威市	Xuanwei	1 306 992	1 216 963	65 616	556	186	1 426
玉溪市	**Yuxi**	**2 034 065**	**1 387 956**	**400 130**	**10 278**	**106 368**	**1 049**
红塔区	Hongta	382 455	331 814	35 383	2 855	1 845	284
江川县	Jiangchuan	258 741	243 994	14 002	60	388	25
澄江县	Chengjiang	149 280	141 331	2 479	43	139	18
通海县	Tonghai	264 347	227 496	14 749	142	1 585	40
华宁县	Huaning	198 820	146 680	40 693	74	188	40
易门县	Yimen	173 001	122 266	44 621	447	3 074	126
峨山县	Ershan	148 144	52 759	80 050	125	9 379	267
新平县	Xinping	265 336	81 454	125 271	383	11 059	99
元江县	Yuanjiang	193 941	40 162	42 882	6 149	78 711	150

Minority Population of Each County and City (2001)

(person)

傣 族 Dai	苗 族 Miao	傈僳族 Lisu	回 族 Hui	拉祜族 Lahu	佤 族 Wa	纳西族 Naxi	景颇族 Jingpo
1 139 894	**984 425**	**605 871**	**628 895**	**429 968**	**372 365**	**280 361**	**130 617**
11 089	**44 484**	**16 360**	**139 755**	**1 258**	**1 016**	**7 259**	**797**
2 100	1 213	747	16 498	412	257	2 602	237
723	585	172	13 560	109	58	1 534	43
1 614	1 667	751	7 474	351	258	1 168	163
1 001	2 835	333	8 356	112	107	722	180
89	3 677	70	5 153	38	132	296	4
74	94	38	2 825	29	15	110	2
262	126	60	2 159	56	29	161	78
25	6 706	36	542	6	3	10	1
80	1 759	37	4 622	28	27	38	1
64	506	1	198	18	19	17	
50	2 977	28	15 492	26	20	54	1
4 477	12 831	13 802	967	10	12	17	6
20	6 267	9	58 550		6	33	
510	3 241	276	3 359	63	73	497	81
766	**26 566**	**272**	**69 463**	**205**	**174**	**503**	**37**
336	480	146	4 737	43	47	240	6
25	3 677	4	3 053	14		4	1
29	25	8	3 637	8	5	10	2
50	9 956	2	2 553	18	2	5	4
49	4 181	11	3 177	5	1	14	
16	312	15	3 589	27	8	22	
23	1 015	12	21 632	5	4	84	
105	3 117	33	9 441	19	22	61	19
133	3 803	41	17 644	66	85	63	5
69 987	**5 963**	**202**	**37 958**	**5 522**	**142**	**375**	**35**
834	165	66	8 180	149	36	177	11
61	18	7	45	16	9	20	
49	317	3	4 826	7	3	8	2
3 830	48	11	10 212	23	10	9	
50	3 826	21	7 057	13	4	39	
117	659	23	1 265	31	27	71	
181	118	13	4 935	25	8	8	7
41 020	125	35	1 283	4 324	17	27	13
23 845	687	23	155	934	28	16	2

20-6 续表1

单位：人

地　区	Region	瑶　族 Yao	藏　族 Tibetan	布朗族 Bulang	阿昌族 Achang	怒　族 Nu	普米族 Pumi
全省合计	**Total**	**189 235**	**123 846**	**91 363**	**32 390**	**26 780**	**33 094**
昆 明 市	**Kunming**	**770**	**1 353**	**338**	**191**	**183**	**365**
五华区	Wuhua	215	471	107	57	46	132
盘龙区	Panlong	70	167	27	21	14	40
官渡区	Guandu	268	375	117	74	89	113
西山区	Xishan	57	178	31	28	15	20
东川区	Dongchuan	20	35	5		3	8
呈贡县	Chenggong	4	11	7	2		9
晋宁县	Jinning	29	26	16	2	4	2
富民县	Fuming						3
宜良县	Yiliang	18	8	3	1	2	
石林县	Shilin	31	5				
嵩明县	Songming	19	8	1		2	8
禄劝县	Luquan	1	19	5			1
寻甸县	Xundian	13					2
安宁市	Anning	25	50	19	6	8	27
曲 靖 市	**Qujing**	**2 020**	**101**	**44**	**26**	**10**	**45**
麒麟区	Qulin	30	59	13	3	9	12
马龙县	Malong	3			3		
陆良县	Luliang	1	9	9	11		6
师宗县	Shizong	1 899	2		1		3
罗平县	Luoping	29		8	3		2
富源县	Fuyuan	3	5	1	1		
会泽县	Huize		10				9
沾益县	Zhanyi	45	11	4	4		3
宣威市	Xuanwei	10	5	9		1	10
玉 溪 市	**Yuxi**	**140**	**84**	**45**	**35**	**7**	**22**
红塔区	Hongta	27	40	13	5	6	8
江川县	Jiangchuan	2	4	2			2
澄江县	Chengjiang	1	3	1	5		1
通海县	Tonghai	4	1	2			
华宁县	Huaning		7				2
易门县	Yimen	21	14	18	21	1	5
峨山县	Ershan		10	2	2		
新平县	Xinping	55	4	3	2		2
元江县	Yuanjiang	30	1	4			2

continued

(person)

德昂族 Deang	独龙族 Dulong	蒙古族 Mongolian	基诺族 Jinuo	水 族 Shui	满 族 Man	布依族 Buyi	其 他 Others
17 611	**5 950**	**15 489**	**19 451**	**9 707**	**8 589**	**42 712**	**37 815**
12	**65**	**1 786**	**131**	**238**	**3 557**	**2 789**	**6 223**
	17	564	42	76	1 258	495	1 444
1	6	418	13	32	1 066	342	1 036
2	24	187	54	41	427	330	941
6	8	150	6	26	224	150	554
	2	35		19	77	1 100	261
		20	2	3	25	24	58
	1	73	6	8	181	37	370
		2			1	3	38
1	2	17	3	13	45	75	167
		7	1	12	5	11	18
2	1	48		1	51	28	477
		170			8	5	290
		1				7	31
	4	94	4	7	189	182	538
2	**15**	**412**	**4**	**8 708**	**441**	**27 552**	**644**
2	5	230	2	80	281	216	302
				4	5	13	5
	2	23		2	3	21	49
		3		2	3	7	48
		8		42	4	26 774	11
	5	104		8 377	12	403	51
	1	6			21	20	10
		16	1	14	65	64	91
	2	22	1	187	47	34	77
1	**10**	**6 762**	**11**	**7**	**168**	**130**	**678**
	1	232	10	3	76	54	181
		18			6	15	47
		9			23	2	10
	5	6 139		1	2	19	19
		48			13	8	57
	1	50			23	7	113
		217			2	5	31
1	3	17	1	3	22	9	104
		32			1	11	116

20-6 续表2

单位：人

地　区	Region	总　计 Total	汉　族 Han	彝 族 Yi	白 族 Bai	哈尼族 Hani	壮 族 Zhuang
保 山 市	**Baoshan**	**2 359 327**	**2 137 182**	**74 273**	**37 423**	**176**	**176**
隆阳区	Longyang	835 344	725 348	37 409	33 736	97	109
施甸县	Shidian	324 521	301 255	11 955	640	15	4
腾冲县	Tengchong	598 147	557 978	291	2 133	27	18
龙陵县	Longling	265 827	252 503	4 431	255	8	3
昌宁县	Changning	335 488	300 098	20 187	659	29	42
昭 通 市	**Zhaotong**	**4 961 921**	**4 450 590**	**167 921**	**6 056**	**110**	**3 716**
昭阳区	Zhaoyang	741 446	622 666	19 107	289	55	73
鲁甸县	Ludian	366 033	289 454	9 341	59	1	861
巧家县	Qiaojia	507 094	482 582	15 374	55	12	2 457
盐津县	Yanjin	356 909	342 789	54	58	3	2
大关县	Daguan	245 687	225 929	4 717	52	6	14
永善县	Yongshan	397 932	369 794	16 920	36	8	14
绥江县	Suijiang	154 449	153 934	100	16		15
镇雄县	Zhenxiong	1 229 185	1 115 305	77 391	5 372	5	210
彝良县	Yiliang	511 150	441 106	22 493	40	2	3
威信县	Weixin	360 289	318 973	2 329	35	6	9
水富县	Shuifu	91 747	88 058	95	44	12	58
楚 雄 州	**Chuxiong**	**2 523 623**	**1 729 799**	**641 688**	**14 495**	**4 867**	**513**
楚雄市	Chuxiong	480 380	374 430	90 890	3 392	285	311
双柏县	Shuangbo	154 110	81 638	67 500	734	3 565	7
牟定县	Mouding	198 173	157 860	39 704	69	15	4
南华县	Nanhua	229 964	142 320	77 021	8 184	38	15
姚安县	Yaoan	201 555	151 822	48 387	168	21	11
大姚县	Dayao	280 774	191 087	83 025	194	16	15
永仁县	Yongren	102 778	45 615	48 235	77	5	18
元谋县	Yuanmou	202 966	135 955	46 720	135	13	15
武定县	Wuding	261 054	127 798	75 915	75	705	18
禄丰县	Lufeng	411 869	321 274	64 291	1 467	204	99
红 河 州	**Honghe**	**3 960 368**	**1 753 986**	**930 755**	**4 170**	**671 066**	**95 225**
个旧市	Gejiu	384 853	251 221	83 169	1 192	2 284	14 374
开远市	Kaiyuan	260 359	122 623	91 960	1 003	541	13 293
蒙自县	Mengzi	317 607	132 501	97 641	737	929	37 616
屏边县	Pingbian	145 425	55 686	26 608	36	84	3 542
建水县	Jianshui	492 641	320 157	138 257	538	9 582	501
石屏县	Shiping	285 912	130 576	144 081	103	1 712	150
弥勒县	Mile	483 958	284 253	147 966	239	238	5 496

continued

(person)

傣族 Dai	苗族 Miao	傈僳族 Lisu	回族 Hui	拉祜族 Lahu	佤族 Wa	纳西族 Naxi	景颇族 Jingpo
40 743	**8 265**	**27 329**	**12 711**	**76**	**4 081**	**845**	**1 808**
19 573	3 300	8 397	3 416	44	346	657	197
716	21	162	1 076	7	1 197	24	119
12 703	49	12 468	7 167	14	2 357	105	1 199
1 614	26	5 888	34	3	3	11	144
6 137	4 869	414	1 018	8	178	48	149
136	**167 725**	**23**	**162 640**	**6**	**13**	**102**	
41	6 736	17	92 097		1	82	
1	2 254		63 928				
14	4 908	3	190		3		
6	13 858	1	131			3	
14	10 249		4 670		9	4	
26	9 904		1 209			1	
11	344	1	1	4			
15	30 704	1	171			1	
5	46 534		148	1		3	
1	38 906		10				
2	3 328		85			8	
19 581	**39 171**	**50 883**	**20 129**	**144**	**124**	**592**	**33**
586	1 283	477	7 256	62	36	329	24
65	304	28	181	10		9	
41	352	34	46	25	2	12	2
56	44	88	2 129	5	2	35	1
30	20	26	1 013	8	2	16	4
3 378	355	2 339	293	12	6	23	1
8 065	38	64	626		3	9	
355	1 326	16 846	1 451		2	38	
6 744	20 380	28 454	898	4		24	
261	15 069	2 527	6 236	18	71	97	1
99 527	**245 347**	**165**	**65 871**	**9 657**	**117**	**660**	**21**
5 607	9 910	39	15 944	22	7	161	
564	15 147	33	13 596	32	24	270	1
454	44 371	31	2 570	36	11	80	5
76	58 818	9	88			6	
5 782	4 460	23	12 906	36	15	48	8
8 000	67	1	1 016	54	5	16	3
28 358	10 396	14	6 623	4	8	50	

20-6 续表3

单位：人

地 区	Region	瑶 族 Yao	藏 族 Tibetan	布朗族 Bulang	阿昌族 Achang	怒 族 Nu	普米族 Pumi
保 山 市	**Baoshan**	**31**	**95**	**8 746**	**2 535**	**93**	**12**
隆阳区	Longyang	14	31	114	151	60	11
施甸县	Shidian	3	35	7 111	14	1	
腾冲县	Tengchong	1	23	8	1 522	26	1
龙陵县	Longling				825		
昌宁县	Changning	13	6	1 513	23	6	
昭 通 市	**Zhaotong**	**11**	**24**	**1**	**2**	**3**	**9**
昭阳区	Zhaoyang	2	12		2		
鲁甸县	Ludian		2				2
巧家县	Qiaojia		6				
盐津县	Yanjin		1				
大关县	Daguan						
永善县	Yongshan					1	7
绥江县	Suijiang			1			
镇雄县	Zhenxiong		1				
彝良县	Yiliang						
威信县	Weixin						
水富县	Shuifu	9	2			2	
楚 雄 州	**Chuxiong**	**348**	**97**	**28**	**15**	**12**	**37**
楚雄市	Chuxiong	322	68	10	11	7	24
双柏县	Shuangbo	2					1
牟定县	Mouding		2	2			
南华县	Nanhua		3			2	
姚安县	Yaoan		4	2	2		
大姚县	Dayao	2	2				
永仁县	Yongren						2
元谋县	Yuanmou	6	6	2			
武定县	Wuding	1				2	
禄丰县	Lufeng	15	12	12	2	1	10
红 河 州	**Honghe**	**77 565**	**74**	**32**	**25**	**18**	**59**
个旧市	Gejiu	72	20	8	6	5	4
开远市	Kaiyuan	40	14	4	6		9
蒙自县	Mengzi	114	12	2	1	1	7
屏边县	Pingbian	284	1				
建水县	Jianshui	159	8	4	3	12	3
石屏县	Shiping	7		10			
弥勒县	Mile	17	3		1		6

continued

(person)

德昂族 Deang	独龙族 Dulong	蒙古族 Mongolian	基诺族 Jinuo	水 族 Shui	满 族 Man	布依族 Buyi	其 他 Others
962	**7**	**23**	**1**	**7**	**1 319**	**192**	**216**
925	3	12		6	1 188	104	96
13		1			82	48	22
9	2	4			4	17	21
15	2	5		1	34	3	19
		1	1		11	20	58
	16	**43**	**1**	**515**	**151**	**1 629**	**479**
	1	27		6	107	28	97
		3			7	4	116
		5	1			1 473	11
		1					2
	15	1				7	
					3		9
					12	3	7
		2		1	2	4	
		3		505	2	80	225
		1			1	6	12
				3	17	24	
4	**11**	**157**	**10**	**15**	**281**	**105**	**484**
3	1	53	4	8	167	39	302
	5	4			7	13	37
							3
	1	3			3	2	12
					3	8	8
	4		3			6	13
		12		3	2	3	1
1		51			29	11	4
		1			21	2	12
		33	3	4	49	21	92
2	**140**	**904**	**12**	**31**	**307**	**2 514**	**2 118**
	34	225	1	6	143	99	300
1	14	298		7	80	125	674
	30	150	1	3	29	91	184
		12				147	28
1	6	28		5	15	40	44
		43	10		6	13	39
	4	74		2	14	74	118

20-6 续表4

单位：人

地　区	Region	总　计 Total	汉　族 Han	彝　族 Yi	白　族 Bai	哈尼族 Hani	壮　族 Zhuang
泸西县	Luxi	370 404	322 178	27 517	84	140	2 381
元阳县	Yuanyang	360 021	40 988	83 232	45	194 057	3 388
红河县	Honghe	270 910	16 209	39 844	32	204 615	63
金平县	Jinping	311 687	45 124	37 360	69	82 261	5 665
绿春县	Luchun	200 335	4 192	10 148	30	174 537	26
河口县	Hekou	76 256	28 278	2 972	62	86	8 730
文 山 州	**Wenshan**	**3 275 545**	**1 416 955**	**319 626**	**7 286**	**282**	**984 564**
文山县	Wenshan	419 472	191 129	71 398	501	112	89 701
砚山县	Yanshan	434 811	154 123	83 975	408	26	133 780
西畴县	Xichou	248 193	200 253	8 597	43	32	24 615
麻栗坡县	Malipo	268 244	160 994	5 365	42	8	32 467
马关县	Maguan	348 868	179 643	27 045	93	69	52 318
丘北县	Qiubei	437 703	165 999	72 471	6 075	12	120 880
广南县	Guangnan	735 342	275 222	38 629	92	11	315 642
富宁县	Funing	382 912	89 590	12 146	32	12	215 161
思茅地区	**Simao**	**2 313 616**	**896 826**	**390 885**	**10 889**	**403 072**	**1 084**
思茅县	Simao	189 252	126 774	26 572	2 145	10 496	326
普洱县	Puer	184 239	92 816	34 393	4 639	42 393	105
墨江县	Mojiang	349 955	92 345	34 298	198	209 417	94
景东县	Jingdong	351 200	188 906	138 165	553	11 572	156
景谷县	Jinggu	286 516	155 467	56 878	680	2 594	59
镇沅县	zhenyuan	202 432	97 119	53 950	1 447	24 036	175
江城县	Jiangcheng	91 953	17 167	13 246	515	47 829	40
孟连县	Menglian	110 975	15 061	1 906	164	7 567	30
澜沧县	Lancang	466 090	106 694	30 820	455	46 547	86
西盟县	Ximeng	81 004	4 477	657	93	621	13
西双版纳州	**Xishuangbanna**	**859 533**	**217 462**	**39 463**	**2 849**	**163 267**	**1 795**
景洪市	Jinghong	370 111	122 270	16 111	1 787	59 123	411
勐海县	Menghai	294 400	40 028	4 681	470	60 260	205
勐腊县	Mengla	195 022	55 164	18 671	592	43 884	1 179
大 理 州	**Dali**	**3 309 925**	**1 677 861**	**410 645**	**1 100 238**	**491**	**1 601**
大理市	Dali	510 110	149 361	14 131	327 562	196	340
漾濞县	Yangbi	98 562	35 934	44 155	11 328	10	52
祥云县	Xiangyun	438 893	363 178	31 154	42 003	77	30
宾川县	Binchuan	324 900	253 588	18 332	44 620	15	44
弥渡县	Midu	307 674	278 838	25 042	1 384	75	42
南涧县	Nanjian	212 768	107 613	98 423	1 964	31	16

continued

(person)

傣 族 Dai	苗 族 Miao	傈僳族 Lisu	回 族 Hui	拉祜族 Lahu	佤 族 Wa	纳西族 Naxi	景颇族 Jingpo
3 359	1 817	4	12 814	21	36	3	
18 917	10 937		53	7	1	6	
7 996	14		32	4	2		
16 745	78 865		98	6 860	8	1	4
1 742	15		15	2 577			
1 927	10 530	11	116	4		19	
15 128	**413 174**	**62**	**22 926**	**43**	**20**	**116**	5
5 382	55 000	24	5 140	23	13	68	3
231	50 255	2	10 319			5	
40	12 791	4	31			1	
2 757	44 812	11	12		4	13	1
6 602	73 883	19	119	12		8	1
44	63 253	1	5 815	6	2	7	
62	87 585		1 426		1	10	
10	25 595	1	64	2		4	
134 817	**6 751**	**5 400**	**11 400**	**284 270**	**143 225**	**251**	219
6 669	5 530	3 553	1 371	2 434	2 101	90	17
5 261	55	869	1 153	1 251	395	40	8
5 094	14	142	405	4 148	24	4	
2 509	502	225	1 575	1 468	135	22	4
55 421	62	35	1 923	11 457	52	11	
8 310	199	78	1 915	14 634	21	16	2
7 062	278	14	229	1 510	59	24	1
23 969	39	429	200	34 240	27 087	7	128
17 712	42	24	2 594	198 422	55 871	31	59
2 810	30	31	35	14 706	57 480	6	
299 428	**2 019**	**294**	**3 463**	**49 113**	**2 137**	**132**	201
129 706	430	168	1 306	9 523	571	95	49
115 187	190	54	1 805	38 289	1 219	24	147
54 535	1 399	72	352	1 301	347	13	5
2 550	**9 613**	**30 116**	**66 217**	**408**	**341**	**4 173**	84
356	324	656	14 262	37	50	1 473	25
229	856	2 454	3 230	1	1	170	3
83	599	1 045	507	29	17	77	10
208	439	5 999	960	216	8	77	4
80	31	175	1 657	71	101	79	7
45	1 340	231	2 487	15	40	49	

20-6 续表5

单位：人

地　区	Region	瑶族 Yao	藏族 Tibetan	布朗族 Bulang	阿昌族 Achang	怒族 Nu	普米族 Pumi
泸西县	Luxi	4	1				1
元阳县	Yuanyang	8 367	12				
红河县	Honghe	2 055			7		
金平县	Jinping	38 123	2	3			2
绿春县	Luchun	7 035					
河口县	Hekou	21 288	1	1	1		27
文山州	**Wenshan**	**82 053**	**22**	**11**	**1**		**64**
文山县	Wenshan	323	13	4	1		4
砚山县	Yanshan	1 236					
西畴县	Xichou	801		1			
麻栗坡县	Malipo	18 920	2				60
马关县	Maguan	1 760		6			
丘北县	Qiubei	3 005					
广南县	Guangnan	15 873					
富宁县	Funing	40 135	7				
思茅地区	**Simao**	**9 229**	**92**	**12 165**	**30**	**94**	**418**
思茅县	Simao	137	18	335	2	91	6
普洱县	Puer	122	36	72			98
墨江县	Mojiang	411	2	3 037	1		295
景东县	Jingdong	4 469	20	614	1		9
景谷县	Jinggu	208	8	1 381			1
镇沅县	zhenyuan	24	7	31	26		4
江城县	Jiangcheng	3 750		146			1
孟连县	Menglian	38	1	34			
澜沧县	Lancang	58		6 510		3	4
西盟县	Ximeng	12		5			
西双版纳州	**Xishuangbanna**	**16 681**	**35**	**37 213**	**34**	**2**	**18**
景洪市	Jinghong	1 967	15	7 014	21	1	1
勐海县	Menghai	38	2	30 090		1	5
勐腊县	Mengla	14 676	18	109	13		12
大理州	**Dali**	**270**	**899**	**571**	**2 328**	**55**	**161**
大理市	Dali	118	427	36	23	25	39
漾濞县	Yangbi	21	58		2		6
祥云县	Xiangyun	1	16	9	1	2	3
宾川县	Binchuan	101	16	8		3	1
弥渡县	Midu	7	6	6		1	6
南涧县	Nanjian	5	4	501			

continued

(person)

德昂族 Deang	独龙族 Dulong	蒙古族 Mongolian	基诺族 Jinuo	水族 Shui	满族 Man	布依族 Buyi	其他 Others
		11			2	10	21
		5				3	3
		26				2	9
		2			4	15	476
				4		1	13
	52	30		4	14	1 894	209
		4 218	**3**	**26**	**70**	**6 336**	2 554
		329	3	3	32	170	96
		71			12	58	310
		815			7	14	146
		1 364		4	1	22	1 385
		946		13	1	5 999	331
		78			3	37	15
		606		5	14	33	131
		9		1		3	140
1	**10**	**700**	**86**	**61**	**814**	**129**	698
	8	112	64	9	71	60	261
1	1	197	5		283	5	41
	1	3	1	2	6	3	10
		5	1	30	194	4	61
		2	12	2	205	15	43
		303	2		34	1	98
		2		8	3	14	55
		9			5	5	56
		64	1	8	10	13	62
		3		2	3	9	11
6	**3**	**188**	**19 169**	**20**	**101**	**295**	4 145
6		116	18 576	11	75	109	649
	3	28	44		13	42	1 575
		44	549	9	13	144	1 921
13	**31**	**123**	**14**	**18**	**169**	**128**	807
6	21	87	8	13	125	47	362
		2		1	19	6	24
4		1	4	1	1	15	26
	2			1		26	232
1	1	16			2	9	37
		2					2

20-6 续表6

单位：人

地　区	Region	总 计 Total	汉 族 Han	彝 族 Yi	白 族 Bai	哈尼族 Hani	壮 族 Zhuang
巍山县	Weishan	298 092	169 573	99 202	6 310	18	60
永平县	Yongping	170 491	103 478	43 494	5 314	44	45
云龙县	Yunlong	196 916	30 306	10 406	141 486		20
洱源县	Eryuan	325 290	89 526	9 898	216 732	12	12
剑川县	Jianchuan	167 333	6 161	3 388	153 430	2	13
鹤庆县	Heqing	258 896	90 305	13 020	148 105	11	927
德 宏 州	**Dehong**	**1 028 116**	**496 095**	**1 915**	**5 188**	**172**	**332**
瑞丽市	Ruili	111 449	47 157	454	879	30	98
潞西市	Luxi	332 310	163 034	823	1 625	109	138
梁河县	Lianghe	157 532	106 063	110	518	6	16
盈江县	Yingjiang	259 496	104 478	179	1 448	10	39
陇川县	Longchuan	167 329	75 363	346	718	17	41
丽江地区	**Lijiang**	**1 107 936**	**474 113**	**203 190**	**45 030**	**50**	**2 471**
丽江县	Lijiang	349 149	59 240	8 212	39 130	22	443
永胜县	Yongsheng	380 394	264 419	44 652	4 855	17	单位：
华坪县	Huaping	148 215	102 232	10 448	298	3	964
宁蒗县	Ninglang	230 178	48 222	139 878	747	8	1 064
怒 江 州	**Nujiang**	**465 669**	**36 097**	**8 309**	**133 525**	**29**	**44**
泸水县	Lushui	154 322	21 260	3 357	37 175	12	33
福贡县	Fugong	89 038	1 288	18	4 731	2	
贡山县	Gongshan	34 079	1 347	15	741	11	3
兰坪县	Lanping	188 230	12 202	4 919	90 878	4	8
迪 庆 州	**Diqing**	**332 825**	**48 291**	**10 999**	**12 279**	**18**	**22**
中甸县	Zhongdian	130 618	23 556	9 162	4 197	12	20
德钦县	Deqing	58 556	871	6	204	2	2
维西县	Weixi	143 651	23 864	1 831	7 878	4	
临沧地区	**Lincang**	**2 149 463**	**1 317 351**	**329 690**	**28 646**	**491**	**1 215**
临沧县	Lincang	273 834	222 342	14 326	2 639	29	185
凤庆县	Fengqing	422 083	294 051	112 019	5 434	5	110
云　县	Yunxian	402 044	205 843	149 030	14 113	174	239
永德县	Yongde	322 454	255 000	27 296	2 615	81	43
镇康县	Zhenkang	155 997	116 619	17 266	1 275	30	14
双江县	Shuangjiang	162 827	90 455	2 469	647	38	199
耿马县	Gengma	251 486	122 307	5 841	1 499	102	385
沧源县	Cangyuan	158 738	10 734	1 443	424	32	40

continued

(person)

傣族 Dai	苗族 Miao	傈僳族 Lisu	回族 Hui	拉祜族 Lahu	佤族 Wa	纳西族 Naxi	景颇族 Jingpo
42	1 501	463	20 785	15	7	45	4
129	2 059	2 175	13 460	10	106	66	23
1 010	1 287	9 631	392	1	1	47	1
291	21	964	7 058	10		448	4
2	6	1 871	1 259		1	1 102	
75	1 150	4 452	160	3	9	540	3
328 110	**415**	**24 563**	**2 130**	**73**	**891**	**451**	**126 381**
47 772	116	477	407	18	15	89	12 120
122 644	136	2 912	700	26	70	213	28 086
34 221	14	1 143	112	3	755	57	1 608
95 800	114	15 766	440	2	29	26	39 927
27 673	35	4 265	471	24	22	66	44 640
10 104	**5 935**	**107 214**	**3 782**	**50**	**62**	**217 681**	**50**
365	2 856	26 531	480	43	6	204 444	46
4 385	810	46 997	2 592	6	49	8 817	
5 130	1 629	25 686	572	1	4	1 053	4
224	640	8 000	138		3	3 367	
266	**59**	**236 853**	**167**	**3**	**13**	**2 266**	**184**
260	36	89 409	98	3	12	1 031	182
	14	65 520	7			397	
	4	18 133	43			585	1
6	5	63 791	19		1	253	1
34	**1 278**	**97 030**	**1 322**	**11**	**2**	**44 363**	**1**
22	1 263	9 579	1 074	10	2	25 051	1
2		8 761	178			991	
10	15	78 690	70	1		18 321	
107 628	**7 660**	**9 105**	**8 961**	**79 130**	**220 007**	**592**	**761**
16 139	259	350	939	14 406	1 240	78	10
1 136	3 772	707	2 221	370	893	84	10
13 724	1 117	1 424	3 916	4 618	596	87	54
5 814	500	1 351	370	1 982	19 652	31	2
3 087	1 667	2 806	402	975	8 577	3	1
9 053	99	9	86	34 244	12 630	26	
51 157	213	2 409	896	18 839	41 892	263	676
7 518	33	49	131	3 696	134 527	20	8

20-6 续表7

单位：人

地　区	Region	瑶 族 Yao	藏 族 Tibetan	布朗族 Bulang	阿昌族 Achang	怒 族 Nu	普米族 Pumi
巍山县	Weishan	2	5	5		1	6
永平县	Yongping	10	4	1	9	7	
云龙县	Yunlong	3			2 287	9	9
洱源县	Eryuan	1	245	1	3	2	34
剑川县	Jianchuan		28	1		3	49
鹤庆县	Heqing	1	90	3	3	2	8
德 宏 州	**Dehong**	**21**	**61**	**33**	**27 023**	**20**	**36**
瑞丽市	Ruili	5	5	8	81	1	4
潞西市	Luxi	3	34	17	1 749	19	23
梁河县	Lianghe		1		12 098		
盈江县	Yingjiang	7	6	6	651		8
陇川县	Longchuan	6	15	2	12 444		1
丽江地区	**Lijiang**	**24**	**3 726**	**11**	**10**	**53**	**15 751**
丽江县	Lijiang	12	2 128	8	9	39	4 953
永胜县	Yongsheng	11	883	1	1	9	931
华坪县	Huaping	1	52	2		4	18
宁蒗县	Ninglang		663			1	9 849
怒 江 州	**Nujiang**	**2**	**1 852**		**6**	**25 969**	**14 361**
泸水县	Lushui	2	78		6	940	228
福贡县	Fugong		10			16 752	33
贡山县	Gongshan		1 711			6 289	24
兰坪县	Lanping		53			1 988	14 076
迪 庆 州	**Diqing**	**2**	**115 237**		**1**	**256**	**1 589**
中甸县	Zhongdian	2	56 421			10	179
德钦县	Deqing		47 538				1
维西县	Weixi		11 278		1	246	1 409
临沧地区	**Lincang**	**68**	**94**	**32 125**	**128**	**5**	**147**
临沧县	Lincang	5	33	474	3	2	9
凤庆县	Fengqing	1	4	981			
云　县	Yunxian	15	28	6 556	100		122
永德县	Yongde		4	7 210	5		
镇康县	Zhenkang	11	8	817	3		
双江县	Shuangjiang	2	8	12 560	1		1
耿马县	Gengma	34	5	3 490	16	3	11
沧源县	Cangyuan		4	37			4

continued

(person)

德昂族 Deang	独龙族 Dulong	蒙古族 Mongolian	基诺族 Jinuo	水 族 Shui	满 族 Man	布依族 Buyi	其 他 Others
	2	7			2	4	33
		2	2		18		35
				2			18
2		3				11	12
	1	1			1		14
	4	2			1	10	12
12 793	**2**	**10**	**7**	**5**	**423**	**462**	**504**
1 476					20	123	94
9 075	2	10	1	5	374	195	287
768			6		7	2	21
380					6	123	51
1 094					16	19	51
2	**15**	**56**		**30**	**63**	**73**	**17 528**
2	4	20		14	27	39	76
	11			11	11	2	62
		19		4	22	25	44
		17		1	3	7	17 346
	5 583	**16**	**1**	**5**	**13**	**9**	**37**
	134	16		5	12	9	24
	265		1				
	5 170						2
	14				1		11
1	**15**	**2**		**8**	**18**	**4**	**42**
1	2	2		8	8	4	32
	13				10		10
3 812	**27**	**89**	**1**	**13**	**694**	**365**	**658**
6	19	1			205	43	92
1		4			215	13	52
5		20	1	11	155	8	88
414	4				15		65
2 302		48			28		58
	4	3			6	217	70
1 084		6		2	59	74	223
		7			11	10	10

20-7 各县市职工人数(2001年)
Number of Staff and Workers of Each County and City (2001)

单位：人 (person)

地　区	Region	职工人数 Number of Staff and Workers			
		合　计 Total	国有单位 State-owned Units	城镇集体单位 Urban Collective -owned Units	其他单位 Other Ownership
全省合计	**Total**	**2 616 083**	**2 073 140**	**200 268**	**342 675**
昆 明 市	**Kunming**	**777 245**	**542 662**	**59 987**	**174 596**
五华区	Wuhua	17 013	7 530	3 936	5 547
盘龙区	Panlong	18 084	8 862	8 033	1 189
官渡区	Guandu	28 279	12 619	2 075	13 585
西山区	Xishan	10 241	9 082	1 159	
东川区	Dongchuan	14 992	10 695	711	3 586
呈贡县	Chenggong	11 115	6 921	653	3 541
晋宁县	Jinning	22 602	19 915	1 011	1 676
富民县	Fuming	7 618	6 789	829	
宜良县	Yiliang	17 835	15 948	1 393	494
石林县	Shilin	12 944	10 517	854	1 573
嵩明县	Songming	12 405	11 262	949	194
禄劝县	Luquan	13 124	12 169	955	
寻甸县	Xundian	15 339	14 372	745	222
安宁市	Anning	56 469	50 158	4 554	1 757
曲 靖 市	**Qujing**	**257 053**	**230 489**	**19 075**	**7 489**
麒麟区	Qulin	71 299	64 107	5 820	1 372
马龙县	Malong	8 510	7 061	409	1 040
陆良县	Luliang	25 846	20 891	1 692	3 263
师宗县	Shizong	12 523	11 809	714	
罗平县	Luoping	15 615	14 016	1 154	445
富源县	Fuyuan	21 701	19 414	1 718	569
会泽县	Huize	30 057	27 377	2 489	191
沾益县	Zhanyi	21 073	19 328	1 136	609
宣威市	Xuanwei	50 429	46 486	3 943	
玉 溪 市	**Yuxi**	**147 701**	**115 446**	**14 315**	**17 940**
红塔区	Hongta	51 664	38 488	7 598	5 578
江川县	Jiangchuan	8 730	7 270	278	1 182
澄江县	Chengjiang	8 153	5 843	774	1 536
通海县	Tonghai	13 865	8 138	1 985	3 742
华宁县	Huaning	8 031	7 298	463	270
易门县	Yimen	14 935	13 252	884	799
峨山县	Ershan	11 844	10 777	1 067	
新平县	Xinping	14 445	10 777	759	2 909
元江县	Yuanjiang	16 034	13 603	507	1 924

20-7 续表1 continued

单位：人 (person)

地 区	Region	职工人数 Number of Staff and Workers			
		合 计 Total	国 有 单 位 State-owned Units	城镇集体 单 位 Urban Collective -owned Units	其 他 单 位 Other Ownership
保 山 市	**Baoshan**	**98 918**	**73 699**	**7 461**	**17 758**
隆阳区	Longyang	42 898	29 591	2 191	11 116
施甸县	Shidian	10 035	8 495	1 049	491
腾冲县	Tengchong	23 501	17 075	3 175	3 251
龙陵县	Longling	10 410	9 414	413	583
昌宁县	Changning	12 074	9 124	633	2 317
昭 通 市	**Zhaotong**	**154 766**	**136 070**	**16 543**	**2 153**
昭阳区	Zhaoyang	22 852	18 038	4 814	
鲁甸县	Ludian	10 144	9 308	836	
巧家县	Qiaojia	12 772	10 666	2 106	
盐津县	Yanjin	9 530	8 540	914	76
大关县	Daguan	6 817	6 106	540	171
永善县	Yongshan	10 731	8 968	955	808
绥江县	Suijiang	6 700	5 069	1 137	494
镇雄县	Zhenxiong	22 556	20 940	1 616	
彝良县	Yiliang	11 730	11 205	525	
威信县	Weixin	11 132	10 214	918	
水富县	Shuifu	7 284	6 190	1 094	
市 属	Directly Under Municipality	22 518	20 826	1 088	604
楚 雄 州	**Chuxiong**	**130 021**	**107 860**	**10 395**	**11 766**
楚雄市	Chuxiong	44 428	36 194	3 325	4 909
双柏县	Shuangbo	6 400	5 212	361	827
牟定县	Mouding	6 870	6 282	588	
南华县	Nanhua	9 036	8 069	918	49
姚安县	Yaoan	7 691	5 920	921	850
大姚县	Dayao	13 359	11 217	680	1 462
永仁县	Yongren	4 591	3 940	453	198
元谋县	Yuanmou	6 867	6 024	790	53
武定县	Wuding	8 674	7 235	974	465
禄丰县	Lufeng	22 105	17 767	1 385	2 953
红 河 州	**Honghe**	**256 370**	**205 558**	**24 323**	**26 489**
个旧市	Gejiu	74 761	57 912	13 440	3 409
开远市	Kaiyuan	39 816	30 610	3 378	5 828
蒙自县	Mengzi	18 890	13 263	1 470	4 157
屏边县	Pingbian	5 034	4 268	423	343
建水县	Jianshui	24 969	18 548	1 317	5 104
石屏县	Shiping	11 885	9 922	764	1 199
弥勒县	Mile	23 206	20 672	1 197	1 337

20-7 续表2 continued

单位：人 (person)

地区	Region	职工人数 Number of Staff and Workers			
		合计 Total	国有单位 State-owned Units	城镇集体单位 Urban Collective -owned Units	其他单位 Other Ownership
泸西县	Luxi	15 585	12 972	836	1 777
元阳县	Yuanyang	8 580	7 230	278	1 072
红河县	Honghe	6 764	5 923	349	492
金平县	Jinping	8 957	7 538	338	1 081
绿春县	Luchun	5 691	4 835	259	597
河口县	Hekou	12 232	11 865	274	93
文山州	**Wenshan**	**112 600**	**97 893**	**6 192**	**8 515**
文山县	Wenshan	30 356	24 718	853	4 785
砚山县	Yanshan	14 525	13 628	815	82
西畴县	Xichou	8 675	7 278	710	687
麻栗坡县	Malipo	10 257	8 726	868	663
马关县	Maguan	11 524	10 273	701	550
丘北县	Qiubei	11 659	11 038	479	142
广南县	Guangnan	15 852	13 753	891	1 208
富宁县	Funing	9 752	8 479	875	398
思茅地区	**Simao**	**134 950**	**98 761**	**10 401**	**25 788**
思茅市	Simao	41 655	22 167	1 427	18 061
普洱县	Puer	13 280	10 212	470	2 598
墨江县	Mojiang	11 394	9 471	1 173	750
景东县	Jingdong	12 901	11 538	924	439
景谷县	Jinggu	14 426	10 809	757	2 860
镇沅县	zhenyuan	8 865	7 920	945	
江城县	Jiangcheng	6 679	5 312	1 069	298
孟连县	Menglian	5 821	4 880	304	637
澜沧县	Lancang	14 403	12 963	1 364	76
西盟县	Ximeng	5 526	3 489	1 968	69
西双版纳州	**Xishuangbanna**	**106 333**	**89 148**	**7 472**	**9 713**
景洪市	Jinghong	61 260	49 562	4 758	6 940
勐海县	Menghai	16 510	13 556	1 990	964
勐腊县	Mengla	28 563	26 030	724	1 809
大理州	**Dali**	**158 047**	**135 335**	**9 966**	**12 746**
大理市	Dali	69 978	59 404	5 710	4 864
漾濞县	Yangbi	4 911	4 597	111	203
祥云县	Xiangyun	12 753	10 238	1 153	1 362
宾川县	Binchuan	10 272	9 125	303	844
弥渡县	Midu	8 036	6 950	176	910
南涧县	Nanjian	6 757	6 047	345	365

20-7 续表3 continued

单位：人 (person)

地 区	Region	职工人数 Number of Staff and Workers 合计 Total	国有单位 State-owned Units	城镇集体单位 Urban Collective -owned Units	其他单位 Other Ownership
巍山县	Weishan	8 046	6 934	591	521
永平县	Yongping	6 307	5 404	58	845
云龙县	Yunlong	6 160	5 337	154	669
洱源县	Eryuan	8 670	7 949	129	592
剑川县	Jianchuan	7 129	5 128	650	1 351
鹤庆县	Heqing	9 028	8 222	586	220
德宏州	**Dehong**	**82 010**	**70 316**	**4 458**	**7 236**
瑞丽市	Ruili	16 196	14 231	1 303	662
潞西市	Luxi	30 063	25 712	1 283	3 068
梁河县	Lianghe	7 769	7 405	352	12
盈江县	Yingjiang	15 061	11 270	1 025	2 766
陇川县	Longchuan	12 921	11 698	495	728
丽江地区	**Lijiang**	**56 841**	**47 344**	**3 812**	**5 685**
丽江县	Lijiang	16 300	13 867	1 861	572
永胜县	Yongsheng	11 377	9 611	725	1 041
华坪县	Huaping	9 125	7 249	572	1 304
宁蒗县	Ninglang	10 499	9 643	553	303
地 直	Directly Under Prefecture	9 540	6 974	101	2 465
怒江州	**Nujiang**	**28 862**	**25 221**	**479**	**3 162**
泸水县	Lushui	6 229	5 950	178	101
福贡县	Fugong	3 758	3 560	198	
贡山县	Gongshan	2 220	2 171	49	
兰坪县	Lanping	9 691	7 651	50	1 990
州 直	Directly Under Prefecture	6 964	5 889	4	1 071
迪庆州	**Diqing**	**20 091**	**19 192**	**731**	**168**
中甸县	Zhongdian	7 987	7 583	283	121
德钦县	Deqing	3 172	3 068	104	
维西县	Weixi	5 747	5 423	324	
州 直	Directly Under Prefecture	3 185	3 118	20	47
临沧地区	**Lincang**	**89 917**	**73 788**	**4 658**	**11 471**
临沧县	Lincang	10 716	7 412	829	2 475
凤庆县	Fengqing	12 081	9 878	628	1 575
云 县	Yunxian	12 874	11 110	1 300	464
永德县	Yongde	9 586	7 928	394	1 264
镇康县	Zhenkang	5 795	4 699	160	936
双江县	Shuangjiang	7 451	7 033	385	33
耿马县	Gengma	12 600	9 963	383	2 254
沧源县	Cangyuan	9 511	7 653	509	1 349
地 直	Directly Under Prefecture	9 303	8 112	70	1 121

20-8 各县市职工工资总额（2001年）

Total Wages of Staff and Workers of Each Country and City (2001)

单位：千元　　(1 000 yuan)

地区	Region	职工工资总额 Total Wages of Staff and Workers			
		合计 TotaL	国有单位 State-owned Units	城镇集体单位 Urban Collective -owned Units	其他单位 Other Ownership
全省合计	**Total**	**27 598 169**	**22 533 447**	**1 437 174**	**3 627 548**
昆明市	**Kunming**	**9 138 418**	**6 387 043**	**495 883**	**2 255 492**
五华区	Wuhua	163 738	83 542	29 345	50 851
盘龙区	Panlong	165 613	95 006	59 986	10 621
官渡区	Guandu	256 808	121 745	19 104	115 959
西山区	Xishan	97 839	91 070	6 769	
东川区	Dongchuan	141 304	96 974	4 561	39 769
呈贡县	Chenggong	136 824	66 057	3 420	67 347
晋宁县	Jinning	209 763	187 270	6 545	15 948
富民县	Fuming	72 489	65 687	6 440	362
宜良县	Yiliang	172 532	160 839	8 450	3 243
石林县	Shilin	123 624	101 322	6 479	15 823
嵩明县	Songming	114 882	105 919	7 680	1 283
禄劝县	Luquan	120 833	115 716	5 117	
寻甸县	Xundian	127 333	117 695	4 819	4 819
安宁市	Anning	752 480	689 915	43 701	18 864
曲靖市	**Qujing**	**2 814 402**	**2 598 148**	**150 328**	**65 926**
麒麟区	Qulin	875 324	813 896	46 256	15 172
马龙县	Malong	82 628	73 293	1 535	7 800
陆良县	Luliang	231 924	192 376	15 323	24 225
师宗县	Shizong	123 140	117 429	5 711	
罗平县	Luoping	169 132	156 751	9 128	3 253
富源县	Fuyuan	202 799	185 190	13 592	4 017
会泽县	Huize	445 752	419 917	24 975	860
沾益县	Zhanyi	223 267	204 237	8 431	10 599
宣威市	Xuanwei	460 436	435 059	25 377	
玉溪市	**Yuxi**	**1 819 435**	**1 532 969**	**86 398**	**200 068**
红塔区	Hongta	742 303	640 394	32 462	69 447
江川县	Jiangchuan	104 008	89 876	3 435	10 697
澄江县	Chengjiang	102 050	78 649	6 662	16 739
通海县	Tonghai	152 934	95 909	15 664	41 361
华宁县	Huaning	95 525	88 076	4 416	3 033
易门县	Yimen	172 249	159 293	6 970	5 986
峨山县	Ershan	131 441	125 461	5 980	
新平县	Xinping	163 367	122 551	7 064	33 752
元江县	Yuanjiang	155 558	132 760	3 745	19 053

20-8 续表1 continued

单位：千元 (1 000 yuan)

地 区	Region	职工工资总额 Total Wages of Staff and Workers			
		合计 Total	国有单位 State-owned Units	城镇集体单位 Urban Collective -owned Units	其他单位 Other Ownership
保山市	**Baoshan**	**912 113**	**723 857**	**46 466**	**141 790**
隆阳区	Longyang	386 232	285 013	14 769	86 450
施甸县	Shidian	94 067	80 107	6 822	7 138
腾冲县	Tengchong	206 353	165 967	17 891	22 495
龙陵县	Longling	102 183	94 095	3 286	4 802
昌宁县	Changning	123 278	98 675	3 698	20 905
昭通市	**Zhaotong**	**141 494**	**130 026**	**9 457**	**2 011**
昭阳区	Zhaoyang	19 073	15 829	3 244	
鲁甸县	Ludian	8 753	8 445	308	
巧家县	Qiaojia	8 369	7 368	1 001	
盐津县	Yanjin	8 240	7 660	534	45
大关县	Daguan	4 625	4 382	179	65
永善县	Yongshan	9 323	8 142	545	637
绥江县	Suijiang	5 849	5 148	498	204
镇雄县	Zhenxiong	22 207	21 467	740	
彝良县	Yiliang	9 806	9 575	231	
威信县	Weixin	9 588	9 107	481	
水富县	Shuifu	8 881	7 795	1 086	
市 属	Directly Under Municipality	26 780	25 109	610	1 061
楚雄州	**Chuxiong**	**1 344 776**	**1 184 062**	**71 937**	**88 777**
楚雄市	Chuxiong	507 292	443 787	21 306	42 199
双柏县	Shuangbo	61 328	53 774	2 532	5 022
牟定县	Mouding	68 058	62 700	5 358	
南华县	Nanhua	85 822	78 343	5 885	1 594
姚安县	Yaoan	69 915	59 203	4 767	5 945
大姚县	Dayao	137 703	126 031	3 506	8 166
永仁县	Yongren	49 905	44 557	3 194	2 154
元谋县	Yuanmou	70 046	62 058	7 492	496
武定县	Wuding	84 354	74 735	6 485	3 134
禄丰县	Lufeng	210 353	178 874	11 412	20 067
红河州	**Honghe**	**2 384 361**	**2 020 887**	**166 108**	**197 366**
个旧市	Gejiu	628 681	513 907	84 447	30 327
开远市	Kaiyuan	405 008	329 887	32 880	42 241
蒙自县	Mengzi	167 148	134 460	8 477	24 211
屏边县	Pingbian	53 190	48 781	2 729	1 680
建水县	Jianshui	244 189	194 911	6 921	42 357
石屏县	Shiping	112 764	100 387	5 119	7 258
弥勒县	Mile	225 619	203 326	9 284	13 009

20-8 续表2 continued

单位：千元 (1 000 yuan)

地区	Region	职工工资总额 Total Wages of Staff and Workers			
		合计 Total	国有单位 State-owned Units	城镇集体单位 Urban Collective -owned Units	其他单位 Other Ownership
泸西县	Luxi	147 846	130 125	6 306	11 415
元阳县	Yuanyang	85 298	77 347	1 832	6 119
红河县	Honghe	69 291	63 535	1 898	3 858
金平县	Jinping	91 068	77 513	2 345	11 210
绿春县	Luchun	55 986	51 493	1 552	2 941
河口县	Hekou	98 273	95 215	2 318	740
文 山 州	**Wenshan**	**1 083 755**	**971 788**	**41 533**	**70 434**
文山县	Wenshan	313 676	267 716	6 457	39 503
砚山县	Yanshan	126 929	121 276	4 958	695
西畴县	Xichou	79 404	67 142	5 476	6 786
麻栗坡县	Malipo	107 574	96 719	4 890	5 965
马关县	Maguan	114 816	106 086	4 967	3 763
丘北县	Qiubei	104 621	101 024	2 897	700
广南县	Guangnan	134 859	119 669	6 153	9 037
富宁县	Funing	101 876	92 156	5 735	3 985
思茅地区	**Simao**	**1 185 001**	**993 816**	**55 758**	**135 427**
思茅市	Simao	312 526	235 997	9 315	67 214
普洱县	Puer	118 963	93 713	3 512	21 738
墨江县	Mojiang	112 306	99 003	7 257	6 046
景东县	Jingdong	122 285	112 134	7 236	2 915
景谷县	Jinggu	136 298	102 018	5 529	28 751
镇沅县	zhenyuan	80 033	75 793	4 240	
江城县	Jiangcheng	60 328	54 150	5 273	905
孟连县	Menglian	54 661	46 080	1 834	6 747
澜沧县	Lancang	144 426	135 758	8 125	543
西盟县	Ximeng	43 175	39 170	3 437	568
西双版纳州	**Xishuangbanna**	**901 636**	**778 563**	**55 430**	**67 643**
景洪市	Jinghong	522 834	446 217	27 721	48 896
勐海县	Menghai	158 380	129 009	22 572	6 799
勐腊县	Mengla	220 422	203 337	5 137	11 948
大 理 州	**Dali**	**1 704 442**	**1 515 899**	**78 511**	**110 032**
大理市	Dali	805 040	711 836	48 866	44 338
漾濞县	Yangbi	53 070	49 971	1 001	2 098
祥云县	Xiangyun	131 805	111 362	6 606	13 837
宾川县	Binchuan	101 341	88 403	2 285	10 653
弥渡县	Midu	76 075	66 965	1 480	7 630
南涧县	Nanjian	73 982	68 996	2 674	2 312

20-8 续表3 continued

单位：千元 (1 000 yuan)

地　区	Region	职工工资总额 Total Wages of Staff and Workers 合　计 Total	国有单位 State-owned Units	城镇集体单位 Urban Collective -owned Units	其他单位 Other Ownership
巍山县	Weishan	89 821	81 400	4 252	4 169
永平县	Yongping	55 103	52 754	703	1 646
云龙县	Yunlong	67 825	61 728	1 489	4 608
洱源县	Eryuan	90 215	83 320	1 121	5 774
剑川县	Jianchuan	66 131	50 726	3 995	11 410
鹤庆县	Heqing	94 034	88 438	4 039	1 557
德宏州	**Dehong**	**755 994**	**658 787**	**32 931**	**64 276**
瑞丽市	Ruili	130 413	115 188	9 927	5 298
潞西市	Luxi	290 137	250 610	9 651	29 876
梁河县	Lianghe	84 321	81 968	2 262	91
盈江县	Yingjiang	143 578	112 436	7 480	23 662
陇川县	Longchuan	107 545	98 585	3 611	5 349
丽江地区	**Lijiang**	**573 351**	**487 665**	**23 990**	**61 696**
丽江县	Lijiang	175 613	158 089	12 667	4 857
永胜县	Yongsheng	116 800	103 084	3 556	10 160
华坪县	Huaping	85 316	68 583	4 133	12 600
宁蒗县	Ninglang	89 234	83 498	2 976	2 760
地　直	Directly Under Prefecture	106 388	74 411	658	31 319
怒江州	**Nujiang**	**349 653**	**298 142**	**3 423**	**48 088**
泸水县	Lushui	72 151	69 663	1 429	1 059
福贡县	Fugong	42 739	41 621	1 118	
贡山县	Gongshan	23 969	23 640	329	
兰坪县	Lanping	128 534	92 231	522	35 781
州　直	Directly Under Prefecture	82 260	70 987	25	11 248
迪庆州	**Diqing**	**287 175**	**279 341**	**6 562**	**1 272**
中甸县	Zhongdian	7 987	7 583	283	121
德钦县	Deqing	3 172	3 068	104	
维西县	Weixi	5 747	5 423	324	
州　直	Directly Under Prefecture	3 185	3 118	20	47
临沧地区	**Lincang**	**882 000**	**759 030**	**26 700**	**96 270**
临沧县	Lincang	106 190	89 260	4 700	12 230
凤庆县	Fengqing	112 290	94 970	3 670	13 650
云　县	Yunxian	125 730	113 900	6 490	5 340
永德县	Yongde	92 590	79 370	2 420	10 800
镇康县	Zhenkang	63 500	53 880	1 030	8 590
双江县	Shuangjiang	70 430	67 970	2 230	230
耿马县	Gengma	116 710	90 860	2 920	22 930
沧源县	Cangyuan	84 120	69 360	2 670	12 090
地　直	Directly Under Prefecture	110 440	99 460	570	10 410

20-9 各县市职工平均工资（2001年）

Average Wage of Staff and Workers of Each County and City (2001)

单位：元 / 人 (yuan/person)

地区	Region	职工平均工资 Average Wage of Staff and Workers			
		合计 Total	国有单位 State-owned Units	城镇集体单位 Urban Collective -owned Units	其他单位 Other Ownership
全省合计	**Total**	**10 537**	**10 880**	**7 203**	**10 407**
昆明市	**Kunming**	**11 652**	**11 746**	**8 224**	**12 515**
五华区	Wuhua	9 457	11 218	7 309	8 690
盘龙区	Panlong	9 481	10 649	8 244	8 370
官渡区	Guandu	9 246	9 740	9 216	8 783
西山区	Xishan	9 758	10 294	5 736	
东川区	Dongchuan	8 211	9 167	6 596	6 729
呈贡县	Chenggong	12 903	10 116	5 335	19 618
晋宁县	Jinning	8 698	8 760	6 251	9 437
富民县	Fuming	9 537	9 792	7 768	5 656
宜良县	Yiliang	9 605	10 033	5 951	6 346
石林县	Shilin	9 432	9 538	7 490	9 773
嵩明县	Songming	9 121	9 280	7 758	6 717
禄劝县	Luquan	9 119	9 407	5 392	
寻甸县	Xundian	8 312	8 255	6 477	18 081
安宁市	Anning	13 285	13 752	9 326	10 568
曲靖市	**Qujing**	**10 932**	**11 262**	**7 835**	**8 750**
麒麟区	Qulin	12 421	12 841	8 043	11 339
马龙县	Malong	9 663	10 429	3 165	7 514
陆良县	Luliang	8 920	9 146	9 008	7 417
师宗县	Shizong	9 593	9 735	7 379	
罗平县	Luoping	10 926	11 266	8 021	7 600
富源县	Fuyuan	9 357	9 619	7 257	7 330
会泽县	Huize	14 844	15 405	9 676	4 526
沾益县	Zhanyi	10 227	10 250	6 843	15 702
宣威市	Xuanwei	9 102	9 287	6 791	
玉溪市	**Yuxi**	**12 538**	**13 371**	**6 872**	**11 180**
红塔区	Hongta	16 053	17 783	6 841	12 664
江川县	Jiangchuan	11 210	11 807	7 842	8 711
澄江县	Chengjiang	12 238	13 069	8 307	11 020
通海县	Tonghai	10 611	11 309	7 289	10 933
华宁县	Huaning	11 093	11 672	5 548	11 275
易门县	Yimen	11 040	11 592	6 689	7 318
峨山县	Ershan	10 789	11 303	5 522	
新平县	Xinping	11 234	11 743	7 343	10 735
元江县	Yuanjiang	9 781	9 691	6 748	11 547

20-9 续表1 continued

单位：元／人 (yuan/person)

地　区	Region	职工平均工资 Average Wage of Staff and Workers 合　计 Total	国有单位 State-owned Units	城镇集体单位 Urban Collective -owned Units	其他单位 Other Ownership
保山市	**Baoshan**	**9 137**	**9 787**	**5 871**	**7 899**
隆阳区	Longyang	9 096	9 864	5 943	7 800
施甸县	Shidian	9 135	9 241	6 311	13 049
腾冲县	Tengchong	8 630	9 550	5 561	6 786
龙陵县	Longling	9 747	9 863	7 787	9 217
昌宁县	Changning	9 725	10 408	5 201	8 415
昭通市	**Zhaotong**	**9 289**	**9 714**	**5 795**	**9 370**
昭阳区	Zhaoyang	8 568	9 085	6 705	17 647
鲁甸县	Ludian	9 196	9 514	4 790	
巧家县	Qiaojia	6 655	7 022	4 807	
盐津县	Yanjin	8 790	9 083	6 147	5 921
大关县	Daguan	6 928	7 206	4 171	3 880
永善县	Yongshan	8 695	9 104	5 574	7 929
绥江县	Suijiang	8 980	10 388	4 700	4 080
镇雄县	Zhenxiong	9 831	10 228	4 621	
彝良县	Yiliang	8 256	8 410	4 699	
威信县	Weixin	8 789	9 114	5 250	
水富县	Shuifu	12 070	12 774	8 650	
市　属	Directly Under Municipality	12 200	12 435	5 273	
楚雄州	**Chuxiong**	**10 291**	**10 935**	**7 046**	**7 282**
楚雄市	Chuxiong	11 243	12 021	7 431	7 902
双柏县	Shuangbo	9 457	10 339	5 457	6 124
牟定县	Mouding	10 032	10 253	8 009	
南华县	Nanhua	9 438	9 745	6 274	13 741
姚安县	Yaoan	9 187	10 040	5 492	7 036
大姚县	Dayao	10 448	11 255	5 539	6 053
永仁县	Yongren	10 220	10 945	5 306	10 257
元谋县	Yuanmou	9 961	10 249	8 197	7 873
武定县	Wuding	9 964	10 373	7 702	7 480
禄丰县	Lufeng	9 552	10 175	8 076	6 625
红河州	**Honghe**	**9 286**	**9 858**	**6 571**	**7 451**
个旧市	Gejiu	8 223	8 752	5 952	8 548
开远市	Kaiyuan	10 077	10 687	9 696	7 121
蒙自县	Mengzi	8 784	10 191	5 236	5 744
屏边县	Pingbian	10 466	11 470	5 709	4 786
建水县	Jianshui	9 875	10 618	5 208	8 401
石屏县	Shiping	9 393	10 054	6 588	5 839
弥勒县	Mile	9 967	10 097	7 915	9 811

20-9 续表2 continued

单位：元 / 人 (yuan/person)

地　区	Region	职工平均工资 Average Wage of Staff and Workers			
		合　计 Total	国有单位 State-owned Units	城镇集体单位 Urban Collective-owned Units	其他单位 Other Ownership
泸西县	Luxi	10 024	10 574	7 561	7 095
元阳县	Yuanyang	10 251	11 059	6 566	5 839
红河县	Honghe	10 368	10 752	5 423	9 099
金平县	Jinping	10 561	10 674	7 765	10 586
绿春县	Luchun	9 791	10 665	5 279	4 935
河口县	Hekou	7 830	7 809	8 780	7 872
文 山 州	**Wenshan**	**9 705**	**9 997**	**6 541**	**8 688**
文山县	Wenshan	10 456	10 833	6 973	9 046
砚山县	Yanshan	8 763	9 026	5 133	8 476
西畴县	Xichou	9 164	9 233	7 713	9 936
麻栗坡县	Malipo	10 540	11 163	5 634	8 850
马关县	Maguan	10 041	10 409	7 106	6 917
丘北县	Qiubei	8 973	9 168	5 853	4 827
广南县	Guangnan	8 641	8 895	6 553	7 444
富宁县	Funing	10 603	10 889	7 677	10 013
思茅地区	**Simao**	**8 755**	**10 006**	**5 358**	**5 285**
思茅市	Simao	7 448	10 409	6 635	3 759
普洱县	Puer	9 069	9 229	6 589	8 942
墨江县	Mojiang	9 814	10 486	5 939	7 741
景东县	Jingdong	9 387	9 752	6 620	6 701
景谷县	Jinggu	9 321	9 322	6 784	10 042
镇沅县	zhenyuan	9 024	9 617	4 291	
江城县	Jiangcheng	8 846	9 960	4 993	2 768
孟连县	Menglian	9 403	9 668	6 073	9 056
澜沧县	Lancang	10 093	10 356	7 222	7 145
西盟县	Ximeng	8 043	11 460	1 840	6 927
西双版纳州	**Xishuangbanna**	**8 421**	**8 660**	**7 698**	**6 787**
景洪市	Jinghong	8 387	8 865	5 825	6 750
勐海县	Menghai	9 761	9 550	12 575	7 382
勐腊县	Mengla	7 732	7 803	7 940	6 634
大 理 州	**Dali**	**10 777**	**11 130**	**8 046**	**9 059**
大理市	Dali	11 266	11 725	8 356	9 049
漾濞县	Yangbi	10 900	10 904	9 018	11 989
祥云县	Xiangyun	10 900	11 260	8 692	10 373
宾川县	Binchuan	9 816	9 644	7 208	12 682
弥渡县	Midu	9 439	9 545	8 457	8 780
南涧县	Nanjian	10 902	11 357	7 773	6 300

20-9 续表3 continued

单位：元 / 人　　　　　　　　　　　　　　　　　　　　　　　　　　　　(yuan/person)

地　区	Region	职工平均工资 Average Wage of Staff and Workers			
		合　计 Total	国有单位 State-owned Units	城镇集体单位 Urban Collective -owned Units	其他单位 Other Ownership
巍山县	Weishan	11 041	11 657	6 675	8 095
永平县	Yongping	9 463	9 903	12 121	6 108
云龙县	Yunlong	11 039	11 596	9 732	6 898
洱源县	Eryuan	10 395	10 433	8 690	10 238
剑川县	Jianchuan	9 420	9 915	6 385	8 928
鹤庆县	Heqing	10 639	11 019	6 732	7 310
德 宏 州	**Dehong**	**9 241**	**9 389**	**7 356**	**8 962**
瑞丽市	Ruili	8 173	8 237	7 619	7 908
潞西市	Luxi	9 667	9 801	7 128	9 672
梁河县	Lianghe	10 759	10 966	6 463	7 583
盈江县	Yingjiang	9 702	9 979	7 450	9 360
陇川县	Longchuan	8 143	8 307	7 749	6 127
丽江地区	**Lijiang**	**10 181**	**10 401**	**6 322**	**10 953**
丽江县	Lijiang	10 856	11 561	6 615	8 260
永胜县	Yongsheng	10 188	10 623	4 898	9 826
华坪县	Huaping	9 551	9 733	7 053	9 677
宁蒗县	Ninglang	8 713	8 814	6 359	9 200
地　直	Directly Under Prefecture	11 206	10 653	6 580	13 001
怒 江 州	**Nujiang**	**12 395**	**12 140**	**7 131**	**15 170**
泸水县	Lushui	11 643	11 771	8 028	10 485
福贡县	Fugong	11 526	11 865	5 590	
贡山县	Gongshan	10 915	11 011	6 714	
兰坪县	Lanping	13 451	12 266	10 653	17 998
州　直	Directly Under Prefecture	12 555	12 985	6 250	10 405
迪 庆 州	**Diqing**	**14 429**	**14 687**	**9 001**	**8 260**
中甸县	Zhongdian	14 191	14 392	10 979	7 234
德钦县	Deqing	14 941	15 099	10 388	
维西县	Weixi	14 184	14 612	6 981	
州　直	Directly Under Prefecture	14 975	15 143	6 500	6 977
临沧地区	**Lincang**	**9 894**	**10 421**	**5 989**	**8 124**
临沧县	Lincang	10 211	12 031	5 620	5 703
凤庆县	Fengqing	9 133	9 595	5 877	7 702
云　县	Yunxian	9 813	10 208	5 883	9 686
永德县	Yongde	9 325	9 738	5 658	7 990
镇康县	Zhenkang	11 061	11 614	7 007	9 001
双江县	Shuangjiang	6 432	9 628	6 000	6 514
耿马县	Gengma	9 242	9 238	8 249	9 403
沧源县	Cangyuan	9 663	10 347	5 095	8 183
地　直	Directly Under Prefecture	12 044	12 473	8 099	9 253

20-10 主要年份各县市国有经济固定资产投资

Fixed Assets Investment of State-Owned Economy in Each County and City

单位：万元 （10 000 yuan）

地　区	Region	1978年	1980年	1985年	1990年	1995年	2000年	2001年
全省合计	**Total**	**135 001**	**161 030**	**337 201**	**512 178**	**2 628 381**	**4 661 973**	**4 904 053**
昆明市	**Kunming**	**23 156**	**44 331**	**111 522**	**170 165**	**927 048**	**1 209 628**	**1 342 399**
五华区	Wuhua	2 604	7 262	17 584	24 321	172 540	196 321	180 857
盘龙区	Panlong	4 566	8 305	21 988	23 886	159 643	319 361	273 300
官渡区	Guandu	5 895	10 325	26 495	43 872	272 011	333 342	421 085
西山区	Xishan	4 269	6 622	20 077	16 130	72 536	140 147	170 335
东川区	Dongchuan	570	1 819	2 905	4 083	10 435	7 506	9 319
呈贡县	Chenggong	408	631	1 702	1 987	18 975	41 705	13 385
晋宁县	Jinning	1 983	2 033	5 130	13 230	26 664	19 284	9 889
富民县	Fuming	107	773	491	455	1 169	7 001	11 806
宜良县	Yiliang	576	789	2 306	4 104	14 169	43 171	16 194
石林县	Shilin	245	726	783	866	3 399	7 230	8 558
嵩明县	Songming	386	541	1 139	1 145	4 080	9 201	8 325
禄劝县	Luquan	246	265	320	1 463	3 513	10 294	9 832
寻甸县	Xundian	836	613	563	419	4 291	12 231	18 025
安宁市	Anning	1 871	6 609	4 526	25 954	17 805	62 834	176 107
不分县	Not to County			8 981	13 330			15 382
曲靖市	**Qujing**	**20 808**	**17 299**	**44 712**	**70 297**	**271 057**	**395 602**	**313 464**
麒麟区	Qulin	9 400	8 572	14 771	19 873	150 569	177 415	78 031
马龙县	Malong	2 038	626	786	453	4 741	5 052	2 924
陆良县	Luliang	1 004	799	1 235	1 595	16 111	9 656	10 534
师宗县	Shizong	275	333	746	876	8 829	4 380	7 712
罗平县	Luoping	1 495	2 376	15 813	29 423	2 299	13 620	10 851
富源县	Fuyuan	1 441	1 269	2 481	2 829	11 016	15 585	15 100
会泽县	Huize	556	1 145	3 857	2 548	25 550	22 149	13 914
沾益县	Zhanyi						28 098	29 150
宣威市	Xuanwei	2 763	1 566	4 356	11 226	47 651	119 647	94 828
不分县	Not to County			104	1 055			50 420
玉溪市	**Yuxi**	**3 062**	**10 381**	**19 347**	**21 682**	**241 628**	**288 466**	**276 707**
红塔区	Hongta	1 057	4 619	9 943	10 030	145 681	169 291	143 000
江川县	Jiangchuan	127	397	603	781	8 629	12 075	15 872
澄江县	Chengjiang	239	147	1 390	1 656	17 715	14 895	5 082
通海县	Tonghai	174	561	714	1 223	5 408	25 932	16 700
华宁县	Huaning	399	810	297	1 010	7 076	9 985	13 787
易门县	Yimen	357	1 415	1 469	2 952	13 435	12 990	16 336
峨山县	Eshan	89	294	1 626	1 114	10 935	10 154	13 064
新平县	Xinping	306	608	1 558	744	22 701	18 077	31 967
元江县	Yuanjiang	314	1 530	1 691	1 547	10 048	15 067	15 899
不分县	Not to County			56	625			5 000

20-10 续表1 continued

单位：万元 (10 000 yuan)

地 区	Region	1978年	1980年	1985年	1990年	1995年	2000年	2001
保山市	**Baoshan**	**2 335**	**3 929**	**5 777**	**12 092**	**42 769**	**82 225**	**90536**
隆阳区	Longyang	1 495	2 007	2 850	5 047	20 634	24 433	31260
施甸县	Shidian	334	284	218	665	1 279	4 356	6204
腾冲县	Tengchong	130	766	695	692	9 776	31 190	31917
龙陵县	Longling	229	299	435	2 811	2 819	7 307	5721
昌宁县	Changning	147	573	1 571	2 054	8 261	14 939	15206
不分县	Not to County			8	823			228
昭通市	**Zhaotong**	**4 546**	**5 383**	**9 893**	**12 146**	**77 413**	**158 124**	**143690**
昭阳区	Zhaoyang	1 091	1 327	3 682	4 720	43 835	84 668	80722
鲁甸县	Ludian	188	120	176	673	4 090	6 576	5314
巧家县	Qiaojia	108	150	1 320	710	3 170	9 881	7555
盐津县	Yanjin	664	228	306	199	1 129	5 670	8755
大关县	Daguan	92	135	139	283	2 511	410	2513
永善县	Yongshan	182	335	271	772	2 323	6 208	5584
绥江县	Suijiang	52	34	333	421	2 360	2 737	4754
镇雄县	Zhenxiong	254	376	1 252	770	2 648	6 088	8223
彝良县	Yiliang	317	335	923	1 195	2 187	4 138	3599
威信县	Weixin	274	125	225	467	2 602	4 973	4058
水富县	Shuifu	1 324	2 218	1 216	1 340	10 558	26 775	12613
不分县	Not to County			50	596			
楚雄州	**Chuxiong**	**4 332**	**8 695**	**13 671**	**16 863**	**77 171**	**101 146**	**139168**
楚雄市	Chuxiong	862	3 481	5 069	6 617	31 045	49 513	53805
双柏县	Shuangbo	33	121	650	344	3 730	4 146	3339
牟定县	Mouding	264	634	489	851	5 129	4 296	2762
南华县	Nanhua	301	565	2 146	1 088	1 493	6 470	3955
姚安县	Yao'an	279	459	269	221	1 873	6 911	7479
大姚县	Dayao	690	1 111	1 245	1 843	4 973	8 127	10042
永仁县	Yongren	80	145	298	160	1 999	2 719	2975
元谋县	Yuanmou	216	550	1 110	445	1 603	5 412	6823
武定县	Wuding	149	178	302	285	1 599	3 889	2968
禄丰县	Lufeng	1 458	1 451	2 063	4 773	14 218	9663	7613
不分县	Not to County			30	236			37407
红河州	**Honghe**	**12 826**	**15 241**	**43 599**	**48 916**	**223 040**	**280 010**	**290736**
个旧市	Gejiu	2 197	4 865	11 771	8 913	30 673	85 338	69156
开远市	Kaiyuan	2 312	3 799	22 948	22 971	42 616	45 211	52581
蒙自县	Mengzi	459	778	1 727	1 071	12 293	28 172	29208
屏边县	Pingbian	104	199	205	192	2 427	1 746	3762
建水县	Jianshui	633	984	1 616	7 378	11 577	16 273	9749
石屏县	Shiping	395	161	201	326	8 137	11 582	9734
弥勒县	Mile	3 733	944	1 703	3 081	65 996	48 997	32223
泸西县	Luxi	328	356	550	960	12 578	15 290	14906
元阳县	Yuanyang	308	216	390	724	13 062	4 267	5684
红河县	Honghe	228	227	225	171	3 957	4 894	4838
金平县	Jinping	411	890	1 265	424	6 429	4 112	4583
绿春县	Luchun	469	1 690	232	194	934	4 908	3841
河口县	Hekou	1 249	132	740	1 023	12 361	9 220	7766
不分县	Not to County			28	1 488			42705

20-10 续表2 continued

单位：万元 (10 000 yuan)

地　区	Region	1978年	1980年	1985年	1990年	1995年	2000年	2001年
文 山 州	**Wenshan**	**2 557**	**6 309**	**7 954**	**6 435**	**53 517**	**85 666**	**128160**
文山县	Wenshan	432	1 526	1 443	2 092	19 507	36 836	39982
砚山县	Yangshan	175	481	897	688	4 799	13 306	51450
西畴县	Xichou	156	410	659	160	5 406	2 300	4784
麻栗坡县	Malipo	355	766	1 882	730	6 181	3 875	5141
马关县	Maguan	351	2 047	890	272	6 705	8 971	10428
丘北县	Qiubei	487	294	577	565	5 894	5 421	3808
广南县	Guangnan	344	286	845	1 357	2 476	6 350	5694
富宁县	Funing	257	499	736	350	2 549	8 607	6738
不分县	Not to County			25	221			135
思茅地区	**Simao**	**3 121**	**4 325**	**10 607**	**17 302**	**42 200**	**74 872**	**80134**
思茅市	Simao	824	1 223	2 725	2 839	11 130	29 599	30898
普洱县	Pu'er	467	508	1 627	2 077	4 838	8 460	2617
墨江县	Mojiang	239	278	773	1 226	4 504	2 753	5471
景东县	Jingdong	250	394	689	512	4 435	8 699	10250
景谷县	Jinggu	225	398	1 102	1 649	8 142	8 405	9463
镇沅县	Zhenyuan	88	259	418	902	2 268	3 050	4444
江城县	Jiangcheng	134	132	336	595	1 909	898	2023
孟连县	Menglian	391	266	486	709	996	5 000	4503
澜沧县	Lancang	437	713	1 010	5 935	3 569	3 970	5148
西盟县	Ximeng	66	154	138	628	409	4 038	2343
不分县	Not to County			1 303	230			2974
西双版纳州	**Xishuangbanna**	**4 215**	**7 338**	**6 041**	**14 176**	**61 863**	**85 279**	**84250**
景洪市	Jinghong	2 421	5 669	3 232	7 299	34 521	63 520	59618
勐海县	Menghai	594	1 220	930	2 892	7 549	5 710	7569
勐腊县	Mengla	1 200	449	1 854	3 862	19 793	16 049	16786
不分县	Not to County			25	123			277
大 理 州	**Dali**	**11 078**	**8 541**	**15 610**	**12 589**	**108 80 2**	**143 127**	**155351**
大理市	Dali	7 867	5 100	8 195	6 140	68 901	77 776	88244
漾濞县	yanbi	917	206	3 203	201	2 778	4 228	5457
祥云县	Xuangyun	579	399	286	333	5 771	4 448	3754
宾川县	Binchuang	464	731	922	1 514	8 303	8 448	9128
弥渡县	Midu	237	347	591	289	2 679	5 839	6554
南涧县	Nanjian	139	155	261	100	1 391	6 383	4135
巍山县	Weishan	156	216	383	794	1 221	4 161	8499
永平县	Yongping	140	226	288	179	1 226	3 910	4998
云龙县	Yunlong	176	233	270	266	3 447	4 172	5205
洱源县	Eryuan	193	261	325	1 019	3 358	7 833	8197
剑川县	Jianchuan	68	393	227	194	2 405	5 185	3285
鹤庆县	Heqing	142	274	548	660	7 322	10 744	7895
不分县	Not to County			111	900			

20-10 续表3 continued

单位：万元 (10 000 yuan)

地 区	Region	1978年	1980年	1985年	1990年	1995年	2000年	2001年
德宏州	**Dehong**	**3 428**	**3 429**	**7 962**	**10 962**	**66 391**	**73 669**	**55466**
瑞丽市	Ruili	1 186	490	1 519	2 426	30 710	36 712	9157
潞西市	Luxi	1 031	1 557	4 109	4 203	9 987	14 186	20165
梁河县	Lianghe	192	226	309	632	1 382	3 900	3014
盈江县	Yingjiang	413	427	883	1 862	7 985	10 658	7384
陇川县	Longchuan	606	729	1 123	1 255	2 854	8 213	9790
不分县	Not to County			19	584			5956
丽江地区	**Lijiang**	**2 540**	**2 219**	**3 344**	**6 504**	**33 897**	**62 508**	**64381**
丽江县	Lijiang	1 908	1 089	1 838	2 162	24 121	36 726	37313
永胜县	Yongsheng	228	394	321	597	1 644	9 127	8365
华坪县	Huaping	135	380	610	451	4 400	8 616	12319
宁蒗县	Ninglang	269	356	541	372	3 732	8 039	6384
不分县	Not to County			34	171			
怒江州	**Nujiang**	**1 174**	**968**	**1 926**	**7 156**	**9 058**	**27 153**	**29578**
泸水县	Lushui	840	300	501	5 151	4 339	14 028	16234
福贡县	Fugong	57	83	134	295	806	4 367	1374
贡山县	Gongshan	39	73	213	342	2 260	2 382	3250
兰坪县	Lanping	211	470	595	1 293	1 653	6 376	8720
不分县	Not to County			299	75			
迪庆州	**Diqing**	**627**	**1 544**	**1 850**	**3 682**	**13 576**	**50 849**	**40829**
中甸县	Zhongdian	372	888	1 176	2 514	8 901	36 101	29225
德钦县	Deqing	81	312	330	263	689	6 412	4193
维西县	Weixi	174	344	191	724	3 986	8 336	7311
不分县	Not to County			153	181			100
临沧地区	**Lincang**	**2 790**	**2 902**	**6 360**	**28 640**	**100 588**	**201 231**	**161112**
临沧县	Lincang	414	975	1 111	2 233	16 768	43 796	30846
凤庆县	Fengqing	176	316	156	419	6 095	7 594	8591
云 县	Yuanxian	206	215	2 060	15 493	56 812	119 651	90825
永德县	Yongde	160	379	403	762	6 541	13 763	9525
镇康县	Zhenkang	135	164	377	303	3 012	1 672	1814
双江县	Shuangjiang	143	288	484	1 480	3 587	3 379	4111
耿马县	Gengma	620	316	933	5 426	8 122	6 802	9001
沧源县	Chang yuan	936	249	438	2 429	2 663	4 574	6301
不分县	Not to County			398	93			98
不分地区	**Not to Prefecture**	**14 573**	**14 877**	**24 121**	**51 239**	**271 373**	**1 342 418**	**1398092**

20-11 各县市基本建设和更新改造投资主要指标（2001年）

Major Investment Indexes on Capital Construction and Innovation in Each County and City (2001)

地区	Region	基本建设竣工项目（个）Number of Completed Capital Construction (unit)	投资完成额（万元）Investment Completed (10 000 yuan)	新增固定资产（万元）Newly Increased Fixed Assets (10 000 yuan)	更新改造竣工项目（个）Number of Completed Innovation (unit)	投资完成额（万元）Investment Completed (10 000 yuan)	新增固定资产（万元）Newly Increased Fixed Assets (10 000 yuan)
全省合计	**Total**	**2 378**	**3 631 726**	**3 128 786**	**727**	**1 025 757**	**806 352**
昆明市	**Kunming**	**229**	**751 496**	**628 309**	**343**	**403 539**	**380 865**
五华区	Wuhua	35	118 220	123 541	77	41 011	46 904
盘龙区	Panlong	19	146 214	175 820	113	107 020	73 974
官渡区	Guandu	45	301 184	180 563	58	74 019	61 251
西山区	Xishan	21	60 204	47 877	54	22 082	17 144
东川区	Dongchuan	13	8 678	2 306	7	9 313	3 512
呈贡县	Chenggong	8	2 638	3 412	1	10 784	151 729
晋宁县	Jinning	8	7 908	14 638	19	1 981	1 475
富民县	Fuming	12	3 745	6 106	4	1 077	1 077
宜良县	Yiliang	12	15 144	11 800	1	1 050	1 050
石林县	Shilin	1	8 305	3 605			
嵩明县	Songming	9	6 958	3 088	3	1 074	1 039
禄劝县	Luquan	27	6 712	6 899	1	3 120	770
寻甸县	Xundian	12	10 751	10 751	3	6 760	6 760
安宁市	Anning	6	39 453	35 459	2	124 248	14 180
不分县	Not to County	1	15 382	2 444			
曲靖市	**Qujing**	**161**	**232 889**	**262 621**	**84**	**76 564**	**105 644**
麒麟区	Qulin	47	36 503	24 939	36	26 746	22 268
马龙县	Malong	13	2 583	1 525	1	341	341
陆良县	Luliang	6	7 026	2 917	5	10 498	7 292
师宗县	Shizong	10	6 712	5 232		1 000	1 000
罗平县	Luoping	16	6 692	5 009	3	3 988	3 888
富源县	Fuyuan	15	12 358	7 371	1	4 292	4 292
会泽县	Huize	6	5 779	4 154	16	7 064	5 425
沾益县	Zhanyi	34	25 160	14 712	14	7 305	12 665
宣威市	Xuanwei	14	79 926	196 762	7	15 060	26 101
不分县	Not to County		50 150		1	270	22 372
玉溪市	**Yuxi**	**123**	**185 360**	**475 669**	**76**	**48 977**	**43 114**
红塔区	Hongta	32	76 693	50 675	64	38 992	33 112
江川县	Jiangchuan	9	15 684	3 043	1	443	90
澄江县	Chengjiang	8	4 949	7 452			
通海县	Tonghai	12	7 016	8 001	2	3 884	1 460
华宁县	Huaning	8	12 900	7 623		503	
易门县	Yimen	8	9 869	9 874	3	335	335
峨山县	Eshan	15	4 772	3 376	3	2 068	2 218
新平县	Xinping	8	30 515	7 792	2	1 467	4 614
元江县	Yuanjiang	22	17 962	8 492	1	1 285	1 285
不分县	Not to County	1	5 000	369 341			

20-11 续表1 continued

地 区	Region	基本建设竣工项目（个） Number of Completed Capital Construction (unit)	投 资 完成额（万元） Investment Completed (10 000 yuan)	新增固定资 产（万元） Newly Increased Fixed Assets (10 000 yuan)	更新改造竣工项目（个） Number of Completed Innovation (unit)	投 资 完成额（万元） Investment Completed (10 000 yuan)	新增固定资 产（万元） Newly Increased Fixed Assets (10 000 yuan)
保 山 市	**Baoshan**	**157**	**92 886**	**78 713**	**26**	**13 060**	**10 916**
隆阳区	Longyang	48	31 849	18 398	6	2 591	3 010
施甸县	Shidian	6	2 882	394	1	3 322	849
腾冲县	Tengchong	44	32 652	35 494	11	3 217	3 197
龙陵县	Longling	25	7 750	5 340	7	3 752	3 682
昌宁县	Changning	33	17 525	18 859	1	178	178
不分县	Not to County	1	228	228			
昭 通 市	**Zhaotong**	**166**	**132 179**	**74 026**	**16**	**26 048**	**43 597**
昭阳区	Zhaoyang	39	74 212	33 753	6	10 592	8 546
鲁甸县	Ludian	27	5 204	5 205	1	110	110
巧家县	Qiaojia	22	6 945	4 179	2	580	580
盐津县	Yanjin	9	7 286	1 644	2	1 469	225
大关县	Daguan	11	2 513	3 106			
永善县	Yongshan	11	6 334	5 504			
绥江县	Suijiang	1	4 532	1 818	1	222	134
镇雄县	Zhenxiong	15	7 501	2 627	1	722	246
彝良县	Yiliang	17	3 574	5 090		25	
威信县	Weixin	8	3 943	965	1	115	115
水富县	Shuifu	6	10 135	10 135	2	12 213	33 641
楚 雄 州	**Chuxiong**	**176**	**110 121**	**69 953**	**37**	**39 587**	**36 283**
楚雄市	Chuxiong	42	49 599	38 108	13	3 761	1 543
双柏县	Shuangbo	15	2 392	3 598	3	297	325
牟定县	Mouding	13	2 522	2 288	1	240	240
南华县	Nanhua	7	2 120	2 083	5	1 445	1 445
姚安县	Yao'an	21	6 337	6 341	1	395	2 106
大姚县	Dayao	16	4 124	3 269		3 562	
永仁县	Yongren	9	2 647	1 693	1	438	101
元谋县	Yuanmou	14	6 297	4 796			
武定县	Wuding	6	2 573	1 869	1	120	120
禄丰县	Lufeng	33	7 552	5 908	2	15 880	16 954
不分县	Not to County		23 958		10	13 449	13 449
红 河 州	**Honghe**	**224**	**219 396**	**139 631**	**50**	**53 045**	**58 250**
个旧市	Gejiu	19	26 054	19 904	16	19 513	11 583
开远市	Kaiyuan	30	31 144	23 505	7	17 614	3 655
蒙自县	Mengzi	24	30 120	19 577	6	1 721	1 128
屏边县	Pingbian	8	3 762	1 597			
建水县	Jianshui	26	8 754	19 428	2	4 761	25 950
石屏县	Shiping	18	7 627	4 757			
弥勒县	Mile	5	26 429	17 363	12	7 684	14 274
泸西县	Luxi	14	20 352	10 280	3	667	998
元阳县	Yuanyang	20	3 639	6 705	2	705	533
红河县	Honghe	12	4 632	2 680		206	
金平县	Jinping	18	5 790	5 415		45	
绿春县	Luchun	11	3 841	3 737			
河口县	Hekou	18	4 547	4 266	2	129	129
不分县	Not to County	1	42 705	417			

20-11 续表2 continued

地　区	Region	基本建设竣工项目（个） Number of Completed Capital Construction (unit)	投　资完成额（万元） Investment Completed (10 000 yuan)	新增固定资　产（万元） Newly Increased Fixed Assets (10 000 yuan)	更新改造竣工项目（个） Number of Completed Innovation (unit)	投　资完成额（万元） Investment Completed (10 000 yuan)	新增固定资　产（万元） Newly Increased Fixed Assets (10 000 yuan)
文 山 州	**Wenshan**	**155**	**123 129**	**65 628**	**8**	**17 809**	**6 226**
文山县	Wenshan	40	36 892	22 104	3	13 856	2 926
砚山县	Yangshan	29	51 612	12 457			
西畴县	Xichou	6	3 914	4 422	1	1 530	1 150
麻栗坡县	Malipo	16	4 222	6 452	2	920	920
马关县	Maguan	11	8 747	5 545			
丘北县	Qiubei	20	3 808	3 138			
广南县	Guangnan	21	8 236	6 723	1	328	430
富宁县	Funing	11	5 563	4 652	1	1 175	800
不分县	Not to County	1	135	135			
思茅地区	**Simao**	**161**	**91 398**	**133 951**	**6**	**6 151**	**3 937**
思茅市	Simao	44	37 865	32 440	1	2 355	1 615
普洱县	Pu'er	13	2 793	1 453			
墨江县	Mojiang	6	4 596	1 190		590	
景东县	Jingdong	18	9 955	4 837	1	445	400
景谷县	Jinggu	23	9 132	5 069	2	2 358	1 570
镇沅县	Zhenyuan	7	4 464	9 034			
江城县	Jiangcheng	8	2 023	1 648			
孟连县	Menglian	8	11 098	19 891			
澜沧县	Lancang	20	4 155	3 933	2	403	352
西盟县	Ximeng	10	2 343	3 543			
不分县	Not to County	4	2 974	50 913			
西双版纳州	**Xishuangbanna**	**133**	**81 950**	**64 430**	**8**	**8 701**	**7 809**
景洪市	Jinghong	81	55 782	47 281	7	8 404	7 512
勐海县	Menghai	13	7 350	4 831		161	161
勐腊县	Mengla	38	18 541	12 041	1	136	136
不分县	Not to County	1	277	277			
大 理 州	**Dali**	**215**	**154 502**	**193 134**	**30**	**42 176**	**28 170**
大理市	Dali	65	83 601	121 754	14	26 988	14 450
漾濞县	yanbi	5	5 130	1 135	3	220	250
祥云县	Xuangyun	6	3 834	1 440		7 693	2 600
宾川县	Binchuang	26	9 128	19 100			
弥渡县	Midu	13	6 138	3 962	4	1 073	1 073
南涧县	Nanjian	4	3 163	3 163	1	50	50
巍山县	Weishan	13	7 909	2 533	6	620	800
永平县	Yongping	18	4 998	2 884			
云龙县	Yunlong	11	5 205	1 064			
洱源县	Eryuan	15	7 650	7 900			
剑川县	Jianchuan	16	7 699	9 228	1	4 934	8 349
鹤庆县	Heqing	23	10 047	18 971	1	598	598

20-11 续表3 continued

地 区	Region	基本建设竣工项目（个） Number of Completed Capital Construction (unit)	投 资 完成额（万元） Investment Completed (10 000 yuan)	新增固定资 产（万元） Newly Increased Fixed Assets (10 000 yuan)	更新改造竣工项目（个） Number of Completed Innovation (unit)	投 资 完成额（万元） Investment Completed (10 000 yuan)	新增固定资 产（万元） Newly Increased Fixed Assets (10 000 yuan)
德宏州	**Dehong**	**146**	**59 915**	**53 683**	**11**	**2 261**	**2 358**
瑞丽市	Ruili	18	9 673	5 502	3	729	1 000
潞西市	Luxi	45	21 313	18 381	1	170	170
梁河县	Lianghe	17	2 893	2 323	3	346	362
盈江县	Yingjiang	20	10 508	9 484	3	785	635
陇川县	Longchuan	45	9 572	17 807	1	231	191
不分县	Not to County	1	5 956	186			
丽江地区	**Lijiang**	**113**	**49 136**	**56 797**	**3**	**10 285**	**9 552**
丽江县	Lijiang	41	28 957	38 643	2	8 992	8 992
永胜县	Yongsheng	22	4 814	5 390		460	
华坪县	Huaping	22	10 814	5 541	1	833	560
宁蒗县	Ninglang	28	4 551	7 223			
怒江州	**Nujiang**	**52**	**19 237**	**27 551**		**2 000**	**2 000**
泸水县	Lushui	25	7 057	8 504		2 000	2 000
福贡县	Fugong	10	1 299	1 039			
贡山县	Gongshan	7	2 161	3 000			
兰坪县	Lanping	10	8 720	15 008			
迪庆州	**Diqing**	**35**	**38 755**	**23 872**	**4**	**4 949**	**4 949**
中甸县	Zhongdian	23	27 901	16 463	3	4 199	4 199
德钦县	Deqing		4 193	4 263			
维西县	Weixi	11	6 561	3 046	1	750	750
不分县	Not to County	1	100	100			
临沧地区	**Lincang**	**129**	**151 901**	**252 339**	**6**	**7 989**	**10 212**
临沧县	Lincang	30	25 637	79 571	3	3 955	8 620
凤庆县	Fengqing	14	8 811	11 390		780	
云 县	Yuanxian	9	88 923	142 433		1 602	
永德县	Yongde	23	9 044	5 256			
镇康县	Zhenkang	5	962	597	2	1 482	1482
双江县	Shuangjiang	13	4 111	3 076			
耿马县	Gengma	22	8 430	5 509	1	170	110
沧源县	Chang yuan	12	5 885	4 409			
不分县	Not to County	1	98	98			
不分地区	**Not to Prefecture**	**3**	**1 137 476**	**528 479**	**19**	**262 616**	**52 470**

20-12 主要年份各县市财政收入

Financial Revenue of Each County and City in Major Years

单位：万元 (10 000 yuan)

地　区	Region	1978年	1985年	1990年	1995年	2000年	2001年
全省合计	**Total**	**117 606**	**274 321**	**774 246**	**983 491**	**1 807 450**	**1 912 799**
昆 明 市	**Kunming**	**39 523**	**93 134**	**211 214**	**255 821**	**545 299**	**578 970**
五华区	Wuhua	1 249	3 724	27 211	25 601	53 678	57 224
盘龙区	Panlong	1 810	4 175	12 241	26 015	53 253	57 009
官渡区	Guandu	654	2 925	10 571	27 160	72 157	78 496
西山区	Xishan	327	2 433	6 812	11 342	27 373	29 692
东川区	Dongchuan	240	913	1 667	2 747	3 298	3 804
呈贡县	Chenggong	240	750	2 464	4 998	7 505	8 235
晋宁县	Jinning	1 060	2 193	5 646	6 647	9 199	8 902
富民县	Fuming	152	410	568	2 915	5 619	3 105
宜良县	Yiliang	766	1 832	3 328	7 334	12 117	13 371
石林县	Shilin	326	1 233	3 187	7 466	8 510	10 538
嵩明县	Songming	735	1 302	2 687	6 847	8 385	8 748
禄劝县	Luquan	381	832	1 096	3 568	5 046	5 328
寻甸县	Xundian	462	1 126	2 231	6 417	6 984	6 749
安宁市	Anning	1 798	6 463	14 705	19 284	27 555	29 237
市　级	City-level	30 025	64 862	120 798	106 644	244 620	256 469
曲 靖 市	**Qujing**	**10 463**	**33 069**	**82 531**	**112 482**	**140 795**	**158 619**
麒麟区	Qulin	2 210	5 591	10 419	29 279	16 166	17 256
马龙县	Malong	398	791	2 431	4 319	3 826	3 902
陆良县	Luliang	958	1 630	3 150	12 511	11 952	12 129
师宗县	Shizong	399	897	1 929	6 890	6 234	6 694
罗平县	Luoping	555	1 884	3 463	8 311	8 910	10 810
富源县	Fuyuan	866	1 384	3 540	7 703	10 681	11 716
会泽县	Huize	1 260	2 434	5 428	10 349	12 071	15 921
沾益县	Zhanyi					10 717	11 604
宣威市	Xuanwei	2 020	4 147	8 087	14 610	18 268	19 988
市　级	City-level	1 335	13 185	41 853	12 093	41 970	48 599
玉 溪 市	**Yuxi**	**14 991**	**52 468**	**126 588**	**184 196**	**262 099**	**223 533**
红塔区	Hongta	856	3 403	7 623	12 484	22 099	21 537
江川县	Jiangchuan	470	1 638	2 147	7 142	7 406	7 939
澄江县	Chengjiang	284	842	1 469	5 041	5 281	6 398
通海县	Tonghai	652	2 019	3 178	7 780	8 667	9 669
华宁县	Huaning	840	943	1 616	5 769	5 527	6 006
易门县	Yimen	218	992	1 518	5 056	5 110	5 497
峨山县	Ershan	497	1 114	1 556	3 714	5 599	5 753
新平县	Xinping	616	1 146	1 784	3 885	6 611	7 263
元江县	Yuanjiang	745	947	1 550	2 737	5 849	5 894
市　级	City-level	10 313	39 424	104 148	130 588	189 950	147 577

20-12 续表1 continued

单位：万元 (10 000 yuan)

地 区	Region	1978年	1985年	1990年	1995年	2000年	2001年
保山市	**Baoshan**	**3 898**	**6 046**	**13 667**	**25 514**	**39 430**	**42 414**
隆阳区	Longyang	1 327	2 477	5 724	8 531	14 367	14 592
施甸县	Shidian	353	433	1 073	4 293	4 328	4 387
腾冲县	Tengchong	1 008	981	3 028	5 271	9 453	10 700
龙陵县	Longling	201	297	1 256	2 631	3 830	4 052
昌宁县	Changning	668	1 378	2 242	3 743	5 062	5 777
市 级	City-level	341	480	346	1 045	2 390	2 906
昭通市	**Zhaotong**	**4 817**	**22 198**	**65 360**	**40 717**	**52 837**	**53 094**
昭阳区	Zhaoyang	1 239	2 348	4 818	6 882	10 765	12 032
鲁甸县	Ludian	242	650	897	2 435	1 630	1 822
巧家县	Qiaojia	403	718	1 195	1 419	2 384	2 585
盐津县	Yanjin	267	608	945	1 187	1 642	1 929
大关县	Daguan	221	704	865	1 168	1 179	1 236
永善县	Yongshan	296	390	798	829	1 541	1 381
绥江县	Suijiang	180	477	2 790	1 534	1 094	956
镇雄县	Zhenxiong	900	2 214	5 229	6 585	5 680	5 996
彝良县	Yiliang	288	948	1 323	1 694	2 885	2 265
威信县	Weixin	435	1 337	1 928	2 148	1 986	1 850
水富县	Shuifu		4 636	5 252	1 813	3 983	3 531
市 级	City-level	346	7 168	39 318	13 023	18 068	17 511
楚雄州	**Chuxiong**	**4 668**	**18 974**	**56 660**	**56 015**	**72 299**	**75 044**
楚雄市	Chuxiong	798	1 813	5 674	16 008	23 503	25 129
双柏县	Shuangbo	186	522	939	2 416	2 463	2 282
牟定县	Mouding	283	781	1 322	3 064	2 828	2 815
南华县	Nanhua	692	1 038	1 817	4 340	4 067	4 482
姚安县	Yaoan	293	641	913	1 781	3 008	3 015
大姚县	Dayao	337	1 051	1 470	3 394	3 824	4 089
永仁县	Yongren	196	431	560	1 246	1 765	1 488
元谋县	Yuanmou	338	592	834	1 856	3 309	3 084
武定县	Wuding	334	643	1 121	2 624	3 191	3 274
禄丰县	Lufeng	1 445	3 008	4 108	8 018	9 277	8 776
州 级	Prefecture-level	-234	8 455	37 902	11 268	15 064	16 610
红河州	**Honghe**	**8 982**	**16 943**	**32 652**	**59 148**	**104 071**	**123 092**
个旧市	Gejiu	2 015	5 436	8 679	9 215	18 431	20 220
开远市	Kaiyuan	2 287	3 329	5 067	7 533	12 785	13 845
蒙自县	Mengzi	733	1 365	2 602	4 235	6 743	7 649
屏边县	Pingbian	100	103	310	882	1 152	1 412
建水县	Jianshui	1 032	1 477	3 529	6 219	8 757	9 823
石屏县	Shiping	306	464	1 490	4 013	4 556	5 048
弥勒县	Mile	1 028	2 506	4 503	9 720	12 583	14 274
泸西县	Luxi	430	1 196	2 012	6 142	7 224	7 753
元阳县	Yuanyang	203	230	507	833	1 843	2 138
红河县	Honghe	123	108	264	554	1 277	1 354
金平县	Jinping	155	139	601	1 242	2 258	2 665
绿春县	Luchun	93	117	279	494	654	729
河口县	Hekou	80	42	417	1 690	2 962	3 259
州 级	Prefecture-level	361	431	2 389	6 376	22 846	32 923

20-12 续表2 continued

单位：万元 (10 000 yuan)

地 区	Region	1978年	1985年	1990年	1995年	2000年	2001年
文山州	**Wenshan**	**2 313**	**3 581**	**8 269**	**14 432**	**36 666**	**44 966**
文山县	Wenshan	600	900	2 181	3 121	10 688	15 368
砚山县	Yanshan	240	316	858	1 724	4 300	5 000
西畴县	Xichou	148	185	589	1 305	2 610	2 612
麻栗坡县	Malipo	175	322	764	1 013	2 706	2 798
马关县	Maguan	283	279	761	1 237	3 699	4 119
丘北县	Qiubei	270	441	775	1 614	3 233	3 458
广南县	Guangnan	392	578	1 354	2 021	4 242	4 446
富宁县	Funing	236	272	796	1 531	3 288	3 518
州 级	Prefecture-level	-31	288	191	866	1 900	3 647
思茅地区	**Simao**	**3 156**	**6 759**	**14 081**	**16 759**	**43 902**	**50 152**
思茅市	Simao	1 090	1 360	2 066	3 127	7 957	9 056
普洱县	Puer	1 090	916	2 161	2 189	4 178	4 580
墨江县	Mojiang	291	1 283	995	1 279	4 369	5 189
景东县	Jingdong	478	825	1 468	2 606	5 681	6 620
景谷县	Jinggu	408	1 144	2 041	3 405	8 575	9 597
镇沅县	zhenyuan	205	439	1 403	1 481	3 034	3 059
江城县	Jiangcheng	49	114	281	306	1 075	1 259
孟连县	Menglian	31	102	409	675	2 157	2 856
澜沧县	Lancang	314	452	1 492	1 397	3 267	3 871
西盟县	Ximeng	24	87	480	157	623	716
地区级	Prefecture-level	266	61	386	137	2 986	3 349
西双版纳州	**Xishuangbanna**		**1 102**	**2 520**	**6 478**	**30 852**	**33 616**
景洪市	Jinghong	599	1 219	3 351	8 217	15 547	16 549
勐海县	Menghai	481	735	1 779	4 163	6 237	7 832
勐腊县	Mengla	153	415	1 271	4 913	6 397	6 702
州 级	Prefecture-level	24	151	76	1 442	2 671	2 533
大理州	**Dali**	**4 566**	**17 096**	**43 865**	**55 204**	**91 294**	**104 131**
大理市	Dali	1 521	7 883	9 886	17 425	11 664	39 222
漾濞县	Yangbi	146	325	601	1 268	2 305	2 426
祥云县	Xiangyun	442	2 399	3 658	7 491	8 509	9 010
宾川县	Binchuan	211	1 524	1 856	5 018	6 717	6 890
弥渡县	Midu	207	1 189	1 426	3 713	4 251	3 905
南涧县	Nanjian	154	294	715	3 304	4 316	4 326
巍山县	Weishan	245	475	1 196	3 102	3 716	4 116
永平县	Yongping	173	290	636	2 703	3 018	3 128
云龙县	Yunlong	175	492	1 260	1 154	2 459	2 583
洱源县	Eryuan	510	719	1 357	3 521	4 148	4 788
剑川县	Jianchuan	157	237	445	1 083	2 626	3 085
鹤庆县	Heqing	340	571	1 031	2 787	3 265	3 733
州 级	Prefecture-level	285	698	19 799	2 635	11 664	16 919

20-12 续表3 continued

单位：万元 (10 000 yuan)

地 区	Region	1978年	1985年	1990年	1995年	2000年	2001年
德 宏 州	**Dehong**	**1 464**	**3 124**	**12 815**	**14 333**	**22 086**	**25 318**
瑞丽市	Ruili	125	830	4 083	3 838	6 093	6 558
潞西市	Luxi	495	708	2 914	3 600	5 447	5 654
梁河县	Lianghe	189	274	909	1 150	1 804	2 104
盈江县	Yingjiang	288	442	1 931	3 206	4 855	5 722
陇川县	Longchuan	273	392	1 612	1 485	3 006	3 437
州 级	Prefecture-level	48	103	-148	450	881	1 843
丽江地区	**Lijiang**	**1 303**	**2 966**	**5 971**	**10 634**	**21 069**	**24 016**
丽江县	Lijiang	642	1 386	2 670	4 422	8 872	10 550
永胜县	Yongsheng	391	660	1 289	2 909	3 336	3 051
华坪县	Huaping	99	389	1 069	1 828	3 659	4 098
宁蒗县	Ninglang	93	315	557	1 306	1 236	1 020
地区级	City-level	78	216	386	169	3 966	5 297
怒江州	**Nujiang**	316	580	3 479	4 985	9 669	10 868
泸水县	Lushui	53	143	741	1 190	2 968	3 728
福贡县	Fugong	10	31	70	181	516	418
贡山县	Gongshan	2	21	20	117	778	562
兰坪县	Lanping	188	312	2 340	3 053	5 079	5 514
州 级	Prefecture-level	51	55	308	444	328	646
迪庆州	**Diqing**	**367**	**1 092**	**3 787**	**5 469**	**5 855**	**6 987**
中甸县	Zhongdian	166	680	1 535	2 053	2 902	3 705
德钦县	Deqing	79	79	1 126	838	486	594
维西县	Weixi	100	225	525	1 651	840	1 007
州 级	Prefecture-level	22	108	601	927	1 627	1 681
临沧地区	**Lincang**	**2 507**	**4 044**	**7 631**	**17 489**	**36 141**	**39 757**
临沧县	Lincang	478	727	1 404	1 884	4 712	4 917
凤庆县	Fengqing	908	994	1 801	2 708	4 544	5 159
云 县	Yunxian	468	610	1 219	3 871	7 987	8 593
永德县	Yongde	219	395	633	1 356	2 977	3 073
镇康县	Zhenkang	79	238	278	761	2 269	2 213
双江县	Shuangjiang	170	205	519	979	2 000	2 326
耿马县	Gengma	205	471	1 147	4 432	5 650	6 506
沧源县	Cangyuan	107	266	476	1 073	2 047	2 334
地区级	Prefecture-level	-127	138	154	425	3 955	4 636
省 级	Province-level	12 775	-11 186	77 633	88 811	293 086	318 222

20-13 各县市人均财政收入

Per Capital Financial Revenue in Each County and City

单位：元/人 (yuan/person)

地　区	Region	1995年	2000年	2001年
全省合计	**Total**	**248**	**428**	**449**
昆 明 市	**Kunming**	**686**	**1 134**	**1 196**
五华区	Wuhua	647	1 180	1 231
盘龙区	Panlong	640	1 200	1 275
官渡区	Guandu	523	1 245	1 344
西山区	Xishan	362	822	884
东川区	Dongchuan	96	111	128
呈贡县	Chenggong	348	492	535
晋宁县	Jinning	266	346	333
富民县	Fuming	223	414	375
宜良县	Yiliang	196	307	337
石林县	Shilin	355	382	470
嵩明县	Songming	218	252	262
禄劝县	Luquan	82	112	118
寻甸县	Xundian	140	142	136
安宁市	Anning	830	1 100	1 151
曲 靖 市	**Qujing**	**203**	**257**	**289**
麒麟区	Qulin	322	267	282
马龙县	Malong	247	206	209
陆良县	Luliang	235	205	207
师宗县	Shizong	217	180	193
罗平县	Luoping	173	170	206
富源县	Fuyuan	129	163	179
会泽县	Huize	124	136	179
沾益县	Zhanyi		279	301
宣威市	Xuanwei	118	141	153
玉 溪 市	**Yuxi**	**972**	**1 300**	**1 103**
红塔区	Hongta	363	586	567
江川县	Jiangchuan	301	289	309
澄江县	Chengjiang	364	358	429
通海县	Tonghai	313	330	366
华宁县	Huaning	308	279	303
易门县	Yimen	305	297	318
峨山县	Ershan	265	382	389
新平县	Xinping	154	251	275
元江县	Yuanjiang	150	303	305

地　区	Region	1995年	2000年	2001年
保 山 市	**Baoshan**	**115**	**168**	**180**
隆阳区	Longyang	110	173	175
施甸县	Shidian	139	134	135
腾冲县	Tengchong	94	159	180
龙陵县	Longling	102	145	153
昌宁县	Changning	117	152	173
昭 通 市	**Zhaotong**	**90**	**107**	**107**
昭阳区	Zhaoyang	103	146	163
鲁甸县	Ludian	73	45	50
巧家县	Qiaojia	30	47	51
盐津县	Yanjin	36	46	54
大关县	Daguan	49	48	50
永善县	Yongshan	22	39	35
绥江县	Suijiang	107	71	62
镇雄县	Zhenxiong	60	47	49
彝良县	Yiliang	37	57	44
威信县	Weixin	66	56	52
水富县	Shuifu	211	436	388
楚 雄 州	**Chuxiong**	**232**	**288**	**298**
楚雄市	Chuxiong	366	495	527
双柏县	Shuangbo	161	160	148
牟定县	Mouding	158	143	142
南华县	Nanhua	197	178	196
姚安县	Yaoan	92	150	150
大姚县	Dayao	122	136	146
永仁县	Yongren	124	172	144
元谋县	Yuanmou	97	164	153
武定县	Wuding	105	123	125
禄丰县	Lufeng	204	226	214
红 河 州	**Honghe**	**212**	**264**	**312**
个旧市	Gejiu	243	479	525
开远市	Kaiyuan	300	492	533
蒙自县	Mengzi	144	214	242
屏边县	Pingbian	63	80	97
建水县	Jianshui	132	179	200
石屏县	Shiping	146	160	177
弥勒县	Mile	211	262	296
泸西县	Luxi	177	196	210
元阳县	Yuanyang	24	51	59
红河县	Honghe	22	48	50
金平县	Jinping	41	73	85
绿春县	Luchun	26	33	36
河口县	Hekou	225	386	423

20-13 续表 continued

单位：元/人 (yuan/person)

地 区	Region	1995年	2000年	2001年
文山州	**Wenshan**	**47**	**113**	**138**
文山县	Wenshan	86	258	369
砚山县	Yanshan	43	100	116
西畴县	Xichou	56	107	106
麻栗坡县	Malipo	39	101	104
马关县	Maguan	37	107	118
丘北县	Qiubei	40	74	79
广南县	Guangnan	30	58	61
富宁县	Funing	42	87	92
思茅地区	**Simao**	**74**	**189**	**217**
思茅市	Simao	201	429	484
普洱县	Puer	118	224	248
墨江县	Mojiang	36	124	148
景东县	Jingdong	76	162	189
景谷县	Jinggu	120	297	333
镇沅县	zhenyuan	73	149	151
江城县	Jiangcheng	34	118	138
孟连县	Menglian	65	195	260
澜沧县	Lancang	31	70	83
西盟县	Ximeng	20	76	87
西双版纳州	**Xishuangbanna**	**231**	**362**	**392**
景洪市	Jinghong	21	58	448
勐海县	Menghai	238	423	266
勐腊县	Mengla	269	332	345
大理州	**Dali**	**176**	**278**	**316**
大理市	Dali	374	233	775
漾濞县	Yangbi	131	235	248
祥云县	Xiangyun	182	195	206
宾川县	Binchuan	162	208	213
弥渡县	Midu	128	139	127
南涧县	Nanjian	161	203	204
巍山县	Weishan	109	125	139
永平县	Yongping	164	178	184
云龙县	Yunlong	60	125	131
洱源县	Eryuan	113	129	148
剑川县	Jianchuan	67	158	185
鹤庆县	Heqing	110	127	145
德宏州	**Dehong**	**149**	**217**	**247**
瑞丽市	Ruili	433	555	591
潞西市	Luxi	116	166	171
梁河县	Lianghe	77	115	104
盈江县	Yingjiang	131	189	221
陇川县	Longchuan	96	182	207
丽江地区	**Lijiang**	**101**	**192**	**218**
丽江县	Lijiang	134	256	303
永胜县	Yongsheng	79	88	81
华坪县	Huaping	126	247	277
宁蒗县	Ninglang	61	54	45
怒江州	**Nujiang**	**110**	**209**	**234**
泸水县	Lushui	80	194	242
福贡县	Fugong	21	58	47
贡山县	Gongshan	35	230	165
兰坪县	Lanping	168	271	293
迪庆州	**Diqing**	**169**	**177**	**210**
中甸县	Zhongdian	163	223	285
德钦县	Deqing	145	83	102
维西县	Weixi	118	59	70
临沧地区	**Lincang**	**85**	**169**	**185**
临沧县	Lincang	72	173	180
凤庆县	Fengqing	66	108	122
云 县	Yunxian	100	200	214
永德县	Yongde	44	93	95
镇康县	Zhenkang	51	147	143
双江县	Shuangjiang	63	123	144
耿马县	Gengma	190	227	260
沧源县	Cangyuan	70	130	148

20-14 主要年份各县市财政支出

Financial Expenditure of Each County and City in Major Years

单位：万元 (10 000 yuan)

地 区	Region	1978年	1985年	1990年	1995年	2000年	2001年
全省合计	**Total**	**182 840**	**366 986**	**907 586**	**2 350 993**	**4 141 074**	**4 964 302**
昆明市	**Kunming**	**15 810**	**36 894**	**146 397**	**339 844**	**688 003**	**706 367**
五华区	Wuhua	335	2 580	18 238	38 732	63 344	66 592
盘龙区	Panlong	303	2 637	7 654	23 015	47 416	51 433
官渡区	Guandu	698	2 217	9 658	31 608	64 973	67 765
西山区	Xishan	339	1 520	5 173	14 891	32 147	33 230
东川区	Dongchuan	1 269	2 445	4 399	10 008	21 085	24 507
呈贡县	Chenggong	422	882	2 821	8 699	12 644	14 220
晋宁县	Jinning	462	1 568	4 193	9 656	17 055	16 279
富民县	Fuming	334	1 109	2 047	6 926	11 868	13 821
宜良县	Yiliang	968	1 574	3 270	10 464	16 184	19 304
石林县	Shilin	530	1 335	2 796	8 986	15 244	16 801
嵩明县	Songming	639	1 279	3 068	9 430	14 560	20 067
禄劝县	Luquan	484	3 010	3 051	12 029	19 335	21 850
寻甸县	Xundian	562	2 081	4 701	11 595	21 254	24 988
安宁市	Anning	493	1 387	7 753	34 103	49 654	56 412
市 级	City-level	9 803	15 846	76 677	131 305	281 240	259 098
曲靖市	**Qujing**	**10 452**	**21 348**	**71 235**	**157 459**	**256 0 22**	**323 140**
麒麟区	Qulin	1 532	3 722	12 445	30 876	25 482	30 132
马龙县	Malong	508	868	3 321	6 040	11 294	12 443
陆良县	Luliang	1 333	1 690	5 377	12 929	18 940	23 835
师宗县	Shizong	500	1 189	3 271	7 353	13 533	17 607
罗平县	Luoping	571	1 376	5 059	9 903	19 145	23 446
富源县	Fuyuan	761	1 399	5 108	9 646	20 234	23 841
会泽县	Huize	1 003	2 149	8 019	23 273	29 934	40 690
沾益县	Zhanyi					21 327	22 413
宣威市	Xuanwei	1 045	2 441	9 696	19 573	39 176	48 204
市 级	City-level	2 637	4 433	14 239	26 271	56 957	80 529
玉溪市	**Yuxi**	**6 480**	**20 540**	**75 495**	**205 135**	**278 1 01**	**312 643**
红塔区	Hongta	523	3 732	9 823	28 438	43 429	45 265
江川县	Jiangchuan	326	1 391	4 387	11 946	14 823	19 896
澄江县	Chengjiang	310	1 056	3 982	9 968	12 756	15 308
通海县	Tonghai	396	1 639	4 695	11 818	14 655	17 357
华宁县	Huaning	348	1 345	4 195	9 969	13 355	16 330
易门县	Yimen	315	1 290	4 023	9 982	13 105	15 560
峨山县	Ershan	488	1 722	4 320	9 974	16 098	22 166
新平县	Xinping	450	1 841	5 685	14 388	19 944	24 506
元江县	Yuanjiang	430	1 466	4 933	11 551	17 651	20 370
市 级	City-level	2 894	5 058	29 451	87 101	112 285	115 885

20-14 续表1 continued

单位：万元 (10 000 yuan)

地 区	Region	1978年	1985年	1990年	1995年	2000年	2001年
保山市	**Baoshan**	**5 613**	**11 379**	**26 847**	**61 208**	**105 448**	**134 820**
隆阳区	Longyang	1 514	2 710	6 818	15 525	26 246	33 209
施甸县	Shidian	1 017	1 186	3 083	7 472	12 962	18 818
腾冲县	Tengchong	887	2 251	6 076	12 176	24 950	30 512
龙陵县	Longling	694	1 330	3 278	7 042	12 465	15 755
昌宁县	Changning	559	1 823	3 882	8 312	13 036	17 368
市 级	City-level	942	2 079	3 711	10 681	15 789	19 158
昭通市	**Zhaotong**	**7 734**	**19 052**	**62 028**	**111 373**	**177 962**	**241 946**
昭阳区	Zhaoyang	760	2 234	8 444	12 690	22 788	28 368
鲁甸县	Ludian	362	916	2 986	6 377	10 238	12 911
巧家县	Qiaojia	463	1 421	3 488	6 958	13 698	19 324
盐津县	Yanjin	378	978	2 521	4 925	10 425	14 620
大关县	Daguan	283	959	2 232	4 114	8 677	12 116
永善县	Yongshan	461	1 117	3 262	6 191	13 175	17 520
绥江县	Suijiang	240	716	2 968	6 677	8 743	10 544
镇雄县	Zhenxiong	785	2 885	8 346	12 740	22 628	2 8828
彝良县	Yiliang	502	1 249	3 082	6 063	13 699	15 196
威信县	Weixin	497	1 054	3 346	6 695	10 680	14 627
水富县	Shuifu		1 283	2 043	4 811	7 431	9 734
市 级	City-level	3 003	4 240	19 310	33 132	35 780	58 158
楚雄州	**Chuxiong**	**6 579**	**19 650**	**58 509**	**133 228**	**189 202**	**240 634**
楚雄市	Chuxiong	488	2 630	9 326	22 473	30 494	39 960
双柏县	Shuangbo	301	921	2 510	6 836	9 714	12 717
牟定县	Mouding	272	1 148	3 758	8 142	11 162	–12 342
南华县	Nanhua	472	1 142	4 316	9 179	12 524	15 311
姚安县	Yaoan	308	1 014	3 418	7 430	13 339	13 119
大姚县	Dayao	373	1 624	4 315	9 916	14 667	16 487
永仁县	Yongren	288	751	2 107	6 130	9 057	14 160
元谋县	Yuanmou	319	1 107	2 764	6 705	11 476	15 244
武定县	Wuding	351	1 258	3 545	10 089	15 175	16 247
禄丰县	Lufeng	488	2 045	7 250	14 185	18 558	22 795
州 级	Prefecture-level	2 919	6 010	15 199	32 143	43 036	62 252
红河州	**Honghe**	**10 351**	**21 167**	**52 278**	**130 239**	**236 622**	**296 274**
个旧市	Gejiu	1 155	3 137	7 964	14 623	25 872	29 789
开远市	Kaiyuan	496	1 994	4 780	10 364	18 368	23 682
蒙自县	Mengzi	607	1 296	3 596	8 165	14 089	18 235
屏边县	Pingbian	342	939	1 973	4 308	7 902	10 528
建水县	Jianshui	572	1 632	4 875	10 442	17 402	21 497
石屏县	Shiping	400	1 159	3 088	7 442	13 685	17 354
弥勒县	Mile	529	1 677	4 892	12 212	19 301	28 384
泸西县	Luxi	411	1 224	3 429	8 904	14 509	17 115
元阳县	Yuanyang	516	1 306	2 936	7 437	12 773	15 291
红河县	Honghe	377	1 069	2 315	5 434	10 701	12 625
金平县	Jinping	467	1 172	2 586	6 883	12 536	17 500
绿春县	Luchun	381	901	2 023	4 548	9 715	11 803
河口县	Hekou	305	599	1 690	4 124	9 116	9 733
州 级	Prefecture-level	3 793	3 062	6 132	25 353	50 653	62 738

20-14 续表2 continued

单位：万元 (10 000 yuan)

地 区	Region	1978年	1985年	1990年	1995年	2000年	2001年
文山州	**Wenshan**	**6 564**	**14 392**	**26 818**	**63 131**	**142 601**	**193 994**
文山县	Wenshan	457	1 460	3 492	7 732	20 526	27 683
砚山县	Yanshan	417	1 402	2 659	6 574	14 742	20 070
西畴县	Xichou	379	1 166	2 279	5 163	11 629	14 538
麻栗坡县	Malipo	602	1 748	2 709	5 235	12 403	15 387
马关县	Maguan	601	1 558	2 914	5 896	14 764	20 571
丘北县	Qiubei	438	1 344	2 668	5 812	15 273	19 894
广南县	Guangnan	694	1 737	3 535	7 263	18 446	25 246
富宁县	Funing	589	1 469	2 877	6 110	13 930	19 339
州 级	Prefecture-level	2 387	2 508	3 687	13 346	20 888	31 266
思茅地区	**Simao**	**5 682**	**14 572**	**35 391**	**65 588**	**153 907**	**202 569**
思茅市	Simao	581	1 397	2 752	5 652	13 494	27 439
普洱县	Puer	581	1 450	3 266	5 647	11 266	13 462
墨江县	Mojiang	509	1 752	2 595	5 945	14 468	18 173
景东县	Jingdong	469	1 166	3 107	6 606	15 668	19 943
景谷县	Jinggu	464	1 353	3 445	6 579	14 121	21 470
镇沅县	zhenyuan	378	1 003	2 693	5 434	10 811	15 387
江城县	Jiangcheng	277	709	1 633	3 504	7 832	9 210
孟连县	Menglian	263	702	1 782	4 487	7 440	10 747
澜沧县	Lancang	695	1 852	7 074	7 718	18 807	23 843
西盟县	Ximeng	250	712	2 006	3 131	6 670	8 826
地区级	Prefecture-level	1 796	2 476	4 040	10 885	33 330	34 069
西双版纳州	**Xishuangbanna**	**2 644**	**6 961**	**15 981**	**36 457**	**63 148**	**85 423**
景洪市	Jinghong	511	1 710	4 913	10 453	19 415	21 966
勐海县	Menghai	538	1 545	3 997	8 107	13 038	17 090
勐腊县	Mengla	418	1 402	3 221	7 928	11 699	14 226
州 级	Prefecture-level	1 177	2 304	3 850	9 969	18 996	32 141
大理州	**Dali**	**7 515**	**19 620**	**53 428**	**114 829**	**207 071**	**276 307**
大理市	Dali	774	3 993	8 654	18 961	35 167	51 674
漾濞县	Yangbi	205	793	1 551	3 602	8 761	11 929
祥云县	Xiangyun	437	1 657	4 236	10 463	16 552	18 409
宾川县	Binchuan	433	1 281	3 550	8 104	15 264	23 904
弥渡县	Midu	362	1 160	2 847	6 010	11 717	15 511
南涧县	Nanjian	290	913	2 271	5 688	11 624	13 440
巍山县	Weishan	407	1 053	3 025	6 374	13 542	17 228
永平县	Yongping	293	896	2 160	5 317	10 614	14 920
云龙县	Yunlong	352	915	2 777	5 402	11 144	14 950
洱源县	Eryuan	360	999	3 012	6 712	13 014	18 526
剑川县	Jianchuan	294	890	2 102	4 676	11 290	14 454
鹤庆县	Heqing	357	1 045	2 433	6 687	11 067	16 730
州 级	Prefecture-level	2 951	4 025	14 809	26 833	35 167	44 632

20-14 续表3 continued

单位：万元　　　　(10 000 yuan)

地　区	Region	1978年	1985年	1990年	1995年	2000年	2001年
德宏州	**Dehong**	**4 551**	**9 735**	**24 760**	**43 640**	**71 826**	**100 258**
瑞丽市	Ruili	367	1 000	4 128	7 210	11 780	13 779
潞西市	Luxi	761	1 621	4 009	8 287	12 048	19 916
梁河县	Lianghe	450	1 147	2 082	4 359	7 644	10 920
盈江县	Yingjiang	592	1 565	3 632	7 484	11 594	17 764
陇川县	Longchuan	469	1 167	2 550	5 168	9 306	11 976
州　级	Prefecture-level	1 793	2 830	6 845	9 335	19 454	25 903
丽江地区	**Lijiang**	**3 955**	**7 315**	**15 456**	**31 752**	**79 256**	**119 906**
丽江县	Lijiang	615	1 898	4 415	8 542	21 587	30 004
永胜县	Yongsheng	565	1 589	3 512	7 122	16 159	21 021
华坪县	Huaping	340	971	2 256	4 522	11 110	15 958
宁蒗县	Ninglang	426	1 407	2 916	5 559	14 872	19 171
地区级	City-level	2 009	1 450	2 357	6 007	15 528	33 752
怒江州	**Nujiang**	**2 060**	**5 437**	**11 496**	**22 933**	**49 498**	**73 343**
泸水县	Lushui	369	973	2 676	4 799	11 283	16 625
福贡县	Fugong	291	699	1 671	3 178	7 871	10 375
贡山县	Gongshan	214	762	1 112	1 911	5 856	8 293
兰坪县	Lanping	439	1 013	3 354	7 803	13 577	20 263
州　级	Prefecture-level	488	1 205	2 683	5 242	10 911	17 787
迪庆州	**Diqing**	**1 714**	**5 554**	**9 917**	**20 713**	**50 252**	**87 217**
中甸县	Zhongdian	463	1 555	3 129	6 563	16 310	23 495
德钦县	Deqing	399	851	2 720	3 364	9 804	12 510
维西县	Weixi	382	1 147	1 873	5 223	12 409	21 107
州　级	Prefecture-level	470	2 001	2 195	5 563	11 729	30 105
临沧地区	**Lincang**	**5 130**	**10 867**	**29 589**	**54 019**	**110 441**	**151 996**
临沧县	Lincang	432	1 265	2 998	6 163	13 977	17 062
凤庆县	Fengqing	558	1 373	3 304	7 217	14 096	18 658
云　县	Yunxian	466	1 108	2 893	8 095	15 605	19 043
永德县	Yongde	406	1 064	2 595	4 881	10 872	13 451
镇康县	Zhenkang	374	948	1 998	4 064	8 952	10 959
双江县	Shuangjiang	335	921	3 083	3 993	8 340	11 275
耿马县	Gengma	459	1 227	5 808	7 947	11 544	16 036
沧源县	Cangyuan	430	1 180	4 041	4 592	9 159	13 396
地区级	Prefecture-level	1 670	1 781	2 871	7 067	17 896	32 116
省　级	Province-level	78 737	120 058	187 562	749 437	1 281 714	1 417 465

注：1994年以后全省分县财政支出数按新财政体制口径统计。
Note: The financial expenses by counties after 1994 have been recorded according to the new financial system.

20-15 各县市人均财政支出

Per Capital Financial Expenditure in Each County and City

单位：元/人 (yuan/person)

地　区	Region	1995年	2000年	2001年
全省合计	**Total**	**593**	**982**	**1 164**
昆 明 市	**Kunming**	**912**	**1 442**	**1 459**
五华区	Panlong	979	1 420	1 432
盘龙区	Guandu	566	1 079	1 151
官渡区	Xishan	609	1 134	1 160
西山区	Xishan	476	971	989
东川区	Dongchuan	349	713	822
呈贡县	Chenggong	606	836	923
晋宁县	Jinning	386	646	610
富民县	Fuming	529	876	1 016
宜良县	Yiliang	279	412	480
石林县	Shilin	427	689	750
嵩明县	Songming	300	439	601
禄劝县	Luquan	275	429	484
寻甸县	Xundian	252	434	505
安宁市	Anning	1 486	1 992	2 221
曲 靖 市	**Qujing**	**284**	**473**	**589**
麒麟区	Qulin	339	423	492
马龙县	Malong	346	615	665
陆良县	Luliang	243	329	407
师宗县	Shizong	231	398	507
罗平县	Luoping	206	371	447
富源县	Fuyuan	162	313	363
会泽县	Huize	279	340	459
沾益县	Zhanyi		562	582
宣威市	Xuanwei	158	304	370
玉 溪 市	**Yuxi**	**1 082**	**1 388**	**1 543**
红塔区	Hongta	827	1 162	1 191
江川县	Jiangchuan	503	582	774
澄江县	Chengjiang	721	869	1 027
通海县	Tonghai	475	559	657
华宁县	Huaning	531	680	825
易门县	Yimen	603	764	899
峨山县	Ershan	712	1 119	1 498
新平县	Xinping	571	763	928
元江县	Yuanjiang	634	922	1 055
保 山 市	**Baoshan**	**275**	**452**	**573**
隆阳区	Longyang	199	318	399
施甸县	Shidian	241	402	581
腾冲县	Tengchong	217	424	512
龙陵县	Longling	274	471	595
昌宁县	Changning	261	393	520
昭 通 市	**Zhaotong**	**245**	**367**	**490**
昭阳区	Zhaoyang	189	316	384
鲁甸县	Ludian	192	286	355
巧家县	Qiaojia	145	276	382
盐津县	Yanjin	149	299	411
大关县	Daguan	174	358	495
永善县	Yongshan	165	338	444
绥江县	Suijiang	466	576	685
镇雄县	Zhenxiong	115	189	236
彝良县	Yiliang	131	276	299
威信县	Weixin	206	304	407
水富县	Shuifu	561	824	1 070
楚 雄 州	**Chuxiong**	**553**	**757**	**956**
楚雄市	Chuxiong	514	647	838
双柏县	Shuangbo	454	635	826
牟定县	Mouding	419	564	623
南华县	Nanhua	417	552	669
姚安县	Yaoan	382	668	653
大姚县	Dayao	358	524	589
永仁县	Yongren	611	886	1 375
元谋县	Yuanmou	349	573	755
武定县	Wuding	403	586	622
禄丰县	Lufeng	360	455	556
红 河 州	**Honghe**	**344**	**603**	**750**
个旧市	Gejiu	386	672	774
开远市	Kaiyuan	413	710	911
蒙自县	Mengzi	277	453	577
屏边县	Pingbian	305	550	726
建水县	Jianshui	222	357	438
石屏县	Shiping	271	482	609
弥勒县	Mile	265	403	589
泸西县	Luxi	257	397	464
元阳县	Yuanyang	216	358	425
红河县	Honghe	215	401	469
金平县	Jinping	227	404	559
绿春县	Luchun	238	487	590
河口县	Hekou	548	1 178	1 264

20-15 续表 continued

单位：元/人 (yuan/person)

地 区	Region	1995年	2000年	2001年	地 区	Region	1995年	2000年	2001年
文 山 州	**Wenshan**	**207**	**443**	**595**	德 宏 州	**Dehong**	**455**	**709**	**980**
文山县	Wenshan	214	502	664	瑞丽市	Ruili	813	1 082	1241
砚山县	Yanshan	164	348	467	潞西市	Luxi	268	368	602
西畴县	Xichou	221	473	591	梁河县	Lianghe	290	491	696
麻栗坡县	Malipo	203	466	574	盈江县	Yingjiang	305	452	686
马关县	Maguan	175	427	591	陇川县	Longchuan	336	567	721
丘北县	Qiubei	144	357	456					
广南县	Guangnan	106	255	344	丽江地区	**Lijiang**	**301**	**723**	**1 087**
富宁县	Funing	168	369	508	丽江县	Lijiang	258	625	862
思茅地区	**Simao**	**291**	**668**	**875**	永胜县	Yongsheng	194	430	555
思茅市	Simao	364	747	1 467	华坪县	Huaping	312	750	1078
普洱县	Puer	304	609	728	宁蒗县	Ninglang	262	656	837
墨江县	Mojiang	167	412	518					
景东县	Jingdong	193	450	568					
景谷县	Jinggu	231	491	745	怒 江 州	**Nujiang**	**507**	**1 071**	**1 581**
镇沅县	zhenyuan	269	533	758	泸水县	Lushui	321	739	1 080
江城县	Jiangcheng	392	864	1012	福贡县	Fugong	363	883	1 166
孟连县	Menglian	433	681	977	贡山县	Gongshan	575	1 725	2 439
澜沧县	Lancang	170	405	511	兰坪县	Lanping	429	727	1 078
西盟县	Ximeng	390	814	1076					
西双版纳州	**Xishuangbanna**	**449**	**740**	**997**					
景洪市	Jinghong	302	530	595	迪 庆 州	**Diqing**	**639**	**1 519**	**2 627**
勐海县	Menghai	286	446	581	中甸县	Zhongdian	522	1 259	1 807
勐腊县	Mengla	434	603	733	德钦县	Deqing	583	1 684	2 157
大 理 州	**Dali**	**365**	**632**	**838**	维西县	Weixi	372	868	1 476
大理市	Dali	407	705	1021					
漾濞县	Yangbi	373	894	1217					
祥云县	Xiangyun	255	382	421					
宾川县	Binchuan	261	474	738	临沧地区	**Lincang**	**262**	**518**	**709**
弥渡县	Midu	207	384	505	临沧县	Lincang	234	513	625
南涧县	Nanjian	277	550	634	凤庆县	Fengqing	175	335	442
巍山县	Weishan	224	459	580	云 县	Yunxian	209	391	475
永平县	Yongping	323	626	878	永德县	Yongde	157	340	418
云龙县	Yunlong	279	565	759	镇康县	Zhenkang	273	580	707
洱源县	Eryuan	216	405	572	双江县	Shuangjiang	255	516	696
剑川县	Jianchuan	291	681	866	耿马县	Gengma	341	468	641
鹤庆县	Heqing	265	431	648	沧源县	Cangyuan	298	582	848

20-16 主要年份各县市城乡居民储蓄存款年末余额

Balance of Savings Deposit of Rural and Urban Residents at Year-end

单位：万元　　(10 000 yuan)

地　区	Region	1978年	1985年	1990年	1995年	2000年	2001年
全省合计	**Total**	**42 010**	**298 259**	**1 178 897**	**5 001 334**	**11 382 215**	**12 985 261**
昆 明 市	**Kunming**	**17 425**	**88 898**	**317 701**	**1 690 241**		**5 046 364**
五华区	Wuhua						3 109 801
盘龙区	Panlong	9 391	69 941	2 646 490	643 779	2 646 490	
官渡区	Guandu						558 647
西山区	Xishan						305 614
东川区	Dongchuan	443	3 129	8 103	33 509	62 756	92 996
呈贡县	Chenggong	608	2 499	10 127	37 091	100 761	119 697
晋宁县	Jinning	700	2 027	11 760	38 448	93 964	109 853
富民县	Fuming	185	1 241	4 751	18 784	43 252	48 859
宜良县	Yiliang	581	4 780	19 689	70 139	177 236	196 310
石林县	Shilin	185	1 968	7 434	30 173	66 022	71 237
嵩明县	Songming	257	2 291	10 023	37 883	93 839	106 679
禄劝县	Luquan	181	994	3 190	15 560	40 181	46 112
寻甸县	Xundian	430	945	3 674	18 063	45 053	56 877
安宁市	Anning	1 190	2 257	9 561	39 228	122 119	223 682
曲 靖 市	**Qujing**	**9 152**	**26 300**	**89 460**	**409 561**	**907 860**	**1 059 676**
麒麟区	Qulin	2 233	8 811	31 122	105 180	295 890	404 934
马龙县	Malong	282	1 054	3 717	13 526	22 987	24 187
陆良县	Luliang	952	3 262	11 106	36 855	89 412	106 602
师宗县	Shizong	464	973	3 570	12 322	32 188	42 007
罗平县	Luoping	285	1 793	5 777	18 150	47 170	58 407
富源县	Fuyuan	947	1 811	6 389	20 361	56 856	67 918
会泽县	Huize	837	2 480	7 150	29 924	85 014	106 346
沾益县	Zhanyi					60 725	72 777
宣威市	Xuanwei	2 722	5 171	16 955	47 311	142 161	176 498
玉 溪 市	**Yuxi**	**2 729**	**25 476**	**95 220**	**398 720**	**1 004 913**	**1 137 057**
红塔区	Hongta	1 076	9 035	34 596	114 516	407 108	507 467
江川县	Jiangchuan	139	2 355	9 110	34 982	89 495	102 902
澄江县	Chengjiang	159	1 936	6 884	23 411	61 165	73 749
通海县	Tonghai	280	3 677	14 082	42 886	103 604	145 730
华宁县	Huaning	141	1 636	6 990	6 872	61 886	66 619
易门县	Yimen	289	2 098	7 053	22 757	56 277	65 530
峨山县	Ershan	165	1 505	5 129	15 125	41 262	62 092
新平县	Xinping	238	1 422	5 291	14 522	42 687	59 504
元江县	Yuanjiang	242	1 812	6 085	16 501	41 385	53 464

20-16 续表1 continued

单位：万元 (10 000 yuan)

地　区	Region	1978年	1985年	1990年	1995年	2000年	2001年
保山市	**Baoshan**	**1 506**	**11 373**	**44 546**	**212 918**	**447 668**	**500 163**
隆阳区	Longyang	573	5037	20114	67786	185739	218 539
施甸县	Shidian	89	895	3 762	16 418	33 038	39 235
腾冲县	Tengchong	463	3 345	12 436	50 015	132 312	153 756
龙陵县	Longling	169	1 039	4 266	15 294	39 729	45 493
昌宁县	Changning	213	1 057	3 968	15 377	37 426	43 141
昭通市	**Zhaotong**	**3 543**	**10 539**	**34 797**	**199 804**	**339 809**	**394 846**
昭阳区	Zhaoyang	705	3 150	11 988	42 119	119 787	151 505
鲁甸县	Ludian	151	343	1 214	3 832	11 690	15 500
巧家县	Qiaojia	342	818	2 629	7 831	20 593	27 437
盐津县	Yanjin	275	796	1 791	5 269	15 862	19 800
大关县	Daguan	274	578	1 477	4 438	13 415	17 393
永善县	Yongshan	190	785	2 300	7 795	19 930	24 328
绥江县	Suijiang	262	769	2 193	7 397	17 993	23 468
镇雄县	Zhenxiong	735	1 149	3 872	11 563	33 148	42 956
彝良县	Yiliang	258	805	2 426	7 103	19 519	22 652
威信县	Weixin	212	760	2 422	6 868	14 669	20 760
水富县	Shuifu	139	586	2 485	10 351	23 942	29 047
楚雄州	**Chuxiong**	**1 591**	**14 309**	**51 492**	**237 398**	**526 264**	**590 921**
楚雄市	Chuxiong	483	3 743	15 069	47 250	152 886	207 979
双柏县	Shuangbo	54	834	2 321	7 285	17 651	23 168
牟定县	Mouding	85	943	3 120	10 454	26 447	31 692
南华县	Nanhua	65	842	3 009	10 856	28 520	35 212
姚安县	Yaoan	85	735	2 840	9 794	26 488	33 221
大姚县	Dayao	129	1 265	3 945	13 277	37 551	45 310
永仁县	Yongren	41	484	1 380	5 092	14 808	17 520
元谋县	Yuanmou	94	966	3 721	14 119	28 880	34 905
武定县	Wuding	71	888	3 049	12 311	31 572	38 176
禄丰县	Lufeng	484	3 609	13 038	44 713	106 901	124 236
红河州	**Honghe**	**5 151**	**41 701**	**129 729**	**475 935**	**1 034 042**	**1 175 267**
个旧市	Gejiu	1 373	11 888	37 089	99 121	274 512	319 986
开远市	Kaiyuan	696	5 596	19 398	56 146	140 898	173 521
蒙自县	Mengzi	527	3 707	10 610	26 935	66 220	109 430
屏边县	Pingbian	90	608	1 920	6 018	13 859	15 524
建水县	Jianshui	752	5 504	18 360	51 887	138 973	162 399
石屏县	Shiping	587	4 437	12 235	36 362	81 584	100 216
弥勒县	Mile	336	3 422	10 786	31 217	86 913	126 731
泸西县	Luxi	146	1 712	5 577	19 206	37 009	52 516
元阳县	Yuanyang	102	849	2 757	10 252	24 709	29 263
红河县	Honghe	95	688	2 224	6 090	14 511	17 513
金平县	Jinping	149	1 102	3 042	8 149	17 321	21 506
绿春县	Luchun	101	493	1 528	4 379	8 317	11 504
河口县	Hekou	197	1 695	4 203	10 416	26 734	35 158

20-16 续表2 continued

单位：万元 (10 000 yuan)

地 区	Region	1978年	1985年	1990年	1995年	2000年	2001年
文 山 州	**Wenshan**	**2 865**	**12 688**	**43 207**	**161 846**	**347 726**	**396 473**
文山县	Wenshan	831	3 829	15 901	34 987	107 806	148 604
砚山县	Yanshan	300	1 307	4 755	13 307	36 988	52 507
西畴县	Xichou	118	798	2 790	7 489	16 944	23 559
麻栗坡县	Malipo	308	1 539	3 741	11 232	23 534	29 052
马关县	Maguan	385	1 835	5 265	14 115	37 289	48 572
丘北县	Qiubei	259	1 121	3 601	9 737	24 412	30 590
广南县	Guangnan	425	1 365	4 364	12 253	27 503	35 524
富宁县	Funing	239	894	2 790	7 509	18 950	28 065
思茅地区	**Simao**	**2 233**	**11 488**	**38 683**	**153 412**	**363170**	**410 335**
思茅市	Simao	463	3 078	9 989	[illegible]	102 746	137 803
普洱县	Puer	440	1 742	5 823	15 284	37 876	44 298
墨江县	Mojiang	241	1 372	4 300	13 108	32 375	40 521
景东县	Jingdong	240	1 070	3 683	11 922	32 076	38 103
景谷县	Jinggu	207	1 095	3 485	11 658	32 032	41 080
镇沅县	zhenyuan	155	624	2 515	7 915	20 282	25 650
江城县	Jiangcheng	114	597	1 680	4 505	10 710	13 609
孟连县	Menglian	64	419	1 757	5 755	28 280	32 366
澜沧县	Lancang	245	1 215	4 600	13 184	27 665	34 916
西盟县	Ximeng	56	276	850	1 963	6 502	1 989
西双版纳州	**Xishuangbanna**	**2 469**	**10 633**	**34 843**	**148 108**	**294415**	**331 456**
景洪市	Jinghong	834	6 202	20 991	27 150	165 222	210 165
勐海县	Menghai	710	1 647	6 065	7 023	45 002	57 657
勐腊县	Mengla	925	2 784	9 013	7 792	51 910	63 634
大 理 州	**Dali**	**2 202**	**18 055**	**61 110**	**295 092**	**695967**	**799 337**
大理市	Dali	1 172	8 818	29 878	99 301	322 109	393 099
漾濞县	Yangbi	58	626	1 959	5 601	17 199	21 915
祥云县	Xiangyun	143	1 406	5 174	19 531	57 474	68 827
宾川县	Binchuan	132	915	3 545	10 944	35 654	46 061
弥渡县	Midu	102	983	3 695	7 848	35 074	43 227
南涧县	Nanjian	56	494	1 735	5 594	18 563	23 542
巍山县	Weishan	86	760	2 889	18 334	43 498	43 909
永平县	Yongping	81	582	1 711	5 264	20 978	25 154
云龙县	Yunlong	75	775	2 200	7 037	18 588	21 149
洱源县	Eryuan	116	946	2 775	11 804	36 294	43 756
剑川县	Jianchuan	74	676	2 094	7 356	21 437	25 964
鹤庆县	Heqing	109	1 074	3 455	13 164	37 174	42 734

20-16 续表3 continued

单位：万元 (10 000 yuan)

地 区	Region	1978年	1985年	1990年	1995年	2000年	2001年
德宏州	**Dehong**	**1 052**	**6 511**	**27 883**	**155 400**	**366 642**	**431 096**
潞西市	Ruili	373	2 546	9 750	32 889	116 101	140 084
梁河县	Luxi	77	664	3 061	10 218	24 002	27 745
盈江县	Lianghe	172	1 152	5 480	18 711	48 440	56 445
陇川县	Yingjiang	159	997	3 782	11 196	31 566	35 748
瑞丽市	Longchuan	201	936	4 830	24 655	129 062	171 074
丽江地区	**Lijiang**	**1 951**	**6 621**	**21 960**	**101 134**	**245 253**	**288 110**
丽江县	Lijiang	929	3 242	9 605	31 015	118 868	145 769
永胜县	Yongsheng	385	1 300	4 975	23 165	53 531	72 940
华坪县	Huaping	356	1 267	4 361	16 302	37 822	48 172
宁蒗县	Ninglang	282	812	3 019	8 965	18 263	21 229
怒江州	**Nujiang**	**161**	**1 477**	**5 868**	**40344**	**67270**	**72 733**
泸水县	Lushui	68	586	2 478	6 771	27 701	32 059
福贡县	Fugong	15	121	542	1 142	3 954	5 722
贡山县	Gongshan	22	157	450	1 198	3 437	3 844
兰坪县	Lanping	30	458	2 398	9 002	28 263	31 108
迪庆州	**Diqing**	**1 102**	**2 102**	**6 376**	**26 632**	**60961**	**70 814**
中甸县	Zhongdian	603	1 252	3 667	12 656	36 609	45 197
德钦县	Deqing	254	326	1 099	3 055	8 176	9 323
维西县	Weixi	245	524	1 610	5 426	13 380	16 294
临沧地区	**Lincang**	**1 045**	**7 120**	**25 890**	**102 931**	**243 038**	**280 612**
临沧县	Lincang	347	1 820	6 731	16 559	67 310	81 943
凤庆县	Fengqing	129	1 258	4 051	12 408	28 331	36 571
云 县	Yunxian	82	843	3 343	11 600	40 146	47 368
永德县	Yongde	100	656	2 527	8 958	18 672	24 744
镇康县	Zhenkang	52	316	1 065	4 506	14 285	18 549
双江县	Shuangjiang	64	535	1 983	4 971	11 137	14 032
耿马县	Gengma	167	1 140	4 254	12 609	35 833	41 652
沧源县	Cangyuan	99	552	1 936	4 580	12 807	15 753

20-17 各县市城乡居民人均储蓄存款

Per Capita Savings Deposit of Rural and Urban Residents of Each County and City

单位：元/人 (yuan/person)

地　区	Region	1995年	2000年	2001年	地　区	Region	1995年	2000年	2001年
全省合计	**Total**	**1 254**	**2 497**	**3 029**	**保 山 市**	**Baoshan**	**952**	**1 909**	**2 120**
昆 明 市	**Kunming**	**4 509**	**9 228**	**10 352**	隆阳区	Longyang	865	2 239	2 617
五华区	Panlong			33 619	施甸县	Shidian	528	1 021	1 207
盘龙区	Guandu	3 913	14 977		腾冲县	Tengchong	886	2 228	2 571
官渡区	Xishan			9 485	龙陵县	Longling	593	1 501	1 710
西山区	Xishan			9 015	昌宁县	Changning	480	1 123	1 288
东川区	Dongchuan	1 167	2 114	3 110	**昭 通 市**	**Zhaotong**	**437**	**691**	**796**
呈贡县	Chenggong	2 569	6 601	7 722	昭阳区	Zhaoyang	626	1 628	2 045
晋宁县	Jinning	1 532	3 535	4 099	鲁甸县	Ludian	114	323	423
富民县	Fuming	2 823	3 184	3 366	巧家县	Qiaojia	163	408	541
宜良县	Yiliang	500	4 483	4 908	盐津县	Yanjin	159	447	555
石林县	Shilin	1 429	2 963	3 166	大关县	Daguan	186	549	707
嵩明县	Songming	1 199	2 818	3 184	永善县	Yongshan	207	507	611
禄劝县	Luquan	355	888	1 022	绥江县	Suijiang	513	1 173	1 524
寻甸县	Xundian	390	914	1 147	镇雄县	Zhenxiong	104	273	350
安宁市	Anning	1 667	4 876	8 670	彝良县	Yiliang	153	386	443
					威信县	Weixin	209	411	2 257
					水富县	Shuifu	1 203	2 618	807
					楚 雄 州	**Chuxiong**	**981**	**2 098**	**2 341**
曲 靖 市	**Qujing**	**734**	**1 659**	**1 923**	楚雄市	Chuxiong	1 074	3 222	4 333
麒麟区	Qulin	1 145	4 879	6 542	双柏县	Shuangbo	483	1 147	1 504
马龙县	Malong	774	1 235	1 287	牟定县	Mouding	536	1 336	1 601
陆良县	Luliang	685	1 532	1 810	南华县	Nanhua	491	1 251	1 531
师宗县	Shizong	385	928	1 207	姚安县	Yaoan	478	1 322	1 645
罗平县	Luoping	376	902	1 108	大姚县	Dayao	478	1 339	1 612
富源县	Fuyuan	339	869	1 031	永仁县	Yongren	507	1 444	1 701
会泽县	Huize	357	959	1 198	元谋县	Yuanmou	732	1 432	1 719
沾益县	Zhanyi		1 583	1 885	武定县	Wuding	490	1 213	1 463
宣威市	Xuanwei	381	1 094	1 350	禄丰县	Lufeng	1 131	2 612	3 015
					红 河 州	**Honghe**	**1 253**	**2 623**	**2 968**
					个旧市	Gejiu	2 610	7 134	8 311
					开远市	Kaiyuan	2 223	5 424	6 674
					蒙自县	Mengzi	909	2 104	3 441
玉 溪 市	**Yuxi**	**2 092**	**4 983**	**5 590**	屏边县	Pingbian	426	961	1 071
红塔区	Hongta	3 307	10 790	13 284	建水县	Jianshui	1 100	2 843	3 294
江川县	Jiangchuan	1 463	3 493	3 973	石屏县	Shiping	1 320	2 867	3 504
澄江县	Chengjiang	1 682	4 141	4 950	弥勒县	Mile	675	1 807	2 618
通海县	Tonghai	1 714	3 939	5 520	泸西县	Luxi	552	1 005	1 419
华宁县	Huaning	365	3 126	3 348	元阳县	Yuanyang	297	688	813
易门县	Yimen	1 370	3 273	3 788	红河县	Honghe	240	541	646
峨山县	Ershan	1 074	2 811	4 195	金平县	Jinping	268	556	689
新平县	Xinping	574	1 623	2 245	绿春县	Luchun	228	417	575
元江县	Yuanjiang	901	2 146	2 756	河口县	Hekou	1 375	3 479	4 626

20-17 续表 continued

单位：元/人 (yuan/person)

地 区	Region	1995年	2000年	2001年	地 区	Region	1995年	2000年	2001年
文 山 州	**Wenshan**	**525**	**1 071**	**1 210**	德 宏 州	**Dehong**	**1 609**	**3 600**	**4 194**
文山县	Wenshan	1 035	2 607	3 547	瑞丽市	Ruili	1 053	11 765	15 412
砚山县	Yanshan	331	860	1 207	潞西市	Luxi	677	3 527	4 219
西畴县	Xichou	319	695	950	梁河县	Lianghe	757	1 534	1 756
麻栗坡县	Malipo	434	882	1 084	盈江县	Yingjiang	723	1 881	2 179
马关县	Maguan	417	1 075	1 392	陇川县	Longchuan	722	1 909	2 141
丘北县	Qiubei	240	562	698					
广南县	Guangnan	178	377	483	丽江地区	**Lijiang**	**955**	**2 230**	**2 600**
富宁县	Funing	205	499	733	丽江县	Lijiang	934	3 426	4 177
思茅地区	**Simao**	**679**	**1 566**	**1 773**	永胜县	Yongsheng	630	1 418	1 919
思茅市	Simao	1 641	5 543	7 291	华坪县	Huaping	630	2 553	3 255
普洱县	Puer	824	2 034	2 408	宁蒗县	Ninglang	418	803	923
墨江县	Mojiang	368	921	1 158					
景东县	Jingdong	347	914	1 086					
景谷县	Jinggu	409	1 109	1 431	怒 江 州	**Nujiang**	**562**	**1 450**	**1 561**
镇沅县	zhenyuan	392	997	1 270	泸水县	Lushui	452	1 807	2 082
江城县	Jiangcheng	496	1 172	1 479	福贡县	Fugong	161	443	643
孟连县	Menglian	553	2 562	2 916	贡山县	Gongshan	360	1 014	1 131
澜沧县	Lancang	290	591	749	兰坪县	Lanping	492	1 509	1 655
西盟县	Ximeng	244	794	246					
西双版纳州	**Xishuangbanna**	**1 811**	**3 449**	**3 854**					
景洪市	Jinghong	780	4 498	5 680	迪 庆 州	**Diqing**	**819**	**1 839**	**2 127**
勐海县	Menghai	247	1 534	1 961	中甸县	Zhongdian	1 001	2 813	3 450
勐腊县	Mengla	421	2 691	3 263	德钦县	Deqing	529	1 399	647
大 理 州	**Dali**	**935**	**2 118**	**2 415**	维西县	Weixi	385	936	2 762
大理市	Dali	2 119	6 423	7 708					
漾濞县	Yangbi	579	1 754	2 214					
祥云县	Xiangyun	473	1 320	1 568					
宾川县	Binchuan	352	1 104	1 417	临沧地区	**Lincang**	**497**	**1 604**	**1 306**
弥渡县	Midu	269	1 147	1 403	临沧县	Lincang	497	2 464	2 991
南涧县	Nanjian	272	876	1 105	凤庆县	Fengqing	301	672	867
巍山县	Weishan	643	1 468	1 473	云 县	Yunxian	299	1 005	1 178
永平县	Yongping	318	1 234	1 480	永德县	Yongde	288	582	768
云龙县	Yunlong	362	945	1 074	镇康县	Zhenkang	302	924	1 189
洱源县	Eryuan	379	1 124	1 346	双江县	Shuangjiang	317	987	861
剑川县	Jianchuan	456	1 288	1 555	耿马县	Gengma	538	1 440	1 659
鹤庆县	Heqing	521	1 442	1 650	沧源县	Cangyuan	297	812	991

20-18 各县市农民人均纯收入

Per Capita Net Income of Peasants in Cities and Counties

单位：元/人 (yuan/person)

地　区	Region	1995年	2000年	2001年	地　区	Region	1995年	2000年	2001年
全省合计	**Total**	**1 011**	**1 479**	**1 534**	**保 山 市**	**Baoshan**	**808**	**1 409**	**1 463**
昆 明 市	**Kunming**	**1 631**	**2 220**	**2 318**	隆阳区	Longyang	906	1 552	1 613
五华区	Wuhua				施甸县	Shidian	801	1 334	1 392
盘龙区	Panlong				腾冲县	Tengchong	782	1 435	1 525
官渡区	Guandu	2 515	4 425	4 552	龙陵县	Longling	729	1 396	1 421
西山区	Xishan	1 806	3 708	3 858	昌宁县	Changning	768	1 383	1 425
东川市	Dongchuan	791	1 084	1 099	**昭 通 市**	**Zhaotong**	**612**	**922**	**945**
呈贡县	Chenggong	1 823	3 241	3 446	昭阳区	Zhaoyang	933	1 023	1 048
晋宁县	Jinning	1 577	2 554	2 618	鲁甸县	Ludian	538	888	912
富民县	Fuming	1 679	2 316	2 392	巧家县	Qiaojia	642	852	878
宜良县	Yiliang	1 707	2 764	2 831	盐津县	Yanjin	597	907	914
石林县	Shilin	1 479	1 857	1 995	大关县	Daguan	576	774	783
嵩明县	Songming	1 450	2 162	2 230	永善县	Yongshan	474	822	858
禄劝县	Luquan	832	1 215	1 255	绥江县	Suijiang	675	888	917
寻甸县	Xundian	788	1 160	1 252	镇雄县	Zhenxiong	525	690	792
安宁市	Anning	1 594	2 716	2 806	彝良县	Yiliang	534	930	876
曲 靖 市	**Qujing**	**1 004**	**1 463**	**1 529**	威信县	Weixin	697	1 133	965
麒麟区	Qulin	1 629	2 410	2 510	水富县	Shuifu	939	1 371	1 375
马龙县	Malong	880	1 168	1 231	**楚 雄 州**	**Chuxiong**	**947**	**1 575**	**1 636**
陆良县	Luliang	1 536	2 022	2 108	楚雄市	Chuxiong	1 019	1 837	1 940
师宗县	Shizong	811	1 336	1 386	双柏县	Shuangbo	855	1 411	1 466
罗平县	Luoping	865	1 425	1 512	牟定县	Mouding	814	1 510	1 584
富源县	Fuyuan	886	1 538	1 590	南华县	Nanhua	1 458	1 514	1 581
会泽县	Huize	639	1 050	1 084	姚安县	Yaoan	896	1 509	1 589
沾益县	Zhanyi		2 013	2 096	大姚县	Dayao	915	1 540	1 610
宣威市	Xuanwei	1 003	1 415	1 439	永仁县	Yongren	854	1 366	1 421
					元谋县	Yuanmou	1 081	1 775	1 733
玉 溪 市	**Yuxi**	**1 609**	**2 337**	**2 408**	武定县	Wuding	880	1 385	1 441
红塔区	Hongta	2 504	3 400	3 484	禄丰县	Lufeng	1 128	1 890	1 972
江川县	Jiangchuan	1 600	2 219	2 304	**红 河 州**	**Honghe**	**890**	**1 373**	**1 445**
澄江县	Chengjiang	1 699	2 482	2 558	个旧市	Gejiu	1 257	2 319	2 418
通海县	Tonghai	1 832	2 912	2 994	开远市	Kaiyuan	1 207	2 047	2 131
华宁县	Huaning	1 255	2 027	2 106	蒙自县	Mengzi	846	1 399	1 430
易门县	Yimen	1 421	1 895	1 956	屏边县	Pingbian	407	799	888
峨山县	Ershan	1 251	1 970	2 045	建水县	Jianshui	975	1 570	1 635
新平县	Xinping	1 227	1 849	1 905	石屏县	Shiping	1 141	1 671	1 755
元江县	Yuanjiang	1 204	1 668	1 743	弥勒县	Mile	1 118	1 664	1 579

20-18 续表 continued

单位：元/人 (yuan/person)

地 区	Region	1995年	2000年	2001年	地 区	Region	1995年	2000年	2001年
泸西县	Luxi	1 001	1 434	1 399	巍山县	Weishan	643	1 263	1 294
元阳县	Yuanyang	662	991	1 031	永平县	Yongping	318	1 394	
红河县	Honghe	622	1 117	1 089	云龙县	Yunlong	888	1 156	1 172
金平县	Jinping	452	716	785	洱源县	Eryuan	1 042	1 374	1 459
绿春县	Luchun	319	835	817	剑川县	Jianchuan	955	1 389	
河口县	Hekou	450	1 180	1 216	鹤庆县	Heqing	521	1 197	
文山州	**Wenshan**	**660**	**957**	**1 024**					
文山县	Wenshan	644	1 004	1 090	**德宏州**	**Dehong**	**1 609**	**1 142**	**1 161**
砚山县	Yangshan	687	990	1 060	瑞丽市	Ruili	1 053	1 858	1 881
西畴县	Xichou	612	865	905	潞西市	Luxi	8 18	1 443	
麻栗坡县	Malipo	721	927	995	梁河县	Lianghe	513	1 446	
马关县	Maguan	675	920	988	盈江县	Yingjiang	983	1 262	1 278
丘北县	Qiubei	781	1 132	1 179	陇川县	Longchuan	886	998	1 010
广南县	Guangnan	503	804	863	**丽江地区**	**Lijiang**	**602**	**1 284**	
富宁县	Funing	689	1 082	1 176	丽江县	Lijiang	721	1 954	
思茅地区	**Simao**	**728**	**1 117**	**1 166**	永胜县	Yongsheng	588	1 539	
思茅市	Simao	928	1 422	1 473	华坪县	Huaping	789	1 517	
普洱县	Pu'er	817	1 280	1 373	宁蒗县	Ninglang	344	806	760
墨江县	Mojiang	597	813	829	**怒江州**	**Nujiang**	**629**	**922**	**929**
景东县	Jingdong	759	1 181	1 176	泸水县	Lushui	638	1 144	1 146
景谷县	Jinggu	779	1 409	1 453	福贡县	Fugong	560	697	700
镇沅县	Zhenyuan	631	1 119	1 126	贡山县	Gongshan	604	747	710
江城县	Jiangcheng	616	754	825	兰坪县	Lanping	672	1 030	1 034
孟连县	Menglian	513	797	879	**迪庆州**	**Diqing**	**511**	**1 068**	**1 013**
澜沧县	Lancang	524	729	740	中甸县	Zhongdian	692	921	958
西盟县	Ximeng	390	498	566	德钦县	Deqing	530	1 224	
西双版纳州	**Xishuangbanna**	**1 166**	**1 742**	**1 761**	维西县	Weixi	356	1 060	1 073
景洪市	Jinghong	1 212	1 872	1 840					
勐海县	Menghai	953	1 456	1 541	**临沧地区**	**Lincang**	**719**	**956**	**974**
勐腊县	Mengla	1 110	1 860	1 805	临沧县	Lincang	706	1 111	1 150
大理州	**Dali**	**1 079**	**1 789**	**1 819**	凤庆县	Fengqing	735	940	955
大理市	Dali	1 597	2 905	3 011	云 县	Yunxian	735	1 118	1 143
漾濞县	yanbi	579	1 555		永德县	Yongde	684	893	903
祥云县	Xuangyun	1 042	1 676	1 711	镇康县	Zhenkang	658	910	915
宾川县	Binchuang	1 192	1 675	1 820	双江县	Shuangjiang	687	753	771
弥渡县	Midu	1 078	1 558	1 595	耿马县	Gengma	867	1 110	1 110
南涧县	Nanjian	773	1 266	1 298	沧源县	Cangyuan	685	930	937

注：除德宏州、瑞丽市、盈江县、陇川县外，都是抽样调查数。迪庆州1999年开始进行农村住户抽样调查。

Note: Except Dehong Prefecture, Ruili City, Yingjiang County and Longchuan County, all the figures are obtained from sample survey. A rural household sample survey has been conducted in Diqing since 1999.

20-19 各县市乡村从业人员(2001年)

Number of Employed Persons in Each County and City (2001)

单位:人 (person)

地 区	Region	总 计 Total	农林牧渔业 Farming, Forestry, Animal Husbandry and Fishery	工 业 Industry	建筑业 Construction	交通运输仓储及邮电通讯 Transport, Storage, Post and Telecommunication Services	批发零售贸易餐饮业 Wholesale and Retail Trade & Catering Services	其他 Others
全省合计	**Total**	**19 710 233**	**16 894 330**	**525 387**	**541 633**	**357 763**	**385 592**	**1 005 528**
昆 明 市	**Kunming**	**1 801 171**	**1 424 399**	**72 899**	**72 568**	**61 971**	**60 309**	**109 025**
官渡区	Guandu	165 815	97 856	16 521	5 519	12 382	11 787	21 750
西山区	Xishan	82 798	53 234	6 217	5 202	7 140	4 866	6 139
东川区	Dongchuan	139 896	114 018	4 079	3 992	1 823	2 266	13 718
呈贡县	Chenggong	80 926	67 266	4 416	1 103	2 702	2 225	3 214
晋宁县	Jinning	140 941	110 925	7 333	5 886	5 548	5 507	5 742
富民县	Fuming	75 087	55 136	3 278	7 177	2 539	2 732	4 225
宜良县	Yiliang	223 040	170 838	8 329	14 926	8 310	9 449	11 188
石林县	Shilin	119 328	104 893	2 474	2 208	3 241	2 801	3 711
嵩明县	Songming	177 059	130 547	10 206	12 292	6 492	7 500	10 022
禄劝县	Luquan	246 894	225 287	1 761	4 040	2 607	2 890	10 309
寻甸县	Xundian	271 129	237 382	3 576	7 071	5 528	4 642	12 930
安宁市	Anning	78 258	57 017	4 709	3 152	3 659	3 644	6 077
曲 靖 市	**Qujing**	**2 767 271**	**2 298 523**	**124 796**	**96 939**	**47 333**	**50 121**	**149 559**
麒麟区	Qulin	236 348	171 322	17 474	15 820	8 843	6 687	16 202
马龙县	Malong	99 772	90 723	1 093	1 298	1 123	1 787	3 748
陆良县	Luliang	288 745	228 263	10 288	21 200	8 218	6 304	14 472
师宗县	Shizong	178 621	152 296	10 475	3 437	3 833	3 789	4 791
罗平县	Luoping	273 197	251 141	7 395	1 114	3 403	3 269	6 875
富源县	Fuyuan	324 910	260 989	27 814	8 236	5 732	5 600	16 539
会泽县	Huize	482 794	421 767	7 244	9 494	4 622	6 867	32 800
沾益县	Zhanyi	203 573	171 900	5 341	6 882	3 367	3 481	12 602
宣威市	Xuanwei	679 311	550 122	37 672	29 458	8 192	12 337	41 530
玉 溪 市	**Yuxi**	**1 041 574**	**817 643**	**44 914**	**59 258**	**34 800**	**35 006**	**49 953**
红塔区	Hongta	177 666	94 609	15 083	30 084	8 838	11 643	17 409
江川县	Jiangchuan	145 777	118 489	5 278	8 822	5 070	4 123	3 995
澄江县	Chengjiang	83 595	72 082	2 016	2 218	2 122	2 170	2 987
通海县	Tonghai	140 407	104 730	13 062	6 613	6 285	5 130	4 587
华宁县	Huaning	107 539	94 789	2 330	2 841	2 706	2 121	2 752
易门县	Yimen	84 297	71 265	2 216	2 381	2 511	1 469	4 455
峨山县	Eshan	73 439	62 718	1 513	1 977	2 330	2 236	2 665
新平县	Xinping	140 194	119 369	2 688	3 578	2 930	4 132	7 497
元江县	Yuanjiang	88 660	79 592	728	744	2 008	1 982	3 606

20-19 续表1 continued

单位:人 (person)

地 区	Region	总 计 Total	农林牧渔业 Farming, Forestry, Animal Husbandry and Fishery	工 业 Industry	建筑业 Construction	交通运输仓储及邮电通讯 Transport, Storage, Post and Telecommunication Services	批发零售贸易餐饮业 Wholesale and Retail Trade & Catering Services	其他 Others
保 山 市	**Baoshan**	**1 226 476**	**1 049 359**	**27 017**	**52 649**	**25 258**	**22 592**	**49 601**
隆阳区	Longyang	419 540	349 104	11 874	26 336	7 285	6 510	18 431
施甸县	Shidian	177 244	155 124	2 419	9 944	3 520	3 109	3 128
腾冲县	Tengchong	307 264	256 612	7 127	10 896	8 172	7 743	16 714
龙陵县	Longling	144 226	132 872	1 365	1 999	2 470	1 876	3 644
昌宁县	Changning	178 202	155 647	4 232	3 474	3 811	3 354	7 684
昭 通 市	**Zhaotong**	**2 317 358**	**1 981 400**	**37 730**	**58 638**	**20 853**	**33 962**	**184 775**
昭阳区	Zhaoyang	338 032	269 631	7 301	16 171	6 280	6 835	31 814
鲁甸县	Ludian	175 937	163 002	1 423	2 310	1 441	2 314	5 447
巧家县	Qiaojia	250 226	233 380	1 128	1 899	884	1 564	11 371
盐津县	Yanjin	165 709	130 004	4 672	4 633	1 099	3 175	22 126
大关县	Daguan	109 124	98 273	649	1 518	878	2 722	5 084
永善县	Yongshan	195 057	174 443	2 250	2 392	1 099	2 517	12 356
绥江县	Suijiang	69 337	58 666	2 201	869	908	928	5 765
镇雄县	Zhenxiong	560 371	462 444	10 428	17 818	4 868	7 603	57 210
彝良县	Yiliang	251 106	225 596	2 294	4 145	1 385	2 567	15 119
威信县	Weixin	170 152	142 043	3 672	4 868	1 247	2 451	15 871
水富县	Shuifu	32 307	23 918	1 712	2 015	764	1 286	2 612
楚 雄 州	**Chuxiong**	**1 336 709**	**1 170 416**	**26 485**	**26 556**	**23 720**	**31 878**	**57 654**
楚雄市	Chuxiong	222 868	194 911	4 479	3 164	4 354	5 657	10 303
双柏县	Shuangbo	85 107	78 630	631	1 170	1 517	1 185	1 974
牟定县	Mouding	112 173	92 658	3 173	4 271	1 540	3 524	7 007
南华县	Nanhua	125 062	112 452	2 029	1 299	2 242	3 227	3 813
姚安县	Yao'an	111 965	93 161	2 800	3 709	2 085	3 075	7 135
大姚县	Dayao	154 548	134 056	3 010	4 080	1 838	2 752	8 812
永仁县	Yongren	56 991	51 994	700	694	739	1 257	1 607
元谋县	Yuanmou	113 442	104 930	1 238	477	2 480	2 176	2 141
武定县	Wuding	149 171	134 603	2 190	2 399	1 852	2 732	5 395
禄丰县	Lufeng	205 382	173 021	6 235	5 293	5 073	6 293	9 467
红 河 州	**Honghe**	**1 957 048**	**1 740 980**	**48 689**	**34 283**	**27 459**	**31 720**	**73 917**
个旧市	Gejiu	104 431	81 607	8 513	1 214	3 142	4 230	5 725
开远市	Kaiyuan	95 892	79 606	3 901	1 563	4 198	2 550	4 074
蒙自县	Mengzi	165 155	153 539	1 491	1 062	1 880	2 685	4 498
屏边县	Pingbian	69 832	64 397	571	443	402	482	3 537
建水县	Jianshui	264 901	228 660	8 402	6 463	5 085	5 263	11 028
石屏县	Shiping	158 880	135 498	5 108	5 935	3 026	2 070	7 243
弥勒县	Mile	265 609	234 315	6 940	6 504	4 331	4 306	9 213

20-19 续表2 continued

单位:人 (person)

地　区	Region	总　计 Total	农林牧渔业 Farming, Forestry, Animal Husbandry and Fishery	工　业 Industry	建筑业 Construction	交通运输仓储及邮电通讯 Transport, Storage, Post and Telecommunication Services	批发零售贸易餐饮业 Wholesale and Retail Trade & Catering Services	其　他 Others
泸西县	Luxi	202 031	178 045	4 000	6 813	2 528	3 064	7 581
元阳县	Yuanyang	198 615	184 851	4 111	924	723	2 014	5 992
红河县	Honghe	139 653	126 361	1 965	1 371	545	1 256	8 155
金平县	Jinping	163 676	153 859	2 235	1 169	916	2 629	2 868
绿春县	Luchun	105 477	98 525	1 220	414	563	1 041	3 714
河口县	Hekou	22 896	21 717	232	408	120	130	289
文山州	**Wenshan**	**1 719 874**	**1 574 332**	**23 346**	**6 589**	**13 118**	**18 942**	**83 547**
文山县	Wenshan	193 720	177 143	1 937	227	2 142	4 248	8 023
砚山县	Yanshan	224 764	207 789	3 761	485	3 330	3 031	6 368
西畴县	Xichou	132 755	119 200	2 482	897	986	1 968	7 222
麻栗坡县	Malipo	145 693	134 234	2 163	801	563	1 032	6 900
马关县	Maguan	188 583	172 276	2 933	387	1 347	1 937	9 703
丘北县	Qiubei	217 952	200 955	2 823	417	1 583	2 085	10 089
广南县	Guangnan	402 040	373 040	3 855	2 098	1 974	2 733	18 340
富宁县	Funing	214 367	189 695	3 392	1 277	1 193	1 908	16 902
思茅地区	**Simao**	**1 114 266**	**1 007 179**	**9 014**	**10 683**	**11 484**	**11 956**	**63 950**
思茅市	Simao	64 029	56 471	191	187	791	715	5 674
普洱县	Puer	86 797	72 613	1 788	3 408	1 318	1 563	6 107
墨江县	Mojiang	170 287	154 885	1 010	1 231	1 270	1 852	10 039
景东县	Jingdong	184 749	161 684	2 045	2 490	2 352	2 828	13 350
景谷县	Jinggu	160 950	140 849	785	1 303	2 008	1 596	14 409
镇沅县	zhenyuan	99 022	89 626	660	1 200	1 081	896	5 559
江城县	Jiangcheng	43 809	39 905	593	113	539	403	2 256
孟连县	Menglian	52 832	49 829	353	231	720	691	1 008
澜沧县	Lancang	216 741	207 035	1 581	465	1 178	1 106	5 376
西盟县	Ximeng	35 050	34 282	8	55	227	306	172
西双版纳州	**Xishuangbanna**	**321 147**	**302 986**	**1 404**	**903**	**3 257**	**3 609**	**8 988**
景洪市	Jinghong	119 873	113 111	412	161	1 068	1 604	3 517
勐海县	Menghai	140 927	130 479	952	726	2 081	1 737	4 952
勐腊县	Mengla	60 347	59 396	40	16	108	268	519
大理州	**Dali**	1 676 450	1 352 716	69 380	82 460	42 899	47 136	81 859
大理市	Dali	185 314	103 970	16 083	29 467	10 227	13 286	12 281
漾濞县	Yangbi	48 931	43 617	568	1 313	807	1 306	1 320
祥云县	Xiangyun	249 980	202 953	15 070	6 334	5 779	6 134	13 710
宾川县	Binchuan	177 746	154 174	4 683	2 519	4 232	3 749	8 389
弥渡县	Midu	174 385	143 197	5 631	7 750	3 610	4 367	9 830
南涧县	Nanjian	119 975	105 657	1 957	2 333	1 171	1 886	6 971

20-19 续表3 continued

单位：人 (person)

地 区	Region	总 计 Total	农林牧渔业 Farming, Forestry, Animal Husbandry and Fishery	工 业 Industry	建筑业 Construction	交通运输仓储及邮电通讯 Transport, Storage, Post and Telecommunication Services	批发零售贸易餐饮业 Wholesale and Retail Trade & Catering Services	其他 Others
巍山县	Weishan	161 447	141 534	3 609	5 576	2 689	3 070	4 969
永平县	Yongping	82 173	69 607	1 645	2 591	1 607	2 559	4 164
云龙县	Yunlong	95 527	84 469	2 195	2 193	1 084	1 637	3 949
洱源县	Eryuan	168 389	138 015	5 061	8 900	5 857	3 997	6 559
剑川县	Jianchuan	78 857	60 019	5 027	6 134	2 309	1 990	3 378
鹤庆县	Heqing	133 726	105 504	7 851	7 350	3 527	3 155	6 339
德宏州	**Dehong**	**472 928**	**419 909**	**7 970**	**5 328**	**11 732**	**9 317**	**18 672**
瑞丽市	Ruili	45 418	36 076	618	294	3 564	1 894	2 972
潞西市	Luxi	151 012	133 443	2 969	2 258	3 494	2 621	6 227
梁河县	Lianghe	79 175	68 819	2 120	1 422	1 682	1 913	3 219
盈江县	Yingjiang	120 213	109 168	1 217	1 196	2 219	1 859	4 554
陇川县	Longchuan	77 110	72 403	1 046	158	773	1 030	1 700
丽江地区	**Lijiang**	**563 910**	**483 090**	**16 477**	**18 621**	**12 064**	**12 193**	**21 465**
丽江县	Lijiang	165 200	136 253	4 508	7 342	5 483	4 332	7 282
永胜县	Yongsheng	214 632	183 804	6 218	8 899	3 375	4 521	7 815
华坪县	Huaping	68 863	56 319	4 651	1 268	1 973	1 600	3 052
宁蒗县	Ninglang	115 215	106 714	1 100	1 112	1 233	1 740	3 316
怒江州	Nujiang	229 313	212 983	2 473	1 454	2 894	2 565	6 944
泸水县	Lushui	70 741	65 439	360	420	731	685	3 106
福贡县	Fugong	46 000	44 270	78	489	230	265	668
贡山县	Gongshan	14 675	13 475	241	89	119	239	512
兰坪县	Lanping	97 897	89 799	1 794	456	1 814	1 376	2 658
迪庆州	**Diqing**	**160 947**	**148 877**	**1 203**	**771**	**2 969**	**1 934**	**5 193**
中甸县	Zhongdian	59 027	54 139	699	248	1 187	814	1 940
德钦县	Deqing	28 327	26 778	20	57	429	177	866
维西县	Weixi	73 593	67 960	484	466	1 353	943	2 387
临沧地区	**Lincang**	**1 003 791**	**909 538**	**11 590**	**13 933**	**15 952**	**12 352**	**40 426**
临沧县	Lincang	126 690	105 046	2 501	4 164	3 327	2 055	9 597
凤庆县	Fengqing	198 366	173 784	2 532	4 085	1 440	2 557	13 968
云 县	Yunxian	206 508	188 636	2 056	3 451	2 001	2 310	8 054
永德县	Yongde	165 373	154 752	1 801	823	2 612	1 773	3 612
镇康县	Zhenkang	75 946	72 824	557	258	948	614	745
双江县	Shuangjiang	64 160	58 455	1 334	809	1 086	690	1 786
耿马县	Gengma	105 771	98 025	557	270	2 763	1 824	2 332
沧源县	Cangyuan	60 977	58 016	252	73	1 775	529	332

20-20 各县市农业总产值

Gross Output Value of Agriculture of Each County and City

(按1990年不变价格计算) (data are calculated at 1990's fixed prices)

单位：万元 (10 000 yuan)

地　区	Region	2000年	2001年	地　区	Region	2000年	2001年
全省合计	**Total**	**3 785 094**	**3 921 156**	保 山 市	**Baoshan**	**244 439**	**251 138**
昆 明 市	**Kunming**	**403 965**	**416 926**	隆阳区	Longyang	81 262	84 270
五华区	Wuhua			施甸县	Shidian	32 128	33 017
盘龙区	Panlong			腾冲县	Tengchong	57 389	58 091
官渡区	Guandu	48 854	50 620	龙陵县	Longling	31 027	32 655
西山区	Xishan	15 812	16 677	昌宁县	Changning	42 633	43 105
东川区	Dongchuan	11 860	12 307	昭 通 市	**Zhaotong**	**275 105**	**280 710**
呈贡县	Chenggong	36 001	40 700	昭阳区	Zhaoyang	47 670	49 052
晋宁县	Jinning	34 896	36 075	鲁甸县	Ludian	19 077	19 688
富民县	Fuming	19 152	20 396	巧家县	Qiaojia	29 405	30 728
宜良县	Yiliang	67 620	73 123	盐津县	Yanjin	19 394	19 249
石林县	Shilin	27 497	27 933	大关县	Daguan	18 173	18 225
嵩明县	Songming	34 477	35 387	永善县	Yongshan	23 808	24 392
禄劝县	Luquan	48 527	41 541	绥江县	Suijiang	8 445	8 756
寻甸县	Xundian	37 801	39 484	镇雄县	Zhenxiong	59 286	61 480
安宁市	Anning	21 468	22 683	彝良县	Yiliang	23 112	23 024
曲 靖 市	**Qujing**	**456 755**	**463 532**	威信县	Weixin	20 028	19 277
麒麟区	Qulin	43 601	43 741	水富县	Shuifu	6 707	6 839
马龙县	Malong	18 371	19 454	楚 雄 州	**Chuxiong**	**252 939**	**258 318**
陆良县	Luliang	68 035	72 159	楚雄市	Chuxiong	44 551	46 109
师宗县	Shizong	29 599	30 069	双柏县	Shuangbo	16 217	16 655
罗平县	Luoping	40 925	40 878	牟定县	Mouding	20 244	21 976
富源县	Fuyuan	56 032	57 750	南华县	Nanhua	20 358	21 112
会泽县	Huize	54 361	56 297	姚安县	Yao'an	21 178	21 945
沾益县	Zhanyi	40 423	40 871	大姚县	Dayao	29 068	30 447
宣威市	Xuanwei	105 408	102 313	永仁县	Yongren	11 221	11 784
				元谋县	Yuanmou	21 561	20 080
玉 溪 市	**Yuxi**	**217 871**	**225 407**	武定县	Wuding	23 225	24 362
红塔区	Hongta	28 824	31 639	禄丰县	Lufeng	45 316	43 848
江川县	Jiangchuan	24 075	25 306	红 河 州	**Honghe**	**334 507**	**345 714**
澄江县	Chengjiang	15 334	15 649	个旧市	Gejiu	21 40 2	218
通海县	Tonghai	28 810	29 974	开远市	Kaiyuan	20 172	21 241
华宁县	Huaning	20 713	20 890	蒙自县	Mengzi	28 823	29 872
易门县	Yimen	21 093	22 053	屏边县	Pingbian	13 723	14 810
峨山县	Eshan	17 086	17 378	建水县	Jianshui	42 940	41 909
新平县	Xinping	33 418	31 687	石屏县	Shiping	43 932	45 362
元江县	Yuanjiang	28 518	30 831	弥勒县	Mile	43 672	45 560

20-20 续表 continued

(按1990年不变价格计算)　　(data are calculated at 1990's fixed prices)

单位：万元　　(10 000 yuan)

地　区	Region	2000年	2001年
泸西县	Luxi	23 766	25 435
元阳县	Yuanyang	24 836	25 696
红河县	Honghe	19 539	19 646
金平县	Jinping	26 082	26 939
绿春县	Luchun	11 419	11 998
河口县	Hekou	14 201	15 442
文 山 州	**Wenshan**	**248 089**	**269 282**
文山县	Wenshan	37 139	45 083
砚山县	Yangshan	28 319	29 989
西畴县	Xichou	20 069	21 355
麻栗坡县	Malipo	22 630	24 058
马关县	Maguan	27 908	32 742
丘北县	Qiubei	34 109	35 328
广南县	Guangnan	50 482	52 101
富宁县	Funing	27 433	28 626
思茅地区	**Simao**	**214 516**	**217 323**
思茅市	Simao	15 101	16 974
普洱县	Pu'er	18 824	17 818
墨江县	Mojiang	22 054	22 162
景东县	Jingdong	36 496	36 516
景谷县	Jinggu	34 750	35 444
镇沅县	Zhenyuan	18 462	18 646
江城县	Jiangcheng	11 531	12 722
孟连县	Menglian	16 510	16 595
澜沧县	Lancang	35 636	35 212
西盟县	Ximeng	5 152	5 234
西双版纳州	**Xishuangbanna**	**198 985**	**195 206**
景洪市	Jinghong	92 142	88 309
勐海县	Menghai	41 310	41 954
勐腊县	Mengla	65 533	64 943
大 理 州	**Dali**	**383 294**	**396 789**
大理市	Dali	49 807	50 607
漾濞县	Yangbi	10 025	10 320
祥云县	Xiangyun	51 770	56 766
宾川县	Binchuan	50 566	53 601
弥渡县	Midu	31 169	31 179
南涧县	Nanjian	29 473	29 019
巍山县	Weishan	32 020	32 736
永平县	Yongping	21 432	20 620
云龙县	Yunlong	23 895	24 420
洱源县	Eryuan	43 741	46 955
剑川县	Jianchuan	16 969	16 597
鹤庆县	Heqing	22 427	23 969
德 宏 州	**Dehong**	**126 136**	**124 051**
瑞丽市	Ruili	17 893	18 198
潞西市	Luxi	35 487	34 286
梁河县	Lianghe	14 464	13 572
盈江县	Yingjiang	31 757	32 354
陇川县	Longchuan	26 535	25 641
丽江地区	**Lijiang**	**98 871**	**101 356**
丽江县	Lijiang	32 164	32 624
永胜县	Yongsheng	35 108	36 033
华坪县	Huaping	15 275	15 991
宁蒗县	Ninglang	16 324	16 708
怒 江 州	**Nujiang**	**37 257**	**38 445**
泸水县	Lushui	13 367	13 420
福贡县	Fugong	6 415	6 441
贡山县	Gongshan	4 433	5 237
兰坪县	Lanping	13 042	13 347
迪 庆 州	**Diqing**	**32 932**	**33 597**
中甸县	Zhongdian	14 097	14 203
德钦县	Deqing	5 367	5 298
维西县	Weixi	13 468	14 096
临沧地区	**Lincang**	**229 433**	**235 477**
临沧县	Lincang	18 849	19 495
凤庆县	Fengqing	35 181	35 684
云　县	Yunxian	42 583	44 716
永德县	Yongde	30 324	30 725
镇康县	Zhenkang	19 824	20 089
双江县	Shuangjiang	17 160	17 372
耿马县	Gengma	48 938	50 537
沧源县	Cangyuan	16 574	16 859

20-21 各县市主要农作物产量（一）（2001年）

Main Farm Crop Yield in Each County and City (I) (2001)

单位：吨 (ton)

地 区	Region	粮食 Grain Crops	稻谷 Rice	小麦 Wheat	包谷 Corn	豆类 Beans	#蚕豆 Broad Bean	薯类 Tubers
全省合计	**Total**	**14 863 000**	**5 958 700**	**1 378 800**	**4 773 000**	**906 600**	**432 382**	**1 489 600**
昆明市	**Kunming**	**1 206 324**	**437 684**	**115 885**	**353 492**	**106 900**	**81 399**	**115 916**
官渡区	Guandu	66 346	26 614	8 980	19 780	7 231	6 496	1 894
西山区	Xishan	48 420	17 279	5 407	15 578	6 147	5 579	603
东川区	Dongchuan	69 544	15 961	2 679	23 624	2 128	169	23 002
呈贡县	Chenggong	14 599	1 921	2 503	8 735	937	429	410
晋宁县	Jinning	93 404	53 977	11 566	14 122	11 208	10 677	1 688
富民县	Fuming	62 535	23 827	12 327	18 013	5 766	2 427	1 686
宜良县	Yiliang	178 517	86 306	15 681	48 402	18 705	15 887	7 700
石林县	Shilin	112 482	35 138	12 651	39 745	9 576	7 814	9 498
嵩明县	Songming	148 180	61 828	6 252	36 745	17 509	15 579	8 404
禄劝县	Luquan	171 560	39 597	15 109	69 764	11 359	5 049	20 448
寻甸县	Xundian	178 583	48 280	15 342	41 063	11 933	7 911	38 757
安宁市	Anning	62 154	26 956	7 388	17 921	4 401	3 382	1 760
曲靖市	**Qujing**	**1 963 278**	**414 524**	**97 040**	**809 496**	**137 694**	**82 709**	**362 491**
麒麟区	Qulin	192 810	87 881	12 771	27 635	36 275	31 298	14 639
马龙县	Malong	68 178	26 417	4 365	18 082	2 194	895	7 430
陆良县	Luliang	227 100	106 115	8 467	38 540	25 082	24 312	29 941
师宗县	Shizong	129 959	28 026	13 302	59 603	6 184	2 228	16 464
罗平县	Luoping	174 244	34 313	11 800	106 240	6 393	2 004	11 360
富源县	Fuyuan	238 696	20 368	14 138	128 530	19 796	6 296	43 863
会泽县	Huize	265 286	35 434	8 669	113 696	12 065	5 006	86 343
沾益县	Zhanyi	190 560	51 073	8 511	66 159	11 312	8 340	30 190
宣威市	Xuanwei	476 445	24 897	15 017	251 011	18 393	2 330	122 261
玉溪市	**Yuxi**	**566 054**	**248 219**	**101 320**	**161 893**	**20 438**	**11 189**	**26 718**
红塔区	Hongta	94 580	46 273	21 810	21 007	2 803	1 603	1 079
江川县	Jiangchuan	66 162	27 480	18 327	8 729	3 480	2 092	7 695
澄江县	Chengjiang	37 852	15 185	9 325	7 994	1 594	768	2 941
通海县	Tonghai	55 341	23 456	11 300	15 747	1 848	1 123	2 044
华宁县	Huaning	68 989	24 680	12 055	25 301	3 142	1 434	2 989
易门县	Yimen	60 624	18 645	13 418	21 588	2 428	1 742	3 534
峨山县	Eshan	47 937	26 130	3 527	15 108	1 725	1 182	1 174
新平县	Xinping	80 100	40 418	6 052	27 330	1 961	838	3 624
元江县	Yuanjiang	54 469	25 952	5 506	19 089	1 457	407	1 638

20-21 续表1 continued

单位:吨 (ton)

地 区	Region	粮 食 Grain Crops	稻 谷 Rice	小 麦 Wheat	包 谷 Corn	豆 类 Beans	#蚕 豆 Broad Bean	薯类 Tubers
保 山 市	**Baoshan**	**900 607**	**415 373**	**106 437**	**267 686**	**29 893**	**9 368**	**41 933**
隆阳区	Longyang	301 851	143 411	53 104	80 250	11 977	4 251	9 158
施甸县	Shidian	135 189	46 326	18 116	54 289	5 801	1 836	7 369
腾冲县	Tengchong	224 012	127 735	13 209	43 621	3 817	732	11 644
龙陵县	Longling	102 869	43 891	7 893	34 175	3 128	932	7 284
昌宁县	Changning	136 686	54 010	14 115	55 351	5 170	1 617	6 478
昭 通 市	**Zhaotong**	**1 303 436**	**160 793**	**87 474**	**662 207**	**45 167**	**5 865**	**321 574**
昭阳区	Zhaoyang	215 195	34 662	6 194	93 662	9 533	874	66 346
鲁甸县	Ludian	104 741	11 848	3 841	50 458	4 133	128	30 422
巧家县	Qiaojia	130 188	16 958	6 237	56 001	4 468	1 422	41 709
盐津县	Yanjin	94 581	19 514	3 120	54 013	2 416	305	15 227
大关县	Daguan	67 240	7 013	2 743	38 526	1 744	369	16 428
永善县	Yongshan	115 700	21 774	7 555	41 332	5 054	916	35 106
绥江县	Suijiang	40 619	12 942	5 374	19 079	906	168	1 922
镇雄县	Zhenxiong	277 689	4 169	30 668	161 833	9 744	612	66 665
彝良县	Yiliang	118 130	9 344	6 754	70 333	3 753	628	26 838
威信县	Weixin	118 849	12 694	13 840	69 534	2 937	398	19 383
水富县	Shuifu	20 524	9 875	1 148	7 436	479	45	1 528
楚 雄 州	**Chuxiong**	**1 020 844**	**495 166**	**113 663**	**224 535**	**111 664**	**78 965**	**31 620**
楚雄市	Chuxiong	191 058	86 945	18 778	50 831	20 683	16 430	5 551
双柏县	Shuangbo	63 696	29 568	4 566	20 591	6 447	3 626	1 700
牟定县	Mouding	84 437	50 934	4 252	8 586	16 475	10 841	1 309
南华县	Nanhua	96 566	34 389	10 564	32 781	6 409	4 033	4 405
姚安县	Yao'an	82 797	47 484	14 637	6 056	9 197	7 801	775
大姚县	Dayao	106 899	47 753	14 789	20 490	17 138	13 873	3 988
永仁县	Yongren	45 523	25 206	3 325	10 631	3 804	2 474	1 592
元谋县	Yuanmou	71 551	44 705	3 376	17 273	2 873	1 612	2 676
武定县	Wuding	92 289	37 349	12 348	24 198	9 052	4 569	3 812
禄丰县	Lufeng	186 028	90 833	27 028	33 098	19 586	13 706	5 812
红 河 州	**Honghe**	**1 230 434**	**632 041**	**115 377**	**352 439**	**54 360**	**19 355**	**46 850**
个旧市	Gejiu	57 237	23 671	3 701	25 231	1 810	328	2 179
开远市	Kaiyuan	82 022	38 769	7 588	24 759	3 731	2 078	4 548
蒙自县	Mengzi	110 516	54 720	5 195	39 980	4 776	2 634	3 198
屏边县	Pingbian	56 407	25 935	2 380	21 075	2 364	305	1 223
建水县	Jianshui	153 588	89 911	21 172	23 867	5 527	1 977	12 878
石屏县	Shiping	85 828	48 858	13 411	14 133	3 184	842	4 742
弥勒县	Mile	171 901	62 825	28 730	66 474	7 248	4 371	2 737

20-21 续表2 continued

单位:吨 (ton)

地 区	Region	粮食 Grain Crops	稻谷 Rice	小麦 Wheat	包谷 Corn	豆类 Beans	#蚕豆 Broad Bean	薯类 Tubers
泸西县	Luxi	130 812	49 358	27 092	38 599	7 876	5 768	6 158
元阳县	Yuanyang	115 226	73 578	573	25 658	7 772	537	4 185
红河县	Honghe	79 332	50 368	4 827	16 830	3 120	424	1 260
金平县	Jinping	104 896	67 818	70	29 926	4 349	11	1 640
绿春县	Luchun	66 091	37 073	638	19 166	2 087	80	2 021
河口县	Hekou	16 578	9 157	0	6 741	516	0	81
文山州	**Wenshan**	**1 026 409**	**402 636**	**66 401**	**435 492**	**53 962**	**7 039**	**48 776**
文山县	Wenshan	126 960	51 853	13 865	50 768	4 679	674	2 832
砚山县	Yangshan	149 773	68 023	11 646	61 503	4 587	565	3 365
西畴县	Xichou	80 298	25 456	5 544	35 557	5 240	370	6 590
麻栗坡县	Malipo	80 735	29 628	2 255	38 381	4 577	298	3 899
马关县	Maguan	119 010	41 245	6 784	54 140	8 092	629	5 876
丘北县	Qiubei	151 567	41 121	15 307	83 198	6 909	874	4 866
广南县	Guangnan	206 864	85 993	10 792	73 469	13 573	3 066	16 264
富宁县	Funing	111 202	59 317	208	38 476	6 305	563	5 084
思茅地区	**Simao**	**819 235**	**466 858**	**47 355**	**237 002**	**31 793**	**7 015**	**18 068**
思茅市	Simao	50 672	25 977	3 456	17 942	1 128	235	959
普洱县	Pu'er	70 787	36 417	6 574	17 969	2 417	487	5 600
墨江县	Mojiang	110 276	45 199	4 553	48 835	6 211	985	1 427
景东县	Jingdong	134 072	52 901	17 055	51 499	9 243	2 483	1 737
景谷县	Jinggu	114 350	72 058	4 082	28 103	3 375	540	5 187
镇沅县	Zhenyuan	74 872	38 815	7 479	22 473	4 433	1 737	957
江城县	Jiangcheng	33 395	23 450	875	8 240	600	22	230
孟连县	Menglian	46 732	38 337	112	7 151	404	57	315
澜沧县	Lancang	153 511	110 285	2 693	31 030	3 494	436	1 345
西盟县	Ximeng	30 568	23 419	476	3 760	488	33	311
西双版纳州	**Xishuangbanna**	**339 108**	**286 368**	**601**	**45 672**	**2 696**	**315**	**3 302**
景洪市	Jinghong	127 251	111 011	1	14 918	564	4	492
勐海县	Menghai	134 123	115 755	600	13 517	1 581	302	2 500
勐腊县	Mengla	77 734	59 602	0	17 237	551	9	310
大理州	**Dali**	**1 296 938**	**522 605**	**122 085**	**377 029**	**125 026**	**92 158**	**33 181**
大理市	Dali	147 492	77 762	11 985	22 493	23 698	23 327	5 073
漾濞县	Yangbi	44 244	12 331	6 027	19 658	3 301	1 504	973
祥云县	Xiangyun	159 091	54 828	21 201	49 586	11 604	10 467	3 317
宾川县	Binchuan	141 535	73 939	7 991	44 478	3 961	3 268	3 791
弥渡县	Midu	125 049	45 295	23 564	32 854	2 424	1 671	2 414
南涧县	Nanjian	74 118	11 510	11 830	41 861	2 761	1 376	1 565

20-21 续表3 continued

单位:吨 (ton)

地　区	Region	粮 食 Grain Crops	稻 谷 Rice	小 麦 Wheat	包 谷 Corn	豆 类 Beans	#蚕 豆 Broad Bean	薯 类 Tubers
巍山县	Weishan	115 330	50 211	8 882	33 071	11 872	6 524	3 302
永平县	Yongping	72 925	25 137	6 856	27 321	5 053	2 290	2 614
云龙县	Yunlong	96 263	24 379	8 317	50 333	4 991	2 249	2 080
洱源县	Eryuan	145 449	24 379	3 802	25 591	30 684	24 979	4 328
剑川县	Jianchuan	70 359	28 670	5 397	11 991	13 598	4 463	2 073
鹤庆县	Heqing	105 083	50 807	6 233	17 792	11 079	10 040	1 651
德 宏 州	**Dehong**	**371 083**	**282 621**	**19 748**	**45 886**	**8 268**	**1 286**	**14 069**
瑞丽市	Ruili	40 692	33 055	571	4 803	1 105	118	1 158
潞西市	Luxi	120 785	85 606	13 405	15 376	3 107	709	3 180
梁河县	Lianghe	43 837	33 758	1 639	5 057	678	191	2 698
盈江县	Yingjiang	102 898	80 392	2 111	12 640	2 486	0	4 896
陇川县	Longchuan	62 871	49 810	2 022	8 010	892	268	2 137
丽江地区	**Lijiang**	**409 152**	**134 844**	**66 366**	**112 787**	**46 805**	**23 142**	**29 935**
丽江县	Lijiang	140 328	16 329	40 761	53 178	16 104	5 090	7 914
永胜县	Yongsheng	143 701	77 729	10 420	27 989	20 277	15 507	4 866
华坪县	Huaping	64 715	30 263	11 707	16 234	2 954	720	3 334
宁蒗县	Ninglang	60 408	10 523	3 478	15 386	7 470	1 825	13 821
怒 江 州	**Nujiang**	**165 930**	**38 816**	**16 069**	**78 849**	**12 259**	**0**	**9 864**
泸水县	Lushui	53 936	17 671	1 560	27 107	3 394	0	1 262
福贡县	Fugong	29 844	7 611	42	16 666	1 897	0	2 771
贡山县	Gongshan	11 630	1 400	575	7 424	575	0	890
兰坪县	Lanping	70 520	12 134	13 892	27 652	6 393	0	4 941
迪 庆 州	**Diqing**	**138 459**	**15 036**	**30 184**	**55 782**	**7 112**	**992**	**10 314**
中甸县	Zhongdian	60 871	5 563	13 426	20 419	2 287	729	6 954
德钦县	Deqing	21 663	525	6 628	8 955	488	0	735
维西县	Weixi	55 925	8 948	10 130	26 408	4 337	263	2 625
临沧地区	**Lincang**	**747 955**	**334 239**	**72 769**	**273 841**	**29 794**	**11 585**	**24 486**
临沧县	Lincang	91 078	44 015	12 611	24 897	2 765	1 164	4 504
凤庆县	Fengqing	147 854	47 913	24 421	65 032	5 871	3 126	3 496
云　县	Yunxian	138 998	53 308	12 514	59 833	5 917	3 119	5 306
永德县	Yongde	118 606	45 824	7 224	52 707	5 530	1 647	5 407
镇康县	Zhenkang	54 744	24 544	1 801	24 016	2 729	772	1 419
双江县	Shuangjiang	58 684	35 970	5 586	11 904	1 470	602	1 755
耿马县	Gengma	84 226	47 203	7 712	22 357	4 113	913	1 648
沧源县	Cangyuan	53 765	35 462	900	13 095	1 399	242	951

20-22 各县市主要农作物产量(二)(2001年)

Main Farm Crop Yield of Each County and City (II) （2001）

单位:百公斤 (100 kg)

地区	Region	油料 Oil-bearing Crops	#花生 Peanuts	#油菜籽 Rapeseeds	甘蔗 Sugarcane	烤烟 Flue-Cured Tobacco	茶叶 Tea	水果 Fruits
全省合计	**Total**	**2 766 132**	**539 735**	**2 041 844**	**148 109 955**	**6 008 056**	**807 244**	**9 843 460**
昆明市	**Kunming**	**120 606**	**9 528**	**96 648**	**70 815**	**778 131**	**620**	**777 243**
官渡区	Guandu	2 490	0	2 460	0	20 850	0	53 970
西山区	Xishan	2 810	0	1 750	0	13 690	0	55 650
东川区	Dongchuan	9 364	5 703	3 661	27 665	0	0	116 953
呈贡县	Chenggong	295	0	150	0	60	0	97 420
晋宁县	Jinning	27 314	5	27 024	360	65 947	0	46 690
富民县	Fuming	2 600	160	1 530	60	25 470	0	104 130
宜良县	Yiliang	7 840	1 110	4 420	680	120 310	310	41 360
石林县	Shilin	11 020	20	6 260	0	151 150	100	42 750
嵩明县	Songming	2 360	0	2 020	1 950	97 730	0	61 610
禄劝县	Luquan	6 900	2 490	2 860	40 080	101 240	10	39 280
寻甸县	Xundian	25 653	0	23 433	20	140 584	0	32 540
安宁市	Anning	21 960	40	21 080	0	41 100	200	84 890
曲靖市	**Qujing**	**547 113**	**10 304**	**492 307**	**28 872**	**1 568 088**	**250**	**582 317**
麒麟区	Qulin	8 408	0	7 055	0	131 556	0	48 300
马龙县	Malong	10 040	0	6 921	0	97 406	0	38 292
陆良县	Luliang	55 691	0	53 420	0	225 650	0	114 137
师宗县	Shizong	37 550	1 580	25 580	18 180	187 780	9	43 784
罗平县	Luoping	346 360	220	343 670	4 790	199 210	77	23 013
富源县	Fuyuan	47 779	500	42 642	3 950	160 047	45	36 085
会泽县	Huize	24 670	7 830	8 640	1 952	89 640	0	81 914
沾益县	Zhanyi	7 567	0	3 792	0	166 920	8	50 833
宣威市	Xuanwei	9 048	174	587	0	309 879	111	145 959
玉溪市	**Yuxi**	**217 155**	**10 725**	**200 165**	**12 073 510**	**832 981**	**9 188**	**620 509**
红塔区	Hongta	82 471	63	82 408	0	76 066	102	19 777
江川县	Jiangchuan	27 615	5	27 283	0	140 699	72	21 702
澄江县	Chengjiang	3 007	105	1 906	0	100 563	0	9 534
通海县	Tonghai	17 428	76	17 308	30 640	87 761	0	78 565
华宁县	Huaning	6 613	1 764	2 789	240 520	124 585	37	126 378
易门县	Yimen	13 382	452	12 547	31 520	110 875	313	27 148
峨山县	Eshan	51 160	1 175	48 539	282 340	79 666	2 831	20 681
新平县	Xinping	4 322	3 223	420	5 718 950	77 037	2 241	106 412
元江县	Yuanjiang	11 157	3 862	6 965	5 769 540	35 729	3 592	210 312

20-22 续表1 continued

单位:百公斤 (100 kg)

地 区	Region	油料 Oil-bearing Crops	#花生 Peanuts	#油菜籽 Rapeseeds	甘蔗 Sugarcane	烤烟 Flue-cured Tobacco	茶叶 Tea	水果 Fruits
保山市	**Baoshan**	**258 206**	**11 445**	**243 572**	**19 974 672**	**276 357**	**105 599**	**301 278**
隆阳区	Longyang	17 592	6 638	9 727	5 653 942	578	7 308	106 280
施甸县	Shidian	15 387	1 283	14 005	3 374 323	74 148	4 048	54 164
腾冲县	Tengchong	180 020	50	179 610	781 390	68 590	30 520	32 416
龙陵县	Longling	12 770	2 294	10 430	4 060 127	8 672	21 756	24 489
昌宁县	Changning	32 437	1 180	29 800	6 104 890	67 110	41 967	83 929
昭通市	**Zhaotong**	**113 626**	**47 734**	**62 355**	**1 782 091**	**495 741**	**20 683**	**609 972**
昭阳区	Zhaoyang	3 659	22	3 360	70 110	124 316	9	385 478
鲁甸县	Ludian	5 927	1 083	4 135	1 868	77 574	0	60 140
巧家县	Qiaojia	5 846	4 302	1 357	1 066 318	21 639	3	39 457
盐津县	Yanjin	18 539	8 900	9 473	6 090	13 430	16 206	11 541
大关县	Daguan	4 358	3 813	162	5 755	15 378	448	5 524
永善县	Yongshan	9 465	4 847	4 162	583 415	8 007	368	32 271
绥江县	Suijiang	7 972	487	7 478	24 625	10	1 898	9 370
镇雄县	Zhenxiong	19 645	6 483	12 630	0	164 512	502	26 482
彝良县	Yiliang	6 083	4 933	336	4 410	57 704	514	24 491
威信县	Weixin	30 729	12 278	18 445	9 300	13 171	587	5 659
水富县	Shuifu	1 403	586	817	10 200	0	148	9 559
楚雄州	**Chuxiong**	**263 570**	**35 951**	**210 258**	**232 878**	**557 240**	**7 924**	**686 117**
楚雄市	Chuxiong	72 275	1 047	66 952	6 733	109 918	1 825	71 935
双柏县	Shuangbo	7 826	4 290	2 242	158 457	44 706	2 841	57 738
牟定县	Mouding	33 687	448	31 300	0	55 591	1 530	24 703
南华县	Nanhua	23 120	630	20 720	0	60 487	1 442	23 584
姚安县	Yao'an	35 870	0	34 500	80	56 958	2	41 685
大姚县	Dayao	14 123	101	12 618	2 835	57 900	3	58 273
永仁县	Yongren	5 927	2 404	1 616	4 281	22 200	28	23 800
元谋县	Yuanmou	25 047	24 332	357	32 557	9 293	0	59 946
武定县	Wuding	9 380	2 180	4 400	5 970	44 684	25	98 464
禄丰县	Lufeng	36 315	519	35 553	21 965	95 503	228	225 989
红河州	**Honghe**	**180 589**	**112 263**	**60 432**	**14 154 848**	**591 704**	**38 453**	**1 956 191**
个旧市	Gejiu	10 399	8 749	403	902 080	11 321	62	167 825
开远市	Kaiyuan	10 991	10 648	0	1 399 740	27 345	37	50 511
蒙自县	Mengzi	14 815	12 498	1 827	1 325 820	48 802	902	240 758
屏边县	Pingbian	4 569	3 914	648	341 693	0	9 130	94 787
建水县	Jianshui	24 537	18 617	5 251	1 828 050	85 015	1 297	158 406
石屏县	Shiping	9 228	3 105	3 687	1 058 805	80 615	105	118 067
弥勒县	Mile	42 746	16 747	24 388	4 620 280	155 592	18	201 380

20-22 续表2 continued

单位:百公斤 (100 kg)

地区	Region	油料 Oil-bearing Crops	#花生 Peanuts	#油菜籽 Rapeseeds	甘蔗 Sugarcane	烤烟 Flue-cured Tobacco	茶叶 Tea	水果 Fruits
泸西县	Luxi	25 897	1 021	24 162	1 630	183 014	3	16 990
元阳县	Yuanyang	11 928	11 627	0	1 117 077	0	8 474	95 685
红河县	Honghe	5 397	5 380	0	1 484 935	0	3 145	164 541
金平县	Jinping	12 358	12 318	0	41 503	0	4 233	285 879
绿春县	Luchun	6 431	6 412	0	9 862	0	10 990	9 410
河口县	Hekou	1 293	1 227	66	23 373	0	57	351 952
文山州	**Wenshan**	**234 967**	**137 136**	**58 797**	**2 673 780**	**197 215**	**28 125**	**579 332**
文山县	Wenshan	50 031	26 413	7 560	1 067 799	35 072	0	33 364
砚山县	Yongshan	44 625	37 846	95	22 051	35 458	7	80 684
西畴县	Xichou	9 464	[illegible]	1 744	56 327	22 109	2 570	41 105
麻栗坡县	Malipo	7 007	3 459	3 356	69 081	16 306	[illegible]	49 806
马关县	Maguan	27 971	10 008	15 550	508 246	20 433	1 277	131 056
丘北县	Qiubei	26 023	19 137	2 873	100 874	33 534	160	40 889
广南县	Guangnan	47 517	25 776	14 885	512 861	34 302	18 164	131 440
富宁县	Funing	22 329	9 065	12 734	336 541	1	2 504	70 988
思茅地区	**Simao**	**112 953**	**86 932**	**24 689**	**17 236 753**	**50 977**	**175 593**	**304 633**
思茅市	Simao	11 496	8 424	3 066	27 597	2 745	31 580	71 281
普洱县	Pu'er	13 374	7 238	5 824	3 305	837	10 599	14 473
墨江县	Mojiang	28 373	25 468	2 720	765 020	12 025	7 634	52 005
景东县	Jingdong	5 418	3 638	1 634	2 983 281	15 089	21 695	31 950
景谷县	Jinggu	18 486	17 819	200	3 784 390	1 531	11 851	48 650
镇沅县	Zhenyuan	11 104	5 510	5 593	363 171	18 750	4 784	38 043
江城县	Jiangcheng	2 207	2 114	93	1 373 260	0	35 062	17 843
孟连县	Menglian	8 659	6 866	1 685	2 864 890	0	3 744	8 685
澜沧县	Lancang	12 138	9 441	2 590	4 657 181	0	46 837	19 402
西盟县	Ximeng	1 698	414	1 284	414 658	0	1 807	2 301
西双版纳州	**Xishuangbanna**	**15 096**	**13 926**	**0**	**12 700 970**	**0**	**141 052**	**300 360**
景洪市	Jinghong	6 390	6 218	0	515 800	0	50 609	197 273
勐海县	Menghai	6 076	5 151	0	10 335 900	0	74 194	48 641
勐腊县	Mengla	2 630	2 557	0	1 849 270	0	16 249	54 446
大理州	**Dali**	**319 855**	**20 642**	**278 076**	**2 660 254**	**524 292**	**28 543**	**940 304**
大理市	Dali	14 401	0	14 155	50 160	10 268	2 452	148 327
漾濞县	Yangbi	8 407	0	4 445	0	10 072	215	36 911
祥云县	Xiangyun	51 670	0	49 484	0	128 805	172	49 873
宾川县	Binchuan	76 489	17 857	52 507	488 126	86 094	0	281 290
弥渡县	Midu	20 507	1 586	12 974	0	54 906	1 614	33 665
南涧县	Nanjian	2 017	247	1 680	5 600	65 121	19 003	35 014

单位:百公斤 (100 kg)

地区	Region	油料 Oil-bearing Crops	#花生 Peanuts	#油菜籽 Rapeseeds	甘蔗 Sugarcane	烤烟 Flue-cured Tobacco	茶叶 Tea	水果 Fruits
巍山县	Weishan	68 319	312	67 758	247	56 595	2 640	25 927
永平县	Yongping	16 692	0	16 432	0	36 250	1 270	34 787
云龙县	Yunlong	10 933	0	9 831	0	9 954	988	43 685
洱源县	Eryuan	34 903	0	34 665	0	37 286	189	164 551
剑川县	Jianchuan	12 875	0	12 143	0	10 333	0	33 444
鹤庆县	Heqing	2 642	640	2 002	2 116 121	18 608	0	52 830
德宏州	**Dehong**	**148 702**	**6 383**	**141 738**	**29 980 780**	**0**	**46 465**	**914 399**
瑞丽市	Ruili	12 076	376	11 700	3 639 390	0	2 053	244 109
潞西市	Luxi	11 738	3 472	7 809	6 140 140	0	22 484	565 666
梁河县	Lianghe	28 388	1 520	26 868	3 472 640	0	5 269	14 820
盈江县	Yingjiang	31 605	802	30 685	8 303 840	0	9 381	68 297
陇川县	Longchuan	64 895	213	64 676	8 424 770	0	7 278	21 507
丽江地区	**Lijiang**	**79 414**	**13 489**	**53 670**	**1 071 128**	**103 010**	**1 259**	**444 089**
丽江县	Lijiang	47 291	15	40 237	670	59 319	0	108 953
永胜县	Yongsheng	17 119	8 667	5 065	1 047 237	29 469	34	76 960
华坪县	Huaping	10 344	4 807	5 294	23 221	5 433	1 225	187 560
宁蒗县	Ninglang	4 660	0	3 074	0	8 789	0	70 616
怒江州	**Nujiang**	**8 849**	**787**	**4 067**	**362 348**	**147**	**1 051**	**58 543**
泸水县	Lushui	2 009	147	1 310	361 125	147	178	17 671
福贡县	Fugong	4 086	486	2 297	113	0	758	5 140
贡山县	Gongshan	537	154	293	0	0	115	2 253
兰坪县	Lanping	2 217	0	167	1110	0	0	33 479
迪庆州	**Diqing**	**13 009**	**0**	**9 822**	**0**	**805**	**0**	**54 179**
中甸县	Zhongdian	11 084	0	8 892	0	345	0	21 438
德钦县	Deqing	85	0	0	0	0	0	9 095
维西县	Weixi	1 840	0	930	0	460	0	23 646
临沧地区	**Lincang**	**132 422**	**22 490**	**105 248**	**33 106 256**	**31 368**	**202 439**	**713 994**
临沧县	Lincang	77 518	1 560	75 958	811 050	1 812	22 902	48 959
凤庆县	Fengqing	12 477	240	12 116	2 724 219	22 246	59 817	37 330
云县	Yunxian	10 420	3 633	6 296	3 067 049	2 333	31 201	54 482
永德县	Yongde	6 334	4 687	27	5 254 749	4 891	25 922	229 827
镇康县	Zhenkang	617	383	89	2 609 380	0	8 813	22 091
双江县	Shuangjiang	10 028	2 199	7 829	3 286 372	0	22 099	15 583
耿马县	Gengma	10 182	7 848	1 514	12 502 196	0	18 257	267 615
沧源县	Cangyuan	4 846	1 940	1 419	2 851 241	86	13 428	38 107

20-23 各县市全部工业企业单位数和总产值（2001年）

Total Number of Industrial Enterprises and Their Gross Output Value in Cities and Counties (2001)

地　区	Region	企业单位数（个）Number of Enterprises (unit)	#国有及500万元以上非国有 All State-owned and Non-state-owned above Designated Size	工业总产值（万元）Gross Industrial Output Value (10 000 yuan)	#国有及500万元以上非国有 All State-owned and Non-state-owned above Designated Size	工业总产值2001年比上年增减(%) Increase Rate in 2001 over 2000 (%)
全省合计	**Total**	**166 680**	**2 031**	**16 751 061**	**11 573 977**	**7.0**
昆明市	**Kunming**	**18 995**	**661**	**6 726 688**	**4 099 678**	**10.8**
五华区	Wuhua	430	70	278 599	234 069	6.6
盘龙区	Panlong	456	62	440 125	357 884	8
官渡区	Guandu	6 395	226	3 016 668	1 526 181	11.6
西山区	Xishan	2 757	121	1 229 892	833 262	14.7
东川区	Dongchuan	205	22	94 051	76 012	13.2
呈贡县	Chenggong	752	17	280 126	186 196	11.6
晋宁县	Jinning	1 838	25	178 730	79 865	0.1
富民县	Fuming	699	11	63 376	12 160	9.4
宜良县	Yiliang	1 047	25	184 372	100 991	16.7
石林县	Shilin	685	11	76 534	49 967	-11.7
嵩明县	Songming	1 086	18	145 555	42 110	23.6
禄劝县	Luquan	1 312	2	26 640	5 681	15.7
寻甸县	Xundian	543	13	29 429	18 917	17.5
安宁市	Anning	790	38	681 790	576 382	1.1
曲靖市	**Qujing**	**12 729**	**198**	**2 031 155**	**1 519 846**	**10.7**
麒麟区	Qulin	2 629	48	802 234	716 033	7.9
马龙县	Malong	436	9	36 329	20 679	64
陆良县	Luliang	2 083	30	145 605	81 354	31.6
师宗县	Shizong	1 307	17	73 048	20 277	16.4
罗平县	Luoping	419	12	136 264	106 432	6.6
富源县	Fuyuan	1 248	21	138 623	53 502	20.1
会泽县	Huize	1 438	17	214 540	186 876	4.2
沾益县	Zhanyi	630	21	201 771	172 411	14.8
宣威市	Xuanwei	2 539	23	282 740	162 284	13.7
玉溪市	**Yuxi**	**9 029**	**214**	**2 930 911**	**2 376 505**	**-1**
红塔区	Hongta	2 061	83	2 108 918	1 972 077	-3.6
江川县	Jiangchuan	1 129	16	96 869	42 267	13.2
澄江县	Chengjiang	699	22	77 690	76 526	-2
通海县	Tonghai	1 991	27	339 707	93 376	3
华宁县	Huaning	979	12	55 769	28 691	-6.8
易门县	Yimen	501	15	90 500	66 592	16.2
峨山县	Eshan	632	14	61 587	26 948	15.4
新平县	Xinping	635	10	57 164	37 495	-11.8
元江县	Yuanjiang	402	15	42 708	32 534	-26.5

20-23 续表1 continued

地区	Region	企业单位数（个） Number of Enterprises (unit)	#国有及500万元以上非国有 All State-owned and Non-state-owned above Designated Size	工业总产值（万元） Gross Industrial Output Value (10 000 yuan)	#国有及500万元以上非国有 All State-owned and Non-state-owned above Designated Size	工业总产值2001年比上年增减（%） Increase Rate in 2001 over 2000 (%)
保山市	**Baoshan**	**6 192**	**61**	**266 389**	**159 887**	**3.2**
隆阳区	Longyang	1 905	22	117 305	67 406	-0.7
施甸县	Shidian	492	7	17 948	13 932	11.4
腾冲县	Tengchong	1 837	20	58 117	23 094	13.3
龙陵县	Longling	745	7	38 988	32 585	9.9
昌宁县	Changning	1 213	5	31 032	22 870	1.3
昭通市	**Zhaotong**	**16 099**	**72**	**423 626**	**289 233**	**-11.6**
昭阳区	Zhaoyang	1 475	19	204 829	175 589	-17.3
鲁甸县	Ludian	1 120	6	13 660	5 503	10.4
巧家县	Qiaojia	21	8	16 269	9 478	-5.9
盐津县	Yanjin	2 254	5	14 560	2 551	-4.4
大关县	Daguan	600	4	7 866	1 914	3.9
永善县	Yongshan	1 387	4	8 593	478	-47
绥江县	Suijiang	452	4	7 151	2 409	-39.6
镇雄县	Zhenxiong	3 773	7	35 056	6 369	9.1
彝良县	Yiliang	494	6	13 625	5 981	2.2
威信县	Weixin	1 942	6	22 551	5 448	11.6
水富县	Shuifu	474	3	79 465	73 515	-1.7
楚雄州	**Chuxiong**	**14 677**	**102**	**904 256**	**487 626**	**2.9**
楚雄市	Chuxiong	2 439	38	461 763	375 695	6.1
双柏县	Shuangbo	566	14	16 942	6 071	65.1
牟定县	Mouding	1 753	4	46 756	4 295	-30.3
南华县	Nanhua	1 655	5	26 581	5 251	19.3
姚安县	Yao'an	1 296	6	36 624	2 109	21.9
大姚县	Dayao	1 522	2	61 237	17 615	18.5
永仁县	Yongren	584	6	16 590	1 321	7.1
元谋县	Yuanmou	797	6	27 066	3 246	-37.3
武定县	Wuding	1 139	8	43 556	11 512	37
禄丰县	Lufeng	2 926	13	167 140	60 512	16.1
红河州	**Honghe**	**12 035**	**150**	**1 699 422**	**1 295 037**	**9.3**
个旧市	Gejiu	864	41	454 020	325 495	5.4
开远市	Kaiyuan	1 193	20	271 703	230 391	24.4
蒙自县	Mengzi	1 125	16	78 623	45 094	19.8
屏边县	Pingbian	203	5	16 967	9 363	37.9
建水县	Jianshui	1 275	17	120 622	78 044	-12.1
石屏县	Shiping	4 463	6	47 429	9 874	3.9
弥勒县	Mile	1 387	16	597 208	531 950	20.7
泸西县	Luxi	326	8	60 941	27 911	8.3
元阳县	Yuanyang	465	5	12 826	10 462	7.7
红河县	Honghe	16	4	9 461	6 394	1
金平县	Jinping	347	5	18 333	12 510	10.3
绿春县	Luchun	1.85	2	2 738	1 038	49.4
河口县	Hekou	186	5	8 551	6 513	7.6

20-23 续表2 continued

地 区	Region	企业单位数(个) Number of Enterprises (unit)	#国有及500万元以上非国有 All State-owned and Non-state-owned above Designated Size	工业总产值(万元) Gross Industrial Output Value (10 000 yuan)	#国有及500万元以上非国有 All State-owned and Non-state-owned above Designated Size	工业总产值2001年比上年增减(%) Increase Rate in 2001 over 2000 (%)
文 山 州	**Wenshan**	**25 145**	**67**	**425 098**	**156 276**	**18.5**
文山县	Wenshan	2 679	21	140 687	88 018	37.2
砚山县	Yanshan	3 310	13	77 117	16 730	4.1
西畴县	Xichou	3 134	4	24 600	4 803	0.9
麻栗坡县	Malipo	1 852	5	30 786	6 764	8.4
马关县	Maguan	1 969	8	58 746	19 191	16.4
丘北县	Qiubei	2 348	5	17 451	4 412	9.5
广南县	Guangnan	4 020	5	29 007	7 735	15.4
富宁县	Funing	5 833	6	46 704	8 623	6.3
思茅地区	**Simao**	**8 116**	**116**	**263 446**	**201 685**	**0.3**
思茅市	Simao	456	26	50 813	39 963	5.5
普洱县	Pu'er	4	15	29 849	19 677	-0.1
墨江县	Mojiang	398	13	19 058	16 156	-3.2
景东县	Jingdong	1 738	10	24 395	17 500	-17.7
景谷县	Jinggu	812	9	66 327	53 319	17.1
镇沅县	Zhenyuan	262	14	13 104	9 827	-7.4
江城县	Jiangcheng	520	6	7 296	4 686	-24.6
孟连县	Menglian	253	4	12 063	9 803	-3.1
澜沧县	Lancang	3 072	13	37 894	28 676	-4.6
西盟县	Ximeng	211	6	2 646	2 077	-33.1
西双版纳州	**Xishuangbanna**	**1 469**	**46**	**82 835**	**63 750**	**0.1**
景洪市	Jinghong	653	21	28 662	15 865	22
勐海县	Menghai	431	13	41 616	38 274	0.5
勐腊县	Mengla	385	12	12 556	9 610	-27.2
大 理 州	**Dali**	**20 702**	**86**	**787 068**	**450 309**	**11.7**
大理市	Dali	4 430	42	467 601	337 247	5.7
漾濞县	Yangbi	311	3	15 854	7 198	5.9
祥云县	Xiangyun	2 905	9	110 123	47 106	66.6
宾川县	Binchuan	3 698	2	33 721	3 769	-37.5
弥渡县	Midu	1 525	4	23 485	6 755	-13.9
南涧县	Nanjian	1 458	1	7 775	788	15.4
巍山县	Weishan	1 495	4	25 191	4 331	18.3
永平县	Yongping	1 335	3	13 972	2 109	1.3
云龙县	Yunlong	586	5	18 897	10 256	41.7
洱源县	Eryuan	794	5	24 297	12 400	19.6
剑川县	Jianchuan	617	4	15 925	5 652	47
鹤庆县	Heqing	1 548	4	30 228	12 699	8.5

20-23 续表3 continued

地 区	Region	企业单位数(个) Number of Enterprises (unit)	#国有及500万元以上非国有 All State-owned and Non-state-owned above Designated Size	工业总产值(万元) Gross Industrial Output Value (10 000 yuan)	#国有及500万元以上非国有 All State-owned and Non-state-owned above Designated Size	工业总产值2001年比上年增减(%) Increase Rate in 2001 over 2000 (%)
德宏州	**Dehong**	**4 146**	**103**	**199 822**	**151 162**	**-17.9**
瑞丽市	Ruili	1 077	20	25 814	15 068	-14.5
潞西市	Luxi	1 398	37	60 259	43 387	-16.5
梁河县	Lianghe	505	12	20 445	16 877	-23.2
盈江县	Yingjiang	751	19	60 435	48 066	-12.1
陇川县	Longchuan	415	15	32 868	27 765	-26
丽江地区	**Lijiang**	**6 419**	**45**	**104 863**	**50 691**	**-4.1**
丽江县	Lijiang	1 136	17	28 278	15 001	-11.4
永胜县	Yongsheng	3 536	10	30 275	14 433	-4.9
华坪县	Huaping	916	14	40 153	19 169	-1.2
宁蒗县	Ninglang	831	4	6 158	2 088	24.4
怒江州	**Nujiang**	**2 289**	**25**	**65 741**	**41 647**	**-10**
泸水县	Lushui	772	8	13 785	4 009	-13.7
福贡县	Fugong	214	2	1 428	429	-59.1
贡山县	Gongshan	180	4	1 615	246	-82.2
兰坪县	Lanping	1 123	11	48 914	36 963	-4.5
迪庆州	**Diqing**	**636**	**15**	**33 351**	**19 369**	**-6.5**
中甸县	Zhongdian	345	8	29 090	18 199	-7.8
德钦县	Deqing	95	3	1 549	479	7.0
维西县	Weixi	196	4	2 712	691	7.0
临沧地区	**Lincang**	**8 001**	**69**	**276 329**	**211 214**	**-8.4**
临沧县	Lincang	974	15	25 694	15 804	-22
凤庆县	Fengqing	3 814	10	32 713	23 036	0.3
云 县	Yunxian	1 139	9	107 239	85 690	-6.0
永德县	Yongde	399	10	19 508	15 367	7.1
镇康县	Zhenkang	559	5	13 688	12 159	-19.7
双江县	Shuangjiang	407	5	16 672	11 665	17.9
耿马县	Gengma	420	8	45 918	35 903	-14
沧源县	Cangyuan	289	7	14 898	11 589	-26.3

注：本表工业总产值为全部工业企业，绝对数按当年价新规定计算，增减幅度按可比口径计算。

Note: The gross industrial output value in the table refers to all the industrial enterprises; the absolute figures are calculated according to the new regulation set in the year; the fluctuation is calculated at comparable prices.

20-24 各县市全部国有及年产品销售收入500万元以上非国有工业企业单位数和总产值（2001年）

Number of All State-owned and Non-state-owned Industrial Enterprises with Annual Product Sales above 5 Million Yuan and Their Total Output Values in Cities and Counties (2001)

(按当年价新规定计算)　　(is calculated according to the new regulation in the year)

地区	Region	工业总产值（万元）Gross Industrial Output Value (10 000 yuan)	国有企业 State-owned Industry		集体及股份合作制企业 Collective-owned and Cooperative Enterprises		其它企业 Other Enterprises	
			单位数（个）Number of Enterprise (unit)	总产值（万元）Gross Output Value (10 000 yuan)	单位数（个）Number of Enterprise (unit)	总产值（万元）Gross Output Value (10 000 yuan)	单位数（个）Number of Enterprise (unit)	总产值（万元）Gross Output Value (10 000 yuan)
全省合计	**Total**	**11 573 977**	**990**	**6 681 390**	**370**	**877 775**	**671**	**4 014 812**
昆明市	**Kunming**	**4 099 678**	**274**	**1 856 320**	**146**	**348 129**	**241**	**1 895 223**
五华区	Wuhua	234 069	39	64 263	14	82 851	17	86 956
盘龙区	Panlong	357 884	37	219 497	9	15 336	16	123 051
官渡区	Guandu	1 526 181	69	886 595	63	132 630	94	506 956
西山区	Xishan	833 262	33	115 780	29	39 787	59	677 695
东川区	Dongchuan	76 012	16	7 260	2	1 133	4	67 619
呈贡县	Chenggong	186 196	8	5 280	2	1 927	7	178 989
晋宁县	Jinning	79 865	9	38 417	6	10 765	10	30 683
富民县	Fuming	12 160	5	3 296	2	5 023	4	3 841
宜良县	Yiliang	100 991	14	18 542	5	6 122	6	76 326
石林县	Shilin	49 967	8	2 012	0	0	3	47 956
嵩明县	Songming	42 110	12	14 235	1	1 741	5	26 134
禄劝县	Luquan	5 681	2	5 681	0	0	0	0
寻甸县	Xundian	18 917	10	14 022	2	2 093	1	2 802
安宁市	Anning	576 382	12	461 448	11	48 719	15	66 215
曲靖市	**Qujing**	**1 519 846**	**108**	**939 172**	**44**	**95 558**	**46**	**485 117**
麒麟区	Qulin	716 033	33	587 756	9	20 996	6	107 281
马龙县	Malong	20 679	5	1 791	1	573	3	18 315
陆良县	Luliang	81 354	11	30 056	5	8 222	14	43 076
师宗县	Shizong	20 277	10	13 431	7	6 846	0	0
罗平县	Luoping	106 432	8	63 439	0	0	4	42 993
富源县	Fuyuan	53 502	9	20 203	4	5 566	8	27 733
会泽县	Huize	186 876	11	115 683	5	10 634	1	60 559
沾益县	Zhanyi	172 411	10	41 074	4	4 495	7	126 842
宣威市	Xuanwei	162 284	11	65 738	9	38 227	3	58 320
玉溪市	**Yuxi**	**2 376 505**	**53**	**1 768 403**	**58**	**140 349**	**103**	**467 753**
红塔区	Hongta	1 972 077	11	1 659 023	27	96 075	45	216 978
江川县	Jiangchuan	42 267	5	7 861	4	6 516	7	27 890
澄江县	Chengjiang	76 526	4	21 567	6	11 047	12	43 911
通海县	Tonghai	93 376	4	5 252	10	14 986	13	73 138
华宁县	Huaning	28 691	4	11 954	3	4 666	5	12 070
易门县	Yimen	66 592	8	34 215	3	2 838	4	29 539
峨山县	Eshan	26 948	6	12 589	2	1 959	6	12 400
新平县	Xinping	37 495	3	909	2	1 414	5	35 172
元江县	Yuanjiang	32 534	8	15 032	1	849	6	16 654

20-24 续表1 continued

地区 Region		工业总产值(万元) Gross Industrial Output Value (10 000 yuan)	国有企业 State-owned Industry		集体及股份合作制企业 Collective-owned and Cooperative Enterprises		其它企业 Other Enterprises	
			单位数(个) Number of Enterprise (unit)	总产值(万元) Gross Output Value (10 000 yuan)	单位数(个) Number of Enterprise (unit)	总产值(万元) Gross Output Value (10 000 yuan)	单位数(个) Number of Enterprise (unit)	总产值(万元) Gross Output Value (10 000 yuan)
保山市	**Baoshan**	**159 887**	**20**	**30 016**	**19**	**25 498**	**22**	**103 573**
隆阳区	Longyang	67 406	8	15 322	8	11 366	6	40 719
施甸县	Shidian	13 932	3	4 580	3	3 484	1	5 869
腾冲县	Tengchong	23 094	6	3 402	7	8 806	7	10 886
龙陵县	Longling	32 585	2	7 383	1	1 843	4	23 359
昌宁县	Changning	22 870	1	130	0	0	4	22 740
昭通市	**Zhaotong**	**289 233**	**52**	**154 353**	**9**	**12 061**	**11**	**122 820**
昭阳区	Zhaoyang	175 589	15	130 677	1	1 090	3	43 822
鲁甸县	Ludian	5 503	3	2 047	1	629	2	2 828
巧家县	Qiaojia	9 478	6	5 770	2	3 708	0	0
盐津县	Yanjin	2 551	4	1 685	0	0	1	865
大关县	Daguan	1 914	2	195	1	816	1	904
永善县	Yongshan	478	4	478	0	0	0	0
绥江县	Suijiang	2 409	3	1 575	1	834	0	0
镇雄县	Zhenxiong	6 369	5	3 625	1	1 114	1	1 631
彝良县	Yiliang	5 981	6	5 981	0	0	0	0
威信县	Weixin	5 448	3	1 823	1	999	2	2 625
水富县	Shuifu	73 515	1	499	1	2 872	1	70 145
楚雄州	**Chuxiong**	**487 626**	**60**	**326 260**	**10**	**15 792**	**32**	**145 574**
楚雄市	Chuxiong	375 695	17	274 619	0	0	21	101 076
双柏县	Shuangbo	6 071	13	3 854	0	0	1	2 217
牟定县	Mouding	4 295	3	1 695	1	2 600	0	0
南华县	Nanhua	5 251	1	105	1	909	3	4 236
姚安县	Yao'an	2 109	4	588	2	1 521	0	0
大姚县	Dayao	17 615	1	17 068	0	0	1	548
永仁县	Yongren	1 321	5	606	1	714	0	0
元谋县	Yuanmou	3 246	5	966	0	0	1	2 279
武定县	Wuding	11 512	5	4 389	3	7 123	0	0
禄丰县	Lufeng	60 512	6	22 369	2	2 924	5	35 218
红河州	**Honghe**	**1 295 037**	**74**	**952 104**	**15**	**91 302**	**61**	**251 632**
个旧市	Gejiu	325 495	23	216 567	5	60 452	13	48 476
开远市	Kaiyuan	230 391	10	188 687	2	7 920	8	33 784
蒙自县	Mengzi	45 094	6	14 838	3	2 016	7	28 240
屏边县	Pingbian	9 363	3	532	2	8 830	0	0
建水县	Jianshui	78 044	5	17 807	2	9 255	10	50 982
石屏县	Shiping	9 874	3	2 115	1	2 829	2	4 929
弥勒县	Mile	531 950	5	482 587	0	0	11	49 363
泸西县	Luxi	27 911	5	16 563	0	0	3	11 348
元阳县	Yuanyang	10 462	3	5 429	0	0	2	5 033
红河县	Honghe	6 394	3	710	0	0	1	5 684
金平县	Jinping	12 510	2	1 353	0	0	3	11 156
绿春县	Luchun	1 038	2	1 038	0	0	0	0
河口县	Hekou	6 513	4	3 877	0	0	1	2 637

20-24 续表2 continued

地 区	Region	工 业 总产值 (万元) Gross Industrial Output Value (10 000 yuan)	国有企业 State-owned Industry		集体及股份合作制企业 Collective-owned and Cooperative Enterprises		其它企业 Other Enterprises	
			单位数 (个) Number of Enterprise (unit)	总产值 (万元) Gross Output Value (10 000 yuan)	单位数 (个) Number of Enterprise (unit)	总产值 (万元) Gross Output Value (10 000 yuan)	单位数 (个) Number of Enterprise (unit)	总产值 (万元) Gross Output Value (10 000 yuan)
文山州	**Wenshan**	**156 276**	**37**	**78 308**	**5**	**4 994**	**25**	**72 974**
文山县	Wenshan	88 018	13	47 568	1	633	7	39 818
砚山县	Yanshan	16 730	9	11 921	1	607	3	4 203
西畴县	Xichou	4 803	1	77	0	0	3	4 726
麻栗坡县	Malipo	6 764	0	0	0	0	5	6 764
马关县	Maguan	19 191	6	14 939	0	0	2	4 252
丘北县	Qiubei	4 412	4	3 569	0	0	1	844
广南县	Guangnan	7 735	0	0	2	1 760	3	5 975
富宁县	Funing	8 623	4	235	1	1 994	1	6 394
思茅地区	**Simao**	**201 685**	**89**	**113 860**	**10**	**29 927**	**17**	**57 897**
思茅市	Simao	39 963	16	15 017	1	2 196	9	22 750
普洱县	Pu'er	19 677	11	7 529	1	4 227	3	7 922
墨江县	Mojiang	16 156	11	12 569	2	3 586	0	0
景东县	Jingdong	17 500	9	16 097	1	1 403	0	0
景谷县	Jinggu	53 319	6	27 427	0	0	3	25 892
镇沅县	Zhenyuan	9 827	11	5 901	2	2 999	1	926
江城县	Jiangcheng	4 686	5	1 814	1	2 872	0	0
孟连县	Menglian	9 803	3	1 129	1	8 675	0	0
澜沧县	Lancang	28 676	12	24 707	1	3 969	0	0
西盟县	Ximeng	2 077	5	1 670	0	0	1	407
西双版纳州	**Xishuangbanna**	**63 750**	**37**	**25 451**	**5**	**32 074**	**4**	**6 225**
景洪市	Jinghong	15 865	18	12 169	1	999	2	2 698
勐海县	Menghai	38 274	10	10 298	2	27 175	1	801
勐腊县	Mengla	9 610	9	2 984	2	3 900	1	2 726
大理州	Dali	450 309	18	249 131	17	25 899	51	175 279
大理市	**Dali**	**337 247**	**7**	**223 127**	**8**	**8 670**	**27**	**105 450**
漾濞县	Yangbi	7 198	0	0	0	0	3	7 198
祥云县	Xiangyun	47 106	2	18 604	5	12 867	2	15 635
宾川县	Binchuan	3 769	0	0	1	1 675	1	2 094
弥渡县	Midu	6 755	0	0	1	475	3	6 280
南涧县	Nanjian	788	0	0	0	0	1	788
巍山县	Weishan	4 331	1	1 355	2	2 212	1	764
永平县	Yongping	2 109	3	2 109	0	0	0	0
云龙县	Yunlong	10 256	1	482	0	0	4	9 774
洱源县	Eryuan	12 400	2	1 739	0	0	3	10 660
剑川县	Jianchuan	5 652	1	386	0	0	3	5 266
鹤庆县	Heqing	12 699	1	1 328	0	0	3	11 370

20-24 续表3 continued

地 区	Region	工业总产值（万元）Gross Industrial Output Value (10 000 yuan)	国有企业 State-owned Industry		集体及股份合作制企业 Collective-owned and Cooperative Enterprises		其它企业 Other Enterprises	
			单位数（个）Number of Enterprise (unit)	总产值（万元）Gross Output Value (10 000 yuan)	单位数（个）Number of Enterprise (unit)	总产值（万元）Gross Output Value (10 000 yuan)	单位数（个）Number of Enterprise (unit)	总产值（万元）Gross Output Value (10 000 yuan)
德宏州	**Dehong**	**151 162**	**80**	**76 545**	**12**	**19 303**	**11**	**55 314**
瑞丽市	Ruili	15 068	17	4 594	3	10 474	0	0
潞西市	Luxi	43 387	28	24 128	7	5 713	2	13 545
梁河县	Lianghe	16 877	12	16 877	0	0	0	0
盈江县	Yingjiang	48 066	10	7 847	2	3 116	7	37 104
陇川县	Longchuan	27 765	13	23 101	0	0	2	4 665
丽江地区	**Lijiang**	**50 691**	**22**	**11 662**	**7**	**6 182**	**16**	**32 847**
丽江县	Lijiang	15 001	11	7 060	3	1 761	3	6 181
永胜县	Yongsheng	14 433	3	642	2	1 317	5	12 474
华坪县	Huaping	19 169	5	3 604	2	3 105	7	12 460
宁蒗县	Ninglang	2 088	3	356	0	0	1	1 733
怒江州	**Nujiang**	**41 647**	**16**	**8 441**	**5**	**7 738**	**4**	**25 467**
泸水县	Lushui	4 009	6	857	0	0	2	3 153
福贡县	Fugong	429	2	429	0	0	0	0
贡山县	Gongshan	246	4	246	0	0	0	0
兰坪县	Lanping	36 963	4	6 910	5	7 738	2	22 315
迪庆州	**Diqing**	**19 369**	**13**	**7 613**	**0**	**0**	**2**	**11 756**
中甸县	Zhongdian	18 199	6	6 443	0	0	2	11 756
德钦县	Deqing	479	3	479	0	0	0	0
维西县	Weixi	691	4	691	0	0	0	0
临沧地区	**Lincang**	**211 214**	**36**	**82 883**	**8**	**22 969**	**25**	**105 361**
临沧县	Lincang	15 804	10	5 085	2	1 007	3	9 712
凤庆县	Fengqing	23 036	4	4 074	1	255	5	18 708
云 县	Yunxian	85 690	6	71 702	1	7163	2	6 825
永德县	Yongde	15 367	6	1 200	1	737	3	13 430
镇康县	Zhenkang	12 159	1	0	1	3 643	3	8 516
双江县	Shuangjiang	11 665	4	662	0	0	1	11 003
耿马县	Gengma	35 903	2	53	2	10 165	4	25 686
沧源县	Cangyuan	11 589	3	107	0	0	4	11 482

注：国有企业含国有联营和国有独资公司。

Note: State-owned enterprises include state-owned jointly-run enterprises and solely owned enterprises.

20-25 各县市主要工业产品产量（2001年）

Output of Major Industrial Products of Cities and Counties (2001)

地　区	Region	原 煤（万吨）Coal (10 000 tons)	发电量（万千瓦小时）Electricity (10 000 kwh)	工业木材（万立方米）Timber (10 000 cu.m)	白 酒（吨）Liquor (ton)	啤 酒（吨）Beer (ton)	糖（吨）Sugar (ton)	水 泥（万吨）Cement (10 000 tons)
全省合计	**Total**	**2 394.12**	**3 595 254**	**92.61**	**205 734**	**179 213**	**1 254 934**	**1 640.86**
昆 明 市	**Kunming**	**170.42**	**402 653**		**42 283**	**20 113**	**34**	**341.09**
五华区	Wuhua							
盘龙区	Panlong		29 502		686		34	
官渡区	Guandu		2 467					20.37
西山区	Xishan		127 440		386			121.06
东川区	Dongchuan		9 650		1 434			9.19
呈贡县	Chenggong				2 497			0.83
晋宁县	Jinning				16 732			32.13
富民县	Fuming	0.06	10 238		3 203			5.21
宜良县	Yiliang	78.46	210 322		8 732			34.36
石林县	Shilin	9	1 794		1 829			7.87
嵩明县	Songming	3.8			1 982	20113		26.26
禄劝县	Luquan		7 653		1 533			13
寻甸县	Xundian	79.1	2 330		1 760			19.83
安宁市	Anning		1 257		1 509			50.44
曲 靖 市	**Qujing**	**1063.45**	**1 132 356**	**0.27**	**16 408**	**1603**		**230.91**
麒麟区	Qulin	105.03	37 212					23.15
马龙县	Malong		469		1 445			12.21
陆良县	Luliang		45 477		1 524			89.41
师宗县	Shizong	84.89	12 059	0.27	2 732			29.1
罗平县	Luoping	28.98	315 762		2 984			8.17
富源县	Fuyuan	540.9	22 919		830			10.37
会泽县	Huize	0.8	173 374		1 700			
沾益县	Zhanyi	34.11	302 082			1 603		24.75
宣威市	Xuanwei	268.74	223 002		5 193			33.75
玉 溪 市	**Yuxi**	57.23	103 952	0.19	6 733		107 040	329.71
红塔区	Hongta		353	0.16	747			126.18
江川县	Jiangchuan				737			22.96
澄江县	Chengjiang		37 581		125			23.59
通海县	Tonghai		1 716		2 072			54.16
华宁县	Huaning	17.67	13 647	0.03	288		4434	22.19
易门县	Yimen		3 050		688			23.46
峨山县	Eshan	38.74	868		1 078		3 450	13.3
新平县	Xinping	0.48	14 999		480		63 271	11.9
元江县	Yuanjiang	0.34	31 738		518		35 885	31.97

20-25 续表1 continued

地 区	Region	原 煤（万吨）Coal (10 000 tons)	发电量（万千瓦小时）Electricity (10 000 kwh)	工业木材（万立方米）Timber (10 000 cu.m)	白 酒（吨）Liquor (ton)	啤 酒（吨）Beer (ton)	糖（吨）Sugar (ton)	水 泥（万吨）Cement (10 000 tons)
保 山 市	**Baoshan**	**16.27**	**73 291**	**11.33**	**5 965**	**29 553**	**204 629**	**41.64**
隆阳区	Longyang	3.74	65 218		1 164	29 553	51 446	21.51
施甸县	Shidian		860	0.4	450		35 671	1.6
腾冲县	Tengchong		2 382	9.33	1 666		6 900	7
龙陵县	Longling	1	2 122	0.05	807		48 660	2.14
昌宁县	Changning	11.53	2 709	1.55	1 878		61 944	9.39
昭 通 市	**Zhaotong**	**117.13**	**87 607**	**0.09**	**15 316**		**12 401**	**81.08**
昭阳区	Zhaoyang	20.22	683	0.01	1 341		620	17.11
鲁甸县	Ludian		3 603		131			10.62
巧家县	Qiaojia	1.5	5 651		416		8 521	5.57
盐津县	Yanjin	11.05	3 515		1 424			4.47
大关县	Daguan	1.79	9 329		1 317			4
永善县	Yongshan	0.78	3 120	0.04	419		3 260	2.15
绥江县	Suijiang	5.35	1 822		50			5.56
镇雄县	Zhenxiong	45	18 363		5 973			20.4
彝良县	Yiliang	12.74	29 717		1 685			1.5
威信县	Weixin	18.1	10 910	0.04	2 560			9.7
水富县	Shuifu	0.6	894					
楚 雄 州	**Chuxiong**	**99.79**	**44 292**	**1.73**	**19 634**	**6 723**	**630**	**43.27**
楚雄市	Chuxiong	6	4 859	0.22	3 221			3.66
双柏县	Shuangbo	0.5	13 856	0.45	907		300	2.47
牟定县	Mouding				809			
南华县	Nanhua	22.28			767	6 723		
姚安县	Yao'an		471		2 780			1.04
大姚县	Dayao	0.13	3 505		2 168			
永仁县	Yongren		2 977		3 304			1.05
元谋县	Yuanmou		2 544		1 213		330	9.56
武定县	Wuding		7 326		1 957			3.35
禄丰县	Lufeng	70.88	8 754	1.06	2 508			22.14
红 河 州	**Honghe**	**626.23**	**573 224**	**4.63**	**32 285**	**26 628**	**92 248**	**160.55**
个旧市	Gejiu		40 960		1 762			34.2
开远市	Kaiyuan	521.9	393 892	0.06	5 621	25 207	10 044	62.27
蒙自县	Mengzi	0.8	900	1.96	3 913	1 421	14 313	4.93
屏边县	Pingbian		26 714		1 333		1 080	
建水县	Jianshui	10.65	1 409	0.42	1 341		11 245	16.33
石屏县	Shiping	3.02	5 218	1.99	1 305		5 759	9.94
弥勒县	Mile	36.33	47 956		13 143		25 754	12.31
泸西县	Luxi	53.53	21 074		1 218			18.24
元阳县	Yuanyang		4 920	0.2	658		7 383	0.02
红河县	Honghe		2 094		1 121		16 670	
金平县	Jinping		14 290		796			2.31
绿春县	Luchun		6 316		74			
河口县	Hekou		7 481					

20-25 续表2 continued

地 区	Region	原 煤（万吨）Coal (10 000 tons)	发电量（万千瓦小时）Electricity (10 000 kwh)	工业木材（万立方米）Timber (10 000 cu.m)	白 酒（吨）Liquor (ton)	啤 酒（吨）Beer (ton)	糖（吨）Sugar (ton)	水 泥（万吨）Cement (10 000 tons)
文 山 州	**Wenshan**	**41.5**	**145 945**	**3**	**34 009**		**11 113**	**57.3**
文山县	Wenshan	4.92	49 553	0.38	3 536		8 483	13.37
砚山县	Yanshan	11.97	1 494	0.59	5 563			17.2
西畴县	Xichou		9 646	1.98	6 243			14.81
麻栗坡县	Malipo		15 135	0.05	1 812			
马关县	Maguan	5.9	18 316		2 865			3.01
丘北县	Qiubei	0.12	33 954		7 952			4.03
广南县	Guangnan	0.51	14 494		3 076		2 630	2.58
富宁县	Funing	18.09	3 353		2 962			2.3
思茅地区	**Simao**	**42.79**	**56 110**	**62.92**	**4 828**	**3 307**	**146 869**	**59.67**
思茅市	Simao		5 898	8.75	160	3 307		9.93
普洱县	Pu'er	9.61	5 039	4.76	792			23.81
墨江县	Mojiang		4 721	4.42	1 590		7 698	3.5
景东县	Jingdong	2.43	2 263	5.33	1 264		23 258	4.87
景谷县	Jinggu	3.51	22 368	27.52	12		29 277	8.71
镇沅县	Zhenyuan	5.84	716	7.94	93		3 332	3.82
江城县	Jiangcheng	0.16	2 304	1.9	605		9 706	
孟连县	Menglian	2.11	6 055	0.27			27 638	
澜沧县	Lancang	19.13	5 560	1.99	252		42 796	4.97
西盟县	Ximeng		1 224	0.04	60		2 164	
西双版纳州	**Xishuangbanna**	**2.97**	**40 616**		**326**		**129 650**	**13.46**
景洪市	Jinghong	0.65	25 337		326		4 022	7.93
勐海县	Menghai	1.6	9 540				107 494	
勐腊县	Mengla	0.72	5 739				18 134	5.53
大 理 州	Dali	**76.58**	**200 256**	**2.21**	**15 324**	**73 725**	**13 143**	**171.92**
大理市	**Dali**		114 177		266	73 725		105.48
漾濞县	Yangbi		46 730		440			
祥云县	Xiangyun	46.07			2 061			21.69
宾川县	Binchuan	6.25	5 830		2 323			5.8
弥渡县	Midu	7.41	578		1 658			12.53
南涧县	Nanjian		1 612		400			
巍山县	Weishan				3 640			8.6
永平县	Yongping	1.8	3 742	0.26	772			1.51
云龙县	Yunlong		5 088	1.95	824			0.4
洱源县	Eryuan		6 313		1 514			6.76
剑川县	Jianchuan	8.02	10 386		221			7.3
鹤庆县	Heqing	7.03	5 800		1 205		13 143	1.85

20-25 续表3 continued

地 区	Region	原 煤（万吨）Coal (10 000 tons)	发电量（万千瓦小时）Electricity (10 000 kwh)	工业木材（万立方米）Timber (10 000 cu.m)	白 酒（吨）Liquor (ton)	啤 酒（吨）Beer (ton)	糖（吨）Sugar (ton)	水 泥（万吨）Cement (10 000 tons)
德宏州	**Dehong**	**7.6**	**68 862**	**4.87**	**851**		**239 339**	**41.55**
瑞丽市	Ruili	1.74	1 462	0.4	319		25 200	8.94
潞西市	Luxi	3.29	44 602	1.83	223		47 804	19.85
梁河县	Lianghe	1.75	1 925	0.35	183		38 768	
盈江县	Yingjiang		19 148	0.75	66		66 491	12.76
陇川县	Longchuan	0.82	1 725	1.54	60		61 076	
丽江地区	**Lijiang**	**57.95**	**54 636**		**3 442**		**6 077**	**28.32**
丽江县	Lijiang	4.22	23 944		619			11.84
永胜县	Yongsheng	2.1	5 687		1 838		6 077	7.83
华坪县	Huaping	47.13	16 667		410			7.35
宁蒗县	Ninglang	4.5	8 338		575			1.3
怒江州	**Nujiang**	**0.49**	**12 881**		**234**			**1.54**
泸水县	Lushui	0.49	4 303		72			1.54
福贡县	Fugong		1 198		44			
贡山县	Gongshan		764		8			
兰坪县	Lanping		6 616		110			
迪庆州	**Diqing**		**61 376**	**0.23**	**2 119**			**1.47**
中甸县	Zhongdian		57 322	0.23	1 194			0.87
德钦县	Deqing		2 778					
维西县	Weixi		1 276		925			0.6
临沧地区	**Lincang**	**13.72**	**537 159**	**1.14**	**5 977**	**17561**	**291 761**	**37.38**
临沧县	Lincang	4.83	9 819	0.43	468		11 364	0.83
凤庆县	Fengqing	0.33	7 723		1 243		29 706	14.89
云 县	Yunxian		499 615		2 231	17561	33 874	4.08
永德县	Yongde	0.88	4 290	0.16	790		37 729	3.29
镇康县	Zhenkang		3 540		183		28 796	2
双江县	Shuangjiang	0.94	3 589	0.25	953		32 837	
耿马县	Gengma	2.85	5 035	0.3			90 078	5.53
沧源县	Cangyuan	3.89	3 548		107		27 377	6.76

20-26 各县市全部国有及年产品销售收入500万元以上非国有独立核算工业企业主要财务指标（2001年）

Major Financial Indicators of All State-Owned and Non-State-Owned Industrial Enterprises with Independent Accounting Systems and Annual Product Sales above 5 Million in Cities and Counties (2001)

单位:万元 (10 000 yuan)

地　区	Region	资产总计 Total Assets	负债合计 Total Liabilities	所有者权益合计 Creditors' Equity	产品销售收入 Sales Revenue	利润总额 Total Profits	利税总额 Total Tax and Profits
全省合计	**Total**	**25 850 556**	**13 995 638**	**11 854 918**	**11 613 844**	**821 910**	**3 473 976**
昆明市	**Kunming**	**9 394 347**	**5 076 906**	**4 317 441**	**4 137 623**	**213 402**	**829 207**
五华区	Wuhua	571 771	373 989	197 782	208 824	17 941	60 521
盘龙区	Panlong	1 938 294	952 467	985 827	351 840	9 872	34 662
官渡区	Guandu	2 672 983	1 283 910	1 389 073	1 509 173	114 786	539 386
西山区	Xishan	1 832 908	1 112 650	720 258	918 321	17 707	65 114
东川区	Dongchuan	78 027	51 851	26 175	67 207	- 602	1 809
呈贡县	Chenggong	270 078	179 204	90 874	192 483	16 988	21 864
晋宁县	Jinning	215 914	100 466	115 448	80 592	- 1 590	2 873
富民县	Fuming	37 983	24 126	13 857	15 255	- 834	60
宜良县	Yiliang	257 755	170 606	87 149	91 111	5 287	14 014
石林县	Shilin	70 276	39 055	31 221	48 095	1 896	4 669
嵩明县	Songming	61 402	43 951	17 451	39 410	- 677	2 118
禄劝县	Luquan	19 465	13 509	5 956	8 691	1 031	1 502
寻甸县	Xundian	51 771	36 855	14 917	24 717	- 567	728
安宁市	Anning	1 315 720	694 267	621 453	581 904	32 163	79 887
曲靖市	**Qujing**	**3 304 773**	**2 046 056**	**1 258 717**	**1 506 700**	**67 882**	**429 098**
麒麟区	Qulin	1 239 479	665 505	573 973	694 190	47 804	307 234
马龙县	Malong	29 918	17 636	12 282	21 166	- 1 707	1 064
陆良县	Luliang	189 570	120 158	69 412	84 117	373	6 104
师宗县	Shizong	54 936	44 861	10 075	20 152	- 874	620
罗平县	Luoping	155 803	81 572	74 231	87 317	3 182	10 722
富源县	Fuyuan	175 941	117 857	58 084	55 967	211	4 277
会泽县	Huize	300 162	159 661	140 501	212 969	24 338	74 386
沾益县	Zhanyi	566 804	415 044	151 760	173 757	6 992	22 249
宣威市	Xuanwei	592 160	423 762	168 398	157 066	- 12 437	2 443
玉溪市	**Yuxi**	**5 019 709**	**1 440 280**	**3 579 430**	**2 233 633**	**317 026**	**1 250 122**
红塔区	Hongta	4 096 714	770 789	3 325 924	1 816 932	311 832	1 220 454
江川县	Jiangchuan	49 339	33 019	16 319	40 882	1 437	3 494
澄江县	Chengjiang	213 942	169 336	44 606	75 085	- 1 533	1 736
通海县	Tonghai	156 278	93 426	62 852	92 421	4 054	8 638
华宁县	Huaning	57 422	37 884	19 538	27 422	827	2 749
易门县	Yimen	204 193	144 776	59 417	77 951	- 1 372	197
峨山县	Eshan	67 611	62 949	4 662	27 319	- 1 416	1 303
新平县	Xinping	95 011	69 428	25 583	40 612	2 114	6 663
元江县	Yuanjiang	79 201	58 672	20 529	35 008	1 084	4 886

20-26 续表1 continued

单位:万元 (10 000 yuan)

地 区	Region	资产总计 Total Assets	负债合计 Total Liabilities	所有者权益合计 Creditors' Equity	产品销售收入 Sales Revenue	利润总额 Total Profits	利税总额 Total Tax and Profits
保山市	**Baoshan**	**359 586**	**241 226**	**118 360**	**153 536**	**10 477**	**28 662**
隆阳区	Longyang	205 085	136 331	68 755	66 933	1 087	9 461
施甸县	Shidian	20 417	17 362	3 055	13 766	933	2 391
腾冲县	Tengchong	41 929	31 973	9 956	22 123	1 752	4 780
龙陵县	Longling	63 993	36 665	9 956	28 690	3 737	6 764
昌宁县	Changning	28 162	18 895	9 267	22 024	2 969	5 266
昭通市	**Zhaotong**	**651 785**	**307 184**	**344 602**	**300 326**	**24 176**	**100 905**
昭阳区	Zhaoyang	335 430	147 668	187 762	175 921	6 479	74 469
鲁甸县	Ludian	17 371	10 218	7 153	5 594	- 54	411
巧家县	Qiaojia	33 217	20 363	12 855	8 949	781	1 652
盐津县	Yanjin	16 699	14 468	2 231	2 446	78	258
大关县	Daguan	11 407	10 212	1 195	2 186	- 152	- 1
永善县	Yongshan	2 680	2 501	178	475	- 48	- 16
绥江县	Suijiang	12 149	10 758	1 391	2 091	- 166	5
镇雄县	Zhenxiong	24 517	19 206	5 311	6 894	- 354	36
彝良县	Yiliang	19 736	13 704	6 032	5 979	- 453	184
威信县	Weixin	14 029	14 472	- 444	6 280	- 50	398
水富县	Shuifu	164 551	43 614	120 937	83 512	18 115	23 509
楚雄州	**Chuxiong**	**892 997**	**618 824**	**274 173**	**438 445**	**23 140**	**147 909**
楚雄市	Chuxiong	632 442	457 353	175 090	334 147	22 788	139 040
双柏县	Shuangbo	27 403	25 552	1 852	6 366	- 887	- 239
牟定县	Mouding	11 181	9 339	1 843	3 782	28	266
南华县	Nanhua	17 674	15 840	1 835	5 180	- 2 763	- 2 104
姚安县	Yao'an	6 683	4 753	1 930	2 908	91	380
大姚县	Dayao	38 784	27 532	11 252	17 888	224	1 345
永仁县	Yongren	6 071	4 140	1 931	1 570	111	233
元谋县	Yuanmou	10 669	8 237	2 431	3 762	- 192	235
武定县	Wuding	19 736	14 444	5 292	8 766	294	1 277
禄丰县	Lufeng	122 353	51 634	70 719	54 077	3 446	7 474
红河州	**Honghe**	**2 663 990**	**1 712 781**	**951 208**	**1 463 926**	**96 207**	**403 473**
个旧市	Gejiu	856 422	525 737	330 685	417 705	2 054	24 270
开远市	Kaiyuan	578 543	399 233	179 310	236 416	9 205	38 921
蒙自县	Mengzi	80 401	57 732	22 669	42 312	- 2 215	974
屏边县	Pingbian	11 946	7 675	4 271	7 672	683	1 601
建水县	Jianshui	160 124	100 499	59 625	75 893	12 598	18 428
石屏县	Shiping	21 357	15 625	5 732	10 961	136	843
弥勒县	Mile	754 865	450 981	303 884	590 220	69 659	309 512
泸西县	Luxi	107 111	86 873	20 238	47 499	2 655	4 695
元阳县	Yuanyang	28 764	22 240	6 523	10 366	357	1 034
红河县	Honghe	20 779	18 270	2 508	6 611	671	1 491
金平县	Jinping	24 634	16 199	8 436	10 478	259	1 144
绿春县	Luchun	7 023	4 716	2 307	1 483	178	269
河口县	Hekou	12 022	7 002	5 021	6 310	- 33	290

20-26 续表2 continued

单位:万元 (10 000 yuan)

地 区	Region	资产总计 Total Assets	负债合计 Total Liabilities	所有者权益合计 Creditors' Equity	产品销售收入 Sales Revenue	利润总额 Total Profits	利税总额 Total Tax and Profits
文山州	**Wenshan**	**327 229**	**232 252**	**94 977**	**170 735**	**10 488**	**27 015**
文山县	Wenshan	182 998	127 023	55 975	104 018	8 719	18 441
砚山县	Yanshan	33 569	26 650	6 919	17 485	- 596	848
西畴县	Xichou	12 482	8 846	3 636	4 775	374	1 000
麻栗坡县	Malipo	9 937	5 077	4 860	6 805	352	836
马关县	Maguan	38 481	31 108	7 373	17 574	2	1 561
丘北县	Qiubei	5 382	2 888	2 494	4 281	350	1 115
广南县	Guangnan	29 554	22 475	7 079	7 925	456	1 161
富宁县	Funing	14 826	8 185	6 641	7 872	829	2 052
思茅地区	**Simao**	**677 762**	**514 623**	**163 138**	**192 711**	**8 118**	**31 755**
思茅市	Simao	163 006	111 344	51 662	38 790	2 365	6 087
普洱县	Pu'er	50 181	37 773	12 408	19 292	177	2 090
墨江县	Mojiang	35 338	28 262	7 076	15 149	1 517	2 951
景东县	Jingdong	35 620	35 261	358	18 602	358	3 151
景谷县	Jinggu	256 618	167 352	89 266	46 103	1 972	8 392
镇沅县	Zhenyuan	29 786	34 396	- 4 610	9 487	- 798	232
江城县	Jiangcheng	14 860	15 910	- 1 050	4 920	99	999
孟连县	Menglian	12 796	9 468	3 328	9 803	1 939	3 061
澜沧县	Lancang	62 767	58 398	4 369	28 537	1 363	5 371
西盟县	Ximeng	16 790	16 459	331	2 028	- 873	- 580
西双版纳州	**Xishuangbanna**	**190 446**	**128 917**	**61 529**	**64 551**	**4 530**	**11 670**
景洪市	Jinghong	88 813	60 459	28 354	15 539	- 844	575
勐海县	Menghai	68 391	35 220	33 171	39 621	6 139	10 884
勐腊县	Mengla	33 242	33 238	4	9 391	- 764	211
大理州	**Dali**	**893 638**	**558 516**	**335 122**	**483 710**	**16 720**	**128 522**
大理市	Dali	641 529	394 698	246 830	322 487	10 409	109 803
漾濞县	Yangbi	67 258	50 231	17 028	6 106	- 912	- 22
祥云县	Xiangyun	75 908	47 860	28 048	99 904	2 593	9 406
宾川县	Binchuan	9 679	4 208	5 471	3 377	578	975
弥渡县	Midu	12 926	8 909	4 017	6 497	117	553
南涧县	Nanjian	2 131	1 599	532	808	17	79
巍山县	Weishan	5 966	3 131	2 834	3 621	136	392
永平县	Yongping	5 992	3 486	2 506	2 083	443	592
云龙县	Yunlong	14 865	9 085	5 780	10 180	- 172	445
洱源县	Eryuan	21 043	11 233	9 810	12 083	947	2 086
剑川县	Jianchuan	13 786	7 054	6 733	5 007	1 091	1 507
鹤庆县	Heqing	22 556	17 023	5 533	11 557	1 475	2 707

20-26 续表3 continued

单位:万元 (10 000 yuan)

地 区	Region	资产总计 Total Assets	负债合计 Total Liabilities	所有者权益合计 Creditors' Equity	产品销售收入 Sales Revenue	利润总额 Total Profits	利税总额 Total Tax and Profits
德宏州	**Dehong**	**389 598**	**325 897**	**63 701**	**151 645**	**2 425**	**18 270**
瑞丽市	Ruili	35 155	24 414	10 740	16 681	971	2 617
潞西市	Luxi	154 364	112 021	42 343	44 456	649	5 515
梁河县	Lianghe	39 815	42 652	- 2 837	16 760	- 808	1 315
盈江县	Yingjiang	116 330	103 035	13 295	47 423	- 11	4 226
陇川县	Longchuan	43 935	43 775	161	26 325	1 623	4 597
丽江地区	**Lijiang**	**195 015**	**142 367**	**52 648**	**52 654**	**1 322**	**6 268**
丽江县	Lijiang	90 855	62 110	28 745	15 688	1 642	3 373
永胜县	Yongsheng	47 777	36 158	11 619	14 328	- 34	1 045
华坪县	Huaping	47 534	38 183	9 351	21 543	- 51	1 965
宁蒗县	Ninglang	8 849	5 915	2 934	1 096	- 236	- 116
怒江州	**Nujiang**	**97 830**	**67 516**	**30 314**	**38 054**	**3 365**	**7 469**
泸水县	Lushui	14 586	7 009	7 577	3 309	- 1	244
福贡县	Fugong	2 786	1 368	1 417	293	7	42
贡山县	Gongshan	3 551	2 791	760	153	- 244	- 231
兰坪县	Lanping	76 908	56 347	20 560	34 300	3 603	7 414
迪庆州	**Diqing**	**67 739**	**46 091**	**21 648**	**16 088**	**- 339**	**2 248**
中甸县	Zhongdian	53 239	38 125	15 114	15 466	60	2 525
德钦县	Deqing	5 137	1 437	3 700	191	1	28
维西县	Weixi	9 362	6 528	2 834	432	- 401	- 305
临沧地区	**Lincang**	**714 310**	**528 072**	**186 238**	**208 785**	**23 315**	**51 698**
临沧县	Lincang	108 280	65 463	42 817	16 545	532	2 581
凤庆县	Fengqing	66 338	49 822	16 516	21 911	1 865	4 257
云 县	Yunxian	316 774	213 095	103 680	855	16 463	30 773
永德县	Yongde	48 438	49 349	- 911	15 316	451	2 096
镇康县	Zhenkang	46 956	47 135	- 180	11 919	- 355	1 005
双江县	Shuangjiang	18 424	13 748	4 676	11 591	1 710	3 275
耿马县	Gengma	80 385	61 433	18 952	35 551	3 079	7 330
沧源县	Cangyuan	28 715	28 027	688	10 480	- 429	381

20-27 各县市全部国有及年产品销售收入500万元以上非国有独立核算工业企业主要经济效益指标(2001年)

Major Benefit Indicators of State-owned and Non-state-owned Industrial Enterprises with Independent Accounting Systems and Annual Product Sales above 5 Million yuan in Cities and Counties (2001)

单位:%　　　　(%)

地　区	Region	资产负债率 Assets-Liability Ratio	每百元固定资产原价实现利税 Profits per 100 Yuan of Original Value of Fixed Assets	总资产贡献率 Ratio of Total Assets to Industrial Output Value	资本保值增值率 Rate of Capital Maintenance and Appreciation	成本费用利润率 Ratio of Profits to Cost	每百元销售收入实现利润 Profits per 100 Yuan of Sales Revenue
全省合计	**Total**	**54.14**	**22.77**	**15.57**	**115.14**	**8.99**	**7.08**
昆明市	**Kunming**	**54.04**	**16.95**	**10.52**	**121.30**	**5.85**	**5.16**
五华区	Wuhua	65.41	21.74	14.71	116.36	8.82	8.59
盘龙区	Panlong	49.14	3.92	2.68	140.62	3.06	2.81
官渡区	Guandu	48.03	45.87	23.78	114.61	10.45	7.61
西山区	Xishan	60.70	7.86	5.26	108.67	1.93	1.93
东川区	Dongchuan	66.45	3.50	3.25	319.85	- 0.89	- 0.90
呈贡县	Chenggong	66.35	10.16	10.05	105.52	9.59	8.83
晋宁县	Jinning	46.53	1.64	1.53	210.56	- 1.86	- 1.97
富民县	Fuming	63.52	0.18	1.91	141.67	- 5.14	- 5.47
宜良县	Yiliang	66.19	5.29	8.63	112.89	5.84	5.80
石林县	Shilin	55.57	11.04	7.71	95.68	4.07	3.94
嵩明县	Songming	71.58	4.93	5.15	115.38	- 1.65	- 1.72
禄劝县	Luquan	69.40	10.65	8.30	141.97	13.48	11.87
寻甸县	Xundian	71.19	2.20	3.25	151.60	- 2.20	- 2.29
安宁市	Anning	52.77	9.35	6.62	120.55	5.87	5.53
曲靖市	**Qujing**	**61.91**	**17.13**	**15.68**	**120.90**	**5.70**	**4.51**
麒麟区	Qulin	53.69	43.44	29.10	123.16	10.74	6.89
马龙县	Malong	58.95	6.74	5.47	90.20	- 7.15	- 8.07
陆良县	Luliang	63.38	5.11	4.79	110.30	0.44	0.44
师宗县	Shizong	81.66	1.34	3.66	108.47	- 3.95	- 4.34
罗平县	Luoping	52.36	3.85	8.56	103.76	4.94	3.64
富源县	Fuyuan	66.99	3.84	3.18	99.86	0.36	0.38
会泽县	Huize	53.19	26.01	29.26	127.64	17.20	11.43
沾益县	Zhanyi	73.23	4.67	7.25	121.85	4.25	4.02
宣威市	Xuanwei	71.56	0.53	1.84	134.76	- 6.76	- 7.92
玉溪市	**Yuxi**	**28.69**	**72.51**	**26.41**	**106.82**	**25.52**	**14.19**
红塔区	Hongta	18.81	111.75	31.60	106.85	37.62	17.16
江川县	Jiangchuan	66.92	11.66	7.21	79.89	3.60	3.51
澄江县	Chengjiang	79.15	1.17	2.10	94.79	- 1.95	- 2.04
通海县	Tonghai	59.78	9.10	7.25	105.00	4.60	4.39
华宁县	Huaning	65.97	7.36	5.18	191.34	3.06	3.01
易门县	Yimen	70.90	0.15	1.66	96.90	- 1.73	- 1.76
峨山县	Eshan	93.10	2.72	3.04	105.93	- 4.91	- 5.18
新平县	Xinping	73.07	10.06	9.47	112.25	5.62	5.21
元江县	Yuanjiang	74.08	6.71	9.15	170.60	3.20	3.09

20-27 续表1 continued

单位:% (%)

地 区 Region		资产负债率 Assets-Liability Ratio	每百元固定资产原价实现利税 Profits per 100 Yuan of Original Value of Fixed Assets	总资产贡献率 Ratio of Total Assets to Industrial Output Value	资本保值增值率 Rate of Capital Maintenance and Appreciation	成本费用利润率 Ratio of Profits to Cost	每百元销售收入实现利润 Profits per 100 Yuan of Sales Revenue
保山市	**Baoshan**	**67.08**	**11.30**	**11.28**	**168.32**	**7.50**	**6.82**
隆阳区	Longyang	66.48	6.70	8.24	139.13	1.68	1.62
施甸县	Shidian	85.04	12.81	16.08		7.27	6.78
腾冲县	Tengchong	76.26	18.95	13.66	695.39	9.11	7.92
龙陵县	Longling	57.29	14.07	12.96	125.72	14.94	13.03
昌宁县	Changning	67.09	25.60	19.81	162.15	16.40	13.48
昭通市	**Zhaotong**	**47.13**	**18.05**	**15.52**	**88.14**	**10.05**	**8.05**
昭阳区	Zhaoyang	44.02	22.98	23.15	96.47	5.07	3.68
鲁甸县	Ludian	58.82	3.63	4.11	83.10	- 0.92	- 0.97
巧家县	Qiaojia	61.30	5.37	8.61	904.36	9.03	8.73
盐津县	Yanjin	86.64	3.53	3.42	117.58	3.17	3.20
大关县	Daguan	89.52	- 0.01	3.99	235.49	- 6.54	- 6.94
永善县	Yongshan	93.34	- 0.78	1.26	18.62	- 9.29	- 10.04
绥江县	Suijiang	88.55	0.05	1.26	124.46	- 7.11	- 7.95
镇雄县	Zhenxiong	78.34	0.15	3.06	100.50	- 4.91	- 5.13
彝良县	Yiliang	69.44	1.16	2.31	94.46	- 7.09	- 7.58
威信县	Weixin	103.16	3.62	4.62		- 0.80	- 0.80
水富县	Shuifu	26.50	20.95	11.40	70.82	25.68	21.69
楚雄州	**Chuxiong**	**69.30**	**23.97**	**19.83**	**112.20**	**6.85**	**5.28**
楚雄市	Chuxiong	72.32	32.96	26.97	111.46	9.77	6.82
双柏县	Shuangbo	93.24	- 0.90	5.50	66.41	- 12.24	- 13.93
牟定县	Mouding	83.52	3.05	2.74		0.74	0.75
南华县	Nanhua	89.62	- 12.55	- 9.98	27.26	- 35.01	- 53.34
姚安县	Yao'an	71.12	7.86	8.73	90.51	3.10	3.13
大姚县	Dayao	70.99	5.52	5.49	82.42	1.27	1.25
永仁县	Yongren	68.19	6.72	5.11	84.33	7.39	7.05
元谋县	Yuanmou	77.21	2.83	3.62	619.12	- 4.75	- 5.10
武定县	Wuding	73.19	8.93	7.75	121.41	3.59	3.35
禄丰县	Lufeng	42.20	8.50	7.25	122.55	6.72	6.37
红河州	**Honghe**	**64.29**	**21.29**	**19.33**	**135.96**	**8.62**	**6.57**
个旧市	Gejiu	61.39	3.50	4.90	125.32	0.50	0.49
开远市	Kaiyuan	69.01	7.59	8.66	104.74	3.74	3.89
蒙自县	Mengzi	71.80	2.05	2.91	152.94	- 4.94	- 5.24
屏边县	Pingbian	64.24	25.99	18.67	160.28	8.83	8.91
建水县	Jianshui	62.76	15.62	13.14	108.68	19.84	16.60
石屏县	Shiping	73.16	4.16	6.86	103.12	1.24	1.24
弥勒县	Mile	59.74	86.61	60.32	203.67	27.96	11.80
泸西县	Luxi	81.11	6.59	5.51	131.47	5.70	5.59
元阳县	Yuanyang	77.32	4.62	5.53	98.11	3.46	3.45
红河县	Honghe	87.93	11.30	9.53	55.92	11.26	10.15
金平县	Jinping	65.76	7.09	9.52	137.81	2.57	2.47
绿春县	Luchun	67.15	6.24	8.18	131.19	13.28	11.97
河口县	Hekou	58.24	2.40	4.03	164.66	- 0.52	- 0.52

20-27 续表2 continued

单位:% (%)

地 区	Region	资产负债率 Assets-Liability Ratio	每百元固定资产原价实现利税 Profits per 100 Yuan of Original Value of Fixed Assets	总资产贡献率 Ratio of Total Assets to Industrial Output Value	资本保值增值率 Rate of Capital Maintenance and Appreciation	成本费用利润率 Ratio of Profits to Cost	每百元销售收入实现利润 Profits per 100 Yuan of Sales Revenue
文山州	**Wenshan**	**70.98**	**12.81**	**10.98**	**141.01**	**6.65**	**6.14**
文山县	Wenshan	69.41	18.61	13.05	155.78	9.18	8.38
砚山县	Yanshan	79.39	3.78	5.91	104.47	- 3.23	- 3.41
西畴县	Xichou	70.87	9.25	11.29	69.83	8.75	7.83
麻栗坡县	Malipo	51.09	13.73	8.90	123.52	5.42	5.18
马关县	Maguan	80.84	5.31	7.44	153.88	0.01	0.01
丘北县	Qiubei	53.66	16.35	24.95	197.46	18.72	8.18
广南县	Guangnan	76.05	4.12	5.50	206.24	6.23	5.76
富宁县	Funing	55.21	25.84	15.31	107.63	12.01	10.54
思茅地区	**Simao**	**75.93**	**6.14**	**6.49**	**111.28**	**4.32**	**4.21**
思茅市	Simao	68.31	4.61	4.84	127.17	5.50	6.10
普洱县	Pu'er	75.27	5.29	6.64	89.12	0.92	0.92
墨江县	Mojiang	79.98	12.15	11.27	105.81	11.40	10.01
景东县	Jingdong	98.99	12.07	13.84	33.41	2.07	1.92
景谷县	Jinggu	65.21	4.48	4.11	101.79	4.61	4.28
镇沅县	Zhenyuan	115.48	1.03	2.64		- 8.01	- 8.41
江城县	Jiangcheng	107.07	8.08	12.04		2.03	2.00
孟连县	Menglian	73.99	25.26	23.30	109.90	25.65	19.78
澜沧县	Lancang	93.04	11.36	11.85		5.05	4.78
西盟县	Ximeng	98.03	- 4.42	- 0.27	34.74	- 30.21	- 43.07
西双版纳州	**Xishuangbanna**	**67.69**	**7.61**	**8.33**	**114.26**	**7.54**	**7.02**
景洪市	Jinghong	68.07	0.76	2.12	103.16	- 5.00	- 5.43
勐海县	Menghai	51.50	21.61	18.27	114.34	18.69	15.49
勐腊县	Mengla	99.99	0.78	5.56		- 7.35	- 8.14
大理州	**Dali**	**62.50**	**18.64**	**16.07**	**101.88**	**4.26**	**3.46**
大理市	Dali	61.52	22.35	19.63	109.31	4.40	3.23
漾濞县	Yangbi	74.68	- 0.03	- 0.04	95.23	- 13.76	- 14.94
祥云县	Xiangyun	63.05	32.40	15.30	185.43	2.61	2.60
宾川县	Binchuan	43.48	10.21	9.82	153.51	20.61	17.13
弥渡县	Midu	68.92	5.17	8.09	290.49	1.83	1.79
南涧县	Nanjian	75.04	3.47	5.25	109.58	2.09	2.10
巍山县	Weishan	52.49	10.18	8.64	144.91	3.80	3.74
永平县	Yongping	58.17	10.62	2.03	6.91	26.96	21.25
云龙县	Yunlong	61.11	2.75	4.90	126.20	- 1.69	- 1.69
洱源县	Eryuan	53.38	10.11	11.63	100.00	8.49	7.84
剑川县	Jianchuan	51.16	11.47	12.53	115.13	24.72	21.78
鹤庆县	Heqing	75.47	13.33	13.66	88.91	16.01	12.76

20-27 续表3 continued

单位:% (%)

地 区 Region		资产负债率 Assets-Liability Ratio	每百元固定资产原价实现利税 Profits per 100 Yuan of Original Value of Fixed Assets	总资产贡献率 Ratio of Total Assets to Industrial Output Value	资本保值增值率 Rate of Capital Maintenance and Appreciation	成本费用利润率 Ratio of Profits to Cost	每百元销售收入实现利润 Profits per 100 Yuan of Sales Revenue
德宏州	**Dehong**	**83.65**	**6.30**	**8.28**	**90.34**	**1.66**	**1.60**
瑞丽市	Ruili	69.45	9.89	8.36	127.68	6.28	5.82
潞西市	Luxi	72.57	5.41	6.37	81.47	1.48	1.46
梁河县	Lianghe	107.13	3.79	7.75		- 4.65	- 4.82
盈江县	Yingjiang	88.57	4.74	8.14	87.05	- 0.02	- 0.02
陇川县	Longchuan	99.63	12.15	15.74		6.63	6.17
丽江地区	**Lijiang**	**73.00**	**4.23**	**5.20**	**94.54**	**2.49**	**2.51**
丽江县	Lijiang	68.36	5.15	5.36	104.25	10.57	10.47
永胜县	Yongsheng	75.68	2.99	4.67	101.76	- 0.23	- 0.23
华坪县	Huaping	80.33	5.26	6.65	94.72	- 0.24	- 0.24
宁蒗县	Ninglang	66.85	- 1.13	- 0.02	43.00	- 18.82	- 21.52
怒江州	**Nujiang**	**69.01**	**14.71**	**8.53**	**70.49**	**9.73**	**8.84**
泸水县	Lushui	48.05	2.00	3.02	74.88	- 0.04	- 0.04
福贡县	Fugong	49.12	2.09	2.26	80.40	2.27	2.42
贡山县	Gongshan	78.61	- 7.65	- 3.50	61.83	- 63.00	- 159.76
兰坪县	Lanping	73.27	22.09	10.61	68.78	11.84	10.51
迪庆州	**Diqing**	**68.04**	**3.98**	**6.39**	**110.97**	**- 2.11**	**- 2.11**
中甸县	Zhongdian	71.61	5.85	8.05	96.58	0.40	0.39
德钦县	Deqing	27.98	0.59	0.93	552.84	0.65	0.68
维西县	Weixi	69.73	- 3.58	- 0.90	88.87	- 48.43	- 92.84
临沧地区	**Lincang**	**73.93**	**7.52**	**10.65**	**123.13**	**12.80**	**11.17**
临沧县	Lincang	60.46	2.96	4.55	109.29	3.18	3.21
凤庆县	Fengqing	75.10	10.04	9.49	104.87	9.47	8.51
云 县	Yunxian	67.27	7.93	13.01	109.37	24.89	19.26
永德县	Yongde	101.88	5.71	6.41		3.08	2.94
镇康县	Zhenkang	100.38	3.05	7.66		- 2.97	- 2.98
双江县	Shuangjiang	74.62	21.27	21.61	150.69	17.52	14.75
耿马县	Gengma	76.42	11.28	13.16	229.81	9.54	8.66
沧源县	Cangyuan	97.60	2.00	5.29	1 539.60	- 3.93	- 4.10

20-28 各县市社会消费品零售总额

Total Retail Sales of Consumer Goods of Each County and City

单位：万元 (10 000 yuan)

地　区	Region	2000年	2001年
全省合计	**Total**	**5 831 702**	**6 407 957**
昆 明 市	**Kunming**	**2 395 307**	**2 652 760**
五华区	Panlong	392 498	488 500
盘龙区	Guandu	839 318	942 510
官渡区	Xishan	592 430	579 696
西山区	Xishan	213 001	238 061
东川区	Dongchuan	23 764	25 674
呈贡县	Chenggong	35 774	54 128
晋宁县	Jinning	33 013	34 011
富民县	Fuming	23 063	25 326
宜良县	Yiliang	42 403	43 700
石林县	Shilin	34 178	37 618
嵩明县	Songming	35 751	47 885
禄劝县	Luquan	16 102	16 375
寻甸县	Xundian	29 365	31 533
安宁市	Anning	84 647	87 744
曲 靖 市	**Qujing**	**473 336**	**502 465**
麒麟区	Qulin	127 603	134 949
马龙县	Malong	11 958	12 014
陆良县	Luliang	43 681	45 790
师宗县	Shizong	27 983	28 969
罗平县	Luoping	36 378	40 778
富源县	Fuyuan	43 359	44 800
会泽县	Huize	40 944	43 700
沾益县	Zhanyi	33 663	36 219
宣威市	Xuanwei	107 767	115 246
玉 溪 市	**Yuxi**	**358 649**	**369 120**
红塔区	Hongta	138 459	146 237
江川县	Jiangchuan	30 284	30 760
澄江县	Chengjiang	23 417	23 026
通海县	Tonghai	35 452	36 081
华宁县	Huaning	19 091	20 147
易门县	Yimen	26 080	27 195
峨山县	Ershan	21 523	22 231
新平县	Xinping	27 684	27 755
元江县	Yuanjiang	28 659	32 389
保 山 市	**Baoshan**	**207 056**	**227 846**
隆阳区	Longyang	103 872	114 626
施甸县	Shidian	22 780	24 380
腾冲县	Tengchong	40 739	46 687
龙陵县	Longling	18 602	19 619
昌宁县	Changning	21 063	22 534
昭 通 市	**Zhaotong**	**235 995**	**251 382**
昭阳区	Zhaoyang	63 841	68 381
鲁甸县	Ludian	9 647	10 355
巧家县	Qiaojia	15 853	16 962
盐津县	Yanjin	12 840	13 822
大关县	Daguan	9 482	9 446
永善县	Yongshan	14 279	15 235
绥江县	Suijiang	5 476	5 675
镇雄县	Zhenxiong	35 587	38 610
彝良县	Yiliang	18 185	20 496
威信县	Weixin	17 354	18 595
水富县	Shuifu	33 451	33 805
楚 雄 州	**Chuxiong**	**273 946**	**300 807**
楚雄市	Chuxiong	118 731	133 006
双柏县	Shuangbo	7 899	8 100
牟定县	Mouding	11 644	12 764
南华县	Nanhua	15 648	16 941
姚安县	Yaoan	13 345	14 627
大姚县	Dayao	18 419	20 195
永仁县	Yongren	7 616	7 907
元谋县	Yuanmou	12 946	13 534
武定县	Wuding	14 678	15 942
禄丰县	Lufeng	53 020	57 791
红 河 州	**Honghe**	**388 045**	**414 850**
个旧市	Gejiu	85 099	92 102
开远市	Kaiyuan	51 152	55 875
蒙自县	Mengzi	41 838	45 861
屏边县	Pingbian	11 218	12 981
建水县	Jianshui	43 574	44 487
石屏县	Shiping	29 657	31 607
弥勒县	Mile	40 365	43 651
泸西县	Luxi	26 085	26 273
元阳县	Yuanyang	15 450	16 721
红河县	Honghe	10 002	10 308
金平县	Jinping	13 980	14 813
绿春县	Luchun	13 021	13 050
河口县	Hekou	6 604	7 120

20-28 续表 continued

单位：万元 (10 000 yuan)

地　区	Region	2000年	2001年	地　区	Region	2000年	2001年
文 山 州	**Wenshan**	**270 672**	**303 885**	德 宏 州	**Dehong**	**166 178**	**171 390**
文山县	Wenshan	79 011	92 403	瑞丽市	Ruili	38 892	39 221
砚山县	Yanshan	36 404	42 174	潞西市	Luxi	61 263	62 917
西畴县	Xichou	15 662	16 112	梁河县	Lianghe	13 407	13 935
麻栗坡县	Malipo	20 405	22 347	盈江县	Yingjiang	39 623	41 769
马关县	Maguan	30 600	34 331	陇川县	Longchuan	12 993	13 548
丘北县	Qiubei	22 543	24 344				
广南县	Guangnan	25 950	28 662	丽江地区	**Lijiang**	**92 916**	**100 306**
富宁县	Funing	40 098	43 182	丽江县	Lijiang	50 651	55 527
思茅地区	**Simao**	**204 305**	**221 241**	永胜县	Yongsheng	17 317	18 356
思茅市	Simao	62 997	66 462	华坪县	Huaping	16 077	16 946
普洱县	Puer	21 273	22 018	宁蒗县	Ninglang	8 871	9 476
墨江县	Mojiang	20 336	23 760				
景东县	Jingdong	24 343	28 203				
景谷县	Jinggu	23 347	26 034	怒 江 州	**Nujiang**	**44 865**	**46 017**
镇沅县	zhenyuan	12 364	13 746	泸水县	Lushui	18 436	17 730
江城县	Jiangcheng	9 193	9 261	福贡县	Fugong	7 113	7 467
孟连县	Menglian	7 832	8 570	贡山县	Gongshan	4 669	4 980
澜沧县	Lancang	18 124	19 060	兰坪县	Lanping	14 647	15 840
西盟县	Ximeng	4 496	4 127				
西双版纳州	**Xishuangbanna**	**133 018**	**141 997**				
景洪市	Jinghong	80 733	85 574	迪 庆 州	**Diqing**	**31 555**	**33 402**
勐海县	Menghai	23 985	25 821	中甸县	Zhongdian	21 504	23 028
勐腊县	Mengla	28 301	30 602	德钦县	Deqing	3 635	3 430
大 理 州	**Dali**	**370 219**	**398 732**	维西县	Weixi	6 416	6 944
大理市	Dali	155 692	164 636				
漾濞县	Yangbi	7 936	8 736				
祥云县	Xiangyun	37 206	42 195				
宾川县	Binchuan	27 200	30 957	临沧地区	**Lincang**	**151 434**	**163 991**
弥渡县	Midu	33 346	34 089	临沧县	Lincang	41 409	44 689
南涧县	Nanjian	14 969	16 864	凤庆县	Fengqing	18 863	20 089
巍山县	Weishan	23 197	25 865	云　县	Yunxian	22 641	25 623
永平县	Yongping	14 436	15 037	永德县	Yongde	16 384	16 578
云龙县	Yunlong	10 615	11 273	镇康县	Zhenkang	10 574	11 394
洱源县	Eryuan	18 126	19 710	双江县	Shuangjiang	9 794	10 794
剑川县	Jianchuan	10 680	11 160	耿马县	Gengma	19 259	20 419
鹤庆县	Heqing	16 816	18 210	沧源县	Cangyuan	12 510	14 405

20-29 各县市限额以上批发零售贸易业商品购、销、存总额（2001年）

Total Purchases, Sales and Inventory of Enterprises above Designated Size in Wholesale and Retail Sale Trade (2001)

单位：万元 (10 000 yuan)

地 区	Region	商品购进总额 Total Purchases	商品销售总额 Total Sales	商品库存总额 Total Inventory	地 区	Region	商品购进总额 Total Purchases	商品销售总额 Total Sales	商品库存总额 Total Inventory
全省合计	**Total**	**9 814 984**	**11 719 134**	**2 053 691**	保 山 市	**Baoshan**	**131 457**	**149 798**	**30 124**
昆 明 市	**Kunming**	**4 196 768**	**4 837 489**	**538 579**	隆阳区	Longyang	86 273	94 867	18 626
五华区	Panlong	1 266 628	1 327 977	102 285	施甸县	Shidian	11 958	13 552	2 588
盘龙区	Guandu	1 150 518	1 440 328	229 413	腾冲县	Tengchong	17 002	21 006	4 271
官渡区	Xishan	1 194 480	1 335 797	141 837	龙陵县	Longling	387	495	45
西山区	Xishan	133 253	167 930	24 682	昌宁县	Changning	15 838	19 877	4 594
东川区	Dongchuan	10 821	14 334	1 157	昭 通 市	**Zhaotong**	**319 277**	**423 846**	**144 397**
呈贡县	Chenggong	915	1 359	527	昭阳区	Zhaoyang	220 866	285 441	111 211
晋宁县	Jinning	22 963	24 441	3 199	鲁甸县	Ludian	9 197	18 120	2 217
富民县	Fuming	12 543	14 384	1 475	巧家县	Qiaojia	8 393	10 185	2 175
宜良县	Yiliang	32 419	43 773	2 259	盐津县	Yanjin	6 713	7 619	3 313
石林县	Shilin	44 318	58 999	2 922	大关县	Daguan	6 562	7 500	2 667
嵩明县	Songming	21 495	31 410	4 862	永善县	Yongshan	6 859	6 092	3 011
禄劝县	Luquan	22 698	29 358	1 522	绥江县	Suijiang	8 182	8 429	1 027
寻甸县	Xundian	20 135	34 966	5 079	镇雄县	Zhenxiong	28 960	46 800	16 567
安宁市	Anning	263 584	312 434	14 363	彝良县	Yiliang	8 874	12 336	1 033
					威信县	Weixin	5 333	11 567	877
					水富县	Shuifu	9 338	9 757	297
					楚 雄 州	**Chuxiong**	**467 414**	**559 789**	**123 041**
曲 靖 市	**Qujing**	**819 033**	**1 357 561**	**309 146**	楚雄市	Chuxiong	366 024	443 702	116 063
麒麟区	Qulin	553 980	960 806	236 110	双柏县	Shuangbo	6 551	6 767	291
马龙县	Malong	20 326	22 800	5 694	牟定县	Mouding	9 017	8 853	879
陆良县	Luliang	35 044	57 704	8 510	南华县	Nanhua	11 738	13 454	566
师宗县	Shizong	20 991	45 634	5 153	姚安县	Yaoan	8 280	9 898	376
罗平县	Luoping	27 677	42 011	8 932	大姚县	Dayao	11 252	14 490	819
富源县	Fuyuan	35 329	45 259	3 364	永仁县	Yongren	2 974	2 378	596
会泽县	Huize	22 146	31 985	4 459	元谋县	Yuanmou	17 585	18 847	1 599
沾益县	Zhanyi	25 672	36 923	13 127	武定县	Wuding	8 406	10 575	286
宣威市	Xuanwei	77 868	114 439	23 797	禄丰县	Lufeng	25 587	30 825	1 565
					红 河 州	**Honghe**	**242 880**	**314 889**	**23 984**
					个旧市	Gejiu	22 470	25 152	8 131
					开远市	Kaiyuan	80 817	93 069	1 808
					蒙自县	Mengzi	9 748	18 224	950
玉 溪 市	**Yuxi**	**2 655 989**	**2 983 642**	**764 996**	屏边县	Pingbian	3 752	4 650	89
红塔区	Hongta	2 520 273	2 783 339	754 002	建水县	Jianshui	35 361	45 451	4 561
江川县	Jiangchuan	28 194	39 156	1 484	石屏县	Shiping	21 011	30 810	1 920
澄江县	Chengjiang	19 984	29 679	2 320	弥勒县	Mile	36 398	49 428	3 973
通海县	Tonghai	16 152	22 895	1 387	泸西县	Luxi	23 010	36 879	1 237
华宁县	Huaning	14 757	24 323	664	元阳县	Yuanyang	403	342	74
易门县	Yimen	21 143	31 797	1 960	红河县	Honghe	275	284	211
峨山县	Ershan	14 812	21 897	1 328	金平县	Jinping	4 483	5 117	393
新平县	Xinping	12 664	19 683	1 363	绿春县	Luchun	2 443	2 339	418
元江县	Yuanjiang	8 010	10 872	489	河口县	Hekou	2 710	3 144	220

20-29 续表 continued

单位：万元 (10 000 yuan)

地 区	Region	商品购进总额 Total Purchases	商品销售总额 Total Sales	商品库存总额 Total Inventory
文 山 州	**Wenshan**	**162 462**	**130 545**	**13 661**
文山县	Wenshan	111 065	66 448	6 916
砚山县	Yanshan	7 798	10 362	420
西畴县	Xichou	6 681	8 290	666
麻栗坡县	Malipo	6 250	7 549	859
马关县	Maguan	8 852	10 529	929
丘北县	Qiubei	9 026	13 313	1 320
广南县	Guangnan	8 561	9 644	1 828
富宁县	Funing	4 229	4 409	722
思茅地区	**Simao**	**84 211**	**104 101**	**14 794**
思茅市	Simao	43 303	51 142	8 080
普洱县	Puer	5 670	6 671	1 025
墨江县	Mojiang	9 679	16 210	1 222
景东县	Jingdong	6 238	7 655	1 186
景谷县	Jinggu	3 317	3 882	465
镇沅县	zhenyuan	3 367	4 023	529
江城县	Jiangcheng	1 742	1 769	306
孟连县	Menglian	1 922	1 883	554
澜沧县	Lancang	8 974	10 867	1 429
西盟县	Ximeng			
西双版纳州	**Xishuangbanna**	**49 292**	**59 738**	**10 630**
景洪市	Jinghong	37 458	44 609	6 074
勐海县	Menghai	7 179	8 901	887
勐腊县	Mengla	4 655	6 228	3 668
大 理 州	**Dali**	**452 851**	**541 514**	**39 453**
大理市	Dali	317 835	377 848	23 645
漾濞县	Yangbi			
祥云县	Xiangyun	31 551	41 874	4 443
宾川县	Binchuan	20 734	25 941	1 834
弥渡县	Midu	16 302	19 529	1 227
南涧县	Nanjian	10 488	13 771	846
巍山县	Weishan	10 646	13 536	874
永平县	Yongping	7 372	8 484	702
云龙县	Yunlong			
洱源县	Eryuan	30 678	32 178	5 216
剑川县	Jianchuan	690	755	73
鹤庆县	Heqing	6 555	7 598	593

地 区	Region	商品购进总额 Total Purchases	商品销售总额 Total Sales	商品库存总额 Total Inventory
德 宏 州	**Dehong**	**36 690**	**38 634**	**14 779**
瑞丽市	Ruili	6 122	6 206	1 889
潞西市	Luxi	27 307	28 312	8 046
梁河县	Lianghe	345	509	2 604
盈江县	Yingjiang	2 916	3 607	2 240
陇川县	Longchuan			
丽江地区	**Lijiang**	**74 312**	**85 750**	**9 110**
丽江县	Lijiang	47 906	54 400	6 608
永胜县	Yongsheng	8 602	11 583	1 144
华坪县	Huaping	13 693	16 097	782
宁蒗县	Ninglang	4 111	3 670	577
怒 江 州	**Nujiang**	**23 207**	**27 038**	**3 261**
泸水县	Lushui	18 110	19 788	2 413
福贡县	Fugong	709	753	220
贡山县	Gongshan			
兰坪县	Lanping	4 387	6 497	630
迪 庆 州	**Diqing**	**13 433**	**14 649**	**798**
中甸县	Zhongdian	13 433	14 649	798
德钦县	Deqing			
维西县	Weixi			
临沧地区	**Lincang**	**85 707**	**90 151**	**12 939**
临沧县	Lincang	60 374	60 939	9 895
凤庆县	Fengqing	6 875	7 702	860
云 县	Yunxian	5 710	6 790	753
永德县	Yongde	3 877	5 110	364
镇康县	Zhenkang	1 742	1 935	246
双江县	Shuangjiang			
耿马县	Gengma	5 171	5 267	662
沧源县	Cangyuan	1 958	2 408	159

20-30 各县市社会农副产品收购总额和农业生产资料销售额（2001年）

Total Purchases of Agricultural and Sideline Products and Total Sales of Agricultural Means of Production of Each County and City(2001)

单位：万元 (10 000yuan)

地　区	Region	社会农副产品收购总额 Total Purchases of Agricultural and Sideline Products	农业生产资料销售总额 Total Sales of Agricultural Means of Production	农　业商品率 Agricultural Commodity Ratio	地　区	Region	社会农副产品收购总额 Total Purchases of Agricultural and Sideline Products	农业生产资料销售总额 Total Sales of Agricultural Means of Production	农　业商品率 Agricultural Commodity Ratio
全省合计	**Total**	**2 688 829**	**745 922**	**38.2**	保 山 市	**Baoshan**	**133 123**	**39 381**	**28.8**
昆 明 市	**Kunming**	**597 445**	**217 913**	**69.6**	隆阳区	Longyang	48 850	22 240	28.6
五华区	Panlong	49 283	134 503		施甸县	Shidian	20 684	3 693	32.5
盘龙区	Guandu	60 875	24 639		腾冲县	Tengchong	26 646	4 444	26.2
官渡区	Xishan	201 539	3 647		龙陵县	Longling	12 520	2 918	24
西山区	Xishan	45 175	456	90.2	昌宁县	Changning	24 423	6 086	33.2
东川区	Dongchuan	6 816	4 866	26.8	昭 通 市	**Zhaotong**	**105 868**	**27 676**	**22.9**
呈贡县	Chenggong	5 660	2 640	9.9	昭阳区	Zhaoyang	16 115	8 780	20.2
晋宁县	Jinning	18 443	3 227	27	鲁甸县	Ludian	7 292	2 890	19.1
富民县	Fuming	17 894	3 530	48.3	巧家县	Qiaojia	12 174	1 550	24.5
宜良县	Yiliang	62 706	11 841	43.2	盐津县	Yanjin	4 051	1 982	12.4
石林县	Shilin	31 428	8 441	47.6	大关县	Daguan	3 098	287	12.2
嵩明县	Songming	26 274	6 829	37.7	永善县	Yongshan	3 503	2 126	8.7
禄劝县	Luquan	15 779	5 097	18.2	绥江县	Suijiang	1 815	77	14.3
寻甸县	Xundian	22 493	6 473	31.1	镇雄县	Zhenxiong	23 388	5 865	23.6
安宁市	Anning	33 080	1 724	68.8	彝良县	Yiliang	13 615	64	30.2
					威信县	Weixin	7 439	1 657	25.4
					水富县	Shuifu	13 378	2 398	
					楚 雄 州	**Chuxiong**	**184 569**	**57 617**	**35.4**
曲 靖 市	**Qujing**	**343 358**	**98 930**	**36.4**	楚雄市	Chuxiong	68 757	14 544	68.4
麒麟区	Qulin	63 761	13 384	63.2	双柏县	Shuangbo	6 487	5 335	24.4
马龙县	Malong	13 514	5 629	37.3	牟定县	Mouding	9 032	3 506	21.1
陆良县	Luliang	39 161	21 432	25.7	南华县	Nanhua	11 915	3 301	26.3
师宗县	Shizong	32 415	6 344	46.9	姚安县	Yaoan	10 972	3 865	23.5
罗平县	Luoping	32 039	12 012	35.1	大姚县	Dayao	17 692	5 558	35.6
富源县	Fuyuan	25 299	12 361	20.8	永仁县	Yongren	4 841	1 365	19.7
会泽县	Huize	17 182	7 488	22.5	元谋县	Yuanmou	11 386	5 520	28.2
沾益县	Zhanyi	35 667	7 376	37.7	武定县	Wuding	6 626	4 253	14.7
宣威市	Xuanwei	84 320	12 904	41.8	禄丰县	Lufeng	36 860	10 371	36.7
					红 河 州	**Honghe**	**220 572**	**69 591**	**36.3**
					个旧市	Gejiu	29 986	1 209	72.3
					开远市	Kaiyuan	17 449	23 262	32.8
					蒙自县	Mengzi	24 805	5 701	40.9
玉 溪 市	**Yuxi**	**203 453**	**41 137**	**44.9**	屏边县	Pingbian	5 340	819	25.6
红塔区	Hongta	60 656	14 124		建水县	Jianshui	23 096	9 322	27.6
江川县	Jiangchuan	18 000	3 266	24.1	石屏县	Shiping	20 032	5 253	24.7
澄江县	Chengjiang	17 105	2 730	54.7	弥勒县	Mile	41 410	11 764	49.5
通海县	Tonghai	16 287	2 804	24.3	泸西县	Luxi	23 084	3 554	46.8
华宁县	Huaning	16 726	1 828	34.2	元阳县	Yuanyang	9 139	1 534	25.6
易门县	Yimen	15 575	2 156	39.1	红河县	Honghe	8 594	2 038	27.8
峨山县	Ershan	15 846	3 179	50.9	金平县	Jinping	4 948	1 833	14.1
新平县	Xinping	22 871	5 331	45.5	绿春县	Luchun	4 978	1 229	27.1
元江县	Yuanjiang	20 387	5 719	41	河口县	Hekou	7 711	2 074	55.3

20-30 续表 continued

单位：万元 (10 000 yuan)

地 区	Region	社会农副产品收购总额 Total Purchases of Agricultural and Sideline Products	农业生产资料销售总额 Total Sales of Agricultural Means of Production	农业商品率 Agricultural Commodity Ratio	地 区	Region	社会农副产品收购总额 Total Purchases of Agricultural and Sideline Products	农业生产资料销售总额 Total Sales of Agricultural Means of Production	农业商品率 Agricultural Commodity Ratio
文 山 州	**Wenshan**	**144 542**	**28 651**	**33.9**	**德 宏 州**	**Dehong**	**96 498**	**18 891**	**52.7**
文山县	Wenshan	34 638	4 634	54.1	瑞丽市	Ruili	19 982	2 712	72.4
砚山县	Yanshan	35 630	1 756	76.5	潞西市	Luxi	20 211	9 070	38.5
西畴县	Xichou	8 850	1 972	27.6	梁河县	Lianghe	12 741	680	65.7
麻栗坡县	Malipo	11 282	5 769	28.1	盈江县	Yingjiang	25 605	2 700	52.0
马关县	Maguan	15 074	5 957	31.9	陇川县	Longchuan	17 958	3 730	52.5
丘北县	Qiubei	16 799	2 571	34.4					
广南县	Guangnan	13 316	3 492	14					
富宁县	Funing	8 953	2 500	17.1	**丽江地区**	**Lijiang**	**39 108**	**11 604**	**24.4**
思茅地区	**Simao**	**136 071**	**31 748**	**44.8**	丽江县	Lijiang	17 961	3 643	30.0
思茅市	Simao	21 695	5 909	78.1	永胜县	Yongsheng	9 951	3 180	19.7
普洱县	Puer	16 749	6 906	59.6	华坪县	Huaping	5 815	3 693	19.5
墨江县	Mojiang	10 231	5 085	32.3	宁蒗县	Ninglang	5 381	1 088	26.4
景东县	Jingdong	18 552	2 156	31.8					
景谷县	Jinggu	17 989	2 116	45.6					
镇沅县	zhenyuan	8 055	3 107	32.7	**怒 江 州**	**Nujiang**	**11 810**	**2 063**	**22.5**
江城县	Jiangcheng	12 627	1 517	60.7	泸水县	Lushui	5 515	990	31.0
孟连县	Menglian	11 744	1 471	74.7	福贡县	Fugong	1 005	291	11.0
澜沧县	Lancang	15 199	2 892	30.3	贡山县	Gongshan	865	154	10.1
西盟县	Ximeng	3 230	589	48.7	兰坪县	Lanping	4 425	628	26.2
西双版纳州	**Xishuangbanna**	**164 829**	**8 481**	**67.1**					
景洪市	Jinghong	91 198	2 483	88.8					
勐海县	Menghai	26 798	4 499	42.2	**迪 庆 州**	**Diqing**	**11 518**	**1 546**	**23.8**
勐腊县	Mengla	46 832	1 499	58.9	中甸县	Zhongdian	8 473	487	43.5
大 理 州	**Dali**	**193 767**	**60 188**	**24.1**	德钦县	Deqing	766	194	11.2
大理市	Dali	37 404	9 698	37.6	维西县	Weixi	2 279	865	10.3
漾濞县	Yangbi	4 979	3 901	29.6					
祥云县	Xiangyun	34 458	4 773	31.5					
宾川县	Binchuan	21 212	5 454	14	**临沧地区**	**Lincang**	**102 299**	**20 725**	**28.0**
弥渡县	Midu	22 743	4 234	37.5	临沧县	Lincang	14 463	1 934	33.1
南涧县	Nanjian	20 640	3 156	37.8	凤庆县	Fengqing	20 648	4 964	36.6
巍山县	Weishan	13 960	2 900	20.6	云 县	Yunxian	12 959	2 073	18.6
永平县	Yongping	10 852	435	25	永德县	Yongde	9 629	2 981	22.8
云龙县	Yunlong	6 428	2 269	14.3	镇康县	Zhenkang	4 662	3 949	15.3
洱源县	Eryuan	12 210	19 974	14.6	双江县	Shuangjiang	7 101	1 397	27.3
剑川县	Jianchuan	5 288	862	16.4	耿马县	Gengma	23 942	2 160	36.0
鹤庆县	Heqing	8 572	2 532	22.4	沧源县	Cangyuan	8 895	1 267	29.4

中 国 统 计 出 版 社 最 新 资 料 书 简 目

中国统计年鉴—2002
中国统计摘要—2002
2002 中国发展报告
中国城市统计年鉴—2001
中国农村统计年鉴—2002
中国劳动统计年鉴—2002
中国人口统计年鉴—2002
中国社会统计资料—2001
中国工业经济统计年鉴—2001
中国市场统计年鉴—2002
2001 中国城市发展报告
中国建筑业统计年鉴—2001
中国固定资产投资统计年鉴—2002
中国价格及城镇居民家庭收支调查统计年鉴—2002
国际统计年鉴—2002
中国西部统计年鉴—2001
中国对外经济贸易统计年鉴—2001
中国商品交易市场统计年鉴—2001
中国基本单位统计年鉴—2001
中国食品工业年鉴—2001
中国民政统计年鉴—2002
如何使用统计年鉴
中国市民的经济观
北京统计年鉴—2002
天津统计年鉴—2002
河北经济年鉴—2002
山西统计年鉴—2002
内蒙古统计年鉴—2002
辽宁统计年鉴—2002
吉林统计年鉴—2002
黑龙江统计年鉴—2002
上海统计年鉴—2002
江苏统计年鉴—2002
浙江统计年鉴—2002
安徽统计年鉴—2002
福建统计年鉴—2002
江西统计年鉴—2002
山东统计年鉴—2002
河南统计年鉴—2002
湖北统计年鉴—2002
湖南统计年鉴—2002
广东统计年鉴—2002
广西统计年鉴—2002
贵州统计年鉴—2002
云南统计年鉴—2002
海南统计年鉴—2002
四川统计年鉴—2002
重庆统计年鉴—2002

西藏统计年鉴—2002
陕西统计年鉴—2002
甘肃年鉴—2002
青海统计年鉴—2002
宁夏统计年鉴—2002
新疆统计年鉴—2002
新疆生产建设兵团统计年鉴—2002
石家庄统计年鉴—2002
唐山统计年鉴—2002
保定统计年鉴—2002
邯郸统计年鉴—2002
张家口统计年鉴—2002
伊克昭盟统计年鉴—2002
太原统计年鉴—2002
临汾年鉴—2002
呼和浩特经济统计年鉴—2002
沈阳年鉴—2002
大连统计年鉴—2002
吉林市社会经济统计年鉴—2002
四平统计年鉴—2002
延吉统计年鉴—2002
哈尔滨统计年鉴—2002
齐齐哈尔经济统计年鉴—2002
黑龙江垦区统计年鉴—2002
牡丹江统计年鉴—2002
上海浦东新区统计年鉴—2002
连云港统计年鉴—2002
南京统计年鉴—2002
苏州统计年鉴—2002
无锡统计年鉴—2002
常州统计年鉴—2002
徐州统计年鉴—2002
南通统计年鉴—2002
盐城统计年鉴——2002
杭州统计年鉴—2002
宁波统计年鉴—2002
绍兴统计年鉴—2002
台州统计年鉴—2002
舟山统计年鉴—2002
温州统计年鉴—2002
福州年鉴—2002
厦门经济特区年鉴—2002
福州经济技术开发区年鉴—2002
南昌统计年鉴—2002
九江统计年鉴—2002
河池地区年鉴—2002
青岛统计年鉴—2002
天水统计年鉴—2002

泰安统计年鉴—2002
昆明统计年鉴—2002
济南统计年鉴—2002
郑州统计年鉴—2002
洛阳统计年鉴—2002
十堰统计年鉴—2002
三门峡统计年鉴—2002
平顶山统计年鉴—2002
南阳经济统计年鉴—2002
武汉统计年鉴—2002
宜昌统计年鉴—2002
广州统计年鉴—2002
深圳统计信息年鉴—2002
惠州统计年鉴—2002
珠海统计年鉴—2002
东莞统计年鉴—2002
南宁统计年鉴—2002
南宁地区统计年鉴—2002
桂林经济社会统计年鉴—2002
柳州经济统计年鉴—2002
柳州地区统计年鉴—2002
贵阳统计年鉴—2002
海口统计年鉴—2002
成都统计年鉴—2002
广安统计年鉴—2002
攀枝花统计年鉴—2002
西安统计年鉴—2002
兰州年鉴一 2001
西宁统计年鉴—2002
乌鲁木齐统计年鉴—2002
巴音郭楞统计年鉴—2002
吐鲁番统计年鉴—2002
石河子统计年鉴—2002
庆阳年鉴—2002
银川统计年鉴—2002

编辑部电话： (010)63262276　63266600 — 30607

欲购以上图书请与中国统计出版社发行部联系。　电话： (010)63459084　同楫行书店电话：68585978

通讯地址： 北京市西城区三里河月坛南街 75 号。邮政编码：100826

云南昆明卷烟厂

昆明卷烟厂科技大楼

云南省省委书记白恩培(左二),昆明市委书记杨健强(右一)、市长章振国(右二)视察昆明卷烟厂,朱绍明副厂长(左三)、武怡副厂长(左一)陪同省市领导在100万箱生产线视察。

云南省省长徐荣凯视察昆明卷烟厂(中),李万兴厂长(左一)向徐省长介绍企业生产情况。

昆明卷烟厂创建于1922年,是我国烟草行业大一型企业,也是全国烟草四大重点骨干企业之一。主要生产“云烟”、“红山茶”、“茶花”、“大重九”等名优品牌。2000年,“云烟”被国家工商局认定为“中国驰名商标”。产品销往全国各地,出口到美国、日本、澳大利亚、南非、新加坡等国家和地区。2001年实现税利50.5亿元,创汇额突破2000万美元。

2001年,各级党委政府、昆明市烟草公司继续坚持实施“双控”政策,严格合同种植,深入扎实开展各项基础工作,严格管理,严密组织,加强烟叶基础工作及基层建设,确保措施落实到位,不折不扣地完成了国家局、省局三年“双控”总任务。大力实施“科技兴烟”战略,积极推行商品化育苗的管理方式,有效提高了漂浮育苗的出苗率和规模,提高了烤烟生产中的科技含量和烟草素质。烟叶收购工作认真贯彻“坚持国标、合同收购、周密组织、善始善终”的指导思想,以提高烟叶收购等级合格率为中心,层层完善烟叶质量责任制。在全市范围内改造全封闭式密码收购线288条,在五个县(市)区试行IC卡收购,将信息系统逐步引入收购工作,实现了烟农、政府、企业“三满意”。自1997年起,昆明地区连续五年被评为全国“烤烟先进地区”。

根据市场形势和企业发展的趋势,昆明卷烟厂大力开展新材料、新技术、新工艺的运用。先后开发研制了专供江苏、浙江、江西市场的系列“茶花”,系列高档新品“e时代云烟“,软包特制“珍品云烟”。完成了“香格里拉”卷烟及出口日本的Img“三七”烟的开发设计。

2001年2月,昆明卷烟厂技术中心经国家烟草行业技术中心考评审核,国家烟草专卖局同意认定,升级为“中国烟草昆明技术中心”。2001年度,国家局列项、企业承担的科研项目“生理生化技术在烟草工业中的应用”已按项目合同有序开展。

2001年,昆明卷烟厂进一步完善投资决策程序和运行管理规定。在经济技术协作工作中认真贯彻“以联营合作拓市场”、“以技术扶持创效益”的方针,立足于促进企业主导产品的发展壮大,取得良好成效。

企业一直坚持“两手抓、两手都要硬”的工作方针,两个文明一起抓。6月初,通过了“省级文明单位”的评审工作;9月,荣获“市文明行业”的称号。

撰稿:张红云

摄影:罗昆云

雲南大學

胡锦涛副主席视察云大生物技术有限公司

校党委书记高发元教授

校长吴松教授

云南大学1923年开始招生，是祖国西南边疆建立最早的综合性大学之一。著名数学家熊庆来担任校长期间，有“小清华”之美誉，1946年被《简明不列颠百科全书》列为中国15所世界著名大学之一。

1996年，云南大学成为“九五”期间国家“211工程”重点建设高校之一。以此为契机，学校提出了“立足边疆、服务云南、办出特色”的办学思路，以“211工程”建设为龙头，以改革为动力，以党建和思想政治工作为保障，把学校工作与地方经济社会发展紧密结合起来，使云南大学迎来了建国后发展最好最快的时期。2001年6月，我校“211工程”“九五”建设顺利通过验收。

目前，云南大学已成为一所以民族学、高原山地生态与生物资源学为特色，文、法、理、工、技、经、管、艺等学科较为齐全、人才密集的全国重点综合性大学。学校下设22个学院、2个研究院、3个公共课教学部，68个本科专业；拥有民族学、生态学2个国家级重点学科，15个省级重点学科；有1个一级学科博

现任校行政领导班子

士学位授权点，13个二级学科博士学位授权点，2个博士后科研流动站和1个博士后企业工作站，53个硕士学位授权点；拥有3个国家基础学科人才培养与科学研究基地，1个国家生命科学与技术人才培养基地，1个国家人文社会科学研究基地，1个国家级职业教育师资培养基地，2个省级高新技术创新人才培养基地 1个教育部开放重点实验室、1个国家级产品研究开发中心和1个国家级计量认证单位。1998年，“云大科技”上市，我校成为全国为数不多的拥有上市公司的高校之一。

进入21世纪，云南大学作为云南唯一所实施国家“211工程”的地方综合性大学和国家“西部大开发”重点建设高校，肩负着光荣的历史使命和时代重任，全体云大人将秉承“会泽百家、至公天下”的云大精神，抓住机遇、团结一致、开拓创新、锐意进取，为建设中国西部一流大学而努力。

“形象工程”优化了学校自然、人文环境

图书馆树华电子阅览室

开拓奋进中的中国水利水电第十四工程局

水电十四局局长　李跃平

水电十四局参与施工的三峡水利枢纽工程

中国水利水电第十四工程局，是以承建水利水电建筑安装工程为主，又担负高等级公路、桥梁、地铁、工业民用建筑和环境保护等工程的大型施工企业，具有水利水电工程施工总承包一级企业资质、公路工程施工总承包二级企业资质和承包经营国外工程资质。

该局1954年建局以来，在国内外已建成大中小型水电站150余座，各类型大坝43座。企业技术装备总价值56000万元，具有年挖填土石方1000万立方米，混凝土浇筑100万立方米施工能力。目前，在国内承建有长江三峡混凝土重力坝、永久船闸地下输水系统；黄河小浪底水利枢纽；云南大朝山、小湾水电站、昆明掌鸠河引水供水工程；贵州洪家渡、乌江渡、索风营、构皮滩水电站；广西龙滩水电站；新疆恰甫其海水利枢纽、引额济乌工程等40多个大中型工程，在国外担负有水电和公路工程。

水电十四局承建的广州抽水蓄能电站

该局近年来获省部级以上科技成果奖54项（其中国家级科技成果奖20项），优质工程奖11项，承建的鲁布革电站大坝和广蓄电站一期工程分别荣获鲁班奖，是水电施工系统唯一两次获得鲁班奖的企业。并评为“全国建筑业科技百强企业”、“全国百家产品质量信得过企业”、“连续十年以上‘重合同、守信用’企业”和被授予“全国用户满意工程”企业称号等，于1999年元月通过ISO9002质量认证，赢得良好的信誉。

在改革开放初期的鲁布革电站建设中，该局全面引进国外先进技术，设备和管理经验，创造了闻名全国的“鲁布革经验”。如今在“西部大开发”的洪流中，正以满腔热情，谱写新的篇章。

水电十四局承建的云南鲁布革水电站

云南昆船第二机械有限公司

董事长兼总经理：李智华

云南昆船第二机械有限公司是昆明船舶设备集团有限公司的控股公司。是集科工贸为一体的大型企业。

公司已通过ISO9001国家质量标准体系认证。公司的质量方针是“以质量为中心，实行科学管理，制造优质产品，提供一流服务”。

公司的主要产品有：烟草机械设备、自动化物流系统等近三十种型号、二百余种机电产品。其中，SQ31型切丝机、CT110型自动货柜、FT6B型切片机、TD型系列堆垛机等产品是公司新近开发设计制造的集光机电和计算机控制技术为一体具有当代国际先进水平的新产品。

公司先后从国外引进了先进的技术装备和计算机设计软件。其中，引进的CNC1000型、CNC750型立式加工中心、WC800IIM型柔性制造单元、数控剪扳机、数控折弯机等设备，构成了公司主干加工机群，有力地保证了公司各项产品的试制、生产；计算机辅助设计、辅助制造CAD/CAM系统及网络管理的建立和应用，使公司各项产品的设计始终保持和满足公司生产的需要和用户的需求。其中进口数控机床、加工中心、激光切割机、数控机床等先进加工设备多台，已形成设计先进、工艺齐全、设备精良、高效率、柔性化的生产能力。

多年来，昆船二机公司无论是组织建设、机制建设、基础建设，还是在技术创新等方面都取得了较大的发展和长足的进步。在坚持面向市场的发展战略中，公司以市场为向导、以科技进步为先导，狠抓产品开发和市场开发，在烟草制丝设备、打叶复烤设备、自动化物流系统设备的设计制造中取得了良好的业绩。

CT110A自动货柜

地　　址：昆明市国家经济技术开发区
　　　　　昆船工业区
通讯地址：昆明市502信箱二分箱
联系电话：0871-7235618、7235135
邮　　编：650236

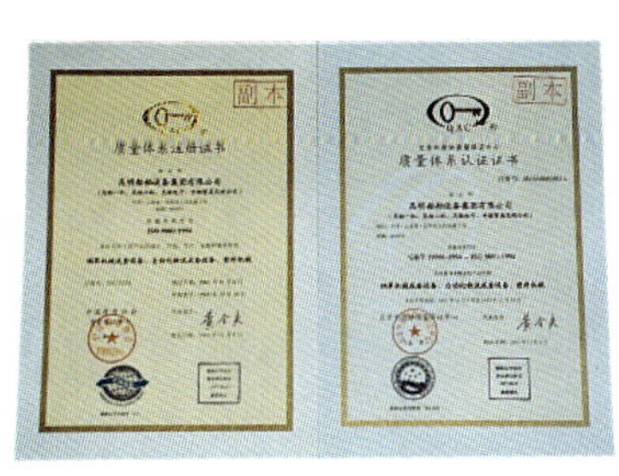

质量认证证书

SQ31型切叶、梗丝机

FT6B分切机

昆明赛伦房地产有限公司

宝海高级公寓：位于关上北路宝海公园旁，总占地13.98亩、总建筑面积16000平方米、总投资4000万元。

昆明赛伦房地产有限公司成立于一九九八年四月，注册资金2千万元，是集房地产开发、建设、装饰、经营、管理于一体的具有独立法人资格的房地产企业。

赛伦房地产有限公司在成立的短短两年时间里，累计开发房屋15万平方米，房屋竣工合格率达100%，公司资金力量雄厚，从未向银行贷过任何款项，属无负债企业，投资总额逾约3亿元，向地方纳税约2000万元，并获“1999年纳税先进企业”，“1999年纳税超百万光荣企业”，“2000年全省房地产开发综合实力20强”、“2000年私营企业50强”等奖项。

公司自开业以来深得省、市政府及昆明市建委、地土管理局、规划局等职能部门的大力支持，成功的开发了“金桥花园”、“宝海高级公寓”及被评为“2000年昆明十大明星楼盘”的“顺城豪庭”等项目，得到了广大消费者的赞誉并树立了良好的企业形象。并以其开发楼盘的规模、质量、风格和销售情况，有力的将公司雄厚的实力及潜力展现在昆明广大市民眼前。

地址：昆明市北京路605号驰宇大厦20楼
电话：5130088　5130288　5130388
邮编：650051

陈勋儒副省长（左二）和省建设厅厅长程政宁（右一）亲临视察赛伦公司，与公司余湛华董事长（左一）亲切交谈。

顺城豪庭：位于昆明市顺城街与南通街交汇处，总占地面积15.76亩，总建筑面积7万平方米、投资约1.5亿元大厦为欧陆风格，隐梁隐柱。

国家开发银行昆明分行

国家开发银行陈元行长与云南省副省长牛绍尧亲切会谈

2001年，国家开发银行昆明分行在总行和云南省委、省政府的领导和关心下，在省计委、经委、财政和人民银行等各个部门的大力支持下，始终坚持"求真务实、团结协作、勤奋努力、开拓进取"的指导方针，认真贯彻国家经济政策、产业政策和地区政策，以支持西部大开发和云南省经济建设为己任，以防范和化解金融风险为中心，以规范强化内部经营管理为基础，以建设符合国际标准的现代化政策性银行为奋斗目标。经过全体员工的艰苦努力，全面完成了各项工作任务。截止2001年底，国家开发银行累计对云南省基础设施、基础产业、支柱产业的各类项目发放各类贷款347.18亿元。其中昆明分行在成立后短短2年的时间里，就发放贷款120.8亿元（2001年昆明分行发放贷款54.98亿元）。这些贷款的投放，对于改善云南省基础设施重点建设、增强优势行业的竞争力、加速云南省资源的开发和利用、拉动云南省经济增长起到了积极的推进作用。

昆明分行与省建行举行委托代理协议签字仪式

支持大保公路建设

昆明分行接受总行监事会的检查

在总行28家分支机构的年度综合考核中，昆明分行继2000年排名第二后，2001年排名第三，成为分支机构中唯一一家连续两年名列前三名的分行，为把分行建设成为一流的现代化政策性银行的分支机构又迈进了一步。

法人代表：罗林
电　　话：（0871）3634200
地　　址：昆明市东风西路158号
邮　　编：650031

支持云南磷肥厂建设

云南省气象局

2001年8月23日，云南省政协副主席王兆民视察云南省气象局。

2000年12月24日，在昆明举行了"中国新一代多普天气雷达验收交付大会"，我国自行生产的第一部cinrad--cc(3830)多普勒天气雷达通过验收并正式在昆明启用。它将有效地提高云南省强对流突害性天气的预报准确率。

2001年9月24日中共云南省委、云南省人民政府正式命名云南省气象局系统为云南省"文明行业"。

云南省气象局是云南省气象工作的主管机构，依法履行气象主管机构的各项职责。开展的主要气象业务为地面气象观测、高空气象探测、特种气象探测、农业气象观测与试验、天气和气候预测、大气环境评价、气候资源开发、气候影响评价、气候卫星遥感和火险监测、气象防灾减灾等。气象现代化建设发展迅速，新一代多普勒天气雷达顺利投入使用；气象卫星综合运用业务系统、分组交换数据网、气象广域网、机关局域网、政府上网工程等多系统网络集成实现了气象信息资源共享；气象预报准确率稳步提高；气象服务领域和内涵不断丰富和拓宽，专业专项气象服务覆盖全省各个行业；气象预测、预报、情报信息通过网络直接进入各级党委政府决策系统，成为地方党委政府制定规划计划、安排重大活动、指挥重点工程项目建设、部署工农业生产的重要依据；气象科研硕果累累；气象防灾减灾技术效益显著，人工增雨防雹、防雷减灾、卫星遥感林火监测每年取得经济效益都超过亿元；气象法制建设加强，建立健全了气象执法体系，气象工作步入法制化管理轨道；精神文明建设成绩突出，被云南省委、省政府和中国气象局分别授予"文明行业"和"文明系统"荣誉称号。

2002年全省气象工作将以邓小平理论和"三个代表"重要思想为指导，深入贯彻落实党的十五届六中全会和省七次党代会精神，坚持解放思想，实事求是，与时俱进，开拓创新。紧紧围绕云南建设绿色经济强省、民族文化大省和中国连接东南亚、南亚国际大通道三大目标。实施人才战略，继续依靠科技进步，努力提高天气气候预报预测准确率和服务水平；积极稳步地向气候系统领域拓展；继续加快气象现代化建设步伐；大力发展气象科技服务与产业；积极发展地方气象事业；加大科技创新力度；加强和改进作风建设，扎扎实实打基础，突出重点抓服务，调整结构创特色，依靠科技增效益，改革开放促发展，以优异的成绩迎接党的十六大召开。

云南省小龙潭矿务局

矿务局党委书记岳宗谦

矿务局局长王文忠

云南省小龙潭矿务局于1953年建矿，是我省重要的煤炭生产基地，国家大型二档企业，云南省100户重点骨干企业之一，现年产煤炭500万吨（2001年实际为5012539吨），有职工3400余人，固定资产9亿余元，单位占地面积11.4平方公里，含煤面积9.03平方公里，探明煤炭储量10.93亿吨。主要技术经济指标居全国同行业先进水平，年产煤量占云南省原煤总产量的五分之一，发电用煤占二分之一，在云南省国民经济发展中占有重要地位。

小龙潭矿务局位于云南省红河州开远市北郊。矿区交通方便，昆河铁路从矿区通过，矿区公路与昆明至开远公路干线相接，煤炭品种为褐煤，是云南褐煤中较好的一种。自1953年建矿以来，经过一、二、三、四期扩建及两次技改工程，现已基本建成年产褐煤630万吨的设计能量。

在全国露天煤矿中，小龙潭矿务局为首家使用效率较高的斗轮连续开采工艺，用全长5公里多的胶带廊道，直接向坑口电厂运煤，为我国煤电建设开创了一条新路。

进入新世纪，小龙潭矿务局决心继续高举邓小平理论伟大旗帜，努力实践“三个代表”思想，坚持和弘扬与时俱进的精神，积极开拓创新，不断强化煤炭销售，大力发展非煤产业，为创造新的辉煌再立新功。

矿务局主要生产设备VABE550型斗轮挖掘机

西南有色昆明勘测设计院

院长：李鸿芳

西南有色昆明勘测设计院始建于1986年是国家甲级工程勘察单位和乙级设计单位。主要从事工程地质、水文地质、环境地质、灾害地质、矿产勘察评价、建筑工程设计、水库病害治理，各类测量、工程物探、道路基础、岩土测试、制图印刷、各种桩基础工程、软土地基处理工程、深基坑工程、大坝工程、岩土体锚固与边坡处理工程，水资源与地热开发工程、路桥工程等多元化施工。

院成立以来，勘测足迹遍及全国10余个省区，参与了昆钢改扩建、云南大红山铜铁矿、云南磷肥工业基地、云南氮肥厂24万吨复肥工程、昆明焦化制气厂扩建、珠海国际机场、老挝国家文化艺术中心、昆明南过境干线、昆玉高速公路、邦克大酒店、佳华广场深基坑支护、昆明世博园等重点工程的建设数十项，累计完成各类工程千余项。在危岩锚固、树根桩托换、异红钻孔桩、扩底沉管桩、压力灌浆、喷射灌浆等技术方面有深入的实践与研究。并在危房处理、病害水库治理、软土地基处理、地质灾害防治、园林绿化、环境污染治理等领域形成了独特的技术专长。

院实施科技兴院战略、大力推进科技与经济的结合，以质量求生存，以信誉求发展。所完成各项工程，工程履约率100%，工程优良率80%以上，从未发生过重大质量事故。科技成果获国际竞赛奖1项，国家级奖2项，省部级奖9项；荣获国家优秀工程银质奖1项，省部级优秀工程奖27项；荣获国家级优秀质量管理成果奖3项，省部级优秀质量管理成果奖22项。院长期注重质量管理工作，1992年被建设部授予“推行全面质量管理先进单位”，2000年5月获得ISO9001质量体系认证证书，并被省市政府命名为“连续十年重合同守信用”企业。

“重合同、守信用”企业证书

西南有色昆明勘测设计院

在贯彻执行《中华人民共和国合同法》中成绩显著，被命名为连续十年以上“重合同、守信用”企业。

特发此证

昆明市人民政府

2000年10月

院长李鸿芳及领导班子团结勤奋、富于创新、求真务实、讲求实效，坚持“发展才是硬道理”，始终以经济工作为中心，重人才、重市场、重科技、重质量、全力培育“艰苦奋斗、开拓奉献”的企业文化、勇拓市场，创造了显著的经济效益：年产值从建院之初的144万元发展到2001年的7000多万元，年生产能力超亿元。

昆明玉溪高速公路第十一合同段

院以“诚信服务，用户至上；科学管理，全员参与；持续提高，创造一流”的质量方针，竭诚为国内外广大顾客服务。

成昆铁路一线天工程　白熊沟危岩锚固工程

法人代表：李鸿芳

地　　址：云南省昆明市人民东路东风巷29号

邮　　编：650051

电　　话：0871-3142808

传　　真：0871-3145779

Email:ynyskc@public.km.yn.cn

云南省房地产业协会

陈勋儒副省长、程政宁厅长、陈锡诚副厅长视察住宅小区

一、协会性质：1995年成立的云南省房地产业协会是全省各从事房地产开发经营、物业管理、市场交易、中介服务等企事业单位及有关社会团体组成的全省性非盈利性行业组织。目前协会理事长和秘书长分别由建设厅厅长程政宁和房地产业处处长喻平担任。协会下设物业管理、房地产价格评估、房产测绘三个专业委员会；有会员单位近200名。

二、协会宗旨：以经济建设为中心，在政府和会员之间起桥梁纽带作用，传达政府政策意图，反映会员愿望和要求，维护会员合法权益。

三、当前开展的业务范围：

（1）研究探讨房地产业改革和发展的理论、方针政策，向政府提出行业发展的经济、技术政策和法规等建议；

（2）接受政府主管部门的委托制定和实施行业发展规划，推进行业管理，协调行业发展中各种问题

（3）收集、传播国内外房地产政策法规、经济技术情报和市场信息，编辑出版协会会刊和有关资料并建立专用网站，开展咨询考察服务；

（4）组织经验交流，制订行规行约，开展行检行评，促进行业精神文明建设；

（5）组织或接受委托培训管理和技术人才，提高企业素质；

（6）发展同省内外民间社团组织的友好来往

（7）承办政府部门、社会团体或会员单位委托办理的事项。

联系电话：0871-4146561

联系人：张嫘　刘践

地址：昆明市西昌路189号5楼

前进中的云南省农业科学院

梁公卿副省长（前排左三）考察我院热经所金沙江河谷生态恢复治理项目。

围绕省委、省政府建设绿色经济强省的战略目标，云南省农业科学院及时调整科研方向，一方面继续加强农业科学技术研究，并获得了一批新的科技成果。2001年共获省科学技术奖13项。二是加大科技成果的转化力度，新的适用技术推广项目及新选育的一批优质稻、麦、玉米、果树等品种已经在生产中逐步推广应用，为全省农业产业结构的调整提供了新的技术支撑。三是为提高农产品质量和促进农业经济发展提供技术保证。目前已通过农业部机构认可、国家计量认证的质检中心有：农业部农产品质量监督检验测试中心（昆明），农业部花卉产品质量监督检验测试中心（昆明）；正在建设中的有：云南省国家水稻改良分中心，农业部植物新品种测试（昆明）分中心，云南花卉新品种研发工程中心。这些中心的建成将进一步提高检测质量和服务水平。

云南省农业科学院全体干部职工有决心、信心，在省委、省政府的领导下，为云南省农业、农村经济的发展，为农民增收，提供强有力的技术保证。

黄炳生副省长（左一）参加我院新育成的水稻品种的米质鉴评会。

隆重表彰先进模范。

围绕产业结构调整，培育适销对路的花卉品种。

农业部农产品质量监督检验测试中心（昆明）通过农业部专家组的机构认可、国家计量认证。

云南电力集团有限公司

云南电力集团公司党组书记、总经理肖鹏陪同国家电力公司副总经理贺恭视察电力调度中心

云南电力集团公司党组书记、总经理肖鹏陪同云南省省长助理李新华视察罗平变电站

云南电力集团有限公司是国家电力公司的全资子公司，对云南电网实行统一规划、统一建设、统一管理、统一调度，主要经营发电、输电、配电、电力销售和电力建设，并从事电力勘测、设计、施工、修造、物资、试验研究、矿产、金融、房地产、信息产业等业务。截止2001年末，云电集团所辖发供电单位43个，其中参股、控股企业10个，代管地县（市）电力公司89家（其中已完成股份制改造27家）。

多年以来，云电集团以市场为中心，以创新为灵魂，以效益为根本，以现有的行业优势、资金优势、技术优势、品牌优势和资源优势为依托，与时俱进，开拓创新，全面推进二次创业，大力开拓省内、省外和国外三个市场。电力生产高速增长，西电东送不断取得突破性进展，多角化经营领域快速展开，服务水平和公众形象不断提高，企业的无形资产价值、知名度、社会美誉度不断得到提升。

跨入21世纪的云电集团作为一个特大型的国有企业，正紧紧抓住国家西部大开发、西电东送和省委、省政府培育以水电为主的电力支柱产业的历史性机遇，利用云南丰富的资源优势和区位优势将公司建设成为以电网经营为核心，以电力产业为主导，经营领域多元化的现代化产融集团。

云南地矿资源股份有限公司

董事长：李晓明　　总经理：马百壮

云南省委书记白恩培视察我公司钾盐项目施工现场。

我公司与澳大利亚WMC公司签订矿业勘查开发项目合同。

云南地矿资源股份有限公司（简称：云矿股份）是以云南地矿勘查工程总公司（集团）作为主发起人，以发行上市为目的，协同云南冶金集团总公司、上海国金投资有限公司、昆明金马源生物工程有限公司、中国地质大学、北京矿冶研究总院共同发起设立的股份有限公司。公司成立于2001年8月27日。

云矿股份在矿产资源勘查、开发、选冶；矿权经营；对外经济技术合作；矿产品内外贸易等方面具有极强的技术优势和成功经验，是一家集矿产品采、选、冶和加工为一体的资源型高新技术企业。是国内首家进入国外地质勘探市场并取得成功的企业，是云南省地勘行业中规模最大、技术最强、效益最好的企业。云矿股份依托云南独特的区位优势和丰富的矿产资源以及覆盖全省的基础地质工作成果，掌握了较为系统、全面的地质基础信息和勘探成果，形成了极具潜在经济价值的经营性资产、同时，公司锻练和培养了一支技术过硬、经验丰富的地勘队伍。

云南地矿资源股份有限公司将以繁荣矿业为己任，致力于矿产资源勘查的风险投资。凭借其拥有的大量地矿资源信息、高素质的员工、优良的资产，灵活高效的机制，愿与国内外矿产勘查开发的同行一道，为中国和云南的矿业发展作贡献。

金矿资源勘查。

航空物探测量。

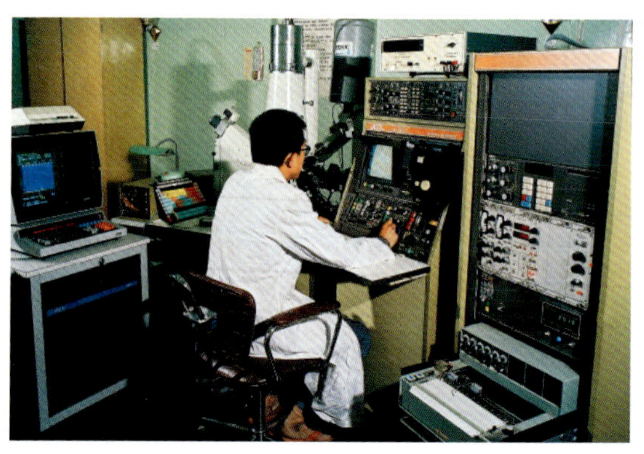

我公司大型仪器岩石矿物测试。

中国长城资产管理公司
昆明办事处

中国长城资产管理公司是经国务院批准，具有独立法人资格的国有独资金融企业。中国人民银行批准设立、是中国长城资产管理公司在云南省的派出机构，在总公司授权范围内开展业务，并在云南省工商行政管理局注册，于2000年3月17日正式挂牌成立。

昆明办事处始终以财政部、总公司和农总行的各项政策为依据，及时、有效、保证进度,于2000年圆满完成总公司下达的41.1亿元收购任务，其中债转股企业2户，金额4.1亿元。

根据《金融资产公司管理条例》和中国人民银行文件、中国长城资产管理公司法人授权书，中国长城资产管理公司昆明办事处在以下范围内开展业务：1、收购并管理中国农业银行剥离的不良资产；2、债务追偿、资产转让与销售；3、债务重组、资产重组、企业重组；4、债权转股权的调查与评审、股权管理；5、资产及项目评估；6、企业审计与破产清算；7、投资、财务及法律咨询与顾问；8、以资抵债资产的租赁；9、经公司批准的其他业务。

开业以来，昆明办事处积极运用法律武器，依法诉讼，有效维护了国家债权并防止国有资产流失。截止目前，办事处通过诉讼等法律手段共实现资产处置逾10亿元。

办事处严格执行国务院颁布的《金融资产公司管理条例》，对收购的不良资产实行全面的债务追偿，并综合运用公司授权的各项职能进行资产管理和处置，从而在最大限度保全国有资产，有效化解金融风险的同时，支持企业改革与发展，为云南的经济发展作出贡献!

中国民用航空云南省管理局

民航云南省管理局局长
郭为民

2001年，民航云南省管理局共完成运输起降架次92172架次，旅客吞吐量8564111人，货邮吞吐量155310.1吨，分别比2000年增长8.0%、14.2%、9.8%。其中昆明机场完成运输起降架次69167架次，旅客吞吐量6391431人，货邮吞吐量138898.7吨，分别比2000年增长6.3%、14.9%、11.1%。生产指标位居全国第6位。截止2001年底昆明机场拥有150条国内航线，国际及地区航线13条。

截止2001年底，云南省共有机场10个，经过科学规划布置，加大航线网络的覆盖能力，已经初步形成以昆明为中心，覆盖省内、辐射国内主要城市、面向东南亚和南亚的三个主要航线网络，即省内网（以昆明为中心，辐射省内保山、昭通、思茅、版纳、芒市、丽江、大理、迪庆、临沧9个航站）、国内航线网（以昆明巫家坝机场为基地，辐射连接全国50多个大中城市）、国际航线网（以昆明为基地，辐射东南亚、日本等6个国家和地区）。其中尤其是覆盖云南省内网络的建设，就国内而言，可以称为较完善、较健全的支线网络结构。

省局领导向二00二年度先进基层党支部颁发奖牌。

民航西南管理局局长王存浩（前排右二）检查省局公安局指挥中心工作。前排右一为省局局长郭为民，前排左一为省局副局长刘明，二排右一为省局副局长周凯、右二为省局党委副书记魏建国。

昆明国际机场候机楼外景。

2001年11月28日，云南民航圆满完成分立重组体制改革，民航云南省管理局作为云南省内机场的经营、安全管理者和业务指导部门，下一步工作面临的任务还十分繁重。我们将不断努力，继续认真学习贯彻江总书记"5.31"讲话精神，始终不渝地以"三个代表"重要思想为指导，坚持在省委、省政府和民航上级的领导下，再接再励、务实创新、与时俱进、团结进取，进一步深化改革，搞好服务，将民航云南省管理局的各项事业推向新台阶，为实施西部大开发战略，促进云南建设绿色经济强省、民族文化大省和连接东南亚、南亚国际大通道的宏伟蓝图建设做出新的贡献！

民航西双版纳站候机楼外景。

昆明国际机场候机楼出发大厅一景。

天然资源开发的热土
——大理高新技术产业开发区

2000年11月16日，省政府正式批准省级大理经济开发区为省级高新技术产业开发区。重点建设生物制药、绿色食品加工和新技术、新材料生产三个高新技术产业园区。开发区作为云南省西部最重要的发展区域，肩负实施西部大开发和绿色经济强省战略，大力发展以生物资源开发创新工程为产业支撑，以现代高新技术突破传统产业模式，科技兴州，把大理建设成云南高新技术产业发展的一个重点的重任。

大理经济开发区和大理高新技术开发区，已成功地创建了整整10个年头。10年来，开发区由一大片荒滩田地，变成了一块新兴的旅游宝地和一座工商贸易新城，共变化之快，直是令人瞩目。回眸十年开发，展望未来发展，党委、政府满意，投资者信心十足，取得了丰硕的成果。

二十一世纪是高技术产业大发展的世纪，大理高新区在建设好三个高新技术产业园区的同时，以邓小平理论和江泽民同志“三个代表”重要思想为指导，将在完善高新技术产业配套政策，进行投融资体制改革，促进园区管理创新和机制创新等方面作大担的探索与实践，以鲜明的特色，迎接无限的发展机遇。把开发区建设成为面向二十一世纪的国际性的旅游、商贸城市，有鲜明地方特色和丰富的历史、民族文化内含的新兴产业中心、商品交易中心，信息中心和现代生活居住中心的城市。展望今后十年，开发区必将谱出更加辉煌灿烂的新篇。

大理高新技术产业开发区管理委员会
地址：大理市苍山路
邮政编码：671000
Tel :0872-2322150　2328209
Fax:0872-2323142　2329612
E-mail:dljkxmzx@public.km.yn.cn
http://da-li.yneb.com

大理省级高新技术产业开发区商贸旅游区

发展高新技术产业暨建设生物制药园和绿色食品园论证会

位于高新技术产业园区的大理飞机场

位于高新技术产业园区，年产80万吨熟料的红塔滇西水泥厂

云南省艺术学校

梁公卿副省长与文化厅有关领导观看滇剧科毕业演出并合影留念

云南省艺术学校始建于1956年。地处碧波千顷的滇池之滨，绿树葱茏的西山脚下，占地84.8亩。校内林木森森，绿草如茵，环境优雅，是学子们读书治学的理想园地，也是我省唯一一所艺术类国家级、省部级重点中等专业学校。

梁公卿副省长到校视察工作

学校的培养目标是为各级各类专业艺术团体、群众文化及高等艺术院校培养输送具有良好舞台表演能力和一定理论基础的中等艺术专业人才。建校四十多年来，可谓硕果累累，桃李芬芳。毕业生中有获法国贝藏松国际指挥比赛第二名、现任中国交响乐团常任指挥及中央芭蕾舞团首席指挥的李心草；有获“梅花奖”的刘芸、王玉珍、周卫华；有获“文华奖”的张树勇、杨丽琼、赵惠和、胡春华；有获全国少数民族声乐比赛金凤奖的杨学进……学校教育注重学生综合素质的培养，强化学生艺术表现力、创造力和鉴赏力的同步提高；积极参与社会文艺实践，包括参加“97”香港回归大型庆典、中国’99昆明世博会开幕式、中华人民共和国建国五十周年庆祝活动、昆明国际旅游节、昆明国际花卉节等大型文艺演出，并阶段性地组织师生到机关、厂矿、农村及越南、马来西亚、新加坡等周边国家交流演出，在社会上具有良好的声誉。1999年被国家人事部、文化部授予“全国文化工作先进单位”荣誉称号。

多年来，学校基本形成了学科齐全、结构完备的艺术教学体系，现开设有音乐、舞蹈、花灯、滇剧、美术、礼仪、杂技、京剧、影视表演、电影放映管理、电子声像设备、舞台美术与灯光音响共12个专业。教师队伍人才济济，不拘一格，现有高级讲师三十余人，讲师七十余人；各科专业教师在各类文艺专业比赛中先后荣获国家级、省级奖68项。

中国音乐学院与省艺校远程教育开通

随着我国教育体制改革的不断深化和我省文化事业的蓬勃发展，云南省艺术学校也在不断发展壮大，继2001年11月与云南电影学校合并重建之后，现又在进一步加大投资，扩展规模，积极申报成立文化艺术职业学院，争取在办学层次和管理水平上跃上一个新台阶，为我省文艺战线输送更多专业精、素质高的应用型中高级艺术人才。

美国俄勒岗州大学教授双簧管演奏家罗伯特来校讲学

中国（国家）儿童艺术剧院来校作艺术交流（右二为院长欧阳逸冰）

构筑云南边陲安全卫生检验检疫屏障
云南检验检疫为我省对外开放和经济发展保驾护航

云南出入境检验检疫局

云南检验检疫局2001年以来，确立了构筑“云南边陲安全卫生检验检疫屏障”的宏伟工作目标，在局党组的带领下，全省出入境检验检疫干部职工全力以赴，依法施检，依法管理，加大行政执法监管力度，有效地防止了重大疫情传入传出，维护全省经济安全和人民身体健康，促进了全省对外开放和外经贸发展。

云南出入境检验检疫局党组书记、局长程迪龙

云南出入境检验检疫工作成效显著。全省检验检疫机构认真履行把关职责，据统计，2001年共检验检疫出入境货物76845批次，货值16.15亿美元；出入境人员219.38万人次；交通工具24.00万辆（架、艘、节）次。其中检出不合格进出口商品826批，货值3258万美元，协助有关单位对外索赔770.86万美元，维护了有关企业合法利益和国家利益。全年共对3.22万人次进行了传染病监测，共检出各类传染病705例；对11.85万人进行了预防接种，对6.50万人进行国际旅行预防服药；对该省口岸地区1981名从业人员进行了体检及培训；对20.77万辆（节、艘、架）次交通工具及4.26万批货物实施了卫生处理；在口岸地区对842家单位进行了83次卫生监管，施行大规模灭鼠3次，灭鼠7611只，各口岸共检验进口食品5391批，货值3.8亿元，仅昆明口岸检出不合格进口食品9批，货值4.5万元。为出口企业及时签发普惠制证书3587份，产地证书2498份，签证金额分别为1.39亿美元和1.92亿美元，获得有关国家给予的普惠制待遇。完成外商投资财产鉴定45批，维护了中外投资各方的合法权益。

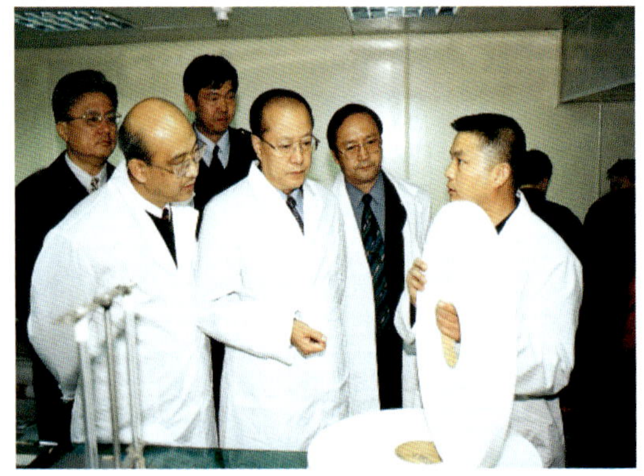

国家质检总局局长李长江在云南检验检疫局检查指导工作

检验检疫人员对出口危险品包装进行检验

构筑边境安全卫生检验检疫屏障迈出稳健步伐。云南检验检疫局认真落实江总书记“三个代表”重要思想的要求，从我省边境口岸特殊性、疫情复杂性的实际出发，把严防疫情传入传出作为全局把关的首要任务，及时制订了防制动植物疫情和传染病传入传出的工作方案及具体实施措施，确保边境地区多次突发性疫情防治工作的顺利开展，全年共检出植物有害生物2519批次，危险性疫情247批次，有害生物检出率为11.22%，有害生物疫情检出率在全国处于较高水平。2001年针对东南亚地区发生霍乱、登革热的疫情，该局采取了抓“五个重点”做法，即在重点时期，对来自重点地区的重要旅客及重点行李、物品和邮寄物，进行重点查询和监控的措施，加强了各口岸出入境人员的传染病监测及携带、邮寄物品的检查监管，其中检出艾滋病及病毒携带者98例。为支持西部大开发和我省外贸扩大出口，云南检验检疫局采取了一系列具体措施，提高工作质量和工作效率，大力推行“三电工程”（电子报检、电子签证、电子通关），加快检验检疫和通关速度，服务和促进外贸发展。

检验检疫人员对进口原木进行检疫

应对入世挑战奋发有为。面临我国加入WTO和深入实施西部大开发战略、加强澜沧江—湄公河次区域经济合作和建立中国—东盟自由贸易区等重大的历史性机遇，以及我省外贸出口的严峻形势，省政府领导同志要求云南检验检疫部门立足云南实际，认真抓好“三个服务”：一是为绿色经济强省建设服务。为全省经济发展铺筑“绿色通道”。二是为扩大对外开放服务。既把好国门，又千方百计帮助企业扩大出口。三是为全省的经济安全服务。要加快构建“云南边陲安全卫生检验检疫屏障”，严防疫情传入传出。为此，云南检验检疫局继续深入贯彻落实出入境检验检疫法律法规，在国家质检总局和省委省政府的正确领导和大力支持下，进一步加强全省出入境检验检疫把关，与各有关部门密切配合。精诚协作，合力构筑“云南边陲安全卫生检验检疫屏障”，充分发挥检验检疫在外经贸中的宏观调控作用，帮助外贸扩大出口，为促进云南对外开放和西部大开发再立新功。

撰文　李伟东　　图片　邢谷登

云南检验检疫人员对进口花卉进行抽查检疫

云南检验检疫局配合其它执法部门对市场销售的进口商品进行监管

昆明市机械工业行业协会

党组书记、会长：许钟麟

昆明市机械工业行业协会，前身是昆明市机械电子工业局，其中有大一型企业3户，大二型企业4户，中一型企业3户，中二型企业10户，小型企业34户，另有厂办集体企业106户和挂靠单位4户，2001年末共有职工24606人，行业专业性强，技术起点要求高，有机床工具、电工电器、汽车与汽车配套件、农业机械、化工机械、重型矿山机械、食品包装机械、电子元器件、通用机械、森工机械、轻工机械、烟草光学仪器基础件机械等18个大类，能为市场提供200余个品种的上万个产品，产品除行销国内市场外，不少产品还远销美国，东，西欧、中东、南美、澳大利亚、东南亚、日本、韩国、俄罗斯等数10个国家和地区。

2000年10月，昆明市常务副市长刘绍忠率昆明市经贸代表团出访意大利，考察、洽谈扩大合作事宜。图为代表团与昆明电工有限责任公司的客户菲特公司洽谈签约后的合影

2002年初，原昆明市机械电子工业局经昆明市委，市政府批准改制更名为昆明市机械工业行业协会。改名后新的党委领导班子，认真学习贯彻实践江泽民总书记关于“三个代表”重要思想，按照市委、市政府对经济工作发展的总体布署，结合行业的具体情况，深入基层，创新求实努力发展支柱产业。今年上半年实现工业总产值14.1亿元，比去年同期增长15.7%，销售产值11.88亿元，比去年同期增长15.9%，实现了时间过半，任务过半取得了历年来较好的经济和社会效益。

地　址：东风东路17号市政府11楼　　邮　编：650011

电　话：(0871)3127335　3127350

昆明云内动力股份有限公司

近年从德国引进的KW铸造生产自动线

公司实施”“CIMS工程”后，技术人员运用电脑进行工作

昆明云内动力股份有限公司是中国内燃机行业上市公司，总股本为18000万股，其中国有股12000万股，社会公众股6000万股。2001年7月，公司出资4000万元成功收购了成都内燃机总厂主要生产经营性净资产并成立了成都云内动力有限公司。截止2001年12月31日，公司总资产为130,999万元，总负债为68,125万元，净资产为62,874万元。公司实现生产各型柴油机101,868台，实现主营业务收入70,440万元，实现利税总额12,809万元。公司是目前中国西部地区最大的小缸径多缸柴油发动机生产厂家之一。

公司办公大楼夜景

公司主要产品100、102、90、95系列柴油机与国内近百家汽车厂进行长期、稳定配套，4100QB柴油机市场保有量达60万台，已成为中国内燃机行业的知名品牌。公司自1999年以来连续三年在全国车用柴油机产销量排名中名列第三位。

公司改制上市以来，积极推进招股说明书披露技术改造项目的实施，不断加快生产能力建设，注重技术进步，加大新产品开发和市场开拓力度，调整和优化产品结构，加强基础管理，生产经营保持了持续、健康的良好发展态势。

昆明市标牌厂

昆明市标牌厂具有四十年的生产标牌历史。工厂楼房宽敞，资金充足，技术先进，设备齐全，工艺专业，精工制作，质量达标。工厂承制各种金属材料、有机玻璃、塑料纸张和不干胶等种类标志铭牌，既可为机电工矿企业生产平面、蚀刻、磁白、喷沙、拉花、拉毛、丝印、机制等工艺的机器铭牌、仪表面版、安全标志、刻度尺盘、车船门牌；也可为机关团体制作铜字铜匾、灯箱广告、粘贴商标、徽饰奖章、街道门牌、工艺奖牌、公共信息牌、反光发光等标志标牌；还可为社会各界提供广告、招牌等的创意、设计、加工、制作和装饰。

昆明市标牌厂竭诚为您服务。

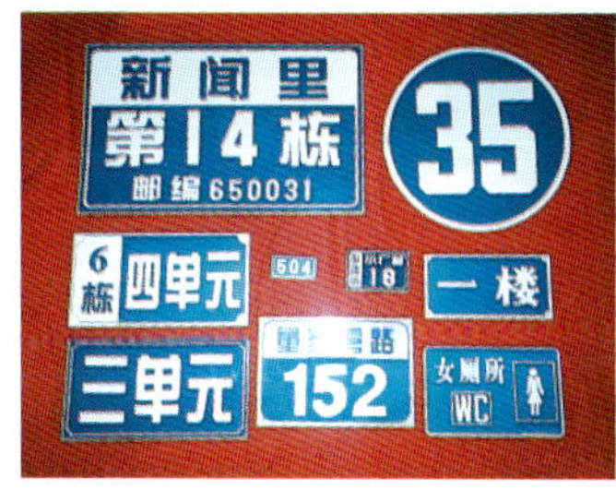

厂　长：邓蜀明　　电　话：(0871)5134551　5191919

地　址：教场东路145号　　邮　编：650223

昆明市开关四厂

法人代表、厂长：杨云聪

昆明市开关四厂始建于一九五八年，现有职工300余人，占地面积11232平方米，建筑面积4000余平方米，固定资产2000余万元，主要设备近百余台（套）。是国家机电工业定点生产HH3、HH4全系列封闭式负荷开关，HK2全系列开启式负荷开关、RCIA全系列溶断器、低压电气成套设备、电焊钳及其他电式产品的专业生产厂家。其中电焊钳远销到东北、华北等沿海地区，拥有良好的市场信誉。产品均获国家颁发的工业产品生产许可证。2000年工厂引进资金、技术。合资生产DZ47-63系列断路器、DZ47LE系列漏电断路器，并通过中国电工产品认证。广泛用于我省农村电网建设（改造）工程及房地产业的配电设备。工厂于1990、1997年获昆明市机电产品质量优秀奖。热忱欢迎洽淡合作，为西部大开发作贡献。

装配生产线

法人代表：杨云聪

厂　　址：昆明市金马寺太平路

邮　　编：650227

电　　话：(0871)3854697　3859222

传　　真：(0871)3912758

工厂一隅

2002 云南统计年鉴
YUNNAN STATISTICAL YEARBOOK

云南省人才服务中心

雲南人才市場

坐落于人民中路的云南人才市场

云南省人才服务中心、云南人才市场是隶属于云南省人事厅的省级人才服务机构和省级人才市场，分别成立于1984年和1989年。2001年8月，国家人事部与云南省人民政府共同组建的“中国云南企业经营管理人才市场”宣告成立。在省委、省政府的领导下，围绕云南经济建设重点和人才市场化的中心任务，开展具有保障体系的人事人才一条龙服务。云南人才市场是目前全国较大、西南最大的人才市场。

云南省人才服务中心主要服务对象是：全省各级党政机关、社会团体、企事业单位、中央驻滇单位；三资企业、民营企业、科研机构；省外驻云南单位；省内外各类专业技术和管理人才、大中专毕业生、毕业研究生和留学回国人员等。

云南省人才服务中心业务范围全面。目前主要开展的服务项目有：每月逢8（8日、18日、28日）举办人才洽谈会；审批人才招聘广告；人才供求信息网上查询；办理人才流动手续；人才测评；大中专毕业生需求计划申报及办理就业手续；人才培训；办理人才市场单位会员和个人会员；留学回国人员和专家服务。全面推行人事代理，包括：流动人员人事档案管理、流动人员党委、职称评定、计算工龄、档案工资调整、代办社会养老保险、失业保险、办理婚姻、生育、考研证明、出国读书政审、公共户口核落。

云南省人才服务中心截止2001年底接纳委托代理单位500家，保管流动人员档案10000份，流动人员评定职称989名。正式办理各类人才流动手续20000名，办理大中专毕业生到非公有制单位就业手续2054人，落户粮1652人。

云南人才市场从1997年至2001年共举办洽谈会210场，入场招聘单位17369家，入场参加交流人员411776名，发展会员单位241家，发展个人会员2150人。

设施完备的人才交流大厅

云南省人才服务中心微机房、工作站

流动人员党代会

云南人才市场开通了“168”人才供求信息及政策动态查询热线。

自动声讯热线电话：16867030

人工热线电话：1602028

地址：昆明市人民中路武成商业步行街

电话：0871-3611611　3611612

http://www.ynhr.com　　E-mail:webinaster@ynhr.com

云南省能源研究会

2002年3月组织云南部分可再生能源专家到德国考察访问。
照片为在柏林与德国可再生能源研究所专家座谈后合影。

云南省能源研究会成立于一九八五年八月，是一个全省性能源科技工作者的学术性的社会团体，有团体会员近30家，个人会员600余人，设有能源开发、节能、农村能源、新能源和可再生能源四个专业委员会和《云南能源》杂志编辑部。

多年来云南省能研会在能源开发、生产、转换、输送、分配、储存、节约和综合利用的理论、方法、经济方针政策等方面结合我省实际进行深入的研究和探讨，取得较好成绩。

近年承担了《云南“十五”及后十年节约能源规划》和《云南省能源战略结构调整与发展》的课题研究。

地址：昆明东风东路209号，省经贸委综合楼五楼
电话：0871-3347354
联系人：肖国宝、杨裕泰

云南省能源研究会部分理事合影

承担中国和英国国际合作节能项目交流研讨会的组织工作

团结拼博争创一流的盘龙公安分局

局长　李新力

政委　徐晓亚

昆明市公安局盘龙分局是昆明市二个中心城区公安分局之一，辖区总面积15.8平方公里，有常住人口45万人，流动人口约20万人。

盘龙公安分局党委始终按照“三个代表”的要求，把队伍建设和民警的思想政治工作作为分局的中心工作来抓。把思想政治工作纳入经常化、制度化和系统化的轨道。使民警的政治素质得到了明显提高，队伍精神面貌得到较大的改变，有力地促进了业务工作，一大批政治强，作风硬，业务精的优秀民警脱颖而出，涌现了刘华友、帅维伟等一批严格执法，热情服务，无私奉献，忠于职守的优秀民警。2000年以来，分局有50个（次）集体受到上级党委、政府表彰；1名民警荣立个人二等功，8名民警荣立个人三等功，多人受到上级党委、政府表彰。

为了落实“发案少，秩序好，人民群众满意”的工作目标，盘龙公安分局加大了警务制度改革力度。今年分局结合社区建设，合理划分了警区，建立了相应的警区民警工作责任制，进一步深化了弄侦体制改革，建立了弄事案件回告制和弄事案件倒查制度，巩固完善了110快速反应机制，积极深入地开展争创人民满意活动，并推出了一系列便民利民措施。经测评，群众对分局的各项工作满意率逐年上升，窗口工作做到了“零投拆”，小南门派出所还被公安部授予“全国人民满意户政窗口”先进单位称号。

为使公安工作更好地发挥打击犯罪、治安管理、服务群众的职能，适应时代发展和治安工作的需要，盘龙公安分局在当地党委、政府的高度重视和大力支持下，走科技强警之路，建成了现代化的指挥监控中心和配置一流设备的计算机中心，建立了人口管理、治安管理、刑事犯罪资料管理等计算机公安信息网络系统，并在各项公安工作中越来越发挥着重要作用，在今年全国开展的追逃专项行动中，通过计算机“网上作战”，全局抓获逃犯数名列全市第一。

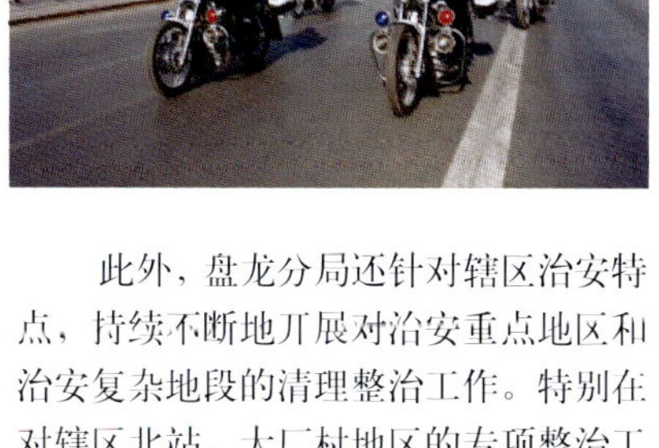

今年以来，盘龙公安分局认真贯彻全国社会治安工作会议精神，积极投入声势浩大的严打整治斗争，并取得了显著的战绩。破获了一批大要案件，表现出了较强攻坚能力和战斗力。

同时，盘龙公安分局还坚持“打防结合，以防为主”的工作方针，发动和依靠社会力量，组建了多层次群防群治力量的防范网络，使辖区的社会治安防控能力得到了明显加强，发案数持继在昆明市县区处于较低水平，且基本未发生大的涉枪涉爆严重暴力性案件，这一开创性的防范工作被群众称为：“有中国特色的群防群治工作”。

此外，盘龙分局还针对辖区治安特点，持续不断地开展对治安重点地区和治安复杂地段的清理整治工作。特别在对辖区北站、大厂村地区的专项整治工作中，结合该地区出租房多，外来人口多的特点，通过强化出租房管理和严密社会面的治安巡逻防范等重在治本的工作措施，使这个人民群众反映强烈、长期困绕我市各级党委、政府的治安“乱点”成为了一个秩序好、发案少、人民群众满意的治安新“亮点”。

“路漫漫其修远兮，吾将上下而求索”。盘龙公安分局全局民警决心高举邓小平理论伟大旗帜，以江总书记“三个代表”的重要思想为指针，以对党对人民高度负责的态度，切实增强使命感、责任感和紧迫感，把各项公安保卫工作做得更好，以一流的业绩向党和人民交上了一份优越的答卷！

中信实业银行昆明分行

中信实业银行昆明分行是中信实业银行为贯彻国家实施西部大开发战略，支持云南经济建设与发展，经中国人民银行批准在云南设立的一级区域性分行，于2001年5月28日正式对外营业。

2001年，昆明分行围绕总行“十五”总体发展思路和业务工作重点，按照“创新、调整、发展”的指导思想，坚持“质量、规模、效益”并举的工作方针，脚踏实地，艰苦创业，顺利完成了分行筹建工作。分行开业后，积极拓展业务，抢拚市场，经营规模稳步增长，为实现规模和效益的快速增长打下了良好基础。截止2001年12月31日，我行资产总额达到15.7亿元，各项存款余额12.6亿元，各项贷款余额9.3亿元，累计办理票据贴现4.66亿元。

伴随着西部大开发的一系列重点项目开工建设，云南的社会经济将在省委、省政府的领导下，迎来新的气象。昆明分行作为中信实业银行拓展西部地区业务的重要窗口，将坚持中信实业银行的经营理念和工作风格，抓住机遇，应对挑战，努力发挥金融对经济的支持作用，真诚服务于西部大开发，服务于云南经济建设，促进云南省、昆明市经济更快、更好地发展。

云南水运大有可为

云南省航务管理局

云南河流众多，水资源丰富。主要干流有金沙江、澜沧江、南盘江、红河、怒江及支流63条，长14200余公里（其中可开发利用的河道有8000多公里），分属长江、澜沧江、珠江、红河、萨尔温江、伊洛瓦底江等六大水系，有以滇池、洱海、抚仙湖为代表的高原湖泊30多个，漫湾、大朝山、天生桥等水库96座。我省水运改革开放以来，在交通部、省委、省政府的关心、支持下，紧紧抓住“两出省、四出境”水运通道优势，以开发建设出省出境水路通道为重点，兼顾区段航运，积极发展高原湖泊、库区水上旅游运输，加快水运基础设施建设步伐，80年代开辟了从水富经金沙江、长江直达上海2880多公里我国内河最长航线，90年代初开发建设了澜沧江－－湄公河国际航运，取得一年一个台阶的发展。随着国家西部大开发和我省建设通往东南亚、南亚国际大通道的实施，我们抓住机遇，乘势而上，以澜沧江－－湄公河为重点的国际航运开发得到了国务院、省委、省政府的高度重视，于2001年4月20日签署了中、老、缅、泰四国商船通航协定，并于2002年6月26日实现了正式通航。同时以安全为龙头的行业管理得到加强，逐步建立了省、地（州）县、乡（镇）四级规范化管理体制，16个地、州、市形成了省、地、县三级管理体系，落实了乡镇船舶四级安全管理承包责任制，逐步建立起了“开放、统一、竞争、有序”的水路运输市场，积极创建精神文明窗口，建设文明运输航线。

云南水运正在起步发展，前景广阔，相信不远的将来，云南水运将走出国门，成为我省乃至大西南重要出海通道，为云南经济发展和对外开放作出更大贡献。

澜沧江—湄公河通航典礼仪式

交通部黄镇东部长在澜沧江—湄公河通航典礼仪式上代表中方发言

徐荣凯省长在澜沧江—湄公河通航典礼仪式上发言

澜沧江——湄公河航道

云南省曲靖市公安局

市公安局党委书记、局长：王建中

2001年，全市公安机关紧紧围绕市委、市政府的中心工作，认真贯彻落实中央、省、市社会治安工作会议精神和省、市公安工作部署要求，以“三个代表”为指导，以“三项教育”为契机，大力加强队伍建设，以维护社会政治稳定和治安稳定为中心，以“严打”整治斗争为主要任务，以维护广大人民群众的根本利益和为人民服务为目标，狠抓打击、防范、管理、建设等各项业务工作，推动了公安工作和队伍建设不断取得新的进步，为维护全市社会政治稳定和治安稳定以及改革开放、经济建设的顺利进行创造了良好的社会治安环境。

2001年，全市公安机关认真学习和实践江总书记“三个代表”重要思想，坚持“依法治警，从严治警”的方针和“真抓、早抓、主动抓”的指导思想，以“三项教育”为契机，大力加强队伍建设。一是狠抓领导班子建设，加大对干部的考察、培养、轮岗和异地交流力度，建立和完善干部人事管理制度和干部任期目标责任制，加强领导班子民主集中制和党风廉政建设，市、县两级公安机关认真开展“三讲”教育“回头看”活动，有力促进“三讲”教育各项整改措施的落实，配齐配强领导班子，进一步提高了领导班子的凝聚力和执政水平。二是在全体民警中扎扎实实开展“三项教育”，基本达到“打牢思想基础，解决突出问题，纯洁民警队伍，取得建设成果”的目标，群众反映强烈的问题得到有效解决，公安队伍的整体精神面貌焕然一新，人民群众满意率明显提高。在对麒麟城区警民关系测评试点中，群众综合满意率达94.82%。三是从抓制度建设入手。围绕纪律作风和管理中的薄弱环节，制定一大批规章制度，提高民警遵章守纪自觉性，规范各项管理工作。四是加强民警的素质培训。先后两批对“三项教育”分离民警186人进行培训，并对全体民警进行任职资格培训考试，对新进入公安机关的民警进行上岗培训。五是加强党组织思想、组织、纪律作风建设和党

公安部副部长杨焕宁深入曲靖检查指导公安工作

省公安厅厅长江普生在沾益县检查指导公安工作

风廉政建设，加大民警的教育、管理和监督力度，加强警务督察工作，严肃查处民警违纪违法案件，确保警令、政令的畅通，维护了公安机关和人民警察的良好形象。六是大力开展争创“人民满意单位（民警）”和“立功创模”活动。全市公安机关按照“严格执法、热情服务”的要求，把“人民满意”作为衡量公安工作和队伍建设的根本标准，从人民满意的事做起，从人民不满意的问题改起，全面推行警务公开、便民利民措施和承诺服务制，努力提高服务质量和人民群众的满意率。有大批先进单位和个人受到部、厅和省、市有关部门的表彰奖励。市公安局被省公安厅评为2001年度云南省地州市公安队伍建设和业务工作先进单位一等奖（排名第一），沾益县公安局、宣威市公安局、麒麟分局被评为2001年度县级公安机关工作与警民关系评估考核人民满意公安局，其中沾益县公安局获一等奖，宣威市公安局和麒麟分局获二等奖，全市县级公安机关工作和警民关系评估考核平均满意率达到97.7%，陆良县公安局被评为县级公安机关执法质量评估考核优秀公安局一等奖，麒麟分局南宁派出所（警署）民警李俊华、胡选云被授予“人民满意社区民警”称号，有关县（市）公安局（分局）领导和个人分别被省公安厅记功或嘉奖。此外，2001年以来全市公安机关还有120个单位荣立集体三等功，325人荣立个人三等功。市局国内安全保卫专项斗争、纪检工作和“三项教育”领导小组办公室的工作受到公安部表彰，“追捕在逃贪污贿赂等职务犯罪嫌疑人专项行动”受到最高人民检察院和公安部表彰，交警支队直属大队北教场岗亭获“省级青年文明号”称号。

市公安局局长王建中在基层检查指导公安工作

2001年，全市公安机关认真贯彻落实省、市社会治安工作会议精神，紧紧围绕严打整治斗争“三大战役”、“四条战线”的目标要求，制定具体工作方案，落实责任制，与有关部门密切配合，切实加强督促检查，精心组织全体民警投入严打整治斗争，有力打击刑事犯罪分子的嚣张气焰，有效整治重点地区社会治安秩序，严打整治及各种专项斗争成绩在全省名列前茅。

撰稿　郑五嗣

向墨红乡小学献爱心

云南春城卷烟厂

党委书记、厂长：田福

云南春城卷烟厂始建于1956年，是国家定点卷烟生产中型企业。历经40余年风雨，工厂已发展成为具有90年代国际先进水平的制丝、卷接、包装等技术设备整体自动化的现代企业，进口线生产能力35万箱。“九五”期间，累计完成卷烟产量10万箱，实现销售收入43.3亿元，完成税金总额15.6亿元，主要产品“昆湖”、“环球”、“兄弟”及新产品“国色天香”、“喜力”等牌号卷烟，均以云南优质同烟叶为原料，畅销全国25个省、市、自治区。企业1999年获得北京新世纪BBC认证和英国NQA认证，引入TS09002系列国际标准等先进的质量管理和质量保证模式，增强了产品竞争力。

面向崭新的二十一世纪，工厂将借助西部大开发的有利时机，坚定不移地实施大集团、大品牌的发展策略，开拓创新，确保实现持续、健康、稳定发展。

http://www.ccyc.com.cn
地址：昆明市莲花池正街120号
邮编：650033
电话：5113998　5194412
电挂：5571

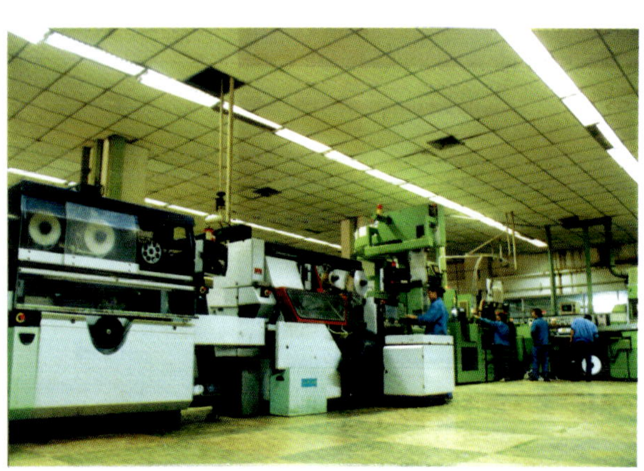

◁ 先进的卷包设备

云南省科技情报研究所

云南省科技情报研究所始建于1971年10月，是省级综合性科技情报研究及服务机构。主要从事科技情报搜集、加工、传递、分析、研究，计算机网络和信息资源建设，检索查新，多媒体创作，编辑出版刊物，项目评估、评审等科研与科技服务工作。为各级领导和有关部门提供决策依据；为科研单位、公司企业、广大农村及科技人员进行科技攻关、解决技术难题提供情报服务。

在政府部门职能工作的转变中，本所成立了科技项目管理办公室，主要承担全省科技统计工作，负责布置全省科技统计年报、数据收集、核查、汇总和上报；云南省全社会R&D资源清查；开发利用省内外科技统计信息资源，进行分析研究，及时准确为党政部门的决策提供统计信息服务。2001年，2人获得国家七部委局“全国R&D资源清查先进个人”的奖励。

在新时期，强化科技信息资源中心、科技情报分析研究中心、科技咨询评估中心、科技信息服务中心和科技统计信息中心的建设，对全省经济建设、科技发展和社会进步的重点领域起到足够的科技信息支持。

所领导在精心组织布置全所工作

云南省国防科工办研究设计院

院长：王永政

云南省国防科工办研究设计院成立于1979年,我院集研究、设计、生产经营为一体,已形成了科技信息产业、机电产品、网络工程、温室与太阳能工程、建筑工程设计及建筑施工等多元化的科工贸发展格局。先后组建研究中心、云南国防科技公司、云南先达机电厂、云南云岭建设监理有限责任公司、云南国防科工办建筑设计有限公司、中国工程技术昆明信息网络中心等经济实体和创收部门。

我院技术力量雄厚,具有高、中级各类专业技术人才90余人,拥有固定资产千万余元,凭借自身的人才优势、技术实力及规范的管理模式,完成了多项民爆生产线的技改工程项目,具有使用寿命长、技术性能好,能产生最佳的温室效应和满足最特殊的植物生长需要及最严格的科研培育要求。已为世博会及省内外数家单位建造了共两万余平方米不同要求的高档温室。同时,我院每两年承接并完成了数万平方米的建筑设计和工程施工监理项目,在同行业中赢得具有较高的声誉。

云南省国防科工办研究设计院正以科学技术为本,迈着坚实的步伐,向着更新、更高的目标攀登.并愿以真诚的态度,同社会各界开展广泛而深入的合作交流。

电话:0871-5301452 5362026 5315615
传真:0871-5362026
网址:www.gfky.com.cn
E-mail:office@yunn.cetin.net
地址:昆明市西园路
邮箱:昆明市2号信箱
邮编:650032

云南省国防科工办研究设计院办公大楼

1998年由我院设计、制造、安装的世博园展览温室

光大证券有限责任公司昆明营业部

光大证券有限责任公司是由中国光大（集团）总公司控股的全国性综合类券商，于1996年5月在原中国光大银行、中国光大国际信托投资公司证券经营机构及相关业务基础上重组设立，截止2001年底，公司拥有员工1400人，下设北京、深圳、成都三个管理总部，在全国各主要城市设有46个营业网点。目前，公司增资扩股工作已经完成。注册资本金由原来的5亿元人民币增至26亿元人民币。

经中国证券监督管理委员会核准，公司于2002年2月5日正式取得国家工商行政管理总局颁发的合资经营（港资）企业法人营业执照，公司正式注册成为境内第一家中外合资证券公司。

光大证券有限责任公司秉承“创新、稳健、效率、诚信”的经营宗旨，积极致力于国内外资本市场的拓展，历年成绩得到了监管部门及广大投资者的认可。2001年公司被评为全国十大信誉主承销商之一，并成为全国首批获准进入银行同业拆借市场及首批具有股票质押融资资格的券商，2001年光大证券有限责任公司网站被评为证券类优秀网站（www.ebscn.com）。

光大证券有限责任公司在云南省设有昆明营业部和曲靖服务部两个网点。其中：昆明营业部于1999年9月底获准设立，2000年4月18日正式营业。营业部共有员工21人，其中党员8人，团员4人，员工平均年龄26岁，均为大专以上学历，其中大学本科学历19人，占总人数的90%。营业部营业面积6000平方米，其中交易大厅1600平方米，140台自助刷卡机，160门委托电话（其中16门场内电话），59间大户室，640个中户席位，电脑设备先进。现已与工行、建行、交通银行、光大银行开通银证转帐业务，并于2001年率先开通B股交易、网上交易。营业部提供开放式柜台服务及汇金、金龙、乾龙、大智慧分析软件，采用轩冕数字/模拟三合一电话委托系统，提供新德利、神光、万国等八种咨询信息。

曲靖服务部辖属昆明营业部，于2002年3月26日获中国证监会批准设立。

截止2001年12月31日，昆明营业部开户数达14000余户，两年累计交易量101亿元，实现税前利润1013万元。

名称：光大证券昆明营业部
地址：昆明市人民中路26号
电话：0871-3183887
邮编：650021

名称：光大证券曲靖服务部
地址：曲靖市麒麟南路77号
电话：0874-3129466
邮编：655000

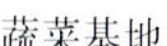
蔬菜基地

花卉市场

昆明市农业局 蔬菜花卉办公室

昆明是中国西南美丽富饶神奇的国际旅游城市。全市总面积2.1万平方公里，城区海拔1891米，属山原地貌，低纬度高原山地季风气候，年平均气温15.1℃，年平均降雨量1035毫米，年平均日照2480小时，无霜期230天，素有“冬无严寒、夏无酷暑、四季如春”的特点，是发展蔬菜、花卉最适宜的种植区。

改革开放以来，市政府不断加强“菜篮子”工程建设，现已建成布局合理、基础设施完善、综合生产能力强、内外销售配套的蔬菜生产基地80万亩；常年栽培蔬菜品种250多个；年产蔬菜135万吨。昆明蔬菜以四季上市、数量充足、品种多、质量好的优势跻身国内外市场。现外销鲜菜、脱水菜、速冻菜已超过100万吨。主要销往国内73个大中城市和港澳台地区以及日本、新加坡、泰国、马来西亚、韩国、美国、俄罗斯、缅甸等国。全市已建成总面积15万平方米的蔬菜批发交易市场11个，日交易量3500吨，其中呈贡蔬菜批发市场占地180亩，设施配套，服务功能完善，已成为西南地区最大的蔬菜流通集散中心，1997年被农业部定为重点蔬菜批发市场。

花卉生产在昆明市政府的关心重视下，发展十分迅速，全市种植面积已超过5万亩，形成了鲜切花、盆景盆花、种球种苗、绿化草坪四大生产体系。鲜切花已发展到10余系列100多个品种；年产鲜切花13多亿枝，约占全国鲜切花总量的30%左右；外销量占90%，主要销往国内和日本、韩国、新加坡、泰国、台湾、香港等国际花市。全市已建成花卉专业交易市场3个，其中斗南花卉市场占地74万亩，交易大厅1万m^2，日交易量为450-550万枝，是目前国内规模较大，设施较完善，服务功能比较齐全的产地初级交易市场。因而昆明花卉以品种繁多、花朵硕大、色泽艳丽、枝条修长，具有较好的观赏价值而著称于世，以“斗南”为代表的昆明花卉已成为享誉国内外的一个花卉品牌，广泛受到营销者和消费者的认同，产生了良好的品牌效应。

昆明气候条件优越，区位优势明显，生产潜力巨大，市场前景广阔、产品竞争力强，热忱欢迎国内外有识之士来昆考察、投资、合作，共同开发昆明蔬菜花卉产业。

电话：0871-4159981
传真：0871-4135131

云南西仪工业有限公司

公司大门外景

公司党委书记、总经理 吕明和

先进的生产设备及生产线

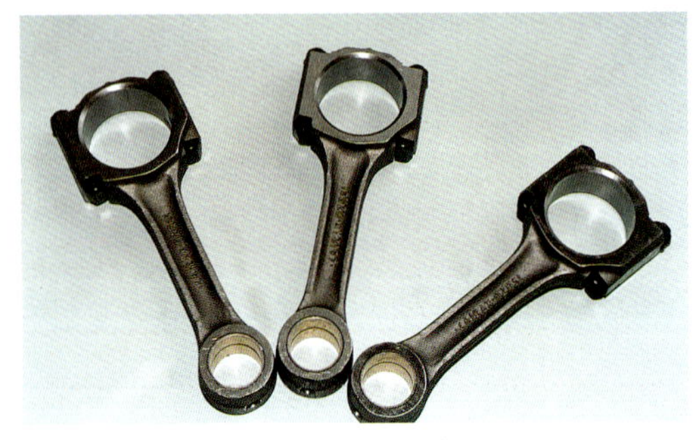

机动车发动机连杆

云南西仪工业有限公司隶属于中国兵器装备集团公司，是国家二级企业，于1997年通过了ISO9002质量认证。公司除具备金属冷切削能力外，还具有锻造、砂铸、精密铸造、热处理等加工能力，并建有长度区域计量站及国家一级理化试验机构和大量高精设备。职工队伍素质高，具有很强的新产品开发能力。在模具的设计、生产能力及产品质量上，公司在云南省享有一定的声誉，特别是大型模具的设计、加工更是独树一帜。

“八五”期间，公司共投资1.2亿多元人民币建成了一条高起点、大批量、专业化并具有一定柔性的具有国际水平的发动机连杆总成生产线，主要生产微型车、轻型车、轿车发动机连杆，产品在同类产品中市场占有率达70%以上，部分产品出口美国，是国内最大的连杆专业生产企业。该生产线主要设备如数控仿形铣、数控线切割、精密电火花、热模压力机、加工中心、精镗机、珩磨机、荧光探伤、硬度自动分选仪分别从美国、德国、瑞士、奥地利、日本、台湾等国家和地区引进，生产的“西仪”（XIYI）牌连杆毛坯锻造能力超过300万支，总成生产能力已达到200万支以上。已国产化的462Q发动机连杆总成达到了日本铃木公司原图技术要求，替代进口，独家与东安公司、长安公司配套。近期开发的472、376、4GI发动机连杆已通过主机厂台架和道路试验，并已投入批量生产。

我们愿以先进的技术、一流的质量、科学的管理、周到的服务竭诚为各界用户提供高品质的产品、携手共谋发展。

厂　　址：中国.云南.昆明海口

销售电话：0871-8598369

传　　真：0871-8598352

联 系 人：侯辉

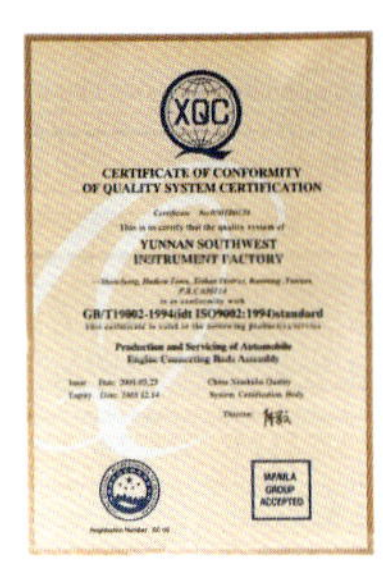

公司已通过国家质量体系认证

热烈庆祝云南省妇幼保健院成立十五周年

发展中的云南省妇幼保健院

行政业务大楼

云南省妇幼保健院是云南妇幼卫生业务技术的指导中心，是一所集保健、临床、管理、培训、科研、信息统计、健康教育、医学遗传于一体，为广大妇女儿童提供富有专业特色门诊、住院优质服务的三级乙等妇幼保健院。自1987年成立以来，始终坚持“以保健为中心，保健与临床相结合，面向群体，面向基层”的妇幼卫生工作方针，白手起家，艰苦创业，与时俱进，乘势而上，并通过推行人事制度、分配制度、考核制度、业务工作、民主监督、后勤服务社会化、药品管理等改革，促进了自身的发展和全省妇幼卫生工作的开展。1996年被云南省卫生厅授予“文明妇幼保健院”称号，并在省级医疗保健单位中首家建成“爱婴医院”；1998年建成“三级乙等妇幼保健院”；1999年在省级卫生系统中率先荣获“档案管理省级先进单位”称号；2000年荣获省妇联“云南省三·八红旗集体”、省政府“云南省科普工作先进集体”、省人事厅及省档案局“云南省档案系统先进集体”称号；2001年又荣获省教卫科工会“先进职工之家”及盘龙区“文明单位”等称号。

省卫生厅陈觉民厅长（左一）到我院检查工作，右一为刘凤英院长

建院15年来，在职职工已达147人，现有科室17个，业务和生活用房8600平方米，万元以上医疗保健设备75件；开展了温馨的家庭式妇产科、儿科“爱婴病房”服务，体贴姐妹的母婴保健服务、无痛分娩服务和家庭月子服务，呵抚儿童的儿童保健系列服务，富有专业特色的儿童弱、斜视防治服务，以及走入家庭的综合性社区服务。

该院承担了与联合国儿童基金会等10个国际组织合作及国家卫生部组织的15类覆盖省内117个县的妇幼卫生国际、国内合作项目的技术指导工作，结合云南实际和广大妇女儿童健康需求，积极引进国内外先进工作经验和科学管理模式，推广了大量适宜技术和救命知识。同时，编印了《妇幼保健院制度、职责、操作常规丛书》1套7本，建立了科学的全程目标管理程序；共派出1761人次历时13942天深入全省各地、州、市、县、指导工作；建立了全省、全院管理信息系统；探索实施了“以妇女为核心，家庭为最佳场所”的社区健康教育模式和形式多样的院内就诊人员健康教育方式，举办业务培训班179期，轮训基层妇幼骨干20208人次；已完成的19项科研21次荣获部、省、厅级科技进步奖；已发表学术论文382篇，其中：5篇在国际杂志上发表，39篇在国际学术会议上交流，75篇获国际、国家及省级奖励。15年间，该院共获得各级各部门颁发的荣誉称号75项，为广大妇女儿童的健康事业做了大量工作。

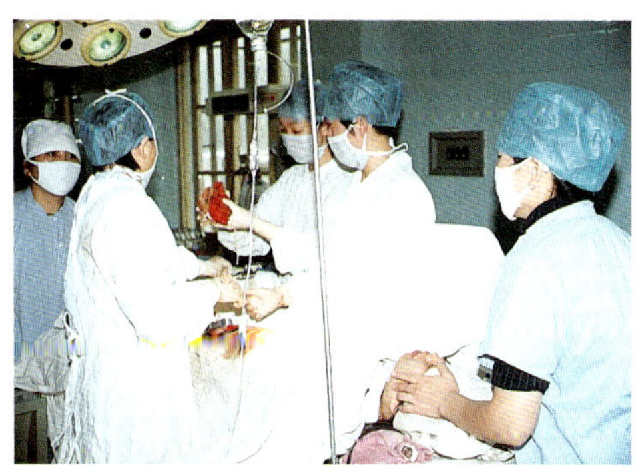
开展妇幼保健特色住院、门诊服务

为探索具有云南特色的妇幼保健事业发展之路，云南省妇幼保健院迎着新世纪的机遇与挑战，在时代的大潮中崛起！

院长：刘凤英　　地址：昆明市鼓楼路200号

深入基层现场工作

云南省宣威经济技术开发区

陈副省长（左三）在曲靖市委书记王学智（右五）和曲靖市委常委宣威市委书记施宏甲（右四）的陪同下视察宣威开发区

管理委会主任（政府副市长）高红子

云南省宣威经济技术开发区自1994年建立以来，始终坚持"依靠高新技术力量，利用开发区的优惠政策，聚集各方面的建设资金提高生产力水平，实现一个地方经济的跳跃式发展，推动全市经济和城市建设的加速发展"的创办原则。在市委、政府的直接领导下，开发区管委会团结和带领干部职工兢兢业业，创造性地开展工作，各项工作都取得了实质性进展，受到省、地、市各级的充分肯定和社会各界的赞誉。

建区8年来，开发区以优美的投资环境，优质的管理服务和优惠的招商政策吸引了投资者，至2001年底，开发区投入基础设施3.1亿元，已建成2.5平方公里的新区面积；累计引进项目207个，总投资3.8361亿元。实现税收共13418万元，其中：国税5296万元，地方财政收入8122万元，开发区以成为宣威新的投资点，新的经济增长点和美化宣威的靓点。

宣威经济开发区的工作指导思想是"不论国营、私营、集体、个体都一视同仁，谁投资就让谁开发，坚持总体规划，不降低挡次和规格引资搞低开发"。宣威经济技术开发区正扩大招商引资力度，加快建设步伐，发展前景是广阔的，它将以优惠的政策，现代化的管理、热情的服务，期待着与每一位投资者共创美好的明天。

宣威开发区领导班子

建成西片区的一角

红河州民族师范学校

红河州民族师范学校校长：阮成昌

红河州民族师范学校始建于1973年，座落在国家级历史文化名城建水县城南的陈官镇。该校从1998年起实行校长负责制、教职工聘任制、校内结构工资制。为适应三级师范向二级师范过渡，在2000年试办的基础上，于2001年全面启动"3＋2"模式的五年制小学教育大专班，开办了小学教育文科方向、小学教育理科方向、小学英语教育、小学计算机教育、小学音乐教育、小学体育教育、小学美术教育、学前教育等八个专业，现有在校生3170人，教职工288人。该校还是红河州小学教师培训中心、德国汉斯·赛德尔基金会－－上海师资培训中心红河基地。

二十八年来，该校始终坚持全面贯彻党的教育方针，全面提高教育教学质量，按照师范性、学术性、实践性"三位一体"的办学理念和"学理论、讲团结、搞改革、抓管理、重科研、创特色"的办学思路，坚持"面向小学、面向农村、面向山区、面向边疆"的办学方向。按照"学高身正为本，教书育人为荣"的校训，坚持两代师表一起塑。形成了"领导班子团结、师生艰苦奋斗、各民族学生共同进步"，"内练硬功、外树形象、弘扬民族文化、狠抓艺术教育"，"职前培养与职后培训并重、多专业并进、全方位培训、注重基本功训练"的三大办学特色，为红河州培养普师、艺师、幼师、体师、运动训练等专业的毕业生10582人；中师函授及脱产班毕业生2957人；中师自学考试毕业生4488人；为教师继续教育培训小学、幼儿园师资16583人次；为贫困地区义务教育工程培训教师838人次；培训小学、幼儿园骨干教师、乡镇学区校长、进校校长和教务主任1017人次；与云南师范大学文学与新闻传播学院联合举办中文大专自考辅导班2400多人次。该校从1989年起，已连续12年保持着省级"文明单位"的光荣称号，1995年被评为云南省"一级中师"，2000年被省教育厅命名为省级"文明学校"，2001年被评为"全国群众体育先进集体"，被社会赞誉为"红河州小学教师的摇篮"。

红河州民族师范学校"一级中师"挂牌仪式

进入新世纪，面对新的挑战和难得的发展机遇，该校师生抓住机遇，迎难而上，及时制定了《红河州民族师范学校"十五"计划纲要》，明确了"十五"期间的指导思想，提出了由三级师范向二级师范过渡的发展目标和为实现这一目标而采取的15项改革措施。到2005年，该校将实现后勤工作社会化，建成校园网，努力成为具有鲜明特色的、在州内外有影响的实施素质教育的先进学校，继续保持省级"文明单位"和"文明学校"的称号，最终实现"升格办大专"的历史性转折，把学校办成红河州高等民族师范专科学校或红河学院初等教育学院。

红河州民族师范学校优美的校园一隅

发展中的昆明保安

昆明市保安服务总公司

伴随着我国社会主义市场经济的发展、改革开放的深入，社会各类经济组织不断增多，客观经济形势对安全服务的需要越来越突出，昆明市公安局根据党中央、国务院、公安部等有关组建保安公司、开展保安服务的一系列正确决策，于1987年8月15日报经昆明市人民政府批准，成立了为社会提供专业化有偿安全服务的新型特殊企业——昆明市保安服务总公司。

总公司成立15年来，经过艰苦创业，业绩不断发展。公司领导班子团结一心、开拓进取，带领全体员工紧紧围绕市公安局党委在各个时期的中心工作，团结、创新、诚信、求实、与时俱进，充分发挥保安队伍协助公安机关维护治安，预防和制止违法犯罪，确保客户安全的作用，为构建全市社会治安防控体系，保一方平安作出了积极的贡献，得到了广大客户的信赖和支持，昆明保安的社会品牌得到了提升。

公司的服务宗旨是: 维护治安，预防为主，优质服务，信誉至上。通过派员守护、技术安全防范、金融押运、保安培训、保安器材经营、旅游会务接待等社会化有偿服务，全方位多层次向社会企事业单位客户提供安全服务。

具体经营的保安服务内容:

一、为客户单位提供保安派员，对重要目标守护，巡逻执勤，防盗、防火、防治安灾害事故。

二、为各类会展、展览、文艺汇演、体育赛事等大型活动提供执勤保卫、安检服务，保安管乐团为庆典提供服务。

三、为金融系统及重要客户单位提供武装押运货币、有价证件、金银珠宝、文物、艺术品及其它贵重物资和爆炸、化学等危险物品的安全服务。

四、为客户提供防盗报警联网系统。GPS机动车防盗报警系统等工程的设计、安装、维修、巡检咨询服务; 配合110指挥中心，先期为客户进行接、处警网络服务。

五、承接制作各类智能卡、金卡、证件、印章防伪等。

六、为客户培训、输送合格的保安人才。昆明保安培训学校是经省公安厅、市公安局、省教委、市教委等主管机关批准在全省范围内招收、培训、派遣合格保安员的教学培训机构。现已开展的培训有: 1.普通保安; 2.特种保安; 3.保安队（班）长; 4.保安科技、保安经理; 5.经警和保卫干部; 6.民用爆破保安队员。

七、昆明鑫安会务中心坐落在美丽的滇池湖畔，距市区仅有3公里，陆路可到民族村，水路可到大观楼、西山，可乘游船尽情浏览滇池，是集会议、餐饮、娱乐、休闲、旅游为一体的现代会务中心。中心建有全国第三家警察博物馆，上千余件的实物和图片，充分反映展示了我省公安队伍的发展历史。欢迎各界人士光临。

中国加入WTO后，面对挑战和机遇，总公司将抓住发展机遇，在西部大开发中，努力拓展保安服务领域的新空间，以不懈的努力，为广大客户提供满意的服务。

总 公 司:3137252 3015386 3155323(传真)
护卫总部: 3168299 3155955 会务中心: 4636159 4145217
护卫公司: 4143955 4106327 经 营 部: 3161815 6740439
培训学校: 8247381 8247359 技防公司: 3180595

培训高素质的保安队员是保安培训学校不懈的追求。

侦察分队的成立，使保安队伍的管理注入军队正规培训的元素，全面提升保安队伍的军政素质。

押运队员处置抢劫钞车演练，确保金融安全。

新拓展的大型活动安全检查业务，是昆明保安不断发展的象征。

中共丽江地委党校

中共丽江地委党校

始建于1951年7月的中共丽江地委党校，座落于风景秀丽的丽江纳西族自治县大研镇象山脚下，黑龙潭畔。1995年9月14日丽江地委、行政公署决定，将丽江地区行政学校、民族干部学校合署办学，形成一套班子，三块牌子的办学体制。

校长：陈述芳

1979年7月党校恢复办学以来，到2002年6月底止，共举办“领导干部进修班”、“三基本”教育培训班，乡（镇）主要领导干部培训班，邓选读书班，中青年干部培训班，知识分子进修班等各种短训班59期，培训轮训各级各类干部4054人。1983年贯彻中共中央《关于党校实行教育正规化的决定》以来，到1996年7月开办了省委党校电教大专8个学历班次和中专7个学历班次，经过脱产学习，308名学员取得了党校教育大专学历，305名学员取得了中专学历。1989年同大理、迪庆、怒江、临沧联合办函授中专学历培训，到1991年8月676名学员经考试合格，取得国民教育中专学历。1990年9月经中共中央党校函授学院、中共云南省委党校、云南行政学院函授学院批准，首次开办干部函授教育大专班，到2002年6月底共招收中央党校函授学院，云南省委党校云南行政学院函授学院经济管理、行政管理、法律专业大专、本科4716人。其中本科1659人，大专3257人。按照教学计划学完规定的课程，经考试考核，并经毕业论文答辩，已取得大专学历1850人；本科毕业学历834人，现在校攻读大专、本科学历的2032人，已毕业的学员，在各级各类部门相当一部分成了工作骨干和领导骨干。1996年以来先后在省以上刊物发表论文120多篇，其中30篇被收录在国家级刊物使用。

1996年2月3日发生在丽江境内的里氏7.0级强烈地震，使丽江地委党校遭受严重破坏，学校建筑物受损面积达8136.3平方米，直接经济损失1231万元人民币。在地委、行署的领导下，学校党委和全体员工奋力抗震救灾，经过恢复重建，完成地委、行署安排的拆除重建教学楼、学员宿舍，办公楼、礼堂加固改造的任务。从根本上改善了学校办学条件和硬件设施。为全区干部培训创造优良，优美的环境，学校还自筹160多万元人民币改善道路设施，绿化美化校园，增设微机设备，改善学员住宿，使丽江地委党校成为花园式的干部培训基地。

舒适的校园环境

云南省昆明市药品监督管理局

主要职责

（一）贯彻执行《药品管理法》、《药品管理法实施条例》、《医疗器械监督管理条例》等国家和省有关药品监督管理法律法规和规章 领导全市药品监督管理机构开展工作 依法对药品的研制和药品及医疗器械生产、经营、使用单位进行监督管理。

（二）监督检定、抽验药品和医疗器械生产、经营、使用单位的药品和医疗器械的质量；依法查处制售假劣药品、医疗器械和其他违反药品及医疗器械管理法规的行为和责任人；依法监管特殊药品。

（三）贯彻国家处方药、非处方药分类管理制度；按省局安排做好药品不良反应的监测及管理工作；依法对药品、医疗器械的包装、商标和广告进行监督、检查；指导全市药物滥用监测和药物依赖防治康复工作。

（四）负责辖区内开办药品零售企业的审批，依法核发《药品零售经营许可证》；对全市药监系统财务、经费、资产实行统一管理。

（五）依据分级管理原则，负责全市药监系统干部人事和机构编制管理，以及相关的工资福利、基层建设、教育培训、党群建设、思想政治等工作。

（六）承办省局在药品注册、药品和医疗器械生产、经营许可证和制剂许可证核发中的相关工作。

（七）负责组织实施药学专业技术人员职称评定，生产、经营和使用单位中执业药师（含执业中药师）的管理，从业人员培训，药品监督员的考核、管理等相关工作。

（八）协助有关部门实施全市医药行业宏观管理工作、配合有关部门贯彻实施国家和省、市医药产业政策。

（九）承办省局和市委、市政府安排的其他工作。

地　址：昆明市东风东路 49 号建筑大厦 16 楼
电　话：0871-3114126
传　真：0871-3114126

《卫生软科学》杂志

《卫生软科学》是由中华人民共和国卫生部主管，卫生部政策与管理研究专家委员会与云南省卫生厅主办，国内外公开发行，为国内连续出版物。国际刊号：ISSN1003-2800，国内刊号CN53-1083。重点追踪报道国家卫生软科学重大研究课题和成果，开展卫生改革与卫生软科学理论研讨与交流，现已进入《中国学术期刊》(光盘版)和国际互联网。1995年《卫生软科学》获首届云南省科技期刊评比组织管理奖，1997年《卫生软科学》获第二届云南省科技期刊评比内容质量奖，同年被卫生部评为"全国医药卫生指导类期刊"，1999年12月《卫生软科学》作为国家级火炬计划项目期刊《中国学术综合评价数据库》来源期刊全文收录，同年12月获国家级火距计划项目、国家重点新产品《中国期刊网》、《中国学术期刊（光盘版)》全文收录证书。《卫生软科学》创刊15周年共出版发行105期，编辑1050万字，所刊内容主要为国家卫生改革政策、卫生经济、卫生法学、医疗保险、卫生科技管理等学术论文，是管理干部、卫生工作者、科研、教学人员的良师益友。编辑部每年均举办"全国卫生改革与卫生软科学研讨会"，开展正刊、增刊、专辑、会议论文等编辑服务，提供医药、医疗器械、特色医院及专科简介等文字和图片广告服务。

联系人：王启林　王晓锋　　联系电话：0871-5323117

网址：http://WRKX.Chinajournal.net.cn

电子信箱：WRKX@chinajournal.net.cn.

Email:rbs@cnki.net

联系地址：昆明市人民西路205号《卫生软科学》编辑部　邮编：650118

云南省煤田地质局

云南省煤田地质局，是云南省唯一从事煤田地质勘探的专业队伍。全局有三个煤田地质勘探队，一个煤炭勘查院。主要从事煤炭资源地质勘探及地质科研工作。在不断提高科学技术、劳动生产率和社会经济效益基础上，全面完成国家、地方地质工作任务，为国民经济发展提供足够的资源和地质资料，同时根据市场供需情况，发挥自己的行业优势广开生产门路和开展一些其它经营。

煤炭勘查院以队伍精干、设备精良、技术密集、管理科学、机制完善、运转高效的原则汇聚了全局优秀技术人员和设备。主要承担云南省公益性、战略性地质工作、煤层气、液化褐煤资源调查评价及国土资源大调查工作。

延伸产业是工程勘察，利用行业技术和设备优势开展了工程地质、水文地质、人口径桩基灌注、边坡治理及大坝灌浆等工程。1997年被评为云南建筑行业50强单位。自2000年通过ISO9000质量认证后，工程施工质量全面按质量管理体系运作，提高了经济效益，提高了社会效益。

依托云南旅游资源丰富的优势，积极开展旅游服务业，在丽江建有"丽江九洲饭店"，在瑞丽建有"瑞丽九洲饭店"，在曲靖建有"霞光宾馆"，总床位500个。同时开展印刷、机加工以及硅藻土制品等经营。

为加大改革力度，加速企业化进程的步伐，在部分实体内进行了所有制结构改革。在西部大开发的战略实施过程中，云南煤田地质局愿与国内外朋友携手，共创云南煤田地质事业的美好明天。

云南省歌舞团

云南省歌舞团是我省的综合专业表演艺术团体，也是全国的一支重要艺术力量。始建于1950年，全团现有国家一级表演艺术家15人，国家二级表演艺术家32人。有汉、彝、白、哈尼、傣、苗、傈僳、回、拉祜、佤、纳西、藏、景颇、普米、布朗、满等16个民族的演员。是一支业务技术过硬，思想作风过硬的优秀表演艺术团体，也是民族团结的大家庭。

半个世纪以来，在党和国家的关怀重视下，在长期的艺术实践中，涌现和培养出如黄虹、杨丽坤、刀美兰、杜丽华、赵履珠、宗庸卓玛、依苏拉罕、钱轫、杨旭康等一大批享有国内国际知名度的老中青演员并创作了极其丰富的民族歌舞艺术作品，形成了自己独特的艺术风格。该团创作演出的大型民族婚恋风情歌舞《爱的足迹》获首届云南省民族艺术节演出一等奖。大型民族舞剧《阿诗玛》获云南文学艺术创作一等奖，全国舞剧比赛第一名及八个单项一等奖，文化部第三届文华大奖及四个文华单项奖，中宣部“五个一工程”佳作奖，以及“二十世纪中华民族舞蹈经典”的殊荣。大型傣族舞剧《泼水节》获第六届中国艺术节优秀剧目奖。同时该团还创作了大批的民族歌舞精品节目，在全国全省各类重大赛事中荣获各种奖项。

云南省歌舞团是一个在国内外颇负盛名的艺术团，曾出访过泰国、朝鲜、缅甸、日本、新加坡、菲律宾、法国、西班牙、美国、瑞士、捷克、加拿大、巴西、秘鲁、墨西哥、哥伦比亚、玻利维亚、厄瓜多尔、波兰、罗马尼亚、亚美尼亚等二十多个国家，受到各国的热烈欢迎和高度赞誉。1992年作为大陆首批赴台湾的表演艺术团体，为增近与世界各国和各地的相互了解和友谊作出了贡献。

云南省歌舞团作为我国音乐、舞蹈一流的表演团体，2001年再次以雄厚的创作、表演实力和超卓的创新意识，展示出标竿作用。该团创作的大型歌舞剧《彩云南现》获全国少数民族文艺汇演创作、表演金奖以及演员个人金奖。在全国舞蹈比赛中，全省青年演员大奖赛中，全国少数民族“孔雀杯”声乐、民族器乐比赛中，创作节目及演员分别荣获一、二、三等奖。同时还出色地完成了中国昆明国际旅游节开幕式大型歌舞《走进云南》的演出，以及《彩云之星》、《云岭颂歌献给党》等大型文艺晚会的演出。为云南的经济建设搭台和为云南的旅游宣传作出了突出的贡献。

该团历来注重思想作风和队伍的建设。2000年该团荣获全省思想政治工作先进单位称号。

2002年是云南省歌舞团继续深化改革的一年，该团将“百尺竿头、更进一步”，抓好创作、抓好人才培养、出好戏、出精品、抓好效益、抓紧综合艺术大楼的建盖。在此要感谢社会各界的关怀与支持。云南民族歌舞将更好地服务于社会、服务于人民。当好建设民族文化的排头兵，为繁荣云南的文艺创作和西部开发作出贡献。

舞剧《阿诗玛》荣获全国第三届文华奖和四个单项奖、五个一工程奖

大型彝族舞蹈剧《阿诗玛》剧中舞蹈《拉木鼓》

2002 云南统计年鉴
YUNNAN STATISTICAL YEARBOOK

昆明铁路局

党委书记　朱胜卿

局长　郑建东

昆明铁路局地处西南边陲，管内有贵昆、成昆、南昆等连接全国路网的准轨干线，有盘西、羊场、南环等准轨支线，有昆河、蒙宝等米轨铁路。全局营业里程2015.2千米，延展里程2972.0千米，有营业车站207个。

昆明铁路局在铁道部和云南省的正确领导下，全局干部职工以江总书记“三个代表”重要思想为指导，以深化改革和技术创新为动力，以结构调整为主线，以安全和各项基础工作为前提，以提高素质为根本，以职工物质文化生活水平有较大改善为出发点，按照铁道部资产经营责任制各项要求，抓落实，求深化，团结一致，顽强拼搏，克服各种困难，各方面都取得了令人鼓舞的成绩。

昆明铁路局自1997年建局以来，运输生产和各项经营指标大幅度增长，各单位、部门站在讲政治、讲大局的高度不断拓展思维方式，强化调度指挥力度，加强车流调整，保证机力供应，压缩车辆周时，全面完成客货运输任务，集装箱运输、行包运输、五定班列等也取得了较好的成绩。运输秩序良好，服务质量不断提高。路局坚持抓安全基础工作，推动安全生产一年上一个台阶，花大力气提高安全装备能力，重点解决贵昆、成昆、南昆干线的无线列调、列尾装置、调监设备、远动控制、电气集中、红外线探测等设备的配套改造，繁忙道口平改立，全面整治道口设备故障、隐患和安全管理，SS7型电力机车防蠕装置，同时推进全局的配套改革。多元企业和集体经济调整结构，转机建制，挖掘潜力，开拓市场，规范经营，协调发展，推进医疗保险制度改革，建立了符合路局实际的职工基本医疗保险、企业补充保险、大病补充医疗保险等多层次的医疗保险体系；在铁通云南公司全路第一家正式挂牌运作的同时，对电务系统进行了改革，促使铁通公司尽快走向市场；在资本运作中，控制存量增长，压缩现有存量，确定资产定编，堵住价值流失，建立规范管理，初步建立了我局资产运用监督和处置回收的资产管理新格局。路局增大科技投入，增强发展后劲，建立了调查监控系统、安全监控网络，增加了对货物偏载、超载、超限的检测技术和装备，增强了对机车和车辆故障诊断技术、货物发送、到达、运输收入、客票发售、客运调度、客流组织、客运服务管理的信息自动化、办公自动化、电子商务应用进入系统化研究。

我国加入WTO，西部大开发给振兴西南铁路带来了发展机遇。昆明铁路局将深入贯彻十五届五中、六中全会精神，坚定改革方向不动摇，坚持安全第一不位移，以质量和效益为中心，深化改革，科学管理，提高素质，创新发展，大力加强思想政治工作，促进两个文明建设协调发展，为云南经济发展作出贡献。

昆明东站自动化驼峰编组场

电话：0871-6124981
邮编：650011
传真：0871-6122961
地址：昆明市塘双路南站新村548号

供稿：杨曾吉